KB200457

THE

오늘 우리에게 하시는 하나님의 약속

왕의 말씀

홍성건 지음

BOOK

NCMN · 규장

왕의 말씀을 시작하며

모세를 이어 지도자가 된 여호수아에게 주어진 과제는 백성들을 이끌고 요단을 건너 가나안을 정복하고 기독교 국가를 세우는 것이었습니다. 그에게 가장 중요한 관심은 '성공'입니다. 하나님이 맡기신 일을 잘 감당하는 것입니다. 하나님은 여호수아에게 성공의 비결을 알려주셨습니다. 그것은 '성경'입니다.

> 이 율법책을 네 입에서 떠나지 말게 하며 주야로 그것을 묵상하여 그 안에 기록된 대로 다 지켜 행하라. 그리하면 네 길이 평탄하게 될 것이며 네가 형통하리라 수 1:8

신명기는 하나님이 모세를 통해 기독교 국가를 이루는 비결을 말씀하신 것입니다. 그중에서도 신명기 6장 4-9절이 핵심 부분입니다.

> 이스라엘아 들으라… 오늘 내가 네게 명하는 이 말씀을 너는 마음에 새기고, 네 자녀에게 부지런히 가르치며, 집에 앉았을 때에든지 길을 갈 때에든지 누워있을 때에든지 일어날 때에든지 이 말씀을 강론할 것이며, 너는 또 그것을 네 손목에 매어 기호를 삼으며 네 미간에 붙여 표로 삼고, 또 네 집 문설주와 바깥문에 기록할지니라

"들으라"는 히브리어로 "쉐마"입니다. 하나님의 말씀인 성경을 항상 대하라는 것입니다. 성경 말씀을 알고 익히고 지켜 행하는 데 목숨을 걸라는 것입니다. 하나님은 그것을 우리의 평생에 행하라고 말씀하십니다. 이는 단순히 종교적인 사람이 되라는 게 아닙니다. 우리가 복을 얻고, 더 나아가 사회의 각 영역에 영향을 끼치며, 결국 우리를 통해 우리가 머무는 곳에 하나님의 나라가 임하도록 하라는 것입니다.

사도 바울은 에베소에 3년을 머물면서 두란노 서원에서 하나님의 말씀을 강론했습니다. 그 결과 온 도시에 소동이 일어나며, 우상을 버리고, 마술하는 사람들은 그 책을 불살랐습니다. 도시의 시스템이 바뀌는 큰 변화가 일어났습니다.

왜 이같이 성경이 중요할까요?

> 성경은 능히 너로 하여금 그리스도 예수 안에 있는 믿음으로 말미암아 구원에 이르는 지혜가 있게 하느니라. 모든 성경은 하나님의 감동으로 된 것으로 교훈과 책망과 바르게 함과 의로 교육하기에 유익하니, 이는 하나님의 사람으로 온전하게 하며 모든 선한 일을 행할 능력을 갖추게 하려 함이라 딤후 3:15-17

성경은 하나님의 말씀입니다.
성경은 구원에 이르는 지혜가 있게 합니다.
성경은 삶의 전반적인 영역에 유익하며 우리로 부족함이 없도록 무장시켜줍니다.
성경은 우리로 모든 선한 일을 행할 능력을 갖추게 해줍니다.

하나님의 말씀인 성경은 우리로 하나님을 알게 하고, 더 나아가 하나님을 알리도록 이끕니다. 개개인의 삶에만 영향을 주는 게 아니라 우리가 몸담고 있는 일터에서 영향을 주는 삶을 살게 합니다. 또한 지역사회와 나라를 올바른 기반 위에 세우도록 이끌어줍니다. 쉐마 말씀학교 과정은 단순히 지식을 얻는 데 목적이 있지 않습니다. 하나님의 말씀인 성경을 알고 이해하고 사랑하며 순종하는 삶을 사는 데 있습니다. 그러므로 이 과정을 함께하는 동안 다음과 같은 자세가 중요합니다.

첫째, 하나님의 말씀인 성경에 대한 갈급함, 목마름, 굶주림입니다.
　　　나를 간절히 찾는 자가 나를 만날 것이니라 잠 8:17

둘째, 성경을 알고 이해하기 위해 부지런해야 합니다.
　　　감추어진 보배를 찾는 것같이 그것을 찾으면 잠 2:4

셋째, 무릎으로 나아가야 합니다. 성경은 나의 지식이나 힘으로 이해하는 게 아닙니다.
　　　오직 성령만이 스승입니다. 그러므로 성령의 도우심을 구해야 합니다.

넷째, 성경의 내용을 대할 때 두 가지 면을 생각하기 바랍니다. 성경은 하나님이 누구이신지와 내가 누구인지를 알려주며 나와 하나님의 관계를 보여줍니다. 또한 나와 세상, 내가 어떻게 세상에 영향을 주어야 하는지도 보여줍니다. 사도 바울이 하나님의 말씀에 붙잡혀(행 18:5) 가는 곳마다 소동을 일으켰듯이, 여러분도 능력을 갖고 세상에 영향력을 끼치게 되기를 기대합니다.

하나님의 말씀을 함께 사랑하는 　홍성건

CONTENTS

일러두기 : 본문에 인용된 성경의 경우, 저자가 임의로 문장 부호를 삽입했음

오늘 우리에게 하시는 하나님의 약속

왕의 말씀

구약 OLD TESTAMENT

이스라엘아, 들으라!
우리 하나님 여호와는 오직 유일한 여호와이시니
너는 마음을 다하고 뜻을 다하고 힘을 다하여
네 하나님 여호와를 사랑하라
오늘 내가 네게 명하는 이 말씀을 너는 마음에 새기고
네 자녀에게 부지런히 가르치며
집에 앉았을 때에든지 길을 갈 때에든지
누워있을 때에든지 일어날 때에든지
이 말씀을 강론할 것이며
너는 또 그것을 네 손목에 매어 기호를 삼으며
네 미간에 붙여 표로 삼고
또 네 집 문설주와 바깥문에 기록할지니라

신 6:4-9

1장

하나님의 말씀

하나님의 말씀

하나님의 말씀 : 성경 – 성공의 지름길 지침서

하나님은 그의 종 모세의 후계자로 여호수아를 부르셨다. 여호수아는 부담이 컸다. 리더요 스승인 영적 거장 모세가 이루지 못한 과업을 성취해야 했기 때문이다. 곧 이스라엘 백성을 이끌고 요단 강을 건너 가나안을 정복하고, 그곳에 하나님의 나라를 세우는 일이었다. 당시에 가나안에는 일곱 족속이 버티고 있었다. 그들은 최강의 무기로 무장한 강한 군대를 갖고 있었다. 그들 중에는 전설적 영웅들인 아낙 자손도 있었다.

여호수아는 40년 전에 열두 정탐꾼의 한 사람으로서 이미 가나안 땅을 정탐했기에 그곳의 사정을 익히 알고 있었다. 그는 두려웠다. 실패할지도 모른다는 두려움이 그를 사로잡았다. 주어진 과업이 그에게는 너무나 벅찼다.

하나님은 여호수아에게 가장 필요한 게 무엇인지 아셨다. 그것은 '형통(성공)'과 '평탄'이었다. 그래서 여호수아에게 성공의 삶을 살 수 있는 비결을 알려주셨다.

어떤 사람들은 더 많은 재물이 있어야 성공한다고 한다. 그러나 재물이 열쇠가 아니다.
어떤 사람들은 건물이나 프로그램이 부족해서 일할 수 없다고 한다. 그러나 건물이나 프로그램도 아니다.
어떤 사람들은 일꾼이 부족해서 맡기신 일을 제대로 수행할 수 없다고 한다. 그러나 사람도 아니다.

그렇다면 무엇일까? 하나님은 여호수아에게 말씀하신다.

> 오직 강하고 극히 담대하여 나의 종 모세가 네게 명령한 그 율법을 다 지켜 행하고 우로나 좌로나 치우치지 말라. …**이 율법책(this Book of the Law)**을 네 입에서 떠나지 말게 하며 주야로 그것을 묵상하여 그 안에 기록된 대로 다 지켜 행하라. 그리하면 네 길이 평탄하게 될 것이며, 네가 형통하리라 수 1:7,8

▶ 여호수아에게 가장 필요한 키워드 – 평탄과 형통
그 열쇠는 … "이 책(THE BOOK)" 곧 '하나님의 말씀'이다.

말씀에 대한 세 가지 구체적인 과정을 거쳐야 한다.

첫째, 그 말씀을 입에서 떠나지 말게 한다. 말씀을 통독한다. 소리 내어 읽는다.
둘째, 그 말씀을 주야로 묵상한다. 아침에 묵상하고 종일 되새김질한다.
셋째, 그 말씀을 나 자신의 삶에 구체적으로 적용하여 삶으로 살아낸다. 순종한다.

하나님의 말씀이 성공의 지름길이다

다윗은 하나님의 말씀을 "금 곧 많은 순금보다 더 사모한다"(시 19:10)라고 고백했다. 또 "내가 모든 재물을 즐거워함같이 주의 증거들의 도를 즐거워하였나이다"(시 119:14)라고 말했다. 왜 그같이 말했을까? 왕으로서, 가장 신뢰받고 존경받는 탁월한 지도자로서 다윗은 그의 모든 지도력의 기반이 오직 하나님의 말씀에 있음을 알았기 때문이다.

바울은 그가 3년이나 양육한 에베소교회의 장로들과 작별할 때, "지금 내가 여러분을 주와 및 그 은혜의 말씀에 부탁하노니 그 말씀이 여러분을 능히 든든히 세우사 거룩하게 하심을 입은 모든 자 가운데 기업이 있게 하시리라"(행 20:32)라고 말했다. 교회를 든든히 세우는 비결은 오직 말씀이다.

> 20세기를 주도한 미국의 최고 지성인 21명 중 15명이 유대인이다. 1901년에서 1990년까지 자연과학 분야에서 노벨상을 받은 404명의 종교 실태를 보면, 기독교가 76%, 유대교가 22%, 불교 0.9%, 회교 0.1%, 기타 1%이다. 자연과학 분야의 노벨상 수상자 중 98%가 기독교인과 유대인이다. 유대인 노벨상 수상자는 200여 명이다. 전체 수상자의 23%를 차지한다. 미국 100대 기업의 40%가 유대인 CEO이다. 세계 7대 석유회사 중 6개의 소유주가 유대인이다. 세계 억만장자의 1/3이 유대인이다. 뉴욕타임즈, 워싱턴포스트는 유대인이 경영한다. 하버드대 30%, 예일대 28%, 보스턴대 24%가 유대인 학생들이다. 아인슈타인, 스티븐 스필버그, 하워드 슐츠, 앨런 그린스펀 등도 유대인이다.

얼마나 놀라운 통계인가? 전 세계 인구 70억 명 중 유대인은 1천4백만 명(세계 인구의 0.2%. 참고로 한국인은 1.14%)이다. 유대인이 소수민족임을 감안하면 정말 놀라운 일이다. 그들은 거의 모든 분야에서 세계적으로 영향을 끼치고 있다. 왜 그럴까? 그 비결은 무엇인가?
이에 대해 많은 사람이 동의하는 것은 유대인의 '탈무드 교육'이다. 탈무드는 단순히 유대인의 민담 정도가 아니다. 성경의 내용, 특히 토라 즉 율법서를 삶의 모든 영역에 구체적으로 적용하도록 이야기식으로 설명한 책이다. 다시 말하면 유대인의 자녀교육은 성경에 기반을 두고 있다. 그들은 자녀에게 어려서부터 성경을 배우고 익히게 한다. 이것이 그들이 세계적으로 영향을 끼치는 비결이다.

신명기는 하나님이 모세를 통해 기독교 국가를 이루는 비결을 말씀하신 것이다. 그중에서도 신명기 6장 1-9절은 핵심 부분에 속한다.

> …네 날을 장구하게 하기 위한 것이라. 이스라엘아, 듣고 삼가 그것을 행하라. 그리하면 네가 복을 받고, 네 조상들의 하나님 여호와께서 네게 허락하심같이 젖과 꿀이 흐르는 땅에서 네가 크게 번성하리라… 오늘 내가 네게 명하는 **이 말씀**을 너는 마음에 새기고, 네 자녀에게 부지런히 가르치며, 집에 앉았을 때에든지 길을 갈 때에든지 누워있을 때에든지 일어날 때에든지 **이 말씀**을 강론할 것이며, 너는 또 그것을 네 손목에 매어 기호를 삼으며 네 미간에 붙여 표로 삼고, 또 네 집 문설주와 바깥문에 기록할지니라 신 6:2,3,6-9

하나님의 말씀, 성경을 항상 대하라는 것이다. 성경 말씀을 배우고 익히는 데 목숨을 걸라는 것이다. 하나님은 그것을 우리 평생에 지키라고 명령하신다. 하나님께서 우리에게 그의 말씀을 듣고 지켜 행하라고 명령하신 이유는, 단순히 우리로 종교적인 사람이 되라는 게 아니다. 우리로 복을 얻고, 장구하고, 심히 번성하게 하기 위함이다. 그리고 더 나아가 이 세상의 각 영역에 영향을 주는 삶을 살게 하려는 것이다.

하나님의 말씀의 일곱 가지 역할

하나님의 말씀은 우리에게 구체적으로 어떻게 유익할까? 그 역할이 무엇일까? 하나님의 말씀은 참으로 놀랍다. 하나님의 말씀은 그 역할이 다양하다. 여기에서는 일곱 가지 영역으로 살펴보자.

1. 하나님의 말씀은 보물지도와 같다

▶ 보물찾기

야외로 소풍 가서 보물찾기를 한 경험이 있을 것이다. 만일 당신이 보물을 숨기는 사람이라면 몇 가지 목표를 세울 것이다. 첫째는 가만히 제자리에 앉아있는 사람은 절대로 발견하지 못하게 할 것이다. 둘째는 아무리 찾아도 절대 찾지 못하게 꼭꼭 숨기지는 않을 것이다. 보물찾기의 목표는 자리에서 일어나 보물이 어디 있는지 부지런히 찾는 사람에게는 반드시 발견되도록 하는 것이다. 하나님의 말씀이 이와 같다. 부지런히 찾는 자에게 발견되도록 하나님은 그 보물을 숨겨두셨다.

잠언 25장 2절에, "일을 숨기는 것은 하나님의 영화요, 일을 살피는 것은 왕의 영화니라"라고 하셨다.

신명기 29장 29절에, "감추어진 일은 우리 하나님 여호와께 속하였거니와, 나타난 일은 영원히 우리와 우리 자손에게 속하였나니, 이는 우리에게 이 율법의 모든 말씀을 행하게 하심이니라"라고 하셨다.

하나님은 보물을 숨기는 일을 하시고, 우리는 그 보물이 어디에 있는지 찾아 나서는 일을 한다. 하나님께서 보물을 숨겨놓으시는 목적은 우리에게 보물을 주시기 위함이다. 우리가 그 보물을 찾아서 부요하게 살기를 원하신다.

▶ 보물지도

하나님의 말씀인 성경은 마치 보물지도와 같다. 하나님은 그가 숨겨놓으신 보물이 어디에 있는지 책으로 기록해서 우리에게 주셨다.

그러므로 말씀을 대할 때 보물섬을 찾아 나서기 위한 기대와 흥분된 마음을 갖자!

손에 보물지도를 갖고 주의 깊게 관찰하며 살피며 찾아 나서자!

내 아들아, 네가 만일 나의 말을 받으며, 나의 계명을 네게 간직하며, 네 귀를 지혜에 기울이며, 네 마음을 명철에 두며, 지식을 불러 구하며, 명철을 얻으려고 소리를 높이며, 은을 구하는 것같이 그것을 구하며, 감추어진 보배를 찾는 것같이 그것을 찾으면, 여호와 경외하기를 깨달으며 하나님을 알게 되리니 잠 2:1-5

▶ 보물지도 안내자

자, 이제 보물지도를 손에 들었으면, 보물지도를 보는 법과 보물을 얻을 때까지 우리를 안내할 유능하고 경험이 풍부한 안내자를 소개하겠다.

참으로 감사하게도 하나님께서 우리에게 보물지도를 주셨을 뿐 아니라, 그것을 따라 보물을 찾도록 길을 안내할 놀라운 안내자를 보내주셨다. '성령'이 바로 보물지도 안내자이시다.

> 보혜사 곧 아버지께서 내 이름으로 보내실 성령 그가 너희에게 모든 것을 가르치고, 내가 너희에게 말한 모든 것을 생각나게 하리라 요 14:26

> 진리의 성령이 오시면 그가 너희를 모든 진리 가운데로 인도하시리니 그가 스스로 말하지 않고 오직 들은 것을 말하며, 장래 일을 너희에게 알리시리라 요 16:13

우리의 놀라운 안내자 성령을 환영하자. 그를 전적으로 의지하자. 그는 항상 우리 곁에서 도우실 것이다. 성경은 성령을 "보혜사"라고 하신다. 이는 '항상 내 곁에 계시며 나를 돕는 이'라는 뜻이다. 때로는 "위로자", "돕는 자", "상담가", "교사", "안내자"라고 한다.

그러나 주의할 게 있다. 당신의 학력, 경험, 지식, 지혜, 생각, 감정을 의지하여 따라가며 안내자 성령을 무시하면 보물을 얻을 시간이 없을 것이다. 성령을 전적으로 의지하는 것만이 보물을 얻는 유일한 길이다.

> 기록된 바, '하나님이 자기를 사랑하는 자들을 위하여 예비하신 모든 것은 눈으로 보지 못하고 귀로 듣지 못하고 사람의 마음으로 생각하지도 못하였다' 함과 같으니라. 오직 하나님이 성령으로 이것을 우리에게 보이셨으니 성령은 모든 것 곧 하나님의 깊은 것까지도 통달하시느니라.
> 사람의 일을 사람의 속에 있는 영 외에 누가 알리요! 이와 같이 하나님의 일도 하나님의 영 외에는 아무도 알지 못하느니라. 우리가 세상의 영을 받지 아니하고 오직 하나님으로부터 온 영을 받았으니 이는 우리로 하여금 하나님께서 우리에게 은혜로 주신 것들을 알게 하려 하심이라 고전 2:9-12

▶ 보물섬 지도

보물을 찾아 나서기 전에 보물이 있는 곳, 즉 보물섬 지도를 살펴보자.

율법서 5권(청사진) ― **역사서** 12권(성전 건축 공사장) ― **시가서** 5권(들판, 양 떼들, 목자) ― **대선지서** 5권(해골 골짜기, 생수의 강) ― **소선지서** 12권(해변, 큰 물고기, 외치는 요나) ― **신약으로 건너가서**

복음서 4권(예수님과 그 말씀을 듣는 무리들, 로마 군병, 세 개의 십자가) ― **역사서** 1권(성령과 교회의 복음 전파) ― **서신서** 21권(로마 감옥, 교회의 예배, 일꾼들) ― **예언서** 1권(흰 말을 타신 예수와 그의 군대, 새 예루살렘) ― 그리고 드디어 **보물 상자!!!**

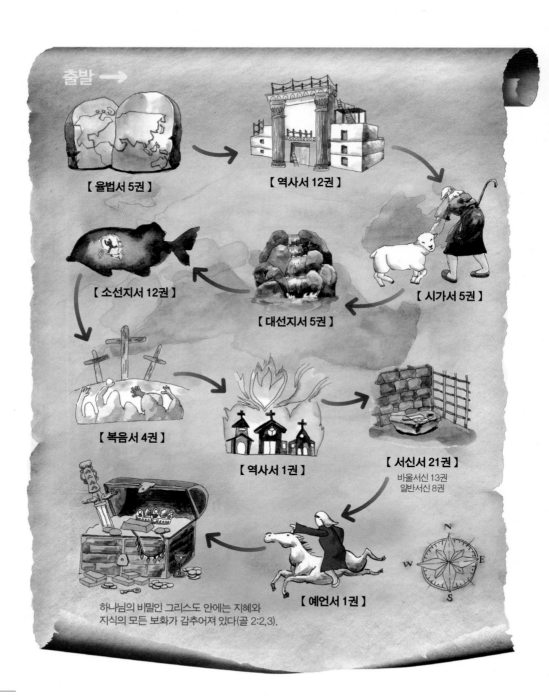

출발 →

【 율법서 5권 】

【 역사서 12권 】

【 시가서 5권 】

【 소선지서 12권 】

【 대선지서 5권 】

【 복음서 4권 】

【 역사서 1권 】

【 서신서 21권 】
바울서신 13권
일반서신 8권

【 예언서 1권 】

하나님의 비밀인 그리스도 안에는 지혜와
지식의 모든 보화가 감추어져 있다(골 2:2,3).

그런데 보물찾기에 있어서,

최대의 장애물 : 게으름 – 보물을 찾아 나서려는 모험을 하지 않고 게을러서 가만히 집에 앉아있는 것이다.
　　　　　　　　너무 바쁨 – 다른 일로 분주하여 보물을 찾을 시간을 내지 않는 것이다.
또 다른 장애물 : 교만 – 보물을 찾아 나서면서 자기의 학력, 경험, 지식, 생각, 방법만 의지하는 것이다.
최고의 안내자 : 성령 – 성령은 우리의 가장 놀라운 스승이요 안내자이시다.

우리에게 가장 놀라운 보물은 바로 예수 그리스도이시다!

이는 그들로 마음에 위안을 받고 사랑 안에서 연합하여 확실한 이해의 모든 풍성함과 하나님의 비밀인 그리스도를 깨닫게 하려 함이니, 그 안에는 지혜와 지식의 모든 보화가 감추어져 있느니라 골 2:2,3

그러나 무엇이든지 내게 유익하던 것을 내가 그리스도를 위하여 다 해로 여길 뿐더러 또한 모든 것을 해로 여김은 내 주 그리스도 예수를 아는 지식이 가장 고상하기 때문이라. 내가 그를 위하여 모든 것을 잃어버리고 배설물로 여김은 그리스도를 얻고 그 안에서 발견되려 함이니 빌 3:7-9

탁월한 학자인 바울의 이 고백이 얼마나 놀라운가!
그는 보물을 찾아 나서기 위해 그리고 그 보물을 얻기 위해 모든 걸 버렸다!
그리고… 보물을 찾았다.

2. 하나님의 말씀은 용광로와 같다

여호와의 말씀이니라. '내 말이 불같지 아니하냐?' 렘 23:29

포항의 제철소를 방문한 적이 있다. 그곳은 특히 큰 배의 갑판용으로 사용하는 강판을 만드는 곳이었다. 큰 제철소를 둘러보도록 안내한 장로님이 말했다.
"배가 바다에서 침몰한 이유가 강판의 연약함으로 인함이라면 제철소가 전적으로 배상하도록 되어있습니다. 그래서 강하고 견고한 강판을 만들기 위해서 1,700도 이상의 열처리를 하는 용광로를 여러 번 거쳐야 합니다."

그는 내게 용광로에 넣을 철들이 있는 곳을 보여주었다. 거대한 공간에 마치 고물상처럼 각종 고철들이 쌓여있었다. 더 이상 사용할 수 없는 주전자, 철 책상, 조각나고 구겨진 고철덩이가 된 자동차, 형체를 전혀 알 수 없는 철들이 잔뜩 쌓여있었다.

이런 고철들을 뜨거운 열로 물같이 녹이고 찌끼들을 걸러내는 장치가 바로 용광로다. 고철은 용광로를 여러 번 거치면서 정제되어 결국 견고한 강판이 된다.

하나님의 말씀은 마치 거대한 용광로와도 같다. 불과 같은 말씀의 용광로를 거치면서 거친 성품, 기질, 습관, 삶 등이 녹고 정제된다. 말씀을 읽고 묵상하고 지켜 행할 때, 우리는 예수 그리스도의 성품을 갖춘 하나님의 사람이 되어간다.

3. 하나님의 말씀은 대장간이나 채석장의 망치와 같다

내 말이 … 바위를 쳐서 부스러뜨리는 방망이 같지 아니하냐? 렘 23:29

곧 여호와의 말씀이 응할 때까지라. 그의 말씀이 그를 단련하였도다 시 105:19

대장간의 망치를 본 적이 있을 것이다. 쇠들을 뜨거운 풀무에 넣어 부드럽게 한 후에 대장장이가 망치를 가지고 각종 모양의 쇠 기구를 만들어낸다. 또는 채석장에서 바위들을 쳐서 부스러뜨리는 망치를 보았을 것이다.

미켈란젤로가 어느 날 들판에 있던 큰 바위를 옮겨와 그의 작업장에 두었다. 그는 망치를 사용하여 그 바위를 깨뜨리며 일했다. 때로는 크게 깨뜨리며 부스러뜨리기도 하고, 때로는 작게 깨뜨리기도 했다. 오랜 작업 후에 결국 그는 놀라운 하나님의 사람 '모세상'을 완성했다.
하나님의 말씀은 이처럼 망치와 같아서 거친 우리의 성품을 다듬어간다. 우리는 갈수록 하나님의 성품을 닮은 사람이 되어갈 것이다.

4. 하나님의 말씀은 수술용 칼과 같다

외과의사에게 들려진 날카로운 수술용 칼은 우리의 몸에 붙어있는 불필요한 것이나 해로운 것들을 가르거나 잘라낸다.
히브리서 4장 12절에, "하나님의 말씀은 살아있고 활력이 있어 좌우에 날선 어떤 검보다도 예리하여 혼과 영과 및 관절과 골수를 찔러 쪼개기까지 하며 또 마음의 생각과 뜻을 판단하나니"라고 하신다.
"찔러 쪼개다" – "찌르다"는 '관통하다', '통과하다'의 뜻이고, "쪼개다"는 '분리하다', '나누다'라는 의미이다. 이처럼 하나님의 말씀은 수술용 칼과 같아서 우리의 사고방식을 수술한다. 우리에게 붙어있는 해로운 것들을 분리하여 잘라낸다.

내가 어릴 때는 국가적으로 매우 빈곤했다. 소고기나 돼지고기를 먹는 건 명절 때만 가능했다. 명절이 되면 어머니가 내게 정육점(당시 고기를 팔던 곳)에 가서 소고기를 사오라고 심부름을 시키셨다. 그리고 그냥 가져오지 말고 반드시 기름은 떼어내고 살코기만 가져오도록 당부하셨다. 내가 저울에 달아서 주는 고기에서 기름을 떼어달라고 요청하자, 정육점 아저씨가 큰 칼로 살코기에 붙어있는 비계를 썰어 떼어내셨다. 어린 내 눈에 칼이 얼마나 날카로워 보이던지 속으로 감탄했다.

하나님의 말씀은 이처럼 예리한 칼과 같아서 우리의 삶에 붙어있는 세상적인 것, 정욕적인 것, 육신적인 것들을 분리하여 떼어낸다. 하나님의 말씀은 우리의 생각, 사고방식을 새롭게 한다. 우리로 하나님나라의 백성답게 변화된 삶을 살게 한다.

> 너희 몸을 하나님이 기뻐하시는 거룩한 산 제물로 드리라… 마음을 새롭게 함으로 변화를 받아 롬 12:1,2

하나님은 우리가 헌신된 자의 삶을 살기를 원하신다. 헌신된 자의 삶의 특징은 하나님의 뜻을 따라 생활하는 것이다. 그러려면 먼저 우리의 마음을 새롭게 함으로 변화를 받아야 한다. 그것은 우리의 사고방식의 변화를 의미한다. 이는 하나님의 말씀으로 가능하다. 사고방식이 변하면 보는 눈, 듣는 귀, 말하는 혀의 변화가 일어난다. 결국 내 인격이 변화된다.

5. 하나님의 말씀은 약병과 같다

하나님의 사람 데릭 프린스(Derek Prince)는 영국의 유명한 성경교사이다. 나는 그가 '약병'(the medicine bottle)이라는 제목으로 자신이 경험한 하나님 말씀의 능력에 대해 설교한 걸 들었다.

세계 2차 대전 중 그는 영국 군인으로 서아프리카 사하라에 주둔하며 심한 열병에 걸렸다. 사막 한가운데에 있던 부대에는 열병을 치료할 약이 없었다. 그대로 두면 그는 죽을 터였다. 그에게는 고국을 떠날 때 받은 포켓 성경이 있었다. 그는 성경을 읽고 또 읽었다. 그리고 놀랍게도 병이 호전되어 결국 완쾌했다.

그는 하나님의 말씀의 능력을 경험한 후에 두 가지 결론을 내렸다. 첫째, 예수 그리스도는 살아계시다. 둘째, 성경은 진리이다. 그런 경험 후에 그는 "인생에 대한 내 열정, 동기, 목적이 바뀌었다"라고 말했다.

그 후 3년 동안 북아프리카(이집트, 수단)와 팔레스타인에서 군 생활을 하면서 스스로 성경을 열심히 공부했다. 전쟁에 참가하기 전에는 캠브리지대학에서 철학을 전공한 유명한 무신론자였지만 종전 후에는 유명한 국제적 성경교사가 되었다.

시편 107편 20절에, "그가 그의 말씀을 보내어 그들을 고치시고 위험한 지경에서 건지시는도다"라고 하셨고, 예레미야 17장 14절에, "여호와여 주는 나의 찬송이시오니 나를 고치소서 그리하시면 내가 낫겠나이다"라고 하셨다.

하나님의 말씀은 우리의 병을 치료하는 약병과 같다. 우리의 마음과 영뿐 아니라 몸도 치료하는 능력이 있다.

6. 하나님의 말씀은 내비게이션과 같다

내비게이션은 여행의 안내자 역할을 한다. 처음 가는 낯선 곳이라도 우리를 올바르게 인도한다. 혹 잘못된 길로 접어들면 어떻게 가야 하는지 알려준다. 그리고 결국 우리의 목적지까지 다다르게 돕는다.

> 모든 성경은 하나님의 감동으로 된 것으로 교훈과 책망과 바르게 함과 의로 교육하기에 유익하니 딤후 3:16

성경은 다음의 네 가지(교훈, 책망, 바르게 함, 의로 교육함)로 유익하다.

▶ 말씀의 유익성

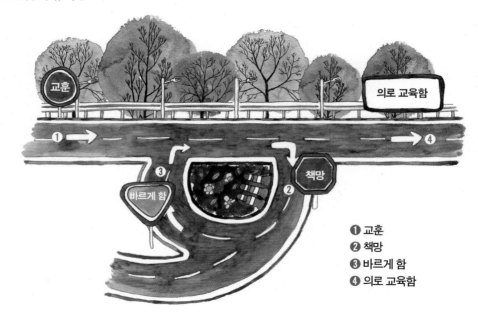

① 교훈
② 책망
③ 바르게 함
④ 의로 교육함

• **교훈** – 우리가 어떻게 살아야 할 것인지 우리가 가야 할 길을 제시한다.
  주의 말씀은 내 발에 등이요 내 길에 빛이니이다 시 119:105

• **책망** – 우리가 잘못된 길로 접어들었을 때 경고하여, 우리로 더 이상 방황하지 않도록 도와준다.
  주의 증거들은 나의 즐거움이요 나의 충고자니이다 시 119:24

• **바르게 함** – 우리가 잘못된 길에서 떠나 올바른 길로 돌아서게 해준다.
  주의 증거들을 향하여 내 발길을 돌이켰사오며 시 119:59
  잃은 양같이 내가 방황하오니 주의 종을 찾으소서 내가 주의 계명들을 잊지 아니함이니이다 시 119:176

• **의로 교육함** – 우리로 처음부터 목적한 곳까지 다다르도록 격려하고 위로하고 힘을 주며 도와준다.

하나님의 말씀은 이같이 우리에게 내비게이션 역할을 한다.

7. 하나님의 말씀은 가장 놀라운 양식이다

우리 모두는 자신의 건강에 주의를 기울인다. 건강하려면 운동과 좋은 음식이 중요하다. 매스 컴에서는 사람들의 필요에 맞추어 각종 약이나 운동기구, 다이어트 프로그램을 광고한다. 헬 스클럽과 병원도 많다.

그런데 우리가 놓쳐서는 안 되는 게 있다. 우리는 겉사람과 속사람으로 구성되어 있다는 사실 이다. 겉사람, 즉 육신의 건강에는 많은 주의를 기울이며 노력하면서 속사람을 위한 관심과 노 력은 너무 적다. 겉사람의 건강이 중요하다면 속사람의 건강은 더 중요하다. 겉사람의 건강을 위해 음식을 정기적으로 섭취하는 것처럼 속사람의 건강을 위해서도 그렇게 해야 한다.

속사람을 위한 음식은 무엇인가? 예수님은, "사람이 떡으로만 살 것이 아니요, 하나님의 입으 로부터 나오는 모든 말씀으로 살 것이라"(마 4:4)라고 하셨다. 하나님의 말씀은 속사람을 위한 양식이다. 음식을 정기적으로 섭취함으로 건강을 유지하듯이 하나님의 말씀도 정기적으로 먹 어야 한다.

하루는 빌리 그래함 목사님이 아침 식사를 하다가 눈물을 뚝뚝 흘렸다. 이를 본 사모님이 깜 짝 놀랐다. "왜 우시지요? 혹 식사에 문제가 있나요?" 목사님이 말했다. "아니, 오늘 너무 바빠 서 말씀 묵상하는 일을 걸렀는데, 음식을 먹다 보니 갑자기 내가 돼지와 별다를 게 없다는 생 각이 들어 슬퍼서 그럽니다."

욥은 "내가 그의 입술의 명령을 어기지 아니하고 정한 음식보다 그의 입의 말씀을 귀히 여겼도 다"(욥 23:12)라고 말한다. 일정한 음식을 먹는 건 중요하다. 그러나 욥은 그보다 하나님의 말 씀을 더 귀하게 여겼다. 하나님의 말씀이 중요하기 때문이다.

예수께서, "너희가 성경도, 하나님의 능력도 알지 못한다"라고 사두개인들을 책망하셨다(마 22:29). 그들의 삶에 능력이 결여되었다. 하나님의 말씀이 없기 때문이었다.

두 가지 영적인 메마름, 즉 말씀에 관한 이해 의 부족과 영적인 능력의 부족은 항상 함께 나타난다. 무기력한 삶, 무능력한 삶은 하나 님의 말씀이 없기 때문이다. 하나님의 말씀은 우리로 능력 있는 삶을 살게 한다. 무기력하 여 쉽게 지치던 삶이 활기찬 삶, 역동적인 삶 이 된다. 무능력하여 실패하던 삶이 성공적인 삶이 된다.

성경을 잘 이해하기 위한 일곱 가지 접근법

1. 패스워드를 입력해야 한다

성경은 하나님나라의 비밀로 가득하다. 하나님은 우리가 그 비밀을 알기를 원하신다. 그리고 그것을 알도록 방법을 제시하셨다. 다만 패스워드를 입력해야만 접근이 가능하다. 성경을 이해하려면 이 패스워드를 입력해야 한다. 그것은 다음과 같다.

"이는 하나님은 사랑이심이라"(For God is Love) 요일 4:8

만일 성경을 읽다가 의미를 정확히 이해하기 원한다면, 그때마다 이 패스워드를 입력하길 바란다. 그러면 '아! 하나님이 하시는 일의 동기가 여기에 있구나!' 하고 이해하게 될 것이다. 하나님의 모든 계획하심의 동기, 실행 과정, 목적은 언제나 '사랑'이다.

> 긍휼이 풍성하신 하나님이 우리를 사랑하신 그 큰 사랑을 인하여 엡 2:4
> 여호와께서는 그 모든 행위에 의로우시며 그 모든 일에 은혜로우시도다! 시 145:17

2. 성경의 각 구절, 단락, 장, 책에서 예수 그리스도를 발견하라

예수께서 "너희가 성경에서 영생을 얻는 줄 생각하고 성경을 연구하거니와, 이 성경이 곧 내게 대하여 증언하는 것이니라"(요 5:39)라고 말씀하시듯 우리는 성경에서 – 각 방과 골목과 모퉁이와 거리에서 – 예수 그리스도를 발견해야 한다. 가령,

창세기 1장 1절 태초에 하나님이 천지를 창조하시니라 – 창조주 예수 그리스도
창세기 1장 3절 하나님이 이르시되 "빛이 있으라" 하시니 빛이 있었고 – 빛이신 예수님
창세기 22장 – 이삭을 통해 보는 갈보리 언덕의 십자가에 달리신 예수님
창세기 24장 – 신부를 맞이하는 이삭에서 보는 신부 된 교회를 사랑하시는 신랑 예수님
광야에서의 만나 – 생명의 떡이신 예수님

3. 삼계탕 먹는 식으로 성경 말씀을 먹는다

삼계탕을 먹을 때면 식탁에 커다란 빈 그릇을 둔다. 뼈들을 발라야 하기 때문이다. 그런데 처음부터 뼈만 붙들고 있으면 얼마나 손해인가! 말씀을 먹을 때 아직 소화하거나 이해하기 어려운 부분을 안고 너무 오랫동안 씨름하지 않으면 좋겠다. 그러다가 지치고 기운이 빠져 진도를 나가지 못할까 걱정이 되기 때문이다.

삼계탕을 먹을 때 어린아이, 청소년, 청년 등 나이에 따라 먹는 부위와 양이 다르다. 마찬가지로 각 사람의 영적 성숙도가 다르다. 어떤 말씀은 아직 소화하거나 이해하기 어려울 수 있다. 그러면 식탁의 빈 그릇에 담아두라. 나중에는 그것도 소화가 될 것이다.

말씀이 이해가 되지 않을 때 너무 조급해하거나 서두르지 말라. 그대로 두고 이해가 되는 부분만 먼저 소화하기 바란다. 다음에 읽을 때는 이해가 더 잘될 것이다.

4. 성경의 아름다움을 감상하며 읽기 바란다

성경의 저자이신 하나님은 누구보다 아름다우시다. 조화와 균형, 질서가 있다. 하나님이 만드신 대자연을 묵상해보라. 하나님의 성품과 원리 원칙을 발견하게 될 것이다. 나는 식물원, 동물원, 해양 수족관에 가기를 좋아한다. 거기서 하나님의 성품을 보기 때문이다.

식물원에서 각종 꽃을 바라보라! 모양과 색깔의 질서, 조화, 일치와 다양성 등을 보게 될 것이다. 동물원은 어떤가? 목이 긴 기린, 코가 긴 코끼리, 덩치가 큰 하마, 사자, 호랑이, 토끼 등 하나님의 창조의 아름다움, 다양성을 볼 것이다. 수족관은 어떤가? 각 물고기의 모양과 색깔이 다양하다. 어떤 것은 주둥이만 노랗다. 어떤 것은 지느러미만 보라색이다. 어떤 것은 눈 주위만 동그랗게 까맣다. 하나님의 창조물에는 흉한 것, 불균형, 부조화가 없다. 그분이 지으신 모든 것에는 아름다움, 조화, 균형이 있다. 그분은 아무도 견줄 수 없는 화가, 조각가, 건축가이시다. 가장 놀라운 예술가이시다!

성경은 바로 이런 하나님의 말씀이다. 성경에는 하나님의 성품이 보인다. 그분이 행하시는 원리 원칙이 나타난다. 하나님의 말씀에는 조화와 질서가 있다.

그 예로 이사야서를 보자. 이 책은 66장으로 이루어져 있다. 크게 두 부분으로 구성되어 있는데, 첫 부분은 1장부터 39장이고, 두 번째 부분은 40장에서 66장까지이다. 첫 부분은 모두 39장이고 두 번째 부분은 27장이다. 첫 부분은 내용적으로 구약의 요약이고, 두 번째 부분은 신약의 요약이다. 성경 전체가 66권이고 구약은 39권, 신약은 27권이다. 이사야서는 성경의 요약판이다.

성경에서 가장 긴 장은 시편 119편이다. 각 8절씩 한 묶음으로 되어있다. 그리고 각 묶음의 첫 구절의 첫 단어는 히브리어 알파벳이 순서대로 나열되어 있다. 히브리어 알파벳이 22개여서 모두 22묶음이다. 그러므로 시편 119편은 8×22=176구절이다.

5. 성경은 재미있다

누가 성경을 지루하고 재미없는 책이라고 하는가? 성경만큼 재미있는 책이 어디에 있을까! 보물찾기를 할 때 재미없고 지루한가? 아니다. 흥분되고 재미있다. 하나님은 가장 놀라운 이야기꾼이시다!

성경을 대할 때 마치 보물찾기하는 것처럼 대하면 얼마나 재미있겠는가? 감추인 보물을 찾는 것처럼 흥분하여 말씀을 대하게 될 것이다. 아름다운 꽃을 보면 기이함에 흥분된다. 동물들,

식물들을 볼 때 얼마나 놀랍고 흥분되는가! 이처럼 하나님의 말씀을 즐거운 마음으로 대하기를 바란다.

> 금 곧 많은 순금보다 더 사모할 것이며, 꿀과 송이꿀보다 더 달도다! 시 19:10

> 내가 모든 재물을 즐거워함같이 주의 증거들의 도를 즐거워하였나이다 시 119:14

다윗 왕은 재물보다 말씀을 더 사모했다. 하나님의 말씀은 꿀보다 더 달다.
그는 하나님의 말씀을 즐거워했다. "오직 여호와의 율법을 즐거워하여… 묵상하는도다"(시 1:2).
이것이 말씀을 대하는 올바른 자세다.

6. 성경은 이해하기 쉽다

누가 성경을 이해하기 어렵다고 하는가? 야유회나 소풍을 가서 보물찾기를 할 때 보물을 숨기는 사람은 누군가가 그것을 발견하기를 바라며 보물을 숨긴다. 아무리 찾아도 찾지 못하도록 하지 않는다. 부지런히 찾기만 하면 찾을 수 있도록 숨긴다. 마찬가지로 하나님은 그의 말씀을 누구나 이해하기 쉽게 기록하셨다. 물론 부지런히 살피며 찾는 사람에게 이해되도록 하셨다.

"일을 숨기는 것은 하나님의 영화요, 일을 살피는 것은 왕의 영화니라"(잠 25:2)라고 말씀하시듯, 많은 보물을 성경의 숲에 사방으로 숨겨놓으신 분은 하나님이시고, 잘 살펴서 그 보물을 찾는 일은 우리의 몫이다. 더구나 우리에게는 가장 놀라운 개인 성경교사이신 성령(요 14:26)이 계신다. 그분은 우리를 "모든 진리 가운데로 인도하시는"(요 16:13) 인도자이시다.

성경을 이해하기 어렵다고 하는 것은 성경을 일반 지식 서적을 대하듯 자기의 지식과 지혜, 이해력으로 보기 때문이다. 그런 사람에게 성경은 '닫힌 책'이다. 그러나 개인 가정교사요 인도자인 성령의 도움으로 말씀을 대하면 '열린 책'이 될 것이다(고전 2:9-12).
다윗은 성경을 대할 때 이해할 수 있도록 겸손히 구했다.

> 내 눈을 열어서 주의 율법에서 놀라운 것을 보게 하소서 시 119:18

> 여호와여, 주의 율례들의 도를 내게 가르치소서. 내가 끝까지 지키리이다. 나로 하여금 깨닫게 하여주소서. 내가 주의 법을 준행하며 전심으로 지키리이다 시 119:33,34

7. 성경을 대할 때 저자가 의도하는 바에 집중하라

저자가 무엇을 의도하는지, 강조하는지, 그가 말하고자 하는 바가 무엇인지 생각하는 연습을 해야 한다. 물론 성경의 저자는 하나님이시다. 성경을 대하는 가장 좋은 방법은 저자가 강조하면 나도 강조하고, 덜 강조하면 나도 덜 강조하는 것이다. 때로는 밑줄을 긋는다. 또 내 눈에 굵은 서체로 보이면 굵은 서체로 마음에 기록한다.

나는 좋은 색연필 세 가지를 옆에 두고 성경을 읽는다. 필요하면 노란색, 초록색, 주황색으로 밑줄을 긋거나 단어 전체를 칠하기도 한다. 또한 성능이 좋고 심이 가는 볼펜으로 성경의 빈 공간에 노트하기도 한다.

우리가 놓치지 말아야 할 것은, 성경이 전적으로 나를 위해 쓰였다는 것이다. 그러므로 '하나님이 이 말씀을 통해 내게 무슨 말씀을 하기를 원하시는가?'를 끊임없이 질문하면서 읽어야 한다. 기록된 문자를 넘어서서 말씀하시는 하나님을 만나는 시간을 갖는 게 성경을 대하는 목적이다. 그래서 나는 때로는 성경을 읽다가 무릎을 꿇고 회개하거나 감사기도를 하기도 한다. 또한 손을 들고 찬양하기도 한다.

성경의 해석

1. 성경 해석이 필요한 이유 — 성경 자체의 특성 때문이다

성경은 '역사 속에서 인간의 말로 주어진 하나님의 말씀'이다.
성경은 하나님의 말씀이다. 이것이 성경의 권위이다. 성경의 말씀에 귀를 기울여야 하는 이유이다. 하나님은 진리의 하나님이시다. 그래서 그의 말씀인 성경은 진리이며 진실하다(시 19:7-10).

한편, 하나님은 역사 속에서 인간의 말을 통해 당신의 말씀을 전하기로 하셨다. 그래서 성경은 역사적 특수성이 있다. 즉 각각의 책에는 기록할 당시의 언어와 시간과 문화가 깃들어있다. 이같이 성경에는 영원한 타당성과 역사적 특수성 사이의 '긴장'이 있기에 해석이 필요하다.

2. 하나님 말씀의 해석 원칙

성경을 해석하는 데 원칙이 있다. 구약은 '그림자'이며 신약은 '실체'라고 할 수 있다. 그림자는 시간과 방향에 따라 변화된다. 아침에는 길고 이후로 점점 짧아진다. 그리고 오후가 되면 반대편으로 점점 길어진다. 그러나 실체는 어떤 상황에도 변하지 않는다.

그러므로 구약을 해석할 때 신약을 통해 해석하면 의미가 정확해진다. 구약성경을 구약성경으로 해석하면 올바른 해석이 어렵다. 반면에 신약성경은 신약성경으로 해석해야 한다. 신약의 내용을 구약으로 해석하는 건 바람직하지 않다.

3. 성경은 삶의 현장 즉 '역사' 속에서 해석해야 한다

성경은 과학책은 아니나 과학적이고, 역사책은 아니나 역사적이고, 철학책은 아니나 철학적이고, 문학책은 아니나 가장 문학적이다. 성경은 모든 학문에 연결될 수 있다. 그래서 나는 성경을 '모든 학문의 교과서'라고 부른다. 과학 교과서, 역사 교과서, 철학 교과서, 문학 교과서, 경제학 교과서, 교육학 교과서 등.

또한 성경은 삶의 현장 즉 '역사' 속에서 하나님의 뜻을 기록한 책이다. 그러므로 당시의 역사적, 지리적, 문화적 상황을 알면 더 잘 이해할 수 있다. 작은 조개는 얕은 바닷가에서 누구나 주울 수 있지만 손바닥만 한 전복은 바다 깊이 들어가야만 얻을 수 있다.

> **역사적 상황** – 기록된 당시의 역사를 공부해야 한다. 역사적 사건, 인물, 때, 장소 등
> **지리적 상황** – 기록된 당시의 지리를 공부해야 한다. 국가들, 경계선 등
> **문화적 상황** – 기록된 당시의 문화를 공부해야 한다. 언어, 인종 등

이 같은 상황은 책마다 다르다. 또한 두 가지 요인과 관련이 있다.
첫째는 저자와 당대의 독자들의 시대와 문화와 관련된 요인이다. 저자와 독자의 상황과 관련된 지리학적, 지정학적, 정치적 요인을 살펴야 한다. 각 책이 쓰인 배경과 목적을 살펴야 한다. 물론 이런 것들을 이해하는 가장 좋은 방법은 성경책 자체에서 얻는 것이다. 이것이 성경을 볼 때 관심을 기울여 주의 깊게 자세히 관찰하며 읽는 법을 배워야 하는 이유다.

둘째는 성경 본문과 관련된 요인이다. 즉, 각 책의 장르(편지, 시, 예언 등)를 이해해야 한다. 성경을 문맥을 따라 읽어야 한다. 근본적으로 단어는 문장 속에서 그 의미가 있다. 또한 문장들은 앞뒤 문맥을 살피면 이해가 된다.

성경을 역사 속에서 이해하는 건 중요하다. 그러나 무엇보다도 성경을 읽을 때, '하나님께서 이 말씀을 통해 내게 무엇을 말씀하시려고 하는가'라는 질문을 자주 던져야 한다. 하나님이 성경을 기록한 근본 목적은 단지 지식과 정보의 전달이 아니다. 바로 내게 말씀하시고자 하는 것이다. 그러므로 저자의 생각의 흐름을 따라야 한다. 관찰력을 길러야 한다. 또한 이런 요인들을 잘 이해하려면 외부의 도움을 받아야 한다. 좋은 성경사전이 그 하나이다.

4. 성경을 올바르게 이해하려면 성경 저자이신 성령의 도우심을 받아야 한다

하나님의 말씀인 성경이 권위가 있는 이유는 저자가 성령이시기 때문이다.
역사, 지리, 문화, 언어 등 모든 면에서 열심히 공부해야 하지만 결국 저자이신 성령의 깨닫게 하심이 있을 때 하나님의 뜻에 접근할 수 있다. 한편으로는 '이중 저작설'에 대한 이해가 있어야 한다. 하나님이 성경을 기록하실 때에 40명을 동원하셨다. 하나님은 단지 이들을 녹음기나 로봇으로 사용하지 않으셨다. 인격이신 하나님은 사람을 대할 때 항상 인격적으로 대하신다. 각 사람이 보고, 듣고, 느끼고, 생각하고, 대화하고, 자발적으로 순종하는 태도를 취할 수 있는

자유를 주셨다. 하나님은 각 사람의 지식, 경험, 문화, 역사, 지리, 성격, 상황들 가운데 말씀하셨다. 그래서 언뜻 보기에는 각 사람이 각 성경의 유일한 저자처럼 보인다. 물론 하나님은 이들에게 공동 저자가 될 수 있는 영광을 주셨다.

가령, 모세5경을 보면 모세의 학문적 식견이 얼마나 폭넓은지 알 수 있다. 그는 역사, 지리, 경제, 문학, 건축, 예술, 과학, 법, 의학 등에 탁월했다. 스데반이 "모세가 애굽 사람의 모든 지혜를 배워 그의 말과 하는 일들이 능하더라"(행 7:22)라고 언급한 점만 봐도 알 수 있다.

그러나 하나님은 명백하게 선을 그으셨다. 성경을 각 사람의 상황에서 기록하되, 내용과 문장과 구절 그리고 단어까지 스스로에게서 난 게 아니라 성령의 감동하심을 받아 기록하도록 하셨다. 따라서 모든 성경의 저자는 오직 성령 하나님 한 분뿐이시다. 여러 사람이 서로 다른 시대, 문화, 지식과 경험의 배경 가운데 성경을 기록했다. 물론 이들은 서로 만나 기록할 내용을 의논한 적이 없었다. 그러나 모든 성경은 놀랍게도 통일성이 있다. 왜냐면 한 분 성령이 저자이시기 때문이다.

> 너희는 여호와의 책에서 찾아 읽어보라. 이것들 가운데서 빠진 것이 하나도 없고 제 짝이 없는 것이 없으리니 이는 여호와의 입이 이를 명령하셨고 그의 영이 이것들을 모으셨음이라 사 34:16

결론적으로,

성경을 이해하고자 관찰하는 것과 해석하는 게 중요하지만, 그것에만 집중하다 보면 자칫 지식으로 흐를 수 있다. 무엇보다 가장 중요한 건 그 말씀을 따라 순종하여 행하는 삶에 있다. 하나님이 성경을 기록하신 목적이 여기에 있기 때문이다. 그러므로 성경을 대할 때, '성령님, 이 구절을 통해 내게 무엇을 말씀하기를 원하십니까?'라고 질문해야 한다. 그리고 성령께서 내게 말씀하시는 걸 기록해야 한다.

더 나아가, '성령님, 제가 그 말씀을 따라 어떻게 행하기를 원하십니까?'라고 질문하고 구체적으로 삶에 적용해야 한다. 문자를 넘어서서 이를 통해 내게 세미한 음성으로 말씀하시는 하나님께 귀를 기울여야 한다. 그분이 보여주시는 대로 이해하고 순종하여 행하는 게 하나님이 성경을 내게 주신 근본 목적이기 때문이다.

성경 이해의 몇 가지 문제점

1. 도량형과 화폐 단위

성경에 기록된 도량형과 화폐 단위는 기록될 당시 통용되던 것이다. 세월이 지남에 따라, 또 나라에 따라 용어가 바뀌거나 달라졌다. 그러므로 오늘의 용어로 전환해야 이해할 수 있다.

1) 헬라어와 히브리어 용어들을 이해하는 게 필요하다.

에바, 호멜 : 그램, 리터 등의 무게(부피) 측정 단위다.

규빗 : 건축물이나 거리 측정 단위이다. 센티미터, 미터로 표시하는 것과 같은 용어다.

세겔, 므나, 데나리온, 달란트 : 화폐 단위다.

2) 화폐

오늘날의 화폐로 번역하기가 어렵다. 금, 은, 동 등의 단위로 이해하는 게 필요하다.

오늘날의 화폐 가치로 이해하기가 쉽지 않다. 인플레와 물가 변동을 감안해야 한다. 즉 10년 전의 10,000원과 지금의 10,000원의 가치가 다르다. 하물며 최소 2,000년 이상의 시간적 간격을 고려해야 한다. 달란트(talanton)는 헬라에서 큰 화폐 단위였다. 금과 은의 화폐 단위로 사용되었다. 데나리온(denarius)은 로마의 그리 크지 않은 화폐 단위로서 대개 일용 근로자의 하루 임금에 해당했다.

가령, 마태복음 18장 24-28절의 달란트와 데나리온의 액수를 오늘의 가치로 환산하기는 어려움이 있다. 여기서는 정확한 환산이 중요한 게 아니라 내용을 대조했을 때 부각되는 놀라운 결과가 중요하다. 즉, "만 달란트"는 '만 자루의 금'으로, "백 데나리온"은 '백 개의 은 동전'으로 번역한 후에 각주를 달아놓을 수도 있다.

3) 도량형

성경에 나타난 당시의 도량형(가령, 규빗 - 노아의 방주의 길이, 에스겔의 성전의 크기 등등에 나타나는)이 지금은 사용되지 않기에 오늘의 도량형 단위로 환산하여 살펴보면 이해가 될 것이다. 또한 같은 시대라도 지역에 따라 기준이 조금씩 달랐다. 가령, 규빗은 이집트와 메소포타미아가 서로 차이가 있다.

돈은 오늘의 단위로 이해하는 데 가치의 변동을 참조해야 하지만, 도량형은 가치의 변화가 없다. 그러므로 도량형을 오늘의 단위로 환산해도 별 무리가 없다.

2. 번역의 통일성 결여

성경의 원어를 오늘의 세계 언어, 또는 한국어의 표현에 맞게 번역하는 데는 고도의 기술이 필요하다. 당시 통용되던 단어가 지금은 사용되지 않거나 문화와 시대적인 차이에서 발생하는 어려움도 있다. 또한 한글 성경으로 번역할 때 같은 원어를 일률적으로 통일된 언어로 번역하지 않아서 더 큰 혼란을 준다.

가령, 영, 혼, 육에 해당하는 단어가 책마다 다르게 번역되었다. 특히 신약에서 그렇다. "마음을 새롭게 함으로 변화를 받아"(롬 12:2), "오직 너희의 심령이 새롭게 되어"(엡 4:23) — 동일한 단어를 로마서에서는 "마음"으로, 에베소서에서는 "심령"으로 번역했다. 이런 경우가 여러 군데에 있다. "나의 영이 기도하거니와 나의 마음은 열매를 맺지 못하리라… 영으로 기도하고 또 마음으로 기도하며… 영으로 찬송하고 또 마음으로 찬송하리라"(고전 14:14,15) — 여기서 "마음"은 로마서 12장 2절의 "마음"과 원어가 다르다. 고린도전서 14장 14,15절에서는 '영혼'을 의미하고, 로마서 12장 2절에서는 '영'을 의미한다.

"…내 영혼이 주를 찬양하며 내 마음이 하나님 내 구주를 기뻐하였음은"(눅 1:46,47) — 여기서 "마음"은 '영'을 의미한다. 이렇듯 같은 단어를 다르게 번역해서 혼란을 줄 수 있으므로 주의를 기울여야 한다.

3. 정확한 의미의 단어로 번역하기 어려움

성경의 원어를 오늘의 말로 번역할 때 적합한 단어를 찾기가 어려울 때가 있다. 가령, "보혜사"(요 14:16)는 성령을 가리키는 단어이지만 오늘의 우리가 일상적으로 사용하는 용어가 아니기에 더 자세한 이해를 요구한다. 잘 번역된 몇몇 영어 성경에서는 "Helper"(돕는 자, ESV, NKJV), "Advocate"(변호자, NIV), "Counselor"(상담자, RSV) 등등 조금씩 다르다. 이 원어를 정확히 전달하기 위해 많이 고심한 흔적이 보인다.

보혜사의 헬라어 원어는 "PARAKLETOS"이다. 이것의 의미는 위에 언급한 영어 성경에서의 모든 단어를 다 합친 것과 같다. 즉, 보혜사란, '항상 우리 곁에 있는 우리의 상담자, 돕는 자, 변호자이다'라고 하면 의미가 정확하다.

또한 "덕을 세우다"(고전 14:4)라는 단어도 같은 경우다. 헬라어 원어는 "OIKODOMEO"이다. 이 단어도 영어 성경에는 "build up"(세우다, 건축하다, ESV), "edify"(덕성을 북돋우다, 계발하다, NIV, RSV, NKJV)로 번역되었다. 이 단어가 사도행전 9장 31절에서는 "든든히 서가고"라고 번역되었고, 유다서 1장 20절에는 "자신을 세우며"라고 번역되었다. 이 모든 단어를 다 모으면 "덕을 세우다"라는 의미가 더 확실해진다.

4. 어떤 성경을 선택할 것인가?

성경의 종류가 다양해지면서 어떤 성경을 택하는 게 좋은지 질문을 많이 받는다. 성경을 선택하는 건 성경을 번역하는 형식과 연관이 있다. 성경 번역 형식에 따라 성경이 다르게 기록되기 때문이다. 일반적으로 성경 번역은 다음의 세 가지 유형을 따른다.

1) 문자적 번역

원어에서 사용하는 단어나 어구를 가능한 유지하는 번역 방식이다. 이런 방식을 따른 번역본의 좋은 점은, 원어를 오늘의 단어로 거의 전달한다는 것이다. 그러나 이 번역본은 오늘의 상황에서 이해하기가 쉽지 않다.

2) 자유 번역

원어의 단어를 사용하지 않고 현대적 상황에 맞게 의역하는 방식이다. 이런 번역본은 읽기 쉽고 이해가 더 잘된다. 그러나 원어의 의미를 자칫 손상시켜서 원래 말하고자 하는 바를 놓칠 수 있다.

3) 역동적 대응 번역

원어를 수용 언어의 정확한 대응어로 번역하는 것이다. 원어에 기록된 언어, 문법, 문장 형태를 가능한 현대적으로 표기하고자 하는 방식이다. 가장 선호하는 성경 번역 형태이다. 장점은 원어를 거의 변형하지 않고 오늘의 상황에 맞게 그대로 옮긴 것이다. 그러나 더욱 분명한 이해를 원한다면 문자적 번역본과 자유 번역본을 참고하는 게 좋다.

나는 역동적 대응 번역본의 성경으로 말씀을 대하는 걸 가장 추천한다. 할 수 있다면 문자적 번역 성경이나 자유 번역 성경을 참조하기를 바란다. 이런 번역 성경은 본문의 의미를 이해하는 데 도움을 준다.

【 성경 번역 이론 】

문자적 번역	자유 번역	역동적 대응 번역
원어에서 사용하는 단어나 어구를 가능한 유지한다.	원어의 단어를 사용하지 않고 현대적 상황에 맞게 의역한다.	원어를 수용 언어의 정확한 대응어로 번역한다. 언어, 문법, 문장 형태는 가능한 현대적으로 표기
개역한글 성경 개역개정 성경	현대인을 위한 성경, 메시지성경, 다이제스트 성경, 어린이를 위한 성경	표준새번역, 공동번역, 쉬운성경, 새번역
KJV/NKJV, RSV/NRSV, NASB, ESV	Phillips, LB, Message	NIV, GNB, NAB, JB

역동적 대응 번역이 가장 바람직하다.
문자적 번역 혹은 자유 번역은 본문의 의미를 이해하는 데 도움을 준다.

KJV - King James Version
RSV - Revised Standard Version
NASB - New American Standard Bible
ESV - English Standard Version

LB - Living Bible

NIV - New Int'l Version
GNB - Good News Bible
NAB - New American Bible
JB - Jerusalem Bible

성경의 골격

하나님의 말씀 : 성경의 권위와 위치

성경은 모든 책 중에 뛰어난 책이 아니다. 모든 책과는 뚜렷하게 구별된다. 모든 일반 서적은 저자가 유한하고 인격적인 사람들이다. 그러나 성경은 무한하고 인격이신 하나님이 그 저자이시다.

> 모든 성경은 하나님의 감동으로 된 것으로 교훈과 책망과 바르게 함과 의로 교육하기에 유익하니 딤후 3:16

> 먼저 알 것은 성경의 모든 예언은 사사로이 풀 것이 아니니, 예언은 언제든지 사람의 뜻으로 낸 것이 아니요 오직 성령의 감동하심을 받은 사람들이 하나님께 받아 말한 것임이라 벧후 1:20,21

▶ 성경의 올바른 권위와 올바른 위치

잘못된 위치		올바른 위치

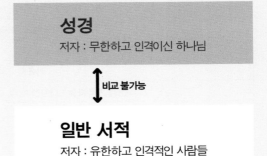

1위	성경
2위	일반 서적
3위	일반 서적
.	
.	
50위	일반 서적
.	
100위	
.	

성경
저자 : 무한하고 인격이신 하나님

↕ 비교 불가능

일반 서적
저자 : 유한하고 인격적인 사람들

> 성경은 모든 책 중에 뛰어난 것이 아니라 모든 책과는 구별된다. 일반 서적은 증보, 개정판이 권위가 있으나, 성경은 원본이 가장 권위가 있다. 하나님의 지식과 지혜는 완전하기 때문이다.

신구약성경

성경은 크게 두 부분, 구약과 신약으로 이루어져 있다. 구약성경은 39권이고 신약성경은 27권으로 전체 66권이며 총 1,189장이다. 하루에 10장씩 읽으면 일 년에 세 번 이상 통독할 수 있다. 성경을 자신의 나이만큼 읽도록 목표를 세우고 오늘부터 읽기를 시작하자.

산모가 날마다 소리 내어서 성경을 읽으면 태아가 기뻐하고, 태어나 자라나면서 성격이 밝고 지혜와 총명을 갖게 된다. 성경을 소리 내어서 읽을 때 속사람이 강건해져서 죄의 유혹을 이기고, 밝은 성격이 되며, 힘 있는 삶을 살 것이다.

성경은 구약이 1,500년간, 신약이 100년간 도합 1,600년에 걸쳐 기록되었다. 하나님께서는 그의 메시지를 전하시기 위해 충성되고 신실하며 성령 충만한 40명을 부르셔서 이들을 통해 기록하셨다. 이들이 산 시기와 장소, 배경과 성격, 그리고 직업이 다양하다. 서로 만나서 책을 쓰기 위해 편집회의를 한 적도 없다. 각자가 성령의 감동하심으로 기록했다.

그러나 놀랍게도 성경은 그 내용에 통일성이 있다. 왜냐면 근본적으로 저자가 하나님 자신, 성령이시기 때문이다.

구약은 대부분 히브리어로, 신약은 헬라어로 기록되었다. 히브리어는 '무엇'(what)을 표현함에 있어서 뛰어나고, 헬라어(그리스어)는 '어떻게'(how)를 설명하기에 뛰어난 문자적 특징이 있다. 하나님은 이런 문자적 특징을 그대로 사용하시어 그의 뜻을 전달하셨다.

【 신구약성경 】

총 66권 : 3x9=27, 39+27=66	
구 약	**신 약**
39권	27권
히브리어, 부분적으로 아람어	헬라어
총 1,189장 (매일 10장, 매년 3독 이상 읽기)	
기록연대 - 1,600년간	
1,500년	100년
기록자 - 40명	
성경 기록자들 - 다양한 배경, 그러나 통일성과 다양성	

성경의 골격

성경은 마치 아름다운 나비의 두 날개처럼 크게 구약과 신약 두 부분으로 이루어져 있다. 그리고 각각의 날개에 네 개의 아름다운 색깔을 입힌 것처럼 구약 네 부분(율법서, 역사서, 시가서, 선지서)과 신약 네 부분(복음서, 역사서, 서신서, 예언서)이 대칭을 이루고 있다. 이 좌우 날개를 합치면 여덟 부분으로 구성된다.

또한 좌우 날개를 포개듯이 서로가 대칭 및

대조를 이룬다. 나비가 아름다움, 변화, 성장을 보여주듯이 성경을 통해 성령은 우리가 믿음으로 아름답게 변화되고 성장하도록 인도하신다.

【 성경의 여덟 골격 2×4=8 】

구약 39	율법서	5	창세기, 출애굽기, 레위기, 민수기, 신명기
	역사서	12	여호수아, 사사기, 룻기, 사무엘상/하, 열왕기상/하, 역대상/하, 에스라, 느헤미야, 에스더
	시가서	5	욥기, 시편, 잠언, 전도서, 아가
	선지서	17	이사야, 예레미야/애가, 에스겔, 다니엘, 호세아, 요엘, 아모스, 오바댜, 요나, 미가, 나훔, 하박국, 스바냐, 학개, 스가랴, 말라기
신약 27	복음서	4	마태복음, 마가복음, 누가복음, 요한복음
	역사서	1	사도행전
	서신서	21	로마서, 고린도전/후서, 갈라디아서, 에베소서, 빌립보서, 골로새서, 데살로니가전/후서, 디모데전/후서, 디도서, 빌레몬서, 히브리서, 야고보서, 베드로전/후서, 요한1/2/3서, 유다서
	예언서	1	요한계시록

신약과 구약의 조화

- **율법서**는 하나님나라의 기초를 말하고, **복음서**는 하나님의 나라가 나타남을 **보여준다.**
- 구약의 **역사서**는 국가가 형성되고 진행되면서 불순종으로 결국 이방 국가에 의해 멸망하는 과정을 보여주고, 신약의 **역사서**는 예수 그리스도의 오심, 죽으심, **부활하심**과 승천하심, 그리고 성령 강림으로 교회가 형성되고 **순종함으로** 하나님의 나라가 땅 끝까지 확장되는 과정을 **보여준다.**
- **시가서**는 기도와 말씀, 찬송을 통해 하나님과 **교제하는** 교과서이고, **서신서**는 하나님의 사랑을 받은 그리스도인이 서로 사랑하며 어떻게 세상의 빛과 소금으로 **살아가야 하는지를** 보여주는 교과서이다.
- **선지서**는 메시아의 오심으로 하나님의 나라가 임할 것에 대한 기대감으로 가득하고, **예언서**(요한계시록)는 메시아의 다시 오심으로 하나님의 나라가 **완성됨을** 보여준다.

【 신약과 구약의 조화 】

구약		신약	
율법서	하나님의 나라 기초	하나님의 나라 나타남	복음서
역사서	설명 - 형성 - 축소	설명 - 형성 - 확장	역사서
시가서	하나님과의 교제 열망	사람과의 교제 권면	서신서
선지서	하나님의 나라 기대	하나님의 나라 완성	예언서
그림자		실체	

구약의 분류

구약 39권은 마치 오실 메시아를 간절히 기다리며 온 땅의 백성들이 성문으로 들어가는 모습과도 같다. 성문의 좌우 벽은 역사서 12권과 소선지서 12권으로 구성되어 있다. 그리고 성문을 구성하는 아치형 지붕은 크게 셋으로 율법서 5권, 시가서 5권, 대선지서 5권으로 형성되어 있다.

【 구약의 분류(39권) 】

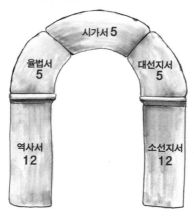

신약의 분류

신약 27권은 이미 이 땅에 사람으로 오신 메시아를 경배하는 교회가 열방에 복음을 전하러 성문으로 나아가는 모습과도 같다. 성문의 좌우 벽은 역사서 1권과 예언서 1권으로 큰 기둥처럼 세워져 있다. 그리고 성문을 구성하는 아치형 지붕은 크게 셋으로 복음서 4권, 바울서신 13권, 일반서신 8권으로 형성되어 있다.

【 신약의 분류(27권) 】

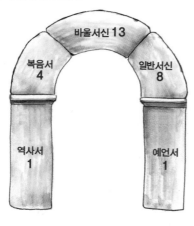

성경을 꿰뚫는 관점

예수 그리스도 – 성경 전체의 대주제

예수께서, "너희가… 성경을 연구하거니와 이 성경이 곧 내게 대하여 증언하는 것이니라"(요 5:39)라고 하시듯, 모든 성경은 예수 그리스도에게 초점이 맞추어져 있다. 우리는 성경의 각 장에서 예수 그리스도를 발견해야 한다. 구약은 오실 메시아를 경배하기 위한 기다림으로, 신약은 오신 메시아를 만남과 경배함, 온 땅에 전함으로 가득하다. 구약은 마치 그림자 같고, 신약은 그 그림자의 실체와 같다. 구약은 오실 메시아를 기다림으로 가득하고, 신약은 오신 메시아의 선포로 가득하다. 구약은 온 세상의 구원을 위한 약속이 담겨있고, 신약은 온 세상의 구원의 약속이 성취됨을 보여준다.

예수
그리스도

구약   완전한 하나님이시며 완전한 사람이시라   **신약**

그림자
기다림
사람과 함께 계신 하나님
동물의 희생제사
예비됨
(어린 양)

실체
선포함
사람이 되신 하나님
자신을 희생 제물로 드리심
나타남
(요 1:29)

이는 그가 모든 지혜와 총명을 우리에게 넘치게 하사 그 뜻의 비밀을 우리에게 알리신 것이요, 그의 기뻐하심을 따라 그리스도 안에서 때가 찬 경륜을 위하여 예정하신 것이니, 하늘에 있는 것이나 땅에 있는 것이 다 그리스도 안에서 통일되게 하려 하심이라 엡 1:8-10

때가 차매 하나님이 그 아들을 보내사 여자에게서 나게 하시고 갈 4:4

구약   왕
제사장
선지자

복음서

메시아 기다림

임마누엘
마라나타!

성경의 관점

성경은 1,600년간 40명이 동원되어 기록되었다. 이들은 서로 한자리에 앉아 성경을 기록하기 위한 모임을 가져본 적이 없다. 기록 시기, 상황, 배경, 경험, 문화, 지리 등 모든 면에서 다양한 사람들이었다. 또한 직업이나 나이, 학력 등도 다양했다. 왕, 선지자, 제사장, 목자, 어부, 세금 징수원, 의사, 학자 등등이었다.

그러나 놀랍게도 성경은 통일성, 일관성이 있다. 한 가지 주제로 서로 연관되어 있다. 마치 퍼즐 조각을 맞추어 결국 큰 그림을 완성하듯이 성경도 그렇다. 어떻게 이런 일이 가능한가? 그것은 성경의 저자가 오직 한 분 성령 하나님이시기 때문이다.

> 너희는 여호와의 책에서 찾아 읽어보라. 이것들 가운데서 빠진 것이 하나도 없고 제 짝이 없는 것이 없으리니 이는 여호와의 입이 이를 명령하셨고, 그의 영이 이것들을 모으셨음이라 사 34:16

> 모든 성경은 하나님의 감동으로 된 것으로 딤후 3:16 상반절

> 먼저 알 것은 성경의 모든 예언은 사사로이 풀 것이 아니니 예언은 언제든지 사람의 뜻으로 낸 것이 아니요 오직 성령의 감동하심을 받은 사람들이 하나님께 받아 말한 것이라 벧후 1:20,21

성경은 역사적인 흐름을 타며 읽는 게 중요하다.
그러나 성경 전체에 흐르는 일관된 주제가 있음을 알아야 한다. 하나님의 놀라운 계획이 있음을 살피고, 하나님이 그 계획을 어떻게 역사 속에서 이루어가시는지, 그의 경륜과 섭리를 살펴보아야 한다.

그러기 위해서는 성경을 어떤 관점으로 읽는가가 매우 중요하다. 금을 캐려면 먼저 금맥을 찾아야 하듯이 성경의 맥을 찾는 게 중요하다. 우리말에 "구슬이 서 말이라도 꿰어야 보배"라고 하듯이 성경을 살필 때도 어떤 일정한 관점을 갖고 읽는가가 중요하다.
나는 다음의 세 가지 큰 관점으로 성경 읽기를 권한다.

> **관점 1** – 하나님의 나라 : 왕과 왕국의 이야기
> **관점 2** – 하나님의 형상 : 하나님의 청지기의 이야기
> **관점 3** – 하나님의 언약 : 하나님이 그 백성과 언약하시고, 그 언약이 성취되는 이야기

관점 1 – 하나님의 나라 : 왕과 왕국의 이야기

나라를 이루는 세 요소는 주권, 영토, 국민/백성이다. 하나님의 나라도 마찬가지다.
성경은 처음부터 누가 왕이냐 그리고 어떠한 왕국이냐에 대한 이야기다.
왕이신 하나님의 다스림, 그의 통치는 어디까지인가, 그 왕국은 어떠한가, 누가 그의 백성인가.

1. 하나님나라의 계획 : 아담과 하와 – 하나님의 형상대로 지으심을 받음(창 1장–2장)

하나님은 그분의 형상대로 사람을 창조하시고, 그분을 대신하여 그분의 나라를 다스리도록 분부하셨다. 하나님나라의 원리 원칙으로 다스려서 그분의 성품이 사회의 각 영역에 드러나도록 하는 게 그 목적이다. 하나님의 공의와 공평, 정직과 진실, 사랑과 긍휼, 거룩함과 선하심이 드러나는 게 하나님나라의 특징이다.

2. 하나님나라의 상실 : 아담의 범죄(창 3장–11장)

아담과 하와, 에덴동산의 생명과와 선악과는 결국 왕과 그의 백성의 존재에 대한 것이다.

> 너희 자신을 종으로 내주어 누구에게 순종하든지 그 순종함을 받는 자의 종이 되는 줄을 너희가 알지 못하느냐 혹은 죄의 종으로 사망에 이르고 혹은 순종의 종으로 의에 이르느니라 롬 6:16

하나님은 생명과와 선악과를 통해 아담과 하와가 하나님에게 순종하여 생명에 이르기를 바라셨다. 그러나 그들은 사단의 말에 순종하여 스스로 사단이 권위자가 되도록 권위를 부여하고, 그의 종이 되어 결국 사망에 이르렀다. 그것은 곧바로 결과로 나왔다. 창세기 3장-11장은 그것이 어떤 것인지 잘 보여준다.

▶창세기 3장-11장 : 아담의 범죄의 결과

3장 : 아담과 하와 – 나와 나 자신과의 관계는 두려움, 정죄감, 죄책감으로, 나와 너의 관계는 서로 판단함, 핑계를 댐으로 파괴되었다. 더 나아가 하나님과의 관계에 거리가 생겼고, 또한 땅을 다스리는 권위를 상실했다.

4장 : 가인과 아벨 – 형제 사이에 시기, 질투, 미움이 생기고 결국 최초의 살인이 발생했다. 가인은 하나님을 떠나 방황했고, 그의 자손은 세상의 문화를 이루었다.

6장 : 네피림 – '장부', '용사' : 거인, 키와 몸집이 크고 힘이 센 자가 등장하여 다스린다.

7장-9장 : 노아의 홍수 – 죄악으로 가득한 세상에 대한 하나님의 심판이다. 노아의 여덟 식구만 살아남았다.

10장 : "이들로부터 여러 나라 백성으로 나뉘어서 각기 언어와 종족과 나라(nations)대로 바닷가의 땅에 머물렀더라"(창 10:5).

- "니므롯… 세상에 첫 용사라… 그의 나라(his kingdom)는 시날 땅의 바벨과 에렉과 악갓과 갈레에서 시작되었으며"(창 10:8-10).
- 홍수 이후에 네피림을 대신하여 니므롯이 등장한다. 이때 '통치하는 왕국'(his kingdom)의 개념이 처음으로 등장한다. 오직 니므롯을 설명할 때만 '왕국'(kingdom)이라는 단어가 등장한다. 불법의 왕국이다.

11장 : 바벨탑 - 니므롯이 다스리는 '바벨'이라는 왕국이 등장한다.

- 니므롯은 그의 왕국의 수도로 바벨을 건설하고자 했다(창 10:10). 이들은 시날 평지에 머무르며 성읍과 탑을 건설했다. 흩어짐을 면하기 위해 탑이 하늘에 닿게 하는 공사를 시작했다.
- 하나님께서 이들의 언어를 혼잡하게 하여 도시 건설을 멈추게 하셨다. 여호와께서 거기서 그들을 온 지면에 흩으셨다(창 11:5-9).
- "그러므로 그 이름을 '바벨'이라 하니, 이는 여호와께서 거기서 온 땅의 언어를 혼잡하게 하셨음이니라"(창 11:9).

> "바벨"의 뜻은 '혼돈하게 하다', '흩어지다'이다. 바벨은 하나님을 대적하는 나라의 표상이다. 하나님께서 그들의 언어를 혼잡하게 하셔서 그들을 온 지면에 흩으셨다.
> 하나님은 그분을 대적하는 왕국을 언제나 흩으셔서 그 도모가 이루어지지 못하게 하신다.

"바벨"이라는 나라는 역사에 반복된다. 바벨론, 바사, 헬라, 로마가 대표적이다. 이것은 오늘날에도 계속되고 있다. 이는 요한계시록에서 종결된다. 이와 같은 상황에서 하나님은 처음부터 우리에게 '하나님의 나라'를 세우도록 명하셨다.

3. 하나님나라의 회복 : 하나님의 은혜와 긍휼 – 구원의 계획(창 12장 – 요한계시록)

그러나 은혜와 긍휼의 하나님은 사랑으로 구원의 계획을 세우신다. 단지 하나님과의 관계를 회복하는 구원의 계획만 세우신 게 아니라 처음부터 세우신, 그의 백성을 통해 하나님나라를 확장하려는 계획도 세우신다.

먼저 여자의 후손, 가죽옷으로 보여주시고(창 3장), 어린 양의 희생으로 보여주시고(창 4장), 두 계보를 통해 나타내시고(창 4장-5장), 노아의 홍수와 무지개의 언약을 보이신다.
하나님나라의 모델로서 아브라함을 부르셔서 하나님의 나라와 그 백성의 샘플을 보여주신다. 또한 아브라함과의 언약에서 하나님나라의 성취의 길을 보여주신다.

다니엘이 해석한 느부갓네살이 본 이상은 두 왕국의 충돌과 그 과정의 결과를 보여주는 단적인 예다. 하나님만이 만왕의 왕이시요, 오직 하나님의 나라만이 유일한 나라임을 보여준다.
세례 요한의 사역은 하나님의 나라가 곧 임하심을 선포하고, 왕의 오심을 예비하는 것이었다(마 3:1-12).
그러나 세례 요한은 하나님나라의 임함을 올바르게 이해하지 못했다(마 11:2-6).
예수 그리스도의 사역은 하나님의 나라가 임하심, 왕으로 오심을 선포하는 것이었다(마 3:13-17, 4:17, 눅 4:16-21).
교회의 사역은 예수 그리스도의 파트너로서 성령과 함께 이 세상에 하나님의 나라가 이미 임했음을 선포하는 것이다(마 16:1-19).

관점 2 – 하나님의 형상 : 하나님의 청지기의 이야기

창세기는 성경 전체를 보며 이해할 수 있는 열쇠를 갖고 있다. 그중에서도 특히 1장은 기반을 제공한다. '하나님의 천지창조'를 뚜렷이 알 수 있다. 하나님이 만물을 지으실 때 "창조하다(히, 바라 bara)"라는 단어가 극히 제한적으로 사용되었다. 이 단어는 창세기 1장 1,21,27절, 5장 1,2절에서 사용되었으며, 하나님의 창조 사건에서 세 번의 결정적인 순간에 쓰였다.

첫 번째 순간은 하나님이 무에서 유를 창조하실 때다(창 1:1). 두 번째 순간은 하나님께서 의식 있는 생명체를 창조하실 때다(창 1:21). 세 번째 순간은 하나님이 사람을 창조하실 때다(창 1:27). 그중에서도 세 번째 순간이 중요하다. 왜냐면 "창조하다"라는 단어가 세 번이나 언급되기 때문이다. 다른 두 구절은 한 번만 언급했다. 아쉽게도 한글 개역개정 성경은 두 번만 언급된 것처럼 번역했다. 새번역은 이를 정확히 번역했다. "하나님이 당신의 형상대로 사람을 창조하셨으니, 곧 하나님의 형상대로 사람을 창조하셨다. 하나님이 그들을 남자와 여자로 창조하셨다." 누가 보아도 하나님께서 그 순간을 중요히 여기심이 분명하다.

사람을 창조하심의 중요함은 오직 사람만 "하나님의 형상"대로 지으셨다는 것에 있다. 이것은 성경을 바라보는 관점을 준다.

1. 창세기의 키워드는 "톨레돗"이다. 이는 '계보' 또는 '족보'라는 의미다

창세기는 다음 세 부분으로 내용을 구분할 수 있다.

  창 1장-2장 : 창조 Creation
  창 3장-11장 : 타락 De-Creation
  창 12장-50장 : 재창조 Re-Creation

창세기는 하나님의 톨레돗을 이어가는 계보와 하나님의 톨레돗을 상실한 계보의 책이라 할 수 있다. 또한 하나님의 형상을 잇는 계보와 하나님의 형상을 상실한 계보라고도 할 수 있다.

  창 4장-5장 : 가인과 셋의 계보 – 하나님의 형상을 상실한 자와 하나님의 형상을 가진 자의 계보다.
  창 10장-11장 : 노아의 자손 – 셈, 야벳, 함의 계보. 하나님은 특히 셈의 계보에 주목하신다.
  창 12장-25장 : 아브라함의 계보 – 셈의 계보의 흐름에서 하나님의 청지기로서의 부르심.
      아브라함의 부르심이 어떻게 이어져 가는가?
  창 25장-35장 : 이스마엘과 이삭의 계보 – 하나님의 톨레돗은 이스마엘이 아닌 이삭을 통해 이루어진다.
  창 36장-50장 : 에서와 야곱의 계보 – 하나님의 톨레돗은 에서가 아닌 야곱을 통해 이루어진다.

2. 국가 공동체로서의 하나님의 청지기(출애굽기–말라기)

  출 19:5,6 : 국가 공동체로서의 이스라엘의 부르심
  시 67:1-7 : 복의 근원
  사 49:5,6 : 구약의 지상대명령

3. 신약의 교회 공동체로서의 하나님의 청지기(복음서–유다서)

  마 28:18-20 : 지상대명령 - 대분부가 주어짐
  막 16:15 : 청지기로서의 경계선
  행 1:8 : 청지기직을 행할 능력을 주심

4. 완성된 하나님나라의 모습(요한계시록)

계 7:9,10 : 각 나라, 족속, 백성, 방언에서 모인 무리가 주를 찬양함

합 2:14 : "이는 물이 바다를 덮음같이 여호와의 영광을 인정하는 것이 세상에 가득함이니라."

마 24:14 : "이 천국 복음이 모든 민족에게 증언되기 위하여 온 세상에 전파되리니 그제야 끝이 오리라."

관점 3 – 하나님의 언약 : 하나님이 그의 백성과 언약하시고 그 언약이 성취되는 이야기

성경은 언약의 책이다. 하나님이 우리와 맺은 언약이 성경 전체에 흐른다.

창 3장 – 아담과의 언약 : 여자의 후손

창 9장 – 노아와의 언약 : 무지개

창 10장-12장 : 땅의 모든 족속을 향한 하나님의 마음

• **창 10장** – 노아의 세 아들 : 70족속의 목록

• **창 11장** – 바벨탑 : 언어가 갈라짐

• **창 12장** – 아브라함을 부름 : 모든 족속을 축복함(창 12:1-3)

창세기 10장의 시간적 위치는 11장의 바벨탑 사건 다음에 있어야 한다. 그러나 하나님은 11장 이전에 두심으로써 모든 족속들에 대한 그분의 마음을 보여주신다. 하나님은 아브라함을 부르셔서 그를 모든 족속을 위한 복의 근원으로 약속하셨다.

창 12장-25장 – 아브라함과의 언약

• **창 13장** – 땅과 자손의 약속

• **창 15장** – 하늘의 별 : 쪼개진 짐승 사이로 지나심 – 언약식을 거행하심

• **창 17장** – 할례를 통하여 언약을 인치심

• **창 22장** – 이삭을 드린 후에 언약하심(창 22:16-18)

창 26장 – 이삭과의 언약

창 28장 – 야곱과의 언약

출 3장 – 모세를 부르심, 출애굽의 시작은 언약의 성취(출 3:6-8)

출 19:5,6 – 이스라엘의 부르심 : 열방의 제사장 나라

• **시 2:8,9** – 열방을 유업으로

• **막 16:15** – "너희는 온 천하에 다니며 만민에게 복음을 전파하라."

• **시 67편** – 아브라함과의 언약을 보여준다.

사 49:5,6 – 구약의 지상대명령

하나님이 아브라함, 이삭, 야곱과 맺은 언약에서, 그리고 이스라엘 족속과 맺은 언약에서 온 땅에 대한 하나님의 경륜과 섭리를 이해하게 된다.

렘 31:31-34 – 새 언약

• 모세의 율법과 복음의 차이 - 계약과 언약의 차이

• 예수께서 성만찬을 통해 언약을 선포하신다.

그들이 먹을 때에 예수께서 떡을 가지사 축복하시고 떼어 제자들에게 주시며 이르시되, '받아서 먹으라 이것은 내 몸이니라' 하시고, 또 잔을 가지사 감사기도하시고 그들에게 주시며 이르시되, '너희가 다 이것을 마시라 이것은 죄 사함을 얻게 하려고 많은 사람을 위하여 흘리는 바 나의 피 곧 언약의 피니라 그러나 너희에게 이르노니 내가 포도나무에서 난 것을 이제부터 내 아버지의 나라에서 새것으로 너희와 함께 마시는 날까지 마시지 아니하리라' 하시니라 마 26:26-29

【 아브라함 언약 】

창 12:1-3	하나님은 아브람이 갈대아 우르에 살 때, 땅과 자손과 복을 약속하시며, 그와 언약을 시작하셨다.
창 12:4,5	아브람이 가족과 함께 갈대아 우르를 떠나 하란에서 한동안 살다가 75세에 하란을 떠나 마침내 가나안 땅으로 갔다.
창 13:14-18	롯이 아브람을 떠난 후, 하나님은 아브람에게 땅과 자손을 약속하셨다. '눈을 들어 바라보라. 보이는 땅을 너와 네 자손에게 주리라.'
창 15:1-21	아브람이 하나님 앞에 바친 희생 제물 사이로 하나님이 지나가셨을 때, 이 언약은 확증되었다.
창 17:1-27	아브람이 99세 때, 하나님은 아브람의 이름을 '아브라함' 즉 '열국의 아비'로 바꾸시고 약속을 새롭게 하셨다. 언약의 증거로 할례를 행함.
창 22:15-18	아브라함의 순종으로 언약이 확증되었다.

> 아브라함의 언약은 모세 언약과는 다르다.
> 아브라함과 세운 언약은 조건이 없는 일방적인 언약이다.
> 그러나 모세와 세운 언약은 조건이 있다. 아브라함과 세운 언약의 성격은 '유언'이다.
> 그러나 모세와 세운 언약의 성격은 '계약'이다.

언약(Covenant)

세 가지 언약의 형태가 있다.

1. 계약 : 동등언약(Parity Covenant - equals, agreement 동등관계, 약속이나 조건도 동등하다)

파트너십 - 야곱이 라반과 맺은 관계, 이삭이 아비멜렉과 맺은 관계가 그 예이다.

결혼 관계가 그 예이다.

조건적 언약 - '만약'이 언급된다. 조건이 주어진다.

2. 종주권적 언약(Suzerainty Covenant - not equal, commandment 주종관계, 종속관계)

왕과 백성과의 관계에서 주어지는 언약이다.

왕은 백성을 보호하고, 백성은 세금을 바치고, 자녀를 군대에 보내고, 왕의 명령에 순종한다.

모세의 언약(Mosaic Covenant)이 그 대표적이다. 시내 산에서 하나님이 그의 백성과 맺으신 언약.

신명기 28장 : "네가 네 하나님 여호와의 말씀을 청종하면…."

조건적 언약 - '만약'이 언급된다. 조건이 주어진다.

3. 약속의 언약(Suzerainty Testamentary or Promissory Covenant 주종관계이지만 조건이 없는 관계)

아브라함 언약(Abrahamic Covenant)이 그 대표적이다.

일방적 언약이다(one side only). 쌍방의 계약이 아니다(not two way agreement).

신약이 약속의 언약의 내용이다(the New covenant).

하나님이 일방적으로 만드시고, 맹세하시고, 성취하신다. 사람은 오직 그것을 받아들일 뿐이다.
God makes it, swears it, fulfills it. Man just receive it(히 6:17,18, 창 15:7-21).

무조건적 언약이다 - '만약'이 없어서 신약을 '유언적 언약'이라고 한다(히 9:15-17).

예) 창 15:7-21 하나님이 아브라함과 언약하심

짐승을 잡아 반으로 쪼개어 양쪽으로 벌려놓고, 'A', 'B' 두 사람이 맞은편에서 그 사이로 와서 중간에서 계약의 내용을 말하고 조인식을 가진다. 누구든지 계약을 파기하면 이 짐승같이 될 것이다.

그런데 그날 밤의 언약에는 하나님만 일방적으로 지나가셨다. 하나님이 땅의 유업에 대해 선포하시면서 지나가셨다. 하나님의 신실성을 하나님의 이름으로 맹세하셨다. 하나님보다 더 큰 이름이 없기에 하나님의 이름을 두고 맹세하셨다. 이 언약의 중대성, 확고함을 말한다.

여기는 조건이 없다. 모세의 언약에는 '만약(If)'이라는 단어가 들어가지만, 이 언약은 만약(If)이라는 단어가 없다.

【 이삭, 야곱 언약 】

창 26:1-5	이삭이 흉년으로 애굽에 내려가다 그랄에 이르렀을 때, 하나님께서 그에게 복을 주시고 땅을 주시며 그의 자손을 하늘의 별과 같이 번성하게 하리라 말씀하셨다.
창 26:23-25	이삭이 그랄에서 브엘세바로 올라갔을 때, 밤에 여호와께서 나타나 그에게 복을 주시고, 그의 자손이 번성할 것을 말씀하셨다. - 두려워하지 말라. - 내가 내 종 아브라함을 위해 너와 함께 있겠다.
창 27:27-29	이삭이 야곱을 축복했다. '하나님이 네게 하늘의 이슬, 땅의 기름짐, 풍성한 곡식과 포도주를 주시고, 만민이 너를 섬기고, 열국이 굴복하고, 네가 형제들의 주가 되기를 원하노라.'
창 28:10-22	야곱이 에서를 피해 외삼촌 라반의 집으로 가는 길에 들판에서 잘 때, 하나님이 그에게 복을 주시고 그가 누워있는 땅을 주시며 그의 자손이 땅의 티끌같이 되어 동서남북으로 퍼져 나갈 것을 약속하시고, 땅의 모든 족속이 야곱과 그의 자손으로 말미암아 복을 받을 것을 약속하셨다.
창 35:1,9-14	하나님이 야곱에게 벧엘로 올라가라 말씀하시고, 야곱이 벧엘에 이르렀을 때 그에게 말씀하셨다. '야곱이 아닌 이스라엘이 네 이름이 되리라.' 땅과 자손을 약속하셨다.
	하나님이 아브라함과 세운 언약이 이삭과 야곱을 통해 계속된다.

새 언약 – 복음

아브라함과 맺은 언약은 예수 그리스도로 말미암아 맺은 신약을 가리킨다.

이제 그는 더 아름다운 직분을 얻으셨으니 그는 더 좋은 약속으로 세우신 더 좋은 언약의 중보자시라 히 8:6

예수 그리스도에 대한 세 가지 중요한 사실은 – 더 아름다운 직분, 더 좋은 약속, 더 좋은 언약의 중보자 – 이다.

그러므로 하늘에 있는 것들의 모형은 이런 것들로써 정결하게 할 필요가 있었으나 … 더 좋은 제물로 할지니라 히 9:23

"이런 것들"은 소나 양의 피를 말한다. "더 좋은 제물"은 예수 그리스도를 가리킨다. 그분은 단번에 제사를 드리셨다. 단번에 끝나는 제물(Single Offering), 영단번이다. 즉, 영원히 단번에 끝났다. 더 이상 제물을 드릴 필요가 없다. 예수 그리스도의 십자가는 과거, 현재, 미래 모두에 효력이 발생한다.

예수 그리스도 – 더 좋은 제물, 더 좋은 약속, 더 좋은 언약의 중보자, 더 아름다운 직분

▶ **히브리서 9장 15–18절 언약(헬라어 diatheke)**
언약을 '유언'이라는 말로 표현하고 있다. 유언은 조건이 없다. 어떤 자격을 요구하지 않는다. 믿음으로 받는 것이다. 만약에 조건이 있으면 모세의 법으로 돌아가게 된다. 우리는 많은 경우에 복음을 율법에 매이게 한다. 새 언약은 하나님이 오래전에 아브라함과 맺은 언약에서부터 출발한다.

신약이란 무엇인가?

신명기 28장은 모세 언약의 전형적 형태다. 조건적 언약이다. '축복과 저주'가 그 결과다. 이스라엘 족속은 그 언약에 서명하고, 순종하여 축복을 받고자 했다. 그러나 지킬 힘이 없어서 결국 '저주' 아래 놓였다. 하나님은 이스라엘 백성이 가나안 땅에 들어가면 그리심 산과 에발 산 사이에 서서 레위 지파가 약속의 말씀을 선포하도록 명하셨다. 축복의 말씀은 그리심 산에서, 저주의 말씀은 에발 산에서 선포되었다. 에발 산 위에는 제단이 있었다.
즉, 예수 그리스도는 십자가에서 우리에게 임하는 저주를 대신 받으셨다(갈 3:13).
우리에게는 시온 산과 새 언약만 있다. 예수 그리스도의 피로 말미암아 그 약속이 선포되고 성취되었다. 그러므로 아무도 더 이상 옛 언약으로 응답할 필요가 없다.

신약(새 언약) 내용 : 히브리서 8장 8-12절이 새 언약의 내용이다. 예레미야 31장 31-34절 말씀의 인용이다.
…내가 … 새 언약을 맺으리라… 이 언약은… 그들과 맺은 언약(시내 산 언약, 옛 언약)과 같지 아니하도다… 언약은 이것이니,
내 법을 그들의 생각에 두고 그들의 마음에 이것을 기록하리라. 나는 그들에게 하나님이 되고 그들은 내게 백성이 되리라. 또 각각 자기 나라 사람과 각각 자기 형제를 가르쳐 이르기를 주를 알라 하지 아니할 것은 그들이 작은 자로부터 큰 자까지 다 나를 앎이라. 내가 그들의 불의를 긍휼히 여기고 그들의 죄를 다시 기억하지 아니하리라 하셨느니라 히 8:8-12

1. 내 법을 그들의 생각에 두고 그들의 마음에 이것을 기록하리라

하나님의 법을 마음, 심비에 쓴 것이다. 이전에는 돌비에 쓰였다.

하나님의 말씀을 행할 수 있는 능력을 주신다.

결과 : "나는 그들에게 하나님이 되고 그들은 내게 백성이 되리라." 하나님의 뜻을 따라 사는 백성이 되는 것이다.

또 새 영을 너희 속에 두고 새 마음을 너희에게 주되 너희 육신에서 굳은 마음을 제거하고 부드러운 마음을 줄 것이며 또 내 영을 너희 속에 두어 너희로 내 율례를 행하게 하리니 너희가 내 규례를 지켜 행할지라 내가 너희 조상들에게 준 땅에서 너희가 거주하면서 내 백성이 되고 나는 너희 하나님이 되리라 겔 36:26-28

2. 그들이 작은 자로부터 큰 자까지 다 나를 앎이라

하나님과의 새로운 관계가 이루어졌다(히 10:19-22).

지성소에 들어가 하나님의 임재 안에 머물 수 있다. 그리고 그곳의 모든 것을 누릴 수 있다.

이전에는 그곳에 오직 대제사장이 일 년에 한 번 들어갔다. 그러나 지금 우리는 언제든 어디서든 들어갈 수 있다.

하나님은 더 이상 무섭고 두려운 심판주가 아니시다. 우리의 아빠 아버지이시다.

3. 내가 그들의 불의를 긍휼히 여기고 그들의 죄를 다시 기억하지 아니하리라

죄를 용서하심과 깨끗게 하심의 놀라운 축복이 있다.

더 이상 정죄감, 죄책감, 죄의식을 갖지 않게 하셨다.

더 이상 죄로 인한 결과를 지지 않게 하셨다.

왜냐면 예수 그리스도께서 십자가에서 우리를 대신하여 모든 것을 담당하셨기 때문이다.

사 53:4-6,10,11 우리의 죄로 인한 모든 것을 대신 담당하신 어린양 예수 그리스도

사 54:7-10 하나님의 영원한 자비로 우리를 긍휼히 여기셨다.

갈 3:13 예수께서 우리의 저주를 받으셨다. 우리에게 더 이상 저주가 없다.

갈 5:1 십자가에서 자유선언문이 낭독되었다. 이제 우리는 자유하다!

이것이 신약이다! 하나님의 놀라운 사랑과 은혜가 신약을 통해 나타났다.

창 28:10-22 야곱과 언약을 맺는 장면 : 땅과 자손, 하나님이 함께하심에 대한 언약

야곱은 돌베개를 세우고 그 위에 기름을 부었다. 그는 하나님의 언약의 내용을 전혀 몰랐다. 그래서 "만약에(If)…"라는 말을 쓴다. 믿음이 없는 야곱의 반응이다. 그는 하나님의 새 언약을 이해하지 못하고 구약적인 이해로 받았다. 그가 할 일은 찬양과 헌신과 감사여야 했다.

하나님이 하신 유언이기에 우리에게는 받아들이는 일만 남는다. 하나님이 예수 그리스도 안에서 하신 일은 언제든지 "예"가 되기에 우리는 "아멘"으로 영광을 돌린다.

하나님의 약속은 얼마든지 그리스도 안에서 예가 되니 그런즉 그로 말미암아 우리가 아멘 하여 하나님께 영광을 돌리게 되느니라 고후 1:20

구약성경의 골격

구약성경의 윤곽

【 구약의 구조1 】

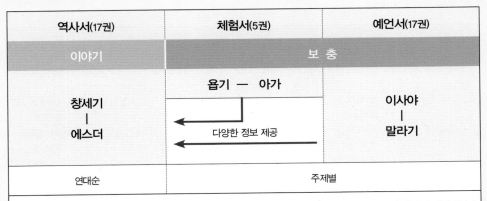

역사서(17권)	체험서(5권)	예언서(17권)
이야기	보 충	
창세기 ㅣ 에스더	욥기 — 아가 다양한 정보 제공	이사야 ㅣ 말라기
연대순	주제별	

1. 역사서는 창조로부터 바벨론 포로 귀환 이후 예루살렘 재건까지의 시대를 연대순으로 배열한 하나의 이야기이다.
2. 체험서(시가서)와 예언서는 주제별로 배열되어 역사적인 이야기에 대하여 다양한 정보를 제공한다.

구약성경의 구조는 크게 두 부분으로 이루어져 있다.

하나는 이야기로 이루어져 있고, 나머지는 그 이야기를 보충 설명하는 형식이다. 누군가가 스토리를 역사적으로 재미있고 실감나게 이야기하는데, 옆에서 몇 사람이 이야기 도중에 손을 들고, "예, 맞아요! 제가 거기 있었어요!", "예, 그때 일어난 일들은 이런 의미가 있어요"라고 말하듯, 보충 설명하는 형식이다.

전체적으로 스토리를 역사적으로 이야기하는 부분을 **'역사서'**라고 한다. 그런데 그 '역사'를 이야기하는 두 무리가 있다. 하나는 **'율법서'**이고 다른 무리는 문자 그대로 **역사서**'이다. 그리고 중간에 보충 설명하는 부분도 두 무리가 있는데, 한 무리는 **'시가서 또는 체험서'**라고 하고, 다른 무리는 **'선지서 또는 예언서'**라고 한다.

이야기꾼인 역사서는 창조로부터 시작하여 유대 민족이 어떻게 형성되고 국가를 이루었는지, 그리고 바벨론 포로에서 돌아와 예루살렘을 재건하기까지를 연대순으로 나열한다.

그런데 보충 설명하느라 가끔 기웃거리는 **보충꾼**은 주제별로 되어있어서 이야기꾼의 말에 다양한 정보를 추가적으로 보충하여 전체적인 윤곽을 그리게 도와준다.

이야기꾼인 역사서는 율법서 5권과 역사서 12권을 합쳐 17권이다. 설명하느라 바쁜 보충꾼은 체험서(시가서) 5권과 예언서(선지서) 17권이다.

또한 역사서 12권 중의 9권과 소선지서 12권 중의 9권은 바벨론 포로 이전의 역사와 그 시기에 활동한 선지자들의 내용이고, 나머지 역사서 3권과 소선지서 3권은 바벨론 포로 이후의 역사와 당시 활동한 선지자들의 이야기다.

【 구약의 구조2 】

역사서			체험서		예언서	
이야기꾼은 율법서와 역사서로, 보충꾼은 체험서(또는 시가서)와 예언서(또는 대선지서와 소선지서)로 구성되어 있다.						
율법서	창세기 출애굽기 레위기 민수기 신명기	시가서	욥기 시편 잠언 전도서 아가		대선지서	이사야 예레미야 예레미야애가 에스겔 다니엘
역사서	여호수아 사사기 룻기 사무엘상 사무엘하 열왕기상 열왕기하 역대상 역대하		바벨론 포로 이전 B.B.E. (Before Babylonian Exile)		소선지서	호세아 요엘 아모스 오바댜 요나 미가 나훔 하박국 스바냐
	에스라 느헤미야 에스더		바벨론 포로 이후 A.B.E. (After Babylonian Exile)			학개 스가랴 말라기

구약의 열두 시대

구약의 이야기꾼이 역사적으로 설명한 것을 시대적으로 나누어보겠다. 훗날 신약의 시대를 나누는 것을 감안하여 열두 시대로 나누겠다. 성경에서 "열둘(12)"은 많은 의미를 가진다. 이스라엘의 열두 지파, 예수님의 열두 제자, 열두 장로 등. 이는 곧 이스라엘 전체나 교회 전체를 가리키기도 한다. 그래서 구약과 신약의 역사를 열두 시대로 나누는 것도 의미가 있다.
물론 시대적인 구분은 시간적인 배분보다 사건 중심, 주요 인물 중심이다.

1시대 – 창세기 전체 : 창조부터 아브라함으로 재창조하여 애굽으로 들어가는 시기. 시간적으로 가장 긴 시기

2시대 – 출애굽기 전체 : 모세가 앞장서서 출애굽하여 광야 시내 산에 이르러 십계명을 받고 하나님의 처소인 성막을 완성하는 시기

3시대 – 민수기 전체 : 이스라엘이 시내 산에서 출발하여 약속의 땅 맞은편 모압 평지에 머무는 시기

4시대 – 여호수아 전체 : 여호수아가 앞장서서 요단 강을 건너 약속의 땅 가나안을 정복하는 시기

5시대 – 사사기 전체 : 여호수아 이후 사무엘 이전까지의 사사 시대

6시대 – 사무엘상 전체 : 사무엘이 마지막 사사로서 왕국을 여는 시기. 특히 사울 왕과 그에 의해 쫓기는 다윗의 시기

7시대 – 사무엘하 전체 : 사울이 죽고 다윗이 온 이스라엘의 왕이 되어 하나님과 이스라엘 백성을 섬기는 시기

8시대 – 열왕기상 전체 : 다윗이 죽고 솔로몬이 이어서 왕이 되며 솔로몬 이후 남 유다와 북 이스라엘로 분열되어 서로 대립하는 시기로, 특히 가장 악한 왕 아합이 죽기까지의 시기

9시대 – 열왕기하 전체 : 아합이 죽은 후 북 이스라엘이 앗수르에 의해 멸망하는 과정과 남 유다가 바벨론에 의해 멸망하는 과정을 다루는 시기

10시대 – 예레미야의 예언처럼 바벨론에서 70년간 포로생활을 하는 시기

11시대 – 에스라 전체 : 바벨론 포로에서 돌아와 예루살렘을 재건하는 과정에서 에스라를 중심으로 말씀이 회복되는 시기

12시대 – 느헤미야 전체 : 바벨론 포로에서 돌아와 예루살렘을 재건하는 과정에서 느헤미야를 중심으로 성벽이 재건되는 시기

【 구약의 열두 시대 】

창세기	출애굽기	민수기	여호수아	사사기	사무엘상	사무엘하	열왕기상	열왕기하	바벨론 포로	에스라	느헤미야
1	2	3	4	5	6	7	8	9	10	11	12

여기 열거된 11권의 책을 순서대로 읽으면 구약의 흐름을 파악할 수 있다.

이처럼 구약은 열두 시대로 구분할 수 있다. 그리고 이 시대들을 역사적으로 설명하는 책은 11권이다. 그리고 각 시대 이야기꾼의 이야기에 끼어들면서 보충 설명하는 보충꾼들도 시기마다 있었다.

【 구약의 열두 시대−기간, 연대, 주요 사건 】

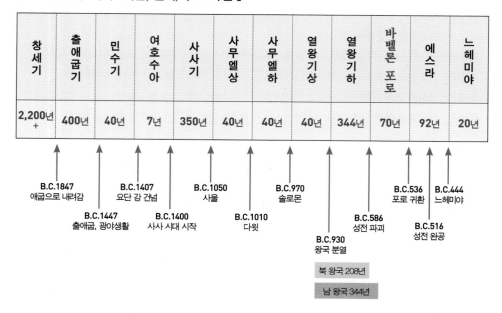

창세기	출애굽기	민수기	여호수아	사사기	사무엘상	사무엘하	열왕기상	열왕기하	바벨론 포로	에스라	느헤미야
2,200년+	400년	40년	7년	350년	40년	40년	40년	344년	70년	92년	20년

B.C.1847 애굽으로 내려감
B.C.1447 출애굽, 광야생활
B.C.1407 요단 강 건넘
B.C.1400 사사 시대 시작
B.C.1050 사울
B.C.1010 다윗
B.C.970 솔로몬
B.C.930 왕국 분열
B.C.586 성전 파괴
B.C.536 포로 귀환
B.C.516 성전 완공
B.C.444 느헤미야

북 왕국 208년
남 왕국 344년

【 구약의 열두 시대 】

1		2	3	4	5	6	7	8	9	10	11	12
창세기		출애굽기	민수기	여호수아	사사기	사무엘상	사무엘하	열왕기상	열왕기하	바벨론 포로	에스라	느헤미야
태초 시대	족장 시대	노예 시대	광야 시대	정복 시대	사사 시대	왕국 시대				포로 시대	재건 시대	
창세기 1장-11장	창세기 12장-50장	출애굽기 레위기	민수기 신명기	여호수아	사사기 룻기	사무엘상·하 열왕기상·하 / 역대상·하 선지서 12권				에스겔 다니엘	에스라 느헤미야 에스더 학개, 스가랴 말라기	
아담 노아	아브라함 이삭 야곱 요셉	바로 모세	모세	여호수아 갈렙	사사들	북 이스라엘-19명의 왕, 7번 쿠데타 남 유다 - 19명의 왕(다윗 혈통) 1명의 여왕(아합의 딸)				에스겔 다니엘	스룹바벨 에스라 느헤미야 에스더	

【 시대순으로 본 구약성경 】

역사서	창세기	출애굽기	민수기	여호수아	사사기	사무엘상	사무엘하	열왕기상	열왕기하	바벨론포로	에스라	느헤미야
	창	출	민	수	삿	삼상	삼하	왕상	왕하	바벨론포로시대	스	느
	1	2	3	4	5	6	7	8	9	10	11	12
			↑레위기	↑신명기	↑룻기		↑역대상	↑역대하			↑에스더	

체험서												
	욥기					시편		아가 잠언 전도서				

예언서

							오바댜	예레미야애가	학개	말라기
							요엘	에스겔	스가랴	
							요나	다니엘		
							아모스			
							호세아			
							미가			
							이사야			
							나훔			
							스바냐			
							예레미야			
							하박국			

수평 - 구약의 줄거리 : 구약을 시대순으로 빠르게 파악할 수 있다.
수직 - 동시대 : 특정 시대를 향한 하나님의 메시지를 파악할 수 있다.
　　　　　　　그러므로 성경을 두 가지 방식으로 읽는 것이 좋다.

위의 도표를 보면 구약성경을 시대순으로 한눈에 빠르게 파악하여 볼 수 있다. 수평으로 읽으면 구약의 줄거리를 알 수 있다. 구약을 시대순으로 기록했기 때문이다. 수직으로 읽으면 구약의 특정 시대를 향한 하나님의 메시지를 파악할 수 있다. 그러므로 구약성경을 읽을 때 수평과 수직, 두 가지의 방향으로 읽는 게 좋다.

구약을 수평으로 읽기

수평으로 읽으면 구약을 시대순으로 알 수 있다.
모두 열두 시대지만 역사서 11권(창세기 – 출애굽기 – 민수기 – 여호수아 – 사사기 – 사무엘상 – 사무엘하 – 열왕기상 – 열왕기하 – 에스라 – 느헤미야)으로 이루어져 있다. 그리고 바벨론 포로 시대는 보충 설명하는 선지서만 있다. 이 11권만 읽으면 구약의 흐름을 전체적으로 빠르게 파악할 수 있다.

구약을 수직으로 읽기

수직으로 읽으면 특정 시대를 향한 하나님의 메시지를 파악할 수 있다. 이 책들은 역사적인 사건의 기록이 아니다. 특정한 주제들을 다룬다. 이 책들은 '시간 외 목록들'이라고 할 수 있다.

하나님의 말씀

45

역사서에 포함되어 있지만 시간 외 목록의 책들

레위기, 신명기, 룻기, 역대상하, 에스더 이렇게 6권은 역사서에 포함되어 있지만 역사의 연속적 흐름인 시간적인 이야기라기보다 특정 역사의 공간적인 이야기라고 볼 수 있다.

▶ **레위기** : 시간적으로 출애굽기에 속한다. '출애굽기의 부록'이라고 할 수 있다. 시간적으로 흘러가는 게 아니라 레위 지파 제사장들이 알아야 할 목록들이 기록되어 있다. 그러나 무엇보다도 이스라엘 족속이 앞으로 들어가 차지할 땅에서 어떻게 하나님의 백성으로 살아갈 것인가를 준비하게 한다. 하나님 앞에 나아가는 길도, 하나님 앞에 머무는 길도 오직 '거룩함'이다. 그리고 이 세상에 영향을 주며 기독교 문명개혁 운동을 주도하는 길도 거룩함이다. 이것이 레위기의 중심 내용이다.

▶ **신명기** : 시간적으로 민수기의 마지막 부분에 해당하며, '민수기의 부록'이라고 할 수 있다. 광야 세대(출애굽 당시 20세 미만을 비롯한 광야에서 태어난 세대)에게 특별히 말씀하신 내용이다. 이들은 시내 산에서 말씀하신 것을 듣지 못했다. 그래서 그 말씀을 다시 들어야 했다. 요단을 건너 가나안을 정복하여 하나님의 나라를 건설해야 할 시점이기에 시내 산에서 말씀하신 것보다 더 실제적으로 말씀하신다. 가나안이 마주 보이는 모압 평지에서 앞으로 약속의 땅에 들어가서 어떻게 살아야 할지를 말씀한다. '모세의 고별설교'라고도 할 수 있다.

▶ **룻기** : 사사 시대 한 가정의 이야기를 다루며, '사사기의 부록'이라고 할 수 있다. 평범한 가정의 이야기라기보다 하나님이 우리로 그 가정에 주목하기를 원하시는 이유가 있는데, 바로 다윗의 혈통, 메시아의 혈통에 대한 것이기 때문이다. 이방 여인 곧 모압 여인 룻의 선택과 순종의 이야기이며, 그녀가 하나님의 백성이 되고 더나아가 다윗의 조상이 되는 이야기이다. 또한 고난, 슬픔, 절망에 처한 나오미가 하나님의 위로로 기쁨과 소망으로 나아가는 이야기는 하나님의 구속의 은혜를 묵상하게 한다. 하나님은 그의 주권적인 경륜과 섭리를 통해 그의 예정하신 뜻을 이루신다.

▶ **역대상, 역대하** : 열왕기상·하와 같이 왕정 시대를 다루고 있지만, 내용상 매우 다르다. 역대상·하는 위로는 아담, 아래로는 신약의 유대인까지 다루고 있어서 어찌 보면 구약 전체를 다룬다고 할 수 있다. 역대하를 잇는 것은 곧 포로 시대의 역사다. 그러나 역대하는 당시의 이야기를 넘어 더 나아가 신약을 향한 기관차 역할을 한다. 열왕기상·하는 이스라엘의 500년 역사를 남북으로 이어서 기록했다. 그러나 역대상·하는 북 이스라엘의 역사에 관해서는 언급하지 않고, 오직 남 유다 왕국의 역사만 언급한다. 이는 하나님이 약속하신 다윗의 혈통으로 메시아가 오심을 나타내고자 함이다.

▶ **에스더** : 포로 귀환 시기에 기록된 이 책은 예루살렘 재건과는 전혀 상관이 없는 페르시아 궁전에서 일어난 일을 기록했다. 마치 사사 시대의 룻기처럼. 하나님은 바벨론에서 예루살렘으로 귀환하지 못하고 남아있는 백성들에게도 동일한 사랑의 관심을 갖고 계심을 보여준다. 룻기가 한 가정의 이야기라면 에스더는 한 왕궁의 이야기다. 두 책은 성경에서 유일하게 여성이 중심인물이다. 룻과 에스더는 순종의 사람, 믿음의 여인이었으며, 진정한 영웅이었다!

보충 설명꾼들1 ― 시가서

앞에서 '이야기꾼'이 역사를 연대순, 사건순으로 다루고 있을 때 중간에 끼어들어 보충 설명을 하는 이들을 '보충 설명꾼'이라고 했다. 이 그룹은 크게 시가서와 선지서로 이루어져 있다.

⊙ 시가서 ― 5권
이 세상에 영향을 주며 변화를 일으키는 하나님의 백성들의 신앙 체험을 위한 것이 주요 내용이다.

▶ **욥기** : 욥은 아브라함과 동시대의 인물이다. 욥기는 대화의 책, 논쟁의 책이라고 할 수 있다. 하나님과 사단, 욥과 친구들, 그리고 욥과 하나님의 대화이다. 그러나 단순한 대화를 넘어서 하나님이 누구신지와 하나님에 대한 우리의 올바른 믿음이 무엇인지를 보여준다. 그 중심에는 하나님이 가장 칭찬하시는 욥이 있다. 사단은 욥의 믿음을 과소평가했다. 더욱이 욥의 세 친구는 욥의 믿음을 과소평가할 뿐 아니라 정죄하고 비난했다. 내게 일어나는 고난을 통해 내 믿음의 현주소가 드러난다. 우리는 다른 사람의 고난을 너무도 쉽게 판단하고 정죄한다. 욥기는 욥이 겪는 고난과 회복을 통해 우리에게 주시는 하나님의 메시지다.

▶ **시편** : 욥기를 통해 하나님이 누구신 줄 알게 된다면, 시편은 우리를 보좌에 앉으신 하나님께로 인도한다. 그리고 경배와 찬송을 하나님께 드린다. 우리가 고난과 환난 가운데 있을 때가 바로 하나님께 나아가 경배와 찬송을 드리며 우리의 심정을 그분께 고백할 때이다. 하나님의 이름이 "여호와"이다. 그 이름을 가장 잘 설명하는 것은 '아빠 아버지', '목자'이다. 그러므로 우리는 그의 사랑, 돌봄, 후원, 지지, 용기와 격려를 받는다. 또한 하나님은 온 세상의 창조주, 그의 주권과 공의로 다스리는 왕이시다. 우리는 날마다 그의 문으로 나아가 춤추며 노래하며 그의 궁정 안으로 들어간다. 그리고 그의 보좌 앞에서 경배를 드린다. 그러나 하나님은 보좌에서 내려와 나를 그의 무릎에 앉히시고, 나를 향한 아빠로서의 사랑의 노래를 부르신다. 시편 150편 중 100편은 다윗이 기록한 하나님을 향한 노래, 신앙고백서다. 시편은 우리로 하나님과 친밀한 관계를 이루게 한다.

▶ **잠언, 전도서** : 잠언과 전도서는 주로 솔로몬이 기록한, 이 세상을 사는 지혜서라고 할 수 있다. 시편이 우리를 하나님 앞으로 이끌어 예배자와 기도자가 되게 한다면, 잠언과 전도서는 이 세상으로 나아가 어떻게 영향을 주며 변화를 주도하는 그리스도인의 삶을 살지를 보여준다. 잠언과 전도서는 종교 지식의 책이 아니다. 실제적이며 구체적으로 세상에 변화를 일으키는 하나님의 지혜를 배우는 책이다. 이 세상을 변화시키는 지혜는 날마다 그의 말씀에 귀를 기울일 때 주어진다. 아빠 하나님이 그의 사랑하는 자녀인 나를 그의 무릎에 앉히고 부드럽게 사랑으로 말씀하신다. 재물은 어떻게 다루는지, 혀는 어떻게 사용하는지, 우리의 감정을 어떻게 조절해야 하는지, 친구는 어떻게 사귀어야 하는지, 정직과 부지런함, 충성됨의 삶이 무엇인지…. 그래서 전도서를 읽으면 조금 더 신중한 표정과 말투로 말씀하시는 아빠 아버지의 음성을 들을 수 있다.

▶ **아가** : 솔로몬이 기록한 아가서는 단순한 남녀의 사랑을 묘사한 책이 아니다. 신랑 예수 그리스도와 신부 된 교회, 그리스도인과의 사랑 이야기다. 우리를 사랑함으로 이 세상에 오신 예수님, 우리의 구원을 위해 고난과 십자가의 죽음으로 나아가신 예수님, 부활하시고 승천하시어 앞으로 다시 오실 예수님, 그리고 어린양의 혼인 잔치에서 우리를 그의 신부로 삼으신 예수님, 신랑이 오시기를 간절히 기다리며 순결과 사랑으로 예비하는 신부 된 교회 등 참으로 아름다운 모습이다!

보충 설명꾼들2 — 선지서

시가서와 달리 선지서는 그 어조가 단호하고 때로는 엄격하다. 시가서가 아빠 아버지이신 하나님의 모습이라면, 선지서는 목자이신 하나님의 모습이 더 뚜렷하다.

⊙ 선지서 — 17권
특정 시대, 특정 그룹을 향한 하나님의 메시지다.

▶ **이사야** : 북 이스라엘의 멸망 시기에 남 유다를 중심으로 사역하며, 유다의 회개를 촉구하고 앗수르 제국의 멸망을 예언했다. '5복음서'라 불릴 만큼 메시아에 대한 예언으로 가득하다.

▶ **예레미야** : 북 이스라엘이 앗수르에 멸망한 지 136년이 지난 후, 남 유다도 바벨론에 의해 멸망했다. 예레미야는 남 유다의 멸망을 예언했다. 그러나 포로로 사로잡힌 지 70년 만에 다시 회복될 것도 예언했다.

▶ **예레미야애가** : 예레미야는 유다 왕국이 바벨론에 의해 멸망함을 보며 눈물로 기도했다.

▶ **에스겔, 다니엘** : 열왕기하와 역대하의 끝부분은 포로 시대의 시작을 알린다. 다니엘은 바벨론에 1차 포로로, 에스겔은 2차 포로로 사로잡혀갔다. 하나님은 포로생활 중에도 그의 백성과 함께 계시며 그들에게 말씀하시고 그들을 통해 그의 주권을 나타내신다. 하나님은 역사의 주인이시다.

▶ **호세아, 요엘, 아모스** : 하나님은 세 책을 통해 우상을 섬기는 백성이 돌이켜 주께로 돌아올 것을 촉구하신다. 그리하면 그들을 회복시키실 것이다. 호세아는 하나님의 사랑을, 요엘은 긍휼을, 아모스는 공의를 보여준다.

▶ **오바댜** : 에서 곧 에돔의 멸망을 선포한다. 그들의 심각한 죄는 그들의 형제가 환난을 당할 때 방관하고 오히려 기뻐한 것이다. 아브라함은 그의 조카 롯이 환난을 당할 때 목숨을 바쳐 도와주었다. 에스더도 잠잠하지 않았다.

▶ **요나, 나훔** : 두 책은 니느웨에 대한 메시지다. 요나의 메시지는 니느웨의 회개를 이루었다. 긍휼의 하나님이 그들을 용서하시고 심판을 취소하셨다. 그 후 100년이 지나자 니느웨는 나훔에 의해 다시금 심판의 메시지를 듣는다. 그러나 그들은 회개하지 않고 결국 멸망한다.

▶ **학개, 스가랴** : 바벨론 포로 귀환 이후 어떻게 예루살렘 성전이 재건되는지 보여준다. 이 시대의 중심인물은 유다 총독 스룹바벨과 대제사장 여호수아다. 학개와 스가랴는 선지자로서 이들을 도와 성전 재건을 이룬다.

▶ **말라기** : 2차, 3차 포로 귀환 이후에 에스라와 느헤미야에 의해 재건된 유다는 점점 열정이 식고 신앙은 율법적으로 흘러가며 회의주의에 빠졌다. 하나님은 이들이 회복되기를 촉구하셨다. 말라기는 신구약 중간 시대의 시작을 알린다. 그리고 그 너머 신약을 바라보게 한다.

2장

율법서(모세5경)

율법서(모세5경)

율법서(모세5경)

창세기, 출애굽기, 레위기, 민수기, 신명기
이 5권을 '율법서'라고 한다. 또는 '모세5경'이라고 부르기도 한다. 이 세상의 시초로 시작하여 온 땅에 대한 하나님의 마스터플랜을 이루기 위해 아브라함을 택하시고, 그의 후손들을 민족으로 발전시켜서 하나님의 백성으로 삼으시고, 땅의 모든 족속을 향한 하나님의 축복의 통로로 쓰시기 위해 준비시키는 과정이다. 또한 율법서에서 우리는 대제사장이신 예수 그리스도를 발견한다.

창 세 기 : '톨레돗'(계보, 제네시스)이 키워드다.
'하나님의 형상'이란 하나님과 친밀한 관계를 이루고, 이 세상에 영향을 주는 삶을 말한다. 누가 이를 이루어가는지 톨레돗에 잘 나타나 있다.

출애굽기 : '제사장 나라'가 키워드다.
하나님은 그의 백성을 애굽에서 이끌어내어 가나안에서 '제사장 나라요 거룩한 백성'으로 살도록 먼저 시내 산에서 준비를 시키신다. 십계명과 성막이 이를 잘 나타낸다.

레 위 기 : '거룩하라'가 키워드다.
하나님은 그의 백성이 가나안 문화와 구별된 거룩한 백성으로 살며 열방에 영향을 주길 원하신다. 레위기는 시내 산에서 그의 백성을 준비시키신 '출애굽기의 보충서'라고 할 수 있다.

민 수 기 : '광야의 순종과 훈련'이 키워드다.
시내 산을 출발하여 가나안 땅 맞은편 모압 평지에 이르기까지의 여정이다. 불순종과 원망과 불평, 거역 등이 광야 백성들의 행동이었다. 이로 인해 애굽 세대가 죽고 광야 세대가 일어날 때까지 40년을 광야에서 방황하게 된다.

신 명 기 : '쉐마'(들으라)가 키워드다.
40년의 방황을 마친 후 가나안을 목전에 두고 모압 평지에서 선포한 모세의 마지막 메시지다. 앞으로 가나안에 들어가 어떻게 기독교 국가를 이룰 것인가를 듣는 시간이다. 신명기는 기독교 문명개혁운동의 지침서이다.

❖ 창세기(Genesis) 세상을 향한 하나님의 계획

창세기의 원래 히브리어 명칭은 창세기 1장 1절의 첫 단어인 "태초에"(히, bereshith 베레쉬트)를 그대로 제목으로 삼았다. 이를 헬라어로 번역한 70인역은 창세기의 중요단어인 "톨레돗"(toledoth)을 헬라어로 번역하여 "제네시스"(Genesis)라고 명명했다. 이는 '탄생', '기원', '세대'를 의미한다. 창세기를 열면 하나님이 계신다. 창조주 하나님이시다. 이미 거기 계시며 말씀하시는 창조주 하나님을 바라본다. 그는 말씀으로 우리가 보는 모든 것을 창조하셨다. 히브리서 11장 3절에, "믿음으로 모든 세계가 하나님의 말씀으로 지어진 줄을 우리가 아나니 보이는 것은 나타난 것으로 말미암아 된 것이 아니니라"라고 하셨다. 즉, 보이는 건 저절로 생겨난 게 아니라 보이지 않는 것에 의해 창조되었다는 의미다.

그러므로 창세기를 열면 세상이 보인다. 눈에 보이는 모든 세계, 만물은 그 창조주 하나님이 지으셨다. 너무나 아름답다. 질서와 조화가 있다. 색깔과 모양이 그렇다. 더구나 각각의 기능이 경이롭기만 하다. 거기서 내가 보이고 우리가 보인다. 가장 놀라운 창조주의 걸작품이다. 그저 감탄만 나올 뿐이다. 하나님이 그 중심에 계신다. 우리의 삶 한가운데에 계신다. 그 하나님이 처음 창조하실 때만 아니라 언제나 일하신다. 그의 선하심과 사랑으로 일하신다. 그는 전능하시며 신실하시다. 또한 지혜로우시다.

창세기를 보면 모든 것을 올바로 이해하게 된다. 우리가 어디서 왔으며 왜 왔는지, 삶의 목적과 가치가 분명해진다. 창세기는 우리로 견고한 기초 위에 서게 한다. 기초는 이미 주어졌다. 그리고 그것은 확고한 기반 위에 있다.

창세기 – 톨레돗(toledoth) 하나님의 형상, 하나님의 나라(창 1:26-28)

하늘과 땅의 내력(창 2:4)	창 1:1-4:26	
아담의 계보	창 5:1-6:8	**창조** Creation 1장-2장
노아의 족보	창 6:9-9:29	
셈과 함과 야벳의 족보	창 10:1-11:9	
셈의 족보	창 11:10-26	▼
데라의 족보 – 아브라함	창 11:27-25:11	**타락** De-creation 3장-11장
이스마엘의 족보	창 25:12-18	
이삭의 족보	창 25:19-35:29	▼
에서 곧 에돔의 족보	창 36:1-43	**재창조** Re-creation 12장-50장
야곱의 족보	창 37:1-50:26	

창세기의 구조와 내용을 가장 잘 설명하는 것은 "톨레돗"이라는 단어다. 그 단어를 중심으로 창세기가 구성되었다.

창세기의 특징

1. 창세기는 '톨레돗'의 책이다

창세기의 내용을 가장 잘 이해하는 열쇠가 되는 단어는 "톨레돗("히브리어)이다. 한글 성경에는 '내력', '계보', '족보'라고 번역되어 있다.

창세기를 톨레돗을 중심으로 살필 때 이 책을 통한 하나님의 메시지를 파악하기 쉽다. 하나님의 마음을 알 수가 있다. 그의 마음이 머무는 곳이 어디인지, 무엇을 강조하시고 무엇을 강조하지 않으시는지 알 수 있다.

가령, 셈과 함과 야벳의 족보를 설명한 후 다시 셈의 족보를 한 번 더 설명하고, 이스마엘의 족보는 단 몇 구절로 요약한 반면 이삭의 족보는 길고 자세히 설명하고, 에서의 족보는 단 한 장으로 설명한 반면 야곱의 족보는 열네 장에 걸쳐 설명한 것을 볼 수 있다.

이는 하나님의 뜻이 누구를 통해 흘러가는가, 온 땅에 대한 하나님의 계획과 사람을 창조하신 하나님의 계획이 어떤 사람들을 통해 흘러가게 하시는가, 하나님은 어떤 사람을 통해 일하시는가를 말한다. 다르게 말하면, 어떤 사람들이 하나님의 뜻을 이루어가고 있는가를 잘 드러내고 있다.

2. 창세기는 '기원'의 책이다

하나님이 빛, 식물, 동물 등 만물을 창조하심으로 시작이 이루어졌다. 하나님은 모든 것을 창조하신 후에 사람을 지으셔서 만물을 다스리게 하셨다. 그러나 사람의 죄와 심판, 그리고 구원의 계획도 확정하셨다(창 1장-11장). 하나님은 또 한 사람을 불러 민족을 이루게 하시고, 그들에게 그분의 구원 계획을 드러내셨다(창 12장-50장).

> 믿음으로 모든 세계가 하나님의 말씀으로 지어진 줄을 우리가 아나니, 보이는 것은 나타난 것으로 말미암아 된 것이 아니니라 히 11:3

창 1장-11장 : 인류의 시작
  창 1장 사람의 시작
  창 3장 죄의 시작
  창 4장 가족의 시작, **창 4:17** 도시의 시작
  창 10장 종족의 시작
  창 11장 언어의 시작

아담은 첫 번째 인간, 아벨은 첫 번째 제사드린 자
에녹은 인간이 세운 첫 번째 도시 이름, 바벨은 인간이 세운 첫 번째 탑
노아는 첫 번째 선박 제조자

창 12장-50장 : 히브리 민족의 시작

　　창 12:1-25:11 아브라함

　　창 25:12-18 이스마엘

　　창 25:19-35:29 이삭

　　창 36장 에서

　　창 37장-50장 야곱, 그리고 요셉

【 창세기 - 두 가지 시작 】

인류의 시작(창 1장-11장)			히브리 민족의 시작(창 12장-50장)	
2,000년 이상 11장(창 1장-11장) 우주적			약 400년 39장(창 12장-50장) 민족적	
네 사건 중심	창조(창 1장-2장)	네 인물 중심	아브라함(창 12장-25장)	
	타락(창 3장)		이삭(창 24장-26장)	
	홍수(창 7장-8장)		야곱(창 27장-35장)	
	바벨탑(창 11장)		요셉(창 37장-50장)	

3. 창세기는 '분리'의 책이다

하나님의 구원 계획에 의한 분리가 있고, 인간의 죄로 인한 분리가 있다. 긍정적 분리가 있고, 부정적 분리가 있다. 그러나 하나님의 주권은 모든 것 위에 나타난다.

　　빛과 어둠을 나눔(창 1:3-5)

　　물과 물이 나뉘고 그 사이에 궁창이라는 공간이 생김(창 1:6,7)

　　사람이 죄로 말미암아 하나님으로부터 분리됨(창 3:23)

　　벨렉과 욕단 두 형제가 서로 헤어짐- 셈은 에벨 온 자손의 조상(창 10:21,25-30)

　　바벨탑으로 인해 언어별로 흩어짐(창 11:8,9)

　　아브라함과 롯이 헤어짐(창 13:11)

　　이삭과 이스마엘이 헤어짐

　　야곱과 에서가 헤어짐

　　요셉이 아버지와 헤어짐

4. 창세기는 '창조역사'의 책이다

시공간의 연속성

창세기는 크게 두 부분으로 나뉜다. 처음 1장부터 11장까지는 하나님이 우주를 창조하시고 사람을 창조하시어 사람을 우주의 장 안에 두시고 하나님을 대신하여 세상을 다스리게 하심으로 시작한다. 그 뒤로 에덴동산과 사람의 범죄, 노아의 홍수와 바벨탑 사건이 이어진다.

많은 경우, 이 부분(1장-11장)을 이해하기 어려워한다. 역사적 사건으로 보기보다 신화적, 상징적 요소로 보거나 과학 이전의 환상적인 요소로 보려고 한다. 그리고 12장부터 역사적인 요소, 즉 실제적인 사건이자 이스라엘의 기원으로 보려는 경향이 있다.

그러나 창세기는 1장부터 11장까지와 12장 이후를 완전히 다른 영역으로 단절시키지 않는다. 창세기 12장은 아브라함을 갑자기 등장한 역사 속 인물로 소개하지 않는다. 성경이 아브라함부터 족보를 말하지 않고 11장의 데라부터 시작한 건 11장까지와 12장 이후의 이야기가 다른 영역을 다룬 게 아니라, 한 역사 속, 즉 시간과 공간 속에서 어떻게 이어져 가는지를 보여주고자 한 것이다.

> 데라의 족보는 이러하니라. 데라는 아브람과 나홀과 하란을 낳고 하란은 롯을 낳았으며, 하란은 그 아비 데라보다 먼저 고향 갈대아인의 우르에서 죽었더라 창 11:27,28

시편 136편은 창세기 1장-11장의 사건이나 여타의 사건들을 동일선상에 두며 창세기 1장-11장의 사건도 역사 속에서 일어난 사실로 다루고 있다. 즉 출애굽 사건이나 광야를 통과하며 아모리 왕 시혼과 바산 왕 옥을 죽인 사건, 요단 강을 건너가 약속의 땅을 취한 사건 모두가 시간과 공간에서 일어난 역사적 사건이듯이 하나님의 창조도 역사적 사건이라는 의미다.

시 136:5-9 : 하나님의 창조, 창 1장
시 136:10-15 : 출애굽 사건
시 136:16-20 : 민수기
시 136:21-24 : 여호수아

또한 예수님의 창세기 첫 부분(창 1장-11장)에 대한 이해를 통해서도 이를 알 수 있다.
예수께서는 결혼과 이혼에 대해 말씀하실 때, 창세기 1장 27절과 2장 24절을 인용하셨다(마 19:4,5). 창세기 1장부터 11장이 신화적인 요소나 전설이 아니라 역사적인 사건임을 예수님이 직접 말씀하신 것이다.
로마서 5장 12-21절의 말씀도 이를 잘 보여준다. 예수님의 십자가 사건이 시간과 공간에서 일어난 역사적 사건이듯이 창세기 2장의 에덴동산과 창세기 3장의 아담의 범죄도 시간과 공간에서 일어난 역사적 사건이다.

그러므로 창세기 1장-11장까지의 내용이 놀라운 역사적 사실이라는 이해가 필요하다. 그럴 때 비로소 현대 즉 지금을 이해하고 해석하고 실행할 수 있다.

성경에서 가장 중요한 부분은 바로 여기에 있다.

【 창세기 족장들의 가계도 】

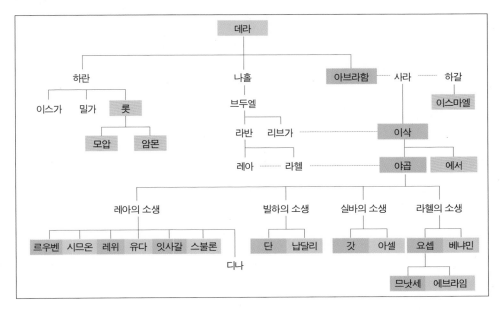

창세기의 메시지

1. 아브라함과 이삭과 야곱의 하나님

창세기는 아브라함과 이삭과 야곱의 본격적인 이야기다. 이 또한 여러 가지로 이해될 수 있는데 이 세 사람에게서 성부, 성자, 성령 삼위일체 하나님의 모습을 볼 수 있다.

> **아브라함** : 아버지 하나님 - 비전, 개척
> **이삭** : 아들 하나님, 예수 그리스도 - 하나님과의 교제, 순종, 희생, 결혼
> **야곱** : 성령 하나님 - 연단, 성령의 인도하심, 성령의 다루심

2. 노아의 홍수 사건(창 6:9-9:29)

2009년 10월, 크리스천 과학자들로 구성된 탐사대가 터키 아라랏 산(5,137미터)의 해발 4,000미터 지점에서 눈과 화산재에 묻힌 '목재 구조물'을 발견했다. 연대를 측정하니 B.C. 2800년으로 나왔다. 이 팀은 이를 노아의 방주라고 99.9% 추정했다.

> 너는 고페르 나무로 너를 위하여 방주를 만들되 그 안에 칸들을 막고 역청을 그 안팎에 칠하라. 네가 만들 방주는 이러하니 그 길이는 삼백 규빗, 너비는 오십 규빗, 높이는 삼십 규빗이라. 거기에 창을 내되 위에서부터 한 규빗에 내고 그 문은 옆으로 내고 상 중 하 삼층으로 할지니라 창 6:14-16

> **방주** : 길이 137미터, 폭 23미터, 높이 14미터로 3층의 직육면체 모양이다. 이는 축구장보다 큰 규모로, 농구장 20개 혹은 테니스장 36개를 넉넉히 넣을 수 있다. 125,280마리의 양을 실을 수 있을 정도다 .

이 배는 앞으로 진행하는 게 목적이 아니라 떠 있는 게 목적이다. 조선 건축가 디키(미국)는 세계에서 가장 견고한 군함인 미국 전함 'U.S.S. 오레곤 호'를 설계했다. 그는 노아의 방주 설계와 같은 비율을 사용했다.

내가 신학교에 다닐 때 본관 현관에 들어서면 노아가 방주를 짓고 있는 장면이 담긴 그림이 벽에 걸려있었다. 그 그림은 세 가지 면에서 아주 특이해서 내 눈길을 끌었다.

첫째는, 노아가 방주를 산꼭대기에서 만들고 있었다. 일반적으로 배는 바닷가에서 만든다. 둘째는, 노아가 만드는 배는 항해하기 쉽게 물고기 모양, 즉 유선형이 아니었다. 오히려 직육면체였다. 그런 배는 물에서 진행할 수 없다. 셋째는, 노아가 배를 만드는 데 120년이라는 긴 시간이 걸렸다.

이 세 가지 사항은 사람들의 비웃음을 사기에 충분했다. 배가 지어져 가는 동안에 사람들이 와서 구경하면서 크게 비웃고 조롱했을 것이다. 상식을 벗어난 행동이기 때문이다. 전문가들은 자기 나름대로 열심히 조언했을지도 모른다.

> 홍수 전에 노아가 방주에 들어가던 날까지 사람들이 먹고 마시고 장가들고 시집가고 있으면서 홍수가 나서 그들을 다 멸하기까지 깨닫지 못하였으니 인자의 임함도 이와 같으리라 마 24:38,39

그러나 노아는 오직 믿음으로 배를 준비했다. 그가 산에서 배를 만든 이유는 온 천하가 물에 덮일 것을 믿었기 때문이다. 배를 사각형으로 만든 이유는 그가 만든 배는 항해용이 아니라 단지 물 위에 떠 있는 게 목적이었기 때문이다. 120년 걸려서 배를 만든 이유는 게으르거나 재정이 부족해서가 아니라 하나님이 즉시 심판하지 않고 오래 참으셨기 때문이다. 그는 배를 지으면서 구경 온 사람들에게 계속 하나님의 구원의 길을 전했다.

> 믿음으로 노아는 아직 보이지 않는 일에 경고하심을 받아 경외함으로 방주를 준비하여 히 11:7

"경고하심을 받다"(chre-matizo)는 '하나님의 지시를 받다', '하나님으로부터 할 일을 자세히 지시받다'라는 뜻으로, "경고하심을 받아 방주를 준비했다"는 말씀은 노아가 자기의 생각이나 지식, 경험을 따라 지은 게 아니라 하나님의 구체적인 가르침을 따랐음을 의미한다.

방주의 크기나 모양, 층수, 창의 위치, 문의 위치, 목재의 종류 및 역청을 안팎으로 바르는 것 등 모든 경우에 있어서 하나님의 말씀을 듣고 행했다. 노아는 자신의 생각이나 아이디어, 방법을 따르지 않고 오직 하나님의 말씀을 따랐다.

우리는 어떤 일을 하든지 구체적으로 하나님께 질문하기를 습관화해야 한다. 한두 가지만 아니라 삶의 모든 영역에서 하나님께서 지혜를 주시도록 구하는 게 매우 중요하다. 하나님의 뜻 구하기를 연습해야 한다. 우리가 무슨 의논을 하든지 항상 주의 뜻이 무엇인지 구할 때, 성령께서 우리에게 이해력, 통찰력, 판단력 그리고 지혜를 주신다.

【 노아 홍수 사건 – 교차 대구 구조, 창 7장-8장 】

A	창 7:4	7일	"지금부터 7일이면… 쓸어버리리라."
B	창 7:10	7일	"7일 후에 홍수가 땅에 덮이니."
C	창 7:12	40주야	"40주야를 비가 땅에 쏟아졌더라."
D	창 7:24	150일	"물이 150일을 땅에 넘쳤더라."
E	창 8:1,2	→	
D	창 8:3	150일	"물이… 150일 후에 줄어들고."
C	창 8:6	40일	"40일을 지나서 노아가 그 방주에 낸 창문을 열고."
B	창 8:10	7일	"7일을 기다려 다시 비둘기를 방주에서 내놓으매."
A	창 8:12	7일	"또 7일을 기다려 비둘기를 내놓으매."

창 8:1
하나님이 노아와 그와 함께
방주에 있는 모든 들짐승과
가축을 기억하사
하나님이 바람을 땅 위에
불게 하시매 물이 줄어들었고

창 8:2
깊음의 샘과 하늘의
창문이 닫히고 하늘에서
비가 그치매

3. 까마귀와 비둘기 : 생각(창 8:6-12)

> 나는 새가 내 머리 위로 날아가는 것은 막을 수 없지만
> 내 머리 위에 둥지를 트는 것은 막을 수 있다.
>
> — 마틴 루터

노아는 처음에 까마귀를 내놓았다. 그다음에 비둘기를 내놓았다. 두 종류의 새를 방주에서 바깥으로 내놓았다.

비둘기를 내놓을 때는 목적이 있었다. 물이 얼마만큼 감했는지, 방주 문을 열고 나갈 때가 언제인지를 알아보기 위해서였다. 노아의 방주는 앞에 창이 없기 때문에 밖에 나갈 수 있는지 알아볼 방법이 없었다. 오직 하늘로만 창이 있어서 비둘기를 내놓았다. 원래 비둘기를 내놓기 전에 까마귀부터 내놓았는데 까마귀는 돌아오지 않았다. 까마귀는 돌아오지 않고 비둘기는 두 번이나 돌아왔다.

비둘기는 왜 돌아오고, 까마귀는 왜 돌아오지 않았을까?

이것은 두 종류의 새의 습성 때문이다. 비둘기는 깨끗한 것, 신선한 것, 생명 있는 것에만 앉는다. 반면에 까마귀는 썩은 것, 죽은 것, 냄새나는 곳에 앉는다. 그런 것들이 까마귀의 먹이다. 따라서 까마귀는 돌아올 이유가 없다. 물 위에 부유하는 먹이가 많았기 때문이다. 반면, 비둘기는 온 지면에 물이 있어서 발붙일 곳을 찾지 못하고 방주로 돌아왔다.

노아는 일주일 후에 비둘기를 다시 내보냈다. 저녁에 비둘기가 감람나무 새 잎사귀를 물고 왔다. 물이 줄어든 것이다. 다시 일주일이 지난 후 비둘기를 내놓았다. 이번에는 비둘기가 방주로 돌아오지 않았다. 땅에서 물이 사라지면서 신선한 것, 생명 있는 것이 나와서 먹거리가 생겼기 때문이다. 노아는 비로소 방주의 문을 열고 밖으로 나왔다.

생각에 깔때기를 끼우라!

주께서 이를 통해 우리에게 말씀하시는 건 무엇인가?

이 두 종류의 새는 '두 종류의 생각'이다. 몸은 여기에 있으면서도 생각은 새처럼 날아다닐 수 있다. 내 생각이 까마귀 같은가, 비둘기 같은가? 점검해보아야 한다.

> 끝으로 형제들아,
> 무엇에든지 참되며, 무엇에든지 경건하며, 무엇에든지 옳으며, 무엇에든지 정결하며,
> 무엇에든지 사랑받을 만하며, 무엇에든지 칭찬받을 만하며, 무슨 덕이 있든지, 무슨 기림이 있든지
> 이것들을 생각하라 빌 4:8

우리의 생각이 까마귀 같지 않도록 주의해야 한다. 우리의 생각이 비둘기 같아야 한다. 참된 것, 경건한 것, 옳은 것, 정결한 것, 사랑받을 만한 것, 칭찬받을 만한 것, 덕이 되는 것, 기림이 되는 것 이 8가지 영역을 기준으로 맴돌아야 한다. 이곳이 내가 발붙일 장소이다.

우리는 주 앞에 '주님, 내 생각을 비둘기처럼 해주소서. 빌립보서 4장 8절 말씀을 여과기로 사용하여 옳은 것에 머물고, 까마귀 같은 생각은 끊어버리고 비둘기 같은 생각을 넣기로 결정합니다. 나를 도와주소서'라고 끊임없이 구해야 한다.

> 그러므로 형제들아 내가 하나님의 모든 자비하심으로 너희를 권하노니,
> 너희 몸을 하나님이 기뻐하시는 거룩한 산 제물로 드리라. 이는 너희가 드릴 영적 예배니라.
> 너희는 이 세대를 본받지 말고 오직 마음을 새롭게 함으로 변화를 받아 하나님의 선하시고 기뻐하시고
> 온전하신 뜻이 무엇인지 분별하도록 하라 롬 12:1,2

> 너희는 유혹의 욕심을 따라 썩어져 가는 구습을 따르는 옛 사람을 벗어버리고,
> 오직 너희의 심령이 새롭게 되어,
> 하나님을 따라 의와 진리의 거룩함으로 지으심을 받은 새 사람을 입으라 엡 4:22-24

> 이제는 너희가 이 모든 것을 벗어버리라.
> 곧 분함과 노여움과 악의와 비방과 너희 입의 부끄러운 말이라. 너희가 서로 거짓말을 하지 말라.
> 옛 사람과 그 행위를 벗어버리고 새 사람을 입었으니 이는 자기를 창조하신 이의 형상을 따라 지식에까지
> 새롭게 하심을 입은 자니라 골 3:8-10

4. 바라봄의 법칙(창 30:25-43)

야곱이 외삼촌 라반의 양 떼를 키우면서 일어난 놀라운 일들을 그저 하나의 기적의 영역으로 이해하려는 경향이 있다. 그러나 야곱은 오랜 기간 양들을 돌보면서 놀라운 법칙을 발견했다. 그것은 바라봄의 법칙이다.

이스라엘 여인들은 아이를 잉태하면 한적한 곳에서 묵상과 예배의 삶으로 경건한 시간을 보내어 나라를 건고하게 하는 하나님의 사람들이 태어나기를 갈망했다(눅 1:39-45).

한국도 오랜 세월 태교를 중시해왔다. 임신부에게는 특별한 주의를 기울여서 태아가 좋은 영향을 받기를 원했다. 어떤 환경에 머무는가, 무엇을 바라보는가, 무엇을 듣는가, 무엇을 생각하며 느끼는가, 심지어 무엇을 먹는지도 태교에 영향을 준다.
야곱은 양들도 동일하게 태교를 한다는 걸 오랜 목자의 경험으로 알게 되었다. 무엇을 보느냐에 따라 태 속의 새끼들에게 영향을 준다는 걸 알았다.

그리스도인들을 '주바라기'라고 부르기도 한다.
우리가 주 예수를 바라볼 때 우리의 속사람이 주를 닮아가기 때문이다.

생각은 **습관**을 낳고 습관은 **행동**을 낳고 행동은 **인격**을 낳고 인격은 **영원**을 낳는다.	우리 그리스도인들은 '주바라기'다. 우리가 끊임없이 주를 바라볼 때, 그의 음성에 귀를 기울일 때, 그의 말씀을 읽고 묵상할 때 우리는 주 예수님을 닮아간다.

5. 하나님의 톨레돗

창세기는 하나님의 톨레돗(계보)이 어떻게 이어지는지 보여준다. 그것은 단순한 족보를 넘어서서 누가 하나님의 뜻을 받아 성취하는가를 보여준다. 믿음의 사람 아벨은 죽었으나 아벨 대신에 셋을 주셨고(창 4:25), 노아를 거쳐서 셈으로(창 11:10), 아브라함에서 장남 이스마엘이 아닌 이삭으로(창 25:19), 이삭에서 장남 에서가 아닌 야곱으로(창 37:2), 야곱에서 장남 르우벤이 아닌 요셉으로 이어진다(창 48:5,22, 대상 5:1,2).

6. 아브라함 - 열두 차례 믿음의 테스트(Test)

아브라함에게는 열두 번의 위기가 있었다. 그것이 그의 믿음을 테스트했다. 아브라함은 성공하기도 하고, 실패하기도 했다. 그 과정에서 그는 연단되고 성장했다.

우리가 환난 중에도 즐거워하나니 이는 환난은 인내를, 인내는 연단을, 연단은 소망을 이루는 줄 앎이로다 롬 5:3,4

1) 믿음으로 순종하여 아브라함은 고향, 친척, 아비 집을 떠나서 하나님의 말씀을 따라 가나안 땅으로 갔다(창 12:1-9).

아브라함은 하나님의 말씀을 듣고 그 말씀을 따라 갈대아 우르를 떠나 하란을 거쳐 가나안으로 갔다. 긴 여정을 거쳐 마침내 가나안 땅에 이르렀을 때, 그들을 환영하는 어떤 것도 없었다. 환영 플래카드나 환영객도 없었다. 누구나 대가를 지불하고 나아갔으나 환경적으로 아무것도 준비되어 있지 않은 것을 경험한 적이 있을 것이다. 그런 상황에 부딪히면 실망과 두려움 가운데 있게 된다(창 12:5,6). 그러나 그때에야말로 믿음이 필요하다(창 12:7). 두려움과 실망 가운데 낙심하여 주저앉지 말고 하나님께 나아가야 한다. 환경을 보고 실망하면 안 된다. 아브라함은 올바른 선택을 했다. 결과적으로 성공이었다.

하나님의 약속의 말씀을 따라 순종하여 행했는데 응답이 더디어 실망할 때가 있는가?

그때 어떻게 반응했는가? 조급하거나 포기하지 말아야 한다. 그때야말로 하나님에게 나아갈 때다. 쉽게 환경을 따라 반응하지 말고, 성급하게 판단하여 실망하거나 불평하거나 포기하지 말고 하나님의 말씀에 귀를 기울여야 한다. 그러면 주께서 아브라함에게 말씀하신 것처럼 당신에게도 말씀하실 것이다.

2) 하나님이 약속하신 땅에 기근이 들었을 때 아브라함은 믿음으로 행하지 않았다(창 12:10-20).

그 땅에 기근이 세 번 있었다. 아브라함 때(창 12:10), 아들 이삭의 때(창 26:1), 사사 시대(룻 1:1)에 있었다. 아브라함은 그때에 믿음을 따라 반응하지 않고 환경에 따라 반응했다. 그가 가나안에 올 때는 하나님의 말씀을 따라 왔다(창 12:4). 그러나 애굽에 내려갈 때는 환경을 따라 반응했다. 그는 올바른 선택을 하지 않았다. 그것이 그의 삶과 아내 사라의 삶과 가정에 큰 어려움을 만들었다. 두려움도, 부끄러움도 있었다. 그의 선택은 결과적으로 실패였다.

약속의 땅에 기근이 든다는 걸 예상할 수 있을까? 그런 땅에는 풍요와 축복만이 있어야 하지 않을까? 하나님의 약속의 말씀을 따라 행했는데 상황은 오히려 더 악화되었던 경험이 있는가? 그때 어떻게 반응했는가? 비록 하나님의 약속의 말씀을 따라 행했어도 영적, 재정적, 환경적인 기근이 들 수 있다. 그때 환경을 따라 반응하지 말고 주의 음성에 귀를 기울여야 한다.

3) 롯과의 갈등에서 아브라함은 기득권을 포기했다(창 13:1-13).

아브라함과 조카 롯은 모두 목축업을 했다. 갈수록 이들의 재산은 늘어났다. 양 치는 목자들을 고용할 정도였다. 그런데 양들을 먹일 초장은 한계가 있었다. 이것으로 인해 아브라함의 목자와 롯의 목자 사이에 자주 다툼이 있었다.

이때 아브라함이 취한 행동을 통해 배워야 한다. 욕심이 들어올 만한 상황이다. 이기주의로 행할 수 있는 때다. 그러나 그는 올바르게 행했다. 삼촌의 권리를 포기하고 롯에게 먼저 기회를 주었다.

우리는 한 친족이라… 서로 다투게 하지 말자… 네가 좌하면 나는 우하고 네가 우하면 나는 좌하리라 창 13:8,9

아브라함은 올바른 선택을 했고, 결과적으로 성공을 가져왔다.

아브라함처럼 가까운 관계에서 갈등을 경험한 적이 있는가? 형제 사이, 또는 그리스도인 형제 사이에서 이권 다툼으로 갈등을 경험했는가? 그럴 때 어떻게 해결했는가? 기득권을 사용했는가, 아니면 포기했는가? 우선권을 확보하려고 애쓰거나 좋은 쪽을 선점하려고 애썼는가, 아니면 포기하고 양보했는가?

4) 아브라함은 영원에 이르는 선택을 했다(창 13:14-18).

눈에 보이는 대로 선택한 롯(창 13:10)과 눈에 보이지 않는 영원한 것을 선택한 아브라함의 모습이 보인다. 롯은 하나님의 기준으로 선택하지 않았다. 육신의 눈으로, 세상적인 기준으로 선택했다. 그가 선택한 소돔은 하나님 보시기에 악하여 멸망이 기다리고 있었다. 그러나 롯은 이를 보지 못했다. 그 결과는 비참했다. 소돔의 멸망에서 그는 겨우 구원받았다.

훗날 에서도 롯의 기준으로 선택했다(창 25:27-34). 성경은 에서의 선택을 '망령된 행실'이라고 말한다(히 12:16,17). 롯과 에서의 선택은 육신적이요 세상적이며 인간적이었다. 이를 요한은 육신의 정욕과 안목의 정욕과 이생의 자랑이라고 했다(요일 2:15-17). 내 안에 롯의 요소가 사라질 때 비로소 하나님의 시각으로 세상을 바라보며 올바른 선택을 할 수 있다. 아브라함의 선택의 결과는 놀라운 것이었다. 아브라함은 하나님의 눈으로 세상을 바라보았고, 하나님의 약속의 말씀을 들었다. 땅과 자손과 세상에 영향을 끼치는 명문가의 약속이다.

5) 조카 롯이 어려움에 처했다는 소식을 들었을 때 아브라함은 최선을 다해 헌신했다(창 14:1-16).

조카 롯이 위기에 처한 상황에서 아브라함의 반응을 통해 형제의 위기를 볼 때 어떻게 반응해야 하는지를 배운다. 위기가 올 때 우선 자기의 몸을 사리고, 자기의 안위부터 챙기는가? 무관심, 무정함, 이기주의인가? 아니면 앉아서 형제의 잘못에 대해 비난, 판단, 정죄하는가?

아브라함은 자기를 돌보지 않고 목숨을 다해 희생하면서 형제의 위기를 구하려고 행동했다. 그는 올바르게 선택했고 그것이 성공을 가져왔다. 하나님이 그에게 승리를 주셨다.

> 오바댜서는 형제의 위기에 방관하는 게 얼마나 악한지를 말씀한다(옵 1:12-14). 그 결과(옵 1:15)는 어떠한가? 하나님은 형제의 위기를 볼 때 방관하지 말라고 하신다. 아브라함처럼 자기 목숨을 돌보지 않고 형제를 도와야 한다.

6) 아브라함의 매일의 선택 — 멜기세덱인가? 소돔 왕인가?(창 14:17— 24).

롯을 구하고 더 나아가 전쟁에서 빼앗긴 모든 걸 되찾아 돌아올 때, 아브라함을 맞이한 두 왕이 있었다. 살렘 왕 멜기세덱과 소돔 왕이었다. 아브라함은 멜기세덱이 주는 건 받았고, 소돔 왕이 주는 건 하나도 받지 않았다. 그는 세상에 의해서 부자가 될 기회가 있었지만 거절했다. 그는 오직 하나님께로부터 오는 부와 명예, 영광만을 받아들였다. 아브라함의 선택은 성공이었다.

> 우리에게 두 존재가 다가온다고 주 예수께서 말씀하신다(요 10:10). 도적은 우리의 믿음과 열정을 도적질하고 죽이고 멸망시키려 한다. 그러나 예수님은 우리에게 생명과 풍성한 삶을 주러 오신다. 날마다 세상이 주는 것을 거절하고, 오직 주 예수께서 주시는 것을 받아야 한다.

7) 아브라함은 약속을 기다리지 못하고 믿음이 없는 죽은 행실로 나아갔다(창 16:1-17:1).

아브라함과 사라가 약속을 따라 가나안에 온 지 10년이 지났다. 그러나 여전히 자식이 없자 부부는 초조해졌다. 결국 아브라함은 사라의 제안을 받아들였다. 그것은 하나님으로부터 온 것이 아니었다. 아브라함의 선택은 훗날 더 많은 근심과 슬픔을 가져왔다. 또한 하나님과의 친밀감에도 영향을 주었다. 아브라함의 86세부터 99세까지에 대해 성경에 아무 일도 기록되지 않았다(창 16:16-17:1). 아브라함의 선택적 행동을 '죽은 행실'이라고 한다. 그의 선택은 실패였다.

> 죽은 행실이란 하나님의 말씀을 따르지 않고 환경과 사람의 의견과 일에 따라 행하며 그것이 하나님의 뜻이라고 자기 나름대로 추측하여 행동하는 걸 말한다.
>
> 하나님의 뜻을 추측하거나 짐작하여 행해서는 안 된다. 또 타협하거나 자기 합리화하지 말아야 한다. 거기에는 생명이 없다. 언제나 하나님의 음성에 귀를 기울여 그의 뜻을 따라 행해야 한다.

8) 아브라함의 옛 성품이 다시 나타났다. 영향을 주기보다 오히려 책망을 받았다(창 20장).

소돔과 고모라의 멸망(창 19장)을 지켜본 아브라함은 네게브 땅으로 옮겨가 블레셋 경내의 그랄에 거류했다. 이전처럼 애굽으로 내려가지는 않았으나 중간 경유지에 머물렀다. 그리고 애굽에서 행동했던 것처럼 사라를 누이라고 소개했다. 그의 선택의 근원은 두려움이었다. 그리고 실패했다. 영향을 주기보다 책망을 받았다.

> 아브라함은 두려움에 대한 올바른 해결책을 갖지 못했다. 두려움이 올 때 옛 습관이 살아나 이전의 어리석은 행동을 반복했다(창 20:1,2). 그 결과로 오히려 세상으로부터 책망을 받았다(창 20:8-14). 그의 행동의 영향력은 컸다. 아들 이삭에게서도 동일한 반응이 나왔다(창 26:1-11). 내게도 아직 옛 습관이 나타나는가? 주 앞에 나아가 그의 도우심을 간절히 구해야 한다.

9) 아브라함은 이스마엘이 아닌 이삭을 선택했다(창 21:8-21).

비록 아브라함의 잘못된 선택이 큰 아픔을 가져왔지만 그럼에도 이스마엘은 그의 아들이었다. 그는 두 아들을 다 사랑했지만 이스마엘을 떠나보내야만 했다. 그는 개인적인 생각이나 감정에 매이지 않고 하나님의 말씀에 순종했다. 올바른 선택을 한 것이다.

10) 아브라함은 순종하여 이삭을 번제로 드렸다(창 22:1-18).

아브라함이 이삭을 번제로 드리는 장면은 믿음의 테스트의 하이라이트다. 아브라함은 오직 말씀에 순종하여 그의 비전이요, 미래요, 생명인 이삭을 모리아 산에서 번제로 드렸다.
성공과 실패를 반복하면서 아브라함의 믿음은 연단되고 성장했다. 하나님은 경외함으로 순종한 그에게 언약하셨다(창 22:15-18). 그의 선택은 성공이었다.

11) 막벨라 굴 : 아브라함은 믿음의 조상이다(창 23:1-20).

사라가 죽었을 때 아브라함은 막벨라 굴을 합당한 대가를 지불하고 사서 매장지로 사용했다. 헷 족속은 아브라함에게 그 땅을 거저 주고자 했으나 그는 값을 주고 샀다.

단지 매장지가 필요해서가 아니라 훗날 가나안 땅 전체를 유업으로 주실 하나님의 약속을 믿었기 때문이다. 그는 믿음의 표시로 그 땅을 샀다. 믿음의 계약금을 지불했다. 그의 선택은 성공이었다.

유다 왕국이 바벨론에 의해 멸망할 것을 선포한 예레미야는 숙부의 땅 아나돗의 밭을 샀다. 곧 멸망할 나라의 땅을 사는 건 어리석은 행동처럼 보인다. 그러나 그는 하나님의 말씀을 따라 그 밭을 값을 지불하고 정식으로 샀다. 왜냐면 하나님이 반드시 바벨론 포로에서 돌아오게 하실 줄을 믿었기 때문이다(렘 32:6-27). 믿음은 미래를 보장한다. 미래를 바라본다. 미래를 전망할 줄 안다.

12) 아브라함은 믿음으로 그의 아들 이삭의 배필을 선택했다(창 24:1-9).

아브라함은 아들 이삭의 아내를 택하기 위해 그의 충성된 종을 고향으로 보냈다. 그는 며느리를 하나님의 백성 중에서 택한다는 명확한 기준을 갖고 있었다(창 24:3,4). 하나님이 이삭의 배필을 예비하실 거라는 믿음이 있었다(창 24:5-8). 믿음은 미래를 준비한다. 그의 선택은 성공이었다.

아브라함의 믿음의 선택의 결산서
성공 9번 / 실패 3번
이 과정들을 통해 아브라함의 믿음이 연단되고 훈련되고 성장했다.

Dear.
NCer

❶ 톨레돗(계보)을 이어가는 자, 누구인가?

---

❷ 창세기를 나의 '스토리'로 만들어갈 것인가? 어떻게 만들어갈 것인가?

---

❸ 하나님이 아브라함, 이삭, 야곱에게 하신 언약의 내용은 무엇인가?

---

❹ 아브라함의 열두 번의 테스트를 통하여 내가 배운 바는 무엇인가?
   이 중에서 요즈음 나의 삶에 일어나는 것들이 있는가?

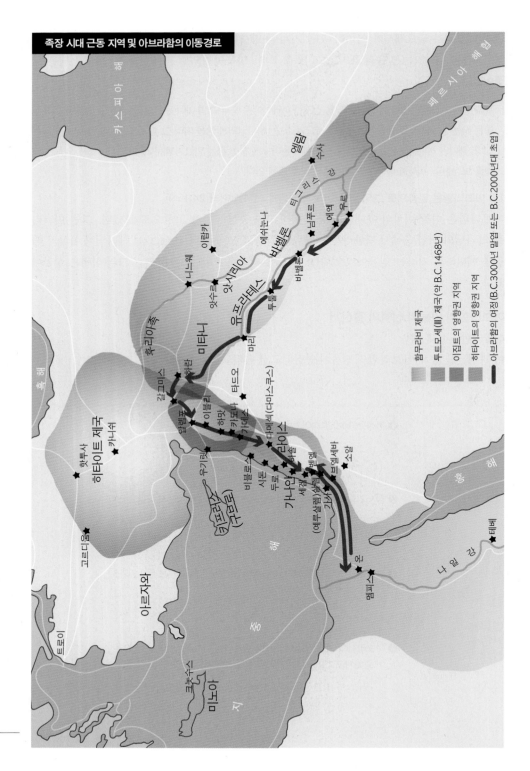

족장 시대 근동 지역 및 아브라함의 이동경로

함무라비 제국
투트모세(III) 제국 (약 B.C. 1468년)
이집트의 영향권 지역
하타이트의 영향권 지역
아브라함의 여정(B.C. 3000년 말엽 또는 B.C. 2000년대 초엽)

❖ 출애굽기(Exodus) 세상에 영향을 주는 하나님의 백성으로 준비함

출애굽기는 이스라엘 족속의 구원에 관한 이야기다. 더 나아가 이 세상에 영향을 주는 백성으로서 어떻게 준비해야 하는지에 관한 이야기다.

하나님은 두 가지 영역에서 이들을 구출하셨다. 육신적인 구출과 영적인 구출이다. 모세는 놀라운 이적과 기사를 바로와 그 신하들 앞에서 행했다. 강퍅한 바로는 끝까지 굽히지 않았다. 그러나 결정적으로 항복하게 된 사건이 유월절 사건이다. 어린 양의 피를 문인방과 문설주에 바른 사람의 집은 무사했지만 나머지 모든 사람의 집은 사람과 가축의 처음 난 것이 다 죽었다.

이것은 구원은 어떤 행위로가 아닌 오직 하나님의 어린양 예수 그리스도의 피로 말미암는 것을 보여준다. 이들은 어린 양의 피로 애굽의 노예에서 자유함을 받았다. 이들은 애굽의 노예생활에서의 육적인 구출만 아니라 죄와 사망으로부터의 영적인 구출도 받았다.

애굽에서 나온 이들은 먼저 시내 산 아래에 일 년간 머물면서 십계명을 받고 성막을 완성했다. 하나님이 이들을 바로의 손에서 구출하신 건 단지 구원만이 목적은 아니었다. 아브라함과 이삭과 야곱에게 약속하신 것처럼 그들을 열방의 제사장 나라로 삼기 위함이었다.

> 내가 애굽 사람에게 어떻게 행하였음과 내가 어떻게 독수리 날개로 너희를 업어 내게로 인도하였음을 너희가 보았느니라. 세계가 다 내게 속하였나니 너희가 내 말을 잘 듣고 내 언약을 지키면 너희는 모든 민족 중에서 내 소유가 되겠고, 너희가 내게 대하여 제사장 나라가 되며 거룩한 백성이 되리라. 너는 이 말을 이스라엘 자손에게 전할지니라 출 19:4-6

출애굽기 – 거룩한 백성이요 제사장 나라가 되라(출 19:5,6)

하나님의 놀라운 능력으로 애굽을 나와 시내 산에 이름			하나님의 영광 가운데 시내 산에서 거룩한 백성으로 준비됨	
압제 상태의 이스라엘	출애굽 과정	시내 산까지의 여정	시내 산에서 율법이 주어짐	성막과 제사장 규례
1장	2-14장	15-18장	19-24장	25-40장
열 가지 재앙, 모세와 바로			열 가지 축복(십계명), 모세와 하나님	
1개월 반 여정			11개월 19일 머묾	

출 19:4-6 [4] 내가 애굽 사람에게 어떻게 행하였음과 내가 어떻게 독수리 날개로 너희를 업어 내게로 인도하였음을 너희가 보았느니라. [5] 세계가 다 내게 속하였나니 너희가 내 말을 잘 듣고 내 언약을 지키면 너희는 모든 민족 중에서 내 소유가 되겠고 [6] 너희가 내게 대하여 제사장 나라가 되며 거룩한 백성이 되리라. 너는 이 말을 이스라엘 자손에게 전할지니라

출애굽기의 메시지 - 노예에서 여호와의 백성으로!

출애굽기의 내용은 하나님이 창세기에서 아브라함과 이삭과 야곱에게 약속하신 대로 이스라엘을 애굽에서 이끌어내어 광야를 지나 약속의 땅으로 이끌어가서 큰 민족을 이루시는 과정이다. 하나님의 큰 목적은 이스라엘을 온 세상을 축복하는 제사장 나라로 만드는 것이다.

1. 모세에게 주어진 사명

하나님은 그의 뜻을 성취하기 위해 사람을 부르시고 사람과 함께, 사람을 통해 일하신다. 하나님은 모세를 부르셨다. 그에게 주어진 사명은 이스라엘 백성들을 건져내고 인도하여 데려다가 약속의 땅에 정착시키는 거였다. 모세는 두려웠다. 그것이 얼마나 어려운 일인지 알고 있었다. 최초 70명의 대가족이 애굽으로 들어가서 430년 동안 머물면서 200-350만 명가량의 거대한 민족으로 성장했다. 300년이 넘도록 남의 나라에서 노예생활을 하던 이들을 당시 가장 강력한 국가인 애굽에서 건져내서 가장 어려운 환경인 광야를 통과하면서 약속의 땅 가나안으로 데리고 들어가 새로운 국가를 형성하는 것, 이것이 모세에게 주어진 사명이었다!

이 상황에서 모세에게 주어진 큰 숙제들은 다음과 같다.

이들은 가난하고, 집도 없고, 의복과 음식도 없고, 물도 없고, 병원 시설도 없고, 학교도 없고, 도로 시설은 전혀 되어있지 않고, 상하수도를 비롯한 위생 시설도 없고, 또 법도 제정되어 있지 않고, 경제도 없고 화폐 단위도 없고, 복지 정책도 없고 노동 윤리나 과학 기술도 없고, 농업이나 산업도 없고, 또 군대도 없고, 영토도 없고, 더구나 주권도 없다! 동시에 종교적 시스템도 없는 거대한 민족이다.

이들 앞에는 열악한 환경, 굶주림, 목마름, 두려움, 불확실, 사방의 위협만이 도사리고 있었다.

한마디로 이들은 세계 최대의 난민들이다!

이런 큰 숙제를 다 끌어안고 이들을 애굽에서 구출하여 험한 사막을 지나 가나안으로 데려가서 강력한 군대로 무장한 가나안 족속들을 몰아내고 정착시켜야 했다. 또한 기독교 국가를 세우는 게 모세의 사명이었다. 그에게는 너무나 벅찬 사명이었다!

하나님은 그런 상황에서 모세를 부르시고 사명을 주셨다.

> …내 백성의 고통을 분명히 **보고**… 부르짖음을 **듣고** 그 근심을 **알고**, 내가 **내려가서** 그들을 애굽인의 손에서 **건져내고** 그들을 그 땅에서 **인도하여** 아름답고 광대한 땅… **데려가려 하노라** 출 3:7,8

하나님의 말씀 가운데 일곱 개의 동사에 유의하기 바란다.

"보고, 듣고, 알고, 내려가서, 건져내고, 인도하여, 데려가려 하노라."

하나님은 우리의 사정을 아시고 구체적으로 우리를 도우신다. 하나님이 그의 백성에게 보이신 것은 하나님의 긍휼, 사랑, 오래 참으심, 풍성한 은혜다. 그리고 더 나아가 하나님과의 친밀한 사귐, 하나님의 영광을 바라봄, 하나님을 섬김의 은혜를 주셨다. 그리고 최종적으로는 약속하신 땅에서 하나님의 말씀의 원리 원칙을 따라서 가나안의 우상을 제하고, 하나님의 나라를 세우는 기회와 영광, 의무와 책임이 주어졌다.

세계가 다 내게 속하였나니 너희가 내 말을 잘 듣고 내 언약을 지키면 너희는 모든 민족 중에서 내 소유가 되겠고 너희가 내게 대하여 제사장 나라가 되며 거룩한 백성이 되리라 출 19:5,6

하나님은 우리에게 은혜를 베푸사 복을 주시고 그의 얼굴빛을 우리에게 비추사 (셀라)
주의 도를 땅 위에, 주의 구원을 모든 나라에게 알리소서. 하나님이여, 민족들이 주를 찬송하게 하시며, 모든 민족들이 주를 찬송하게 하소서 시 67:1-3

시편 67편의 노래는 우리에게 은혜를 베푸시도록 하나님께 담대히 구하고 있다. 이는 하나님께서 우리로 말미암아 하나님의 구원이 모든 나라에 알려지기를 원하시기 때문이다. 내가 복을 받고, 그 복이 나를 통해 내가 있는 가정, 직장은 물론이고, 더 나아가 모든 땅으로 흘러가기를 원하시기 때문이다.

아브라함에게 주신 복은 곧 내 것이다. 창세기 51장은 우리의 삶이 되어야 한다. 능력 있는 자가 아니라 '약속'을 믿는 자가 복의 통로가 될 것이다.

베드로는 말씀을 의지하여 그물을 내렸을 때 놀라운 성공을 경험했다. 믿을 때 성공을 거둔다. 야곱은 비록 부족함과 단점이 많았지만 하나님의 약속을 이해하는 사람이었다. 그는 쓰임 받기 위해 하나님께 나아갔다.

2. 하나님의 부르심과 모세의 응답

하나님이 모세에게 명령하셨다.

이제 가라… 이제 내가 너를 바로에게 보내어 너에게 내 백성 이스라엘 자손을 애굽에서 인도하여 내게 하리라 출 3:9,10

이 일을 감당하기 위해 하나님께서 제일 먼저 모세에게 가르치신 것은 자기의 힘과 지식을 의지하지 않고 하나님이 이 모든 일을 다 행하실 것을 믿고, 하나님을 의지하는 믿음을 갖는 거였다. 모세는 먼저 하나님이 얼마나 크신 분인지를 알고, 그에게 주어진 모든 상황은 하나님 앞에 아무것도 아님을 깨달아야 했다.

출애굽기 3장과 4장은 하나님께서 모세를 쓰시기 위해 세 가지 일을 통해 그를 준비시키는 과정이다. 모세를 부르시는 장면은 몹시 흥미롭다.

첫째, 하나님께서 떨기나무 가운데에서 그를 부르셨다

떨기나무는 물이 없는 염분만 있는 사막에서 살아남으려고 바둥거리는 나무다. 얼마나 볼품이 없겠는가! 과거에 자신만만하던 모세는 40년 광야의 시간을 보내면서 떨기나무와 자신을 동일시했을 것이다. 떨기나무에서 모세를 부르신 것을 통해 그에게 겸손을 요구하시는 하나님, 자신을 의지하지 않기를 바라시는 하나님의 마음을 볼 수 있다.

모세는 자신이 얼마나 무능하며 이런 놀라운 일에 부적격한지 계속 주장했다. "나는 아무것도 아닙니다", "나는 이 일에 적합하지 않습니다"라고 했다.

그러나 하나님은 모세에게 말씀하셨다. "오직 능력은 여호와께 속했다." 하나님은 다음과 같은 사람을 부르시고 그의 일을 맡기신다.

> 자기를 조금도 의지하지 않는 사람,
> 자기의 학력이나 경력을 자랑하거나 내세우지 않는 사람,
> 바로 겸손한 사람이다.

둘째, 하나님은 불붙은 떨기나무 가운데서 그를 부르셨다

"불"은 '성령'을 의미한다. 이는 오직 성령의 능력으로만 가능함을 보여주시는 것이다. 하나님은 모세가 자기 자신을 의지하지 않고 오직 성령만을 의지하기를 원하셨다. 또한 그의 순종을 요구하셨다. 성령을 충만히 받으라. 매일 그의 능력으로 충전하라.

셋째, 하나님 앞에서 신발을 벗도록 요구하셨다

모세는 애굽에서 특정한 부류의 사람들만 맨발로 다니는 걸 알고 있었다. 바로 노예들이다. 노예는 권리가 없다. 그들에게는 오직 순종만 요구된다.

하나님께서 모세에게 신을 벗으라고 하신 건 자신의 권리를 포기하고 하나님께 양도하기를 원하시기 때문이었다.

그러나 하나님의 종이 된다는 건 고통스럽고 희생하는 삶만을 의미하지 않는다. 오히려 만왕의 왕이신 하나님과 함께 일할 수 있는 특권의 삶, 영광의 삶을 의미한다. 겸손한 만큼, 권리를 포기한 만큼 하나님께 쓰임 받는다.

하나님이 모세를 불러서 그의 일을 맡기신 이유가 또 있다.

> 이르시되 내 말을 들으라 너희 중에 선지자가 있으면 나 여호와가 환상으로 나를 그에게 알리기도 하고 꿈으로 그와 말하기도 하거니와 내 종 모세와는 그렇지 아니하니 그는 내 온 집에 충성함이라 그와는 내가 대면하여 명백히 말하고 은밀한 말로 하지 아니하며 그는 또 여호와의 형상을 보거늘… 민 12:6-8

하나님이 그를 부르신 이유는 그의 충성 때문이다. 그는 충성된 사람이었다.

> 내 눈이 이 땅의 충성된 자를 살펴 나와 함께 살게 하리니 완전한 길에 행하는 자가 나를 따르리로다 시 101:6

3. 바로의 타협안

바로는 "내 백성을 보내라"라는 하나님의 메시지를 전달한 모세에게 타협안을 제시했다.

1안 – 이 땅에서 제사드리라(출 8:25)

2안 – 너무 멀리 가지는 말라(출 8:28)

3안 – 너희 장정만 가서 섬기라(출 10:11)

4안 – 양과 소는 머물러 두고 너희 어린 것들은 함께 가라(출 10:24)

그러나 모세는 바로의 타협안을 거절하고 끝까지 하나님의 말씀대로 행함으로 결국 바로의 항복을 받아냈다.

최종안 – 너희와 너희 자손은 가서 여호와를 섬기며, 양과 소도 몰아가고 나를 위하여 축복하라(출 12:31,32).

추가사항 – 애굽 사람에게 구하여 애굽의 물품, 은금 패물과 의복을 취하여 가져갔다(출 12:33-36).

이것은 훗날 광야 한가운데 시내 산에서 하나님의 성막을 짓는 재료가 되었다. 하나님은 모든 것을 예비하시는 "여호와 이레"의 하나님이시다.

> 바로의 타협안에서 우리가 배울 것들은 무엇인가?
> 이 세상은 마치 바로처럼 연속적으로 우리에게 타협안을 제시한다. 그러나 모세는 조금도 타협하지 않았다. 그는 하나님의 말씀에 온전히 순종하였다. 하나님은 우리에게 최종안을 주셨다. 그리고 놀라운 것은 최종안만이 아니라 더 나아가 추가사항까지 주셨다. 이것은 훗날에 광야 한가운데 시내 산에서 하나님의 성막을 짓는 재료가 되었다. 하나님은 우리가 하나님의 뜻을 성취하는 삶에 조금도 부족함이 없게 하신다. 그러므로 타협하지 말아야 한다.

【 "내 백성을 보내라" - 10가지 재앙, 하나님의 능력, 하나님의 영광 】

	하나님의 능력, 이적들	애굽의 마술사들, 바로의 신하들	바로의 마음	고센땅
프롤로그	뱀이 된 아론의 지팡이	동일하게 행함, 잡아먹힘	**완악**	
1	물이 피가 됨 - 강, 운하, 못, 호수	동일하게 행함	**완악**, 무관심	
2	개구리가 올라옴 - 궁, 신하, 백성	동일하게 행함	여호와께 구하라. 숨 쉴 만하니 **완악**	
3	티끌이 이가 되어 사람, 가축에게 오름	실패함, "이는 하나님의 권능입니다"	**완악**	
4	파리 떼가 궁, 집에 가득, 밭이 황폐		회개, "이 땅에서 제사하라", "너무 멀리 가지 말라" "나를 위해 기도하라" 그러나, **완악**	구별됨
5	가축이 돌림병으로 죽음		고센 땅을 확인함, **완악**	구별됨
6	티끌이 악성종기가 되어 사람,짐승에게 붙음	요술사들 몸에 악성종기가 생김	**완악**	
7	전무후무한 우박이 불과 함께 내림	소수의 신하들, 하나님을 두려워함	처음에는 회개, 우박이 그치자 **완악**	구별됨
8	메뚜기가 땅을 덮음, 밭이 황폐	모든 신하들, "애굽이 망하게 되었다"	"너희 장정만 가라" 급히 불러 회개, **완악**	
9	흑암이 3일 동안 덮임		"양과 소는 머물러 두고 가라" **완악**	구별, 빛
10	사람과 가축의 처음 난 것의 죽음	전무후무한 국가적 장례식	"너희는 떠나 가라" **무조건 항복**	유월절
에필로그	애굽인들이 재촉하여 속히 내보내려 함	이스라엘 백성들 - 은금 패물, 의복을 구하여 출애굽		

4. 유월절(출애굽기 12장)

유월절은 출애굽을 이룬 결정적 사건이다. 이는 어린양 예수 그리스도의 피로 구속함을 받은 것을 가리킨다.

출 12:2 이달을 해의 첫 달이 되게 하라

출 12:3 이달 10일에 어린 양을 취하라

출 12:6 이달 14일 해 질 때에 그 양을 잡으라

출 12:7 양의 피를 양을 먹을 집 좌우 문설주와 인방에 바르라

출 12:8 그 밤에 그 고기를 불에 구워 무교병과 쓴 나물과 아울러 먹으라

출 12:11 허리에 띠를 띠고 발에 신을 신고 손에 지팡이를 잡고 급히 먹으라

출 12:12,13 내가 그 밤에 심판하리라. 내가 피를 볼 때에 넘어가리라

출애굽 경로

라암셋에서 출발한 이스라엘 백성은 당시에 이미 도로가 잘 닦인 지중해 해안의 왕의 대로를 통해 가지 않았다. 하나님은 이들에게 시나이 반도를 가로질러 바다와 믹돌 사이의 비하히롯 앞 곧 바알스본 맞은편 바닷가에 장막을 치게 하셨다. 그곳은 200만 명이 능히 머물 만한 넓은 평지(지금의 누웨이바)가 있었다. 그러나 이 경로는 사실 상식을 벗어난 것이다. 왜냐면 이들 앞에는 수심 1,400미터가 넘는 심해가 놓여있었기 때문이다. 만일 바로가 그의 강

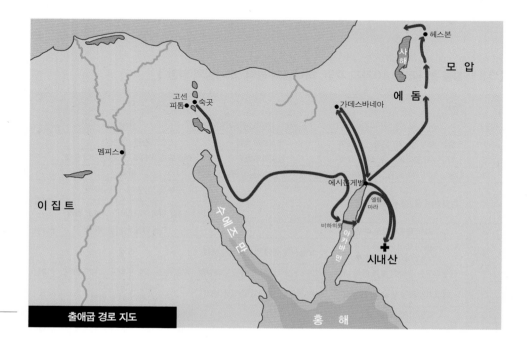

출애굽 경로 지도

력한 병거를 몰고 오면 모두 바다에서 몰사할 수밖에 없는 지형이다. 그러나 이 경로는 하나님의 인도하심에서 비롯되었다(출 14:1-9).

하나님이 바로의 마음을 다시 강퍅하게 하셔서 그들을 뒤쫓게 하셨다. 이스라엘은 심히 두려웠다. 하지만 이는 하나님이 하나님 되심을 온 세상에 알리기 위함이었다.

> 이스라엘이 여호와께서 애굽 사람들에게 행하신 그 큰 능력을 보았으므로 백성이 여호와를 경외하며 여호와와 그의 종 모세를 믿었더라 출 14:31

시내 산에 머묾

애굽을 떠난 지 3개월이 되던 첫날, 시내 산에 도착하여 약 1년(11개월 19일)을 머물렀다. 하나님이 원하시는 건 거룩한 백성이요 제사장 나라다. 이를 위해 먼저 준비가 필요했다.

> 제1년 3월 1일 시내 산 도착(출 19:1) / 제2년 2월 20일에 시내 산에서 출발(민 10:11)
> 11개월 19일 시내 산에 머묾(출 19장-40장, 레위기 전체, 민 1:1-10:10), 준비 기간

시내 산은 준비 작업에 가장 적합한 장소다. 여기서 머문 기간은 준비 작업에 필요한 기간이었다. 광야는 하나님의 뜻을 이루기 위한 준비 장소로 최적이다.

모세는 세 번에 걸쳐 시내 산에 올라가고 내려왔다(약 9개월 반 소요).

> 모세의 1차 등반(출 19:20-23)
> 모세의 하산(출 19:24,25) : 언약서 낭독, 십계명과 몇 가지 율례를 선포함(출 20장-23장)

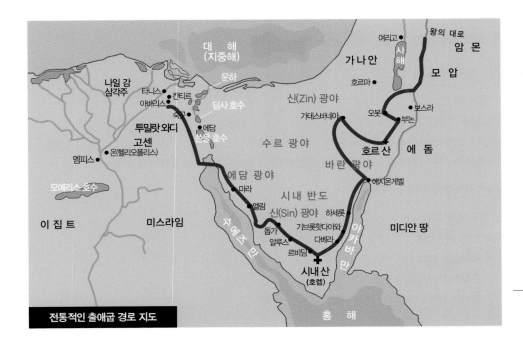

전통적인 출애굽 경로 지도

모세의 2차 등반(출 24장) : 40일 금식, 하나님을 섬기는 법; 성막과 제사장 규례 등(출 25장-31장)

모세의 하산(출 32:7,15,16) : 증거판, 십계명을 가지고 내려옴(출 31:18, 32:15,16)

그 사이에 백성이 금송아지 만들어 섬김(출 32:1-6)

모세가 분노하여 돌판을 깨뜨림(출 32:17-20)

모세의 3차 등반(출 32:30-32, 출 34:1-4) : 40일 금식(출 34:28)

모세의 하산(출 34:29) : 두 번째 증거판과 몇 가지 말씀(출 34장), 모세의 얼굴이 빛남

1. 시내 산의 십계명 : 백성이 '땅'을 찾아 나서기 이전에 먼저 '법'을 제정했다

십계명, 그리고 형사와 민사에 관한 법률(십계명 : 하나님의 백성으로 살아갈 수 있는 모든 것)

2. 보건위생에 관한 법을 제정했다

질병에 대한 보건위생법

3. 군대를 조직하여 효과적으로 관리하는 법을 배웠다

군대를 계수하고 조직하여 효과적으로 관리하고 전투태세를 갖추었다(출애굽기와 민수기).

출 17:8-16 여호와 닛시(여호와는 나의 깃발, 나의 승리)

여호수아의 군대가 아말렉과 싸우는 모습은 교회의 모습을 잘 보여준다.

여호수아의 군대 – 현장사역자

모세, 아론, 훌 – 목회 사역자 : 멘토링, 코칭, 중보기도자

아말렉 – 우리가 싸워야 할 이 세상

4. 지도력에 관한 원칙을 세웠다(출 18:13－26)

지도자가 해야 할 일

중보기도한다

말씀을 가르친다 – 율례와 법도

본을 보인다 – 마땅히 갈 길과 할 일

리더들을 세워서 위임한다. 권위와 힘을 집중하지 않고 분산하여 나눈다. 일/업무를 분담한다.

어떤 리더들을 세우는가?

지도자의 자격

– 능력 있는 사람

– 하나님을 경외하는 사람

– 진실한 사람, 성실한 사람

– 불의한 이익을 미워하는 사람, 재물에 충성하는 사람

권한 위임을 위한 조직을 만든다 - 천부장, 백부장, 오십부장, 십부장을 세운다.

5. 성막을 지어 완성했다

백성이 '땅'을 찾아 나서기 이전에 먼저 '성막 중심의 삶'을 배워야 했다.
성막 중심의 삶은 어떤 삶인가? 소그룹에서 나누어보자.

성막을 짓는 모든 재료는 어디에서 났을까?
광야/사막 한가운데서 어떻게 구했을까?(출 12:35,36)
솔로몬 성전 - 다윗과 이스라엘 백성들(대상 29:1-9), 레바논 백향목(대하 2장)
스룹바벨 성전 - 페르시아 고레스 왕(스 1:1-11)

모세 - 하나님의 친구

사람이 자기의 친구와 이야기함같이 여호와께서는 모세와 대면하여 말씀하시며 모세는 진으로 돌아오나 눈의 아들 젊은 수종자 여호수아는 회막을 떠나지 아니하니라 출 33:11

그 후에는 이스라엘에 모세와 같은 선지자가 일어나지 못하였나니 모세는 여호와께서 대면하여 아시던 자요 여호와께서 그를 애굽 땅에 보내사 바로와 그의 모든 신하와 그의 온 땅에 모든 이적과 기사와 모든 큰 권능과 위엄을 행하게 하시매 온 이스라엘의 목전에서 그것을 행한 자이더라 신 34:10-12

모세는 하나님과의 친밀감을 유지하는 하나님의 사람이었다. '하나님과 대면하여 아는 자'였다.

출 19:10-12 이스라엘 백성과 하나님과의 친밀감
출 24:1,2,9-11 이스라엘의 장로들과 하나님과의 친밀감
출 24:12-14 여호수아와 하나님과의 친밀감
출 24:15-18 모세와 하나님과의 친밀감

하나님과의 친밀감

우리의 갈망함의 정도에 따라서 하나님과의 거리가 결정된다. 하나님께서는 모세와 같이 우리도 하나님 앞까지 나아오길 원하시지만 그 거리를 결정짓는 건 우리의 선택이다.
우리가 결정하는 친밀감의 정도는 어디까지인가?

출 24:16 모세의 갈급함, 친밀함, 대가 지불을 잘 보여준다.
출 24:17 모세의 눈에 비친 하나님과 이스라엘 백성의 눈에 비친 하나님의 모습이 서로 다르다.
　　　　모세에게는 여호와의 영광이, 백성들에게는 맹렬한 불이 보인다.

하나님과의 친밀감은 갈망하는 만큼 이루어진다.　- 토저

성막 – 제조 과정 : 성막의 완성과 하나님의 영광

성막의 제조 과정(출 36:8 – 40:33)

"여호와께서 모세에게 명령하신 대로"

- **출 39:7,21,26,29,31** – "여호와께서 모세에게 명령하신 대로 하였더라."
- **출 39:32** – "성막 곧 회막의 모든 역사를 마치되 여호와께서 모세에게 명령하신 대로 다 행하고."
- **출 39:42** – "여호와께서 모세에게 명령하신 대로 이스라엘 자손이 모든 역사를 마치매."
- **출 39:43** – "모세가 그 마친 모든 것을 본즉 여호와께서 명령하신 대로 되었으므로 모세가 그들에게 축복하였더라."
- **출 40:16** – "모세가 그같이 행하되 곧 여호와께서 자기에게 명령하신 대로 다 행하였더라."
- **출 40:19,21,23,25,27,29,32** – "여호와께서 모세에게 명령하신 대로 되니라."
- **출 40:33** – "모세가 이같이 역사를 마치니."
- **출 40:34-38** – 성막이 완성되었을 때 구름이 회막 위에 덮이고 하나님의 영광이 회막에 충만했다.

브살렐은 보석을 깎아 물리며 여러 가지 기술로 나무를 새겨 만드는 일을 맡았다. 오홀리압은 회막과 회막의 모든 기구를 만드는 일을 맡았다. 이들이 맡은 일들은 건축, 보석 세공, 제작, 목공, 의상 등이었다. 하나님께 쓰임 받는 것은 레위 지파만이 아니다. 특정 분야나 직업만이 아니다. 하나님의 나라를 이 세상에 세우는 일은 사회의 전반적인 영역에 해당되는 일이다.

하나님은 이들을 성령으로 충만하게 하여 지혜와 총명과 지식과 여러 가지 재주를 주셔서 맡은 일을 감당하게 하셨다. 그리고 이들은 최선을 다하여, 정교한 일을 연구했다. 보석을 깎아 물리고 여러 가지 기술로 나무를 새겨 만들었다.

하나님이 맡기신 일들을 위해 최선을 다해 연구하고 노력하고 수고를 하는 건 우리의 몫이다. 하나님은 우리 각자가 어떤 일을 맡았든지(농업이나 교육이나 의료나 매스컴이나 각종 예술 분야, 사업 등) 탁월하기를 원하신다. 말씀을 가르치는 일이나 전도나 선교도 마찬가지다. 우리가 최선을 다할 때 하나님은 성령으로 우리를 도우신다.

모세, 브살렐, 오홀리압 이들의 특징은 전적인 순종이다. 자신들이 선호하는 건축양식이나 의상, 디자인, 취향이 아니라 오직 하나님이 말씀하시는 것을 듣고 순종하여 성막을 만들었다.

성막과 구름과 행진(출 40:34 – 38)

성막이 완성되었을 때, 구름이 회막 위에 덮이고 하나님의 영광이 성막에 충만했다. 이는 하나님의 임재를 보여준다. 구름이 성막 위에서 떠오르면 성막이 움직였다. 그리고 온 이스라엘은 가나안, 약속의 땅으로 행진했다. 구름이 이들의 길 앞에서 나아갔다. 구름이 떠오르지 않으면 행진을 멈추고 나아가지 않았다. 낮에는 구름이 성막 위에 있고 밤에는 불이 구름 가운데 있었다. 얼마나 아름다운 광경인가! 하나님의 영광, 하나님의 임재, 하나님의 동행하심, 하나님의 능력은 함께 진행된다. 전적인 순종은 이 같은 놀라운 일을 경험하게 한다.

순종은 성막을 만드는 과정으로부터 성막이 완성되어 시내 산을 떠나 광야를 행진하여 가나안에 들어갈 때까지 이어진다. 지금 하나님께서 있으라고 하신 곳에 있고, 하나님께서 하라고 하신 것을 하고 있다면, 그곳에 하나님의 성막이 있고 하나님의 임재, 하나님의 동행하심이 있다. 그곳에 하나님의 역사가 일어난다. 그곳에 하나님의 영광이 있다.

【 에덴동산과 성막 】

에덴동산(창 1장-2장)	성막(출 25장-31장)
하나님이 이르시되(11번) (창 1:3,6,9,11,14,20,22,24,26,28,29)	여호와께서 이르시되(7번) (출 25:1, 30:11,17,22,34, 31:1,12)
금 - (창 2:12a) 보석 - (창 2:12b)	금 - (출 25:3) 보석 - (출 25:7)
창조의 끝 - 안식일 **(창 2:1-3)**	**성막 건축의 끝 - 안식일** **(출 31:12-17)**
창조 완성 후 "심히 좋았더라" 축복(창 1:31)	성막 완성 후 모세가 백성을 축복(출 39:43)
하나님의 형상을 따라 만듦(창 1:26-28)	하나님이 보여주시는 모양대로 만듦(출 25:9)
타락 사건으로 이어짐	**타락 사건의 종결 : 해결**

Dear. NCer

❶ 하나님의 약속을 믿고, 약속을 이해하는 사람이 되었다면 내가 있는 가정, 직장에서 어떤 영향을 줄 수 있을까? 오늘부터 실천 가능한 일이 무엇일까?

❷ 겸손, 순종, 권리 포기, 희생을 통해 만왕의 왕이신 하나님과 일할 수 있는 특권을 취할 용기가 있는가? 어떤 훈련이 더 필요한가?

❸ 내가 결정하는 하나님과의 친밀감의 정도는 어디까지인가?
(여호와의 영광인가? 맹렬한 불인가?)

❹ 나는 지금 하나님께서 있으라고 하신 곳에 있고, 하라고 하신 것을 하고 있는가?
지금 있는 곳에 하나님의 임재가 있는가?

❖ 레위기(Leviticus) 거룩함 – 세상에 영향을 주는 힘

레위기는 하나님께 나아가는 길(레 1장-10장)과 하나님 앞에 머무는 길(레 11장-22장), 그리고 이 세상에서 하나님의 백성으로 영향을 주며 사는 삶(레 23장-27장)에 관한 것이다. 이 모두를 위해 가장 중요한 건 '거룩함'이다. 거룩하신 하나님께 나아가며 머무는 데 거룩함이 필수이기 때문이다. 또한 세상에 영향을 주며 사는 삶도 거룩함에 있다. 열쇠가 되는 구절은 레위기 19장 2절과 20장 26절이다.

> 너는 이스라엘 자손의 온 회중에게 말하여 이르라
> 너희는 거룩하라 이는 나 여호와 너희 하나님이 거룩함이니라 레 19:2

레위기에는 "거룩함"(holy)이란 단어가 90번 나온다. 그리고 "성별하다"(sanctify)라는 단어가 17번 나온다. 또한 거룩함이라는 의미의 히브리어 어근 "카다쉬"(q-d-sh)는 형용사, 명사, 동사의 형태로 152번 나온다. 레위기에서는 거룩함에 연관된 단어가 모두 259회 나온다.
또한 "정하다"(clean), "부정하다"(unclean)라는 단어가 200회 언급된다.
"속죄"(atonement)라는 단어도 36회 나온다.
한마디로 레위기는 '거룩하신 하나님 앞에서 거룩한 백성이 되라'가 그 중심이다.

하나님은 단순히 우리로 "거룩하라"라고 명령만 하시지 않는다. 우리의 능력만으로는 거룩함의 길을 걸을 수 없다. 우리의 힘으로 거룩함에 이르고자 한다면 자칫 우리는 종교적인 사람, 율법적인 사람이 되기 쉽다. 말로만 하고 행동과 삶으로 보여주지 못한다.
참으로 감사하게도 하나님은 우리가 어떻게 거룩한 삶을 살 수 있는지 그 길을 마련하셨다.
예수 그리스도의 고난, 십자가의 죽으심, 그리고 성령의 기름 부으심이 그 길이다.
그러므로 레위기는 어느 곳보다 더 우리 주 예수 그리스도의 모습이 충만하다.

레위기 – 거룩하신 하나님과 거룩한 백성(레 9:2)

거룩하신 하나님께 나아감			지성소	거룩한 백성으로 살아감		
제사법	제사장 규례	정결법 개인	속죄	정결법 공동체	제사장 성결	절기들
1-7장	8-10장	11-15장	16-17장	18-20장	21-22장	23-27장
속죄의 길			대속	속죄받은 삶 - 죄사함, 자유, 기쁨, 축제		
번제 소제 화목제 속죄제 속건제	헌신 사역 사건	정결한 - 짐승 - 음식 - 사람 - 피부	대제사장이 일년에 한번 지성소로 나아감	정결한 관계 - 이웃 - 하나님	더 정결 성물 예물	일곱 절기들 안식년 희년 순종

레 19:2 너는 이스라엘 자손의 온 회중에게 말하여 이르라 너희는 거룩하라 이는 나 여호와 너희 하나님이 거룩함이니라

레위기의 특징

말씀하시는 인격이신 하나님

자연종교와 계시종교

종교는 크게 자연종교와 계시종교로 나누어진다. 자연종교란 사람이 자신의 이성과 경험을 기초로 신을 찾아 나서서 신을 만들고, 종교법을 제정한 것이다. 반면, 계시종교란 하나님이 먼저 자기 자신을 사람에게 보여주신 것으로, 하나님의 계시가 기반이다.

나는 대학교에서 서양고대사 과목을 들었다. 교수님이 그 분야에서 세계적으로 유명했다. 그는 모세에 대해 '유대교라는 탁월한 종교를 창시한 자'로 소개했다. 이집트 왕자로서 이집트 문명과 메소포타미아 문명을 접하고, 양대 문명의 종교의식 분야를 연구하여 독특한 새로운 종교를 만들었다고 강의했다. 그는 계시종교를 이해하지 못했다. 자연종교적 관점에서 이해했다. 말씀하시는 하나님을 몰랐다.

레위기 전체는 모세가 자신의 지식과 경험, 아이디어가 아닌 오직 하나님의 말씀을 듣고 행하는 것으로 가득하다. 레위기에는 "여호와께서 모세를 부르시고… 말씀하여 이르시되"(레 1:1)와 같은 형태가 36회 반복된다. **민수기**에도 "여호와께서 모세에게 말씀하여 이르시되"(민 1:1)와 같은 형태가 60회 반복된다. **창세기** 1장에는 "하나님이 이르시되"라고 11회 언급한다(창 1:3,6,9,11,14,20,22,24,26,28,29). **출애굽기**는 하나님께서 모세를 부르시고 구체적으로 일을 맡기시는 내용으로 가득하다(출 3장). **신명기**는 다음과 같이 시작한다.

> 모세가 이스라엘 자손에게 여호와께서 그들을 위하여 자기에게 주신 명령을 다 알렸으니… 우리 하나님 여호와께서 호렙 산에서 우리에게 말씀하여 이르시기를 신 1:3-6

여호수아서는 여호수아에게 말씀하시는 하나님으로 시작한다.

> 여호와께서… 여호수아에게 말씀하여 이르시되… 너는… 일어나… 건너… 가라 수 1:1,2

하나님은 이처럼 말씀하시는 인격이신 하나님이시다. 우리는 우리에게 말씀하시는 하나님의 음성을 구체적으로 듣고 순종한다.

말씀하시는 인격이신 하나님과 그 말씀을 듣고 순종하여 행하는 모세

모세와 하나님과의 관계는 단지 하나님이 계심을 믿고 자신의 지식, 생각, 아이디어, 경험, 힘을 의지하여 무엇을 행하는 게 아니다. 하나님께서는 모세를 부르시고 구체적으로 그가 해야 할 일을 말씀하시며, 모세는 그 말씀을 듣고 행한다. 이것이 모세와 하나님과의 관계다.
그에게 가장 필요한 것은 하나님의 음성에 귀를 기울이는 것이다. 그리고 들은 말씀을 따라 순종하여 행하는 것이 그가 행할 수 있는 길이다.

레위기의 메시지

1. 다섯 가지 제사법 규례(레 1장-7장)

1) 번 제 - 양이나 소를 불로 태워 드리는 제사다. 주께서 자신을 온전히 드리신 본을 따라 온전히 자기를 부인하고 하나님의 주권을 인정하며 헌신하는 삶을 의미한다.

2) 소 제 - 곡식을 가루로 만들어 드리는 제사다. 피의 제사가 없다. 덩어리가 없는 '고운 가루'는 자신을 온전히 깨뜨린 예수 그리스도의 모습을 보여준다. 우리의 자아를 깨뜨리는 삶이다. 여기에는 소금이 반드시 들어간다. 하나님의 언약은 변하지 않는다. 그러므로 우리도 소금처럼 변하지 않는 충성된 삶을 산다.

3) 화목제 - 제사를 드린 후에 함께 제물을 나누어 먹는 제사다. 우리와 하나님 사이의 화목 제물이 되신 예수 그리스도로 말미암아 하나님과 사귐이 있고 또한 사람들과 서로 나눔과 사귐이 있는 삶을 산다.

4) 속죄제 - 지은 죄에 대한 회개와 고백의 제사다. 예수 그리스도의 피를 의지하여 하나님께 나아간다.

5) 속건제 - 남의 재산을 존중히 여기는 것에 근거하여 재산에 피해를 입혔을 때 회복하는 제사다.

속죄제와 속건제는 모두 죄를 속하기 위한 것이다. 속죄제는 보다 일반적인 것, 즉 하나님의 말씀에 대한 불순종에 입각한 것이고, 속건제는 어떤 특별한 경우들에 대한 것, 즉 재물로 인해 지은 죄(가령, 성물을 유용하거나 또는 타인의 재물을 탈취하거나 거짓 증언함으로 피해를 입히거나)에 대한 것이다. 피해를 입힌 것에 대해 보상하는 경제적인 면에 강조점이 있다.

> **레 1:2-6:7** 다섯 가지 제사들
> **레 6:8-7:38** 위의 다섯 가지 제사가 드리는 자의 입장에서 설명되었다면 이 부분은 제사장의 입장에서 설명되었다. 드려진 제물은 제사장의 분깃이었다.

▶왜 안수하는가?(레 1:4 / 3:2,8,13 / 4:4,15,24,29,33)
나의 죄와 허물이 제물로 드려진 양에게 옮겨져서 양이 나의 죄를 대신 짊어지고 번제단에서 희생한다. 이는 세상 죄를 지고 가는 하나님의 어린양 예수 그리스도를 보여준다(요 1:29). 대속 죄일을 위한 두 마리 염소 중 한 마리는 번제단에서 속죄제로 하나님께 드려진다. 제사장은 두 번째 염소의 머리에도 안수하고 그 염소를 광야로 몰아낸다. 이 염소를 "아사셀 염소"라고 부른다. 이는 나의 모든 죄를 대신하여 짊어지시고 십자가에서 저주가 되신 예수 그리스도의 대속을 보여준다(레 16장).

▶왜 소나 양, 혹은 비둘기나 고운 가루가 필수품인가?(레 1:2)
죄 사함 받고 하나님 앞에 나아가려면 오직 어린양이신 예수의 피밖에 없기 때문이다(히 10:19-22).

▶왜 소나 양 대신에 비둘기나 고운 가루인가?(레 1:2,14-17, 5:7-13)
가난한 사람을 배려하시는 하나님의 사랑이다. 소나 양 대신에 비둘기로도 드릴 힘이 없으면 고운 가루 1/10에바(약 2.2리터)를 드리라고 배려하신다(레 5:11-13).

하나님은 엄격한 율법주의자가 아니시다. 사랑의 하나님이시다. 기독교는 엄격한 율법주의나 금욕주의가 아니라 율법주의를 초월한다(신 14:22-26). 하나님은 사랑이시며 은혜로우시다. 하나님은 우리가 빚내서 드리지 않고 있는 것으로 드리는 것을 원하신다(고후 8:12).

2. 제사장 규례(레 8장-10장)

1) 제사장 헌신(레 8장)

8장에서 제사장을 세우는 과정을 보여준다. 하나님이 제사장으로 부르시고(레 8:1-5), 세우시면(레 8:6-13), 제사장은 하나님을 섬기고(레 8:14-30), 하나님과 교제하고(레 8:31-36), 그 이후에 사람을 섬긴다(레 9장). 특히 세우시는 과정을 보면, 먼저 우리를 거룩하게 하시고(레 8:6), 의의 옷으로 입히시며(레 8:7-9), 기름을 부어 세우신다(레 8:10-12).

오늘날 우리 그리스도인은 모두가 하나님의 거룩한 제사장으로 부르심을 받았다. 우리는 먼저 하나님을 섬기고, 또한 세상에 나가서 하나님의 영광을 드러낸다(벧전 2:9).

2) 제사장 사역(레 9장)

제사장은 먼저 성막을 돌아보는 일을 한다. 그것은 중보기도의 사역이다. 그리고 하나님의 말씀을 연구하여 이스라엘 백성에게 가르친다. 우리의 삶의 모든 영역에 하나님의 말씀의 기준을 내려주어 어떻게 하나님의 말씀을 따라 살 것인가, 나아가 그 말씀을 따라 어떻게 세상을 변화시킬 것인가를 가르친다.

3) 나답과 아비후 사건(레 10장)

하나님의 사역은 자기 마음대로, 자기 생각과 아이디어대로 하는 게 아니라 오직 하나님의 말씀을 따라 섬기는 것이다.

4) 대제사장의 복장

대제사장의 옷 가장자리에는 방울을 달아야 한다(출 28:33-35). 대제사장은 이마에 "여호와께 성결"이라고 새긴 패를 달고 들어가야 한다(출 28:36-38, 레 8:9). 이것은 거룩함이 생각에서부터 시작되기 때문이다(본서 57-58쪽, 창 8:6-12의 공부 참조).

3. 거룩한 백성이 되는 길(레 11장-22장)

1) 거룩하라 : 개인적 차원에서 - 깨끗한 것과 부정한 것에 관한 규례(레 11장-15장), 즉 공중보건에 관한 내용이다. 먹을 수 있는 것과 먹을 수 없는 것(레 11장), 산모와 문둥병의 정결, 유출병에 대한 규례다.

2) 하나님이 거룩한 백성이 되는 길을 여셨다(레 16장-17장) : 대속죄일(레 16장, 일 년에 한 번, 7월 10일)과 이와 관련한 제물과 피에 대한 규례다.

3) 거룩하라 : 공동체적 차원에서 — 이웃과 올바른 관계에 대한 규례(레 18장-22장), 즉 사회법에 관한 것이다. 애굽 땅과 가나안 땅의 풍속을 따르지 말라(레 18장). 삶에서 나타나는 십계명을 지키라(레 19장-20장). 제사장이 지켜야 할 규례(레 21장-22장).

거룩은 우리의 생활방식과 경험에 의해 선택하는 게 아니다. 하나님의 성품과 하나님이 행하시는 원리 원칙에서 비롯된다. 그렇기에 거룩한 삶은 언제나 하나님의 말씀과 그의 성품에 기준이 있다. 거룩은 단순한 종교적 생활방식이 아니다. 아름다움과 질서로 회복시키는 생명의 능력이다. 그것은 진정한 자유와 기쁨을 준다. 우울하거나 심각하지 않고 축제의 삶이다.

거룩한 삶으로의 길은 오직 하나님 앞에 나아가 그를 만날 때부터 이루어진다. 왜냐면 하나님 자체가 거룩이시기 때문이다. 참으로 놀랍게도 레위기에서 하나님은 우리에게 그 길을 제시하신다. 그 거룩한 하나님이 우리와 함께하신다는 것이 무엇보다 은혜롭다.

그리고 날마다 우리를 그의 거룩함의 아름다운 임재 속으로 초청하신다.

4. 일곱 절기 – 축제 : 구속함을 '입은' 백성이 이 세상에 영향을 주며 산다(레 23장)

일곱 절기는 곧 축제의 삶이다. 축제는 거룩함의 삶의 표현이다.
매주 맞이하는 안식일과 매년 맞이하는 절기들이다. 절기는 축제다. 기쁨과 자유의 날이다.

【 일곱 축제와 절기들 】

	절기	일정	내용1	내용2	내용3
1월	유월절	1월 14일	이스라엘이 애굽의 속박에서 해방된 것을 기념하기 위한 것이다.	그리스도는 우리의 유월절이시다.	출 12:1-14 마 26:17-20
	무교절	유월절부터 일주일간	무교병(누룩 없는 떡)은 하나님께 대한 성별과 헌신을 의미한다.	무교병은 그리스도와 교회의 원형	출 12:15-20
	초실절	유월절 주간의 안식일 다음날	보리 추수의 첫 열매를 드림	첫 열매 - 그리스도의 부활의 원형, 믿는 자의 부활을 보증	레 23:9-14 민 28:26
3월	오순절 (칠칠절)	유월절 이후 50일	밀 추수의 첫 열매를 드림	성령 강림 - 마지막 때의 영적 추수	신 16:9-12 행 2:1-4
7월	나팔절	일곱 번째 달의 첫째 날	안식월로 일곱 번째 달을 알리고 성별하기 위한 것이다.	나팔은 주의 재림을 말한다.	민 29:1-6
	속죄일	일곱 번째 달 제10일	일 년에 한 번 대제사장이 지성소에 들어가 백성들의 죄를 속죄함	그리스도의 구속사역 - 십자가에 달리심	레 23:26-32 히 9:7
	장막절 (초막절)	안식월의 15일부터 한 주간, 하루 더	광야에서 하나님의 구원, 보호하심을 기념함. 모든 추수를 마치고 즐거워함	영원한 하나님의 나라에서 누림	느 8:13-18 요 7:2,37-39

7월 절기들

첫날 : 나팔절(레 23:23-25), 10일 : 대속죄일(레 23:26-32), 15일 : 초막절(레 23:33-44)

3대 절기 – 무교절, 오순절, 장막절

무교절(유월절, 무교절, 초실절) – 구원 : 과거 – 예수님의 십자가 보혈로 우리의 죄를 처리하심

오순절 – 성령 강림, 영적 대추수 : 현재 – 오순절 성령 강림으로 복음 전파와 하나님의 나라를 이룸

장막절(초막절) – 광야, 영원한 하나님나라 : 미래 – 우리는 이 세상에서의 사명을 다한 후 영원히 주와 함께 거함

※ 3개의 주요 절기에 이스라엘의 모든 남자가 예루살렘 성전을 방문한다(출 23:14-19).

5. 희년 – 하나님의 땅에 대한 율법(레 25장)

매 7일째는 안식일이고, 매 7년째는 안식년이며, 안식년이 7번째 되는 다음 해 즉 50년이 되는 해를 "희년"이라고 한다.

1) **안식일** : 진정한 안식일의 의미는 내가 하나님을 위해 무엇을 하는 것(DO)이 아니라 하나님이 나를 위해 이미 이루어놓으신 것(DONE) 가운데 누리는 것(IN)이다. 축제의 삶은 안식일이 기초다. 하나님의 구원을 성도와 함께 즐거워한다. 이것이 율법과 복음의 차이다.

2) **안식년(레 25:1-7)** : 매 7년째에 땅은 안식을 누려야 한다.

3) **희년(레 25:8-55)** : 희년, 곧 '기쁨의 해'는 농부와 목자들이 부는 뿔나팔 소리를 의미하는 것으로, 매 7년마다 오는 안식년을 7번 지낸 다음 해를 말한다.

속죄의 날에 뿔나팔 소리와 함께 선포된 희년이 오면, 그 땅에 사는 모든 사람에게 해방을 선포했다. 저마다 제 소유지를 찾아 자기 지파에게로 돌아갔다(레 25:10). 희년에는 농사를 짓지 않는다(레 25:11).

부동산은 투기의 대상이 될 수 없다. 본래 땅은 하나님의 것이며 인간은 다만 땅 위에서 나그네일 뿐이기 때문이다(레 25:23). 무엇을 사고 팔 때 이웃끼리 억울하게 해서도 안 된다(레 25:14). 이자도 금지되었고(레 25:37), 진 빚도 조건 없이 탕감되었다. 타향에 식객과 종으로 팔려나간 사람들은 고향으로 돌아왔다(레 25:39-41).

빚을 탕감해주고, 노예를 해방하고, 식객으로 붙어사는 소작농이나 노동자를 고향으로 보내고, 이자를 받지 않는 것 등은 부자와 권력자들의 자발적 의지 없이 실현되기 어렵기에 레위기는 부자와 권력자들에게 호소한다.

희년은 모든 것을 원래의 상태로 돌려놓는 때다. 특히 땅은 원주인에게 돌려준다.

희년은 근본적으로 하나님나라의 회복을 말한다.

6. 순종과 불순종의 삶 – 약속과 경고(레 26장) – 신명기 28장과 내용의 구성이 같다

레위기 26장은 신명기 28장과 내용의 구성이 같다. 다만, 레위기 26장 후반의 회복에 관하여는 신명기 30장에서 말씀하신다.

> 순종하는 자에게 주는 축복(레 26:3-13, 신 28:1-14)
> 불순종하는 자에게 주는 저주(레 26:14-39, 신 28:15-68)
> 회개하는 자에게 주는 회복(레 26:40-46, 신 30장)

축복과 저주의 세 가지 기준

> 1 – 우상숭배 금지: "너희는 자기를 위하여 우상을 만들지 말지니… 그에게 경배하지 말라"(레 26:1).
> 2 – 안식일 준수 : "너희는 내 안식일을 지키며"(레 26:2).
> 3 – 성소 공경: "너희는… 내 성소를 경외하라"(레 26:2).

이 세 가지 기준점은 우리의 신앙생활의 기반을 이루게 한다.

이것에 의하여 축복과 저주가 주어진다. 이 세 가지 사항에 순종하면 우리의 삶에 풍성한 하나님의 축복이 부어진다(레 26:3-13). 그러나 불순종하면 우리의 삶에 각종 놀라운 재앙이 임하게 된다(레 26:14-39). 그러나 우리가 하나님 앞에 우리의 죄를 자복하고 죄를 버리면 하나님은 야곱과 이삭과 아브라함과 맺은 언약을 기억하시고 우리를 회복시키신다(레 26:40-46).

그러므로 우리는 이 세 가지 기준을 따라 신앙생활을 해야 한다.

1–우상을 만들어 섬기지 말아야 한다.

우상은 하나님의 자리를 대신한다. 우리는 오직 하나님만을 섬긴다. 그에게 순종하며 그의 말씀에 순종하는 삶을 산다. 그 어떤 것도 하나님의 자리를 대신할 수 없다. 또한 우상을 만들면 우상이 우리의 자리를 대신하게 된다. '우상'과 '형상'은 그 어원이 같다. 우리는 하나님의 형상이다.

하나님은 온 세상을 다스리는 권세를 우리에게 위임하셨다. 하나님을 대신하여 이 세상에 하나님의 나라가 임하게 하는 놀라운 특권을 주셨다. 그러나 우상을 만들게 되면 우리의 자리에서 우상이 그 역할을 하려고 한다. 그래서 하나님은 "너희를 위하여 우상을 만들지 말라"라고 하셨다.

2–안식일 준수는 우리의 모든 영적 축제의 삶, 영적 생활의 기반이다.

레위기 23장-26장 말씀은 이런 영적 삶이 어떤 것인지를 잘 보여준다. 안식일은 시간과 날에 대한 것이기보다 하나님과의 관계에서, 그리고 하나님께 대한 우리의 믿음과 순종에서 이해해야 한다. 하나님은 "내 안식일"(레 26:2)이라고 말씀하신다. 안식일의 주인은 하나님이시다. 안식일의 시간과 공간에서 주어지는 것들은 전적으로 하나님 중심이어야 한다. 하나님과의 친밀한 관계가 기반이다.

하나님 앞에 나아가 예배의 삶을 산다. 기도와 말씀, 찬송이 중심이다. 또한 그리스도인들 사이의 교제가 있다. 서로 섬기는 시간이다. 나누어주는 시간, 서로 위로하고 격려하고 치유를 위해 기도하는 시간이어야 한다.

3-성소를 공경해야 한다.

성소는 하나님의 임재가 있는 곳이다. 그것은 단지 건물만을 말하는 것이 아니다. 그리스도인들이 정해진 시간에, 정해진 장소에서, 주 예수의 이름으로 모이는 것도 교회다. 교회 공동체로 모이기를 힘써야 한다. 우리가 주 예수 그리스도의 이름으로 모일 때 주의 임재가 있다(마 18:20). 성소에서 예수 그리스도와 영적인 교제가 이루어진다. 하나님의 임재를 경험한다. 그리스도인 사이의 교제가 이루어진다. 온 세상을 향한 기도의 향연이 이루어진다. 세상의 빛과 소금의 역할을 위해 교회 공동체는 세상으로 파송되어 한 주간 그 사명을 감당한다. 교회는 그리스도의 몸이다. 영적인 유기체다. 그 자체가 영적인 신비다. 우리는 성소 중심의 삶을 살아야 한다.

Dear. NCer

❶ 레위기를 통해서 하나님께서 내게 하시는 말씀은 무엇인가?

----

❷ 더 거룩해지기 위해 앞으로 내가 노력해야 할 것은 무엇이 있을까?

----

❸ 하나님 앞에 나아가 머무는 훈련을 위해 내가 하고 있는 것은 무엇인가?

❖ 민수기(Numbers) 광야생활 – 이 세상에 영향을 끼치는 하나님의 백성으로의 준비

민수기는 다음과 같은 두 문장으로 요약할 수 있다.

거역하는 백성을 향한 하나님의 신실하심
거룩하신 하나님을 향한 사람들의 신실하지 못함

애굽에서 나와 약속의 땅으로 들어가는 길은 광야 길이었다. 민수기는 광야생활 과정에서 일어난 사건들의 기록이다.

애굽에서 나오는 건 마치 어둠의 왕국에서 나와서 구원받아 거듭난 삶이며, 요단 강을 건너 약속의 땅으로 들어가는 건 하나님이 아브라함과 이삭과 야곱을 통해 언약하신 것을 성취하는 삶을 의미한다.

가나안 입성이 영원한 주의 나라로 들어가는 건 아니다. 하나님의 약속을 본격적으로 성취하는 일, 즉 하나님 말씀의 기반을 따라 하나님의 나라를 세우는 일의 시작이다. 이 일은 결코 쉽지 않다. 자동으로 되는 것도 아니다. 준비된 만큼 할 수 있다. 광야의 삶은 장차 하나님의 백성으로서 이 세상에 영향을 주는 삶의 준비 과정이다. 광야의 삶은 훈련 과정이다. 훈련으로 준비되어야 한다.

민수기 광야 생활 – 순종의 훈련(민 14:22-24)

광야 여행 준비		여정	광야생활–방랑	여정	여행을 마치고 가나안 준비		
시내산		시내산에서 가데스바네아	바란광야	신광야에서 모압평지까지	모압 평지		
1장-10:10		10:11-14장	15-19장	20-21장	22-36장		
20일 (1:1, 10:11)		11일 (10:11, 신 1:3)	약 38년 (14:34, 신 2:14)		6개월 (33:38-39, 신 1:3)		
1		2	3		4		

1		2		3		4		5		6		7
스토리	율법	스토리	율법	스토리	율법	스토리	율법	스토리	율법	스토리	율법	스토리
1-4장	5-6장	7-9장	10:1-10	10:11-14장	15장	16-17장	18-19장	20-27장	28-30장	31-33:49	33:50-35장	36장

	Turning Point (13장-14장) 디베라 기브롯 핫다아와	고라의 패역	미리암과 아론의 죽음 발람의 길 므리바 물 놋 뱀	엘르아살 비느하스 슬로브핫의 딸들 여호수아
1차 인구조사(1장)	시 78:40-42, 고전 10:1-11		2차 인구조사(26장)	

민14:22-24 [22] 내 영광과 애굽과 광야에서 행한 내 이적을 보고서도 이같이 열 번이나 나를 시험하고 내 목소리를 청종하지 아니한 그 사람들은 [23] 내가 그들의 조상들에게 맹세한 땅을 결단코 보지 못할 것이요 또 나를 멸시하는 사람은 한 사람도 그것을 보지 못하리라 [24] 그러나 내 종 갈렙은 그 마음이 그들과 달라서 나를 온전히 따랐은즉 그가 갔던 땅으로 내가 그를 인도하여 들이리니 그의 자손이 그 땅을 차지하리라

개인적 차원의 훈련도 아름답지만 공동체 차원의 훈련은 더 귀하다. 하나님의 뜻을 성취하는 공동체, 하나님의 성품과 원칙대로 살아가는 공동체, 더 나아가 주변의 사회와 지역에 변화를 일으키는 공동체가 되어야 한다. 그러나 그런 공동체를 이루기 위해서는 시간이 필요하다. 한 개인이 변화된 삶을 사는 데도 많은 연단의 여정을 거쳐야 한다. 공동체로서의 준비는 더 많은 연단 과정과 시간이 걸린다. 어느 것이나 쉽지 않다.

민수기는 이를 잘 보여준다. 민수기는 기독교 문명개혁 운동을 성취하기 위해 공동체에 필요한 매뉴얼이며 교과서 역할을 한다.

군에 입대하면 바로 전선에 배치되지 않는다. 먼저 훈련소를 거친다. 광야는 마치 훈련소와 같다. 우리는 어떤 준비를 하며, 어떤 훈련을 해야 하는가?

민수기를 통해 그 해답을 얻는다.

광야에서의 이스라엘

시내 산에 거의 일 년간 머문 이스라엘은 이제 시내 산을 출발하여 모압 평지까지의 광야 여행을 시작한다(민 10:12-36:13).

이들은 라암셋에서 니산월(정월) 15일에 출발하여(출 12:37, 민 33:3), 한 달 반 동안 숙곳 − 홍해 − 마라 − 엘림 − 신 광야(출 12:37-18:27)를 거쳤고, 셋째 달 첫날에 시내 광야에 이르렀다(출 19:1,2). 그리고 시내 산 아래에서 11개월 19일간 머물렀다(출 19:1, 민 10:11). 장기간 머문 건 단순히 애굽의 노예생활에서 지쳐서 휴식하기 위함이 아니었다. 앞으로 약속의 땅에 들어가 하나님의 백성으로서 어떻게 살아야 할지를 먼저 듣고 배워야 했다. 출애굽기와 레위기가 바로 이를 위한 역사요 지침서다.

시내 산에서 출발하여 11일이 걸려 하세롯에 도착했다(민 11:34,35, 신 1:2).

그곳에서 아론과 미리암이 모세를 비방한 것으로 하나님께서 이들을 다루셨다. 미리암은 나병에 걸렸다. 하나님이 미리암을 치료하실 때까지 그들은 더 이상 진행할 수 없었다.

그리고 하세롯을 떠나 바란 광야에 진을 쳤다(민 12:16).

그곳에서 모세는 열두 명의 정탐꾼을 가나안 땅으로 보내 정탐하게 했다. 40일 후에 정탐꾼들이 돌아와 보고했다. 그들 중 열 명의 보고를 들은 이스라엘 백성은 불신앙과 두려움에 사로잡혀 하나님을 원망했다. 결국 에돔, 모압 등을 돌면서 38년을 방황하게 됐다.

그 기간에 여호수아와 갈렙을 제외한, 애굽에서 나올 때 20세 이상이었던 사람들은 모두 광야에서 죽었다. 세대가 바뀌었다. 광야 세대다.

그리고 우여곡절 끝에 마침내 요단 맞은편의 모압 평지에 이르렀다.

【 광야에서의 이스라엘 】

애굽에서 시내 산까지 출 12:37-19:2	시내 산에서 출 19:3-민 10:10	시내 산에서 모압 평지까지 민 10:11-수 2장
1개월 반	11개월 19일	약 38년 9개월
8장	59장	63장

하나님의 계시	이스라엘의 책임	광야 여정을 위한 준비
출 19장-40장	레 1장-27장	민 1:1-10:10

민수기의 메시지

1. 여행을 위한 준비(민 1:1-10:10)

여행을 시작하기 전에 먼저 군대를 계수했다. 왜냐면 그 여행길은 단순한 소풍이 아니라 방해하는 원수를 물리쳐야 했기 때문이다. 20세 이상으로 전쟁에 나갈 만한 수는 모두 603,550명이었다(민 1:1-46). 이때 성막을 섬겨야 하는 레위인은 계수하지 않았다.

진 편성과 행군 순서(민 1장-2장)

이들 열두 지파는 회막을 중심으로 사방에 진을 쳤다.
1대는 유다 진영(유다, 잇사갈, 스불론 지파)으로 해 돋는 동편에 진을 쳤다.
2대는 르우벤 진영(르우벤, 시므온, 갓 지파)으로 남쪽에 진을 쳤다.
3대는 에브라임 진영(에브라임, 므낫세, 베냐민 지파)으로 서쪽에 진을 쳤다.
4대는 단의 진영(단, 아셀, 납달리 지파)으로 북쪽에 진을 쳤다.
1대가 선두이며 4대가 후대다. 레위 지파는 중앙에서 성막을 섬겼다.
이들은 각기 종족과 가문별로 각 기를 따라 진을 치거나 행진했다(민 1:52, 2:2,34).
우리의 기는 교리나 의식이 아니라 오직 예수 그리스도시다(아 2:4).

광야 교회(민 3장-4장, 8장)

이스라엘의 광야 행진은 질서가 있었다. 각 지파는 각 기를 따라 진을 치고, 진행했다(민 2:2,34). 하나님은 이스라엘의 진중에 계셨다. 사도행전 7장 38절에 이들을 '광야 교회'라고 하신다. 오늘 우리도 오직 '예수 그리스도의 기' 아래로 모인다. 하나님이 광야 교회에 계셨듯이 신약 교회인 오늘도 우리 주 예수님은 우리와 함께 계셔서 우리를 승리의 삶으로 이끄신다.
사방이 황량하고 메마르고 무섭고 두려운 곳이 광야다. 사나운 짐승이 도사리고 있다. 불안,

두려움, 고독이 충만하며, 길이 없어 방향을 잃고 방황하기 쉬운 곳이다.

그러나 이스라엘 백성은 그 가운데서도 하나님의 임재를 경험했다. 하나님은 진 중앙에 계셨다. 이스라엘은 하나님의 영광을 바라보며 그의 임재를 경험했다. 한마디로 이들은 난민이 아니라 광야 교회였다. 하나님이 함께하시면 불안과 두려움이 없다. 평강이 넘친다. 승리만 있다. 하나님의 임재 가운데 머물면 방황도 없다. 하나님이 앞서서 우리의 길을 인도하시기 때문이다.

하나님은 레위인들을 광야 교회의 봉사자로 부르셨다. 이들의 조상 야곱의 아들 레위는 혈기와 분노, 화가 가득하여 하나님을 섬기기에 적합하지 않았다. 그럼에도 레위족을 부르시고 직분을 맡기신 건 전적인 하나님의 뜻과 은혜.

> 하나님이 우리를 구원하사 거룩하신 소명으로 부르심은 우리의 행위대로 하심이 아니요 오직 자기의 뜻과 영원 전부터 그리스도 예수 안에서 우리에게 주신 은혜대로 하심이라 딤후 1:9

백성들을 향한 제사장의 아름다운 축복(민 6:24-26)

> "여호와는 네게 복을 주시고 너를 지키시기를 원하며
> 여호와는 그의 얼굴을 네게 비추사 은혜 베푸시기를 원하며
> 여호와는 그 얼굴을 네게로 향하여 드사 평강 주시기를 원하노라"(민 6:24-26).

찬송

유다 지파가 선두에서 진행했다. "유다"의 뜻은 '찬송'(praise)이다(창 29:35). 유다 지파가 선두에서 진행하는 모습은, 광야를 행진할 때에 찬양이 앞서가며 길을 열고 모든 전쟁을 승리로 이끄는 모습을 보여준다.

> 하나님께 노래하며 그의 이름을 찬양하라. 하늘을 타고 광야에 행하시던 이를 위하여 대로를 수축하라. 그의 이름 은 여호와이시니 그의 앞에서 뛰놀지어다 시 68:4

찬양은 광야에 대로(highway)를 만든다. 왕의 길이 열리게 한다. 광야에 길을 내어 진행하게 한다.

> 이스라엘의 찬송 중에 계시는 주여 주는 거룩하시니이다 시 22:3

찬송은 하늘의 하나님과 우리를 연결하는 구름다리와 같아서 하나님의 임재하심, 동행하심을 경험하게 한다. 우리가 찬양할 때 하나님이 그 가운데 거하시기 때문이다.

구름기둥과 불기둥

민수기 9장 15-23절은 민수기에서 가장 아름다운 장면 중 하나다.

성막을 중심으로 각 세 지파씩 동서남북으로 진행한다. 이스라엘 백성은 여호와의 명령을 따라 행진했다. 그들은 구름이 성막 위에 머무르면 진영에 머물렀고, 구름이 떠오르면 행진했다. 그들은 전적으로 하나님의 말씀을 따라 진행했다. 이것이 민수기 전체의 모습이다(출 40:36-38).

【 이스라엘 진영의 지파들 위치와 진행 방향 】

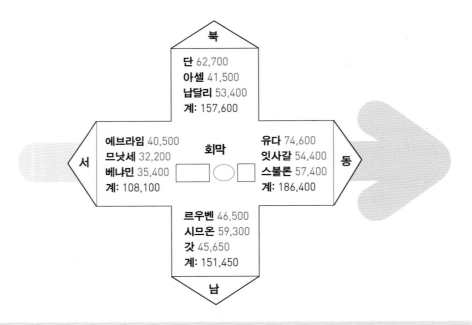

광야의 길은 하나님을 전적으로 신뢰하지 못하는 사람에게는 견디기 힘든 고통이다. 자기가 하고 싶은 대로 하기를 좋아하는 사람, 가고 싶은 대로 가고, 말하고 싶은 대로 말하기를 좋아하는 사람들은 전적으로 하나님을 의지하는 삶을 이해하지 못한다. 자기 자신이 노예처럼 족쇄가 채워져 있는 비참한 삶을 산다고 생각한다. 우울하고 비인간적인 삶이라고 착각한다. 그러나 하나님이 누구신 줄을 알고 하나님을 사랑하며 신뢰하는 사람들에게는 큰 복이다. 그들은 기쁨으로 순종한다.

개인의 삶 : 현장사역이든 목회사역이든, 우리가 무엇을 하든 주님의 말씀에 귀를 기울이는 것이 중요하다. 우리의 안전지대는 주님이 말씀하신 곳 즉 그의 뜻 한가운데 머무는 것이다.

순종은 하나님을 경외함에서 비롯된다. 하나님을 경외함의 뿌리는 하나님을 향한 믿음이다. 하나님을 향한 믿음의 기반은 하나님의 말씀이다. 주님이 말씀하심을 따라 행하는 그곳이 나의 안전지대다.

나아가야 할 때와 머물러야 할 때, 나아가야 할 방향도 전적으로 하나님만을 의지한다. 크고 두려운 광야(신 1:19)를 통행하는 길은 오직 하나님만을 전적으로 의지하는 것이다.

은 나팔(민 10:1—10)

은 나팔 두 개는 광야 행진의 필수품이었다. 회중을 소집할 때, 행진할 때, 전쟁할 때, 축제 때 은 나팔을 사용했다. 회중을 소집할 때는 은 나팔 두 개를 불었고, 이스라엘의 지휘관들, 천부장들을 소집할 때는 하나만 불었다. 행진할 때는 은 나팔을 크게 불고, 회중을 모을 때는 작게 불었다.

이스라엘 백성들은 나팔 소리에 민감하고 또 익숙했다. 이들의 모든 삶이 나팔 소리에 의해 진행되었기 때문이다. 모일 때, 진행할 때, 전쟁할 때, 예배를 드릴 때 사람들의 생각과 판단, 의견에 따르는 게 아니라 오직 나팔 소리에 의해 움직였다.

만일 나팔 소리에 주의를 기울이지 않고 제 마음대로 행동한다면 어떤 결과가 나올까?
오늘을 사는 그리스도인들에게는 하나님의 말씀인 성경과 성령 하나님이 은 나팔이다. 우리의 판단 기준은 오직 하나님의 말씀이다. 행동의 기준도 오직 성령이시다.

2. 열두 정탐꾼의 보고(민 13장-14장)

시내 산에서 출발하여 약속의 땅까지의 여정은 그리 멀지 않았다. 그러나 안타깝게도 그들이 약속의 땅에 들어가기까지 40년이 걸렸다. 그 원인은 정탐꾼의 보고에 있었다. 열두 명의 정탐꾼이 먼저 그 땅을 40일간 정탐하고 돌아와 보고했다. 그런데 열 명의 보고와 갈렙의 보고가 서로 상반되었다. 열 명은 그 땅을 취하는 게 불가능하다고 말했다.
"그 땅 거주민은 강하고 성읍은 견고하고 심히 클 뿐 아니라 거기서 아낙 자손을 보았으며 아말렉인은 남방 땅에 거주하고 헷인과 여부스인과 아모리인은 산지에 거주하고 가나안인은 해변과 요단 가에 거주하더이다"(민 13:28,29).

그러나 갈렙은 그 땅을 취하자고 했다.
"우리가 곧 올라가서 그 땅을 취하자. 능히 이기리라"(민 13:30).
상반된 보고의 원인은 신앙과 불신앙의 차이 때문이다(히 4:2).
열 명의 정탐꾼은 환경(강한 군대, 아낙 자손, 크고 견고한 성읍)을 근거로 판단했다.
갈렙은 환경을 무시하지는 않았으나 환경을 넘어서서 오직 하나님의 약속의 말씀을 근거로 판단했다.

> 신앙과 불신앙의 차이는 환경에 있지 않고 오직 하나님의 말씀에 있다. 불신앙은 눈에 보이는 환경에 따라 반응한다. 그러나 믿음은 눈에 보이지 않는 하나님의 말씀에 따라 반응한다.
>
> 세상이 커 보이면 하나님은 작게 보인다. 그러나 우리가 크신 하나님을 바라보면 세상은 작게 보인다.
> ― 빌리 그래함

하나님은 갈렙에게 그 땅을 기업으로 약속하셨다. 그러나 열 명은 그 땅을 취하지 못하고 광야에서 죽을 거라고 하셨다. 이들의 보고는 자신들뿐 아니라 자손들에게까지 영향을 주었다. 광야에서 방황하는 동안 애굽에서 나올 때 20세 이상 되었던 자는 다 죽고, 다음세대가 가나안에 들어갔다.

3. 이스라엘이 광야에서 범죄함

광야에서 이스라엘은 갈수록 더 심각한 죄를 지었다. 그들은 처음에는 약속을 받고 애굽에서 나왔다. 하나님의 은혜를 입었다. 하나님의 크신 일도 목도하고 경험했다. 그럼에도 그들 대부분은 원망, 우상숭배, 음행, 불신앙, 거역으로 광야에서 멸망했다. 고린도전서 10장 1-13절은 그들이 오늘 우리의 본보기가 되었다고 한다.

> 그들 가운데 어떤 사람들과 같이 너희는 우상숭배하는 자가 되지 말라… 음행하지 말자… 시험하지 말자… 원망하지 말라. 그들에게 일어난 이런 일은 본보기가 되고 또한 말세를 만난 우리를 깨우치기 위하여 기록되었느니라 고전 10:7-11

1) 가장 주된 행위는 원망이다 - 세 가지 영역, 즉, 힘든 길과 열악한 환경과 음식 때문에 하나님을 원망했다.

다베라 - 불사름(민 11:1-3)
다베라에서 백성이 악한 말로 원망하니 하나님이 들으시고 진노하사 불을 붙여 진영 끝을 사르게 하셨다. 그러자 백성이 모세에게 부르짖었다. 이에 모세가 기도하니 불이 꺼졌다. 그곳 이름을 "다베라" 즉 '불사름'이라 불렀다.

기브롯 핫다아와 - 탐욕의 무덤 : 음식(민 11:4-15,31-34)
기브롯 핫다아와에서 백성이 음식으로 원망했다. 각 집 문에서 울었다. "누가 우리에게 고기를 주어 먹게 하랴… 이제는 우리의 기력이 다하여 이 만나 외에는 보이는 것이 아무것도 없도다"(민 11:4-6). 광야에서 온 회중이 모세와 아론을 원망했다. 고기를 먹고 싶어서….
"너희가 원망함은 우리를 향함이 아니요 하나님을 향한 것이다. 하나님이 너희의 원망함을 들으셨다"(출 16:1-3,7-9). 하나님이 말씀하셨다. "여호와의 손이 짧으냐? 이제 네가 보리라"(민 11:16-23). 하나님이 진영 사방으로 각각 하룻길 되는 지면에 메추라기를 보내시어 두 규빗 높이(약 1미터 높이)로 내리게 하셨다. 백성들이 이틀가량을 종일 메추라기를 모았다.
적게 모은 사람도 2.2킬로리터(약 10가마) 정도 모았다. 그들은 그것을 진영 사방에 두루 펴두었다. 그러나 아직 고기가 이 사이에 있어 씹히기도 전에 하나님이 백성에게 진노하셔서 큰 재앙으로 치셨다. 그래서 그곳 이름을 "기브롯 핫다아와" 즉 '탐욕의 무덤'이라 불렀다. 욕심으로 많은 사람이 거기서 장사되었다(민 11:31-34).

므리바 - 다툼 : 물(민 20:2-13)
백성이 므리바(다툼)에서 물이 없으므로 모세와 아론에게 와서 원망했다. 그러자 모세가 반석에서 물이 나게 하여 마시게 했다. 그리고 백성이 하나님과 다투었기에 "므리바 물"이라 했다. 거대한 바위가 칼로 쪼개듯 갈라졌다.

불뱀 – 놋뱀 : 길(민 21:4-9)

지름길로 가지 못하고 우회로를 택해 행진하므로 백성이 하나님과 모세를 원망했다. 이에 하나님이 불뱀들을 보내어 물게 하셨다. 많은 사람이 죽어갔다. 백성들이 모세에게 요청하니 모세가 하나님의 말씀대로 놋뱀을 만들어 달았고, 이 놋뱀을 쳐다보는 자마다 살았다.

힘든 길, 열악한 환경, 거친 음식 이 세 가지는 오늘날에도 동일한 문제다. 일반적으로 불평과 원망은 여기에서 비롯된다. 탐욕이 그 중심에 있기 때문이다.
하나님은 우리가 자족하기를 원하신다. 먹을 것과 입을 것이 있으면 족한 줄로 알라고 하신다. 이스라엘 백성의 경험을 결코 가볍게 넘기지 말아야 한다.
디모데전서 6장 6-10절의 말씀을 읽고 깊이 묵상하기를 바란다.

2) 불신앙 – 환경에 따라 반응(민 13:1-3,17-33)

이스라엘 백성들은 하나님의 놀라운 역사하심과 인도하심으로 애굽에서 나와 홍해를 건너 광야를 통과했다. 그러나 안타깝게도 불신앙으로 말미암아 약속의 땅에 들어가지 못했다.

> "그들과 같이 우리도 복음 전함을 받은 자이나 들은 바 그 말씀이 그들에게 유익하지 못한 것은 듣는 자가 믿음과 결부시키지 아니함이라"(히 4:2).

3) 거역(민 14장)

이스라엘 백성은 열 명의 정탐꾼이 보고한 아낙 자손으로 말미암아 두려움에 사로잡혔다. 그들은 모세와 아론을 원망하며 애굽으로 돌아가려 했다. 결국 그들은 거역함의 결과로 광야에서 죽었고 약속의 땅에 들어가지 못했다. 거역한 세대는 죽고 다음세대가 들어갔다.
하나님이 백성들의 불신앙과 불순종에 진노하셨다. 하나님의 심정을 이해할 수 있을까?

> 이 백성이 어느 때까지 나를 멸시하겠느냐? 내가 그들 중에 많은 이적을 행하였으나 어느 때까지 나를 믿지 않겠느냐? 내가 전염병으로 그들을 쳐서 멸하리라 민 14:11,12

그러나 모세의 중보기도로 하나님이 그들을 긍휼히 여기셨다.

고라, 다단, 아비람의 거역(민 16:1-40)

레위 지파의 고라와 르우벤 지파의 다단과 아비람과 온이 당을 지었다. 이들과 동조한 250명의 지도자들이 모세와 아론에게 집단적으로 거역했다.
하나님은 당 짓는 것을 미워하신다. 그것은 전형적인 육체의 일이다. 성령을 거스르고 육체의 소욕을 따르는 삶이다(갈 5:16-21). 이들에게 하나님이 진노하셨다. 땅이 갈라져 주동자들을 삼켰다. 그리고 하나님께로부터 불이 나와서 동조자였던 250명의 지도자들을 불살랐다.

또 원망함(민 16:41-50)

고라를 비롯한 주동자들이 멸망하고 동조자 250명의 지도자들이 죽은 다음 날, 이스라엘 자손의 온 회중이 모세와 아론을 원망했다. 그들은 "너희가 그들을 죽였다"라고 말했다. 참으로 어이가 없다. 이들은 하나님의 심판의 손을 보지 못한다. 하나님이 바라보시는 거역의 죄에 대한 심각성을 모른다. 그들은 모세와 아론을 원망했다.

하나님이 이들에게 진노하셨다. 모세에게 말씀하셨다. "너희는 이 회중에게서 떠나라. 내가 순식간에 그들을 멸하려 하노라"(민 41:45). 그러자 모세와 아론이 하나님께 엎드려 간절히 중보기도했다.

하나님의 진노로 염병이 퍼지기 시작했다. 모세와 아론이 죽은 자와 산 자 사이에 섰을 때에 염병이 그쳤다. 그날 염병으로 죽은 자가 14,700명이었다. 참으로 슬픈 사건이다.

원망은 거역과 함께 하나님이 가장 미워하시는 죄 중에 하나다. 하나님은 이들을 멸하기로 작정하셨지만 모세와 아론의 중보기도로 이들은 멸망당하지 않았다.

> 그러므로 여호와께서 그들을 멸하리라 하셨으나 그가 택하신 모세가 그 어려움 가운데에서 그의 앞에 서서 그의 노를 돌이켜 멸하시지 아니하게 하였도다 시 106:23

중보기도자는 공의가 아닌 하나님의 긍휼과 용서와 오래 참으심을 의지하여 기도한다.

하나님은 이런 중보기도자를 찾으신다.

> 이 땅을 위하여 성을 쌓으며 성 무너진 데를 막아서서 나로 하여금 멸하지 못하게 할 사람을 내가 그 가운데에서 찾다가 찾지 못하였으므로 겔 22:30

하나님은 끊임없이 거역하는 이스라엘 백성을 여러 차례 징계하셨다. 그때마다 모세는 백성들을 위하여 중보기도를 하였다. 하나님은 모세의 기도를 들으시고 이스라엘을 향한 진노를 거두셨다. 중보기도는 하나님의 마음을 바꾸는 힘이 있다. 중보기도는 나라의 방향을 바꾸는 힘이 있다.

4) 음란 : 고스비 사건(민 25장)

모압 왕 발락이 선지자 발람을 통해 이스라엘 백성을 저주하려 한 것이 실패로 돌아갔다. 당시 이스라엘은 광야 40년의 여정을 지나 약속의 땅 맞은편 모압 평지, 싯딤에 머물렀다. 발람은 악한 꾀를 내어 이스라엘로 범죄하게 했다(민 31:16). 즉 모압 여자들을 동원하여 이스라엘 남자들을 유혹했다. 이들은 이스라엘 남자들을 끌어들여 그들의 신 바알브올에게 제사하는 일에 가담하게 하며 음행하기 시작했다. 바알브올의 제사의식이 곧 음행으로 이어진다. 하나님의 백성이 하나님의 약속을 받지 못하게 하려는 발람의 악한 계략이다. 이 일로 하나님이 이스라엘에게 진노하셨다. 모세에게 명하여 바알브올에 가담한 사람들을 죽이라고 하셨다.

> 발람이 발락을 가르쳐 이스라엘 자손 앞에 걸림돌을 놓아 우상의 제물을 먹게 하였고 또 행음하게 하였느니라 계 2:14

그때에 시므온 가문의 지도자 중 하나인 시므리가 미디안 가문의 지도자 수르의 딸인 고스비를 데리고 와 온 회중의 눈앞에서 자기의 장막으로 들어갔다.

그렇지 않아도 이 일로 위기에 놓인 이스라엘이었다. 이를 본 아론의 손자 비느하스가 손에 창을 들고 시므리의 장막으로 들어가 이스라엘 남자와 이방 여인의 배를 꿰뚫어 죽였다. 이 일로 하나님의 진노가 멈추었다(민 25:1-9). 이를 '고스비 사건'이라고 한다.

비느하스는 하나님의 질투심으로 질투하여 이를 행했다. 하나님은 비느하스와 평화의 언약을 맺으시고, 그의 후손에게 영원한 제사장 직분을 주겠다는 언약을 하셨다(민 25:10-13).

비느하스는 하나님의 분노로 일어났다. 죄를 방관하지 않았다. 적극적으로 행동했다. 오늘날 누가 비느하스가 될 것인가? 비느하스여, 일어나라!

4. 하나님의 권위(민 12장, 16장-17장)

모세의 권위가 도전받을 때, 그는 사람들을 대하여 싸우지 않고 하나님 앞에 엎드렸다. 모세의 전공과목은 '포복'이다. 그의 온유함을 잘 보여주는 부분이다(민 12:1-3).

1) 하나님이 주시는 권위의 특징

올바른 권위자는 자신의 권위를 내세우거나 주장하지 않는다. 올바른 권위자는 다음과 같은 네 가지 특징이 있다.

하나님과의 친밀감이 있다(민 12:6-8). 하나님이 직접 말씀하신다.

계시가 있다(민 12:6-8). 하나님이 명백하게 말씀하신다. 사역의 나아갈 방향을 안다.

긍휼의 마음이 있다(민 16:44-47). 함께 있는 사람들을 위해 중보기도한다.

기름 부으심이 있다(민 17장). 아론의 싹 난 지팡이는 하나님의 기름 부으심을 받은 자가 누구인가를 증명한다. 기름 부으심의 결과는 생명이다. 사역에 능력과 열매가 있다.

2) 모세의 특성 : 하나님이 쓰시는 사람의 특징

온유한 사람이다. 자신을 깨뜨릴 줄 안다(민 12:1-3, 16:4,22).

시기와 질투하지 않는다. 경쟁하지 않는다. 누구나 주께 쓰임 받기를 원한다(민 11:16,17,24-30).

충성된 사람이다. 신실하다. 변하지 않는다. 목숨을 바친다(민 12:6-8, 히 3:1-6).

중보기도의 사람이다(민 11:1-3, 12:13, 16:22,45-48).

5. 발람의 예언(민 22장-24장)

발람은 이방인의 점쟁이다. 모압 땅을 통과하려는 이스라엘을 저주하라는 모압 왕 발락의 요청을 받았다. 발람은 처음에는 하나님의 뜻을 구하며 따랐지만 발락이 많은 돈을 주며 명예를 약속하자 그의 요청을 받아들였다. 발람은 불의의 삯을 좇아 어그러진 길로 간 대표적 인물이다(벧후 2:15,16, 유 1:11).

교활한 모습 왕 발락, 그리고 탐욕적이며 자기 고집이 센 선지자 발람, 이 둘은 오늘에도 날마다 우리에게 다가와 우리의 길을 방해하려 한다.

그러나 하나님은 어느 누구도 자기의 백성을 저주하는 걸 허락하지 않으신다. 요셉이 그의 형들에게 말했다. "당신들은 나를 해하려 하였으나 하나님은 그것을 선으로 바꾸셨습니다"(창 50:20). 하나님은 원수의 저주를 축복으로 바꾸신다. 십자가는 저주다. 그러나 하나님은 예수 그리스도로 말미암아 십자가를 우리를 위한 축복으로 바꾸셨다.

원수가 우리의 미래에 어떤 악한 계획을 꾸미는가는 중요하지 않다. 하나님은 원수의 악한 계교를 무산시키신다. 하나님은 역전의 명수다. 언제나 최후의 승리는 하나님을 믿는 그의 백성들의 것이다.

6. 두 번에 걸친 인구조사(민 1장, 26장)

1차 인구조사는 시내 산에서 성막을 완성한 후, 가나안을 향해 출발하기 전에 이루어졌다. 20세 이상으로 전쟁을 할 수 있는 사람들을 지파별로 조사했다(민 1:18).

2차 인구조사는 광야에서 방황하며 1세대(애굽에서 나올 당시 20세 이상)가 죽은 뒤 다음세대가 가나안 땅에 들어가기 전에 모압 평지에서 이루어졌다(민 26:1-4).

1세대, 즉 애굽의 세대는 불신앙의 세대다. 이들의 출발은 놀라웠다. 하나님의 능력으로 시작했다. 그러나 오직 믿음만이 우리의 길을 끝까지 인도한다.

2세대는 광야 세대다. 이들은 광야를 통과했다. 말씀으로 연단되었다. 우리도 환경이나 사람의 말에 영향을 받지 말고 오직 믿음으로 반응해야 한다.

지파	1차 인구조사	2차 인구조사
르우벤	46,500	43,730
시므온	59,300	22,200
갓	45,650	40,500
유다	74,600	76,500(증가)
잇사갈	54,400	64,300(증가)
스불론	57,400	60,500(증가)
에브라임	40,500	32,500
므낫세	32,200	52,700(증가)
베냐민	35,400	45,600(증가)
단	62,700	64,400(증가)
아셀	41,500	53,400(증가)
납달리	53,400	45,400
계	603,550	601,730 → 1,820명이 감소

두 세대	1-14장 21-36장
두 번의 계수	1장 26장
두 번의 여행	10-14장 21-27장
두 번의 교훈	5-9장 28-36장

7. 요단 동편의 두 지파 반의 기업

이스라엘 족속은 광야에서 40년을 방황하며 광야 세대로 이어졌다. 이들은 가데스바네아에서 지름길을 택해 진행하려고 했다. 그것은 바로 북으로 직행하는 길이었다. 그러나 에돔 왕이 막아서서 할 수 없이 남동쪽을 통과하여 북진하는 왕의 대로(민 20:17, 왕의 큰 길)를 택했다. 그러나 그 길은 에돔이나 모압을 지나야 하는데 에돔 왕과 모압 왕이 허락하지 않았다. 결국 국경을 빙 돌아 가장자리 광야의 길을 택할 수밖에 없었다. 남단에 있는 엘랏까지 내려와 다시 동북쪽으로 올라갔다. 그 길은 광야의 길, 험한 길이었다. 사해를 서편에 두고 남쪽에서부터 에돔, 모압, 암몬 족속의 국경이 이어지는 멀고도 험한 변경 외곽 길이었다.

이스라엘 족속이 에돔, 모압, 암몬 족속과의 충돌을 피해 올라가는 길에는 아모리 족속이 있었다. 이들은 사해 북단의 동쪽 지역에 위치했다. 거기에는 당시 메소포타미아와 이집트 문명의 교류를 위한 왕의 대로가 있었다(민 20:17). 모세는 이 길을 사용하고자 했다. 그러나 아모리 왕 시혼과 바산 왕 옥이 이스라엘의 통행을 허락하지 않아서 결국 전쟁을 하고 뜻밖에 그 땅을 차지하게 되었다.

이 광활하고 비옥한 땅들을 가나안에 들어가기 전에 먼저 얻었다. 그 땅을 가축이 많은 르우벤, 갓, 므낫세 반 지파가 차지했다. 이들 세 지파는 이미 땅을 차지했지만 나머지 지파들을 도와 요단 서편의 땅을 차지하고 나서야 가족에게로 돌아왔다(수 22장).

Dear. NCer

'모세의 특성'을 통해
❶ 주님 제가 깨져야 할 부분은 무엇입니까?

❷ 제가 배워야 할 것은 무엇입니까?

❸ 제가 어디에 있어야 합니까?

'비느하스의 분노'에 대해
오늘의 비느하스여 일어나라! 하나님은 오늘의 모세와 오늘의 비느하스를 찾으신다.

❖ 신명기(Deuteronomy) 쉐마 이스라엘 – 기독교 국가를 세우는 원리

신명기는 시간적 순서로 민수기 맨 끝부분에 위치한다. 시내 산에서 출발하여 요단 강 맞은편 모압 평지에 도달하는 과정이 민수기라면, 신명기는 이스라엘이 모압 평지에 머무는 동안 하나님이 모세를 통해 온 백성에게 말씀하신 내용이다(신 1:1,5, 34:1). 광야 40년의 방황을 마치고 약속의 땅을 바로 앞에 둔 출애굽 40년 11월 1일(광야생활이 끝나는 시기)에 하나님이 말씀하셨다(신 1:3).

신명기는 애굽에서 나온 1세대가 아닌 광야에서 태어난 2세대에게 말씀하신 것이다.

> 호렙에서 이스라엘 자손과 세우신 언약 외에 여호와께서 모세에게 명령하여 모압 땅에서 그들과 세우신 언약의 말씀은 이러하니라 신 29:1

신명기는 영어로 "Deuteronomy"이다. 이는 'deut', '두 번째'라는 의미와 'nomos', '법'이라는 의미의 합성어이다. 이것은 '제2의 율법'이라기보다 시내 산 법을 반복했기에 붙여진 이름이다. 이 용어는 70인역 번역 시에 사용되었다. '제2의 율법', 즉 '이미 있는 계명을 다시 반복한 책'이라는 의미다. 반복의 이유는 중요하기 때문이다. 2세대가 일어났기 때문에 다시 들을 필요가 있었다. 호렙에서 하나님과 언약한 세대와 모압에서의 언약의 세대가 다르기 때문이다.

그러나 모압에서의 언약은 호렙에서의 언약의 단순한 반복이 아니었다.

출애굽기에서 반포한 십계명을 비롯해 도덕법, 의식법, 민사법을 신명기에서 반복하는 이유는 이들이 2세대이기 때문이었다. 하나님은 이들과 다시금 언약을 체결하셨다.

신명기 – 하나님을 경외하며 사랑하며 섬기라(신 10:12-13)

프롤로그	역사를 돌아봄	율법을 다시 요약함			언약을 체결함	에필로그
1:1-4	1:5-4:43	4:44-26장			27-33장	34장
배경	역사적	법적			예언적	부록
		5-11장	12-18장	19-26장		
		도덕법	의식법	민사법		
	하나님이 행하신 일	하나님이 이스라엘에게 기대하시는 일			하나님이 하실 일	
	첫 번째 설교	두 번째 설교			세 번째 설교	
	과거	현재			미래	
모압 평지						
약 한 달						

신 10:12,13 [12] 이스라엘아 네 하나님 여호와께서 네게 요구하시는 것이 무엇이냐 곧 네 하나님 여호와를 경외하여 그의 모든 도를 행하고 그를 사랑하며 마음을 다하고 뜻을 다하여 네 하나님 여호와를 섬기고 [13] 내가 오늘 네 행복을 위하여 네게 명하는 여호와의 명령과 규례를 지킬 것이 아니냐

신명기에서 출애굽기와 달라진 부분이 한 가지 있다면 바로 5계명 "네 부모를 공경하라 그리하면 네 하나님 여호와가 네게 준 땅에서 네 생명이 길리라"에 "복을 누리리라"라는 말씀을 더하신 점이다(출 20:12, 신 5:16). 그 세대가 잘되는 비결이 '부모를 공경하는 것'이라고 알려주신다. 신약은 확실히 신명기의 언약을 따른다.

> 자녀들아, 주 안에서 너희 부모에게 순종하라. 이것이 옳으니라. 네 아버지와 어머니를 공경하라. 이것은 약속이 있는 첫 계명이니, 이로써 네가 잘되고 땅에서 장수하리라 엡 6:1-3

▶ 율법서의 시간들

창세기 – 약 2,000년(아브라함 이전과 이후) + α
출애굽기 – 약 430년(약속의 시간 400년 + 간구의 시간 30년)
레위기 – 1달(시내 산에 머물 때, 출애굽기의 부록)
민수기 – 39년(10일이 40년 광야생활로 연장)
신명기 – 1달(또는 모세의 죽음을 애곡한 30일을 포함하면 2달)

신명기의 특성

1. 신명기는 반복 단어가 많다

- 주 너의 하나님 (섬기라/순종하라) : 282회, 로드십(Lordship)을 강조한다.
- 들으라 : 50회
- 행하라, 지키라 : 177회
- 사랑하라 : 21회
- 마음 : 46회 반복, "하나님을 경외하고 사랑하라"와 연결된다(신 4:10, 5:10,29, 6:4,5, 7:9, 13:3, 30:6).
- 하나님 경외하기를 배우라 : 11회
- 악을 제하라 : 9회
- 자녀들을 가르치라 : 6회(신 4:9,10, 6:2,7,20, 11:19). 특히 자녀교육을 강조한다.
- 하나님 음성에 순종하라 / 청종하라
- 다른 신들을 섬기지 말라 / 따르지 말라
- 가난한 사람, 나그네, 레위인들을 돌아보라
- 하나님이 행하신 것을 기억하라 : 15회(신 5:15, 7:18,19, 8:2,18, 9:7, 11:2, 15:15, 16:3,12, 24:9,18,22, 25:17, 32:7).

반복은 강조의 의미다.
신명기에서 강조하는 반복 단어들을 묵상하면 하나님의 뜻을 알 수 있다.

2. 기억하라 – 하나님을 기억하라

특히 주목할 건 "기억하라"라는 말씀이다. 다음 상황에 하나님을 기억해야 한다.

주어진 일이 너무 벅차고 힘들 때 하나님이 행하신 일을 기억하라(신 7:17-19).
종 되었던 삶에서 인도하신 하나님의 큰 능력의 손길을 기억하라(신 5:15).
재물을 얻었을 때 네 힘으로 한 것이 아니라 하나님이 행하심을 기억하라(신 8:18).
하나님을 잊어버리고 다른 신들을 섬기지 말라(신 8:19).

기억의 수단은 하나님이 행하신 일들을 노래로 부르는 것이다. 하나님을 향한 찬양에는 두 영역이 있다. 찬송은 마치 우리가 하나님의 문에 들어가는 것과 같고, 경배는 하나님의 궁전 앞에서 머무는 것과 같다.

감사함으로 그의 문에 들어가며 찬송함으로 그의 궁정에 들어가서 그에게 감사하며 그의 이름을 송축할지어다
시 100:4

찬송(praise) : 하나님이 행하신 일들, 하나님의 행사를 노래한다. 일어서서 손뼉을 치고, 춤추며, 기뻐하며 즐거이 소리 높여 외친다.
경배(worship) : 하나님의 성품, 하나님이 누구인가를 노래한다. 하나님의 보좌 앞에서 그의 임재 가운데 손을 들고, 일어서서, 또는 엎드려 그의 영광을 찬양하며 경배드린다.

헬라어의 시제 가운데 현재완료형은 과거의 일회성 사건이 아닌 반복적인 사건을 의미하며, 그때만 놀라운 일을 행하신 게 아니라 지금도 동일하게 행하심을 표현하는 시제다. 히브리어 시제는 '완료형'과 '미완료형'이 있다. 그러나 '완료형'은 항상 미래만을 의미하지 않는다. 많은 경우, 특히 시편은, 헬라어의 '현재완료형'의 시제를 의미한다. 시편은 하나님이 행하신 놀라운 일들을 노래로 부르는 데 있어서 그가 과거에 한 번만 행하신 게 아니라 지금도, 앞으로도 동일하게 행하시기에 현재완료 시제로 부른 것이다.
우리가 노래로 주를 찬송하며 경배할 때도 이처럼 현재완료 시제로 불러야 한다.

예수 그리스도는 어제나 오늘이나 영원토록 동일하시니라 히 13:8

3. "오늘"

신명기 전체는 "오늘"과 "이날"을 반복해서 사용한다.
이는 '지금 당장 살아내야 한다. 살아내라'라는 강한 메시지다. 신명기는 단순히 과거의 사건 기록이나 교훈이 아니다. 또 미래의 삶에 대한 멋진 청사진도 아니다. 과거의 사건이 아름답든 그렇지 못하든 그것에 매이지 말아야 한다. 또한 미래의 청사진만으로 살지 말라는 것이다. '오늘' 바로 살아낼 때, 과거의 삶도 의미가 있고 미래의 삶을 살아내며 내 것이 될 수 있다. 신명기는 가나안에 들어가 그 땅을 정복하여 하나님의 나라를 이루어야 할 과제를 앞두고 있다. 또 주변국을 비롯한 열방에 영향을 주어야 한다. 그것은 '오늘 당장' 살 때부터 이루어진다.

내가 오늘 네게 명령한 이 명령은 네게 어려운 것도 아니요 먼 것도 아니라.

하늘에 있는 것이 아니니 네가 이르기를, "누가 우리를 위하여 하늘에 올라가 그의 명령을 우리에게로 가지고 와서 우리에게 들려 행하게 하랴" 할 것이 아니요, 이것이 바다 밖에 있는 것이 아니니, 네가 이르기를, "누가 우리를 위하여 바다를 건너가서 그의 명령을 우리에게로 가지고 와서 우리에게 들려 행하게 하랴" 할 것도 아니라.

오직 그 말씀이 네게 매우 가까워서 네 입에 있으며, 네 마음에 있은즉, 네가 이를 행할 수 있느니라.

보라, 내가 오늘 생명과 복과 사망과 화를 네 앞에 두었나니,

곧 내가 오늘 네게 명령하여 네 하나님 여호와를 사랑하고, 그 모든 길로 행하며

그의 명령과 규례와 법도를 지키라 하는 것이라.

그리하면 네가 생존하며 번성할 것이요 또 네 하나님 여호와께서 네가 가서 차지할 땅에서

네게 복을 주실 것임이니라 신 30:11-16

모압 평야

애굽에서 나와 머물던 시내 산 아래가 첫 거점 지역이었다면 모압 평야는 모든 여정의 마지막 거점 지역이다. 가데스바네아는 중요한 반환 지점이었다. 이스라엘 백성들은 우여곡절 끝에 마지막 정류장인 모압 평야에 이르렀다. 드디어 약속의 땅으로 들어갈 때다. 신명기는 그 시점에 있다. 그러므로 '오늘, 지금 당장' 살아야 한다. 그래야 '내일'이 있다. '살아내자! 살아내자! 살아내자!'

신명기의 중심 메시지

1. 그 땅에 들어가 기독교 국가를 세우라

2세대에게 주어진 가장 큰 과제는 먼저 기독교 국가가 되고 더 나아가 이방 나라들을 하나님의 원칙을 기반으로 하는 나라로 만드는 것이었다. 열방의 제자화(Discipling the Nations)이다.

이 큰 과제를 안고 있는 이들은 누구인가? 세계에서 가장 큰 난민이다.

그럼에도 그들에게는 가나안에 들어가 기독교 국가를 세워야 할 책임이 있다. 신명기에는, "내가 너희에게 주는 땅으로 가서, 네 조상에게 맹세하여 주리라 한 땅을 취하라"라는 말씀이 72번이나 나온다.

신명기의 중심은 하나님을 사랑하고 그 말씀을 지키는 것이다. 앞으로 이들은 가나안에 들어가 그 땅을 정복하고, 그곳의 문화를 내몰고, 기독교 국가를 이루어야 하기 때문이다. 기독교 국가를 이룰 수 있는 틀은 오직 성경이다(신 6:4-9, 11:8-28).

기독교 문명개혁 운동을 펼치는 게 이들에게 주어진 최대의 과제다.

성경은 기독교 문명개혁 운동의 열쇠가 되는 책이다. 우리가 머무는 세상, 지역에 변화를 주는 삶을 사는 방법을 제시한 교과서다.

신명기는 기독교 문명개혁 운동 교과서다

신명기는 이 땅을 바꾸는 교과서 중 첫 번째로 중요한 책이다. 정치, 경제, 교육, 예술을 비롯한 사회의 각 영역에서 어떻게 하나님의 나라를 세울지 말씀하신다.

정부·군대 25%, 예) 정부 조직(신 1:9-18), 지도자(신 17:14-20)

경제 6%, 예) 채무 관계(신 15:1-11), 예술 6%, 가정 6.5%

보건위생 4%, 예) 정결하게 하라(신 23:9-14), 교육 2.5%, 땅, 자연 2.5%

신명기는 이처럼 우리가 사회의 각 영역에 어떻게 기독교 문명개혁을 일으켜야 하는지를 보여 준다.

하나님의 말씀의 중요성

성경의 역사서(여호수아, 사사기, 사무엘서, 열왕기서, 역대기서, 그리고 특히 신약의 사도행전)를 살펴보면, 하나님의 말씀이 있을 때와 없을 때가 어떻게 다른지 분명히 볼 수 있다. 영향을 주느냐, 영향을 받느냐 둘 중 하나다. 먹을 것인가, 먹힐 것인가? 중간지대는 없다. 교회 안에 세상의 사고방식과 가치관이 들어와 영향을 주고 있다면 교회는 세상에 영향력을 행사하지 못한다. 교회의 정체성은 세상에서 영향을 받는 게 아니라 세상에 영향을 주는 데 있다.

너희는 세상의 소금이니… 너희는 세상의 빛이라… 이같이 너희 빛이 사람 앞에 비치게 하여 그들로 너희 착한 행실을 보고 하늘에 계신 너희 아버지께 영광을 돌리게 하라 마 5:13-16

성령이 너희에게 임하시면 너희가 권능을 받고… 땅 끝까지 이르러 내 증인이 되리라 행 1:8

빛과 소금은 강한 것이다. 영향을 주는 것이다. 성경은 이 땅의 모든 족속이 우리를 통해 복을 받을 것에 대한 약속을 반복적으로 말씀한다. 교회가 세상에 영향을 주는 열쇠가 바로 하나님의 말씀, 즉, 성경이다.

이 땅의 정치, 경제, 교육, 매스컴, 예술, 과학계 등의 영역에 성경적 원리 원칙으로 영향을 주며 변화를 일으키는 건 결코 만만치 않다. 이는 마치 이스라엘 백성이 가나안을 정복하며, 하나님의 말씀을 기반으로 나라를 세워야 하는 것처럼 매우 어렵다.

모세와 아론과 훌은 여호수아의 군대가 아말렉과 싸울 때 전쟁 상태를 잘 파악할 수 있는 산꼭대기에 올라가서 손을 들고 기도했다. 모세가 손을 들면 이스라엘이 이기고, 손을 내리면 아말렉이 이겼다. 모세의 팔이 피곤하기에 아론과 훌이 모세의 팔을 붙들어 올렸다. 결국 여호수아의 군대가 아말렉을 쳐서 승리했다(출 17:8-16).

여호수아가 아말렉과 전쟁하는 장면은 곧 오늘의 교회가 이 세상에 영향을 주기 위해 영적 전쟁을 하는 모습을 보여준다. 여호수아의 군대의 승리는 아론과 훌이 양편에서 붙들어준, 높이 들린 모세의 두 팔에 달려있었다.

모세와 아론과 훌은 목회사역자다. 여호수아의 군대는 세상에 영향을 주는 현장사역자다. 우리 모두는 목회사역자 아니면 현장사역자다. 우리 모두는 사역자다. 내가 있는 곳이 선교지요, 나는 그곳에 파송된 사역자다. 우리의 정체성은 세상의 빛이요 소금이다.

우리가 이 땅에 살아가면서 교사로서 교육계에 있든지, 사업하는 사람으로서 경제계에 있든지, 아니면 예술계에서, 매스컴에서, 과학기술계에서, 정치계에서 일하든지, 또는 시장, 베이커리, 식당, 카페 등에서 일하든지 우리의 삶의 모든 영역 가운데 하나님의 말씀의 원칙이 기반이 되도록 해야 한다.

신명기는 이 땅의 문화 속에 사는 게 아니라 이 땅의 문화를 변화시키는 하나님의 나라를 세우는 것에 초점을 둔다.

"내가 너희에게 주는 땅으로 가서 네 조상들에게 맹세하여 주리라 한 땅을 취하라"라는 말씀이 72번이나 나온다. 신명기 6장 1-3절은 "그러므로 그 땅에 들어가서 취하면 말씀을 따라 행하라"라고 말씀하신다. 단순히 말씀을 듣는 것이 아니라 하나님의 말씀을 듣고 그 말씀을 삶의 모든 영역에 마치 다림줄처럼 기준선으로 내려 그 말씀을 따라 그 땅에서 행하라는 것이다. 세상의 기준과 가치관으로 가득한 가나안에 들어가 그 땅을 차지하면 하나님의 기준과 가치관을 따라 기독교 국가를 세우라는 것이다.

너희는 내가 오늘 너희에게 명하는 모든 명령을 지키라. 그리하면 너희가 강성할 것이요, 너희가 건너가 차지할 땅에 들어가서 그것을 차지할 것이며, 또 여호와께서 너희의 조상들에게 맹세하여 그들과 그들의 후손에게 주리라고 하신 땅 곧 젖과 꿀이 흐르는 땅에서 너희의 날이 장구하리라 신 11:8,9

온 땅이 우리에게 약속의 땅이다. 세상을 바꾸는 교회로 부흥해야 한다. 이것이 바로 신명기 전체의 메시지다. 왕위에 오르면 신명기를 평생 옆에 두고 읽고 배우고 지켜 행해야 한다(신 17:18,19).

2. 광야학교를 통과하라 – 신명기 8장

광야학교는 기독교 문명개혁 운동을 주도하기 위한 영적 근육 만들기의 필수과정이다.

내가 오늘 명하는 모든 명령을 너희는 지켜 행하라. 그리하면 너희가 살고 번성하고 여호와께서 너희의 조상들에게 맹세하신 땅에 들어가서 그것을 차지하리라.
네 하나님 여호와께서 이 사십 년 동안에 네게 광야 길을 걷게 하신 것을 기억하라. 이는 너를 낮추시며 너를 시험하사 네 마음이 어떠한지 그 명령을 지키는지 지키지 않는지 알려 하심이라.
너를 낮추시며 너를 주리게 하시며 또 너도 알지 못하며 네 조상들도 알지 못하던 만나를 네게 먹이신 것은 사람이 떡으로만 사는 것이 아니요 여호와의 입에서 나오는 모든 말씀으로 사는 줄을 네가 알게 하려 하심이니라 신 8:1-3

광야의 길을 걷게 하신 것을 기억하라고 하신다. 광야생활은 앞으로 들어가 차지할 땅에서 하나님의 뜻을 따라 살도록 훈련시키는 과정이다.

광야의 특징

신 8:15 "너를 인도하여 그 광대하고 위험한 광야 곧 불뱀과 전갈이 있고 물이 없는 간조한 땅을 지나게 하셨으며."
렘 2:2 "씨 뿌리지 못하는 땅, 그 광야에서 나를 따랐음이니라."
렘 2:6 "광야 곧 사막과 구덩이 땅, 건조하고 사망의 그늘진 땅, 사람이 그곳으로 다니지 아니하고 그곳에 사람이 거주하지 아니하는 땅."

> 광대하다. 위험하다. 불뱀과 전갈이 있다.
> 물이 없는 간조한 땅이다.
> 씨 뿌리지 못하는 땅이다.
> 사막과 구덩이 땅, 건조한 땅이다.
> 사망의 그늘진 땅이다. 깊은 흑암의 땅이다.
> 사람이 다니지 아니하고 거주하지도 아니하는 땅이다.

결론적으로, 광야는

> 열악한 환경이다. 안정감이 없다. 길도 없고 방향성도 없다.
> 마실 물과 먹을 양식도 없다. 당연히 식당도 없다.
> 사람이 없으므로 정상적인 사회생활이 어렵다. 물론 친구도 없다.

그런데 하나님이 이스라엘 백성으로 이런 광야의 길을 걷게 하셨다.
그 이유가 무엇인가? 우리가 광야의 길을 걸을 때 하나님이 알고 싶으신 것과 하나님이 그의 백성에게 알려주고 싶으신 게 있다.

1) 하나님이 내게 알고 싶으신 것은 무엇인가?(신 8:2)

광야의 길은 우리를 낮추며, 우리의 마음을 시험하기에 가장 적합한 곳이다. 광야를 지나는 과정에서 우리의 마음이 다 드러난다. 이런 환경에서도 오직 하나님의 말씀에 순종하는지, 하나님만을 기쁘게 섬기는지, "오직 내 만족은 하나님께 있다"라고 말할 수 있는지 알고 싶어 하신다.

> 평안할 때, 평안한 곳에서는 우리 마음의 현주소를 잘 모를 수 있다. 그럴 때는 누구나 하나님을 기쁘시게 하기 원한다고 말한다. 그러나 환난과 고난에 처할 때 우리 마음의 현주소가 드러난다.
> 그러나 그것만이 아니다. 광야를 지나는 것은 우리의 삶에 다양한 실제적인 효과가 있다. 내면이 깊어지고 견고하며 원숙한 인격이 되게 한다. 또한 모든 미숙한 개념과 헛된 이론을 교정시켜주며, 편협주의와 극단주의에서 벗어나게 해준다.
> 또한 우리가 부드럽고 사려 깊으며 참을성과 긍휼을 가진 자로서 넓은 마음으로 다른 사람을 대하게 해준다.

우리를 겸손하게 하여 자신을 의지하지 않게 하고, 또한 자만과 자기만족에서 떠나게 하고, 순전한 어린아이 같이 오직 하나님만을 의지하게 해준다.

하나님의 관용을 배우게 된다. 우리의 모든 약점과 실수에 대해서도 오래 참으시는 그의 풍성한 긍휼, 끝없는 놀라운 사랑을 알게 하여 소망의 삶을 살게 해준다.

2) 하나님이 내게 알려주기를 원하시는 것은 무엇인가?(신 8:3)

사람이 떡으로만 사는 것이 아니요 오직 하나님의 입에서 나오는 말씀으로 사는 줄을 알기를 원하신다.

특히 이 구절은 우리 주님께서 광야에서 마귀에게 시험을 받으실 때 신명기에서 최초로 인용하신 구절이다.

예수님은 40일 금식을 하신 후에 주리셨다. 그때에 마귀가 "네가 만일 하나님의 아들이어든 명하여 이 돌들로 떡덩이가 되게 하라"(마 4:3)라고 시험했다. 배가 몹시 고플 때 가장 유혹받는 건 음식이다. 예수님은 시험하는 자에게 이같이 말씀하신다.

"굶주려 배가 고플 때 중요한 것은 음식만이 아니다. 우리의 양식은 떡만이 아니다. 그보다 더 중요한 것은 하나님의 말씀이다. 하나님의 입에서 나오는 말씀을 의존하는 것이 중요하다. 하나님의 말씀 없이는 아무것도 할 수가 없다"(마 4:4, 요 5:19,30).

하나님의 말씀 없이 오직 떡으로만 살려는 생각을 버려야 한다. 물질 중심의 삶에서 말씀 중심의 삶으로 옮겨야 한다. 주님은, "너희가 하나님과 재물을 겸하여 섬기지 못한다"(마 6:24)라고 하셨다. 욥은, "나는 정한 음식보다 그의 입의 말씀을 귀히 여겼다"(욥 23:12)라고 했다. 다윗은 "내가 말씀을 순금보다 더 사모하며, 말씀이 꿀보다 더 달다"라고 했다.

광야의 길은 우리 삶의 무게 중심을 옮기게 한다. 재물 중심, 먹는 것과 입는 것 중심의 삶에서 말씀 중심의 삶으로 옮기게 한다. 하나님은 광야 40년 동안 의복이 해어지지 않고, 발이 부르트지 않게 하셨다(신 8:4).

신명기 8장 6절은 "그러므로"라는 말로 시작해야 한다. 즉 신명기 8장 1-5절 말씀에 대한 우리의 반응이다. 광야 40년의 놀라운 역사(가르침, 겸손, 시험, 보호, 은혜, 만나, 반석, 풍성함)를 통해 배운 하나님의 말씀을 지켜 행하고, 하나님을 경외하는 삶을 살아야 한다는 가르침이다. 우리는 하나님을 경외함으로 하나님의 말씀에 따라 순종하는 삶을 살아야 한다.

광야의 목적

하나님의 목적은 광야의 삶이 아니다. 광야는 약속의 땅에서 하나님의 백성으로 살도록 영적 근육을 키우는 곳이다. 우리에게 복을 주시려는 게 하나님의 목적이다.

네 조상들도 알지 못하던 만나를 광야에서 네게 먹이셨나니 이는 다 너를 낮추시며 너를 시험하사 마침내 네게 복을 주려 하심이었느니라 신 8:16

하나님이 이스라엘 백성에게 주시고자 하는 곳은 아름다운 땅이다. 골짜기와 산에는 시내, 분천, 샘이 흐른다. 밀, 보리, 포도, 무화과, 석류, 감람, 꿀의 소산지요 그 땅의 돌은 철이요 산에서는 동을 캘 것이다(신 8:7-9).

하나님은 그의 백성이 마음이 교만하여져서 하나님을 잊어버릴까 염려하신다(신 8:11-20).

'잊어버림'에 대해 세 번이나 언급하신다. 잊어버리지 않는 비결은 기억하는 것이다.

> 그러나 네가 마음에 이르기를 내 능력과 내 손의 힘으로 내가 이 재물을 얻었다 말할 것이라. **네 하나님 여호와를 기억하라.** 그가 네게 재물 얻을 능력을 주셨음이라. 이같이 하심은 네 조상들에게 맹세하신 언약을 오늘과 같이 이루려 하심이니라 신 8:17,18

광야를 통과하면서 연단되어 겸손해지고, 전적으로 하나님을 의지하며 오직 하나님의 말씀으로 살도록 하는 게 광야의 목적이다.

그러나 궁극적인 목적은 하나님이 주시는 약속의 땅에 하나님 말씀이 기반이 되는 나라를 세우는 것이다. 사회의 모든 영역에 하나님 말씀이 기반이 되어야 한다.

기독교 문명개혁 운동을 주도하려면 반드시 광야의 길을 통과해야 한다.

3. 가난하고 궁핍한 사람들을 돌아보라 - 신명기 15장 4-11절

신명기에서 중점적으로 다루는 것 중 하나는 올바른 재물의 사용이다. 그것은 단순히 재물을 잘 사용하는 것을 넘어선다. 그것이야말로 하나님의 나라와 하나님나라의 백성다움의 핵심이기 때문이다. 신명기는 여러 차례에 걸쳐 이 영역을 다룬다.

> 네가 만일 네 하나님 여호와의 말씀만 듣고, 내가 오늘 네게 내리는 그 명령을 다 지켜 행하면, 네 하나님 여호와께서 네게 기업으로 주신 땅에서 네가 반드시 복을 받으리니 너희 중에 가난한 자가 없으리라.
> 네 하나님 여호와께서 네게 허락하신 대로 네게 복을 주시리니, 네가 여러 나라에 꾸어줄지라도 너는 꾸지 아니하겠고, 네가 여러 나라를 통치할지라도 너는 통치를 당하지 아니하리라.
> 네 하나님 여호와께서 네게 주신 땅 어느 성읍에서든지 가난한 형제가 너와 함께 거주하거든, 그 가난한 형제에게 네 마음을 완악하게 하지 말며, 네 손을 움켜쥐지 말고, 반드시 네 손을 그에게 펴서, 그에게 필요한 대로 쓸 것을 넉넉히 꾸어주라.
> 삼가 너는 마음에 악한 생각을 품지 말라. 곧 이르기를 일곱째 해 면제년이 가까이 왔다 하고, 네 궁핍한 형제를 악한 눈으로 바라보며 아무것도 주지 아니하면, 그가 너를 여호와께 호소하리니 그것이 네게 죄가 되리라.
> 너는 반드시 그에게 줄 것이요, 줄 때에는 아끼는 마음을 품지 말 것이니라. 이로 말미암아 네 하나님 여호와께서 네가 하는 모든 일과 네 손이 닿는 모든 일에 네게 복을 주시리라.
> 땅에는 언제든지 가난한 자가 그치지 아니하겠으므로 내가 네게 명령하여 이르노니, 너는 반드시 네 땅 안에 네 형제 중 곤란한 자와 궁핍한 자에게 네 손을 펼지니라 신 15:4-11

놀라운 하나님의 약속이요 명령이다.

"내가 너에게 형통의 비결을 말해주겠다. 개인적인 차원은 물론이고, 공동체와 도시와 나라 차원에서 복을 받는 비결이다. 너는 내 명령을 반드시 실행하라. 나도 반드시 내 약속을 실행하리라."

NCMN의 **'5K 운동'**은 이 명령에 대한 우리의 응답이다. "네 성읍에서" 행하라고 하셨다. 내가 살고 있는 땅의 반경 5킬로미터에 이 명령을 수행하는 게 곧 '5K 운동'이다. 그 지역에 사는 가난하고 궁핍한 사람들의 필요를 채우는 것이다.

신명기 구조와 내용

1. 모세의 첫 번째 설교, 신명기 1장-4장 : 과거 - 지난 40년을 돌아보며

모세는 가나안이 바라보이는 요단 강 건너편 모압 평지에서 이 말씀을 했다. 그들은 가나안으로 들어가 그 땅을 취할 준비를 갖춘 상태였다. 그러나 그의 설교는 앞으로 있을 전쟁의 작전이나 전략에 대한 게 아니었다. 지난 40년간 광야를 지나는 동안에 어떤 일들이 있었는지에 초점이 맞춰져 있었다. 하나님이 누구신지, 하나님의 원리 원칙은 무엇인지, 광야생활에서 배워야 할 것은 무엇인지가 중요하다. 그것은 앞으로 들어가서 정착할 땅에서 견고한 나라를 세울 기반이기 때문이다.

이스라엘 백성은 가나안에 대한 하나님의 약속이 있음에도 불구하고 환경으로 인해 약속을 믿지 않고 불신앙과 불평으로 반응했다. 그에 따른 결과는 엄격했다. 불신앙은 명백한 약속이 있다 해도 그것을 소유로 취하지 못하게 한다(신 1장).

요단 동편에서 전쟁으로 취한 땅들로 두 지파 반의 유업이 형성되었다. 강하고 장대한 족속을 이기고 비옥한 땅을 취한 건 그들의 능력이 아니라 오직 하나님이 그들에게 승리를 주셨기 때문이다. 이것은 앞으로 요단을 건너가서 가나안을 취할 때 전쟁이 하나님께 속한 것임을 확실히 알게 했다(신 2장-3장).

하나님의 말씀을 순종하는 것이 얼마나 중요한가를 모세는 아비의 마음으로 권면한다(신 4장).

2. 모세의 두 번째 설교, 신명기 5장-26장 : 현재 - 말씀을 다시 반포함

도덕법(신 5장-11장)

모세는 십계명을 다시 반포한다. 그러나 십계명을 순종해야 하는 근본적인 동기는 두려움이 아니라 사랑이어야 한다. 모세는 하나님이 십계명을 주심은 우리의 구원과 생명을 위한 하나님의 사랑임을 강조했다. 특히 5계명인 부모를 공경하는 건 무엇보다 우리를 향한 하나님의 축복을 받는 비결, 성공의 비결이기에 "네 생명이 길고 복을 누리리라"라는 말씀을 덧붙여 강조했다(신 5장).

6장은 4장과 비슷하게 가나안에서의 순종의 삶을 권고한다. 무엇보다도 하나님의 말씀을 깊이 새기고 순종함으로 견고한 나라를 세울 수 있음을 보여준다. 7장은 앞으로 가나안에 들어가면 우상숭배를 철저히 배격하도록 강하게 권면한다. 6장이 '하나님을 전심으로 사랑하라'라면 7장은 '죄를 철저히 미워하라'이다. 8장은 40년의 광야생활을 돌아보며 교훈을 삼아 앞으로 들어갈 땅에서 행함을 주의하라는 말씀이다(신 6장-8장).

9장-10장은 가나안에 들어가면 가나안 족속을 물리치고 그 땅을 취할 것인데, 그것은 그들의 능력이 아니라 오직 하나님이 승리를 주심으로 말미암은 것임을 잊지 말라고 하신다. 이스라엘은 능력이나 지혜나 의로움에 있어서 내세울 것이 없고, 오직 하나님의 긍휼로 말미암은 줄 알고, 하나님을 경외하며 사랑하며 섬기기를 강조한다. 그들이 순종하면 하나님께 복을 받을 것이요, 불순종하면 저주가 임할 것이다(신 11장).

의식법(신 12장-18장)

어떻게 순종할 것인가를 다시 반복한다(신 12장). 특히 2계명을 말함으로 질투하시는 하나님을 소개한다. 하나님 앞에서 어떻게 행할 것인가를 설명한다. 우상숭배는 가장 위험하다(신 13장). 십일조와 구제 즉 가난한 사람을 돌보는 일(신 14장). 빚을 면제하는 것, 종을 풀어주는 것(신 15장). 반드시 지켜야 할 세 가지 중요한 절기들에 대해(신 16장). 제사장과 레위인들의 사역에 관해(신 17장-18장).

민사법(신 19장-26장)

이전까지가 주로 하나님 앞에서 행할 것이라면 이후는 사람 사이의 행함에 대한 것이다(신 19장). 또한 전쟁에 관한 법(신 20장)과 관계에서의 거룩함과 의로움의 삶(신 21장-26장)을 말한다.

3. 모세의 세 번째 설교, 신명기 27장-28장 : 미래 - 축복과 저주들

이제까지는 하나님 앞에서 그리고 사람들과의 관계에서 어떻게 행할 것인지를 말했다. 앞에서는 선과 의가 무엇이며 율법이 요구하는 바가 무엇인가를 제시했다면, 이제는 이를 지키는 수단들을 설명한다. 축복과 저주의 말씀 선포와 그에 대한 "아멘"으로의 응답, 의무와 책임을 말한다. 또 그 결과들을 말한다.

4. 모압 언약 체결(신 29장-30장)

애굽에서 나와 시내 산에서 이루어진 시내 산 언약 백성은 광야에서 다 죽었다. 그래서 광야에서 태어난 다음세대와 다시 언약이 체결된다. 그들이 가나안 땅에 들어가기 전에 이를 한 번 더 강조해야 했다. 약속의 땅 맞은편 모압 평지에서 이루어졌기에 '모압 언약'이라고 부른다.

5. 모세의 생애와 사역 결산(신 31장-34장)

모세의 생애와 사역 결산의 말씀은 참으로 은혜롭고 감격적이다.

> 모세가 죽을 때 나이 백이십 세였으나 그의 눈이 흐리지 아니하였고 기력이 쇠하지 아니하였더라 신 34:7

그리고 신명기는 다음과 같은 말씀으로 마친다.

"그 후에는 이스라엘에 모세와 같은 선지자가 일어나지 못하였나니, 모세는 여호와께서 대면하여 아시던 자요, 여호와께서 그를 애굽 땅에 보내사 바로와 그의 모든 신하와 그의 온 땅에 모든 이적과 기사와 모든 큰 권능과 위엄을 행하게 하시매 온 이스라엘의 목전에서 그것을 행한 자이더라" (신 34:10-12).

성경 어디에도 마지막 장, 마지막 구절을 이렇게 마친 곳이 없다. 하나님은 모세가 자랑스러우셨다!

나를 존중히 여기는 자를 내가 존중히 여기고 삼상 2:30

Dear. NCer

율법서(모세5경) 정리해보기

율법서	키워드	Dear. NCer
창세기	톨레돗	이제는 my story!
출애굽기	제사장 나라	하나님의 말씀, 하나님의 임재
레위기	거룩하라	거룩하라! 거룩하라! 거룩하라!
민수기	광야	안전지대! 하나님의 뜻 가운데
신명기	쉐마(들으라)	기독교 문명개혁 운동을 주도하라!

신명기는 기독교 문명개혁 운동을 위한 교과서다.
이 운동을 통한 우리의 목표는 하나님의 나라가 이루어지는 것이다.
이 운동이 성취되려면
첫째, 하나님을 사랑해야 한다.
둘째, 하나님의 말씀을 따라 '오늘' 살아낸다.
셋째, 하나님의 말씀에 따라 우리 주변의 가난하고 궁핍한 사람들의 필요를 실제적으로 돌아봐야 한다.

구약의 역사 – 선교적 사명 : 아브라함부터 예수 그리스도의 오심까지

- 사 49:5-6　내가 또 너를 이방의 빛으로 삼아 나의 구원을 베풀어서 땅 끝까지 이르게 하리라
- 시 67:1-7　하나님이 우리에게 복을 주시리니 땅의 모든 끝이 하나님을 경외하리로다

1	2	3	4	5	6	7	8	9	10
족장 생활	애굽 노예 생활	광야 생활	가나안 정복	사사 시대	왕국 건설	남북 왕국	바벨론 포로	포로 귀환	신구약 중간
아브라함 이삭 야곱 (215년)	400여 년	40년	여호수아 갈렙 (30년)	400년	사무엘 사울 다윗 솔로몬 (120여 년)	400년	70년	스룹바벨 여호수아 에스라 느헤미야 (180여 년)	400년
언약 창 12:1-3 창 18:18 창 26:4 창 28:14,15 아브라함- 주변 7개 부족	요셉 모세 바로	불신앙 거역 원망 아모리 족속	출 19:4-6 가나안 족속	주변국에게 영향을 주기보다 영향을 받음	시바 여왕	주변국에게 영향을 주기보다 영향을 받음	다니엘 에스겔	성전 재건 성벽 재건 부흥운동 에스더	그리스 마카비 독립운동 로마
NCMN – 기독교 문명개혁 운동을 주도하라 (구약의 지상대명령, 사 49:5,6, 시 67:1-7)									

3장

역사서

역사서1
여호수아, 사사기, 룻기

역사서2
사무엘상·하, 열왕기상·하, 역대상·하

역사서3: 바벨론 포로와 포로 귀환
에스라, 느헤미야, 에스더

역사서

역사서

여호수아서를 시작으로 에스더까지 12권을 '역사서'라고 한다.

요단 강을 건너 가나안을 정복하여 정착하기까지, 사사 시대와 왕정 시대를 거쳐 앗수르와 바벨론에 멸망하여 포로로 잡혀가기까지, 포로에서 귀환하여 예루살렘을 재건하기까지의 이스라엘 역사를 기록한 책들이다. 우리는 하나님을 배제한 역사 인식에 익숙하다. 어릴 때부터 배워온 교육, 매스컴 등을 통해 이에 길들여졌다. 성경 역사는 오직 기독교에만 존재하는 것으로 이해한다. 마치 정사가 아닌 야사처럼 여긴다. 그렇지 않다! 역사서를 통해 우리는 올바른 역사 인식과 이해를 배워야 한다.

이 '12권의 역사서'에서 왕이신 예수 그리스도와 역사의 주인이신 하나님의 경륜과 섭리, 그리고 하나님의 놀라우신 긍휼을 본다. 하나님은 화성이나 우주의 어딘가에서 일하시는 분이 아니다. 그는 역사 안에서 일하신다. 역사서에는 인명, 지명, 연대, 사건이 세세히 기록되어 있다. 시간과 공간에 계시며 역사하시는 하나님이시다. 하나님은 가끔 등장하는 산신령이 아니다. 언제나 우리 가운데 계시며 우리를 도우시며 우리를 통해 일하신다.

그는 역사의 주이시다!

하나님은 우리를 그의 주권적인 다스리심에 파트너로 부르셨다. 우리의 헌신, 결단, 순종, 믿음이 놀랍게도 하나님의 뜻을 이루어간다. 하나님은 우리를 'History Maker'로 부르셨다. 이런 사람이 Nations Changer(NCer)이다! 하나님은 기독교 문명개혁 운동을 주도하는 자로 우리를 부르셨다.

역사서는 크게 세 부분으로 나눌 수 있다.

역사서1(여호수아, 사사기, 룻기)

여호수아가 앞장서서 가나안을 정복하는 시기를 거쳐 사사가 이끄는 사사 시대가 주 내용이다. 룻기는 사사 시대의 한 가정을 다루고 있지만 역사서2의 다윗을 소개하는 서곡이다.

역사서2(사무엘상·하, 열왕기상·하, 역대상·하)

사울이 초대 왕으로 등장하고 이어서 다윗이 왕이 되는, 그리고 솔로몬 이후 나라가 남북으로 나뉘어 진행되는 이스라엘의 약 500년의 왕국 시대가 주 내용이다.

역사서3(에스라, 느헤미야, 에스더)

바벨론 포로와 포로 귀환을 통한 회복이 그 내용이다. 에스라서는 1차 귀환과 2차 귀환을 동시에 다루었다. 1차와 2차의 시간적 차이는 80년이다. 1차 귀환은 성전 재건, 2차 귀환은 말씀의 부흥, 3차 귀환은 예루살렘 성벽과 성문의 재건이 주 내용이다.

역사서1 여호수아, 사사기, 룻기

사사 시대는 여호수아부터 시작되어 사무엘에서 마친다. 그리고 사사 시대는 막을 내린다. 모든 시대가 그렇듯 이 시대에 가장 중요한 건 왕이신 하나님이다.

왕이신 나의 하나님이여, 내가 주를 높이고 영원히 주의 이름을 송축하리이다 시 145:1

개인, 가정과 교회 공동체, 도시와 국가, 사회 각 영역의 차원에서 하나님을 왕으로 모시고 섬길 때가 가장 안전하고 평강이 넘친다.

귀인들을 의지하지 말며 도울 힘이 없는 인생도 의지하지 말지니, 그의 호흡이 끊어지면 흙으로 돌아가서 그날에 그의 생각이 소멸하리로다. 야곱의 하나님을 자기의 도움으로 삼으며 여호와 자기 하나님에게 자기의 소망을 두는 자는 복이 있도다 시 146:3-5

이 시대에 가장 중요한 건 하나님의 말씀이다. 하나님의 말씀인 성경은 인생 교과서이며 리더십 매뉴얼이다.

이 율법책(this Book of the Law)을 네 입에서 떠나지 말게 하며, 주야로 그것을 묵상하여, 그 안에 기록된 대로 다 지켜 행하라. 그리하면 네 길이 평탄하게 될 것이며 네가 형통하리라 수 1:8

말씀을 대하는 것이 성공의 길이다. 여호수아서의 시작(수 1:8)과 끝(수 23:6)은 말씀을 강조한다.

왕이신 하나님과 하나님의 말씀, 이 두 가지는 하나로 연결된다. 서로 뗄 수 없다. 사사기는 이 둘을 모두 잃었다.

❖ 여호수아(Joshua) 기독교 국가를 위한 틀 마련하기

여호수아서에 기록된 역사와 메시지는 매우 중요하다. 이 책은 모세5경과 나머지 성경을 연결해주는 다리 역할을 하여 성경 전체의 통일성을 이룬다. 더 나아가 앞으로 기독교 국가로 나아갈 틀을 만들어준다. 여호수아서에 나타난 말씀에 대한 온전한 순종, 개척정신, 연합, 십자가의 은혜가 그것이다.

하나님을 향한 불신앙과 거역으로 인해 애굽에서 나올 당시 20세 이상이었던 사람들은 여호수아와 갈렙만 남은 채 광야에서 방황하다 죽고, 광야 세대가 등장한다. 가나안으로 들어가려고 할 때 여호수아와 갈렙의 나이는 80세였다. 그리고 40세-60세의 백성들은 애굽에서 나올 당시 20세 이하의 연령이었다. 40세 이하는 광야 세대요 신세대였다.

여호수아는 이들을 이끌고 요단 강을 건너 가나안에 들어가 그 땅을 정복했다.
여호수아가 그 땅으로 들어갈 때, 그 땅은 절대로 빈 땅이 아니었다!
당시 가나안 땅에는 오래전부터 여러 족속(가나안, 헷, 아모리, 브리스, 히위, 여부스 그리고 블레셋)의 사람들이 거주했다. 여호수아의 군대가 그 땅에 들어가기 570년 전, 그들의 조상 아브라함이 그 땅에 들어갈 때도 그들은 이미 그곳에 살고 있었다.

가나안 땅이 약속의 땅인 이유는 하나님이 아브라함과 이삭과 야곱에게 그 땅을 그들의 유업으로 주겠다고 약속하셨기 때문이다. 여호수아서는 약속을 지키는 신실하신 하나님을 보여준다. 그러나 그들은 전쟁을 통해 그 땅을 취해야 했다. 약속을 지키는 신실하신 하나님과 그것을 믿고 행하는 신실한 그의 백성들의 이야기가 여호수아서의 전체 그림이다.

여호수아 – 건너가서 차지하라(수 1:2, 21:43)

가나안 정복		가나안 정착	
가나안 땅에 들어감	가나안 땅을 정복함	가나안 땅을 분배함	가나안 땅에 정착함
1-5장	6-12장	13-19장	20-24장
여호수아의 지도력 요단강을 건넘 할례를 행함 유월절을 지킴 만나가 그침	여리고와 아이성 정복 기브온과 조약을 맺음 태양이 멈춤 메롬 전투 정복한 왕들	정복하지 못한 남은 땅 요단 동편의 기업 분배 요단 서편의 기업 분배 갈렙의 DNA 요셉 정신 - 개척정신	도피성 레위 지파의 성읍 2지파와 반 지파가 돌아감 엣 제단 세겜 언약
This Book(1:8) 라합 - 붉은 줄(2장)	아골 골짜기 - 아간의 죄(7:16) 그리심산-에발산(8:30-35)	기럇 아르바 - 헤브론 스스로 개척하라	This Book(24:26, 23:6) 요셉의 뼈를 세겜에 장사함
길갈에 세운 돌(4:19-24)	막게다 굴(남방 왕들 무덤)	일곱 지파의 지도	세겜 - 큰 돌(24장)
베이스 캠프 - 길갈		베이스 캠프 - 실로	

하나님이 약속하신 땅이라 할지라도 올라가서 그 족속을 몰아내고 차지해야 했다.

여호수아서에는 "차지하라", "차지하다"라는 단어가 22회 나온다. "물려받으라", "물려받다"라는 단어는 63회 나온다.

> 여호와여, 위대하심과 권능과 영광과 승리와 위엄이 다 주께 속하였사오니 천지에 있는 것이 다 주의 것이로소이다. 여호와여, 주권도 주께 속하였사오니 주는 높으사 만물의 머리이심이니이다 대상 29:11

가나안 땅

지리적으로 유럽, 아시아, 아프리카 세 대륙을 잇는 요충지다. 메소포타미아 문명과 이집트 문명 사이에 있다. 두 문명 사이에는 오래전부터 교류가 있었다. **왕의 대로**가 그 통로였다.

가나안은 구약의 이름이고, **팔레스타인**은 신약의 이름이다.

지리적으로 북쪽으로는 만년설이 있는 헐몬 산(2,814미터)이, 남쪽으로는 신 광야가, 동쪽으로는 거대한 아라비아 사막이, 서쪽으로는 아름다운 지중해가 펼쳐져 있다.

남북으로는 길게 평행으로 놓여있는 네 개의 긴 지대로 이루어져 있다.

신명기 1장 7절에, 아라바, 산지, 평지, 남방(네겝), 해변, 큰 강은 이를 일컫는다.

요단 골짜기 – 레바논에서 흘러내리는 강이 깊은 골짜기를 이루어 갈릴리 바다, 요단 강, 사해를 이루고 있다. 깊은 협곡이다. 요단 골짜기의 좌우에는 남북으로 길게 산맥이 뻗어있다. 왼쪽(서쪽)은 '산지', 오른쪽(동쪽)은 '동부 고원 지대'이다. 산지 서쪽으로 내려가면서 완만한 경사 지대를 이루며 넓은 평지가 발달해 지중해와 맞닿아있다. 갈릴리 바다는 해발 -212미터(해면 아래)이며 사해는 -422미터(해면 아래)다. 평지보다 더 낮다. 예루살렘은 해발 777미터, 벧엘은 해발 1,016미터, 헤브론은 해발 1,020미터다. 따라서 이 지역들은 실제로는 422미터를 더해야 높이를 가늠할 수 있다. '요단 골짜기'라 말할 정도로 요단 강 좌우는 가파른 산맥으로 이어져 있다. 여호수아의 군대가 여리고 평지에 베이스캠프를 치고 벧엘, 헤브론, 예루살렘을 취하러 올라갔다고 할 때 그 높이를 짐작할 수 있다.

평지 – 블레셋 성읍들이 차지하고 있었다. 가사, 아스돗, 아스글론, 가드, 에그론, 욥바 등이다.

산지 – 서쪽 고원은 주로 산지이며 중심 지역은 헤브론, 베들레헴, 예루살렘, 벧엘, 길갈, 세겜 등이다.

고원 – 동쪽 고원은 물이 많고 땅이 비옥하다. 에돔, 모압, 암몬, 아모리 등이 차지하고 있었으며, 이스라엘 민족 두 지파 반이 이 지역의 일부를 차지했다.

서풍 – 지중해의 따뜻하고 습한 바람이 비를 가져다주었다.

동풍 – 뜨겁고 건조한 사막의 바람이다.

대한민국의 경상도 면적만 한 가나안 땅은 좁은 면적임에도 불구하고 다양한 기후와 토양, 지형을 형성한다. 다윗과 솔로몬 시대에는 이보다 5배가 큰 면적의 땅을 영토로 차지했다.

가나안 정복

하나님은 왜 여호수아에게 가나안의 족속들을 몰아내고 그 땅을 차지하라고 하셨는가?

많은 사람이 자주 질문한다. "하나님은 왜 가나안 족속을 몰아내라고 하셨는가?" "왜 정복한 성읍의 주민을 죽이고, 짐승이든 물건이든 완전히 멸하라고 하셨는가?" 오늘의 윤리적인 관점에서 보면 대학살, 대대적인 파괴 행위에 해당한다. 그러나 당시로 돌아가서 살펴보아야 한다. 당시 가나안은 고도로 발달된 문화를 갖고 있었다. 바벨탑 사건에서 보듯 그들의 문화는 메소포타미아 문명이 그 배경이다. 니므롯의 문화가 그 땅에 정착했다. 인본주의 사상, 하나님을 무시하고 거역하는 문화이며 우상숭배로 가득한 문화다. 바알과 아세라가 그 대표다.

바알은 곡식과 과일을 풍성하게 주는 신, 경제 영역에 해당하는 농업의 신이다. 맘몬은 여기서 비롯한다. 태양신이며 남성상을 대표로 한다.

아세라는 출산을 장려하는 신이다. 달의 신이며 여성상을 대표로 한다. 성적 쾌락이 배경에 있다. 아세라에게 제사를 지낼 때면 어린아이를 불태워 바친 후에 신전의 여사제와 성관계를 갖는다. 신전의 여사제는 공적으로 성관계를 갖는 존재들이었다. 가나안 땅은 각양 죄악으로 가득 찼다.

이처럼 아모리 족속의 가득 찬 죄악으로 하나님은 그들을 심판하셨다(창 15:16). 공의로우신 하나님은 그 땅을 새롭게 하기를 원하셨다. 하나님은 이스라엘을 택하셔서 그들을 통해 온 땅에 복 주시기를 원하셨다. 하나님은 그들이 먼저 거룩해지고, 그 땅에 거룩한 나라를 세워서 세상에 본이 되기를 원하셨다(출 19:5,6).

여호수아에게 주어진 사명은 가나안 땅뿐 아니라 가나안 문화를 정복하는 것이었다. 이 일을 위해서는 타협하거나 혼합되거나 용납되어서는 안 된다. 점령하지 않으면 점령당할 것이기 때문이다. 점령하느냐, 점령당하느냐의 문제다. 하나님의 문화를 세우는 일이다. 가나안의 문화는 세상의 문화요, 바벨의 문화다. '완전 멸절'을 명하신 이유는 하나님의 거룩하심과 하나님의 백성의 거룩함 때문이다(신 20:16-18).

> 하나님의 나라는 거저 이루어지는 것이 아니다. 많은 대가를 지불해야 한다. 희생과 시간이 필요하고 전략이 필요하다. 땅 한 평도 절대로 내줄 수 없다고 버티는 가나안의 족속들을 물리쳐야 한다. 그것은 그리 만만한 것이 아니다. 그러나 그렇다고 불가능한 것도 아니다. 여호수아에게 말씀하신 하나님은 오늘 우리에게도 말씀하신다. "강하고 담대하라! 두려워하지 말며 놀라지 말라! 네가 어디로 가든지 네 하나님 여호와가 너와 함께하느니라"(수 1:9). 우리에게는 하나님의 약속이 있다. 하나님이 우리와 함께 계신다.

여호수아서는 이런 원칙과 전략을 잘 보여준다.

1. 여리고 성을 취하여 드림(수 6장-7장)

하나님은 여호수아 7장에서 여리고 성을 취하라고 하시며 "온전히"라는 단어를 여덟 번이나 언급하셨다. 그러나 아간이 아름다운 시날산 외투와 은 200세겔과 무게 50세겔 되는 금덩이 하나를 탐내서 감추었고, 그의 죄는 아이 성의 패배로 이어졌다. 그와 그의 가족은 아골 골짜기(괴로움의 골짜기) 돌무더기에 묻혔다.

하나님은 온전히 바치기를 원하신다. 하나님의 것은 하나님께 드려야 한다. 그것은 앞으로 주어질 더 큰 축복, 은혜, 부요를 위한 투자다. 여리고는 앞으로 주어질 성읍의 1/10이다. 여리고에 있는 것들을 온전히 드릴 때 앞으로 주실 것은 더욱 풍성할 것이다. 하나님께서는 여리고 이후부터는 이스라엘이 자기의 것을 가질 수 있도록 하셨다(수 8:2).

> 근시안적인 사고에서 벗어나야 한다. 좁은 마음에서 떠나야 한다. 탐심에서 벗어나야 한다. 나의 '아간적 요소'를 '아골(괴로움) 골짜기'에 묻어야 한다. 탐심, 인색함, 근시안적 사고 등이 우리의 승리를 방해한다. 그 땅을 취하여 그 땅에 거주하는 가나안 족속들을 몰아내고, 그들의 문화를 버리고, 하나님 말씀 중심의 기독교 문화를 세우는 데 장애가 되는 것들을 제거해야 한다.

2. 여리고 성을 하나님께 드린 이후에 취한 성읍들(수 8장-12장)

1) 가나안 남방 지역(수 8장-10장)

이 지역은 산지, 네겝, 평지, 경사지로 이루어져 정복하기가 쉽지 않았다. 요단을 건너 여리고를 정복한 후 이스라엘은 여리고 평지에 베이스캠프를 쳤다. 이 지역의 맹주는 예루살렘 왕 아도니세덱이었다. 그는 여호수아의 군대가 여리고와 아이 성을 정복하고 기브온과 화친했다는 소식을 듣고, 헤브론 왕, 야르뭇 왕, 라기스 왕, 에글론 왕과 함께 올라와 기브온을 치고자 했다. 다급해진 기브온은 이미 화친 조약을 맺은 이스라엘에게 도움을 청했다.

> 그때에 여호와께서 여호수아에게 이르시되, '그들을 두려워하지 말라. 내가 그들을 네 손에 넘겨주었으니 그들 중에서 한 사람도 너를 당할 자 없으리라' 하신지라 수 10:8

여호수아는 하나님의 말씀을 의지하여 길갈에서 밤새도록 올라가 갑자기 그들의 땅에 이르러 단번에 그 땅을 취했다. 미처 그들이 준비를 갖추기 전에 속전속결의 전략을 짰다. 여호수아 10장 10절은, 그들이 "벧호론에 올라가는 비탈"로 도망갔고, 10장 11절은, 그들이 "벧호론의 비탈에서 내려가" 도망했다고 한다. 언뜻 보면 모순처럼 보이지만, 고고학에 의하면 벧호론은 저지와 고지 두 곳이 있었다. 그들이 이스라엘 앞에서 도망할 때 하나님께서 큰 우박덩이를 내려 여호수아의 군대가 대승을 거두게 하셨다(수 10:9-11). 또한 이 전투에서 하나님은 여호수아의 기도를 들으시고 응답하셨다. 태양이 머물고 달이 멈추어 그 대적에게 원수를 갚기까지 종일 내려가지 않았다(수 10:12-14). 하나님은 두 가지 자연현상을 통해 직접 이 전쟁에 개입하셨다.

여호수아는 막게다 굴에 숨은 다섯 왕을 끌어내어 죽였다. 이후로 누구도 함부로 혀를 놀려 이스라엘 자손을 대적하는 자가 없었다(수 10:21).

여호수아가 취한 남방 지역은 다음과 같다. 아이(수 8장), 막게다, 립나, 라기스, 게셀, 에글론, 헤브론, 드빌을 차례로 정복했다(수 10장). 여호수아의 군대는 또 가데스바네아에서 가사까지와 온 고센 땅을 기브온에 이르기까지 단번에 취했다(수 10:41).

2) 가나안 북방 지역(수 11장)

이 지역은 북쪽 산지, 긴네롯 남쪽 아라바와 평지, 서쪽 돌의 높은 곳으로 이루어졌다. 이 지역의 맹주는 하솔 왕 야빈이다. 하솔 왕 야빈이 북쪽, 동쪽, 서쪽의 모든 왕에게 사람을 보내니 그들이 그 모든 군대를 거느리고 와서 메롬 물가에 진을 쳤다. 이들의 수가 마치 해변의 수많은 모래 같고 말과 병거도 심히 많았다.

이번에도 하나님은 남방 지역을 취할 때처럼(수 10:8) 여호수아에게 말씀하셨다.

> 그들로 말미암아 두려워하지 말라. 내일 이맘때에 내가 그들을 이스라엘 앞에 넘겨주어 몰살시키리니 너는 그들의 말 뒷발의 힘줄을 끊고 그들의 병거를 불사르라 수 11:6

이번에도 여호수아의 군대는 속전속결 전략을 펼쳤다. 여호수아와 이스라엘의 군대가 이들을 메롬 물가에서 싸워 이겼다.

여호수아의 승리의 비결 – 하나님의 약속의 말씀을 의지한 것과 속전속결과 온전한 순종

> 여호와께서 그의 종 모세에게 명령하신 것을 모세는 여호수아에게 명령하였고 여호수아는 그대로 행하여 여호와께서 모세에게 명하신 모든 것을 하나도 행하지 아니한 것이 없었더라 수 11:15

3. 정복한 왕들(수 12장)

1) 모세가 정복한 왕들(수 12:1-6) 2명

요단 동편의 땅 – 아모리 족속의 땅으로 르우벤, 갓, 므낫세 반 지파의 기업이 되었다(수 12:2-5).

> 아모리 족속의 헤스본 왕 시혼과 바산 왕 옥

2) 여호수아가 정복한 왕들(수 12:7-24) 31명

요단 서편의 땅 – 헷 족속, 아모리 족속, 가나안 족속, 브리스 족속, 히위 족속, 여부스 족속의 땅으로 아홉 지파 반의 기업이 되었다.

> 여리고 왕, 벧엘 곁 아이 왕, 예루살렘 왕 아도니세덱, 헤브론 왕 호함, 야르뭇 왕 비람, 라기스 왕 야비아, 에글론 왕 드빌, 게셀 왕, 드빌 왕, 게델 왕, 호르마 왕, 아랏 왕, 립나 왕, 아둘람 왕, 막게다 왕, 벧엘 왕, 답부아 왕, 헤벨 왕, 아벡 왕, 랏사론 왕, 마돈 왕, 하솔 왕, 시므론 므론 왕, 악삽 왕, 다아낙 왕, 므깃도 왕, 게데스 왕, 갈멜의 욕느암 왕, 돌의 높은 곳의 돌 왕, 길갈의 고임 왕, 디르사 왕

이들 가나안의 31왕들은 우리가 날마다 물리쳐야 할 왕들의 목록이기도 하다.

날마다 내 안의 가나안 왕들을 제거해야 한다. 그래야 하나님의 다스림 아래에서 세상에 영향을 줄 것이다.

4. 정복할 때에 중요한 지점 및 전투들

1) 요단 강을 건넘(수 3장)
이스라엘 민족이 홍해를 건넌 것과 요단 강을 건넌 것은 의미가 있다.

홍해를 건너는 것이 이 세상에서 나와서 하나님의 백성으로 사는 것을 의미한다면, 요단 강을 건너는 것은 하나님의 백성으로서 나라를 세우는 것과 온 세상에 영향을 주는 것을 의미한다. 홍해는 하나님이 먼저 바닷물을 가르신 후에 들어갔고, 요단 강은 흐르는 강물에 이스라엘 민족이 먼저 들어가 발을 담그고 섰을 때 물이 멈추었다. 두 장소 모두 믿음으로 건넜다.

2) 길갈에 진을 침(수 4장-5장)
요단 강을 건넌 후 처음으로 진을 친 곳이다. 요단에서 가져온 열두 돌을 세운 곳이다. 앞으로 가나안을 정복하기 위한 베이스캠프다(수 10:15,43).

이후 베이스캠프를 실로로 옮겼다(수 18:1, 22:12). 이스라엘은 정복의 역사를 시작하기 전에 이곳에서 먼저 할례를 행했다. 마음을 새롭게 함으로 하나님의 일을 시작했다. "길갈"이란 '하나님이 우리의 수치를 떠나게 하셨다'라는 뜻이다.

3) 여리고 성 함락(수 6장)
두 명의 정탐꾼의 용맹과 지혜, 그리고 기생 라합의 믿음이 돋보인다. 난공불락의 성 여리고는 엿새 동안 매일 한 바퀴, 일곱째 날 일곱 바퀴를 돌 때 무너졌다. 하나님은 여리고 성을 먼저 하나님께 온전히 바치도록 하셨다.

4) 아이 성 함락(수 7장-8장)
쉽게 정복할 줄 알았던 아이 성이 아간의 죄로 인해 첫 번째 공격에서 실패하고 말았다. 이스라엘 민족이 회개한 후 두 번째 공격에서 성공했다. 죄는 하나님의 승리를 방해하는 장애물이다. 죄를 회개할 때, 내 안에 있는 '아간의 요소'가 사라질 때 비로소 승리한다.

5) 기브온 거민(수 9장)
가나안 중부 지역의 거민 기브온이 속임수로 이스라엘과 동맹을 맺었다. 이 과정에서 여호수아와 지도자들은 실수했다. 하나님의 뜻을 묻지 않았다. 최종 결정을 하기 전에 언제나 주께 나아가야 한다.

6) 기브온 전투(수 10장) - 남부 연맹국
산지 중심의 아모리 족속 동맹국 다섯 왕들이 이스라엘과 화친한 기브온을 치러 오자 여호수아의 군대가 기브온을 도왔다. 태양과 달을 멈추게 한 전투다. 이 전투로 남방 유다 지역의 산지, 평지, 경사지를 얻었다.

7) 메롬 물가의 전투(수 11장) – 북부 연맹국

갈릴리 북쪽에 위치한 메롬 물가에서 북방 연합군과의 전투에 승리했다. 그들은 많은 병거와 말들을 가진 강력한 군대였다. 그러나 승리는 언제나 하나님께 있다. 이 전투로 갈릴리 북부 지역을 얻었다.

5. 정복하지 못하고 남겨진 땅 – 블레셋(수 13:1–7)

블레셋은 호전적인 해양 민족이다. 아낙 자손이 바로 이들이다. 강한 민족이며 철기를 사용하며 강력한 전차부대를 갖고 있었다(삿 1:19). 갈렙은 이들 아낙 자손 중 가장 큰 용사가 버티고 있는 기럇 아르바를 취하여 문패를 "헤브론"으로 바꿨다(수 14:6-15). 블레셋은 이스라엘을 가장 괴롭힌 족속이다. 다윗 시대에 가서야 그들을 정복할 수 있었다. 블레셋은 세상의 상징이기도 하다. 우리가 이 세상에 변화를 주고자 할 때 싸워야 할 대상이다.

여호수아 시대의 상황이나 오늘의 이스라엘 상황은 비슷하다. 군데군데 블레셋이 자리하고 있다. 심지어 예루살렘도 나뉘어있다.
이는 오늘날 우리의 삶과 같다. 가나안 족속이 우리의 삶 주변에 함께 살고 있다. 여전히 가나안 족속이 있다. 이런 가운데 우리가 할 일은 말씀에 순종하는 것이다. 말씀을 모르면 그대로 영향을 받는다.

6. 레위 지파의 땅 분배

레위 지파는 다른 지파와는 달리 땅 분배를 받지 않았다. 이들은 각 지파의 성읍 48개에 흩어져 살았다. 이들의 사역은 각 지파들로 하나님을 섬기도록 하는 것이었다.

7. 기생 라합

여리고에 살던 라합은 바알 신전의 여사제였다. 바알 신은 다산과 풍년의 신으로, 그에게 제사할 때 그녀는 그 앞에서 성행위를 했다. 그러나 라합은 믿음의 명예 전당에 이름이 올라간 믿음의 사람이다(히 11:31).
훗날 라합은 두 명의 정탐꾼 중 하나인 유다 지파의 살몬과 결혼하여 예수님의 족보에 올랐다. 라합은 보아스를 낳았다. 보아스는 룻과 결혼하여 오벳을 낳고, 오벳은 이새를 낳고, 이새는 다윗을 낳았다.

8. 갈렙의 정신을 본받자!(수 14:6–15)

갈렙은 하나님을 온전히 따른 충성된 사람이다. 40세에 열두 정탐꾼의 하나로서 성실한 믿음의 보고를 했다. 85세에는 난공불락이던 기럇 아르바를 취해 헤브론이라는 문패를 새로 달았다. "이 산지를 내게 주소서"라는 유명한 고백의 주인공이다. 그의 믿음과 개척 정신은 우리 모두의 롤 모델이다.

9. 도피성(수 20장)

하나님은 6개의 도피성을 세우라고 하셨다(출 21:12,13, 민 35:6, 신 4:41-43, 19:1-13). 요단 동편에 베셀, 길르앗 라못, 골란 세 곳이다. 요단 서편에 게데스, 세겜, 헤브론 세 곳이다. 도피성에는 레위인이 머물렀다. 도피성은 실수로 사람을 죽인 살인범이 피하는 곳이다. 그 성으로 피하면 안전하다. 대제사장이 죽은 후에는 면죄부를 받았다. 도피성은 어디서나 하루면 도달할 수 있는 거리에 두었다. 어디서나 쉽게 갈 수 있도록 도로를 잘 닦았다.

> 예수 그리스도는 우리의 대제사장이시다(히 7:23-27).
> 예수 그리스도는 우리의 도피성이시다. 그에게 피하는 자는 구원을 받는다(히 4:14-16).
> 도피성의 문이 항상 열려있어서 누구나 들어갈 수 있었듯이 그리스도께 통한 문은 언제나 열려있다.
> 대제사장이신 예수 그리스도께서 죽으심으로 우리의 모든 죄가 다 해결되었다.

10. 소통(communication) – 갈등을 해결하는 길(수 22:10-34)

르우벤, 갓, 므낫세 반 지파는 이미 동편에서 기업을 얻었다. 그러나 그들은 형제들이 요단 서편에서 기업을 얻기까지 함께 싸웠다(수 1:12-18). 7년간의 전쟁을 마치고 드디어 모든 지파가 유업을 차지했다.
이제 이들은 자신들의 기업, 가족에게로 돌아갈 수 있었다(수 22:1-6). 여호수아는 이들을 축복하며 그들이 전쟁에서 얻은 탈취물을 가져가 서로 나누라고 말했다(수 22:8).
형제간에 아쉬운 이별을 하고 집으로 돌아가던 이들은 요단 언덕 가에 이르러 큰 제단을 쌓았다(수 22:10). 아홉 지파 반이 그들이 큰 제단을 쌓았다는 소문을 들었다(수 22:11). 그들은 이들이 하나님을 떠나 우상의 제단을 쌓은 것으로 추측했다.

이런 소식을 들었을 때 그들은 어떤 반응을 보였는가?

> 그들은 무조건 전쟁 길에 나서지 않고 먼저 최선을 다해 화해를 도모했다(수 22:15-20).
> 그들은 얼굴을 맞대고 직설적으로 말했다. 돌려서 말하지 않았다.
> 그들은 해결책을 찾으려고 애썼고 사랑으로 대화했다. 이들의 초점은 하나님을 거역하지 말라는 것이었다.

형제들로부터 오해를 산 두 지파 반은 어떤 태도를 취했는가?
이들은 겸손과 정직으로 대했다. 오해를 받아서 기분이 좋지 않다고 화를 내지 않았다. 자기들의 행위에 대해 차분하게 설명했다(수 22:21-29).

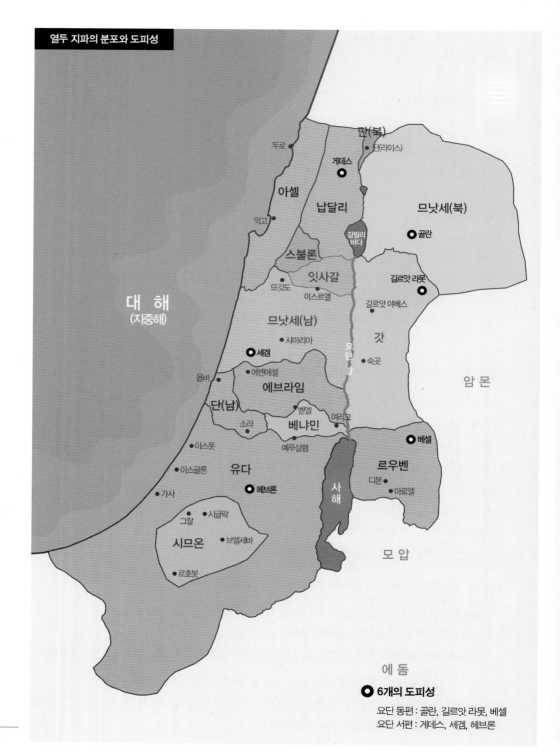

열두 지파의 분포와 도피성

단(북)
라이스

두로

게데스

아셀

납달리

므낫세(북)

악고

골란

갈릴리 바다

스불론

잇사갈

길르앗 라못

므깃도

이스르엘

대 해
(지중해)

길르앗 야베스

므낫세(남)

갓

사마리아

요단 강

숙곳

암 몬

세겜

욥바

에벤에셀

에브라임

단(남)

벧엘

여리고

소라

베냐민

베셀

아스돗

예루살렘

르우벤

유다

디본

아스글론

아로엘

가사

헤브론

사 해

그랄

시글락

시므온

브엘세바

모 압

르호봇

에 돔

◉ 6개의 도피성

요단 동편 : 골란, 길르앗 라못, 베셀
요단 서편 : 게데스, 세겜, 헤브론

전능하신 자 하나님 여호와, 전능하신 자 하나님 여호와께서 아시나니 이스라엘도 장차 알리라. 이 일이 만일 여호와를 거역함이거나 범죄함이거든 주께서는 오늘 우리를 구원하지 마시옵소서 수 22:22

진리와 사랑으로 소통(communication)을 하자 오해가 풀렸다. 긴장은 해소되고 다시 사랑으로 연합되었다. 이들은 비록 요단을 경계로 서로 떨어져 있지만 언제나 한가족으로 서로 사랑하고 또한 오직 한 분 여호와 하나님만을 섬기기로 약속하고 제단을 쌓았다. 이를 "옛 제단"이라고 불렀다. 그 뜻은 "우리 사이에 이 제단은 여호와께서 하나님이 되시는 증거라"이다.

11. 고별사 – 선택하라!(수 24:1-28)

여호수아는 나이가 많아 늙자 큰 부담을 느꼈다. 땅을 유업으로 받았으나 아직 모든 것을 소유로 취하지 못했다. 여전히 남겨진 족속들이 있었다. 미완성 과업을 어떻게 성취할 것인가? 기독교 문명개혁 운동을 주도하려면 다음의 네 가지를 선택해야 한다.

1) 오직 하나님의 말씀만이 기준이다(수 23:6, 24:25-27)

오직 강하고 극히 담대하여 나의 종 모세가 네게 명령한 그 율법을 다 지켜 행하고 우로나 좌로나 치우치지 말라. 그리하면 어디로 가든지 형통하리니, 이 율법책을 네 입에서 떠나지 말게 하며 주야로 그것을 묵상하여 그 안에 기록된 대로 다 지켜 행하라. 그리하면 네 길이 평탄하게 될 것이며 네가 형통하리라 수 1:7,8

이 말씀은 여호수아가 요단 강을 건너기 전에 주께서 하신 말씀이다. 말씀에 대한 세 가지 자세 – 입에서 떠나지 말게 하라(통독), 주야로 묵상하라, 그 말씀을 지켜 행하라(살아내라) – 가 나타나 있다. 그리하면 형통하고 평탄하게 될 것이다.

이제 요단을 건너 땅을 취한 후에 여호수아는 다음세대에게 미완성 과업을 성취할 길을 전한다.

그러므로 너희는 크게 힘써 모세의 율법책에 기록된 것을 다 지켜 행하라. 그것을 떠나 우로나 좌로나 치우치지 말라 수 23:6

2) 하나님의 은혜와 긍휼을 기억하라(수 24:2-13)

첫째, 우상을 섬기며 소망이 없던 그들을 강(유브라데 강) 저쪽에서 이끌어내어 가나안을 두루 행하게 하셨다.

둘째, 숫자가 적은 무리인 그들을 하나님이 번성하고 창대하게 하셨다(수 24:3).

셋째, 강한 애굽의 병거와 마병으로 위기에 처했을 때, 하나님이 크신 능력으로 그들을 애굽에서 건져내셨다(수 24:4-7a, 출 3:7,8).

넷째, 많은 날을 광야에서 거주할 때에 하나님이 그들을 돌보셨다. 환경적으로 불가능한 가운데 만나를 주시고 원수의 손에서 건지셨다(수 24:7b).

다섯째, 요단 저쪽에서 하나님이 아모리 족속을 그들의 손에 넘겨주셨고 그 땅을 점령하게 하셨다(수 24:8).

여섯째, 발락의 요청으로 발람이 이스라엘을 저주하려 했으나 오히려 축복하게 하며 그들의 손에서 건지셨다(수 24:9,10).

일곱째, 요단을 건넌 뒤 강한 아모리 족속과 가나안 족속들을 이스라엘의 손에 넘겨주셨다. 이는 이스라엘의 칼이나 활로써가 아니라 하나님이 쫓아내셨다(수 24:11,12).

여덟째, 그들이 수고하지 아니한 땅, 건설하지 아니한 성읍을 주셨다(수 24:13).

3) 세 종류의 거짓 신들을 배격하라(수 24:2 - 8,14,15,23)

수메르의 신들 – 갈대아 우르에서 섬기던 신들

애굽의 신들 – 애굽에서 섬기던 신들

아모리의 신들 – 가나안에서 가나안 족속이 섬기던 신들

이 세상에 있는 모든 것은 **세 가지 영역**에 속한다.

"이는 세상에 있는 모든 것이 육신의 정욕과 안목의 정욕과 이생의 자랑이니 다 아버지께로부터 온 것이 아니요 세상으로부터 온 것이라"(요일 2:16).

모세는 **세 가지**를 거절했다(히 11:24-26).

바로의 공주의 아들(권력), 애굽의 죄악의 낙(쾌락), 애굽의 보화(재물)

예수께서 마귀에게 **세 가지 시험**을 받으셨다(눅 4:3-12).

첫째, 이 돌이 떡이 되게 하라 – 사람이 떡으로만 사는 것이 아니요 하나님의 말씀으로 산다.
　　　　　　　　　　　　　　　　　　　　　　　 – 재물의 영역, 맘몬의 영역

둘째, 내게 절하면 천하만국의 영광을 네게 주리라 – 주 너의 하나님께 경배하고 다만 그를 섬기라.

셋째, 예루살렘 성전 꼭대기에서 뛰어내리라. 하나님이 천사들로 너를 지키시리라 – 주 너의 하나님을 시험하지 말라.

에덴동산에서 여자가 그 나무를 세 가지로 보았다(창 3:6).

먹음직도 했다 – 육신의 정욕 : 재물, 맘몬, 잘못된 재물 사용, 잘못된 재정 원칙

보암직도 했다 – 안목의 정욕 : 쾌락, 잘못된 성의 사용

지혜롭게 할 만큼 탐스럽기도 했다 – 이생의 자랑 : 권력을 가지려 함, 자리를 차지하려 함, 자기 이름을 내세우려 함

4) 오직 하나님만 사랑하고 경외하고 섬기라(수 24:14,15,23,24)

너희가 섬길 자를 오늘 택하라. 오직 나와 내 집은 여호와를 섬기겠노라 수 24:15

"오늘" 택하라 – '날마다' 택하라. '과거나 미래가 아닌 지금' 택하라.

매일 결정해야 한다. 세 종류의 신을 거절하고 오직 하나님만을 섬기기로 날마다 선택해야 한다.

"우리가 결단코 여호와를 버리고 다른 신들을 섬기기를 하지 아니하오리니, 이는 우리 하나님 여호와께서 친히 우리와 우리 조상들을 인도하여 애굽 땅 종 되었던 집에서 올라오게 하시고, 우리 목전에서 그 큰 이적들을 행하시고, 우리가 행한 모든 길과 우리가 지나온 모든 백성들 중에서 우리를 보호하셨음이며, 여호와께서 또 모든 백성들과 이 땅에 거주하던 아모리 족속을 우리 앞에서 쫓아내셨음이라. 그러므로 우리도 여호와를 섬기리니 그는 우리 하나님이심이니이다" 수 24:16-18

여호수아의 지도력

모세를 이어 이스라엘을 이끈 여호수아는 놀라운 지도력을 발휘했다. 요단을 건너 가나안 족속을 물리치고 약속의 땅을 취하라는 사명을 받은 그는 다소 불안해 보였다. 무엇보다 여호수아 자신이 더 그랬을 것이다. 그러나 그는 맡겨진 일을 성공적으로 수행했다.

1. 여호수아에게 주어진 위대한 도전

요단 강을 건너야 했다. 가나안의 일곱 족속의 왕들을 쳐서 정복해야 했다. 가나안 땅, 각종 우상과 죄악과 세상의 사고방식으로 가득한 곳에 하나님의 나라를 세워야 했다. 여호수아는 두려웠다. 그에게 주어진 과제는 그의 능력 밖의 일이었기 때문이다. 그러나 그는 그 일을 성취했다.

여호수아의 지도력의 비밀은 무엇인가?

엘리사가 엘리야에 비해 뒤지지 않은 것처럼 그는 모세에 비해 조금도 뒤지지 않았다. 그는 모세가 이루지 못한 일을 이루었다. 요단 강을 건너가서 가나안을 정복했다. 그리고 하나님의 나라를 세우는 일을 시작했다. 또한 아모리 사람을 쳐서 승리할 때 그는 태양과 달을 멈추게 했다 (수 10:12-14). 그가 "태양아… 머무르라"라고 명하니 하나님이 그의 소리를 들으시고 여호수아의 군대가 아모리 군대를 충분히 물리칠 때까지 태양이 중천에 머물러 종일 내려가지 않게 하셨다. "여호와께서 사람의 목소리를 들으신 이 같은 날은 전에도 없었고 후에도 없었다"(수 10:14)라고 하실 만큼 분명히 이 사건은 놀라운 것이었다.

2. 여호수아의 지도력의 비밀

네비게이토 선교회의 리로이 아임스는 "제자란 태어나는 것이 아니다"라고 말했다. 즉 제자란 자동적이거나 처음부터 선택된 존재가 아니라 훈련으로 된다는 것이다. 리더가 되는 것도 마찬가지다. 오직 훈련으로 된다. 여호수아는 요단을 건너기 직전에 이스라엘을 이끄는 리더로 세워졌다. 그것은 우연이 아니었다. 운이 좋은 것도 아니었다. 오랜 기간의 훈련의 결과였다. 하루아침에 리더가 된 게 아니었다.

애굽에서 나올 때부터 40년간 훈련받았다. 전쟁터에서, 시내 산에서, 회의 중에, 정탐꾼으로 가서, 그리고 회막에서 훈련을 받았다. 무엇보다 모세를 섬기면서 여러 영역에서 지도력 수업을 받았다.

1) 그의 지도력의 비밀은 '섬김'이었다

> 여호와의 종 모세가 죽은 후에 여호와께서 모세의 수종자 눈의 아들 여호수아에게 말씀하여 이르시되 수 1:1

성경은 모세를 "여호와의 종"이라 하고, 여호수아를 "모세의 수종자"라고 한다. 모세의 종으로서 모세를 섬길 줄 알아야 비로소 하나님을 섬길 수 있기 때문이다. 여호수아는 하나님의 종이 되기 전에 먼저 모세의 종이 되는 법을 배웠다. 하나님을 섬기기 전에 먼저 사람 섬기는 법을 배웠다.

엘리사는 엘리야의 부름을 받고 주를 섬기기로 결심하고 모든 것을 다 버렸다. 농사꾼이었던 그는 소의 기구를 불사르고 소를 잡고 그 고기를 삶아 환송회를 열었다. 그는 돌아올 길을 끊었다. 배수진을 쳤다. 그럼에도 하나님은 그를 바로 사역자로 삼지 않으시고 엘리야를 따르며 섬기도록 하셨다. 그는 엘리야의 승천 후부터 본격적으로 하나님을 섬겼다. 먼저 사람을 섬길 줄 알아야 하나님을 섬길 줄 안다(왕상 19:19-21, 왕하 2장).

2) 그의 지도력의 비결은 '하나님을 앎'이었다

> 여호와께서… 이르시되, '내 종 모세가 죽었으니 이제 너는 이 모든 백성과 더불어 일어나 이 요단을 건너 내가 그들 곧 이스라엘 자손에게 주는 그 땅으로 가라' 수 1:1,2

"내 종 모세가 죽었다" – 가장 강한 지도자 모세가 죽었다는 건 그에게는 절망이요 낙심거리요 두려움이었다. 그가 의지하던 게 사라졌다. 그에게 힘, 지혜, 위로, 용기를 주던 자원을 잃었다. 상황적으로 낙심할 수밖에 없다. 환경적으로 소망이 없다. 그러나 그는 현재 상황을 보지 않고 하나님을 바라보았다.

> 모세는 죽었으나 모세의 하나님은 영원하시다!

하나님이 여호수아에게 말씀하셨다. "이제 너는… 일어나… 건너… 가라"(수 1:2).
"모세가 죽었다고 다 끝난 게 아니다. 모세의 힘과 능력의 근원은 그 자신에게 있는 게 아니라 그가 섬기던 하나님에게 있다. 그러므로 너는 지금의 상황에 머물지 말고 일어나야 한다. 환경에 매이면 안 된다. 상황에 주저앉지 말라."

나를 두렵게 하는 상황, 낙심하게 하는 상황을 바라보는 게 아니라 눈을 돌려 하나님을 바라봐야 한다. 그러고는 낙심의 자리, 두려움의 자리에서 일어나야 한다. 사람을 바라보지 않고 하나님을 바라보아야 한다. 사람을 의지하지 않고 하나님을 의지하는 법을 배워야 한다(시 146:2-5).

> "강하고 담대하라!" - 하나님은 여호수아에게 세 번이나 반복해서 말씀하셨다(수 1:6,7,9).

"강하다"는 건 외부적인 환경에 영향을 받지 않는 힘이요, "담대하다"는 건 주변 환경에 영향을 주는 힘이다. 이런 힘은 자신에게서 나오는 게 아니다. 오직 하나님을 아는 삶에서 나온다.

> 오직 자기의 하나님을 아는 백성은 강하여 용맹을 떨치리라 단 11:32b

하나님이 여호수아에게 약속하셨다.

"내가 너를 떠나지 아니하며 버리지 아니하리니!" 수 1:5
"내가 모세와 함께 있었던 것같이 너와 함께 있을 것임이니라" 수 1:5
"네가 어디로 가든지 네 하나님 여호와가 너와 함께하느니라" 수 1:9

3) 그의 지도력의 비결은 '믿음의 말'이었다

"이제 너는 이 모든 백성과 더불어 일어나… 가라" 수 1:2

그는 백성과 더불어 일했다. 믿음의 말을 했다.

양식을 준비하라. 사흘 안에 너희가 이 요단을 건너 너희의 하나님 여호와께서 너희에게 주사 차지하게 하시는 땅
을 차지하기 위하여 들어갈 것임이니라 수 1:11

그는 함께 일하는 사람들에게도 환경에서 눈을 들어 하나님을 바라보게 했다. 이스라엘 백성들
이 얼마나 낙심했을까? 그러나 여호수아는 믿음의 말을 할 줄 알았다.
리더는 부정적인 말을 하지 않는다. 지도자는 함께 일하는 사람들에게도 동일한 믿음을 불어
넣어야 한다. 그리하여 그들로 용기를 얻도록 해야 한다.
여호수아는 함께 일하는 팀원을 격려하여 함께 일할 줄 알았다(수 2장, 10장-11장).

4) 그의 지도력의 비결은 '그 책'(THE BOOK) 즉, 하나님의 말씀이었다

이 율법책(this Book of the Law)을 네 입에서 떠나지 말게 하며 주야로 그것을 묵상하여 그 안에 기록된 대로 다
지켜 행하라. 그리하면 네 길이 평탄하게 될 것이며 네가 형통하리라 수 1:8

하나님은 그에게 명령하시며 약속하셨다. 성경 즉 하나님의 말씀을 입에서 떠나지 말게 하고,
그것을 묵상하여 지켜 행하면 길이 평탄하게 되며 형통할 거라고 하셨다.

여호와께서 모세에게 이르시되, '이것을 책에 기록하여 기념하게 하고 여호수아의 귀에 외워 들리라' 출 17:14

여호수아는 기록된 말씀을 가까이하고 그것을 마음에 새겼다. 그리고 살아냈다.
지도력의 판단 기준, 행동 원리는 오직 하나님의 말씀에 있다.

5) 그의 지도력의 비결은 '하나님 앞에 머무는 삶'이었다

여호와께서 모세에게 이르시되, '너는 산에 올라 내게로 와서 거기 있으라. 네가 그들을 가르치도록 내가 율법과
계명을 친히 기록한 돌판을 네게 주리라' 모세가 그의 부하 여호수아와 함께 일어나 모세가 하나님의 산으로 올라
가며 장로들에게 이르되, '너희는 여기서 우리가 너희에게로 돌아오기까지 기다리라' …모세가 산에 오르매 구름
이 산을 가리며 여호와의 영광이 시내 산 위에 머무르고 구름이 엿새 동안 산을 가리더니 일곱째 날에 여호와께서
구름 가운데서 모세를 부르시니라 출 24:12-16

모세는 장로들을 떠나 여호수아를 데리고 시내 산을 오르다가 정상이 가까운 어느 지점에 여
호수아를 머물게 하고 홀로 시내 산 정상에 올라갔다. 하나님께서 모세에게 "너만 여호와께 가

까이 나아오라"(출 24:2)라고 말씀하셨다. 그래서 여호수아는 시내 산 정상에 있는 모세와 시내 산 중턱에 있는 장로들 사이에 머물렀다. 그곳은 가장 어려운 장소이고 외로움의 장소였다. 그러나 여호수아는 거기 머물렀다. 그는 홀로 머무는 법을 배워야 했다.

> 사람이 자기의 친구와 이야기함같이 여호와께서는 모세와 대면하여 말씀하시며 모세는 진으로 돌아오나 눈의 아들 젊은 수종자 여호수아는 회막을 떠나지 아니하니라 출 33:11

여호수아는 모세를 섬기면서 하나님 앞에 머무는 삶을 배웠다. 그는 회막을 떠나지 않는 삶을 살았다. 그 자리는 하나님 앞에 머무는 자리다. 사람과 일을 떠나 홀로 하나님 앞에 머무는 장소다. 능력과 기름부음의 원천이요, 모든 지혜와 판단을 날카롭게 하는 곳이다. 무엇보다 가장 영광스러운 분과 교제하는 곳이다. 이런 삶이 여호수아의 지도력의 원동력이 되었다.

Dear. NCer

톨레돗의 관점으로 여호수아 보기

여호수아의 때처럼 지금도 우리 주변에는 수많은 바알과 아세라의 신전과 목상들이 있다. 그것들은 교묘하게 우리의 사회와 문화에 스며들어 있다. 눈으로 보고 귀로 듣는 것마다 바알과 아세라의 문화가 도사리고 있다.

그러므로 우리도 여호수아처럼 그것들을 우리의 삶의 영역에서 '완전 멸절'시켜야 한다. 타협하거나 용납하거나 혼합은 거절해야 한다. 내 안에서 제거해야 한다. 나의 삶에 들어오지 못하도록 거절해야 한다. 점령하느냐, 점령당하느냐의 문제다. 중간지대는 없다.

매일 하나님만을 섬기기로 결정해야 한다. 하나님의 뜻에 따라 살고, 우리가 있는 모든 영역 가운데 하나님나라가 이루어지도록 수고해야 한다.

하나님께서는 여호수아에게 가나안 정복의 비결을 주셨다.

"이 율법책을 네 입에서 떠나지 말게 하며 주야로 그것을 묵상하여 그 안에 기록된 대로 다 지켜 행하라. 그리하면 네 길이 평탄하게 될 것이며 네가 형통하리라"(수 1:8).

또한 가나안에 정착하여 하나님나라를 이루는 비결도 보여주신다.

"그날에 여호수아가 세겜에서 백성과 더불어 언약을 맺고 그들을 위하여 율례와 법도를 제정하였더라. 여호수아가 이 모든 말씀을 하나님의 율법책에 기록하고 큰 돌을 가져다가 거기 여호와의 성소 곁에 있는 상수리나무 아래에 세우고 모든 백성에게 이르되, 보라 이 돌이 우리에게 증거가 되리니 이는 여호와께서 우리에게 하신 모든 말씀을 이 돌이 들었음이니라. 그런즉 너희가 너희의 하나님을 부인하지 못하도록 이 돌이 증거가 되리라"(수 24:25-27).

여호수아서는 하나님의 말씀으로 시작하고 하나님의 말씀으로 마친다.

오직 하나님의 '말씀'이다. 그것뿐이다. 다른 비결은 없다.

❖ 사사기(Judges) 오직 하나님만이 우리의 왕이시다

모세와 여호수아의 죽음 이후에 사울이 왕으로 세워지며 왕정 시대가 오기까지를 '사사 시대'라고 부른다. 사사는 말 그대로 '재판관'을 가리킨다. 모세와 여호수아가 처음의 사사라면, 엘리를 거쳐 사무엘이 마지막 사사이다. 사사기는 출애굽 이후 가나안 땅에 정착한 이스라엘 백성이 그 땅에서 어떻게 살아가는가 하는 내용이다. 여호수아의 죽음 이후 옷니엘부터 삼손에 이르기까지 사사들이 지도력을 발휘하던 시대의 이스라엘 공동체 역사를 다루고 있다.

하나님이 원하신 정치 형태는 사사 시대의 신정정치다

나라를 유지하는 정치 방식은 왕정, 입헌군주제, 사회주의, 민주주의 등이 있다.
사사 시대는 왕정으로 넘어가기 위한 과도기가 아니라 하나님이 원하시는 형태다. 하나님 중심의 체제다. 하나님을 왕으로 섬기고, 각 지파에 천부장, 백부장, 오십부장, 십부장을 세워 하나님 중심의 삶을 살기를 원하셨다.
하나님의 음성에 귀를 기울이고, 하나님의 말씀을 중심으로 원칙을 세우고 실행하며 살기를 원하셨다. 훗날에 이스라엘 백성들이 요구한 왕정정치는 하나님이 원하시는 게 아니었다.
참으로 안타까운 건 사사기 17장부터 마지막 21장까지 "그때에는 이스라엘에 왕이 없었으므로 사람마다 자기 소견에 옳은 대로 행하였더라"라고 네 차례나 반복해서 말씀하신 것처럼(삿 17:6, 18:1, 19:1, 21:25), 사사가 살았을 때는 하나님의 말씀을 따라 살다가, 사사가 죽은 다음에는 '자기 소견에 옳은 대로 행하는 것'의 반복이 사사기 전체의 흐름이다.
이 말씀은 "그러니까 왕정정치가 필요하다"는 게 아니다. 하나님을 오직 왕으로 모시며 살지 않는 삶의 결핍에 대한 안타까움을 보여준다. 오직 하나님만 우리의 왕이시다. 그의 말씀을 듣고 순종하며 살아야 한다.

사사기 – 다른 세대가 아니라 다음세대를 일으키라(삿 2:6–10)

가나안 정착			반복되는 신앙 패턴	부록-혼란	
1:1-26	1:27-36	2:1-5	2:6-16:31	17-18장	19-21장
이스라엘이 정복한 족속들	이스라엘이 정복하지 못한 족속들	그 결과들	반복되는 신앙패턴 - 네 사이클 (1) 사사가 죽은 후 이스라엘이 하나님을 떠나 범죄함 (2) 하나님이 이스라엘을 원수의 손에 붙이심 (3) 범죄한 이스라엘이 회개하고 하나님을 간구함 (4) 하나님이 용서하시고 사사를 보내어 원수의 손에서 구원하심	우상숭배 레위인의 은 열과 의복 한 벌	부도덕과 내전 레위인과 그의 첩
2:20-3:6 하나님께서 여호수아의 손에 넘기지 않고 남겨두신 이방 민족들과 그 이유			400년 동안 여섯 차례 이 패턴이 사이클처럼 반복됐다. 사사가 있을 때 - 이스라엘이 하나님과 함께하다 사사가 없을 때 - 이스라엘이 하나님을 떠나다	사사시대의 혼란 대표적인 두 사건 - 하나님의 말씀을 맡은 자 레위인의 이야기	

사사들

사사기는 299년 동안 14명의 사사들(때로는 바락과 아비멜렉을 제외시킨다)이 다스리던 때의 기록이다. 므낫세 지파 출신 3명, 에브라임 지파 출신 2명, 유다 지파 출신 2명, 베냐민, 잇사갈, 스불론, 납달리와 단 지파에서 각각 1명씩 배출되었다. 엘리와 사무엘은 레위 지파였다. 르우벤, 시므온, 갓, 아셀 지파에서는 사사가 배출되지 않았다. 하지만 그런대로 사사들이 여러 지파에서 골고루 분산 배출되었다고 할 수 있다. 사사들의 특징은 학력이나 외모, 출신 배경에 있지 않다. 그들은 자기들의 경험이나 능력, 지식을 의지하지 않고, 오직 하나님의 말씀을 따라, 하나님의 영 즉 성령의 기름부음으로 하나님을 섬기며 주어진 일을 수행했다.

옷니엘에게 여호와의 영이 임했다(삿 3:10). 여호와의 영이 입다에게 임했다(삿 11:29).

여호와의 영이 삼손에게 임했다(삿 13:25, 14:19, 15:14).

삼손의 힘의 근원은 머리카락에 있지 않았다. 오직 성령의 능력이었다.

사사들의 또 다른 특징은, 자기의 생각이나 판단, 지식이나 경험을 의지하지 않고 오직 하나님의 말씀을 듣고 순종했다는 것이다.

사사 시대의 특징은 왕이신 하나님, 하나님의 말씀과 하나님의 영, 즉 성령의 능력이다.

사사기의 메시지

1. 사사기의 주요 원칙 세 가지

원칙1 세대들(삿 2:6-10)

1세대 - 여호수아 세대 : 하나님을 아는 세대, 하나님의 능력을 경험한 세대

2세대 - 장로 세대 : 하나님을 아는 세대, 하나님의 능력을 경험한 세대

3세대 - X 세대 : 하나님을 알지 못하는 세대, 하나님의 능력을 경험하지 못한 세대

2008 북경올림픽 남자 400미터 계주에서 강력한 우승 후보였던 미국 팀이 우사인 볼트가 이끄는 자메이카와 우승을 다툴 것이라 예상되었다. 그러나 안타깝게도 미국은 예선에서 실격을 당했다. 월등하게 앞서가던 세 번째 주자가 마지막 주자에게 바통을 넘기는 데 실패했기 때문이었다.

사사 시대에도 마찬가지였다. 1주자가 2주자에게 바통을 잘 넘겨주었다. 그러나 2주자가 3주자에게 바통을 넘기는 데 실패했다.

오늘의 우리는 어떤가? 우리가 넘겨줄 바통은 무엇인가? 재정인가, 건물인가, 땅인가?

아니다. 우리가 넘겨주어야 할 바통은 '하나님의 말씀'이다. 하나님의 말씀을 다음세대에게 넘겨주어야 한다. 절대적인 기준이 없이 상황에 따라 행동하는 이 시대에 오직 하나님의 말씀만이 절대적인 가치 기준임을 알게 해야 한다. 하나님 중심의 삶을 가르쳐야 한다. 하나님의 말씀에

원칙을 둔 재정 다루는 법을 가르쳐야 한다. 올바른 성경적 지도력의 원칙을 가르쳐야 한다. 오직 하나님의 성령의 능력을 의지하여 주어진 사명을 감당하는 법을 가르쳐야 한다. 자신의 생각이나 판단, 경험, 지식에 의해 행동하지 않고 성령의 음성에 귀를 기울이며 그의 말씀에 순종하는 법을 가르쳐야 한다.

원칙2 반복되는 사이클(삿 2:11-16:31)

사사기 2장 16-19절에 나타나듯이 사사가 있을 때는 이스라엘이 하나님과 함께하고, 사사가 없을 때는 범죄하여 하나님을 떠났다. 그러면 하나님께서 이스라엘을 원수의 손에 붙여 괴롭힘을 당하게 하셨다.

사사기 각 장마다 쏟아지는 불법, 폭력, 죄악을 보면 충격적이다. "하나님 보시기에 악을 행했다"라는 말씀의 연속이다. 맨 마지막 세 장(19장-21장)은 악행의 클라이맥스처럼 보인다. '왕이신 하나님'이 계셨지만 그들의 마음과 삶에 하나님을 왕으로 모시지 않은 결과다(삿 17:6, 21:25). 세상에 영향을 주어야 할 하나님의 백성이 죄를 범하여 주를 떠나면 오히려 세상에 의해 영향을 받아 조롱을 받으며 고통을 당한다. 그러나 원수들의 조롱과 사로잡힘과 고통 가운데 하나님의 백성이 회개하여 그를 향하여 부르짖으면 긍휼이 풍성하신 자비의 하나님이 그들의 기도를 들으시고, 사사를 보내어 원수의 손에서 건져주셨다.

"사사의 죽음→ 이스라엘의 범죄→ 원수들에게 환난을 당함→ 회개하여 하나님께 부르짖음→ 하나님의 용서와 긍휼→ 사사를 보내어 구원하심." 이것이 반복되었다.
여호수아의 죽음 이후 삼손까지 14명의 사사가 다스리는 동안 이런 주기가 6번이나 반복되었다. 안타깝게도 다음과 같은 사이클이 계속 반복되었다.

【 사사기에 나타나는 반복 패턴 】

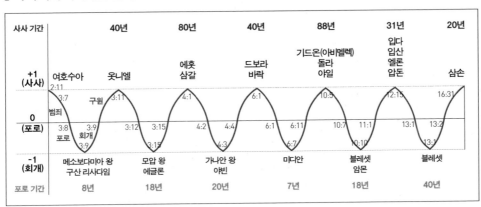

범죄 – 사사가 다스리는 동안 하나님을 따르다가, 놀랍게도 사사가 죽은 후에는 하나님을 버리고 악을 행하여 바알과 아세라를 섬긴다. 경건한 리더가 얼마나 중요한가!

포로 – 이들의 범죄는 하나님을 진노케 한다. 하나님은 이들을 원수의 손에 넘겨주어 노략을 당하게 하신다.

회개 – 이스라엘은 원수의 극심한 압박으로 하나님께 고통을 호소하고, 회개하며 구원을 간절히 구한다.

구원 – 긍휼과 용서의 하나님이 들으시고, 용서하시고, 사사를 보내셔서, 원수의 손에서 건져내신다.

원칙3 남겨둔 족속들(삿 2:20 – 3:6)

하나님께서 가나안 땅에 이방 민족들을 남겨두신 이유는 세 가지다.

첫째, 가나안의 모든 전쟁을 알지 못하는 세대를 연단하시며 훈련을 통해 강하게 되기를 원하시기 때문이다. 하나님은 그의 백성들이 흔들리지 않는 강함으로 영향을 주는 백성이 되기를 원하신다.

둘째, 이스라엘 자손 중에 아직 전쟁을 알지 못하는 세대들에게 영적인 원칙들을 알려주기 위함이며, 하나님의 방법과 길들을 알려주시기 위함이다. 하나님은 그의 백성이 하나님의 영적인 원칙들, 하나님의 길들을 알고 행하기를 원하신다. 하나님의 원칙을 모르는 다른 세대가 아니라 하나님의 말씀의 원칙을 따라 행하는 다음세대가 일어나기를 원하신다.

셋째, 이스라엘을 시험하시어 하나님의 말씀을 순종하는지 알고자 하심이다(2:21-23, 3:4). 하나님은 우리가 하나님의 말씀에 순종하여 행하기를 원하신다. 풍랑을 만날 때 우리 믿음의 현주소가 드러난다.

> 여호수아가 실패해서 이방 민족을 남겨둔 게 아니다. 하나님께서 이런 이유로 이들을 남겨두신 것이다. 때로 우리의 기도가 응답되지 않고, 우리의 눈에 가시 같은 존재와 환경이 그대로 있고, 우리의 마음을 힘들게 하는 게 그대로 있다면 사사기를 통해 하나님에게 질문을 해야 한다.
> "하나님, 이런 것들을 통해 제게 하시고 싶으신 말씀이 있습니까?"
> "하나님, 이런 것들을 통해 제게 가르치고 싶으신 게 있습니까?"

사사들의 활동

열두 명의 사사 : 옷니엘 – 에훗 – 삼갈 – 드보라(바락) – 기드온(아비멜렉) – 돌라 – 야일 – 입다 – 입산 – 엘론 – 압돈 – 삼손

여호수아 이후 최초의 사사는 갈렙의 조카인 옷니엘이었다. 그는 가나안의 견고한 요새들을 정복했다. 왼손잡이 에훗은 모압 왕 에글론을 죽이고 모압에게서 이스라엘을 구원했다. 삼갈은 소를 모는 막대기로 블레셋 사람 600명을 물리쳤다. 유일한 여자 선지자이며 사사인 드보라는 바락과 팀이 되어 가나안 왕 야빈의 군대장관 시스라를 죽이고 가나안으로부터 이스라엘을 구원했다. 기드온은 300용사와 함께 미디안의 군대를 대파했다. 기생의 아들 입다는 암몬을 물리쳤다. 그러나 그의 경솔한 서원으로 외동딸을 번제물로 바쳤다.

세계 헤비급 챔피언 나실인 삼손은 하나님으로부터 받은 큰 힘으로 블레셋에게서 이스라엘을 구원했다.

시편 밖에 있는 시편

사사기 5장은 드보라의 노래다. 시편 못지않게 아름답다. "이스라엘의 하나님 여호와"가 중심이다. 승리의 비결은 "즐거이 헌신하는 백성들"(삿 5:2,9)에 의해 이루어진다.
에브라임, 베냐민, 서쪽 므낫세(마길), 스불론, 잇사갈 지파가 헌신했다.

> 그들은 아말렉 산지의 **에브라임**에서 왔다네. **베냐민**도 너를 따른 자 중에 있었다네. **서쪽 므낫세의 마길 집안**에서도 지휘관들이 내려왔다네. **스불론**에서도 장교의 지휘봉을 든 자들이 내려왔다네. **잇사갈의 지도자들**이 드보라와 함께 있었다네. **잇사갈**의 백성은 바락에게 충성하였다네. 그들은 골짜기까지 바락을 따라갔다네 삿 5:14,15a 쉬운성경

그러나 르우벤 지파는 전쟁의 날에 망설였다. 동쪽 므낫세(길르앗), 단, 아셀 지파도 비겁하게 집에 머물렀다.

> **르우벤** 사람들은 어찌해야 할지 몰라 망설이고 있었다네. 어찌하여 너희는 양 떼 곁에 머무르고 있느냐? 양 떼를 위해 부는 목동의 피리 소리를 듣기 위함인가? **르우벤** 사람들은 어찌해야 할지 몰라 망설이고 있었다네. **길르앗** 백성은 요단 강 동쪽에 머물러 있었다네. **단** 백성이여, 너희는 어찌하여 배에 앉아있는가? **아셀** 백성은 바닷가에 앉았고, 그들은 시냇가에서 쉬는구나 삿 5:15b-17 쉬운성경

그녀는 특히 스불론과 납달리의 헌신을 칭찬했다.

> **스불론** 백성은 생명을 아끼지 아니하였구나. **납달리** 백성도 싸움터에서 목숨을 내걸었도다 삿 5:18 쉬운성경

가장 놀라운 헌신을 보인 사람은 겐 사람 헤벨의 아내 야엘이었다. 야엘은 역사상 가장 용감한 여성이다.

> 겐 사람 헤벨의 아내 야엘은 천막에 사는 다른 모든 여자들보다 더 복을 받을 것이다. 시스라가 물을 구했으나, 야엘은 우유를 주었다. 귀한 사람에게 어울리는 그릇에 담아 엉긴 우유를 주었다. 야엘은 장막 말뚝을 잡았고, 오른손으로는 일꾼의 망치를 잡았다. 야엘이 시스라를 내리쳤다. 야엘이 시스라의 머리를 부수었다. 야엘이 시스라의 살을 꿰뚫었도다. 야엘의 발 앞에 시스라가 거꾸러졌다. 시스라가 그곳에 쓰러져 누웠다. 야엘의 발 앞에 시스라가 거꾸러졌다. 시스라가 그곳에 쓰러져 죽었다 삿 5:24-27 쉬운성경

그리고 성경 전체의 대주제로 노래를 마친다.

> 여호와여, 주의 원수들은 다 이와 같이 망하게 하시고, 주를 사랑하는 자들은 해가 힘 있게 돋음 같게 하시옵소서 삿 5:31

삼손의 수수께끼

먹는 자에게서 먹는 것이 나오고 강한 자에게서 단 것이 나왔느니라 삿 14:14

이 수수께끼는 하나님의 주권을 전적으로 믿는 삶의 비결을 알려준다. "먹는 자", "강한 자"는 삼손을 해하려는 사자를 가리킨다. 하나님은 삼손을 해하려는 사자를 통해서 그에게 가장 필요한 꿀을 주셨다.

오늘의 '사자'는 나를 어렵게 하는 사람, 사건, 환경을 말하기도 한다. 하나님이 사자의 몸에서 꿀을 주셨듯이 오늘의 '사자'를 통해 내일의 '꿀'이 공급된다. 하나님의 지혜가 여기에 있다. 예수님의 십자가는 이 수수께끼의 비밀을 가장 잘 드러낸다. 하나님은 예수님이 짊어지신 십자가로 우리의 구원을 이루셨다.

다윗과 요셉은 삼손의 수수께끼를 잘 풀어낸 사람들이다. 이것은 우리 모두가 풀어야 할 수수께끼다. 우리의 삶에 그의 주권으로 역사하시는 하나님의 섭리를 이해하게 한다.

우리가 알거니와 하나님을 사랑하는 자 곧 그의 뜻대로 부르심을 입은 자들에게는 모든 것이 합력하여 선을 이루느니라 롬 8:28

나귀의 턱뼈

라맛 레히에서 삼손은 나귀의 턱뼈로 1,000명의 블레셋 사람을 죽였다. 그러고는 즉시로 그의 손에서 턱뼈를 내던지고 그곳을 "라맛 레히"(턱뼈의 산)라고 불렀다. 그 후 삼손은 심히 목이 말라 하나님께 부르짖었다. 그러자 하나님이 거기에 물이 솟아나게 하셔서 그가 마시고 정신이 회복되어 소생했다. 그는 그 샘을 "엔학고레"(부르짖은 자의 샘)라고 불렀다(삿 15:14-19).

라맛 레히와 엔학고레

라맛 레히 – 턱뼈의 산
삼손의 승리의 비결은 나귀의 턱뼈에 있지 않고 오직 성령의 능력에 있다.

대승리 후 사람들은 삼손에게 집중하고 그가 사용한 나귀 턱뼈에 집중한다. 방법, 수단이나 도구, 또는 장소나 사람에게 집중하지 말아야 한다. 오직 성령만 의지해야 한다. 성령 외에 모든 걸 버려야 한다. 그것은 단지 라맛 레히일 뿐이다.

엔학고레 – 부르짖은 자의 샘
승리 후 목마른 삼손이 물을 구할 때 하나님의 응답으로 그가 회복되고 소성되었다.

대승리를 경험했다면 즉시로 하나님께 나아가야 한다. 피곤한 우리를 회복시키시고 소성케 하시는 하나님께 나아가야 한다. 그러면 하나님은 우리를 엔학고레로 인도하여 마시게 하신다.

삼손 신드롬

미국의 목회자인 마크 애터베리는 《삼손 신드롬》에서 강한 남자들이 범할 수 있는 12가지 문제를 지적했다.

1 - 경계선을 무시한다.
2 - 정욕과 씨름한다.
3 - 훌륭한 조언을 무시한다.
4 - 규칙을 깨뜨린다.
5 - 자신의 총명을 과대평가한다.
6 - 분노를 도구로 사용한다.
7 - 똑같은 실수들을 반복한다.
8 - 자아가 강하다.
9 - 어리석은 모험을 한다.
10 - 친밀한 관계를 어려워한다.
11 - 너무 많은 것들을 당연시한다.
12 - 큰 그림을 보지 못한다.

나는 그의 의견에 전적으로 동의한다. 삼손이 왜 처참하게 무너졌는지를 살펴보면 이런 것들이 그의 삶에서 반복되었음을 알 수 있다. '들릴라'는 이 세상의 쾌락, 정욕, 풍요를 그대로 보여준다. 하나님으로부터 받은 강함이 이 같은 것에 의해 무너지면 안 된다. 우리에게 교묘하게 다가오는 '들릴라적 요소'를 우리는 반드시 경계해야 한다.

삼손을 통해 우리가 얻을 수 있는 귀한 것은,
철저히 성령의 능력을 의지해야 한다. 자신을 쾌락에 맡기지 않고 오직 거룩함으로 하나님께 드리는 게 매우 중요하다. 깨어 정신을 차리고 근신하는 게 얼마나 중요한가! 말씀과 기도는 우리를 붙들어준다. 또한 죄를 범했으면 자책과 후회로 뒤로 물러나지 말아야 한다. 포기와 낙심은 절대 금물이다. 하나님 앞으로 나아가 그의 얼굴을 구하며 회개할 때 하나님이 다시 기회를 주신다. 하나님은 회개한 요나에게 '두 번째 기회'를 주셨다.

우리에게는 하나님이 주시는 '두 번째 기회'가 있다.

네가 만일 환난 날에 낙담하면 네 힘이 미약함을 보임이니라 잠 24:10

내 마음이 그것을 기억하고 내가 낙심이 되오나, 이것을 내가 내 마음에 담아두었더니 그것이 오히려 나의 소망이 되었사옴은, 여호와의 인자와 긍휼이 무궁하시므로 우리가 진멸되지 아니함이니이다. 이것들이 아침마다 새로우니 주의 성실하심이 크시도소이다 애 3:20-23

사사기의 부록(삿 17장-21장)

사사기 17장에서 21장은 마치 사사기의 부록처럼 되어있다. 그것은 사사 시대의 영적, 도덕적 상태를 잘 대변하는 두 이야기다. 부록1은 당시의 영적 상태를, 부록2는 당시의 도덕적 상태를 보여준다.

> **부록**(삿 17장-21장) – 혼란 : 사사 시대를 대표하는 두 이야기
> 　부록1(삿 17장-18장) – 우상숭배 : 은 열과 의복 한 벌, 그리고 먹을 것
> 　부록2(삿 19장-21장) – 부도덕과 내전 : 레위인과 그의 첩

두 이야기는 모두 레위인들에 대한 것이다. 레위인들의 가장 큰 직무는 백성들이 하나님 중심의 삶을 살도록 이끄는 것이었다. 백성들이 성막 중심의 삶, 하나님의 말씀 중심의 삶을 살도록 이끌어야 했다. 그러나 레위인들이 직무를 행하지 않아 나라 전체가 혼란 가운데 있었다. 레위인 뿐 아니라 나라 전체가 하나님의 말씀에 따라 살기보다 선택의 기준이나 삶의 방식이 오직 자신들의 기준으로 제멋대로 사는 모습을 보여준다. 하나님의 말씀이 없는 개인, 가정, 도시와 나라의 상태를 잘 보여준다.

성경은 두 사건의 가장 큰 원인을 보여준다.

> 그때에는 이스라엘에 왕이 없었으므로 사람마다 자기 소견에 옳은 대로 행하였더라 삿 17:6

이 같은 말씀은 사사기 18장 1절, 19장 1절, 21장 25절에 계속 나타난다.

"왕이 없었다"는 말은 단지 사사 시대 이후의 왕정 시대를 기다리는 의미가 아니다. 하나님의 이름으로, 하나님의 말씀의 기준에 따라 다스리는 왕을 가리킨다. 자기의 권력과 자기의 소견에 옳은 대로 다스리는 왕을 말하는 게 아니다. 하나님의 말씀의 기준을 따라서, 하나님을 진정한 개인과 단체, 도시와 나라의 왕으로 모시며 주어진 권력을 올바르게 사용하는 왕, 섬기며 다스리는 왕을 가리킨다.

스토리1 – 미가와 단 지파(삿 17장-18장)

유다 베들레헴에 살던 한 레위인 청년이 거주할 곳을 찾아 에브라임 산지로 가서 미가의 집에 이르렀다. 때마침 미가는 그의 어머니가 자신을 위해 만든 신상을 신당에 두었기에 이를 책임질 사람이 필요했다. 청년이 레위인임을 안 미가는 그에게 연봉 '은 열과 의복 한 벌' 그리고 매일 '먹을 것'을 공급하는 조건으로 자기 집의 제사장으로 일하기를 제안했다. 그때부터 레위인은 미가의 제사장이 되었다.

그때 단 지파도 거주할 기업의 땅을 구하기 위해 다섯 명의 정탐꾼을 보냈다. 이들은 에브라임 산지에 이르러 미가의 집에 머물게 되었고, 그 집에서 레위인 청년을 만났다. 그리고 그에게 단 지파의 제사장으로 섬겨줄 것을 제안했다. 레위인은 '한 사람의 집의 제사장보다 한 지파의 제사장'을 제안한 단 지파를 따라갔다.

레위인은 하나님의 말씀에 따라 하나님을 섬기지 않고 돈과 명예를 따라 잘못된 선택을 했다. 또한 미가의 집이나 단 지파도 하나님을 섬기기보다는 자기들의 이익을 위해 종교적 신앙생활을 했다.

은 열과 의복 한 벌

레위인의 가장 심각한 문제는 하나님을 섬기지 않고 사람을 섬긴 것이다. 그가 미가의 집에 머문 가장 큰 이유는 연봉과 양식이었다. 그의 주 관심은 '무엇을 먹을까, 무엇을 마실까, 무엇을 입을까'였다. '먼저 그의 나라와 그의 의를 구하는' 삶이 아니었다.

하나님은 레위인에게 땅을 기업으로 주지 않으셨다. 하나님이 그들의 분깃이시기 때문이다. 하나님이 친히 그들을 돌보신다. 그러므로 레위인은 전적으로 하나님의 말씀을 따라 믿음으로 살아야 했다. 사역자의 안정은 재물에 있지 않고 오직 하나님 안에 있다. 하나님이 모든 필요의 공급자이시다. 하나님은 확실하게 약속하셨다.

> 너희는 먼저 그의 나라와 그의 의를 구하라. 그리하면 이 모든 것을 너희에게 더하시리라 마 6:33

스토리2 – 레위인 첩 사건(삿 19장-21장)

레위인의 첩을 강간한 베냐민 자손들의 이야기다. 소돔과 고모라와 거의 비슷한 상황이 벌어졌다. 도덕과 질서가 무너졌다. 이로 인하여 베냐민 자손이 거의 멸절 상태까지 이르는 안타까운 이야기다.

Dear. NCer

톨레돗 관점에서 사사기 보기

우리가 다음세대에게 넘겨주어야 할 바통은 무엇일까? 돈? 건물? 땅?

사사기는 '하나님을 알고 그분의 원리 원칙을 알며 놀라운 하나님의 행하심을 경험하는 것'이라고 말한다. 그리고 이 일의 중심은 언제나 하나님의 말씀이다. 말씀 중심의 삶을 살고 하나님 말씀이 활발할 때 하나님을 알게 되고 경험하게 된다.

우리가 다음세대에게 꼭 넘겨주어야 할 바통은 바로 '하나님의 말씀'과 '말씀에 순종하는 우리의 믿음'이다.

❖ 룻기(Ruth) 올바른 선택은 영원에 잇댄다

룻기는 마치 사사기의 부록처럼 보인다. 성경 전체로 볼 때도 역사를 설명하는 내용이 아니다. 룻기는 "사사들이 치리하던 때에"(룻 1:1)로 시작한다. 사사기에는 마지막 다섯 장(17장-21장)에 두 개의 사건이 기록되어 있다. 사사 시대의 시대상을 대변하는 부록에 해당한다. 그래서 룻기는 마치 사사기의 세 번째 부록처럼 보인다. 그러나 미가와 기브아 사건과는 너무나 대조적이다. 사사기에 기록된 두 개의 부록은 사사 시대의 어두운 면을 보여주지만, 룻기는 밝은 면을 보여준다. 비록 사사기의 연속처럼 슬픔과 버림으로 출발하지만 결국은 하나님의 돌보심과 회복하심과 축복으로 마친다. 룻기는 유종의 미를 남기는 여운이 있다. 사사 시대의 암흑 시기에 비록 왕은 없었지만 진정한 왕이신 하나님은 역사의 주이시다. 그런 시대에도 하나님은 그의 마음을 닮은 왕이 일어나도록 어떻게 준비하셨는지 보여준다.

룻기는 사사 시대에 어느 마을에 살던 평범한 가정의 두 과부(시어머니와 며느리)의 이야기다. 그렇지만 단순히 한 가정에서 일어난 일을 넘어 하나님께서 우리에게 말씀하시는 메시지가 있다. 룻기는 나오미에게 주어지는 하나님의 회복의 축복에 멈추지 않고 더 멀리 보게 해준다. 룻은 모태신앙인도 아니다. 하나님의 약속 밖에 있던 모압 족속의 여인이었다. 룻기는 이런 이방인이 어떻게 역사에 가장 위대한 지도자인 다윗의 증조할머니가 되는지를 보여준다.

성경은 아브라함, 요셉, 모세, 여호수아 같은 위대한 인물들만의 무대가 아니다. 룻기는 보잘 것없는 이방인이요 버림받은 자가 하나님의 놀라운 사랑으로 그의 뜻을 이루는 데 동참하게 되는 영광스러운 삶을 보여준다.

주변에서 흔히 볼 수 있는 평범한 사람들도 하나님의 놀라운 일에 얼마든지 쓰임 받을 수 있음을 보여준다. 룻기는 하나님의 놀라운 은혜의 승리를 나타낸다. 오순절의 색채가 진하게 풍겨온다. 그렇다고 누구에게나 자동으로 놀라운 결과가 오는 건 아니다. 룻기는 우리가 올바른 선택을 하면 그 선택의 결과가 나의 축복에만 머무르는 게 아니라, 다음세대와 그다음세대, 그리고 영원한 삶에까지 연결됨을 보여준다.

룻기는 성경 66권 중에서 에스더서와 함께 여자의 이름을 따서 기록된 두 권의 책 중 하나다.

룻기 – 올바른 선택은 영원에 잇댄다(룻 1:16,17)

사랑으로 인한 선택	사랑으로 인한 섬김	사랑으로 인한 순종	사랑의 열매
선택	노력	기다림	보상
1장	2장	3장	4장
함께 가고, 함께 머묾 룻 1:16,17	저녁까지 수고함 룻 2:17	당신의 옷자락으로 덮으소서 룻 3:9	신을 벗어라 룻 4:7,8

룻기의 메시지

1. 절대로 포기하지 말라

나오미의 고향은 '베들레헴'이다. 그 뜻은 '떡집'이다. 그런데 떡집에 떡이 다 떨어졌다. 흉년이 들었다. 환경적, 영적으로 흉년이 들었다. 나오미의 가정을 보면 그렇다. 나오미는 남편 엘리멜렉과 두 아들과 함께 외국으로 이민 갔다. 그리고 두 아들은 모압 여인을 아내로 맞이했다. 처음에는 모두가 행복했다. 그러나 남편과 두 아들이 죽었다. 흉년을 피해 모압으로 갔으나 거기서 또 다른 의미의 흉년을 맞이했다. 슬픔과 절망의 시기를 지냈다. 그때에 소식을 들었다.

여호와께서 자기 백성을 돌보시사 그들에게 양식을 주셨다 함을 듣고 룻 1:6

그 소식은 절망과 슬픔에 잠긴 나오미에게는 한 가닥의 소망이었다. 나오미는 베들레헴으로 돌아가기로 결정했다. 우리도 슬픔과 절망에 빠져있지 말아야 한다. 그대로 주저앉아서 자기연민에 빠져있지 말아야 한다. 일어나 하나님의 돌보심이 있는 곳으로 가야 한다.

내 영혼아, 네가 어찌하여 낙심하며 어찌하여 내 속에서 불안해하는가, 너는 하나님께 소망을 두라! 나는 그가 나타나 도우심으로 말미암아 내 하나님을 여전히 찬송하리로다 시 42:11

히브리서 6장 19절에 "소망은 영혼의 닻 같다"라고 하신다. 시편 42편 11절은 "하나님께 소망을 두라"라고 하신다.

절대로 포기하지 말아야 한다. 우리 하나님은 '아골(환난) 골짜기'로 '소망의 문'을 삼으신다.

> 룻기는 우리가 어떠한 절망에 처하였다 할지라도 하나님은 우리의 구원이 되시며 소망과 기쁨을 회복하시는 분이기에 우리는 어떠한 상황에도 믿음을 잃지 않고 소망으로 살아야 함을 보여주고 있다.

2. 올바른 선택은 영원에 잇대어 있다

나오미는 다시 고향으로 돌아가고자 하여 젊은 두 며느리에게 각자의 길을 가라고 권한다. 한 며느리 오르바는 시어머니와 헤어졌지만, 또 다른 며느리 룻은 그녀와 함께 갈 것을 선택했다.

룻이 이르되, '내게 어머니를 떠나며 어머니를 따르지 말고 돌아가라 강권하지 마옵소서. 어머니께서 가시는 곳에 나도 가고, 어머니께서 머무시는 곳에서 나도 머물겠나이다. 어머니의 백성이 나의 백성이 되고, 어머니의 하나님이 나의 하나님이 되시리니, 어머니께서 죽으시는 곳에서 나도 죽어 거기 묻힐 것이라' 룻 1:16,17

룻의 고백은 성경 전체에서 가장 아름다운 고백 중 하나다.

이런 룻의 굳센 마음의 결심과 올바른 선택은 그녀의 삶에 큰 영향을 주었다. 어찌 보면 바보 같은 결정처럼 보일지 모른다. 젊은 과부가 새 삶을 살 수 있는 기회를 버리고 시어머니를 따라가겠다고 하니 말이다. 그러나 이 어리석어 보이는 선택으로 그녀는 모압 여인임에도 불구하고 다윗 왕가의 조상이 되고, 결국에는 예수 그리스도를 이 땅에 오시게 하는 예수님의 족보에 오르게 되었다. 우리는 오르바에 대하여는 더 이상 아는 바가 없다. 그러나 룻에 대하여는 잘 알려져 있다. 순간의 선택이 영원을 좌우한다. 믿음의 길로 고집스럽게 들어선 모압 여인은 하나님의 백성의 일원이 되었다. 그의 삶은 구속되었다. 영원에 잇대어 살게 되었다. 전능자의 그늘 아래 거하게 되었다. 무엇보다 하나님의 위대한 구속의 계획에 동참하는 영광을 가졌다.

3. 부모를 공경하는 것은 약속이 있는 첫 계명이다

룻기는 부모를 공경하는 것이 주님의 약속의 말씀이며 오히려 나를 복되게 하고 형통케 하는 비결인 것을 보여준다.

> 자녀들아 주 안에서 너희 부모에게 순종하라. 이것이 옳으니라. 네 아버지와 어머니를 공경하라.
> 이것은 약속이 있는 첫 계명이니 이로써 네가 잘되고 땅에서 장수하리라 엡 6:1-3

십계명의 5계명은 전적으로 우리를 위한 말씀이다. 하나님은 잘되고, 성공하고, 형통하는 삶의 비결을 우리에게 주셨다. 너무도 쉬운 일이다. 내 부모를 공경하고 주 안에서 순종하는 건 무엇보다 쉽다. 윤리적이고 도덕적인 규례 이상이다. 룻기는 이 말씀의 구체적인 예를 들어서 우리를 격려한다.

> 사환이 대답하여 이르되… '아침부터 와서는 잠시 집에서 쉰 외에 지금까지 계속하는 중이니이다' 룻 2:6,7

> 보아스가 그에게 대답하여 이르되, '네 남편이 죽은 후로 네가 시어머니에게 행한 모든 것과 네 부모와 고국을 떠나 전에 알지 못하던 백성에게로 온 일이 내게 분명히 알려졌느니라. 여호와께서 네가 행한 일에 보답하시기를 원하며, 이스라엘의 하나님 여호와께서 그의 날개 아래에 보호를 받으러 온 네게 온전한 상 주시기를 원하노라' 룻 2:11,12

하나님은 과부와 고아, 나그네, 가난한 사람들이 밭에 나가서 이삭을 주울 수 있도록 명령하셨다. 이것은 또 다른 약속이 있는 말씀이다. "너희가 너희의 땅에서 곡식을 거둘 때에 너는 밭 모퉁이까지 다 거두지 말고 네 떨어진 이삭도 줍지 말며, 네 포도원의 열매를 다 따지 말며 네 포도원에 떨어진 열매도 줍지 말고 가난한 사람과 거류민을 위하여 버려두라. 나는 너희의 하나님 여호와이니라" (레 19:9,10). "이로 말미암아 네 하나님 여호와께서 네가 하는 모든 일과 네 손이 닿는 모든 일에 네게 복을 주시리라"(신 15:10, 참고 15:4-11).

4. 신발을 벗는다는 건 권리를 포기한다는 것을 의미한다(룻 4:1-12)

보아스가 룻을 아내로 맞이하고자 할 때 그 성읍 장로들과 수속을 밟는 과정은 성경에서 제시하는 회복의 과정을 잘 보여준다. 성경은 다른 사람에게 매각된 사람이나 재산을 그의 가까운 친족이 다시 매입하여 그 조상의 소유로 돌이킬 수 있게 했다.

그같이 대신하여 회복하여 주는 과정을 '구속'이라고 한다. 구속할 수 있는 사람은 가까운 친족으로서 유능하고 의욕적이고 남에게 구속받을 만한 일이 없어야 했다.

보아스는 그럴 만한 자격이 있는 남자였다. 그는 경건했다. 그는 부요하지만 겸손하고 검소했다. 구제 사역에 적극적이었다. 가난한 자, 고아, 과부, 나그네를 기꺼이 돌보았다. 나오미와 룻도 그에게 은혜를 입었다. 룻은 보아스의 날개 아래에 보호를 요청했다. 2장 12절의 "그의 날개 아래에 보호를 받으러 온"과 3장 9절의 "당신의 옷자락을 펴 당신의 여종을 덮으소서"는 동일한 의미다.

그는 룻을 아내로 맞이하여 나오미의 남편 엘리멜렉의 가족을 구속하고자 했다. 구속은 가장 가까운 친족에게 우선권이 주어진다. 엘리멜렉의 친족 중에 보아스보다 더 가까운 친족이 한 명 있었다. 보아스는 그에게서 권리를 양도받았다.

자기의 권리를 포기할 때 오늘날에는 도장이나 서명으로 하지만 당시에는 발에서 신을 벗는 것으로 표시했다. 이렇게 하여 보아스는 룻을, 그녀의 신분을 구속했다. 모압 여인 룻은 평생 하나님의 총회에 들어오지 못하는 신분이었다. 그런데 그녀가 하나님의 백성이 되었을 뿐 아니라 그분의 뜻을 이루는 거룩한 통로가 되었다. 보아스로 말미암아 룻에게 엄청난 신분의 변화가 일어났다. 보아스는 룻의 구속자다. "구속자"의 히브리어는 '고엘'(goel)이다. '구속자', '구원자', '해방자'라는 뜻이다.

우리는 보아스에게서 예수 그리스도의 모습을 발견한다. 그리고 룻에게서 우리 자신의 모습을 본다. 예수 그리스도는 우리의 구속자이시다. 원래 노예의 신분이었던 우리를 자유인으로 구속하셨다. 그 대가로 자신의 생명을 대신하여 내놓으셨다. 우리는 어두움에서 빛으로, 사망에서 생명으로, 노예에서 자유인으로, 죄의 종에서 하나님의 자녀로, 의의 자녀로 구속함을 받았다. 또한 하나님은 예수 그리스도로 말미암아 우리를 구속하셨을 뿐 아니라 하나님의 나라를 이루는 데 동참하게 하셨다.

5. 전능자의 그늘 아래에 사는 자

지존자의 은밀한 곳에 거주하며 전능자의 그늘 아래에 사는 자여, 나는 여호와를 향하여 말하기를, '그는 나의 피난처요 나의 요새요 내가 의뢰하는 하나님이라' 하리니 시 91:1,2

베들레헴으로 귀향한 나오미가 말했다. "나를 나오미(희락)라 부르지 말고, 나를 마라(괴로움)라 부르라. 이는 전능자가 나를 심히 괴롭게 하셨음이니라. 내가 풍족하게 나갔더니 여호와께서 내게 비어 돌아오게 하셨느니라. 여호와께서 나를 징벌하셨고 전능자가 나를 괴롭게 하셨거늘 너희가 어찌 나를 나오미라 부르느냐"(룻 1:20,21).

나오미는 하나님이 전능자이심을 알았다. 두 번이나 하나님을 "전능자"라고 고백했다. 그러나 그녀는 하나님을 아는 것이 미숙했다. 환경에 따라 하나님을 이해했다. 남편과 두 아들을 잃은 그녀의 심정을 이해할 수 있지만, 그녀는 전능자의 그늘 아래 살지 못했다. 후에 룻을 통하여 손자를 품에 안을 때에야 '전능자의 그늘 아래에 사는 삶'을 더 이해했을 것이다.

나오미는 하나님을 알았다. 또한 하나님이 행하시는 원칙이 무엇인지도 알았다. 부모를 공경하는 경건한 며느리 룻을 위해 하나님의 은혜를 구했다. 보아스도 그녀를 축복했다.

여호와께서 네가 행한 일에 보답하시기를 원하며, 이스라엘의 하나님 여호와께서 그의 날개 아래에 보호를 받으러 온 네게 온전한 상 주시기를 원하노라 룻 2:12

**Dear.
NCer**

톨레돗 관점에서 룻기 보기

전능자의 그늘 아래

나오미는 점차적으로 전능하신 하나님의 손 아래에 자신을 낮추고 그분께 자기를 맡기는 법을 배웠다. 결국 하나님은 그의 전능하심으로 나오미를 높이시고 회복하셨다.
고난을 바라보고 슬픔을 묵상하고 자신을 불쌍하게 여기기보다 전능자 하나님을 바라보아야 한다. 그리고 그분께 자신의 모든 삶을 맡기는 법을 배워야 한다.

나오미와 룻처럼, 날마다 우리는 전능자의 그늘 아래에 머무는 법을 배워야 한다. 스스로 바둥거리며 살고자 애쓰지 말고, 매일의 일상생활에서 약속을 이루어가시는 하나님을 섬기는 법을 배워야 한다. 안식하는 법을 배워야 한다. 그렇다고 아무 일도 하지 말라는 것이 아니다. 부지런하여 게으르지 말아야 한다. 하나님은 이런 믿음으로 순종하는 사람들에게 반드시 열매를 맺게 하신다.

역사서2 사무엘상 · 하, 열왕기상 · 하, 역대상 · 하

구약의 줄거리는 모세5경 − 사사 시대 − 왕국 시대 − 포로 시기로 이어진다.
특히 "사사 시대 − 왕국 시대 − 포로 시기"를 "역사 시기"라고 부를 수 있다.

역사 시기에 해당하는 역사서 열두 권은 셋으로 분류할 수 있다.

역사서1 : 사사 시대가 배경인 책들 − 여호수아, 사사기, 룻기
역사서2 : 왕국 시대가 배경인 책들 − 사무엘상·하, 열왕기상·하, 역대상·하
역사서3 : 포로 시기 전후가 배경인 책들 − 에스라, 느헤미야, 에스더

〈역사서2〉에 해당하는 왕국 시대는 다윗 왕의 시대와 기타 왕들의 시대로 나누어볼 수 있다.
솔로몬의 아들 르호보암 때에 왕국이 남북으로 분리되었다. 열왕기상·하는 솔로몬 시대부터 시
작하여 왕국이 분열되고, 북 이스라엘이 앗수르에 의해 멸망하고 그 후 136년이 지난 뒤 남 유
다도 바벨론에게 멸망하는 것까지를 다루었다. 왕국 시대는 사울 왕부터 시작하지만 하나님의
관심은 다윗에게 있었다. 그래서 역대상·하는 남 유다 왕들의 역사만 기록했다.

마지막 사사인 사무엘 이후 이스라엘은 왕이 다스리는 시대로 접어들었다. 그것은 하나님의 계
획은 아니었다.
사사 시대는 하나님이 중심이요, 왕국 시대는 사람이 중심이라고 평가할 수 있는가?
사사 시대는 하나님 중심의 신정정치요, 왕국 시대는 사람 중심의 왕정정치라고 말할 수 있는가?
참으로 안타깝게도 사사 시대 400년간에 대해 사사기는 어두움과 혼란, 고통의 연속으로 표현
한다. 그리고 마치 그 이유가 왕이 없었기 때문인 것처럼 네 차례나 언급한다.

> 그때에 이스라엘에 왕이 없었고(삿 18:1)
> 이스라엘에 왕이 없을 그때에(삿 19:1)
> 그때에는 이스라엘에 왕이 없었으므로 사람마다 자기 소견에 옳은 대로 행하였더라(삿 17:6, 21:25)

그러나 왕정정치라고 더 나을 것도 없다. 오히려 권력으로 인해 나라를 멸망으로 몰아갔다. 나
라는 둘로 나뉘었고, 북 이스라엘은 앗수르에, 남 유다는 바벨론에 의해 멸망하는 슬픔으로 이
어졌다. 그렇다면 과연 어떤 형태가 옳은 정치인가?

우리는 역사서 전체를 통해 이에 대해 살피며 **하나님의 뜻**을 구해야 한다.
왕국 시대를 바라보는 하나님의 시선은 오직 다윗 왕에게 있었다. **'다윗의 길'**을 기준으로 삼
으셨다.

141

❖ 사무엘상·하(Samuel) 리더십 매뉴얼

사무엘상·하는 '다윗상·하'라고 해도 무방할 정도로 다윗이 중심에 있다. 물론 사울 왕도 있지만 하나님은 무대의 중심에 다윗을 두셨다. 그러므로 다윗을 알고 싶다면 사무엘상·하를 읽으면 된다.

사무엘상·하는 특히 다윗 왕이 기틀을 세우는 내용이 그 중심이다. 원래 사무엘상·하는 한 권의 큰 책이므로 상·하권을 함께 보면서 내용을 살피기를 원한다.

그리스도(히브리어 메시아, 기름부음을 받은 자)는 삼중직 즉, 왕, 제사장, 선지자의 직무를 가지셨다. 사무엘서에서 이 삼중직을 보게 된다. 왕이 세워지고 그 직무를 수행하는 모습, 제사장이 언약궤와 성막을 중심으로 그 직무를 수행하는 모습, 그리고 제사장과 왕들과 같이 행동하며 그들이 직무를 올바르게 수행하도록 중재하고 책망하는 선지자의 직무 수행 모습도 보게 된다. 사무엘상·하는 다윗상·하라고 부를 수 있을 정도지만 사무엘이나 다윗의 전기가 아니다. 하나님이 그의 뜻을 이루어가기 위해 어떻게 왕, 제사장, 선지자를 통해 일하시는가를 볼 수 있다. 사무엘서를 찬찬히 읽으면 성공적인 직무 수행의 비결을 알게 된다. 그것은 하나님과 올바른 관계를 갖는 데 있다.

이들이 내 일상의 삶과 거리가 먼 사람들이 아님을 알게 된다. 삶의 실제를 보여준다. 하나님께서 우리 안에서, 우리의 일상생활 가운데서 그의 뜻을 이루어가심을 볼 수 있다.

사무엘상·하 – 리더십 매뉴얼(삼하 7:8,9,16)

사무엘상 – 왕으로 준비됨(Preparation)			사무엘하 – 왕으로 사역함(Practice)		
선지자/사사 사무엘	왕 사울	왕의 후보 다윗	왕 다윗의 초기	왕 다윗의 중기	왕 다윗의 말기
1-8장	9-15장	16-31장	1-4장	5-19장	20-24장
겸손 - 순종	교만 - 불순종	겸손 - 고난	겸손 - 영광	고난 - 겸손	교만 - 회개
사무엘 1.하나님의 음성 2.미스바 부흥 3.순회교육	**사울의 몰락 과정** 1.Kingdom (삼상 13장) 2.Kingship (삼상 15장) 3.King's Life (삼상 28장)	**다윗의 위기** 1.사울의 창 (삼상 18장) 2.사울의 권위 (삼상 24장, 26장) 3.시글락 사건 (삼상 30장)	**다윗의 온유함** 1.사울을 애도함 2.두 지파의 왕 3.이스보셋	**다윗의 영광** 1.예루살렘 정복 2.법궤가 시온성에 3.하나님의 언약	**다윗의 승리** 1.거인족 소생 네 명을 죽임 (삼하 21장) 2.승전가 (삼하 22장) 3.37명의 용사들 (삼하 23장)
엘리 - 사무엘	사울 - 다윗		다윗 - 이스보셋	다윗 - 압살롬	다윗 - 용사들

사무엘서는 전체 55장인데 엘리와 사무엘에 대해 8장, 사울에 대해 7장을 기록했고 나머지 40장은 다윗에 대해 기록했다. 사무엘상·하는 하나님의 마음이 어디에 있는지를 보여준다.

사무엘서의 이해를 사도행전 13장 22절에서 엿볼 수 있다. 마치 사무엘서를 여는 열쇠와 같다.

> 폐하시고 다윗을 왕으로 세우시고 증언하여 이르시되, '내가 이새의 아들 다윗을 만나니 내 마음에 맞는 사람이라. 내 뜻을 다 이루리라' 하시더니

나는 이 말씀을 읽으면서 질문하게 되었다. '다윗의 어떤 면이 하나님의 마음에 맞았을까?'

자연히 사무엘상·하를 이런 관점에서 읽었다. 이 책은 리더십 학교의 리더십 매뉴얼 같다. 이 책에서 풍부한 리더십 원칙을 발견할 수 있다.

지도자로 준비되는 과정, 세워지는 과정, 위기에 대처하는 원칙,
지도자로서 성품의 훈련과 사역의 훈련, 권위에 대한 이해와 올바른 사용법,
함께 일하는 사람들을 팀으로 세우기, 하나님의 주권 등을 알아가게 된다.

이 책의 종합적인 결론은 다음과 같다.

사무엘상 – 다윗은 한 번도 스스로 왕이 되려고 시도하지 않았다.
사무엘하 – 다윗은 또한 왕의 자리에 남아있으려고 시도하지 않았다.
　　　　　　왜냐면 그는 하나님의 주권을 전적으로 믿었기 때문이다.

다윗의 지도력을 한마디로 말한다면,
"Let God be God!" "하나님을 하나님 되게 하라!"

사무엘상·하의 줄거리 – 여섯 시대로 구분된다

1. 사무엘의 생애(삼상 1장 – 8장) : 선지자와 사사로서의 사무엘

▶**엘리 집안의 몰락**

엘리는 제사장이요 사사로서 40년간 사역했다(삼상 4:18).

그러나 그는 아들들의 불경건한 행동을 다루지 못했다. 이것이 이스라엘 전체의 불행을 초래했음은 물론이요 두 아들과 엘리 자신마저 죽음에 이르렀다. 블레셋과의 전쟁에서 이스라엘은 법궤를 앞세워 전쟁했다. 그러나 안타깝게도 법궤를 빼앗겼다. 그런데 법궤를 가져간 블레셋에게도 재앙이 임했다. 결국 블레셋은 법궤를 다시 이스라엘로 돌려보냈다. 불경건한 지도자로 인해 나라 전체가 혼란에 빠지는 걸 볼 수 있다. 진정한 경건은 모양에 있는 게 아니라 능력에 있다(딤후 3:5).

▶사무엘의 출생과 성장, 사역

여호수아가 첫 사사라면 사무엘은 마지막 사사이다.

사무엘은 사사 시대에서 왕정 시대로 넘어가는 시기에 하나님께 쓰임 받았다.
사무엘의 어머니 한나는 미가의 어머니와 달랐다. 둘은 같은 사사 시대를 배경으로 살았다. 두 사람은 비록 방법은 달랐지만 하나님을 섬기며 하나님 중심의 삶을 살고자 했다. 한나는 '실로'를 중심으로 하나님을 섬겼고, 미가의 어머니는 그 아들을 위해 신상을 만들어 자기 집에 놓았다.
사무엘은 어머니가 기도하여 낳은 아들이다. 그는 어린 나이에 헌신하여 제사장의 보조 사무역을 맡았다. 그는 어릴 때부터 하나님의 음성을 들으며 그분과의 친밀감을 누리며 성장했다.

사무엘은 선지자로, 사사로 사역을 시작하며 미스바 성회를 열고 회개운동을 일으켰다. 또한 백성들을 영적으로 양육하였고, 라마를 훈련과 행정의 센터로 삼아 정기적으로 '벧엘 – 길갈 – 미스바'를 순회하며 백성들을 영적으로 이끌었다(삼상 7:16,17).

에벤에셀

> 사무엘이 돌을 취하여 미스바와 센 사이에 세워 이르되, '여호와께서 여기까지 우리를 도우셨다' 하고, 그 이름을 에벤에셀이라 하니라 삼상 7:12

하나님은 언제나 우리의 도움이 되신다. 어제만 아니라 오늘도 우리를 도우신다. 그리고 내일도 도우신다. 하나님은 우리의 도움이시다.

지도자 사무엘

사무엘은 재정에 있어서 리더로서의 본을 보여주었다. "내가 누구의 소를 빼앗았느냐? 누구의 나귀를 빼앗았느냐? 누구를 속였느냐? 누구를 압제하였느냐? 내 눈을 흐리게 하는 뇌물을 누구의 손에서 받았느냐?"(삼상 12:3)
또한 기도에 있어서, 말씀을 가르침에 있어서 리더로서의 본을 보였다. "나는 너희를 위하여 기도하기를 쉬는 죄를 여호와 앞에 결단코 범하지 아니하고 선하고 의로운 길을 너희에게 가르칠 것인즉"(삼상 12:23).
또한 아비의 마음으로 마지막 당부를 했다. "너희는 여호와께서 너희를 위하여 행하신 그 큰 일을 생각하여 오직 그를 경외하며 너희의 마음을 다하여 진실히 섬기라"(삼상 12:24).

왕이신 하나님에게 순종하는 왕

이스라엘 백성이 주변의 국가들을 보면서 그들에게도 왕이 필요함을 주장하며 사무엘에게 왕을 세워주기를 요구했다(삼상 8장). 이는 이스라엘 역사의 전환점이 되었다. 성경은 왕의 제도의 불필요성을 말하지 않는다. 다만 다른 나라의 제도를 모델로 하지 말아야 한다. 하나님의 말씀과 권위에 전적으로 순종하는 리더가 되어야 한다. 사무엘서와 열왕기서는 왕들의 이야기다.

하나님은 언제나 다윗을 이들의 롤 모델로 삼으셨다. 신명기 17장 14-20절에 왕의 자격 요건을 명시하셨다.

2. 사울의 생애(삼상 9장-15장)

사무엘은 하나님께 기도하며 사울을 왕으로 기름 부어 세웠다. 사울은 암몬 자손과의 첫 전쟁에서 승리했다. 겸손으로 시작한 사울은 갈수록 교만과 불순종의 길로 행했다. 특히 아말렉과의 전쟁에서 결정적으로 불순종함으로 사역의 위기를 맞이하게 된다. 사울은 시작은 잘했으나 끝까지 지속하지 못했다. 그는 자신에게 주어진 한계를 넘어갔다.

▶사울의 세 가지 실수

끝까지 기다리지 못하고 사무엘 없이 스스로 제물을 드린 것(삼상 13:8,9)
아말렉을 진멸하라는 명령에 불순종한 것(삼상 15장)
위기를 맞이했을 때 신접한 여인을 찾아가 도움을 청한 것(삼상 28장)

이런 것들은 사울의 지도력에 치명적이었다. 이후 이것들은 그가 몰락하는 계기가 되었다.

▶사울의 몰락 과정

삼상 13:8-15 기다리지 않고 부득이하여 번제를 드림 - 왕의 나라가 길지 못하리라. Kingdom
삼상 15:1-31 아말렉을 진멸하라는 하나님의 명령에 불순종함 - 왕이 되지 못하리라. Kingship
삼상 28:15-19 전쟁의 위기를 맞이하여 신접한 여인을 찾아감 - 왕의 생명이 마치리라. King's life

사울의 실수와 몰락 과정을 보면서 어떻게 올바른 지도력을 발휘해야 하는지 배울 수 있다.
첫째, 전적으로 하나님을 기다리는 법을 배워야 한다. 조급함과 서두름을 주의해야 한다.
자칫 상황에 밀려 인간적인 지혜와 방법으로 나아가기 때문이다.

너희가 돌이켜 조용히 있어야 구원을 얻을 것이요 잠잠하고 신뢰하여야 힘을 얻을 것이거늘… 여호와께서 기다리시나니 이는 너희에게 은혜를 베풀려 하심이요 일어나시리니 이는 너희를 긍휼히 여기려 하심이라. 대저 여호와는 정의의 하나님이심이라 그를 기다리는 자마다 복이 있도다 사 30:15,18

둘째, 온전히 하나님께 순종하는 법을 배워야 한다. 순종할 때는 기쁘게, 즉시, 온전히 순종해야 한다.

사무엘이 이르되, 여호와께서 번제와 다른 제사를 그의 목소리를 청종하는 것을 좋아하심같이 좋아하시겠나이까? 순종이 제사보다 낫고 듣는 것이 숫양의 기름보다 나으니, 이는 거역하는 것은 점치는 죄와 같고, 완고한 것은 사신 우상에게 절하는 죄와 같음이라 삼상 15:22,23

셋째, 전적으로 하나님을 의지해야 한다. 위기는 하나님을 의지하여 그의 구원을 경험할 기회다. 사울은 위기를 만났을 때 하나님에게 나아가지 않고 신접한 여인에게 도움을 청했다.

귀인들을 의지하지 말며 도울 힘이 없는 인생도 의지하지 말지니… 야곱의 하나님을 자기의 도움으로 삼으며 여호와 자기 하나님에게 자기의 소망을 두는 자는 복이 있도다 시 146:3,5

하나님은 사무엘을 통해 사울을 심히 책망하셨다. 사무엘상 15장 22,23절의 말씀을 메시지성경으로 들어보자.

하나님께서 원하시는 것이 보여주기 위한 공허한 제사 의식이겠습니까?
그분께서 원하시는 것은 그분의 말씀을 잘 듣는 것입니다!
중요한 것은 듣는 것이지, 거창한 종교 공연을 무대에 올리는 것이 아닙니다.
하나님의 명령을 행하지 않는 것은 이교에 빠져 놀아나는 것보다 훨씬 더 악한 일입니다.
하나님 앞에서 스스로 우쭐대는 것은 죽은 조상과 내통하는 것보다 훨씬 더 악한 일입니다.
왕께서 하나님의 명령을 거절했으니 그분께서도 왕의 왕권을 거절하실 것입니다.

3. 다윗의 등장(삼상 16장-31장) : 광야생활

▶지도자 학교1 : 순종의 학교, 기도의 학교

다윗은 10대 중반에 사울을 이은 왕으로서 사무엘에 의해 기름부음을 받았다(삼상 16장). 그러나 그렇다고 해서 곧 왕이 되는 것은 아니었다. 왕으로서의 수업이 필요했다. 이후 다윗의 모든 삶은 하나님의 지도자 학교에서 주어진 리더십 훈련이었다.

다윗은 블레셋 사람 거인 골리앗(신장 – 약 2미터 90센티미터로 추정)을 죽인 후부터 본격적으로 무대에 등장한다(삼상 17장). 이후 사울의 아들 요나단과의 언약은 경건한 친구관계의 본이 된다(삼상 18장).
이스라엘 백성들로부터 점점 더 인기를 얻은 다윗은 사울의 경쟁의식, 시기와 질투, 두려움으로 인해 위험을 받게 되었다. 결국 그는 유다 광야로 도망가서 아둘람 굴에 은신하며 본거지로 삼았다.

그때 그에게 여러 사람이 몰려왔는데, 이들은 주로 환난 당한 모든 자, 빚진 모든 자, 마음이 원통한 자들이었다(삼상 22장). 이런 사람들은 일반적으로 매사에 수동적이고 소극적이며 비판적이다. 낮은 자존감과 열등감, 그리고 피해의식에 사로잡힌 사람들이다. 그러나 다윗은 이들을 훈련시켜 훗날 함께 나라를 견고하게 하는 용사가 되게 했다. 이들을 '아둘람 출신'이라 부른다. 다윗의 지도력을 엿볼 수 있다.

다윗은 그를 죽이려고 정예병 3,000명을 끌고 온 사울을 죽일 수 있는 두 번의 기회를 모두 내려놓았다. 그는 전적으로 하나님의 주권을 믿었다(삼상 24장, 26장). 그는 서두르지 않았다. 하나님의 때에 하나님의 방법으로 행하는 법을 배웠다. 그는 장차 왕으로서의 지도력을 잘 훈련받고 있었다. 그런 그에게 최대의 위기가 찾아왔다. 그와 그의 군대가 밖에 나간 사이에 아말렉 사람들이 그들의 본거지인 시글락을 습격하여 모든 사람들을 사로잡아간 것이다. 다윗은 절망과 위기에 처했지만 하나님의 도움을 입고 결국 힘을 내어 이를 잘 해결하고, 사로잡힌 사람들을 되찾았다(삼상 30장). 위기 가운데 처할 때 비로소 지도력이 나타난다. 낙심하여 남을 원망하며 뒤로 물러날 것인가, 아니면 정면승부로 문제를 해결할 것인가에 따라 지도자인지 아닌지가 결정된다.

4. 다윗, 왕으로서의 초기 시대(삼하 1장−4장)

▶지도자 학교2

다윗은 사울과 요나단이 블레셋과의 전투에서 죽었다는 소식을 듣고 크게 애도했다(삼하 1장). 그 후 비로소 다윗은 이스라엘 왕이 되었다. 그러나 오직 유다 지파만 인정하는 부분적 왕이었다(삼하 2장).

여전히 사울의 잔존 세력들이 남아 사울의 아들 이스보셋을 앞세워 다윗과 전쟁했다.

하나님은 사무엘을 통해 다윗을 기름 부어 왕으로 삼으셨으나 오랜 기간 광야를 통해서 왕의 수업을 받게 하셨다. 그리고 사울이 죽은 뒤에 다윗이 왕이 되었으나 모든 이스라엘이 인정하는 왕이 아니라 소수만 인정하는 왕이 되었다. 왕이 된 다윗은 하나님의 학교를 졸업하지 않았다. 하나님은 다윗을 지도자 학교에서 계속 배우게 하셨다. 이전까지가 지도력의 기초 과정이라면, 이제는 중급 과정에 들어가야 한다.

그러므로 하나님의 능하신 손 아래에서 겸손하라. 때가 되면 너희를 높이시리라 벧전 5:6

5. 다윗의 중기(삼하 5장−19장)

▶지도자 학교3

7년간의 전쟁 후 다윗은 비로소 모든 지파가 인정하는 왕이 되었다(삼하 5장). 다윗은 세 번 기름 부으심을 받았다. 1차로 사무엘을 통해 베들레헴에서, 2차로 유다와 베냐민 지파로부터 헤브론에서, 3차로 온 이스라엘로부터 헤브론에서 기름부음을 받고, 이후 33년간 왕으로서 지도력을 발휘했다. 과정마다 다윗은 지도자로서 훈련을 받으며 세워져 갔다.

그는 많은 전쟁을 치르면서 나라를 견고히 세우고 주변국들을 굴복시키며 나라를 확장했다. 또한 법궤를 예루살렘으로 옮겼다. 하나님은 다윗과 영원한 언약을 세우셨다(삼하 7장). 밧세바 사건은 온 세상이 아는 죄이다. 다윗은 크게 회개했다. 하나님은 그에게 솔로몬을 주셨다(삼하 11장-12장).

또한 다윗의 생애에 가장 큰 아픔 중의 하나는 그의 아들 압살롬의 반역이었다.

다윗은 싸우지 않고 스스로 도망했다가 압살롬의 죽음 후 예루살렘으로 귀환했다(삼하 15장-19장).

하나님께서는 늘 그의 사람들을 사용하실 때 '훈련 과정'을 지나게 하신다. 다윗은 하나님의 학교에서 순종과 깨어짐, 기도와 예배, 올바른 지도력 훈련 등의 과목을 수강했다.

다윗은 처음부터 왕이 되지 않았다. 기름부음 받은 후에 오랫동안 환난 속에 살았다. 또 왕이 되었을 때도 처음에는 단지 두 지파만이 인정하고, 나머지 열 지파는 인정하지 않는 제한된 왕으로서의 삶을 살았다. 한참 후에야 비로소 나라 전체가 인정하는 왕이 되었다. 하나님은 그런 과정을 통해 겸손과 인내와 순종을 배우게 하셨다.

다윗은 스스로 왕이 되고자 어떤 시도도 하지 않았다. 또한 왕으로 남으려고 시도하지도 않았다. 왕위(王位)를 주장하지 않았다. 그는 주어진 한계 속에서 하나님을 경외함으로 겸손하게 행했다.

그는 다음과 같이 고백했다. "나의 앞날이 주의 손에 있사오니 내 원수들과 나를 핍박하는 자들의 손에서 나를 건져주소서"(시 31:15). 그는 하나님의 권위에 순복하고, 그의 주권적 다스리심에 자신을 맡겼다.

> 조각난 내 삶을 다 맡겨 드렸더니 하나님께서 온전하게 만들어주셨다.
> 내 행실을 바로잡았더니 새 출발을 허락해주셨다 삼하 22:21 메시지성경

【 구약의 왕국 시대 】

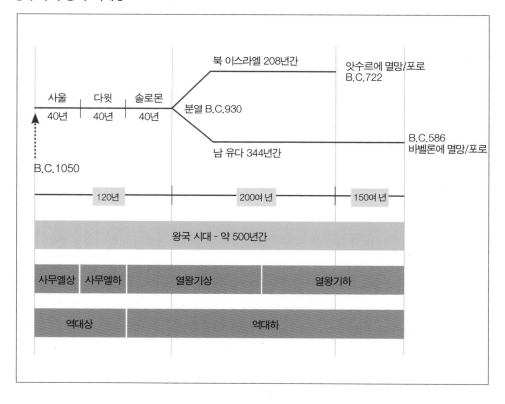

6. 다윗의 말기(삼하 20장-24장)

다윗의 말기에 세바의 반역과 3년 기근이 그를 괴롭혔다. 또한 다윗은 요압을 시켜 인구조사를 실시했다. 하나님은 이것을 기뻐하지 않으셨다(삼하 24장). 다윗의 인구조사는 성경적이 아니었다. 동기가 옳지 않았기 때문이다. 자기를 드러내고자 함이었다. 성경은 사람의 수를 세는 것이 성경적인 경우도 보여준다. 가령, 목자가 잃어버린 양을 알고자 양떼의 숫자를 조사할 때이다(눅 15:1-7). 중요한 것은 동기다.

> 교만함으로 숫자를 세기도 하고, 주어진 일에 충성을 다하기 위해 숫자를 세기도 한다. 언제나 나의 마음을 살펴야 한다. 예레미야 17장 10절에서 "나 여호와는 심장을 살피며 폐부를 시험하고 각각 그의 행위와 그의 행실대로 보응하나니"라고 하신다. 심장은 사람의 장기의 중심에 있다. 폐부는 신장(콩팥)이라고도 한다. 사람의 장기의 가장 끝에 있다. 하나님은 사람의 중심을 살피며 또한 숨은 동기를 시험하신다(시 51:6).

다윗은 그의 교만으로 하나님의 징계를 받았다. 징계 후에 그는 아라우나 타작마당에서 하나님께 번제를 드렸다.

왕을 사랑하는 아라우나는 그 땅을 거저 주고자 했으나 다윗은 값을 주고 샀다. "내가 값을 주고 네게서 사리라. 값없이는 내 하나님 여호와께 번제를 드리지 아니하리라"(삼하 24:24). 대가를 지불하는 삶이 하나님나라의 특성이다. 값없이 은혜를 받은 것으로 자칫 이 중요한 원칙을 잊고 대가를 지불하는 법을 잊어서는 안 된다.

블레셋 : 오늘날 팔레스타인으로 부른다. 함 자손으로, 애굽 혈통의 해양 민족. 헷(히타이트) 족속에게서 철기문화를 배운 싸움 잘하는 나라. 지중해 해안 지역 평지에 살던 이들은 이스라엘에게는 가시 같은 존재였다. 다윗 시대에 이르러서야 정복되었다. 오늘날까지도 팔레스타인은 이스라엘을 괴롭히고 있다.

위대한 하나님, 위대한 다윗

다윗은 분명 위대한 지도자다. 그러나 다윗은 한 번도 자신을 그렇게 생각하지 않았다. 아니, 생각조차 하지 않았다. 연약하고 환경에 휩쓸리기 쉬운, 다른 사람들의 말에 휘둘리기 쉬운 자신을 보았다. 그는 자신이 누구인 줄 알았다. 그럼에도 다윗이 위대하다고 평가받는 이유는 그가 언제나 의지하는 그의 하나님 때문이다. 하나님은 위대하시다. 그는 언제나 위대하신 그분을 의지했다. 이것이 그가 아주 평범함에도 불구하고 위대한 왕으로 인정받는 이유다. 그의 고백을 들어보면 알 수 있다.

여호와는 나의 반석이시요 나의 요새시요 나를 위하여 나를 건지시는 자시요

내가 피할 나의 반석의 하나님이시요, 나의 방패시요, 나의 구원의 뿔이시요, 나의 높은 망대시요,

그에게 피할 나의 피난처시요 나의 구원자시라. 나를 폭력에서 구원하셨도다.

내가 찬송 받으실 여호와께 아뢰리니 내 원수들에게서 구원을 받으리로다.

사망의 물결이 나를 에우고 불의의 창수가 나를 두렵게 하였으며,

스올의 줄이 나를 두르고 사망의 올무가 내게 이르렀도다.

내가 환난 중에서 여호와께 아뢰며, 나의 하나님께 아뢰었더니

그가 그의 성전에서 내 소리를 들으심이여, 나의 부르짖음이 그의 귀에 들렸도다 삼하 22:2-7

하나님은 나의 견고한 요새시며 나를 안전한 곳으로 인도하시며

나의 발로 암사슴 발 같게 하시며, 나를 나의 높은 곳에 세우시며,

내 손을 가르쳐 싸우게 하시니 내 팔이 놋 활을 당기도다.

주께서 또 주의 구원의 방패를 내게 주시며 주의 온유함이 나를 크게 하셨나이다.

내 걸음을 넓게 하셨고, 내 발이 미끄러지지 아니하게 하셨나이다 삼하 22:33-37

나를 원수들에게서 이끌어 내시며 나를 대적하는 자 위에 나를 높이시고

나를 강포한 자에게서 건지시는도다.

이러므로 여호와여, 내가 모든 민족 중에서 주께 감사하며 주의 이름을 찬양하리이다.

여호와께서 그의 왕에게 큰 구원을 주시며, 기름부음 받은 자에게 인자를 베푸심이여,

영원하도록 다윗과 그 후손에게로다 삼하 22:49-51

Dear. NCer

톨레돗 관점에서 사무엘상·하 보기

하나님께서는 늘 하나님의 사람들을 사용하실 때 '훈련 과정'을 지나게 하신다.

다윗은 '하나님의 학교'에서 순종과 깨어짐, 기도와 예배, 올바른 지도력 훈련 등의 과목을 수강했다. 또한 왕이 된 후에도 첫 7년은 오직 두 지파에게만 인정받았다. 그는 주어진 한계 속에서 하나님을 경외함으로 겸손하게 행하고, 순종과 인내를 배우며 하나님의 권위에 순복하고, 그분의 주권적 다스리심에 자신을 맡겼다.

다윗은 스스로 왕이 되고자 하는 어떠한 시도도 하지 않았다. 또한 왕으로 남아있으려고도 시도하지 않았다. 왕위를 주장하지도 않았다. 그는 자신의 위대함을 드러내지 않고 하나님의 위대하심만을 나타내었다. '하나님의 위대한 사람'이 아니라 '위대하신 하나님의 사람'임을 보여주었다.

❖ 열왕기상·하(Kings) 두 왕의 길 – 다윗의 길, 여로보암의 길

열왕기상·하는 사무엘상·하처럼 원래 한 권의 책이다. 사무엘서는 열왕기서의 서곡이다. 사울의 다스림과 다윗 왕가의 출발을 다룬 게 사무엘상·하라면, 열왕기서는 다윗의 아들 솔로몬과 왕국의 분열, 북 이스라엘의 앗수르에 의한 멸망과 남 유다의 바벨론에 의한 멸망 그리고 포로로 끌려갈 때까지의 남북 왕들의 이야기를 다룬다.

열왕기상·하는 단순히 왕국에 관한 이야기를 넘어서 하나님의 나라에 대한 이야기다. 그리고 여러 왕들의 이야기를 넘어서 오직 한 왕이신 우리 주 예수 그리스도를 보게 한다. 창세기에서 가정을 다스리는 원칙을 배운다면 열왕기서에서는 나라를 다스리는 원칙을 배우게 된다. 왕들과 왕국의 이야기가 초점이 아니다. 하나님의 주권적 통치 아래 어떻게 살아가야 하는지, 어떻게 영향을 주는 삶을 살아야 하는지를 배우고자 하는 그리스도인들에게 필수 자료를 제공한다.

고구마 줄기를 잡고 쭉 잡아당기면 땅속에 있던 고구마들이 주렁주렁 매달려 나오듯이, 열왕기서를 보면 선지서 12권(에스겔, 다니엘은 포로 시대, 학개, 스가랴, 말라기는 포로 귀환 시대에 대한 것이어서 제외된다)이 "예, 맞아요! 제가 거기 있었어요!" 하며 보충 설명하듯이 달려 나온다.

열왕기상·하 – 나라를 다스리는 원칙(왕상 3:7-14)

남북 왕국의 분열		남북 왕국의 갈등		남북 왕국의 멸망	
솔로몬	왕국의 분열	오므리 왕조	예후 왕조	북 이스라엘의 멸망	남 유다의 멸망
왕상 1-11장	왕상 12-13장	왕상 14장-왕하 8장	왕하 9-16장	왕하 17장	왕하 18-25장
왕위 계승 솔로몬의 지혜 성전 건축	왕국 분열의 원인은 르호보암이 아닌 솔로몬	엘리야와 엘리사 아합과 이세벨	엘리야의 예언의 성취 바알 숭배의 결과	앗수르에게 멸망 B.C.722 앗수르의 식민 정책 -식민지를 이민족으로 채움	바벨론에게 멸망 B.C.586 바벨론의 제국 정책 -제국을 유대 인재로 채움
시작은 잘하였으나 마지막은 실패로	여로보암의 심각한 죄	아합의 심각한 죄	북 이스라엘의 전성기 - 여로보암 2세	여로보암의 죄의 결과	마지막 부흥 -요시야

이 12권의 선지서는, "그때에 일어난 일들은 이런 상황들 가운데 벌어졌고, 또 이런 의미들이 있었어요"라고 말하는 것 같다.

열왕기상·하의 특징

1. 열왕기서

열왕기상은 거의 대부분 솔로몬과 여로보암과 아합에 관한 기록이다. 총 22장 중에서 20장이 이들에 대한 이야기이고, 나머지 2장은 남 유다, 북 이스라엘의 왕들을 간단히 기록했다. 특히 북 이스라엘에 초점이 맞춰져 있다.

흥미 있는 것은 아합 왕 때부터 여호아하스 시대까지 엘리야와 엘리사의 사역이 중심 내용이라는 것이다. 엘리사의 사역은 예후의 손자 요아스 때(왕하 13장) 마감했다. 이를 감안하면 열왕기상·하 전체에서 엘리야와 엘리사의 사역이 75%를 차지한다.

열왕기상·하는 솔로몬과 여로보암의 이야기, 아합과 엘리야, 그리고 엘리사의 사역이 대부분을 차지한다고 볼 수 있다. 또한 북 이스라엘의 역사는 열왕기하 17장에서 끝난다. 이후의 열왕기하 18장에서 25장까지는 남 유다의 기록이다. 남 유다 왕국의 히스기야와 요시야에 관한 내용이 대부분을 차지한다. 열왕기서는 선지자와 왕 사이에 수많은 접촉이 있었다. 따라서 열왕기서는 일종의 예언서 역할도 한다.

2. 선지서 12권

남북 분열왕국 시대에 사역한 선지자의 기록 — 오바댜(에돔에 대한 심판), 요엘(유다), 요나(니느웨 즉 앗수르에 대한 심판), 아모스(북 이스라엘), 호세아(북 이스라엘) 등 5권이다.

북 이스라엘 멸망 후 남 유다만 있을 때 사역한 선지자의 기록 — 이사야, 미가, 나훔(니느웨 즉 앗수르의 멸망에 대해), 예레미야(애가 포함), 하박국, 스바냐 등 7권이다.

열왕기상·하의 메시지

열왕기서는 크게 세 부분으로 나눌 수 있다. 거대한 이스라엘 왕국의 500년 역사 드라마다.

  1 - 남북 왕국의 분열(왕상 1장-13장) : 프롤로그에 해당한다.
  2 - 남북 왕국의 갈등(왕상 14장-왕하 16장) : 본론이라 할 수 있다.
  3 - 남북 왕국의 멸망(왕하 17장-25장) : 에필로그에 해당한다.

1. 프롤로그 – 남북 왕국의 분열

이스라엘 역사의 슬픈 이야기의 서곡에 해당하는 내용으로, 하나의 왕국이었던 이스라엘이 2개의 왕국 즉 남 유다와 북 이스라엘로 분열되는 안타까운 과정이 기록되었다.

1) 솔로몬(왕상 1장–11장)

다윗은 그가 죽기 전에 솔로몬에게 중요한 당부를 한 다음 왕위를 넘겨주었다.

"너는 힘써 대장부가 되고 네 하나님 여호와의 명령을 지켜 그 길로 행하여 그 법률과 계명과 율례와 증거를 모세의 율법에 기록된 대로 지키라. 그리하면 네가 무엇을 하든지 어디로 가든지 형통할지라"(왕상 2:2,3).

모세를 이은 여호수아나 다윗을 이은 솔로몬에게 주께서 요구하신 것은 오직 '그 말씀'이었다. 형통의 비결은 오직 그 말씀을 따라 행하는 데 있다.

왕이 된 솔로몬은 "내가 네게 무엇을 줄꼬 너는 구하라"라고 말씀하시는 하나님께 "듣는 마음을 종에게 주사 백성을 재판하여 선과 악을 분별할 수 있게 해주시기를" 구했다. 하나님은 솔로몬의 요청이 마음에 드셨다(왕상 3:5,9,10). 하나님은 솔로몬의 요청에 응답하실 뿐 아니라 너무도 큰 보너스를 주셨다.

"네가 이것을 구하도다 자기를 위하여 장수하기를 구하지 아니하며, 부도 구하지 아니하며, 자기 원수의 생명을 멸하기도 구하지 아니하고, 오직 송사를 듣고 분별하는 지혜를 구하였으니, 내가 네 말대로 하여 네게 지혜롭고 총명한 마음을 주노니 네 앞에도 너와 같은 자가 없었거니와 네 뒤에도 너와 같은 자가 일어남이 없으리라"(왕상 3:11-14).

솔로몬 같은 사람이 전무후무할 것이라고 말씀하신 것처럼 그는 하나님께 큰 은혜를 입었다. 그의 지혜는 온 세상에 알려졌다. "사람들이 솔로몬의 지혜를 들으러 왔으니 이는 그의 지혜의 소문을 들은 천하 모든 왕들이 보낸 자들이더라"(왕상 4:34). 그의 지혜의 소문을 듣고 찾아온 스바 여왕은, "내가 내 나라에서 당신의 행위와 당신의 지혜에 대하여 들은 소문이 사실이로다. 내가 그 말들을 믿지 아니하였더니 이제 와서 친히 본즉 내게 말한 것은 절반도 못되니 당신의 지혜와 복이 내가 들은 소문보다 더하도다"(왕상 10:6,7)라고 탄복하며 말했다.

> 솔로몬은 우리 주 예수 그리스도를 보여준다. 예수 그리스도는 솔로몬의 지혜보다 더 뛰어나시다 (마 12:42, 눅 11:31). 그리스도는 하나님의 비밀이다. 그 안에는 지혜와 지식의 모든 보화가 감추어져 있다(골 2:2,3).
>
> 세례 요한의 제자이던 두 사람이 예수께 질문했다. "랍비여, 어디 계시오니이까?" 주께서, "와서 보라"라고 하셨다. 그들이 가서 보고 그날부터 함께 거하였다(요 1:35-39). 이들은 예수님의 처음 제자가 되는 영광을 가졌다. 누구든지 예수를 만나면 솔로몬을 만나 탄복한 스바 여왕의 고백보다 더 큰 고백을 하게 될 것이다.

솔로몬은 취임 후 제4년부터 성전 건축을 시작하여 7년의 대공사 끝에 완성했다. 그리고 초막절에 성전 봉헌식을 했다. 마침내 언약궤가 지성소에 안착되었다. 솔로몬은 성전 봉헌식에서 무릎을 꿇고 중요한 일곱 가지의 탄원 기도를 했다(왕상 8:22-53).

성전 건축은 이스라엘 역사의 기폭제였다. 개인은 물론 나라 전체의 중심 역할을 했다. 성전은 하나님을 만나는 곳, 하나님에게 예배하는 곳, 하나님에게 기도하는 곳이다. 하나님은 성전에서 그의 백성을 만나시고, 그의 백성의 기도를 들으시고 응답하신다.

그 후 그는 약 13년에 걸쳐서 궁궐 건축을 했다.

그러나 참으로 안타까운 것은 그가 이방 여인들과 정략결혼한 것이다. 그들은 자기들이 섬기던 우상을 함께 가지고 왔다. 이로 인해 나라에 큰 혼란이 생겼다.

"솔로몬 왕이 바로의 딸 외에 이방의 많은 여인을 사랑하였으니 곧 모압과 암몬과 에돔과 시돈과 헷 여인이라… 솔로몬의 나이가 많을 때에 그의 여인들이 그의 마음을 돌려 다른 신들을 따르게 하였으므로 왕의 마음이 그의 아버지 다윗의 마음과 같지 아니하여 그의 하나님 여호와 앞에 온전하지 못하였으니 이는 시돈 사람의 여신 아스다롯을 따르고 암몬 사람의 가증한 밀곰을 따름이라"(왕상 11:1,4,5).

하나님이 솔로몬에게 두 번이나 이 일로 명령하셨지만 솔로몬은 그 말씀을 지키지 않았다(왕상 11:9-13). 솔로몬은 사울 왕처럼 처음에는 출발을 잘했으나 마지막은 실패했다. 참으로 마음이 아프고 분하다. 우리 모두 이런 어리석은 일들이 반복되지 않도록 깨어 경계해야 한다.

2) 나라가 둘로 갈라짐(왕상 12장-13장)

솔로몬의 아들 르호보암 때 남북으로 왕국이 분열되었다.

왕국 분열은 르호보암에 의해 발생했다기보다 거슬러 올라가 솔로몬에게 원인이 있었다. 솔로몬이 많은 이방 여인들을 아내로 삼아 그들이 가져온 우상을 섬긴 게 제일 큰 이유다. 성전과 왕궁 건축으로 노역에 시달리던 백성들이 반감을 갖게 된 것도 또 다른 이유다. 솔로몬의 신하 느밧의 아들 여로보암은 노역 담당자였다. 선지자 아히야가 장차 여로보암이 열 지파의 왕이될 것을 예언했다. 이 사실을 알게 된 솔로몬이 여로보암을 죽이려 하자 그는 애굽으로 도망하여 솔로몬이 죽기까지 머물렀다.

> 솔로몬은 선지자 아히야의 예언을 듣고 자신을 깨뜨리며 하나님에게 나아가야 했다. 회개하며 그의 얼굴을 구해야 했다. 그러나 그는 마치 다윗을 죽이려 했던 사울처럼 가장 어리석은 길을 택했다.

아버지가 물려준 정치적 반감을 안은 채 르호보암은 출발했다. 백성들은 그들의 짐을 덜어주기를 솔로몬의 아들 르호보암에게 요청했으나 거절되었다. 이 정황을 파악하고 대처했어야 하는데 그렇지 못했다. 지혜롭지 못했다. 교만이 원인이었다. 북방의 열 지파는 더 이상 다윗 왕가를 따르지 않기로 하고, 여로보암을 왕으로 삼아 북 왕국 이스라엘을 세웠다.

여로보암의 죄

그런데 하나님의 은혜로 왕이 된 여로보암은 겸손히 행하지 않고 오히려 교만하게 행하여 심각한 죄를 지었다. 이는 향후 북 이스라엘 전체의 악한 지도력의 특징이 되었다(왕상 12:25-33). 그가 선택하여 행한 어리석은 죄는 다음과 같다. 가장 경계해야 할 태도와 행동이다.

장소 : 왕이 된 여로보암은 남방 유다가 정통인 걸 알았다. 그는 백성들이 하나님을 섬기러 예루살렘으로 가는 것을 두려워하여 어리석은 대안을 마련했다. 북쪽 경계에 위치한 '단'과 남쪽 유다 경계에 위치한 '벧엘'에 금송아지 제단을 만들어 예루살렘을 대신하여 예배의 중심지로 삼았다.

사람 : 산당을 지어 레위인이 아닌 일반인을 제사장으로 삼았다.

절기 : 하나님의 절기들과 비슷한 시기로 마음대로 정하여 다른 절기를 만들었다.

그 결과 북 이스라엘의 15명의 왕들에게 심각한 악영향을 주었고, 결국 북 이스라엘의 멸망을 초래했다(왕하 17:21-23).

2. 본론 – 남북 왕국의 갈등

열왕기서의 본론에 해당하는 이 부분은 여로보암 이후 남 유다와 북 이스라엘 사이의 끊임없는 갈등의 기록이다. 이들은 아브라함의 자손이요 야곱의 열두 아들들인 열두 지파이다. 이들은 한 형제, 한 가족이다. 그럼에도 이들은 남북으로 나뉘어져 서로 반목하고 수시로 전쟁했다.

1) 여로보암 집의 심판(왕상 14장-15장)

하나님은 여로보암의 죄를 책망하여 돌이키게 하고자 아히야를 통해 경고하셨다(왕상 14:1-10). 그러나 여로보암은 그 악한 길에서 떠나 돌이키지 않았다. 이 일이 여로보암 집에 죄가 되어 그 집이 땅에서 끊어져 멸망하게 되었다(왕상 14:13,14).

여로보암의 죄로 그 아들 아비야는 병들어 죽었다. 여로보암을 이어 그의 아들 나답이 왕이 되었으나 바아사가 모반하여 나답을 죽이고, 더 나아가 여로보암의 온 집을 쳐서 한 사람도 남기지 않고 다 멸했다.

> 여호와께서 여로보암의 죄로 말미암아 이스라엘을 버리시리니 이는 그도 범죄하고 이스라엘로 범죄하게 하였음이니라 왕상 14:16

여로보암의 범죄는 그의 가족, 자손 전체를 멸망의 길로 이끌었다. 뿐만 아니라 나라 전체에 영향을 주어 죄를 범하게 했다.

2) 오므리 왕조(아합)의 역사 : 엘리야와 엘리사의 사역 시기(왕상 16장– 왕하 8장)

여로보암의 집을 심판하고 왕이 된 바아사는 여로보암의 집의 교훈을 알면서도 놀랍게도 그 길을 따랐다. 결국 그도 여로보암과 같은 결말을 맞았다. 바아사의 아들 엘라가 왕이 되었을 때 지휘관이었던 시므리가 모반하여 바아사의 온 집을 멸했다. 그러나 시므리도 여로보암의 길로 행하여 왕이 된 지 얼마 못 되어 오므리에 의해 죽었다. 오므리는 이전의 왕들 곧 여로보암의 온 집, 바아사의 온 집, 시므리의 온 집의 멸망을 보고도 교훈으로 삼지 않았다. 한 발 더 나아가 이전의 모든 사람보다 더 악하게 행했다. 그러나 그보다 더 악하게 행한 사람은 오므리의 아들 인 아합이다. 아합은 두로와 시돈 출신인 이방 여인 이세벨을 아내로 맞이하고, 그녀가 가지고 온 바알을 백성들로 섬기도록 했다.

> 오므리의 아들 아합이 그의 이전의 모든 사람보다 여호와 보시기에 악을 더욱 행하여 느밧의 아들 여로보암의 죄를 따라 행하는 것을 오히려 가볍게 여기며 시돈 사람의 왕 엣바알의 딸 이세벨을 아내로 삼고 가서 바알을 섬겨 예배하고 사마리아에 건축한 바알의 신전 안에 바알을 위하여 제단을 쌓으며 또 아세라 상을 만들었으니 그는 그 이전의 이스라엘의 모든 왕보다 심히 이스라엘 하나님 여호와를 노하시게 하였더라 왕상 16:30-33

아합은 가장 악한 왕이다. 자신만 죄를 지은 게 아니라 나라 전체가 죄를 짓도록 했다. 그는 하나님을 노하시게 했다. 이후에 하나님은 여러 차례 그에게 경고하셨지만 그는 끝내 돌이키지 않았다. 결국 하나님께서 예후를 일으켜 아합과 그의 자손들을 심판하셨다. 예후가 반란을 일으켜서 아합의 집을 진멸하고 북 이스라엘에 새로운 왕조를 세웠다. 결국 북방 이스라엘은 호세아 왕 때에 앗수르에 의해 멸망을 당했다.

아합 - 가장 악한 왕

아합은 오므리 왕조의 시작인 오므리의 아들이다. 아합의 아내 이세벨은 페니키아, 즉 갈릴리 북서쪽 지중해 연안에 위치한 두로와 시돈의 공주였다. 그녀의 아버지는 바알 숭배자 엣바알이다. 바알은 가나안 종교의 대표적인 우상이다. 엘리야와 엘리사가 아합과 이세벨의 죄를 책망했다. 아달랴는 아합과 이세벨 사이에서 난 딸이다. 남방 유다의 4대 왕인 여호사밧이 아달랴를 며느리로 맞이하여 5대 왕 여호람의 아내가 되었다.

남북 평화를 위한 결혼이지만 안타깝게도 이 일로 남방 유다도 바알에 접속하게 되었다. 특히 아달랴는 다윗 혈통을 없애버리려고 피비린내 나는 쿠데타를 감행했다. 그러나 손자 요아스가 극적으로 구출되어 6년을 성전에서 숨어 지냈다. 그 사이에 아달랴는 왕노릇을 했다.

다윗 혈통이 아닌 바알을 섬기는 이방인이 어이없게도 유다 왕국의 유일한 여왕이 되었다. 그러나 요아스가 아달랴를 제거하고 극적으로 다윗의 혈통을 이어갔다. 다윗의 왕위가 이어질 것을 약속하신 하나님의 신실하심이 유다 왕국을 지켰다(삼하 7:13-16).

아합은 아람과의 전쟁에서 죽게 된다. 아람은 '수리아'라고도 하며 갈릴리 북쪽에 위치한, 북 이스라엘과 가장 연관된 나라이다.

3) 예후 왕조의 역사 : 엘리사의 사역(왕하 9장- 16장)

예후가 오므리 왕조를 심판하고 왕이 되어 예후 왕조가 시작되었다. 엘리야의 예언이 성취되었다(왕상 19:15-17, 21:21-24). 오므리 왕조의 마침은 바알 숭배의 결과다.

예후가 하나님의 뜻을 따라 아합 집을 심판했다. 바알의 목상을 헐며 바알의 신당을 헐어서 변소로 만들었다. 그러나 예후도 하나님의 말씀을 온전히 지켜 행하지 않으며 여로보암의 죄를 떠나지 않았다. 그리하여 결국 4대까지만 왕위에 있게 된다. 절반의 순종은 절반의 축복만 받는다. 예후-여호아하스-요아스-여로보암 2세-그리고 결국 스가랴는 살룸의 반역으로 죽임을 당했다. 하나님의 말씀대로 4대 만에 예후 왕조는 막을 내렸다.

당시에 사역한 선지자는 엘리야와 엘리사, 그리고 호세아, 요엘, 아모스, 요나이다.

4) 위대한 두 선지자 엘리야와 엘리사의 사역

엘리야와 그의 제자 엘리사는 북 이스라엘을 중심으로 사역했다. 엘리야의 사역은 열왕기상 17장부터 열왕기하 2장까지다. 엘리야 사역의 카운터파트(counterpart)는 아합 왕이었다. 엘리야의 사역에서 특이한 점은 아합 왕 시대에 비가 3년간 오지 않음을 선포한 것과 다시 기도하니 비가 내린 것이다.

또한 하나님은 그의 종 엘리야의 쓸 것을 공급하시는 방법으로 까마귀와 가장 가난한 사르밧 과부를 사용하셨다. 엘리야는 죽었던 사르밧 과부의 아들을 살리기도 했다. 또한 갈멜 산에서 바알의 선지자 450명과 대결을 벌였고, 하나님으로 말미암아 대승리를 경험했다.

엘리야는 죽지 않고 하늘로 올려진 하나님의 사람이다. 그러나 그에게도 치명적인 실수가 있었다. 갈멜 산의 대승리 이후 이세벨의 협박에 호렙 산으로 도망간 사건이다. 이세벨의 말을 듣고 우리의 영웅 엘리야는 너무나 어이없이 두려움에 사로잡혔다. 엘리야는 사람을 두려워했다. 오늘날에도 가장 위험한 건 두려움이다.

> 하나님은 두려움을 엄격히 다루신다. 왜냐하면 두려움은 불신앙의 결과이기 때문이다. 잠언 29장 25절에, "사람을 두려워하면 올무에 걸리게 되거니와 여호와를 의지하는 자는 안전하리라"라고 하셨다. 두려움을 제대로 다루지 못한 엘리야에게 하나님은 호렙 산에서 "너, 보따리 싸라"고 하셨다. 이후 엘리야의 주 사역은 제자를 훈련시키는 것이었다. 특히 수제자로 엘리사를 불러 양육했다.

엘리사는 엘리야로부터 부름을 받을 때 과격한 순종과 헌신을 했다. 엘리사는 많은 농지를 가진 부호(富豪)였다. 그는 밭을 갈고 있다가 엘리야의 부름을 받자 즉시 순종했다. 소를 잡고 소의 기구를 불살라 그 고기를 삶아 동네 사람들과 먹으며 환송회를 가졌다. 그는 뒤로 돌아갈 퇴로를 끊고 배수진을 쳤다. 모든 것을 포기하고 엘리야의 부름에 응답했다. 그러나 바로 사역에 임한 건 아니다. 이후 10년간 엘리야를 섬기며 훈련을 받았다(왕상 19:19-21).

엘리야의 후계자 엘리사의 사역은 엘리야의 승천 이후부터 시작되었다. 엘리사가 승천하는 엘리야에게 "당신의 성령이 하시는 역사가 갑절이나 내게 있게 하소서"(왕하 2:9)라고 요청한 것처럼 실제로 그의 사역은 엘리야의 사역 역사의 갑절이었다.

가난한 과부가 유일하게 가진 기름 한 통을 모든 빈 그릇에 넘치게 한 구약의 오병이어 사건, 죽었던 수넴 여인의 아들을 살린 것, 흉년에 큰 솥의 들호박국에 있던 독을 제거한 것, 보리떡 20개와 한 자루의 채소로 100명이 먹고 남은 것(왕하 4장), 문둥병자였던 아람의 군대장관 나아만의 병을 고쳐준 것(왕하 5장), 물에 빠뜨린 쇠도끼를 찾은 것, 아람 군대의 모든 공격 루트를 차단하고 대승리를 거둔 것(왕하 6장), 엄청난 물가고를 잡아 경제를 안정시킨 것(왕하 7장) 등의 이적들이다. 엘리사는 특히 경제 문제를 해결하는 데 쓰임 받았다.

엘리사는 엘리야를 뒤이어 제자훈련 사역에도 많은 시간을 할애했다. 길갈, 벧엘, 여리고, 요단이 그 거점 지역이었다.

3. 에필로그 – 남북 왕국의 멸망(왕하 17장–25장)

열왕기서의 결말 부분에 해당한다. 서막이 1왕국에서 2왕국으로 분열하기까지를 다루었다면, 결말 부분은 2왕국에서 1왕국으로 남는 과정을 다루었다. 그리고 본론에 해당하는 부분은 나누어진 두 왕국이 어떻게 진행되는지를 다루었다. 열왕기서에 나타난 이스라엘의 역사는 '1왕국에서 2왕국'으로 시작하고, '2왕국에서 1왕국'으로 막을 내린다.

북 이스라엘의 멸망

남 유다의 경우, 다윗의 길로 행한 왕들은 통치 기간이 대체로 길었던 반면에 악을 행한 왕들의 통치는 짧았다. 북 이스라엘 왕국도 마찬가지다. 북 이스라엘은 19명의 왕들이 앗수르에 멸망하기까지 208년간 지속되는 동안 7번의 쿠데타가 일어났다. 남 유다는 20명의 왕들이 바벨론에 멸망하기까지 344년간 지속되었다. 한 번의 쿠데타가 일어났지만 하나님이 다시금 다윗의 혈통으로 왕위가 이어지게 하셨다. 사울을 시작으로 한 이스라엘의 왕조 시대는 거의 500년간 지속되다 결국 앗수르와 바벨론에 의해 멸망했다.

북 이스라엘은 앗수르에 의해 멸망했다(B.C.722). 남방 유다보다 136년 전(B.C.586)에 멸망했다. 앗수르는 '앗시리아'라고도 하며 수리아 동쪽 유프라테스 강 유역에 자리 잡은 나라이다. 메소포타미아 사람들이다. '앗'자가 붙으면 큰 나라다.

앗수르는 이스라엘을 멸망시킨 후에 이스라엘 사람들을 사로잡아 앗수르로 끌어다가 고산 강가에 있는 할라와 하볼과 메대 사람의 여러 고을에 두었다(왕하 17:6). 대신에 앗수르 왕은 바벨론과 구다와 아와와 하맛과 스발와임에서 사람들을 옮겨다가 이스라엘 자손을 대신하여 사마리아 여러 성읍에 두어, 그들로 사마리아를 차지하고 그곳에 거주하게 했다(왕하 17:24). 이들에 의해 북 이스라엘은 다신종교 사회가 되었다(왕하 17:27-41). 이방신들을 섬기고 이방인들과 결혼하여 훗날 이들을 '사마리아인'이라 불렀다.

남 유다의 멸망

남방 유다도 아하스로부터 히스기야 - 므낫세 - 아몬에 이르기까지 4명의 왕들의 때에 앗수르에 의해 어려움을 받았다. 요시야로 시작하여 여호아하스(살룸) - 엘리아김(여호야김) - 여호야긴(고니야) - 시드기야까지 5명의 왕들은 바벨론에 어려움을 받았다. 결국 시드기야 때 바벨론에게 멸망했다.

열왕기서는 북방 이스라엘 중심이고, 역대상·하는 남방 유다 중심이다.

북 이스라엘의 멸망 후에도 남 유다는 136년간 왕국을 더 지속했다. 남 유다도 앗수르에게 계속적으로 공격을 받아 위기상황까지 갔었다. 그러나 히스기야 왕은 선지자 이사야의 조언을 받으며 하나님의 도움으로 앗수르를 대패시켰다.

이후 앗수르는 점점 쇠퇴하며 멸망의 길로 향했다. 앗수르가 쇠약해진 틈을 타서 작은 도시국가였던 바벨론이 일어나 앗수르를 정복하고 거대한 제국을 이루었다. 그리고 바벨론은 유다를 세 차례 공격하여 많은 포로들을 바벨론으로 끌고 갔다. 예루살렘 성의 함락과 성전의 파괴로 남 유다는 완전히 멸망을 당했다.

북 이스라엘의 왕들을 다룰 때 하나님은 그들이 여로보암의 길을 따라 악을 행했는가 아닌가에 초점을 두셨다. 19명의 왕들 중에 여로보암의 길을 따라 영향을 받은 왕들이 15명이었다.

남 유다의 왕들을 다룰 때 하나님의 관심은 그들이 다윗의 길로 행했는가 아닌가에 있다. 20명의 왕들 중에 7명(아사, 여호사밧, 요아스, 웃시야, 요담, 히스기야, 요시야)이 다윗의 길로 행했다. 특히 이들 중에 5명의 왕들(아사, 여호사밧, 요아스, 히스기야, 요시야)은 개혁자였다.

이들의 특징은 이방 제단을 헐고, 우상을 깨뜨리고, 아세라 상을 찍어버리고, 제단을 다시 세웠다는 것이다. 하나님을 구하고 그의 말씀에 귀를 기울였다. 말씀의 부흥이 개혁의 중심에 있었다.

【 숨겨진 영웅들 】

예언서를 기록하지 않은 17명의 선지자들	
이스라엘에서 사역한 선지자들(7명)	유다에서 사역한 선지자들(10명)
아히야 / 예후 엘리야 / 미가야 엘리사 / 오뎃(대하 28:9) 잇도	스마야 / 잇도 오뎃(대하 15:8) / 아사랴 하나니 / 예후 엘리에셀 / 스가랴 훌다 / 우리야

유다의 왕들 중에 특이한 두 왕이 있다. 여호람과 아하시야다. 여호사밧의 아들 여호람은 이스라엘 왕들의 길로 행했다(왕하 8:16-19). 그의 아내는 아합의 딸 아달랴였다. 또한 여호람의 아들 아하시야도 아합의 길로 행했다(왕하 8:27). 그의 어머니 아달랴의 영향 때문이다. 아하시야가 죽었을 때 그의 어머니인 아합의 딸 아달랴가 다윗의 자손들을 모두 멸절하려 했으나 아하시야의 아들 요아스는 그의 고모인 여호세바의 도움으로 죽임을 당하지 않고 숨어 살았다.

여호사밧은 아버지 아사를 이어서 다윗의 길로 행한 개혁의 왕들 중에 하나다. 그러나 그는 북이스라엘 왕 아합과 화해하고자 정략결혼을 하는 치명적인 실수를 범했다. 그래서 아들 여호람과 손자 아하시야가 아합의 길로 행하는 치욕을 낳았다. 또한 잠시라 할지라도 유다 왕국이 다윗의 혈통을 떠나 아합과 이세벨의 혈통인 아달랴의 다스림을 받았다. 하마터면 아달랴에 의해 다윗의 혈통이 끊어질 뻔했다. 그러나 신실하신 하나님께서 다윗을 위해 유다가 멸하지 않게 보호하셨다(왕하 8:19).

다윗의 혈통에 속한 유다 왕들의 특징을 요약하면 다음과 같다.

다윗은 경건하고, 솔로몬은 지혜롭고, 르호보암은 단순하고, 아비야는 용감하고, 아사는 정직하고, 여호사밧은 신앙적이고, 여호람은 악하고, 아하시야는 하나님을 모독하고, 요아스는 위기에 있던 다윗 왕가를 본래의 자리로 돌아오게 하고, 아마샤는 경솔하고, 웃시야는 강력하고, 요담은 평화를 좋아하고, 아하스는 우상숭배를 하고, 히스기야는 개혁을 하고, 므낫세는 회개하고, 아몬은 모호하고, 요시야는 부드러운 마음을 가졌으며 다윗을 가장 많이 닮았고, 여호아하스와 여호야김과 여호야긴과 시드기야는 모두 악함으로 자신과 나라를 급히 멸망으로 이끌었다.

톨레돗 관점에서 열왕기상·하 보기

열왕기상·하는 우리로 영적인 유토피아적 환상을 깨뜨리게 한다. 하나님이 그의 뜻을 이루실 때 타고난 재능을 가진 특별한 사람들을 사용하실 거라는 기대를 무너뜨린다. 우리가 이미 사무엘상·하에서 다윗을 보았듯이 하나님은 누구든지 자신을 드리기만 하면 그런 헌신된 보통 사람들을 통해 일하신다.

하나님의 관심은 다윗의 길로 행하는 것이다. 하나님이 미워하시는 것은 여로보암의 길, 아합의 길로 행하는 것이다. 그러나 또한 놓치지 말아야 할 것은 아무리 문제가 많고 악한 지도자들이 우리 사회와 교회, 국가에 있다 할지라도, 그 때문에 하나님의 계획이 무산되지 않는다는 것이다. 어떤 사람들, 어떤 상황이라도 하나님의 주권적인 섭리는 진행된다. 하나님의 주권과 지혜는 그보다 훨씬 더 높아서 모든 것을 합력하여 선을 이루신다는 걸 깨달아야 한다.

하나님을 예배드리며 그의 주권을 인정하는 장소는 어디서나 이루어진다. 사무실, 학교, 병원, 시청과 국회, 대통령 집무실, 법원, 시장터, 백화점, 식당과 카페에서도 하나님의 주권은 행사된다.

심지어 하나님을 무시하고 자기 권력을 휘두르는 사람들, 자기의 지혜와 힘을 의지하는 사업가들이 세상을 휩쓰는 것처럼 보일지라도 자세히 보면, 그리고 멀리서 바라보면 하나님의 더 큰 지혜와 능력이 그 가운데서 활동하는 걸 볼 수 있다.

어찌하여 이방 나라들이 분노하며 민족들이 헛된 일을 꾸미는가?

세상의 군왕들이 나서며 관원들이 서로 꾀하여 여호와와 그의 기름부음 받은 자를 대적하며,

"우리가 그들의 맨 것을 끊고 그의 결박을 벗어버리자" 하는도다.

하늘에 계신 이가 웃으심이여 주께서 그들을 비웃으시리로다.

그때에 분을 발하며 진노하사 그들을 놀라게 하여 이르시기를,

"내가 나의 왕을 내 거룩한 산 시온에 세웠다" 하시리로다 시 2:1-6

Dear. NCer

톨레돗 관점에서 열왕기상·하 보기

그리스도인으로서 세상에 영향을 받을 것인가, 줄 것인가? 열왕기상·하를 통해 우리는 하나님의 말씀을 좇아 다윗의 길로 행할 때 세상을 이길 만한 힘을 가질 수 있음을 알게 된다. 우리는 세상을 하나님의 말씀으로 바꾸는 진정한 리더가 되어야 한다. 그것은 오직 내 안에 하나님의 말씀이 살아 움직일 때 가능하다. 말씀 배가 운동으로 매일 하나님의 말씀을 읽고 묵상하고 그 말씀을 기반으로 기도하는 삶을 살 때 우리의 삶은 하나님의 마음에 합한 다윗의 길로 행하게 될 것이다.

❖ 역대상·하(Chronicles) 하나님의 나라 관점에서 본 이스라엘 역사

이스라엘의 역사를 열왕기상·하로 마칠 수 있는데, 왜 하나님은 다시 역대상·하를 기록하셨을까? 자세히 보면 하나님께서 두 책의 초점을 다르게 하여 우리에게 그의 뜻을 전달하신다. 열왕기상·하는 북방 이스라엘과 남방 유다에 대해 번갈아 기록하면서 어떻게 나라가 이어져 가는지 설명한다. 그러나 역대상·하는 남방 유다만을 중점적으로 기록한다. 사무엘하와 역대상은 같은 인물에 대한 두 개의 다른 관점의 기록이라고 볼 수 있다. 즉 둘 다 다윗 왕의 통치를 다루고 있다. 그러나 사무엘하는 정치적인 면에서 설명하여 전쟁과 정복을 주로 다루고, 역대상은 성전 중심의 예배를 강조한다. 사무엘하는 밧세바 사건을 기록하는 반면 역대상은 밧세바 사건에 대한 언급이 없다.

역대기는 사무엘서나 열왕기와는 다른 방식으로 역사를 바라본다. 같은 시대에 대한 두 개의 다른 관점의 기록이라고 볼 수 있다. 둘 다 솔로몬부터 바벨론 포로까지를 다루고 있다. 사무엘서는 왕의 관점에서 기록되고 열왕기는 선지자적 관점에서 기록되었다면, 역대기는 제사장적 관점에서 기록되었다. 열왕기가 인간의 죄의 연속과 실패에 초점이 있다면, 역대기는 오히려 하나님을 예배하는 성전과 하나님의 긍휼과 신실하심을 중점적으로 설명한다.

역대상의 시작은 열왕기상의 시작과 다르다. 열왕기상은 솔로몬 왕으로 시작하지만 역대상은 아담으로 다시 시작한다. 그러므로 "역대상 - 역대하 - 에스라 - 느헤미야"를 한 묶음으로 볼 수 있다. 이 4권의 책은 성경의 창세기로부터 시작해서 온 이스라엘의 역사 전체를 축소해 놓은 **'이스라엘 역사의 축소판'**이다.

유다 왕국의 500년 역사를 보면 자칫 열강들이 역사의 무대 한가운데서 세상을 마음대로 주무르며 권력을 휘두르는 것처럼 보인다.

역대상·하 – 하나님의 나라와 그의 일꾼들(대상 29:11,12)

역대상												역대하										
하나님을 예배하는 백성을 준비			하나님의 예배사역자 준비						하나님을 예배하는 성전준비			하나님을 예배하는 성전완공			하나님을 예배하는 백성들							
톨레돗			다윗과 용사들			다윗 언약			성전 준비			성전 완공			왕국 분열		5인의 개혁자들					멸망
이스라엘 조상들	이스라엘 자손들	포로귀환자들	사울의 죽음	다윗 등극	다윗의 용사들	언약궤 이동	다윗 언약	다윗의 승전가	인구조사-교만	건축자재 와인력준비	건축지시	솔로몬 등극	성전건축 완공	솔로몬 영광	르호보암	여로보암	아사	여호사밧	요아스	히스기야	요시야	멸망과포로-고레스칙령
1	2-8장	9장	10장	11:1-9	11:10-12장	13-16장	17장	18-20장	21장	22-27장	28-29장	1장	2-7장	8-9장	10-12장	13장	14-16장	17-23장	24-28장	29-33장	34-35장	36장
이스라엘			다윗									솔로몬			유다 왕들							
하나님을 경외하는 자들에게 임하는 하나님의 은혜와 축복과 하나님을 경외하지 않는 자들에게 임하는 심판																						

선지자들 ⇨ 나단 (다윗) 스마야 (르호보암) 아사랴, 하나니 (아사) 미가야, 예후, 스가랴, 엘리에셀(요아스), 아하시엘(여호사밧) 여호야다 이사야 (히스기야) 예레미야 (요시야)

앗수르, 이집트, 바벨론, 페르시아가 잇달아 출현하여 역사를 좌지우지하는 것처럼 보인다. 안 팎으로 벌어지는 일들은 자칫 혼란에 빠지게 한다. 이스라엘은 이대로 멸망하는가? 여기에서 주저앉는가? 그러나 하나님은 역대기를 통해 우리에게 하나님의 관점을 갖게 한다.

이스라엘 역사를 '하나님의 나라'라는 관점에서 재조명하는 게 역대상·하의 특징이다. 하나님은 이 책을 통해 하나님나라는 남은 자, 즉 그루터기를 통해 이어져 감을 말씀한다.

나라가 기울어져 가는 가운데서도 하나님은 하실 말씀이 있으셨다. 그 말씀은 바로 소망이다. 포로로 잡혀가 있다 할지라도 하나님이 함께 계시고, 그들 가운데 말씀하시고, 결국 그들을 포로에서 돌아오게 해서 다시 나라를 세워가는 과정을 역대상·하 안에서 중점적으로 비추고 계신다. 그래서 역대하의 맨 마지막은 에스라서의 첫 부분과 겹치면서 역대하는 에스라와 느헤미야로 연속됨을 암시하고 있다. 이스라엘 왕국은 멸망했지만 하나님의 나라는 결코 망하지도 쇠하지도 않음을 보여준다.

비록 포로 시기라고 해도 하나님은 포로로 잡혀간 그의 백성들과 함께 계시며 말씀하신다는 것은 우리가 붙잡아야 할 소망이다. 다니엘, 에스겔, 에스라, 느헤미야, 에스더, 학개, 스가랴, 말라기를 통해 이를 더욱 확실히 알 수 있다.

역대상·하의 메시지

역대기는 창세기로부터 다시 시작하는 책이다. 아담으로부터 족보를 시작한다.

역대기는 이스라엘의 역사를 정리했다. 또한 다윗의 계보를 기록함으로 앞으로 진행해나갈 방향이 '오실 왕 예수'로 향한다. 포로 시대 주인공들의 후손이 신구약 중간기의 암흑 시기를 지나 신약 시대의 무대에 등장하는 주인공들임을 보여주며 소망을 품게 한다. 역대상·하의 주인공으로 다윗을 지목함으로 역대상·하가 예수님으로 향하고 있음을 보여준다. 마태복음은 "아브라함과 다윗의 자손 예수 그리스도의 계보"라고 시작한다(마 1:1).

역대기는 열왕기와는 달리 성전에서 수종드는 레위인들의 활동조직, 제사를 기록하여 성전 문화를 중점적으로 보여주고 있다.

1. 다윗의 영웅들

역대기는 하나님의 나라가 임할 것과 그 나라를 다스릴 왕이신 예수 그리스도를 향한다. 그것은 다윗의 혈통을 통해 이루어질 것이다. 그러므로 역대기에는 다윗의 용사들이 부각된다. 이들은 하나님나라의 왕을 섬길 자들이다. 하나님나라를 이루어갈 주역들이다. 역대기의 첫 부분인 1장~9장에는 성경에서 가장 많은 사람의 이름이 열거된다. 이들을 단순히 이스라엘 족속의 족보로 보기보다는 하나님나라 용사들의 족보라고 보아야 한다. 그 가운데 몇 가지를 주목해보자.

이스라엘의 장자권

역대상 5장 1,2절은 누가 이스라엘의 장자인가를 밝힌다. 사람들은 당연히 야곱의 장자인 르우벤을 지목할 것이다. 그러나 하나님은 르우벤이 아니라 요셉이라고 명백히 말씀하신다. 이미 창세기 49장에서 이를 언급하셨고 이곳에서 다시 언급하신다. 탁월한 첫아들 르우벤은 그의 거룩함의 상실로 인해 장자의 명분을 잃었다. 그리고 요셉에게로 넘어갔다.

이스라엘의 주권자

같은 구절에서 "유다는 형제보다 뛰어나고 주권자가 유다에게서 났다"(대상 5:2)라고 하심으로 다윗의 왕 됨이 하나님의 주권에 의한 것임을 명백히 언급하신다.

돌라

역대상 7장 1-5절에서 하나님은 잇사갈의 장남 돌라를 주목하도록 말씀하신다.

야곱의 아들 잇사갈은 4명의 아들을 두었다. "잇사갈의 모든 종족은 다 용감한 장사라 그 전체를 계수하면 팔만칠천 명이었더라"(대상 7:5). 그중에서도 장남인 돌라를 주목하신다. 돌라는 6명의 아들을 두었는데 대대로 용사였다. 특히 다윗 때는 그 수가 22,600명에 이르렀다.

"돌라"의 뜻은 '벌레'다. 돌라가 태어날 때 미숙아였음을 알 수 있다. 너무 약해서 숨만 겨우 붙어있기에 "돌라:벌레"라고 지었다. 아버지 잇사갈과 할아버지 야곱은 돌라가 죽지 않고 그저 살기만을 바랐을 것이다. 그런데 이 아이가 죽지 않고 살아서, 장성하여 6명의 아들을 두었다. 하나님은 야곱을 "버러지" 같다고 하셨다. 그것은 히브리어로 "돌라"다.

> 버러지 같은 너 야곱아, 너희 이스라엘 사람들아, 두려워하지 말라. 나 여호와가 말하노니 내가 너를 도울 것이라. 네 구속자는 이스라엘의 거룩한 이이니라. 보라, 내가 너를 이가 날카로운 새 타작기로 삼으리니 네가 산들을 쳐서 부스러기를 만들 것이며, 작은 산들을 겨같이 만들 것이라 사 41:14,15

얼마나 놀라운 변화인가! 벌레에서 타작기로! 자기 자신조차 간수하지 못하던 매우 연약한 자가 도시, 지역, 나라를 변화시키는 용사로 변화되는 것은 참으로 놀랍다. 잇사갈의 아들 돌라에게서 그 모습을 본다. 그리고 돌라에게서 내 모습을 본다! 나 자신의 연약함에 갇혀있어서는 안 된다. 나를 변화시키어 용사로 사용하시는 하나님을 의지하여 믿음으로 일어나야 한다!

시세를 아는 자

> 잇사갈 자손 중에서 시세를 알고 이스라엘이 마땅히 행할 것을 아는 우두머리가 이백 명이니 그들은 그 모든 형제를 통솔하는 자이며 대상 12:32

잇사갈 자손은 참으로 놀랍다. 대대로 용사요, 특히 다윗 때 가장 주목받는 용사들이었다. 그 중에서도 200명은 더 돋보였다. 이들은 그 모든 형제를 통솔하는 자들이었다. 이들의 특징은 무엇인가?

이들은 '시세를 아는 자들'이다. 즉, 하나님이 지금 하시는 일이 무엇인가를 아는 자들이다. 시대 감각이 있다는 것이다. 단순히 요즈음 유행이 무엇인지 안다는 게 아니다. 그보다 더 중요한 것은 하나님의 일하심을 안다는 것이다. 그렇기에 이때 마땅히 해야 할 일이 무엇인지 알았다. 세상의 유행에 민감한 게 아니라 하나님의 일에 민감해야 한다. 그래야 시대의 요청이 무엇인지 알아서 마땅히 해야 할 것에 자신의 삶, 시간과 에너지, 재정을 드릴 수 있다.

시세를 안다는 것은 현재의 일만 아니라 미래의 일도 포함한다. 하나님이 앞으로 어떤 일을 하시고자 하는지 아는 게 곧 '시세를 아는 것'이다. 그런 사람은 자신을 준비시키고 또 다른 사람을 준비시킬 줄 안다. 진정한 리더다.

2. 솔로몬의 성전 건축

역대기는 성전 건축이 그 중심에 있다. 이는 단순히 건물을 말하는 게 아니다. 출애굽기의 중심이 **'십계명과 성막'**이라면 역대기는 **'말씀과 성전'**이다. 동일한 맥락이다.

성막과 성전은 하나님 중심의 삶을 보여준다. 하나님의 임재를 즐거워하고, 하나님을 찬양하며 경배하는 삶, 그의 말씀에 귀를 기울이고 그에 따라 순종하여 행하는 삶이 중심이다.

다윗은 누구보다 이것의 중요함을 알았다. 그는 하나님의 궤를 옮겨 오려고 시도하다가 실수하여 실패했다(대상 13장). 제사장이 메고 와야 할 하나님의 궤를 수레에 싣고 오려 했다. 우여곡절 끝에 드디어 하나님의 궤가 다윗 성으로 옮겨졌다(대상 15장).

다윗은 하나님의 성전을 짓고자 했다. 그러나 하나님은 이를 허락하지 않으시고 그의 아들 솔로몬에게 허락하셨다. 다윗은 성전 건축을 위한 모든 준비를 철저히 했다(대상 28장-29장).

그리고 드디어 솔로몬이 성전을 건축했다. 그 건축 과정을 살펴보는 것은 흥미롭다.

1) 솔로몬이 성전을 건축하기를 결심했다(대하 2:1)

언제나 무슨 일을 하기로 결정할 때 가장 중요한 것은 먼저 주의 뜻을 아는 것이다. 주의 뜻을 알고 그 뜻을 따라 순종하는 게 우선되면 그 후에 결심하는 것이다. 성전 건축은 명확한 주의 뜻이다.

요한일서 5장 14절에, "그의 뜻대로 무엇을 구하면 들으심이라"라고 하셨다.

야고보서 4장 3절에, "구하여도 받지 못함은 정욕으로 쓰려고 잘못 구하기 때문이라"라고 하셨다.

결심한다는 것은 적극적인 행동의 시작이다. 우리는 많은 경우에 "…을 하기를 원합니다"라고 기도한다. 즉 "성전 건축을 하기를 원합니다"라고 한다. 그러나 결심하면 다르게 기도한다. "성전 건축을 하겠습니다"라고 하는 게 결심이다. 욥기 22장 28절에, "네가 무엇을 결정하면 이루어질 것이요 네 길에 빛이 비치리라"라고 하셨다.

솔로몬은 성전 건축을 결심한 후 바로 구체적으로 행동에 옮겼다. 짐꾼 70,000명, 감독자 3,600명을 뽑고, 건축 재료를 구체적으로 준비했다.

2) 성전 건축은 모리아 산에서 시작했다(대하 3:1)

결심만 해서는 안 된다. 실행으로 옮겨야 한다. 결심이 구체적인 실행 계획을 세우는 거라면, 시작은 구체적으로 실행하는 것이다. 성전 건축은 모리아 산에서 시작했다. 그곳은 여부스 사람 오르난의 타작마당이었다. 다윗이 정한 곳, 제단을 쌓은 곳이다. 다윗은 거기에서 번제와 화목제를 드렸다. 그러자 하나님의 심판이 멈추었다(대상 21:26). 또한 모리아 산은 아브라함이 이삭을 번제로 드린 곳이다(창 22:2). 희생과 헌신의 장소다.

무엇이든지 결심을 실행에 옮기려면 합당한 대가를 지불해야 한다. 희생은 필수이다. 희생 없이 무엇인가를 시작할 수 없다. 시간, 재물, 헌신하여 수고하는 사람이 있어야 한다.
우리는 솔로몬의 성전을 통해 신약의 교회를 본다. 신약의 교회는 어린양이신 예수 그리스도의 피로 값 주고 산 교회다(행 20:28). 우리는 어린양 예수 그리스도의 피를 힘입어 하나님이 계신 곳 지성소에 언제나 담대히 들어간다(히 10:19).

3) 솔로몬이 성전 건축을 마쳤다(대하 5:1)

시작하는 것도 중요하지만 마치는 것도 중요하다. 시작을 잘하는 것이 중요하다. 그러나 마치는 건 더 중요하다. 부지런함과 성실함이 있어야 마친다. 중간 과정에서 여러 난관에 부딪혀도 끝까지 마치려는 각오가 있어야 한다. 핑계를 대거나 변명을 하면서 중도에 멈춰서는 안 된다. 완성된 성전에 모든 기구가 갖추어졌다. 그러자 레위 사람들이 언약궤를 메어 올라가 지성소에 두었다. 궤 안에는 모세를 통해 주어진 호렙 산 언약의 두 돌판이 들어있었다.

나팔 부는 제사장 120명과 노래하는 자들이 일제히 하나님을 찬양하며 감사를 드렸다. 그때 성전에 구름이 가득했다. 이는 하나님의 영광, 하나님의 임재를 가리킨다. 솔로몬이 무릎을 꿇고 하나님에게 봉헌기도를 드렸다. 솔로몬이 기도를 마치자 불이 하늘에서부터 내려와 번제물을 사르고 하나님의 영광이 성전에 가득했다. 제사장들은 능히 성전에 들어가지 못했고, 이스라엘 모든 자손은 돌을 깐 땅에 엎드려 경배하며 하나님을 찬양했다(대하 6장-7장).

3. 남 유다의 부흥을 주도한 왕들

아사(대하 14장-16장)

다윗의 4대손인 아사는 하나님이 보시기에 선과 정의를 행했다. 이방 제단과 산당을 없애고 주상을 깨뜨리며 아세라 상을 찍었다. 온 백성들로 하나님을 찾게 하고 말씀 부흥을 일으켰다. 그의 어머니가 우상을 섬기므로 우상을 찍어버리고 그의 어머니를 태후의 자리에서 폐했다. 하나님께서 그의 시대에 평안을 주셨다. 그러나 그의 말년에 주변의 전쟁의 위기를 맞이할 때 하나님을 의지하지 않고 강대국들을 의지했다. 또한 병들었을 때도 하나님을 의지하지 않고 오직 의사만을 의지했다.

여호사밧(대하 17장 – 20장)

아사의 아들 여호사밧도 다윗의 길로 행했다. 하나님을 구하며 말씀 부흥을 일으켰다. 산당들
과 아세라 목상들을 제거했다. 많은 용사를 일으키고 나라를 견고하게 했다. 아람 연합군과의
전쟁에서 오직 하나님만을 의지하여 대승리를 거두었다. 그러나 북 이스라엘의 아합과 사돈 관
계를 맺는 너무도 안타까운 결정을 했다. 이것이 올무가 되어 하마터면 다윗의 씨가 진멸당할
뻔했다. 그러나 하나님이 다윗과의 언약을 지켜 다윗 왕가를 유지시켜주셨다.

【 유다 왕국을 개혁한 왕들 】

아사 (3대)	대하 14-16장	하나님을 찾으므로 하나님이 사방에 평안을 주심. 주상을 깨뜨리고 아세라 상을 찍어버림. 하나님의 제단을 재건함. 견고한 성읍을 건설함. 말년에 하나님을 의지하지 않고 하나님을 구하지 않음으로 병들어 죽음.	말년에 하나님을 버림
여호사밧 (4대)	대하 17-20장	아사의 아들. 그 조상 다윗의 처음 길로 행하여 바알에게 구하지 않고 하나님께 구함. 산당,아세라 목상을 제거함. 강대해짐. 성읍을 건설하고 많은 용사를 일으킴. 아람 연합군과의 전쟁에서 하나님을 의지하여 승리함. 아합 가문과 혼인하여 이것이 후에 올무가 됨.	아합 가문과 혼인함
요아스 (8대)	대하 24장	제사장 여호야다의 도움으로 아합의 딸이며 유다 여왕인 아달랴를 제거, 7세에 왕이 됨. 성전을 보수함. 제사장 여호야다의 사는 날 동안에 하나님을 섬기다가 그가 죽은 후에 하나님을 버림. 아람과의 전쟁에서 심한 부상을 당하고 그의 부하들에 의해 죽임을 당함.	말년에 하나님을 떠남
히스기야 (13대)	대하 29-32장	충성된 일을 행함 - 그 조상 다윗의 길로 행함. 성전을 수리하여 예배를 회복함. 유월절을 지킴. 하나님이 형통하게 하심. 앗수르 산헤립의 공격에서 하나님이 보호하시어 승리하게 함. 하나님의 은혜를 잊고 교만해졌다가 뉘우침.	말년에 교만하였다가 뉘우침
요시야 (16대)	대하 34-35장	그 조상 다윗의 길로 행함. 8세에 왕이 되고, 16세에 하나님을 구하고, 20세에 국가 부흥 운동을 주도. 나라를 정결하게 함. 성전 수리 중 율법책을 발견, 말씀을 부흥시킴. 하나님과 언약함. 가장 놀라운 유월절을 지킴. 바로 느고와 전쟁하다 전사 - 하나님의 뜻을 따라 행함이 아님.	바로 느고와의 전쟁은 올바른 선택이 아님

요아스(대하 24장)

여호사밧의 증손자인 요아스는 여호사밧의 며느리인 아합의 딸 아달랴에 의해 죽을 뻔하다가 고모인 아달랴의 딸 여호사브앗의 도움으로 죽음을 면하고 6년을 성전에 숨어 살았다. 당시 그는 1세였다. 요아스는 7세 때 고모부인 제사장 여호야다에 의해 왕이 되었다. 요아스는 성전을 보수하며 여호야다의 사는 날 동안 하나님을 잘 섬겼다.

그러나 여호야다가 죽은 후에 하나님을 버리고 우상을 섬겼다. 하나님께서 선지자를 보내셔서 요아스에게 경고했지만 듣지 않았다. 또한 여호야다의 아들 스가랴가 경고했으나 오히려 그를 성전 뜰 안에서 돌로 쳐 죽였다. 그 후에 아람과의 전쟁에서 크게 부상을 입고 돌아왔을 때 신하들이 반역하여 침상에서 죽임을 당했다.

요아스는 은혜를 모르는 사람이다. 그를 지켜주고 왕으로 설 수 있게 도와준 스승이요 영적인 멘토인 여호야다가 베푼 은혜를 원수로 갚았다.

히스기야(대하 29장 – 32장)

히스기야는 다윗의 길로 행했다. 왕이 되자마자 바로 성전을 수리하고 예배를 회복했다. 말씀의 부흥을 일으켰다. 또한 유월절을 지켰다. 예루살렘에 큰 기쁨이 있었다. 역대하 30장 26절에 "솔로몬 때로부터 이런 기쁨이 예루살렘에 없었더라"라고 했다. 하나님이 그를 형통하게 하셨다. 앗수르 왕 산헤립의 공격에서 하나님이 보호하시어 승리를 거뒀다. 그는 열방에서 떠오르는 스타가 되었다. 후에 하나님의 은혜를 잊고 교만하게 행하다가 뉘우쳤다. 그는 유다 왕국에서 가장 놀라운 왕들 중 하나다.

요시야(대하 34장 – 35장)

요시야 왕은 다윗 이후로 가장 훌륭한 왕이었다. 그는 8세에 왕이 되어 16세에 다윗의 하나님을 찾았다. 그리고 20세에 유다와 예루살렘을 정결하게 하기 시작했으며, 국가적 부흥 운동(National Revival Movement)을 주도했다. 산당을 무너뜨리고 아세라 목상을 찍어버리고 우상들을 제거하여 버렸다. 바알의 제단을 헐고 태양 상들을 찍고 목상을 불태우고 우상들을 빻아 가루로 만들어버렸다.

요시야가 21세에 하나님은 예레미야를 불러 동역자로 세우셨다(렘 1:1-10). 그때 예레미야의 나이는 20세 미만이었다. 하나님이 두 청년 지도자들을 통해 유다 왕국의 마지막 부흥 운동을 주도하게 하셨다.

요시야는 26세에 성전을 정결하게 하기 시작했으며 대대적인 회개 운동을 시작했다. 그때 성전을 수리하다가 율법책을 발견하여 말씀 부흥이 일어났다. 그는 하나님 앞에 언약했다. 선지자 사무엘 이후 가장 큰 규모의 유월절을 지켰다(대하 35:18,19).

4. 선지자들

역대기가 제사장적 관점에서 기록되어 있지만 그래도 여전히 선지자의 역할의 중요성을 보여준다. 선지자들은 왕들의 멘토요 코치다. 때로는 스승이기도 하고 훈계도 했다. 하나님은 언제나 왕들 주변에 그의 선지자들을 보내셨다. 선지자들이 전한 하나님의 말씀에 순종한 왕들은 항상 형통했다. 그러나 그 말을 무시하고 오히려 핍박을 할 때는 언제나 어려움이 닥쳤다. 선지자들의 말은 직선적이어서 듣는 게 고통스럽다.

아합처럼 하나님의 말씀을 듣기 싫어하는 사람들의 공통적인 반응이다. "그는 내게 대하여 좋은 일로는 예언하지 아니하고 항상 나쁜 일로만 예언하기로 내가 그를 미워하나이다"(대하 18:7). 선지자들을 통해 하나님의 음성을 들어야 한다. 하나님은 오늘날에도 여전히 그의 선지자들을 우리의 주변에 보내시어 그의 뜻을 전달하게 하신다.

스마야, 아사랴, 하나니

스마야는 르호보암이 북 이스라엘과 전쟁을 벌이고자 할 때, "너희는 올라가지 말라. 너희 형제와 싸우지 말라"(대하 11:4)라고 하여 이스라엘을 치지 말도록 충고했다. 그리고 그는 애굽 왕 시삭이 군대를 이끌고 예루살렘에 접근했을 때, "너희가 나를 버렸으므로 나도 너희를 버려 시삭의 손에 넘겼노라"(대하 12:5)라는 하나님의 말씀을 전했다. 르호보암이 이 말씀을 듣고 스스로 겸비하며 회개했다. 하나님이 스마야를 통해 "그들이 스스로 겸비하였으니 내가 멸하지 아니하고 저희를 조금 구원하리라"(대하 12:7)라고 하셨다.

아사랴는 개혁자 아사 왕에게 개혁의 역사를 계속하도록 격려했다. 아사랴는 "너희가 여호와와 함께하면 여호와께서 너희와 함께하실지라. 너희가 만일 그를 찾으면 그가 너희와 만나게 되시리라"(대하 15:2)라고 예언했다. 아사는 마음을 강하게 하여 개혁에 박차를 가했다. 결과적으로 하나님이 그들의 사방에 평안을 주셨다(대하 15장).

하나니는 아사의 말년에 그가 하나님을 의지하지 않고 아람을 의지함을 크게 책망했다. 안타깝게도 아사는 하나니의 말을 듣지 않고 그를 감옥에 가두었다(대하 16:1-10). 하나님이 하나니를 통해, "여호와의 눈은 온 땅을 두루 감찰하사 전심으로 자기에게 향하는 자들을 위하여 능력을 베푸신다"(대하 16:9)라고 하신 약속을 기억해야 한다.

미가야, 예후, 엘리에셀

미가야는 여호사밧이 아합과 동맹을 맺을 때 활동했다(대하 18장).

예후는 여호사밧이 아합과 동맹한 것에 대하여 호되게 꾸짖었다(대하 19:2).

엘리에셀은 여호사밧이 아합의 아들과 연합하여 배를 만든 것이 실패할 것을 예언했다(대하 20:37). 여호사밧은 그의 말을 듣지 않았고, 결국 그 배들은 부서졌다.

스가랴

대제사장 여호야다의 아들 **스가랴**는 요아스가 대제사장 여호야다가 죽은 후 악을 행하는 것을 책망했다. 왕은 그의 말을 듣지 않고 백성들이 그를 성전 뜰에서 돌로 쳐 죽일 때 이를 묵인했다(대하 24:20-22).

Dear. NCer

톨레돗 관점에서 역대상·하 보기

톨레돗의 삶이 곧 기독교 문명개혁 운동을 주도하는 삶이다.
그것은 성전 중심의 삶이요 말씀과 예배자의 삶이다.
유다 왕국의 개혁자들의 공통점은 우상을 제거하고 성전을 보수하며 말씀과 예배를 회복했다는 것이다. 몇몇의 왕은 위대한 출발에 비하여 초라한 말년을 맞았다. 이는 말씀의 부재와 불순종, 하나님의 은혜를 잊고 교만했기 때문임을 잊지 말아야 한다.

오실 주님의 길을 예비하며 세상을 바꾸는 NCer로서 매일 말씀을 10장씩 읽고 묵상하고 기도하는 삶, 하나님 앞에 신실한 예배자의 삶을 살아야 한다. 나아가 겸손함으로 오늘의 나의 땅 끝인 사회 각 영역에서 이방의 빛으로 살아야 할 것이다.

역사서3 바벨론 포로와 포로 귀환 : 에스라, 느헤미야, 에스더

누가 역사의 주인인가?

북 이스라엘은 B.C.722년에 앗수르에 의해 멸망했고, 136년 후에는 남 유다도 바벨론에 의해 멸망했다. 앗수르 왕조는 히스기야 시대에 유다를 침공하다 대참패를 당한 이후 나라가 점점 기울어 결국 바벨론에 의해 멸망했고, 당시 세계는 바벨론 중심의 거대한 새로운 제국을 이루었다. 당시 유다는 앗수르, 애굽, 바벨론 사이를 오가며 도움을 청했다. 이들은 하나님을 의지하지 않았다. 이것이 멸망의 근본적인 이유다. 이사야는 오직 하나님만을 의지하라고 끊임없이 권면했다. 유다 왕국의 말기에 활동한 예레미야는 이스라엘에게 바벨론에 항복하라는 메시지를 거듭 전하다가 환난을 당했다. 예레미야는 이스라엘이 바벨론 포로로 사로잡힌 지 70년 만에 다시 돌아올 것을 예언했다. 애굽과 바벨론 사이에서 눈치를 보던 유다 왕국은 결국 바벨론에 의해 완전히 멸망했다.

그러나 놀랍게도 1,000년은 지속할 줄 알았던 바벨론 제국은 채 100년도 가지 못하여 바사에게 멸망했다. 바벨론 제국은 하나님이 이스라엘을 징계하기 위한 감옥 역할을 했다.

다니엘과 에스겔은 바벨론 포로 기간에 사역한 선지자이다. 긍휼에 풍성하신 하나님은 절망 가운데 처한 그의 백성을 위로하고 소망을 주셨다.

바사를 세운 고레스 왕은 바벨론 포로를 예루살렘으로 귀환시켜 예루살렘 성전을 재건하도록 조서를 내렸다. 예레미야의 예언대로 바벨론 포로생활 70년을 마감한 것이다. 이는 마치 출애굽의 사건과 흡사하여 '제2의 출애굽'이라고 할 수 있다. 바벨론 포로에서 귀환하여 성전을 재건하고, 나라를 새롭게 하며 무너진 성벽을 재건하는 과정이 곧 에스라, 느헤미야에 기록되어 있다. 학개, 스가랴, 말라기는 이 기간에 사역한 선지자이다.

앗수르, 바벨론, 메대 바사, 헬라, 그리고 로마, 이들은 마치 자기들이 역사 무대의 중심에 우뚝 선 주인공처럼 행세한다. 그러나 이들은 모두 하나님의 예정을 따라 진행되는 경륜과 섭리에 동원된 하나님의 일꾼들일 뿐이다.

앗수르가 북 이스라엘을 멸망시켰으나 히스기야 때에 앗수르 대군 18만5천 명이 하룻밤에 몰사한 건 우연인가? 역사학자 헤로도토스가 말했듯이 운이 없게도 흑사병이 돌아서 죽었다고 치부할지 모른다. 히스기야는 운이 좋았던 거라고 할지도 모른다. 그러나 하나님은 이사야를 통해 이미 말씀하셨다. 여호와의 사자가 앗수르의 대군을 몰사시켰다(사 37:36). 앗수르 제국의 멸망의 원인은 강물의 범람이다. 이것도 우연인가? 하나님은 이미 나훔을 통해 앗수르를 심판하시는 키워드는 '강물의 범람'임을 말씀하셨다.

바벨론 제국은 가장 강력하여서 1,000년은 지속될 것으로 보였다. 예레미야가 바벨론의 멸망을 예언할 때 아무도 그의 말을 믿지 않았다. 그러나 100년이 채 되기 전에 멸망했다. 열방의 재판장이신 하나님은 범죄한 이스라엘에게 70년 형을 언도하시고 바벨론을 감옥으로 사용하셨다.

바벨론 포로 귀환을 주도하며 이들에게 무너진 예루살렘 성전을 재건하도록 명령한 이는 바사 왕 고레스다. 성경은 그가 오기 160년 전에 그에 대해 이미 예언했다. 에스겔과 다니엘은 바사, 헬라, 로마에 대해 예언했다. 성경은 우리에게 역사의 주인공이 누구인지 직시하도록 이끈다. 역사의 진실을 보게 한다.

시편 2편 2-4절과 9절은 누가 역사의 주관자인지 말씀하신다.

> 세상의 군왕들이 나서며 관원들이 서로 꾀하여 여호와와 그의 기름부음 받은 자를 대적하며, '우리가 그들의 맨 것을 끊고 그의 결박을 벗어버리자' 하는도다. 하늘에 계신 이가 웃으심이여, 주께서 그들을 비웃으시리로다 시 2:2-4

> "네가 철장으로 그들을 깨뜨림이여, 질그릇같이 부수리라" 하시도다 시 2:9

남 유다의 역사 – 네 시기로 나눌 수 있다

1. 남북 갈등 시기

르호보암(1대)과 여로보암 사이에는 전쟁이 없었으나 그 아들 아비야(2대)와 여로보암 사이에는 전쟁이 있었다. 아비야와 유다 사람이 하나님을 의지함으로 여로보암을 이겼다. 아비야의 아들 아사(3대)와 여로보암의 아들 나답을 죽이고 이스라엘의 왕이 된 바아사 사이에 일생 전쟁이 있었다.

2. 남북 동맹 시기 – 남북이 화해하는 시기

아합의 딸 아달랴와 여호사밧(4대)의 아들 여호람(5대)이 결혼했다. 여호사밧의 손자요 여호람의 아들 아하시야(6대)가 북 이스라엘의 예후에 의해 살해되자, 아합의 딸이요 여호사밧의 며느리이며 아하시야의 어머니이며 여호람의 아내인 아달랴가 유다의 유일한 여왕이 되어(7대) 6년간 통치했다.

아달랴는 다윗의 혈통을 끊어버리려는 시도를 했다. 그때 극적으로 살아남은 손자인 요아스(8대)를 제외한 왕족이 몰살당하는 비극이 있었다. 아합은 그 아내 이세벨을 통해 북 이스라엘에 바알을 들여오는 장본인이 되어 나라 전체를 우상숭배에 빠지게 했다. 그리고 그의 딸 아달랴가 유다로 시집을 오면서 바알 사상을 유다 왕국에 들여오고, 다윗의 혈통을 끊으려 했다.

요아스는 7세에 왕이 되어 고모부요 제사장인 여호야다를 멘토 삼아 나라를 다스렸다. 그는 바알을 제거하며 나라를 새롭게 하는 부흥을 주도했다. 이후 아마샤(9대) – 웃시야(10대) – 요담(11대)으로 하나님의 뜻을 좇는 왕들이 이어졌다.

3. 앗수르에게 시달리는 시기

히스기야(13대)의 아버지인 아하스(12대) 때로부터 히스기야 – 므낫세(14대) – 아몬(15대)에 이르기까지 앗수르에게 시달렸다. 하나님이 히스기야를 앗수르 왕 산헤립의 손에서 구원하시고 보호하셨다. 앗수르는 600년간이나 메소포타미아 일대를 다스렸다. 그러나 앗수르는 히스기야 시대에 대패한 후에 점점 쇠약해져서 결국 신흥 국가인 바벨론에게 멸망당했다.

4. 바벨론에게 망하는 시기

요시야(16대)는 강력한 부흥 운동을 일으켰다. 그가 죽고 난 후 여호아하스(17대) – 여호야김(18대) – 여호야긴(19대) – 시드기야(20대)는 남방 애굽과 북방 바벨론 사이에서 시달렸다. 유다는 결국 바벨론에 의해 멸망했다.

【 남 유다 왕국의 역사 – 네 시기 】

1시기	2시기	3시기	4시기
남북 갈등 시기	남북 화해 시기	앗수르에게 시달리는 시기	바벨론에게 망하는 시기
르호보암(1대) -여로보암과 전쟁이 없었음 아비야(2대) -여로보암 : 전쟁 아비야의 승리 아사(3대) -바아사 : 일생 전쟁	여호사밧 - 아합 : 사돈 관계 아들 여호람 - 딸 아달랴 아하시야(6대) - 예후에게 살해됨 아달랴가 여왕(7대)이 됨 다윗의 혈통을 끊으려 함 아하시야의 아들 요아스(8대)가 극적으로 살아서 아달랴를 죽이고 왕이 됨 아마샤(9대), 웃시야(10대), 요담(11대)	아하스(12대) 히스기야(13대) 므낫세(14대) 아몬(15대) 히스기야가 하나님의 도움으로 앗수르 왕의 손에서 구원을 받음	요시야(16대) 여호아하스(17대) - 아들 여호야김(18대) - 아들 여호야긴(19대) - 손자 시드기야(20대) - 아들

앗수르 제국 – 바벨론 포로 이전

남 유다와 북 이스라엘의 역사는 바벨론 포로 이전과 포로 시기와 포로 귀환 시기로 나뉜다. 바벨론 포로 이전 시기는 당시 세계를 제패한 앗수르와의 관계에서 이해된다. 이 시기에 남북 모두 앗수르에 의해 시달렸다. 결국 북 이스라엘은 앗수르에 의해 멸망했다. 남 유다도 거의 멸망의 위기에 있었지만 하나님의 놀라운 역사로 이를 모면했다.

1. 앗수르와 북 이스라엘

북 이스라엘은 앗수르 제국에게 3차에 걸쳐 어려움을 당하고 결국 멸망했다.

1차 침공 : 왕하 15:19,20

북 이스라엘 므나헴 시대에 앗수르 왕 불(디글랏 빌레셀 3세)이 와서 그 땅을 치려 할 때 므나헴이은 1,000달란트의 조공을 바쳤다. 그 돈은 모두 큰 부자에게서 강탈한 것이었다.

2차 침공 : 왕하 15:29

북 이스라엘 베가 시대에 앗수르 왕 디글랏 빌레셀이 와서 이욘, 아벨벳 마아가, 야노아, 게데스, 하솔, 길르앗, 갈릴리, 납달리 온 땅을 점령하고 백성을 사로잡아 앗수르로 옮겼다.

3차 침공 : 왕하 17:3-6

북 이스라엘 호세아 시대에 앗수르 왕 살만에셀이 올라왔을 때 그의 종이 되어 조공을 바치기로 약속했다.

그 후 호세아가 앗수르 왕을 배반하고 애굽 왕 소에게 도움을 청했다. 이에 앗수르 왕이 호세아를 옥에 감금하고 사마리아를 3년간 에워쌌다. 결국 호세아 9년에 앗수르 왕이 사마리아를 점령하고 이스라엘 사람을 사로잡아 앗수르로 끌고 가 여러 지역에 흩어 두었다. 이에 북 이스라엘이 멸망했다.

▶**북 이스라엘의 멸망 원인 : 왕하 17:7-23**

1 – 애굽에서 인도하신 하나님을 떠나 다른 신들을 섬긴 것

2 – 모든 성읍에 산당을 세우고, 모든 산 위에 목상과 아세라 상을 세우고 분향하며 바알을 섬긴 것

3 – 자기 자녀를 불 가운데로 지나게 하며 복술과 사술을 행한 것

4 – 하나님의 말씀을 따라 사는 것이 아니라 그 말씀을 버리고 이방인들의 규례와
　　이스라엘의 여러 왕이 세운 규례를 따라 산 것

5 – 이스라엘의 왕들이 여로보암이 행한 죄를 따라 행한 것

6 – 주께서 보내신 선지자들의 경고와 권면을 듣지 않고 무시한 것

▶앗수르의 식민 정책

민족들을 섞는 혼혈 정책을 통해 단일민족 정신을 약화시켰다(왕하 17:24). 그 결과 사마리아인들은 혼혈족이 되었다. 이들은 각기 자기들의 우상을 들여와서 결국 종교적 혼합주의가 되었다(왕하 17:25-41).

【 앗수르와 북 이스라엘 】

1차	므나헴	불(디글랏 빌레셀 3세)	은 1,000달란트의 조공 - 부자들에게서 강탈
2차	베가	디글랏 빌레셀	8개의 지역을 점령, 백성을 사로잡아감
3차	호세아	살만에셀	호세아가 앗수르를 배반하고 애굽 왕에게 도움을 청하자 앗수르 왕이 사마리아를 점령하고 백성을 앗수르로 사로잡아감. 북 이스라엘 멸망함
멸망 원인	왕하 17:7-23	1. 애굽에서 인도하신 하나님을 떠나 다른 신들을 섬김 2. 모든 성읍에 산당 세움, 목상과 아세라 상을 세움, 바알을 섬김 3. 하나님의 말씀을 버리고 이방인의 규례와 여로보암의 길을 따름 4. 자녀를 불 가운데로 지나게 하고 복술과 사술을 행함 5. 선지자들의 경고와 권면을 듣지 않고 무시함	
앗수르의 식민 정책	혼혈 정책 - 민족들을 섞음, 사마리아인들이 혼혈됨 종교적 혼합주의(왕하 17:25-33)		

2. 앗수르와 남 유다, 그리고 이사야

남 유다도 아하스 때 앗수르에 의해 침공을 당하면서 애굽과 앗수르 사이를 오가며 눈치를 보았다. 그러다가 히스기야 시대에 오직 하나님만을 의지하면서부터 하나님의 보호를 받았다. 이사야 선지자가 이 시기에 활동했다.

1) 아하스의 외교 정책 – 친앗수르

남 유다 아하스는 북 이스라엘이 아람과 동맹을 맺고 침공하자 앗수르 왕 디글랏 빌레셀에게 성전과 왕궁 곳간의 은금을 예물로 바쳐 도움을 청했다. 앗수르 왕이 와서 아람의 수도 다메섹을 점령하고, 그 백성을 사로잡아가고, 아람 왕 르신을 죽였다(왕하 16:5-9). 이때에 아하스가 보낸 외교문서가 성경에 기록되어 남았다. 민망한 굴욕 외교문서이다.

"나는 왕의 신복이요, 왕의 아들이라. 이제 아람 왕과 이스라엘 왕이 나를 치니 청하건대 올라와 그 손에서 나를 구원하소서"(왕하 16:7). 이사야는 '친앗수르 정책'을 펼치는 아하스에게 외교 노선을 바꾸기를 계속 요청했다. 즉 하나님에게로 돌아서라는 것이다.

그 이유는,

> 첫째 - 형제 이스라엘이 멸망당하도록 빌미를 제공하지 말 것이며,
> 둘째 - 이로 인해 앗수르의 종교적 영향을 받게 될 것이며,
> 셋째 - 오히려 앗수르에게 공격당하게 될 것이기 때문이다.

이사야 선지자가 앗수르는 하나님이 '잠시 사용하시는 몽둥이'에 불과하다고 아무리 알려주어도 아하스는 자신의 국제적 외교 감각만 내세웠다(사 10:5-7). 더구나 아하스는 앗수르 왕을 만나러 다메섹에 갔다가 그곳의 제단을 보고 그 구조와 양식을 그대로 가져다가 제단을 만들고 그 앞에 제사했다. 죄에 죄를 더했다(왕하 16:10-20).

2) 히스기야의 외교 정책(사 36장 - 39장)

초기 - 자주국방, 반앗수르, 친애굽 **중기** - 친앗수르 **후기** - 자주국방

아하스가 이사야의 전반기 파트너라면 히스기야는 후반기 파트너이다.

(1) 히스기야의 초기 외교 정책은 '자주국방'과 '반앗수르', '친애굽'

히스기야의 외교 정책은 방향을 잡지 못하고 갈팡질팡했다. 이사야는 히스기야의 이 같은 정책을 책망했다. 이사야는 하나님의 말씀에 의한 올바른 외교 정책을 히스기야에게 전했다(사 30:1-7, 31:1-9).

> 첫째 - 자주국방의 노력보다 가난한 자를 위한 배려와 율법 준수와 같은 국가 행정력을 높일 것을 말했다.
> 둘째 - 친애굽 외교 노선을 떠나 오직 하나님만을 의지할 것과 강대국 중심 국가 경영이 아닌 하나님 중심 세계 경영을 요청했다.

그러나 히스기야는 이사야의 말을 받아들이지 않고 친애굽 정책을 펼침으로 앗수르의 침공을 받았다. 이미 앗수르는 히스기야 6년에 북 이스라엘을 멸망시켰다(왕하 18:10). 그리고 남 유다로 진격하여 예루살렘까지 이르렀다.

(2) 히스기야의 중기 외교 정책은 친앗수르

놀랍게도 히스기야는 그의 아버지 아하스에게서 배운 순서대로 실천했다.

> 첫째 - 앗수르 왕에게 굴욕적인 외교편지 쓰기
> 둘째 - 성전과 왕궁 곳간의 은금 바치기
>   앗수르 왕은 히스기야에게 은 300달란트, 금 30달란트를 정하여 내게 했다. 히스기야는 성전과 왕궁의 은금을 다 주고도 모자라 성전과 왕궁의 모든 기둥에 있는 금을 벗겨서 주었다(왕하 18:13-16).

다윗은 성전 건축을 위해서 은 100만 달란트, 금 10만 달란트를 준비해두었다. 그리고 여분으로 금 3,000달란트를 헌금하였다. 다윗의 측근들도 금 5,000달란트를 헌금하였다. 그러므로 예루살렘 성전에 사용된 금만 도합 10만8천 달란트였다(대상 22:14, 29:1-9).

그럼에도 불구하고 히스기야 시대에 앗수르에 조공으로 보낼 금 30달란트가 없어서 성전과 왕궁의 기둥에 입힌 금을 벗겼다는 것에서 그동안 여러 강대국들에게 빼앗기고 바친 조공이 얼마나 많았는지 짐작할 수 있다.

(3) 히스기야의 후기 외교 정책은 하나님 중심의 자주국방

히스기야가 왕이 된 지 14년, 39세에 앗수르 왕 산헤립이 다시 유다로 와서 예루살렘을 제외한 모든 성읍을 빼앗아 점령했다. 산헤립은 더 나아가 랍사게에게 라기스로부터 군대를 거느리고 와서 진을 치고 산헤립의 뜻을 전하도록 했다. 랍사게는 당시의 세계 공용어인 아람어를 사용하지 않고 유창한 히브리어로 말하여 모든 유대인들이 들을 수 있게 했다.

히스기야의 대신들이 히브리어가 아닌 아람어로 말하자고 제안했으나 콧방귀를 뀌며, "왕이 나와 같이 히브리어에 유창한 장군을 보낸 것은 모든 유대인들이 자기의 대소변을 먹고 마실 사람들이기 때문"이라고 하며 히브리어로 더 크게 말했다(사 36장-37장).

랍사게의 말은 교만하기 짝이 없다.

너희는 히스기야에게 미혹되지 말라. 그가 능히 너희를 건지지 못할 것이니라… 히스기야의 말을 듣지 말라… 너희는 내게 항복하고 내게로 나아오라… 혹시 히스기야가 너희에게 이르기를 여호와께서 우리를 건지시리라 할지라도 속지 말라. 열국의 신들 중에 자기의 땅을 앗수르 왕의 손에서 건진 자가 있느냐? …여호와가 능히 예루살렘을 내 손에서 건지겠느냐? 사 36:14-20

앗수르는 이 일이 있기 150년 전에 하나님이 요나를 보내셔서 그들을 회개하게 하고 구원한 역사를 기억하지 못했다.

요나 : 선민만 아니라 모든 민족을 사랑하시는 하나님의 사랑 이야기
• 하나님의 긍휼 : 비록 심판이 결정되었다 하더라도 회개하면 그 죄를 용서하시는 하나님

랍사게의 말을 들은 히스기야는 옷을 찢고 굵은 베옷을 입고 하나님에게로 나아갔다(사 37:1). 히스기야는 앗수르 왕이 보낸 편지를 받고 하나님 앞에 나아가 그것을 펴놓고 기도했다. 그 유명한 기도문을 보라(사 37:16-20).

이스라엘 하나님 만군의 여호와여, 주는 천하만국에 유일하신 하나님이시라. 주께서 천지를 만드셨나이다. 여호와여, 귀를 기울여 들으시옵소서. 여호와여, 눈을 뜨고 보시옵소서. 산헤립이 사람을 보내어 살아계시는 하나님을 훼방한 모든 말을 들으시옵소서.

여호와여, 앗수르 왕들이 과연 열국과 그들의 땅을 황폐하게 하였고 그들의 신들을 불에 던졌사오나 그들은 신이 아니라 사람의 손으로 만든 것일 뿐이요 나무와 돌이라. 그러므로 멸망을 당하였나이다.

우리 하나님 여호와여, 이제 우리를 그의 손에서 구원하사 천하만국이 주만이 여호와이신 줄을 알게 하옵소서.

그가 성 밖으로 나가지 않고 성전으로 간 것은 참으로 잘한 일이다. 그는 이때에야 비로소 이사야에게 도움을 청했다. 이사야는 교만한 앗수르 왕이 죽을 거라는 하나님의 말씀을 전했다(사 37:6,7).

오래전 그 조상 여호사밧도 아람의 연합군에게 침공을 당할 때 하나님 앞에 나아가 모든 상황을 하나님에게 말했다(대하 20:3-12, 특히 12절). 하나님은 여호사밧에게 아람 연합군을 향하여 찬양으로 나아가라고 하셨다(대하 20:20-23). 하나님은 그의 군대를 동원하여 유다로 대승리를 거두게 하셨다.

하나님은 여호사밧 때처럼 히스기야 때도 그의 군대를 동원하여 앗수르의 군대를 치셨다. 앗수르의 군대 18만5천 명이 하룻밤 사이에 죽었다(사 37:36). 앗수르 왕 산헤립이 니느웨로 돌아가 자기의 신 니스록의 신전에서 경배할 때에 그의 아들 아드람멜렉과 사레셀이 그를 칼로 죽였다. 이후 앗수르는 무서운 속도로 쇠퇴의 길로 들어섰다(왕하 19:35-37, 사 37:36-38).

【 앗수르와 남 유다 】

아하스 (아버지)	친앗수르 : 북 이스라엘이 아람과 동맹하여 침공했을 때, 　　　　앗수르 왕 디글랏 빌레셀에게 도움을 청함 　　　　성전과 왕궁 곳간의 은금을 예물로 바침 　　　　굴욕적 외교문서(왕하 16:7) 　　　　앗수르 왕이 아람 수도 다메섹을 점령하고 아람 왕 르신을 죽임		이사야가 책망함 - 하나님께로 돌아서라 　(대하 28:16-27) - 그러나 듣지 않음
히스기야 (아들)	초기 외교 정책	친애굽, 반앗수르 그러자 앗수르의 침공을 받아 예루살렘까지 이름	이사야가 책망함 - 하나님 중심의 국가 경영 - 애굽의 도움 받지 말라 - 그러나 이사야의 말을 　듣지 않음
	중기 외교 정책	친앗수르 굴욕적 외교문서 성전과 왕궁 곳간의 은금 바치기 모자라서 기둥의 금 벗기기	
	후기 외교 정책	하나님 중심 자주국방 앗수르 왕 산헤립이 공격, 랍사게를 보내어 모욕함 히스기야의 기도문(사 37:15-20) 앗수르 군대가 몰사, 산헤립이 아들들에게 살해당함	이사야에게 도움을 청함 이사야가 하나님의 구원을 예언함
이후 앗수르는 산헤립이 죽은 뒤 쇠퇴기로 접어들어 결국 멸망의 길로 갔다.			

역사가 헤로도토스는 앗수르의 군대가 페스트에 걸려 죽었다고 기록했다.
유대 역사학자 요세푸스는 하나님이 무서운 전염병을 내려서 죽었다고 기록했다.

3. 앗수르 제국

앗수르 제국과 남북 이스라엘의 관계는 열왕기하와 역대하에 잘 나타나 있다.
당시에 사역한 선지자는 요나와 나훔, 그리고 이사야와 아모스이다.

처음에는 작은 나라로 시작하였던 앗수르는 B.C.745년 디글랏 빌레셀 3세 시대에 제국의 면모를 갖추었다. 동으로는 인도, 서로는 애굽, 북으로는 러시아, 남으로는 아라비아까지 3,200킬로미터에 걸친 소아시아와 초원과 사막을 장악하고 다스렸다. 앗수르의 중심도시는 니느웨였다.

520년간 지속되던 앗수르는 B.C.609년 신흥 강대국 바벨론에 의해 멸망했다. 앗수르는 흔적도 없이 사라져서 오랫동안 앗수르 역사는 지어낸 이야기로만 취급되었다.
그러다가 영국의 고고학자 오스틴 레이어드가 A.D.1846년부터 7년여에 걸쳐 발굴하면서 그

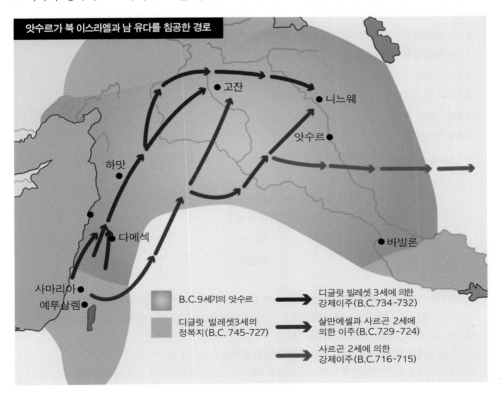

앗수르가 북 이스라엘과 남 유다를 침공한 경로

고잔
니느웨
앗수르
하맛
다메섹
바빌론
사마리아
예루살렘

B.C.9세기의 앗수르

디글랏 빌레셋3세의
정복지(B.C.745-727)

디글랏 빌레셋 3세에 의한
강제이주(B.C.734-732)

살만에셀과 사르곤 2세에
의한 이주(B.C.729-724)

사르곤 2세에 의한
강제이주(B.C.716-715)

존재가 세상에 드러났다. 앗수르는 B.C.609년부터 A.D.1846년까지 2,450년 이상 깊은 땅 속에 묻혀있었다.

니느웨

니느웨는 도시를 둘러싼 성벽의 길이가 13킬로미터, 성벽의 높이가 30미터였고, 성벽의 두께는 마차 3대가 나란히 달릴 수 있을 정도로 넓었다. 당시 인구 60만 명의 대도시였다. 니느웨 성은 넓이가 220만 평 규모로 3일을 가야 할 정도로 컸다. 그러나 성 위로 물이 범람하여 토사가 구릉 위로 약 6미터나 쌓여 땅속으로 들어가버렸다. 토사가 쓸려와 30미터의 니느웨 성벽을 덮고도 6미터나 위로 쌓였다. 범람의 정도가 상상을 초월했다.

'범람한 물'이 앗수르 멸망과 유적의 '키워드'이다. 티그리스 강의 물이 니느웨를 덮쳐 그 위에 토사가 쌓여 니느웨는 흔적도 발견할 수 없었다. 나훔의 예언이 그대로 이루어졌다.

나훔 : 니느웨의 심판에 대한 예언

요나에 의해 회개한 니느웨. 그러나 제국주의 야망을 버리지 못해 150년 후, 나훔에 의해 '앗수르 멸망' 선포를 듣게 된다. 나훔의 예언이 그대로 이루어졌다.

나 1:8 여호와께서 범람하는 물로 그곳을 진멸하시고 자기 대적들을 흑암으로 쫓아내시리라

나 1:9 여호와께서 온전히 멸하시리라

나 1:12 그들이 비록 강하고 많을지라도 반드시 멸절을 당하리니 그가 없어지리라

나 1:14 네 이름이 다시는 전파되지 않을 것이라

나 2:6 강들의 수문이 열리고 왕궁이 소멸될 것이다

나 2:9,10 은, 금, 아름다운 기구가 풍부하던 니느웨가 공허하고 황폐할 것이다

나 2:13 만군의 여호와가 앗수르의 대적이 되어 니느웨를 멸하실 것이다

하나님의 세계 경영 원칙 – 제국과 제왕들은 하나님의 도구이다.

애굽의 바로

앗수르

바벨론

만군의 여호와께서 맹세하여 이르시되, '내가 생각한 것이 반드시 되며 내가 경영한 것을 반드시 이루리라.
내가 앗수르를 나의 땅에서 파하며 나의 산에서 그것을 짓밟으리니 그때에 그의 멍에가 이스라엘에게서
떠나고 그의 짐이 그들의 어깨에서 벗어질 것이라.
이것이 온 세계를 향하여 정한 경영이며, 이것이 열방을 향하여 편 손이라' 하셨나니,
만군의 여호와께서 경영하셨은즉 누가 능히 그것을 폐하며, 그의 손을 펴셨은즉 누가 능히 그것을 돌이키랴

사 14:24-27

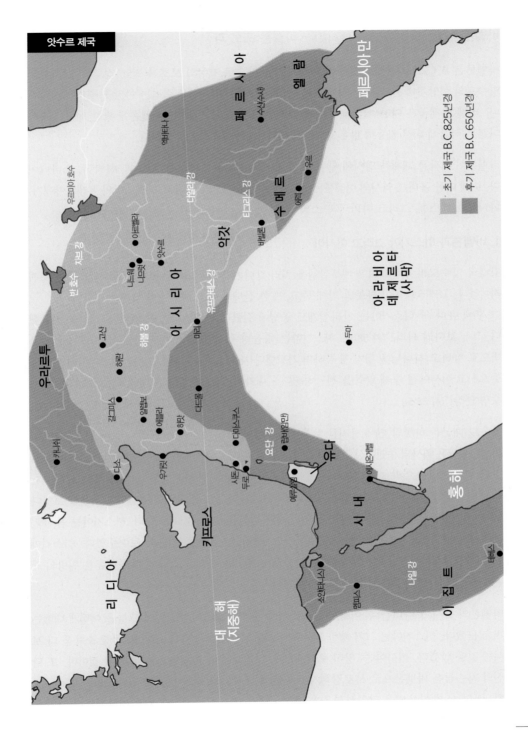

앗수르 제국

우르미아 호수

반 호수 (반수)

페르시아 만

엘 람

페 르 시 아

수산(수사)

우르

수 메 르

에레

바벨론

티그리스 강

디얄라 강

얏간

앗수르

아르벨라

니느웨
나므랏

아 시 리 아

우프라테스 강

마리

두마

아 라 비 아
대 제 를 타
(사 막)

에밧타나

고산

하란

하볼 강

길기미스

알렙포

에블라

하맛

다드몰

다메스쿠스

요단 강

랍바(암만)

유다

헷(엔게델)

우라르투

카르서

단

우가릿

시돈
두로

갈릴리

예루살렘

시 내

홍 해

소안(타니스)

멤피스

나일 강

이 집 트

테베

리 디 아

키프로스

대 해
(지중해)

초기 제국 B.C.825년경
후기 제국 B.C.650년경

바벨론 제국(오늘날 이라크의 옛 이름) - 바벨론 포로 과정

바벨론은 B. C. 2000년부터 등장한 나라이지만 앗수르 제국의 보호를 받는 정도였다. 그런데 앗수르의 쇠망기에 틈을 타서 앗수르를 물리치고 근동의 패권을 쥐려는 야망을 펼치기 시작했다. 바벨론 제국은 다른 제국들에 비해 독특한 특징을 갖고 있다. 바벨론에 관한 성경 기록은 다른 제국들에 비해 월등히 많은 반면, 세계 역사 기록은 그리 많지 않다.

바벨론이 역사를 제패한 당시에 활동한 선지자는 예레미야, 에스겔, 다니엘, 하박국, 스바냐이다. 이에 대한 올바른 역사의 이해를 주는 기록은 열왕기하와 역대하, 예레미야와 예레미야애가, 다니엘과 에스겔, 그리고 하박국과 스바냐서이다.

1. 바벨론과 히스기야 그리고 이사야

강대국 앗수르의 주력부대가 예루살렘을 치러 갔다가 전멸된 일은 당시 근동의 역사에는 충격적이었다. 18만5천 명이 하룻밤 만에 죽고, 또한 산헤립 왕도 죽임을 당했다.
그 후에 유다 왕 히스기야는 안타깝게도 중병에 걸렸다. 이사야는 하나님의 메시지를 전달했다. "너, 보따리 싸라!"(사 38:1). 히스기야는 죽을병에 걸렸다. 이 메시지를 들은 그는 얼굴을 벽으로 향하고 하나님을 향해 통곡하며 기도했다(사 38:2,3). 하나님은 이런 히스기야의 기도를 들으시고 이사야를 통해 말씀을 전달하셨다. "내가 네 기도를 들었고 네 눈물을 보았다. 15년 수명 연장!"(사 38:5).

앗수르 대군을 하룻밤 만에 물리친 것과 히스기야의 병 나음은 당시 근동 신문에 톱뉴스거리였다. 이 세상은 역사의 주인이신 하나님과 그의 능하신 손은 보지 않고 오직 유다 왕 히스기야만 보았다. 히스기야는 일약 스타의 자리에 올랐다. 유다 왕국은 함부로 대할 수 없는 국가가 되었다. 이때 변방에 있던 작은 국가 바벨론 왕 므로닥발라단이 특사를 통해 친필편지와 선물을 보냈다(사 39:1). 당시 '원방의 나라' 바벨론 왕의 편지와 선물을 받은 '떠오른 스타' 히스기야는 몹시 기분이 좋았다. 그는 바벨론 특사에게 보물창고, 무기고, 궁중 소유를 다 보여주었다. 히스기야는 시대를 바라보는 안목이 부족했다. 앗수르의 대군을 물리친 그의 눈에 바벨론은 원방의 작은 나라, 그래서 무시해도 되는 나라로 보였다.

바벨론의 특사가 다녀간 후 이사야는 히스기야 왕에게 그들이 누구이며 그들을 어떻게 대했는지 질문했다. 히스기야는 그가 행한 것, 즉 왕궁과 성전의 보물창고, 무기고, 궁중 소유를 다 보여준 것을 말했다. 이사야는 "왕이 보여준 것은 남김없이 다 바벨론으로 옮겨 갈 것이다. 또 당신의 자손들은 바벨론으로 사로잡혀가서 환관이 될 것이다"라고 예언했다(사 39장).
하나님께서 왜 이런 일을 말씀하셨을까? 히스기야는 하나님이 행하신 걸 증거하기보다 자기 힘을 자랑했다. 마치 자신의 능력으로 된 것처럼 행했다. 그는 하나님을 높이지 않았다. 이사야의 메시지를 들은 그는 자기의 교만을 회개했다(대하 32:24-26,31). 그러므로 하나님이 히스기야 생전에는 진노를 내리지 않으셨다.

겸손과 교만

간증은 효과가 크다. 간증은 하나님을 드러내서 모든 영광을 하나님이 받으시게 하고, 듣는 자들의 믿음을 일으킨다. 그러나 교만은 자기를 드러내고, 하나님의 영광을 드러내지 않는다. 자기 것을 자랑하면 그것이 다 사라짐을 히스기야를 통해 배운다. 집사의 자격을 "믿음의 비밀을 가진 자"(딤전 3:9)라고 했다. "깊은 바다가 서로 부른다"(시 42:7)라고 하셨듯이 하나님이 행하신 일을 다 보여주는 게 아니라 비밀을 간직하는 자가 되어야 한다.

2. 바벨론과 므낫세

히스기야의 아들 므낫세는 하나님을 떠나 악을 행했다. 그는 아버지 히스기야를 따라 마땅히 하나님을 섬겨야 함에도 오히려 더 큰 악을 행했다. 히스기야가 헐어버린 산당을 다시 세우고 바알의 제단과 아세라의 목상을 세웠다(대하 33:1-9).

하나님이 그에게 여러 차례 경고하셨다. 그러나 그는 말씀을 듣지 않았다. 결국 하나님은 그를 앗수르 왕의 군대 지휘관들에게 붙여 바벨론으로 끌고 가게 하셨다. 그제야 므낫세는 하나님 앞에 겸손하여 회개기도를 했다. 긍휼의 하나님이 그의 기도를 들으시고 그를 다시 예루살렘으로 돌아오게 하셨다. 그때부터 그는 하나님만을 섬겼다(대하 33:10-13).

3. 바벨론과 예레미야 선지자

예레미야는 눈물의 선지자다. 바벨론에게 빨리 항복할수록 피해가 적을 거라고 예언했다. 그러나 온 유다는 예레미야를 '친바벨론주의자, 매국노'라고 미워하여 폭행, 감금했다(렘 18:20, 20:2, 37:15,16, 38:6). 그러나 예레미야는 하나님의 말씀을 전하지 않으면 중심이 불붙는 것 같아서 그만둘 수가 없었다(렘 20:7-9). 그보다 예레미야를 더욱 힘들게 한 건 거짓 선지자들이었다(렘 14:14-18). 하나냐는 자신의 거짓 예언(렘 28:1-4)으로 인해 죽었다(렘 28:16,17).

예레미야는 하나님이 바벨론 포로생활 70년 후에 돌이키실 것을 예언했다. 그러므로 그는 바벨론 포로들에게 장기적으로 정착하여 살 것을 권했다(렘 29:4-10,11-14).

4. 바벨론에게 망하는 시기를 자세히 보기

북 이스라엘이 앗수르에 의해 멸망했듯이 결국 남 유다도 바벨론에 의해 멸망당했다. 열왕기하, 역대하, 예레미야서는 유다의 멸망 과정을 상세히 기록했다.

유다의 멸망은 가장 놀라운 왕 요시야(16대)의 죽음 이후 아주 짧은 시간에 급격하게 일어났다. 요시야 이후 4대에 걸쳐 ─ 여호아하스(17대), 여호야김(18대), 여호야긴(19대), 시드기야(20대) ─ 유다의 왕들이 있었으나 이들이 다스린 기간은 다 합쳐도 고작 23년밖에 되지 않는다.

1) 1차 애굽과 바벨론 전쟁, B.C.609년(대하 35:20-36:4)

신흥국인 바벨론이 앗수르와의 전쟁을 통해 갈그미스(유프라테스 강 상류와 티그리스 강 상류 사이에 위치함)를 점령했다. 애굽은 이 틈을 타 메소포타미아를 차지하고자 했다. 애굽의 바로 느고가 메소포타미아까지 동북진하려면 남방 유다를 거쳐야 했다.

바로 느고가 북 이스라엘에 위치한 므깃도에 있을 때, 요시야가 군대를 이끌고 갔다가 불행하게도 전사했다. 애굽과 바벨론의 전쟁 틈에 애굽이 요시야를 죽였다. 안타깝게도 요시야의 행위는 올바른 선택이 아니었다(대하 35:20-25). 백성들이 급히 요시야 이후 그 아들 여호아하스를 왕으로 세웠다.

요시야를 죽인 후 바로 느고는 계속 북상하여 갈그미스에서 바벨론과 전투를 했지만 무승부였다. 바로 느고가 갈그미스에서 애굽으로 내려가는 길에 왕이 된 지 3개월 된 여호아하스(살룸)를 폐위하여 애굽으로 끌고 가고, 그 형제인 여호야김을 왕으로 세웠다. 이때부터 여호야김은 애굽에 조공을 바치며 애굽의 지배하에 들어갔다(왕하 23:31-37).

【 요시야의 패밀리 】

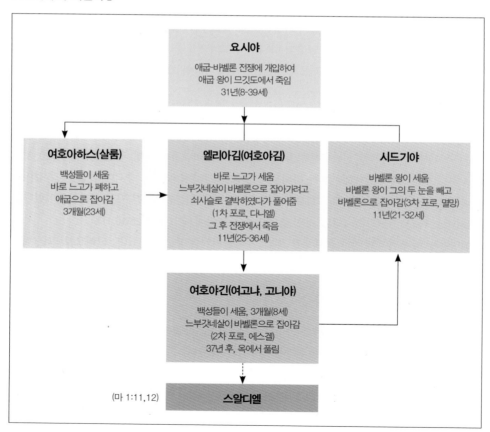

2) 2차 애굽과 바벨론 전쟁 – 1차 바벨론 포로, B.C.605년(대하 36:6,7, 왕하 23:36-24:7)

여호야김 4년(B.C.605년)에 애굽의 바로 느고가 갈그미스까지 올라가 바벨론과 전투를 개시했으나 느부갓네살에게 대패했다. 이 전쟁이 그 유명한 갈그미스 전투다. 그 후부터 애굽은 더 이상 그 나라에서 나오지 못했다. 바벨론 왕이 애굽 강에서부터 유브라데 강까지 애굽 왕에게 속한 땅을 다 점령했기 때문이다(왕하 24:7).

이후 느부갓네살이 예루살렘을 1차 침공했고 그 결과로 애굽을 섬기던 여호야김이 바벨론을 섬기게 되었다. 여호야김 초기에는 애굽을 섬겼으나 앗수르를 꺾고 근동의 새 주인이 된 신흥국 바벨론의 압박에 할 수 없이 애굽을 배반하고 바벨론을 섬겼다.

여호야김이 바벨론을 섬기게 된 경위는 다음과 같다.

느부갓네살은 애굽과 전쟁하는 중에 그의 아버지의 죽음으로 급히 바벨론으로 돌아갔다. 그는 예루살렘에 들러 애굽을 섬기던 여호야김을 쇠사슬에 묶어 바벨론으로 끌고 가다가 풀어주며 더 이상 애굽을 섬기지 말고 바벨론을 섬길 것을 경고했다.

역대하 36장 6절에, "바벨론 왕 느부갓네살이 올라와서 그를 치고 그를 쇠사슬로 결박하여 바벨론으로 잡아가고"라고 했다. 즉 여호야김이 바벨론으로 잡혀간 것처럼 잘못 번역했다. 오히려 "잡아가려고 그를 치고 바벨론으로 끌고 가고자 쇠사슬로 묶었다"로 번역해야 옳다. 느부갓네살은 여호야김을 풀어주면서 앞으로는 바벨론을 섬기라고 명령했다(왕하 23:36-24:7 참조). 이때 다니엘과 그 친구들 등 예루살렘의 우수한 유대 청소년들을 인질로 바벨론으로 끌고 갔다. 이것이 '1차 바벨론 포로'이다(왕하 24:2, 대하 36:5-7, 단 1:1-7).

3) 2차 바벨론 포로, B.C.597년 – 여호야김이 바벨론을 배반함(왕하 24:1-7)

여호야김은 바벨론을 3년간 섬기다가 배반했다. 예레미야는 바벨론을 섬기라고 했으나 친애굽파가 득세하면서 배반한 것이다. 그러자 느부갓네살이 4개국의 부대(갈대아 부대, 아람의 부대, 모압의 부대, 암몬 자손의 부대)를 보내어 유다를 치게 했다. 그때 여호야김이 죽은 것 같다(왕하 24:1-7). 그의 죽음은 "여호와의 말씀대로"(왕하 24:3)였으며, 예레미야의 예언대로(렘 22:18,19) 성문 밖에 그 시체가 던져졌다. 그의 죽음의 이유는 므낫세의 죄와 여호야김 자신의 죄로 인한 것이었다. 그는 11년간 왕노릇했다. 여호야김이 죽자 백성들이 그의 아들 여호야긴(19대)을 왕으로 세웠다.

여호야긴 3개월, B.C.597년(왕하 24:10-16)

여호야긴이 왕이 된 지 3개월이 되었을 때 느부갓네살이 직접 공격해 왔다. 느부갓네살은 여호야긴을 사로잡아 바벨론으로 끌고 가고, 그의 숙부인 시드기야(20대)를 왕으로 세웠다.

느부갓네살은 여호야긴 왕가 외에도 고급 인력, 병력, 기능공 등 약 10,000명을 끌고 갔다. 에스겔도 끌려갔다. 이때 예루살렘 성전의 금 기명들, 왕궁의 보물들을 바벨론으로 가져갔다. 이것이 '2차 바벨론 포로'이다.

4) 3차 바벨론 포로, B.C.586년 – 시드기야의 배반과 유다의 멸망(왕하 24:17–25:21)

시드기야가 바벨론을 배반했다. 이에 느부갓네살이 예루살렘을 침공(제3차)하였고, 결국 예루살렘은 바벨론에 의해 함락되었다. 바벨론이 예루살렘 성전과 왕궁을 불태웠다. 유다가 완전히 멸망했다. 느부갓네살이 시드기야의 아들들을 그의 눈앞에서 죽이고, 시드기야의 두 눈을 빼고 놋사슬로 결박하여 끌고 갔다.

1차 바벨론 포로 – 유능한 히브리 소년들 : 다니엘과 세 친구

'제국 경영 프로젝트', 바벨론은 앗수르의 민족 혼혈 정책의 실패를 거울삼아 각 민족의 뛰어난 청소년들을 데려다가 바벨론 교육을 시켜 바벨론 속국의 지도자로 삼는 '인질 교육 프로그램'을 실행했다. 그러나 하나님은 오히려 이를 사용하여 바벨론 제국에 그의 영광을 드러내셨다 (다니엘서).

2차 바벨론 포로 – 에스겔과 예루살렘의 고위직, 우수 인력, 고급 인력과 기술자 10,000명

'바벨론 세계화를 위한 고급 기술 인력 동원 프로그램'을 실행했다. 그러나 하나님은 오히려 에스겔을 통해 바벨론에 2차, 3차 포로로 잡혀간 백성들을 위로하셨다(렘 29:11-14, 겔 33:21,22, 겔 37장:마른 뼈가 살아나는 소망, 겔 40장-44장:성전 조감도, 새 성전).

3차 바벨론 포로 – 농사지을 최소 인력만 남긴 모든 사람들 : 하급 단순 노동자들 중심이었다

예루살렘 성이 무너지고 예루살렘 성전이 파괴되었다. 유다 왕국은 결국 바벨론에 의해 멸망했다.

5. 바벨론 제국(오늘날의 이라크) – 메소포타미아 문명권의 민족 중 한 나라

앗수르(북쪽 지역), 바벨론, 갈대아(남쪽 지역)라는 이름으로 나타난다. 때로는 앗수르와 바벨론으로 분열되기도 하다가(마치 북 이스라엘, 남 유다처럼), 구바벨론이라는 통일 왕국으로 오다가 B.C.1200년부터 앗수르 대제국을 이루었다. B.C.609년에 갈대아 왕조가 앗수르를 장악하여 신바벨론 왕국(갈대아 왕국)을 세웠다. 느부갓네살은 이때의 왕이다.

바벨론 성은 평야 한가운데 세워진 사각형의 도시였다. 한 변이 22.4킬로미터, 전체 둘레가 90.16킬로미터였다. 성 둘레에 100개의 청동 성문이 있었고, 도심 한가운데로 유프라테스 강이 흘렀다. 바벨론은 역사상 가장 부강한 제국이었다. 그러나 가장 빨리 멸망했다. 바벨론 마지막 왕 벨사살은 혜성처럼 나타난 고레스에게 패배했다.

바벨론 멸망 – 70년간 지배함

그런데 놀랍게도 가장 오래 통치할 것 같던 신바벨론이 90년도 못 되어 메대 바사에 의해 멸망했다. 바벨론의 멸망에 대해 예레미야가 예언했을 때(렘 50장-51장)는 아무도 이를 믿지 않았다!!! 이 예언을 믿는 나라가 없었다!

하나님이 애굽을 이스라엘 민족의 성장을 위한 인큐베이터로, 바벨론을 이스라엘 민족의 징계를 위한 감옥으로 사용하셨다. 바벨론의 멸망 원인은 교만 때문이었다(렘 50:29-32, 51:20-24). 하나님의 철퇴 즉 국가들을 심판하시는 하나님의 사자의 역할에서 지나치게 설쳤다.

예레미야의 예언

"여호와께서 이와 같이 말씀하시되, 보라, 내가 멸망시키는 자의 심령을 부추겨 바벨론을 치고 또 나를 대적하는 자 중에 있는 자를 치되, 내가 타국인을 바벨론에 보내어 키질하여 그의 땅을 비게 하리니 재난의 날에 그를 에워싸고 치리로다"(렘 51:1,2).

【 바벨론에게 망하는 시기 자세히 보기 】

1) B.C.609년	2) B.C.605년	3) B.C.602–597년	4) B.C.597–586년
제1차 애굽과 바벨론 전쟁	제2차 애굽과 바벨론 전쟁	여호야김이 바벨론을 배반함	시드기야의 바벨론 배반과 유다의 멸망
대하 35:20-36:4	대하 36:6,7 왕하 23:36-24:7	왕하 24:1-16	왕하 24:17-25:21
신흥국 바벨론이 앗수르의 갈그미스를 점령. 애굽 바로 느고가 메소포타미아를 차지하고자 유다를 거치는 중 애굽 군대가 므깃도에 있을 때, 요시야가 이를 막고자 하다 불행하게 전사함. 백성들이 급히 그 아들 여호아하스를 왕으로 세움. 애굽과 바벨론의 전쟁은 무승부. 바로 느고가 애굽으로 내려가는 길에 여호아하스(살룸)를 폐위하여 애굽으로 끌고 가고, 그 형제 여호야김을 왕으로 세움. 여호야김은 조공을 바치며 애굽의 지배하에 들어감.	**바벨론 1차 포로** 다니엘과 친구들 유능한 청년들 제2차 전쟁에서 바벨론의 느부갓네살이 승리함. 느부갓네살은 전쟁 중에 그 아버지의 죽음으로 급히 돌아가면서 여호야김을 쇠사슬로 결박하여 끌고 가다 풀어주며 더이상 애굽을 섬기지 말고 바벨론을 섬기도록 경고함.	**바벨론 2차 포로** 여호야긴 왕가, 고급 인력, 기능공 등 약 10,000명 에스겔 예루살렘 성전의 금 기명들, 왕궁의 보물들을 가져감. 바벨론을 섬기던 여호야김이 배반함. 예레미야는 바벨론을 섬기라고 하였으나 친애굽파가 득세. 느부갓네살이 4개국을 보내어 유다를 공격했고, 이때 여호야김이 죽음. 그 아들 여호야긴이 왕이 된 지 3개월 만에 느부갓네살이 와서 사로잡아가고 숙부 시드기야를 왕으로 세움.	**바벨론 3차 포로** 시드기야 왕가 시드기야가 바벨론을 배반함. 느부갓네살이 예루살렘을 침공하여 시드기야의 아들들을 그 앞에서 죽이고, 그의 두 눈을 빼고 놋사슬로 결박하여 바벨론으로 끌고 감. 예루살렘 성전과 왕궁을 불태움. 유다 왕국의 멸망.

다니엘의 예언

다니엘 5장은 바벨론의 마지막 왕인 벨사살 때 닥친 바벨론 멸망을 하나님이 직접 보여주신 내용이다.

벨사살 왕이 그의 귀족 1,000명을 위해 큰 잔치를 베풀 때, 벨사살이 왕궁 촛대 맞은편 석회벽에 글자 쓰는 손가락을 보았다. 그는 급히 다니엘을 불러 그것을 해석하게 했다.

"기록된 글자는 이것이니 곧 메네 메네 데겔 우바르신이라. 그 글을 해석하건대 메네는 하나님이 이미 왕의 나라의 시대를 세어서 그것을 끝나게 하셨다 함이요, 데겔은 왕을 저울에 달아보니 부족함이 보였다 함이요, 베레스는 왕의 나라가 나뉘어서 메대와 바사 사람에게 준 바 되었다 함이니이다"(단 5:25-28).

그날 밤에 벨사살이 죽임을 당하고 메대 사람 다리오가 나라를 얻었다. 바벨론이 멸망했다.

국제 재판소 – 열국을 심판하시는 하나님

예레미야 46장-51장과 에스겔 25장-32장을 보면 마치 열국을 심판하시는 하나님의 국제 사법 재판소처럼 보인다. 피고인석에 애굽, 블레셋, 모압, 암몬, 에돔, 다메섹, 게달과 하솔, 엘람, 바벨론이 차례로 불려 나오면 이들의 행위를 심리하시고 판결하시는 장면이다.

대표적으로 바벨론에 대한 판결문을 보자.

> 여호와의 진노로 말미암아 주민이 없어 완전히 황무지가 될 것이라. 바벨론을 지나가는 자마다 그 모든 재난에 놀라며 탄식하리로다… 그가 여호와께 범죄하였음이라… 그가 행한 대로 그에게 갚으시는도다 렘 50:13-15

> 활 쏘는 자를 바벨론에 소집하라. 활을 당기는 자여, 그 사면으로 진을 쳐서 피하는 자가 없게 하라. 그가 일한 대

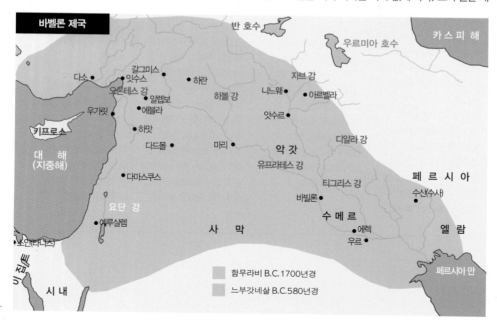

로 갚고 그가 행한 대로 그에게 갚으라. 그가 이스라엘의 거룩한 자 여호와를 향하여 교만하였음이라. 그러므로 그날에 장정들이 그 거리에 엎드러지겠고 군사들이 멸절되리라. 여호와의 말씀이니라 렘 50:29,30

그리고 이스라엘에 대해 판결하신다.

그들은 70년 형을 선고받았다. 하나님은 이들을 가둘 특수 감옥을 이미 신설하셨다. 이 감옥의 이름은 '바벨론 감옥'이다.

이스라엘에 대한 하나님의 판결의 마지막 선고를 들어보라.

만군의 여호와 이스라엘의 하나님이 이와 같이 말하노라. "보라, 내가 앗수르의 왕을 벌한 것같이 바벨론의 왕과 그 땅을 벌하고, 이스라엘을 다시 그의 목장으로 돌아가게 하리니, 그가 갈멜과 바산에서 양을 기를 것이며, 그의 마음이 에브라임과 길르앗 산에서 만족하리라." 여호와의 말씀이니라. "그날 그때에는 이스라엘의 죄악을 찾을지라도 없겠고 유다의 죄를 찾을지라도 찾아내지 못하리니 이는 내가 남긴 자를 용서할 것임이라" 렘 50:18-20

6. 바벨론 포로 시대

누군가가 다음과 같은 질문을 했다.

"아브라함에게 약속하시고 모세를 통해 법을 주시고, 여호수아를 통해 땅과 자손을 주셨는데 왜 하나님은 이스라엘이 세상 나라에 의하여 멸망하도록 하십니까?"

좋은 질문이다. 그러나 자칫 우리는 하나님의 약속만 생각하기 쉽다. 하나님은 공의의 하나님이시다. 그 약속을 받은 이스라엘의 죄를 그냥 눈감고 넘어가지 않으신다. 하나님은 이들의 죄에 대해 공정한 재판을 하셨다.

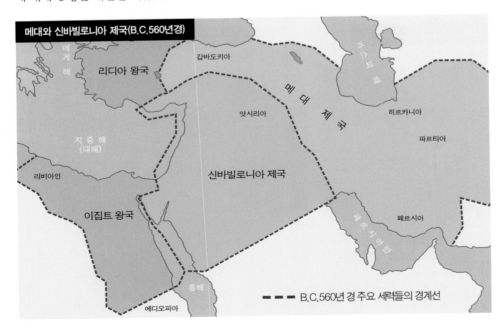

이스라엘이 70년 형을 선고받고 바벨론 감옥에 갇혔다. 그래서 바벨론 포로 시대가 열렸다. 그러나 그들이 감옥에 갇혀있는 동안에도 하나님의 긍휼은 그들에게 나타났다. 하나님은 포로로 사로잡힌 다니엘과 에스겔을 통하여 그들에게 말씀하셨다. 하나님은 이들을 통해 다음과 같은 메시지를 주셨다.

> **하나님의 나라는 재건된다.**
> **하나님은 환난 중에 있는 그의 백성과 함께하신다.**
> **하나님은 역사의 주이시다.**

일반적으로 다니엘, 에스겔, 요한계시록을 문학적 장르로 분류하기도 한다. 이들을 '계시문학'으로 분류한다.

'계시'는 하나님의 나라에 대하여 말하며, 미래적 구원의 완성을 묘사한다. 하나님만이 역사를 주관하시는 왕 중의 왕이시며 모든 나라와 제국들은 정해진 때에 심판을 받고 종말을 고하게 된다는 게 주요 내용이다. 하나님나라의 궁극적 승리를 말하고 있다.

다니엘서 2장에서 바벨론 왕 느부갓네살이 꾼 꿈은 '앞으로 전개될 세계의 역사'를 보여준다. 메시지는 한마디로 "느부갓네살아, 왕은 네가 아니라 나다. 내가 온 땅을 다스리며 나의 나라는 영원하다!"이다.

바벨론, 페르시아, 그리스, 로마 등 이 모든 거대한 제국들도 결국은 왕이신 예수 그리스도 앞에 굴복할 것이며 하나님만이 역사를 주관하신다. 역사의 무대의 중심배경은 제국들이 아니라 갈보리 언덕에 우뚝 선 십자가이며, 역사의 주인공은 왕들이 아니라 예수 그리스도이시다.

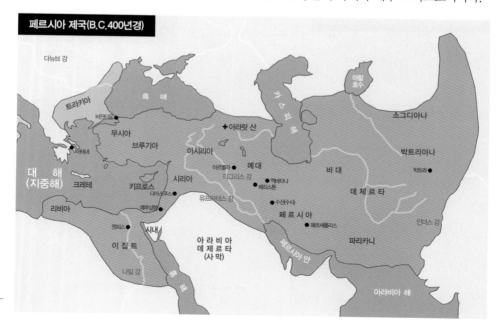

에스겔서의 내용도 다니엘서와 마찬가지로 하나님만이 역사의 주이시며 하나님나라는 영원함을 보여준다. 특히 에스겔서에는 독특한 내용들이 많은데 그중에서도 '인자'라는 사람이 등장함을 볼 수 있다. 에스겔서에는 '인자'라는 말이 93번 나온다. '사람의 아들'이란 뜻으로 먼저는 에스겔을 가리킨다.

그런데 다니엘서에서는 '인자'가 '하나님의 아들'의 모습(단 7:13)으로 나타난다. 신약에서 예수님은 자신을 가리켜 '인자'라고 하셨다. 이는 예수님의 신성과 인성을 가리키는 것이기도 하다. 다니엘 9장의 다니엘의 기도와 느헤미야 9장의 기도에서 하나님이 누구신가가 잘 나타난다. 긍휼의 하나님이시며, 약속을 반드시 지키는 신실하신 하나님이시다.

바사(페르시아) 제국(206년간) – 바벨론 포로 귀환

페르시아 제국(B.C. 539-333년, 206년간)은 오늘날의 이란 중심에 있던 두 도시 국가로서 메대와 바사로 나뉜다. 이들은 티그리스 강 동쪽에 자리 잡고 있던 민족이다.

바벨론을 정복한 메대 바사(메디아 제국과 페르시아 제국의 합성어)는 불과 100년 전까지만 해도 수천 년을 그저 자기 조상들의 땅에서 살던 작은 나라였다. 그런데 어느 날 갑자기 폭발적으로 확장되었다. 이때 왕이 고레스이다. 고레스는 왕이 되자 곧 성전 재건을 목표로 하여 포로 귀환이라는 역사적 전환을 이루었다. 하나님은 그가 태어나기 160년 전에 이미 그에 대해 말씀하셨다(사 44:24-28, 45:1-3).

【 바벨론 포로와 포로 귀환 】

앗수르 제국 B.C.745		바벨론 제국 B.C.612		페르시아 제국 B.C.539		그리스와 로마 B.C.333	
앗수르		바벨론		메대 바사		헬라	로마
	느부갓네살 B.C.605		바사 왕 고레스 원년 B.C.536				
유다 왕국		바벨론 포로		포로 귀환		신구약 중간 시대	
	제1차(B.C.605)-다니엘 제2차(B.C.597)-에스겔 제3차(B.C.586)-예루살렘 성전 파괴		제1차(B.C.536) 포로 귀환-스룹바벨 스룹바벨 성전 건축(B.C.516)				
	B.C.605-536 제1차 바벨론 포로 & 귀환 B.C.586-516 성전 파괴와 건축		B.C.458 에스라 귀환 - 말씀의 부흥 B.C.444 느헤미야 부임 - 성벽 재건				
			에스라, 느헤미야, 에스더				
이사야		예레미야	다니엘 에스겔	학개 스가랴		말라기	

바사는 바벨론만 아니라 애굽까지도 정복하여 중국을 제외한 당시 대부분의 문명세계를 통일한, 세계 역사상 유례를 찾아볼 수 없는 강대국으로 부상했다. 학개, 스가랴, 에스라, 느헤미야서는 바벨론 포로 귀환 시대를 잘 설명했다.

이때 활동한 인물은 시간적으로 둘로 나뉜다. 총독 스룹바벨과 대제사장 예수아, 그리고 두 선지자 학개와 스가랴이다. 이들은 바벨론 포로 1차 귀환 시대에 활동했다. 이들이 활동한 주요 내용은 포로 귀환과 성전 재건이다. 이들의 1차 포로 귀환 이후 80년 만에 두 번에 걸쳐 바벨론 포로 귀환 시기를 맞는다. 이를 바벨론 2,3차 포로 귀환이라 부른다.

이때 활동한 중심인물은 제사장 겸 학사 에스라와 유대 총독 느헤미야이다. 이들의 주 활동은 예루살렘 성벽 재건과 부흥 운동이다. 에스더는 이 시대에 바사에 남은 유대인들의 형편을 잘 보여준다. 말라기는 귀환한 포로들이 시간이 흐르면서 점차 헬라의 문화에 접속하여 신앙적 열정이 식어갈 때 활동했다.

【 페르시아 제국, 오늘날의 이란, 206년 】

B.C.539 바벨론을 정복함 / 알렉산더에게 정복당함 B.C.333

고레스	캄비세스	가우마타	다리오1	아하수에로	아닥사스다1	다리오2	아닥사스다2
B.C.559-530	B.C.530-522	B.C.522/521	B.C.521-486	B.C.486-464	B.C.464-423	B.C.423-404	B.C.404-359
바벨론 정복 B.C.539 포로 귀환 (1차) 스룹바벨 여호수아	폭군	많은 내란 짧은 재위 기간 (수개월)	B.C.520 성전 건축 재개 B.C.516 성전 건축 완공	에스더 왕후	B.C.458 포로 귀환 (2차) 에스라 성경 중심의 부흥 B.C.444 포로 귀환 (3차) 느헤미야 성벽 재건		
에스라 1장-4장			에스라 5장-6장 학개 스가랴	에스더	에스라 7장-10장 느헤미야		

❖ 에스라(Ezra) 기독교 문명개혁 운동1 – 성전 중심의 삶

다니엘, 에스겔이 포로 1세대라면, 에스라와 느헤미야는 바벨론에서 태어난 포로 3, 4세대쯤 된다. 바벨론 포로의 시작점(B.C.605년)을 기준으로 에스라, 느헤미야 시대를 B.C.440년으로 본다면 약 160년의 차이가 난다.

B.C.536년 1차 포로 귀환자들이 귀국하고, 에스라는 약 80년이 지나서 B.C.458년에 예루살렘에 귀환했다. 에스라는 성전 재건할 때의 사람이 아니다. 성전이 완성(B.C.516년)된 지 약 60년이 지난 후의 사람이다. 1차 포로 귀환자들도 죽고 그 후손들이 그 땅에 살면서 비록 성전은 재건되었으나 성전 중심과 하나님 말씀 중심의 삶이 희미해졌을 때 에스라가 귀환했다. 그는 학자 겸 제사장이었다.

> 에스라가 여호와의 율법을 연구하여 준행하며 율례와 규례를 이스라엘에게 가르치기로 결심하였었더라 스 7:10

> **학사** 페르시아를 포함한 메소포타미아의 일반적 용례에 의하면, 학사(서기관)는 지방의 법과 규율을 담당했다. 그러나 고대세계에서 이에 관한 더 광범위한 영역을 찾아볼 수 있다. 서기관들은 당시 통용되던 다양한 언어를 읽고, 문서화 작업(필사 작업은 물론 구술된 내용을 받아쓰거나 글을 쓰는 일)을 하기 위해 훈련된 사람들이다.

에스라의 작업은 마치 포로 시대의 민수기 같다. 그는 포로 시대를 집대성했다. 역대상·하를 기록했다.

에스라 – 성전 재건과 영적 개혁 운동(스 7:10)

스룹바벨 – 성전 재건		에스라 – 영적 부흥, 개혁	
1차 포로 귀환	성전 재건과 예배 회복	2차 포로 귀환	말씀 회복과 영적 부흥
1-2장	3-6장	7-8장	9-10장
B.C.536-516		B.C.458-457	
1차 귀환 - 49,897명		2차 귀환 - 1,754명	
학개, 스가랴		에스라	
고레스 조서 - 스 1:1-4, 6:3-5 다리오 조서 - 스 6:8-12		아닥사스다 조서 - 스 7:11-26	
에스라는 2차 귀환 때에 예루살렘으로 와서 80년 전, 스룹바벨 주도하에 진행된 성전 재건 과정을 기록하였다.			

스 7:10 에스라가 여호와의 율법을 연구하여 준행하며 율례와 규례를 이스라엘에게 가르치기로 결심하였었더라

스룹바벨, 예수아 – 성전 재건의 사명 : 하나님 중심의 삶, 학개와 스가랴(스 5:1)

에스라 – 재건된 성전의 사명 : 공동체의 회복 – 말씀 중심의 삶

느헤미야 – 성벽 재건의 사명 : 공동체의 사명 – 사회 각 영역에 영향을 끼치는 삶

총독 스룹바벨과 대제사장 여호수아, 그리고 선지자 학개와 스가랴는 이 사명 성취를 위한 동역자였다. 학사 겸 제사장 에스라와 총독 느헤미야는 이 사명 성취를 위한 동역자였다.

에스라서는 그 내용이 약 80년간(B.C.536-456)의 기록이다. 고레스 칙령(스 1:1)으로 스룹바벨의 지도력 아래서 성전이 재건되는 과정(스1장-6장)과 에스라가 예루살렘에 도착하여 말씀 부흥 운동을 주도할 때까지(스 7장-10장)의 기록이 담겨있다. 에스라 1장-6장까지의 내용과 7장 이후의 내용은 같은 공간에서 이루어진 것이지만, 시간적인 차이가 80년을 건너뛰는 다른 세대에서 이루어진 것임을 알고 읽어야 이해가 된다.

에스라의 메시지

1. 바벨론 / 바사에서의 제1차 귀환(B.C.536년) 스 1장-2장

600년의 역사를 자랑하던 '앗수르 제국'을 무너뜨린 '신바벨론'은 90년의 짧은 역사를 가진 후 바사(페르시아, 오늘날의 이란)에 의하여 무너졌다. 앗수르와 바벨론의 중심무대는 오늘날의 이라크에 해당한다. 메대는 티그리스 강 동쪽에서 일어나 실력을 키우던 중 고레스가 메대를 점령하고 이어서 바벨론도 점령하며 바사 제국을 건설했다. 바사 제국의 중심무대는 이라크보다 훨씬 북쪽에 위치한 오늘의 이란이다.

고레스는 바벨론을 정복하여 바사 제국을 세우고 왕이 된 뒤 칙령을 발표하고 즉시로 유대인 포로들을 귀환시켰다. 고레스 칙령은 단순한 바벨론 포로 귀환을 넘어서 무너진 예루살렘 성전을 재건하라는 것이었다. 예레미야가 말한 대로 포로가 된 후 70년 만에 이 일이 일어났다(렘 25:11,12, 29:10).

물론 에스라는 그로부터 80년 후, 제2차 포로 귀환 때에 예루살렘으로 돌아왔다.

고레스는 다음과 같이 조서를 내렸다. 이것을 고레스 칙령, 또는 고레스 원통이라 부른다.

바사 왕 고레스는 말하노니 하늘의 하나님 여호와께서 세상 모든 나라를 내게 주셨고 나에게 명령하사 유다 예루살렘에 성전을 건축하라 하셨나니 이스라엘의 하나님은 참 신이시라. 너희 중에 그의 백성 된 자는 다 유다 예루살렘으로 올라가서 이스라엘의 하나님 여호와의 성전을 건축하라. 그는 예루살렘에 계신 하나님이시라. 그 남아있는 백성이 어느 곳에 머물러 살든지 그곳 사람들이 마땅히 은과 금과 그 밖의 물건과 짐승으로 도와주고 그 외에도 예루살렘에 세울 하나님의 성전을 위하여 예물을 기쁘게 드릴지니라 스 1:2-4

고레스 칙령 - 성경을 제외한 인류 최초의 인권선언문(A.D.1879년 발견)으로 불린다. 길이 23센티미터, 지름 10센티미터의 원통형 돌에 기록되었다. 종교의 자유, 노예제 금지, 왕궁 건축 임금 지급이 그 내용이다(대영박물관에 소장).

하나님께서 이 일이 시행되기 160년 전에 그의 종
이사야를 통해 말씀하셨다.

> 고레스를 보시고는 '너는 내가 세운 목자. 나의 뜻을 모두
> 네가 이룰 것이다' 하시며, 예루살렘을 보시고는 '네가 재건될
> 것이다' 하시며, 성전을 보시고는 '너의 기초가 놓일 것이다' 하
> 신다 사 44:28 새번역

고레스 원통

"나 주가 기름 부어 세운 고레스에게 말한다. 내가 너의 오른손을 굳게 잡아, 열방을 네 앞에 굴복시키고, 왕들의
허리띠를 풀어놓겠다. 네가 가는 곳마다 한 번 열린 성문은 닫히지 않게 하겠다.
고레스는 들어라! 내가 너보다 앞서 가서 산들을 평지로 만들고, 놋쇠 성문을 부수며, 쇠 빗장을 부러뜨리겠다.
안 보이는 곳에 간직된 보화와 감추어둔 보물을 너에게 주겠다. 그때에 너는, 내가 주인 줄을 알게 될 것이고, 이
스라엘의 하나님이 너를 지명하여 불렀다는 것을 알게 될 것이다. 내가 너를 지명하여 부른 것은, 나의 종 야곱, 내
가 택한 이스라엘을 도우려고 함이었다. 네가 비록 나를 알지 못하였으나, 내가 너에게 영예로운 이름을 준 까닭
이 바로 여기에 있다.
나는 주다. 나밖에 다른 이가 없다. 나밖에 다른 신은 없다. 네가 비록 나를 알지 못하였으나, 나는 너에게 필요한
능력을 주겠다. 그렇게 해서, 해가 뜨는 곳에서나, 해가 지는 곳에서나, 나밖에 다른 신이 없음을 사람들이 알게 하
겠다. 나는 주다. 나밖에는 다른 이가 없다. 나는 빛도 만들고 어둠도 창조하며, 평안도 주고 재앙도 일으킨다. 나
주가 이 모든 일을 한다" 사 45:1-7 새번역

세계 역사는 고레스의 위대함을 말할지 모르나 우리는 위대하신 하나님의 손에 불들려 쓰임 받은
왕 고레스를 본다. 우리는 역사의 실제를 안다. 이사야와 에스라는 하나님이 역사의 주이심을 선포
하였다.

2. 성전 재건과 예배의 회복(B.C.516년) 스 3장-6장 – 당시의 상황을 기록한 선지서 : 학개, 스
가랴

고레스는 예루살렘 재건을 향한 하나님의 뜻을 위하여 이들을 귀환시켰다. 다니엘과 에스겔은
이들과 함께 귀환하지 않았지만 이 일을 위해 큰 역할을 했을 것이다. 총독 스룹바벨과 제사
장 예수아가 성전 재건에 앞장섰다. 족장들이 자원함으로 드리는 예물로 필요한 자재들을 레
바논에서 운반했다.
사마리아인들이 성전 재건에 동참하기를 원했지만 혼혈되었기에 거절당했다. 이후부터 사마리
아인들은 성전 재건을 방해했다. 그로 인해 성전의 기초를 놓은 후 16년이나 이 일이 중단되었
다. 고레스가 죽은 후 바사의 내전 과정에서 비롯된 혼란도 성전 건축 중단에 한몫했다.
방해자들은 아하수에로 왕(스 4:6)에게 고발했다. 아하수에로는 '아닥사스다'로도 불렸는데
(스 4:7), 그는 에스라와 느헤미야 시대의 왕이 아니다. 그는 고레스의 후계자인 캄비세스를 가
리킨다.

이들의 고발장은 다음과 같다.

강 건너편에 있는 신하들은 왕에게 아뢰나이다.

당신에게서 우리에게로 올라온 유다 사람들이 예루살렘에 이르러 이 패역하고 악한 성읍을 건축하는데 이미 그 기초를 수축하고 성곽을 건축하오니 이제 왕은 아시옵소서. 만일 이 성읍을 건축하고 그 성곽을 완공하면 저 무리가 다시는 조공과 관세와 통행세를 바치지 아니하리니 결국 왕들에게 손해가 되리이다. 우리가 이제 왕궁의 소금을 먹으므로 왕이 수치 당함을 차마 보지 못하여 사람을 보내어 왕에게 아뢰오니, 왕은 조상들의 사기를 살펴보시면 그 사기에서 이 성읍은 패역한 성읍이라 예로부터 그중에서 항상 반역하는 일을 행하여 왕들과 각 도에 손해가 된 것을 보시고 아실지라. 이 성읍이 무너짐도 이 때문이니이다. 이제 감히 왕에게 아뢰오니 이 성읍이 중건되어 성곽이 준공되면 이로 말미암아 왕의 강 건너편 영지가 없어지리이다 스 4:11-16

캄비세스 왕은 이 고발장에 대하여 다음과 같은 조서를 내렸다.

너희는 평안할지어다.

너희가 올린 글을 내 앞에서 낭독시키고 명령하여 살펴보니, 과연 이 성읍이 예로부터 왕들을 거역하며 그중에서 항상 패역하고 반역하는 일을 행하였으며, 옛적에는 예루살렘을 다스리는 큰 군왕들이 있어서 강 건너편 모든 땅이 그들에게 조공과 관세와 통행세를 다 바쳤도다. 이제 너희는 명령을 전하여 그 사람들에게 공사를 그치게 하여 그 성을 건축하지 못하게 하고 내가 다시 조서 내리기를 기다리라.

너희는 삼가서 이 일에 게으르지 말라. 어찌하여 화를 더하여 왕들에게 손해가 되게 하랴 스 4:17-22

이 고발장의 내용을 보면 여러 경우에 거짓이 있다. 예루살렘 성전 건축인데 예루살렘 성 건축이라고 했다. 캄비세스는 이스라엘 하나님에 대한 지식이 고레스보다 없었다. 성전 건축 방해자들은 때를 놓치지 않고 이 조서를 이용하여 즉시 권력으로 억제했다. 결국 성전 건축은 다리오 왕 제2년까지 16년간 중단되었다. 원수들의 행동이 얼마나 민첩한지 모른다. 그때나 지금이나 교회를 해하려는 원수들의 행동은 민첩하다.

그 후 바사에 머물던 학개와 스가랴의 격려로 다시 공사를 시작하여 B. C. 516년(포로 귀환 20년 후)에 완공했다. 학개와 스가랴의 격려로 성전 건축을 재개하자 총독들이 다시 이 상황을 알리려고 다리오 왕에게 편지를 썼다.

다리오 왕은 평안하옵소서.

왕께 아뢰옵나이다. 우리가 유다 도에 가서 지극히 크신 하나님의 성전에 나아가 본즉, 성전을 큰 돌로 세우며 벽에 나무를 얹고 부지런히 일하므로 공사가 그 손에서 형통하옵기에, 우리가 그 장로들에게 물어보기를, "누가 너희에게 명령하여 이 성전을 건축하고 이 성곽을 마치라고 하였느냐?" 하고, 우리가 또 그 우두머리들의 이름을 적어 왕에게 아뢰고자 하여 그들의 이름을 물은즉, 그들이 우리에게 대답하여 이르기를, "우리는 천지의 하나님의 종이라. 예전에 건축되었던 성전을 우리가 다시 건축하노라. 이는 본래 이스라엘의 큰 왕이 건축하여 완공한 것이었으나 우리 조상들이 하늘에 계신 하나님을 노엽게 하였으므로 하나님이 그들을 갈대아 사람 바벨론 왕 느부갓네살의 손에 넘기시매 그가 이 성전을 헐며 이 백성을 사로잡아 바벨론으로 옮겼더니 바벨론 왕 고레스 원년에 고레스 왕이 조서를 내려 하나님의 이 성전을 다시 건축하게 하고, 또 느부갓네살이 예루살렘 하나님의 성전 안에서 금, 은 그릇을 옮겨다가 바벨론 신당에 두었던 것을 고레스 왕이 그 신당에서 꺼내어 그가 세운 총독 세스바살이라고 부르는 자에게 내주고 일러 말하되, '너는 이 그릇들을 가지고 가서 예루살렘 성전에 두고 하나님의 전을 제자리에 건축하라' 하매, 이에 이 세스바살이 이르러 예루살렘 하나님의 성전 지대를 놓았고, 그때로부터 지금까지 건축하여 오나 아직도 마치지 못하였다" 하였사오니, 이제 왕께서 좋게 여기시거든 바벨론에서 왕의 보물전각에서 조사하사 과연 고레스 왕이 조서를 내려 하나님의 이 성전을 예루살렘에 다시 건축하라 하셨는지 보시고 왕은 이 일에 대하여 왕의 기쁘신 뜻을 우리에게 보이소서 스 5:7-17

다리오 왕은 조서를 내려 문서를 조사하게 하여 메대도 악메다 궁성에서 고레스 조서를 발견했다. 고레스 원년에 내린 조서는 다음과 같다.

예루살렘에 있는 하나님의 성전에 대하여 이르노니, 이 성전 곧 제사드리는 처소를 건축하되 지대를 견고히 쌓고 그 성전의 높이는 육십 규빗으로, 너비도 육십 규빗으로 하고, 큰 돌 세 켜와 새 나무 한 켜를 놓으라. 그 경비는 다 왕실에서 내리라. 또 느부갓네살이 예루살렘 성전에서 탈취하여 바벨론으로 옮겼던 하나님의 성전 금, 은 그릇들을 돌려보내어 예루살렘 성전에 가져다가 하나님의 성전 안 각기 제자리에 둘지니라 스 6:3-5

다리오 왕은 이 고레스 왕의 조서에 근거하여 조서를 내렸다.

이제 유브라데 강 건너편 총독 닷드내와 스달보스내와 너희 동관 유브라데 강 건너편 아바삭 사람들은 그곳을 멀리하여 하나님의 성전 공사를 막지 말고 유다 총독과 장로들이 하나님의 이 성전을 제자리에 건축하게 하라. 내가 또 조서를 내려서 하나님의 이 성전을 건축함에 대하여 너희가 유다 사람의 장로들에게 행할 것을 알리노니, 왕의 재산 곧 유브라데 강 건너편에서 거둔 세금 중에서 그 경비를 이 사람들에게 끊임없이 주어 그들로 멈추지 않게 하라. 또 그들이 필요로 하는 것 곧 하늘의 하나님께 드릴 번제의 수송아지와 숫양과 어린 양과 또 밀과 소금과 포도주와 기름을 예루살렘 제사장의 요구대로 어김없이 날마다 주어 그들이 하늘의 하나님께 향기로운 제물을 드려 왕과 왕자들의 생명을 위하여 기도하게 하라. 내가 또 명령을 내리노니 누구를 막론하고 이 명령을 변조하면 그의 집에서 들보를 빼내고 그를 그 위에 매어달게 하고 그의 집은 이로 말미암아 거름더미가 되게 하라. 만일 왕들이나 백성이 이 명령을 변조하고 손을 들어 예루살렘 하나님의 성전을 헐진대 그곳에 이름을 두신 하나님이 그들을 멸하시기를 원하노라. 나 다리오가 조서를 내렸노니 신속히 행할지어다 스 6:6-12

이 조서들을 통해서 우리는 알게 된다. 왕들의 마음은 하나님의 손 안에 있다. 하나님은 그의 뜻을 성취하기 위해 왕들을 그의 도구로 사용하신다. 원수가 아무리 하나님의 계획을 막고자 할지라도 하나님의 섭리 아래 그들의 계획은 성공하지 못한다. 요셉의 고백처럼 하나님은 악을 선으로 바꾸신다(창 50:20).

성전 건축이 완공된 지 30여 년 후, 바사에서는 아하수에로 때에 에스더 사건이 일어난다 (B.C. 483-473년).

성전 재건

솔로몬은 성전을 건축하고 봉헌할 때, 하나님은 사람이 지은 건물에 거하시는 것이 아니라 온 땅에 충만하심을 고백했다. 그렇지만 이스라엘에게 성전은 매우 중요했다. 그들은 성전 중심의 생활을 했다. 그들에게 있어서 성전은 왕이신 하나님이 거하시는 왕궁의 개념이다.

감사함으로 그의 문에 들어가며 찬송함으로 그의 궁정에 들어가서 그에게 감사하며 그의 이름을 송축할지어다 시 100:4

주의 궁정에서의 한 날이 다른 곳에서의 천 날보다 나은즉, 악인의 장막에 사는 것보다 내 하나님의 성전 문지기로 있는 것이 좋사오니 시 84:10

이스라엘 사람들에게 성전은 하나님 중심의 삶을 살게 하는 곳이다. 바벨론 포로 생활에서도 성전 중심의 삶은 그들의 믿음을 견고하게 해주었다. 회당은 이때에 생긴 것이다. 다니엘은 하루 세 번씩 예루살렘을 향하여 기도했다. 그러므로 포로에서 돌아온 이들이 제일 먼저 시작한 것도 무너진 성전을 재건하는 일이었다.

에스라, 느헤미야, 학개, 스가랴서는 이것이 주 내용이다. 즉 눈에 보이는 성전을 재건하는 내용이나, 실제로는 왕이신 하나님의 다스리심에 순종하는 삶을 위한 부흥이 중심이다.

다윗은 하루 일곱 번씩 주를 찬양했다.

> 주의 의로운 규례들로 말미암아 내가 하루 일곱 번씩 주를 찬양하나이다 시 119:164

데살로니가전서 5장 17절에, "쉬지 말고 기도하라" 하시고, 에베소서 6장 18절에, "모든 기도와 간구를 하되 항상 성령 안에서 기도하고 이를 위하여 깨어 구하기를 항상 힘쓰며 여러 성도를 위하여 구하라"라고 하셨다.

다윗은 시편 34편 1절에, "내가 여호와를 항상 송축함이여 내 입술로 항상 주를 찬양하리이다"라고 했다.

> 마치 아브라함이 어디를 가든지 제단생활을 하였듯, 우리는 성전 중심, 말씀 중심의 삶을 살아야 한다. 기도와 찬송, 그리고 말씀은 예배의 콘텐츠다. 그리고 예배의 중심은 예수 그리스도다. 기도와 찬송은 주를 향한 우리의 고백이며, 기록된 말씀, 성경을 대할 때 우리를 향한 주의 음성을 듣는다.

3. 바벨론/바사에서의 2차 귀환(B.C.458년) 스 7장-8장

성전 재건 60년 후 바사 왕 아닥사스다의 허락을 받은 에스라는 유대 백성들을 이끌고 2차 포로 귀환을 했다. 고레스의 칙령이 내려진 지 80년 후였다. 아닥사스다 왕의 조서 원문이 에스라 7장 12-26절에 아람어로 기록되어 있다. 아닥사스다 왕의 조서는 고레스 칙령과 함께 중요한 위치를 가진다.

> 모든 왕의 왕 아닥사스다는 하늘의 하나님의 율법에 완전한 학자 겸 제사장 에스라에게 조서를 내리노니… 에스라여, 너는 네 손에 있는 네 하나님의 지혜를 따라 네 하나님의 율법을 아는 자를 법관과 재판관을 삼아 강 건너편 모든 백성을 재판하게 하고, 그중 알지 못하는 자는 너희가 가르치라. 무릇 네 하나님의 명령과 왕의 명령을 준행하지 아니하는 자는 속히 그 죄를 정하여 혹 죽이거나 귀양 보내거나 가산을 몰수하거나 옥에 가둘지니라 스 7:12,13,25,26

에스라는 행정, 사법, 치안의 권한을 가지고 왔을 뿐 아니라 행정관, 사법관의 인사권을 가지고 왔다. 이것은 예루살렘이 정치적 중심지로 영향력을 가지고 있으며 성채와 성벽, 행정관청의 건설을 의미한다. 에스라는 역사의 주는 바사 왕국이나 바사 왕도 아니요 오직 하나님이심을 너무 잘 알았다.

우리 조상들의 하나님 여호와를 송축할지로다. 그가 왕의 마음에 예루살렘 여호와의 성전을 아름답게 할 뜻을 두시고, 또 나로 왕과 그의 보좌관들 앞과 왕의 권세 있는 모든 방백의 앞에서 은혜를 얻게 하셨도다. 내 하나님 여호와의 손이 내 위에 있으므로 내가 힘을 얻어 이스라엘 중에 우두머리들을 모아 나와 함께 올라오게 하였노라
스 7:27,28

4. 에스라의 개혁 스 9장 - 10장

1차 포로 귀환자들이 성전을 건축했으나 건축된 성전 중심의 삶을 살지 않았다. 성전 건축 이후 60년이 지난 2차 귀환 시기에는 성전을 건축한 세대들이 다 죽고 그다음세대가 희미한 성전 중심의 삶을 살고 있었다. 더욱이 이방 민족과 결혼하여 거룩함을 상실했다.

이 일을 들은 에스라는 기가 막혀 자신의 속옷과 겉옷을 찢고 머리털과 수염을 뜯으며 하나님 앞에 무릎을 꿇고 손을 들고 기도했다. 이와 비슷한 경우에 느헤미야는 연관된 사람들의 머리털을 뽑았다. 에스라가 회개의 기도를 할 때 많은 사람이 몰려와 크게 통곡했다. 백성의 대표자가 에스라에게 말했다.

"우리가 지금 당장 우리 하나님과 언약을 맺고 말씀대로 시행하겠습니다. 이제 당신이 일어나서 이 일을 앞장서서 진행하시면 우리가 뒤를 따르겠습니다. 힘을 내십시오"(스 10:2-4).

에스라는 이들을 대상으로 말씀 중심의 영적 개혁을 일으켰다.

Dear. NCer

❶ 하나님은 역사의 주인이시다!
  역사를 바라보는 안목이 중요하다.

- -

❷ 오직 하나님만 의지하는 삶을 살자!
  '의지하다'는 히브리어로 "다바크"이다. '밀착하다' '바싹 매달린 채 따라가다'의 뜻이다.
  시편 63편 8절이 이를 잘 표현한다.

- -

❸ 말씀을 연구하고 준행하며 가르치자!
  에스라는 여호와의 율법을 연구하여 준행하며 율례와 규례를 이스라엘에게 가르치기로 결심하였다(스 7:10).
  1) 연구하기 2) 준행하기 3) 가르치기 - 순서를 유념하여 먼저 말씀을 연구하고 그 말씀을 살아내고 말씀을 가르치는 NCer가 되자!

- -

❖ 느헤미야(Nehemiah) 기독교 문명개혁 운동2 – 말씀 중심의 삶

히브리어 원전에는 에스라서와 느헤미야서가 한 권으로 되어있다. 그래서 많은 학자들은 느헤미야서도 에스라가 기록한 것으로 본다. 70인역은 에스라서를 "에스라1서", 느헤미야서를 "에스라2서"라고 표제를 달았다. 에스라 귀환 13년 후에 느헤미야는 총독으로 바사에서 예루살렘으로 부임했다.

에스라는 학자 겸 제사장으로서 영적 지도자이고, 느헤미야는 총독으로서 정치 지도자이다. 에스라는 말씀의 회복을 위해, 느헤미야는 예루살렘 성벽의 재건을 위해 힘썼다. 이 두 사람이 합심해서 일할 때 하나님나라가 이루어진다. Nations Changer Movement & Network의 가장 대표적인 모델이다.

> 1차 포로 귀환(B.C.536년) – 스룹바벨과 예수아, 유대인 : 예루살렘 성전 건축
> 2차 포로 귀환(B.C.458년) – 에스라, 유대인 : 말씀의 회복
> 3차 포로 귀환(B.C.444년) – 느헤미야, 유대인 : 예루살렘 성벽 건축

에스라가 예루살렘으로 귀환하여 말씀 중심의 개혁을 주도하며 큰 부흥이 일어났지만 백성은 여전히 불안 가운데 살았다. 성전 건축도 되었고 말씀 개혁도 일어났지만 예루살렘 성벽이 재건되지 않아 무너진 성벽으로 적들에게 수시로 괴로움을 당했다. 스룹바벨 인도하에 1차 포로 귀환이 있은 지 거의 100년이 지났다. 성벽은 방위 수단으로써 매우 중요했다.

바사 왕 아닥사스다 당시 느헤미야는 중요한 관직에 있었다. 그는 "포로에서 돌아온 남은 자들이 허물어진 예루살렘 성, 불탄 성문으로 인해 큰 환난을 당한다"라는 소식을 들었다(느 1:3,4).

느헤미야 – 성벽 재건과 말씀 부흥 운동(느 6:15,16)

느헤미야 – 성벽의 재건		에스라 – 부흥, 백성의 회복	
성벽 재건 준비	성벽 재건 완성	영적인 부흥	부흥의 참가자들
1-2장	3-7장	8-10장	11-13장
포로에서 돌아온 자들		언약에 인봉한 자들	
B.C.444(52일 공사)		B.C.444-425(약 20년)	
성벽 건축의 방해자들, 그 해결 - outsider(느 4장), insider(느 5:1-13)		영적 부흥의 방해자들, 그 해결 - insider(느 13:4-22), outsider(느 13:23-31)	
총독으로서 도덕적, 정치적 개혁 주도		제사장으로서 영적 부흥을 주도	
느헤미야와 에스라는 동시대 인물로서 포로에서 돌아온 백성의 재건을 위해 효과적으로 사역을 하였다.			

느 6:15,16 [15] 성벽 역사가 오십이 일 만인 엘룰월 이십오일에 끝나매 [16] 우리의 모든 대적과 주위에 있는 이방 족속들이 이를 듣고 다 두려워하여 크게 낙담하였으니 그들이 우리 하나님께서 이 역사를 이루신 것을 앎이니라

이 말을 들은 느헤미야는 앉아서 울고 수일 동안 슬퍼하며 하나님 앞에서 금식하고 기도했다. 그는 예루살렘에 가서 성벽을 재건하기로 결심하고 왕의 허락을 받아 총독으로서 성벽을 재건하고 에스라와 함께 부흥 운동을 주도했다.

느헤미야의 사역

3차로 포로에서 귀환하는 유대인들과 함께 온 느헤미야는 총독으로 12년간 사역했다. 예루살렘 성벽을 재건하고 에스라와 개혁 운동을 일으킨 후 바사로 갔다가 다시 한번 더 예루살렘으로 와서 사역했다.

3차에 걸친 포로 귀환자들의 사역은 무너진 우리의 영적 생활의 회복 과정을 잘 보여준다.

1. 하나님 중심의 삶의 회복, 성전/제단/예배의 회복 – 하나님과의 친밀감, 머무는 삶
2. 하나님 말씀 중심의 삶의 회복, 말씀의 회복, 삶의 모든 영역에서의 개혁, 특히 재정을 다루는 삶
3. 개인의 삶과 사회개혁의 삶에서 예배, 말씀, 교회 공동체의 회복에도 불구하고 우리의 삶을 끊임없이 괴롭히는 것은 나의 근본적인 성품의 변화가 너무 더디다는 것이다. 성벽 건축 과정은 우리의 삶의 성격, 성품의 회복 과정이다. 성벽은 우리의 성품을 말하고 있다. 또한 성벽은 사회의 각 영역에 하나님의 성품으로 세워지는 것, 하나님의 원칙으로 시스템이 형성되는 것을 말하기도 한다.

느헤미야서의 메시지

느 1장–7장　3차 귀환(B.C. 444년)과 성벽 재건
느 8장–13장　에스라와 느헤미야의 공동 사역 : 기독교 문명개혁 운동을 전개
　　　　　　　성벽 완성 후 에스라와 느헤미야의 공동 사역은 영적인 성벽 재건 운동이라 할 수 있다.
　　　　　　　회개, 거주지 배정, 인구조사, 초막절, 예배의 회복 – 레위 지파 재정비

다림줄

또 내게 보이신 것이 이러하니라. 다림줄을 가지고 쌓은 담 곁에 주께서 손에 다림줄을 잡고 서셨더니, 여호와께서 내게 이르시되, '아모스야, 네가 무엇을 보느냐?' 내가 대답하되, '다림줄이니이다' 주께서 이르시되, '내가 다림줄을 내 백성 이스라엘 가운데 두고 다시는 용서하지 아니하리니, 이삭의 산당들이 황폐되며 이스라엘의 성소들이 파괴될 것이라. 내가 일어나 칼로 여로보암의 집을 치리라' 하시니라 암 7:7-9

아모스는 두 종류의 다림줄을 언급한다. 하나님이 그의 손에 다림줄을 잡고 담 곁에 서 계신다. 그 담은 나름대로 다림줄을 가지고 쌓았다. 그러나 하나님의 손의 다림줄에 의하면 몽땅 허물어버려야 할 만큼 잘못 쌓았다. 하나님의 말씀을 기준으로 쌓지 않고 세상의 기준으로 쌓은 담이다. 담을 쌓는 기준은 오직 하나님의 말씀뿐이다. 느헤미야는 예루살렘 성벽을 재건할 때 에스라와 함께 진행했다.

【 바벨론 포로 귀환 -- 바사 시대 】

제1차 포로 귀환	제2차 포로 귀환	제3차 포로 귀환
B.C.536년	B.C.458년	B.C.444년
스룹바벨	에스라	느헤미야
고레스 원년	아닥사스다 1세	아닥사스다 1세
성전 건축	말씀을 통한 개혁	예루살렘 성벽 재건
약 50,000명	약 2,000세대	일단의 작은 그룹
에스라 1-6장	에스라 7-10장	느헤미야 1-13장

3차에 걸친 포로 귀환자들의 사역에서 Nations - Changer 운동 과정을 볼 수 있다.

1 – 개인적 차원에서의 회복 : 하나님 중심의 삶의 회복, 예배의 삶이 회복
2 – 교회 공동체 차원에서의 회복 : 하나님의 말씀의 회복, 성경적 재정 원칙으로 사는 삶
3 – 사회 공동체 차원에서의 회복 : 올바른 지도력의 회복, 성문과 성벽 재건은 사회의 각 영역에
　　대한 회복 과정

성벽 재건 과정(느 1장–6장)

느헤미야가 예루살렘 성벽이 무너진 상황을 듣고 주 앞에 나아가 금식하며 기도했을 때, 주께서 성벽을 재건할 길을 열어주셨다. 아닥사스다 왕이 "그러면 네가 무엇을 원하느냐?"라고 했을 때, 그는 무엇을 구할 것인지를 위해 묵도했다. 짧은 이 기도를 '화살기도'라고 한다. 그리고 그는 왕에게 세 가지를 구했다. 그것은 성벽 건축을 위한 필수 요소였다.

1. 성벽 건축을 위한 필수 준비요소(느 2장)

첫째, **기한**을 정했다(느 2:6) – 이 일을 진행하여 성취하려면 일정한 시간이 필요하다.
　　느헤미야가 성벽을 건축할 때, 원수가 비웃었다. "하루에 일을 마치려는가"(느 4:2). 원수는 우리를 서두르거나 조급하게 하려 한다. 그러면 자칫 일을 그르칠 수 있다.

둘째, **조서**가 필요했다(느 2:7) – 가는 길에 총독들이 길을 열어 통과시켜줄 조서가 필요하다. 하나님께로부터 오는 권위를 가지고 담대히 진행해야 한다. 사람들의 소리를 들으면 자칫 위축될 수 있다.

셋째, **재목**이 필요했다(느 2:8) – 건축하기 위한 재목이 필요하다. 재정, 사람이 주어져야 한다. 하나님이 맡긴 일을 진행하려면 당연히 재물이 필요하다. 성령으로 충만하여 재능과 지혜와 지식을 갖춘 사람도 있어야 한다.

2. 성벽을 건축함(느 3장)

리서치: 예루살렘에 도착한 느헤미야는 3일째 밤에 성문과 성벽의 상태를 자세히 살폈다. 성문은 불탔고 성벽은 다 무너져 있었다. 일을 시작하기 전에 먼저 리서치해야 한다.

건축 공사 시작: 일곱 개의 성문을 건축하고 그 성문을 기점으로 하여 다음 성문까지 성벽을 건축했다. 먼저 양문으로 시작하여 어문 – 옛문 – 골짜기문 – 분문 – 샘문 – 마문으로 진행하여 양문과 연결했다.

1) 양문(느 3:1,2) – 어린양 예수 그리스도

느헤미야는 양문부터 시작했다. 양문은 어린양 예수 그리스도를 가리킨다. 예수 그리스도가 처음이요 나중이다. 죽임을 당하신 하나님의 어린양 예수 그리스도가 기독교 문명개혁 운동의 기초다.

양문과 성벽은 대제사장과 그 형제 제사장들이 함께 일어나 건축했다. 영적 지도자들이 가장 먼저 시작했다. 하나님나라의 일은 영적인 리더들이 솔선수범하여 본을 보여야 한다. 먼저 자원하여 재물과 시간을 드려야 한다. 이들은 성문을 건축하고 또한 함메아 망대에서 하나넬 망대까지의 성벽을 건축했다. 하나넬 망대에서부터 어문까지 이르는 성벽은 여리고 사람들이 건축하고 이어서 이므리의 아들 삭굴이 건축했다.

2) 어문(느 3:3-5) – 생명수의 강에 많은 물고기와 어부들이 있다(겔 47:9,10). 잃어버린 영혼들

양문을 이어 어문을 건축했다. 어문은 물고기다. 에스겔 47장 9,10절에는 생명수의 강이 이르는 곳에 크고 작은 많은 물고기와 어부들이 있다고 기록되어 있다. 잃어버린 영혼들을 향한 열정이 있어야 한다.

어문은 하스나아의 자손들이 건축했다. 성벽은 학고스의 손자 우리아의 아들인 므레못이 건축하고 이어서 므세사벨의 손자 베레갸의 아들 므술람이, 그다음은 바아나의 아들 사독이, 그다음은 드고아 사람들이 중수했다. 다만, 드고아의 귀족들은 자기들 공사 책임자와 함께 일하려 하지 않고 참여하지 않았다.

3) 옛문(느 3:6-12) – 옛적 길 곧 선한 길(렘 6:16). 율례와 규례

양문-어문에 이어 옛문을 건축했다. 옛문은 옛적 길 곧 선한 길로 행하는 삶의 회복이다. 그것은 곧 하나님 말씀의 회복이다. 우리의 삶의 모든 영역, 도시와 사회의 각 영역에 하나님의 말씀이 기준이 되어야 한다.

옛문은 바세아의 아들 요야다와 브소드야의 아들 므술람이 함께 건축했다. 혼자 감당하기 어려울 때가 있다. 그럴 때는 비슷한 처지의 사람들이 함께 건축하면 일이 수월해진다.

성벽은 기브온 사람 믈라댜와 메로놋 사람 야돈이 강 서쪽의 기브온 사람들과 미스바 사람들과 함께 건축했다.

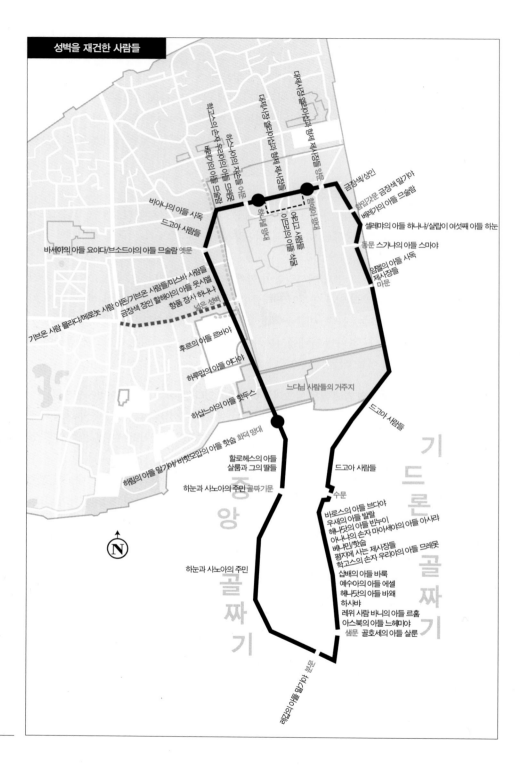

성벽을 재건한 사람들

대제사장 엘리아십과 함께 제사장들

대제사장 엘리아십과 형제 제사장들

할스으의 손자 우리야의 아들 므레못

배냐의 아들 므술람

금장색/상인

할밈갓문 금장색 말기야
베레가의 아들 므술람
셀레먀의 아들 하나냐/살랍이 여섯째 아들 하눈

동문 스가냐의 아들 스마야

임멜의 아들 사독
제사장들
마문

비야나의 아들 사독

드고아 사람들

바세야의 아들 요야다/브소드야의 아들 므술람 옛문

기브온 사람 믈라댜/메로놋 사람 야돈/기브온 사람들/미스바 사람들
금장색 장인 할해야의 아들 웃시엘
향품 장사 하나냐
넓은 성벽

기브온 사람 믈라댜/메로놋

후르의 아들 르바야

하루맙의 아들 여다야

하삽느야의 아들 하두스

하림의 아들 말기야/바핫모압의 아들 핫숩 화덕 망대

하눈과 사노아의 주민

할로헤스의 아들 살룸과 그의 딸들

하눈과 사노아의 주민 골짜기문

느디님 사람들의 거주지

드고아 사람들

드고아 사람들

수문

바로스의 아들 브다야
우새의 아들 발랄
해나닷의 아들 빈누이/아나냐의 아들 아사랴
아나냐의 손자 마아세야의 아들 아사랴
배냐민/핫숩
평지에 사는 제사장들
학고스의 손자 우리야의 아들 므레못
삽배의 아들 바룩
예수아의 아들 에셀
해나닷의 아들 바왜
하사뱌
레위 사람 바니의 아들 르훔
아스북의 아들 느헤먀
샘문 골호세의 아들 살룬

기드론 골짜기

중앙 골짜기

왕의 동산 아래의 계단

그리고 다음의 사람들이 이어서 건축했다. 할해야의 아들 금장색 웃시엘 등, 향품 장사 하나냐 등, 이들은 특히 예루살렘 넓은 성벽까지 중수했다. 이들은 사업가들이다.

이어서 후르의 아들이요 예루살렘 지방의 절반을 다스리는 르바야가 건축했다. 그는 높은 관직에 있는 사람이다.

이어서 하루맙의 아들 여다야는 자기 집과 마주 대한 곳을 중수했다. 이어서 하삽느야의 아들 핫두스, 하림의 아들 말기야와 바핫모압의 아들 핫숩이 한 부분과 화덕 망대를 중수했다. 이어서 할로헤스의 아들이요 예루살렘 지방의 절반을 다스리는 살룸과 그의 딸들이 중수했다.

4) 골짜기문(느 3:13) – 겸손. 주를 섬기는 자의 겸손

골짜기문은 주를 섬기는 자의 겸손을 잘 보여준다.

골짜기문은 하눈과 사노아 주민이 중수했다. 또한 이들은 골짜기문에서 분문까지 길이가 1,000규빗(약 500미터) 되는 성벽을 중수했다.

5) 분문(느 3:14) – 어린양의 보혈로 죄를 해결함

분문은 죄를 해결하는 삶이다. 어린양의 보혈로 우리의 죄를 해결한다.

분문은 레갑의 아들이요 벧학게렘 지방을 다스리는 자 말기야가 중수했다.

6) 샘문(느 3:15-27) – 성령충만(요 7:37-39)

샘문은 성령충만한 삶을 보여준다. 기독교 문명개혁 운동은 우리의 힘이 아니라 오직 성령의 능력으로 이루어진다. 스가랴 4장 6절에 "이는 힘으로 되지 아니하며 능력으로 되지 아니하고 오직 나의 영으로 되느니라"라고 하셨다. 성전 건축과 마찬가지로 성벽 재건도 성령의 능력으로 가능하다. 가장 많은 사람이 참여했다.

샘문은 골호세의 아들이요 미스바 지방을 다스리는 자 살룬이 중수했다. 또한 성문과 왕의 동산 근처 셀라 못 가의 성벽을 중수하여 다윗 성에서 내려오는 층계까지 이르렀다.

그다음은 아스북의 아들이요 벧술 지방 절반을 다스리는 느헤미야가 다윗의 묘실과 마주 대한 곳까지 중수하고 또 파서 만든 못을 지나 용사의 집까지 중수했다.

그다음 성벽은 바니의 아들 레위 사람 르훔이 중수하고, 이어서 그일라 지방 절반을 다스리는 하사뱌가 그 지방을 대표하여 중수하고, 이어서 헤나닷의 아들로 그일라 지방 절반을 다스리는 바왜가, 이어서 예수아의 아들로 미스바를 다스리는 에셀이 한 부분을 중수하여 성 굽이에 있는 군기고 맞은편까지 중수했다.

이어서 삽배의 아들 바룩이 한 부분을 힘써 중수하여 성 굽이에서부터 대제사장 엘리아십의 집 문에 이르렀다. 이어서 학고스의 손자 우리야의 아들 므레못이 한 부분을 중수하여 엘리아십의 집 문에서부터 엘리아십의 집 모퉁이에 이르렀다. 이어서 평지에 사는 제사장들이 중수했다. 이어서 베냐민과 핫숩이 자기 집 맞은편 부분을 중수했다. 아나냐의 손자 마아세야의 아들 아사랴는 자기 집에서 가까운 부분을 중수했다.

이어서 헤나닷의 아들 빈누이가 아사랴의 집에서부터 성 굽이를 지나 성 모퉁이에 이르기까지 한 부분을 중수했다. 우새의 아들 발랄은 성 굽이 맞은편과 왕의 윗궁에서 내민 망대 맞은편 곧 시위청에서 가까운 부분을 중수했다. 이어서 바로스의 아들 브다야가 중수하고, 이어서 오벨에 거주하는 느디님 사람이 동쪽 수문과 마주 대한 곳에서부터 내민 망대까지 중수했다. 이어서 드고아 사람들이 내민 망대와 마주 대한 곳에서부터 오벨 성벽까지 중수했다.

7) 마문(느 3:28-32) - 전쟁. 그리스도 군사의 선한 싸움(엡 6:11-18)

이 모든 성문과 성벽을 마무리하는 마지막 문은 마문이다. 마문은 전쟁하는 문이다. 성문과 성벽 재건은 원수들이 제일 싫어하고 무서워한다. 그들은 예루살렘 성벽 재건을 양문으로 시작하여 마문으로 마무리 지었다. 기독교 문명개혁 운동은 영적 전쟁이다. 마치 여호수아의 군대가 가나안 일곱 족속의 강한 군대들을 몰아내기 위해 전쟁을 했듯이 어둠의 세력을 몰아내기 위한 전쟁을 해야 한다.

마문 위로는 제사장들이 각각 자기 집과 마주 대한 부분, 즉 자기 집 앞 성벽을 중수했다. 이어서 임멜의 아들 사독이 자기 집 앞의 성벽을 중수하고, 이어서 동문지기 스가냐의 아들 스마야가 중수하고, 이어서 셀레먀의 아들 하나냐와 살랍의 여섯째 아들 하눈이 중수했다. 이어서 베레갸의 아들 므술람이 자기 방과 마주 대한 부분, 즉 자기 방 맞은편을 중수했다. 이어서 금장색 말기야가 함밉갓문 맞은쪽 즉, 느디님 사람과 상인들의 숙소에서부터 성 모퉁이 성루까지 중수했다. 이어서 금장색과 상인들이 성 모퉁이 성루에서 양문에 이르기까지 중수하여 마무리 지었다.

3. 성문과 성벽 건축 원칙

첫째, 성문과 성벽 재건을 위하여 다양한 사람들이 참가했다.

> 대제사장과 제사장들 - 영적 지도자들도 열심히 적극적으로 제일 먼저 참여하여 본을 보였다.
> 여러 사업가들 - 금장색, 향품 장사, 상인들
> 높은 위치에 있는 여러 관원들 - 예루살렘, 벧학게렘, 미스바, 벧술, 그일라 등의 지방을 다스리는 관원들이 참여했다.
> 여러 지방 사람들 - 여리고, 드고아, 기브온, 사노아 주민 등
> 그러나 대부분 일반 사람들이 중심이다. 부자만 참여한 게 아니다.

둘째, 성벽을 건축할 때 각자 힘닿는 대로 참여했다. 빛내서 하는 것이 아니라 할 수 있는 만큼, 어떤 경우에는 혼자서 감당하기 어려울 때는 함께 분담하여 참여했다.
셋째, 자기 집 앞이나 자기 집에서 가까운 곳부터 시작했다.
넷째, 이름을 구체적으로 기록했다. 하나님은 내 수고를 하나님의 책에 기록하신다. 하나님에게는 장부가 있다.

다섯째, 이름을 정확하게 기록했다. 동명이인의 경우, 이름이 혼동되지 않도록 "—의 아들"이라고 기록했다. 그것도 혼동될 경우는 "—의 손자 —의 아들"이라고 기록했다.

여섯째, 양문으로 시작하여 양문으로 마쳤다.

4. 성벽 건축의 방해꾼들(느 4장 – 6장)

예루살렘 성벽 재건에는 많은 방해꾼이 있었다. 원수들은 성벽이 지어지는 걸 방해했다. 기독교 문명개혁 운동은 그리 쉽게 이루어지지 않는다. 안팎으로 부딪히는 반대와 방해꾼들이 있기 마련이다. 느헤미야는 이들을 용기 있고 지혜롭게 대처했다. 우리는 그에게서 배워야 한다.

외부적 방해꾼들(Outsider) : 산발랏, 도비야, 아라비아 사람들, 암몬 사람들, 아스돗 사람들(느 4:7).

해결책 : 절반은 일하고, 절반은 갑옷을 입고 창, 방패, 활을 가졌다(느 4장).

　　　　영적 전쟁을 하면서 건축했다. 중보기도자가 필요하다.

내부적 방해꾼들(Insider) : 잘못된 재정 원리로 행함으로 가난한 자들이 원망했다.

　　　　즉 어떤 사람들이 높은 이자를 받았다.

해결책 : 이자 받기를 그치고 서로 나누어주는 삶. 올바른 성경적 재정 원칙으로 행했다.

5. 부흥을 주도한 느헤미야와 에스라

느헤미야 8장에서 13장까지는 에스라와 느헤미야가 공동으로 사역하면서 나라를 개혁하고 부흥 운동에 힘쓰는 내용이다. 성벽을 완성한 후에 에스라와 느헤미야는 공동 사역을 하면서 부흥 운동을 주도했다. 회개 운동을 하고 예배를 새롭게 하고, 하나님을 섬기는 자들의 모든 일을 재정비하는 과정이다.

느헤미야는 에스라처럼 뛰어난 학자가 아니고 말씀에 능하지 않을지도 모르나, 그는 정치가로서 역동적이며 능동적이어서 주어진 일을 실행하는 데 능숙했다. 서로 연합하여 하나님의 나라를 세우면서 이들의 지도력이 상승효과를 가져왔다. 느헤미야의 열정과 에스라의 영성이 나라를 굳게 세워가는 견인차가 되었다.

이들은 나팔절에 수문 앞 광장에서 집회를 열었다. 에스라는 특별히 지은 강단에서 하나님의 말씀을 강의했다. 오른쪽에 6명, 왼쪽에 7명의 말씀을 가르치는 동역자들을 세워 모두 14명이 이 사역을 진행했다. 백성들이 자발적으로 모여 아침 6시부터 정오까지 6시간 동안 말씀을 들었다(느 8:1-12). 집회는 8일간 계속되었다. 에스라는 첫날부터 끝날까지 말씀을 전했다(느 8:13-18).

그달 24일에 이스라엘 자손이 모여 금식하며 말씀과 기도의 시간을 가졌다. 그들은 3시간 동안 제자리에 서서 하나님의 말씀을 읽었다. 그리고 그다음 3시간 동안은 자기들의 죄를 자복하며 하나님께 예배드렸다(느 9:3).

느헤미야 9장 5-38절은 그들이 그날 주 앞에 고백한 놀라운 기도다. 하나님의 긍휼하심을 의지하여 죄를 고백하며 하나님의 죄 사함과 회복을 구했다.

"주께서는 용서하시는 하나님이시라 은혜로우시며 긍휼히 여기시며 더디 노하시며 인자가 풍부하시므로 그들을 버리지 아니하셨나이다"(느 9:17). 하나님의 긍휼하심을 다섯 번이나 언급했다(느 9:17,19,27,28,31).

회개 운동의 결과로 개인은 물론 교회 공동체와 사회 공동체 차원에서 하나님의 말씀에 따라 순종하며 행했다. 그들은 말씀에 순종하며 하나님과 언약했다. 거룩함의 삶을 약속했다. 특히 모든 빚을 탕감하기로 결정했다(느 10:31). 십일조에 대해 여러 번 언급하며 이것의 중요성을 보여주었다(느 10:37-39, 12:44, 13:5,12).

에스라와 느헤미야의 문제 해결 방식

공통점 – 문제가 발생하면 금식하며 회개하며 기도했다.
차이점 – 에스라와 느헤미야는 문제를 해결하는 방식이 달랐다.

에스라

이스라엘 사람들이 이방의 가증한 일을 한다는 소식을 들었을 때, 속옷과 겉옷을 찢고 머리털과 수염을 뜯으며 저녁까지 기가 막혀 앉아있었다. 그리고는 저녁에 근심 중에 일어나서 속옷과 겉옷을 찢은 채 무릎을 꿇고 두 손을 들고 하나님의 성전 앞에 엎드려 울며 기도하며 죄를 자복했다.

"나의 하나님이여, 내가 부끄럽고 낯이 뜨거워서 감히 나의 하나님을 향하여 얼굴을 들지 못하오니… 이제 무슨 말씀을 하오리까… 주 앞에 한 사람도 감히 서지 못하겠나이다"(스 9:6-15). 그랬더니 백성들이 이를 보고 듣고 하나님 앞에 나아와 크게 통곡하며 "우리가 잘못했습니다. 말씀대로 살겠습니다"라고 회개하며 삶을 개혁했다.

느헤미야

성벽 재건을 방해하는 자들을 향해서는 무장하고 대적했다(느 4장).

백성들이 서로 높은 이자놀이를 하는 걸 듣고 크게 노했다. 그리고 깊이 생각하고 그들을 불러 꾸짖었다(느 5장). 제사장 엘리아십이 이방인 도비야를 위해 하나님의 전 뜰에 방을 만들어준 걸 알게 되자, 도비야의 세간을 방 밖으로 다 내던졌다(느 13:8). 안식일에 장사를 금지시켰다. 안식일 전에 성문을 닫고 안식일에 들어오지 못하게 했더니 장사꾼들과 각양 물건 파는 사람들이 성 밖에서 잤다. 말을 안 들으면 잡아들이겠다고 하니 사람들이 두려워 멈추었다(느 13:19-22).

이스라엘 사람들이 이방 여인과 결혼하여 낳은 자녀들은 이방 말은 할 줄 아는데 유다 말을 하지 못했다. 느헤미야가 그들을 책망하고 저주하고 그중 몇 사람은 때리고 머리털을 뽑고, 쫓아냈다(느 13:23-25,28).

성문은 권위를 가진 지도자를 가리키거나 권위자가 일하는 곳을 가리키기도 한다.
성벽은 지도력의 원리를 가리키기도 한다.
지금은 느헤미야처럼 성문과 성벽을 재건해야 할 때다.
성경적 지도력의 원리로 권위를 행사하는 지도자가 일어나야 한다.
그래서 사회의 각 영역에 성경적 원리에 기초하여 성벽을 쌓아야 한다.

정치계에는 공의, 경제계에는 정직, 교육계에는 하나님을 경외함으로 나오는 지혜, 매스컴 영역에는 진실, 예술 영역에는 거룩함, 과학기술계에는 창조, 가정에는 사랑, 그리고 교회는 긍휼과 경건이 기초가 되어야 한다.

❖ 에스더(Esther) Nations Changer

에스라와 느헤미야에서 하나님의 섭리가 어떻게 자기 백성들을 돌보시어 포로에서 예루살렘으로 돌아오게 하시는지 보았다. 그리고 그들을 위해 어떤 큰일이 행해졌는지를 살펴보았다. 그렇지만 유대인들이 다 포로에서 귀환한 건 아니었다. 여전히 남아있는 사람들도 많았다. 에스더서는 유다 땅으로 돌아간 사람들뿐 아니라 이방 나라에 흩어져 있는 유다인들에게도 하나님의 특별한 돌보심이 있었음을 잘 보여준다.

에스더서는 유대인들을 진멸하려는 음모에 관련된 이야기이다. 음모는 하나님의 섭리로 말미암아 놀랍게 반전되었다. 유대인들을 진멸하려는 음모가 좌절되어 오히려 음모를 꾸민 자에게 부메랑처럼 되돌아가고, 반면에 진멸 위기에 있던 유대인들은 음모를 꾸민 자들을 진멸하는 자리에 있게 되었다.

에스더서는 사건의 전개를 자세히 설명하면서 하나님의 섭리를 잘 보여준다. 그러므로 에스더서는 흥미진진하다. 가장 어렵고 고통스러운 때에 하나님의 백성들의 믿음과 소망을 격려하며 고취시킨다.

마치 이스라엘이 애굽에서 나올 때의 대역전 드라마처럼, 에스더서는 이방 땅에 거주하는 유대인들을 하나님이 놀라운 방법으로 보호하시는 또 다른 대역전 드라마이다.

우리는 하나님의 주권적 섭리를 믿는다. 하나님은 그의 뜻을 이루어가시는 데 사람을 동역자로 부르신다. 우리에게는 영광이요 큰 특권이다. 기독교는 운명론을 거절한다. 그것은 사람을 노예로 만든다. 소극적이고 수동적인 사람으로 이끈다. 운명론은 하나님을 역사에서 배제하려는 음모다. 기독교는 하나님의 뜻을 구하고 적극적으로 동참한다. 기도로 시작하며 구체적인 행동을 취한다.

에스더 – 전화위복의 주역(에 4:14-16)

프롤로그	위험에 처한 유대인들			구출된 유대인들		에필로그
아하수에로	교체	대혼란	대결단	자충수	대역전극	모르드개
	와스디에서 에스더로	하만의 계교와 위험에 빠진 모르드개	이 때를 위함이라 죽으면 죽으리라	권세를 잡은 모르드개 나무에 달린 하만	부림절	
1:1	1:2-2장	3장	4장	5-7장	8-9장	10장
	위기 상황의 전개			위기 상황의 해결		
	하만이 유대인과 모르드개를 처형할 음모를 꾸밈			음모를 꾸민 하만이 처형을 당함		
왕의 잔치1 1:2-8	왕후의 잔치 1:9	왕의 잔치2 2:18	에스더의 잔치1 5:1-8	에스더의 잔치2 7:1-8	왕의 잔치3 8:17	부림절 잔치1 9:17-19	부림절 잔치2 9:20-22

에 4:14-16 [14] 이 때에 네가 만일 잠잠하여 말이 없으면 유다인은 다른 데로 말미암아 놓임과 구원을 얻으려니와 너와 네 아버지 집은 멸망하리라 네가 왕후의 자리를 얻은 것이 이 때를 위함이 아닌지 누가 알겠느냐 하니 [15] 에스더가 모르드개에게 회답하여 이르되 [16] 당신은 가서 수산에 있는 유다인을 다 모으고 나를 위하여 금식하되 밤낮 삼 일을 먹지도 말고 마시지도 마소서 나도 나의 시녀와 더불어 이렇게 금식한 후에 규례를 어기고 왕에게 나아가리니 죽으면 죽으리이다 하니라

에스더서는 학개, 스가랴가 사역하며 성전을 완공하던 다리오 왕의 시대와 에스라, 느헤미야가 사역하던 아닥사스다 왕의 시대 중간에 위치한다.

【 에스더서의 시대적 배경 】

페르시아 제국(바사 왕국)				
B.C.536	B.C.530-522	B.C.521-486	B.C.486-464	B.C.464-423
고레스 대왕	캄비세스	다리오 1세	아하수에로 (크세르크세스 1세)	아닥사스다
고레스 칙령 바벨론1차 포로 귀환(B.C.536)		학개/스가랴 성전 재건 재개 (B.C.520) 성전 완성(B.C.516) 마라톤 전투(B.C.490)	에스더/모르드개 테르모필레-300 살라미스 해전(B.C.480) 플라타이아이 전투 (B.C.479)	에스라/느헤미야 에스라 귀환(B.C.458) 느헤미야(B.C.444)

원정 준비 기간
B.C.484-481

에스더 간택

B.C.490
마라톤 전투
(패배)

와스디 폐위

B.C.490-481
그리스 원정
(패배)

에스더서는 아하수에로 왕과 에스더 왕후, 고위관리인 아말렉 사람 하만과 하급관리인 유대인 모르드개 이 네 사람이 등장하며 반전을 거듭하는 드라마틱한 스토리다. 마치 인형극을 보는 것 같다. 무대에 등장하는 네 인물과 이 모든 것 위에 그의 주권적인 섭리로 역사를 이끄시는 보이지 않는 하나님의 손이 등장한다.

에스더의 메시지

1. 교체 : 에 1장 – 2장

에스더가 어떤 경로로 왕후가 되었는지를 보여준다. 그것이 중요한 이유는 에스더가 나중에 하만의 음모를 좌절시키는 도구가 될 것이기 때문이다. 하만의 음모가 있기 오래전부터 미리 구원의 길이 준비되고 진행되는 것을 통해 하나님의 섭리를 볼 수 있다. 에스더가 왕후가 될 때는 이미 스룹바벨을 중심으로 1차 포로가 귀환하여 성전 재건을 완성한 후이다. 그러나 에스라를 중심으로 2차 포로들이 귀환하기 전의 이야기이다.

바벨론에 포로로 잡혀온 유다인의 자손인 에스더가 바사 왕국의 왕후가 되는 과정을 통해 하나님의 구원 계획을 이루는 섭리를 보게 된다.

역사는 이런 반전으로 가득하다. 가령, 야만인 바이킹들이 기독교 국가인 잉글랜드를 침공하여 재산을 약탈하고 많은 사람을 포로로 잡아갔다. 그중에는 공주도 있었다. 그러나 포로로 잡혀간 이들로 인해 야만인 바이킹족이 복음을 받아들여 기독교 문명화가 되어 모든 영역이 새로워졌다.

2. 대혼란 – 하만의 계교 : 에 3장

하만은 아각 사람이다. 즉 아각의 후손이다. 아각은 민수기 24장 7절에 나타나듯 아말렉의 통치자를 부르는 호칭이다. 아마도 그는 포로로 잡혀온 유대의 여호야긴 왕처럼 포로로 끌려온 아말렉의 왕자일 가능성이 높다. 왕은 하만을 총애하여 그를 최측근으로 두고 나라의 총리로 삼았다. 그리고 모든 백성으로 그에게 경의를 표하도록 했다.

그러나 모르드개는 하만에게 경의를 표하지 않았다. 그는 하만이 아말렉 사람임을 알았다. 출애굽기 17장 16절에 보면 하나님은 아말렉과 대대로 싸우리라 맹세하셨다. 또한 신명기 25장 17절에는 출애굽 당시 아말렉이 어떻게 이스라엘을 방해했는지를 기억하라고 말씀하셨다. 결국 하만은 모르드개뿐만 아니라 유대인 전체를 진멸할 음모를 꾸몄다. 또한 왕으로부터 유대인을 진멸할 전권을 위임받았다. 그러고는 점쟁이들과 의논하여 살육을 위한 길일을 정했다. 원수들은 환호성을 지르고, 유대인들은 큰 슬픔에 잠겼다.

3. 이때를 위함이라(for such a time as this) : 에 4장

모르드개를 비롯한 많은 유대인들이 크게 애통해하며 하나님에게 부르짖었다. 이 일이 에스더에게 알려졌고, 모르드개는 에스더가 왕에게 나아가 조서를 철회해주도록 요청하기를 청했다. 왕의 부름을 받지 않고 왕에게 나아가는 것은 매우 위험한 일이었다. 그러나 에스더는 금식하고 왕에게 나아갈 것을 결심했다.

에스더 4장 13,14절에서 모르드개가 에스더에게, "너는 왕궁에 있으니 모든 유다인 중에 홀로 목숨을 건지리라 생각하지 말라. 이때에 네가 만일 잠잠하여 말이 없으면 유다인은 다른 데로 말미암아 놓임과 구원을 얻으려니와 너와 네 아버지 집은 멸망하리라. 네가 왕후의 자리를 얻은 것이 **이때를 위함**이 아닌지 누가 알겠느냐"라고 했다.

에스더 4장 16절에, "나도 나의 시녀와 더불어 이렇게 금식한 후에 규례를 어기고 왕에게 나아가리니 **죽으면 죽으리이다**" 하며 에스더가 왕후의 자리에 오른 것은 자신을 위한 게 아니라 "이때를 위함"임을 알았다. 에스더는 교만하거나 자기의 안일을 구하지 않고 왕후의 자리에 오르게 하신 하나님의 뜻을 알고 구국결단을 했다.

4. 자충수 : 에 5장 – 7장

왕 앞에 나아간 에스더 왕후는 하나님의 은혜를 입어서 왕의 기뻐함을 얻었다. 한편, 하만은 자기에게 경의를 표하지 않는 모르드개를 나무에 달기로 결심하고 높이 23미터나 되는 거대한 나무를 만들어 세웠다. 그러나 하나님은 왕으로 하여금 모르드개의 공로를 알도록 하셨다. 왕이 잠이 오지 않아서 역대의 일기를 읽다가 모르드개의 공로를 알게 되었다. 결국 모르드개를 죽이려는 허락을 받으러 온 하만이 오히려 모르드개를 존귀하게 하는 도구가 되었다.

왕의 기쁨을 얻은 에스더는 하만의 음모를 왕에게 알렸다. 왕은 모든 유다인을 죽이려는 음모, 또한 모르드개를 달기 위해 나무를 세웠다는 보고를 들었다. 이에 왕은 모르드개를 달려는 나무에 하만을 달도록 했다. 결과는 정반대가 되었다. 이 책에는 하나님의 주권적 섭리를 보여주는 구절들로 가득하다.

에 5:9-14 "**그날** 하만이 마음이 기뻐 즐거이 나오더니 모르드개가 대궐 문에 있어 일어나지도 아니하고 몸을 움직이지도 아니하는 것을 보고 매우 노하나 참고 집에 돌아와서… 높이가 오십 규빗 되는 나무를 세우고…."

에 6:1 "**그날 밤**에 왕이 잠이 오지 아니하므로 명령하여 역대 일기를 가져다가 자기 앞에서 읽히더니."

에 6:4 "왕이 이르되 '누가 뜰에 있느냐?' 하매 **마침** 하만이 자기가 세운 나무에 모르드개 달기를 왕께 구하고자 하여 왕궁 바깥뜰에 이른지라."

5. 대역전극 : 에 8장-10장

하만이 나무에 달리는 것에서 한 걸음 더 나아가 모든 유대인을 죽이려는 하만의 음모가 드러났다. 에스더는 왕에게 그런 왕의 조서를 철회해줄 것을 요청했다. 이에 유대인들을 보호하라는 새로운 조서가 반포되었다.

> 아하수에로 왕이 왕후 에스더와 유다인 모르드개에게 이르되,
> "하만이 유다인을 살해하려 하므로 나무에 매달렸고, 내가 그 집을 에스더에게 주었으니,
> 너희는 왕의 명의로 유다인에게 조서를 뜻대로 쓰고 왕의 반지로 인을 칠지어다.
> 왕의 이름을 쓰고 왕의 반지로 인친 조서는 누구든지 철회할 수 없음이니라"
> 에 8:7,8

수산궁에 반포된 왕의 조서

첫 번째 조서
1월 13일에 하만에 의해 작성된 것으로 12월 13일에 모든 유다인을 죽일 것을 명하는 조서다 (에 3:7-15).

두 번째 조서
3월 23일에 모르드개에 의해 작성된 것으로 모든 유다인들로 하여금 살육의 날로 지정된 날 (12월 13일)에 오히려 스스로를 보호하기 위한 칼을 뽑을 수 있는 권한을 부여하는 조서이다 (에 8:9-14).

그날은 유다인의 후손들이 계속해서 기념해야 할 영광의 날, 승리의 날이다. 큰 구원의 날이다.

아달월 곧 열두째 달 십삼 일은 왕의 어명을 시행하게 된 날이라.
유다인의 대적들이 그들을 제거하기를 바랐더니 유다인이 도리어 자기들을 미워하는 자들을 제거하게 된 그날에
에 9:1

하만이 잡은 길한 날은 유대인의 대적들에게는 흉한 날이 되고, 유다인들에게는 거룩한 날이 되었다. 대역전 드라마이다. 이 일을 영구히 기념하기 위하여 부림절이 정해졌다.

부림절

거의 모든 시대에 하만 같은 존재가 나타나 하나님의 교회를 진멸하려고 시도했다. 그러나 에스더서는 '하나님의 교회는 진멸되지 않는다'는 것을 확실히 보여준다. 사울은 살기등등하여 대제사장의 공문을 가지고 교회를 진멸하려고 다메섹으로 갔다. 주 예수께서 다메섹 근교에서 사울을 만나셨다.

"사울아, 사울아, 네가 어찌하여 나를 박해하느냐?"

"주여, 누구시니이까?"

"나는 네가 박해하는 예수라."

하나님의 교회가 진멸되지 않는 이유는 하나님의 교회와 예수 그리스도가 불가분의 관계에 있기 때문이다. 누구도 만왕의 왕이신 예수를 이길 수 없다. 그는 승리자다. 하만이 모르드개를 달려고 세운 장대에 오히려 하만 자신이 달렸듯이, 하나님의 교회를 대항하는 '오늘의 하만'은 자충수를 둔다.

예수의 십자가가 이를 가장 잘 보여준다. 사단은 예수를 십자가에 매달려고 모든 노력을 했다. 세상 임금인 그는 세상의 권력을 사용하여 예수를 십자가에 매달았다. 그러나 십자가는 하나님의 지혜요 능력이다. 예수의 십자가는 우리를 죄와 사망, 그리고 저주에서 자유케 했다. 부활하신 예수님은 우리에게 생명과 하늘의 복을 주셨다.

하만의 손에서 벗어나 대역전극을 맞이한 날을 기념하는 절기가 부림절이다.

우리도 예수의 십자가로 대역전극을 맞이했다. 진정한 부림절은 십자가를 통해 경험하는 것이다. 우리는 매일 자유, 기쁨, 축제를 맛보아야 한다.

Dear. NCer

NCer인 우리는 모든 역사의 주관자이며 통치자이신 하나님을 인정하며, 언약 백성에 대해 하나님의 특별한 사랑과 구원의 섭리가 있음을 신뢰해야 한다.

보이는 환경과 상황에 굴하지 않고 믿음의 결단과 순종을 통해 하나님의 계획이 이 땅 가운데 성취되도록 중보기도하며 또한 동시에 구체적으로 기독교 문명개혁 운동을 주도해야 한다.

4장

시가서

시가서

시가서

'시가서'라고 불리는 **욥기, 시편, 잠언, 전도서, 아가** 이 5권의 책은 앞의 율법서와 역사서, 그리고 뒤에 나오는 선지서들과는 성격이 매우 다르다. 이전의 책들은 분명하고 쉬운 역사적 사실에 대한 이야기여서 이해가 쉽지만 시가서는 마치 고급반의 교재처럼 그 뜻이 숨겨져 있어서 어렵다. 마음과 생각을 집중하여 살펴야 그 안에 숨겨진 보화를 찾을 수 있기에 시가서를 '지혜서'라고 부르기도 한다.

'지혜'란 '알고 있는 지식의 적용'이라고 할 수 있다. 지혜는 우리를 올바른 관계로 이끈다. 하나님과, 사람과, 세상과의 관계를 말한다. 시가서는 우리에게 이런 지혜를 준다.

문체와 구성도 다르다. 전도서를 제외하면 모두 시로 되어있다. 전도서도 산문체가 아니라 운문체이다.

욥기는 '영웅시', 시편은 '거룩한 노래', 아가는 '목가시'이다.

욥기와 시편과 잠언은 중요한 내용이 서로 연결되어 있다.

욥기 – 하나님이 누구신지 그리고 우리가 무엇을 믿어야 하는지 가르쳐준다.

시편 – 우리가 하나님을 어떻게 예배하고 헌신하며, 친밀감을 유지해야 하는지 가르쳐준다.

잠언 – 세상에 영향을 주어야 하는 사명을 가진 그리스도인으로서 인생의 모든 국면에서 어떻게 자신을 다스려야 하는지 구체적으로 가르쳐준다.

세 권의 책은 연대순으로 배치되어 있거나 자연스러운 순서에 따라 배치되어 있기도 하다. 우리를 먼저 하나님을 아는 지식으로 인도하여 하나님에 대한 우리의 판단을 올바르게 형성시켜주고, 우리의 오해들이 바로잡힌 후에, 하나님을 어떻게 예배해야 하는지 알게 하며, 더 나아가 세상에 영향을 주는 삶을 살기 위해 어떤 일들을 지혜롭게 선택하며 하나님을 기쁘시게 할 수 있는지 알려준다.

> **욥기는 교리서, 시편은 찬송과 기도서, 잠언은 실천서**

구약의 시가서는 우리를 하나님 앞으로 나아가게 해준다.

욥기는 우리를 하나님의 학교로 이끌어 하나님이 누구신지, 그의 섭리가 무엇인지 배우게 한다.

시편은 우리를 정치가들이나 철학자들, 이 세상의 논객들과의 대화로부터 이끌어 내어 하나님의 보좌로 데리고 간다. 우리의 마음을 하나님 앞에 쏟아내며, 하나님을 예배하며 그의 임재에 머물게 한다.

잠언은 그의 보좌에서 우리를 예수 그리스도의 대사로 이 세상에 파송하며 하나님의 대사로서 어떻게 지혜롭게 살며 영향을 주는 삶을 살 수 있는지 구체적으로 알려주는 '지침서'이다.

❖ 욥기(Job) 하나님을 아는 지식

욥기는 소설이 아니라 사실적인 이야기이다. 에스겔은 노아와 다니엘과 욥을 나란히 둠으로써 그가 역사적인 인물임을 보여준다.

> 비록 노아, 다니엘, 욥, 이 세 사람이 거기에 있을지라도 그들은 자기의 공의로 자기의 생명만 건지리라.
> 나 주 여호와의 말이니라 겔 14:14

욥기에는 깨닫기 어려운 구절들이 많지만, 전체적인 내용을 파악하면 우리의 삶에 유익을 가져다준다. 욥을 괴롭힌 건 단순한 고난이 아니라 억울한 고난이었다. 욥에게 닥친 이런 고난을 통해 우리로 하나님을 아는 지식, 하나님의 절대주권, 하나님의 섭리를 이해하게 해준다. 우리에게 고난 중에 인내할 것을 가르쳐준다.

> 내가 가는 길을 그가 아시나니 그가 나를 단련하신 후에는 내가 순금같이 되어 나오리라 욥 23:10

욥은 특히 자신을 비우시고 십자가의 고난을 받으신 예수, 그리고 결국 고난을 통해 영광에 이르신 예수 그리스도의 탁월한 모형이다.
욥기가 쓰여진 연대와 저자는 분명하지 않지만 대체로 족장 시대, 특히 아브라함 시대에 쓰였다고 보며, 욥을 아브라함보다 약간 더 이른 시기의 인물로 간주한다.

욥기 – 고난을 통한 거룩한 승진(욥 42:5-6)

서론	어떻게 하나님이 나에게 이러실 수 있습니까?										결론
욥의 프로필 | 블레싱 Blessings	논쟁1		논쟁2						논쟁3		욥의 회복 | 더블 블레싱 Double Blessings
	하나님과 사탄		욥과 친구들						하나님과 욥		
	첫번째 대전	두번째 대전	욥의 탄식	첫번째 논쟁 사이클	두번째 논쟁 사이클	세번째 논쟁 사이클	하나님의 지혜	욥의 마지막 변론	엘리후의 책망	첫번째 대화	두번째 대화	
1:1-5	1:6-22	2장	3장	4장-14장	15장-21장	22장-27장	28장	29장-31장	32장-37장	38:1-40:5	40:6-42:6	42:7-11
자랑스런 종	하나님의 내기하심		의로우신 하나님이 너의 죄를 심판하신다. 그러므로 "너는 회개하라!"			깊도다!	"나는 무죄하다!"	삼가 악으로 치우치지 말라!	"입 다물겠습니다!"	"나는 무지합니다" "회개합니다"	진정한 영적아비
	"손대지 말라"										
	"몸"	"생명"									
온전한 자	예배자	욥의 아내				자기 의		건방진 후배	하나님의 임재		자랑스런 세 딸
산문	운문(시)										산문

욥기는 크게 세 부분으로 구성되어 있고 전체가 논쟁으로 가득하다.

첫 번째 논쟁(욥 1장-2장) : 하나님과 사단 사이에 벌어진 것으로, 욥의 믿음에 대한 내용이다.
두 번째 논쟁(욥 3장-37장) : 욥과 그의 고난을 위로하러 온 세 친구, 엘리바스, 빌닷, 소발과의 대화다. 욥의 고난에 대한 세 친구의 이해와 욥의 반론이다. 그들은 욥을 정죄했다. 그리고 끝으로 엘리후가 욥과 그의 세 친구를 **책망**하고 있다. 그들의 편협한 사고와 그에 대한 욥의 변명을 **책망**했다.
세 번째 논쟁(욥 38장-42장) : 하나님과 욥의 대화다. 욥은 회개하고 주를 향한 믿음을 새롭게 한다.

첫 부분(1장-2장)은 산문체, 둘째 부분(3장-37장)의 긴 내용은 시로 되어있고, 셋째 부분(38장-42장)은 산문체로 쓰여있다.

욥기의 메시지

1. 한 편의 드라마

욥기 1장은 산문체로 기록되었음에도 마치 잘 쓰여진 시나리오 작품을 보는 것 같다. 바로 연극으로 상연할 수 있는 1막 3장의 시나리오처럼 구성되어 있다.

> **첫째 장면(욥 1:1-5)** - 욥과 욥의 가정, 자녀, 그의 재산과 명성, 신실한 믿음
> **둘째 장면(욥 1:6-12)** - 하나님과 사단의 대화
> **셋째 장면(욥 1:13-22)** - 욥과 욥의 가정에 일어난 엄청난 고난과 그에 대한 욥의 반응

2. 욥에 대한 관점 - 사단, 욥의 친구들, 그리고 하나님

사단 : 욥이 하나님에게 신실한 것은 하나님에게 복을 받았기 때문이다.
만약에 욥이 하나님으로부터 복을 받지 못한다면 욥은 하나님에게 신실하지 않을 것이다.

욥의 친구들 : 만약 욥이 하나님께 신실하다면 하나님은 욥에게 복을 주실 것이다. 그러나 욥이 하나님께 신실하지 못하다면 하나님은 그를 벌하실 것이다. 그러므로 욥의 고난을 보면 그가 하나님께 신실하지 못했기에 하나님이 그를 벌하신 것이다. 욥은 하나님께 죄를 고백하고 회개해야 한다.

하나님 : 욥이 신실한 건 그가 하나님을 알기 때문이다. 욥의 삶에 고난이 있다 할지라도 그는 여전히 하나님께 신실할 것이다.

【 사단과 욥의 친구들의 욥에 대한 관점 】

사단	욥의 친구들
만약 욥이 하나님께 복을 받는다면, 그러면 그는 신실할 것이다. 그러나 만약 욥이 하나님께 복을 받지 못한다면, 그러면 그는 신실하지 않을 것이다.	만약 욥이 신실하다면, 그러면 하나님은 욥에게 복을 주실 것이다. 그러나 만약 욥이 신실하지 않다면, 그러면 하나님은 욥을 벌하실 것이다.

3. 고난받는 욥을 정죄하고 판단하는 욥의 친구들

욥을 위로하고자 온 친구들은 정작 논쟁을 일삼으며 욥을 정죄하고 판단하고 추궁하고 비판

하여, 욥을 위로하는 게 아니라 더욱 힘들게 했다. 그들은 교과서에서 배운 바를 말하기 좋아했다.

충고1 : "죄 없이 망한 자가 누구인가? 정직한 자의 끊어짐이 어디 있는가?"(욥 4:7)

충고2 : "나라면 하나님을 찾겠고, 내 일을 하나님께 의탁하리라"(욥 5:8).

충고3 : "네가 만일 하나님을 찾으며, 전능하신 이에게 간구하고, 또 청결하고 정직하면 반드시 너를 돌보시고, 네 의로운 처소를 평안하게 하실 것이라"(욥 8:5,6).

비난1 : "말이 많은 사람이 어찌 의롭다 함을 얻겠느냐"(욥 11:2).

비난2 : "네 죄악이 네 입을 가르치나니 네가 간사한 자의 혀를 좋아하는구나"(욥 15:5).

비난3 : "울분을 터뜨리며 자기 자신을 찢는 사람아, 너 때문에 땅이 버림을 받겠느냐. 바위가 그 자리에서 옮겨지겠느냐"(욥 18:4).

결론 : "하늘이 그의 죄악을 드러낼 것이요 땅이 그를 대항하여 일어날 것인즉, 그의 가산이 떠나가며 하나님의 진노의 날에 끌려가리라"(욥 20:27,28).

욥은 친구들의 말로 인해 몹시 힘들어한다.

"너희만 참으로 백성이로구나. 너희가 죽으면 지혜도 죽겠구나"(욥 12:2).

"너희는 다 재난을 주는 위로자들이로구나"(욥 16:2).

"나를 조롱하는 자들이 나와 함께 있으므로 내 눈이 그들의 충동함을 항상 보는구나"(욥 17:2).

"너희가 열 번이나 나를 학대하고도 부끄러워 아니하는구나"(욥 19:3).

【 욥기의 '말한 횟수' 통계 】

욥의 서언	욥 3장	친구들 - 0	욥 - 26
첫 번째 대화	욥 4장-14장	친구들 - 90	욥 - 183
두 번째 대화	욥 15장-21장	친구들 - 85	욥 - 101
세 번째 대화	욥 22장-31장	친구들 - 36	욥 - 203
엘리후의 독백	욥 32장-37장	엘리후 - 165	욥 - 0
마지막 대화	욥 38장-42장	하나님 - 128	욥 - 9

※숫자의 단위는 말한 절 수를 가리킴

욥의 친구들은 처음에는 욥의 고난을 보면서 너무 기가 막혀 할 말을 잃었다가 본격적으로 그를 정죄했다. 욥은 친구들의 정죄에 대해 변명할 말이 많았다. 그러나 엘리후의 말에는 입을 다물었다. 그리고 하나님 앞에서 최소한의 말만 했다.

욥과 욥을 둘러싼 친구들, 그리고 이들의 대화를 듣다 보면 그리 낯설지 않다. 큰 사고를 당했거나 혹은 단순히 아파서 병원에 입원했을 때, 큰 사건을 겪으며 낙심할 때, 오해를 받거나 비방을 받거나 배신을 당하여 마음이 아플 때, 우울증에 빠졌을 때, 당황하여 어쩔 줄 모르거나 마음에 상실감과 슬픔으로 가득할 때에 사람들이 다가와서 도움을 주고자 한마디씩 한다. 고난당한 사람들 주변에는 해결사들이 몰려든다.

처음에는 찾아주는 게 고맙기만 하다. 따뜻한 말로 위로할 때 다시 용기가 생기는 것 같다. 그런데 차 한 잔 채 다 마시기도 전에 그들 나름대로 진단서와 처방전을 내놓기 시작한다. 그러고는 기도해주면서 다시 오리라고 약속하며 방을 나간다. 혼자 남으면 마음은 더 낙심되기 시작한다. 기분도 점점 나빠진다. 무엇인가 정답을 들은 것 같은데 마음은 기쁘지 않다. 상대는 소망을 가지라고 말한 것 같은데 더 절망에 빠진다. 상대는 내 처지와 입장을 아는 것처럼 말하는데 내 마음은 전혀 그렇지 않다고 속으로 외친다. 더 괴롭기만 하다. 그러면 스스로를 달랜다. '다 나를 걱정해서 해주는 말들이잖아.'

대부분 경험했듯이 나도 이런 상황을 여러 차례 겪었다. 그러면 주변에 담을 쌓고 더 이상 대화를 하지 않거나 관계를 단절하는 악수를 두기 쉽다. 그래서 욥의 친구들의 말이 전혀 낯설지 않다.

욥은 친구들에게 말했다.

> 너희가 내 마음을 괴롭히며 말로 나를 짓부수기를 어느 때까지 하겠느냐 욥 19:2

> 네가 힘없는 자를 참 잘도 도와주는구나. 기력 없는 팔을 참 잘도 구원하여 주는구나. 지혜 없는 자를 참 잘도 가르치는구나. 큰 지식을 참 잘도 자랑하는구나 욥 26:2,3

이런 상황에서 최선의 행동은 하나님에게로 나아가는 것이다. "밤에 노래를 주시는 하나님"(욥 35:10)께로 나아가야 한다.

그러면 폭풍우 가운데서 말씀하시는 하나님의 음성을 듣게 될 것이다.

> 그때에 여호와께서 폭풍우 가운데에서 욥에게 말씀하여 이르시되 욥 38:1, 40:6

하나님의 말씀 앞에서 욥은 스스로 겸손하여질 수밖에 없었다.	
하나님의 말씀	욥의 응답
첫째, 욥의 무지(욥 38:1-40:2) -그는 창조의 순간에 없었다 -그는 자연의 힘을 설명할 수 없다	욥은 자신의 무지를 인정하고 조용해졌다 (욥 40:3-5)
둘째, 욥의 연약함(욥 40:6-41:34) -그는 하나님의 방식을 파기할 수 없다 -그는 자연의 힘을 다스릴 수 없다	욥은 자신의 건방짐을 자백하고 회개했다 (욥 42:2-6)

클로즈업 – 하나님과 욥의 대화(욥 38장–42장)

하나님이 욥에게 말씀하심 – 네 입을 다물라!(욥 38장-41장)
욥이 하나님에게 응답함 – 내 입을 다물겠습니다!(욥 42:1-6)

하나님의 질문 ❶

내가 네게 묻는 말에 대답하라(욥 38:3).
내가 땅의 기초를 세울 때 너 어디 있었냐?(욥 38:4)
너 그거 아냐?(욥 38:5)
너 그거 할 수 있냐?(욥 38:6)
내가 다시 묻겠다. 답하라.
너 그거 아냐?(욥 39:1-4)
너 그거 할 수 있냐?(욥 39:5-30)

땅의 기초는 무엇 위에 세웠지?
바다 근원에 들어가보았냐?
땅의 넓이는 얼마나 되느냐?
땅의 넓이를 네가 측량할 수 있느냐?
흑암의 처소는 어디냐?
광명으로 가는 길을 아느냐?
우박 창고에 들어가본 적이 있느냐?
말의 목에 흩날리는 갈기를 네가 입힐 수 있느냐?
폭풍우의 길을 낼 수 있느냐?
이슬 방울은 누가 낳았냐?

내가 다시 묻겠다. 너 아직도 할 말 있느냐?(욥 40:2)

욥의 대답 ❶

저는 정말 아무것도 아닙니다. 할 말이 없습니다. 입을 다물겠습니다(욥 40:4).

하나님의 질문 ❷

내가 이제 말하겠다. 묻는 말에 대답하여라(욥 40:7).
네가 내 판단을 무시하여 자신을 옳게 여기고 나를 비난하느냐?
하마를 자세히 살펴보아라(욥 40:15-24).
악어는 또 어떠냐?(욥 41장)

욥의 대답 ❷

정말 저는 알지도 못하면서 말하였고, 깨닫지 못하는 일들을 아는 체하였습니다(욥 42:3).
주님을 귀로만 듣더니 이제 눈으로 직접 봅니다(욥 42:5).
제가 말한 것들이 부끄럽습니다. 이제 티끌과 재 가운데서 회개합니다(욥 42:6).
욥은 자신의 무지를 인정하고 조용해졌다(욥 40:3-5).
욥은 자신의 건방짐을 자백하고 회개했다(욥 42:2-6).

고난의 유익과 고난당할 때 가질 태도

고난의 유익

고난을 통해 자신의 죄악을 깨닫고 돌이키며 주의 율례를 배우게 된다(시 119:67,71).

고난당하는 다른 사람을 이해하고 위로할 수 있게 된다(고후 1:4-6).

고난을 통해 예수님의 순종을 배우게 된다(히 5:8,9).

예수님이 당하신 고난에 동참하는 영광을 누리게 된다(벧전 4:12,13).

자신을 의지하지 않고 오직 죽은 자를 다시 살리시는 하나님만을 의지하게 된다(고후 1:9).

고난을 통해 단련된 후에는 순금같이 되어간다(욥 23:10).

고난당할 때 가질 태도

고난 가운데서 하나님을 전적으로 신뢰해야 한다(벧전 4:19).

세상을 이기신 예수님을 바라보며 고난 중에라도 평안하고 담대해야 한다(요 16:33).

고난의 유익을 생각하면서 오히려 현재 닥친 고난을 기뻐하며 인내해야 한다(약 1:2-4).

기도를 통해 고난 중에라도 하나님의 도우심을 구해야 한다(약 5:13).

고난을 통과한 욥의 믿음의 성장과 하나님의 복

욥은 고난을 통해 '순금 같은 믿음', '귀로만 듣던 하나님을 눈으로 보는 믿음'의 단계로 성장했다. 주님과 더 깊은 친밀감의 단계로 나아가게 되었다. 하나님은 욥의 병을 치유하시고 욥에게 배로 복을 주셨다.

> 여호와께서 욥의 말년에 욥에게 처음보다 더 복을 주시니, 그가 양 14,000과 낙타 6,000과 소 1,000겨리와 암나귀 1,000을 두었고, 또 아들 일곱과 딸 셋을 두었으며… 그 후에 욥이 140년을 살며 아들과 손자 4대를 보았고 욥이 늙어 나이가 차서 죽었더라 욥 42:12-17

Dear. NCer

❶ 고난이 왔을 때 주님을 신뢰하는 높은 믿음을 소유한다.

❷ 고난당한 친구를 도울 때 판단하거나 정죄하는 것이 아니라 진정으로 마음을 같이한다.
고난당한 사람들을 겉모습으로 쉽게 판단해서는 안 된다.
그렇다고 침묵하라는 것이 아니다. 먼저, 하나님의 마음과 생각을 가져야 한다. 그리고
하나님의 말씀에서 해답을 찾아야 한다.

❸ 고난의 때에 주님 앞에 더 가까이 나아가서 주님을 더 깊이 경험한다. 고난을 통해
인내를 배우고 예수님의 순종을 배운다.

❖ 시편(Psalms) 하나님을 향한 예배

시편은 구약성경 중에서 가장 빼어나고 탁월한 책 중 하나이다. 시편에는 하나님과 그의 율법에 관한 것만 아니라 그리스도와 그의 복음에 관한 내용들도 많아서 **'신구약의 집약'** 또는 **'신구약 요약판'**으로 불린다. 신약성경에서 구약을 인용하는 구절의 3/4이 시편이다.

구약의 **역사서**는 우리를 여러 전쟁의 진영과 정치가의 회의석으로 데려가 하나님을 아는 지식을 가르친다. **욥기**는 우리를 하나님의 학교로 데려가 하나님과 그의 섭리에 관한 유일한 논쟁들을 보여준다. **시편**은 우리를 사람들, 즉 군인, 정치가, 철학자, 이 세상의 논객들과의 대화로부터 이끌어내어 성소로 데리고 간 후에 우리의 영혼을 하나님께 쏟음으로써 하나님과 교통하도록 도와준다.

시편은 하나님과의 관계를 다룬 책으로, 하나님을 어떻게 예배할 것인지 가르친다. 또한 우리를 기도의 자리로 나아가게 하여 어떻게 기도할지 가르친다. 시편은 예배와 기도의 교과서다. 하나님과 어떻게 친밀감을 유지할 수 있는지 해답을 주는 책이다. 시편은 또한 메시아에 관해서 가장 풍성한 책이다. 즉, 예수 그리스도를 가장 많이 고백한 책이다.

시편 – 호흡이 있는 자마다 여호와를 찬양할지어다(시 150:6)

1–2편	1편–41편	42편–72편	73편–89편	90편–106편	107편–145편	146–150편
서론 ― 프 롤 로 그	창세기 주제와 유사 : 인간 창조	출애굽기 주제와 유사 : 구원과 구속	레위기 주제와 유사 : 예배와 성소	민수기 주제와 유사 : 광야와 방랑	신명기 주제와 유사 : 말씀과 찬양	결론 ― 에 필 로 그
	대부분 다윗의 시	다윗과 고라의 시	대부분 아삽의 시	대부분 저자불명	대부분 다윗의 시	
	예배 노래	국가적 관심사에 대한 찬양		찬양송		
	송영 41:13	송영 72:19	송영 89:52	송영 106:48	송영 145:21	
서곡	교향곡					피날레

시편 1편은 시편 전체의 도입부이며, 시편 150편은 결론을 제공한다. 두 시편 모두 절수가 같다. 1편이 하나님을 예배하기 위해 우리를 준비시키는 거라면, 150편은 하나님을 향한 예배로 벅찬 기쁨과 감격으로 충만하다. 시편 1편-2편은 서곡, 3편-145편은 교향곡에 해당하며, 146편-150편은 "할렐루야"로 시작하고 마친다. 피날레에 해당한다.

몇 편만 소개하면(150편 전체를 살펴보고 싶지만), 시편 22편은 십자가에서 고난당하는 메시아, 23편은 양들을 이끄시는 목자, 24편은 전쟁에 능한 용사이신 메시아의 모습이다. 전체적인 모습은 목자이신 예수 그리스도를 보여준다. 시편 117편은 성경에서 가장 짧은 장이며, 시편 119편은 가장 긴 장이다. 시편 2편은 67편, 87편과 함께 선교에 대한 열정을 불러일으킨다.

특히 시편 67편은 구약의 지상대명령이라고 할 수 있다. 시편 19편은 119편과 함께 하나님의 말씀에 대한 열정을 일으킨다.

시편 136편은 감사의 장이다. 이처럼 시편 150편 전체는 각 단어, 각 장, 각 단락, 각 구절마다 우리의 영혼을 지성소로 이끌어 하나님의 은혜로 충만히 채운다.

시편의 특징

시편은 총 150편으로 성경 전체를 통틀어 제일 긴 책이다. 이 중 100편은 기록자의 이름이 나와 있는데, 다윗이 73편, 솔로몬이 2편, 모세가 1편, 찬양팀장 레위족 아삽이 12편, 다윗 시대의 예배자 레위인 몇 사람이 10편, 다윗 시대의 예배자 레위인 헤만이 1편, 다윗 시대의 예배자 에단이 1편을 지었으며, 저자를 알 수 없는 무명씨가 50편을 기록했다.

시편은 두운과 각운에 맞춰져 있어서 매끄럽고 세련되게 구성되어 있다. 문학적으로 탁월하다. 그런데 우리의 언어로 번역하는 과정에서 그 맛과 멋을 제대로 살리지 못한 게 매우 아쉽다.

시편의 유익 – 다섯 가지 면에서 유익하다

1. 찬송을 하기에 유익한 책이다. 시편 자체가 두운과 각운에 맞춰져 있으니 자기 나름대로 곡조를 붙여 예배의 삶을 풍성하게 할 수 있다. 가장 좋은 찬송은 시편의 가사 그대로 음을 붙이는 것이다.
2. 탁월한 진리들이 풍부하게 기록되어 있기에 주를 섬기는 모든 그리스도인에게 유익하다. 시편에는 하나님의 성품과 그가 행하시는 원리 원칙들이 충만하다.
3. 시편은 넘쳐흐르는 샘물과 같아서 묵상을 통해 기쁨으로 물을 긷게 해준다. 경계, 격려, 권면, 위로와 힘을 얻게 해준다.
4. 무엇보다 하나님 앞에 나아가 어떻게 기도할 것인지 가르쳐준다. 시편 자체가 놀라운 기도문이기 때문이다. 시편을 소리 내어 읽는 게 곧 기도이다.
5. 낙심되고, 침체에 빠지고, 병들고, 잘못된 길로 가며, 뭔가 힘을 더 얻고 싶을 때 우리에게 소망과 용기를 주고, 방향을 가르쳐준다.

이같이 시편은 우리로 하나님 앞에 나아가 하나님과 친밀감을 가지도록 이끌어준다. 매일 다섯 편씩 읽고 묵상한다면 우리의 영혼에 하나님을 향한 갈망과 열정을 줄 것이다.

시편에는 "찬송", "찬양", "감사" 등의 단어가 가장 많이 언급되었다. 찬송이 96번, 찬양이 75번, 감사가 77번 나온다. 이들 단어가 가장 많이 언급된 성경이다. 시편을 제외한 구약 전체나 신약 전체에 나온 것보다 더 많이 나온다. 그 외에 "기도"는 35번, "형통"은 10번으로 단일 성경으로는 시편에 가장 많이 나온다. 또 "복/축복"은 창세기에 88번으로 가장 많이 나오고, 시편에 71번으로 두 번째로 많이 나온다.

시편 전체는 다섯 부분으로 이루어져 있다

시편의 다섯 부분은 율법서 5권의 내용과 흡사하다.

제1권(시 1편-41편) 창세기 주제와 유사, 제2권(시 42편-72편) 출애굽기 주제와 유사, 제3권(시 73편-89편) 레위기 주제와 유사, 제4권(시 90편-106편) 민수기 주제와 유사, 제5권(시 107편-150편) 신명기 주제와 유사함.

각 권은 송영으로 끝난다. 제1권-41:13, 제2권-72:18,19, 제3권-89:52, 제4권-106:48, 제5권-150편 전체. 그리고 제1권에서 제3권까지는 "아멘, 아멘"으로, 제4권과 제5권은 "할렐루야"로 마친다. 특히 146편-150편은 "할렐루야"로 시작하며 "할렐루야"로 마친다.

【 메시아에 관한 시편 】

시편	설명	성취
시 2:7	하나님의 아들	마 3:17
시 8:2	어린이들에게 찬양을 받으심	마 21:15,16
시 8:6	만물의 통치자	히 2:8
시 16:10	죽음에서 부활하심	마 28:7
시 22:1	하나님에게 버림받음	마 27:46
시 22:7,8	대적의 비웃음	눅 23:35
시 22:16	손과 발이 못박힘	요 20:27
시 22:18	옷을 위해 제비를 뽑다	마 27:35,36
시 34:20	뼈가 꺾이지 않음	요 19:32,33,36
시 35:11	거짓 증인들에게 고소를 당함	막 14:57
시 35:19	이유 없이 미움받으심	요 15:25
시 40:7,8	하나님의 뜻 행하기를 기뻐함	히 10:7
시 41:9	친구에게 배신당함	눅 22:47
시 45:6	영원한 왕	히 1:8
시 68:18	하늘로 오르심	행 1:9-11
시 69:9	하나님의 집을 향한 열심	요 2:17
시 69:21	쓸개와 초를 받음	마 27:34
시 109:4	원수들을 위한 기도	눅 23:34
시 109:8	그의 배신자가 대체되다	행 1:20
시 110:1	그의 원수들을 다스림	마 22:44
시 110:4	영원한 제사장	히 5:6
시 118:22	성전의 머릿돌	마 21:42
시 118:26	주의 이름으로 오심	마 21:9

시편에 나타나는 메시아, 그리고 신약에서 그 예언이 성취되었다.

【 시편에 등장하는 하나님의 이미지 】

하나님의 이미지	구절
방패	시 3:3, 28:7, 119:114
반석	시 18:2, 42:9, 95:1
왕	시 5:2, 44:4, 74:12
목자	시 23:1, 80:1
재판장	시 7:11
피난처	시 46:1,7,11, 62:7
요새(산성)	시 9:9, 31:3, 37:39, 71:3
복수자	시 94:1
빛	시 27:1
나의 의	시 4:1
치료자	시 30:2
보호자	시 5:11
공급자	시 78:23-29
구속자	시 107:2
나의 산업, 잔의 소득	시 16:5
구원의 뿔	시 18:2
생명의 능력	시 27:1
소망	시 39:7, 42:5, 43:5, 71:5
나의 힘	시 18:1, 43:2, 46:1
나의 큰 기쁨	시 43:4
나의 큰 도움	시 46:1, 54:4
전능하신 이	시 50:1
내 생명을 붙드시는 분	시 54:4
나의 짐을 지시는 주	시 68:19
고아의 아버지	시 68:5, 146:9

시편에 나타나는 메시아, 그리고 신약에서 그 예언이 성취되었다

시편은 우리가 무엇을 찬양해야 하며 어떻게 찬양해야 하는가를 가르쳐준다.

무엇을 찬양할 것인가?

1. 여호와의 이름을 찬양(시 7:17, 61:8, 113:1)
2. 그의 이름의 영광을 찬양(시 66:2)
3. 주의 성실을 찬양(시 71:22)
4. 주를 찬양(시 108:3)
5. 야곱의 하나님을 찬양(시 75:9)

6. 위대하신 여호와를 찬양(시 96:4, 145:3, 150:2)
7. 주의 영예를 찬양(시 106:47)
8. 주께서 행하신 일을 찬양(시 145:4)
9. 주의 능하신 행동을 찬양(시 150:2)
10. 주의 기이한 일을 찬양(시 89:5)

언제, 어떻게 찬양할 것인가?

1. 영원부터 영원까지 찬양(시 106:48)
2. 마음을 다하여 찬양(시 108:1)
3. 하루 일곱 번씩 찬양(시 119:164)
4. 살아있는 동안 찬양(시 104:33)
5. 내 영혼으로 찬양(시 146:1)
6. 높은 데서 찬양(시 148:1)
7. 성도의 모임 가운데서 찬양(시 149:1)
8. 성소에서 찬양(시 150:1)
9. 권능의 궁창에서 찬양(시 150:1)

어떤 수단이나 방법으로 찬양할 것인가?

1. 내 입술이 찬양(시 34:1, 63:3, 119:171)
2. 비파와 수금으로 찬양(시 71:22, 144:9, 147:7, 150:3)
3. 소고와 수금으로 찬양(시 149:3)
4. 나팔 소리로 찬양(시 150:3)
5. 소고 치고 춤추며 찬양(시 150:4)
6. 현악과 통소로 찬양(시 150:4)
7. 큰 소리 나는 제금으로 찬양 / 높은 소리 나는 제금으로 찬양(시 150:5)
8. 노래로 찬양(시 106:12)
9. 우리 혀로 찬양(시 126:2)

광야의 시

다윗의 시편 중에 여러 편이 "다윗이 광야에서 지은 시"라는 부제가 붙어있다.

3편 - 압살롬을 피하여 도망할 때 : "나의 영광이시요 나의 머리를 드시는 자"

18편 - 하나님께서 원수의 손에서 건져내셨을 때 : "나의 힘이신 여호와여 내가 주를 사랑하나이다"

34편 - 아비멜렉 앞에서 미친 체하다가 쫓겨났을 때 : "내가 여호와를 항상 송축함이여"

51편 - 밧세바로 인하여 나단 선지자 앞에서 회개의 고백 : "나를 정결하게 하소서"

52편 - 아히멜렉 집에 피하여 있던 그를 에돔 사람 도엑이 사울에게 고발했을 때 :
  "포악한 자여, 하나님이 너를 멸하시리라"

54편 - 사울에게 쫓겨 유대 광야에 있을 때 : "주는 내 원수에게 악으로 갚으시리니 그들을 멸하소서"

56편 - 블레셋 사람에게 붙잡혔을 때 : "내가 하나님을 의지하고 그 말씀을 찬송하올지라"

57편 - 사울을 피하여 유대 광야의 어느 굴에 숨어있을 때 : "내가 주를 찬송하기로 확정하였습니다"

59편 - 사울이 사람을 보내어 다윗의 집을 지킬 때 : "그의 힘으로 말미암아 내가 주를 바라리이다"

63편 - 유대 광야에 있을 때 : "나의 영혼이 주를 가까이 따르나이다"

142편 - 유대 광야의 어느 굴에 있을 때 : "나의 부르짖음을 들으소서"

다윗은 환난의 때에 낙심하거나 우울해하거나 자기연민에 빠지지 않았다. 남을 원망하거나 불평하지도 않았다. 그럴 때가 하나님께 나아갈 때다. 다윗은 하나님을 찬양하기로 선택했다.

시편 119편

다른 시편과는 달리 이 한 편 자체로 하나의 책이라고 할 수 있다. '시편 중의 시편'이라고 할 수 있다. 금을 연속적으로 이어놓은 금사슬이 아니라 마치 금반지를 모아놓은 패물함과 같다. 성경에서 절수가 가장 길고, 구성이 특이하며 매우 정교하다.

히브리어 알파벳의 수에 맞추어 22개의 부분으로 나뉘어있다. 각 부분은 8개의 절로 이루어졌고, 각 부의 첫 절은 히브리어 알파벳 순서대로 시작한다. 즉 첫 부분인 1-8절은 "알렙"으로 시작하고, 둘째 부분인 9-16절은 "베트"로 시작하고… 22개의 부분은 22개의 히브리어 알파벳으로 시작한다. 그러므로 시편 119편은 8절을 한 묶음으로 하여 알파벳 22개로 구성되어 8×22, 모두 176절로 되어있다.

119편 전체는 하나의 내용, 즉 하나님의 말씀의 특징과 효능을 말한다.

하나님의 율법 : 왕이신 하나님이 제정하신 것

하나님의 도 : 하나님의 원리 원칙과 우리가 따를 규칙들

하나님의 증거 : 증언된 것들

하나님의 계명 : 하나님의 권위로 우리에게 맡겨진 것

하나님의 법도 : 우리에게 행하라고 주신 것

하나님의 말씀 : 말씀이신 하나님

하나님의 판단 : 하나님의 지혜로 형성됨

하나님의 의 : 거룩하고 의롭고 선해서 삶의 모든 영역에 표준이 됨

하나님의 율례 : 하나님에 의해 확정되고 결정된 것

하나님의 진리 : 변하지 않는 하나님의 영원한 진리

Dear. NCer

주님을 찬송하며 경배하는 예배자의 삶을 산다.

시편을 소리 내어 읽을 때 그것이 예배가 된다. 그것이 기도가 된다.

시편 말씀을 통해 격려, 권면, 위로, 힘을 얻을 수 있다.

힘든 일이 있을 때 소망을 얻고, 용기를 얻는다.

날마다 시편 5편씩 읽는다.

❖ 잠언(Proverbs) 세상에 영향을 주는 삶의 지혜

잠언의 저자는 성령이시다. 솔로몬은 하나님의 성령에 붙들려 이 책을 기록한 기자이다. 하나님은 솔로몬의 손을 사용하여 잠언, 전도서, 아가를 기록하셨다.

아가서 서두에 어떤 칭호도 사용하지 않고 단지 "솔로몬"이라는 이름만 있는데, 그가 왕위에 오르기 전에 성령의 충만함을 입어서 시가를 썼기 때문일 것이다. 그리고 잠언의 서두에는 자신을 "다윗의 아들 이스라엘 왕 솔로몬"이라고 소개하는데, 이는 그가 잠언을 쓸 당시 온 이스라엘을 다스렸기 때문일 것이다.

그가 전도서를 쓸 당시에는 각 지파에 대한 그의 영향력이 줄어들어서 예루살렘에서만 왕권이 확고했기에 자신을 "다윗의 아들 예루살렘 왕"이라고 소개했다. 그래서 어떤 이들은 솔로몬이 청년기에 아가서, 중년기에 잠언, 노년기에 전도서를 기록했다고 한다.

> 그가 잠언 3,000가지를 말하였고, 그의 노래는 1,005편이며, 그가 또 초목에 대하여 말하되 레바논의 백향목으로부터 담에 나는 우슬초까지 하고, 그가 또 짐승과 새와 기어다니는 것과 물고기에 대하여 말한지라 왕상 4:32,33

역대하, 열왕기상에 여러 나라에서 많은 사람이 솔로몬을 만나러 왔다는 기록이 있다. 중국과 인도에서도 왔었다고 한다. 어떤 이들은 공자의 사상으로 발전된 유교는 솔로몬 왕의 초기, 잠언 시기에 와서 영향을 받은 거라고 한다. 또한 석가의 사상으로 발전된 불교는 솔로몬의 후기, 전도서 시기의 영향을 받았다고도 한다.

> 사람들이 솔로몬의 지혜를 들으러 왔으니 이는 그의 지혜의 소문을 들은 천하 모든 왕들이 보낸 자들이더라 왕상 4:34

잠언 – 여호와를 경외하는 것이 지혜의 근본(잠 9:10)

젊은이를 위한 잠언		하나님의 백성으로서의 삶을 위한 잠언			개인적 관계 원리를 위한 잠언
프롤로그	총론	각론			에필로그
	아버지의 훈계	지혜로운 아들		왕의 영화	
	솔로몬의 잠언	솔로몬의 제2잠언	지혜자들의 잠언	솔로몬의 제3잠언	
		375가지의 잠언	30개의 잠언	128개의 잠언	
1:1-6	1:7-9장	10장-22:16	22:17-24:34	25-29장	30-31장
지혜의 사람		지혜의 원리			지혜의 행동
솔로몬					아굴과 르무엘

잠언의 특징

수많은 각각의 잠언 또는 짤막한 문장들을 통해 우리에게 하나님의 지혜를 가르치고 있다. 그래서 서로 연결되지 않고 독립되어 있다.

1. 분명하고 쉽게 가르치는 방식이다. 쉽게 이해되고 기억된다. 아주 효율적으로 가르치는 방식이어서 목적을 잘 달성할 수 있다.
2. 우리의 기도에는 **시편**이, 우리의 행실을 바르게 하기 위해서는 **잠언**이 유익하다. 그래서 하루에 시편 5편과 잠언 1장씩 읽고 묵상하는 게 바람직하다. 그러면 시편과 잠언을 한 달에 한 번씩 읽을 수 있고, 하나님은 물론 사람과도 친밀감을 더 가질 수 있다.
3. **시편**이 우리로 하나님께 나아가 깊이 교제하게 한다면, **잠언**은 세상에 나아가 영향을 주는 삶을 살게 해준다.
4. **시편**은 하나님을 향해 불타는 거룩한 열정을 일으켜주고, **잠언**은 지혜로 분별력 있게 살게 하여 우리의 얼굴이 빛나게 해준다.

잠언의 메시지

잠언은 하나님의 윤리, 정치와 경제, 교육과 매스 미디어, 그리고 가정에 대한 놀라운 원칙을 담고 있다. 자기 자신을 비롯한 모든 관계를 올바르게 다스리는 지혜가 담겨있다.

1. 잠언의 프롤로그 : 주제(잠 1:1-6) – 생활 속의 지혜, 분별

잠언의 첫 부분(잠 1:1-6)은 서론이다. 잠언의 목적을 알려준다. 누가, 어떤 목적으로 기록했는지, 용도가 무엇인지, 그 결과가 어떤 것인지 알려준다.

1) 지혜와 훈계를 알게 한다. 지혜란 '얻은 지식을 삶에 적용할 줄 아는 능력'이다. 말하고 행하는 법과 다른 사람을 돕는 법을 알려준다. 훈계란 '하나님께 받는 훈련, 징계, 가르침'을 말한다.
2) 명철의 말씀을 깨닫게 한다. 진리와 거짓, 선과 악을 구별하게 하고, 죄를 미워하며 말씀을 따라 실제적으로 살도록 돕는다.
3) 우리의 행실을 지혜롭고 공의롭게, 정의롭고 정직하게 행하는 지침서다. '지혜롭게' – 통찰력, '공의롭게' – 판단력, '정의롭게' – 공정성과 기준, '정직하게' – 정직함, 정확함으로 행하게 한다.
4) 어리석은 자를 슬기롭게 한다. 누구나 쉽고 분명하게 알 수 있도록 도와주어서 길을 잃지 않게 한다. '어리석은'은 '단순한, 순진한'의 의미다. 마음이 단순한 사람이다. 어리석은 사람은 무엇이든 믿는 경향이 있고 시험에 잘 빠지고, 지혜에도 열려있고 어리석음에도 열려있다. 지혜를 깨닫고 지혜가 있는 곳에 살며 권면을 받는다면 슬기로운 삶을 살게 될 것이다.

5) 젊은 자에게 지식을 주고 근신하게 한다. 청년의 시기는 배우는 시기다. 젊음은 성급하고 무모하며 깊이 생각하는 것이 부족하기에 잠언을 통해 지식을 얻고 근신하게 되며, 신중하여 사려 깊은 분별력을 얻게 된다.

6) 잠언을 통해 지혜 있는 자는 듣고 학식이 더할 것이다. 어리석은 자는 슬기롭게 되고, 지혜로운 자는 더 지혜롭게 된다. 하나님의 뜻이 무엇인지 알게 될 것이다. 명철한 자는 지략을 얻으며, 하나님의 뜻을 어떻게 실행하는지 알게 된다. 잠언과 비유와 지혜 있는 자의 말과 그 오묘한 말을 깨달을 것이다.

2. 잠언의 총론(잠 1장 7절-9장) - 아들을 향한 아버지의 사랑의 훈계

이 부분은 잠언의 총론에 해당한다. 청년이 지켜야 할 중요한 몇 가지 원칙이 있다.

첫째, 하나님을 경외하는 것이다.

하나님을 경외하는 것이 지식의 근본이다(잠 1:7). 잠언에서 말씀하는 "지식"은 단지 정보의 나열이 아니다. 인격적이며 경험적 지식에서 나오는 것이다. 잠언 9장 10절에, "여호와를 경외하는 것이 지혜의 근본이요 거룩하신 자를 아는 것이 명철이니라"라고 하셨다. 지혜는 이런 지식을 삶의 모든 영역에 올바르게 적용할 수 있는 능력을 준다. 이런 지식과 지혜를 얻으면 무슨 일을 하든 형통하다. 실패가 없다. 탁월한 결과를 이끌어낸다. 또 우리의 전반적인 삶의 영역에 그 능력을 발휘한다. 전도서 12장 13절에, "일의 결국을 다 들었으니 하나님을 경외하고 그의 명령들을 지킬지어다. 이것이 모든 사람의 본분이니라"라고 하셨다.

둘째, 부모를 공경하는 것이다.

여기에는 존경이 포함된다. 그러므로 부모의 훈계를 듣는 마음과 귀가 있다. 훈계를 듣는 척하는 것도 아니요 듣고 흘러버리는 것도 아니다. 듣고 마음에 깊이 새긴다. 이런 삶은 마치 머리의 아름다운 관이요 목의 금 사슬이라 했다(잠 1:9). 영광스러운 삶이다. 사람들로부터 존귀히 여김을 받는다. 어디를 가든 인정받고 존중받는 삶을 산다.

셋째, 악한 자들과 어울리지 않는 삶이다.

악한 자들과 어울리는 삶은 마치 곳곳에 덫이 깔린 곳을 걷는 것 같아서 삶을 파멸에 빠지게 한다. 그런 자들과 함께 길에 다니지도 말라고 하신다.

넷째, 오직 하나님의 말씀에 귀 기울이는 삶이다.

두 여인의 초청의 말이 청년의 귀를 울린다. 두 여인 다 잔치를 베풀고 초청한다. '그리스도'라는 지혜의 여인과 '죄'라는 미련한 여인이 날마다 초청한다. 어리석은 자의 말에 귀 기울이지 말고 오직 하나님의 말씀에 귀 기울이고 듣고 따라야 한다. 잠언 2장은 하나님의 말씀에 귀를 기울이고 순종하는 사람에게 주는 유익을 말씀하신다. 잠언 3장은 잠언 전체에서 순종하는 삶에 관한 가장 탁월한 말씀이다.

3. 잠언의 각론(잠 10장 – 29장) – 생활 속 지혜와 리더로서 가져야 할 지혜

잠언 10장-29장은 본격적인 잠언들이다. 총론에 대한 각론에 해당한다. 서로 연관성이 없다. 그래서 각 장이나 단락의 제목을 정할 필요가 없다. 각 문장 자체가 보석이다. 다양한 많은 보석이 보석함에 가득한 것과 같다. 총론에서 언급된 지혜와 지식이 나열되어 있다. 각론은 다시 두 부분으로 나눌 수 있다.

잠 10장-24장은 대체로 삶의 여러 영역에서의 구체적인 지혜의 삶을 말한다. 혀의 사용, 재물 사용, 정직과 진실된 삶, 분노를 다루는 삶, 교만과 겸손, 부지런함과 게으름, 가난한 자를 구제함 등이다.

두 번째 각론에 해당하는 25장-29장은 나라를 변화시키는 리더십의 비결이 큰 비중을 차지한다.

4. 잠언의 에필로그(잠 30장 – 31장)

이 두 장은 마치 잠언의 부록처럼 보인다. 30장은 숫자를 사용한 잠언이 특징이다. 31장은 어머니가 아들과 딸에게 주는 교훈이다. 남자로서 주의해야 할 일들과 여자로서 할 일을 말한다.

잠언에 많이 나오는 단어 – "지혜", "명철", "지식"

"지혜"는 무려 131번, "명철"은 46번, "지식"은 43번 나온다.
그 외에도 "미련", "어리석은 자"는 104번, "의인"은 62번, "악인"은 78번 나온다.

잠언 8장에 나타나는 지혜

지혜는 잠언에서 인격화되어 하나님의 역동적인 말씀으로 행동한다. 신약에서는 예수 그리스도가 그 지혜이며, 하나님의 말씀으로 행동한다.

지혜의 기원

여호와께서 그 조화의 시작 곧 태초에 일하시기 전에 나를 가지셨으며 만세 전부터, 태초부터, 땅이 생기기 전부터 내가 세움을 받았나니 아직 바다가 생기지 아니하였고 큰 샘들이 있기 전에 내가 이미 났으며 산이 세워지기 전에, 언덕이 생기기 전에 내가 이미 났으니 하나님이 아직 땅도, 들도, 세상 진토의 근원도 짓지 아니하셨을 때에라. 그가 하늘을 지으시며 궁창을 해면에 두르실 때에 내가 거기 있었고 그가 위로 구름 하늘을 견고하게 하시며 바다의 샘들을 힘 있게 하시며 바다의 한계를 정하여 물이 명령을 거스르지 못하게 하시며 또 땅의 기초를 정하실 때에 내가 그 곁에 있어서 창조자가 되어 날마다 그의 기뻐하신 바가 되었으며 항상 그 앞에서 즐거워하였으며 잠 8:22-30

지혜의 가르침

어리석은 자들아, 너희는 명철할지니라. 미련한 자들아, 너희는 마음이 밝을지니라. 너희는 들을지어다. 내가 가장 선한 것을 말하리라. 내 입술을 열어 정직을 내리라. 내 입은 진리를 말하며 내 입술은 악을 미워하느니라. 내 입의 말은 다 의로운즉 그 가운데에 굽은 것과 패역한 것이 없나니 잠 8:5-8

나 지혜는 명철로 주소를 삼으며, 지식과 근신을 찾아 얻나니, 여호와를 경외하는 것은 악을 미워하는 것이라. 나는 교만과 거만과 악한 행실과 패역한 입을 미워하느니라. 내게는 계략과 참 지식이 있으며, 나는 명철이라. 내게 능력이 있으므로 나로 말미암아 왕들이 치리하며 방백들이 공의를 세우며, 나로 말미암아 재상과 존귀한 자 곧 모든 의로운 재판관들이 다스리느니라 잠 8:12-16

지혜의 가치

부귀가 내게 있고 장구한 재물과 공의도 그러하니라. 내 열매는 금이나 정금보다 나으며 내 소득은 순은보다 나으니라. 나는 정의로운 길로 행하며 공의로운 길 가운데로 다니나니, 이는 나를 사랑하는 자가 재물을 얻어서 그 곳간에 채우게 하려 함이니라 잠 8:18-21

결론적으로,

지혜는 신성하며(잠 8:22-31), 생물학적이고 영적인 생명의 근원이며(잠 8:35,36), 의롭고 도덕적이며(잠 8:8,9), 지혜를 얻으려 하는 사람들에게 유익하다(잠 8:1-6,32-35).

이 지혜는 "그 안에는 지혜와 지식의 모든 보화가 감추어져 있는" 그리스도로 성육신되었다(골 2:3).

【 잠언 8장에 나타나는 지혜 】

지혜는 잠언에서 인격화되어 하나님의 역동적인 말씀으로 행동하고 있다. 신약에서 예수 그리스도가 그 지혜이며, 하나님의 말씀이다.		
지혜의 기원	지혜의 가르침	지혜의 가치
하나님 안에(22절) 만세 전부터(23절) 만물이 있기 전에 (23-30절)	명철(5,12절) 이해(5절) 가장 선한 것(6절) 진리(7절) 악을 미워함(7절) 의(8절) 지식(12절) 근신(12절) 여호와를 경외함(13절)	부와 명예를 가져온다(18절) 장구한 재물을 얻어 그 곳간에 채운다(18,21절) 공의로 행한다(18,20절) 금과 은보다 더 위대하다(19절) 지혜로운 자는 복을 받는다(32,34절) 생명을 얻는다(35절) 그러나 어리석은 자는 사망에 이른다(36절)
지혜는 신성하며(22-31절), 생물학적이고 영적인 생명의 근원이며(35,36절), 의롭고 도덕적이며(8,9절) 지혜를 얻으려 하는 사람들에게 유익하다(1-6,32-35절) 이 지혜는 "그 안에는 지혜와 지식의 모든 보화가 감추어져 있는" 그리스도로 성육신되었다(골 2:3).		

잠언에 나타난 지혜의 영향력

잠언은 개인, 가정, 이웃, 세상 등에 적용할 다양한 지혜로 가득 차 있다.

개인에 대해서는 혀, 눈, 귀, 손, 발, 마음 등을 어떻게 다루어야 하는지에 대한 지혜를 다루고 있고, 가정에 대해서는 부모로서, 아내로서, 자녀로서 갖추어야 할 지혜를 언급하며, 또한 자녀의 징계를 언급한다. 이웃과의 관계에서는 재물을 올바르게 다루는 법과 올바른 언어생활에 대해 말씀하시며, 세상에 대해서는 교육, 산업, 정치, 교회, 국가에 대해 올바르게 행하는 지혜를 언급한다.

재물을 올바르게 다루는 법

재물을 올바르게 다루는 법을 잠언만큼 많이 말씀한 책이 없다. 특히 "가난한 자를 네가 가진 재물로 돌아보라"고 하신다. 놀랍게도 하나님은 그런 사람에게 더 큰 것으로 갚아주신다.

> 가난한 자를 불쌍히 여기는 것은 여호와께 꾸어드리는 것이니 그의 선행을 그에게 갚아주시리라 잠 19:17

> 흩어 구제하여도 더욱 부하게 되는 일이 있나니 과도히 아껴도 가난하게 될 뿐이니라. 구제를 좋아하는 자는 풍족하여질 것이요 남을 윤택하게 하는 자는 자기도 윤택하여지리라 잠 11:24,25

> 가난한 자를 구제하는 자는 궁핍하지 아니하려니와 못 본 체하는 자에게는 저주가 크리라 잠 28:27

재물을 얻는 법

부지런히 수고해야 한다. 정직하고 공평하게 재물을 얻어야 한다.

> 손을 게으르게 놀리는 자는 가난하게 되고, 손이 부지런한 자는 부하게 되느니라 잠 10:4, 12:27, 13:4
> 속이는 저울은 여호와께서 미워하시나 공평한 추는 그가 기뻐하시느니라 잠 11:1, 16:8,11, 20:10
> 망령되이 얻은 재물은 줄어가고 손으로 모은 것은 늘어가느니라 잠 13:11
> 처음에 속히 잡은 산업은 마침내 복이 되지 아니하느니라 잠 20:21

빚지는 것, 보증서는 것, 이자 받는 것은 절대금지다.

> 부자는 가난한 자를 주관하고 빚진 자는 채주의 종이 되느니라 잠 22:7

> 너는 사람과 더불어 손을 잡지 말며 남의 빚에 보증을 서지 말라. 만일 갚을 것이 네게 없으면 네 누운 침상도 빼앗길 것이라. 네가 어찌 그리하겠느냐 잠 22:26-28

> 중한 변리로 자기 재산을 늘이는 것은 가난한 사람을 불쌍히 여기는 자를 위해 그 재산을 저축하는 것이니라 잠 28:8

빚진 자는 빚 갚기를 필사적으로 해야 한다! 목숨 건 탈출을 시도해야 한다!

"내 아들아, 네가 만일 이웃을 위하여 담보하며 타인을 위하여 보증하였으면, 네 입의 말로 네가 얽혔으며 네 입의 말로 인하여 잡히게 되었느니라. 내 아들아, 네가 네 이웃의 손에 빠졌은즉 이같이 하라. 너는 곧 가서 겸손히 네 이웃에게 간구하여 스스로 구원하되 네 눈을 잠들게 하지 말며 눈꺼풀을 감기게 하지 말고 노루가 사냥꾼의 손에서 벗어나는 것같이, 새가 그물 치는 자의 손에서 벗어나는 것같이 스스로 구원하라"(잠 6:1-5).

혀/입술을 올바르게 사용하라

구부러진 말을 입에서 버리며, 비뚤어진 말을 입술에서 멀리해야 한다(잠 4:24).

정직한 입술, 진리를 말하는 입, 악을 미워하는 입술이 되어야 한다(잠 8:6,7).

의로운 입의 말은 그 가운데에 굽은 것과 패역한 것이 없다(잠 8:8).

입이 미련한 자는 멸망할 것이다(잠 10:8,10).

의인의 입은 생명의 샘이라도 악인의 입은 독을 머금었다(잠 10:11).

명철한 자의 입술에는 지혜가 있으나 미련한 자의 입은 멸망에 가깝다(잠 10:13,14).

말이 많으면 허물을 면하기 어려우나 지혜로운 사람은 그 입술을 제어한다(잠 10:19).

의인의 혀는 순은과 같아서 여러 사람을 교육하나 미련한 자는 지식이 없어 죽는다(잠 10:20,21).

의인의 입은 지혜를 내어도 패역한 혀는 베임을 당할 것이다(잠 10:31).

의인의 입술은 기쁘게 할 것을 알거늘 악인의 입은 패역을 말한다(잠 10:32).

사람은 입의 열매로 말미암아 복록에 족하며 그 손이 행하는 대로 자기가 받는다(잠 12:14).

진실한 입술은 영원히 보존되거니와 거짓 혀는 잠시 동안만 있을 뿐이다(잠 12:19).

온순한 혀는 곧 생명나무이지만 패역한 혀는 마음을 상하게 한다. 혀를 쓰기에 따라서 사람을 살리기도 하고 죽이기도 한다(잠 15:4).

선한 말은 꿀송이 같아서 마음에 달고 뼈에 양약이 된다(잠 16:24).

남의 말하기를 좋아하는 자의 말은 별식과 같아서 뱃속 깊은 데로 내려간다(잠 18:8).

사연을 듣기 전에 대답하는 자는 미련하여 욕을 당할 것이다(잠 18:13).

두루 다니며 한담하는 자는 남의 비밀을 누설하니 입술을 벌린 자를 사귀지 말라(잠 20:19).

경우에 합당한 말은 아로새긴 은 쟁반에 금 사과니라(잠 25:11).

자녀의 징계에 대해

"매를 아끼는 자는 그의 자식을 미워함이라. 자식을 사랑하는 자는 근실히 징계하느니라"(잠 13:24).

"아이를 훈계하지 아니하려고 하지 말라. 채찍으로 그를 때릴지라도 그가 죽지 아니하리라"(잠 23:13).

"네 자식을 징계하라. 그리하면 그가 너를 평안하게 하겠고 또 네 마음에 기쁨을 주리라"(잠 29:17).

분노, 혈기, 화내는 것에 대해

자기의 혈기를 다룰 줄 알아야 한다. 화내고 분노하는 걸 절대 작게 여겨서는 안 된다.
이것을 다룰 줄을 알아야 한다.

> 노하기를 더디 하는 자는 크게 명철하여도 마음이 조급한 자는 어리석음을 나타내느니라 잠 14:29
> 분을 쉽게 내는 자는 다툼을 일으켜도 노하기를 더디 하는 자는 시비를 그치게 하느니라 잠 15:18
> 노하기를 더디 하는 자는 용사보다 낫고 자기의 마음을 다스리는 자는 성을 빼앗는 자보다 나으니라 잠 16:32
> 노하기를 더디 하는 것이 사람의 슬기요 허물을 용서하는 것이 자기의 영광이니라 잠 19:11
> 노하는 자는 다툼을 일으키고 성내는 자는 범죄함이 많으니라 잠 29:22
> 대저 젖을 저으면 엉긴 젖이 되고 코를 비틀면 피가 나는 것같이 노를 격동하면 다툼이 남이니라 잠 30:33

놀라운 지혜를 얻는 비결

이런 놀라운 지혜는 예수 그리스도 안에 감춰져 있다.

> 이는 그들로 마음에 위안을 받고 사랑 안에서 연합하여 확실한 이해의 모든 풍성함과 하나님의 비밀인 그리스도를 깨닫게 하려 함이니, 그 안에는 지혜와 지식의 모든 보화가 감추어져 있느니라 골 2:2,3

이런 놀라운 지혜를 얻으려면 예수 그리스도를 간절히 찾아야 한다. 그를 알면 알수록 그에게서 지혜를 얻게 될 것이다.

> 나를 사랑하는 자들이 나의 사랑을 입으며 나를 간절히 찾는 자가 나를 만날 것이니라 잠 8:17

> 누구든지 내게 들으며 날마다 내 문 곁에서 기다리며 문설주 옆에서 기다리는 자는 복이 있나니 대저 나를 얻는 자는 생명을 얻고 여호와께 은총을 얻을 것임이니라 잠 8:34,35

주를 간절히 찾고 날마다 기다리라! 그의 음성에 귀를 기울이며 지혜를 구해야 한다.

**Dear.
NCer**

잠언을 매일 1장씩 평생 읽기로 결심한다.
"여호와를 경외하는 것이 지혜의 근본이요, 거룩하신 자를 아는 것이 명철이니라"(잠 9:10).
지혜는 여호와를 경외할 때 주어진다. 명철은 하나님을 알 때 주어진다.
재물을 다루는 삶, 올바른 관계를 형성하는 삶, 올바른 언어생활은 삶의 주된 영역이다.
이런 영역에서의 성공적인 삶은 오직 지혜와 명철에서 나온다.
지혜와 명철로 Nations Changer로서 세상에 영향을 미치는 자의 삶을 산다.

❖ 전도서(Ecclesiastes) 진정한 지혜

전도서의 저자는 성령이시다. 그리고 솔로몬은 하나님의 성령에 붙들려 이 책을 기록한 기자이다. 어떤 이들은 공자의 사상으로 발전된 유교는 솔로몬 왕의 초기에 특히 잠언 시기에 그의 말을 들으러 왔던 이들이 영향을 받은 것이라고 한다. 또한 석가의 사상으로 발전된 불교는 솔로몬의 후기에 특히 전도서 시기에 와서 듣고 영향을 받았다고 한다.

전도서는 '기네스북에 등재될 만큼 전무후무한 부자의 고백'이다.

전도서는 세월이 전해주는 교훈이요, 연륜이 가르쳐주는 지혜다.

전도서는 한 편의 설교다. 설교 제목은 '해 아래에서의 허무함'이다.

전도서는 인생의 허무를 말하는 게 아니라 인간이 참된 행복을 어떻게 추구할 수 있는가를 가르쳐준다. 한마디로 요약하면 '하나님이 없는 삶은 헛되다'이다.

허무함이란 어리석은 자부심이 아니라 공허함, 목적이 없는 삶을 말한다. 그러나 해 위의 하나님을 바라보면 삶의 의미를 깨닫는다.

전도서에는 "헛되고"가 37회, "해 아래"가 31회 쓰였다. "지혜"는 28회, "지혜로운"은 21회 언급된다. 잠언에서의 "지혜"가 '해 위에 있는 하나님의 지혜'를 뜻한다면, 전도서의 "지혜"는 '해 아래에 있는 인간의 지혜'를 뜻한다. 그러므로 잠언에서는 '경건'에 이르는 지혜를 말한다.

이를 통해 볼 때 '해 아래'에서 '내가, 나를 위해' 한 '수고'는 헛되다는 결론에 도달하며, '해 아래'에서 '하나님 없는 인간의 지혜'로 한 '수고'는 헛됨을 알 수 있다.

전도서 – 여호와를 경외하는 것이 사람의 본분(전 12:13)

인생의 헛됨			인생이 헛된 증거들			결론적 권면: '하나님을 경외하라'			
서언	헛된 수고	하나님의 때와 섭리	사회적 모순	헛된 서원	헛된 복	헛된 세상 처신	불확실성에 대한 조언	청년의 때에 창조주를 기억하라	결언
1:1-3	1:4-2:26	3장	4장	5장	6장	7-9장	10-11장	12:1-12	12:13-14
헛된 것을 선언함			헛된 것을 증명함			헛된 것에 대한 조언			
주제			설교			요약			
우주 : '해 아래'									

우리는 하나님께 세상의 고통, 슬픔, 혼돈을 제거해달라거나 잘 피하게 해달라고 기도하지 않는다. 하나님을 믿는 믿음으로 그 길을 통과하고 올바르게 반응하여 하나님의 영광을 드러내기를 기도한다.

전도서의 특징

1. 전도서를 기록한 솔로몬은 권력, 부귀, 지혜, 성공 등 인간이 누릴 수 있는 최고의 것을 맛본 왕이다. 그러나 하나님 없는 성공과 기쁨은 오래가지 못하고 헛됨을 교훈한다.

2. 전도서는 거시적인 시각에서 인생을 조망한다. 예를 들면 "한 세대는 가고, 한 세대는 오되", "모든 강물은 다 바다로 흐르되", "해 아래에는 새 것이 없나니" 등 인생 전체의 흐름을 "해 아래"라는 거시적인 관점에서 조망하면서 허무함을 제시한다.

3. 해 아래의 모든 것은 헛되나, '해 위에' 계신 하나님을 보면 삶의 의미를 깨닫게 됨을 역설한다. 여호와를 경외하는 자만이 허무함을 극복할 수 있음도 역설한다.

4. 잠언과 전도서의 지혜는 서로 다르다. 잠언의 지혜는 해 위에 있는 하나님의 지혜를, 전도서의 지혜는 해 아래에 있는 인간의 지혜를 말한다. 잠언에서는 경건에 이르는 지혜요, 전도서에서는 현실을 다루는 지혜다. 히브리적 지혜는 하나님을 아는 믿음에 기초한다. 하나님의 존재를 알려는 시도가 아니라 이미 존재하시는 그분을 현실의 삶에서 경험하는 데 초점을 둔다. 그러나 헬라적 지혜는 모든 것의 기원에 관심을 가지고 수수께끼 같은 세상만사를 고민한다. 현실의 삶과 관계가 없는 사색적인 지혜다. 잠언과 전도서의 지혜의 공통점은 히브리적 지혜라는 점이다.

5. 전도서는 단지 인생의 허무함을 말하는 게 아니라 그로 인해 오히려 우리의 마음을 겸손하게 하고 갈급하게 하여, '인간이 어떻게 참된 행복을 추구할 수 있는가'로 나아가게 한다. 그래서 설교자는 "너는 청년의 때에 너의 창조주를 기억하라… 하나님을 경외하고 그의 명령들을 지킬지어다. 이것이 모든 사람의 본분이니라"(전 12:1,13)로 끝맺는다.

6. 전도서는 참회의 고백이다. 다윗의 몇몇 참회의 시와 성격이 같다. 마치 어거스틴의 《참회록》과 같다. 과거 자신의 잘못을 고백하고 회개한다. 이 세상의 감각적인 쾌락을 통해 만족을 얻기를 바랐지만, 그것은 죽음보다 더 쓰며 결국 어리석은 짓이라고 고백한다. 그는 자신이 얼마나 미련하고 형편없이 연약한 자인지 철저히 인정한다. 하지만 하나님은 크신 은혜와 긍휼로 그런 사람이라도 용서하시며 깨끗하게 하심을 고백한다.

그리스도인은 현실도피자가 아니다. 금욕주의자도 아니고 허무주의자도 아니다. 그렇다고 안일하게 쾌락을 추구하는 삶을 살지도 않는다. 오직 피조물 된 목적을 이루며 사는 삶이다. 우리 주 예수님은 이 세상을 사실 때 절대로 지치지 않으셨다. 또한 이 세상에 대해 냉소적이지도 않으셨다. 오직 하나님의 뜻을 따라 사셨고 하나님나라를 이루며 사셨다.

우리의 기도는 하나님으로부터 무엇인가를 얻어내는 게 목적이 아니다. 하나님의 뜻이 무엇인지 분별하여 그분의 뜻이 이루어지는 데 우리의 삶의 가치와 의미와 기쁨이 있다.

우리는 우리에게 존재하는 모든 공허, 혼돈, 아픔, 고통이 없는 현실과 동떨어진 이상적인 세상을 꿈꾸지 않는다. 분명히 그것들이 존재하는 현실을 인정한다. 이런 현실에서 도피하려고 하지 않는다. 오히려 직면하고 현실에서 하나님의 뜻을 따라 살면서 그분을 경험하며 그분의 뜻을 이루는 것을 통해 하나님의 영광을 드러내고자 한다. 이런 삶은 오직 예수밖에 없다. 성경에서 제시하는 길을 따라갈 때 이루어진다. 이것이 성경적인 지혜다.

전도서의 메시지

1. 인간의 존재 가치는 어떤 의미가 있는가?

인간이 참된 행복과 만족을 찾기 위해 여러 가지로 애쓰지만 그 노력은 부질없다는 결론에 도달한다. 결국 모든 것이 헛되다(전 1장-2장). 참된 행복과 만족을 위해 지혜도 추구하고(전 1:12-18), 쾌락도 추구하지만(전 2:1-11) 그것도 헛되다. 이 세상 도처에 악이 만연하고 죽음이라는 피할 수 없는 고통이 있어서 "해 아래서" 사는 삶은 모든 게 헛되다. 그러나 허무주의나 염세주의를 말하는 건 아니다. 운명론을 말하는 것도 아니다. '하나님이 없는 삶의 무익함'을 보여주고자 함이다. 이것이 우리의 현실의 상황이다. 우리는 눈앞에 펼쳐지는 현실 속에서 오직 하나님을 붙들어야 한다.

2. 하나님이 없을 때 생기는 허망함

인간의 지혜도 헛되다(전 1:16-18)
인간의 쾌락도 헛되다(전 2:1,2)
인간의 수고도 헛되다(전 2:22,23)
인간의 욕심도 헛되다(전 4:8)
인간의 명성도 헛되다(전 4:15,16)
인간의 재산도 헛되다(전 5:10,11)

솔로몬 왕은 온갖 것을 넘치도록 만족하게 누릴 수 있는 위치에 있으면서 인생의 온갖 것을 관찰하고 시험해보고, 선한 것을 인간의 지혜로 시험해보았다.
이를 잘 표현한 곳이 일곱 번 반복하는 후렴구에 있다. 2장 24-26절, 3장 12-15절, 3장 22절, 5장 18-20절, 8장 15절, 9장 7-10절, 11장 7-10절에서 "먹으라, 마시라, 즐기라, 누리라, 수고하라, 선을 행하라"라고 한다. 그러고는 다음과 같은 결론을 내린다. "이보다 나은 것이 해 아래에는 없는 줄 내가 알았다."
그리고 이 모든 여행의 종착역에 도착했을 때 하는 고백은 충격적이다.
"기쁘고 기쁘도다 모든 것이 기쁘도다"가 아니라, "헛되고 헛되도다 모든 것이 헛되도다"(전 12:8)라고 했다.

이 고백은 우리를 절망에 이르게 한다. 그러나 세상을 회피하게 하는 절망이 아니다. 세상 일에 관여하지 말라는 것도 아니다. 왜냐면 그것이 끝이 아니기 때문이다.

이 마지막의 고백은 우리로 더 놀라운 고백으로 나아가게 한다.

"너는 청년의 때에 너의 창조주를 기억하라"(전 12:1).

"일의 결국을 다 들었으니 하나님을 경외하고 그의 명령들을 지킬지어다. 이것이 모든 사람의 본분이니라"(전 12:13).

이 세상의 사물 그 자체는 참된 행복을 가져다주거나 인간의 마음을 만족시킬 수 없다. 참된 만족은 오직 하나님을 경외함에 있다. 솔로몬은 청년들이 이것을 일찍부터 깨달아 알기를 바라는 마음에서 권면한다.

> 청년이여, 네 어린 때를 즐거워하며 네 청년의 날들을 마음에 기뻐하여 마음에 원하는 길들과 네 눈이 보는 대로 행하라. 그러나 하나님이 이 모든 일로 말미암아 너를 심판하실 줄 알라 전 11:9

> 너는 청년의 때에 너의 창조주를 기억하라. 곧 곤고한 날이 이르기 전에, 나는 아무 낙이 없다고 할 해들이 가깝기 전에, 해와 빛과 달과 별들이 어둡기 전에, 비 뒤에 구름이 다시 일어나기 전에 그리하라 전 12:1,2

사람들은 현실에서 안식을 구한다. 그러나 하나님과의 관계가 없이는 어디서건 안식을 찾을 수도, 누릴 수도 없다. 하나님을 향한 믿음이 없으면 이런 현실 가운데 휩쓸려 살면서 상한 마음을 갖게 된다.

오직 여호와를 경외하고 그의 계명을 지키고 그의 말씀에 순종하는 자만이 이 땅에서 참된 만족과 즐거움을 누리며 살 수 있다. 하나님을 경외할 때 비로소 지혜가 생기며, 그 지혜가 우리를 바른 길로 인도한다. 그리고 그의 뜻을 따라 살 때 형통한 자의 삶을 살게 된다.

마치 베드로가 "우리들이 밤이 새도록 수고하였으되 잡은 것이 없지마는 말씀에 의지하여 내가 그물을 내리리이다" 하고 그렇게 하니 "고기를 잡은 것이 심히 많아 그물이 찢어지는지라"(눅 5:5,6) 하신 것처럼 예수님을 만나기 전에는 아무리 수고해도 헛수고였다. 예수님이 없는 삶은 헛수고의 삶이다. 그러나 예수님을 만난 이후에는 참된 만족이 있다.

예수님이 우물가의 여인에게 말씀하셨다. "이 물을 마시는 자마다 다시 목마르려니와 내가 주는 물을 마시는 자는 영원히 목마르지 아니하리니 내가 주는 물은 그 속에서 영생하도록 솟아나는 샘물이 되리라"(요 4:13,14). 이 여인은 예수님을 만났을 때 비로소 만족했다.

"여자가 물동이를 버려두고 동네로 들어가서 사람들에게 이르되, '내가 행한 모든 일을 내게 말한 사람을 와서 보라. 이는 그리스도가 아니냐' 하니 그들이 동네에서 나와 예수께로 오더라"(요 4:28-30).

여인은 동네 사람들에게 말했다. "내가 그를 만나니 만족합니다. 내가 찾던 행복은 그 안에 있습니다." 예수님을 만날 때만이 비로소 참된 만족과 행복을 발견한다.

Jesus People Movement

1960년대, 북미 대륙에는 "자연으로 돌아가자"라는 히피 운동이 청년들 사이에 일어났다. 청바지를 입고 통기타를 멘 그들은 참된 만족을 구하려고 마약을 복용하며, 성의 쾌락을 추구하고, 각종 신비한 종교 체험을 하려고 인도의 히말라야까지 방문하며 진리를 열심히 추구했다. 그러나 그럴수록 더욱 절망에 빠져들었다. 그들이 추구하는 기쁨, 만족, 행복, 그리고 진리는 거기에 없었다.

> 히피(영어: hippie 또는 hippy)는 1960년대 미국 샌프란시스코, LA 등지 청년층에서부터 시작된, 기성의 사회 통념, 제도, 가치관을 부정하고 인간성의 회복, 자연으로의 귀의 등을 주장하며 탈사회적으로 행동하는 사람들을 가리키는 말이다.

그때 긍휼과 사랑의 예수께서 그들을 찾아오셨다. 그들은 예수를 만났다. 대부흥이 일어났다. 이들은 진리이신 예수 그리스도에게 자신의 생명을 드렸다. 나는 이들 중 여러 사람과 오랫동안 선교사역을 함께했다. 이 부흥을 "Jesus People Movement"(예수의 사람들)라고 부른다.

그때 예수를 만난 한 청년 자매가 고백하며 부른 노래가 있다.

> 우물가의 여인처럼 난 구했네 헛되고 헛된 것들을
> 그때 주님 하신 말씀, 내 샘에 와 생수를 마셔라
> 오 주님, 채우소서 나의 잔을 높이 듭니다
> 하늘 양식 내게 채워주소서 넘치도록 채워주소서
> 많고 많은 사람들이 찾았었네 헛되고 헛된 것들을
> 주 안에 감추인 보배 세상 것과 난 비길 수 없네
> 오 주님, 채우소서 나의 잔을 높이 듭니다
> 하늘 양식 내게 채워주소서 넘치도록 채워주소서
>
> ― 리처드 블랭카드, 〈우물가의 여인처럼〉

3. 인간의 삶의 허무함을 극복하는 길

전도서에서 삶의 허무함을 극복하는 길은 크게 네 가지로 정의할 수 있다.

1) 창조주를 기억하라

너는 청년의 때에 너의 창조주를 기억하라 전 12:1

참된 즐거움은 우리의 행함에 있지 않고 하나님과의 인격적인 관계에 있다. 일에서 기쁨을 구하려면 한계가 있다. 하나님과의 인격적인 관계에서 기쁨을 구해야 한다.

하나님의 나라는 조건적, 위협적이 아니다. 공포심을 주어 하나님을 믿게 하는 건 성경적이 아니다. 하나님의 방법이 아니라 인간적인 방법이다. 하나님을 알고, 그분과 바른 관계를 갖는 게 하나님의 방법이다. 하나님을 향한 확신과 믿음으로 그분과 관계를 맺을 때 비로소 만족이 있다.

2) 하나님을 경외하라

> 하나님께서 행하시는 모든 것은 영원히 있을 것이라. 그 위에 더할 수도 없고 그것에서 덜할 수도 없나니 하나님이 이같이 행하심은 사람들이 그의 앞에서 경외하게 하려 하심인 줄을 내가 알았도다 전 3:14

하나님을 경외함은 노예가 주인의 매를 두려워하는 태도가 아니다. 존경하고 사랑하는 아버지에 대한 아들의 태도이다. 하나님을 경외한다는 것은 '코람데오'의 삶, 즉 '하나님의 면전'에서 행하는 것이다. 하나님이 기뻐하시는 삶을 택하는 것이다.

3) 하나님의 선물임을 기억하라

> 사람마다 먹고 마시는 것과 수고함으로 낙을 누리는 그것이 하나님의 선물인 줄도 또한 알았도다 전 3:13

> 또한 어떤 사람에게든지 하나님이 재물과 부요를 그에게 주사 능히 누리게 하시며 제 몫을 받아 수고함으로 즐거워하게 하신 것은 하나님의 선물이라 전 5:19

기독교는 쾌락주의나 금욕주의가 아니다. 우리가 수고하여 얻은 좋은 것은 하나님의 선물이기에 즐거워하며 하나님의 사랑을 맛보고 하나님께 감사하며 하나님을 즐거워하며 하나님 중심으로 살게 된다.

디모데전서 6장 17절에, "오직 우리에게 모든 것을 후히 주사 누리게 하시는 하나님"이라고 하셨다. 하나님이 내게 주신 몫이 얼마인지 알아야 한다. 자신에게만 집중하는 이기주의나 인색한 마음을 경계해야 한다. 그러나 자기 몫을 누리지 못하는 정죄감도 경계해야 한다. 우리에게 주어진 재물과 부요를 나누며 살아야 한다.

신명기 8장 17,18절에, "네가 마음에 이르기를 내 능력과 내 손의 힘으로 내가 이 재물을 얻었다 말할 것이라. 네 하나님 여호와를 기억하라. 그가 네게 재물 얻을 능력을 주셨음이라"라고 하셨다. 내게 있는 재물과 부요가 하나님이 내게 주사 누리게 하시는 그분의 선물임을 알아야 한다.

4) 심판하시는 하나님을 기억하라

> 하나님은 모든 행위와 모든 은밀한 일을 선악 간에 심판하시리라 전 12:14

우리는 영원을 바라볼 줄 알아야 한다. 우리의 삶은 영원에 잇대어 있다. 지혜로운 농부는 땅을 일구고 씨를 뿌릴 때에 땀을 흘리며 부지런히 일한다. 심고 거두는 법칙을 알기 때문이다. 심기만 하고 거두는 소망이 없다면 열심히 심는 수고를 하지 않을 것이다.

심는 사람은 추수하는 기쁨을 상상한다. 오늘 수고하며 심으면 그날에 반드시 수확할 것을 믿는다. 심은 대로 거둔다는 것을 알기 때문에 현재 무엇을 심을 것인지에 신중한 자세를 가진다. 콩 심은 데 콩이 나고 팥 심은 데 팥이 난다. 지금 영원한 때에 거둘 것을 심는 사람은 지혜로운 사람이다.

오늘 선을 행하면 그날에 선한 열매를 거둘 것이다. 오늘 악을 행하면 그날에 악의 열매를 거둘 것이다. 그러므로 오늘의 삶을 하나님의 뜻에 따라 살아야 한다.

Dear. NCer

"너는 청년의 때에 너의 창조주를 기억하라"(전 12:1).
"일의 결국을 다 들었으니 하나님을 경외하고 그의 명령들을 지킬지어다.
이것이 모든 사람의 본분이니라"(전 12:13).
하나님 없는 삶은 헛되다. 그러므로 하나님을 경외하고 그 명령을 지키는 삶을 산다.
하나님이 없는 헛된 삶을 사는 사람들의 허무함을 극복하도록 돕는
Nations Changer의 삶을 산다.

❖ 아가(Song of Songs) 노래 중의 노래

아가의 저자는 성령이시다. 솔로몬은 하나님의 성령에 붙들려 이 책을 기록한 기자이다.

어떤 이들은 솔로몬이 청년기에 아가서를, 중년기에 잠언을, 노년기에 전도서를 기록했다고 한다. 아가서 서두에 어떤 칭호도 사용하지 않고 단지 "솔로몬"이라는 이름만 썼는데, 아마도 그가 아직 왕위에 오르기 전일 때 성령의 충만함을 입어서 썼기 때문일 것이다.

아가서에는 에스더처럼 "하나님"이란 단어가 한 번도 나오지 않지만, 하나님의 사랑이 전체에 나타난다. "사랑하는 자여"가 32회나 나타난다. 또한 산문적 언어가 아닌 시적 언어를 사용해 사랑을 표현한다.

아가서는 사랑의 모든 종류를 다 보여준다. 주고받는 인간적인 사랑인 '에로스(eros)'(아 8:5), '스토르게(storge)'(아 4:9), '필리아(philia)'(아 5:16) 그리고 일방적으로 주기만 하는 하나님의 사랑 '아가페(agape)'(아 2:16)까지 모두 나타난다.

> 유대인 랍비들은 청년들이 아가에 나오는 지극히 순전하고 거룩한 내용을 악용해서 오직 하나님의 제단에만 있어야 할 불로 그들의 정욕에 불을 붙일 것을 염려하여 서른 살이 될 때까지는 아가를 읽지 말 것을 권하였다.
>
> — 매튜 헨리

그러나 분명한 건 아가서는 남자와 여자의 육체적, 감정적, 영적인 사랑도 가르친다는 점이다. 세상에는 사랑 없는 남녀관계가 판을 친다. 아가서는 진정한 사랑, 거룩함의 사랑의 관계가 무엇인지 보게 한다.

아가 – 노래 중의 노래(아 1:1)

사랑이 시작됨		사랑이 깊어짐		
사랑에 빠짐	사랑의 이별	사랑의 힘의 테스트		사랑이 자라남
만남과 약속	헤어짐	사랑의 꿈		만남과 연합
구혼	그리움	첫 번째 꿈	두 번째 꿈	결혼
		아름다움을 노래함	사랑을 노래함	
1:1-2:7	2:8-3:5	3:6-6:3	6:4-8:4	8:5-14
사랑이 시작됨	사랑을 키움	사랑의 인내		사랑의 신실함
후렴구 2:7	후렴구 3:5	후렴구 8:4		

우리는 아가를 읽을 때 우리의 스승이신 성령의 도우심을 간절히 구해야 한다. 성령은 우리를 경건하고 깊은 믿음으로 인도하여 하나님을 향한 사모함을 갖게 하실 것이다. 그리하여 우리로 하나님을 더욱 알고 교제할 수 있게 하실 것이다.

아가서가 전도서 뒤에 놓인 건 아주 적절하다.
왜냐면 전도서를 통해 해 아래서 행하는 모든 것은 헛되고 헛된 것이어서 우리를 만족시키거나 행복하게 해줄 수 없음을 철저히 깨닫게 한 후에 우리를 예수 그리스도 앞으로 나아가게 하기 때문이다. 그리스도와 함께하는 교제 속에서 비로소 참된 만족과 기쁨과 행복을 맛보기 때문이다.

아가의 특징

한글성경에는 아가 1장 1절에 "솔로몬의 아가라"라고 기록되어 있지만, 영어성경에는 "노래들 중에 노래(Song of Songs)"라고 기록되어 있다. 솔로몬은 1,005편의 노래를 지었다. 아가는 많은 노래 중에서 가장 하이라이트 노래이다. 아가서는 목가적인 특성이 있다. 유대인이 절기에 읽는 5개 두루마리 가운데 첫 두루마리로서, 유월절에 읽는다. 이는 하나님께서 이스라엘을 사랑해서 구원해내신 것을 보여주는 책이기 때문이다.

아가서는 다음의 두 가지 배경에서 이해할 수 있다.

1. 이스라엘 백성을 향한 여호와 하나님의 사랑을 표현했다

호세아서는 여호와 하나님이 이스라엘 백성을 얼마나 사랑하시는지 설명하면서 이스라엘 백성을 신부의 모습으로 표현했다.

> 그가 그 사랑하는 자를 따라갈지라도 미치지 못하며 그들을 찾을지라도 만나지 못할 것이라. 그제야 그가 이르기를, '내가 본 남편에게로 돌아가리니 그때의 내 형편이 지금보다 나았음이라' 하리라 호 2:7

> 내가 네게 장가들어 영원히 살되 공의와 정의와 은총과 긍휼히 여김으로 네게 장가들며 진실함으로 네게 장가들리니 네가 여호와를 알리라 호 2:19,20

2. 신랑 예수 그리스도께서 그의 신부 된 교회를 얼마나 사랑하시는지 표현했다

에베소서 5장 22-33절은 남편과 아내의 올바른 관계만을 위한 말씀이 아니다. 원래 신랑 예수 그리스도와 신부 된 교회의 관계에 대한 것이다.

> 아내들이여, 자기 남편에게 복종하기를 주께 하듯 하라… 남편들아, 아내 사랑하기를 그리스도께서 교회를 사랑하시고 그 교회를 위하여 자신을 주심같이 하라… 이 비밀이 크도다 나는 그리스도와 교회에 대하여 말하노라 엡 5:22,25,32

내가 하나님의 열심으로 너희를 위하여 열심을 내노니, 내가 너희를 정결한 처녀로 한 남편인 그리스도께 드리려고 중매함이로다 고후 11:2

요한계시록 19장 7,8절은 어린양의 혼인잔치를 설명한다. 어린양 예수 그리스도는 신랑이며, 그의 교회는 신부이다.

우리가 즐거워하고 크게 기뻐하며 그에게 영광을 돌리세 어린양의 혼인 기약이 이르렀고 그의 아내가 자신을 준비하였으므로 그에게 빛나고 깨끗한 세마포 옷을 입도록 허락하셨으니 이 세마포 옷은 성도들의 옳은 행실이로다 하더라 계 19:7,8

아가서의 내용은 두 번째의 관점에서 보는 게 일반적이다. 그러나 거룩하고 아름다운 하나님의 사랑의 프리즘을 통과하여 각기 고유한 색깔(그의 백성을 향한 하나님의 깊은 사랑, 신부 된 교회를 향한 신랑 되신 그리스도의 사랑, 부부의 친밀감)로 다시 나뉜다.

아가는 알레고리(우화)이기 때문에 그 글자에 머물지 말고 그 너머를 보아야 한다. 비유이기 때문에 글자 너머의 하나님의 사랑을 보아야 한다. 아가서를 공부할 때 성령의 인도하심을 받아야 한다.

마치 사도 요한이 "이리로 올라오라"(계 4:1)라고 하신 음성을 따라 올라갔을 때 지성소에 계신 하나님의 영광과 어린양을 보았듯이, 성령의 인도하심을 따를 때 아가서의 문자를 넘어 신랑 되시는 예수 그리스도를 만나 그의 놀라운 사랑을 이해하고 경험하게 될 것이다.

【 성경에 나오는 연인들 】

이삭 – 리브가	창 24:1-67	아버지가 아들의 아내를 찾아주자 젊은 연인은 깊은 사랑에 빠진다.
야곱 – 라헬	창 29:1-30	야곱은 라헬을 아내로 맞이하기 위해 14년을 수일처럼 일하였다.
보아스 – 룻	룻 3장-4장	법적인 절차로 모압 출신 과부를 아내로 맞이하였다.
엘가나 – 한나	삼상 1장-2장	아이가 없어도 여인은 남편의 사랑을 받는다.
다윗 – 아비가일	삼상 25:41,42	사랑은 기꺼이 섬김의 자리에 들어간다.
솔로몬 – 술람미 여인	아가서	두 연인의 사랑을 아름다운 낭만시로 말한다.
호세아 – 고멜	호 1장-3장	아내에 대한 아가페적인 사랑의 표현
그리스도 – 교회	엡 5:22-33	신부를 위한 신랑의 희생적인 사랑과 신랑을 향한 신부의 존경과 복종의 모습

아가서는 한 편의 오페라

아가서는 우리의 감성을 자극해서 주를 향한 뜨거운 사모함을 불러일으킨다. 즐겁고 기쁨이 가득한 내용이 우리를 아름답고 밝고 즐거운 목가적 배경으로 꽉 찬 오페라 무대 앞으로 자연스럽게 초대한다.

세 개의 후렴구

아가서 2장 7절, 3장 5절, 8장 4절, "내 사랑하는 자가 원하기 전에는 흔들지 말며 깨우지 말지니라."
이 세 개의 후렴구를 중심으로 아가서를 넷으로 구분할 수 있다.

1막 : 여자 포도원지기가 남자 목자를 만나서 서로 사랑에 빠진다(아 1:1-2:7).
2막 : 결혼을 약속하고 헤어져 서로를 그리워한다(아 2:8-3:5).
3막 : 사랑에 빠져 서로에 대한 꿈을 꾼다(아 3:6-8:4).
　　　첫 번째 꿈 – 목자가 왕이 되어 와서 결혼으로 이끄는 꿈을 꾸다(아 3:6-6:3).
　　　　　　　　　　　사랑의 완성을 간절히 원한다.
　　　두 번째 꿈 – 남녀가 서로에 대한 그리움으로 날을 보낸다(아 6:4-8:4).
4막 : 사랑하는 자들이 드디어 만나서 결혼함으로 연합을 이룬다(아 8:5-14).
이것은 처음에는 목자로 오셔서 우리를 그의 신부로 삼으시고, 나중에는 왕으로 오셔서 우리를 어린양의 혼인잔치로 인도하실 그리스도의 재림을 나타낸다.
아가서를 주님과 나의 사랑 이야기(로맨스)로 읽을 때 그 사랑의 깊이가 얼마나 큰지 느낄 수 있다.

아가의 메시지

사랑의 힘 – 거친 들

몰약과 유향과 상인의 여러 가지 향품으로 향내 풍기며 연기 기둥처럼 거친 들에서 오는 자가 누구인가? 아 3:6

그의 사랑하는 자를 의지하고 거친 들에서 올라오는 여자가 누구인가? 아 8:5

거친 들은 '광야'를 말한다. 예레미야는 하나님을 향한 사랑은 광야를 통과할 때 드러난다고 한다.

내가 너를 위하여 네 청년 때의 인애와 네 신혼 때의 사랑을 기억하노니 곧 씨 뿌리지 못하는 땅, 그 광야에서 나를 따랐음이니라 렘 2:2

광야는 "사막과 구덩이 땅, 건조하고 사망의 그늘진 땅, 사람이 그곳으로 다니지 아니하고 그곳에 사람이 거주하지 아니하는 땅"(렘 2:6)이다. 거친 들이다. 이런 곳을 하나님을 따라 통과할 수 있었던 건 "청년 때의 인애"와 "신혼 때의 사랑", 즉 "처음 사랑"(계 2:4,5)으로만 가능하다. '함께'만으로 충분하다. 광야는 처음 사랑의 힘을 보여주는 곳이다. 사랑이 없다면 거친 들을 가려 하지 않는다.

아가서 4장 16절에 이 사랑이 얼마나 큰지 잘 나타나 있다.

> 북풍아 일어나라. 남풍아 오라. 나의 동산에 불어서 향기를 날리라. 나의 사랑하는 자가 그 동산에 들어가서 그 아름다운 열매 먹기를 원하노라 아 4:16

한반도의 경우 북풍은 겨울철 시베리아의 추운 바람이다. 남풍은 봄부터 불어오는 따뜻한 바람이다. 그러나 우리는 그 바람이 춥거나 따뜻함에 관심이 없다. 바람이 불면 꽃향기를 날리고, 꽃씨가 날아가 많은 열매를 맺게 한다. 내 삶에 북풍이 불든 남풍이 불든 내 관심은 이로 인해 향기가 날려 사랑하는 예수님이 그 향기를 맡기를 바라고, 그 바람으로 동산에 아름다운 열매가 맺혀 사랑하는 예수님이 먹기를 바라는 것뿐이다. 어떤 사람들은 그의 삶에 불어오는 추운 바람과 따뜻한 바람으로 인해 슬픔과 기쁨, 낙심과 소망이 교차될지 모른다. 그러나 나의 주 예수 그리스도에 대한 사랑으로 가득한 사람은 오직 예수님의 기쁨만을 구한다. 힘들고 어려운 상황이라도 사랑하는 예수님과 함께하기에 씩씩하고 기쁘게 감사하며 통과할 수 있다.

백합화와 사과나무

> 여자들 중에 내 사랑은 가시나무 가운데 백합화 같도다. 남자들 중에 나의 사랑하는 자는 수풀 가운데 사과나무 같구나. 내가 그 그늘에 앉아서 심히 기뻐하였고 그 열매는 내 입에 달았도다 아 2:2,3

백합화는 강렬한 향기를 사방으로 뿜어낸다. 예수님이 신부 된 교회를 백합화 같다고 하신다. 교회의 아름다움, 향기가 사방으로 퍼진다. "우리는 하나님 앞에서 그리스도의 향기"다(고후 2:15). 이는 우리의 아름다운 행실을 말한다.

교회는 **가시나무 가운데 있는 백합화**와 같다. 가시나무는 볼품도 없고, 아무 쓸모가 없다. 해롭고 남을 해친다. 선한 씨앗을 질식시키고 열매를 맺는 것을 방해한다. 그런데도 그 가시나무 가운데 꿋꿋하게 피어서 아름다움을 드러내고 향기를 사방으로 뿜는 백합화! 그 장면은 얼마나 대조적인가! 예수님의 사랑을 받는 그리스도인들의 아름다운 모습이다.

수풀 가운데 사과나무는 다른 나무들처럼 높이 자라지도, 넓게 퍼지지도 않지만 보기 좋고 아름다운 열매를 맺는다. 사과는 영양가 있고 시원한 맛이다. 그것을 한 입 깨물면 입이 달고 시원해진다. 우리 주 예수님이 그런 분이다. 시원한 그 그늘에서 우리가 쉴 때 새 힘을 얻는다. 그리고 그의 말씀을 듣고 있으면 꿀과 송이꿀보다 더 달다.

사랑의 세레나데

"내 마음으로 사랑하는 자"를 모두 다섯 번 표현했다(아 1:7, 3:1,2,3,4) — '나 너 사랑해!'
"내가 사랑하므로 병이 생겼음이라"를 두 번 표현했다(아 2:5, 5:8) — '나 아파!'

"여자들 중에 내 사랑은 가시나무 가운데 백합화 같도다. 남자들 중에 나의 사랑하는 자는 수풀 가운데 사과나무 같구나. 내가 그 그늘에 앉아서 심히 기뻐하였고 그 열매는 내 입에 달았도다"(아 2:2,3) – '온리 유(only you)', '오직 당신뿐이야!'

"내 누이, 내 신부야, 네가 내 마음을 빼앗았구나. 네 눈으로 한 번 보는 것과 네 목의 구슬 한 꿰미로 내 마음을 빼앗았구나"(아 4:9) – '당신은 도둑이야!', '첫눈에 반했어!'

"나는 내 사랑하는 자에게 속하였고, 내 사랑하는 자는 내게 속하였다"를 두 번 표현했다(아 6:3, 7:10). 서로 속했다. – '네 안에 내가 있다!'

"나는 내 사랑하는 자에게 속하였도다. 그가 나를 사모하는구나"(아 7:10) – '당신을 사모해!'

내 위에 깃발, 깃발 아래 나

그가 나를 인도하여 잔칫집에 들어갔으니 그 사랑은 내 위에 깃발이로구나 아 2:4

깃발은 점령군 사령관의 표시다. 어느 군대가 그곳을 점령하고 다스리는가를 보여준다. 그 깃발은 우리 주 예수 그리스도다. 그는 승리자다. 그가 지금 이곳을 다스린다. 어둠은 이미 쫓겨났다. 두려움과 위협은 이미 사라졌다. 승리는 우리 것이다. 기쁨과 평강, 생명과 소망만 충만하다. **깃발 아래로 모든 군사들이 모인다.** 깃발이 중심이다. 예수 그리스도 중심으로 모인다. 우리는 어떤 종류의 모임이든지 오직 예수 그리스도의 깃발 아래로 모여야 한다. "두세 사람이 내 이름으로 모인 곳에는 나도 그들 중에 있느니라"(마 18:20)라고 하셨다. 깃발 아래 모이면 힘을 얻는다. 사랑의 깃발이다. 그 아래 모이면 격려와 위로가 있다.

작은 여우를 잡으라

우리를 위하여 여우 곧 포도원을 허는 작은 여우를 잡으라 우리의 포도원에 꽃이 피었음이라 아 2:15

여우는 작지만 포도원에 몰래 드나들면서 포도원을 헌다. 포도원에 꽃이 필 때 아직 덜 자란 연약한 포도들을 못 쓰게 만든다. 작은 여우라고 우습게 여기거나 무시해서는 안 된다. 방치하지 말고 잡아야 한다. '작은 여우'는 무엇일까?

판단을 흐리게 하는 것들, 양심을 더럽히는 것들, 생각을 혼란스럽게 하는 것들이다. 부정적이며 비판적이고 남을 흉보고 헐뜯는 말들이다. 의심하게 하고 불신을 조장하는 말들이다.

생각을 맴돌며 들어오려는 의심들, 염려, 두려움, 낙심, 정죄감이다.

이기주의, 개인주의, 무관심, 냉담, 냉소주의이다.

날마다 일상생활에서 보는 것, 듣는 것들 가운데 작은 여우들이 있다.

그래서 아직 어리고 연약한 그리스도인들을 해치려 한다.

기도하며 말씀으로 무장해야 한다. 이것은 우리로 깨어있게 하여 작은 여우를 분별하게 한다. 열심으로 서로 사랑해야 한다. 연약한 그리스도인들을 더 붙들어주고 격려와 위로를 해야 한다. 내가 가진 것을 나누는 삶을 연습해야 한다. 그러면 꽃이 피고 열매를 맺게 될 것이다.

사랑의 고백

나의 사랑하는 자가 내게 말하여 이르기를, 나의 사랑, 내 어여쁜 자야, 일어나서 함께 가자.
겨울도 지나고 비도 그쳤고, 지면에는 꽃이 피고 새가 노래할 때가 이르렀는데 비둘기의 소리가
우리 땅에 들리는구나. 무화과나무에는 푸른 열매가 익었고 포도나무는 꽃을 피워 향기를 토하는구나.
나의 사랑, 나의 어여쁜 자야, 일어나서 함께 가자. 바위틈 낭떠러지 은밀한 곳에 있는 나의 비둘기야,
내가 네 얼굴을 보게 하라. 네 소리를 듣게 하라. 네 소리는 부드럽고 네 얼굴은 아름답구나 아 2:10-14

내 사랑하는 자야, 우리가 함께 들로 가서 동네에서 유숙하자. 우리가 일찍이 일어나서 포도원으로 가서
포도 움이 돋았는지, 꽃술이 퍼졌는지, 석류꽃이 피었는지 보자. 거기에서 내가 내 사랑을 네게 주리라.
합환채가 향기를 뿜어내고 우리의 문 앞에는 여러 가지 귀한 열매가 새 것, 묵은 것으로 마련되었구나.
내가 내 사랑하는 자 너를 위하여 쌓아둔 것이로다 아 7:11-13

사랑은 함께하고 싶다.
사랑은 가장 좋은 것을 주고 싶다.
사랑은 가장 좋은 것을 함께 나누고 싶다. 혼자 독차지하지 않는다.
사랑은 얼굴을 보고 또 보고 싶다. 보고 또 보아도 다시 보고 싶다.
사랑은 목소리를 듣고 싶다. 그 소리를 듣는 동안에 마음이 쉼을 얻는다.

내게 듣고 들을지어다. 그리하면 너희가 좋은 것을 먹을 것이며 너희 자신들이 기름진 것으로 즐거움을 얻으리라.
너희는 귀를 기울이고 내게로 나아와 들으라. 그리하면 너희의 영혼이 살리라 사 55:2,3

볼지어다. 내가 문밖에 서서 두드리노니 누구든지 내 음성을 듣고 문을 열면 내가 그에게로 들어가 그와 더불어
먹고 그는 나와 더불어 먹으리라 계 3:20

하나님의 말씀, 성경을 대하는 것은 어떤 종교적인 행위가 아니다. 율법적으로 의무를 이행하는
게 아니다. 사랑이 기반이다. 예수를 향한 나의 사랑, 나를 향한 예수의 사랑이 그 기반이다.
기도한다는 것은 말하는 것이다. 사랑의 고백이요 사랑의 음성을 듣는 시간이다.

예배를 드리는 건 예식을 행하는 게 아니다. 지성소에 계시는 하나님 아버지를 만나는 것이다.
우리가 모일 때는 단지 사람들만의 모임이 아니다. 그것은 사랑의 깃발 아래 모이는 것이다.

죽음보다 강한 사랑

너는 나를 도장같이 마음에 품고, 도장같이 팔에 두라.
사랑은 죽음같이 강하고, 질투는 스올같이 잔인하며, 불길같이 일어나니
그 기세가 여호와의 불과 같으니라.
많은 물도 이 사랑을 끄지 못하겠고, 홍수라도 삼키지 못하나니
사람이 그의 온 가산을 다 주고 사랑과 바꾸려 할지라도
오히려 멸시를 받으리라 아 8:6,7

누가 우리를 그리스도의 사랑에서 끊으리요?

환난이나 곤고나 박해나 기근이나 적신이나 위험이나 칼이랴!

기록된 바, '우리가 종일 주를 위하여 죽임을 당하게 되며 도살당할 양같이 여김을 받았나이다' 함과 같으니라.

그러나 이 모든 일에 우리를 사랑하시는 이로 말미암아 우리가 넉넉히 이기느니라.

내가 확신하노니

사망이나 생명이나 천사들이나 권세자들이나 현재 일이나 장래 일이나 능력이나 높음이나 깊음이나

다른 어떤 피조물이라도

우리를 우리 주 그리스도 예수 안에 있는 하나님의 사랑에서 끊을 수 없으리라 롬 8:35-39

Dear.
NCer

주님이 우리를 얼마나 사랑하시는지를 알고 신랑 되신 주님과 사랑의 연합을 이룬다.

때로 시련이 와도 우리를 사랑하시는 주님의 기쁨만 구한다.

장차 왕으로 오셔서 우리를 어린양의 혼인잔치로 인도하실 주님의 재림을 기다리며 주님과의 사랑의 관계를 견고히 한다.

질투하시는 주님의 사랑을 알아 마음을 세상에 빼앗기지 않는다 .

"신랑 되신 예수 그리스도의 신부로서 주님과의 사랑 안에 거하며
그의 사랑으로 세상에 영향력을 흘려보내는 NCer가 되자!"

아가서에 대한 아름다운 이야기

솔로몬이 초기에 왕으로 나라를 다스리고 있을 때,
포도원이 많은 에브라임 지방에 어느 포도원지기가 있었습니다.
그런데 그가 죽은 후 아내가 두 아들과 두 딸을 데리고 포도원을 관리했습니다.
큰딸 술람미 여인은 가족에게 신데렐라와 같은 존재였습니다.

타고난 어여쁨을 지녔지만 알아주는 사람이 없었습니다.
이복 오빠들은 그녀에게 몹시 거친 노동을 시켰습니다.
그녀는 외모를 돌볼 기회가 없었습니다.
포도 순을 다듬고 여우 새끼들이 다닐 수 있는 오솔길을 냈습니다.
또한 양 무리를 길렀습니다.
종일 밖에서 일했기에 얼굴이 햇볕에 몹시 그을었습니다.

하루는 키가 큰 낯선 미남 청년이 포도원을 찾아왔습니다.
평상복을 입은 솔로몬이었습니다.
그는 그녀를 보자 단숨에 사랑에 빠졌습니다.
그녀는 그를 목동이라고 단정하고 그의 양 무리에 대해 물었습니다.

그는 직답을 피하고 그녀에게 사랑을 고백했습니다.
그리고 그녀에게 풍성한 선물을 준비하여 다시 오겠다고 약속하고 떠났습니다.
그녀는 꿈속에서 그를 보았습니다.
어떤 때는 그가 가까이 있는 것으로 생각하며 그를 그리워했습니다.
어느 날 드디어 그가 찬란한 왕복을 입고 돌아와
그녀를 신부로 맞이했습니다.

아가서의 배경으로 내려오는 이야기다.
처음에는 목자로 이 세상에 오셔서 우리를 그의 신부로 삼으시고,
나중에는 왕으로 오셔서 우리를 어린양의 혼인잔치로 인도하실
예수 그리스도의 재림을 잘 보여준다.

5장

선지서

대선지서
이사야, 예레미야, 예레미야애가
에스겔, 다니엘

소선지서
호세아, 요엘, 아모스, 오바댜
요나, 미가, 나훔, 하박국
스바냐, 학개, 스가랴, 말라기

대선지서 이사야, 예레미야, 예레미야애가 에스겔, 다니엘

선지서

이사야부터 말라기까지 17권을 '선지서'라고 부른다.

그중에서 **이사야, 예레미야, 예레미야애가, 에스겔, 다니엘**의 5권을 '대선지서'라고 부르며, 호세아에서 말라기까지 12권을 '소선지서'라고 부른다. '대선지서', '소선지서'라고 분류하는 기준은 어떤 서열에 따른 것이 아니라 오직 분량에 따라 붙여진 것이다. 이사야보다 먼저 사역한 선지자들은 호세아, 요엘, 아모스, 오바댜이다. 그럼에도 이사야가 맨 앞에 있는 것은 분량이 가장 많기 때문이다.

선지서들은 역사적인 서술보다는 역사서를 보충하는 내용을 담고 있다. 하나님은 특정한 시대에 특정한 메시지를 선지자들을 보내서 전달하게 하셨다.

선지서의 목적은 단지 죄를 지적하고 심판을 선언하는 게 아니라 죄를 깨닫고 돌이켜 주를 섬기도록 하기 위함이다. 또한 낙심한 자를 위로하고, 소망을 불어넣어주며, 연약한 자를 일으켜 세우기 위함이다. 선지서에서 선지자이신 예수 그리스도의 모습을 보게 된다. 선지서의 내용을 올바르게 이해하려면 책들이 기록될 당시의 상황을 살펴보아야 한다.

선지서의 공통점은 '하나님의 주권'이다. 하나님은 역사의 주이시다. 개인, 국가, 온 땅의 주이시다. 역사 무대의 중심은 어떤 왕들이나 제국들이 아니다. 하나님은 그의 경륜과 섭리를 따라 역사를 이끄신다.

【 선지자와 선지서 】

앗수르				바벨론	페르시아			
열왕기상	열왕기하			바벨론 포로	스룹바벨	에스더	에스라	느헤미야
엘리야 북 이스라엘 남 유다	엘리사 요엘	아모스 호세아 미가 이사야	남 유다 스바냐 하박국 예레미야 예레미야애가	에스겔 다니엘	학개 스가랴			말라기
니느웨 에돔	요나	←150년→	나훔 오바댜					

❖ 이사야(Isaiah) 여호와는 구원이시다

선지자 이사야는 열왕기하 19장-20장에 13회 언급된다. 열왕기하 18장-20장은 이사야 36장-39장과 같은 입장에서 기록됐다. 이사야 36장-39장은 이사야서 전체를 대표한다. 이사야서의 초점은 하나님의 영광과 하나님의 백성이다. 선지자 이사야는 북 이스라엘이 앗수르에 의해 멸망당하는 시기에 남 유다 왕국에서 사역했다. 웃시야 통치 말년에 예언 사역을 시작하여 요담, 아하스, 히스기야 시대에 걸쳐 약 60년간 사역했다. 웃시야, 요담 및 히스기야는 적어도 표면적으로는 좋았다. 그러나 아하스는 지극히 악하여 그가 다스리던 16년 동안 나라 전체를 우상숭배로 내몰았다.

이사야는 이들에게 하나님께로 돌아오지 않으면 이 땅에서 쫓겨날 거라고 호소했다. 특히 애굽과 앗수르를 번갈아 오가며 도움을 청하는 것을 책망했다. 그러나 비록 흩어지더라도 고레스의 칙령으로 포로에서 귀환함으로 회복할 것을 예언한다. 그의 예언은 160년 후에 성취되었다. 하나님의 긍휼에 의한 영광스러운 미래를 말하며, 특히 메시아의 오심을 선포한다. 그리고 이방 사람에게도 축복이 있게 될 거라고 말한다. 이사야서는 다른 어떤 선지서들보다 메시아에 대해 많이 말한다. 이사야의 중심은 메시아이다. 그래서 이사야서를 '**제5복음서**'라고 부르기도 한다.

이사야 – 구원자 이스라엘의 하나님(사 61:1-3)

죄에 대한 고발과 심판, 그리고 소망					죄에 대한 용서와 위로, 그리고 영광		
예루살렘의 심판과 소망	열방의 심판	작은 계시록	여호와의 보복과 신원	히스기야의 부흥과 심판	구속의 계획	구속의 실행	구속의 결과
1-12장	13-23장	24-27장	28-35장	36-39장	40-48장	49-55장	56-66장
비전과 소명	경고	그 날	화 있을진저	전쟁과 구원	새 일을 행하리라	고난 당하는 종	순종하는 종들
거룩하신 하나님	만군의 여호와	영원한 반석	거룩한 길	구원의 하나님	하나님의 주권	여호와의 종	열방의 빛
죄의 고발과 심판의 메시지				역사적 삽입구	죄의 용서와 회복의 메시지		
다스리는 왕으로 오시는 메시아					섬기는 종으로 오시는 메시아		
아하스		연회를 베풀다		히스기야			새 하늘, 새 땅

이사야의 특징

이사야서는 분량이 방대하다. 이사야 66장은 성경의 권수 66권과 같을 뿐 아니라 그 성격도 같다. 즉 첫 39장은 구약적 성격을 띠고 있다. 이스라엘의 죄로 인한 하나님의 공의의 심판, 그리고 회개를 강조한다. 40장부터 66장까지의 후반부 27장은 신약적 성격을 띤다.

구원, 소망, 용서, 회복이 주 내용이다. 특히 36장-39장은 역사적 삽입처럼 기록되며 신구약의 다리 역할을 한다. 하나님의 주권과 하나님이 역사의 주이심이 주요 메시지다.

이사야는 단지 정보만을 전달하지 않고 비전을 제시하며 믿음을 세워준다. 자신과 주변의 현실을 바라보며 낙심하고 안타까워하는 사람들에게 하나님의 말씀을 통해 믿음을 불어넣는다. 이사야서는 전체가 시로 된 하나의 놀라운 문학 작품이기도 하다. 교향곡이다. 교향곡의 묘미는 단순성과 복잡성이 절묘하게 어우러지는 데 있다.

헨델의 오라토리오 〈메시아〉의 많은 가사가 이사야의 구절들이다. 이사야는 문학적으로 셰익스피어에 비할 수 있으며, 구약의 사도 바울이라 할 수 있다. 이사야서는 1,292절이고(참고, 신구약은 1,189장), 신약에서 472번 인용된다.

이사야서의 메시지

이사야의 부르심, 사 6:1-8

첫째, 이사야는 하나님을 보았다.

높이 들린 보좌에 앉으신 하나님을 보았다. 하나님은 "이스라엘의 거룩하신 이"(사 10:20)시다. 거룩이란 단지 종교적인 용어가 아니다. 거룩은 강렬한 빛이다. 거룩은 아름답고 오색찬란한 무지개와 같다. 거룩은 하나님의 모습을 가장 잘 보여준다. 이사야는 천사들의 찬양 소리를 들었다. "거룩하다 거룩하다 거룩하다 만군의 여호와여, 그의 영광이 온 땅에 충만하도다." 그 영광이 온 땅에 충만하심을 노래하는 소리를 들었다.

둘째, 이사야는 자기 자신을 보았다.

거룩은 자신을 완전히 녹여 새로운 존재로 만들어내는 용광로다. 거룩하신 하나님 앞에 설 때 자신을 보게 된다. 이사야는 입술이 부정한 사람이요, 그 죄로 망할 수밖에 없는 사람인 자신을 보았다. 그러나 거룩하신 하나님은 우리의 죄를 정죄하고 심판하는 분이 아니시다. 그 앞에서 정죄감에 사로잡히고 실망감과 낙심 가운데 머물게 하지 않으신다. 우리 죄를 용서하시고 입술을 정결하게 하여 죄 사함 받고 정결하게 된 우리로 거룩하신 하나님 앞에 서게 하신다.

셋째, 이사야는 온 세상을 보았다.

하나님의 거룩하심으로 우리가 녹아져 새로운 사람이 될 때 비로소 하나님의 마음이 보인다. 이사야는 온 세상을 향한 하나님의 마음을 보았다. 이사야는 하나님의 눈으로 세상을 보았다. 그리고 하나님의 부르심을 듣고 응답했다.

"내가 누구를 보내며 누가 우리를 위하여 갈꼬?"

"내가 여기 있나이다. 나를 보내소서!"

이사야의 부르심의 과정은 참으로 귀하다.

그는 먼저 하나님을 바라보았다. 하나님이 누구신 줄 알았다. 거룩하신 하나님이시다. 그리고 자신의 모습을 보았다. 아픔과 연약함에 휩싸인 죄인 된 모습을 보았다. 거룩하지 못한 내 모습이다. 그러나 긍휼의 하나님의 치유와 회복을 경험했다. 그 후에 온 땅에 대한 하나님의 마음을 알았다. 하나님은 열방의 하나님이시다. 온 땅이 하나님을 알고 구원받기를 원하신다. 이사야는 자신을 즐거이 드려 하나님의 뜻에 동참했다.

이사야의 부르심의 과정은 이사야서의 전체 주제다.

영광의 거룩하신 하나님은 그의 백성의 죄를 책망하신다. 그러나 어린양 예수 그리스도로 말미암아 죄를 사하고 정결하게 하신다. 그리고 더 나아가 열방의 사역자로 부르신다. 온 땅을 하나님의 영광으로 가득하게 하는 사명을 주신다. 기독교 문명개혁 운동을 주도하는 그의 백성이 되기를 원하신다.

> 하나님을 바라보라! 하나님이 누구신 줄 알자. 하나님의 거룩하심을 보기를 갈망해야 한다. 하나님 앞에 머물라. 하나님을 알 때 비로소 자신의 모습이 보인다. 죄인 된 모습, 상한 심령의 소유자, 두려움과 약함에 휩싸이기를 잘하는 모습을 본다. 그러나 더 중요한 것은 하나님께서 용서하시고 위로하시고 치유하시며 새롭게 하신다는 사실이다. 그때 온 세상을 향한 하나님의 마음을 알게 된다. 내가 기쁘게 자원하여 동참하게 된다. 하나님의 동역자가 되는 영광과 특권을 하나님을 사랑함으로 누리게 된다.

이사야서 더 잘 이해하기

1. 열방의 하나님, 역사의 주(사 36장 –39장)

세계는 나라들, 영웅들에 의해 움직이는 게 아니라 오직 역사의 주, 열방의 주이신 하나님에 의해 움직인다. 그는 원하시는 나라를 세우기도 하시고 폐하기도 하신다. 왕들을 세우고 낮추는 권세도 오직 하나님께 있다(사 14:24-27, 17:12-14).

하나님은 앗수르, 바벨론, 블레셋, 모압, 다메섹, 구스, 애굽, 세일, 두로와 시돈을 심판하신다.
이들의 근본적인 죄는 '교만'이다(사 13장-25장, 36장-37장).
하나님은 줄로 열방을 재어서 나누어주시는 열방의 주이시다(사 34:17, 행 17:26).
하나님은 그를 의지하고 기다리는 자를 구원하신다(사 30:15,18).
오직 거룩한 자가 하나님을 볼 것이다(사 35장).
하나님은 악인이 얻은 부를 이동시켜 경건한 자에게 주신다(사 23:18).
하나님은 그날에 애굽과 앗수르를 이스라엘과 함께 복 주실 것이다(사 19:23-25).
하나님은 심지가 견고한 사람을 붙드신다(사 26:3,4).
하나님의 경영과 지혜는 놀랍다(사 28:23-29).

구약의 지상대명령 – 사 49:5,6

이제 여호와께서 말씀하시나니, 그는 태에서부터 나를 그의 종으로 지으신 이시요, 야곱을 그에게로 돌아오게 하시는 이시니, 이스라엘이 그에게로 모이는도다. 그러므로 내가 여호와 보시기에 영화롭게 되었으며 나의 하나님은 나의 힘이 되셨도다.

그가 이르시되, '네가 나의 종이 되어 야곱의 지파들을 일으키며 이스라엘 중에 보전된 자를 돌아오게 할 것은 매우 쉬운 일이라. 내가 또 너를 이방의 빛으로 삼아 나의 구원을 베풀어서 땅 끝까지 이르게 하리라'

2. 앗수르

앗수르는 하나님의 진노의 막대기요 그 손의 몽둥이다. 하나님은 앗수르를 사용하여 경건하지 아니한 나라들을 심판하신다(사 10:5,6). 그러나 하나님은 앗수르도 심판하신다. 왜냐면 교만했기 때문이다(사 10:12-14, 24장-27장). 앗수르는 자신의 한계를 넘었다. 하나님이 주신 권위를 겸손히 행사해야 하는데 마치 자신의 능력과 노력으로 얻은 줄 알고 교만하여 함부로 행동했다.

3. 화 있을진저!(사 5장)

자기 자신만을 위해서 돈을 모으는 자들(사 5:8-10) - 불법으로 재물을 모았다.
술 취하는 자들(사 5:11,12) - 향락을 일삼았다.
죄악을 끄는 자들(사 5:18,19) - 신앙의 위선자들이다.
악을 선하다, 선을 악하다 하는 자들(사 5:20) - 하나님의 기준을 무너뜨렸다. 죄를 미화시켰다.
스스로 '지혜롭다', '명철하다' 하는 자들(사 5:21) - 교만하고 자기 판단을 의지하고, 우쭐대고 거만했다.
술을 많이 마시며 독주를 빚는 자들, 뇌물을 받고 불의를 행하는 자들(사 5:22,23) - 흥청망청, 부정직했다.

하나님의 판결 – 재물이 날아가고, 땅이 황폐하고, 사로잡히며, 유리하며 굶주릴 것이다.
형 집행관 – 하나님이 이들의 죄를 집행하기 위하여 먼 나라에서 '형 집행관'을 부르신다.

3-1. 화 있을진저!(사 28장, 30장 – 31장, 33장)

교만한 에브라임(사 28장-29장) - 에브라임의 술 취한 자들의 교만한 면류관이 발에 밟힐 것이다.
하나님을 의지하지 않고 애굽을 의지한 자들(사 30장-31장) - 이들은 계획을 세우고 일을 진행할 때 하나님을 의지하지 않고 오직 자기들의 지혜와 힘을 의지한다. 앗수르의 공격에 도움을 구하러 애굽으로 내려가는 자들이다. 이들은 말과 병거를 의지하고 하나님을 의지하지 않는다. 하나님을 구하지도 않고 앙모하지도 않는다.
학대하며 속이는 자들(사 33:1-16) - 학대하던 대로 학대를 당하고, 속이던 대로 속임을 당할 것이다.

4. 남은 자

이사야서는 "남은 자"에 대해 13회 말씀한다. "남은 자"는 앗수르나 애굽을 의지하지 않고 오직 하나님을 진실되게 의지하는 자들이다. 이들이 하나님께로 돌아올 것이다(사 10:20-23).

이사야는 그의 아들의 이름을 "스알야숩"이라고 지었다(사 7:3). 그 뜻은, '남은 자가 돌아오리라' 또는 '회개하리라'이다. 주께서 그 죄로 심판받고 쫓거나 흩어졌던 남은 자들을 열방에서 다시 모으실 것이다. 이들이 주께로 돌아오는 것이 마치 출애굽 때와 같게 하실 것이다 (사 11:10-16). 우리는 엘리야처럼 "오직 나밖에 없습니다"라고 말해서는 안 된다. 하나님은 언제나 7,000명을 남겨두신다. 오늘의 유대인 중에도 남은 자가 있다. 오늘의 한국교회에도 남은 자가 있다. 이사야 12장의 구원의 노래는 남은 자들이 부르는 노래이다. 지금은 우리가 이 감격적인 노래를 부를 때이다.

> 보라 하나님은 나의 구원이시라 내가 신뢰하고 두려움이 없으리니 주 여호와는 나의 힘이시며 나의 노래시며 나의 구원이심이라. 그러므로 너희가 기쁨으로 구원의 우물들에서 물을 길으리로다 사 12:2,3

> 여호와께 감사하라! 그의 이름을 부르라! 그가 행하신 일을 온 세상에 알리며 그의 위대하심을 선포하라! 여호와께서 놀라운 일을 행하셨으니 그를 찬양하여 온 세계가 그 소식을 듣게 하라. 시온에 사는 사람들아, 기쁨으로 외치고 노래하라! 너희 가운데 계시는 이스라엘의 거룩하신 하나님은 위대하시다 사 12:4-6 현대인의 성경

5. 하나님이 주시는 복

이사야서는 그의 백성에게 주는 놀라운 복으로 가득하다. 특히 이사야의 후반부 40장-66장은 전반부와는 문체도 다르고, 하나님의 약속으로 주시는 복을 말씀한다. 그리고 그 복은 순종하는 고난의 종들을 통해 열방으로 흘러갈 것이다. 그중에 한 가지만 살펴보자.

> 그는 높은 곳에 거하리니 견고한 바위가 그의 요새가 되며, 그의 양식은 공급되고, 그의 물은 끊어지지 아니하리라 사 33:16

어떤 사람에게 이 같은 복을 주시는가?
"오직 공의롭게 행하는 자, 정직히 말하는 자, 토색한 재물을 가증히 여기는 자, 손을 흔들어 뇌물을 받지 아니하는 자, 귀를 막아 피 흘리려는 꾀를 듣지 아니하는 자, 눈을 감아 악을 보지 아니하는 자"(사 33:15)에게 주신다.

6. 고난의 종(사 40장-55장)

이사야의 후반부는 위로의 메시지(40장-55장)와 소망의 메시지(56장-66장)로 구분된다.
고난받는 종을 통하여 우리는 위로를 받는다. 그의 고난을 통해서 우리를 절망에서 소망으로, 어둠에서 빛으로, 사망에서 생명으로, 저주에서 복으로 옮기셨다. 놀라운 하나님의 구원의 계획이다!
세상을 구원하시는 하나님의 놀라운 지혜는 메시아의 고난을 통해서 이루어진다. 그리고 이 놀라운 소식을 전하는 그의 종들도 동일하게 고난을 통해 복음을 전파한다.

고난받는 종(이사야 40장-55장)		
종의 노래	사 42:1-4	이방에 복음을 전하는 종
	사 49:1-6	이방을 돌아오게 하는 종
	사 50:4-9	순종하는 종
	사 52:13-53:12	고난받는 종
종의 구원사역	사 52:13-15	모욕당하고 높임을 받음
	사 53:1-3	거절을 당함
	사 53:4-6	대속적인 고난
	사 53:7-9	그의 희생적인 죽음
	사 53:10-12	화해의 속죄와 부활

종의 노래 - 사 40장-55장, 구약의 선교의 정점
42장 - 말씀을 전하러 이곳저곳 다니는 종의 모습
49장 - 복음 전파는 땅끝까지
50장 - 종의 모습. 수욕과 고난을 통해서 복음이 전파됨
52장-53장 - 승리와 영광의 종. 고난을 통해서

7. 메시아 예언의 책

특히 이사야서는 메시아에 대한 예언으로 가득하다.

사 9:6,7 "한 아기가 우리에게 났고 한 아들을 우리에게 주신 바 되었는데."
사 11:1,2 "이새의 줄기에서 한 싹이 나며 그 뿌리에서 한 가지가 나서 결실할 것이요."
사 32:1,2 "보라 장차 한 왕이 공의로 통치할 것이요."
사 40:10,11 "보라 주 여호와께서 장차 강한 자로 임하실 것이요 친히 그의 팔로 다스리실 것이라."
사 40장 오실 메시아의 길을 예비하는 자에 대한 예언
사 42:1-9 "내가 붙드는 나의 종, 내 마음에 기뻐하는 자 곧 내가 택한 사람을 보라."
사 53장 메시아의 고난을 통한 하나님의 구원의 계획
사 61:1-3 "주 여호와의 영이 내게 내리셨으니 이는 여호와께서 내게 기름을 부으사 가난한 자에게 아름다운 소식을 전하게 하려 하심이라." 이 말씀의 성취 → 눅 4:17-21

오실 왕 메시아를 기다리는 백성

사 25:9 "그날에 말하기를, '이는 우리의 하나님이시라. 우리가 그를 기다렸으니 그가 우리를 구원하시리로다. 이는 여호와시라. 우리가 그를 기다렸으니 우리는 그의 구원을 기뻐하며 즐거워하리라' 할 것이며."

사 30:18 "그러나 여호와께서 기다리시나니 이는 너희에게 은혜를 베풀려 하심이요, 일어나시리니 이는 너희를 긍휼히 여기려 하심이라. 대저 여호와는 정의의 하나님이심이라. 그를 기다리는 자마다 복이 있도다."

8. 환난 중에 올바른 반응을 요구하신다

아하스 왕 때에 아람 왕 르신과 이스라엘 왕 베가의 연합군이 예루살렘으로 올라와 공격했다. 하나님이 이사야를 통해 이런 때에 어떻게 반응해야 하는지 말씀하셨다.
우리가 환난 중에 처할 때 어떻게 반응해야 하는가?

첫째, 주 여호와 하나님의 말씀을 들으라.

"주 여호와의 말씀이, '그 일은 서지 못하며 이루어지지 못하리라'"(사 7:7).
아하스의 아들 히스기야 때도 같은 일이 일어났다. 앗수르 왕 산헤립이 올라와서 예루살렘까지 이르렀다. 이때도 이사야를 통해 말씀하셨다.
"여호와께서 앗수르 왕에 대하여 이같이 이르시되, '그가 이 성에 이르지 못하며 화살 하나도 이리로 쏘지 못하며 방패를 가지고 성에 가까이 오지도 못하며 흉벽을 쌓고 치지도 못할 것이요, 그가 오던 길 곧 그 길로 돌아가고 이 성에 이르지 못하리라. 나 여호와의 말이니라'"(사 37:33,34).
그날 밤에 앗수르의 대군 18만5천 명이 시체로 변했다. 산헤립은 돌아가서 신전에서 살해당했다(사 37:36-38).
고난의 때에는 환경이나 사람의 말에 반응하지 말고 오직 하나님의 말씀을 들어야 한다.

> 너는 증거의 말씀을 싸매며, 율법을 내 제자들 가운데에서 봉함하라. 이제 야곱의 집에 대하여 얼굴을 가리시는 여호와를 나는 기다리며 그를 바라보리라 사 8:16,17

"싸매라"는 하나님의 말씀을 받지 않을 때는 항아리에 감추듯, 보자기에 싸듯 하라는 것이다.
"봉함하라"는 '도장을 찍으라'는 것으로 "내 제자들 가운데에서" 하나님의 말씀을 인증하라는 것이다. 이것은 이사야 50장 4,5절의 말씀과 같다.

> 주 여호와께서 학자(제자)들의 혀를 내게 주사 나로 곤고한 자를 말로 어떻게 도와줄 줄을 알게 하시고 아침마다 깨우치시되 나의 귀를 깨우치사 학자(제자)들같이 알아듣게 하시도다. 주 여호와께서 나의 귀를 여셨으므로

하나님의 말씀을 듣고 순종하는 주의 제자들에게 그 귀를 깨우쳐서 알아듣게 하신다.
하나님의 말씀은 불순종하는 자에게는 닫힌 책이지만, 순종하는 자에게는 열린 책이다.

둘째, 주 여호와 하나님을 신뢰하라.

"만일 너희가 굳게 믿지 아니하면 너희는 굳게 서지 못하리라"(사 7:9).
환난 날에 오직 여호와 하나님만을 신뢰해야 한다. 하나님은 전능자이시다. 역사의 주이시다.
"주께서 심지가 견고한 자를 평강하고 평강하도록 지키시리니 이는 그가 주를 신뢰함이니이다. 너희는 여호와를 영원히 신뢰하라 주 여호와는 영원한 반석이심이로다"(사 26:3,4).

"누가 손바닥으로 바닷물을 헤아렸으며 뼘으로 하늘을 쟀으며 땅의 티끌을 되에 담아보았으며 접시저울로 산들을, 막대 저울로 언덕들을 달아보았으랴… 보라, 그에게는 열방이 통의 한 방울 물과 같고 저울의 작은 티끌 같으며 섬들은 떠오르는 먼지 같으리니… 그의 앞에는 모든 열방이 아무것도 아니라 그는 그들을 없는 것같이, 빈 것같이 여기시느니라"(사 40:12,15,17).

셋째, 여호와 하나님의 은혜의 징조를 구하라.

하나님은 이런 환난의 때에 우리를 구원하실 징조를 구하라고 하신다.

"너는 네 하나님 여호와께 한 징조를 구하되 깊은 데에서든지 높은 데에서든지 구하라"(사 7:11).

하나님의 징조는 임마누엘이다.

하나님이 그의 아들을 우리에게 보내셨다. 우리를 구원하시며 도우시는 하나님의 약속에 대한 확실한 징조는 메시아이다.

"그러므로 주께서 친히 징조를 너희에게 주실 것이라. 보라 처녀가 잉태하여 아들을 낳을 것이요 그의 이름을 임마누엘이라 하리라"(사 7:14).

이보다 더 놀라운 징조가 있을까? 처녀가 아들을 낳는 것은 오직 하나님만이 하실 수 있다. 하나님이 사람의 몸으로 오셔서 우리 가운데 계신다는 것은 가장 놀라운 징조에 대한 가장 확실한 응답이다.

더 이상 흑암이 없다. 더 이상 멸시를 당하지 않는다. 그가 오심으로 우리의 무거운 멍에는 벗어지고 어깨의 채찍은 부러지고 압제자의 막대기는 꺾인다. 전능한 하나님, 평강의 왕이 오심으로 무궁한 평강, 영원한 정의와 공의로 다스리는 나라가 임했다(사 9:1-7).

9. 이사야서에는 '성령 하나님'을 여러 차례 말씀하신다

사 4:4 소멸하는 영이시다

사 28:6 판결하는 영이시다

사 40:13 "누가 여호와의 영을 지도하였으며 그의 모사가 되어 그를 가르쳤으랴" – 성령은 전능하시다.

사 11:2 "그의 위에 여호와의 영 곧 지혜와 총명의 영이요 모략과 재능의 영이요 지식과 여호와를 경외하는 영이 강림하시리니" – 지혜, 총명, 모략, 재능, 지식의 영, 여호와를 경외하는 여호와의 영이다.

광야에서 성막을 만드는 일에 브살렐과 오홀리압이 부르심을 받았다.

- 금속 제작, 보석 세공, 목공, 조각, 자수 등등
- 기술 고안, 정교한 일 고안, 가르침 등등

"여호와께서 유다 지파 훌의 손자요 우리의 아들인 브살렐을 지명하여 부르시고 하나님의 영을 그에게 충만하게 하여 지혜와 총명과 지식으로 여러 가지 일을 하게 하시되, 금과 은과 놋으로 제작하는 기술을 고안하게 하시며 보석을 깎아 물리며 나무를 새기는 여러 가지 정교한 일을 하게 하셨고, 또 그와 단 지파 아히사막의 아들 오홀리압을 감동시키사 가르치게 하시며 지혜로운 마음을 그들에게 충만하게 하사 여러 가지 일을 하게 하시되 조각하는 일과 세공하는 일과 청색 자색 홍색 실과 가는 베 실로 수놓는 일과 짜는 일과 그 외에 여러 가지 일을 하게 하시고 정교한 일을 고안하게 하셨느니라"(출 35:30-35).

사 30:1 "맹약을 맺으나 나의 영으로 말미암지 아니하고" – 하나님은 우리가 무슨 결정을 하든지 성령으로 결정하기를 원하신다. 성령님에게 질문하기를 원하신다. 그의 뜻을 따라 결정하기를 원하신다.

사 29:10 "깊이 잠들게 하는 영을 너희에게 부어주사 너희의 눈을 감기셨음이니" – 하나님의 말씀에 순종할 마음이 없는 사람에게는 하나님의 말씀을 듣지 못하게 하신다.

사 37:7 "보라 내가 영을 그의 속에 두리니 그가 소문을 듣고 그의 고국으로 돌아갈 것이며 또 내가 그를 그의 고국에서 칼에 죽게 하리라" – 성령은 원수의 계획을 파하여서 이루어지지 못하게 하신다.

사 32:15 "마침내 위에서부터 영을 우리에게 부어주시리니 광야가 아름다운 밭이 되며 아름다운 밭을 숲으로 여기게 되리라" – 성령은 우리로 광야가 밭이 되게, 밭은 숲이 되게 하신다. 풍성하게 하신다.

사 34:16 "너희는 여호와의 책에서 찾아 읽어보라. 이것들 가운데서 빠진 것이 하나도 없고 제 짝이 없는 것이 없으리니 이는 여호와의 입이 이를 명령하셨고 그의 영이 이것들을 모으셨음이라" – 성경의 저자는 성령이시다.

사 42:1 "내가 붙드는 나의 종, 내 마음에 기뻐하는 자 곧 내가 택한 사람을 보라. 내가 나의 영을 그에게 주었은즉 그가 이방에 정의를 베풀리라" – 하나님은 순종하는 자에게 성령을 부으셔서 능히 사명을 감당하게 하신다.

사 44:3 "나는 목마른 자에게 물을 주며 마른 땅에 시내가 흐르게 하며 나의 영을 네 자손에게, 나의 복을 네 후손에게 부어주리니" – 하나님은 갈급한 사람에게 성령을 부어주신다.

사 48:16 "너희는 내게 가까이 나아와 이것을 들으라 내가 처음부터 비밀히 말하지 아니하였나니 그것이 있을 때부터 내가 거기에 있었노라 하셨느니라. 이제는 주 여호와께서 나와 그의 영을 보내셨느니라"

사 59:21 "여호와께서 이르시되, 내가 그들과 세운 나의 언약이 이러하니 곧 네 위에 있는 나의 영과 네 입에 둔 나의 말이 이제부터 영원하도록 네 입에서와 네 후손의 입에서와 네 후손의 후손의 입에서 떠나지 아니하리라 하시니라 여호와의 말씀이니라" – 성령이 오셔서 영원히 함께하신다.

사 61:1 "주 여호와의 영이 내게 내리셨으니 이는 여호와께서 내게 기름을 부으사 가난한 자에게
아름다운 소식을 전하게 하려 하심이라. 나를 보내사 마음이 상한 자를 고치며 포로
된 자에게 자유를, 갇힌 자에게 놓임을 선포하며" – 치유하시며 자유하게 하시는 하나
님의 영이시다. 성령으로 충만하면 치유와 자유하게 하는 사역을 한다.

사 63:14 "여호와의 영이 그들을 골짜기로 내려가는 가축같이 편히 쉬게 하셨도다. 주께서 이와
같이 주의 백성을 인도하사 이름을 영화롭게 하셨나이다 하였느니라" – 우리로 새 힘
을 얻으며 안식하게 하시는 성령이시다.

하나님의 영이신 성령은 우리로 하나님을 알게 하신다. 우리를 견고하게 하며 힘 있게 하신
다. 더 나아가 우리가 하나님의 사명을 성취하고자 할 때 그 일을 능히 감당할 능력을 주신다.

10. 하늘 은행 계좌를 개설하라

이사야서는 하늘 은행에 계좌를 개설하여 입금할 때 주어지는 출금을 강하게 말씀한다.

입금1 – 주린 자에게 양식을 나누어준다. 유리하는 빈민을 집에 들인다. 헐벗은 자를 보면 입
힌다. 도움이 필요한 친척이 있으면 외면하지 않고 돕는다(사 58:7).

출금1 – 네 빛이 새벽 햇살처럼 비칠 것이다. 치유가 급속할 것이다. 하나님이 앞서가시고 주님
의 영광이 뒤에서 호위할 것이다. 네가 부를 때 하나님이 응답하실 것이다(사 58:8,9).

입금2 – 주린 자에게 먹을 것을 준다. 고통당하는 자를 돕는다(사 58:10).

출금2 – 빛이 흑암 중에 떠올라 어둠이 낮과 같이 될 것이다. 하나님이 항상 인도하신다. 메마른
곳에서도 영혼이 만족하게 될 것이다. 뼈가 견고하게 될 것이다. 물 댄 동산 같고, 물이 끊
어지지 아니하는 샘 같을 것이다. 자손들이 오래 폐허가 된 도시를 재건하고, 옛 기초를
다시 쌓을 것이다. 성벽을 재건하고 시가지를 복구하는 백성이 될 것이다(사 58:10-12).

Dear. NCer

이사야가 본 것 세 가지, 사 6:1-8

첫째, 거룩하신 하나님을 보았다.
둘째, 자기 자신을 보았다.
셋째, 세상을 보았다.

이사야는 그가 소명을 받을 때에 먼저 하나님을 보았다. 하나님이 어떤 분인지를 알았다.
그 후에 자기 자신을 보았다. 죄인 된 자신의 모습을 보았다. 그러나 하나님의 죄 사함을
경험하였다. 하나님 안에 있는 자신을 보았다. 그리고 그는 온 세상에 대한 하나님의 마음
을 알았다. 자원해서 "제가 여기 있나이다. 저를 보내소서"라고 응답하였다.
하나님 안에서 자기의 신분과 사명을 발견했다. 그리고 이 모든 일의 시작은 웃시야 왕이
죽던 해에 일어났다. '내 안의 웃시야', '나의 교만'이 깨어질 때 하나님을 깊이 경험하게 된
다. 그리고 비로소 자신의 신분과 사명을 이해하게 된다.

❖ 예레미야(Jeremiah) 여호와께서 깨트리시고 일으키신다

예레미야는 이사야보다 100년 후에 사역했다. 열왕기하 22장-25장, 역대하 34장-36장은 예레미야가 사역하던 당시의 상황을 보여준다.

이 시기에 북 이스라엘을 정복한 앗수르 제국의 세력이 점차 약해졌다. 그리고 신흥국 바벨론의 세력이 급격히 확장되었다. 애굽은 여전히 세력을 떨치고 있었다. 애굽은 앗수르의 세력이 약화될 때를 기회로 삼아 제국의 확장을 꾀하며 북벌정책을 펼쳤다. 그리고 바벨론은 앗수르를 정복하며 세력을 확장했다. 팔레스타인은 이 두 제국의 세력 다툼의 중심에 있었다.

유다는 애굽과 바벨론의 강대국 사이에서 갈팡질팡하다가 결국 바벨론에게 멸망했다. 예레미야는 이런 상황을 목도하며 예언 사역을 하던 눈물의 선지자였다.
그는 유다 왕국의 요시야를 비롯한 마지막 5명의 왕들, 즉 요시야 – 여호아하스(살룸) – 여호야김 – 여호야긴(여고냐 혹은 고니야) – 시드기야의 통치 기간 40여 년 동안 사역했다.

예레미야 – 우리를 향한 하나님의 선하신 계획(렘 29:11-14)

유다에 대한 메시지														열방에 대한 메시지				
서론	유다의 상황과 선지자의 탄식		지도자들의 타락				위로의 책				예루살렘 함락 전후의 사건들			국제 사법 재판소				부록
소명	언약파기 백성의 진단키트	하나님의 진노와 선지자의 탄식	왕들	70년 바벨론포로예언	거짓선지자들	포로에게전한편지	포로귀환예언	새언약	아나돗의밭	회복의약속	함락 이유 -언약 파기 말씀 불태움 -불순종	예루살렘함락	함락 이후사건들	애굽	블레셋	모압 암몬 에돔 다메섹 게달과 하솔 엘람	바벨론	역사적 결론
1장	2-11장	12-20장	21-24장	25장	26-28장	29장	30장	31장	32장	33장	34-38장	39장	40-45장	46장	47장	48-49장	50-51장	52장
살구나무 끓는가마		썩은베띠 토기장이 깨진옹기	무화과 두 광주리 멍에				아나돗의 발 ←환상, 이미지를 통한 메시지→							큰돌 유브라데강에 던진 두루마리 책				
성전설교 7:1-11:17			성전설교 26장				유다의 죄목 - 불순종							열방의 죄목 - 교만				
1:4-7 소명	9:23-24 하나님의 기쁨	12:5 보행자와 말 20:9 불붙는 마음				29:11-14 하나님의 생각		31:15-17 자녀회복 31:31-34 새 언약		31:21 이정표외 푯말		42:16 두려움		51:1-2 타국인				

당시의 시대적 상황

예레미야는 격변의 시대에 살았다. 모든 게 흔들렸고, 나라는 풍전등화의 위기에 처했다. 절망과 두려움이 꽉 찼다. 이런 시대에 예레미야는 발등에 떨어진 불을 끄느라 정신이 팔린 백성에게 큰 그림을 보게 한다.

영화 〈사운드 오브 뮤직〉의 한 장면이 떠오른다. 관객들은 인형극 무대 한가운데서 노래하며 춤추는 인형들을 바라본다. 그러나 우리는 그 무대 뒤 더 높은 위치에서 인형들을 움직이는 대령의 자녀들을 본다. 사람들은 앗수르, 바벨론, 그리고 이스라엘의 주변들을 바라본다. 그러나 예레미야는 역사를 그의 뜻대로 이끄시는 하나님을 바라본다.

예레미야의 삶과 예레미야서는 동일하다. 그는 언행일치의 롤 모델이다.

유다 왕국은 예레미야를 친바벨론주의자, 매국노라고 미워하며 감금하고 폭행했다. 왜냐면 예레미야는 유다가 바벨론에게 빨리 항복할수록 피해가 적을 것이라며 속히 항복할 것을 권했기 때문이다.

하나님의 말씀을 전하므로 말로 다 할 수 없는 고난과 고통이 그를 괴롭혔다. 그는 자신의 사정을 하나님에게 아뢰었다.

> 여호와여, 주께서 나를 권유하시므로 내가 그 권유를 받았사오며 주께서 나보다 강하사 이기셨으므로 내가 조롱거리가 되니 사람마다 종일토록 나를 조롱하나이다. 내가 말할 때마다 외치며, 파멸과 멸망을 선포하므로 여호와의 말씀으로 말미암아 내가 종일토록 치욕과 모욕거리가 됨이니이다 렘 20:7,8

너무나 고통스러워서 다시는 주의 말씀을 선포하지 않으려 작정했다가도 다시 선포했다.

> 내가 다시는 여호와를 선포하지 아니하며 그의 이름으로 말하지 아니하리라 하면 나의 마음이 불붙는 것 같아서 골수에 사무치니 답답하여 견딜 수 없나이다 렘 20:9

그러나 무엇보다 예레미야를 힘들게 한 것은 거짓 선지자들이었다. 그들은 하나님의 말씀을 전달하지 않고 왕들의 환심을 사려고 자기 마음에 생각나는 대로 지어서 예언했다. 그들은 한결같이 하나님이 유다를 바벨론의 손에서 건지실 것이므로 바벨론에게 항복하지 말고 저항하도록 권했다. 대표적인 사람이 하나냐였다. 그는 결국 죽었다(렘 28장).

나라가 혼란에 빠지면 거짓 선지자들이 사람들의 마음을 흐리게 하고 불안하게 한다. 그때는 예레미야 같은 선지자가 필요하다.

> 누가 여호와의 회의에 참여하여 그 말을 알아들었으며 누가 귀를 기울여 그 말을 들었느냐? 렘 23:18

> 그들이 만일 나의 회의에 참여하였더라면 내 백성에게 내 말을 들려서 그들을 악한 길과 악한 행위에서 돌이키게 하였으리라 렘 23:22

> 선지는 오직 하나님의 말씀을 듣고 전달하는 것이 그 사명이다. 사람을 기쁘게 하려 하거나, 자기 마음에 생각나는 대로 말해서는 안 된다.

그는 평생 독신으로 살았다(렘 16:2 아내를 맞이하지 말며 자녀를 두지 말지니라). 가족과 동네 사람들에게조차 배척을 받았다(렘 12:6). 예루살렘 백성들까지 그를 모함하고 때리고 가두었다(렘 20:2). 예레미야는 눈물의 선지자였다. 그는 항복을 권했지만 실상 누구보다 나라와 민족을 사랑하는 사람이었다.

> 어찌하면 내 머리는 물이 되고 내 눈은 눈물 근원이 될꼬 죽임을 당한 딸 내 백성을 위하여 주야로 울리로다 렘 9:1

예레미야는 단지 나라와 백성의 죄를 지적하며 책망하는 선지자가 아니었다. 애통한 마음으로 주께 나아가는 중보기도자였다.

> 여호와여, 우리의 악과 우리 조상의 죄악을 인정하나이다. 우리가 주께 범죄하였나이다. 주의 이름을 위하여 우리를 미워하지 마옵소서. 주의 영광의 보좌를 욕되게 마옵소서. 주께서 우리와 세우신 언약을 기억하시고 폐하지 마옵소서 렘 14:20,21

예레미야의 중보기도: 렘 3:22-25, 14:19-22, 16:19,20, 17:12-18
예레미야의 탄식: 렘 4:19-22, 8:18-9:2, 18:19-23, 20:7-18

예레미야는 바벨론이 제시한 보호와 주택 제공을 거절했다. 그는 바벨론에 포로로 잡혀가지 않고 남아있는 유대인들과 함께 머물다가 그들에 의해 돌에 맞아 순교했다.

예레미야는 바벨론에 항복하는 게 하나님의 뜻이라고 예언했다. 그리고 그 포로생활은 70년이 될 것이며(렘 25:11, 29:10), 그 후에는 귀환하여 나라를 회복할 것이기에 느긋이 정착하여 살 것을 권했다.

또한 놀라운 새 언약에 대해서도 말했다(렘 31:31-34). 반드시 회복될 거라는 주의 말씀을 확실히 보여주기 위해 예레미야는 예루살렘이 멸망하기 직전에 밭을 샀다(렘 32:1-15).

일반적으로 나라가 곧 멸망하여 바벨론에 포로로 사로잡혀갈 것을 안다면 소유하던 땅도 매각할 것이다. 그러나 예레미야는 사촌 하나멜이 "내 밭을 사라"고 할 때 합당한 돈을 주고 매매증서를 받았다. 그리고 바룩에게 부탁하여 그것을 토기에 담아 오랫동안 보존하게 했다.

> 만군의 여호와 이스라엘의 하나님께서 이와 같이 말씀하시니라. '사람이 이 땅에서 집과 밭과 포도원을 다시 사게 되리라' 하셨다 하니라 렘 32:15

그리고 그는 하나님에게 기도했다.

> 슬프도소이다 주 여호와여, 주께서 큰 능력과 펴신 팔로 천지를 지으셨사오니 주에게는 할 수 없는 일이 없으시니이다 렘 32:17

하나님께서 예레미야의 기도에 응답하셨다.

> 나는 여호와요 모든 육체의 하나님이라. 내게 할 수 없는 일이 있겠느냐? 렘 32:27

예레미야서의 메시지

선지자 미야와 왕 요시야(렘 1:1-3)

예레미야는 아나돗에 있는 제사장 가문 출신이다. 그의 아버지는 제사장 힐기야다. 그도 제사장이 될 것이다. 그는 유다 왕국의 말년에 가장 다윗의 길로 행한 요시야 왕 13년에 선지자로 부르심을 받았다. 그가 부르심을 받았을 때 스스로 '아이'라고 칭하였으므로 당시 그의 나이가 18-20세 사이였을 것으로 본다.

요시야는 20세에 나라의 부흥을 일으키기 시작했다. 그리고 그가 부흥 운동을 주도한 지 1년 후에 하나님은 예레미야를 부르셨다. 즉 요시야 왕의 나이가 21세일 때이다. 하나님은 예레미야가 요시야와 함께 나라의 부흥 운동을 위해 사역하도록 부르셨다. 유다 왕국은 요시야 왕 이후로 급격히 쇠락하며 바벨론에 의해 멸망했다. 요시야는 유다 왕국이 멸망하기 전에 마지막으로 부흥 운동을 주도했다.

> 다윗이 유다 왕국 초기 부흥 운동의 중심이라면 요시야는 왕국 말기 부흥 운동의 중심이라고 할 수 있다. 다윗이 초대교회 때 성령의 일하심의 표상이라고 한다면 요시야는 마지막 때 성령의 일하심의 표상이라고 할 수 있다. 즉 하나님은 마지막 때에 젊은 왕과 선지자를 통하여 그의 나라와 교회의 회복을 일으키신다.
> 하나님은 지금 이때에 요시야와 예레미야와 같은 젊은 리더들을 부르시어 그의 일을 맡기기 원하신다.

예레미야의 부르심(렘 1:4-10)

하나님께서 예레미야를 불러 사명을 맡기는 장면은 우리 모두에게 은혜와 격려, 그리고 도전이 된다.

> 여호와의 말씀이 내게 임하니라. 이르시되, '내가 너를 모태에 짓기 전에 너를 알았고, 네가 배에서 나오기 전에 너를 성별하였고, 너를 여러 나라의 선지자로 세웠노라' 렘 1:4,5

하나님은 예레미야에게 네 가지 중요한 사실을 말씀하셨다. 이것은 사명자의 필수사항이다.

(1) **내가 너를 알았다.** 하나님은 예레미야가 모태에 잉태되기 전에 이미 아셨다. 그러기에 이해하신다.
(2) **내가 너를 지었다.** 예레미야는 하나님의 걸작품이다.
(3) **내가 너를 성별했다.** 특별한 목적을 위하여 따로 구별하심을 말한다. 그를 향해 선하신 계획을 세우셨다.
(4) **내가 너를 세웠다.** 예레미야에게 주어진 사명을 감당할 재능, 능력, 지혜, 힘, 환경 등을 예비하셨다.

예레미야를 향한 하나님의 계획은 '온 세상에 영향을 주는 삶'이다. 한마디로 그의 사명은 '기독교 문명개혁 운동을 주도하라'이다. 하나님은 그를 '열방의 선지자'로 부르셨다.
나를 향한 하나님의 뜻을 알 수 있는 길은 하나님이 내게 개인적으로 말씀하심을 들을 때이다 (렘 1:4).
예레미야처럼 직접 말씀하시기도 하고, 다른 사람을 통해 말씀하기도 하신다. 분명한 건 내가 그 말씀을 내적으로 확신한다는 것이다. 하나님은 예레미야만 아니라 우리 각 사람에게도 각각의 소명을 주어 보내셨다. 예레미야는 하나님의 말씀을 듣고 그의 소명을 알아들었다. 그는 하나님께 반응했다.

내가 이르되, '슬프도소이다. 주 여호와여! 보소서 나는 아이라 말할 줄을 알지 못하나이다' 하니 렘 1:6

이 말씀은 이렇게 해석해도 무방하다. "놀랐습니다. 주 여호와여! 나는 한 번도 나 자신을 이런 눈으로 바라본 적도, 생각해본 적도 없습니다!" 예레미야는 제사장의 아들로서 날 때부터 제사장 직분을 부여받았다. 그러나 그의 부모님도, 주변에서도 이렇게 말하는 걸 듣지 못했다. 그는 자신을 단지 어린아이로 보았다.

아마도 그런 시각은 부모님, 선생님, 주변 사람들, 또는 세상의 시각일 것이다. 예레미야는 그들이 말하고 대하는 것으로 자신을 이해했다. 그는 세상에 영향을 주는 삶을 살 생각조차 하지 않았다!

여호와께서 내게 이르시되, '너는 아이라 말하지 말고 내가 너를 누구에게 보내든지 너는 가며, 내가 네게 무엇을 명령하든지 너는 말할지니라' 렘 1:7

하나님이 말씀하신다.

"나는 너를 아무것도 할 줄 모르는 어리석고 연약한 아이로 본 적이 없다. 누가 너를 아이라 말하느냐? 나는 한 번도 너를 아이라 말한 적이 없다. 너는 더 이상 너 자신을 아이라 말하지 말라. 너는 세상에 영향을 줄 하나님의 사람이다. 너는 기독교 문명개혁 운동을 주도할 사람이다. 담대하라! 내가 너를 보낸다. 너는 내 명령을 전하라."

예레미야처럼 우리도 자신에 대한 인식을 하나님의 시각으로 바꾸어야 한다. 그리고 각자의 사명을 알아서 하나님께 응답해야 한다.

바벨론 멸망 – 70년간 지배함

그런데 놀랍게도 가장 오래 통치할 것 같던 신바벨론이 90년도 못 되어 메대 바사에 의해 멸망했다. 바벨론의 멸망에 대해 예레미야가 예언했을 때(렘 50장-51장)는 아무도 이를 믿지 않았다! 믿는 나라가 없었다. 모두가 예레미야의 예언을 비웃었다.

그러나 하나님은 예레미야를 통해 말씀하신 대로 바벨론을 멸망시키셨다. 하나님은 왕의 왕이시다! 하나님은 역사의 주이시다!

하나님이 그의 백성을 다루실 때 애굽은 인큐베이터로, 바벨론은 감옥으로 사용하셨다.

국제 재판소

예레미야 46장-51장, 그리고 에스겔 25장-32장은 열국을 심판하시는 하나님의 말씀이다.

예레미야 46장-51장에 기록된 열방에 대한 심판은 예레미야 25장 19-26절에 제시된 것과 거의 같은 순서로 배열되어 있다. 하나님께서 먼저 유다와 예루살렘에게 하나님의 진노의 잔을 마시게 한 후에 열국들도 차례로 그 잔을 마시게 하실 것이다.

유다의 죄악은 교만과 불순종이다.

> 여호와께서 이와 같이 말씀하시니라. 내가 유다의 교만과 예루살렘의 큰 교만을 이같이 썩게 하리라. 이 악한 백성이 내 말 듣기를 거절하고 그 마음의 완악한 대로 행하며 다른 신들을 따라 그를 섬기며 그에게 절하니 그들이 이 띠가 쓸 수 없음같이 되리라 렘 13:9,10

국제 재판 : 하나님이 열국을 심판하시는 국제 재판소의 모습

애굽, 블레셋, 모압, 암몬, 에돔, 다메섹, 게달과 하솔, 엘람, 바벨론이 차례로 재판정에 소환되었다. 하나님은 이스라엘이 바벨론을 피하여 의지했던 애굽부터 심판하신다. 이어서 블레셋, 모압, 암몬, 에돔, 다메섹, 게달과 하솔, 엘람의 순서로 심판하시고 맨 나중에 바벨론을 심판하신다.

왜 바벨론을 심판하시는가?

바벨론은 열국을 심판하시는 하나님의 도구였다. 하나님께 칭찬받고 상을 받아야 할 바벨론이 심판을 받은 건 그의 교만 때문이었다. 바벨론은 하나님이 명하신 대로 행하지 않고 거역했다. 자신에게 주어진 권한의 한계를 넘어 잔인하게 행했다(렘 51:20-24).

> 온 세계의 망치가 어찌 그리 꺾여 부서졌는고. 바벨론이 어찌 그리 나라들 가운데에 황무지가 되었는고. 바벨론아, 내가 너를 잡으려고 올무를 놓았더니 네가 깨닫지 못하여 걸렸고 네가 여호와와 싸웠으므로 발각되어 잡혔도다 렘 50:23,24

> 활 쏘는 자를 바벨론에 소집하라. 활을 당기는 자여, 그 사면으로 진을 쳐서 피하는 자가 없게 하라. 그가 일한 대로 갚고 그가 행한 대로 그에게 갚으라. 그가 이스라엘의 거룩한 자 여호와를 향하여 교만하였음이라 렘 50:29

주어진 권위의 한계를 따라 권위를 행사해야 한다. 자칫 교만하여 그 한계를 넘어서서 자신의 야욕에 따라 행하면 바벨론처럼 심판을 받는다.

유다와 예루살렘을 향한 하나님의 긍휼과 이스라엘의 회복

먼저 그의 백성을 심판하심으로 시작하셨지만 열국을 심판한 후에 하나님은 그의 백성을 긍휼히 여기셔서 그들을 돌아오게 하실 것이다.

> 이스라엘을 다시 그의 목장으로 돌아가게 하리니 그가 갈멜과 바산에서 양을 기를 것이며, 그의 마음이 에브라임과 길르앗 산에서 만족하리라. 여호와의 말씀이니라. 그날 그때에는 이스라엘의 죄악을 찾을지라도 없겠고 유다의 죄를 찾을지라도 찾아내지 못하리니 이는 내가 남긴 자를 용서할 것임이라 렘 50:19,20

에스겔서의 말씀처럼 이스라엘의 회복은 그들의 의로 인한 것이 아니다. 오직 하나님이 열방을 다스리시는 역사의 주이심을 모두에게 알게 하시기 위한 것이다(겔 36:22,23).

레갑 족속, 렘 35장

이스라엘 백성들을 파멸로 몰아넣은 건 그들의 불신실함이었다. 예레미야는 레갑 족속들을 예로 들어서 이를 분명히 밝혔다. 레갑인들은 베두인(장막 거주인)이었다. 아합 왕 시대에 그들은 조상으로부터 항상 장막에 살 것과 경작하지 말 것을 명령받았다. 예레미야 시대까지 그들은 경작하지 말라는 명령을 지키며 살아왔다.

레갑인들은 바벨론 군대가 진격하자 난민이 되었다. 그들은 살던 장막을 버리고 예루살렘 성안으로 도망쳐왔다. 예레미야는 이들을 성전으로 불러 포도주 마시기를 권했다. 그러나 그들은 거절했다. 왜냐면 그들의 선조 요나답이 명령하기를 "너희 자손은 영원히 포도주를 마시지 말며, 너희가 집도 짓지 말며, 파종도 하지 말며, 포도원을 소유하지도 말고 너희는 평생 동안 장막에 살아라. 그리하면 너희가 머물러 사는 땅에서 너희 생명이 길리라"라고 했기 때문이다(렘 35:6,7).

예레미야는 이 레갑 족속이 그들에게 주어진 명령에 얼마나 신실하게 순종하는지를 보았다. 그런데 왜 이스라엘은 하나님의 명령에 순종하지 않는가? 신실한 레갑인들과 불신실한 이스라엘이 비교되는 것 자체가 부끄러운 일이다. 유다의 통치자가 친히 여호와 하나님의 말씀을 무시하는데 그 누구에게서 언약의 신실함을 기대할 수 있을까?

하나님은 이런 레갑 족속에게 말씀하셨다.
"너희가 너희 선조 요나답의 명령을 순종하여 그의 모든 규율을 지키며 그가 너희에게 명령한 것을 행하였도다. 그러므로 만군의 여호와 이스라엘의 하나님께서 이와 같이 말씀하시니라. 레갑의 아들 요나답에게서 내 앞에 설 사람이 영원히 끊어지지 아니하리라"(렘 35:18,19).

새 언약, 렘 31:31-34

'새 언약'을 언급할 때마다 이 본문을 찾게 된다.
예수 그리스도는 마지막 만찬석상에서 "내 피로 세우는 새 언약"(눅 22:20)이라 하셨고, "나의 피 곧 언약의 피"(마 26:28)라고 하셨다. 예수 그리스도 자신의 피로 새 언약을 성취하셨다.
옛 언약은 짐승의 피로써 이루어졌고, 새 언약은 우리의 대제사장이신 예수 그리스도의 피로 이루어졌다.

> 이제 그는 더 아름다운 직분을 얻으셨으니 그는 더 좋은 약속으로 세우신 더 좋은 언약의 중보자시라 히 8:6

> 그리스도께서는 장래 좋은 일의 대제사장으로 오사 손으로 짓지 아니한 것, 곧 이 창조에 속하지 아니한 더 크고 온전한 장막으로 말미암아 염소와 송아지의 피로 하지 아니하고 오직 자기의 피로 영원한 속죄를 이루사 단번에 성소에 들어가셨느니라. 염소와 황소의 피와 및 암송아지의 재를 부정한 자에게 뿌려 그 육체를 정결하게 하여 거룩하게 하거든, 하물며 영원하신 성령으로 말미암아 흠 없는 자기를 하나님께 드린 그리스도의 피가 어찌 너희

양심을 죽은 행실에서 깨끗하게 하고 살아계신 하나님을 섬기게 하지 못하겠느냐. 이로 말미암아 그는 새 언약의 중보자시니 이는 첫 언약 때에 범한 죄에서 속량하려고 죽으사 부르심을 입은 자로 하여금 영원한 기업의 약속을 얻게 하려 하심이라 히 9:11-15

새 언약이란 우리의 죄가 용서받고 정결하게 된 것과 우리가 언제나 지성소에 계신 하나님의 보좌 앞에 나아가 머물며 그분과 교제할 수 있는 것과 우리가 하나님의 말씀을 순종하고자 할 때 우리 안에 계신 성령의 능력으로 능히 살아낼 수 있다는 것이다.

옛 언약이란, 우리는 우리의 죄로 말미암아 지성소에 계신 하나님 앞에 나아갈 수 없으며, 우리의 죄의 값으로 사망과 저주가 임했고, 우리의 힘과 노력으로는 하나님의 말씀을 순종할 수 없다는 것이다. 그러므로 새 언약은 복음(Good News)이다.

예레미야의 메시지에 사용된 이미지와 의미

예레미야는 하나님과의 언약을 깨뜨리고 우상을 섬기는 유대인의 죄를 일깨우기 위해 매우 다양한 이미지를 사용하여 효과적으로 메시지를 전했다. 죄의 심각성을 적절히 표현하기 위한 것이었다.

아홉 개의 메시지		
하나님께서 유대, 예루살렘을 멸망시킬 것이다. 그러나 하나님께서 다시 유다를 회복시킬 것이다.		
살구나무 가지	렘 1:11,12	타락한 유다를 하나님이 멸하실 것이다.
윗면이 북에서부터 기울어진 끓는 가마	렘 1:13-15	북방 민족 바벨론을 일으켜 유다를 징계하실 것이다.
썩은 베 띠	렘 13:1-11	교만한 유다는 썩은 베 띠처럼 쓸모가 없다.
토기장이와 진흙	렘 18:1-12	하나님은 역사의 절대 주권자이시다. 그러므로 유다가 계속하여 거역하면 토기장이에 의해 깨뜨려지는 진흙 그릇과 같이 될 것이다.
깨진 옹기	렘 19:1-12	우상을 섬기는 유다는 대적의 칼에 의해 산산이 깨어질 것이다.
무화과 두 광주리	렘 24:1-10	좋은 무화과 광주리는 경건한 백성을, 나쁜 무화과 광주리는 완악한 백성을 말한다.
멍에	렘 27:1-11	멍에를 메듯 바벨론 왕을 섬겨야 한다.
큰 돌	렘 43:8-13	장차 바벨론 왕이 애굽을 정복할 것이다.
유브라데 강에 던져진 두루마리 책	렘 51:59-64	바벨론에 대하여 기록한 책이 물에 가라앉듯, 장차 바벨론은 멸망할 것이다.

타국인

• 이 글은 《왕의 재정1》(김미진, 규장)에 실었던 것이다.

여호와께서 이와 같이 말씀하시되, '보라! 내가 멸망시키는 자의 심령을 부추겨 바벨론을 치고, 또 나를 대적하는 자 중에 있는 자를 치되, 내가 타국인을 바벨론에 보내어 키질하여 그의 땅을 비게 하리니 재난의 날에 그를 에워싸고 치리로다' 렘 51:1,2

바벨론 멸망 예언

예레미야는 바벨론이 멸망할 것을 예언하고 있다. 예레미야가 이 말을 할 때 당시의 국제 정세는 급변하며 요동치고 있었다. 600년 이상 지속되던 거대한 앗수르 제국이 바벨론에 의해 멸망했다.

바벨론은 당시에 떠오르는 거대한 별이었다. 단지 군사력만 아니라 경제, 예술, 수학, 의학, 점성술 등 모든 면에서 뛰어났다. 마치 아무도 무너뜨릴 수 없으며 1,000년은 능히 그 제국의 힘을 유지할 듯이 보였다.

다니엘이 해석한 바벨론 왕 느부갓네살의 꿈이 그것을 증명하고 있다. 머리는 순금이요, 가슴과 두 팔은 은이요, 배와 넓적다리는 놋이요, 그 종아리는 쇠요, 그 발은 쇠와 진흙이 섞인 큰 신상의 모습이었다. 바벨론 제국이 그 금 머리에 해당했다. 이후에 일어날 페르시아, 그리스, 로마보다도 바벨론의 영광과 힘이 얼마나 놀라운지를 잘 보여주는 모습이다.

바벨론은 그 힘을 몰아 파죽지세로 앗수르의 모든 영토를 접수하고 더 나아가 서쪽으로는 유럽으로, 동쪽으로는 인도로, 남쪽으로는 이집트로 그 영역을 확대하는 중이었다. 이미 북 이스라엘은 130여 년 전에 앗수르에 의하여 멸망되었다. 바벨론은 남은 유다 왕국을 거의 삼켰다. 두 차례에 걸쳐서 수많은 인재들, 고급 인력들이 바벨론에 포로로 끌려갔다. 예루살렘의 상태는 풍전등화라고나 할까. 예루살렘도 곧 함락될 것이다. 유다 왕국의 멸망은 단지 시간 문제였다. 모든 것이 절망적이었다.

이런 상황에서 예레미야가 바벨론을 향해 멸망을 예언하고 있는 것이다.

예레미야의 예언을 듣는 사람마다, 나라마다 모두 비웃을 것이다.

"너희가 자랑하던 예루살렘을 보라!", "너의 하나님은 어디 있느냐?"

그러나 예레미야는 믿음으로 선포했다.

"바벨론은 멸망할 것이다!"

하나님은 말씀하시기를, "내가 타국인을 바벨론에 보내어 키질하여 그의 땅을 비게 할 것이다"라고 하셨다.

역사는 증언한다. 영원히 무너지지 않을 듯이 보였던 강대한 제국 바벨론은 채 100년도 못 되어 페르시아에 의해 멸망했다. 아무도 믿지 못할 일이 순식간에 일어났다. 역사에서 이처럼 강대한 제국이 이같이 짧은 기간에 멸망한 예가 없다.

오늘날의 바벨론

바벨론은 매 시대마다 등장했다. 요한계시록에서는 로마 제국을 바벨론에 비유했다.
"무너졌도다 무너졌도다 큰 성 바벨론이여"(계 14:8). 초대 교부 시대에도 거대한 로마 제국이 무너질 것을 믿는 사람은 없었다. 그러나 로마 제국도 예수 그리스도 앞에 무릎을 꿇었다.

이 말씀은 오늘날에도 적용된다. 오늘의 바벨론은 거대한 월드 시스템이다. 맘몬이 모든 것을 장악한 세상, 인본주의와 무신론이 마치 승리자처럼 뽐내는 세상이다. 정치, 경제, 교육, 매스컴, 예술, 종교, 과학기술, 가정 등 어느 영역에서도 예수 그리스도의 영광을 볼 수 없다.

오늘의 예루살렘은 바로 예수 그리스도의 교회다. 교회는 힘없어 보이고 그리스도인들은 미약해 보인다. 교회는 세상을 향하여 아무런 영향력을 행사하지 못하고 있다. 오히려 세상이 교회를 향하여 비웃고 있다.

"너희의 하나님은 어디 있느냐?"

그러나 우리는 예레미야를 통해 오늘을 향한 하나님의 말씀을 듣는다.

"내가 바벨론을 비게 할 것이다."

우리는 이 말씀에 믿음으로 반응해야 한다. 바벨론과 로마 제국이 그러했듯이 오늘의 바벨론을 하나님은 무너뜨릴 것이다. 그런데 한 가지 잊지 말아야 할 것이 있다. 하나님이 누구를 통하여 그 일을 행하실 것인가 하는 것이다.

"내가 타국인을 바벨론에 보내어 키질하여 그의 땅을 비게 하리라."

하나님은 타국인을 보내어 그 일을 하실 것이다.

타국인

타국인이란 누구인가?

타국인이란 언어, 사고방식, 삶의 결정 방식, 삶의 가치와 목적이 다른 무리를 가리킨다.
거대한 바벨론 같은 이 세상이 보기에 타국인을 통하여 하나님은 그 일을 이루실 것이다.
하나님은 지금 타국인을 준비시키고 계신다. 우리가 이 세상이 보기에 타국인으로 살기를 요청하신다. 이 세상과 다른 언어와 가치관, 목적의식을 가지고 있는 사람이 되기를 원하신다.

이 세상은 남을 짓밟고 자신을 올리고자 힘쓴다. 그러나 우리는 나를 희생하여 모두 함께 성공하려고 애를 쓴다. 이 세상은 돈, 명예, 권력을 주인으로 섬기고 거기에 가치를 둔다. 그러나 우리는 오직 예수 그리스도를 주인으로 섬기고 그의 말씀에 절대적인 가치를 둔다. 이 세상은 세상적인 사고체계를 신봉하지만 우리는 하나님의 말씀인 성경을 절대적으로 신봉한다. 그래서 하나님의 말씀인 성경에 목숨을 건다. 또한 하나님의 공의가 정치에, 정직이 경제에, 하나님을 경외함으로 인한 지혜가 교육에, 사람을 살리고 자유하게 하는 진실이 매스컴에, 거룩함이 예술에, 경건과 긍휼이 교회에, 사랑이 가정에 기반이 되도록 경작하는 일을 한다. 이 세상은 마치 자신들이 역사의 주인인 것처럼 행세하지만 역사의 참 주인은 하나님이심을 우리는 안다.

이 세상은 자신의 능력과 지혜와 힘을 믿지만 우리는 하나님의 능력과 지혜와 힘을 믿는다. 그래서 우리는 그 앞에 무릎을 꿇고, 성령의 능력과 지혜를 의지한다.

사람들은 눈에 보이는 이 세상이 전부인 것처럼 살지만 우리는 영원한 세상을 바라본다.

바벨론은 무너질 것이다. 예수 그리스도는 이기셨고, 지금도 이기고 계시며, 앞으로도 이기실 것이다. 타국인을 통해 이를 행하실 것이다.

다윗은 "주의 권능의 날에 주의 백성이 거룩한 옷을 입고 즐거이 헌신하니 새벽 이슬 같은 주의 청년들이 주께 나오는도다"라고 예언했다(시 110:3).

"거룩"은 '구별되었다'라는 의미. 이 세상과 구별된 무리, 이들이 곧 타국인이다. 즐거이 헌신하는 새벽 이슬 같은 주의 청년들의 특징은 '거룩한 옷을 입었다'는 것이다. 즉 타국인이라는 것이다.

사도 요한은 "하늘에 있는 군대들이 희고 깨끗한 세마포 옷을 입고 백마를 타고 그(백마를 타고 피 뿌린 옷을 입으신, 앞서 행하시는 왕이신 예수 그리스도, 계 19:11-13)를 따르는"(계 19:14) 장면을 보았다. 예수 그리스도와 그의 군대의 모습이다. 이들은 "희고 깨끗한 세마포 옷"을 입었다. 이는 거룩함을 말한다. 구별된 무리다. 타국인이다.

누가 타국인이 될 것인가?

일을 만들며 성취하시는 여호와

일을 행하시는 여호와, 그것을 만들며 성취하시는 여호와, 그의 이름을 여호와라 하는 이가 이와 같이 이르시도다. 너는 내게 부르짖으라 내가 네게 응답하겠고 네가 알지 못하는 크고 은밀한 일을 네게 보이리라 렘 33:2,3

Dear. NCer

타국인

예레미야 50장-51장을 주목하자. 특별히 예레미야 51장 1,2절에서 하나님께서 어떻게 바벨론을 멸망시켰는가?

바벨론 : 역사 안에서 대표적으로 하나님을 무시하고 철학과 예술과 종교와 과학과 법과 경제와 교육에서 하나님의 말씀을 무시하는 시스템

렘 51:2 "내가 타국인을 바벨론에 보내어 키질하여 그의 땅을 비게 하리니 재난의 날에 그를 에워싸고 치리로다."

"내가 이 세상이 보기에 타국인들을 보내서 이 땅에 변화를 줄 것이다."

타국인(하나님나라 사람) : 언어, 문화, 사고체계가 다르다.

이 세상이 보기에 다른 언어를 사용하고, 다른 문화 속에 살고 있고, 가치 기준이 다르며, 삶의 목적의식이 다른 사람

❖ 예레미야애가(Lamentations of Jeremiah) 예루살렘의 멸망에 대한 애가

예레미야애가는 예레미야가 재앙의 날이 오지 않기를 바라는 마음을 여러 차례 표현한 것이 진심인 것과 그날을 생각할 때마다 그의 마음이 몹시 쓰라리고 아팠음을 보여준다. 애가는 유다와 예루살렘이 멸망했을 때 겪은 그의 슬픔을 표현했다.

애가는 재난을 멀리서 미리 보고 지은 게 아니라, 그 재난이 닥쳤을 때 두 눈으로 똑똑히 보고 지은 것이다.

예레미야애가 – 진노 중에라도 긍휼을 베푸심(애 3:22,23)

예루살렘의 파괴	여호와의 분노	선지자의 고통과 자비를 구하는 기도	예루살렘의 영광과 수치	회복을 위한 기도
애곡하는 도시	마음이 상한 백성들	고통받는 선지자	파괴된 왕국	회개하는 민족
1장(22절)	2장(22절)	3장(66절, 3x22)	4장(22절)	5장(22절)
슬픔과 탄식	멸망원인	하나님의 긍휼과 신실하심에 대한 소망	죄와 심판 회개	공동체의 기도
히브리어 22개의 알파벳으로 구성				알파벳 구성 없음
시(운문)				산문
우아한 어법과 문체로 질서정연하게 배열되고 구성된 아름다운 책				

렘애 3:21-24 [21] 이것을 내가 내 마음에 담아 두었더니 그것이 오히려 나의 소망이 되었사옴은 [22] 여호와의 인자와 긍휼이 무궁하시므로 우리가 진멸되지 아니함이니이다 [23] 이것들이 아침마다 새로우니 주의 성실하심이 크시도소이다 [24] 내 심령에 이르기를 여호와는 나의 기업이시니 그러므로 내가 그를 바라리라 하도다

기록자와 배경

본서는 저자가 누구인지 기록하지 않았다. 그러나 예레미야가 저자이다. 70인역은 예레미야애가를 헬라어로 번역하면서 1장 1절을 시작하기 전에 다음과 같이 첨가했다. "이스라엘이 포로로 잡혀가고 예루살렘이 황폐화되자, 예레미야가 앉아서 울며, 아래와 같이 말하면서 애곡하였다." 예레미야애가는 예루살렘이 바벨론에 의해 패망하는 것을 목격한 사람이 기록한 것이 분명하다. 그리고 예레미야가 이에 가장 적합하다. 내용면에서 애가와 예레미야서는 유사점이 많다. 예레미야애가는 예레미야서의 부록 역할을 한다. 예레미야서는 유다와 예루살렘이 황폐화될 것을 예언한다. 그리고 그 예언들이 얼마나 정확하게 성취되었는지를 보여준다.

예레미야애가는 예레미야가 재앙의 날이 오지 않기를 진심으로 바랐으며, 그날을 생각할 때마다 그의 마음이 몹시 상했음을 잘 보여준다.

그가 바벨론에게 빨리 항복하고 포로로 가는 게 더 좋다고 말했을 때 사람들은 그를 이스라엘의 멸망을 기다리는 사람으로 오해했다. 그러나 예레미야애가에 그가 진정으로 나라와 민족을 사랑한 사람임이 나타나 있다. 예루살렘이 멸망했을 때 겪은 예레미야의 슬픔이 잘 표현되어 있다. 그래서 죄로 말미암아 멸망을 당하는 예루살렘, 하나님의 백성들의 반역, 이로 인한 선지자의 슬픈 마음이 가득하다. 또한 심판할 수밖에 없는 하나님의 슬픔도 잘 표현되어 있다.

예레미야애가를 통해 그가 누구보다도 나라와 민족을 깊이 사랑했음을 알 수 있다. 시온의 딸의 죽음, 즉 예루살렘 성의 함락과 성전의 파괴에 대한 탄식과 바벨론 포로생활을 배경으로 하는 예레미야애가는 유대인 공동체의 슬픔, 상실, 고통을 표현하는 형식을 제공한다. 그래서 예레미야애가가 이스라엘의 상가에서 불리는 관례가 생겼다.

한마디로 예레미야애가는 고통에 대한 성경의 압축적이고 절절한 증언이라 할 수 있다. 수난당하는 교회를 향한 탄식이며 동시에 하나님을 향한 회개의 고백이다. 죄의 결과에 대한 불평이 아니라 죄를 슬퍼하며 회개하고 하나님의 은혜와 긍휼을 구하는 것이다.

히브리 역사의 중추적 두 사건은 '출애굽'과 '바벨론 포로생활'이다. 애굽과 바벨론은 언제나 이스라엘 역사의 주요 지점이다. 애굽은 하나님의 백성으로서의 준비 기간인 '인큐베이터'라면, 바벨론은 하나님의 백성에 대한 하나님의 심판으로서의 '감옥'이다. 그래서 출애굽은 구원의 기쁨, 자유를 맛보는 즐거움과 축제다. 반면에 바벨론 포로생활은 죄에 대한 심판의 결과이기에 통곡과 비극과 슬픔이다. 출애굽이 종에서 자유로의 소망이라면 바벨론 포로는 종으로 끌려가는 절망이다.

예레미야애가는 바벨론 포로의 시작점에 있다. 상실, 고통, 절망의 공동체 경험을 표현한다. 그러나 히브리 역사의 가장 중추는 '예루살렘'이다. 이는 단지 한 나라의 수도 이상이다. 영적 중심이요, 하나님의 임재의 장소다. 예루살렘을 떠난 히브리의 역사는 없다. 예루살렘 성이 훼파되는 것보다 더 큰 슬픔, 고통, 상실은 없다.

예레미야애가는 다음과 같은 슬픔과 절망으로 시작한다.

> 슬프다! 이 성이여, 전에는 사람들이 많더니 이제는 어찌 그리 적막하게 앉았는고.
> 전에는 열국 중에 크던 자가 이제는 과부같이 되었고,
> 전에는 열방 중에 공주였던 자가 이제는 강제 노동을 하는 자가 되었도다.
> 밤에는 슬피 우니 눈물이 뺨에 흐름이여,
> 사랑하던 자들 중에 그에게 위로하는 자가 없고 친구들도 다 배반하여 원수들이 되었도다 애 1:1,2

그러나 애가는 그것으로 끝나지 않는다. 절망 가운데 소망, 슬픔 중에 위로가 있다. 하나님은 긍휼이 무궁하시다. 그의 성실하심은 크시다. 회개와 용서는 하나님나라의 기반이다. 그리고 구원의 회복은 그 열매다.

> 여호와의 인자와 긍휼이 무궁하시므로 우리가 진멸되지 아니함이니이다 이것들이 아침마다 새로우니 주의 성실하심이 크시도소이다 애 3:22,23

> 여호와여 주는 영원히 계시오며 주의 보좌는 대대에 이르나이다 주께서 어찌하여 우리를 영원히 잊으시오며 우리를 이같이 오래 버리시나이까 여호와여 우리를 주께로 돌이키소서 그리하시면 우리가 주께로 돌아가겠사오니 우리의 날들을 다시 새롭게 하사 옛적 같게 하옵소서 애 5:19-21

화란어성경(NBV)의 예레미야애가 머리말에는 다음과 같이 기록되어 있다.
"이 작은 책은 그 문학적인 형식과 언어 선택에 있어서 매우 우아하여 가장 뛰어난 이교도 작가의 어떤 작품과도 비교할 수 없다."

예레미야애가의 구성

예레미야애가의 구성은 매우 독특하다. 다섯 장으로 되어있는데, 5장을 제외하고는 모두 시로 되어있다. 또한 히브리어 알파벳이 22개인데 이 순서대로 구성되었다. 다시 말하면 3장을 제외한 각 장이 22절로, 각 절마다 히브리어 알파벳의 첫 단어를 사용한다.

첫 번째 절은 "알렙"이라는 글자를 사용하고, 두 번째 절은 "베트", 이런 식으로 각 절에 히브리어 알파벳을 첫머리에 넣어 22절을 기록했다. 그렇지만 3장은 특별히 66절로 3배로 되어있는데, 그 이유는 세 절을 한 묶음으로 그 첫 절을 알렙, 다시 두 번째 세 절을 또 묶어서 첫 절을 베트, 이런 식으로 모두 22개 알파벳을 세 절씩 묶어서 66절로 구성했기 때문이다.

5장은 히브리어 알파벳으로 묶지는 않았지만 여전히 처음 1장-2장과 4장처럼 22절로 구성되었다. 처음 네 장은 시 형식, 마지막 장은 산문 형식이다. 이처럼 예레미야애가는 우아한 어법과 문체로 질서정연하게 배열되고 구성되어 이 책의 아름다움을 더해준다.

예레미야애가의 메시지

- **1장** – 예루살렘의 파괴, 애곡, 슬픔
- **2장** – 시온에 대한 하나님의 심판
- **3장** – 선지자의 고난 : 예레미야는 그리스도의 모형이다
- **4장** – 지난날의 영화와 현재의 황폐가 대조되다
- **5장** – 하나님께서 자비를 내려주시기를 호소하다. 회복을 위한 기도, 회개의 기도

예레미야는 유다와 예루살렘의 재앙들을 보며 그의 머리는 물이 되고 그의 눈은 눈물의 근원이 되기를 바랐다(렘 9:1). 이제 그 재난이 막상 닥쳐왔을 때 그는 깊은 슬픔에 잠겼다.

1장, 2장, 4장은 "슬프다"라는 고백으로 그의 애통하는 마음을 나타내며 시작한다(애 1:1, 2:1, 4:1). 그리고 "여호와여… 나의 환난을 감찰하소서"(애 1:9), "여호와여 보시옵소서"(애 1:20, 2:20)를 거듭 고백한다.

그의 원수들은 그가 변절하여 조국을 배신했다고 비난했지만 실제로는 그런 것과는 거리가 멀었음을 여실히 보여준다. 그는 서럽게 통곡했다.

그러나 애가는 비참한 결과에 대해 하나님께 불평을 늘어놓은 게 아니라 회개를 고백한다. 시온을 무너뜨린 이가 하나님이시지만 불평이 아니라 죄에 대한 슬픔과 회개의 고백을 한다.

> 주께서 그의 초막을 동산처럼 헐어버리시며… 진노하사 왕과 제사장을 멸시하셨도다… 여호와께서 이미 정하신 일을 행하시고… 무너뜨리사 원수가 너로 말미암아 즐거워하게 하며… 애 2:6,17

> 전에 소돔이 사람의 손을 대지 아니하였는데도 순식간에 무너지더니 이제는 딸 내 백성의 죄가 소돔의 죄악보다 무겁도다 애 4:6

이 애가는 고난 가운데 있던 경건한 유대인들에게 매우 유익했다. 그들에게 그들의 자연스러운 슬픔을 표현할 수 있는 영적인 언어를 제공했다. 이것은 시온을 한 번도 본 적 없던 자녀들이 바벨론 포로생활을 하면서 시온에 대한 생생한 기억을 보존하도록 도와주었다.

또한 그들은 애가를 통해 그들의 죄에 대해 애곡하고, 하나님을 향해 애곡해야 함을 배웠다. 더 나아가 하나님이 장차 그들에게 긍휼을 베푸시리라는 소망을 가지고 힘을 얻을 수 있게 해 주었을 것이다.

또한 애가는 우리에게 하나님의 교회가 겪는 재난들에 대해 경건한 슬픔을 지니도록 깊은 감화를 준다. 지금도 지구촌 곳곳에서 고난받는 그리스도인 형제들이 겪는 고통에 우리가 함께 참여할 수 있도록 도와준다.

예레미야애가는 단지 고통에 대한 묘사와 그것을 제거해달라는 게 목적이 아니다. 하나님께서 그의 백성의 고통 속에 친히 들어오셔서 고통받는 우리와 함께하심을 알려준다. 다윗은 "고난당한 것이 내게 유익이라. 이로 말미암아 내가 주의 율례들을 배우게 되었나이다"(시 119:71)라고 고백했다. 우리가 기억해야 할 것은, 진노 중에라도 긍휼을 베푸시는 하나님이시라는 사실이다. 그렇기에 우리는 예레미야처럼, "고통과 슬픔 중에라도 내겐 오히려 소망이 있습니다"라고 고백해야 한다. 그러므로 예레미야애가는 가장 아름다운 책이라 할 수 있다.

> 내 고초와 재난 곧 쑥과 담즙을 기억하소서. 내 마음이 그것을 기억하고 내가 낙심이 되오나
> 이것을 내가 내 마음에 담아두었더니 그것이 오히려 나의 소망이 되었사옴은
> 여호와의 인자와 긍휼이 무궁하시므로 우리가 진멸되지 아니함이니이다.
> 이것들이 아침마다 새로우니 주의 성실하심이 크시도소이다.
> 내 심령에 이르기를 여호와는 나의 기업이시니 그러므로 내가 그를 바라리라 하도다.
> 기다리는 자들에게나 구하는 영혼들에게 여호와는 선하시도다.
> 사람이 여호와의 구원을 바라고 잠잠히 기다림이 좋도다 애 3:19-26

Dear. NCer

예레미야애가

심판과 슬픔으로 꽉 차 있지만 동시에 소망으로 가득 차 있다.
나의 실패 가운데 있음에도, 나의 죄 가운데 있음에도, 하나님의 심판 가운데 있음에도 불구하고 왜 하나님을 기다릴 수 있을까? 왜 하나님의 얼굴을 구할 수 있을까?

"여호와의 인자와 긍휼이 무궁하시므로 우리가 진멸되지 아니함이니이다. 이것들이 아침마다 새로우니 주의 성실하심이 크시도소이다"(애 3:22,23).

여호와의 인자와 긍휼이 끝이 없기 때문이다. 이것들이 아침마다 새롭기 때문이다.
주의 성실하심이 크기 때문이다.

❖ 에스겔(Ezekiel) 성전의 회복

에스겔서는 이미 바벨론에 포로로 잡혀간 이스라엘 자손들에게 주는 메시지이다. 동시에 이방 나라들에 대한 영적 교훈이다. 그들에게 일어난 일들, 즉 바벨론 포로는 그들이 행한 모든 죄에 대한 하나님의 심판임을 일깨워준다. 그리고 이제라도 회개하면 하나님의 은혜로 다시금 회복될 수 있음을 알린다.

에스겔은 고난을 당한 사람들, 절망에 처한 사람들, 애써 태연한 척하지만 마음은 땅바닥에 주저앉아 있는 사람들에게 멘토요 코치였다. 예레미야, 에스겔, 다니엘은 고난을 당해 환경에 푹 빠져 불행을 당한 자신과 불행을 주는 원수들만 바라보는 시야에서 눈을 들게 한다. 그들이 볼 수 없는 걸 보게 해준다. 에스겔 1장이 바로 그렇다. 고난 가운데 일하시는 하나님의 모습을 본다. 37장도 그렇다. 바싹 마른 뼈들이 되살아나서 큰 군대가 되었다. 47장도 그렇다. 성소에서 흐르는 생명수가 그의 교회에 생명을 주고 마침내 세상에 생명을 준다.

에스겔은 예레미야와 마찬가지로 제사장 가문 출신이다.

에스겔은 여호야긴과 함께 2차 바벨론 포로 시기(B.C. 598-597년)에 사로잡혀갔다. 그때 많은 제사장과 귀족들이 함께 끌려갔다. 에스겔은 포로로 잡혀간 지 5년째부터 예언하기 시작했다. 그의 나이는 30세였다. 제사장의 직무를 시작할 나이였다. 그는 제사장 부시의 아들이었다. 그가 포로로 잡혀갈 당시 25세였다(겔 29:17). "스물일곱째 해 첫째 달 초하루에 여호와의 말씀이 내게 임하였다"는 것은 포로로 사로잡힌 지 27년째(1차 포로 이후)라는 것이다. 그때부터 에스겔은 52세까지 22년간 예언 사역을 했다.

그는 포로로 잡혀간 유다 자손들을 위한 선지자이다. 동시에 열방에 대해서도 영적 교훈을 주고 있다. 니느웨에 가서 메시지를 전한 요나를 제외하면, 에스겔과 다니엘은 이스라엘 밖에 살면서 예언한 구약의 기록자들이다. 비록 이스라엘 백성이 죄로 인하여 바벨론 포로의 삶을 살지만 하나님은 그들과 함께 계셨다. 경계와 권면, 위로와 격려, 그리고 소망을 불어넣어 주셨다.

에스겔 – 여호와 삼마, 성전의 심판과 회복(겔 48:35)

이스라엘의 죄와 하나님의 심판				열방의 심판과 이스라엘의 회복			
환상 하나님의 영광	에스겔 소명 ⏐ 파수꾼	하나님의 영광이 성전을 떠남	예루살렘에 대한 심판	열방에 대한 심판	에스겔 소명 ⏐ 파수꾼	이스라엘의 회복	하나님의 영광이 성전에 돌아옴
1장	2-3장	4-11장	12-24장	25-32장	33장	34-39장	40-48장
환상의 책- 하나님의 영광, 성전, 백성							
하나님의 영광 (1장)		예루살렘 성전 (8-10장)			마른뼈 (37장)	성전 (40-46장)	생수의 강 (47장)
상징과 이미지, 우화의 책			우화들				
		에스겔의 상징적 행동들 (4-7장,12-24장)	포도나무(15장) 버린 아이(16장) 독수리들(17장) 신포도(18장)	암사자(19장) 풀무/용광로(22:17-22) 오홀라/오홀리바(23장) 녹슨 가마(24장)			

에스겔서의 메시지

에스겔서의 첫 부분은(겔 1장-24장), 예루살렘의 함락 이전에 기록되었다. 바벨론 포로들은 예루살렘이 함락되거나 성전이 파괴될 것을 전혀 예상하지 못했다. 그런 가운데 에스겔은 예루살렘성이 함락되고 성전이 파괴될 것을 예언했다. 그리고 그 이유를 명확히 설명했다. 그러나 더 나아가 하나님은 예루살렘뿐 아니라 주변의 이방 국가들도 심판하실 것을 말씀하셨다(겔 25장-32장). 그리고 이스라엘이 장래에 주께로 돌아와 회복될 것도 예언했다(겔 33장-48장). 특히 에스겔 40장-48장은 성전의 모습을 보여준다. 신약 교회의 모습이다. 성전은 주님이 계신 곳이요 그의 백성들이 주와 교제하는 곳이다(계 21:3,4). 하나님은 예루살렘에만 계신 것이 아니라 포로 중에 있는 그의 백성들과 함께 계셨다.

에스겔서는 "여호와 삼마"로 마친다(겔 48:35). 그 뜻은 '여호와께서 거기에 계시다'이다.

겔 1장 – 3장 : 첫 환상과 에스겔의 부르심
겔 4장 – 24장 : 예루살렘의 현재의 심판
겔 25장 – 32장 : 열방에 대한 심판
겔 33장 – 39장 : 이스라엘의 회복
겔 40장 – 48장 : 새 예루살렘 성전 재건과 새 예루살렘 성의 영광 : 신약 교회의 모습

에스겔서는 전체가 1인칭으로 기록되었다.

처음과 끝부분은 매우 신비하고 이해하기 어려운 내용들이다. 에스겔이 본 환상은 복잡하게 얽혀있지만 그 메시지는 명확하다. 하나님께서 그의 백성들의 죄악을 보여주시며 각성하고 회개하며 주께 나와 그의 말씀을 듣고 순종하기를 원하신다.

1장에서 하나님은 '네 생물의 형상과 네 날개와 네 개의 바퀴 모양의 환상'을 통해 에스겔을 부르신다. 이 형상은 하나님의 성전의 법궤 환상이다. 법궤는 하나님의 임재를 나타낸다. 하나님과의 만남을 보여준다.

바벨론 포로에게 찾아오신 하나님의 긍휼, 열심, 사랑을 볼 수 있다. 하나님은 그의 백성이 비록 죄로 인한 환난 가운데 있다 할지라도 그의 백성에게 찾아오셔서 함께 계시며 그의 사랑, 위로, 열심을 보이신다.

하나님은 에스겔에게 예루살렘이 심판을 받을 만한 이유를 보여주신다. 그를 데리고 예루살렘으로 가서서 성전에 가득한 우상과 백성들이 우상을 섬기는 것을 보여주셨다. 에스겔은 하나님의 영광이 성전에서 떠나는 것도 보았다. 성전에 우상이 가득하고 그의 백성들이 우상을 섬긴다면 성전은 단지 건물이지 더 이상 하나님을 섬기는 예배 처소가 아니다. 이스라엘 백성들은 이 사실도 모르고 하나님이 여전히 예루살렘 성전 건물에 계셔서 그들은 안전하다고 생각했다. 하나님이 떠나신 성전은 건축물에 불과할 뿐이다. 이제는 더 이상 예루살렘을 보호해주시는 이가 없다. 그 후 얼마 지나지 않아서 결국 예루살렘은 함락되고 성전은 파괴되었다.

그럼에도 이스라엘이 악한 마음을 버리고 우상에서 돌이켜 하나님께로 돌아오면 하나님은 그들에게 새 영과 부드러운 마음을 줄 거라고 약속하셨다. 사람 중심의 삶에서 하나님 중심의 삶으로 돌이킬 때 진정한 변화가 일어난다(겔 11:19,20, 36:24-28). 에스겔서에도 예레미야 때와 마찬가지로 거짓 선지자들이 등장한다. 이들은 하나님의 말씀을 듣고 전하는 게 아니라 자기 생각으로 지어내어 말했다(겔 13장).

에스겔서는 당시 유대 백성들이 포로가 되고 예루살렘이 멸망하며 성전이 파괴되는 상황에 대한 질문에 대답한다.

> 하나님께서 과연 우리와 함께하시는가?(겔 11:23)
> 하나님께서 택하신 백성이 어찌하여 이방 민족에 의해 멸망하게 되었는가?(겔 36:6)
> 더 이상 우리에게 소망이 있는가?(겔 37:11)

1. 가계에 흐르는 저주를 끊으라는 말은 옳은 말인가?

가계에 흐르는 저주를 끊으라는 말을 어떻게 이해할 것인가?
에스겔서에서 하나님은 이에 대하여 명백하게 말씀하신다.

> 너희는 이르기를 "아들이 어찌 아버지의 죄를 담당하지 아니하겠느냐?" 하는도다. 아들이 정의와 공의를 행하며 내 모든 율례를 지켜 행하였으면 그는 반드시 살려니와 범죄하는 그 영혼은 죽을지라. 아들은 아버지의 죄악을 담당하지 아니할 것이요 아버지는 아들의 죄악을 담당하지 아니하리니 의인의 공의도 자기에게로 돌아가고 악인의 악도 자기에게로 돌아가리라 겔 18:19,20

에스겔서에서는 각자 자기의 죄로 죽을 것이며 아비의 죄가 자식에게로 흘러가지 않는다고 말한다. 예수 그리스도의 십자가는 우리의 모든 저주를 대신 받으셔서 더 이상 저주의 힘이 우리에게 미치지 못하게 하셨다.

> 그리스도께서 우리를 위하여 저주를 받은 바 되사 율법의 저주에서 우리를 속량하셨으니 기록된 바 나무에 달린 자마다 저주 아래에 있는 자라 하였음이라 갈 3:13

십자가의 능력을 믿으라! 십자가의 능력을 선포하라! 예수의 십자가로 저주는 끊어졌다.
그리고 더 나아가 예수 그리스도를 통해서 우리는 하늘의 복을 받아 누리게 됐다.

> 우리 주 예수 그리스도의 은혜를 너희가 알거니와 부요하신 이로서 너희를 위하여 가난하게 되심은 그의 가난함으로 말미암아 너희를 부요하게 하려 하심이라 고후 8:9

> 찬송하리로다! 하나님 곧 우리 주 예수 그리스도의 아버지께서 그리스도 안에서 하늘에 속한 모든 신령한 복을 우리에게 주시되 엡 1:3

우리는 하늘에 속한 복을 이미 받았다. 앞으로 받을 것이 아니다. 그것을 받았으니 누리며 살아야 한다.

2. 그래도 기도해야 한다!

에스겔서는 중보기도의 중요성과 그 능력에 대해 강조한다.

> 이 땅을 위하여 성을 쌓으며 성 무너진 데를 막아서서 나로 하여금 멸하지 못하게 할 사람을 내가 그 가운데에서 찾다가 찾지 못하였으므로 겔 22:30

그 땅의 성 무너진 상태를 에스겔서 22장 25-29절에서 상세히 설명한다. 선지자, 제사장, 고관, 그리고 백성들까지 사회 전반적 영역이 무너졌다. 의로우신 하나님이 그 성을 심판하실 수밖에 없다. 그러나 하나님은 그 성을 위해 중보기도하는 사람을 찾으신다.
중보기도자는 하나님의 진노를 멈추게 하고, 도시와 지역, 그리고 나라의 방향을 바꾼다.

또한 하나님은 그의 계획을 중보기도자들에게 먼저 보여주시고, 그들의 기도를 들으시며 그의 계획을 성취하신다. 하나님은 중보기도자들을 그의 사역의 동역자로 부르셨다.

> 주 여호와께서는 자기의 비밀을 그 종 선지자들에게 보이지 아니하시고는 결코 행하심이 없으시리라 암 3:7

에스겔서는 죄를 지어 포로 된 그의 백성들에 대한 회복과 구원의 계획으로 가득하다.

> "내가 돌이켜 너희와 함께하리니… 내가 너희 위에 사람과 짐승을 많게 하되 그들의 수가 많고 번성하게 할 것이라. 너희 전 지위대로 사람이 거주하게 하여 너희를 처음보다 낫게 대우하리니 내가 여호와인 줄을 너희가 알리라" 겔 36:9,11

> "내가 너희를 여러 나라 가운데에서 인도하여 내고 여러 민족 가운데에서 모아 데리고 고국 땅에 들어가서 맑은 물을 너희에게 뿌려서 너희로 정결하게 하되 곧 너희 모든 더러운 것에서와 모든 우상숭배에서 너희를 정결하게 할 것이며, 또 새 영을 너희 속에 두고 새 마음을 너희에게 주되, 너희 육신에서 굳은 마음을 제거하고 부드러운 마음을 줄 것이며, 또 내 영을 너희 속에 두어 너희로 내 율례를 행하게 하리니 너희가 내 규례를 지켜 행할지라. 내가 너희 조상들에게 준 땅에서 너희가 거주하면서 내 백성이 되고 나는 너희 하나님이 되리라" 겔 36:24-28

이후의 구절들 곧 에스겔 36장 29-36절은 풍성한 회복의 약속의 말씀으로 충만하다.
더구나 약속의 맨 마지막에 하나님 자신이 그 약속을 반드시 지킬 것을 확증하셨다. 마치 도장을 찍거나 사인한 것과 같다.

> "나 여호와가 말하였으니 이루리라" 겔 36:36

그리고 하나님은 말씀하신다.

> 주 여호와께서 이같이 말씀하셨느니라. "그래도 이스라엘 족속이 이같이 자기들에게 이루어주기를 내게 구하여야 할지라" 겔 36:37

"그래도… 내게 구하여야 할지라"라고 말씀하신 것은, 하나님의 계획이 확실하고 하나님이 도장까지 찍어 확정하셨어도 그의 백성들의 중보기도를 통해 성취하시겠다는 것이다.

하나님은 중보기도자를 찾으신다. 그들의 기도를 들으시고, 그의 계획을 이루신다.

> "그래도 이스라엘 족속이 이같이 자기들에게 이루어주기를 내게 구하여야 할지라"(겔 36:37).

3. 선지자의 사역

첫째, 선지자들은 파수꾼이다.

파수꾼의 역할은 나팔을 불어 경고하는 것이다.

> 인자야 내가 너를 이스라엘 족속의 파수꾼으로 세웠으니 너는 내 입의 말을 듣고 나를 대신하여 그들을 깨우치라 겔 3:17(3:16-21, 33:1-9에서 더 상세히 파수꾼의 사명과 책임을 말씀하신다)

하나님은 "너는 내 입의 말을 듣고 나를 대신하여 그들을 깨우치라"라고 하셨다. 백성들이 듣기 좋아하는 말을 지어서 말하는 사람은 거짓 선지자다. 하나님은 "자기 마음대로 예언하는 거짓 선지자"들에게 경고하신다(겔 13장). 그들이 쌓은 담은 무너질 것이다. 하나님이 폭우를 내리며 큰 우박을 떨어뜨리며 폭풍이 몰아치게 하여 무너뜨리실 것이다(겔 13:1-13).

> 우리는 거짓 선지자를 경계하고 또 경계해야 한다. 자칫 우리 자신이 그런 거짓 선지자가 되지 않도록 주의해야 한다. 부모, 선생, 영적 권위자, 직장 상사가 주어진 권위를 잘못 사용하는 것도 위험하다. 우리가 가정에서 혹 부모가 자녀에게, 교회 공동체에서 혹 형제가 형제에게, 사회 각 영역에서 혹 다른 사람들에게 거짓 선지자가 되어서는 절대로 안 된다.
> 거짓말, 중상모략, 미움의 말, 추측과 판단과 비방의 말을 하지 말아야 한다. 더구나 욕을 하거나 저주를 퍼붓는다면 아주 심각하다. 우리는 말할 때마다 오직 하나님의 말씀을 듣고 하나님을 대신하여 말하는 법을 배워야 한다.

하나님의 놀라운 약속이 있다.

> 네가 만일 헛된 것을 버리고 귀한 것을 말한다면 너는 나의 입이 될 것이라 렘 15:19

둘째, 선지자들은 중보기도자다.

하나님은 선지자들이 마땅히 있어야 할 장소는 중보기도의 자리라고 말씀하신다.

> 너희 선지자들이 성 무너진 곳에 올라가지도 아니하였으며 이스라엘 족속을 위하여 여호와의 날에 전쟁에서 견디게 하려고 성벽을 수축하지도 아니하였느니라 겔 13:5

중보기도자는 성 무너진 곳에 올라가야 한다. 전쟁의 날을 위해 성벽을 수축해야 한다. 이곳은 선지자가 마땅히 있어야 할 자리를 말한다. 곧 중보기도의 자리다.

> 이 땅을 위하여 성을 쌓으며 성 무너진 데를 막아서서 나로 하여금 멸하지 못하게 할 사람을 내가 그 가운데에서 찾다가 찾지 못하였으므로 겔 22:30

【 참 선지자와 거짓 선지자 】

참 선지자	거짓 선지자(13장, 22장)
하나님이 보여주신 말씀을 전한다 내가 보니(4번) 그가 내게 이르시되(3번) 여호와의 말씀이 내게 임하여(28번)	하나님의 말씀을 사칭한다. 자기 마음대로, 자기 심령을 따라 예언한다. 거짓으로 유혹한다. 거짓 평강을 예언한다.
파수꾼이다(겔 3:16~21, 33:1~9). 이방 땅에서 포로생활하는 유다 백성의 영혼을 지키고 보살피는 사명이다.	부적과 수건을 사용하여 거짓 예언한다. 물질을 위해 거짓 예언한다. 사람들의 영혼을 미혹한다.
중보기도자이다(겔 22:30). 이스라엘의 범죄를 위해 중보기도한다.	중보기도하지 않는다(겔 13:5) 성 무너진 곳에 올라가지 않는다.

에스겔 선지자 시대는 바벨론 포로 시대이다. 예레미야 선지자 시대와 동일하게 거짓 선지자가 일어났다. 나라가 혼란하면 거짓 선지자가 일어난다. 이런 때 주의 음성에 더 귀기울여야 한다.

4. 에스겔의 상징적 행위와 그 의미

하나님은 에스겔에게 행위를 통해 주의 뜻을 전달하도록 명령하셨다. 그의 행위는 자신의 생각이나 아이디어가 아니라 오직 하나님이 말씀하신 대로 순종한 것이다. 그것은 예언적 행위다.

	상징적 행위	의 미
1	커다란 돌 위에 예루살렘 지도를 그리고 주위를 에워쌈	예루살렘 성이 바벨론 군대에 의하여 포위 공격을 당할 것이다
2	예리한 칼로 머리털과 수염을 벤 후 1/3은 불사르고, 1/3은 칼로 치고, 1/3은 바람에 흩음	유다에 임할 하나님의 심판. 더러는 불에 타 죽고, 더러는 칼에 죽고, 더러는 산산이 흩어질 것이다
3	가재도구를 급히 챙긴 후 밤에 몰래 성을 빠져나가다	백성들이 바벨론으로 끌려갈 것이다
4	칼을 공중에 휘두르며 슬피 울면서 자기 넓적다리를 치다	예루살렘이 대적의 칼에 죽을 것이다
5	땅에 갈라지는 두 길을 그린 후에 각각 지시표를 만든다	바벨론 왕이 지시된 길을 따라 예루살렘 성을 공격할 것이다
6	가마에 물을 부은 후 양고기의 좋은 부위를 넣고 오래 불을 땐다	하나님께서 불 같은 맹렬한 심판으로 유다의 죄를 제거하실 것이다
7	아내의 죽음에도 울지 못함	울음조차도 마를 만큼 철저한 멸망을 당할 것이다
8	두 막대기를 하나로 연합	이스라엘의 연합

5. 특히 에스겔 40장 – 48장은 성전의 모습을 보여준다

성전은 하나님의 임재의 장소요, 하나님의 축복의 장소이며, 하나님과의 교제의 장소이다. 교회의 회복의 모습이다. 에스겔의 이 부분은 회복된 신약 교회의 모습이다.

에스겔 37장과 47장

에스겔서에서 이 두 장은 바벨론 포로 중에 소망을 주는 말씀이다. 특히 37장은 이스라엘의 회복이 초점이고, 47장은 새 이스라엘의 영광이 초점이다. 물론 이 말씀은 후에 오순절 성령의 임하심으로 성취되어 신약의 교회의 특징을 이룬다.

에스겔 37장 - 바싹 마른 뼈들이 살아나 군대가 됨

바싹 마른 뼈들에 생기가 들어가자 다시 살아나 큰 군대를 이루었듯이, 절망 가운데 있는 이스라엘이 회복될 것을 약속한다. 이 장면은 처음 사람을 지으실 때(창 2:7)의 장면과 오순절 성령이 임하심으로 성령 충만해진 신약의 교회 모습을 연상하게 한다. 성령으로 신약의 교회가 이루어져 세상을 변화시키는 하나님의 큰 군대가 되었다.

에스겔 47장 - 성소에서 흐르는 물이 강을 이루고 바다를 소성하게 함

성소에서 흐르는 물이 갈수록 깊어지고 넓어지며 강을 이루었다. 이 강이 이르는 곳마다 모든 것이 살아났다. 강 좌·우편에는 많은 실과나무가 자라났다. 성령으로 충만한 신약의 교회는 생동감이 넘치며 역동적이다. 성령의 능력이 나타나는 교회, 성령의 열매 즉 예수 그리스도의 성품이 나타나는 교회가 된다. 잎사귀는 약재료가 되었다. 강이 바다로 들어가 바다가 소성하게 되었다. 바다는 곧 세상이다. 성령으로 충만한 교회를 통해 세상에 영향을 준다. 그러나 한편에는 대조적인 장면이 나타난다. 진펄과 개펄이다. 그곳은 되살아나지 못하고 소금 땅이 될 거라고 하셨다. 성령에게 항복하여 성령을 의지하는 신앙생활과 교회 공동체와는 달리, 성령을 의지하지 않고 자신의 힘과 능력으로 행하는 삶을 보여준다.

【 에스겔에 나오는 열 가지 비유들 】

1	포도나무	겔 15:1-8	심판 외에 쓸모없는 유대
2	버려진 아이	겔 16장	하나님의 사랑을 배신한 이스라엘
3	독수리와 백향목	겔 17장	시드기야 왕의 어리석음
4	용광로	겔 22:17-22	불로 그의 백성을 정결하게 함
5	두 명의 매춘부	겔 23장	이스라엘과 유다의 영적인 간음
6	솥	겔 24:1-14	예루살렘의 불순물을 제거하기 위한 불
7	파선	겔 27장	두로에 임할 심판
8	무책임한 목자들	겔 34장	예루살렘의 불의한 지도자들
9	마른 뼈	겔 37장	이스라엘의 영적인 회복
10	성전에서 흐르는 생수의 강	겔 47:1-12	이스라엘의 영적인 회복

애가

에스겔서에는 애가가 수록되어 있다. 하나님은 에스겔에게 슬픈 노래를 지어 부르라고 명하셨다.

이스라엘 고관들을 위한 애가(19장)

유다의 왕가인 다윗 가문의 멸망을 예언하는 곡이다. 요시야의 아들들과 손자(즉, 여호아하스, 여호야김, 여고냐, 시드기야)가 재앙을 만나 죽게 되고 결국 시드기야에 이르러 영광스러웠던 왕통이 끊어진다. 에스겔은 애가를 지어 부르며 애통한 마음을 표현했다. 두 가지의 비유로 애가를 불렀다. 유다 왕국은 마치 사자 같아서 용맹하고 위엄 있었으나 이제는 그물에 걸렸다. 또한 유다 왕국은 무성한 포도나무 같았으나 이제는 뽑혀 불태워졌다.

두로에 대한 애가(27장)

두로 왕국의 장례식을 지켜보며 유명했던 도시의 멸망을 애도하는 슬픈 노래를 불렀다. 두로는 한때 조선업이 활발했고 국제무역의 중심지였다. 그러나 한순간에 파선하여 모든 영광이 물에 잠겼다. 두로의 멸망은 열방을 경악하게 했다. 그 가장 큰 원인은 교만이었다.

놀라운 약속

에스겔 11:16-20

"그런즉 너는 말하기를,
주 여호와의 말씀에, '내가 비록 그들을 멀리 이방인 가운데로 쫓아내어 여러 나라에 **흩었으나**
그들이 도달한 나라들에서 내가 잠깐 그들에게 **성소**가 되리라' 하셨다 하고,
너는 또 말하기를,
주 여호와의 말씀에, '내가 너희를 만민 가운데에서 **모으며** 너희를 흩은 여러 나라 가운데에서
모아 내고 **이스라엘 땅**을 너희에게 주리라' 하셨다 하라.
그들이 그리로 가서 그 가운데의 모든 미운 물건과 모든 가증한 것을 제거하여 버릴지라.
내가 그들에게 한 마음을 주고, 그 속에 새 영을 주며,
그 몸에서 돌 같은 마음을 제거하고 살처럼 부드러운 마음을 주어,
내 율례를 따르며 내 규례를 지켜 행하게 하리니, 그들은 내 백성이 되고 나는 그들의 하나님이
되리라"(겔 11:16-20).

에스겔 36:24-28

이 약속의 말씀을 에스겔 36장 24-28절에 다시 말씀하신다. 그리고 더 자세히 설명하신다.
"새 영"은 하나님의 뜻을 이해하고 알아들을 수 있는 기능이다. 그리고 **"새 마음"**은 하나님의 뜻을 따라 살고자 하는 마음이다. 새 영은 영의 지적 기능이요, 새 마음은 영의 정적 기능이다.
"내 영"은 하나님의 영, 곧 '성령'을 말씀하신다. 성령은 우리에게 하나님의 뜻을 따라 살 수 있는 능력을 주시고 우리를 도우셔서 능히 살아내게 하신다.

이것은 놀라운 약속이다!

하나님의 말씀에 대한 불순종과 거역으로 바벨론 포로생활을 하는 하나님의 백성들에게 얼마나 큰 약속인가! 그의 은혜와 사랑으로 그 모든 죄를 용서하고 깨끗하게 하신다는 것이다. 그것도 놀라운데 주실 것이 '또' 있다고 하신다. 하나님의 뜻을 이해하고 알 수 있는 기능인 "새 영"을 주신다는 약속이다. 하나님의 뜻을 알고 하나님의 뜻을 따라 살고자 하는 부드러운 마음을 주신다는 것이다. 그리고 '또' 있다. 하나님의 뜻을 따라 살 수 있는 능력을 성령으로 주신다는 것이다. 얼마나 놀라운가! 두 번이나 "또"라고 말씀하신다. 은혜 위에 은혜가 있다.

> 은혜란, 하나님의 뜻을 알고자 하는 갈급한 마음을 주신 것과, 그 뜻을 알 수 있는 것과, 그 뜻을 따라 살고자 할 때에 능히 살 수 있도록 성령으로 능력을 주시는 것이다. Grace = Desire + Know + Power

용서와 회복, 이것이 에스겔의 전체 대주제다.

"그러므로… 알리라"라는 단어가 60번 이상 언급된다.

> 그러므로 너는 이스라엘 족속에게 이르기를, 주 여호와께서 이같이 말씀하시기를, '이스라엘 족속아, 내가 이렇게 행함은 너희를 위함이 아니요 너희가 들어간 그 여러 나라에서 더럽힌 나의 거룩한 이름을 위함이라. 여러 나라 가운데에서 더럽혀진 이름, 곧 너희가 그들 가운데에서 더럽힌 나의 큰 이름을 내가 거룩하게 할지라. 내가 그들의 눈앞에서 너희로 말미암아 나의 거룩함을 나타내리니 내가 여호와인 줄을 여러 나라 사람이 알리라' 주 여호와의 말씀이니라 겔 36:22,23

Dear. NCer

하나님의 긍휼과 사랑과 회복

1. 회복시키시는 하나님

"내가 그들에게 한 마음을 주고, 그 속에 새 영을 주며, 그 몸에서 돌 같은 마음을 제거하고, 살처럼 부드러운 마음을 주어 내 율례를 따르며 내 규례를 지켜 행하게 하리니, 그들은 내 백성이 되고 나는 그들의 하나님이 되리라"(겔 11:19,20).

2. 회개를 기뻐하시는 하나님

"너는 그들에게 말하라. 주 여호와의 말씀이니라. 나의 삶을 두고 맹세하노니 나는 악인이 죽는 것을 기뻐하지 아니하고 악인이 그의 길에서 돌이켜 떠나 사는 것을 기뻐하노라. 이스라엘 족속아 돌이키고 돌이키라. 너희 악한 길에서 떠나라. 어찌 죽고자 하느냐 하셨다 하라"(겔 33:11).

3. 선한 목자이신 하나님

"내가 너희를 막대기 아래로 지나가게 하며 언약의 줄로 매려니와"(겔 20:37)
- 양을 한 마리씩 이름을 불러 세듯이 기억하시고 돌보신다.

"주 여호와께서 이같이 말씀하셨느니라. 나 곧 내가 내 양을 찾고 찾되 목자가 양 가운데에 있는 날에 양이 흩어졌으면 그 떼를 찾는 것같이, 내가 내 양을 찾아서 흐리고 캄캄한 날에 그 흩어진 모든 곳에서 그것들을 건져낼지라"(겔 34:11,12).

【 연대순으로 본 에스겔 B.C.593 – 571년 : 22년간 】

에스겔서는 연대순으로 기록되어 있지 않다. 마태복음처럼 주제별로 묶여있다. 이것을 연대순으로 재구성하면 다음 표와 같다.

제5년 4월 5일	B.C.593	겔 1장-7장	1장	2장-3장	4-표지, 5-에스겔 머리와 수염 표지, 6-예언, 7-예언
			환상	소명	유다와 예루살렘에 임할 심판
제6년 6월 5일	B.C.592	겔 8장-19장	8-성전, 9-먹 그릇, 10-예루살렘, 11-왕, 12-13-거짓 선지자, 14-장로들, 16-여자들		
			유다와 예루살렘에 임할 심판		
제7년 5월 10일	B.C.591	겔 20장-23장	20-이스라엘의 죄, 21-여호와의 칼, 22-예루살렘의 죄, 23-오홀라와 오홀리바		
			유다와 예루살렘에 임할 심판		
제9년 10월 10일	B.C.589	겔 24장-25장	24-표지들 : 끓는 가마		25-암몬, 모압, 에돔, 블레셋
			유다에 임할 심판		이방에 임할 심판
제10년 10월 12일	B.C.588	겔 29:1-16	애굽에 임할 심판		
제11년 ?월 1일	B.C.587	겔 26장-28장	두로에 임할 심판		
제11년 1월 7일	B.C.587	겔 30:21-26	하나님이 바벨론 왕의 팔은 들어주고 바로의 팔은 내려뜨리신다.		
제11년 3월 1일	B.C.587	겔 31장	바로와 그의 백성에 대한 심판		
제12년 10월 5일	B.C.586	겔 33:21-39장	34-목자, 35-에돔에 대한 심판, 36-회복, 37-마른 뼈, 38-39-마곡과 곡		
			이스라엘의 회복		
제12년 12월 1일	B.C.586	겔 32:1-16	애굽의 교만과 멸망		
제12년 ?달 15일	B.C.586	겔 32:17-33:20	앗수르, 엘람, 메섹과 두발, 에돔이 바로와 함께 멸망의 자리에 있다.		
제25년 1월 10일	B.C.573	겔 40장-48장	예루살렘의 장래 영광		
제27년 1월 1일	B.C.571	겔 29:17-30:19	느부갓네살이 애굽을 정복할 것이다.		

❖ 다니엘(Daniel) 역사의 주 하나님

다니엘서는 에스겔서와 함께 포로로 잡혀가 좌절에 빠진 이스라엘에게 하나님만이 역사의 주이신 것을 확고히 해준다. 하나님의 뜻을 따라 살아가고 그의 뜻을 이루며 살아가는 삶이 어떤 것인지 보여준다. 에스겔이 포로기 전반에 주의 약속을 전하며 포로들에게 소망을 불어넣었다면 다니엘은 후반기에 소망과 용기를 불어넣었다. 비록 자기들의 죄로 인하여 이방인의 손에 붙여져 포로생활을 해도 하나님은 여전히 그들 가운데 계시며 그들에게 말씀하시며 그들을 통해 그의 뜻을 이루시며 영광 받으신다.

묵시문학

다니엘서와 에스겔서는 신약의 요한계시록과 함께 묵시문학이라 할 수 있다. 꿈과 환상을 아우르는 문장체로 구성되었다. '묵시' 또는 '계시'는 하나님께서 세우신 앞날의 계획을 보여주는 것을 말한다. 이를 통해 오직 하나님만이 역사를 주관하시는 유일한 주권자시며, 모든 강대국조차도 하나님이 정하신 때에 심판을 받고 종말을 고하게 될 것을 중점적으로 드러내고 있다. 오직 하나님의 나라가 궁극적으로 승리할 것이다. 바벨론이나 페르시아, 그리스, 로마 등 거대한 제국들도 결국은 왕이신 예수 그리스도 앞에 굴복할 것이다. 오직 하나님만이 역사의 주관자이시다. 역사 무대의 중심은 제국들이 아니라 갈보리 언덕에 우뚝 선 예수 그리스도의 십자가이다. 역사 무대의 주인공은 제국의 왕들과 영웅들이 아니라 오직 예수 그리스도 한 분이시다. 다니엘서는 단지 포로 시대의 유대인들에게만 소망과 용기를 불어넣어 준 게 아니다. 모든 시대를 위한 메시지다. 오늘 우리에게 말씀하시는 하나님의 메시지다. 다니엘서는 역사를 바라보는 통찰력과 이해력을 심어준다.

1장부터 2장 3절까지는 히브리어로, 2장 4절부터 7장까지는 아람어로, 8장부터 12장까지는 히브리어로 쓰여졌다.

다니엘서 – 열방을 향한 하나님의 경륜과 섭리 (단 2:20,21)

역사적인 밤				예언적인 빛			
다니엘과 세 친구	느부갓네살의 꿈과 신상	벨사살의 환상	다리오의 조서	환상 - 네 짐승	환상 - 숫양과 숫염소	환상 - 70주간	환상 - 이스라엘의 미래
1장	2-4장	5장	6장	7장	8장	9장	10-12장
다니엘의 준비	다니엘이 다른 사람의 꿈을 해석함			천사가 다니엘의 꿈을 해석함			
히브리어	아람어				히브리어		
	3인칭				1인칭		

단 2:20,21 ²⁰ 다니엘이 말하여 이르되 영원부터 영원까지 하나님의 이름을 찬송할 것은 지혜와 능력이 그에게 있음이로다 ²¹ 그는 때와 계절을 바꾸시며 왕들을 폐하시고 왕들을 세우시며 지혜자에게 지혜를 주시고 총명한 자에게 지식을 주시는도다

다니엘서의 메시지

다니엘서는 두 부분으로 이루어져 있다. 첫 부분(1장-6장)은 이야기이며, 두 번째 부분(7장-12장)은 환상들이다. 비슷한 비율로 나뉘어 있다. 그러나 두 부분, 여섯 개의 이야기와 네 개의 환상은 밀접한 관계가 있다. 다니엘서 전체는 하나의 목적을 가지고 있다. 즉, 하나님만이 역사의 주라는 것이다. 그리고 하나님은 그를 아는 그의 백성을 통해 그의 뜻을 이루어가신다.

나는 청소년 시절에 다니엘서를 읽을 때마다 내 심장 박동 소리가 커졌다. 마음이 낙심될 때마다 다니엘서를 읽고 또 읽었다. 그러면 그 말씀이 하나님을 신뢰하고 하나님께 순종하도록 나를 이끌어주었다. 저항할 수 없는 거대한 바벨론 제국에서도 오직 하나님께 철저하게 순종한 영웅들의 이야기는 내게 용기를 북돋아 주었다. 더 이상 바벨론 제국이 커 보이지 않았다. 오직 크신 하나님과 하나님의 나라만 보일 뿐이다.

1. 전반부(단 1장 – 6장)

비록 이방 국가에 포로로 잡혀갔지만 하나님을 향해 충성하며 주어진 일에 최선을 다하는 신실한 영웅들이 등장한다. 바벨론에서 다니엘과 세 친구에게 일어난 역사적 사실이 그것이다.

1차 포로 때 바벨론의 세계 경영을 위해 재능 있는 유대인 청소년들을 뽑아서 끌어갈 때 이들도 발탁되어 바벨론에서 교육을 받았다. 이들은 다른 소년들보다 더 뛰어남을 인정받았다.

다니엘

"다니엘"은 히브리식 이름이고, 갈대아식 이름은 "벨드사살"이다. 그는 유다 지파 출신으로, 왕족이었을 것이다. 페르시아의 중심지인 이란과 중앙아시아에서 지금도 그를 기념할 만큼 전설적인 인물이다. 다니엘의 지혜와 경건은 타의추종을 불허할 정도이다. 에스겔 28장 3절은 두로 왕이 자기가 다니엘보다 더 지혜롭다고 자부하며 스스로 교만한 것에 대해 언급할 정도이다. 또한 다니엘은 노아와 욥과 더불어 하나님을 움직일 수 있는 가장 영향력 있는 세 인물 중 하나로 손꼽힌다(겔 14:14,20). 천사 가브리엘은 그를 "하나님의 큰 은총을 받은 사람"이라고 불렀다(단 10:11).

다니엘은 역사상 가장 위대한 왕인 느부갓네살의 궁전에 지내면서 제국에 강력한 영향을 주었다. 그는 당시의 교육제도에서 학문을 익혔다. 그러나 하나님의 말씀에 대해서는 어느 선지자에게도 뒤지지 않았다. 그는 정치가로 이방 제국에서 이름을 떨치면서도 하나님과의 친밀감을 유지하며 하나님을 경외하고 그의 영광을 드러냈다.

오늘날의 다니엘이 일어나야 한다. 대통령, 장관, 국회의원, 도지사, 시장 등의 위치에 있으면서도 하나님을 경외하며 누구에게나 존경과 신뢰를 받으며 오직 하나님의 영광을 드러내는 사람이 일어나야 한다. 그런 사람이 진정한 기독교 문명개혁 운동을 주도하는 사람이다.

다니엘의 지혜는 느부갓네살의 꿈을 설명하면서 드러난다. 느부갓네살의 꿈에 보인 것은 머리는 순금, 가슴과 두 팔은 은, 배와 넓적다리는 놋, 종아리는 쇠, 발은 쇠와 진흙으로 된 거대한 신상이었다. 이것은 바벨론, 메대와 바사, 그리스, 로마로 이어지는 세상 나라를 보여준다. 그러나 이런 막강한 제국들도 뜨인 돌 하나에 의해 가루처럼 부서지고 사라진다. 오직 이 돌이 점점 커져 태산을 이루었다. 이는 하나님만이 역사의 주관자이시며 오직 예수 그리스도만이 만왕의 왕이요 만유의 주이심을 나타낸다(단 1장-2장).

고지를 점령하라

바벨론은 제국의 세계 경영을 위해서 이들을 발탁했지만 하나님은 이들을 통해 하나님의 영광을 드러내셨다. 이들은 무엇보다 하나님의 율법을 철저히 지켰다. 또한 처한 환경에서 자기들에게 주어진 다스리는 일에 전심전력을 다해 충성했다. 이들은 처한 환경을 비판하며 비판만 일삼느라 주어진 일을 태만히 하거나 틈만 있으면 이방 나라의 권세와 제도에 대항해 시위를 일으키는 데 골몰하지 않았다.

이들은 예레미야 27장의 말씀과 이사야 44장 28절, 45장 1절의 말씀을 이해했다. 하나님께서 바벨론 왕 느부갓네살을 "내 종 바벨론의 왕 느부갓네살"(렘 27:6)이라고 부르셨다. 또한 바사의 왕 고레스도 "내 목자"(사 44:28), "그의 기름부음을 받은 고레스"(사 45:1)라고 부르셨다.

다니엘서를 보면 그리스도인이 역사를 바라보는 통찰력, 시세를 아는 눈을 열어준다. 로마서 13장 1-7절의 말씀을 이해하게 해준다. "각 사람은 위에 있는 권세들에게 복종하라. 권세는 하나님으로부터 나지 않음이 없나니 모든 권세는 다 하나님께서 정하신 바라"(롬 13:1).

이는 맹목적인 복종을 말하는 게 아니다. 다니엘서는 이들이 무엇보다 하나님과 그의 말씀에 우선하는 삶을 살았음을 보여준다. 하나님께는 무조건 순종하나 세상의 권세에는 조건적 순종을 했다.

그들은 풀무불이나 사자굴 앞에서 담대했다. 도망하거나 저항하지 않았다. 비겁하게 굴복하거나 타협하지도 않았다. 그들은 하나님의 절대 권위와 주권적 섭리를 굳게 믿었다.

다윗에게서도 동일한 원칙을 본다. 그는 권위를 이해했다. 그는 사울의 권위를 비판하거나 대항하지 않았다. 그렇다고 무조건 순종하지도 않았다.

요셉도 마찬가지다. 그는 비판하거나 자기연민에 빠지지 않았다. 환경을 비판하는 데 시간을 보내지 않았다. 게으름을 피우지도 않았다. 부지런했다. 낙심하거나 포기하지 않았다. 그는 하나님께 더 가까이 나아갔다. 그리고 주어진 상황에서 충성을 했다. 그는 하나님의 절대 주권을 굳게 믿었다.

다니엘과 세 친구들, 다윗, 그리고 요셉은 더 높은 최종 권위자, 하나님께 순종했다.

다니엘서를 통해 알 수 있는 것은, 이 세상의 제도에 대해 비판하며 대항하는 것에 골몰하지 말고 오히려 더욱 열심히 준비하는 삶을 살아야 한다는 것이다. 물론 가장 중요한 건 하나님께 충성하는 것이다. 하나님은 역사의 주인이시다. 사람을 높이고 낮추는 권세가 하나님께 있다.

이들은 권력에 아부하거나 아첨하지 않았다. 그러나 주어진 일에 최선을 다했다. 사람을 두려워하지 않고 오직 하나님만을 경외했다. 이들의 목표는 서바이벌(survival)이 아니라 이 세상에 기독교 문명개혁 운동을 주도하는 삶에 있었다. 이들은 하나님나라의 원칙이 세워지도록 최선을 다했다.

고지를 점령하려면 고지로 올라가야 한다. 고지로 올라가려면 하나님에게 나아가야 한다. 영향을 주고 변화를 주는 삶을 위한 철저한 준비도 해야 한다. 때가 되면 하나님이 고지로 올라가게 하신다. 하나님은 준비된 사람, 훈련된 사람, 연단된 사람, 하나님을 경외하는 사람을 사용하신다.

다니엘의 세 친구는 느부갓네살의 신상과 7배나 뜨거운 풀무불 가운데서 하나님의 영광을 드러냈다. 오직 하나님만이 온 땅을 다스리심을 체험한 느부갓네살은 자신의 교만을 정직하게 세상에 알렸다. 벨사살 왕의 유명한 잔치 자리에서 다니엘은 벽에 쓰인 글씨를 해석했다. 바로 그날 밤에 바벨론은 메대의 다리오에게 함락을 당해 바벨론 제국의 세계 경영의 꿈은 산산조각이 나고 새로운 제국 페르시아가 등장한다. 페르시아 제국에서도 여전히 영향력을 행사하던 다니엘은 적들이 파놓은 사자굴의 함정을 통해 오히려 하나님의 영광을 더 드러냈다(단 3장-6장).

2. 후반부(단 7장-12장)

전반부에서는 역사적 사실을 기록했다면 후반부는 예언적이며 묵시적이다. 하나님을 안중에 두지 않고 교만하게 행하는 제국들에게 행하시는 역사의 주이신 하나님의 주권적인 다스림이 마치 파노라마처럼 펼쳐진다.

에스겔서의 일부에서와 같이 상징적인 언어로 종말에 일어날 핍박을 묘사하고 있다.

7장의 다니엘이 본 네 짐승에 대한 환상은 바벨론, 메대 바사, 헬라, 로마 제국을 나타낸다. 다니엘은 이 환상을 바벨론의 마지막 왕 벨사살 원년에 보았다. 그러므로 시간적으로는 다니엘 5장 이전에 일어난 일이다.

8장의 숫양과 숫염소의 환상은 벨사살 왕 3년에 본 것으로, 알렉산더의 죽음으로 헬라 제국이 그의 장군들에 의하여 넷으로 나뉘었을 때 성취되었다.

9장은 다니엘의 중보기도 내용이다. 그는 예레미야서를 읽다가 바벨론 포로는 70년이 기한이라는 것을 깨달았다. 그는 에스겔 36장 37절 "그래도 이스라엘 족속이 이같이 자기들에게 이루어주기를 내게 구하여야 할지라"를 이해했다. 다니엘은 금식하며 기도했다.

10장에서 12장까지는 다니엘서의 결론이다. 이 세 장의 환상과 예언은 앞선 7장-8장과는 달리 징조나 상징이 아니라 명시적인 말을 통해 다니엘에게 주어진다. 10장은 예언과 관련된 서론적 내용이고, 11장은 예언의 상세한 내용의 기록이고, 12장은 예언의 결론이다. 이 예언은 다니엘 때로부터 300년 후에 일어날 일들이다. 즉 알렉산더의 죽음 이후 나뉜 나라들이 팔레스타인을 중심으로 서로 쟁탈전을 벌일 것을 말한다. 특히 안티오코스 4세인 에피파네스가 이스라엘에 행할 악한 일들과 그의 종말에 대한 것이다.

선지서

293

그리고 그 예언은 그보다 더 후에 일어날 일들도 보여준다. 즉 예수 그리스도의 오심과 그의 교회에 대한 것도 포함된다.

【 다니엘서에 나타난 꿈과 환상의 상호관계 】

<table>
<tr><th></th><th>신상 - 2장</th><th>짐승들 - 7장(네 짐승들)</th><th>짐승들 - 8장(숫양과 숫염소)</th><th>뜻하는 왕국들</th></tr>
<tr><td rowspan="4">이 방 인 의 시 대</td><td>순금 - 머리</td><td>독수리 날개를 가진 사자 같은 짐승</td><td></td><td>바벨론</td></tr>
<tr><td>은 - 가슴과 팔</td><td>곰 같은 짐승</td><td>두 개의 뿔을 가진 숫양</td><td>메대 - 바사</td></tr>
<tr><td>놋 - 배와 넓적 다리</td><td>네 개의 날개와 네 개의 머리를 가진 표범 같은 짐승</td><td>하나의 큰 뿔, 네 개의 뿔, 하나의 작은 뿔을 가진 숫염소</td><td>그리스</td></tr>
<tr><td>쇠 - 종아리 쇠와 진흙 - 발</td><td>열 개의 뿔과 작은 뿔을 가진 비교할 수 없는 짐승</td><td></td><td>로마</td></tr>
<tr><td></td><td>큰 산이 된 돌</td><td>메시아와 성도들이 왕국을 받음</td><td></td><td>하나님나라</td></tr>
</table>

다니엘서 11장 32절 하반절에, "오직 자기의 하나님을 아는 백성은 강하여 용맹을 떨치리라"라고 했다. 아무리 악한 자들이 거대한 세력으로 하나님의 백성들을 삼키려 해도 하나님을 아는 백성들은 이들로부터 영향을 받지 않는 강함이 있을 뿐 아니라 더 나아가 하나님의 영광을 더 드러내는 용맹을 발할 것을 보여준다. 다니엘과 세 친구가 대표적인 예이다.

> 이 마지막 때에 바벨론과 같은 이 세상에서 하나님의 영광을 더욱 드러내는 오늘날의 다니엘과 세 친구와 같은 젊은 영웅들이 나타나도록 기도해야 한다. 오직 하나님만을 경외하며 성령만을 의지하는 젊은 영웅들, 하나님의 영광을 드러내는 영웅들이 이제 나타날 때이다.

"영원부터 영원까지 하나님의 이름을 찬송할 것은 지혜와 능력이 그에게 있음이로다.
그는 때와 계절을 바꾸시며, 왕들을 폐하시고 왕들을 세우시며,
지혜자에게 지혜를 주시고 총명한 자에게 지식을 주시는도다.
그는 깊고 은밀한 일을 나타내시고, 어두운 데에 있는 것을 아시며, 또 빛이 그와 함께 있도다"(단 2:20-22).

Dear. NCer

톨레돗 관점에서 본 다니엘

하나님은 역사의 주이시다. 나라들을 세우고 폐하는 권세와 왕들을 세우고 폐하는 권세가 오직 하나님에게 있다. 오직 하나님만을 경외하며 성령만을 의지하는 젊은 영웅들, 하나님의 주권적 섭리를 믿는 영웅들, 하나님의 영광을 드러내는 영웅들이 이제 나타날 때이다.

【 바벨론 포로 이전/포로 기간 이후에 활동한 선지자들 】

	선지서	활동 나라	주 메시지	이스라엘 심판	유다 심판	열방의 심판	결과
포로 이전	호세아	북 이스라엘	하나님의 사랑	하나님을 떠남			일방적인 사랑
	요나	니느웨	니느웨 심판			니느웨 심판의 예언	니느웨 회개
	아모스	북 이스라엘	하나님의 공의	다섯 가지 죄	말씀 불순종	주변국 6개국 + 2	하나님의 긍휼
	요엘	남 유다	심판의 날	회개하라			하나님의 긍휼
	미가	남 유다/ 북 이스라엘	사회의 도덕성	속부	속부	바벨론을 심판	은혜의 회복
	이사야	남 유다	하나님의 영광		하나님의 공의와 긍휼	주변국 - 앗수르 등 10개국	역사의 주 하나님
	오바댜	에돔	에돔의 심판			유다의 환난을 방관함	에돔의 멸망, 이스라엘 회복
	나훔	니느웨	니느웨 멸망			우상숭배	니느웨 멸망
	스바냐	유다	남은 자들		우상숭배	주변국 - 8개국	심판 후 회복
	하박국	유다	하나님의 주권		불의, 속부	바벨론	믿음으로 살리라
	예레미야	유다	바벨론 포로와 귀환		강국을 의지함	주변국 - 바벨론 등 10개국	하나님의 긍휼 - 포로 귀환
	예레미야 애가	유다	애가 - 예루살렘 멸망				
포로 기간	에스겔	바벨론	성전의 회복		예루살렘의 죄	주변국 - 애굽 등 10개국	이스라엘의 회복
	다니엘	바벨론, 페르시아	열방을 향한 하나님의 경륜			열방 - 바벨론, 바사, 그리스, 로마	역사의 주 하나님
포로 이후	학개	페르시아 (유다)	성전 건축		우선순위		성전 건축 1차 포로 귀환
	스가랴	페르시아 (유다)	성전 건축과 남은 자들		예루살렘의 회복	열방을 심판	하나님의 주권 1차 포로 귀환
	에스더	페르시아	전화위복		이방에 남아있는 백성을 돌보심	하만 - 아말렉	하나님의 주권
	에스라	페르시아 (유다)	말씀 회복		교회 공동체		2차 포로 귀환
	느헤미야	페르시아 (유다)	성벽 재건		국가 공동체		3차 포로 귀환
	말라기	페르시아 (유다)	예배의 회복		교회 공동체		구약과 신약의 다리 메시아의 사자

소선지서 호세아, 요엘, 아모스, 오바댜, 요나, 미가
나훔, 하박국, 스바냐, 학개, 스가랴, 말라기

소선지서

호세아부터 말라기까지 12권을 '소선지서'라고 부르는 것은 대선지서보다 권위나 내용이 뒤떨어지거나 덜 중요해서가 아니다. 단지 책의 분량이 대선지서보다 적기 때문이다. 이들도 대선지서를 기록한 사역자들 못지않게 활동한 뛰어난 사역자들이다.

교회나 단체의 규모, 강의나 저작 활동 등으로 유명한 사역자들이 그렇지 않은 사역자들보다 더 뛰어나거나 성공했다고 쉽게 단정해서는 안 된다. 잘 알려지지 않은 사역자라도 활활 타오르며 밝게 빛나는 숨은 영웅들이 많다. 이 숨은 영웅들은 다음과 같다.

엘리야에게는 '선지자 중의 선지자'라는 별명이 있다. 그의 제자 엘리사는 엘리야의 갑절의 영감을 받아 놀랍게 쓰임 받았다. 이 두 선지자는 북 이스라엘에서 말씀을 선포했다.

이 외에도 13명의 놀라운 하나님의 선지자들이 있다.

아히야, 미가야, 오바댜는 북 이스라엘에서 사역했다. 스마야, 아사랴, 하나니, 엘리에셀, 스가랴, 훌다, 우리야는 남 유다에서 사역했다. 잇도, 오뎃, 예후는 남 유다, 북 이스라엘 모두에게 말씀을 선포했다.

성경을 기록한 12명의 선지자들은 다음과 같다.

호세아, 요엘, 아모스, 오바댜, 요나, 미가, 나훔, 하박국, 스바냐는 바벨론 포로기 이전에 활동한 선지자들이다. 특히 요나와 나훔은 앗수르의 수도 니느웨를 향해 선포했다. 니느웨는 요나의 선포에는 회개하였으나 150년 후에 선포한 나훔의 예언에는 반응하지 않고 멸망했다. 그리고 오바댜는 에돔을 향해 말씀을 선포했다.

소선지서 중 바벨론 포로기에 기록된 건 없다. 그러나 대선지서로 분류되는 에스겔과 다니엘이 이때 사역했다. **학개, 스가랴, 말라기**는 포로기 이후에 활동했다.

선지자들은 언제나 주변 사람들의 심기를 불편하게 만든다. 그들의 말을 듣는 건 언제나 부담스럽다. 거칠고 직선적이다. 사람들의 감정을 토닥거려주지 않는다. 문제를 이해하기보다 문제에 직면하게 한다. 눈물을 닦아주기보다 눈물을 그치라고 한다. 그들이 사용하는 도구는 불, 수술용 칼, 방망이 등이다. 어떤 때는 우리를 타오르는 용광로에 풍덩 빠뜨린다.

이들은 하나님이 누구신지 친절하게 설명하지 않는다. 오히려 우리의 편협한 생각, 틀에 박힌 종교적 생활을 마구 흔들어 하나님 앞으로 이끈다.

그러나 이들은 눈물로 산다. 깨어진 마음의 소유자다. 누구보다 더 우리를 사랑한다.

❖ 호세아(Hosea) 하나님의 사랑

'구원'이라는 뜻의 호세아는 세상을 하나님의 사랑으로 품은 사람이다. 주로 북 이스라엘에 대해 예언을 했고, 때로 남 유다에 대해서도 경고했다. 그는 아모스와 동시대 사람이다. 130년 후에 예레미야가 남 유다의 멸망을 목격했듯이 호세아는 북 이스라엘의 멸망을 목격했다.

이스라엘과 유다는 정치적인 입지를 다지기 위해 동맹국들을 신뢰했다. 그러나 선지자는 오직 하나님만을 신뢰해야 한다고 지적한다. 이스라엘과 유다는 이방 국가들과 동맹을 맺으며 하나님을 무시함으로써 하나님의 선민으로서 절개를 팔고 창녀 노릇을 했다. 하나님은 호세아의 결혼생활을 통해 이스라엘이 깨닫기를 바라셨다.

하나님은 이스라엘의 뿌리를 뽑아 이방 땅, 앗수르에 흩뿌리실 것이다. 실제로 북 이스라엘은 B.C.722년에 앗수르에 망해 포로로 잡혀갔다.

호세아 – 하나님의 놀라운 사랑의 줄(호 11:4)

불성실한 아내 – 성실한 남편				불성실한 이스라엘 – 성실한 여호와 하나님				
여는 말	호세아와 고멜	하나님과 이스라엘	화해	이스라엘의 죄- 증상	하나님의 진단서	백성을 버리지 않으시는 하나님	회복의 길- 여호와께 돌아오라	맺는 말
1:1	1:2-9	1:10-2장	3장	4:1-6:3	6:4-10장	11장-13장	14:1-8	14:9
선지자의 가정 예표				거룩하신 하나님	공의의 하나님	사랑의 하나님	긍휼의 하나님	
하나님의 사랑(2장) ①가시와 담 ②광야와 아골 골짜기 ③하나님이 장가 드심 ④잃었던 것들 회복				죄의 원인(4-6장) ①하나님을 알지 못함 ②하나님의 말씀을 버림 ③불순종 ④우상숭배	죄의 상태(7장) ①달궈진 화덕 ②뒤집지 않은 전병 ③어리석은 비둘기 ④속이는 활	역사수업 (12-13장)	회복지침서 (14:1-3) 회복의 아름다움 (14:4-8) 부록(14:9)	

호세아서의 메시지

호세아를 향한 하나님의 명령은 충격적이다. 매춘부와 결혼해서 자녀를 낳으라고 하시니 말이다. 그러나 더 놀라운 건 이것이 단지 순종하는 한 선지자의 가정 이야기로 국한되지 않기 때문이다. 영적으로 말하면, 이스라엘은 여호와의 아내이다. 그러나 이스라엘은 하나님께 더욱 불충성했다. 우상숭배와 각종 죄악으로 더 깊이 빠져들었다.

결국 하나님은 징계하실 것이다. 그러나 하나님의 사랑으로 구속하여서 축복의 자리로 회복하실 것이다. 이것이 호세아의 개인적인 경험으로 예증되었다.

호세아서에 나타난 하나님의 사랑은 우리가 상상하며 공상하는 사랑이 아니다. 조건 없는 일방적인 사랑이다. 우리의 지식과 이해를 넘는 사랑이다.

우리가 아직 죄인 되었을 때에 그리스도께서 우리를 위하여 죽으심으로 하나님께서 우리에 대한 자기의 사랑을 확증하셨느니라 롬 5:8

선지자 호세아의 가족관계가 곧 이스라엘의 하나님과의 관계이다(호 1장).

호세아의 아내 고멜은 부정한 여인이었다. 그의 세 아이는 태어나면서 당시의 상황을 그대로 보여주기 위한 이름을 갖게 되었다.

> 이스르엘 – 하나님께서 흩뿌리신다
> 로루하마 – 긍휼히 여김을 받지 못하는 자
> 로암미 – 내 백성이 아니다

그러나 하나님에게 버림받은 아내인 이스라엘은 징계를 받으나 결국은 회복될 것이다(호 2장). 나중에 호세아의 자녀 이름을 바꾸어서 하나님이 이스라엘을 회복하실 것을 보여주었다.

> "로루하마"를 "루하마"로 바꾸었다 – 긍휼히 여김을 받는 자
> "로암미"를 "암미"로 바꾸었다 – 내 백성이다

1. 하나님은 누구신가?

가시와 담 – 하나님의 사랑

> 그러므로 내가 가시로 그 길을 막으며 담을 쌓아 그로 그 길을 찾지 못하게 하리니 호 2:6

우리가 하나님이 아닌 다른 길로 행할 때, 하나님을 떠나 세상에 빠질 때, 하나님의 뜻을 무시하고 자기 마음대로 살 때, 하나님은 가시를 그 길에 놓으며 담을 쌓아 그 길을 막아 더 이상 나아가지 못하게 하신다. 가시는 가는 길에 놓여서 발을 찌르고 아프게 한다. 담은 가는 길을 막아 가지 못하게 한다. 앞이 캄캄해진다. 가는 길에 가시가 있어 찔리고, 담으로 막혀 앞으로 더 나아갈 수 없을 때, 우리는 불평하고 원망한다. 하는 것마다 실패만 따르니 낙심한다.

혹시 길에 가시가 있어서 발이 찔려 아픈가? 가는 길이 담으로 막혀 더 이상 나아가지 못하고 답답함과 절망감, 혼란에 빠져있는가? 하나님의 사랑의 배려다. 그 길로 계속 가면 결국 망할 것을 아시는 사랑의 아버지의 배려다.

하나님은 사랑이시다. 사랑에는 공의와 긍휼이 포함된다. 그러나 하나님의 긍휼이 공의를 이기고 자랑한다(약 2:13).

광야와 아골 골짜기 – 하나님의 위로와 소망의 문

> 보라! 내가 그를 타일러 거친 들로 데리고 가서 말로 위로하고 거기서 비로소 그의 포도원을 그에게 주고 아골 골짜기로 소망의 문을 삼아 주리니 그가 거기서 응대하기를 어렸을 때와 애굽 땅에서 올라오던 날과 같이 하리라 호 2:14,15

거친 들은 광야를 말한다. 하나님은 우리를 광야로 데리고 간다. 광야는 환경적, 정서적, 사회적, 육체적, 재정적으로 힘든 곳이다. 마치 가지 않아야 하는 곳처럼 보인다. 그러나 하나님은 거기에서 우리를 위로하신다. 아골 골짜기를 소망의 문으로 삼으신다. 아골 골짜기는 '환난의 골짜기'다. 우리를 절망하게 하며 두렵고 불안하게 한다. 그러나 하나님은 그곳을 소망의 문으로 삼으신다.

얼마나 놀라운가! 광야가 목적이 아니다. 아골 골짜기가 끝이 아니다. 거기에서 하나님은 우리에게 우리의 포도원을 주신다.

놀라운 사랑, 놀라운 은혜

> 내가 네게 장가들어 영원히 살되 공의와 정의와 은총과 긍휼히 여김으로 네게 장가들며 진실함으로 네게 장가들리니 네가 여호와를 알리라 호 2:19,20

이 얼마나 놀랍고 아름다운가! 죄인의 죄를 용서하시고 깨끗하게 하심을 받은 것과 사망에서 생명으로 옮기신 것, 저주에서 축복으로 옮기신 것만도 놀라운데, 더 나아가 마치 신랑과 신부의 사랑의 관계만큼이나 친밀한 관계로 이끄시니 어찌 놀랍지 않은가! 이보다 더 인격적인 경험을 할 기회가 있을까!

하나님을 지식으로가 아니고, 왕의 보좌에 계신 하나님을 다만 멀리서 바라보는 게 아니고, 마치 신랑과 신부의 관계처럼 우리를 이끄시니 참으로 이 비밀이 크도다!

> 이 비밀이 크도다. 나는 그리스도와 교회에 대하여 말하노라 엡 5:32

> 성령님, 우리의 지식과 이해를 넘어서는 그리스도의 사랑의 너비, 길이, 높이, 깊이가 어떠함을 더욱 깨달아 알게 하여주소서(엡 3:18,19 참고).

이전에 잃었던 모든 것을 회복하시는 하나님

> 여호와께서 이르시되, "그날에 내가 응답하리라. 나는 하늘에 응답하고, 하늘은 땅에 응답하고, 땅은 곡식과 포도주와 기름에 응답하고, 또 이것들은 이스르엘에 응답하리라. 내가 나를 위하여 그를 이 땅에 심고 긍휼히 여김을 받지 못하였던 자를 긍휼히 여기며 내 백성 아니었던 자에게 향하여 이르기를, '너는 내 백성이라' 하리니 그들은 이르기를, '주는 내 하나님이시라' 하리라" 하시니라 호 2:21-23

땅은 그 땅에 거하는 사람들의 상태에 따라 영향을 받는다. 그 땅에 거하는 사람들이 죄 가운데 행하면 그 땅은 저주를 받는다. 그러면 그 땅의 소산물에 영향을 준다. 땅은 하늘에 영향을 준다. 이것은 여러 선지서에 나타난다(욜 1장, 암 4장, 학개서 등).

이스라엘 자손들아, 여호와의 말씀을 들으라! 여호와께서 이 땅 주민과 논쟁하시나니 이 땅에는 진실도 없고 인애도 없고, 하나님을 아는 지식도 없고, 오직 저주와 속임과 살인과 도둑질과 간음뿐이요, 포악하여 피가 피를 뒤이음이라. 그러므로 이 땅이 슬퍼하며 거기 사는 자와 들짐승과 공중에 나는 새가 다 쇠잔할 것이요 바다의 고기도 없어지리라 호 4:1-3

하나님은 에덴동산에서 죄를 지은 아담과 하와에게도 이 같은 말씀을 하셨다.

땅은 너로 말미암아 저주를 받고… 땅이 네게 가시덤불과 엉겅퀴를 낼 것이라 창 3:17,18

이제 하나님께서 이 모든 관계를 회복하신다. 사람의 죄로 말미암은 모든 결과를 다시 이전의 상태로 회복하신다. 하나님께서 회복하시는 방법은 오직 예수 그리스도의 십자가와 흘리신 피다.

너희는 너희가 거주하는 땅을 더럽히지 말라. 피는 땅을 더럽히나니 피 흘림을 받은 땅은 그 피를 흘리게 한 자의 피가 아니면 속함을 받을 수 없느니라 민 35:33

죄의 삯은 사망이다(롬 6:23). 피 흘림이 없으면 사함이 없다(히 9:22). 죄를 지은 자가 피 흘림으로, 죽음으로 해결해야 한다. 그러나 하나님은 모든 죄와 저주와 사망을 그의 아들 우리 주 예수 그리스도에게 옮기셨다. 하나님의 아들이 우리의 죄를 대신 짊어지고 십자가에서 죽으시고 피를 흘리셨다. 하나님이 아담과 하와를 위해 가죽옷을 지어 입히시며 나뭇잎으로 지은 옷을 대신하셨다.

보라! 세상 죄를 지고 가는 하나님의 어린양이로다! 요 1:29

하나님은 호세아 2장 21-23절에서 모든 것을 이전 상태로 회복하심을 약속하셨다. 그리고 그것은 갈보리 십자가에서 성취되었다.

> 사람의 죄는 땅이 저주를 받게 하며 모든 대자연의 질서체계를 무너뜨린다. 가뭄, 홍수, 지진 등으로 이어진다. 결국 땅의 소산물에게도 영향을 준다. 사랑의 하나님은 이를 회복하기 위해 그의 아들 예수 그리스도를 보내어 대신 이 모든 죄와 저주를 담당하게 하셨다. 그리고 이 모든 질서를 회복하셨다.

2. 이스라엘을 향한 하나님의 사랑

호세아의 후반부(4장-14장)는 하나님의 모습을 거룩하신 하나님, 공의로우신 하나님, 사랑의 하나님으로 우리에게 보여준다.

1) 거룩하신 하나님(호 4장-7장)

이스라엘의 모든 죄를 주께서 지적하시면서 하나님의 거룩하심 앞에서 살아야 함을 촉구하신다. 이스라엘의 죄의 가장 큰 원인은 '하나님을 알지 못하는 것'이다. 그러므로 하나님을 떠난 삶에서 돌이켜서 그분께 돌아와 하나님 알기를 간절히 원한다고 말씀하신다.

내 백성이 지식이 없으므로 망하는도다 호 4:6

우리가 여호와를 알자 힘써 여호와를 알자 호 6:3

나는 인애를 원하고 제사를 원하지 아니하며 번제보다 하나님을 아는 것을 원하노라 호 6:6

7장에서 이스라엘 백성의 죄의 상태를 네 가지 비유로 말씀하신다.

첫째 – "달궈진 화덕"과 같다(호 7:4-7).

달궈진 화덕과 같다는 것은 그들의 마음이 악한 생각으로 가득 찬 상태를 말한다. 마음의 부정한 욕망과 감정, 그리고 악한 생각들은 마음을 뜨겁게 만드는 연료 역할을 한다. 그것은 내면의 불이기 때문에 열기를 머금고 있다. 오직 하나님의 은혜로만 그 불을 끌 수 있다.

둘째 – "뒤집지 않은 전병"과 같다(호 7:8-10).

빵을 한쪽만 구우면 한쪽은 타버리고, 다른 쪽은 덜 익어서 못 먹는다. 이스라엘이 마치 그런 상태다. 하나님을 향한 열심이 있는 것처럼 보일 때도 있고, 바알을 향해 뜨거운 것같이 보일 때도 있다. '하나님과 바알 사이에서 머뭇머뭇하던' 아합 때와 같다.

셋째 – "어리석은 비둘기" 같다(호 7:11-15).

비둘기는 원래 자기 집을 잘 찾아가지만 어리석은 비둘기는 다른 곳으로 간다. 하나님께로 가야 하는데 이방 국가들에게로 간 이스라엘을 잘 보여준다. 이스라엘이 곤경에 처했을 때, 마땅히 보금자리로 돌아오는 비둘기처럼 하나님께로 돌아와야 하는데 엉뚱하게도 애굽이나 앗수르를 향해 날아가 도움을 청했다. 회개하고 돌이켜 하나님께 돌아오면 얼마든지 도움을 받을 수 있는데, 아무 소득도 없이 이 나라 저 나라 다니며 헛된 도움을 청했다. 지각이 없는 백성이요 생각이나 지혜가 없는 백성이다.

넷째 – "속이는 활"과 같다(호 7:16).

처음에는 과녁을 잘 맞혔지만 마지막에는 엉뚱한 방향으로 쏘는 활과 같다는 것이다. 하나님을 향하지 않고 이방을 향해 나아가는 이스라엘을 잘 보여준다. 회개하고 돌이켜 하나님께로 돌아오는 척했지만 실제로는 끝까지 실행에 옮기지 않았다. 마지막 결정적인 순간에는 하나님께로 나아가지 않고 다른 데로 갔다.

하나님은 거룩하셔서 이들이 모든 죄를 다 회개하고 돌이켜 그분께 돌아오기를 요청하신다. 이스라엘 백성들을 치료하고 회복하기 원하신다.

2) 공의로우신 하나님(호 8장-10장)

하나님은 공의로우셔서 그들에게 죄의 결과가 얼마나 고통스러운지 보여주신다.

그들이 바람을 심고 광풍을 거둘 것이라. 심은 것이 줄기가 없으며 이삭은 열매를 맺지 못할 것이요 혹시 맺을지라도 이방 사람이 삼키리라 호 8:7

그들은 바람을 심고 광풍을 거두었다. 헛된 것을 심었더니 더 큰 헛된 삶으로 돌아왔다. 헛된 수고를 했다. 우상을 만들고 섬기면 잘되고 번영할 줄 알았다. 그러나 바람을 심는 것처럼 아무 소득이 없었다.

하나님이 아닌 다른 것들로 자기의 도움을 삼는 삶은 더욱 피곤해질 뿐이다. 그 정도로 그치지 않는다. 헛된 수고로 그치지 않는다. 바람을 심으면 광풍을 거둔다. 광풍은 세찬 바람이다. 순식간에 모든 것을 휩쓸어 가고 산산조각으로 만든다. 더 큰 재앙을 만난다. 그들을 위험에 빠뜨린다. 멸망을 초래한다.

> 그들이 듣지 아니하므로 내 하나님이 그들을 버리시리니 그들이 여러 나라 가운데에 떠도는 자가 되리라 호 9:17

하나님의 말씀을 거부한 백성들은 '나라들 사이에 방랑자'가 될 것이고, 그들의 왕통(王統)은 끊어질 것이다. 하나님은 그들이 주께로 돌아오기를 간절히 원하신다. 두 마음이 아닌 오직 한 마음을 품기 원하신다.

> 너희가 자기를 위하여 공의를 심고 인애를 거두라. 너희 묵은 땅을 기경하라. 지금이 곧 여호와를 찾을 때니 마침내 여호와께서 오사 공의를 비처럼 너희에게 내리시리라 호 10:12

"묵은 땅"은 오래되어 딱딱하게 굳은 땅이다. 또한 잡초가 가득한 땅이다. 죄가 마음의 밭을 딱딱하게 한다. 불순종하는 마음과 깨끗지 못한 생각과 욕망들이 마음의 밭에 잡초가 가득하게 한다. 그것을 기경해야 한다. 갈아엎어야 한다. 딱딱한 땅을 깨뜨려 부드럽게 하고 잡초를 뿌리째 뽑아 불태워야 한다. 하나님께 나아가 죄를 자복하고 회개해야 한다.

지금이 바로 적기이다. 농부가 파종할 때를 놓치지 않듯이 지금이 하나님을 찾을 때이다. 지금은 은혜의 때다. 내일로 미루지 말아야 한다.

> 너희는 여호와를 만날 만한 때에 찾으라. 가까이 계실 때에 그를 부르라. 악인은 그의 길을, 불의한 자는 그의 생각을 버리고 여호와께로 돌아오라. 그리하면 그가 긍휼히 여기시리라. 우리 하나님께로 돌아오라. 그가 너그럽게 용서하시리라 사 55:6,7

> 내가 네 허물을 빽빽한 구름같이, 네 죄를 안개같이 없이하였으니 너는 내게로 돌아오라. 내가 너를 구속하였음이니라 사 44:22

3) 사랑의 하나님(호 11장-13장)

하나님을 떠난 이스라엘 백성들의 삶에도 불구하고 그분은 변함없는 사랑으로 그들을 대하신다. "내가 사랑의 줄로 그들을 이끌었다"라고 하신다(호 11:4). 그의 자녀들에게 걸음마를 가르치시고, 넘어지면 팔로 안아서 치료해주시는 부드러운 사랑의 아버지로 보여주신다. "내 마음이 내 속에서 돌이키어 나의 긍휼이 온전히 불붙듯 하도다"라고 하시듯(호 11:8), 우리가 죄를 지으면 화를 내시기보다는 함께 마음으로 아파하시며 돌봐주기를 원하시는 하나님 아버지의 모습이다.

하나님은 에브라임의 죄가 얼마나 심각한지를 지적하신다(호 12장-13장). 그들은 풍요 속에 젖어 죄를 죄로 여기지 않고, 잘못된 방법으로 재물을 모으면서도 자기의 능력으로 부를 이뤘다면서 교만하여 하나님을 잊어버리기까지 했다.

> 그는 상인이라. 손에 거짓 저울을 가지고 속이기를 좋아하는도다. 에브라임이 말하기를, '나는 실로 부자라. 내가 재물을 얻었는데 내가 수고한 모든 것 중에서 죄라 할 만한 불의를 내게서 찾아낼 자 없으리라' 하거니와 호 12:7,8

스스로 속이며 변명하는 그들을 향해 하나님이 말씀하신다.

> 내가 광야 마른 땅에서 너를 알았거늘, 그들이 먹여준 대로 배가 불렀고 배가 부르니 그들의 마음이 교만하여 이로 말미암아 나를 잊었느니라 호 13:5,6

그들의 결국은 너무도 비참했다.

> 그의 근원이 마르며 그의 샘이 마르고 그 쌓아둔 바 모든 보배의 그릇이 약탈되리로다. 사마리아가 그들의 하나님을 배반하였으므로 형벌을 당하여 칼에 엎드러질 것이요 그 어린아이는 부서뜨려지며 아이 밴 여인은 배가 갈라지리라 호 13:15,16

그러나 우리는 다음 장에서 소망의 메시지를 듣는다.

3. 회개하는 자에 대한 풍성한 약속

14장의 어조는 이전까지와 사뭇 다르다.
앞 장이 죄에 대한 책망과 진노와 경고였다면, 이 장은 회개의 권면과 하나님의 긍휼로 인한 회복의 약속들이다.

1) 회개하는 자들을 위한 지침서(호 14:1-3)
첫째, 정죄감, 죄책감에 사로잡히지 않고 죄에서 떠나 하나님께로 돌아온다(호 14:1).
둘째, 죄를 사해주시고 용서해주신다는 약속의 말씀을 붙들고 하나님께 나아간다(호 14:1).
셋째, 우리의 입술로 우리의 죄를 모두 자백함으로 나아간다(호 14:2,3).

> 만일 우리가 우리 죄를 자백하면 그는 미쁘시고 의로우사 우리 죄를 사하시며 우리를 모든 불의에서 깨끗하게 하실 것이요 요일 1:9

그러면 하나님은 우리를 고치시고 회복시켜주실 것이다(호 14:4-8).
우리가 죄 가운데로 더욱 빠져들어 점점 더 파멸의 나락으로 떨어질 때 하나님은 우리에게 회개하고 돌이켜서 주께로 나오라고 말씀하신다. 그러면 큰 축복으로, 풍성한 열매로, 견고하고 아름다운 삶으로, 기쁨의 삶으로 우리를 회복하겠다고 약속하신다.

2) 회복의 아름다운 모습(호 14:4-8)
호세아서 14장 4-8절은 하나님이 우리를 어떻게 회복시켜주실지 열거한다.

내가 그들의 반역을 고치고 기쁘게 그들을 사랑하리니, 나의 진노가 그에게서 떠났음이니라.

내가 이스라엘에게 이슬과 같으리니, 그가 백합화같이 피겠고 레바논 백향목같이 뿌리가 박힐 것이라.

그의 가지는 퍼지며 그의 아름다움은 감람나무와 같고 그의 향기는 레바논 백향목 같으리니

그 그늘 아래에 거주하는 자가 돌아올지라.

그들은 곡식같이 풍성할 것이며 포도나무같이 꽃이 필 것이며 그 향기는 레바논의 포도주같이 되리라.

에브라임의 말이 '내가 다시 우상과 무슨 상관이 있으리요' 할지라.

내가 그를 돌아보아 대답하기를, '나는 푸른 잣나무 같으니 네가 나로 말미암아 열매를 얻으리라' 하리라

호세아서는 끊임없이 범죄하는 이스라엘 백성을 일방적으로 사랑하시고, 기회를 주시고, 용서하시고, 회복하시고, 결국에는 큰 축복으로 이끄시는 하나님의 사랑으로 가득 차 있다.

Dear. NCer

나의 결심

"오라, 우리가 여호와께로 돌아가자!

여호와께서 우리를 찢으셨으나 도로 낫게 하실 것이요, 우리를 치셨으나 싸매어 주실 것임이라. 여호와께서 이틀 후에 우리를 살리시며, 셋째 날에 우리를 일으키시리니 우리가 그의 앞에서 살리라. 그러므로 우리가 여호와를 알자! 힘써 여호와를 알자!

그의 나타나심은 새벽 빛같이 어김없나니 비와 같이, 땅을 적시는 늦은 비와 같이 우리에게 임하시리라"(호 6:1-3).

하나님의 약속

"내가 그들의 반역을 고치고 기쁘게 그들을 사랑하리니 나의 진노가 그에게서 떠났음이니라"(호 14:4).

나의 고백

"내가 다시 우상과 무슨 상관이 있으리요!"(호 14:8).

하나님의 응답

"나는 푸른 잣나무 같으니 네가 나로 말미암아 열매를 얻으리라"(호 14:8).

❖ 요엘(Joel) 회개할 때 주어지는 약속

요엘 선지자가 사역한 시대나 그에 대해 알려진 게 없다. 사도행전 2장 16절에서 베드로가 오순절 성령강림 이후에 성령의 놀라운 임하심과 충만하심의 역사는 요엘의 예언이 성취된 것임을 언급한 것을 제외하고는 요엘을 언급한 곳이 없다. 일반적으로 요엘이 아모스와 동시대에 사역했을 거라고 생각한다. 요엘은 아모스가 탄식하던 것과 동일하게 메뚜기 떼, 기근, 불의 심판들에 대해 예언했다.

아모스는 북 이스라엘에서, 요엘은 남 유다에서 사역했을 것이다.

요엘 – 내가 나의 영을 부어주리라(욜 2:28,29)

여호와의 날을 준비하라				여호와의 날을 기대하라			
여호와의 날		여호와께로 돌아오라		회복의 날		신원의 날	
메뚜기	전쟁	마음을 찢으라	성회를 소집하라	이른비와 늦은비	내가 내 영을 부어주리라	열국의 심판	이스라엘의 회복
1:1-20	2:1-11	2:12-14	2:15-17	2:18-27	2:28-32	3:1-13	3:14-21
전쟁의 나팔		금식의 나팔		크고 놀라운 일		여호사밧 골짜기	
유다에 임한 과거의 심판과 회개				유다에 임할 미래의 심판과 회복			
하나님의 심판		회개와 금식		하나님의 놀라운 약속		이스라엘의 회복	

욜 2:28-31 [28] 그 후에 내가 내 영을 만민에게 부어 주리니 너희 자녀들이 장래 일을 말할 것이며 너희 늙은이는 꿈을 꾸며 너희 젊은이는 이상을 볼 것이며 [29] 그 때에 내가 또 내 영을 남종과 여종에게 부어 줄 것이며 [30] 내가 이적을 하늘과 땅에 베풀리니 곧 피와 불과 연기 기둥이라 [31] 여호와의 크고 두려운 날이 이르기 전에 해가 어두워지고 달이 핏빛 같이 변하려니와

요엘서의 메시지

1. 자연재앙은 기회다(욜 1:1-2:11)

재앙의 날

요엘은 이스라엘의 지도자와 그 땅의 모든 거민들을 향해 질문했다(욜 1:2).

"너희의 날에나 너희 조상들의 날에 이런 일이 있었느냐?"

이들에게 임한 재앙은 이전에 겪어보지 못한 엄청난 것이었다.

이들에게 임한 재앙

심각한 자연재해가 일어났다.

팥중이가 남긴 것을 메뚜기가 먹고, 메뚜기가 남긴 것을 느치가 먹고, 느치가 남긴 것을 황충이 먹었도다 욜 1:4

팥중이, 메뚜기, 느치, 황충이 차례로 쓸었다. 한 곤충이 먹다가 남긴 것을 다음에 오는 곤충이 먹고, 조금 남은 것마저도 또 다른 곤충이 와서 먹었다. 연속으로 네 곤충이 와서 먹었다. 남은 것이 하나도 없다! 그것들은 풀과 곡식만 아니라 나무들도 파괴했다. 포도나무, 무화과나무의 열매를 먹고 나무껍질마저 먹어서 모든 가지가 하얗게 되었다(욜 1:7).

황폐한 상태

게다가 심각한 가뭄이 들었다.

> 밭이 황무하고 토지가 마르니 곡식이 떨어지며… 포도나무가 시들었고 무화과나무가 말랐으며 석류나무와 대추나무와 사과나무와 밭의 모든 나무가 다 시들었으니 이러므로 사람의 즐거움이 말랐도다 욜 1:10-12

> 씨가 흙덩이 아래에서 썩어졌고, 창고가 비었고, 곳간이 무너졌으니 이는 곡식이 시들었음이로다 욜 1:17

네 곤충으로 인한 재앙에 심각한 가뭄까지 겹쳤다. "밭이 황무하고 토지가 마르고 곡식이 떨어졌다"는 건 아무것도 없다는 뜻이다. 농부들이 곡하고, 포도주가 없어 사람의 즐거움이 말랐다.

황폐한 결과

이런 엄청난 재앙으로 농부는 곡했다. 사람의 즐거움이 말랐다. 먹을 것이 끊어지고 기쁨과 즐거움이 끊어졌다. 가축이 울부짖고 소 떼가 소란하고 양 떼도 피곤하다. 시내가 다 말랐고 들의 풀이 불에 탔다(욜 1:11,16,18,20).

또 다른 재앙의 날

이 같은 자연재해 외에도 이들에게 닥친 더 큰 재앙은 전쟁이다.

> 다른 한 민족이 내 땅에 올라왔음이로다. 그들은 강하고 수가 많으며 그 이빨은 사자의 이빨 같고 그 어금니는 암사자의 어금니 같도다 욜 1:6

이들은 현재 그들이 경험한 곤충들과 여러 면에서 유사하다. 그 모습이나 영향력이 같다.

> 많고 강한 백성이 이르렀음이라. 이와 같은 것이 옛날에도 없었고 이후에도 대대에 없으리로다. 불이 그들의 앞을 사르며 불꽃이 그들의 뒤를 태우니 그들의 예전의 땅은 에덴동산 같았으나 그들의 나중의 땅은 황폐한 들 같으니 그것을 피한 자가 없도다 욜 2:2,3

여호와의 날

요엘서는 "여호와의 날"을 5회나 언급한다(욜 1:15, 2:1,11,31, 3:14). 여호와의 날이 아주 가까이 왔다. 그날은 슬픈 날, 멸망의 날, 주민들이 떠는 무시무시한 날이다. 어둡고 캄캄한 날이요, 짙은 구름이 덮인 날로, 심히 두렵다. 여호와의 날은 지금 닥친 일들을 말할 수도 있지만, 지금까지는 더 큰 심판이 임할 것에 대한 서곡에 불과할 수도 있다. 그때는 하나님께 나아가 부르짖어야 한다.

다음세대에게 전하라

> "너희는 이 일을 너희 자녀에게 말하고 너희 자녀는 자기 자녀에게 말하고 그 자녀는 후세에 말할 것이니라" 욜 1:3

단순히 역사적인 한 사건이나 신기한 이야깃거리로 말하라는 게 아니다. '가르쳐서 경각심을 갖게 하라'는 것이다. 이를 교훈 삼아서 다시 이런 일이 반복되지 않게 하라는 것이다.

무엇이든지 전에 기록된 바는 우리의 교훈을 위하여 기록된 것이니 우리로 하여금 인내로 또는 성경의 위로로 소망을 가지게 함이니라 롬 15:4

이런 일(고전 10:1-5)은 우리의 본보기가 되어 우리로 하여금 그들이 악을 즐겨 한 것같이 즐겨 하는 자가 되지 않게 하려 함이니 고전 10:6

영적인 지도자들에게 말하라

영적인 지도자들에게도 말했다(욜 1:13).

제사장들아 너희는 굵은 베로 동이고 슬피 울지어다… 너희는 금식일을 정하고 성회를 소집하여 장로들과 이 땅의 모든 주민들을 너희 하나님 여호와의 성전으로 모으고 여호와께 부르짖을지어다 욜 1:13,14

하나님의 메시지를 들으라

요엘서에 나타나는 자연적인 재앙이나 전쟁으로 인한 재앙은 오늘날에도 일어나고 있다.

돌연히 발생하는 가축 혹은 사람에게 일어나는 전염병들(조류 독감, 광우병, 사스 등), 홍수나 가뭄이나 지진 등의 자연재해, 경제적인 대혼란, 사회적인 불안, 국가적인 재앙, 엄청난 산불이나 쓰나미 등의 대참사를 만나면 평소 하나님에 대해 아무 생각 없이 살던 사람도 단번에 신학자가 된다. "하나님은 없다", "하나님이 진노하셨다"라고 한다. 재난이 닥치면 하나님에 대한 이해가 흔들린다.

그런가 하면 평소에 숨어있던 전문가들이 등장하여 나름대로 설명을 한다. 기상 전문가, 지질학자 등이 자연현상에 대한 과학적 접근이나 이해를 주려 한다. 경제 전문가들도 경제 동향을 설명하며 미래를 전망한다. 사람들은 갈팡질팡한다. 불안해하고 염려하고 두려워한다. 그리고 누군가 원인 제공자를 찾아 비난의 화살을 퍼붓는다. 그래야 그나마 견딜 수 있기 때문이다. 반면에 아무 일도 없는 것처럼 무덤덤한 사람도 있다. 자신의 발등에 떨어진 불을 끄는 데 집중하기 때문이다. 이들은 쳇바퀴처럼 돌아가는 바쁜 일상생활과 자기 생각에 몰두하여 현재 일어나는 일을 직시하지 못한다.

요엘서는 이런 상황에 대한 올바른 이해를 우리에게 주고 있다.

우리로 하나님 앞에 나아가도록 돕는다. 하나님이 누구이신지 알게 해준다. 아모스 4장 6-11절 말씀에서 보듯이 하나님은 자연재앙을 통해 우리가 주께 돌아오기를 원하신다. 우리는 자연재앙을 통해 하나님의 메시지를 듣는다. 그렇다고 이것이 마치 하나님이 심판의 도구로 삼아 그분이 일으키신 것처럼 오해해서는 안 된다. 자연재앙은 우리가 자신을 돌아보도록 회개의 기회, 기도할 기회를 제공한다.

요엘 선지자는 우리의 일상생활에 일어나는 크고 작은 일들, 때로는 엄청난 재앙들을 올바르게 직시하게 한다. 요엘은 단순히 우리의 죄를 지적하거나 하나님의 심판을 선포하지 않는다. 우리의 주변에 발생하는 일들을 통해 우리를 영적으로 일깨운다. 그리고 회개와 기도, 믿음과 순종의 삶을 회복할 기회를 준다.

선지자란 단지 부정적으로 말하는 사람이 아니다. 사람의 죄를 지적하거나 통렬히 비판하고 하나님의 심판을 말하는 게 전부가 아니다. 불안과 두려움을 심어주는 것은 더더욱 아니다. 선지자의 역할은 사람들로 시세를 알도록 도와준다. 하나님의 백성들에게 큰 그림을 보게 한다. 그 중심에 계신 하나님을 보게 한다. 잠자는 영혼을 깨워 하나님에게 나아가게 하고 회개하여 회복의 길을 가도록 이끄는 게 선지자의 직무다.

2. 하나님께로 돌아오라(욜 2:12-17)

재앙의 때, 환난의 때는 낙심할 때가 아니다. 주저앉아서 불안에 떨거나 입을 열어 불평하고 원망할 때가 아니다. 하나님께로 나아갈 때다. 주변을 돌아보고 자신의 내면을 들여다보며 하나님을 바라볼 때다.

돌아오라

여호와의 말씀에, '너희는 이제라도 금식하고 울며 애통하고 마음을 다하여 내게로 돌아오라' 하셨나니, 너희는 옷을 찢지 말고 마음을 찢고 너희 하나님 여호와께로 돌아올지어다. 그는 은혜로우시며 자비로우시며 노하기를 더디 하시며 인애가 크시사 뜻을 돌이켜 재앙을 내리지 아니하시나니, 주께서 혹시 마음과 뜻을 돌이키시고 그 뒤에 복을 내리사 너희 하나님 여호와께 소제와 전제를 드리게 하지 아니하실는지 누가 알겠느냐? 욜 2:12-14

너희는 금식일을 정하고 성회를 소집하여 장로들과 이 땅의 모든 주민들을 너희 하나님 여호와의 성전으로 모으고 여호와께 부르짖을지어다 욜 1:14

이스라엘아, 내가 이와 같이 네게 행하리라. 내가 이것을 네게 행하리니 이스라엘아 네 하나님 만나기를 준비하라 암 4:12

하나님은 누구신가?

재앙을 만날 때 우리는 먼저 하나님을 바라보아야 한다.

하나님의 성품 – 은혜로우시며, 자비로우시며, 노하기를 더디 하시며, 인애가 크시고, 뜻을 돌이켜 재앙을 내리지 아니하신다. 재앙을 돌이키실 뿐 아니라 더 나아가 복을 내리신다(욜 2:13,14).

하나님의 원칙 – 우리가 돌이켜 하나님에게 나아갈 때, 마음을 찢으며 금식하며 기도할 때 하나님은 마음과 뜻을 돌이키신다. 결정하신 계획을 연기하거나 취소하신다. 사람들의 경우는 미련하기에, 무력하기에, 실수했기에 계획을 변경한다. 그러나 하나님은 그의 성품을 따라 계획을 변경하신다.

하나님은 우리에게 언제나 두 번째 기회를 주신다. 설령 임종 직전이라도 돌이킬 수 있는 기회를 주신다. 가장 악한 아합에게도, 그 죄가 하늘까지 닿은 니느웨라 할지라도 돌이키면 두 번째 기회를 주셨다.

3. 회복의 약속(욜 2:18-32)

그의 백성이 돌이켜 회개하며 하나님을 구하면, 하나님은 그들에게 다시 긍휼을 베푸실 것이라고 약속하신다.

> 그때에 여호와께서 자기의 땅을 극진히 사랑하시어 그의 백성을 불쌍히 여기실 것이라 욜 2:18

긍휼의 하나님이 회복을 약속하심(욜 2:19-27)

하나님이 그의 백성을 불쌍히 여기셔서 다섯 가지 큰 일, 놀라운 일을 행하신다(욜 2:19-26).

- 곡식과 새 포도주와 기름을 주신다 - 양식을 주시어 흡족하게 하신다(욜 2:19).
- 다시는 나라들 가운데서 욕을 당하지 않게 하신다(욜 2:19).
- 하나님이 원수들을 멀리 쫓아내신다. "내가 북쪽 군대를 너희에게서 멀리 떠나게 하여 메마르고 적막한 땅으로 쫓아내리니 그 앞의 부대는 동해로, 그 뒤의 부대는 서해로 들어갈 것이라"(욜 2:20).
- 적당한 비, 곧 이른 비와 늦은 비를 내려주신다(욜 2:23).
- 메뚜기, 느치, 황충, 팥중이가 먹은 햇수대로 갚아주신다(욜 2:25). 재앙을 만난 햇수대로 갚아주신다.

더 크고 놀라운 약속(욜 2:28-32)

분명히 위의 다섯 가지 회복의 약속은 크고 놀라운 일이다. 그러나 그보다 더 큰 보너스를 주시는 하나님이다. 우리를 회복하실 뿐 아니라 성령을 부으신다.

> 그 후에 내가 내 영을 만민에게 부어주리니 너희 자녀들이 장래 일을 말할 것이며 너희 늙은이는 꿈을 꾸며 너희 젊은이는 이상을 볼 것이며, 그때에 내가 또 내 영을 남종과 여종에게 부어줄 것이며 욜 2:28,29

"그 후에", "그때에"는 곧 오순절 성령께서 임하신 날이다. 베드로는 그들에게 일어난 일에 대하여 요엘서를 인용하며 설명했다(행 2:16-21).

이 놀라운 약속은 재앙을 만난 하나님의 백성의 삶의 회복만이 아니다. 자신의 회복을 넘어서서 남을 회복시키는 삶을 가리킨다. 나 자신의 회복과 변화만이 아니다. 내가 속한 사회, 도시, 지역, 나라의 각 영역을 변화시키는 삶을 살게 하는 약속이다. 기독교 문명개혁 운동을 주도하는 삶의 비결이 여기에 있다.

4. 최후의 승리와 영광(욜 3장)

여호사밧 골짜기

때가 되면 하나님은 그의 백성의 원수들을 벌하시고 모든 억울함을 풀어주실 것이다. 예루살렘을 영광스럽게 회복하여 형통하고 영원한 삶을 살게 하실 것이다.
여호사밧 골짜기는 하나님이 그의 백성을 위해 열방을 심판하시는 법정이다(욜 3:2).

열방의 죄목

첫째, 이스라엘 백성을 여러 나라로 흩어버리고 그들의 땅을 나누어 가졌다.

둘째, 포로로 잡아온 유대인 젊은 남녀를 인신매매 업자에게 팔았다.

셋째, 하나님의 금과 은을 부당하게 빼앗고 성전의 보물을 그들의 신전으로 가져갔다.

열방에 내려진 선고

첫째, 하나님은 그의 백성을 다시 돌아오게 하실 것이다.

둘째, 열방은 그들이 행한 그대로 당하게 될 것이다.

셋째, 하나님이 직접 열방을 심판하실 것이다. 그러나 하나님이 그의 백성에게는 피난처와 산성이 되실 것이다.

심판의 결과

이스라엘의 원수들은 황무해질 것이다. 애굽은 황무지가 되고, 에돔은 황무한 들이 될 것이다(욜 3:19). 그러나 유다는 영원히 있을 것이고, 예루살렘은 대대로 있을 것이다(욜 3:20).

요엘서는 역사 속에서 하나님이 주권적으로 역사하심을 강조하고 있다. 하나님을 거역하는 악인은 멸망을 받으나 하나님의 백성은 비록 죄악 가운데 있어도 하나님의 성품을 의지하여 회개하고 간절히 그의 얼굴을 구하면 주께서는 긍휼히 여기시고 반드시 회복시켜주겠다고 약속하신다.

Dear. NCer

톨레돗 관점에서 본 요엘

재앙을 통해 큰 그림을 바라봐야 한다.
나의 내면을 살피고 주위를 돌아봐야 한다.
그리고 하나님을 바라보아야 한다.

재앙의 때는 주의 얼굴을 구할 때다. 회개하며 기도하며 주의 긍휼을 구할 때다.
하나님은 반드시 우리의 죄를 용서하시고 우리를 회복시키신다.
그러나 하나님은 우리가 회복된 삶에 머물지 않고 회복시키는 자의 삶을 살기를 원하신다.
성령이 임하심은 바로 이 때문이다.

❖ 아모스(Amos) 공의의 하나님

아모스는 부름 받았을 때 양치는 목자, 시골의 평범한 농부였다. 그는 베들레헴 동남쪽 10킬로미터에 위치한 유다 동네인 드고아 출신이다. 하나님이 그에게 북 이스라엘을 향해 예언하도록 하셨다. 그러나 영적 메시지는 남 유다에 대한 경고이기도 했다. 아모스는 이사야보다 약간 앞서 활동했다. 유대 전승에 의하면 그는 말이 어눌하고 약간 더듬었다고 한다. 그러나 하나님의 말씀을 전함에 있어서 불굴의 결연한 의지로 어떤 권력자나 부자들 앞에서도 조금도 기죽지 않고 담대했다.

아모스가 사역하던 당시 이스라엘은 여로보암 2세가, 유다는 웃시야가 다스렸다. 솔로몬 이후 가장 태평성대를 맞이했던 시기다. 정치가 안정되고 경제가 활발했다. 특히 재정적으로 풍요했다. 그러나 사회의 전반적인 영역은 하나님 말씀의 원칙이 무시되었다.

그는 이스라엘의 죄에 대해 경고했다. 바알을 섬기는 우상숭배, 가난한 자를 억압하고 부를 착취하는 것, 불공정한 재판, 초호화판 생활, 뇌물을 주고받는 불공정한 거래 등은 사회의 각 영역이 하나님 말씀의 기반 위에 세워지지 않았음을 잘 보여준다.

하나님은 율법을 가진 그의 백성 이스라엘의 죄를 보고 탄식하신다. 특히 가난한 자들을 짓밟고 부를 축적하여 자기의 쾌락을 위해 흥청망청 재물을 사용하는 속부들에 대해 엄격하게 말씀하신다. 또한 주어진 권위를 남용하는 권위자들에게도 통렬히 책망하신다.

하나님은 공의로우시며 공평하시다. 정의가 무너지고 악이 판치는 것을 용납하지 않으신다. 의인이 괴로움을 당하고 정직한 자가 곤경에 처했다. 하나님은 이들의 죄에 대한 심판의 계획을 세우셨다. 그러나 심판 중에라도 그의 백성에게 긍휼을 베푸신다.

아모스 – 다윗의 무너진 장막을 일으키리라(암 9:11)

여덟 가지 예언	세 편의 설교	다섯 가지 환상	다섯 가지 약속
이스라엘과 주변 국가들에 대한 심판	이스라엘의 죄 : 현재, 과거, 미래	이스라엘의 심판에 대한 묘사	이스라엘의 회복
1-2장	3-6장	7:1-9:10	9:11-15
심판의 선언	심판의 원인들	미래의 심판	심판 이후의 약속들
아모스가 주변을 돌아봄	아모스가 안을 돌아봄	아모스가 앞을 바라봄	
고발	재판	판결	용서
죄	설교	징조	
주변 국가들	북 왕국 이스라엘		

아모스와 요엘 선지자는 여러모로 비슷하다. 처음에는 책망과 경고의 말씀을 전한다. 그들의 상처를 드러낸다. 그러나 모든 것을 바로잡은 후에 결국 하나님의 은혜와 긍휼을 의지하여 치료책을 제시한다.

아모스서의 메시지

1. 주변국과 이스라엘에 대한 경고 : 6+2개국(암 1장-2장)

이스라엘의 주변국 6개국에 대한 하나님의 심판이 선언되었다. 그들의 가장 심각한 죄는 하나님의 백성들을 학대하고 괴롭힌 것이다. 그리고 최종적으로는 유다와 이스라엘에 대한 심판을 선고하신다. 특히 하나님은 그의 백성의 죄에 대해 더욱 엄격하시다. 하나님은 공의로우시다. 그러나 하나님은 이스라엘의 하나님만이 아니라 열방의 하나님이시다.

하나님은 아모스서에서 일정한 형식으로 말씀하신다. 고소와 선고의 방식을 공통적으로 반복한다. 마치 일정한 법적 형식을 갖춘 공소장을 낭독하는 것과 같다.

"여호와께서 이와 같이 말씀하시되 ○○의 서너 가지 죄로 말미암아 내가 그 벌을 돌이키지 아니하리니"로 시작한 후에 그들의 죄를 구체적으로 열거하신다. 그리고 "내가 ○○에 불을 보내리니 ○○의 궁궐들을 사르리라"로 마무리된다. 이 같은 반복적인 서술은 마치 비상벨을 울리는 것 같은 효과가 있다.

"서너 가지 죄"는 죄가 많음을 의미한다. '한두 가지'는 적은 것을, '서너 가지'는 많은 것을 의미하기 때문이다. 그런데 여러 가지 죄가 있지만 다른 죄들은 구체적으로 언급하지 않으시고 특히 네 번째 죄를 구체적으로 거론하신다.

하나님께서 "내가 그 벌을 돌이키지 아니하리라"라고 하신다. 오랫동안 집행을 유예하며 기회를 주었지만 더 이상 기다릴 수 없어서 공의를 따라 처리할 수밖에 없음을 보여준다.

모압을 제외한 다메섹, 블레셋, 두로, 에돔, 암몬의 죄는 공통적으로 이스라엘에게 행한 잔인함이다. 열방을 정죄할 때도 먼저 이스라엘과 유다와 관계가 없는 세 나라들이 먼저 정죄를 받았다. 나머지 세 나라는 뿌리에 있어서 이스라엘과 형제 관계였다. 그리고 유다의 죄를 언급하신 후에 최후로 이스라엘의 죄를 언급하셨다. 다른 나라들의 경우에는 네 번째의 특정 죄만 다루는데 유독 이스라엘의 죄를 언급하실 때는 여러 구체적인 죄를 나열하셨다. 아모스가 역점을 둔 건 이스라엘의 죄였다.

하나님의 고소장

1. 다메섹(암 1:3-5) – 철 타작기로 타작하듯 길르앗을 압박했다. 이스라엘을 잔인하게 억압했다.
2. 가사(암 1:6-8) – 블레셋 다섯 분할구의 최남단 지역 : 이스라엘을 노예로 사로잡아 에돔에 팔았다.
3. 두로(암 1:9,10) – 노예 매매의 에이전트들이다. 이스라엘과 평화협정을 파기하고 포로를 에돔에 넘겼다.

4. 에돔(암 1:11,12) – 두 중심 도시 데만과 보스라 : 칼로 형제인 이스라엘을 무자비하게 학살했다.

5. 암몬(암 1:13-15) – 주 성읍은 랍바 : 이스라엘의 임신부들의 배를 가르는 야만적인 살인을 했다.

6. 모압(암 2:1-3) – 주 성읍은 그리욧 : 에돔 왕의 뼈를 불살라 재를 만들었다. 죽은 자를 다시 태웠다.

7. 유다(암 2:4,5) – 하나님의 말씀을 거역하고 불순종했다.

8. 이스라엘(암 2:6-16) – 다른 곳은 한 가지만 언급하는데 특별히 다섯 가지 죄를 나열했다.

  (1) 은을 받고 의인을 팔거나 신 한 켤레를 받고 가난한 자를 팔았다. 공의를 굽게 했다.

  (2) 힘없는 자의 머리를 티끌 먼지 속에 발로 밟고 연약한 자의 길을 굽게 했다. 가난한 자를 압제했다.

  (3) 아버지와 아들이 한 젊은 여인에게 다녀서 하나님의 거룩한 이름을 더럽혔다. 근친상간의 죄이다.

  (4) 모든 제단 옆에서 전당 잡은 옷 위에 눕거나, 그들의 신전에서 벌금으로 얻은 포도주를 마셨다. 이들은 종교의 탈을 쓴 악한 자들이다.

  (5) 나실인으로 포도주를 마시게 하고, 선지자에게 예언하지 말라고 명령했다. 사역자들로 하여금 사역하지 못하게 방해했다. 사역자들을 억압하고 위협했다.

2. 이스라엘에 대한 세 편의 심판의 설교(암 3장-6장)

세 편의 설교는 하나님의 최후의 논고로서 공통적으로 "이 말씀을 들으라"로 시작한다(암 3:1, 4:1, 5:1).

1) 이스라엘의 특권과 책임(3장) – 특권에는 책임이 뒤따른다.

이스라엘은 언약 백성이다. 하나님이 그들을 애굽에서 건져내시고 특별히 택하셨다. 그런데 그들은 그 언약을 잊고 짓밟았다. 그것이 얼마나 큰 죄악인가? 그러므로 하나님은 그들을 심판하실 수밖에 없다.

그들은 열방에 의해 짓밟힐 것이다.

2) 이스라엘이 하나님의 경고를 듣지 않음(4장)

하나님은 이스라엘에게 다섯 차례 경고하셨다. "…하였으나 너희가 내게로 돌아오지 아니하였느니라. 여호와의 말씀이니라"(암 4:6,8,9,10,11). 특히 아모스 4장 6-11절의 양식이 떨어지게 함, 가뭄, 농작물 피해, 전염병, 지진과 불은 하나님이 내리시는 경고였다. 이는 그들로 각성하여 자신을 돌아보고 하나님께로 돌이키게 하기 위함이었다. 그러나 그들은 이 같은 하나님의 메시지를 듣지 않았다. 아모스는 마침내 다음과 같은 심판의 메시지를 선포했다.

> 그러므로 이스라엘아, 내가 이와 같이 네게 행하리라. 내가 이것을 네게 행하리니 이스라엘아, 네 하나님 만나기를 준비하라 암 4:12

"준비하라"는 것은 초대장이 아니라 최후의 경고장을 발송한 것이다.

모든 재앙이 다 하나님이 내리시는 것은 아니다. 그러나 아모스 4장 6-11절의 재앙은 하나님으로부터 온 것이다. 그것은 그의 백성들의 영적 각성과 회개를 위한 것이었다. 우리는 우리 주변에 일어나는 것들을 가지고 하나님에게 나아가야 한다. 그리고 기도하여 그의 뜻을 구하면 하나님은 우리에게 명백하게 말씀하셔서 우리가 그런 상황에서 올바르게 반응하도록 이끄실 것이다.

3) 이스라엘을 향한 탄식- 애가(암 5장-6장)

4장에서 하나님이 그의 백성에게 최후의 경고장을 발송하셨으므로 이제 하나님이 심판하실 차례다. 그러나 하나님은 한 번 더 그들에게 기회를 주신다.

> "너희는 나를 찾으라 그리하면 살리라" 암 5:4,6,8
> "너희는 살려면 선을 구하고 악을 구하지 말지어다" 암 5:14
> "너희는 악을 미워하고 선을 사랑하며 성문에서 정의를 세울지어다" 암 5:15
> "오직 정의를 물같이, 공의를 마르지 않는 강같이 흐르게 할지어다" 암 5:24

"하나님을 찾으라"는 미지의 세계를 향해 탐험의 길을 나서라는 게 아니다. "너는 범사에 그를 인정하라. 그리하면 네 길을 지도하시리라"(잠 3:6)라고 명령하신 것처럼 매사에 자신의 생각이나 판단력을 의지하지 않고 오직 하나님과 의논하고, 그의 말씀에 귀를 기울이고 인도하심을 받는 삶을 말한다.

죄를 떠나지 않고 하나님의 경고를 무시하는 이스라엘을 향한 탄식이 나온다.

> "사로잡히리니" 암 6:7, "원수에게 넘기리라" 암 6:8, "큰 집은 갈라지고 작은 집은 터지리라" 암 6:11

그리고 최종적으로 말씀하신다.

> "그래, 너희 이스라엘 사람들아, 즐길 수 있을 때 마음껏 즐겨라. 내가 한 이방 군대를 일으켰으니, 그들이 곧 너희를 치러 갈 것이다." 이는 너희 하나님, 곧 만군의 하나님의 말씀이다. "그들이 너희를 완전히 요절낼 것이다. 너희는 한 군데도 성한 곳이 없게 될 것이다" 암 6:14 메시지성경

3. 심판과 축복(암 7장-9장)

심판의 환상 다섯 가지(암 7:1-9:10)를 보여주신다. 그리고 심판 이후 이스라엘에게 주시는 축복(암 9:11-15)이 있다.

1) 메뚜기 떼 (암 7:1-3)	2) 불 (암 7:4-6)	3) 담과 다림줄 (암 7:7-9)	4) 여름 과일 한 광주리 (암 8장)	5) 부서지는 성전 기둥 (암 9:1-10)
메뚜기 떼로 징벌. 그러나 아모스의 중보기도로 뜻을 돌이키심	불로 땅을 황폐하게 함. 그러나 아모스의 중보기도로 뜻을 돌이키심	하나님의 공의의 줄	무르익은 여름 과일이 당장은 좋으나 곧 썩을 수밖에 없듯 이스라엘이 심판 받을 만큼 썩음	성전 기둥이 부서지는 것처럼 이스라엘이 그 죄악으로 인해 부서지는 심판을 받음

이 다섯 가지 환상은 "주 여호와께서 내게 보이신 것이 이러하니라"(암 7:1)로 시작한다. 하나님은 그의 종들에게 먼저 그가 행하실 일을 보여주신다(암 3:7). 그 이유는 단지 먼저 아는 것에 있는 게 아니라 경고의 메시지를 전달하게 하기 위함이다.

그러나 한 걸음 더 나아가 중보기도자로 하나님 앞에 나아가게 하기 위함이다. 중보기도자는 어떤 사실을 알면 뒤에서 험담하거나 비방하며 판단하는 게 아니라 그것을 가지고 하나님 앞에서 기도한다. 하나님은 아모스의 중보기도를 들으시고 심판을 내리지 않고 뜻을 돌이키셨다.

말씀의 다림줄

> 또 내게 보이신 것이 이러하니라. 다림줄을 가지고 쌓은 담 곁에 주께서 손에 다림줄을 잡고 서셨더니, 여호와께서 내게 이르시되, '아모스야, 네가 무엇을 보느냐?' 내가 대답하되, '다림줄이니이다.' 주께서 이르시되, '내가 다림줄을 내 백성 이스라엘 가운데 두고 다시는 용서하지 아니하리니, 이삭의 산당들이 황폐하며 이스라엘의 성소들이 파괴될 것이라. 내가 일어나 칼로 여로보암의 집을 치리라' 하시니라 암 7:7-9

여기에 두 개의 다림줄이 있다. 먼저 사람들의 기준에 의해 내려진 다림줄이다. 그 기준에 의해 담을 쌓았다. 그리고 하나님이 담 곁에 서셔서 또 다른 다림줄을 내리셨다. 그것은 하나님의 다림줄이다. 하나님의 다림줄에 의해 첫 번째 다림줄로 쌓은 담이 잘못 쌓인 것이 보인다. 잘못된 기준으로 했기 때문이다. 하나님은 그 담을 과감하게 부수신다. 그러고는 하나님의 다림줄에 의해 다시 담을 쌓으신다.

다림줄은 하나님의 말씀이다. 오직 하나님 말씀을 기준으로 사회의 각 영역이 세워져야 한다. 먼저 잘못된 담들은 아끼지 말고 다 무너뜨리고 올바른 담을 다시 쌓아야 한다. 이런 작업이 바로 기독교 문명개혁 운동이다.

말씀의 기근

> 주 여호와의 말씀이니라. '보라, 날이 이를지라! 내가 기근을 땅에 보내리니 양식이 없어 주림이 아니며 물이 없어 갈함이 아니요 여호와의 말씀을 듣지 못한 기갈이라' 암 8:11

말씀의 기근은 성경책이 없다는 게 아니다. 성경을 공부하는 모임이나 연구하는 학교가 없는 것도 아니다. 하나님의 말씀을 다림줄로 사용하지 않음을 말한다. 우리는 오히려 세상의 기준에 의한 다림줄을 더 권위에 두며 그것을 기반으로 사회의 각 영역을 세워가고, 하나님의 말씀은 단지 참고서 수준으로 두었다. 아니면 하나님의 말씀인 성경은 그 내용이 오직 하나님과의 관계를 설명하는 책이라고 한정했다.

주일에 교회에 갈 때만 필요한 책으로 여겼다. 종교 서적으로 취급한 것이다. 그러나 성경은 하나님과의 관계만을 설명하는 책이 아니다. 우리로 이 세상을 어떻게 올바른 기반 위에 세워야 하는지를 말씀하신다.

믿는 자의 삶에 말씀의 기근이 들면 사회가 혼란에 빠진다. 올바른 기반이 없는 사회가 된다. 방향을 상실한다. 상대적인 가치가 기준이 되어 혼돈에 빠진다. 하나님의 말씀은 절대적인 가치를 부여한다.

하나님의 말씀이 흥왕해야 한다. 지금은 삶의 모든 영역, 사회의 각 영역이 말씀의 기반 위에 세워지도록 해야 할 때다. 그럴 때 부흥이 온다.

회복의 약속

"그날에 내가 다윗의 무너진 장막을 일으키고 그것들의 틈을 막으며 그 허물어진 것을 일으켜서 옛적과 같이 세우고, 그들이 에돔의 남은 자와 내 이름으로 일컫는 만국을 기업으로 얻게 하리라."
이 일을 행하시는 여호와의 말씀이니라.
여호와의 말씀이니라.
"보라, 날이 이를지라. 그때에 파종하는 자가 곡식 추수하는 자의 뒤를 이으며 포도를 밟는 자가 씨 뿌리는 자의 뒤를 이으며 산들은 단 포도주를 흘리며 작은 산들은 녹으리라. 내가 내 백성 이스라엘이 사로잡힌 것을 돌이키리니 그들이 황폐한 성읍을 건축하여 거주하며 포도원들을 가꾸고 그 포도주를 마시며 과원들을 만들고 그 열매를 먹으리라. 내가 그들을 그들의 땅에 심으리니 그들이 내가 준 땅에서 다시 뽑히지 아니하리라."
네 하나님 여호와의 말씀이니라 암 9:11-15

얼마나 놀라운 약속의 말씀인가! 하나님은 세 번이나 "여호와의 말씀이니라"라고 하시며 그의 약속을 보증하신다. 말씀이 회복되며 말씀의 기반 위에 개인, 가정, 사회의 각 영역이 세워질 때 하나님께서 함께하여 부흥케 하실 것을 약속하신다. 우리가 최선의 일을 할 때 하나님은 그의 능력으로 우리 안에서 놀라운 일을 행하실 것이다.

Dear. NCer

하나님의 말씀이 절대 기준이다

하나님의 말씀은 절대 가치가 있다. 다림줄은 하나님의 말씀을 말한다.
하나님의 말씀에 비추어 세상의 가치 기준에 의한 다림줄로 잘못 쌓은 담은 허물어야 한다. 그리고 하나님의 말씀의 다림줄로 다시 쌓아야 한다.

자기 나름대로 기준을 세우던 것에서 돌이켜 절대 기준인 하나님의 말씀으로 내 삶 전체에 다림줄을 내릴 때 회복이 일어난다. 지금은 재정, 인간관계, 직장생활, 미래 계획 등 내 삶의 모든 영역에 말씀의 다림줄을 내릴 때이다.

말씀의 기준에 따라 말하고 듣고 생각하고 결정하고 행동하기로 결단하라.

❖ 오바댜(Obadiah) 에돔에 대한 심판

오바댜서는 에돔의 멸망에 관한 내용이다. 구약에서 가장 짧은 책(21절)이다. 그렇지만 분명한 주의 메시지가 있다. 성경은 첫 무대에서 쌍둥이 형제 야곱과 에서의 이야기를 들려준다. 그들은 모태에서 나올 때부터 다투었다.

야곱은 이스라엘 백성의 조상이 되었고, 에서는 에돔 백성의 조상이 되었다. 이스라엘은 주로 요단 서쪽에 자리 잡았고, 에돔은 요단 동남쪽에 자리 잡았다.

에서의 후손 에돔은 항상 유다를 미워했다. 이스라엘이 출애굽하여 가나안으로 가는 길에 에돔 땅을 통과하기를 요청했으나 에돔 왕은 이를 거절했다. 이로 인해 이스라엘은 아주 멀고 힘든 길을 따라 우회해야 했다. 에돔 족속의 이스라엘을 향한 적대감을 여실히 보여준 사건이었다. 두 족속의 관계는 이를 계기로 급속히 냉각되었다. 그 후에도 에돔은 주변의 나라들과 동맹을 맺어 이스라엘을 침공하며 괴롭혔다.

느부갓네살의 군대가 예루살렘을 침공하여 멸망시키려는 동안, 에돔은 오히려 바벨론 편에 가담했다. 극심한 환난의 날에 유다는 형제 나라의 도움을 기대했으나, 에돔은 불구경하듯 지켜보며 방관했다. 오히려 예루살렘의 멸망을 기뻐했다. 하나님은 이런 에돔의 태도를 기뻐하지 않으셨다. 그런 에돔에 멸망의 심판을 선포하셨다.

오바댜서는 언뜻 보면 하나님이 택하신 백성의 환난을 방관하며 불의를 행한 에돔에 대한 고발장이요 판결 낭독문 같다. 에돔은 악하고 불의하며 하나님의 백성은 선하고 환난당한 희생자라는 등식을 둔다. 그러나 이 책의 마지막 부분은 수세기에 걸친 반목과 질시의 관계를 끊어버리고 더 나은 단계로 나아가도록 우리를 이끈다.

하나님은 우리의 관계가 반목과 보복으로 이어지는 걸 원치 않으신다. 하나님의 나라는 더 큰 원을 그려 포용과 변화를 일으키는 나라다.

시편 87편 6절에 "여호와께서 민족들을 등록하실 때에는 그 수를 세시며 이 사람이 거기서 났다 하시리로다"라고 하신다. 하나님은 에돔 족속도 주께 등록되기를 원하신다.

오바댜 – 에돔의 멸망 : 형제 우애(옵 1:12-14)

에돔에 대한 심판			이스라엘의 회복
심판의 예고	심판의 이유	심판의 결과	시온산과 에서의 산
1:1-9	1:10-14	1:15-18	1:19-21
이스라엘의 패배			이스라엘의 승리
심판의 예고			정복에 대한 예고

옵 1:12-14 ¹² 네가 형제의 날 곧 그 재앙의 날에 방관할 것이 아니며 유다 자손이 패망하는 날에 기뻐할 것이 아니며 그 고난의 날에 네가 입을 크게 벌릴 것이 아니며 ¹³ 내 백성이 환난을 당하는 날에 네가 그 성문에 들어가지 않을 것이며 환난을 당하는 날에 네가 그 고난을 방관하지 않을 것이며 환난을 당하는 날에 네가 그 재물에 손을 대지 않을 것이며 ¹⁴ 네거리에 서서 그 도망하는 자를 막지 않을 것이며 고난의 날에 그 남은 자를 원수에게 넘기지 않을 것이니라

오바댜서의 메시지

1. 에돔의 다섯 가지 죄

첫째, 교만했다(높은 곳에 사는 족속).

에돔은 높은 지역에 위치했다. 그들이 사는 곳은 난공불락의 천연 요새였다. 그래서 그들은 절대 함락되지 않을 거라고 생각했다. 그들은 교만했다. 그러나 하나님은 그들을 끌어내리셨다. 하나님은 교만한 자를 대적하신다(벧전 5:5, 약 4:6).

> "너의 마음의 교만이 너를 속였도다. 바위틈에 거주하며 높은 곳에 사는 자여, 네가 마음에 이르기를, '누가 능히 나를 땅에 끌어내리겠느냐?' 하니, 네가 독수리처럼 높이 오르며, 별 사이에 깃들일지라도 내가 거기에서 너를 끌어내리리라" 여호와의 말씀이니라 옵 1:3,4

둘째, 그들은 재물을 의지했다.

에서는 세일 산으로 본거지를 옮기면서 영토를 확장하여 '왕의 대로'라고 불리는 무역로를 개척했다. 이 길은 아카바 만에서 시리아까지 이르고 네게브에서 아라비아 사막까지 이른다. 애굽, 아라비아, 시리아, 메소포타미아에서 온 많은 대상이 이곳을 지나갈 때 왕의 대로를 지나는 많은 무역상에게 통행세를 받아 에돔은 큰 부를 확보했다. 그러나 그 재물도 그들을 보호하지 못했다(옵 1:6). 에돔이 자랑하던 금은보화는 그 땅을 정복한 나바티안에게 수탈당했다.

셋째, 그들은 주변국들을 의지했다.

에돔은 암몬, 모압을 비롯한 주변국들과 동맹을 맺었다. 그러나 그들은 에돔의 환난 때 돕지 않았다(옵 1:7). 그들은 속이고 함정을 팠다. 에돔이 나바티안의 침략을 받아 이두매까지 도망할 때 동맹국들은 한결같이 배반했다.

넷째, 그들은 모사들의 책략과 용사들을 의지했다.

그러나 그들의 책략은 어리석어서 실패하고 용사들도 전투에서 패배했다(옵 1:9). 교만은 지혜를 사라지게 하고 분별력을 상실하게 한다.

다섯째, 그들의 가장 심각한 죄는 형제가 환난을 당할 때에 방관한 것이다.

"네가 멀리 섰던 날 곧 이방인이 그의 재물을 빼앗아가며 외국인이 그의 성문에 들어가서 예루살렘을 얻기 위하여 제비 뽑던 날에 너도 그들 중 한 사람 같았느니라"(옵 1:11).

(1) 네가 형제의 날 곧 그 재앙의 날에 방관할 것이 아니며,

(2) 유다 자손이 패망하는 날에 기뻐할 것이 아니며,

(3) 그 고난의 날에 네가 입을 크게 벌릴 것이 아니며,

(4) 내 백성이 환난을 당하는 날에 네가 그 성문에 들어가지 않을 것이며,

(5) 환난을 당하는 날에 네가 그 고난을 방관하지 않을 것이며,

(6) 환난을 당하는 날에 네가 그 재물에 손을 대지 않을 것이며,

(7) 네거리에 서서 그 도망하는 자를 막지 않을 것이며,

(8) 고난의 날에 그 남은 자를 원수에게 넘기지 않을 것이니라(옵 1:12-14).

2. 하나님의 심판

에돔이 행한 대로 에돔도 받을 것이다.

> 네가 행한 대로 너도 받을 것인즉 네가 행한 것이 네 머리로 돌아갈 것이라 옵 1:15

"사람이 무엇으로 심든지 그대로 거두리라"(갈 6:7)의 원칙이 그대로 적용되었다.

페트라 – 난공불락의 천연 요새. 그러나 함락되다.

에돔 족속들이 살던 바위틈 산꼭대기, 독수리의 보금자리같이 높은 곳이 페트라이다. 페트라는 사해 남동쪽의 바위가 많은 산악 지대로, 천연 요새다. 바위가 많다고 해서 '페트라'라고 부른다. 그 바위는 모래바위(사암)이다. 에돔 족속은 자연 동굴에 거주하거나 바위를 파서 만든 집에 거주하며 적들의 공격으로부터 방어했다.

수도 페트라는 폭이 3미터도 안 되는 협곡을 1킬로미터 이상 지나가는 암반 골짜기 끝에 위치하며, 적은 인원으로 적의 공격을 쉽게 차단할 수 있는 전략적 요충지다.

하나님은 교만한 에돔을 나바티안에게 넘기셨다. 나바티안은 유목민으로 중국, 인도, 이집트와 로마를 오가며 향유와 비단을 팔아 부를 이루었다. 나바티안은 보따리 상인으로 에돔 족속이 은밀히 거하는 요새를 드나들었다. 에돔이 거하는 은밀한 요새에 외세의 침입이 잦았지만 좁고 1킬로미터나 되는 협곡을 통과하지 못하고 에돔에게 전멸당했다.

그러나 나바티안이 에돔의 요새를 점령할 수 있었던 건 보부상으로 에돔 족속들과 거래했기 때문이다. 보부상들은 보따리에 무기를 숨겨서 잠입하여 난공불락의 요새를 함락시키고 그곳에 나바티안의 도시 페트라를 세웠다.

페트라

형제의 고난의 날

형제의 고난의 날에 도움을 주는 것이 하나님의 뜻이다. 서로를 돌아보고 고난에 동참할 줄 알아야 한다. 수수방관하거나 정죄하거나 판단하며 비방하거나 조롱하거나 모른 체하는 것을 주께서 기뻐하지 않으신다. 힘을 다해 형제가 어려움을 당할 때 도와주면 주께서도 함께하셔서 구원을 주신다. 형제를 사랑하는 건 귀한 일이다.

에스더

"모르드개가 그를 시켜 에스더에게 회답하되, '너는 왕궁에 있으니 모든 유다인 중에 홀로 목숨을 건지리라 생각하지 말라. 이때에 네가 만일 잠잠하여 말이 없으면 유다인은 다른 데로 말미암아 놓임과 구원을 얻으려니와 너와 네 아버지 집은 멸망하리라. 네가 왕후의 자리를 얻은 것이 이때를 위함이 아닌지 누가 알겠느냐?' 하니, 에스더가 모르드개에게 회답하여 이르되, '…왕에게 나아가리니 죽으면 죽으리이다' 하니라"(에 4:13-16).

에스더는 자기 민족이 위기를 당했을 때 방관하거나 자신만 살고자 하지 않았다. 동족을 위기에서 건져내기 위해 목숨을 아끼지 않았다.

아브라함(창 14장)

아브라함은 조카 롯이 당시 근동 전쟁에 휩싸여서 포로로 잡혀갔다는 소식을 들었을 때 즉시 붙잡혀 있는 조카 롯을 건져내려 했다.

아마 이웃 사람들이 이렇게 말하며 말렸을지도 모른다. "당신만이라도 이 전쟁 중에 무사한 것을 오히려 감사하십시오", "어떻게 저 큰 연합군을 대항해서 민간인인 당신이 무슨 힘으로 가서 싸워 조카를 구원하겠다고 말합니까?", "가서 도울 생각은 아예 하지도 마십시오."

혹은 아브라함 혼자 앉아서 속으로 롯의 모든 고난을 판단할 수도 있었다.

'내가 뭐라 그랬냐? 그전부터 그곳은 올바른 땅이 아니라 그랬지? 그렇게 하나님의 뜻 바깥에 살고 있으니 어려움을 당하지.'

롯이 어려움을 당한 원인만 분석하고 앉아있을 수도 있었다.

그러나 아브라함은 원인을 따지지 않고, 사람들이 만류하는 것도 뿌리치고 자기 집에 있는 사람들을 몽땅 데리고 오직 환난 중에 있는 조카를 건지겠다는 마음으로 갔다.

아브라함은 형제의 어려움을 방관하지도, 뒤에서 판단하고 원인만 따지지도 않았다. 더구나 조롱이나 비방도 하지 않았다. 아브라함은 목숨의 위협을 느끼면서도 환난 중에 있는 형제를 도왔다. 하나님은 그런 아브라함을 귀하게 여기시고, 그에게 큰 승리를 거두게 하셨다.

형제가 고난당할 때 생명을 걸고 도움을 주는 게 하나님의 뜻이다. 방관하거나 판단하거나 원인을 분석하고 비방하거나 조롱하는 건 하나님께서 기뻐하지 않으신다. 내가 할 수 있는 희생을 다해 어려움 당한 형제를 돕는 것을 기뻐하신다. 그것을 감당할 힘이 있는지 없는지 계산하지 않고, 온 힘을 다해 도와주는 것이 아름답다.

오늘과 같이 이웃과 형제의 어려움에 무관심하며 이기주의로 사는 시대에 오바댜서는 놀라운 메시지를 전해준다.

새 계명을 너희에게 주노니 서로 사랑하라. 내가 너희를 사랑한 것같이 너희도 서로 사랑하라. 너희가 서로 사랑하면 이로써 모든 사람이 너희가 내 제자인 줄 알리라 요 13:34,35

그가 우리를 위하여 목숨을 버리셨으니 우리가 이로써 사랑을 알고 우리도 형제들을 위하여 목숨을 버리는 것이 마땅하니라. 누가 이 세상의 재물을 가지고 형제의 궁핍함을 보고도 도와줄 마음을 닫으면 하나님의 사랑이 어찌 그 속에 거하겠느냐? 자녀들아, 우리가 말과 혀로만 사랑하지 말고 행함과 진실함으로 하자 요일 3:16-18

3. 하나님의 백성의 회복

"구원받은 자들이 시온 산에 올라와서 에서의 산을 심판하리니 나라가 여호와께 속하리라"(옵 1:21).

마지막 하나님의 심판과 하나님의 백성의 회복은 보복의 날을 말하지 않는다. 이 부분의 올바른 이해는 이사야서의 마지막 부분에서 그 의미를 찾아야 한다.

때가 이르면 뭇 나라와 언어가 다른 민족들을 모으리니 그들이 와서 나의 영광을 볼 것이며, 내가 그들 가운데에서 징조를 세워서 그들 가운데에서 도피한 자를 여러 나라 곧 다시스와 뿔과 활을 당기는 룻과 및 두발과 야완과 또 나의 명성을 듣지도 못하고 나의 영광을 보지도 못한 먼 섬들로 보내리니 그들이 나의 영광을 뭇 나라에 전파하리라.

나 여호와가 말하노라. 이스라엘 자손이 예물을 깨끗한 그릇에 담아 여호와의 집에 드림같이 그들이 너희 모든 형제를 뭇 나라에서 나의 성산 예루살렘으로 말과 수레와 교자와 노새와 낙타에 태워다가 여호와께 예물로 드릴 것이요 나는 그 가운데에서 택하여 제사장과 레위인을 삼으리라. 여호와의 말이니라 사 66:18-21

Dear. NCer

교만과 겸손
"하나님은 교만한 자를 대적하시되 겸손한 자들에게는 은혜를 주시느니라"(벧전 5:5).
교만은 자기를 의지하고 겸손은 하나님을 의지한다.

형제 우애
에돔은 형제의 환난의 날에 방관하였다. 그러나 에스더, 아브라함은 환난당한 형제를 위하여 목숨을 아끼지 않았다. 하나님은 형제 우애를 기뻐하신다. 예수 그리스도의 제자의 표는 형제 사랑이다.

❖ 요나(Jonah) 하나님의 용서 – 니느웨에 임할 심판을 면함

요나서는 구약의 다른 예언서들과는 전혀 다르다. 다른 예언서들은 직접적으로 예언 사역에 참여하지만, 요나서는 요나가 하나님과 더불어 개인적으로 주고받은 경험을 제공한다. 그리하여 간접적으로 우리에게 말씀하신다. 그래서 요나서는 선지서로 분류되지만 예언서라기보다는 이야기에 가깝다.

예언은 오직 "사십 일이 지나면 니느웨가 무너지리라"(욘 3:4)라는 한 줄이다. 나머지는 이 예언을 전후로 벌어지는 이야기다. 그러나 요나를 모르는 사람이 없다. '물고기 뱃속에 들어간 사람'으로 누구나 알고 있다.

요나 이야기는 재미가 있다. 기를 쓰고 하나님에게서 달아나는 모습, 좌충우돌하는 모습. 그러나 하나님은 언제나 한 수 위다. 그러나 요나서가 가볍다거나 시시하다는 건 아니다. 읽다 보면 점점 심각해진다. 요나처럼 우리도 하나님과 마주 앉게 된다.

요나서가 우리의 마음을 사로잡는 것은 위대한 영웅 이야기가 아니기 때문이다. 약점과 단점투성이의 사람, 혈기가 많은 사람, 미운 나라에 대해 자기 감정을 조금도 숨기지 않는 사람, 남에게 좋은 인상을 주려고 애쓰지 않고 자기 모습 그대로 드러내는 사람, 그러면서도 한편으로는 하나님 앞에 진지한 면을 보이는 사람의 이야기가 마음을 사로잡는 것은 요나를 보면서 나를 보기 때문일 것이다. 하나님은 어떻게 이렇게 허물투성이인 사람을 쓰시는가 질문하게 된다. 그리고 결심하게 된다. '그럼에도 불구하고 나도 주를 섬기기로.'

요나는 모세를 비롯한 몇몇 성경 기록자들과 마찬가지로 자신의 잘못을 그대로 기록했다. 이는 자신의 연약함을 드러내는 게 목적이 아니라, 그럼에도 불구하고 베푸시는 하나님의 용서와 긍휼을 통해 하나님의 영광을 드러내고자 함이다.

오바댜는 에돔을 향해, 요나는 나훔과 함께 니느웨를 향해 하나님의 심판을 선언했다. 요나는 나훔보다 150년 전에 활동했다.

요나 – 니느웨에 임할 심판을 면함(욘 3:10)

요나의 첫 번째 사명				요나의 두 번째 사명			
요나의 불순종	요나에 대한 심판	요나의 기도	구원받은 요나	요나의 순종	심판이 연기됨	요나의 기도	책망받는 요나
1:1-3	1:4-17	2:1-9	2:10	3:1-4	3:5-10	4:1-3	4:4-11
요나에게 임한 하나님의 긍휼				니느웨에 임한 하나님의 긍휼			
'나는 가지 않는다'		'내가 가겠다'		'내가 여기 있다'		'나는 오지 말았어야 했다'	
바다, 배, 큰 바람, 큰 폭풍, 큰 물고기				큰 성읍, 큰 회개, 박 넝쿨, 벌레, 뜨거운 동풍			

요나서의 메시지

큰 성읍 니느웨가 요나의 내키지 않는 선교 아래 회개하고 주께로 돌아오다.

요나서가 보여주는 것은 무엇인가?

첫째, 하나님의 용서하시는 사랑이 얼마나 큰가를 보여준다.

하나님은 이스라엘만 아니라 이방 나라도 사랑하신다. 하나님의 자비와 사랑은 모든 나라를 위한 것이다. 하나님의 자녀들은 무엇보다 이 사실을 알아야 한다.

그리고 먼저 하나님을 사랑하고 그에게 순종해야 한다. 하나님은 비록 심각한 악을 행하여 하나님의 심판이 임박했다 할지라도 회개하고 돌이키면 긍휼히 여기셔서 죄를 사하시고 구원을 주신다.

북 이스라엘의 가장 악한 왕 아합이 심판의 메시지를 듣고 회개하며 주께로 나아갔을 때 주께서 죄를 용서하시고 심판을 다음세대로 연기하셨다(왕상 21장). 그다음세대도 만일 동일하게 회개하고 돌이킨다면 주께서 죄를 사하시고 심판에 이르지 않게 하실 것이다.

둘째, 하나님의 선교에 가장 큰 장애는 하나님의 심장이 없는 선교사라는 것을 보여준다.

요나서는 하나님의 선교에 있어서 가장 어려운 것이 선교지의 강퍅한 미전도 종족이 아님을 가장 인상 깊게 보여준다. 또한 힘든 기후나 생소한 음식 등 적응하기 어려운 환경도 장애가 아니다. 바로 하나님의 심장이 없는 선교사 자신이 가장 큰 장애다.

요나는 니느웨가 심각한 죄로 인하여 40일 만에 무너지리라는 소식을 들었을 때 속으로 쾌재를 불렀다. 니느웨는 그의 조국 이스라엘을 수시로 괴롭혔기 때문에 원수가 망한다는 소식이 무척 기뻤다. 그는 큰 소리로 "니느웨가 곧 망한다"라고 말하고 싶었다. 이것만큼 기쁜 소식이 어디 있을까! 늘 괴롭히던 철천지원수가 망한다니!

그러나 그가 직접 가서 그들에게 그 소식을 전해야 함에 몹시 마음이 어려웠다. 그렇지 않겠지만(니느웨가 워낙 강퍅하여서), 행여나 그 소식을 전했을 때 그들이 회개하고 돌이키는 일이 있을까 두려웠기 때문이다. 요나는 하나님이 누구신 줄 잘 알고 있었다. 아무리 심각한 죄를 지었어도 회개하면 심판을 연기하거나 취소하시는 긍휼의 하나님이신 줄 잘 알았다.

그래서 요나가 선택한 길은 불순종이었다. 니느웨로 가지 않고 정반대인 다시스로 가기로 했다. 자신의 목숨을 바쳐서라도 원수가 망하는 걸 보고 싶었다. 그러나 결국 요나는 회개하고 돌이켜 하나님의 뜻에 순종했다. 하나님을 의지하고 순종하는 길이 예수 안에 즐겁고 복된 길이다.

셋째, 하나님은 준비하시는 분이다. 요나서에는 하나님이 준비하신 여섯 가지 도구가 등장한다.

1) 하나님께서 **큰 바람**을 준비하여 불순종하는 요나가 가는 바다 위에 내리치셨다(욘 1:4).
2) 하나님께서 **큰 폭풍**을 준비하여 불순종하여 다시스로 가는 요나의 배를 흔드셨다(욘 1:4).
3) 하나님께서 **큰 물고기**를 준비하여 바다에 빠진 요나를 삼키게 하셨다(욘 1:17).
4) 하나님께서 **박 넝쿨**을 준비하여 요나로 시원한 그늘에서 쉬게 하셨다(욘 4:6).
5) 하나님께서 **벌레**를 준비하여 박 넝쿨 잎사귀를 순식간에 다 갉아먹게 하셨다(욘 4:7).
6) 하나님께서 **뜨거운 동풍**을 준비하여 뜨거운 바람으로 요나를 혼미하게 하셨다(욘 4:8).

하나님은 준비하시는 분이다. 우리가 무엇이 부족하여 하나님이 맡기신 일을 하지 못한다는 생각은 하지 말아야 한다. 하나님의 관심은 오직 우리의 순종하는 삶에 있다. 우리의 일에 최선을 다하면 우리가 할 수 없는 일은 하나님이 준비하신다.

넷째, 하나님은 언제나 '두 번째 기회'를 주신다.

불순종했던 요나가 죄를 인정하고 자백하고 돌이키자 하나님은 즐거이 용서하셨다. 그리고 더 나아가 두 번째 기회를 주셨다. "여호와의 말씀이 두 번째로 요나에게 임하니라"(욘 3:1)라고 하셨다. 첫 번째 임하신 하나님의 말씀(욘 1:1)을 요나가 순종하지 않고 제멋대로 행했지만, 하나님은 회개하고 돌이키는 그에게 두 번째 기회를 주셨다.

> 여호와의 인자와 긍휼이 무궁하시므로 우리가 진멸되지 아니함이니이다. 이것들이 아침마다 새로우니 주의 성실하심이 크시도소이다 애 3:22,23

하나님은 우리의 잘못으로 인해 우리를 단칼에 베어버리지 않으신다. 다시금 주를 섬길 수 있는 기회를 주신다. 하나님은 엄격하거나 딱딱하거나 율법적이지 않으시다. 그는 왕이신 심판주이시지만 언제나 긍휼과 자비의 아버지이시다. 용서하기를 기뻐하시며 긍정적이고 적극적인 소망의 하나님이시다. 우리의 앞날이 형통하기를 원하시고 이를 계획하시고 실행하신다.

전무후무한 회개 운동

니느웨의 회개는 정말 놀라웠다. 니느웨 왕은 모든 신하와 백성들, 심지어 어린아이와 짐승들까지 다 금식하며 회개하라고 명령했다.

> 왕이 보좌에서 일어나 왕복을 벗고 굵은 베옷을 입고 재 위에 앉으니라. 왕과 그의 대신들이 조서를 내려 니느웨에 선포하여 이르되, "사람이나 짐승이나 소 떼나 양 떼나 아무것도 입에 대지 말지니 곧 먹지도 말 것이요 물도 마시지 말 것이며 사람이든지 짐승이든지 다 굵은 베옷을 입을 것이요… 하나님이 뜻을 돌이키시고 그 진노를 그치사 우리가 멸망하지 않게 하시리라 그렇지 않을 줄을 누가 알겠느냐" 한지라 욘 3:6-9

이렇게 나라 전체가 회개에 동참한 일은 세계 역사에 한 번도 없었다. 여기서 우리가 발견하는 것은 우리가 주 앞에 전심으로 나아가 회개한다면 주께서는 어떤 상황이라도 우리의 모든 죄를 용서하시고, 설령 심판에 처해있다 할지라도 다시금 돌이키게 하시고 구원에 이르게 하심을 잘 알 수 있다.

하나님나라에는 절망은 없고 오직 소망만 있다. 우리가 회개하고 주의 은혜를 간절히 구하면 언제나 우리 가운데 소망으로 역사하시는 분이다. 하나님나라에는 언제나 기회가 있다. 큰 실수로 죄 가운데 있어도 회개하고 돌이키면 또다시 기회를 주신다.

요나서 1장은 요나의 불순종을 볼 수 있다.
요나서 2장은 요나의 회개의 기도를 들을 수 있다.
요나서 3장은 전무후무한 회개 운동이 일어나는 것을 볼 수 있다.
요나서 4장은 지혜와 부드러운 혀로 강퍅한 선교사를 돌이키시는 하나님의 모습을 보여준다.

왜 전무후무한 회개 운동이 일어났을까?

니느웨의 회개는 세계 역사에 그 유례를 찾아볼 수 없을 정도로 놀라웠다.
그 이유가 무엇일까? 심지어 요나는 3일을 꼬박 다녀야 할 큰 도시 니느웨를 고작 하루 동안만 다녔다. 비록 그가 회개했다 할지라도 그는 목청을 돋우어 외치지 않았다. 그는 불만이 가득한 목소리로 말했다.
"40일이 지나면 니느웨가 무너지리라."
속으로는 속히 무너지기를 바랐다.
그런데 이게 웬일인가? 상상을 초월하는 반응이 일어났다.
니느웨 사람들이 하나님을 믿고 금식을 선포하고 높고 낮은 자를 막론하고 굵은 베옷을 입었다. 이 거대한 제국의 왕도 이 소식을 듣고 보좌에서 일어나 왕복을 벗고 굵은 베옷을 입고 재위에 앉았다. 그리고 왕과 그 대신들이 조서를 내렸다.

"사람이나 짐승이나 소 떼나 양 떼나 아무것도 입에 대지 말지니, 곧 먹지도 말 것이요 물도 마시지 말 것이며, 사람이든지 짐승이든지 다 굵은 베옷을 입을 것이요, 힘써 하나님께 부르짖을 것이며, 각기 악한 길과 손으로 행한 강포에서 떠날 것이라. 하나님이 뜻을 돌이키시고 그 진노를 그치사 우리가 멸망하지 않게 하시리라. 그렇지 않을 줄을 누가 알겠느냐"(욘 3:7-9).

짐승들도 굵은 베옷을 입고 금식하는 모습을 상상해보라!

그것을 아는가? NBC(니느웨 국영방송, 가상의 방송국) 취재진이 요나의 모습을 전국에 방영한 것을!

요나가 고래 배 속에 사흘 동안 있을 때 고래가 가끔씩 쏟아낸 위액으로 얼굴, 목, 어깨, 팔, 다리에 심한 화상을 입었고, 그 머리카락도 반쯤 타버렸다. 눈은 수면 절대부족으로 붉게 충혈되어 있고 눈가는 위산으로 시커멓게 탔다. 그리고 감방 동기들이었던 크고 작은 물고기들이 요나의 살점을 뜯어먹어 아직 상처가 다 아물지 않아서 몸에는 군데군데 피를 흘리고 있고, 머리와 목과 어깨에는 여전히 바다풀이 감겨져 있었다.

그리고 무엇인가 소리를 내고 있는데 정확한 발음도 아니고 소리도 억지로 내고 있어서 듣기가 어려웠다. 자세히 들어보니 "40일…"이라고 하고, 더 들어보니, "40일… 무너지리라"라고 했다. 무엇이 무너진다는 것일까?

"40일이 지나면 니느웨가 무너지리라."

이 방영을 보고 있던 사람들이 기겁했다.

"무너진다면 저 사람의 모습 같겠구나!"

왕궁 거실에서 NBC 뉴스를 보던 왕이 질겁을 했다.

"아, 이래서 회개 운동이 시작되었구나!"

Dear. NCer

이름 : 요나
주소 : 스불론 지파 출신, 갈릴리 지역의 가드헤벨
직업 : 선교사

장점 : 열정적이며 예배와 기도 모임에 적극적임. 애국심이 강함
단점 : 혈기가 많고 고집이 셈. 마음이 강퍅하고 죽고 싶다고 자주 말함. 부정적임.
        가장 심각한 것은 하나님의 심장이 없음

종합평가

선교사로서의 자질이 의심됨
선교사로 사역하기 전에 내적 치유와 성품 훈련이 더 필요함
전문기관에서 운영하는 상담치유센터에서 전문적인 상담과 치유를 요함
전문기관에서 진행하는 소정의 훈련 과정(학교와 세미나)을 필히 거쳐야 함
선교사로 지원할 경우, 담당간사의 추천이 필요함

하나님의 의견

"그래도 내가 그를 사용하겠다.
비록 크게 불순종한 전과가 있지만 그에게 지금 기회를 줄 것이다."

❖ 미가(Micah) 사회의 도덕성 회복

미가는 예루살렘 남서쪽 약 30킬로미터에 위치한 가드 모레셋 사람이다. 그는 남 유다와 북 이스라엘에서 동시에 사역하며 주로 이스라엘의 죄와 그 죄로 인한 심판을 예언했다. 그러나 하나님의 긍휼로 회복이 나타남을 또한 보여준다. 그는 호세아, 아모스, 이사야와 동시대 사람이다. 미가는 당시 하나님에게 쓰임 받는 '영웅 4인방' 중 한 명이었다.
이사야는 주로 왕실을, 미가는 주로 평민들을 상대로 사역했다.

그의 예언은 이사야와 유사하다. 가령, 이사야 2장 2,3절과 미가 4장 1,2절을 비교해보면 알 수 있다. 이사야의 예언은 유다와 예루살렘에 관한 것이고, 미가의 예언은 사마리아와 예루살렘에 관한 것이다. 미가는 열 지파가 포로로 사로잡혀갈 것을 예언했고 이스라엘 왕국의 다가올 멸망을 바라보면서 비통해했다.

미가는 북 이스라엘을 향해 예언한 마지막 선지자이다. 그러나 사마리아와 예루살렘에서 동시에 사역을 했다. 미가서의 기록 목적은 이스라엘의 죄의 목록을 나열하면서 그들의 죄를 깨우치고, 죄로 인한 심판을 예언하는 것이었다. 그러나 하나님의 긍휼로 말미암아 회복이 일어날 것이라는 하나님의 약속으로 백성들을 위로했다.

미가는 사마리아가 앗수르에 의해 멸망할 것을 예언하면서 앗수르의 군대가 한 성읍 한 성읍씩 덮치면서 해안을 따라 예루살렘 문턱까지 밀고 올라오는 환상을 보았다.

그는 성안의 부자들의 탐심을 보면서 바닥에 떨어진 경제와 사회에 다시 공의와 공평이 회복되기를 외치며 가난한 자들을 옹호했다. 미혹된 탐욕스러운 제사장들을 책망했다. 지도자들의 권력 남용을 고발했다.

미가 – 하나님의 공의와 은혜(미 4:1-4)

심판의 예언		회복의 예언			회개의 촉구		
백성에 대한 심판	지도자에 대한 심판	왕국이 다가온다는 약속	포로에서 돌아온다는 약속	왕이 온다는 약속	하나님의 첫 번째 촉구	하나님의 두 번째 촉구	구원에 대한 약속
1-2장	3장	4:1-5	4:6-5:1	5:2-15	6:1-9	6:10-7:6	7:7-20
징벌		약속			용서		
인간의 왕국		메시아의 왕국			회개의 메시지		
태만		완성			조건		
무엇을, 왜, 어디서		누가			어떻게, 언제		

미 4:1-2 [1] 끝날에 이르러는 여호와의 전의 산이 산들의 꼭대기에 굳게 서며 작은 산들 위에 뛰어나고 민족들이 그리로 몰려갈 것이라 [2] 곧 많은 이방 사람들이 가며 이르기를 오라 우리가 여호와의 산에 올라가서 야곱의 하나님의 전에 이르자 그가 그의 도를 가지고 우리에게 가르치실 것이니라 우리가 그의 길로 행하리라 하리니 이는 율법이 시온에서부터 나올 것이요 여호와의 말씀이 예루살렘에서부터 나올 것임이라

미가서의 메시지

미가는 두 개의 큰 사건을 예언했다. 하나는 예루살렘의 멸망에 대한 것(미 3:9-12)이고, 다른 하나는 메시아의 탄생에 관한 것이다(미 5:2).

훗날 동일한 예언을 한 예레미야를 변호했던 몇 명의 장로들은 그에 대한 소송 절차를 취하하고자 미가가 예루살렘의 멸망에 대해 예언한 것을 언급했다.

"유다의 왕 히스기야 시대에 모레셋 사람 미가가 유다의 모든 백성에게 예언하여 이르되, '만군의 여호와께서 이와 같이 말씀하셨느니라. 시온은 밭같이 경작지가 될 것이며 예루살렘은 돌무더기가 되며 이 성전의 산은 산당의 숲과 같이 되리라' 하였으나, 유다의 왕 히스기야와 모든 유다가 그를 죽였느냐? 히스기야가 여호와를 두려워하여 여호와께 간구하매 여호와께서 그들에게 선언한 재앙에 대하여 뜻을 돌이키지 아니하셨느냐? 우리가 이같이 하면 우리의 생명을 스스로 심히 해롭게 하는 것이니라"(렘 26:18,19).

다시 말하면 "예레미야가 미가와 동일한 예언을 했다고 우리가 그를 죽일 이유가 어디에 있느냐?"는 것이다.

또한 메시아의 탄생에 대해 신약의 헤롯이 대제사장과 서기관들에게, "그리스도가 어디서 나겠느냐?" 물으니, 이르되, "유대 베들레헴이오니 이는 선지자로 이렇게 기록된 바 '또 유대 땅 베들레헴아, 너는 유대 고을 중에서 가장 작지 아니하도다. 네게서 한 다스리는 자가 나와서 내 백성 이스라엘의 목자가 되리라' 하였음이니이다"(마 2:4-6)라고 하며 미가서 5장 2절 말씀을 언급했다.

1. 예루살렘과 사마리아의 죄와 임박한 심판(미 1장-3장)

상주 미가, 조문객들, 그리고 애가(1장)

선지자 미가는 상주가 되어 슬픔 가운데 애가를 부른다(미 1:8-16). 그리고 멸망한 나라의 장례식에 참석한 긴 행렬의 조문객들을 본다. 사빌 주민(1:11), 마롯 주민(1:12), 라기스 주민(1:13), 마레사 주민(1:15)이 이들이다. 그러나 블레셋에게는 이를 알리지 말라고 한다(1:10).

이스라엘 백성들의 죄에 대한 고소장(2장)

그들은 가진 부와 권력을 사용하여 남의 재산과 땅을 탐내고 불법으로 빼앗았다. 하나님의 말씀을 전하는 선지자들을 배척하고, 예언하지 못하도록 막고, 거짓 선지자들을 기뻐했다. 이들의 죄에 대한 하나님의 심판으로 그들은 포로로 잡혀갈 것이다. 그러나 말씀에 순종하는 자들에게는 회복의 약속이 주어진다.

지도자들의 죄에 대한 고소장(3장)

정치적 지도자들은 권력을 남용했다. 심각하게 부패했다. 거짓 선지자들은 백성들과 권력자들을 기쁘게 하고자 거짓 예언을 했다. 권력자들과 마찬가지로 이들은 돈을 위해서 사역했다.

거짓 선지자들은, "여호와께서 우리 중에 계시지 아니하냐? 재앙이 우리에게 임하지 아니하리라"(미 3:11)라고 했다. 백성들과 지도자들은 이들을 환영했다. 그들은 경제적인 부도 누렸다. 자신들의 명성과 부를 위해 거짓 예언을 했다.

미가의 부르심과 사역은 이들 거짓 선지자들과는 정반대였다. 그는 야곱의 허물을 말해야 했다. 이스라엘의 죄악을 알리고, 하나님의 심판을 전하며 그들에게 경고해야 했다.

미가는 "백성들아 너희는 다 들을지어다"(미 1:2), "야곱의 우두머리들과 이스라엘 족속의 통치자들아 들으라"(미 3:1)라고 외치며 이들을 두려워하지 않고 담대히 소환장을 발부했다. 그의 담대함은 성령으로부터 온 것이었다.

> 오직 나는 여호와의 영으로 말미암아 능력과 정의와 용기로 충만해져서 야곱의 허물과 이스라엘의 죄를 그들에게 보이리라 미 3:8

예루살렘과 사마리아는 하나님을 섬기는 중심 도시가 아니라 우상을 섬기는 중심 도시로 변했다. 앗수르가 북 이스라엘을 멸망시킬 것이요 남 유다도 풍전등화의 위기를 맞이할 것이다. 미가도 예레미야처럼 눈물의 선지자다.

하나님은 힘을 가진 자들이 그 힘을 연약한 사람을 돕는 데 사용하여 하나님의 사랑을 실천하기를 원하신다. 하나님이 사람들에게 재물을 주신 것은 가난하고 궁핍한 자를 돌아보게 하기 위함이다. 또한 하나님나라 회복을 위해 사용하기를 원하신다. 그런데 당시의 지도자들은 권력을, 부자들은 재물을 이런 목적으로 사용하지 않았기 때문에 심판이 그들에게 임박했음을 선포한다.

2. 은혜와 장차 올 회복 – 약속된 축복(미 4장–5장)

미가서 4장 1절은 3장의 끝부분과 대조하여 "그러나"로 시작한다(한글성경에는 이 단어가 나오지 않는다). 1장부터 3장까지는 이스라엘의 죄에 대한 고발과 하나님의 심판을 예언했다. 그러나 하나님은 이들을 긍휼히 여기시며 회복을 약속하신다.

미가는 네 가지 영역에서 회복될 것을 예언했다.

첫째, 장차 열방은 하나님의 도를 배우기 위하여 예루살렘으로 올 것이며, 세계적인 평화가 있을 것이다. "칼을 쳐서 보습을 만들고 창을 쳐서 낫을 만들 것이다." 전쟁이 그친다(미 4:3). "자기 포도나무 아래와 자기 무화과나무 아래에 앉을 것"은 두려움이 사라지고 평화가 올 것을 의미한다(미 4:4).

둘째, 포로 된 자들이 바벨론에서 돌아올 것이며, 예루살렘은 궁극적으로 승리할 것이다(미 4:6-13).

여호와께서 말씀하시되, "그날에는 내가 저는 자를 모으며, 쫓겨난 자와 내가 환난 받게 한 자를 모아, 발을 저는 자는 남은 백성이 되게 하며, 멀리 쫓겨났던 자들이 강한 나라가 되게 하고, 나 여호와가 시온 산에서 이제부터 영원까지 그들을 다스리리라" 하셨나니 미 4:6,7

셋째, 베들레헴에서 메시아가 나올 것이며, 백성들을 회복시킬 것이다(미 5:2).

베들레헴 에브라다야, 너는 유다 족속 중에 작을지라도 이스라엘을 다스릴 자가 네게서 내게로 나올 것이라. 그의 근본은 상고에, 영원에 있느니라 미 5:2

넷째, 모든 환난 가운데 믿음을 지킨 남은 자들은 하나님 앞에 거룩하게 쓰임을 받을 것이다. 그들은 사람을 의지하지 않을 것이요 오직 하나님의 은혜를 기다리며 의지하는 이슬 같고 단비 같을 것이다(미 5:7). 더구나 하나님의 축복을 받은 이들은 열방을 축복할 것이다.

3. 호소와 탄원 – 현재의 삶에 대한 회개를 촉구함(미 6장–7장)

미가서 1장 2절이 "백성들아 너희는 다 들을지어다"로 시작했듯이 6장 1절도 "너희는 여호와의 말씀을 들을지어다"로 시작한다. 하나님의 말씀을 경청하고 삶으로 실행하여 살아내라는 것이다. 1장에서 3장까지의 경우처럼 그의 고소는 계속되었다.

하나님은 오직 그의 백성이 거룩한 삶을 살기를 원하신다. 하나님이 원하시는 것은 외식적인 예배가 아니라 깨끗한 심령으로, 겸손과 순종이다. 부정한 방법으로 사람을 억압하지 말고, 공의로 행해야 한다. 그렇지 않으면 하나님의 심판이 임할 것이다.
미가서 6장 3-5절의 말씀은 매우 감동적인 하나님의 메시지다.

"내가 언제 너를 힘들게 한 적이 있느냐? 내가 언제 너를 실망시킨 적이 있느냐?
내가 네게 어떻게 행한 것을 기억하라! 출애굽하여 광야를 인도할 때, 또 싯딤에서 길갈까지의 일을 기억하라!
너희가 내가 베푼 구원과 사랑과 은혜에 감격할 것 외에 무엇이 있느냐?"

미가서 6장 8절 말씀은 기독교의 정수를 보여준다.

"사람아, 주께서 선한 것이 무엇임을 네게 보이셨나니, 여호와께서 네게 구하시는 것은
오직 정의를 행하며 인자를 사랑하며 겸손하게 네 하나님과 함께 행하는 것이 아니냐?"

하나님은 우리에게 무엇을 원하시는가? 하나님은 우리가 종교적인 삶을 살기를 원하지 않으신다. 일반적인 종교에서 행하는 종교의식이나 번제물, 예물이나 몸을 원하시는 것도 아니다(마 6:6,7). 우리는 그런 종교인이 아니다. 하나님은 우리가 공의를 행하며, 인자를 사랑하며, 겸손히 하나님과 동행하는 삶을 살기를 원하신다(마 6:8). 이것의 요약이 십계명이다.
바로 하나님 사랑과 이웃 사랑이다!

> 올바른 지도력의 세 요소는, 정의로 행함과 인자(긍휼)를 사랑함과 겸손하게 하나님과 동행함이다.
>   **정의**는 하나님이 맡기신 일을 행함에 있어서,
>   **긍휼**은 함께 일하는 사람을 대함에 있어서,
>   **겸손**은 하나님 앞에서의 자세다.

하나님은 그의 백성들이 거룩한 삶을 살기를 원하신다. 어떤 외적인 예배를 말하는 게 아니라 깨끗하고 겸손하며 순종의 삶을 살기를 원하신다. 부정한 방법으로 사람을 억압하지 않고 공의를 행하기를 원하신다. 하나님이 원하시는 것은 우리가 올바른 지도력을 발휘하는 데 있다.

또한 6장 후반부에는 세상에 속한 부자들인 속부의 모든 행동과 결과를 잘 말해준다(미 6:9-16).

재물의 가장 첫 번째 원칙은 올바른 방법으로 재물을 모으고 사용하는 것이다.

하나님은 불의하게 재물을 모으고, 그것을 전부 자기를 위해서만 사용하는 것을 엄하게 지적하신다. 재물을 올바르게 모으며, 자기를 위해서는 적게 쓰고, 대부분은 가난하고 궁핍한 사람들을 섬기고 하나님나라를 세우는 데 쓰는 이들이 거룩한 부자인 성부다.

재물의 두 번째 원칙은 정직이다.

축소시킨 에바, 부정한 저울과 거짓 저울추, 이런 것들은 부정직한 것들이다. 속여서 장사하는 것이다.

잘못된 방법으로 재물을 모으면 반드시 대가가 따른다.

그런 재물은 그들이 갖지 못하고 부의 이동이 일어날 것이다. 병들게 될 것이다. 먹어도 배부르지 못하고 항상 속이 빌 것이다. 결국 망할 것이다. 망신을 톡톡히 당할 것이다.

미가서 7장 1-6절에서 미가의 탄식 "재앙이로다 나여!"를 들을 수 있다.
"경건한 자가 끊어졌고 정직한 자가 없도다. 남에게 해를 끼치려는 악한 자가 많도다. 지도자와 재판관은 뇌물을 구하며 권세자는 이들과 함께 악한 일을 꾸민다. 주변에 믿을 만한 사람이 없다. 자녀들은 부모를 멸시하며 대적한다. 집안싸움만 일어난다."

미가서 7장 7-13절에서는 "오직 하나님만 바라보라!"는 선지자의 권면을 들을 수 있다.
"오직 나는 여호와를 우러러보며 나를 구원하시는 하나님을 바라보나니, 나의 하나님이 나에게 귀를 기울이시리로다!"(미 7:7).
주변의 악한 상황만 바라보면 영혼이 더욱 상한다. 이때 하나님을 바라보아야 한다. 그러면 소망이 있다. 하나님을 의지하여 그의 구원을 바라보아야 한다. 하나님께서 반드시 기도에 응답하실 것이다.

오직 여호와를 앙망하는 자는 새 힘을 얻으리니 독수리가 날개 치며 올라감 같을 것이요 달음박질하여도 곤비하지 아니하겠고 걸어가도 피곤하지 아니하리로다 사 40:31

"여호와를 앙망하라"는 것은 '하나님을 바라보라'는 뜻이다.
미가는 다음과 같은 아름다운 고백으로 글을 마친다(미 7:18,19).

주와 같은 신이 어디 있으리이까!
주께서는 죄악과 그 기업에 남은 자의 허물을 사유하시며 인애를 기뻐하시므로 진노를 오래 품지 아니하시나이다. 다시 우리를 불쌍히 여기셔서 우리의 죄악을 발로 밟으시고 우리의 모든 죄를 깊은 바다에 던지시리이다

그리고 해변에 이런 팻말이 세워져 있다.

"낚시 금지"- 주인 백
하나님은 우리의 죄를 깊은 바다에 던지셨다.
그리고 더 이상 떠오르지 않게 하셨다.
가장 깊은 바다는 태평양 마리아나 해구다.
가장 깊은 곳은 해저 11,000미터이고,
평균 수심이 7,000-8,000미터다.
히말라야 산맥의 가장 높은 산
에베레스트(8,848미터)보다 더 깊다.

Dear. NCer

올바른 지도력
정의를 행하며, 인자를 사랑하며, 겸손하게 하나님과 동행하는 것이다(미 6:8).

올바른 이해
"주와 같은 신이 어디 있으리이까.
주께서는 죄악과 그 기업에 남은 자의 허물을 사유하시며
인애를 기뻐하시므로 진노를 오래 품지 아니하시나이다.
다시 우리를 불쌍히 여기셔서 우리의 죄악을 발로 밟으시고
우리의 모든 죄를 깊은 바다에 던지시리이다"(미 7:18,19).

올바른 행동
"오직 나는 여호와를 우러러보며 나를 구원하시는 하나님을 바라보나니 나의 하나님이 나에게 귀를 기울이시리로다"(미 7:7).

❖ 나훔(Nahum) 역사의 주 하나님

나훔서는 니느웨 심판에 대한 예언이다. 니느웨는 당시의 초강대국 앗수르 제국의 중심 도시였다. 나훔은 니느웨의 멸망의 이유와 그 심판이 물로 임할 것을 예언한다.

니느웨는 요나 선지자의 외침으로 회개했지만 잊어버리고 다시 죄를 범했다. 또한 제국주의의 야망을 버리지 못해 150년 후 나훔에 의해 '앗수르의 멸망 선포'를 듣는다. 그리고 나훔의 예언 선포 후 약 18년 만에 그대로 이루어졌다. 나훔의 메시지는 앗수르에게는 두려움이 되지만 최근에 포로가 되어 앗수르로 끌려간 이스라엘의 열 지파에게는 구원과 위로가 된다.

나훔은 그 자신의 백성의 죄에 대해서는 일언반구도 없이 오로지 유대와 정치적 적대관계에 있는 앗수르의 멸망만 언급한다. 그래서 어떤 사람들은 나훔을 거짓 선지자로 보려는 경향이 있다. 그가 백성들이 듣기 좋아하는 말만 하고 민족주의적인 망상에 사로잡힌 것처럼 보이기 때문이다.

그러나 나훔서 1장 1절이 "니느웨에 대한 경고 곧 엘고스 사람 나훔의 묵시의 글이라"로 시작하듯이 자신의 생각이나 의견을 적은 글이 아니다. 그는 하나님의 말씀을 전달했다. 나훔서는 하나님의 말씀이다. 나훔서를 통해 우리는 하나님이 누구신지 보게 된다. 그리고 우리로 역사를 바라보는 통찰력을 갖게 한다. 그의 백성 된 우리를, 그의 몸 된 예수 그리스도의 교회를 영적으로 일깨워준다.

나훔서는 좁은 동네에서 바둥거리며 살던 우리를 넓은 역사 무대로 초청한다. 그리고는 무력과 재력으로 힘자랑을 하며 마치 자신들이 역사의 중심이고 주인공인 것처럼 거들먹거리던 제국들이 한순간에 무너지는 걸 보게 한다. 점차 우리의 심장 박동 소리는 더 커진다. 왜냐면 역사의 주이신 하나님이 그의 백성, 그의 교회를 통해 역사를 이끌고 있다는 놀라운 사실을 알게 되기 때문이다.

나훔 – 니느웨에 임박한 심판(나 1:7-8)

니느웨의 멸망을 선포함		니느웨의 멸망을 묘사함		니느웨 멸망의 정당성	
하나님의 심판의 일반적 원칙	니느웨의 멸망과 유다의 구원	선전 포고	니느웨의 멸망을 묘사함	니느웨가 멸망한 이유들	니느웨의 멸망의 필연성
1:1-8	1:9-15	2:1-2	2:3-13	3:1-11	3:12-19
심판의 선포		심판에 대한 환상		심판에 대한 이유	
무엇을 하나님이 심판하실 것인가		어떻게 하나님이 심판하시는가		왜 하나님이 심판하시는가	

하나님은 숨죽이며 아무 소리도 못하고 조용히 살며 탄식만 하는 삶에 길들여진 그의 교회와 백성에게 무대 위로 올라오라고 초청하신다. 그의 일하시는 방식은 독특하다. 대체로 조용히 그의 백성들의 중보기도를 통해 일하신다. 그러다 어느 한순간 무대를 순식간에 바꾸어놓으신다.

나훔서의 메시지

나훔의 메시지는 오랫동안 앗수르에 시달리던 유대 왕국에 소망을 불어넣었다. 요시야의 부흥운동에 힘을 실어주었을 것이다. 나훔서는 단지 당시 앗수르 제국의 멸망만을 선포하는 게 아니다. 앗수르에게 오랫동안 시달리다 멸망한 북 이스라엘과 풍전등화처럼 위기에 처한 남 유다에게만 소망과 위로를 주는 게 아니다. 오늘 우리에게도 힘과 소망과 위로를 준다. 기독교 문명개혁 운동에 힘을 실어준다.

1장 – 니느웨 멸망의 선포 : 하나님이 무엇을 심판하실 것인가?
2장 – 니느웨 멸망의 묘사 : 하나님이 어떻게 심판하실 것인가?
3장 – 니느웨 멸망의 정당성 : 하나님이 니느웨를 왜 심판하시는가?

1. 니느웨 멸망의 네 가지 원인

첫째, 하나님을 거역했다. 니느웨는 하나님을 거스르며 그분을 대적했다(나 1:2).
둘째, 우상숭배했다. 니느웨는 우상숭배로 가득했다(나 1:14).
셋째, 잘못된 지도력과 잘못된 재정 사용이다. 니느웨는 '피의 성'이요, 거짓이 가득하고 포악이
　　　가득하며 탈취가 떠나지 않았다(나 3:1).
넷째, 우상숭배로 열방에 영향을 주었다. 마술에 능숙한 미모의 음녀가 많은 음행을 행했다. 자
　　　신들만 악을 행한 게 아니라 음행과 마술로 주변의 여러 나라를 미혹했다(나 3:4).

2. 니느웨를 향한 하나님의 심판

하나님이 니느웨를 물로 심판하실 것이다.

> 그가 범람하는 물로 그곳을 진멸하시고 자기 대적들을 흑암으로 쫓아내시리라 나 1:8

> 마침내 강의 수문이 터지고, 왕궁이 휩쓸려서 떠내려간다 나 2:6 새번역

1장 9절에 "그가 온전히 멸하시리니"라고 하신다. 1장 12절에, "그들이 비록 강하고 많을지라도 반드시 멸절을 당하리니 그가 없어지리라"라고 하신다. 1장 14절에, "네 이름이 다시는 전파되지 않을 것이라"라고 하신다.
난공불락의 성이 함락되고 약탈과 살육이 벌어진다. 하나님이 그 땅을 물로 심판하시는 것은 당시 사람들의 생각으로는 불가능해 보이는 일이었다.

'노아몬'은 천혜의 도시였다. 강들 사이에 바다를 끼고 있었다. 바다가 성루가 되고 방어벽이 되었다. 구스의 용병들과 애굽의 든든한 후원이 있었다. 그러나 가장 안전하다고 여겨졌던 노아몬이 처참하게 무너져 포로로 사로잡혀갔다(나 3:8-10).

"이런 노아몬도 하나님의 심판을 견디지 못했는데 니느웨가 견딜 수 있는가?"라고 선지자는 질문한다. 그들이 의지하는 튼튼한 성벽과 용사들, 비축된 비상식량, 이 모든 것이 휴지 조각처럼 아무 소용이 없을 것이다.

> 정한 대로 왕후가 벌거벗은 몸으로 끌려가니 그 모든 시녀들이 가슴을 치며 비둘기같이 슬피 우는도다. 니느웨는 예로부터 물이 모인 못 같더니 이제 모두 도망하니 "서라, 서라" 하나 돌아보는 자가 없도다. 은을 노략하라! 금을 노략하라! 그 저축한 것이 무한하고 아름다운 기구가 풍부함이니라! 니느웨가 공허하였고 황폐하였도다 나 2:7-10

"범람하는 물"이 앗수르 멸망과 유적의 키워드이다.

강들의 수문이 열리고 왕궁이 소멸될 것이며 은, 금, 아름다운 기구가 풍부하던 곳이 공허하고 황폐하게 될 것이다. 다시는 그 이름이 전파되지 않을 것이다. 비록 그들이 강하고 많을지라도 반드시 멸절되어 없어질 것이다. 온전히 멸할 것이다(나 1:8-14, 2:6-13).

"상인의 수가 별보다 많다"라고 말할 정도로 번창했던 세계의 중심 도시 니느웨는 B.C. 612년 하루아침에 사라졌다(나 3:16).

> 너는 포위당할 일에 대비하여 물을 길어두고 방어진을 튼튼하게 하며 진흙을 밟아 벽돌 가마를 수리하라. 그러나 네가 아무리 방비하여도 불이 너를 삼키며 칼이 너를 베고 메뚜기 떼가 곡식을 먹어가듯이 네 대적이 너를 먹을 것이다.
> 메뚜기 떼처럼 네 인구수를 많게 해보아라. 네가 네 상인들의 수를 하늘의 별처럼 많게 하였으나 메뚜기처럼 다 날아가버리고 말았다. 너의 병사들과 지휘관들은 추운 날 울타리에 깃들였다가 해가 뜨면 날아가버리는 메뚜기 떼와 같아서 아무도 그들이 간 곳을 알지 못한다 나 3:14-17 현대인의 성경

앗수르가 아무리 수비를 잘하고 백성들이 많고 상인의 수가 별처럼 많고 방백들이 많다 해도 그들을 구하는 데 아무 도움이 되지 못할 것이다. 앗수르는 절대 심판을 피할 수 없을 것이다.

나훔은 다음과 같은 슬픈 소식으로 끝을 맺는다.

> "앗수르 왕이여, 네 목자가 자고 네 귀족은 누워 쉬며 네 백성은 산들에 흩어지나 그들을 모을 사람이 없도다. 네 상처는 고칠 수 없고 네 부상은 중하도다. 네 소식을 듣는 자가 다 너를 보고 손뼉을 치나니 이는 그들이 항상 네게 행패를 당하였음이 아니더냐"(나 3:18,19).

나훔을 통해 예언하신 것처럼 아무리 거대하고 세계를 제패하던 도시라도 불의와 불법을 행하면 주님이 말씀하신 대로 온전히 멸망하여 다시는 그 이름이 전파되지 않을 것이다. 나훔서를 통해서 또다시 발견하는 것은, 모든 역사의 주인은 하나님이시며 그분은 공평하게 심판하신다는 것이다.

놀랍게도 520년간 지속되던 앗수르는 B.C.609년 신흥 강대국 바벨론에게 멸망당하여 흔적도 없이 사라졌다. B.C.612년에 니느웨가 점령당했고, B.C.609년에 앗수르 제국이 완전히 깃발을 내렸다.

니느웨는 도시를 둘러싼 성벽의 길이가 13킬로미터, 성벽의 높이가 30미터, 성벽의 두께가 9.6미터로, 마차 3대가 나란히 달릴 수 있었다. 절대로 함락될 수 없는 철옹성이다. 도시 한편으로는 티그리스 강이 흐르고 있었다. 도시 전체는 거대한 15개의 성문을 가진 내벽과 외벽으로 된 이중 성곽으로 싸여있었다. 뿐만 아니라 성 밖을 둘러 파서 연못으로 만든 너비가 24미터에 달하는 해자(moats)와 강으로 둘러싸여 있는 견고한 성채였다.

고대에는 외적으로부터 방어를 쉽게 하기 위해 강가 옆이나 구릉 지대, 산 위 등 천연적인 요새를 활용하여 성을 쌓았다. 그리고 두꺼운 성벽도 이중으로 세웠다. 또 성벽 주위에 인공 호수를 파서 외적이 쉽게 접근하지 못하도록 이중 삼중의 보호막을 설치했다.

니느웨 변두리에는 30채도 넘는 사원들이 금과 은으로 찬란하게 빛났다. 그러나 그 성 위로 물이 범람하여 토사가 구릉 위로 약 6미터나 쌓여 거대한 도시 니느웨는 땅속으로 들어가버렸다. 그 뒤 수천 년간 사막 바람이 모래를 몰고 와 폐허를 덮자, 왕성은 큰 둔덕으로 바뀌었다.

나 여호와가 네게 대하여 명령하였나니, 네 이름이 다시는 전파되지 않을 것이라. 내가 네 신들의 집에서 새긴 우상과 부은 우상을 멸절하며 네 무덤을 준비하리니 이는 네가 쓸모없게 되었음이라 나 1:14

티그리스 강의 물이 니느웨를 덮어 그 위에 토사가 쌓여 니느웨는 그 흔적도 발견할 수가 없었다. 오랜 영화를 지속하던 앗수르는 흔적도 없이 사라져 앗수르 역사는 단지 지어낸 이야기로만 오랫동안 들려왔다.

1840년, 영국의 고고학자 레이어드(Austen Henry Layard)가 22세에 런던의 법률사무소를 벗어나 터키와 페르시아를 여행했다. 1840년 4월 10일, 레이어드는 모술에 닿았다. 강 건너에 보이는 니느웨의 폐허일 것으로 짐작되는 거대한 둔덕들이 그의 마음을 사로잡았다. 3년 동안의 여행을 마치고 콘스탄티노플로 돌아온 그는 1845년, 영국 대사 스트랫퍼드 캐닝을 위해 비공식적인 외교 업무를 수행하면서 신임을 얻었다. 그리고 그에게 외교관 신분증과 발굴 경비 60파운드를 얻자 다시 모술을 찾는다.

그가 1846년부터 7년에 걸쳐 니느웨를 발굴하여 그 거대한 도시가 세상에 드러났다. B.C.609년부터 A.D.1846년까지 2,450년 이상 그 존재는 깊은 땅속에 묻혀있었다.

레이어드에 의해 대영박물관으로 옮겨진 라마슈 상
© The Trustees of the British Museum

레이어드는 말하기를,

"그 얇은 돋을새김은 전투 장면을 새긴 것이었다. 눈부시게 꾸민 전차 두 대에는 각각 세 사람이 타고 있었다. 수염 없는 장수가 갑옷을 입고 활시위를 귀밑까지 팽팽하게 당기고 있었다. 옆의 전사는 말 고삐를 잡았고, 또 한 전사는 방패로 장수를 가리고 있었다. 전체가 짜임새 있고, 사람과 말의 근육까지도 세밀하게 새겨져 놀라지 않을 수 없었다."

고대 메소포타미아에서 힘을 상징하는 괴물들은 암컷의 경우에는 수메르어로 '라마(lama)', 아카드어로는 '라마슈(lamassu)'로, 수컷의 경우에는 수메르어로 '알라드(alad)', 아카드어로는 '세두(Shedu)'로 불렀다. 앗수르의 괴물상을 통상 '라마슈'로 부르기도 한다. 당시 우상숭배의 현주소를 여실히 보여준다.

https://blog.naver.com/777kyb/10080892654 참조

Dear. NCer

하나님은 공의로 열방을 다스리신다.

"내가 역사 무대의 중심이다"라고 거만하게 말하는 국가나 권력에 대하여 주님의 관점을 가져라. 오직 하나님만이 역사의 주인이시고 그분은 공의로 심판하신다.

심판과 환난의 날에 주님은 산성이시다.

"여호와는 선하시며 환난 날에 산성이시라. 그는 자기에게 피하는 자들을 아시느니라"(나 1:7).

❖ 하박국(Habakkuk) 의인은 오직 믿음으로 살리라

하박국서는 어느 특정한 개인이나 집단에게 보낸 게 아니라 바벨론에게 정복당하기 전의 유다에게 보낸 것이다. 하박국서에는 북 왕국 이스라엘이나 그들이 앗수르로 잡혀간 것에 대한 언급이 전혀 없다. 오직 바벨론의 위협이 임박함을 묘사한다. 그러므로 히스기야 이후, 예루살렘의 멸망 이전으로 본다. 하박국과 거의 동시대에 활동한 사역자는 예레미야이다.

하박국서 전체 3장 중에서 1장-2장은 하박국 선지자의 질문과 하나님의 답변 형식이고, 3장은 하나님을 향한 선지자의 기도와 찬양이다.

하박국은 우리가 일상에서 겪는 일들과 처한 상황들을 그리스도인으로서 어떻게 이해하고 반응해야 하는지 조언한다. 우리는 때로 혼란에 빠지기도 하고, 두려움과 낙심에 휘둘리기도 한다. 선지자는 우리가 분노 폭발을 일으키기 직전에 옆에서 조언한다. 그렇다고 소위 '훈장님'처럼 교실에서 엄격하고 절제 있는 목소리로 어리석은 학생들을 가르치지 않는다. 하박국은 먼저 공감하고 이해해준다. 그리고 "그래, 나도 그랬어. 나도 혼란에 빠졌지. 하마터면 믿음마저 잃을 뻔했어"라면서 말을 시작한다.

구원을 얻는 믿음은 한 번에 선물로 주어진다(엡 2:8,9). 그러나 우리가 일상적으로 말하는 믿음은 자라나는 것이다. 지식으로 아는 믿음, 교과서에서 배운 믿음, 말로 하는 믿음이 아니다. 평안할 때는 모두 믿음의 용사가 된다. 그러나 풍랑을 만날 때, 폭풍으로 인해 물결이 세차게 들어오고, 배가 나뭇잎처럼 흔들릴 때, 두려움은 점점 커가고 낙심이 밀려와 마음이 밑바닥으로 가라앉을 때 예수님은 질문하신다. "네 믿음이 어디 있느냐?" 그때가 바로 믿음을 보일 때다. 하박국은 먼저 들어준다. 그리고 솔직하게 자신의 경험을 털어놓는다.

그는 이해되지 않고 당혹감과 실망감이 밀려올 때 그 가운데 빠져 허우적거리지 않고 하나님께 나아가 자신의 생각과 감정을 서슴없이 솔직하게 털어놓는다.

하박국 – 의인은 오직 믿음으로 말미암아 살리라(합 2:4)

하박국의 질문과 하나님의 대답				하박국의 찬양
하박국의 첫 번째 질문	하나님의 첫 번째 대답	하박국의 두 번째 질문	하나님의 두 번째 대답	하박국의 찬양 기도
1:1-4	1:5-11	1:12-2:1	2:2-20	3:1-19
이 땅의 악함과 불의에 왜 잠잠하십니까?	나는 바벨론을 심판의 도구로 곧 사용할 것이다.	왜 더 악한 바벨론을 사용하여 그들보다 덜 악한 자를 심판하십니까?	오직 의인은 그의 믿음으로 살리라	하나님의 임재, 하늘을 덮은 그의 영광, 세계에 가득한 그의 찬송
믿음의 혼란				믿음의 승리
하나님이 무엇을 하고 계신가				하나님은 누구신가

합 2:4 보라 그의 마음은 교만하며 그 속에서 정직하지 못하나 의인은 그의 믿음으로 말미암아 살리라
합 2:14 이는 물이 바다를 덮음같이 여호와의 영광을 인정하는 것이 세상에 가득함이니라

합 3:2 여호와여 내가 주께 대한 소문을 듣고 놀랐나이다 여호와여 주는 주의 일을 이 수년 내에 부흥하게 하옵소서 이 수년 내에 나타내시옵소서 진노 중에라도 긍휼을 잊지 마옵소서

하박국서의 메시지

1. 두 차례에 걸친 하박국의 질문과 하나님의 답변(합 1장 – 2장)

하박국은 많은 고민을 하고 있었다. 선하고 거룩한 자가 고난을 당하는 반면, 악인이 형통하는 현실에 대한 고민이다. 시편 37편도 이 같은 고민을 한다.

하박국의 질문

그래서 하박국 선지자는 **하나님께 질문**을 던진다(합 1:2,3).
"여호와여 내가 부르짖어도 주께서 듣지 아니하시니 어느 때까지리이까?"
"어찌하여 이런 일이 일어납니까? 율법이 무너지고 공의가 시행되지 않습니다. 악인이 형통하고 의인이 고난을 당하고 있습니다. **'어찌하여'** 이런 현실에 침묵하십니까?"
하박국은 불의를 당하는 사람들과 선량한 사람들이 고통을 당하는 현실을 보고 아파했다. 악인이 활개를 치고 다니는 것을 보고 의문을 품었다.

하나님의 답변

하나님께서 하박국의 질문에 대답하셨다(합 1:5-11). "보라 내가… 갈대아 사람을 일으켰나니….'
이를 한 문장으로 줄이면 다음과 같다.
"내가 바벨론을 도구로 사용하여 나의 백성을 심판할 것이다."
하나님은 이같이 악을 행하는 이스라엘에 대하여 '하나님의 의의 집행관'으로 바벨론을 사용하겠다고 대답하셨다. "그들은 무시무시한 집행관으로, 포로들을 사로잡아 바벨론으로 끌고 갈 것이다. 바벨론을 마치 거대한 감옥과도 같이 사용할 것이다."
시편 37편 1,2절에도, "악을 행하는 자들 때문에 불평하지 말며 불의를 행하는 자들을 시기하지 말지어다. 그들은 풀과 같이 속히 베임을 당할 것이며 푸른 채소같이 쇠잔할 것임이로다"라고 말씀하신다.
하나님은 우리가 그분을 알기를 원하신다. 그리고 "여호와는 사랑과 정의와 공의를 땅에 행하는 자인 줄 깨닫는 것"으로 자랑하라고 하신다(렘 9:24).
하나님은 악인을 방관하지 않으시고 반드시 심판하신다. 하나님은 공의로우시며 공평하시다. 하나님은 모세를 통해 자신이 누구인지 알리셨다. "그는 반석이시니 그가 하신 일이 완전하고 그의 모든 길이 정의롭고 진실하고 거짓이 없으신 하나님이시니 공의로우시고 바르시도다"
(신 32:4).

하박국의 또 다른 질문

하박국은 주께서 반드시 악을 행하는 자들에게 의의 심판을 행하신다는 응답에 몹시 기뻤다. 그러나 기쁨도 잠시, 하박국은 하나님의 답변에 더욱 혼란스러웠다. 왜냐면 하나님께서 불의를

행하는 그의 백성을 징계하는 도구로 이방 국가인 바벨론을 사용하시기 때문이다.

"바벨론이 그들보다 더 악한데 어찌하여 바벨론을 사용하십니까?"

다시 말하면, "악한 자를 심판하시기 위해 어찌하여 더 악한 자를 사용하십니까?"

"주께서는 눈이 정결하시므로 악을 차마 보지 못하시며 패역을 차마 보지 못하시거늘 **어찌하여** 거짓된 자들을 방관하시며 악인이 자기보다 의로운 사람을 삼키는데도 잠잠하시나이까?" (합 1:13).

"심판의 도구로 왜 하필이면 바벨론입니까? 바벨론은 그들보다 더 악한데 어떻게 심판합니까?" 하나님을 모르는 이방 국가를 들어 하나님을 섬기는 경건한 하나님의 백성을 심판하시는 것을 하박국은 도저히 이해할 수 없었다.

하박국은 바벨론은 심판자의 자격에 부적합하다고 항의했다.

하박국은 하나님에게 강하게 어필했다.

"바벨론은 심판자로서 **부적격자**입니다."

하박국은 하나님에게 솔직하게 말했다. "하나님, 도무지 이해가 되지 않습니다!"

그리고 그는 하나님 앞으로 나아가 귀를 기울였다. 이해가 되지 않을 때는 하나님에게 나아가 그의 음성에 귀를 기울이는 게 가장 좋다.

"나는 이제 하나님이 나의 질문에 무엇이라 대답하실지 기다리겠습니다"(합 2:1).

하박국의 이런 태도와 행동은 참으로 귀하다. 하나님을 향한 의심이나 불신, 또는 불만과 불평을 갖는 게 아니다. 의심, 불신, 불평, 불만은 교만에서 나오는 반응이다. 자신의 생각이 옳다는 어리석음에서 나오는 것이다. 그러나 하박국은 자기의 생각을 있는 그대로 털어놓았지만, 거기에 갇히지 않았다. 그가 하나님의 대답을 기다리는 것은 충분하게 이해하지 못함을 인정하는 겸손에서 비롯된다.

그는 하나님의 행하심이 충분히 이해되지 않았지만, 그래도 하나님은 공의로우시며 공평하시다는 것을 확실히 알았다. 그는 하나님의 공평과 공의를 의심하지 않았다. 다만 충분한 이해가 없을 뿐이었다. 하박국은 하나님이 이에 대하여 말씀하시기 전에는 어떤 결론도 내리지 않기로 했다. 그는 자신의 생각에 사로잡히지 않을 뿐 아니라 다른 사람의 말에 휘둘리지도 않았다. 오직 하나님의 말씀만 듣기로 결심했다.

하나님의 답변

하나님께서 하박국의 질문에 대답하셨다(합 2:2-20).

하나님은 대답하시기 전에 먼저 명령하셨다. 하나님께서 말씀하시는 것을 큰 판에 적어서 지나가는 사람들이 그것을 읽을 수 있도록 하라고 하셨다. '게시판'을 만들라고 명령하셨다. 하나님의 말씀을 적은 커다란 '옥외 LED 형광 광고판'을 만들라고 하셨다. 왜냐면 광고판에 기록된 하나님의 메시지는 오래지 않아 반드시 실현될 것이기 때문이다.

그리고 하나님이 말씀하셨다.

> 의인은 그의 믿음으로 말미암아 살리라 합 2:4

믿음은 눈에 보이는 대로 반응하는 것이 아니다. 자신의 생각이나 판단에 의지하는 게 아니다. 믿음은 오직 하나님의 말씀을 듣고 그 말씀에 따라 반응하는 것이다.

"그러므로 믿음은 들음에서 나며 들음은 그리스도의 말씀으로 말미암았느니라"(롬 10:17).

하나님이 말씀하셨다. 하박국 2장 5-20절 말씀이다.

그 말씀에는 "화 있을진저"가 다섯 차례나 언급되고 있다.

하나님은 누구를 향해 이같이 심각하게 말씀하시는가?

제일 먼저 바벨론을 향하여 말씀하신다.

하나님은 바벨론을 사용하셔서 하나님의 백성의 죄를 심판하신다. 그리고는 바벨론도 심판하신다. 대선지서에서 이미 언급했듯이 왜 하나님은 바벨론을 심판하시는가? 오히려 하나님의 도구로 쓰임 받았으니 상 받아야 하지 않는가?

바벨론의 교만 때문이다. 그들은 자신들이 가진 권세와 능력이 하나님으로부터 왔음을 몰랐다. 그것이 하나님으로부터 주어진 줄 몰랐다. 그들은 온 땅의 하나님이 그의 뜻을 위해 주신 권세와 능력을 올바르게 사용하지 않았다. 교만하여 자신들의 한계를 넘어섰다. 겸손은 자기 분수를 아는 것이다. 교만은 자기 분수를 모른다. 자신이 마땅히 있어야 할 자리를 떠난다. 그들은 세계 정복의 끝없는 야욕, 만족할 줄 모르는 권세와 재물에 대한 욕심으로 행했다. 결국 멸망을 자초했다(합 2:5-8).

그러나 하나님의 관심은 바벨론보다는 더 중요한 데에 있다. 바벨론과 똑같이 행하는 이들에게도 심판하실 것이다(합 2:9-17).

그들은 누구인가?

재물과 명예를 탐하는 자들이다(합 2:9-11). 재물을 탐하여 부당한 이익을 취했다.

남에게 해를 끼치며 압제하며, 불의와 약탈로 재물을 모으는 자들이다(합 2:12,13).

이웃에게 술을 마시게 만들어 공개적으로 수치로 몰아넣어 불명예롭게 하는 자들이다(합 2:15-17).

이들은 우상숭배하는 자들이다(합 2:19).

놀랍게도 하나님을 모르는 바벨론이 아니라 바벨론처럼 되어가는, 하나님을 아는 백성들이다! 첫 번의 "화"는 하나님을 모르는 바벨론의 죄에 대한 것이다. 그러나 나머지 네 번의 "화"는 하나님을 아는 하나님의 백성들의 죄에 대한 것이다.

하나님이 유다를 침략하는 바벨론 제국보다는 하나님의 백성들의 죄에 대해 더 큰 마음의 부담감이 있음을 예레미야를 통해 보이셨듯이, 충분히 이해하지 못하는 하박국에게도 마음의 부담감을 보이셨다. 이사야서도 마찬가지다. 앗수르나 열방보다는 먼저 하나님의 백성이다.

예레미야 22장 13-19절은 유다 왕 여호야김에 대하여 이렇게 말씀하신다.

> 불의로 그 집을 세우며 부정하게 그 다락방을 지으며 자기의 이웃을 고용하고 그의 품삯을 주지 아니하는 자에게 화 있을진저, 그가 이르기를, '내가 나를 위하여 큰 집과 넓은 다락방을 지으리라' 하고, 자기를 위하여 창문을 만들고 그것에 백향목으로 입히고 붉은 빛으로 칠하도다… 네 두 눈과 마음은 탐욕과 무죄한 피를 흘림과 압박과 포악을 행하려 할 뿐이니라 렘 22:13,14,17

"이는 물이 바다를 덮음같이 여호와의 영광을 인정하는 것이 세상에 가득함이니라"(합 2:14)라고 하심같이 이 모든 과정으로 인하여 온 세상이 "하나님은 의로우시다" 하며 하나님의 영광을 인정하게 될 것이다.

하나님이 바벨론을 그리고 하나님의 백성들을 심판하시듯 열방에 동일하게 행하실 것이다. 하나님의 영광은 세상에 가득할 것이다. 하나님의 원칙은 몇몇 나라에만 국한된 것이 아니다. 하나님을 아는 족속이나 알지 못하는 족속이라도 동일하게 적용된다.

이제 하나님은 결론을 지으신다.

"오직 여호와는 그 성전에 계시니 온 땅은 그 앞에서 잠잠할지니라"(합 2:20).

온 세상은 공의로우시며 공평하신 하나님 앞에 잠잠하여야 한다.

> 이르시기를, "너희는 가만히 있어 내가 하나님 됨을 알지어다. 내가 뭇 나라 중에서 높임을 받으리라. 내가 세계 중에서 높임을 받으리라" 하시도다 시 46:10

2. 하박국의 찬양과 기도(합 3장)

1장-2장에서 하박국의 의문과 하나님께 대한 질문에 그분은 답변하셨다. 하나님으로부터 해답을 들은 하박국 선지자는 하나님의 위엄 앞에서 떨었다. 그는 하나님의 주권을 바라보게 되었다. 그는 더 이상 유대 땅에 갇혀있지 않았다. 그의 시야는 예루살렘과 바벨론을 넘어서서 온 세상을 향했다.

> 'Glocal'이라는 신조어가 하박국에게 어울린다. Glocal은 Global + Local의 합성어다. 하박국은 이제 더 이상 유대인으로만 머물지 않았다. 그는 세계의 주민이다. 그는 유대인이며 세계 주민이다. 이것은 또한 기독교 문명개혁 운동을 주도하는 사람에게도 해당된다.

그는 하나님의 영광을 보며 찬양했다.

> 그의 영광이 하늘을 덮었고 그의 찬송이 세계에 가득하도다 합 3:3

또한 하나님의 긍휼하심과 구원으로 인한 기쁨과 감격 가운데 감사의 찬양과 기도를 하나님에게 드린다. 그는 지금이 어느 때인 줄 알았다. 현재의 우울하고 낙담할 만한 상황에 빠져있는 대신 하나님의 긍휼과 능력을 믿고 하나님을 찬양할 때이다. 이때야말로 부흥을 위해 기도할 때이다.

여호와여, 주는 주의 일을 이 수년 내에 부흥하게 하옵소서. 이 수년 내에 나타내시옵소서. 진노 중에라도 긍휼을 잊지 마옵소서 합 3:2

그는 출애굽 당시처럼 하나님의 능력을 보여주시기를 기도한다.

하박국이 확실히 아는 것이 있다. 그것은 하나님은 그분을 무시하는 자들에게는 심판으로 행하시고, 그분을 믿고 따르는 그의 백성들에게는 긍휼을 베푸신다는 것이다.

하박국 3장 17-19절의 찬양의 고백은 하박국이 믿음의 사람임을 가장 잘 보여준다.

비록 무화과나무가 무성하지 못하며 포도나무에 열매가 없으며 감람나무에 소출이 없으며 밭에 먹을 것이 없으며 우리에 양이 없으며 외양간에 소가 없을지라도, 나는 여호와로 말미암아 즐거워하며 나의 구원의 하나님으로 말미암아 기뻐하리로다. 주 여호와는 나의 힘이시라. 나의 발을 사슴과 같게 하사 나를 나의 높은 곳으로 다니게 하시리로다

이 놀라운 찬양을 영어 두 단어로 요약해보자.

Anyway Hallelujah!

우리가 물질적으로 풍족하지 못하고, 환경적으로 만족하지 못해도 우리의 모든 만족과 기쁨은 오직 하나님께 있다. 하박국은 현재의 환경만 바라보며 낙심하고 우울해하지 않고 어떤 상황에도 기뻐하기로 결정했다. 그의 기쁨은 오직 하나님께만 있었다. 마치 감옥 안에 있던 바울이 감옥 밖에 있는 빌립보 형제들에게, "항상 기뻐하라. 주 안에서 기뻐하라"라고 한 것처럼, 그는 환경에 갇히기를 원하지 않았다. 그의 기쁨의 근원은 오직 하나님 한 분이다!

주 여호와는 나의 힘이시라. 나의 발을 사슴과 같게 하사 나를 나의 높은 곳으로 다니게 하시리로다 합 3:19

사슴의 앞발은 짧고 뒷발은 길어서 높은 데로 올라가기에 적합하다. 주님은 우리의 발을 영적으로 사슴의 발처럼 되게 하셔서 높은 곳으로 다니게 하신다. 하나님 안에서 모든 환경을 넘어서는 기쁨과 만족의 삶을 살게 하신다. 하박국은 승리의 찬양과 감사의 고백으로 메시지를 마친다.

Dear. NCer

오직 의인은 믿음으로 말미암아 살리라

우리는 환경이나 다른 사람의 말에 휘둘리며 살지 말아야 한다.
우리는 또한 자신의 경험, 느낌, 생각, 이해에 갇혀 살지 말아야 한다.
우리는 하나님 앞에 나아가 우리의 생각을 솔직하게 표현해야 한다.
그리고 말씀하시는 하나님의 음성에 귀를 기울여야 한다.
우리는 Glocal people이 되어야 한다.

❖ 스바냐(Zephaniah) 남아있는 충성된 자들

스바냐는 예레미야의 사역이 시작될 무렵인 유다 왕 요시야 시대에 사역한 선지자이다. 그는 포로기 이전에 활동한 선지자들 중 가장 늦게 활동했기에 마지막에 놓여있다. 그다음에는 포로기 이후의 사역자들이다.

그의 준엄한 말투로 볼 때 요시야가 성전을 수리하다 율법책을 발견함으로 종교개혁을 행하기 이전에 사역한 것으로 보인다. 당시 시대적 상황은 우상숭배로 인한 혼합주의와 사회의 부정의가 있었다. 스바냐는 이사야와 더불어 선지자 중 왕족 출신이다. 1장 1절에 자신을 히스기야의 현손이라고 소개했다. 즉 히스기야 왕이 스바냐의 고조할아버지다.

젊은 왕 요시야, 왕족 출신의 선지자 스바냐, 제사장 가문 출신의 젊은 선지자 예레미야, 그리고 평범하지만 날카로운 선지자 하박국, 이 네 사람은 유다 왕국의 말기에 놀라운 부흥의 중심에 있었던 '부흥 운동 4인방'이다.

스바냐는 유다 왕국에 임박한 심판을 경고하면서 한편으로는 남아있는 충성된 사람들, 신실한 사람들을 위로했다. 그는 유다가 바벨론 제국에 의해 멸망할 것을 예언했다. 그날은 곧 여호와의 날이다. 짧은 스바냐서에 "여호와의 날"이 20회, "황폐"가 7회, "남은 자"가 4회 언급되었다. 스바냐는 하나님의 진노를 불러일으켜 멸망을 재촉하는 그들의 죄를 열거하면서 회개를 촉구했다. 그러나 한편으로는 비록 유다 백성들이 멸망하지만 때가 되면 포로에서 돌아올 거라고 선포했다.

심판의 날이 임박했으나 이때야말로 하나님을 찾을 때임을 스바냐는 촉구했다. 자괴감에 사로잡혀 주저앉아 있지 말고 힘을 내어 하나님을 찾으라고 했다. 가장 위험한 건 외부에 있지 않다. 바벨론의 위협보다 더 위협적인 건 하나님을 찾지 않는 마음, 하나님을 향한 기대가 없는 마음이다. 낙심과 포기가 가장 위험하다. 그것은 영적 무기력에 빠뜨리고 우울증으로 이끈다. 삶에 활기가 없다. 안일함을 넘어서서 무관심, 절망은 가장 경계해야 한다. 이때야말로 하나님을 찾을 때이다.

스바냐 – 시온의 딸아, 노래할지어다(습 3:14)

주의 날에 있을 심판		주의 날에 임할 구원
유다에 임할 심판	주변국에 임할 심판	유다에 대한 회복의 약속
1:1-2:3	2:4-15	3장
안을 보라!	주위를 보라!	그 너머를 보라!
진노의 날		기쁨의 날

스바냐 당시의 왕 요시야는 그의 아버지 아몬과 그의 할아버지 므낫세의 죄(나라 전체에 가득한 바알의 산당들, 태양 상과 아세라 목상들, 우상들)로 인해 나라가 황폐된 것을 바라보았다. 절망적이었다. 그러나 젊은 왕 요시야가 영적 각성과 부흥 운동에 박차를 가할 수 있었던 건 이 같은 하나님의 메시지 때문이었다.

스바냐서의 메시지

스바냐서는 모든 선지서를 보는 관점을 갖게 한다.

> 1장 – 안을 보라 – 유다에게 다가올 하나님의 심판
> 2장 – 주위를 보라 – 열방에 임할 하나님의 진노
> 3장 – 그 너머를 보라 – 심판 후에 올 회복
>
> 하나님의 관심은 언제나 그의 백성에게 있다.
> 하나님은 그의 백성을 징계하기 위해 제국들을 사용하신다.
> 하나님은 또한 이스라엘 주변국들도 심판하신다.
> 그러나 긍휼의 하나님은 회개하는 그의 백성을 용서하시고 회복시키신다.
> 하나님은 그의 백성들을 통해 땅의 모든 족속이 주를 알기를 원하신다.

1. 안을 보라!(습 1:1–2:3)

스바냐서는 바로 본론으로 들어간다. 우회적으로 말하지 않는다. 처음부터 직격탄을 날린다.

하나님의 준엄한 선언(습 1:2–6)
"내가 땅 위에서 모든 것을 진멸하리라"(습 1:2).
스바냐 1장 2-6절의 짧은 다섯 절에 "진멸", "멸절"이라는 단어가 일곱 번이나 나온다.

하나님의 진멸 리스트
하나님의 진멸 리스트가 열거된다(습 1:3-6).

사람과 짐승, 공중의 새, 바다의 고기, 거치게 하는 것, 악인들
유다와 예루살렘에 남아있는 바알 '그마림'이란 이름과 및 그 제사장들
지붕에서 하늘의 뭇 별에게 경배하는 자들
여호와께 맹세하면서 말감을 가리켜 맹세하는 자들
여호와를 배반하고 따르지 아니하는 자들
여호와를 찾지도 아니하며 구하지도 아니하는 자들

이는 마치 노아의 홍수 리스트를 연상하게 한다.

이르시되, "내가 창조한 사람을 내가 지면에서 쓸어버리되, 사람으로부터 가축과 기는 것과 공중의 새까지 그리하리니 이는 내가 그것들을 지었음을 한탄함이니라" 하시니라 창 6:7

여호와의 날(습 1:7-2:3)

스바냐 1장 7절부터 2장 3절까지 "여호와의 날"을 18회에 걸쳐 여러 단어로 표현했다. "여호와의 희생의 날", "그날", "그때", "여호와의 큰 날", "분노의 날", "환난과 고통의 날", "황폐와 패망의 날", "캄캄하고 어두운 날", "구름과 흑암의 날."

그날이 가까이 왔으며 반드시 올 것이다. 그날은 희생의 날이며, 마치 희생 제물을 하나님에게 드리듯이 예루살렘에 큰 살육이 있을 것이다. 심판의 날이다.

하나님의 마지막 통보 - 심판의 대상과 죄목 리스트(습 1:7-13)

방백들과 왕자들이다. 그들은 주어진 권위로 책임을 다하지 못했다. 이들은 이방인의 옷을 입었다. 옷은 가치와 사고방식을 잘 보여준다. 이들은 이방인의 종교의식, 문화, 습관, 가치관을 들여와 그에 따라 행했다.

문턱을 뛰어넘어서 포악과 거짓을 자기 주인의 집에 채운 자들이다. 이 의미가 확실하지는 않으나, 이들은 주인의 지시에 따라 힘을 앞세워 폭력적으로 이웃집에 들어가 재물을 약탈하여 주인의 집으로 옮겨온 사람들이다. 비록 이들의 행동이 권위자의 지시에 따른 것이라 해도 하나님의 심판을 면치 못한다. 왜냐면 아무리 권위자의 지시가 있어도 불의를 행하면 안 되기 때문이다. 우리의 첫 번째 의무는 하나님의 지시를 따라 의를 행하는 것이지, 권위자의 지시로 불의를 행하는 게 아니다.

막데스 주민들이다. 예루살렘의 어문과 둘째 구역 근처의 지명으로 본다. 장사하는 상업 구역이다. 어문 근처에는 양어장과 수산 시장이 있었다. 이들은 오직 재물에만 관심이 있었다. 그날이 되면 대적들은 어문을 깨트리고 쏟아져 들어오게 될 것이며, 인접한 제2구역과 고지대 언덕들에서는 전란으로 말미암은 혼란과 애곡과 파괴의 소리가 울려 퍼질 것이다. 그뿐 아니라 반대쪽 예루살렘 남부 저지대의 상업 지역인 막데스의 거민들도 침략자들의 공격을 받을 것이다. 이들의 재물이 노략될 것이다. 그리하여 무역으로 부자가 된 자들도 모두 멸망하여 더 이상 상거래가 이루어지지 않을 것이다. 이것은 여호와의 심판이 예루살렘 전역을 동시에 함락시킬 만큼 대규모로 이루어질 것임을 말한다.

하나님에 대한 기대가 없어서 마음이 찌꺼기같이 가라앉은 자들이다. 믿음이 없는 사람들이다. 이들은 표시가 잘 나지 않는 실제적인 무신론자들이다. 적극적으로 우상숭배에 참여하지는 않았지만, 하나님을 살아계신 분으로 믿지 않고, 자기들의 실생활과는 상관이 없는 존재로 여겼다. 이들이 하나님의 다스림을 느낄 수 없었던 이유는 모든 관심이 오로지 재물과 집, 포도원 등 현실 세상에만 치중되어 있었기 때문이다.

이들은 에녹과는 정반대의 사람들이다(히 11:5,6). 하나님은 그날에 그들에게 주셨던 모든 것들을 취해 가심으로 그들이 부인했던 그의 존재와 다스리심을 드러내실 것이다.

> "그때에 내가 예루살렘에서 찌꺼기같이 가라앉아서 마음속에 스스로 이르기를, '여호와께서는 복도 내리지 아니하시며 화도 내리지 아니하시리라' 하는 자를 등불로 두루 찾아 벌하리니"(습 1:12).

회복의 길

은혜와 긍휼의 하나님은 이들에게 최후통첩을 보내시고도 회복할 길을 주셨다. 회개가 길이다. 회개는 겸손한 자의 행동이며 구원의 길이다(습 2:1-3).

하나님은 심판이 목적이 아니라 회개하여 주께로 돌아오기를 바라신다. 그러면 하나님이 진노의 날에 구원하신다. 겸손한 사람은 자기의 죄를 깨닫고 회개하며 하나님께로 돌아오는 사람이다. 하나님을 찾는 사람이다.

> 여호와의 규례를 지키는 세상의 모든 겸손한 자들아, 너희는 여호와를 찾으며 공의와 겸손을 구하라. 너희가 혹시 여호와의 분노의 날에 숨김을 얻으리라 습 2:3

그리스도인들이 가장 경계해야 할 건 무신론적 사고다. 하나님께 기대가 없는 마음이 다. 이런 사람의 상태를 "마음이 찌꺼기같이 가라앉았다"라고 하신다. 그런 삶은 활기도 열정도 없다. 기도를 할 동기가 없다. 성경 말씀을 대할 힘이 없다. 찬송은 거의 노래방 수준이다. 메시지성경은 스바냐 1장 12절을 이렇게 기록했다. "심판 날, 나는 예루살렘의 모든 구석과 복도를 샅샅이 훑을 것이다. 속 편하게 앉아서 자기만 편히 즐기는 살찌고 게으른 자들, '하나님은 아무 일도 하지 않으신다. 좋은 일도, 나쁜 일도 하지 않으신다. 그분은 참견도 하지 않으신다. 우리도 그렇다'고 말하는 자들을 벌할 것이다."

해결책은 하나밖에 없다. 회개다. 자리에서 일어나 하나님을 향하고 그의 얼굴을 구하는 것이다. 하나님을 간절히 찾는 것이다. 그러면 주님은 진노 중에라도 긍휼을 베푸셔서 진멸하지 않으실 것이다.

2. 주위를 보라!(습 2:4-15)

하나님은 유다만 아니라 유다의 주변 이방 나라들도 심판하신다(습 2:4-15).

> 블레셋(가사, 아스글론, 아스돗, 에그론)을 진멸하여 주민이 없게 하실 것이다. 더 나아가 하나님은 그 땅을 유다 족속에게 주어 그들로 차지하게 하실 것이다.
>
> 모압과 암몬을 진멸하실 것이다. 그들은 롯의 후손으로서 하나님의 백성을 욕하고 비방하고 재앙의 날에 기뻐했다. 교만하여 그들 자신을 대단한 족속이라고 여겼다. 더 나아가 유다 족속이 그 땅을 차지하게 될 것이다. 구스와 앗수르와 그들의 막강 도시 니느웨도 동일하게 될 것이다. 하나님께서 그 땅을 진멸하실 것이다.

하나님은 교만하여 오만방자하게 행동하던 예루살렘의 주변 국가들, 민족들을 심판하여 진멸하신다. 이들의 공통점은 교만이다. 그리고 그 결과도 동일하다. 그 땅과 성읍들은 황폐하게 될 것이다. 우리는 교만한 자들의 결국을 보고 교훈 삼아 깨어 경계해야 한다.

3. 그 너머를 보라!(습 3장)

하나님은 다시 우리의 시선을 예루살렘으로 향하게 하신다. 그들의 죄가 얼마나 심각한 수준인가!

1) 예루살렘의 죄의 목록

구체적인 사항

방백들 – 부르짖는 사자다. 주어진 권위를 올바르게 사용하지 않고 오히려 횡포를 일삼았다.

재판장들 – 밤중에 먹이를 찾아 게걸스럽게 다니는 이리다.
공의를 세우지 않고 오히려 불의를 행했다.

선지자들 – 경솔하고 간사한 사람들이다. 그들의 예언은 엉터리다. 행실이 나빴다.

제사장들 – 성소를 더럽히고 율법을 범했다. 하나님의 임재를 경험하는 예배로 이끌지 않았다.
말씀을 연구하지 않고 가르치지 않았다. 말씀의 기준을 제시하지 않았다.
더 나아가 이들이 먼저 말씀을 무시하며 제멋대로 살았다.

공통적 특징

이들은 주의 명령을 듣지 아니하며, 교훈을 받지 아니하며, 여호와를 의뢰하지 아니하며, 자기 하나님에게 가까이 나아가지 아니했다(습 3:2).

가장 심각한 죄

이들에게는 하나님의 임재를 누리는 특권, 의로우신 하나님을 알고 섬기는 특권이 있었다. 그런데 이 모든 특권을 버리고 악을 고집했다. 이들은 양심도 수치심도 없었다.

> 그 가운데에 계시는 여호와는 의로우사 불의를 행하지 아니하시고 아침마다 빠짐없이 자기의 공의를 비추시거늘 불의한 자는 수치를 알지 못하는도다 습 3:5

경고를 무시함

주변 국가들의 심판을 보여주어 경계와 교훈을 삼게 했지만 무시했다. 하나님은 끝까지 심판하지 않으시고 기회를 주셨으나 이를 무시했다. 그러므로 그들에게 주어진 결과를 스스로 책임져야 한다. 하나님을 원망하지 말아야 한다.

> 내가 이르기를, '너는 오직 나를 경외하고 교훈을 받으라. 그리하면 내가 형벌을 내리기로 정하기는 하였지만 너의 거처가 끊어지지 아니하리라' 하였으나 그들이 부지런히 그들의 모든 행위를 더럽게 하였느니라 습 3:7

2) 예루살렘의 회복

그러나 하나님은 다음과 같은 사람들에게 **심판 후에 회복하실 것을 약속**하신다(습 3:9-20).
여기에서 다시 한번 "그날"을 말씀하신다. "그날", "그때"를 8번 언급하셨다.
이것은 1장 7절에서 2장 3절의 "그날"과는 아주 판이하다. 이날은 심판의 날이 아니라 회복의 날이다. 그날은 사로잡힘을 돌이켜 열방 가운데서 명성과 칭찬을 얻는 날이다. 그날은 기뻐하고 즐거워하며 하나님을 찬송하는 날이다.
어떤 사람들에게 이 같은 회복의 약속이 주어지는가?

> 하나님을 찾는 사람
> 하나님의 말씀에 따라 살기로 결심하는 사람
> 하나님의 말씀의 기준으로 살며 이 세상과 섞이지 않는 사람
> 하나님에게 소망을 두는 사람
> 교만을 버리고 겸손과 거룩함으로 살기로 작정한 사람

너의 하나님 여호와가 너의 가운데에 계시니 그는 구원을 베푸실 전능자이시라 그가 너로 말미암아 기쁨을 이기지 못하시며 너를 잠잠히 사랑하시며 너로 말미암아 즐거이 부르며 기뻐하시리라 하리라 습 3:17

Dear. NCer

스바냐 3장 14-20절을 읽고, 특히 17절을 묵상하자.

"여호와가 네 형벌을 제거하였고 네 원수를 쫓아냈으며 이스라엘 왕 여호와가 네 가운데 계시니 네가 다시는 화를 당할까 두려워하지 아니할 것이라. 그날에 사람이 예루살렘에 이르기를 두려워하지 말라. 시온아 네 손을 늘어뜨리지 말라"(습 3:15,16).

"너의 하나님 여호와가 너의 가운데에 계시니 그는 구원을 베푸실 전능자이시라 그가 너로 말미암아 기쁨을 이기지 못하시며 너를 잠잠히 사랑하시며 너로 말미암아 즐거이 부르며 기뻐하시리라 하리라"(습 3:17).

"그때에 내가 너를 괴롭게 하는 자를 다 벌하고 저는 자를 구원하며 쫓겨난 자를 모으며 온 세상에서 수욕 받는 자에게 칭찬과 명성을 얻게 하리라. 내가 그때에 너희를 이끌고 그때에 너희를 모을지라. 내가 너희 목전에서 너희의 사로잡힘을 돌이킬 때에 너희에게 천하 만민 가운데서 명성과 칭찬을 얻게 하리라. 여호와의 말이니라"(습 3:19,20).

1-하나님은 누구신가?
2-우리를 얼마만큼 회복하시는가?
3-우리가 취할 태도는 무엇인가?

❖ 학개(Haggai) 하나님의 집을 지으라

학개서는 총독 스룹바벨과 대제사장 여호수아에게 말씀하면서도 동시에 포로에서 귀환한 모든 백성에게도 말씀하신다. 책망과 격려의 형식으로 구성되어 있다.

바벨론에 의해 B.C. 586년에 파괴된 성전은 1차 포로 귀환자들에 의해 B.C. 536년에 공사가 시작되었지만 곧 방해로 중단되었다. 그리고 학개에 의해 B.C. 520년에 공사가 재개되었다.

포로에서 돌아온 유대인이 성전 건축을 시도하다가 반대에 부딪혀 중단되어 있을 때 학개와 스가랴의 격려로 다시 건축하여 완성했다. 학개서를 이해하려면 에스라서의 앞부분 몇 장을 살펴봐야 한다. 고레스 칙령으로 포로 귀환자들이 성전 재건을 시작했으나 방해와 반대에 부딪혔다. 그리고 다리오 왕 때에 고레스 칙령을 발견했다. 다리오는 성전 재건을 재확약하고 원조를 약속했다.

하나님을 섬기다가 낙심될 때 어떤 선택을 할 것인가를 보여준다. 포로기 이전의 선지자들은 이스라엘과 유다 왕들의 연대를 사용했지만 학개와 스가랴는 바사 제국의 연대를 사용했다. 당시 바사 제국 아래에 있었기 때문이다.

학개서 – 하나님의 집을 지으라(학 1:8)

하나님의 성전		하나님의 복	
제2성전 완공	제2성전의 영광	순종에 대한 현재의 복	약속을 통한 미래의 복
첫 번째 메시지 '내 집은 황무하였도다' - 일어나 성전을 건축하라	두 번째 메시지 '나중 영광이 더 크리라' - 내가 너희와 함께 하리라	세 번째 메시지 '오늘 이전을 기억하라' - 오늘부터는 복을 주리라	네 번째 메시지 '내가 하늘과 땅을 진동시킬 것이요' - 내가 너를 택하였다
1:1-15	2:1-9	2:10-19	2:20-23
첫 번째 책망(현재)	첫 번째 격려(미래)	두 번째 책망(현재)	두 번째 격려(미래)
B.C.520년 6월 1일	B.C.520년 7월 21일	B.C.520년 9월 24일	B.C.520년 9월 24일

성전 재건은 꼭 필요한가?

학개서의 메시지는 하나님을 예배함에 있어서 건물의 의미를 되새겨보게 한다. 솔로몬은 성전을 건축하고 봉헌하면서 다음과 같은 아이로니컬한 기도로 시작했다.

> "하나님이 참으로 사람과 함께 땅에 계시리이까? 보소서, 하늘과 하늘들의 하늘이라도 주를 용납하지 못하겠거든 하물며 내가 건축한 이 성전이오리이까" 대하 6:18

솔로몬은 하나님이 누구신 줄 알기에 성전의 의미를 정확히 이해했다. 하나님은 어느 특정한 장소에만 계시지 않는다. 무소부재하신 하나님은 어디에나 계신다. 그러나 이 세상의 종교는 어느 특정 장소를 신성시한다. 이방인들의 종교적 사고관이다. 마치 거기에만 신이 있는 것처럼 규정짓는다. 이런 헬라적 사고가 자칫 기독교의 본질을 희석시킨다. 우리의 기도와 예배의 삶을 한정시킨다.

이런 이원론적인 사고는 기독교가 세상에 영향을 주는 목표를 잃어버리게 한다.

그렇다면 성전은 무의미한가? 많은 재물을 들여 건물을 짓는 것이 소용이 없다는 것인가? 이런 면에서 학개서가 주는 메시지는 크다.

솔로몬 성전이 무너지고 훼파된 이유를 이미 에스겔서에서 보았다. 성전은 하나님을 찬송하며 그의 말씀에 귀를 기울이며 순종하고 응답하는 삶을 살 때 의미가 있다. 어떤 경우든 성전은 구원이신 하나님께 간구하는 기도의 장소다. 주를 믿는 그의 백성이 함께 모여 예배드릴 때 비로소 하나님의 임재가 있는 성전이 된다. 솔로몬의 성전이 훼파된 이유는 이런 것들을 상실했기 때문이다. 하나님을 대신하여 우상을 섬겼다. 하나님의 말씀을 듣고 순종하는 게 아니라 제 마음대로 살았다. 함께 모여 하나님을 예배하며 서로 사랑으로 섬기는 공동체의 삶을 살지 않았다. 오히려 서로 비방하고 욕하고 싸우는 곳이 되었다. 그럴 때 그곳은 성전이 아니라 단지 건물일 뿐이다.

성전은 건물 자체에 목적이 있지 않다. 하나님의 백성들이 모이고, 하나님께 예배드리고, 하나님의 백성들이 서로 섬기는(코이노니아) 목적을 이루는 수단으로서의 장소여야 한다. 그렇다고 건물이 소용이 없다는 건 아니다. 건물은 구심 역할을 한다. 모든 성도를 하나님께로 이끈다. 누군가 말했듯이 우리는 천사가 아니기에 몸을 둘 공간이 필요하다.

성전은 우리의 시선이 하나님께 향하도록 이끈다. 다니엘이 하루 세 번씩 예루살렘을 향해 기도한 걸 보아도 알 수 있다. 하나님의 백성들을 한곳으로 모은다. 함께 하나님에게 나아가도록 돕는다. 건물에 지나치게 돈을 많이 들여 화려하게 만드는 건 지양하지만 하나님을 예배하는 처소로서의 단장은 필요하다. 예수님은, "두세 사람이 내 이름으로 모인 곳에는 나도 그들 중에 있느니라"(마 18:20)라고 하셨다.

학개서 2장 11-13절에서 하나님은 학개에게 말씀의 전문가인 제사장들에게 질문하라고 하신다.
질문과 답변 1 – "사람이 옷자락에 거룩한 고기를 쌌는데 그 옷자락이 만일 떡에나 국에나 포도주에나 기름에나 다른 음식물에 닿았으면 그것이 성물이 되겠느냐?" – **"아니니라."** – **"아니다. 성물이 될 수 없다."**
질문과 답변 2 – "시체를 만져서 부정하여진 자가 만일 그것들 가운데 하나를 만지면 그것이 부정하겠느냐?" – **"부정하리라."** – **"그렇다. 부정하다."**

이 대화는 성전의 의미를 정확히 설명한다. 그들이 속되고 방탕하며 도덕적으로 부정하고, 악한 마음을 품고 악한 삶을 살며 우상을 숭배한다면 비록 그들이 성전을 재건하여 예배를 드리더라도 하나님은 그들의 예배를 받지 않으실 것이다. 하나님이 거기에 계시지 않는다. 그곳은 하나님의 임재가 있는 성전이 아니라 다만 건물일 뿐이다.

예수를 믿는 자들이 일상생활에서 거룩하고 신실하며 의롭게 살면서 주일에 함께 일정한 공간에 모여서 하나님을 예배한다면 하나님은 거기에 임재하신다. 그곳은 하나님의 임재가 있는 성전이다. 학개서는 이런 공간으로서의 성전 재건은 반드시 필요함을 보여준다.

회당과 디아스포라

포로로 사로잡혀 앗수르와 바벨론, 페르시아의 여러 곳으로 흩어진 유대인들(디아스포라)은 그들이 사는 지역에 예배 중심의 장소를 마련했다. 그곳이 회당이다. 말씀과 기도, 찬송과 서로 교제함의 중심 역할을 했다. 회당은 후에 신약 시대 교회의 롤 모델이 되었다.

오늘 신약 시대를 사는 그리스도인들은 어떤 의미로는 디아스포라다. 매 주일 한곳에 모여 예배의 시간을 가진다. 그리고 주중에는 각자 주어진 일터에서 하나님의 나라가 임하기를 기대하며 하나님의 뜻을 이루기 위해 맡겨진 일에 최선을 다한다. 흩어져 주어진 일터에서 그리스도인으로서 세상의 빛과 소금의 사명을 다하는 것이 디아스포라다. 그곳은 우리의 회당이 되어야 한다. 성전이 모임의 구심점이라면, 회당은 흩어짐의 구심점이다. 성전이 구심력이 있다면 회당은 원심력이 있다.

학개서의 메시지

학개의 네 편의 설교이다. 그리고 설교한 날짜가 명확하게 적혀있다.

첫 번째 메시지(B.C.520년 6월 1일)

일어나 성전을 지으라(학 1장)

"우선순위가 바뀐 삶을 살펴보라. 그러므로 우선순위를 정하라. 산에 올라가 나무를 가져다가 성전을 건축하라. 그러면 내가 기뻐하고 또 영광을 얻으리라."

바벨론 포로에서 돌아온 유대인들은 파괴된 성전을 황폐된 상태로 둔 채 자기 집을 짓고 살았다. 그런 삶의 결과는 실패, 궁핍함, 가난이다.

> 너희가 많이 뿌릴지라도 수확이 적으며, 먹을지라도 배부르지 못하며, 마실지라도 흡족하지 못하며, 입어도 따뜻하지 못하며, 일꾼이 삯을 받아도 그것을 구멍 뚫어진 전대에 넣음이 되느니라 학 1:6

> 너희가 많은 것을 바랐으나 도리어 적었고, 너희가 그것을 집으로 가져갔으나 내가 불어버렸느니라. 나 만군의 여호와가 말하노라. 이것이 무슨 까닭이냐? 내 집은 황폐하였으되 너희는 각각 자기의 집을 짓기 위하여 빨랐음이라 학 1:9

해결책 – "너희는 산에 올라가서 나무를 가져다가 **성전을 건축하라.** 그리하면 내가 그것으로 말미암아 기뻐하고 또 영광을 얻으리라. 여호와가 말하였느니라"(학 1:8).

하나님 중심의 삶을 살아야 한다. 주일에 모이기를 힘써야 한다. 말씀을 대하는 삶, 기도하는 삶, 예배의 삶, 성도의 교제의 삶이 우선되어야 한다. 주일에 함께 모이는 공간으로서의 건물은 중요하다. 학개서는 예배당 건물을 수리하는 일이 예배당에서 찬송하며 기도하는 일 못지않게 중요함을 보여준다.

하나님의 약속 – 학개를 통해 선포된 하나님의 말씀을 듣고 그분을 경외함으로 반응한 그의 백성들에게 하나님은 **"내가 너희와 함께하노라"**(학 1:13)라고 약속하셨다.

두 번째 메시지(B.C.520년 7월 21일)

내가 너희와 함께하노라(학 2:1-9)

"너희와 언약한 말과 나의 영이 계속하여 너희 가운데 머물러 있나니 두려워 말라. 모든 재물의 주인은 나다. 성전을 지을 모든 필요를 내가 공급할 것이다. 이 성전의 나중 영광이 이전 영광보다 크리라."

솔로몬 성전 건축 시에는 금이 10만8천 달란트 이상 준비되었다. 그리고 스룹바벨 성전 건축 시에는 금이 6만1천 다릭이 준비되었다. 솔로몬 성전 시에 비하면 1/100 수준이지만 여전히 적지 않은 양이었다. 하나님께서는 그의 백성이 바벨론 포로로 있는 동안에도 축복하셨다. 그들은 힘 닿는 대로 하나님께 드렸다. 모든 것의 주인이신 하나님께서 하늘과 땅과 바다와 육지, 그리고 모든 나라를 진동시켜 모든 나라의 보배를 이르게 하여 성전을 충분히 짓게 하신다. 그 결과 솔로몬 성전의 영광보다 나중 영광이 더 클 것이다. 하나님의 말씀에 믿음으로 순종하는 사람에게 모든 것을 공급하실 것이다.

백성들은 학개를 통하여 하나님의 말씀을 듣고 성전을 건축하기로 하였지만 이전의 솔로몬 성전 규모에 비해 너무 초라하고 보잘것없어 보였다. 자칫 낙심하고 위축되기 쉬운 상황이다. 하나님은 이들에게 **"내가 너희와 함께하노라"**(학 2:4)라고 약속하신다. 이들을 향한 하나님의 놀라운 격려와 권면이 있다. **"스스로 굳세게 할지어다"**(학 2:4)라고 세 번이나 말씀하셨다.

하나님은 그의 말씀에 순종하여 성전을 건축하기로 결심한 그의 백성들에게 네 차례 격려하신다.

1. 출애굽 때처럼 내가 너희와 함께하리라. 성령과 말씀이 항상 함께 있어서 계속 너희에게 힘과 지혜를 줄 것이다. 그러므로 스스로 굳세게 할지어다. 두려워하지 말라.
2. 내가 하늘과 땅, 바다와 육지, 모든 나라를 진동시켜 모든 나라의 보배를 이르게 하여 너희의 모든 필요를 공급할 것이다.
3. 이 성전의 이전 영광보다 나중 영광이 더 크리라.
4. 내가 이곳에 평강을 주리라.

하나님은 시내 산에서 모세를 통하여 성막을 세우게 하실 때에도 애굽을 진동시켜서 그 모든 필요를 채우셨다. 분명히 광야는 성막을 세우기에 적합한 환경이 아니다. 성막에 필요한 어떤 재료도 광야에서는 구하지 못한다. 그러나 하나님은 그들이 출애굽할 때에 애굽 사람들을 움직여 모든 것을 준비하셨다. 솔로몬 성전도 다윗을 통하여 모든 것을 준비시키셨다. 이제 스룹바벨 성전도 고레스와 다리오를 움직여 페르시아 제국이 그 필요를 채우게 하신다. 하나님이 "은도 내 것이요 금도 내 것이니라"(학 2:8)라고 하셨다. 우리에게 필요한 것은 하나님의 뜻을 따라 순종하는 믿음뿐이다.

세 번째 메시지(B.C.520년 9월 24일)

오늘부터 내가 복을 주리라(학 2:10-19)

"성전을 건축함에 있어서 주의할 사항이 있다. 그것은 올바른 일을 올바른 방식으로 하여야 한다. 하나님의 성전 건축은 올바른 일이다. 그러나 건축하는 사람들의 마음과 손이 깨끗하지 못하다면 하나님은 열납하지 않으실 것이다. 너희의 삶이 거룩할 때 너희가 드리는 예물도 거룩하여 하나님이 열납하실 것이다."

하나님은 이들이 이전에 우선순위가 바뀌었던 삶이 어떠했는지를 다시 상기시키신다.

"너희는 (성전이 지어지기 전의 상태를) 기억하라."

* "그때에는 20고르 곡식 더미에 이른즉 10고르 뿐이었고 포도즙 틀에 50고르를 길으러 이른즉 20고르뿐이었었느니라"(학 2:16) - "스무 섬이 나는 밭에서는 겨우 열 섬밖에 못 거두었고, 쉰 동이가 나는 포도주 틀에서는 겨우 스무 동이밖에 얻지 못하였다"(새번역).
* 너희를 내게로 돌이키게 하고자 너희가 손으로 지은 모든 일에 곡식을 마르게 하는 재앙과 깜부기 재앙과 우박으로 쳤다. 그러나 너희가 나의 메시지를 깨닫지 못하고 내게로 돌이키지 않았다.
* 포도나무, 무화과나무, 석류나무, 감람나무에 열매가 맺지 못했다.

하나님이 학개를 통해 처음 말씀하신 때가 6월 1일이었다. 그리고 그 말씀에 순종하여 9월 24일에 성전 기초를 놓았다. 그날 하나님께서 **"오늘부터는 내가 너희에게 복을 주리라"**(학 2:19)라고 약속하셨다.

네 번째 메시지 (B.C.520년 9월 24일)

스룹바벨에 대한 약속(학 2:20-23)

하나님께서 열방을 흔드실 때에 하나님의 말씀에 순종하는 그의 종들은 세우시고 인장으로 삼으실 것이다. 그리고 바벨론에게 넘겨주었던 왕권을 회복시키실 것이다(렘 22:24-30).

"유다 왕 여호야김의 아들 고니야가 나의 오른손의 인장 반지라 할지라도 내가 빼어… 느부갓네살의 손과 갈대아인의 손에 줄 것이라"(렘 22:24,25).

유다 총독 스룹바벨에게 하시는 말씀

격동의 시대, 나라들이 요란하게 되는 시대에 스룹바벨에게 시대를 보는 통찰력을 주신다.

"내가 하늘과 땅을 진동시킬 것이요, 여러 왕국들의 보좌를 엎을 것이요, 여러 나라의 세력을 멸할 것이요, 그 병거들과 그 탄 자를 엎드러뜨리리니 말과 그 탄 자가 각각 그의 동료의 칼에 엎드러지리라"(학 2:21,22).

'스알디엘의 아들 내 종 스룹바벨'에게 하시는 말씀

하나님이 스룹바벨을 '스알디엘의 아들'이라고 하시며 그가 다윗의 자손임을 언급하신다.

또한 '하나님의 종'이라 하심은 말씀에 순종하여 성전을 재건했기 때문이다.

또한 '하나님의 택한 자'라고 하셨다.

그의 조상 다윗은 성전 건축을 준비했고, 그의 조상 솔로몬은 성전을 건축했다.

"그날에 내가 너를 세우고 너를 인장으로 삼으리니 이는 내가 너를 택하였음이니라"(학 2:23).

인장 반지는 권위, 통치권자를 말한다.

우리 주 예수 그리스도는 **복음의 위대한 헌장**에 서명하시고 비준하셨다.

예수님은 우리에게 기독교 문명개혁 운동을 주도하라고 명하셨다. 마태복음 28장 18-20절의 지상대명령이 바로 그것이다. 하늘과 땅의 모든 권세를 가지신 예수께서 "너희는 가서 모든 민족을 제자로 삼으라"(마 28:19)라고 명하셨다.

그리고 "내가 세상 끝 날까지 너희와 항상 함께 있으리라"(마 28:20)라고 약속하셨다.

학개서는 이 명령을 성취하기 위해 살아가는 모든 NCer(Nations Changer)들을 위한 말씀이다.

Dear. NCer

묵상하기1

"너희는 오늘 이전을 기억하라"(학 2:18).

성전이 황폐되어 있을 때와 성전이 건축되었을 때의 차이를 묵상하자.

하나님은 성전 건축을 시작하는 날부터 복을 주셨다.

• 삶의 우선순위를 정하라.

• '긴급한 일들'의 횡포에서 벗어나 '긴급하지 않으나 중요한 일'을 선택하라.

묵상하기2

"너희는 산에 올라가서 나무를 가져다가 성전을 건축하라. 그리하면 내가 그것으로 말미암아 기뻐하고 또 영광을 얻으리라"(학 1:8).

하나님은 성전 건축을 기뻐하신다. 또 영광을 받으신다. 성전 건축을 위한 나무를 가져오기 위해 산에 올라가야 한다.

• 날마다 올라가야 할 세 종류의 산이 있다.

  시내 산 - 말씀의 산 / 갈멜 산 - 능력의 산 / 감람 산 - 기도의 산

❖ 스가랴 (Zechariah) 구원자 메시아가 오시리라

스가랴를 1장 1절에서 "베레갸의 아들 선지자 스가랴"라고 소개한다. 그는 제사장 가문 출신이다. 예수께서 "의인 아벨의 피로부터 성전과 제단 사이에서 너희가 죽인 바라갸의 아들 사가랴의 피까지 땅 위에서 흘린 의로운 피가 다 너희에게 돌아가리라"(마 23:35)라고 말씀하신 것과 같은 인물이다. 역사에는 유대인들이 스가랴 선지자를 죽였다는 어떠한 언급도 없다. 그런데 유대인 역사가인 요세푸스는 민족의 수치인 이 사건을 사람들이 은폐했을 거라고 말한다.

스가랴는 그를 박해하는 자들을 피해 제사장의 뜰로 갔다가 성전과 제단 사이에서 죽임을 당했을 것이다. 그리스도께서 팔리셔서 그의 친구들의 집에서 상처를 입으시고 죽임을 당할 거라고 스가랴가 예언한 것이 스가랴 선지자 자신에게 그대로 이루어졌다.

스가랴는 학개와 동일 시대에 동일 메시지를 바벨론 포로에서 돌아온 유대인들에게 전했다. 이들은 개인적인 문제에 빠져있는 유다 백성들이 하나님의 백성으로서 공동의 작업에 힘을 모으게 했다. 이들이 제일 먼저 한 일은 성전을 재건하는 거였다. 그러나 그 일은 안팎으로 방해에 부딪혔다. 사람들은 낙심하고 지쳐있었다. 이때 하나님은 학개와 스가랴를 통해 성전 건축을 마무리하도록 격려하셨다. 그러나 스가랴서의 이 메시지는 성전 건물만 있으면 하나님의 약속은 자동으로 성취되리라는 착각에서 벗어나게 한다. 언약의 약속의 내용과 이를 성취하기 위한 언약의 요구들은 서로 밀접한 관계가 있다.

스가랴는 더 나아가서 오랜 포로생활로 인해 하나님의 백성으로서의 존귀하고 영광스러운 정체성이 무너져 거의 잃어버릴 위험에 처한 그들을 위로하고 격려했다. 그가 전한 여덟 가지 환상과 네 개의 메시지는 하나님의 백성들에게 활력을 불어넣었다. 스가랴서는 "만군의 여호와"를 무려 51회에 걸쳐 언급하면서 하나님의 백성들과 열방의 주권자이신 하나님의 모습을 뚜렷이 각인시켜주었다. 또한 영원한 왕국을 세우실 미래의 왕도 보여주었다. 하나님의 백성들에게 소망을 심어주어 오랜 굴욕의 세월을 극복하게 도와주었다.

스가랴 – 기뻐하라 네 왕이 임하시리라(슥 9:9,10)

여는 말	성전 재건을 격려함								금식에 대한 올바른 해석				온 땅의 왕 메시야의 통치		맺음 말
	1-6장								7-8장				9-14장		
	지금이 메시야의 나라가 임할 때인가?								메시야의 나라에 참여할 준비가 되었는가?				온 땅의 왕으로 오실 메시야를 환영하라!		
	8가지 환상								4개의 메시지				2가지 예언적 경고		
	1	2	3	4	5	6	7	8	1	2	3	4	1	2	
1:1-6	1:7-17	1:18-21	2장	3장	4장	5:1-4	5:5-11	6:1-8	7:4-7	7:8-14	8:1-17	8:18-23	9-11장	12:1-14:19	14:20-22
여호와께 돌아오라	말 탄 네 사람	네 뿔과 네 대장장이	측량줄을 잡은 사람	대제사장 여호수아	등대와 감람나무	날아가는 두루마리	에바에 앉은 여인	네 대의 병거	형식에 치우친 금식	올바른 금식	하나님의 약속	오직 진리와 화평을 사랑하라	메시야를 배척한 백성들을 향한 경고	메시야를 환영하는 백성들을 향한 축복	말 방울 까지 여호와께 성결
	면류관을 쓴 여호수아(6:9-15)								진정한 금식				메시야		
	제1스가랴 - 성전을 건축하는 동안, 격려								제2스가랴 - 성전을 건축한 후, 경고						

스가랴서의 메시지

스가랴서는 여덟 개의 환상(슥 1장-6장)과 네 개의 메시지(슥 7장-8장)와 두 가지의 경고(슥 9장-14장)로 이루어져 있다.

스가랴는 먼저 회개에 대한 강력한 호소로 시작한다(슥 1:1-6). 호세아, 예레미야, 스가랴는 모두 같은 어조이다. 그리고 훗날 주의 길을 예비하는 세례 요한 역시 이들과 어조가 같다. 이들의 메시지는 같다. "회개하고 돌아오라." 호세아, 예레미야, 스가랴, 세례 요한, 이들은 대부흥을 위한 '영적 각성 운동 4인방'이다.

> 만군의 여호와께서 이처럼 이르시되, "너희는 내게로 돌아오라. 만군의 여호와의 말이니라. 그리하면 내가 너희에게로 돌아가리라. 만군의 여호와의 말이니라" 슥 1:3

그리고 또 말씀하시기를, "너희 조상들을 본받지 말라"(슥 1:4)라고 하셨다. 그들은 하나님의 말씀을 듣지도, 귀를 기울이지도, 순종하지도 않았다. 그들의 마음은 완악하고 강퍅했다.

우리는 우리의 다음세대들에게 "너희 조상들을 본받지 말라"가 아닌, "너희 조상들을 본받으라"라는 말이 들려지기를 원한다.

하나님의 말씀

스가랴는 그가 본 환상들 여덟 가지를 전할 때, "내가 환상을 보았다"라고 하지 않고, "여호와의 말씀이 임하니라"(슥 1:7)라고 했다. 또한 네 가지 메시지를 전할 때도, "여호와의 말씀이 임하니라"(슥 7:1)라고 했다. 하나님은 그의 뜻을 전달하는 데 여러 가지 방식을 택하신다. 환상을 통해 말씀하시기도 하고(1장-6장), 직접 그 뜻을 말씀하시기도(7장-8장) 한다.

하나님의 말씀을 전달하는 책임을 맡은 사역자는 자기의 생각과 뜻, 의견을 전달하지 않는다. 오직 하나님의 말씀에 귀를 기울여 듣고 '그 말씀'만 전달한다.

1. 여덟 개의 환상(슥 1장-6장)

하나님은 오랜 포로생활에서 돌아온 그의 백성들을 위로하시고, 그들에게 주어진 사명을 계속하도록 격려하신다. 70년간의 포로생활을 통해 조롱과 멸시, 천대를 받아온 그의 백성들이 정체성의 혼란 속에 주저앉아 있기를 원하지 않으신다. 과거의 슬픈 사건에 매이기를 원하지 않으신다. 더구나 한탄하며 자기 연민에 빠져있기를 원하지 않으신다. 어두운 과거의 아픔을 딛고 일어서서 용기를 내어 하나님의 백성으로서 강해지고 다시금 주변에 영향을 주기를, 하나님의 영광을 드러내기를 원하신다.

환상의 배경 - 스가랴는 밤에 여러 능선들 사이에 깊숙이 들어간 골짜기 속에서 화석류나무(자작나무) 숲을 보았다. 어둡고 그늘진 숲이어서 제대로 분간하기 어려운 분위기였다.

이것은 당시 포로 귀환자들의 처지를 잘 보여준다. 그들은 열방에게 눌려서 사람들의 눈에 잘 띄지 않는 어둡고 외진 구석으로 내몰려있었다. 비천하고 암울한 처지를 보여준다.

스가랴는 그 나무숲 사이에 서 있는 한 사람을 보았다. 우리 주 예수 그리스도시다.

이는 마치 모세가 소명을 받던 장면을 연상하게 한다. 이집트 왕자인 모세는 광야로 도망가서 오랜 세월 양 치는 목자로 살았다. 어느 날 사막의 떨기나무에 불이 붙은 놀라운 장면을 보았다. 볼품없이 겨우 생존하던 떨기나무는 모세의 당시 처지와 같았다. 그런데 그 나무에 불이 붙었으나 나무가 타지 않았다. 그리고 하나님께서 떨기나무 가운데에서 모세를 부르셨다. 볼품없이 연약하고 실패한 자라 할지라도 성령의 능력에 붙들리면 놀라운 하나님의 뜻을 성취할 수 있다.

1) 말 탄 네 사람(슥 1:7-17)

첫 환상은 붉은 말을 타신 그리스도와 그 뒤로 붉은 말, 자줏빛 말, 백마를 탄 주의 사자들이 있는 것을 보았다.

스가랴는 다리오 왕 2년 11월 24일에 이 환상을 보았다. 유다 백성이 성전 재건을 시작한 지 2개월 후였다(학 2:10). 건축 공사가 한창 진행되고 있을 때다.

> 내가 불쌍히 여기므로 예루살렘에 돌아왔은즉 내 집이 그 가운데 건축되리니 예루살렘 위에 먹줄이 쳐지리라. 만군의 여호와의 말이니라 슥 1:16

성전 건축은 반드시 성취될 것이니 힘을 내라고 위로하신다.

> 그가 다시 외쳐 이르기를, "만군의 여호와의 말씀에, '나의 성읍들이 넘치도록 다시 풍부할 것이라. 여호와가 다시 시온을 위로하며 다시 예루살렘을 택하리라' 하라" 하니라 슥 1:17

"다시"라는 말이 네 번이나 반복된다. 예루살렘만이 아니라 다른 성읍들도 다시 넘치도록 풍부하게 될 것이다.

2) 네 뿔과 네 명의 대장장이(슥 1:18-21)

두 번째 환상은 네 개의 뿔과 네 명의 대장장이다.

네 뿔은 세상의 4대 제국을 말한다.

> 이들은 유다와 이스라엘과 예루살렘을 흩뜨린 뿔이니라 슥 1:19

네 대장장이들은 그 뿔들을 심판할 하나님의 사자들이다.

> 그 뿔들이 유다를 흩뜨려서 사람들이 능히 머리를 들지 못하게 하니, 이 대장장이들이 와서 그것들을 두렵게 하고 이전의 뿔들을 들어 유다 땅을 흩뜨린 여러 나라의 뿔들을 떨어뜨리려 하느니라 슥 1:21

작게는 당시 스룹바벨 주도하에 진행되던 성전 재건을 방해하는 자들을 하나님이 제거하실 것이다. 크게는 이스라엘을 무너뜨린 제국들을 하나님이 심판하실 것이다. 더 크게는 온 땅에 대한 하나님의 마스터플랜을 누구도 막을 수 없다. 하나님의 계획은 반드시 실현된다.

3) 측량줄을 잡은 사람(슥 2장)

세 번째 환상은 측량줄을 잡은 한 사람이다(슥 2:1-5).

그는 예루살렘의 너비와 길이를 측량하러 가고 다른 천사가 와서 그 환상을 설명해주었다. 예루살렘의 주민이 늘어나고 확장될 것이다. 마치 성곽 없는 성읍처럼 확장될 것이다.

> 예루살렘은 그 가운데 사람과 가축이 많으므로 성곽 없는 성읍이 될 것이라 슥 2:4

성곽 없는 성읍처럼 확장되면 안전 문제가 최우선될 것이다. "가지 많은 나무 바람 잘 날이 없다"라는 속담은 일이 커져서 확장되면 문제가 많이 일어나는 것은 지극히 정상이기에 걱정하지 말라는 뜻이다. 그러나 하나님의 말씀은 그보다 더 확실하다.

> 여호와의 말씀에, "내가 불로 둘러싼 성곽이 되며 그 가운데에서 영광이 되리라" 슥 2:5

예루살렘이 마치 성곽 없는 도시처럼 확장된다 할지라도 걱정하지 말 것은 하나님이 친히 이들을 둘러싼 불 성곽이 되어주시기 때문이다. 어떤 원수의 공격에도 절대 안전하다. 또한 하나님이 그 가운데서 영광이 되신다. 이는 마치 에스겔이 예루살렘 성의 이름을 "여호와삼마"라고 한 것처럼(겔 48:35) "하나님이 거기에 계신다."

> 하나님께서 사역을 확장하실 때, 아무것도 염려하지 말아야 한다. 안전 문제, 확장에 따르는 발생 문제들에 대해 앞서서 염려하지 말아야 한다. 하나님이 친히 불 성곽이 되어 확장의 틈으로 원수가 공격하는 것에서 보호하실 것이다. 그렇다고 방심하라는 것은 아니다. 언제나 부지런하며 겸손하며 깨어있어야 한다.

하나님은 포로에서 돌아온 그의 백성들만 아니라 아직 바벨론에 여전히 살고 있는 그의 백성들도 보호하신다(슥 2:6-13). 하나님이 **"너희를 범하는 자는 그의 눈동자를 범하는 것이라"**(슥 2:8)라고 말씀하셨다. 이보다 강력하고 확실한 말씀이 어디 있을까? 그러므로 어떠한 환경 가운데 있다 할지라도 하나님의 백성들은 노래하고 기뻐해야 한다. 두려움과 슬픔을 물리치는 가장 확실한 길이다. 하나님이 그의 백성 가운데 계신다.

> "시온의 딸아, 노래하고 기뻐하라. 이는 내가 와서 네 가운데 머물 것임이라" 슥 2:10

4) 대제사장 여호수아(슥 3장)

네 번째 환상은 더러운 옷을 입은 대제사장 여호수아이다. 그리고 사단이 그의 오른쪽에 서서 그를 대적했다. 그러나 하나님이 그의 더러운 옷을 벗기고 아름다운 옷을 입혀주셨다. 그리고 그의 머리에 정결한 관을 씌우셨다(슥 3:1-5).

이는 마치 법정의 모습을 보는 것 같다. 재판장 앞에 선 피고를 향해 검사의 논고가 진행된다. 검사는 피고의 행위를 샅샅이 조사하여 재판장 앞에서 정죄한다.

사단은 우리 형제들을 밤낮 참소하는 자다(계 12:10). 그러나 예수 그리스도께서 그 모든 죄를 대신 담당하시고 십자가에서 피를 흘려 죽으심으로 모든 것을 지불하셨다. 사단은 더 이상 참소할 수 없다. 그 자리에서 쫓겨났다. 우리 그리스도인들은 어린양 예수 그리스도의 피로 승리했다. 더는 정죄함이 없다.

하나님의 백성이 의롭다 하시는 칭의의 옷을 입고 거룩하게 될 것이다.

하나님은 여호수아의 직분을 더 견고하게 하셨다. 그로 하나님의 집을 다스리는 자, 하나님의 뜰을 지키는 자, 하나님 앞에 왕래하는 자가 되게 하셨다(슥 3:6-10).

물론 여기에는 조건이 있다. 하나님의 말씀을 따라 순종하며 삶으로 살아내는 것이다.

> 네가 만일 내 도를 행하며 내 규례를 지키면 슥 3:7

이 세상을 향하여는 거룩함으로 살고, 하나님이 맡기신 일에는 충성을 다하여 섬기고, 모든 이웃과는 의롭게 사랑으로 행하는 것이다.

5) 등대와 감람나무(슥 4장)

다섯째 환상은 순금 등잔대, 기름 그릇, 일곱 관, 그리고 등잔대 곁의 두 감람나무이다.

기름 그릇에 담긴 기름이 일곱 개의 관을 통해 일곱 등잔으로 공급되어 불이 활활 타오르며 빛을 발한다. 등잔대 양 옆의 감람나무 두 그루는 두 개의 연결된 관을 통해 기름 그릇으로 끊임없이 기름을 공급한다.

성령이 스룹바벨과 여호수아에게 능력으로 임하실 것이다. 그리고 그들에게 맡겨진 일을 그들의 힘이 아닌 성령의 능력으로 그들이 다 마칠 것이다.

> 만군의 여호와께서 말씀하시되, 이는 힘으로 되지 아니하며 능력으로 되지 아니하고 오직 나의 영으로 되느니라 슥 4:6

성전 재건을 할 때, 온갖 난관과 반대에 부딪히게 된다. 어떤 경우에는 도저히 뛰어넘을 수 없는 것처럼 보이기도 한다. 그럴지라도 결국 극복되고 제거될 것이다.

> 큰 산아 네가 무엇이냐? 네가 스룹바벨 앞에서 평지가 되리라. 그가 머릿돌을 내놓을 때에 무리가 외치기를, '은총, 은총이 그에게 있을지어다' 하리라 슥 4:7

그리고 마침내 성전 재건을 마치게 될 것이다.

> 스룹바벨의 손이 이 성전의 기초를 놓았은즉 그의 손이 또한 그 일을 마치리라 슥 4:9

사도 바울도 이와 같이 고백했다.

> 그러나 내가 나 된 것은 하나님의 은혜로 된 것이니, 내게 주신 그의 은혜가 헛되지 아니하여 내가 모든 사도보다 더 많이 수고하였으나 내가 한 것이 아니요, 오직 나와 함께하신 하나님의 은혜로라 고전 15:10

감람나무이신 그리스도로 말미암아 나오는 성령의 기름부음으로 교회는 활활 타올라 온 세상에 그리스도의 영광을 나타낼 것이다.

6) 날아가는 두루마리(슥 5:1-4)

여섯째 환상은 날아가는 두루마리이다. 두루마리는 길이 9미터, 너비 4.5미터로 매우 넓다. 그 안에는 각 사람이 지은 죄에 대해 하나님이 심판하실 것을 기록한 경고의 말씀이 있다.

스가랴 1장에서 4장의 다섯 가지 환상은 위로를 주는 평화의 메시지들이다. 그러나 5장과 6장의 세 가지 환상은 경고와 심판의 메시지들이다.

이 두루마리에는 도둑질하는 자와 맹세하는 자에 대한 하나님의 의로우신 진노의 심판이 기록되어 있다.

도둑질하는 자 - 하나님의 것을 도둑질하는 자(십일조, 말 3:8, 느 13:10-13), 부모의 물건을 도둑질하는 자(잠 28:24), 이웃의 것을 도둑질하는 자 등을 향한 말씀이다.

거짓 맹세하는 자 - "내 이름을 가리켜 망령되이 맹세하는 자"(슥 5:4)라고 하신다.

7) 에바에 앉아있는 여인(슥 5:5-11)

일곱째 환상은 에바에 앉아있는 여인이다.

'에바'는 곡식의 양을 재는 데 사용하는 됫박이다. 우리가 일반적으로 사용하는 되보다 조금 더 크다. 약 36리터의 곡식을 담을 수 있다. '여인'은 죄와 반역을 상징하는 이스라엘 백성이다. 여인이 에바에 앉아있는 것은 곡식이 됫박에 채워지듯이 이스라엘의 죄악이 그릇에 가득함을 보여준다. 그 에바가 납 조각으로 밀봉된 것은 회개하지 않는 백성들의 상태다. 에바가 이스라엘을 떠나 시날 땅으로 옮겨지는 것은 그들의 죄악으로 시날 땅으로 옮겨질 것을 말한다.

8) 네 대의 병거(슥 6:1-8)

여덟째 환상은 두 산 사이에서 나오는 네 병거이다. 그 산은 구리 산이다. 첫째 병거는 붉은 말들, 둘째 병거는 검은 말들, 셋째 병거는 흰 말들, 넷째 병거는 어룽지고 건장한 말들이 메었다. 이 네 병거가 동서남북 사방으로 보내졌다.

네 병거는 당시 네 제국을 말한다. 붉은 말들은 바벨론 제국, 검은 말들은 바사 제국, 흰 말들은 헬라 제국, 어룽지고 건장한 말들은 로마 제국을 말한다.

이 환상은 온 땅에 임할 하나님의 심판, 하나님의 주권을 선포한다.

스가랴가 본 여덟 가지 환상은 당시의 역사적 의미를 지닌다. 더불어 모든 시대에 해당하기도 한다. 하나님은 그의 백성을 구원하시며 악한 자들을 심판하실 것이다.

면류관을 쓴 여호수아(슥 6:9-15)

이제까지의 것들은 하나님이 환상을 보여주시며 그 뜻을 알려주셨다. 그러나 6장 9-15절은 모형을 통해 말씀하신다. 포로생활에서 돌아온 3명의 순례객들이 성전 재건을 위해 은과 금을 내놓았다. 하나님은 스가랴에게 그들이 내놓은 은과 금으로 면류관을 만들어 여호수아에게 씌우라고 하셨다.

여호수아는 예수 그리스도의 모습을 보여준다. 또한 "싹이라 이름하는 사람"(슥 6:12)도 예수님을 가리킨다. 여호수아가 성전을 재건했다면, 예수 그리스도로 말미암아 교회가 견고히 세워질 것이며 평화가 선포될 것이다. 하나님과의 평화, 그리스도인 사이에서의 평화, 그리고 세상을 향한 하나님의 평화이다.

2. 네 개의 메시지(슥 7장-8장)

이제까지와는 논의의 방향이 바뀌었다. 하나님이 스가랴에게 환상을 보여주신 후 이 메시지들이 주어졌다. 이것은 질문과 하나님의 답변의 형식이다. 포로에서 돌아온 백성들이 제사장들과 선지자들에게 금식에 관한 일로 질문했다.

> "내가 여러 해 동안 행한 대로 오 월 중에 울며 근신하리이까?" 슥 7:3

하나님은 해마다 오직 한 축제일, 즉 속죄일만 요구하셨다. 그러나 유대인들은 바벨론 포로생활을 하면서 추가했다. 그것은 예루살렘과 성전의 파괴를 기억하는 다섯 번째 달이었다. 그들은 포로에서 돌아왔기에 그런 날들을 계속 지켜야 하는지 알고 싶었다.

이에 대해 하나님은 7장과 8장에 걸쳐 네 번 답변하셨다. 매번 "여호와의 말씀이 임하여 이르시되"로 시작한다. 이 질문에 대한 답변을 한 번에 하지 않으시고 여러 번에 걸쳐 조금씩 하셨다.

1) 첫 번째 메시지(슥 7:4-7)

이스라엘 백성은 금식을 올바르게 사용하지 않았다. 금식의 본질보다 형식과 의식에 치중했다. 이 모든 축제의 날들은 단순한 형식으로, 참 회개로 이끄는 것들이 아니었다. 그들 자신을 위한 것이지 하나님을 위한 게 아니었다.

> 너희가 70년 동안 다섯째 달과 일곱째 달에 금식하고 애통하였거니와 그 금식이 나를 위하여, 나를 위하여 한 것이냐? 슥 7:5

금식의 목적은 죄를 회개하고 삶을 고치는 데 있다.

2) 두 번째 메시지(슥 7:8-14)

올바른 금식이란 무엇인가를 설명한다.

> 너희는 진실한 재판을 행하며 서로 인애와 긍휼을 베풀며, 과부와 고아와 나그네와 궁핍한 자를 압제하지 말며 서로 해하려고 마음에 도모하지 말라 슥 7:9,10

하나님의 말씀에 귀를 기울여 듣고 순종하며 이웃을 사랑하라는 것이다.

이사야 58장에도 동일한 말씀을 하셨다. 하나님이 기뻐하시는 금식은 형식에 있지 않고 하나님의 백성답게 사는 데 있다.

하나님의 말씀에 귀 기울이지 않고 더구나 말씀대로 순종하여 살아내지도 않으면서 행하는 금식을 하나님이 기뻐하지 않으신다.

그들이 듣기를 싫어하여 등을 돌리며 듣지 아니하려고 귀를 막으며, 그 마음을 금강석 같게 하여 율법과 만군의 여호와가 그의 영으로 옛 선지자들을 통하여 전한 말을 듣지 아니하므로 큰 진노가 만군의 여호와께로부터 나왔도다 슥 7:11,12

가장 좋은 금식은 먼저 그들의 삶을 고치는 것이다. 바벨론 포로로 사로잡힌 근본적인 원인은 그들의 죄에 있었다. 그 죄부터 버리기를 애쓰는 것이 곧 올바른 금식이다.

3) 세 번째 메시지(슥 8:1-17)
올바른 금식을 하는 자에 대한 하나님이 약속이다.
8장 전반부에 나오는 메시지는 여덟 차례(슥 8:2,4,6a,3,7,9,11,14) "만군의 여호와가 이같이 말하노라"로 시작하고, "여호와의 말이니라"가 두 번(슥 8:6,17) 언급된다.
기꺼이 순종하는 것이야말로 올바른 금식의 태도다. 하나님은 이들에게 풍성한 회복을 약속하신다. 하나님이 그들과 함께하시며, 보호하시며, 회복시키시며, 다시 번성하여 부요케 하시며, 그들의 명예를 회복하시며, 그들이 하는 일이 형통하게 하실 것이다.
그리고 진실된 금식의 행동으로 두 번째 메시지에서 언급하신 것(슥 7:9,10)을 다시 한번 말씀하신다. 두 번째 메시지에서 언급한 건 그들 조상에게 요구하신 것이었다. 이제 이들에게도 동일하게 말씀하신다. 그리고 "이 모든 일은 내가 미워하는 것이다"라는 말씀을 덧붙여 마무리하신다.

너희는 이웃과 더불어 진리를 말하며 너희 성문에서 진실하고 화평한 재판을 베풀고, 마음에 서로 해하기를 도모하지 말며, 거짓 맹세를 좋아하지 말라. 이 모든 일은 내가 미워하는 것이니라 슥 8:16,17

4) 네 번째 메시지(슥 8:18-23)
금식일에 관한 질문에 대한 마지막 답변이다.
그들이 해마다 지켜왔던 네 번의 금식일이 폐하여지고 대신 기쁨과 즐거움과 희락의 절기들로 바뀌게 될 것이다. 오직 한 가지를 명령하신다.

오직 너희는 진리와 화평을 사랑할지니라 슥 8:19

열방이 예루살렘으로 몰려와서 하나님을 찾고 하나님에게 은혜를 구할 것이며 유다 사람에게 도움을 청할 것이다. 유다 사람들은 다시 번성하고 번영하며 국력이 강해질 것이다.
하나님은 오래전에 모세를 통해 이를 명하시고 약속하셨다(신 15:4-11).
그리고 이제 다시 한번 그들에게 기회를 주신다.

3. 두 번의 경고(슥 9장-14장) – 나라들의 멸망과 이스라엘의 구원

스가랴서 전반부의 메시지(1장-8장)와 후반부의 메시지(9장-14장)는 내용에 큰 차이가 있다. 전반부는 성전 재건이 주요 이슈이고, 후반부는 성전 재건을 넘어서서 멀리 보게 한다. 그러나 스가랴서 전체는 예루살렘이 중심에 있다. 스가랴서의 후반부 여섯 장(9장-14장)은 크게 두 개의 설교가 주어진다. 이 메시지는 "여호와의 경고의 말씀"이라고 불린다.

첫 번째 경고의 메시지는 9장에서 11장까지 이어진다.

두 번째 경고의 메시지는 12장부터 마지막 장(14장)까지 이어진다.

첫 번째 메시지는 메시아를 배척하는 유다인에 대한 엄중한 경고요, 두 번째는 메시아를 환영하며 섬기는 그의 백성에 대한 축복이다.

후반부의 두 번의 경고의 메시지는 특히 메시아이신 예수 그리스도를 자세히 예언한다. 그리스도를 배신하는 가룟 유다에 얽힌 사건을 미리 보여준다.

> 내가 그들에게 이르되, '너희가 좋게 여기거든 내 품삯을 내게 주고 그렇지 아니하거든 그만두라' 그들이 곧 은 30 개를 달아서 내 품삯을 삼은지라. 여호와께서 내게 이르시되, '그들이 나를 헤아린 바 그 삯을 토기장이에게 던지라' 하시기로, 내가 곧 그 은 30개를 여호와의 전에서 토기장이에게 던지고 슥 11:12,13

목자로서의 품삯은 은 30이다. 그것은 또한 노예 한 사람의 값 또는 소가 어떤 이의 노예를 받아서 죽인 것에 대한 보상으로 지불해야 하는 값(출 21:32)이다.

가룟 유다는 대제사장들에게 예수를 넘기는 조건으로 은 30을 미리 받았다(마 26:14-16). 그리고 예수를 판 후에 뉘우치고 은 30을 대제사장들에게 도로 갖다 주려다가 거절당하자 성소에 던져 넣고 목매어 죽었다. 그들은 그것으로 토기장이의 밭을 사서 나그네의 묘지를 삼았다(마 27:3-10).

종려주일에 예루살렘 성에 나귀 새끼를 타고 입성하신 예수님에 대한 사건도 예언되어 있다(마 21:5).

> 시온의 딸아, 크게 기뻐할지어다. 예루살렘의 딸아 즐거이 부를지어다. 보라, 네 왕이 네게 임하시나니 그는 공의로우시며 구원을 베푸시며 겸손하여서 나귀를 타시나니 나귀의 작은 것 곧 나귀 새끼니라 슥 9:9

1) 첫 번째 경고(슥 9장-11장)

스가랴 선지자가 9장과 10장에서는 평화의 사자로, 11장에서는 전쟁을 선포하는 전령관으로 등장한다. 주께서 왕으로 오셔서 이스라엘의 악한 이웃들, 주변 국가들을 심판하신다. 아람의 수도 다메섹, 두로와 시돈, 블레셋의 도시들(아스글론, 가사, 에그론, 아스돗)을 심판하신다(슥 9:1-8). 그러나 주를 도피성으로 삼고 그에게 피하는 그의 백성들에게는 이전보다 갑절이나 복을 주실 것이다(슥 9:9-17).

주를 의지하여 주께 돌아오는 유다와 에브라임에게 밖으로는 승리를, 안으로는 형통의 복을 주신다.

> 만군의 주님께서 그의 양 무리인 유다 백성을 돌보시고, 전쟁터를 달리는 날랜 말같이 만드실 것이다.
> 유다에서 모퉁잇돌과 같은 사람이 나오고, 그에게서 장막 기둥과 같은 사람이 나온다.
> 그에게서 전투용 활 같은 사람이 나오고, 그에게서 온갖 통치자가 나온다.
> 그들은 모두 용사와 같이, 전쟁할 때에 진흙탕 길에서 원수를 밟으면서 나아가는 사람들이다.
> 주님께서 그들과 함께 계시니, 원수의 기마대를 부끄럽게 할 것이다 슥 10:3-5 새번역

참 목자가 거짓 목자로 인해 배척을 받는다. 이 세상에 참 목자로 오시는 메시아를 배척하는 유대인들을 버리고 멸망에 내어주실 것이다(11장).

2) 두 번째 경고(슥 12장-14장)

스가랴의 마지막 세 장(12장-14장)은 심판에 대한 내용으로 가득 차 있다. 그러나 심판으로 구원이 임할 것이다.

선한 목자에 대한 심판이 있다. "칼아, 깨어서 내 목자, 내 짝 된 자를 치라"(슥 13:7a). 예수 그리스도는 심판을 당하신 선한 목자이시다. 그가 심판을 받음으로 그를 따르는 양 떼가 구원을 얻었다.

양 무리인 **이스라엘에 대한 심판**이 있다. "목자를 치면 양이 흩어지려니와 작은 자들 위에는 내가 내 손을 드리우리라"(슥 13:7b). 예루살렘에 대한 심판은 그들을 정화시키는 효과를 가져왔다. 죄를 깨닫고 애통하게 될 것이다(슥 12:10-14). 그리고 애통의 결과로 죄와 더러움을 씻는 샘이 열릴 것이다(슥 13:1).

이스라엘을 공격했던 **열방들에 대한 심판**이 있다(슥 12:1-9, 14:12,13). 그 결과로 열방이 회개하고 예루살렘 주위로 모일 것이다(슥 14:13-19).

"그날"과 "여호와의 날"을 여러 번 말씀하신다. "그날"이 17번 반복된다.

"그날"이 이스라엘의 원수들에게는 심판의 날이요, 그의 백성 이스라엘에게는 위로와 축복의 날이다.

> 그날이 오면, 햇빛도 차가운 달빛도 없어진다. 낮이 따로 없고 밤도 없는 대낮만이 이어진다.
> 그때가 언제 올지는 주님께서만 아신다. 저녁 때가 되어도, 여전히 대낮처럼 밝을 것이다.
> 그날이 오면, 예루살렘에서 생수가 솟아나서, 절반은 동쪽 바다로, 절반은 서쪽 바다로 흐를 것이다.
> 여름 내내, 겨울 내내, 그렇게 흐를 것이다. 주님께서 온 세상의 왕이 되실 것이다.
> 그날이 오면, 사람들은 오직 주님 한 분만을 섬기고, 오직 그분의 이름 하나만으로 간구할 것이다
> 슥 14:6-9 새번역

그날에 성속(거룩한 것과 속된 것)의 구별이 없어질 것이다.

> 그날이 오면, 말방울에까지 '주님께 거룩하게 바친 것'이라고 새겨져 있을 것이며, 주님의 성전 안에 있는 모든 솥이, 제단 앞에 있는 그릇들과 같이 거룩하게 될 것이다. 예루살렘과 유다에 있는 모든 솥도 만군의 주님께 거룩하게 바친 것이 되어, 제사를 드리는 사람들이 와서, 그 솥에 제물 고기를 삶을 것이다. 그날이 오면, 만군의 주님의 성전 안에 다시는 상인들이 없을 것이다 슥 14:20,21 새번역

이전까지 성물은 성전 안에 있는 것만으로 한정했었지만, 때가 되면 성전 안에 있는 그릇과 일반 사람들의 집에 있는 그릇이 다 똑같이, 차별 없이 거룩할 것이다. 우리가 가진 모든 것을 하나님께 드린 바 되면 거룩함으로 살게 될 것이다. 어느 특정 직업만 거룩한 직업이 아니라 어느 곳에 있든지, 무슨 일을 하든지 우리가 하나님을 예배하는 자이기에 그 일 자체가 거룩하다.

하나님이 우리를 이 세상에 보내셨다. 우리는 사명자다. 하나님의 나라가 임하게 하고 하나님의 뜻을 이루도록 부르심을 받은 사명자다. 우리는 모두 사역자다. 목회자만 사역자가 아니다. 세상에 들어가 세상을 변화시키는 현장 사역자다. 기독교 문명개혁 운동을 주도하는 사역자다.

> 사람이 어느 곳에 있든지, 무엇을 하든지, 손을 대는 분야가 농업이든, 상업이든, 산업이든 아니면 머리를 쓰는 예술과 과학 분야 등 어떤 일에 전념하든지 사람은 언제나 '하나님의 면전'에 서 있으며 하나님을 섬기는 일에 종사하고 있다. 사람은 철저히 하나님께 순종해야 하며, 무엇보다도 하나님의 영광을 그 생애의 목표로 삼아야 한다.
>
> — 아브라함 카이퍼(네덜란드의 목사, 신학자, 수상)

Dear. NCer

스가랴서에 나타난 놀라운 약속을 기억하자.

1. 하나님이 친히 불 성곽이 되시고 그 가운데서 영광이 되실 것이다.
2. 성령으로 주어진 일을 충분히 감당하게 될 것이다.
3. 그날에 성속의 구별이 없어질 것이다.

❖ 말라기(Malachi) 메시아의 사자

"말라기"라는 이름은 1장 1절에 나온다. '나의 사자'라는 의미다. 그리고 3장 1절에 나오는 "내 사자"라는 단어와 동일하다. 그래서 혹 그의 본명은 따로 있지만 이 단어로부터 그의 이름을 가명으로 했을 거라고도 추측한다. 그러나 "말라기"가 이 선지자의 가명이 아니라 본명이라고 보는 게 옳다고 생각한다. 몇몇 전승에 의하면 그는 스불론 지파 사람이라고 한다.

말라기는 구약의 마지막 책이다. 단지 순서상으로만 아니라 시간적으로도 마지막에 해당한다. 우리는 구약의 마지막 증인의 말을 듣고 있다. 솔로몬 성전에 이어 '제2성전'의 시대와 함께하는 동안 선지자의 시대가 마감된다고 하여 말라기를 "예언의 봉인"이라고 부른다. 그러나 놀랍게도 말라기는 메시아의 오심을 준비하는 엘리야를 소개함으로 다가올 메시아 왕국에 대한 소망, 하나님의 나라가 이루어지는 데 대한 소망으로 큰 기대와 여운을 남긴다.

학개와 스가랴를 통해 하나님 중심의 삶인 성전 건축을 계속하기를 격려하였고, 말라기는 건축된 성전에서 원래 목적에 합당한 예배의 삶을 지속할 것을 촉구한다. 말라기 시대는 하나님의 백성들이 우상숭배를 떠나기는 했지만, 불경건과 불신앙이라는 또 다른 극단으로 내달렸다.

말라기 – 변함없는 하나님 아버지의 사랑(말 3:16-17)

	하나님의 언약에 신실하라				하나님의 말씀을 기억하고 지켜 행하라					
여는말	첫 번째 대화	두 번째 대화	하나님의 특사	세 번째 대화	네 번째 대화	하나님의 특사	다섯 번째 대화	여섯 번째 대화	맺는말	하나님의 특사
말라기 나의 사자	내가 너를 사랑하였다	나를 공경함이 어디 있느냐?	레위인들	너희 헌물을 받지 않겠다	너희가 말로 나를 괴롭혔다	내 사자를 보내리라	나의 것을 도둑질 하였다	너희가 말로 나를 대적하였다	치료하는 광선을 발하리라	내가 엘리야를 보내리라
1:1	1:2-5	1:6-14	2:1-9	2:10-16	2:17	3:1-6	3:7-12	3:13-18	4:1-3	4:4-6
엄중한 말씀	처음 사랑을 회복하라	예배를 회복하라	부흥을 일으키라	성결하라	믿음으로 말하라	그가 너희를 연단하여 깨끗하게 하리라	나의 규례를 - 십일조 - 지키라	하나님을 경외함으로 말하라	내 이름을 경외하라	토라를 기억하라
마지막 경고	하나님의 질문과 백성의 말대꾸 퍼레이드								마지막 사자	
									바통 터치	
종교적 회의주의와 형식주의를 경계하라					하나님을 경외하는 자를 여호와의 기념책에 기록하리라					

말라기서의 메시지

성령의 사역은 먼저 상처를 드러낸 후에 치료약을 발라준다. **"그가 와서 죄에 대하여, 의에 대하여, 심판에 대하여 세상을 책망하시리라"**(요 16:8). 세례 요한의 사역도 마찬가지다. 그는 **"회개하라! 천국이 가까이 왔느니라!"**(마 3:2)라는 일성으로 시작한다. 벼락과 천둥을 동시에 몰고 왔다. 선지자의 사역도 마찬가지다. 먼저 죄를 깨닫게 한 후에 위로한다.

이스라엘 백성들이 바벨론 포로에서 돌아온 후 스룹바벨과 여호수아의 주도하에 성전이 재건되고, 학개와 스가랴에 의하여 영적으로 위로받아 과거의 억울함, 버림받음, 무시당함, 서러움도 어느 정도 극복되었다. 그리고 이들의 열정이 다시 식을 때쯤, 에스라와 느헤미야를 통해 영적 재무장을 하게 하셨다. 성전 재건과 성벽 수축은 안팎으로 안정을 주었다.

그런데 이때가 오히려 더 위험하다. 생활이 안정되면 안타깝게도 영적인 갈망이 줄어든다. 영적으로 해이해지고 현실에 안주하면 기도 시간이 피곤하고 설교 시간이 무료해진다. 백성들이 하나님의 사랑에 무감각하고, 하나님을 영화롭게 하지 아니하고, 그 이름을 멸시했다. 그들은 하나님에게서 너무 멀리 떨어져 있었기에 자기의 죄도 깨닫지 못했다.

말라기의 메시지는 바로 이런 상태인 하나님의 백성들을 향해 정면으로 칼을 겨눈다. 이전의 은혜와 긍휼을 쉽게 잊어버린 그들의 배은망덕, 하나님의 말씀에 대한 무관심과 소홀함, 열정이 사라진 형식적인 신앙생활. 말라기 선지자는 탄식한다.

말라기서는 **"여호와께서 말라기를 통하여 이스라엘에게 말씀하신 경고라"**(말 1:1)라는 표제가 붙어있다. **"경고"**는 **'엄중한 말씀'**(히브리어 맛사, massa, 렘 23:33-40)이라는 뜻이다. 말라기서의 무게를 본다. "겨가 어찌 알곡과 같겠느냐?"(렘 23:28)라고 하시듯, 겨는 바람에 날아가지만 알곡은 무게가 있어 날아가지 않는다. 거짓 선지자의 말은 겨같이 가볍다. 그러나 하나님의 말씀은 무게가 있다.

말라기의 메시지는 어떤 사람에게는 무거운 짐으로 느껴질 것이다. 괴로워 견딜 수 없게 할 것이다. 회개하지 않으면 이 말씀은 그들에게 무거운 짐이 될 것이다. 주님을 사랑하는 사람에게 주의 말씀은 '가벼운 짐'이 될 것이지만, 그래도 역시 짐은 짐이다. 사랑의 짐이다.

이는 내 멍에는 쉽고 내 짐은 가벼움이라 하시니라 마 11:30

말라기는 정신을 차리지 못하고 영적 안일함 가운데 사는 그리스도인을 깨워 위기의식을 갖게 한다. 마치 요한계시록의 일곱 교회에 보내는 편지처럼 처음 사랑을 잃은 자, 미지근한 신앙의 소유자를 뒤흔들어 깨운다. 더 이상 종교생활을 하지 말고, 열정을 가지고 역동적인 신앙생활을 하도록 요청한다. 말라기에서 우리는 세례 요한의 은은한 음성을 듣는다. "회개하라. 천국이 가까이 왔느니라"(마 3:2).

말라기는 "내가 너희를 사랑한다"라는 하나님의 사랑의 고백으로 시작된다. 동시에 책망과 격려의 말씀도 있다. 마치 마주 앉아서 대화하듯 백성들을 설득한다. 하나님께서 그들을 선택하신 건 그들을 사랑하시기 때문이다.

1. 다섯 번의 대화

첫 번째 대화(말 1:2-5)

하나님, "내가 너희를 사랑한다." – 하나님은 사랑이시다. 그의 모든 행위의 동기는 사랑이다. 이스라엘, "주께서 어떻게 우리를 사랑하셨습니까?" – 형식적인 신앙생활의 첫 징조는 영적 감각의 상실이다. 세속에 물들고 세상을 더 사랑할수록 하나님은 멀리 보인다. 그들과 하나님 사이에 각종 세상의 것들이 채워진다. 회의주의에 빠진다. 죄는 사람의 마음을 강퍅하게 하여, 자신의 참 상태를 볼 수 없게 한다. 예레미야 시대와 비슷했다.

나를 멀리하고 가서 헛된 것을 따라 헛되이 행하였느냐 렘 2:5

내 백성이 두 가지 악을 행하였나니, 곧 그들이 생수의 근원 되는 나를 버린 것과 스스로 웅덩이를 판 것인데 그것은 그 물을 가두지 못할 터진 웅덩이들이니라 렘 2:13

요한계시록의 에베소교회가 그러했다.

너를 책망할 것이 있나니 너의 처음 사랑을 버렸느니라. 그러므로 어디서 떨어졌는지를 생각하고 회개하여 처음 행위를 가지라 계 2:4,5

하나님을 향한 처음 사랑이 회복되어야 한다.

하나님은 "내가 야곱을 사랑하였고 에서는 미워하였다"(말 1:2,3)라고 구체적인 증거를 제시하셨다.

우리가 아직 죄인 되었을 때에 그리스도께서 우리를 위하여 죽으심으로 하나님께서 우리에 대한 자기의 사랑을 확증하셨느니라 롬 5:8

본질상 진노의 자녀였던 우리가 긍휼이 풍성하신 하나님의 그 큰 사랑으로(엡 2:3-8) 구원받았음을 항상 마음에 새겨야 한다.

너희는 그 은혜에 의하여 믿음으로 말미암아 구원을 받았으니 이것은 너희에게서 난 것이 아니요 하나님의 선물이라. 행위에서 난 것이 아니니 이는 누구든지 자랑하지 못하게 함이라 엡 2:8,9

놀라운 사랑! 놀라운 은혜! 그러므로 우리의 처음 사랑을 회복해야 한다. 우리의 행위를 돌이켜 처음 행위를 가져야 한다.

두 번째 대화(말 1:6-14)

하나님, "내가 아버지인데 나를 공경함이 어디 있느냐? 내가 주인인데 나를 두려워함이 어디 있느냐?"
이스라엘, "우리가 어떻게 주의 이름을 멸시했습니까? 어떻게 주를 더럽게 했습니까?"
하나님은 그들이 예물을 드릴 때 흠 있는 것과 눈먼 것과 저는 것과 병든 것을 드린 것을 언급하심으로 구체적인 증거를 제시하셨다. 그들은 하나님을 경외하는 마음이 없었다. 영적인 감각이 둔해져서 자신들의 문제를 파악하지 못했다. 분별력이 흐려지고 판단력을 잃어버렸다. 갈수록 형식주의에 물들었다. 성전을 소홀히 여기고 예배를 욕되게 했다. 하나님의 임재가 없는 예배에 익숙해졌다. 하나님은 이런 예배를 받지 않으신다. 하나님은 영적 지도자들에게 말씀하시기를 "차라리 성전 문을 닫아걸어서 이런 형식적인 예배를 더 이상 드리지 않았으면 좋겠다"라고 하신다.

너희가 내 제단 위에 헛되이 불사르지 못하게 하기 위하여 너희 중에 성전 문을 닫을 자가 있었으면 좋겠도다. 내가 너희를 기뻐하지 아니하며 너희가 손으로 드리는 것을 받지도 아니하리라 말 1:10

이스라엘은 갈수록 종교적 형식주의에 빠져들었지만 이방 민족들은 살아계신 하나님을 향한 열정적 예배, 뜨거운 기도, 말씀의 갈급함이 있었다.

지구촌 곳곳에서 전적인 헌신, 전적인 기도, 온전한 예배를 드리고 있다. "주의 권능의 날에 주의 백성이 거룩한 옷을 입고 즐거이 헌신하니 새벽 이슬 같은 주의 청년들이 주께 나오는도다"(시 110:3)의 말씀이 성취되고 있다. "하늘에 있는 군대들이 희고 깨끗한 세마포 옷을 입고 백마를 타고 그를 따르더라"(계 19:14)의 말씀이 성취되고 있다.

영적인 자만심을 버려야 한다. 과거의 영화에 취하여 있어서는 안 된다. 딱딱하고 형식적인 예배를 버려야 한다. 하늘 보좌에 상달되지 않고 사람들의 귀에만 들리는 기도를 버려야 한다. 지식으로만 채우는 성경이 아닌 "불같고 방망이 같은 주의 말씀"(렘 23:29), "좌우에 날 선 어떤 검보다도 더 예리한 하나님의 말씀"(히 4:12)을 경험해야 한다. 지금은 영적 각성의 때다. 부흥의 때다.

하나님의 특사 – 레위 제사장들(말 2:1-16)

1장을 통해 본 그들의 영적 상태는 회의주의와 형식주의다. 이것을 벗어날 영적인 회복을 위한 책임은 먼저 레위 제사장들에게 있다. 하나님은 이들에게 특별한 사명을 주셨다. 그들은 하나님의 특사다. 그러나 제사장들은 율법을 가르치는 의무를 소홀히 했다.

하나님을 향한 열정이 회복되어야 한다. 예배의 열정, 기도와 말씀의 열정이 회복되어야 한다. 하나님의 임재가 있는 예배, 하늘 보좌를 움직이는 기도가 회복되어야 한다.

그리고 더 나아가 세상에 영향을 받는 게 아니라 세상에 영향을 주는 삶을 살도록 이끌어야 한다. 특히 영적인 지도자들에게 이것을 요청하신다. 하나님의 말씀을 연구하고 백성들에게 부지런히 가르쳐야 할 책임이 있다. 말씀과 기도와 예배의 부흥을 일으켜야 할 책임이 있다.

세 번째 대화(말 2:17)

하나님, "너희가 말로 나를 괴롭게 했다."

이스라엘, "우리가 어떻게 여호와를 괴롭혔습니까?"

그들은 부정적이고 원망하고 불평하며 비방하는 말을 했다. "정의의 하나님은 계시지 않다"라고 말하며 악을 행했다. 이것이 하나님을 괴롭히는 것이다.

이들에게서 가장 큰 죄악은 무신론적 사고방식이다. 그들은 그런 생각에 사로잡혀서 입만 열면 무신론적인 말만 했다. 주께서 "입에서 나오는 것들은 마음에서 나온다"(마 15:18)라고 하셨고, "마음에 가득한 것을 입으로 말한다"(마 12:34)라고도 하셨다. 부정적인 말, 비판적인 말, 험담, 거짓말, 원망, 염려하는 말, 두려움 등은 불신앙에서 나온다.

하나님을 알지 못하기에 하나님에 대한 기대도 없다. 무신론적인 삶이다.

> 여호와의 규례를 지키는 세상의 모든 겸손한 자들아, 너희는 여호와를 찾으며 공의와 겸손을 구하라. 너희가 혹시 여호와의 분노의 날에 숨김을 얻으리라 습 2:3

주를 간절히 찾아야 한다. 갈급함으로 주께 나아가야 한다.

하나님의 또 다른 특사(말 3:1-6)

하나님의 특사들이 제 몫을 다하지 못함을 안타까워하신다. 그래서 하나님은 그의 말씀에 순종하는 그의 또 다른 특사를 보내신다. 하나님은 사자를 보내서서 이런 사람들을 주께로 돌이키게 하실 것이다. 그는 용광로 속의 맹렬한 불 같아서 금, 은을 연단시킬 것이다. 표백하는 잿물 같아서 하나님의 백성들을 깨끗하게 할 것이다.

그의 사명은 오실 메시아의 길을 예비하는 것이다. 그의 백성들이 주를 받을 준비를 하게 하는 것이다. 교만을 깨뜨리고 겸손으로, 두려움을 물리치고 담대함과 확신으로, 자기 문제에 빠져 허우적거리는 데서 벗어나 주와 주의 나라를 바라는 거룩함, 갈급함, 목마름으로 주를 영접하게 하는 것이다. 그래야 비로소 예배가 회복되고, 하늘 보좌를 움직이는 기도와 능력과 생명의 말씀이 회복된다.

> 그때에 유다와 예루살렘의 봉헌물이 옛날과 고대와 같이 나 여호와께 기쁨이 되려니와 말 3:4

네 번째 대화(말 3:7-12)

하나님, "너희가 나의 것을 도둑질했다."
이스라엘, "우리가 어떻게 주의 것을 도둑질했습니까?"
하나님, "십일조와 봉헌물은 나의 것인데 그것을 나에게 주지 않았다."
십일조를 하지 않는다. 십일조에 대한 올바른 이해가 없다. 십일조는 처음부터 주의 것이다. 나의 것에서 나의 믿음으로 드리는 게 아니다. 십일조를 드리지 않으면 하나님은 "나의 것을 도둑질했다"라고 말씀하신다.

십일조(말 3:8-12)

왜 십일조가 중요한가? 고린도후서 9장 10절에, "심는 자에게 씨와 먹을 양식을 주시는 이가 너희 심을 것을 주사 풍성하게 하시고, 너희 의의 열매를 더하게 하시리니"라고 말씀하시듯, 십일조는 마치 농부에게 '심을 씨'와 같다.

십일조는 하나님이 나를 축복하기 위한 믿음의 씨앗이다. 십일조는 하나님을 위한 게 아니라 나를 위한 것이다. 축복을 주기 위한 하나님의 은혜다. 십일조는 나의 것이 아니라 하나님의 것이다. 하나님에게 드리는 것이다. 레위인의 생활비다. 성전 유지비다. 구제비다. 하나님은 십일조를 이런 용도로 사용하도록 규정하셨다.

십일조를 하지 않는다면?

그런 사람은 믿음이 없는 것이 아니라 하나님의 것을 도둑질한 도둑이다. 십일조를 하지 않는 삶은 하나님의 복을 놓치는 정도가 아니라 저주를 받았다고 하신다(말 3:9).

십일조는 하나님의 것이므로 하나님께 드리는 것이다. 하나님에게 드리는 길은 하나님의 집 창고에 들여놓는 것이다. 하나님의 집에 양식이 있게 하는 것이다.

십일조 생활의 결과(말 3:10-12)

하나님이 십일조에 대해 말씀하신 것은 전적으로 우리를 위한 것이다.

하나님이 하늘 문을 여시고 복을 쌓을 곳이 없도록 부어주신다.

> 십일조는 하늘 창고의 문을 여는 열쇠다.
> 십일조는 축복의 샘의 마중물이다.
> 십일조는 하나님의 축복의 보장이다.

메뚜기로 토지 소산을 먹어 없애지 못하게 하신다. 밭의 포도나무 열매가 기한 전에 떨어지지 않게 하신다. 여러 가지 질병과 사고, 그리고 도난으로부터 우리를 보호하신다. 환경을 축복하신다. 땅이 아름다워질 것이다. 모든 이방인이 그들을 복되다 할 것이다.

다섯 번째 대화(말 3:13-18)

하나님, "너희가 완악한 말로 나를 대적했다."

이스라엘, "우리가 무슨 말로 주를 대적했나이까?"

하나님은 그들이 한 말을 증거로 제시하신다.

"하나님을 섬기는 것이 헛되다." – 고생하며 하나님을 섬겨봤자 아무 소용이 없다. 더 큰 고통뿐이다.

"하나님의 말씀을 지키는 것이 무슨 유익이냐?" – 하나님의 말씀을 지켜서 재물에 형통하냐?

"교만한 자가 복되고 악을 행하는 자가 번성하며 하나님을 시험하는 자가 화를 면한다." – 자기 인생을 제 마음대로 사는 사람은 잘 산다.

하나님이 오셔서 그들의 말을 심판하실 것이다. 의인과 악인을 구별하시고 하나님을 섬기는 자와 섬기지 아니하는 자를 구별하여 심판하실 것이다.

하나님 앞에 기념책이 있다. 하나님을 경외하는 사람들, 하나님의 이름을 존중히 여기는 사람들의 이름이 기록되어 있는 책이다. 하나님은 이들을 특별 대우하신다. 이들은 하나님 앞에서 VIP이다!

이들에 대해 하나님이 말씀하신다.

> 나는 내가 정한 날에 그들을 나의 특별한 소유로 삼을 것이요, 또 사람이 자기를 섬기는 아들을 아낌같이 내가 그들을 아끼리니 말 3:17

하나님의 임재(말 4:1-3)

이제 하나님은 우리를 결론으로 이끄신다. 1장부터 3장까지의 다섯 번의 대화에서 나타나는 사람들에 대한 결말이다. 하나님의 말씀을 듣고도 여전히 고집하며 강퍅하며 자기를 돌이키지 않는 사람들이 있다. 그러나 그 말씀을 듣고 자기를 깨뜨리며 회개하며 겸손히 하나님에게 나아가 그의 은혜를 구하는 사람들이 있다.

하나님의 임재는 다른 두 결과를 가져온다. 하나님을 대적하는 자, 교만하여 악을 행하는 자에게는 용광로 불 같은 날이 될 것이다. 그들은 다 지푸라기 같아서 그들을 살라 뿌리와 가지를 남기지 않을 것이다. 어두움을 이기고 하나님의 말씀의 기반 위에 세워지지 않은 것들은 무너지게 될 것이다.

그러나 하나님을 경외하는 사람에게는 공의로운 해가 떠올라서 치료하는 광선이 비출 것이다. 치료되고 회복되어 기운이 펄펄한 송아지처럼 에너지가 넘칠 것이다. 기쁨이 충만하고 활력이 넘치는 예배, 하늘을 움직이는 기도, 능력의 말씀을 경험하는 삶을 살 것이다. 그뿐 아니라 악한 자들을 밟아 그들이 발바닥 밑에 재같이 될 것이다. 기독교 문명개혁 운동을 주도하는 삶을 살 것이다.

2. 바통 터치(말 4:4-6)

그리스도의 오심을 예언함으로 신약으로 바통을 넘겼다.

메시아가 오실 것이다. 그가 자신의 백성을 깨끗하게 하실 것이다. 그가 오시면 심판하시고 자기 백성을 치유하실 것이다. 앞서서 그의 종이 와서 그의 길을 예비할 것이다.

말라기의 마지막 절은 누가복음 1장 17절로 연결된다.

> 보라, 여호와의 크고 두려운 날이 이르기 전에 내가 선지자 엘리야를 너희에게 보내리니, 그가 아버지의 마음을 자녀에게로 돌이키게 하고, 자녀들의 마음을 그들의 아버지에게로 돌이키게 하리라. 돌이키지 아니하면 두렵건대 내가 와서 저주로 그 땅을 칠까 하노라 하시니라 말 4:5,6

> 그가 또 엘리야의 심령과 능력으로 주 앞에 먼저 와서 아버지의 마음을 자식에게, 거스르는 자를 의인의 슬기에 돌아오게 하고 주를 위하여 세운 백성을 준비하리라 눅 1:17

주기도문 : 주의 나라가 나를 통하여 임하시고, 주의 뜻이 나를 통하여 이루어지소서!

말라기가 말하는 두가지 악

- **형식주의** : 영적으로 갈급함이 없음. 종교적 형식주의 예배의 삶
  신약에서 바리새인들이 계승하였다.
- **회의주의** : 믿음의 삶에 확신이 없는 삶, 절대 기준이 없는 삶
  신약에서 사두개인들이 계승하였다.

처음 사랑을 회복하라. 하나님과의 친밀감을 가지라.
거룩한 삶을 살라. 예배가 회복된 삶으로 살아가라.
십일조를 비롯한 성경적 재정 원칙의 삶으로 살아가라.
세상에 영향을 받지 말고 영향을 주는 삶을 살라.
Nations Changer로서 사는 삶이 기독교 문명개혁 운동을 주도하는 길이다.

오늘 우리에게 하시는 하나님의 약속

왕의 말씀

신약 NEW TESTAMENT

예수께서 나아와 말씀하여 이르시되
하늘과 땅의 모든 권세를 내게 주셨으니
그러므로 너희는 가서
모든 민족을 제자로 삼아
아버지와 아들과 성령의 이름으로 세례를 베풀고
내가 너희에게 분부한 모든 것을 가르쳐 지키게 하라
볼지어다
내가 세상 끝날까지
너희와 항상 함께 있으리라 하시니라

마 28:18-20

1장

신구약 중간기

역사의 주이신 하나님

신구약 중간기 – 역사의 주이신 하나님

신구약 중간기 - 암흑 시대 : 말라기 이후 400년간 침묵하신 하나님

마치 야곱이 70명의 식구들을 이끌고 애굽으로 내려간 뒤에 출애굽 하기까지 400년 동안 성경이 침묵했던 것처럼, 말라기 이후 세례 요한의 등장까지 400년간 성경은 다시 침묵했다.

이 기간에 어떤 일이 있었는지는 이스라엘이 소장하고 있는 역사기록과 세계 역사기록을 통해 이해할 수 있다. 하나님은 이 기간에 아무 일도 하지 않으셨는가? 아니다. 하나님은 세상이 구주 예수님을 영접할 수 있도록 역사 속에서 활발하게 일하시며 준비하셨다.

느부갓네살이 본 환상은 당시의 세계인 바벨론, 그리고 앞으로 이어질 메대/바사, 헬라, 그리고 로마까지의 일을 보여준다. 그리고 하나님께서 이 모든 제국들을 멸하실 것과 온 세계에 가득한 그의 다스리심을 보여준다. 하나님은 역사의 주이시다.

> 영원부터 영원까지 하나님의 이름을 찬송할 것은, 지혜와 능력이 그에게 있음이로다. 그는 때와 계절을 바꾸시며 왕들을 폐하시고 왕들을 세우시며 지혜자에게 지혜를 주시고 총명한 자에게 지식을 주시는도다 단 2:20,21

이 기간은 신약성경의 배경을 이루는 시기이다. 이 기간을 **'신구약 중간기'**라고 부른다. 신약성경을 이해하려면 이 기간에 일어난 일들을 알아야 한다.

구약 창세기 – 말라기	신구약 중간사 말라기(B.C.400)부터 세례 요한까지	신약 마태복음 – 요한계시록
애굽 앗수르 바벨론 메대 / 바사	헬라 로마	로마
복음 전파를 위한 하나님의 준비 기간 • 팍스 로마나 • 성경 번역(구약 히브리어) : 70인역• 언어의 통일 : 헬라어 • 교통의 발달 : 도로 역사의 주인이신 하나님 History = His Story		

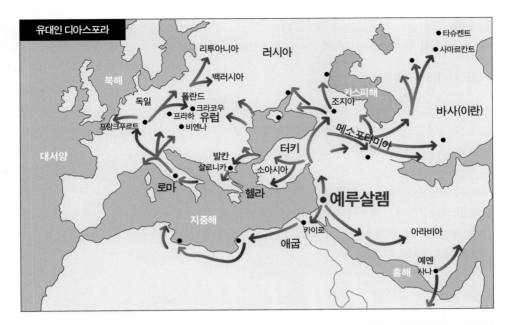

유대인 디아스포라

포로에서 귀환한 유대인들은 시간이 지나면서 남방 유다만 아니라 팔레스타인 전체로 흩어져 살았다. 또한 디아스포라도 점차 늘어났다. 이들은 포로로 잡혀갔다가 흩어졌거나, 일찍 팔레스타인을 벗어나 타지에 정착한 사람들이다. 처음에는 애굽, 메소포타미아, 바사(이란)의 수산성에 살았다. 이후에 헬라 – 로마로 이어지면서 터키(소아시아, 에베소), 유럽(빌립보, 데살로니가, 마게도냐, 아덴, 고린도, 로마)에도 살았다. 더 나아가 러시아, 심지어는 일본에도 유대인들이 가서 살았다.

바울 사도는 이방에 복음을 전할 때 먼저 유대인 중심인 회당에 가서 전했다. 흩어진 유대인들이 회당을 중심으로 하나님을 섬기며 살았기 때문이다.

팔레스타인은 바벨론에 이어 약 200년간 바사(페르시아)의 지배를 받았다. 그 후 B.C. 333년 알렉산더가 바사를 정복하면서 헬라(그리스)의 지배하에 들어간다. 알렉산더의 죽음 이후 그의 부하 프톨레마이오스가 애굽을 지배하면서 팔레스타인도 약 100년간 프톨레마이오스 왕조의 통치를 받는다. 이후 프톨레마이오스의 정적이었던 셀레우코스의 후손이 팔레스타인을 빼앗아 약 34년간 지배한다. 이때 유다의 마카비가 B.C. 166년에 셀레우코스 왕조에 대항해 독립운동을 일으키고, 이에 성공하여 약 100년간 독립국가로 존재한다. 그 후 B.C. 63년에 로마의 폼페이우스 장군에게 예루살렘이 정복당하면서 로마의 지배하에 들어간다.

팔레스타인은 애굽, 앗수르, 바벨론, 바사, 헬라, 로마와 밀접한 관계를 가지고 있었기에 다윗 시대를 제외하고는 평안할 때가 없었다. 늘 침범을 당하고 괴롭힘을 당했다. 마치 우리나라가 고구려의 광개토대왕 때를 제외하고는 중국, 몽골, 러시아, 일본에게 늘 환난을 당했던 것처럼 팔레스타인도 주변국들에게 지속적으로 침범을 당했다.

1. 헬라

바사의 마지막 왕 다리오 3세(B.C.336-330)는 마게도냐의 알렉산더에게 패했다.

【 페르시아(바사)의 역사 】

바벨론(갈대아, 신바벨론 B.C.626-538)은 놀라운 제국임에도 불구하고 가장 짧은 역사를 가지고 있다. 유다인들을 위한 감옥의 역할을 마친 후에 그 역사도 끝이 났다. 바벨론을 정복한 바사는 200여 년 후에 헬라의 알렉산더에게 정복당했다.

> 느부갓네살(B.C.605-562) - 왕하 24:1, 단 5:18
> 에윌므로닥(B.C.562-560) - 왕하 25:27, 렘 52:31
> 네르갈사레셀 - 렘 39:3,13
> 벨사살(B.C.538) - 다니엘

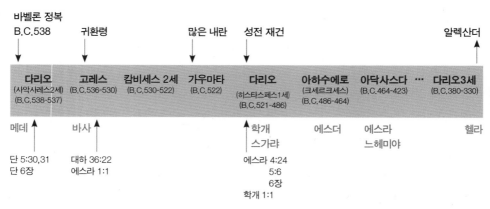

바벨론 정복 B.C.538 → 다리오 (사악사레스2세) (B.C.538-537) — 메데 — 단 5:30,31 / 단 6장

귀환령 → 고레스 (B.C.536-530) — 바사 — 대하 36:22 / 에스라 1:1

캄비세스 2세 (B.C.530-522)

많은 내란 → 가우마타 (B.C.522)

성전 재건 → 다리오 (히스타스페스1세) (B.C.521-486) — 학개 스가랴 — 에스라 4:24 / 5:6 / 6장 / 학개 1:1

아하수에로 (크세르크세스) (B.C.486-464) — 에스더

아닥사스다 (B.C.464-423) — 에스라 느헤미야

… 다리오3세 (B.C.380-330) 알렉산더↑ — 헬라

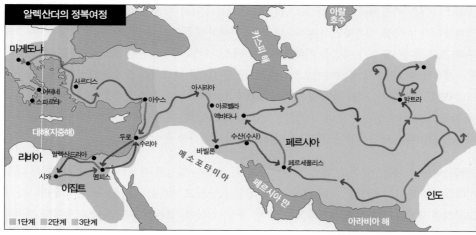

알렉산더의 정복여정

알렉산더

B.C. 336년, 알렉산더는 20세 약관의 나이에 마게도냐의 왕으로 등극했다. 철학자 아리스토텔레스의 제자로서 일찍부터 학문, 문화, 철학에 눈을 뜬 그는 온 세상을 헬라화하려는 꿈을 가지고 대단한 열정으로 세계 정복의 길을 나섰다.

B.C. 333년, 23세에 이수스 전투에서 바사를 정복한 뒤 베니게(페니키아), 두로, 이집트를 차례로 정복했다. 이 과정에서 팔레스타인도 그의 지배하에 들어갔다. 이후 그는 동방 정복의 길을 나서 인더스 강까지 이르렀다.

그러나 B.C. 323년에 뜻하지 않게 열병에 걸려 33세에 죽었다. 그는 짧은 기간에 엄청난 영향을 세계에 끼쳤고, 당시 모든 세상을 헬라화하는 바탕을 만들었다. 정복지에 그리스인을 이주시키고 그리스인과 정복민의 집단 결혼을 통해 동서 융합에 힘썼다. 이때 그리스 문화와 동방 문화가 융합하여 새로운 헬레니즘 문화가 형성되었다.

알렉산더 이후의 팔레스타인

알렉산더의 죽음 이후 그의 부하였던 네 장군의 권력 다툼에 의해서 나라는 넷으로 나뉘었다.

- 셀레우코스 왕조 - 수리아 / 메소포타미아 : 후에 리시마코스 왕조를 흡수 통합함. B.C.64년 로마에 멸망
- 프톨레마이오스 왕조 - 팔레스타인 / 이집트 : B.C.30년 로마에 멸망
- 리시마코스 왕조 - 트라키아 / 비두니아 (:오늘날 발칸 반도와 터키, 유럽 지역)
- 카산드로스 왕조 - 마게도냐 / 헬라 : 후에 안티오코스 왕조로 바뀜. B.C.146년 로마에 멸망

우리가 주목하는 왕조는 팔레스타인을 중간에 두고 서로 대치한 셀레우코스 왕조와 프톨레마이오스 왕조다.

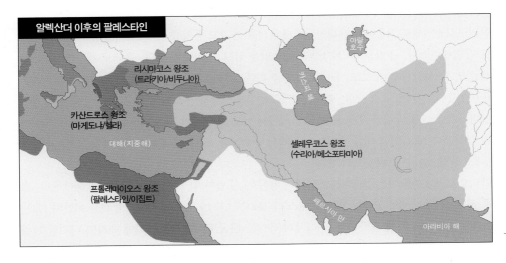

알렉산더 이후의 팔레스타인

리시마코스 왕조
(트라키아/비두니아)

카산드로스 왕조
(마게도냐/헬라)

셀레우코스 왕조
(수리아/메소포타미아)

대해(지중해)

프톨레마이오스 왕조
(팔레스타인/이집트)

프톨레마이오스 왕조

알렉산더가 죽은 뒤 네 명의 장군이 권력 다툼을 벌였다. 결국 프톨레마이오스와 셀레우코스가 가장 큰 권력을 가졌다. 프톨레마이오스 왕조는 이집트 지역을, 셀레우코스 왕조는 바벨론 지역을 다스렸다. 이 둘은 팔레스타인과 베니게를 서로 손에 넣고자 전쟁을 벌였고, 마침내 프톨레마이오스가 차지했다.

- 팔레스타인은 B.C.301년에 프톨레마이오스로 넘어갔다가 B.C.198년에 다시 셀레우코스로 넘어가기까지 100년간 '헬라인이 다스리는 이집트의 속국'이 되어 비교적 평온하게 지냈다.
- 프톨레마이오스 왕조는 유대 공동체에 많은 영향을 끼쳤다.
- B.C.3세기 경에 프톨레마이오스 2세의 명령에 따라 히브리어로 된 구약성경을 당시의 세계언어인 헬라어로 번역했다. 70명의 히브리 학자들이 동원되어 번역해서 '70인역'이라고 불린다.
- 이것은 신약 시대에 온 땅에 복음이 전파되도록 예비하는 역할을 했다.

프톨레마이오스는 알렉산더를 기념하여 알렉산드리아 도시를 만들어 수도로 삼았다. 알렉산드리아는 이집트 북부 지중해 연안의 도시이다. 예수님 당시 이미 이곳에 약 100만 명의 디아스포라가 살았다. 유명한 성경교사인 아볼로도 이 지역 출신이다.

셀레우코스 왕조

셀레우코스 왕조의 왕들은 프톨레마이오스 왕조가 팔레스타인 땅을 그들에게서 훔쳐 갔다고 여겨왔다. 그래서 그것을 빼앗으려는 시도를 계속했다. 100년간이나 그들은 팔레스타인을 두고 서로 싸웠다.

B.C.198년에 셀레우코스 왕조의 안티오코스 3세가 드디어 프톨레마이오스 왕조의 이집트 군대를 격파하여 팔레스타인에서 몰아냈다. 이들은 '수리아 안디옥', '비시디아 안디옥' 등 '안디옥'이라는 이름의 도시를 16개나 건설했다.

안티오코스 3세도 처음에는 유대인들에게 호의를 가지고 통치했다. 포로 석방령을 내리고 세금도 감면해주었다. 율법을 따라 그들의 하나님을 섬길 수 있도록 했다. 유대교 제사장들에게는 세금 면제, 성전 수리비 보조, 유대교 지원을 위한 국가 보조금을 지급했다.

B.C.191년, 안티오코스 3세는 빠른 속도로 무섭게 성장하던 로마와 잦은 격전 끝에 결국 대패했다. 그로 인해 막대한 조공을 바치게 되면서 이를 충당하기 위해 예루살렘 성전의 금붙이까지 빼앗았다. 유대인에 대한 호의는 여기에서 멈추었다. 뿐만 아니라 이집트의 프톨레마이오스 6세도 팔레스타인을 빼앗으려 했다.

안티오코스 3세를 이은 셀레우코스 4세는 왕이 된 지 얼마 안 되어 한 장군에게 살해당했다. 그 후 셀레우코스 4세의 동생인 **'에피파네스'**라 불리는 안티오코스 4세가 형의 뒤를 이었다. 그는 유대인들을 잔혹하게 핍박했다. 이때부터 유대는 큰 곤경에 처했다. 그에 대하여 다니엘 11장에 미리 예언되었다.

안티오코스 4세는 우선 내정의 안정화를 위해 자신을 '에피파네스' 즉 '신의 현현', '제우스'라고 자칭하며 신격화했다. 그러나 유대인들은 그를 '에피마네스'(미친놈)라 고쳐 불렀다.

안티오코스 4세(에피파네스)는 유대인들이 유대 종교와 그들의 정체성을 버리고 헬라 문화와 섞이기를 강요했다.

에피파네스의 팔레스타인 통치

- 유대인 특혜를 철폐하고 안식일, 절기, 할례 등 유대교 관습을 금지했다.
- 율법의 사본을 파괴하라고 명령했다.
- 도처에 이교도 제단을 세웠다.
- 예루살렘 성전에 제우스 신상을 세웠다.
- 부정한 짐승으로 규정된 돼지를 제물로 바쳤다.
- 유대의 제사장 600명을 잔혹하게 죽였다.
- 많은 유대인들을 노예로 팔았다.

히브리즘	헬레니즘
신 중심적 사고	인간 중심적 사고
관계 중심적 사고	개체 중심적 사고
느낌 중심의 사고	논리 중심의 사고
의미 중심의 사고	사실 중심의 사고

2. 마카비 혁명

마카비 운동

- 유대인들은 이런 안티오코스 4세의 핍박에 대항해 무장하고 궐기했다. 제사장 가문의 맛다디아는 그의 아들들(요한, 시몬, 유다, 엘르아살, 요나단)과 함께 투쟁했다.
- '마카비'란 맛다디아의 셋째 아들 유다의 별명으로 '쇠망치'라는 뜻이다. 유다 마카비와 그의 형제들이 혁명을 주도하면서 셀레우코스 왕조의 인물들을 감금했다.
- 결국 B.C.166년, 안티오코스 4세에게서 독립했다. 유다 왕국이 바벨론에게 정복당한 이후 420년 만이었다. 이후 100년간 독립을 유지했다.
- 독립 다음 해인 B.C.165년, 예루살렘 성전을 깨끗하게 했다. '수전절'(히, 하누카)은 이를 기념하는 명절이다.

마카비 시대의 유대교 부흥

마카비 시대는 유대교가 제도적으로 다져지는 유대교 부흥의 시대이다.

- 성전을 정결하게 하여 성전 중심의 삶을 회복했다.
- 율법 중심 - '토라'를 연구하고 가르치는 일을 했다. 따라서 안식일, 할례, 정결의식, 십일조, 성전과 제사규례 등을 강조했다.
- '이스라엘'이라는 말을 재정의했다. 즉 율법을 중심으로 결속된 유다의 남은 자들의 나라이다. 그러므로 율법에 나타나는 제사 행위가 중요한 요소가 되었다.

마카비 혁명을 주도한 맛다디아 가문은 레위 지파 혈통이었다.

- 이들을 하스모니안 왕조라 한다. 이들은 왕이요, 대제사장의 역할을 하는 유대 공동체의 정신적 수장이었다.
- 이는 장차 '누가 대제사장이냐?'가 곧 '누가 권력자냐?'로 대치되는 역사로 흘러갔다.
- 훗날 예수님 당시에 예루살렘 성전에서 장사하던 이들도 바로 대제사장 부류였다.

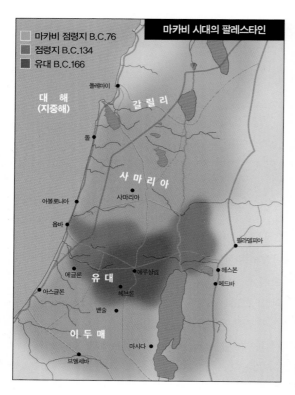

마카비 시대의 팔레스타인

마카비 점령지 B.C.76
점령지 B.C.134
유대 B.C.166

대 해 (지중해)
돌레마이
갈릴리
돌
사마리아
아볼로니아
사마리아
욥바
필라델피아
에글론
유대
예루살렘
헤스본
아스글론
헤브론
메드바
벳술
이 두 매
마사다
브엘세바

하스모니안 왕조 : B.C.166–63

마카비 혁명으로 독립한 후 마카비의 후계자들이 유대인들을 다스렸다. 이것이 다윗 왕조와는 또 다른 유대의 '하스모니안 왕조'의 시작이다.

4대에 이르러서는 예루살렘 동남쪽 이두매(에돔)까지 정복했다. 그리고 이 지역을 다스리기 위해 안티파스(B.C.78년 사망)를 총독으로 두었다. 이는 치명적 실수였다.

하스모니안 왕조는 점차 부패했다. 이때에 하스모니안 왕조에 의해 강제적으로 유대교로 개종한 '이두매 가문'(에돔 족속) 출신의 총독 안티파스가 혼란을 틈타 로마의 폼페이우스 장군과 협정을 체결하여 유대를 로마의 '속국'이 되게 했다. B.C.63년, 유대의 하스모니안 왕조가 끝나고 로마의 지배하에 들어갔다.

이어지는 제국의 역사

다니엘 11장을 통해 본 메대/바사와 헬라의 역사

말라기 이후 세례 요한까지의 역사는 성경에 기록되어 있지 않다. 그러나 하나님은 다니엘 11장을 통해 중간기의 역사를 미리 기록하게 하셨다. 하나님은 이것을 "메대 사람 다리오 원년" (단 11:1)에 말씀하셨다. 즉 바벨론 제국이 멸망한 직후에 다니엘에게 보이신 말씀이다. "그날 밤에 갈대아 왕 벨사살이 죽임을 당하였고 메대 사람 다리오가 나라를 얻었는데 그때에 다리오는 62세였더라"(단 5:30,31).

> 이제 내가 참된 것을 네게 보이리라. 보라, 바사에서 또 **세 왕들이 일어날** 것이요, 그 후의 **넷째는** 그들보다 심히 부요할 것이며 그가 그 부요함으로 강하여진 후에는 모든 사람을 충동하여 헬라 왕국을 칠 것이며 단 11:2

"세 왕"은 초대 왕 고레스 이후에 등장하는 캄비세스(Cambyses, B.C. 530-522), 스메르디스 (Smerdis, B.C. 521), 다리오 I 히스타스페스(Darius I Hystaspes, B.C. 521-486)를 가리킨다. "그 후의 넷째"는 위에 언급된 "세 왕"에 이어 등장할 넷째 왕이다. 이 사람은 에스더의 남편으로 에스더서에서 '아하수에로'(Ahasuerus)로 언급된 크세르크세스(Xerxes, B.C. 486-464)이다.

그는 즉위 후 부왕 다리오 히스타스페스가 실패한 헬라 정복 사업을 물려받아 막강한 경제적, 군사적 힘을 바탕으로 마게도냐를 침공했다. 그의 정복 사역은 초기에는 성공하는 듯 보였으나 살라미스(Salamis) 전투에서 그리스 연합군의 장군 테미스토클레스에게 결정적인 패배를 당하고 만다. 그 후 플라타이아이(Plataeae) 전투를 끝으로 바사(페르시아) 제국은 멸망하게 된다.

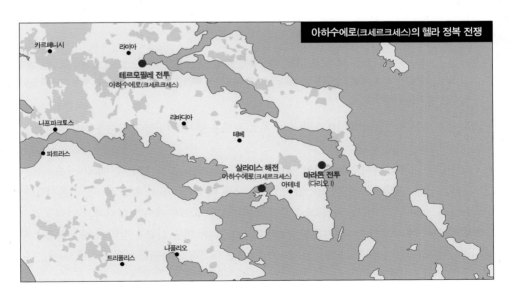

> 장차 한 능력 있는 왕이 일어나서 큰 권세로 다스리며 자기 마음대로 행하리라. 그러나 그가 강성할 때에 그의 나라가 갈라져 천하 사방에 나누일 것이나, 그의 자손에게로 돌아가지도 아니할 것이요 또 자기가 주장하던 권세대로도 되지 아니하리니, 이는 그 나라가 뽑혀서 그 외의 다른 사람들에게로 돌아갈 것임이라 단 11:3,4

"장차 한 능력 있는 왕이 일어나서"는 알렉산더를 가리킨다. 그는 강력했으며 매우 빠른 속도로 페르시아 제국을 점령했다. 이 말씀은 그의 급작스러운 죽음으로 나라가 갈라지게 되지만, 그의 자손에게로 돌아가지는 않을 것이라는 예언이다.

실제로 알렉산더와 페르시아의 공주 록사나(Roxana) 사이에서 태어난 알렉산더 4세는 카산드로스에 의해 살해되었으며, 알렉산더의 이복 형제로 정신 이상자였던 필립 아르히데우스(Philip Arrhidaeus) 역시 암살되었기 때문에 알렉산더의 혈통은 전혀 남지 않게 된다.

결국 헬라 제국은 알렉산더의 부하였던 네 명의 장수들에 의해 나뉘면서 정확하게 이 예언이 성취된다.

> 남방의 왕은 강할 것이나 그 군주들 중 하나는 그보다 강하여 권세를 떨치리니 그의 권세가 심히 클 것이요 단 11:5

"남방의 왕"은 이집트 지역을 통치하던 프톨레마이오스 1세(Ptolemy I)를 가리키며, '그가 강하다'는 것은 프톨레마이오스 왕조가 B.C. 3세기 내내 팔레스타인에 대한 치리권을 가졌던 사실에서 알 수 있다. 또한 "그 군주들 중 하나"는 분열된 네 왕조 중의 하나를 지칭하는 것으로, 여기서는 시리아 왕국의 초대 왕인 셀레우코스 1세 니카토르(Seleucus I Nicator)를 가리킨다.

"그의 권세가 심히 클 것"이라는 말은 본래 프톨레마이오스 왕조보다 미약한 세력으로 출발한 셀레우코스가 이후 지속적인 정복 사역으로 B.C. 200년경 프톨레마이오스 왕조의 통치하에 있던 팔레스타인을 정복하고 인도에까지 이르는 광대한 지역을 통치하는 막강한 세력으로 군림하면서 성취된다.

> 몇 해 후에 그들이 서로 단합하리니 곧 남방 왕의 딸이 북방 왕에게 가서 화친하리라. 그러나 그 공주의 힘이 쇠하고 그 왕은 서지도 못하며 권세가 없어질 뿐 아니라 그 공주와 그를 데리고 온 자와 그를 낳은 자와 그때에 도와주던 자가 다 버림을 당하리라 단 11:6

셀레우코스 왕조와 프톨레마이오스 왕조가 서로 동맹을 맺기 위해 정략 결혼을 시도하지만 결국 실패할 것임을 예언한 말씀이다.

B.C. 250년경 **프톨레마이오스 2세인 필라델포스**(Philadelphus)가 그의 딸 베레니케(Berenice, "남방 왕의 딸")를 셀레우코스 왕조의 **안티오코스 2세 테오스**(Theos, "북방 왕")와 결혼시켰다. 그러나 테오스의 전처인 라오디케(Laodice)가 베레니케와 그녀의 아이를 살해하고 안티오코스 2세마저 독살시킴으로써 이 정략 결혼이 실패로 돌아갔다. 이후 실권을 장악한 라오디케가 베레니케의 동조자들("그를 데리고 온 자… 도와주던 자")을 제거하고 자신의 아들을 왕으로 세운다. 그가 셀레우코스 2세 칼리니코스(Seleucus II Callinicus)이다.

그러나 그 공주의 본 족속에게서 난 자 중의 한 사람이 왕위를 이어 권세를 받아 북방 왕의 군대를 치러 와서 그의 성에 들어가서 그들을 쳐서 이기고 그 신들과 부어 만든 우상들과 은과 금의 아름다운 그릇들은 다 노략하여 애굽으로 가져갈 것이요 몇 해 동안은 그가 북방 왕을 치지 아니하리라 단 11:7,8

라오디케가 벌인 피바람으로 인해 복수가 복수를 낳는 악순환이 시작될 것을 예언하는 말씀이다. 프톨레마이오스 2세 필라델포스의 뒤를 이어 왕위에 오른 **프톨레마이오스 3세 에우에르게테스**(Euergetes, "공주의 본 족속에게서 난 자 중의 한 사람")가 B.C.246년 누이 베레니케의 복수를 위해 북방 왕조 곧 수리아의 **셀레우코스 칼리니코스**를 공격하여 6년간(B.C.246-241) 전쟁을 수행했다.

이 전쟁에서 그는 자기 누이를 살해한 라오디케를 죽여 누이의 원수를 갚고 수많은 전리품, 곧 4,000달란트의 금과 2,500여 개의 우상들을 이집트로 탈취해 갔다. 이 전리품은 페르시아의 캄비세스가 B.C.524년 애굽에서 탈취해 갔던 것들이었을 것이다. 그 후 B.C.240년 프톨레마이오스 3세는 셀레우코스 2세와 평화 조약을 체결한다.

북방 왕이 남방 왕의 왕국으로 쳐들어갈 것이나 자기 본국으로 물러가리라 단 11:9

북방 곧 수리아의 셀레우코스 2세 칼리니코스가 프톨레마이오스 3세 에우에르게테스의 수리아 침공을 보복하기 위해 평화 조약을 파기하고 남방의 이집트를 침공할 것을 예언하고 있다. 예언대로 셀레우코스 2세는 오히려 프톨레마이오스 3세에게 대패한 후 소수의 남은 군대를 이끌고 본국으로 퇴각했다.

안티오코스 3세에 대한 예언들

그러나 그의 아들들이 전쟁을 준비하고 심히 많은 군대를 모아서 물이 넘침같이 나아올 것이며 그가 또 와서 남방 왕의 견고한 성까지 칠 것이요 남방 왕은 크게 노하여 나와서 북방 왕과 싸울 것이라. 북방 왕이 큰 무리를 일으킬 것이나 그 무리는 그의 손에 넘겨준 바 되리라. 그가 큰 무리를 사로잡은 후에 그의 마음이 스스로 높아져서 수만 명을 엎드러뜨릴 것이나 그 세력은 더하지 못할 것이요 단 11:10-12

여기서 "그의 아들들"은 셀레우코스 2세의 두 아들 셀레우코스 3세 소테르와 안티오코스 3세 대왕을 가리킨다. 먼저 **셀레우코스 3세**가 B.C.227년 왕위에 올랐으나 소아시아 전쟁에서 군대의 반란으로 살해되고(B.C.223), 그의 동생인 **안티오코스 3세**가 왕위를 계승했다.

이 예언은 안티오코스 3세가 즉위한 뒤 페니키아와 팔레스타인(B.C.219-218) 원정에 나선 사실을 말하는 것이다. 11절은 그 원정 이후의 결과를 말해준다. 곧 안티오코스 3세의 팔레스타인 원정은 남방 왕 프톨레마이오스 4세 필로파토르(Philopator)의 반격에 막혀 결국 라피아(Raphia) 전투의 패배로 말미암아 실패했다.

한편 프톨레마이오스 4세는 그 승리의 교만으로("그의 마음이 스스로 높아져서") 대제사장 외에는 들어갈 수 없는 예루살렘 성전의 지성소에 들어감으로써 하나님의 징계를 받아 원인 모를 죽음을 당했다(B.C.203).

> 북방 왕은 돌아가서 다시 군대를 전보다 더 많이 준비하였다가 몇 때 곧 몇 해 후에 대군과 많은 물건을 거느리고 오리라 단 11:13

라피아 전투에서 **프톨레마이오스 4세**에게 패한 **안티오코스 3세**는 이후 페르시아와 아시아로 원정을 떠났다. 그는 북으로는 카스피 해, 동으로는 인더스 강에 이르는 영토를 확보함으로 (B.C. 212-204) 다시 국력을 배가시키고, 이집트의 내정 불안(14절)을 기회로 프톨레마이오스 왕조를 공격했다. 정말 놀랍도록 정확한 예언이 아닐 수 없다.

> 그때에 여러 사람이 일어나서 남방 왕을 칠 것이요, 네 백성 중에서도 포악한 자가 스스로 높아져서 환상을 이루려 할 것이나, 그들이 도리어 걸려 넘어지리라. 이에 북방 왕은 와서 토성을 쌓고 견고한 성읍을 점령할 것이요, 남방 군대는 그를 당할 수 없으며, 또 그가 택한 군대라도 그를 당할 힘이 없을 것이므로 오직 와서 치는 자가 자기 마음 대로 행하리니 그를 당할 사람이 없겠고 그는 영화로운 땅에 설 것이요 그의 손에는 멸망이 있으리라 단 11:14-16

프톨레마이오스 4세의 죽음으로 4세의 어린 나이에 **프톨레마이오스 5세 에피파네스**가 즉위했다(B.C. 203). 이는 프톨레마이오스 왕조 내부에 심각한 동요를 일으켰다. 이 말씀은 프톨레마이오스 왕조에 속한 여러 지역에서 반란이 일어날 것과 안티오코스의 이집트 침략을 예언했다. "그들이 도리어 걸려 넘어지리라"에서의 "그들"은 안티오코스 3세의 이집트 침략 정책에 동조하여 팔레스타인의 독립을 성취하려 한 친셀레우코스파 유대인들을 가리킨다. 그들의 이런 시도는 프톨레마이오스 왕조의 스코파스(Scopas) 장군에 의해 무위로 돌아갔다.

15, 16절은 안티오코스 3세가 마게도냐의 필리포스 5세와 동맹을 맺고 프톨레마이오스 왕조를 공략하여 팔레스타인("영화로운 땅")을 점령한 사실을 가리킨다. 안티오코스의 군대는 파니움 전투에서 이집트의 스코파스 휘하 군대를 격파했으며(B.C. 200), 이집트 군대는 페니키아 해변의 시돈("견고한 성읍")까지 퇴각했다. 이후 시돈마저 함락되고 B.C. 198년 팔레스타인은 안티오코스 3세의 수중에 들어갔다.

> 그가 결심하고 전국의 힘을 다하여 이르렀다가 그와 화친할 것이요, 또 여자의 딸을 그에게 주어 그의 나라를 망하게 하려 할 것이나 이루지 못하리니 그에게 무익하리라 단 11:17

팔레스타인을 정복한 안티오코스 3세가 이집트 침략 정책을 변경하고 전략적으로 이집트와 평화 조약을 맺을 것(B.C. 197)을 예언한 말씀이다. 안티오코스 3세는 자신의 딸인 클레오파트라(Cleopatra)를 프톨레마이오스 5세의 왕비로 주어(B.C. 195) 프톨레마이오스 왕조에 대한 자신의 영향력을 강화하려 했으나("그의 나라를 망하게 하려 할 것이나"), 오히려 클레오파트라가 남편 프톨레마이오스 5세와 결탁하여 로마와 동맹을 맺게 함으로써 안티오코스 3세는 치명적인 타격을 입었다. 무익하게 된 것이다.

> 그 후에 그가 그의 얼굴을 바닷가로 돌려 많이 점령할 것이나 한 장군이 나타나 그의 정복을 그치게 하고 그 수치를 그에게로 돌릴 것이므로 단 11:18

안티오코스 3세는 지중해 연안 국가들을 침략하려 했다. 그러나 로마의 장군 루키우스 스키피오가 나타나 B.C. 190년 마그네시아 전투에서 승리하면서 그는 재기 불능의 패배를 맛보았다.

> 그가 드디어 그 얼굴을 돌려 자기 땅 산성들로 향할 것이나 거쳐 넘어지고 다시는 보이지 아니하리라 단 11:19

이 패배로 안티오코스 3세는 본국으로 귀환할 수밖에 없었다("그 얼굴을 돌려 자기 땅 산성들로 향할 것이나"). 안티오코스 3세는 바닥난 재정을 메꾸기 위해 엘리마이스의 한 사원을 약탈하려 했으나 실패하고("거쳐 넘어지고") 거기서 죽음을 맞이한다(B.C. 187).

셀레우코스 4세 필로파토르에 대한 예언

> 그 왕위를 이을 자가 압제자를 그 나라의 아름다운 곳으로 두루 다니게 할 것이나 그는 분노함이나 싸움이 없이 몇 날이 못 되어 망할 것이요 단 11:20

"압제자"라는 단어 '노게쉬'는 '강제로 세금을 걷다'라는 동사 '나가스'(nagas)의 명사형으로 '세금 징수자'라는 뜻이다. 패배한 부왕의 전쟁 배상금을 물어야 했던 **셀레우코스 4세 필로파토르**는 강제적인 세금 징수를 목적으로 그의 부하인 헬리오도로스(Heliodorus)를 재무 장관으로 임명했다. 그는 셀레우코스 4세의 명을 받아 팔레스타인("아름다운 곳")을 비롯한 여러 지역을 순회하며 강제적으로 세금을 징수했다. 그러나 셀레우코스 4세는 자신이 임명한 헬리오도로스에게 독살당하여 10여 년의 통치를 마감한다("그는 분노함이나 싸움이 없이 몇 날이 못 되어 망할 것이요").

안티오코스 4세 에피파네스의 등장

> 또 그의 왕위를 이을 자는 한 비천한 사람이라. 나라의 영광을 그에게 주지 아니할 것이나, 그가 평안한 때를 타서 속임수로 그 나라를 얻을 것이며 단 11:21

"그의 왕위를 이을 자"는 필로파토르의 동생인 **안티오코스 4세 에피파네스**를 말한다. 필로파토르가 그의 부하 헬리오도로스에게 피살되자 안티오코스 에피파네스가 그 왕위를 차지하려 했고, 헬리오도로스는 군대를 거느리고 대항했지만 패배했다. 그렇게 왕위를 얻은 안티오코스 에피파네스는 자신의 권좌를 위해 비열한 일을 마다하지 않았다.

"비천한 사람이라." 여기서 "비천한"은 '비열한'이란 뜻을 가진다. 안티오코스 에피파네스의 즉위 과정을 보면 이 표현이 적절함을 알게 된다. 야비한 폭군인 그는 안티오코스 3세의 둘째 아들로서 부왕이 로마에 패배(B.C. 190, 18절)하자 로마에 인질로 끌려가 14년을 보냈다. 이후 그의 형 셀레우코스 4세의 장자 데메트리오스를 대신 인질로 잡아두고 수리아로 귀환하던 중 형의 죽음을 전해 들은 그는, 형의 부하인 헬리오도로스를 제거하고 실질적인 왕위 계승자인 데메트리오스 대신 왕위에 오른다. 이후 그는 조카 대신 왕위에 오른 사실을 정당화하기 위해 악의적인 흉계와 권모술수를 사용한다. 그래서 그는 "비천한 사람"으로 표현되었다.

넘치는 물 같은 군대가 그에게 넘침으로 말미암아 패할 것이요, 동맹한 왕도 그렇게 될 것이며, 그와 약조한 후에 그는 거짓을 행하여 올라올 것이요 소수의 백성을 가지고 세력을 얻을 것이며 단 11:22,23

"넘치는 물 같은 군대"는 셀레우코스 4세를 독살하고 왕위를 넘본 헬리오도로스를 추종하던 무리를 가리킨다. 안티오코스 에피파네스는 이들과 동맹을 맺는 척하면서 "동맹한 왕"을 비열한 전략으로 배반하여 이들을 척살하고 권력을 차지했다.

그가 평안한 때에 그 지방의 가장 기름진 곳에 들어와서 그의 조상들과 조상들의 조상이 행하지 못하던 것을 행할 것이요, 그는 노략하고 탈취한 재물을 무리에게 흩어 주며 계략을 세워 얼마 동안 산성들을 칠 것인데 때가 이르기까지 그리하리라 단 11:24

안티오코스 에피파네스가 백성들의 환심을 사기 위해 노략한 재물을 나눠줄 것임이 예언되었다. 안티오코스 에피파네스는 그렇게 행했다.

안티오코스 4세 에피파네스의 1,2차 이집트 침공에 대해

그가 그의 힘을 떨치며 용기를 다하여 큰 군대를 거느리고 남방 왕을 칠 것이요, 남방 왕도 심히 크고 강한 군대를 거느리고 맞아 싸울 것이나 능히 당하지 못하리니 이는 그들이 계략을 세워 그를 침이니라. 그의 음식을 먹는 자들이 그를 멸하리니 그의 군대가 흩어질 것이요, 많은 사람이 엎드러져 죽으리라 단 11:25,26

에피파네스의 1차 이집트 침공을 예언한 말씀이다. 에피파네스는 자신의 누이 클레오파트라의 아들, 곧 조카인 **프톨레마이오스 6세 필로메토르**(Philometor, B.C. 180-146)를 공격하여 그를 포로로 잡았다. 필로메토르는 에피파네스에 의해 매수된 측근들의 배신으로 패배했다("그들이 계략을 세워 그를 침이니라"). "그의 음식을 먹는 자들"은 필로메토르에게 가장 신임받던 측근들을 가리킨다. 안티오코스 에피파네스는 이렇게 비열한 배신의 방법을 잘 사용했다.

이 두 왕이 마음에 서로 해하고자 하여 한 밥상에 앉았을 때에 거짓말을 할 것이라. 일이 형통하지 못하리니 이는 아직 때가 이르지 아니하였으므로 그 일이 이루어지지 아니할 것임이니라 단 11:27

프톨레마이오스 6세가 포로로 잡혀간 후 이집트는 그의 동생 프톨레마이오스 8세 피스콘(Physcon, B.C. 170-117)을 왕으로 옹립했다. 이런 배경 속에서 안티오코스 에피파네스는 이집트에 대한 영향력을 가중시키려는 의도에서 감금된 프톨레마이오스 6세와 강제적으로 평화 조약을 맺고, 이집트를 알렉산드리아를 중심한 프톨레마이오스 8세와 멤피스를 중심한 프톨레마이오스 6세의 왕국으로 분열시키려 했다.

그러나 그 내막에는 분열을 통한 세력 약화를 기회로 이집트에 대한 주도권을 쥐려는 에피파네스의 탐욕과 또한 복수의 때를 기다리는 프톨레마이오스 6세의 상반된 목적이 숨어있었다("두 왕이… 거짓말을 할 것이라").

결국 이 조약은 프톨레마이오스 6세와 프톨레마이오스 8세의 연합, 그리고 포필리우스 라에나스(Popilius Laenas) 장군이 이끄는 로마 군대의 간섭으로 파기되고 만다("형통하지 못하리니… 그 일이 이루어지지 아니할 것임이니라").

> 북방 왕은 많은 재물을 가지고 본국으로 돌아가리니 그는 마음으로 거룩한 언약을 거스르며 자기 마음대로 행하고 본토로 돌아갈 것이며 단 11:28

"거룩한 언약"은 안티오코스 에피파네스와 이스라엘 간에 맺은 평화 조약이 아니라, 하나님이 이스라엘의 궁극적인 왕이 되신다는 옛 언약에 기초한 유대의 신정 정치 제도를 가리키는 말이다. 1차 이집트 원정을 성공리에 마치고 돌아가던 안티오코스 에피파네스가 이스라엘을 침공해 자신의 통치권 내에 두려 한 사실을 의미한다.

안티오코스 에피파네스는 대제사장 야손 대신 자신이 지명한 메넬라우스를 대제사장에 임명하고 성전 기물을 탈취하며 예루살렘 성 안에 이방의 군대를 주둔시켰다.

> 작정된 기한에 그가 다시 나와서 남방에 이를 것이나 이번이 그 전번만 못하리니 이는 깃딤의 배들이 이르러 그를 칠 것임이라. 그가 낙심하고 돌아가면서 맺은 거룩한 언약에 분노하였고 자기 땅에 돌아가서는 맺은 거룩한 언약을 배반하는 자들을 살필 것이며 단 11:29,30

안티오코스 에피파네스의 2차 이집트 원정 예언이다. 그는 구브로(Cyprus)를 점령하고 알렉산드리아까지 진군했으나 결국 로마의 개입으로 퇴각했다. "깃딤"은 '마게도냐'를 가리키는 것으로, 로마를 의미한다.

안티오코스 4세 에피파네스의 유대교 박해

> 군대는 그의 편에 서서 성소 곧 견고한 곳을 더럽히며 매일 드리는 제사를 폐하며 멸망하게 하는 가증한 것을 세울 것이며 단 11:31

안티오코스 에피파네스의 군대가 지성소를 함부로 출입하는 만행을 저지를 것이 예언되었다.

> 그가 또 언약을 배반하고 악행하는 자를 속임수로 타락시킬 것이나 오직 자기의 하나님을 아는 백성은 강하여 용맹을 떨치리라 단 11:32

"언약을 배반하고 악행하는 자"와 "하나님을 아는 백성"은 극단적인 대조를 이룬다. "언약을 배반하고 악행하는 자"는 안티오코스 에피파네스의 편에 빌붙어 자신의 영달을 위해 타락하는 자들이다. "하나님을 아는 백성"은 여호와 하나님을 향한 믿음을 지키고 율법을 준수하는 일에 순교적인 자세를 견지했던 '하시딤'(Hasidim)의 용기와 믿음을 의미한다.

> 백성 중에 지혜로운 자들이 많은 사람을 가르칠 것이나 그들이 칼날과 불꽃과 사로잡힘과 약탈을 당하여 여러 날 동안 몰락하리라 단 11:33

"지혜로운 자"는 교육적 측면에서의 지혜가 아니라 '신앙적 통찰력과 총명을 가진 자'란 의미로서 신실하고 경건한 신앙인을 지칭한다. 이들은 에피파네스의 만행에 맞서 조직적인 저항 운동을 전개했다. 그러나 그런 시도가 초기에는 에피파네스의 잔혹한 핍박 때문에 심각한 난관에 봉착하게 될 것을 예언하고 있다("여러 날 동안 몰락하리라").

> 그들이 몰락할 때에 도움을 조금 얻을 것이나 많은 사람들이 속임수로 그들과 결합할 것이며 단 11:34

여기서의 "도움"은 하시딤의 저항 운동이 극심한 박해로 잦아들 무렵 유다 마카비 가문에 의해 실행된 마카비 혁명을 가리킨다. 그러나 이 혁명에 동참한 많은 유대인들이 순수한 신앙적, 민족적 동기가 아닌 군대의 강권에 눌려 동참한 경우가 많았기에 "속임수로 그들과 결합"하게 될 것임을 예언하고 있다. 그렇기 때문에 마카비 가문의 힘이 약해지자 그들은 쉽게 배반하고 말았다.

> 또 그들 중 지혜로운 자 몇 사람이 몰락하여 무리 중에서 연단을 받아 정결하게 되며 희게 되어 마지막 때까지 이르게 하리니 이는 아직 정한 기한이 남았음이라 단 11:35

"지혜로운 자 몇 사람"은 안티오코스 4세 에피파네스 군대와의 전투에서 전사한 마카비의 군사들과 여호와의 신앙을 지키다가 순교한 유대인들을 가리킨다.
"마지막 때까지… 정한 기한이 남았음이라"는 말씀은, 일차적으로는 요나단에 의해 안티오코스 에피파네스의 군대가 쫓겨날 것과 요한 힐카누스(John Hyrcanus)에 의해 강력한 독립 정부인 하스모니안 왕조가 태동될 것을 가리킨다. 이차적으로는 상징적이고 종말론적인 의미에서 성도들이 안티오코스 에피파네스로 예표된 바 있는 적그리스도의 핍박에서 해방될 마지막 때를 의미한다. 고난의 때는 영원한 것이 아니라 한정적이 되고 제한적이다. 역사의 주이신 하나님이 다스리시기에 그렇다.

안티오코스 4세 에피파네스의 극악한 교만

> 그 왕은 자기 마음대로 행하며 스스로 높여 모든 신보다 크다 하며 비상한 말로 신들의 신을 대적하며 형통하기를 분노하심이 그칠 때까지 하리니 이는 그 작정된 일을 반드시 이루실 것임이라 단 11:36

안티오코스 4세 에피파네스가 얼마나 교만한 존재일지에 대해서 예언하고 있다.
"비상한 말"은 원어상으로 "알 수도 없고 헤아리기도 어려운 일"(욥 42:3), "놀라운 것"(시 119:18)이란 뜻을 가진다. 안티오코스 에피파네스의 교만하기 그지없는 신성모독적인 말을 가리킨다. 안티오코스 에피파네스는 동전에 자기 얼굴을 새겨놓고 자신을 제우스라고 칭했다. 그는 현인신(現人神, 곧 인간이 된 신)으로 자처했다. 이는 안티오코스 에피파네스가 장차 도래할 적그리스도를 상징하는 것으로 이해할 수 있다.

> 그가 모든 것보다 스스로 크다 하고 그의 조상들의 신들과 여자들이 흠모하는 것을 돌아보지 아니하며 어떤 신도 돌아보지 아니하고 그 대신에 강한 신을 공경할 것이요 또 그의 조상들이 알지 못하던 신에게 금 은 보석과 보물을 드려 공경할 것이며 단 11:37,38

안티오코스 에피파네스는 조국에서 섬기던 담무스나 아도니스를 돌아보지 않았으며, 로마의 인질 생활 가운데 만났던 전쟁의 신 마르스나 주피터를 숭배했던 것으로 여겨진다.

> 그는 이방신을 힘입어 크게 견고한 산성들을 점령할 것이요 무릇 그를 안다 하는 자에게는 영광을 더하여 여러 백성을 다스리게도 하며 그에게서 뇌물을 받고 땅을 나눠주기도 하리라 단 11:39

안티오코스 에피파네스가 전쟁으로 많은 곳을 점령하게 될 것이 예언되고 있다. 그가 점령지의 피정복민 중에서 자신을 인정하고 동조하는 자들에게 명예와 권력과 물질적 보상을 상급으로 수여할 것임도 예언되고 있다. 이 예언은 그대로 이루어졌다.

안티오코스 4세 에피파네스의 종말

> 마지막 때에 남방 왕이 그와 힘을 겨룰 것이나 북방 왕이 병거와 마병과 많은 배로 회오리바람처럼 그에게로 마주 와서 그 여러 나라에 침공하여 물이 넘침같이 지나갈 것이요 단 11:40

"마지막 때"는 안티오코스 에피파네스의 최후를 의미한다. 이것은 이집트가 다시 힘을 모아 안티오코스 에피파네스에 대항하는 사건을 말한다.

> 그가 또 영화로운 땅에 들어갈 것이요 많은 나라를 패망하게 할 것이나 오직 에돔과 모압과 암몬 자손의 지도자들은 그의 손에서 벗어나리라 단 11:41

"영화로운 땅"은 이스라엘 땅을 말한다. 예루살렘이 다시 전쟁의 와중에 휘말리게 될 것을 예언하고 있다. 에돔과 모압과 암몬은 안티오코스 에피파네스의 헬라화 정책에 순응했다. 그로 인해서 안티오코스 에피파네스의 파괴적인 정복으로부터 벗어나게 된다.

> 그가 여러 나라들에 그의 손을 펴리니 애굽 땅도 면하지 못할 것이니 그가 권세로 애굽의 금 은과 모든 보물을 차지할 것이요 리비아 사람과 구스 사람이 그의 시종이 되리라 단 11:42,43

"리비아"는 이집트의 서쪽, "구스"는 이집트의 남쪽에 있는 이집트 동맹국들이다.
안티오코스 에피파네스가 이집트뿐만이 아니라 친이집트 정책을 표방하는 나라들까지 이때의 원정에서 쓸어버릴 것임을 예언하고 있다. 이 모든 예언은 그대로 성취되었다.

> 그러나 동북에서부터 소문이 이르러 그를 번민하게 하므로 그가 분노하여 나가서 많은 무리를 다 죽이며 멸망시키고자 할 것이요 단 11:44

안티오코스 에피파네스가 이집트 원정을 성공한 뒤에 그의 본국 수리아의 동북쪽에 있는 파르티아와 아르메니아의 반란 소식을 접하고 이를 진압하기 위해 귀환할 것임을 예언하고 있다.

> 그가 장막 궁전을 바다와 영화롭고 거룩한 산 사이에 세울 것이나 그의 종말이 이르리니 도와줄 자가 없으리라 단 11:45

"장막 궁전"은 안티오코스 에피파네스가 정복 전쟁을 위해 이동할 때 사용한 텐트이다. 일반적인 것이 아니라 궁전이라 불리울 만큼 그 규모나 크기가 컸다. 그러나 안티오코스 에피파네스에게 종말이 이르렀을 때, 그를 도와줄 사람이 없었다. 이는 하나님의 심판을 받아서 죽게 될 그의 최후를 말한다. 실제로 안티오코스 에피파네스는 마카비 군대에 패배한 것과 엘리마이스 사원 약탈 실패 등으로 절망과 낙심 가운데 있다가 벌레에게 내장을 먹혀 죽는다.

3. 로마 제국

'로마는 하루 아침에 이루어지지 않았다.'

로마 제국은 이탈리아 반도의 중간쯤에서 B.C.8세기 경에 작은 도시 국가로 시작했다. B.C.270년 경에는 이탈리아 반도를 통일했다. 이처럼 오랜 시간에 걸쳐서 형성된 국가였다.

스파르타쿠스(:검노)

로마 제국은 노예들을 검투사로 만들어 즐겼다. 검노인 스파르타쿠스가 주도한 검투사들의 반란이 일어났는데 그 세력이 무려 10만 명에 이르렀다. 이 배경을 중심으로 영화 〈글래디에이터〉가 만들어졌다. 반란은 원로원이 임명한 폼페이우스, 크라수스에 의해 진압되었다.

삼두정치

초기의 로마 정치 형태는 공화정 체제였다. 원로원은 로마 정치의 핵심기관이었다. 그런데 갈수록 원로원이 부패하고 무능해졌다. 이에 세 명의 정계 유력자 폼페이우스, 크라수스, 카이사르(줄리우스 시저)가 결탁하여 원로원을 누르고 정권을 독점했다(B.C.59). 이로써 로마는 공화정에서 제정으로 넘어가는 과도기를 맞이했다. 이것을 삼두정치라고 부른다.

이들은 서로의 지배 영역을 정하고 영토 확장에 나섰다. 카이사르는 갈리아(프랑스, 이탈리아 북부 지역)를 정복했다. 폼페이우스는 동방, 특히 터키와 수리아 지역을 정복했고 팔레스타인도 정복했다. 안티파스는 폼페이우스와 손을 잡고 예루살렘 정복을 도왔고, 이에 저항하던 수많은 유대인을 죽였다. 요세푸스의 기록에 의하면 1만2천 명의 유대인이 죽었다고 한다. 이로써 마카비 왕조가 끝나고 유대는 로마의 지배 아래에 들어가게 되었다.

폼페이우스와 카이사르의 패권 다툼

이후 폼페이우스와 카이사르의 패권 다툼이 시작됐고 결국 카이사르가 이집트에서 폼페이우스를 물리친다. 카이사르는 이때 이집트 프톨레마이오스 왕조의 여왕이 되는 클레오파트라를 만난다. 카이사르는 이후에 북아프리카와 스페인도 정복하여 결국 로마의 통일천하를 이루었다. 그러나 브루투스에 의해 살해당했기에 천하를 통일하고도 황제라 칭함을 받지 못했다.

아우구스투스 황제

이후 카이사르의 양아들인 옥타비아누스와 카이사르의 부하였던 안토니우스의 세력 다툼이 이어졌다. 동부 지역(수리아, 터키 등)을 장악하고 있던 안토니우스는 클레오파트라와 사랑에 빠졌다. 그는 결혼 선물로 클레오파트라에게 프랑스를 주었다.

옥타비아누스는 악티움에서 클레오파트라와 안토니우스 연합군과 해전(악티움 해전)을 벌여 승리했다. 결국 로마 최초의 황제가 되어 '아우구스투스'라 불렸다(눅 2:1).

* '가이사'는 '로마 황제'를 가리키는 칭호이다.

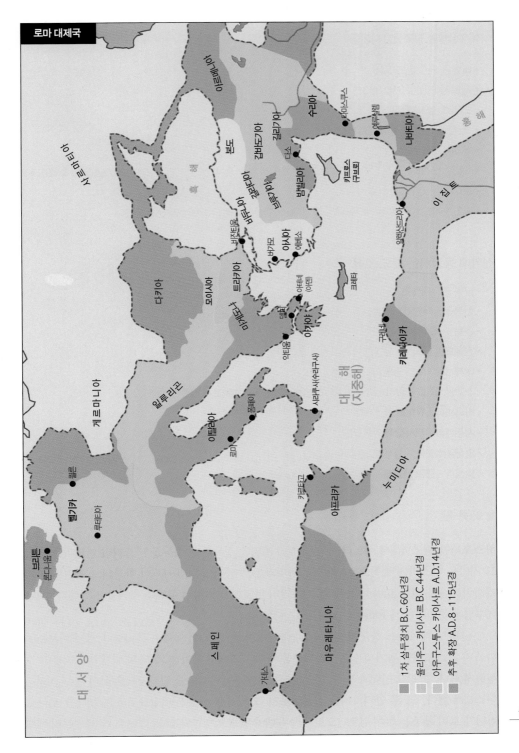

로마 대제국

갈라디아
아르메니아
아시리아
본도
갑바도기아
길리기아
수리아
다메섹
다마스쿠스
예루살렘
나바티아
밤빌리아
바보로
서바도니아
버가모
밀레도
드로아
아시아
에베소
구브로 (가브로)
이집트
흑해
사르마티아
다키아
모이시아
마게도냐
무시아
앗디가
아테네 (아덴)
고린도
이다몸
그레데
홍해
알렉산드리아
구레네
게르마니아
일루리곤
이탈리아
폼페이
로마
시라쿠사(수라구사)
가레나이카
대 해 (지중해)
누미디아
쾰른
벨기카
루디티아
브리튼
론디니움
아프리카
가루토고
마우레타니아
스페인
가데스
대 서 양

1차 삼두정치 B.C.60년경
율리우스 카이사르 B.C.44년경
아우구스투스 카이사르 A.D.14년경
추후 확장 A.D.8-115년경

> **예루살렘을 정복했던 나라들**
>
> • 바벨론 B.C.586-536
> • 페르시아 B.C.536-333
> • 그리스(헬라) B.C.333-323
> • 프톨레마이오스 왕조 B.C.323-198
> • 셀레우코스 왕조 B.C.198-142
> • 독립(하스모니안) B.C.142-63 : 바벨론에 정복된 이후 420년 만에 독립하여 100년간 지속되었다.
> • 로마 B.C.63-A.D.500
> • A.D.1948 : 이스라엘 국가 독립. 로마에게 멸망당한 후 2,000년 만에 독립했다.

신약에 등장하는 주요 그룹

• 헤롯 왕 - 대헤롯
• 분봉왕 - 헤롯의 아들들
• 총독 - 식민 정책
• 산헤드린 공의회 - 유대인 최고 자치 의결 기관
• 대제사장 - 유대 공동체의 지도자
• 서기관, 율법사, 랍비 - 회당 중심의 율법 해석자들, 동시에 교사 역할
• 바리새파 - 유대교 핵심세력
• 사두개파 - 제사장적 귀족 집단
• 열심당(셀롯당) - 열성적인 민족주의 집단
• 엣센파 - 쿰란 공동체

1. 헤롯 왕

하스모니안 왕조 4대에 이르러 이두매(에돔) 지역을 정복하고 에돔을 다스리던 안티파스 왕을 그 지역을 다스리는 총독으로 세웠다. 안티파스는 당시에 점점 세력이 확장되고 있던 로마와 가까이하다가 결국 로마를 등에 업고 마카비 왕조에 반역하여 유대의 왕위를 찬탈했다. 그는 예수님을 죽이려던 헤롯(마 2:1-12)의 할아버지이다.

B.C.63년 폼페이우스 장군에 의해 100년간 지속되던 유대의 독립이 무너졌다. 폼페이우스는 마카비 하스모니안 왕가의 힐카누스 2세를 왕의 자리에서 몰아내고, 단지 대제사장 직무만 수행하게 했다. 그리고 안티파터(안티파스의 아들, 대헤롯의 아버지)를 집정관으로 삼아 유대 지역을 다스리게 했다. 그 후 안티파터는 살해당했고 그의 아들 헤롯은 이집트로 도망갔다가 로마로 건너가 로비 활동을 하여 원로원으로부터 유대의 왕으로 임명되었다. 그는 B.C.37년부터 예수님이 탄생하시던 B.C.4년까지 유대를 통치했다. 그가 곧 헤롯 대왕이다.

▶ 헤롯 대왕(Herod Great, B.C.37-4) - 안티파터의 아들

그는 예루살렘 성전 재건을 시작했고 여러 도시를 건축했다.

'유대인의 왕' 예수께서 오시자마자 '유대인의 왕' 헤롯은 죽었다(마 2:1-11).

2. 분봉왕

헤롯 대왕에게는 여러 아들이 있었다. 헤롯 사후 그의 유언대로 아들들이 팔레스타인을 각각 나누어 다스렸다. 이들은 로마의 인가를 받아서 '분봉왕'(영주 개념)이라 불렸다.

- 분봉왕 - 왕보다는 낮은 지위. 같은 분봉왕이라도 두 계급(ethnarch, tetrarch)이 있다.
- 아켈라오에게는 빌립에게 허락된 tetrarch보다 높은 지위인 ethnarch라는 명칭이 허락되었다.

▶ 아켈라오

- 유다, 사마리아, 이두매(에돔) 지역을 다스렸다.
- 이집트로 피난 갔던 예수님의 가족이 유다로 돌아오지 않고 갈릴리로 가게 된 경위를 보여주는 자이다(마 2:22).

▶ 빌립

- 갈릴리 동북부(주로 이방인들이 살았음)와 데가볼리 지역을 다스렸다.
- 아버지 헤롯 대왕이 지중해 연안에 세운 '가이사랴'와 구분하여 자기 이름을 붙인 '빌립보 가이사랴' 도시를 세웠다.
- 빌립보 가이사랴는 헐몬 산 자락에 있는 휴양 도시이다. 예수님이 제자들과 함께 머물던 중 "사람들이 나를 누구라 하느냐?" 질문하셨던 곳이다.

▶ 헤롯 안티파스

- 갈릴리와 베레아 지역(요단 동편)을 다스렸기에 성경에 세 번 언급되었다.
- 그는 동생 헤롯 빌립의 아내 헤로디아와 결혼했고, 세례 요한이 이를 책망했다. 세례 요한을 죽인 장본인이다.
- 예수님이 그를 '여우'라고 부르신 것에서 알 수 있듯이 교활한 사람이었다. 예수님은 십자가에 못 박히시기 전에 그에게 심문을 받으셨다.
- 갈릴리 디베랴 도시를 세웠다.

헤롯의 죽음 이후 분할 통치되는 팔레스타인

---- 헤롯 대왕
    헤롯 안티파스
    아켈라오
    헤롯 빌립

수리아
페니키아
드라고닛
갈릴리
데가볼리
사마리아
요단강
베레아
유다
사해
이두매
대 해
(지중해)

▶ 헤롯 아그립바

- 헤롯 대왕의 아내 마리암네 1세가 낳은 아리스토불로의 아들이다. 즉 헤롯 대왕의 손자이다.
- 아그립바 1세 : 사도 야고보를 칼로 죽이고 베드로를 옥에 가두었다. 주의 사자가 치니 벌레에게 먹혀 죽었다(행 12장).
- 아그립바 2세(A.D.55-100) : 바울의 간증을 들은 사람이다(행 25장-26장).

【 헤롯의 가계도 】

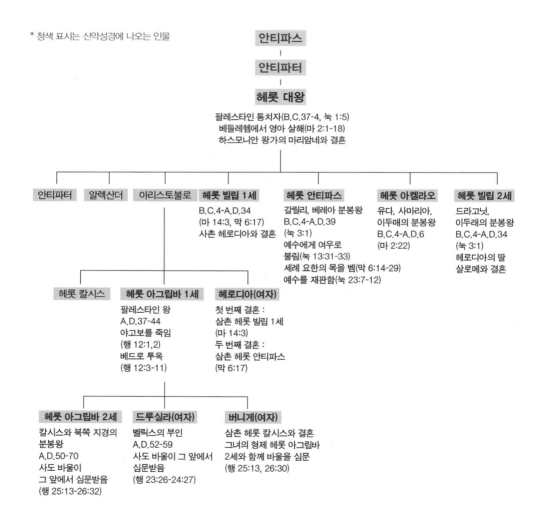

* 청색 표시는 신약성경에 나오는 인물

안티파스
|
안티파터
|
헤롯 대왕
팔레스타인 통치자(B.C.37-4, 눅 1:5)
베들레헴에서 영아 살해(마 2:1-18)
하스모니안 왕가의 마리암네와 결혼

안티파터 | 알렉산더 | 아리스토불로 | 헤롯 빌립 1세
B.C.4-A.D.34
(마 14:3, 막 6:17)
사촌 헤로디아와 결혼

헤롯 안티파스
갈릴리, 베레아 분봉왕
B.C.4-A.D.39
(눅 3:1)
예수에게 여우로
불림(눅 13:31-33)
세례 요한의 목을 벰(막 6:14-29)
예수를 재판함(눅 23:7-12)

헤롯 아켈라오
유다, 사마리아,
이두매의 분봉왕
B.C.4-A.D.6
(마 2:22)

헤롯 빌립 2세
드라고닛,
이두래의 분봉왕
B.C.4-A.D.34
(눅 3:1)
헤로디아의 딸
살로메와 결혼

헤롯 칼시스 | 헤롯 아그립바 1세
팔레스타인 왕
A.D.37-44
야고보를 죽임
(행 12:1,2)
베드로 투옥
(행 12:3-11)

헤로디아(여자)
첫 번째 결혼 :
삼촌 헤롯 빌립 1세
(마 14:3)
두 번째 결혼 :
삼촌 헤롯 안티파스
(막 6:17)

헤롯 아그립바 2세
칼시스와 북쪽 지경의
분봉왕
A.D.50-70
사도 바울이
그 앞에서 심문받음
(행 25:13-26:32)

드루실라(여자)
벨릭스의 부인
A.D.52-59
사도 바울이 그 앞에서
심문받음
(행 23:26-24:27)

버니게(여자)
삼촌 헤롯 칼시스와 결혼
그녀의 형제 헤롯 아그립바
2세와 함께 바울을 심문
(행 25:13, 26:30)

3. 총독

로마 제국의 식민정책은 일반적으로 왕을 세워 조종했다. 마땅히 세울 왕이 없을 때는 본국에서 사람을 파견하여 다스렸다. 이를 '총독'이라 했다.

- 그런데 유대에는 분봉왕이 있음에도 총독을 보냈다. 그 이유는 아켈라오의 야만적인 독재정치에 대항하여 폭동이 일어나자 로마가 이를 진압했는데, 유대인들이 헤롯 가문의 통치를 받기 싫어하여 가이사에게 청원했기 때문이다. 유화정책을 펼치던 로마의 아우구스투스(가이사)는 아켈라오를 로마로 소환하여 고울(Gaul, 프랑스)로 추방했다.
- 그 후 유대 지역만 분봉왕이 없고 로마의 직영에 들어가서 총독이 파견되었다.
- 총독 관저는 가이사랴에 있었다. 또한 영채도 거기 있었다. 바울이 예루살렘에서 가이사랴로 호송된 것도 이 때문이었다.

4. 산헤드린 공의회

유대인 공동체를 대표하는 기관이다.

- '유대인 최고 자치 의결 기관'이다.
- 대제사장, 서기관, 바리새파 등 유대 사회의 지도자급 71명으로 구성되었다.
- 공식적인 주권은 로마나 헤롯에게 있었지만, 사법·입법·행정적 기능을 가지고 어느 선까지는 자치적으로 해결했다.

5. 대제사장

유대 공동체는 신앙 공동체이기에 에스라 시대부터 대제사장이 공동체의 지도자가 되었다.

6. 서기관, 율법사, 랍비

회당 — 디아스포라의 예배 중심지
서기관, 율법사, 랍비 — 회당에서 율법을 해석하고 가르치던 자들

7. 바리새파

'바리새' — '분리되다, 구별되다'라는 뜻이다.

- 그들 스스로 거룩하다고 생각하여 정결예식, 먹는 법, 안식일 계명 등을 엄격하게 지켰다.
- 전통, 제사, 정결, 음식, 안식일, 십일조 등을 강조했다(눅 11:42, 마 23:23).
- 기록된 율법(시내 산)과 구전된 율법을 모두 인정했다.
- 율법을 자신들처럼 지키지 못하는 사람을 업신여겼다.
- 예정론을 강조했다.
- 천사와 마귀의 존재를 믿었다.

- 부활을 믿었다.
- 백성들로부터 인정받았다. 정치적보다는 종교적으로 더 인정받았다.
- 정통 유대교를 이어가는 유대교 핵심세력이었다. 그래서 표준적인 유대교인으로 인정받았다.
- 도시 상인들의 후손이었다.

8. 사두개파

유대교 내에서 제사장적 귀족 집단을 형성하던 종파이다.

- 예루살렘에 거주하는 지주로서 귀족, 지주, 부유한 가문의 후손이었다.
- 예루살렘 성전 제사장직의 원조들이었다.
- 마카비 혁명 이후에 사두개파는 하나의 당파로 인정되었다.
- 전통과 장로들의 유전을 인정하지 않고 오직 기록된 율법(모세5경)만 인정했다.
- 인간의 자유의지(스스로의 선택)를 강조했다.
- 부활을 믿지 않고, 천사와 영의 존재를 부인했다.
- 바리새파와 경쟁관계였다.

바리새파	사두개파
전통과 장로들의 유전을 강조함 예정론 강조 기록된 율법과 구전의 율법을 강조 - 전통, 제사, 정결, 음식, 안식일, 십일조 등을 강조 　(눅 18:12, 마 23:23) 천사와 마귀의 존재, 부활을 믿음 도시 상인들의 후손	전통과 장로들의 유전을 강조하지 않음 인간의 자유의지 강조 기록된 율법만 강조 천사와 마귀의 존재, 부활을 믿지 않음 귀족, 지주, 부유한 가문들의 후손
보수적	진보적, 자유주의적

9. 열심당

'셀롯당'이라고도 한다.

- 종교적 당파가 아닌 열성적인 민족주의 집단이었다.
- 하스모니안 왕조처럼 능동적으로 대처하는 것이 하나님의 뜻이라고 생각했다.
- 반로마주의자이며 유대 종교 지도자들과 기존 세력자들에게 적의를 품었다.
- 토라(모세율법)는 목숨을 걸고 헌신했다.
- 언제나 칼을 품고 다녔다.

10. 엣센파

경건한 유대 공동체의 하나인 쿰란 공동체

- 바리새파, 사두개파가 백성들과 접하는 대중적 성격을 띤다면, 이들은 광야에 은둔하는 수도사적 성격을 띠었다.
- 광야에서 공동체생활을 했으며 옷, 돈, 음식을 공동으로 소유했다.
- 극기와 금욕생활을 했다. 독신주의로서 성인 남자들만 회원으로 받았다.
- 바리새파보다 더 심한 예정론자들이었다.
- 이들이 거주하던 동굴에서 많은 문서가 발견되었는데 가장 유명한 것이 '사해사본'이다.
- 사해사본은 구약성경의 정확성을 증명하는 중요한 증거자료이다.

【 유대주의 분파들 】

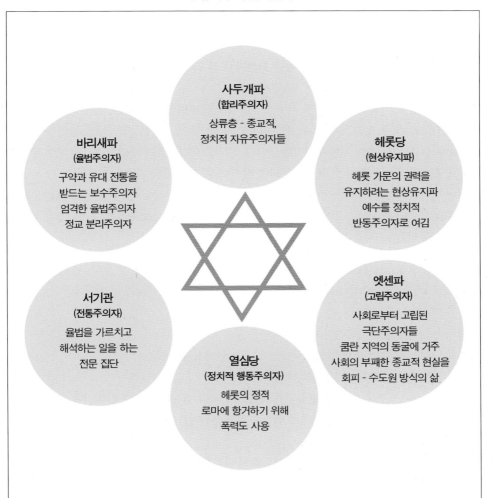

디아스포라

디아스포라(헬, διασπορά)는 '흩뿌리거나 퍼트리는 것'을 뜻하는 그리스어에서 유래한 말이다. 특정 민족이 자의적이든 타의적이든 기존에 살던 땅을 떠나 다른 지역으로 이동하는 현상을 일컫는다. 때로는 서로 다른 기원을 가지고 있거나 다른 민족이 섞인 피난민들도 디아스포라로 불리기도 하지만 '피난민'과 '디아스포라'는 동의어가 아니다.

난민들은 새로운 땅에 계속 정착할 수도 있고 아닐 수도 있으나, 디아스포라는 이와 달리 본토를 떠나 항구적으로 나라 밖에 자리잡은 집단을 말한다. 난민 외에도 노동자, 상인, 제국의 관료로서 이주한 사례도 디아스포라에 해당한다.

디아스포라 문화는 원주 지역 사람들의 문화와는 다른 방식으로 전개된다. 이는 문화나 전통, 혹은 서로 떨어진 원 집단과 디아스포라 집단 사이의 차이점에 따라 조금씩 달라진다. 디아스포라 집단에서 문화적 결속은, 흔히 이들 집단이 언어 변화에 대해 집단적으로 저항한다거나 고유의 종교의식을 계속 유지하는 등에서 그 흔적을 찾을 수 있다.

기원과 발전

디아스포라가 처음으로 언급되는 부분은 신명기 28장 25절의 추방에 대한 내용인 "네가 또 땅의 모든 나라 중에 흩어지고"이다.

히브리어 성경이 그리스어로 번역될 때 B.C. 587-586년 바벨론 제국이 유대인을 팔레스타인에서 쫓아내는 장면과 A.D. 70년 로마 제국이 다시 유대인들을 강제로 쫓아내는 장면에서 '디아스포라'라는 낱말이 쓰여 지금의 의미를 얻었다. 디아스포라는 이스라엘의 유대인 민족 집단이 해외로 흩어진 역사적 현상과 그들의 문화적 발전 혹은 그들 집단 자체를 의미한다.

그러나 디아스포라가 가지는 의미의 범위에 대해서는 여러 의견이 있다. 예를 들어, 윌리엄 사프란(William Safran)은 디아스포라와 이주 공동체를 구별했다. 디아스포라를 구성원들이 특정한 조건을 공유하는, 고향을 떠난 소수 공동체로 정의했다.

사프란이 주장한 구성원들이 공유하는 '특정한 조건'은 다음과 같다.
첫째로 구성원들이나 그들의 조상이 원래 살던 본원지에서 둘 이상의 주변 지역이나
　　　　외국으로 흩어지고,
둘째로 본원지에 대한 집합적인 기억과 신화를 보유하며,
셋째로 그들이 현재 살고 있는 곳에서 완전히 받아들여지지 않아
　　　　사회에서 소외되어 있다고 느끼고,
넷째로 그들의 본원지를 조건이 만족되면 되돌아가야 할 진정한 고향으로 여기며,
다섯째로 집단적으로 본원지의 안녕과 번영을 위해 본원지를 유지하고 복구하는 데
　　　　힘써야 한다고 믿으며,
여섯째로 그들의 본원지와 관계를 유지함으로써 민족적 공동체 의식과 단결을
　　　　명확히 하는 것이다.

유대교 회당(Synagogue)

기원

A.D.70년 예루살렘에서 일어난 유대인들의 폭동을 진압하기 위해 유대 땅에 파견된 로마의 장군 티투스가 예루살렘 성뿐만 아니라 예루살렘 성전까지 완전히 파괴시켰다. 예루살렘 성전은 로마군에 의해 파괴되었지만 유대교는 살아남았다. 수 세기가 지나면서 유대교 회당은 더욱 발전하여 '거룩한 장소'로 여겨졌다.

최초의 회당은 바벨론 포로 시대의 가정(겔 8:1, 20:1-3)에서 기원한다고 본다. 가정에서 모여 예배를 드렸던 초대 교회와 같이 이 '가정 회당'은 포로 시대 이후 점차 발전되어 교육과 공중예배와 기도를 담당하는 공식 회합의 장소가 되었다.

이런 모임의 장소로서 회당은 성전이 파괴된 이후부터 점차적으로 성전 예배를 대신했다. 팔레스타인 밖에 멀리 흩어져 살던 유대인들이 성전 예배를 드리는 게 불가능했기 때문이다.
로마 통치 시대 이후 더 많은 유대인이 세계 각처에 흩어져 살면서 회당이 그들의 일반적인 모임의 장소로 중심 역할을 담당했다. B.C.300-A.D.300년 당시 그리스-로마 세계에는 상당수의 유대인들이 정착한 도시마다 율법과 예언서를 가르치며 예배를 드리는 회당(눅 4:16-30)을 세웠다.

역할

헬라어로 '시나고게'(Synagogē)라고 하는 회당은, 히브리어로 '베이트 하크네세트'라고 한다. 의미는 '회합의 집'이라는 뜻인데, 원래 이 회당에서는 성경을 읽고 율법을 연구하는 일을 우선했다. 회당에는 히브리어 성경이 안치되어 있었다. 회당은 하나님의 말씀을 듣고 배우는 곳이며 성경을 연구하는 지역 모임 장소로 여겨졌다. 따라서 성전이 존재할 당시에도 회당은 성전의 대체 장소가 아닌, 성경 연구 장소로서의 기능을 가지고 있었다. 회당은 그리스도의 복음이 전파된 최초의 장소 중 하나이기도 하다(행 13:5, 14:1).

예루살렘을 향하는 회당의 벽에 연단을 만들고 거기에 토라(모세5경)를 보관하는 함을 놓았으며, 회중이 모일 수 있도록 넓은 공간을 마련했다. 거의 모든 회당들은 토라를 넣어두는 궤를 휘장으로 덮어두었다. 토라는 여러 장의 양피지 조각들을 꿰매어 연결하여 하나의 두루마리로 만든 것에 기록했다.

토라를 소리 내어 읽으라는 명령이 신명기 31장 11절에 기록되어 있는데, 이 명령을 대중화시킨 사람이 학사 에스라이다. 그가 모세의 율법책을 가지고 수문 앞 광장에서 새벽부터 정오까지 남자나 여자나 알아들을 만한 모든 사람 앞에서 읽으매 뭇 백성이 그 율법책에 귀를 기울였다(느 8:1-8).

회당에는 반드시 남녀의 자리가 따로 구별되었다. 남성 구역과 여성 구역 중 한쪽을 높게 설치하든지, 같은 층이라도 뚜렷하게 구분하여 기도 시간에 서로 볼 수 없도록 배치했다. 즉, 도덕적인 이유로 여자들을 갈라놓았다. 지금 개혁파 유대교의 회당에서는 여성 구역을 따로 설치하지 않는다. 그렇지만 보수파에서는 아직도 여성 구역을 두는 회당이 있다. 정통파 회당에서는 여자들을 위한 특별 구역이 반드시 있다.

그리고 회당에는 조각된 장식품이 전혀 없는데, 이는 십계명 중 두 번째 계명인 "새긴(조각한) 우상을 만들지 말고… 그것들에게 절하지 말며 그것들을 섬기지 말라"(출 20:4,5)에 의한 것이다.

1세기 가버나움의 회당

팍스 로마나(라틴어: Pax Romana)

로마는 인류 역사상 가장 성공적인 제국이었다. 전성기였던 A.D. 2세기, 로마 제국의 영토는 무려 5백만 제곱킬로미터에 달했다. 북쪽의 잉글랜드에서 동쪽의 유프라테스까지 로마 제국은 효율과 안전성을 자랑하는 통치제도로 운영됐다. **'팍스 로마나'**, 즉 **'로마의 평화'**라 불리는 이 시기가 로마의 전성기였다. 도시만 1만 개 정도였고 도로가 모두 서로 연결되어 있었다. 초대 황제인 아우구스투스가 통치하던 시기부터 시작되었기 때문에 '아우구스투스의 평화'(Pax Augusta)로 불리기도 한다. 대체적으로 B.C. 27년에서 A.D. 180년까지의 약 200년 기간을 의미한다.

모든 도시에는 시장과 언덕 위에 지어진 신전과 정치를 위한 공간이 있었다. 이 도시들은 로마의 문화를 퍼뜨리는 데 커다란 역할을 했다. 로마인들은 문화라는 추상적 개념에 구체적 형태를 부여했다. 도로와 다리, 법률처럼 눈으로 볼 수 있고 체험할 수 있는 실생활과 밀접한 문화를 건설했다. 이는 번영의 증거라고 할 수 있다. 그렇게 엄청난 자원과 시간, 노동력을 투입한 목적은 생존이나 생산성의 문제가 아니라 안락함이었다.

이 시기는 고대 로마 역사상 유례없는 태평성대였지만, 군사적인 충돌도 종종 일어났다. 황제들은 이따금 발생하는 속주의 반란에 대처해야 했으며, 국경 지역에서는 소소한 교전이나 대규모 정복 전쟁이 벌어졌다. 트라야누스는 파르티아와 전쟁을 치렀으며, 마르쿠스 아우렐리우스는 통치 후반기를 대부분 게르마니아 전선 등 최전선에서 지냈다.

탈무드 - 적용의 힘

《탈무드》는 유대인들의 규율과 도덕에 대한 랍비들의 이야기를 담은 책이다.

탈무드는 크게 '미슈나'와 '게마라'로 나뉜다. '미슈나'는 유대교의 구전으로 된 규율을 A.D. 200년경에 글로 모은 것이며, '게마라'는 미슈나와 그 밖의 구약성경에 대한 해설과 논의를 A.D. 500년경에 정리한 것이다.

> 《탈무드》의 기반은 구약성경의 적용이다. 즉, 하나님의 말씀을 삶과 이분하는 것이 아니라 그 말씀이 삶 속에 살아 움직이도록 한 것인데, 그 적용에 대한 글 모음이다. 따라서 유대인을 유대인 되게 한 것은 바로 성경의 적용력에 있다. '하나님의 말씀을 얼마나 삶 속에 적용해 그대로 실천하느냐, 실천하지 않느냐'에 있다. 똑같은 성경을 보아도 '그 말씀이 삶 속에 살아 역사하도록 얼마나 적용해서 사느냐'다.

우리는 하나님의 말씀인 성경을 매일 얼마나 적용하고 있을까? 많은 사람들이 QT를 지속하지 못하는 이유는 적용의 실패에 있다. 관찰과 해석은 하는데 실천에 옮기는 적용을 하지 않으면 매일 반복적인 적용이 눈에 들어오고, 그것을 실천하지 않으므로 QT가 식상해진다.

그러나 묵상한 말씀을 실제 삶 속에서 적용하여 실천할 때 하나님의 역사하시는 손길을 경험하게 되고, QT 시간이 기다려진다. 또한 매주 듣는 설교 말씀을 한 주간 삶 속에 적용하여 실천할 때, 말씀이 살아 역사하는 현장 속에 있게 된다. 그 현장에서 하나님을 체험하게 되고, 간증이 쌓여간다.

법을 논하고 있지만 법전은 아니며, 역사를 이야기하지만 역사책은 아니며, 수많은 사람에 대해 이야기하지만 인명사전은 더더욱 아니며, 백과사전과 같은 역할을 하지만 백과사전은 아닌 책이 《탈무드》이다. 그러나 이보다 더 위대한 책이 '하나님의 말씀', 즉 '성경'이다. 그 하나님의 말씀이 바로 우리의 손에 있다. 그 말씀을 적용하고 실천할 때, 그 어떤 책보다 위대한 지혜서를 우리가 만들어갈 수 있다. 매일의 삶 속에서 말씀을 적용하라.

너희는 내게 배우고 받고 듣고 본 바를 행하라. 그리하면 평강의 하나님이 너희와 함께 계시리라 빌 4:9

2장

신약의 골격

조화와 일치

신약의 골격 – 조화와 일치

성경은 구약 1,500년과 신약 100년의 기록 기간을 거치면서 서로 다른 시간과 공간에서 다양한 배경의 사람들에 의해 기록되었다. 그럼에도 불구하고 마치 모두 한자리에 모여서 책의 방향과 내용에 대해 오랫동안 함께 의논한 것처럼 전체적인 통일성이 있다. 성경은 놀랍게도 마치 구슬이 하나의 줄로 꿰이듯이 전체적으로 통일성을 이룬다.

> 너희는 여호와의 책에서 찾아 읽어보라.
> 이것들 가운데서 빠진 것이 하나도 없고 제 짝이 없는 것이 없으리니
> 이는 여호와의 입이 이를 명령하셨고 그의 영이 이것들을 모으셨음이라 사 34:16
>
> 예언은 언제든지 사람의 뜻으로 낸 것이 아니요,
> 오직 성령의 감동하심을 받은 사람들이 하나님께 받아 말한 것임이라 벧후 1:21
>
> 모든 성경은 하나님의 감동으로 된 것으로 딤후 3:16

내용의 통일성은 물론이거니와 단어 하나하나까지 서로 들어맞는다. 각자 따로 된 문서들이 모두 정교하게 조화와 일치를 이룬다. 우연이란 조금도 없다. 왜냐하면 성경의 저자는 오직 한 분 성령 하나님이시기 때문이다. 구약과 신약은 조화와 일치를 이루고 있다. 그러면서도 신약으로 갈수록 하나님의 뜻이 점점 더 드러난다. 이를 '점진적 계시'라고 한다. 처음에는 희미하던 것들이 갈수록 뚜렷해진다. 구약의 모든 말씀이 신약에 와서 뚜렷해진다.

"너희가… 성경을 연구하거니와 이 성경이 곧 내게 대하여 증언하는 것이니라"(요 5:39)라고 하셨듯이, 성경의 초점은 예수 그리스도이다. 또한 "하늘에 있는 것이나 땅에 있는 것이 다 그리스도 안에서 통일되게 하려 하심이라"(엡 1:10)라고 하셨듯이, 전체적으로 예수 그리스도 안에서 통일성을 가진다. 그리스도 안에는 지혜와 지식의 모든 보화가 감추어져 있다(골 2:3). 이는 하나님의 놀랍고 비밀스런 진리(골 2:2)이다. 성경의 각 책 속에서 예수 그리스도를 발견할 때 비로소 참된 의미를 발견할 수 있다.

이는 그들로 마음에 위안을 받고 사랑 안에서 연합하여 확실한 이해의 모든 풍성함과 하나님의 비밀인 그리스도를 깨닫게 하려 함이니, 그 안에는 지혜와 지식의 모든 보화가 감추어져 있느니라 골 2:2,3

나는 여러분이 다채로운 색실로 엮인 비단처럼 사랑으로 함께 연결되어, 하나님을 아는 모든 일에 닿아있기를 바랍니다. 그러면 여러분의 마음은 하나님의 위대한 비밀이신 그리스도께 초점이 맞춰지고, 확신과 평안을 얻을 것입니다. 온갖 지혜와 지식의 보화가 그 비밀 안에 풍성하게 들어있습니다. 이는 다른 어디에서도 찾을 수 없습니다. 이제 그 비밀이 우리에게 환히 드러났습니다! 골 2:2,3 메시지성경

【 구약과 신약의 관계 】

구약	딤후 3:16,17	신약
하나님이 말씀과 함께 계심	요 1:1,2,14	말씀이 육신이 됨
모세에 의한 율법	요 1:16,17	그리스도에 의한 은혜와 진리
만나와 죽음	요 6:49-51	생명의 떡
돌판 위에 쓴 하나님의 말씀	고후 3:1-3	마음판에 새긴 하나님의 말씀
일시적이며 사라질 영광	고후 3:7,8,18	더욱 커지는 영원한 영광
하나님의 종으로서의 믿는 자들	갈 4:4-6	하나님의 자녀로서의 믿는 자들
하나님께서 선지자들을 통해 말씀하심	히 1:1-4	하나님께서 그 아들을 통해 말씀하심
수많은 일시적인 대제사장들	히 7:23-28	한 분뿐인 영원하신 대제사장
수없이 반복된 희생제사	히 9:25-28	단 한 번의 영원한 희생제사
홍수로 멸망당함	벧후 3:5-13	불로 멸망함

시작과 마침

건축할 때면 공사를 시작하면서 기공식을 가진다. 이는 '이제 설계도면에 따라 공사를 시작합니다'라고 대외적으로 알리는 행사이다. 그리고 모든 공사를 마치면 준공식을 가진다. 이는 '설계도면에 따라 공사를 마쳤습니다'라고 알리며 축하하는 행사이다.

> 솔로몬이 예루살렘 모리아 산에 여호와의 전 건축하기를 시작하니… 모든 일을 마친지라 대하 3:1-5:1

솔로몬은 성전 건축을 시작했고, 일정한 공사 기간을 거쳐 성전 건축을 마친 뒤에 낙성식을 거행했다.

구약은 마치 공사의 시작과 건축 과정이라 할 수 있다. 그리고 신약은 그 공사의 완성이라 할 수 있다. 성경 전체의 초점이 '메시아의 오심'이다. 구약은 '오실 메시아'에 초점이 있고, 신약은 '오신 메시아'에 초점이 있다. 십자가는 구약과 신약의 정점에 있으며 또한 구약과 신약을 잇는 다리 역할을 한다.

> 신약의 두드러진 특징은, 당시 길거리에서 쓰던 언어와 놀이터와 시장의 말투로 되어 있다는 것이다. 당시의 철학, 역사, 정부 법령과 서사시 등에서 통용되던 공식 언어가 아니라 길거리에서 사용하던 비공식적인 일상어로 쓰여졌다. 예수님은 현실적인 이야기를 즐겨 하셨고, 평범한 사람들과 스스럼없이 어울리셨다.
> ― 유진 피터슨, 메시지성경

【 복음서 - 나타남 】

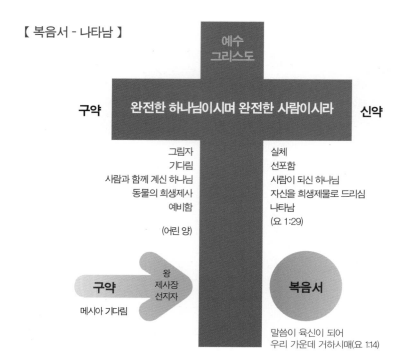

1. 신약성경의 윤곽

신약성경은 구약과 마찬가지로 크게 두 부분으로 이루어진다. 하나는 시간과 공간 가운데 이루어진 **이야기**이고, 또 다른 하나는 그 이야기를 **보충 설명**하는 형식으로 이루어져 있다.

이야기꾼이 그때 그 사건을 열심히, 재미있게, 자세히 이야기하고 있을 때, 가끔 옆에서 끼어들면서 장단 맞추듯이 또는 의미를 보충 설명하듯이 말하는 **보충꾼**이 있는 것과 같다.

전체 스토리를 역사적으로 이야기하는 부분을 '**역사서**'라고 한다. 그런데 그 '역사'를 이야기하는 **이야기꾼**이 둘이다. 하나는 '**복음서**'이고 다른 하나는 '**사도행전**'이다. 그리고 중간마다 보충 설명하는 **보충꾼**도 둘이다. 하나는 '**체험서**' 또는 '**서신서**'라 하고 다른 하나는 '**예언서**' 혹은 '**계시록**'이라 한다.

이야기꾼인 역사서는 주의 길을 예비하는 세례 요한으로 시작한다. 이어서 구약에서부터 계속 선포된 주인공이 등장한다. 바로 메시아이신 예수님이다. 복음서는 예수님의 사역을 중점적으로 말하고, 사도행전은 예수님의 승천 이후 그의 파트너인 교회가 형성되고 진행되며 하나님 나라가 확장되는 것을 연대순(:정확한 연대순은 아니다)으로 나열한다. 그리고 보충꾼인 체험서와 계시록은 대체로 주제별로 기록되어 있어서 이야기꾼을 도와 전체 윤곽을 그리게 도와준다.

이야기꾼인 역사서는 복음서 4권과 사도행전 1권을 합쳐서 모두 5권이다. **보충꾼인 체험서**는 21권이다. 체험서는 다시 크게 둘로 나뉜다. 사도 바울의 서신이 가장 많은 13권이어서 이를 '**바울서신**'이라 하고, 나머지 8권은 '**일반서신**' 또는 '**공동서신**'이라 한다. **예언서인 요한계시록**은 주제와 역사를 함께 설명한다. 창세기가 '역사의 시작을 말하는 책'이라면 요한계시록은 '역사의 마지막을 말하는 책'이다.

【 신약의 구조 】

역사서(5권)	체험서(21권)		예언서(1권)
역사의 줄거리	보충 설명		
그리스도의 역사(4권) + 교회의 역사(1권)	바울서신(13권) 책이름 : 수신자에 따라서	그리스도와 교회의 승리 (1권)	
	일반서신(8권) 책이름 : 발신자에 따라서		

2. 신약의 열두 시대

신약의 이야기꾼은 대체로 역사적으로 이루어져 있다. 그것을 열두 시대로 구분한다.

【 신약의 열두 시대 】

마태 복음	마가 복음	누가 복음	요한 복음	교회 형성	바울 1차	바울 2차	바울 3차	바울 4차	바울 5차	후기 사도	역사 종결
마	막	눅	요	교회	1차	2차	3차	4차	5차	후기 사도	끝
					행 1장 -12장	행 13장 -15장	행 16장 -18장	행 19장 -21장	행 22장 -28장		
1	2	3	4	5	6	7	8	9	10	11	12
					갈라 디아서	데살로 니가(전)	고린도 (전)	에베 소서	디모데 (전)	요한 일서	요한 계시록
					야고 보서	데살로 니가(후)	고린도 (후)	골로 새서	디모데 (후)	요한 이서	
							로마서	빌레 몬서	디도서	요한 삼서	
								빌립 보서	베드로 (전)	유다서	
									베드로 (후)	히브 리서	

수평 – 신약의 줄거리 : 신약을 시대순(대체로)으로 파악할 수 있다.

수직 – 동시대 : 특정 시대를 향한 하나님의 메시지를 파악할 수 있다.

수평은 주로 텍스트(Text)라 할 수 있고, 수직은 주로 콘텍스트(Context)라 할 수 있다.

【 신약 각 권의 주제 】

역사서

그리스도의 역사

마태복음 - 왕이신 메시아

마가복음 - 종이신 메시아

누가복음 - 사람이신 메시아

요한복음 - 하나님이신 메시아

교회의 역사

사도행전 - 복음을 전하는 교회의 사도들

체험서

로마서 - 하나님의 의가 나타남

고린도전서 - 교회의 문제가 해결됨

고린도후서 - 사역자와 사역

갈라디아서 - 자유의 복음

에베소서 - 예수 그리스도의 몸 된 교회

빌립보서 - 하나 됨의 중요성

골로새서 - 교회의 머리 되신 예수 그리스도

데살로니가전서 - 재림 전의 승리

데살로니가후서 - 재림 전의 환난

디모데전서 - 교회를 섬기는 사역자

디모데후서 - 교회를 가르치라

디도서 - 거짓교사들을 훈계함

빌레몬서 - 오네시모를 용서함

히브리서 - 모든 것 위에 뛰어나신 그리스도

야고보서 - 행함이 있는 믿음

베드로전서 - 고난 중의 인내

베드로후서 - 거짓교사들을 추방하라

요한일서 - 교제의 기쁨

요한이서 - 문을 닫아라 : 거짓교사들

요한삼서 - 문을 열어라 : 환대의 기쁨 - 사역자들

유다서 - 배교자들에 대한 심판

예언서

요한계시록 - 미래에 대한 계시 - 교회의 승리와 영광

【 신약의 서신서 】

서신서 21권은 크게 둘로 나뉜다. 바울서신 13권과 일반서신 8권이다. 바울서신은 수신자에 따라, 일반서신은 기록자에 따라 제목이 붙여졌다.

바울서신의 수신 지역

바울서신 :
로마서 ~ 빌레몬서(13권)
수신자에 따라 제목이 붙여짐

일반서신 :
히브리서 ~ 유다서(8권)
기록자에 따라 제목이 붙여짐

서신서들의 시대적 위치

서신서들은 신학적으로 깊이가 있는 책이다. 그런데 이런 깊은 신학은 단순히 학교에서 연구하고 조사하고 토론하고 의논함으로 이루어진 것이 아니라, 복음을 전파하는 선교현장에서 일어난 일들과 현상들을 구체적으로 도와서 믿음을 견고하게 하려는 가운데 이루어졌다. 즉 서신서들은 사역현장에서 나왔다. 단지 생각이나 이론이나 말로만 이루어진 것이 아니라 삶에서 일어난 것이기에 서신서들은 오늘을 사는 우리의 삶에 구체적으로 적용된다.

【 시대순으로 본 서신서와 예언서 】

바울의 1차 여행	바울의 2차 여행	바울의 3차 여행	바울의 4차 여행	바울의 5차 여행	후기 사도들의 시대	역사의 종결
1차 6	2차 7	3차 8	4차 9	5차 10	후기 사도 11	끝 12
사도행전 13장-15장	사도행전 16장-18장	사도행전 19장-21장	사도행전 22장-28장			
갈라디아서	데살로니가전서	고린도전서	에베소서	디모데전서	요한일서	요한계시록
야고보서	데살로니가후서	고린도후서	골로새서	디모데후서	요한이서	
		로마서	빌레몬서	디도서	요한삼서	
			빌립보서	베드로전서	유다서	
				베드로후서	히브리서	

【 시대순으로 본 신구약성경 】

시대순으로 본 구약성경									시대순으로 본 신약성경								
태초	족장	노예	광야	정복	사사	왕국	포로	재건	복음	교회 형성	바울 1차	바울 2차	바울 3차	바울 4차	바울 5차	후기 사도	종결
9	8	7	6	5	4	3	2	1	1	2	3	4	5	6	7	8	9
창 1장-11장	창 12장-50장	출애 굽기	민수기	여호 수아	사사기	삼상 삼하 왕상 왕하	에스라 느헤미야		마태 마가 누가 요한	행 1장-12장	행 13장-15장	행 16장-18장	행 19장-21장	행 22장-28장			
		레위기 신명기			룻기	대상/하	에스더				갈라디아서	데살로니가전서	고린도전서	에베소서	디모데전서	히브리서	요한계시록
	욥기					시편 아가 잠언 전도서					야고보서	데살로니가후서	고린도후서	빌립보서	디모데후서	요한일서	
						이사야 예레미야 호세아 요엘 아모스 오바댜 요나 미가 나훔 하박국 스바냐	렘애가 에스겔 다니엘	학개 스가랴 말라기					로마서	골로새서 빌레몬서	요한이서	
															베드로전서 베드로후서	요한삼서 유다서	

← B.C | A.D →

【 신약성경의 규모 - 장, 절 】

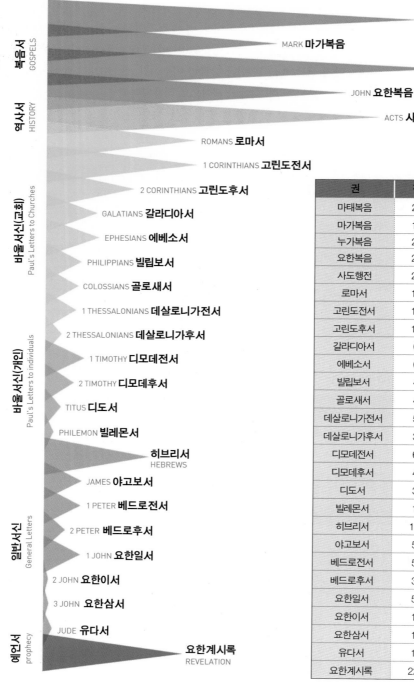

권	장	절
마태복음	28	1,071
마가복음	16	678
누가복음	24	1,151
요한복음	21	879
사도행전	28	1,007
로마서	16	433
고린도전서	16	437
고린도후서	13	256
갈라디아서	6	149
에베소서	6	155
빌립보서	4	104
골로새서	4	95
데살로니가전서	5	89
데살로니가후서	3	47
디모데전서	6	113
디모데후서	4	83
디도서	3	46
빌레몬서	1	25
히브리서	13	303
야고보서	5	108
베드로전서	5	105
베드로후서	3	61
요한일서	5	105
요한이서	1	13
요한삼서	1	15
유다서	1	25
요한계시록	22	404

3장

복음서

사도들의 회고록

복음서 – 사도들의 회고록

복음서

마태복음, 마가복음, 누가복음, 요한복음을 '복음서'라고 한다.

복음은 '복된 소식, 굿 뉴스'이다. 이 네 권은 복된 소식, 굿 뉴스를 전하는 책이기에 복음서라고 부른다. 가장 놀라운 복음은 '예수 그리스도'이다. 이 책들은 예수 그리스도가 초점이다. 이 땅에 동정녀를 통해 오시어 놀라운 일을 행하시고, 말씀을 가르치시고, 우리를 위해 고난을 받아 십자가에서 돌아가시고, 사흘 만에 부활하시고, 하늘로 올라가신 예수님의 전 생애와 말씀과 사역을 기록했다. 그러므로 복음서의 핵심은 예수 그리스도의 고난 당하심과 죽으심, 그리고 부활하심이다(고전 15:3,4, 롬 6:1-23,10:9,10).

복음서는 당시 지배 언어인 헬라어로 기록되었다. 그 이유는 복음서를 기록할 당시 익숙한 헬라 문화와 헬라어의 배경 가운데 복음을 듣게 되는 이들과 이미 복음을 들은 그리스인 공동체의 필요를 위해 기록되었기 때문이다.

복음서는 사도들의 회고록과도 같아서 오늘을 사는 우리에게도 동일한 이야기로 전달된다. 특히 이 중에서 마태복음과 마가복음, 누가복음은 상당히 많은 내용을 공통의 관점으로 기록해서 **'공관복음'**이라 일컫는다. **'공관'**(Synoptic)이란 **'함께 보다'**라는 뜻으로, 1774년 독일 작가 그리스바흐(J.J.Griesbach)가 처음 사용한 용어이다. 마태복음의 45%, 마가복음의 76%, 누가복음의 41%가 서로 중복된다. 특히 마가복음의 94%가 마태복음에도 있는 내용이다. 마태복음에만 기록된 것은 20%, 마가복음에만 있는 것은 3%, 누가복음에만 있는 것은 35%이다. 공관복음이 상호 의존적이라면 요한복음은 독자적으로 기록되었다. 요한복음의 90%가 나머지 세 복음서에는 없는 내용이다.

마가복음 678절, 마태복음 1,071절, 누가복음 1,151절 중에 마가복음의 606절이 마태복음에, 380절이 누가복음에 나타난다. 마태복음이 사용하지 않은 마가복음의 55절 중에 누가복음에 31절이 나타난다. 그러므로 마태복음과 누가복음에 나타나지 않고 마가복음에만 있는 구절은 오직 24개뿐이다. 이들은 내용만 아니라 낱말까지도 같다.

각 복음서는 전하고자 하는 메시지가 특징적으로 다르다. 각각 기록한 사람들의 독특한 개성이 반영되었다. 각 복음서는 그 자체의 목적과 계획을 가지고 있으며 관점이 다르다. 저자이신 성령께서 각 사람의 독특한 성격과 과거의 경력을 놀랍게 사용하셨다. 그러므로 어떤 경우에는 입체적으로 살펴볼 때보다 분명하게 이해할 수 있다. "우리 주 예수 그리스도의 능력과 강림하심을 너희에게 알게 한 것이 교묘히 만든 이야기를 따른 것이 아니요, 우리는 그의 크신 위엄을 친히 본 자라"(벧후 1:16)라고 하신 말씀이 복음서를 보는 열쇠다.

성경은 그 자체로 권위를 가지고 있다. 개인적인 견해가 뒤섞인 책으로 봐서는 안 된다.

복음서를 기록한 사람들은 누구인가?

마태복음 - 마태

마태는 예수 그리스도의 열두 제자 중 하나다. 그는 세리답게 사실들을 꼼꼼히 기록했다. 마태는 산술에 능하고, 상황 판단 능력도 갖추었다. 어부들과 달리 문장력이 있다. 그러나 마태 본인에 대한 기록이 극히 적다.

마가복음 - 마가

마가는 바나바의 조카이며 요한이라고도 불린다(행 13:5,13). 마가는 베드로의 통역관이자 믿음의 아들(벧전 5:13)로서 베드로에게 들은 것을 기록했기에 마가복음을 **'베드로의 복음'**이라고도 한다. 베드로가 예수 그리스도에 관해 증거한 내용을 마가복음에 그대로, 구체적으로 표현했다.

누가복음 - 누가

누가는 유일한 이방인 성경 기록자이다. 그는 또한 사도행전을 기록했다. 그는 "사랑을 받는 의사 누가"(골 4:14)로서 바울 전도팀의 건강을 돌보았다. 누가복음을 읽고 사도행전을 읽으면 연속성이 있다. 복음서 중에서 유일하게 시간순으로 기록된 편이다(행 1:1,2, 눅 1:1-4).

- 마태복음 - 경험한 예수
- 마가복음 - 베드로에게서 직접 들은 예수
- 누가복음 - 이방인으로서 사도들에게 들은 예수

요한복음 - 요한

요한은 예수께서 사랑하신 제자다. 그는 어부 출신이면서도 학자 출신 바울에 뒤지지 않는 지적인 통찰력과 심오한 철학적 사고를 가지고 있었다. 요한은 예수로부터 직접 듣고 배우고 본 바를 성령으로 이해하고 기록했다. 그는 또한 요한일, 이, 삼서와 요한계시록도 기록했다.

예수 그리스도가 오신 목적은 무엇인가?

복음서의 기록 목적을 보면 예수께서 이 세상에 오신 목적을 이해할 수 있다.

마태복음 – 예수 그리스도는 구약의 예언을 성취하기 위해 오셨다.

> 내가 율법이나 선지자를 폐하러 온 줄로 생각하지 말라. 폐하러 온 것이 아니요 완전하게 하려 함이라 마 5:17

> 이는 선지자 이사야를 통하여 하신 말씀을 이루려 하심이라 마 4:14

이 같은 내용이 마태복음의 여러 군데에서 반복된다(마 1:22, 2:15, 8:17, 12:21, 13:14,35, 21:4). 예수님은 구약의 예언의 말씀을 성취하기 위해 오셨다.

마가복음 – 예수 그리스도는 섬김을 받기 위해서가 아니라 도리어 섬기기 위해 오셨다.

> 인자가 온 것은 섬김을 받으려 함이 아니라 도리어 섬기려 하고 자기 목숨을 많은 사람의 대속물로 주려 함이니라 막 10:45

예수 그리스도는 하나님이시지만 섬김을 받으려고 오신 것이 아니라 오히려 종으로 섬기려고 오셨다.

누가복음 – 예수 그리스도는 세상을 구원하기 위해 오셨다.

> 인자가 온 것은 잃어버린 자를 찾아 구원하려 함이니라 눅 19:10

요한복음 – 예수 그리스도는 생명을 주기 위해 오셨다.

> 내가 온 것은 양으로 생명을 얻게 하고 더 풍성히 얻게 하려는 것이라 요 10:10

하나님나라에 대한 이해 - 복음서의 중심 주제

구약의 이해 - 하나님나라가 한 번에 다 이루어진다고 보았다(one time event).
신약의 이해 - 하나님나라가 두 번에 걸쳐 이루어진다고 보았다(two times events).

【 구약의 이해 - 한 번에 이루어진다. one time event 】
예수님의 오심으로 하나님나라가 단번에 완성된다.

【 신약의 이해 - 두 번에 걸쳐 이루어진다. two times events 】
예수님의 오심으로 하나님나라가 시작되고, 예수님의 다시 오심으로 어둠의 왕국이 패망하고 하나님나라가 완성된다.

예수님 말씀의 형태

예수님은 말씀하실 때 주로 비유로 가르치셨다. 다양한 비유 형식을 사용하셨는데 그 이유는 첫째로 사람들이 알아듣기 쉽기 때문이다(막 4:33). 둘째로 하나님의 말씀에 순종하시고자 함이다(마 13:34,35).

또한 예수님은 의도적인 과장법의 명수셨다. 이는 사실을 부풀리려는 것이 아니라 강조하기 위함이었다. 가령, 마태복음 5장 29,30절과 마가복음 9장 43-48절에서 눈을 뽑고 팔과 다리를 자르라고 하신 것은 액면 그대로가 아니라 그 의도가 중요하다. 즉 죄를 야기할 만한 것들을 생활 속에서 과감하게 제거해버리라는 뜻이다.

복음서 이해하기(1)

성령께서 복음서를 기록하게 하실 때 시간별, 연대별보다는 되도록 주제별로 다루게 하셨다. 이것은 각 복음서가 가지는 관심과 목적을 잘 보여준다. 즉 복음서를 통해 우리에게 전하시는 메시지를 시간별, 연대별보다는 주제별로 관심을 갖기 바라서이다. 그러므로 성령께서 각각의 사건을 통해 우리에게 전하고자 하시는 메시지를 들어야 한다. 복음서를 이해하는 데 도움을 주는 자세는 수평적 사고와 수직적 사고를 하는 것이다.

1. 수평적으로 사고하라

수평적이란 특정 복음서에 나타난 사건을 다른 복음서에서 어떻게 바라보는가를 함께 살펴보는 것을 말한다(그러나 성령께서 각 책을 통해 말씀하시는 메시지를 놓쳐서는 안 된다). 수평적으로 살필 때 각 복음서의 독특성을 이해할 수 있다. 동일한 사건을 다른 복음서에서 바라보는 시각이 어떻게 다른가를 살펴야 한다. 이처럼 입체적으로 살펴볼 때 더 분명히 이해할 수 있다.

예1) 오병이어 사건을 다룸에 있어서 :

오병이어를 말하기 위해 사용된 단어의 수(NIV 성경 기준)

마태복음: 157

마가복음: 194

누가복음: 153

요한복음: 199

공관복음에서 공통적으로 사용한 단어의 수 : 53

요한복음과 나머지 세 복음서에 공통적으로 등장하는 단어의 수 : 8
(다섯, 두, 오천, 떡을 가지사, 열두 바구니 등)

예2) 중풍병자를 고치는 사건을 다룸에 있어서 :

마태복음 9:1-8

마가복음 2:1-12

누가복음 5:17-26

요한복음에는 기록이 없다.

요한은 독자적으로 서술한다.

다른 세 복음서는 상호 의존적이다.

각 복음서의 강조점과 관점을 살피라.

2. 수직적으로 사고하라

수직적 사고란 복음서를 살필 때 주어진 내용의 전후 문맥을 통해 이해하는 것을 말한다. 다음과 같은 질문을 통해 각각의 사건을 면밀히 살필 때 더욱 분명히 이해할 수 있다. '예수님은 누구를 대상으로 말씀하시는가? 제자들인가 아니면 군중인가? 예수님을 대적하는 자들인가 아니면 청중 모두인가? 예수님이 어떠한 역사적인 상황에서 말씀하시는가?'를 질문하며 그 배경을 살피고 말씀의 전후를 살핀다.

이런 사고는 우리의 관점을 넓혀주고, 예수님이 말씀하시는 메시지를 더욱 뚜렷이 이해하는 데 도움이 된다.

예1) 포도원 품꾼의 비유, 한 데나리온 마 20:1-16

"이른 아침, 제삼시, 제육시, 제구시, 제십일시, 저물매" - 이 시각들을 오늘의 시각으로 바꾸면 언제인가?(참조, 신약 시각에 6을 더하면 오늘의 시각이 나온다. 가령, 제삼시란 오전 9시를 말한다.)

이 말씀의 앞뒤에 하신 동일한 말씀(마 19:30, 20:16)은 어떤 의미가 있는가?

마태복음 19장 30절은 "그러나"로 시작하고, 마태복음 20장 16절은 "이와 같이"로 시작한다. 이러한 단어의 차이는 어떤 의미가 있는가?

이 비유를 통한 주님의 메시지는 무엇인가?

- 하나님나라의 대가는 공정 원칙을 따르지 않고 하나님의 은혜에 근거한다.
- 그 외에 또 다른 메시지는 없는가?

예2) 오병이어의 표적(마 14:13-21, 막 6:30-44, 눅 9:10-17, 요 6:1-14) - 이 사건을 수평적, 수직적으로 살펴보자.

수평적 사고 : 본문의 내용을 다른 복음서와 비교 대조하여 살펴본다.

무리를 보시는 목자이신 예수(요 6:5, 마 14:14, 막 6:34, 눅 9:10,11)

빌립, 안드레, 소년(요 6:5-9)

여기는 빈 들 : 공간적, 환경적 이유(마 14:15)

때도 이미 저물었다 : 시간적 이유(마 14:15)

"저들을 보내소서"(마 14:15) : 제자들의 해결책

"갈 것 없다. 너희가 먹을 것을 주라"(마 14:16, 눅 9:13) : 예수님의 해결책

"우리에게 있는 것은 떡 다섯 개와 물고기 두 마리뿐이니이다"(마 14:17, 눅 9:13, 막 6:38, 요 6:7-9) : 제자들의 반응 - 요한복음은 특히 빌립과 안드레의 행동에 주목하고 있다.

"그것을 내게 가져오라"(마 14:18) : 믿음은 마치 씨앗과 같다.

수직적 사고 : 전후 문맥을 통해 예수님이 처한 상황과 복음서 기자들이 처한 상황을 살펴본다. 이 사건이 있기 전의 상황 즉 마태복음 14장 13절 "예수께서 들으시고 배를 타고 떠나사 따로 빈 들에 가시니"를 주목해야 한다. 예수께서 무엇을 들으셨는가? 이것을 알기 위해서는 마태복음 14장 1-12절의 말씀도 살펴야 한다.

예수께서는 "들으시고" 왜 따로 빈 들에 가고자 하셨는가? 예수님의 마음은 어떠셨을까? 예수님의 마음을 이해하지 못하는 청중들이 몰려왔을 때 주님의 반응은 어떠셨는가? 오병이어 이후의 결과는 요한복음 6장 60-71절에만 기록되어 있다. 그 결과는 무엇인가? 왜 이런 결과가 있게 되었는가?

복음서 외에 다른 곳에 기록된 이와 유사한 장면을 살펴보면서 이해를 넓힌다.
- 과부의 기름(왕하 4:1-7)
- 과부의 떡 한 조각(왕상 17:12,13)

복음서 이해하기(2)

복음서는 전기가 아니다. 더구나 역사적 기록도 아니다. 복음서를 이런 관점으로 읽으면 혼란스러워진다. 복음서는 시간적 기록이 아니라 목적에 따라 기록되었다. 그렇다고 복음서가 역사적 기록물이 아닌 것은 아니다. 중요한 것은 성령께서 이와 같은 말씀의 배열을 통해 우리에게 무엇을 말씀하시고자 하는가 질문하는 것이다.

각 복음서는 예수님의 사역과 예수님의 말씀을 중심으로 기록되었다. 특정한 그룹에게 독특한 방법으로 예수님을 소개했다. 복음서는 전적으로 예수가 누구신지를 알게 하며, 믿고 생명을 얻게 하려 함이 주 목적이다(요 20:30,31).

> 우리 중에 이루어진 사실에 대하여 처음부터 목격자와 말씀의 일꾼 된 자들이 **전하여 준 그대로** 내력을 저술하려고 붓을 든 사람이 많은지라. 그 모든 일을 근원부터 자세히 미루어 살핀 나도 데오빌로 각하에게 차례대로 써 보내는 것이 좋은 줄 알았노니, 이는 각하가 **알고 있는 바를 더 확실하게 하려** 함이로라 눅 1:1-4

복음서 기자들은 성령의 주권적인 간섭 가운데 기록했다. 각 복음서는 선별과 배열과 각색의 원칙에 따라 기록되어서 복음서마다 주된 관점이 각각 부각된다.

마태복음은 예수의 족보에서부터 특별한 왕에게 경배하러 온 동방박사의 방문으로 시작한다. 다윗의 혈통을 이은 왕이신 예수 그리스도를 보여준다.

마가복음은 예수님이 세례를 받으심으로 시작한다. 섬기러 오신 종이신 예수를 보여준다.

누가복음은 세례 요한의 출생으로부터 아기 예수의 정결예식으로 시작한다. 예수님의 인성을 보여준다.

요한복음은 창조로 시작한다. 전적으로 예수님의 신성, 즉 그분이 하나님임을 보여준다.

마태복음과 **누가복음**은 예수님의 출생으로 시작한다. 그러나 그 배열 방식은 서로 다르다.

마태복음은 왕 되신 예수 그리스도를, **마가복음**은 종으로 오신 예수 그리스도를 대조적으로 보여준다.

누가복음은 사람으로 오신 예수 그리스도를, **요한복음**은 하나님이신 예수 그리스도를 대조적으로 보여준다. 왕과 종, 인성과 신성의 대조이다.

복음서는 예수님의 네 모습을 보여준다. 이것은 에스겔 1장 10절의 "네 얼굴"을 연상케 한다.

그 얼굴들의 모양은 넷의 앞은 사람의 얼굴이요 넷의 오른쪽은 사자의 얼굴이요 넷의 왼쪽은 소의 얼굴이요 넷의 뒤는 독수리의 얼굴이니 겔 1:10

- 마태복음 - **왕 : 사자** - 유다 지파의 사자

  메시아 특히 왕이신 예수, 원수를 멸하시며 하나님나라를 세우러 오신 예수
- 마가복음 - **종 : 사람** - 가장 단순하고 솔직하게 기록. 사실주의

  섬김을 받지 않고 섬기러 오신 예수, 우리의 삶의 모델이 되려고 오신 예수
- 누가복음 - **사람 : 소** - 희생제물, 온 세상을 구속하는 희생제물이신 예수

  온 세상을 구원하시려 사람으로 오신 예수
- 요한복음 - **하나님 : 독수리** - 높이 나는 새. 모든 피조물 중에 오직 독수리만이 태양을 직시할 수 있다.

  사람으로 오신 하나님, 하나님 아버지를 나타내려 오신 예수

【 사복음서 대조 】

	마태복음	마가복음	누가복음	요한복음
그리스도에 대한 관점	유대인의 왕/메시아	섬기는 종	사람의 아들	하나님의 아들
대 상	유대인	로마인	그리스인(헬라인)	열방
성 격	예언적	실제적	역사적	영적
핵심 단어	"이루어졌다"	"즉시"	"인자"	"믿으라"
중 점	설교	이적	비유	교리
예언적 측면	왕(슥 9:9)/사자	종(사 42:1)/사람	사람(슥 6:12)/소	하나님(사 40:9)/독수리
특 징	구약 예언의 성취	"즉시", "곧" x 40회 "놀라움" x 19회	완벽한 정보, 세세함	"믿음" 관련 어형 99회
핵심 구절	마 5:17	막 10:45	눅 19:10	요 20:30,31
시간적 관점	과거	현재	미래	영원

복음서 이해하기(3)

복음서는 시간적 순서에 따르지 않고 목적에 따라 기록되었다. 그렇다고 역사적인 시간과 공간을 무시하지 않았다. 독특한 스토리 전개 방식을 취한다. 복음서를 잘 이해하기 위해서는 **시간 개념과 공간 개념의 요소**를 보아야 한다. 시간 개념과 공간 개념은 마치 씨줄과 날줄처럼 얽혀있다.

시간 개념 예수님의 공생애 3년의 사역을 크게 시간적으로 구분하여 틀을 만드는 것이다. 시간 개념에서 중요한 것은 유월절 사건이다. 유월절은 1년에 한 번, 매년 4월에 있는 명절이다. 3년의 사역 중에 유월절이 네 번 지나간다. 이 절기를 기준으로 예수님의 사역을 살펴보는 것이다.

공간 개념 예수님 사역의 주 무대 공간인 지리적 위치를 살피는 것이다. 즉 예수님의 사역이 북부 갈릴리, 중부 사마리아, 남부 유대 예루살렘에서 어떻게 펼쳐지는지 살펴보는 것이다. 또한 유대인 중심의 사역과 사역지, 이방인 중심의 사역과 사역지도 살펴보아야 한다.

예루살렘은 예수님 사역의 중요한 위치로서 차지하는 비중이 크다.

예루살렘은 남 유다의 중심 도시이며 성전이 있는 곳이다. 정치, 경제, 교육, 종교의 중심지이다. 로마와 연관된 정치인들이 머무는 곳이며 로마의 문화가 접속된 곳이다. 바리새파와 사두개파, 서기관과 제사장 그룹이 활동하는 주 무대이다.

예루살렘 다음으로 중요한 장소는 가버나움이다. 가버나움은 예수님의 사역의 전략적 중심지다. 가버나움을 "본 동네"(His own city)라고 했다(마 9:1).

1. 예수님의 사생애, 30년

- 예수님의 족보
  마태복음 - 아브라함으로 시작하여 요셉까지 **내려옴**(마 1:1-17).
  누가복음 - 요셉에서 아담까지 거슬러 **올라감**. 결국 하나님까지 이름(눅 3:23-38).
- 예수님의 탄생
  마태복음 - 유대인의 왕이신 예수. 동방박사들이 와서 경배함(마 1:18-2:23).
  누가복음 - 하나님의 아들이신 예수. 목자들이 와서 경배함(눅 1:26-38, 2:1-20).
- 소년 예수님
  누가복음에만 기록되어 있다. 성장에 초점을 두었다. 12세에 성전에 가셨다(눅 2:40-52).

예수님의 사생애를 통해 알 수 있는 것들

사람으로 오신 예수님을 통해 이상적인 성장 모델을 제시한다(눅 2:52). 즉, 지적 영역의 성장, 육체적 영역의 성장, 영적 영역의 성장, 사회적 영역의 성장이 이루어져야 함을 보여준다. 이것은 또한 교육의 원리와 학습의 영역을 제시한다.

가족 특히 부모 공경의 중요성을 보여준다. 예수님은 가장으로서 가족, 특히 부모를 돌아보는 일에 많은 시간을 보내셨다. 디모데전서 5장 8절에 "누구든지 자기 친족 특히 자기 가족을 돌보지 아니하면 믿음을 배반한 자요 불신자보다 더 악한 자니라"라고 하셨다. 그러나 "무릇 내게 오는 자가 자기 부모와 처자와 형제와 자매와 더욱이 자기 목숨까지 미워하지 아니하면 능히 내 제자가 되지 못하고"(눅 14:26)라고 하신 말씀을 통해 영적 균형을 이루셨다. 이는 가족을 무시하라는 것이 아니라 우선순위와 삶의 목적을 말하고 있다.

노동의 가치와 중요성을 보여준다. 예수님의 직업은 목수였다.

목수이신 예수

사람으로 오신 하나님이 우리에게 본을 보이셨다. 목수가 되신 것은 노동자가 되심을 말한다. 목수이신 예수님은 일상생활에 필요한 의자, 탁자, 침대 등을 만드셨다. 기적이나 초자연적인 능력이 아닌 망치, 톱, 도끼, 까뀌 등으로 땀을 흘리면서 손수 만드셨다. 그것은 특별한 일이 아니라 일상적으로 반복되는 일이다. 자칫 지루하다고 여길 일이다.

주님은 목수로서 자신의 시간을 저급하고 비인간적인 영역으로 다루지 않으셨다. 주님은 노동이 가지는 가치를 친히 보여주셨다. 하나님의 창조에 참여하는 노동의 존엄성, 노동의 본질적인 기능과 가치를 되살려 놓으셨다. 일상적인 일들이 결코 인간의 존엄성이나 하나님의 존엄성을 손상시키는 것이 아니다. 기계적으로 반복해서 어쩔 수 없이 해야만 하는 일들이 아니라 부여하신 그분의 창조에 동참하는 고귀한 구속 행위이다.

노동은 결코 저주가 아니다. 하나님의 선물이다. 인간다움의 영광이요 표현이다. 하나님의 청지기로서 그분이 부탁하신 일, 맡기신 일을 경작하며 지키는 것이 얼마나 귀한가! 하루 종일 말씀을 전하고 기도하고 찬양하는 것과 모든 일을 마치고 집에 가서 설거지하고 청소하는 일을 결코 분리하지 말아야 한다. 다 거룩한 일이다.

오늘 하루 주님이 맡기신 일을 작업과 노동을 통해 성취하고, 더 나아가 나 자신의 수고와 노력으로 어느 정도 발전시켜 주님의 구원의 일에 동참하자. 날마다 순간마다 힘을 다하여 내게 맡겨진 일을 수행하여 나사렛 예수님이 보여주신 본을 따라 살자.

2. 예수님의 공생애, 3년

가버나움 중심이다. 예수님은 가버나움을 사역의 중심지로 삼으셨다.

유월절 중심이다. 예수님의 공생애 기간에 유월절이 네 번 있었다. 예수님은 세 번째 유월절을 제외하고는 유월절 때마다 예루살렘에 올라가셨다. 예루살렘 중심, 특히 성전 중심이다. 동시에 이방 지역에도 관심을 가지셨다.

제자훈련 중심이다. 예수님은 대중을 중심으로 사역하기보다는 제자들을 훈련시키는 데 중점을 두셨다. 때로는 제자들과 따로 시간을 가지며 가르치셨고, 때로는 대중과 함께 있을 때라도 제자훈련을 하셨다. 예수님의 훈련방식은 교실이 아니라 삶의 현장에서 가르치는 것이었다. 머리로, 지식으로만이 아니라 가슴으로, 삶으로 훈련시키셨다. 말이 아니라 삶으로 살아내는 것이 중심이다. 하나님나라는 말에 있지 않고 능력에 있다(고전 4:20).

예수님의 사역구조는 '가르치심'(teaching), '전파하심'(preaching), '고치심'(healing), '먹이심'(feeding)이다. 예수님의 사역구조는 사역의 모델이 된다. 오늘날 교회는 예수님의 가르치심을 통해 교육 사역을, 전파하심을 통해 복음 전파 사역을, 고치심을 통해 의료 사역을, 먹이심을 통해 구제 사역을 해나가고 있다.

1) 공생애의 시작, 첫 유월절 이전의 일들, 갈릴리

예수님의 사역은 세례 요한에게 세례 받으심으로 시작된다. 그때에 일어난 일들이 예수님의 공적 사역의 기반을 이룬다(마 3:13-17, 막 1:9-11, 눅 3:21,22).

세례 요한에게 물세례를 받으신 후에 성령의 이끄심을 받아 바로 광야로 나가셨다. 거기에서 40일 금식기도하시고 또한 마귀에게 시험을 받으셨다(마 4:1-11, 막 1:12,13, 눅 4:1-13). 이는 전적으로 우리를 위함이다(히 2:18, 4:14-16).

다섯 사람(안드레와 또 한 사람, 빌립, 나다나엘, 베드로)을 만나 제자로 삼으셨다(요 1:35-51).

첫 표적을 가나 혼인잔치에서 행하셨다(요 2:1-11).

가버나움에 내려가셨다(요 2:12).

2) 공생애 1년, 첫 유월절, 예루살렘에서 8개월 동안 머무심

예루살렘에 올라가 성전을 정결하게 하셨다(요 2:13-22). 예루살렘에 계시면서 이적을 행하셨다. 예수님이 행하시는 표적을 보며 많은 사람들이 질문했다. '예수는 누구인가?' 그리고 '과연 하나님의 아들이시다'라며 그의 이름을 믿었다(요 2:21-25). 니고데모의 방문을 받으셨다. 그는 산헤드린 공회 의원이며 바리새인으로 하나님나라에 대한 관심을 가졌다(요 3:1-21).

예루살렘을 떠나 갈릴리로 가셨다(요 4:3).

3) 예루살렘에서 갈릴리로 가실 때에 사마리아를 통과하심

사마리아 여인을 만나셨다(요 4:1-42). 일반적으로 유대인들은 남부 유대에서 북부 갈릴리로 갈 때 사마리아를 통과하지 않고 우회했다. 그러나 예수님은 의도적으로 사마리아를 통과하셨다.

4) 공생애 1년 말, 갈릴리 사역

갈릴리 가나에서 왕의 신하의 아들을 고치셨다(요 4:43-54). 세례 요한의 사역이 그쳤다.

고향 나사렛에 가셨다가 가버나움으로 돌아오셨다(마 4:13-17, 13:53-58, 막 6:1-6, 눅 4:16-30).

제자들을 다시 부르심으로 본격적인 복음 전파 사역을 시작하셨다(마 4:18-22, 막 1:16-20). 제자들을 전문 사역자로 부르셨다. 완전한 헌신을 요구하셨다. 파트타임 사역자에서 풀타임 사역자로 부르셨다. 베드로는 예수님과 함께 예루살렘에서 8개월간 사역하고 다시 갈릴리로 돌아와서 자기의 사역을 했다. 그리고 어부의 사역을 하다가 전적으로 헌신하도록 부르심을 받았다(눅 5:1-11).

5) 공생애 2년, 두 번째 유월절, 예루살렘 사역
 - 4개월 후 갈릴리에서 예루살렘으로 다시 오심

베데스다 연못에서 38년 된 병자를 고치셨다(요 5:1-9).

요한복음은 예수님의 예루살렘 사역에 초점을 두었다.

6) 공생애 2년 말, 두 번째 유월절 이후, 갈릴리 사역

이번에는 예루살렘에 짧게 계시고 다시 갈릴리로 돌아오셨다.

열두 제자를 불러 임명하셨다(마 10:1-4, 막 3:13-19, 눅 6:12-16). 처음부터 열두 제자를 부르신 것이 아니라 신중하게 시간을 두고 한 사람, 한 사람 살피신 후에 밤새 기도하시고 여러 제자들 중에서 열두 명을 확정하셨다.

산상수훈(마 5장-7장)을 가르치심. 모세가 시내 산에서 십계명을 받았듯이 예수께서 감람 산에서 산상수훈을 가르치셨다. 이는 근본적으로 십계명과 같은 내용이니, 즉 하나님 사랑, 이웃 사랑이다. 신구약의 대칭을 본다.

백부장의 종을 고치시고(눅 7:2-10) 나인 성 과부의 아들을 살리셨다(눅 7:11-17).

세례 요한의 질문, "오실 그이가 당신입니까?"(눅 7:18-30)

혈루증 앓는 여인을 고치시고, 회당장 야이로의 죽었던 딸을 살리셨다(눅 8:40-56).

7) 공생애 3년(1), 세 번째 유월절에는 예루살렘에 가지 않으시고 계속 갈릴리 사역

이 기간에도 대중 사역보다는 제자훈련에 더 집중하셨다. 갈릴리 윗지방에 더 많이 계셨다. 두로와 시돈(지중해안 이방인의 땅), 데가볼리(갈릴리 동쪽 이방인의 땅), 빌립보 가이사랴(헐몬 산 줄기), 변화산 등. 짧은 몇 구절로 기록되어 있지만 실제로는 약 11개월의 기간이다. 이 기간에 주님은 제자훈련에 치중하셨다(마 15:21, 막 7:31).

떡 다섯 개와 물고기 두 마리(오병이어)로 5,000명을 먹이셨다(요 6:1-13, 마 14:13-21, 막 6:30-44, 눅 9:10-17).

바다 위를 걸으셨다(마 14:22-34, 막 6:45-52, 요 6:16-21).

장로들의 전통에 대해 말씀하셨다(막 7:1-23).

수로보니게 여인의 믿음을 칭찬하시고 그의 딸을 자유하게 하셨다(마 15:21-28, 막 7:24-30).

떡 일곱 개와 생선을 가지고 축사하신 후에 4,000명을 먹이셨다(마 15:32-39, 막 8:1-10).

빌립보 가이사랴에서 베드로의 신앙고백이 있었다(마 16:13-20, 막 8:27-30, 눅 9:18-21).

변화산에서 모세와 엘리야가 영광스러운 모습으로 변화되신 예수님과 함께 말했다(마 17:1-8, 막 9:2-8, 눅 9:28-36).

8) 공생애 3년(2), 예루살렘으로 향하심

갈릴리를 떠나 예루살렘으로 향하는 6개월의 여행 기간. 이 시기는 중점적인 제자훈련의 연속이었다.

사마리아를 통과하셨다(눅 9:51-56).

제자가 되기를 원하는 세 사람에게 제자도를 가르치셨다(눅 9:57-62).

70인 전도대를 세우사 친히 가시려는 각 동네와 지역으로 둘씩 파송하셨다(눅 10:1-16).

9) 공생애 3년(3), 예루살렘 사역

예루살렘 성전에서 가르치셨다(요 7:14-8:59).

마리아와 마르다의 집에 방문하셨다(눅 10:38-42).

소경의 눈을 고치셨다. 실로암 못에 가서 씻으라고 하셨다(요 9:1-7).

수전절에 목자와 양에 대한 설교를 하셨다(요 10:1-30).

나사로를 살리셨다. 십자가에서 돌아가시기 3개월 전이다(요 11:1-44).

10) 공생애 3년(4), 베레아 사역, 3개월

18년간 허리가 꼬부라진 여인을 고치셨다(눅 13:10-17). 수종병 든 사람을 고치셨다(눅 14:1-6).

십자가의 도, 제자의 도를 가르치셨다(눅 14:25-35).

비유로 말씀하셨다. 잃은 양, 잃은 은전, 잃었던 탕자, 불의한 청지기, 부자와 거지 나사로(눅 15장 -16장), 베레아의 세리와 죄인들에게, 동시에 바리새인과 서기관들에게 말씀하셨다.

다시 예루살렘으로 오는 길에 여리고에서 삭개오를 만나셨다(눅 19:1-10).

11) 고난주간, 네 번째 유월절, 예루살렘 성전 중심

토요일, 예루살렘 성밖 베다니 마리아의 집에 머무셨다. 마리아의 향유(요 12:1-8).

일요일, 종려주일—나귀 타고 예루살렘 성에 입성하셨다(마 21:1-11, 눅 19:29-44, 요 12:12-19).

월요일, 두 번째로 성전을 정결하게 하셨다(막 11:15-19). 열매 없는 무화과나무를 저주하셨다 (마 21:18-22).

화요일, 종교지도자들의 질문에 답변하셨다(마 21:12-25:46).

수요일, 기록 없음

목요일, 유월절 만찬, 감람 산 기도, 잡히심, 철야 심문, 베드로의 부인(마 26:17-75).

금요일, 빌라도의 재판, 고난 당하심, 십자가를 지심, 달리심, 죽으심(마 27:1-66, 요 18장-19장).

12) 부활하심과 승천하심, 요 20장 - 제자들과의 사역이 중점

진공 상태에 빠진 제자들 : 방향성 상실, 사명 상실, 의욕 상실

부활하신 후 제자들에게 사명을 주셨다(요 20:21-23, 21:15-19, 마 28:18-20, 막 16:15). 기독교 문명개혁 운동의 시작이다. 구체적인 행동지침을 주셨다. '예루살렘을 떠나지 말라', '약속을 기다리라'(눅 24:44-49, 행 1:1-8).

감람 산, 예루살렘 근교에서 승천하셨다(눅 24:50-53, 행 1:9-12).

【 예수님의 사역 】

사생애 30년			예수님의 족보(마 1:1-17, 눅 3:23-38), 예수님의 탄생(마 1:18-2:12, 눅 2:1-20), 하나님께 바쳐짐(눅 2:22-38), 동방박사들의 경배(마 2:1-12), 애굽으로 피신(마 2:13-18), 소년 예수님-12세 때 성전에 가심(눅 2:41-52)
공생애 3년	1	공생애 시작 첫 유월절 이전 갈릴리	세례 요한에게 세례를 받으심(마 3:13-17, 막 1:9-11, 눅 3:21,22) 40일 금식기도(마 4:1-11, 막 1:12,13, 눅 4:1-13). 다섯 제자를 만나심 (요 1:19-51). 가나의 혼인잔치(요 2:1-11). 가버나움에 내려가심(요 2:12)
	2	공생애 1년 첫 유월절 예루살렘 (8개월 머무심)	예루살렘에 올라가 성전을 정결하게 하심(요 2:13-22) 표적/이적을 행하심 - '예수는 누구인가?', '과연 하나님의 아들이시다' 니고데모의 방문(요 3:1-21). 예루살렘을 떠나 다시 갈릴리로 가심(요 4:3)
	3	사마리아	예루살렘에서 갈릴리로 가실 때에 사마리아를 통과하심 - 사마리아 여인을 만나심(요 4:1-42)
	4	공생애 1년 말 갈릴리	갈릴리 가나에서 왕의 신하의 아들을 고치심(마 8:5-13, 요 4:43-54) 고향 나사렛에 가셨다가 가버나움으로 오심(마 13:53-58, 막 6:1-6, 눅 4:16-30) 제자들을 다시 부르시고 본격적인 사역 제자들을 부르심 - 파트타임에서 풀타임으로 헌신을 요구하심
	5	공생애 2년 두 번째 유월절 예루살렘(4개월) - 갈릴리	예루살렘에서 4개월간 사역 후 다시 갈릴리로 오심 요한복음은 예수님의 예루살렘 사역에 초점 베데스다 연못에서 38년 된 병자 고치심(요 5:1-9)
	6	공생애 2년 말 예루살렘(짧게) - 갈릴리	예루살렘에는 짧게 계시고 다시 갈릴리로 돌아오심 열두 제자를 불러 임명하심(마 10:1-4, 막 3:13-19, 눅 6:12-16) - 처음부터 열두 명을 부르신 것이 아니라 신중하게 시간을 두고 살피시고 확정. 산상수훈(마 5장-7장) 백부장의 종 고치심, 나인 성 과부의 아들 살리심(눅 7:2-17) 혈루증 여인 고치심, 회당장 야이로의 딸을 살리심(눅 8:40-56)
	7	공생애 3년(1) 세 번째 유월절 갈릴리	세 번째 유월절에는 예루살렘에 가지 않으시고 계속 갈릴리 사역 - 대중 사역보다는 제자훈련에 집중하심 갈릴리 윗지방에 더 많이 계심 - 두로와 시돈과 데가볼리(이방인의 땅), 빌립보 가이사랴 (헐몬 산 줄기), 변화산 등(약 11개월의 기간). 오병이어(요 6:1-13). 물 위를 걸으심 (마 14:22-34). 베드로의 신앙고백(마 16:13-20). 변화산(눅 9:28-36)
	8	공생애 3년(2) 예루살렘으로 향하심	갈릴리를 떠나 예루살렘으로 향하는 6개월간의 여행 - 중점적인 제자훈련의 연속 사마리아를 통과하심(눅 9:51-56). 제자도(눅 9:57-62). 70명의 전도대 - 베레아 지방에 파송(눅 10:1-16)
	9	공생애 3년(3) 예루살렘 사역	성전에서 가르치심(요 7:14-8:59). 마리아와 마르다(눅 10:38-42). 소경을 고치심 (요 9:1-7). 목자와 양에 대한 설교(요 10:1-30). 죽은 나사로를 살리심(요 11:1-44)
	10	공생애 3년(4) 베레아(3개월)	치유 - 18년간 꼬부라진 여인(눅 13:10-17), 수종병 든(눅 14:1-6) 비유 - 잃은 양, 잃은 은전, 잃었던 아들, 불의한 청지기, 부자와 나사로(눅 15장 - 16장). 예루살렘 오시는 도중 삭개오를 만나심(눅 19:1-10)
	11	고난주간 네 번째 유월절 예루살렘 성전 중심	예루살렘 성밖 베다니에 머무시며 성전 중심의 사역, 마리아의 향유(요 12:1-8) 종려주일 - 입성(눅 19:29-44). 두 번째 성전 정결. 만찬, 잡히심, 고난 당하심, 베드로의 부인(마 26:17-75). 십자가에 달려 죽으심, 장사 지냄(마 27:1-66, 요 18장-19장)
	12	부활하심 승천하심	진공 상태의 제자들 - 방향성, 의욕, 사명의 상실 - 만나서 사명을 주심(요 20:21-23, 21:15-19). 구체적인 지침 - 성령을 받고 증인이 되라. 지상대명령(마 28:18-20). 예루살렘 근교 감람 산에서 승천하심

❖ 마태복음(Matthew) 예수님의 왕 되심

마가와 누가는 세리 레위의 부르심에 대해서는 언급하지만 그가 사도 마태임을 언급하지는 않는다(막 2:14, 눅 5:27). 그러나 마태복음은 그의 부르심은 물론(마 9:9) 그가 사도 중 한 명임을 밝히고 있다(마 10:3).

마태복음은 유대인을 대상으로 기록된 복음서이다. 유대인들에게 예수님이 메시아이심을 전하여 믿게 하는 것이 목표이다. 그래서 구약을 많이 인용하며 '구약에서 예언하고 있는 그 메시아가 바로 예수님'이심을 전하고 있다. 예수의 이야기는 예수로 시작하지 않는다. 그것은 창세 전부터 준비된 하나님의 구원의 일이다(벧전 1:20). 구약 전체의 주제이며 역사를 통해 진행되어 왔다. 그리고 이제 예수를 통하여 완성되었다. 교회에 대한 언급은 오직 마태복음에만 있다(마 16:13-19). "이 반석 위에 내 교회를 세우리니"(마 16:18). 마태복음은 하나님나라에 대하여 강조하고, 교회가 하나님나라의 완성을 위한 파트너임을 보여준다. 종말론에 관해서 마태복음은 제일 많이, 다른 어느 복음서보다도 자세하게 말씀하고 있다.

마태복음의 구조

마태복음은 주도면밀하게 구성된 책이다. 성령께서 꼼꼼하고 체계적이며 정리를 잘하는 전직 세리 마태가 그의 은사를 유감없이 발휘하도록 이끄시며 복음서를 기록하게 하셨다.

구조 1

마태복음은 예수님의 설교 다섯 편을 중심으로 구성되며, 크게 다섯 개의 주제군이 있다. 각 주제군에는 "예수께서 이 모든 말씀을 마치시매…"의 결론이 있다(마 7:28,11:1,13:53,19:1, 26:1). 이주제군은 모세5경과 유사하다. 가장 큰 주제는 하나님나라 즉 메시아와 메시아 왕국이다.

마태복음 – 왕으로 오신 예수 그리스도(마 1:21)

하나님나라의 시작	하나님나라의 사역자	하나님나라의 비유	하나님나라의 기반과 질서	하나님나라의 완성
창세기	출애굽기	레위기	민수기	신명기
1:1-7:29	8:1-11:1	11:2-13:53	13:54-19:1a	19:1b-28:20
왕의 족보(1장) 왕의 탄생(2장) 왕의 준비(3장-4장) 왕국의 법(5장-7장)	왕의 사역(8장-9장) 왕의 사역자(10장)	왕의 사역 : 거절, 수용, 능력 (11장-12장) 왕국의 비유(13장)	그의 백성을 먹이시고 돌보심 (14장-15장) 왕국 기반(16장) 영화로운 왕의 모습(17장) 왕국 질서(18장)	왕의 입성(21장) 왕의 책망(23장) 종말론(24장) 왕의 고난과 죽음, 부활(26장-28장) 왕의 명령(28장)
"예수께서 이 모든 말씀을 마치시매…"(마 7:28,11:1,13:53,19:1, 26:1)				

구조 2

마태복음의 또 다른 구조는 4장 17절과 16장 21절 "이때부터 예수께서 비로소 전파하여 이르시되…"(from that time on Jesus began to preach…)라는 말씀을 중심으로 다음과 같이 크게 세 개의 주제군으로 구성할 수 있다.

이때부터 예수께서 비로소 전파하여 이르시되, '회개하라 천국이 가까이 왔느니라' 하시더라 마 4:17

이때로부터 예수 그리스도께서 자기가 예루살렘에 올라가 장로들과 대제사장들과 서기관들에게 많은 고난을 받고 죽임을 당하고 제삼일에 살아나야 할 것을 제자들에게 비로소 나타내시니 마 16:21

(1) 마 1:1-4:16 왕과 왕의 나라가 준비됨
(2) 마 4:17-16:20 왕의 나라의 원칙들
(3) 마 16:21-28:20 왕 되심을 나타내심

하나님나라는 정치적인 힘에 의해서가 아니라 고난과 십자가의 죽음, 부활로 이루어진다.

【 마태복음 - 왕으로 오신 메시아 】

왕과 왕의 나라가 준비됨	왕의 나라의 원칙들	왕 되심을 나타내심
1:1-4:16	4:17-16:20	16:21-28:20
1 족보(1장) 2 왕의 오심(1장-2장) - 누가 왕이냐(2장) 3 왕의 길을 예비함(3장) 4 의를 이루심(4장) - 세례 받으며, 시험받으심	1 왕국 시민법(5장-7장) 2 왕의 신임장(8장-9장) 3 왕의 사신(10장) 4 왕의 능력(11장-12장) 5 하나님나라의 비유1(13장) 6 그의 백성을 먹이심(14장-15장) 7 왕의 신하의 고백(16장)	1 변화산(17장) 2 하늘 아버지의 뜻(18장) 3 왕의 입성(21장) 4 말세의 징조와 주의 임하심(24장) 5 하나님나라의 비유2(25장) 6 하나님나라의 완성(26장-28장) - 고난, 십자가, 부활 7 왕의 명령(28장)

마 4:17 이때부터 예수께서 비로소 전파하시다   마 16:21 이때부터 예수께서 비로소 나타내시다

왕의 나라가 준비되다	왕의 나라가 반포되다	왕의 나라가 확립되다
그의 오심 그의 겸손 **성경의 예언을 통해서**	그의 능력으로	십자가의 고난, 죽으심, **부활을 통해서**

'임마누엘'이 처음(마 1:23)과 끝부분(마 28:20)에 나타나고 있다.
'7'-7가지 간구(6장), 7가지 비유(13장), 7가지 설교(23장)

마태복음의 메시지

1. 예수 그리스도의 족보(마 1:1-16) : '족보'는 '톨레돗'(히), '제네시스'(헬), 'Genealogy'(영)다.

> 예수 그리스도의 이야기는 예수로 시작하지 않는다. 아브라함으로부터 시작한다. 하나님은 이미 오래전부터 그의 구원의 계획을 이루고자 일하셨다. 창세기부터 시작된 구약성경의 모든 것은 온 땅에 대한 하나님의 구원으로 모아진다. 그리고 신약을 여는 첫 번째 책 마태복음의 시작에서 하나님의 비밀이 드러난다. 곧 예수다.

에베소서 3장 2절은 "하나님의 그 은혜의 경륜"이라고 했고, 3장 4절은 "그리스도의 비밀"이라고 했다.
골로새서 2장 2절은 "하나님의 비밀인 그리스도"라고 했다.
갈라디아서 4장 4절은 "때가 차매 하나님이 그 아들을 보내사"라고 했다.

"아브라함과 다윗의 자손 예수 그리스도"(마 1:1) - 영어성경을 그대로 번역하면 '아브라함의 아들, 다윗의 아들 예수 그리스도'다.
'아브라함의 아들'은 이삭이다. '다윗의 아들'은 솔로몬이다. 즉, 이삭과 솔로몬은 우리 주 예수 그리스도의 모습을 잘 드러낸다.

1) 아브라함의 아들 이삭에게서 볼 수 있는 예수 그리스도의 모습
모리아 산에서 아버지에게 순종하며 번제로 드려지는 아들 이삭의 모습에서 갈보리 언덕에서 아버지의 뜻에 순복하여 십자가에 죽으신 예수 그리스도의 모습, 나의 구주, 나의 구속자의 모습을 발견한다. 아브라함이 이삭의 신붓감을 구하기 위해 종을 멀리 보내 리브가를 데리고 와서 결혼하는 장면에서 신랑이신 예수 그리스도와 신부 된 교회의 모습을 발견한다.

2) 다윗의 아들 솔로몬에게서 볼 수 있는 예수 그리스도의 모습
솔로몬의 지혜를 보면서 예수 그리스도 안에 있는 지혜를 본다. 잠언 8장(지혜의 장)에서 "누구든지 내게 들으며 날마다 내 문 곁에서 기다리며 문설주 옆에서 기다리는 자는 복이 있나니"(34절)라고 하심은 지혜 자체이신 예수께서 우리를 초청하시는 것이다. 예수 그리스도를 알 때 지혜가 생긴다. 솔로몬의 성전 완성을 통해 교회를 세우시는 예수 그리스도를 발견한다.

예수 그리스도의 족보를 통해 하나님의 메시지를 듣자!
예수 그리스도의 족보에서 특이한 점은 여인들이 족보에 등장한다는 점이다. 일반적으로 족보에 여성의 이름을 언급하지 않기에 매우 이례적이다. 그것도 다섯 명이나 된다. 다말, 라합, 룻, 우리야의 아내, 그리고 마리아다. 그런데 예수의 어머니 마리아 외에는 이들의 어떤 면이 그 이름을 예수님의 족보에 오르게 했는지 언뜻 납득이 되지 않는다. 이들을 살펴보자.

다말(마 1:3)은 유다의 아내가 아니라 며느리다. 그런데 이들 사이에서 난 아들이 예수님의 족보에 조상으로 기록된다. 비정상적인 관계다. **라합**(마 1:5)은 여리고 성의 기생이다. 가나안 여인이며 도덕적으로 결함이 있다. **룻**(마 1:5)은 모압 여인이다. 하나님은 암몬과 모압 족속의 어느 누구도 하나님의 총회에 들어오지 못하게 하셨다(신 23:3,4). 이스라엘이 가나안으로 가는 여정을 이들이 방해했기 때문이다. 다음에 등장하는 여인이 **밧세바**(마 1:6)다. 마태복음에는 그 이름을 부르지 않고 "우리야의 아내"라고 했다. 이런 배경에도 불구하고 이들은 예수 그리스도의 족보에 이름이 올랐다. 하나님이 죄인을 구하러 예수 그리스도를 보내실 때에 완벽한 사람들을 사용하지 않고 죄인들을 사용하셨다.

1) 기독교는 용서의 종교다. 예수님의 족보는 신약의 관문이다. 하나님의 놀라우신 긍휼의 사랑, 죄인을 용서하시는 사랑을 볼 수 있다. 어떤 사람이라도 회개하고 믿으면 하나님나라로 들어오게 하신다.

> 여호와께서 말씀하시되, '오라, 우리가 서로 변론하자. 너희의 죄가 주홍 같을지라도 눈과 같이 희어질 것이요, 진홍같이 붉을지라도 양털같이 희게 되리라' 사 1:18

> 내가 네 허물을 빽빽한 구름같이, 네 죄를 안개같이 없이하였으니 너는 내게로 돌아오라. 내가 너를 구속하였음이니라 사 44:22

> 주와 같은 신이 어디 있으리이까. 주께서는 죄악과 그 기업에 남은 자의 허물을 사유하시며, 인애를 기뻐하시므로 진노를 오래 품지 아니하시나이다. 다시 우리를 불쌍히 여기셔서 우리의 죄악을 발로 밟으시고 우리의 모든 죄를 깊은 바다에 던지시리이다 미 7:18,19

2) 죄인의 죄를 용서하실 뿐 아니라 하나님의 가족으로 입양하시고 예수 그리스도를 나타내는 통로가 되게 하셨다. 은혜로 사명을 주셨다.

> 하나님이 우리를 구원하사 거룩하신 소명으로 부르심은 우리의 행위대로 하심이 아니요 오직 자기의 뜻과 영원 전부터 그리스도 예수 안에서 우리에게 주신 은혜대로 하심이라 딤후 1:9

3) 하나님은 교회 공동체를 통해 이 세상에 그분의 사랑을 나타내기 원하신다. 우리는 세상의 빛이요 소금이다(마 5:13-16). 우리는 그리스도의 향기요(고후 2:15), 그리스도의 편지요(고후 3:3), 그리스도의 사신이다(고후 5:20).

4) 예수 그리스도의 족보는 하나님나라가 얼마나 넓은지 보여준다. 교회는 하나님나라의 지점이다. 교회를 통해 하나님나라가 보인다. 우리의 교회에 현대판 유다와 다말, 그리고 두 아들(베레스와 세라)이 참석하면 어떻게 반응하겠는가? 요란한 화장에 낯뜨거운 복장의 라합이 들어온다면? 이들을 주 예수 그리스도의 사랑으로 환영할 수 있는가? 죄인이 아니라 용서받은 가족으로, 형제로 받아줄 수 있는가?

> 새 계명을 너희에게 주노니, 서로 사랑하라. 내가 너희를 사랑한 것같이 너희도 서로 사랑하라. 너희가 서로 사랑하면 이로써 모든 사람이 너희가 내 제자인 줄 알리라 요 13:34,35

사랑하는 자들아, 하나님이 이같이 우리를 사랑하셨은즉 우리도 서로 사랑하는 것이 마땅하도다 요일 4:11

주 예수 그리스도의 이름으로 모이는 교회는 문턱이 없다. 장벽이 없다. 언어, 문화, 피부, 배경, 국경, 지역을 넘어선다. 사랑의 공동체다.

2. 마태복음에서 강조하는 또 하나의 주제: '하나님이 선지자로 하신 말씀을 이루려 하심이라'

예수님은 그의 모든 삶과 사역에 관한 결정에 있어서 전적으로 말씀에 순종하셨다. 그분은 모든 행동을 오직 '말씀이 성취되기 위해' 결정하셨다. 이런 독특한 면을 마태복음은 여섯 번의 특별한 상황으로 기록한다.

1) **예수께서 거주지를 가버나움으로 옮기셨다**(마 4:12-16). 예수님은 원하는 지역을 거주지로 삼지 않으셨다. 교통, 교육, 문화생활, 환경이 기준이 아니라 오직 하나님의 말씀을 따라서 정하셨다. 그렇다면 우리는 어디서 살아야 하는가? 나의 거주지 선택의 기준은 무엇인가?

2) **예수님의 사역의 형태는 치유사역이었다**(마 8:16,17). 인기 있는 사역을 택하지 않으셨다. 오직 말씀을 따라 순종하셨다. 그렇다면 우리는 어떻게 살아야 하는가?, 무엇을 해야 하는가? 나의 직업 선택, 사역 형태의 기준은 무엇인가?

3) **예수님은 사역을 통해서 자기를 나타내지 않으셨다**(마 12:15-21). 명성이나 성공, 사람들에게 인정을 받는 것에 관심이 없으셨다.

4) **예수님은 오직 비유로 가르치셨다**(마 13:34,35). 비유로 말씀하시는 것을 좋아하시거나 그것만 잘하셔서가 아니다. 오직 그런 형태로 전하라는 말씀에 순종하기 위해서다.

5) **종려주일에 예루살렘에 나귀를 타고 입성하셨다**(마 21:1-5). 예수님은 만왕의 왕, 만주의 주이시다. 그는 백마를 타고 들어가실 수 있었음에도 작고 보잘것없는 나귀를 타고 입성하셨다. 전적으로 하나님의 말씀에 순종하셨다.

6) **예수님은 순종의 하이라이트다**(마 26:51-54). 예수님은 스스로 붙잡히셨다. 심지어 예수님을 붙잡으러 온 말고의 떨어진 귀를 붙여주셨다. 얼마든지 천군천사를 동원할 수 있으셨으나 아주 힘없는 자처럼 붙잡히시고 고난을 당하시고 십자가에서 죽으셨다. 오직 하나님의 뜻을 따라 행하셨다.

이 말씀들을 통해 예수님이 하나님 아버지께 전적으로 순종하시고, 의존하셨으며, 오직 하나님 아버지를 영화롭게 하고자 하는 한 가지 목적으로 사셨음을 알 수 있다.

내 아버지여, 만일 할 만하시거든 이 잔을 내게서 지나가게 하옵소서. 그러나 나의 원대로 마시옵고 아버지의 원대로 하옵소서 마 26:39

내가 스스로 아무것도 하지 아니하고 오직 아버지께서 가르치신 대로 이런 것을 말하는 줄도 알리라. 나를 보내신 이가 나와 함께하시도다. 나는 항상 그가 기뻐하시는 일을 행하므로 나를 혼자 두지 아니하셨느니라 요 8:28,29

아버지께서 내게 하라고 주신 일을 내가 이루어 아버지를 이 세상에서 영화롭게 하였사오니 요 17:4

구약의 예언의 말씀이 어떻게 성취되었는지 자세히 언급하여 예수께서 메시아이심을 보여준다.

【 메시아에 대한 구약 예언의 성취 】

'하나님이 선지자로 하신 말씀을 이루려 하심이라'		
마 1:22,23	메시아가 동정녀를 통해 오심	사 7:14
마 2:5,6	베들레헴에서 태어나심	미 5:2
마 2:14,15	애굽으로 피난 가심	호 11:1, 출 4:22
마 2:16-18	사내아이들이 헤롯에게 죽임을 당함	렘 31:15, 33:15
마 2:23	나사렛에서 사심	시 22:6-8, 69:8,20,21, 사 49:7, 53:2,3,8, 단 9:26

우리 이전에 일어난 모든 일이 예수 안에서 완성될 뿐 아니라 우리도 예수 안에서 완성된다는 것을 알 수 있다. 매일 아침 잠에서 깰 때마다 우리는 이미 시작된 일, 오랫동안 진행되어 온 일 한가운데 있다… 우리는 우연의 산물도 아니고 군더더기처럼 불필요한 존재도 아니다. 이 이야기 속에서 우리는 우리 인생의 방향을 발견하고, 우리 삶에 대한 설명과 확신까지 찾게 된다.
— 메시지성경, 마태복음 머리말 중에서

【 산상수훈의 주요 내용 열 가지 】

1	팔복	마 5:3-12	하나님나라의 시민이 받는 복
2	소금과 빛	마 5:13-16	세상에 영향을 주는 그리스도인의 삶
3	참된 의로움	마 5:17-48	율법의 참된 의미
4	위선이 없는 실천	마 6:1-18	구제, 기도, 금식의 올바른 동기
5	그리스도인의 관심사	마 6:19-34	하나님을 섬기는 올바른 목적
6	판단에 대한 경고	마 7:1-6	이웃을 판단하지 말라
7	기도의 삶으로 초대	마 7:7-12	기도의 복과 특권
8	두 길	마 7:13,14	넓은 길과 좁은 길
9	나무와 그 열매	마 7:15-20	열매로 나무를 알라
10	행동의 중요성	마 7:21-29	하나님을 향한 순종 - 듣고 행하라

비유장 - 천국의 비유 일곱 가지(마 13장)

1. 씨 뿌리는 비유(마 13:3-9,18-23)

네 종류의 밭의 상태에 따라 뿌려진 씨앗의 열매가 각각 다르다.
밭은 마음을, 씨는 하나님의 말씀을 가리킨다.

길가와 같은 땅 : 사람들이 주로 다니는 땅이어서 딱딱하다. 씨가 떨어져도 땅속으로 들어가지 못하고 땅 위에 그대로 있다. 그래서 새들이 와서 먹어버린다. 세상으로 가득한 마음, 딱딱한 마음, 닫힌 마음이다. 세속적 마음가짐으로 쾌락을 즐긴다. 게으름, 오만함, 두려움, 무관심의 마음 상태다. 이런 마음 상태를 지닌 사람은 말씀을 들어도 마음으로 내려가지 못하고 귀로 들어와 귀로 나간다.
돌밭 : 겉은 흙이지만 돌이 밑에 깔려있다. 씨가 흙에 떨어지면 싹이 나고 줄기가 자란다. 그러나 뿌리가 깊지 못하기에 뜨거운 햇볕을 감당하지 못한다. 곧 말라 죽는다. 이런 마음은 피상적인 믿음의 소유자다. 감정적으로 쉽게 뜨거웠다가 금세 식는다. 주전자 뚜껑 같은 믿음이다. 물이 끓어오르면 뚜껑을 펄썩이며 난리를 피운다. 그러나 불을 끄면 곧 가라앉는다. 말씀이 없다. 말씀에 뿌리를 내리지 않았기 때문이다. 대가를 지불할 마음이나 희생할 마음이 없다. 제자도를 알아야 한다. 마태복음 10장은 제자도를 말해준다.
가시떨기 밭 : 복잡한 생각과 삶의 마음 상태다. 세상의 염려와 걱정으로 가득하다. 재물의 유혹으로 마음이 분산되어 있다. 말씀을 들어도 이 같은 것들에 막혀서 열매를 맺지 못한다.
좋은 땅 : 착하고 좋은 마음으로 말씀을 듣고 지키어 인내로 결실하는 것을 의미한다(눅 8:15). 착하고 좋은 마음이란 갈급함, 간절함, 열린 마음, 부드러운 마음을 말한다. 이런 마음을 가진 사람은 말씀을 듣고 깨닫는다. 말씀을 머리가 아닌 심장으로 받아들인다. 그리고 복음을 따라 순종하여 행한다.

2. 가라지 비유(마 13:24-30,36-43)

곡식과 가라지는 너무 닮아서 구분이 쉽지 않다. 그러나 열매는 확실히 다르다. '가라지'를 제거하려고 애쓰지 말고 추수 때까지 기다리라. 열매를 거두고 나머지는 태워버리면 된다. 그러므로 추수 때까지 기다리는 것이 필요하다. 농부는 가라지가 있다는 것을 안다. 그러나 곡식을 위해 가라지를 추수 때까지 둔다.
너무 쉽게 판단하지 말고 주께 맡기라. 편협, 배타심, 남을 쉽게 판단하는 마음을 경계하라. 모든 사정은 하나님만 아신다. 오직 하나님만이 판단하실 수 있다(마 7:1).
심판은 반드시 있다. 곡식과 가라지가 구별되는 날이 반드시 온다. 마지막 추수의 때가 분리의 때이듯이. 눈물과 참음이 있어야 한다. 하나님의 적대 세력은 어느 때나 반드시 있다.

3. 겨자씨 비유(마 13:31,32)

겨자씨는 작지만 생명력이 강하다. 예수님은 겨자씨만 한 믿음이 산을 옮긴다고 말씀하셨다 (마 17:20). 겨자씨는 가장 작은 것의 대명사이다. 그렇지만 1밀리미터 크기의 겨자씨가 1. 5-3미터에 달하는 나무로 자란다.

"네 시작은 미약하였으나 네 나중은 심히 창대하리라"(욥 8:7)라는 말씀처럼 하나님나라는 지극히 작게 시작하여 온 세상을 덮는다. "예루살렘과 온 유대와 사마리아와 땅 끝까지 이르러 내 증인이 되리라"(행 1:8)라고 하신 것처럼 하나님나라는 점점 더 확장된다.

누가복음에는 겨자씨가 자라서 나무가 되어 공중의 새들이 그 가지에 깃들인다고 말씀하신다 (눅 13:19). 열방이 주께로 와서 구원받고 주를 찬송할 것이다.

4. 누룩의 비유(마 13:33)

내가 어릴 때 우리 가족은 술빵을 자주 만들어 먹었다. 적은 양의 밀가루에 누룩을 넣고 반죽한 다음 뚜껑을 덮고 하루가 지나면 정말 신기하게도 밀가루 반죽이 엄청나게 부풀어 있었다. 그 반죽으로 일곱 식구가 다 먹을 만큼의 술빵이 만들어졌다.

누룩은 변화를 준다. 밀가루 반죽에 들어간 누룩이 전체를 변화시킨다. 누룩은 적은 양의 밀가루를 크게 부풀게 한다. 누룩은 나쁜 작용, 좋지 않은 영향력을 말할 때도 쓰이지만 여기서는 좋은 작용, 좋은 영향력의 의미로 쓰였다.

하나님나라는 사람을 변화시키고 사회의 시스템을 변화시킨다. 기독교 문명개혁 운동을 일으킨다. 가치의 변화를 일으킨다. 복음이 들어가면 개인과 사회의 각 영역, 나아가 국가에 변화가 일어난다. 단순한 변화나 수정 작업이 아니다. 이전과는 차원이 다른 변화, 개혁이 일어난다.

고린도후서 5장 17절에 "그런즉 누구든지 그리스도 안에 있으면 **새로운 피조물**이라. 이전 것은 지나갔으니 보라 새것이 되었도다"라고 말씀하신다. 밀가루 반죽 덩어리는 스스로 변화하는 것이 아니라 누룩에 의해 변화가 일어난다. 스스로는 변화할 힘이 없다. 좋은 계획, 거창한 비전 선포도 좋으나 그 변화는 오직 예수로부터 온다.

누룩은 변화를 일으키는 힘이 있지만 반죽에 들어가면 분해되어 없어진다. 대신 반죽 전체를 변화시킨다.

> 겨자씨 비유와 누룩의 비유는 비슷하다. 겨자씨 비유는 하나님나라의 확장성을, 누룩의 비유는 하나님나라의 팽창성을 보여준다. 하나님나라는 누구도 막을 수 없다. 갈보리 언덕에서 시작된 하나님나라는 온 천하를 덮을 것이다. 요한 계시록은 "승리자 예수, 그리스도와 승리자, 예수 그리스도의 교회"를 보여준다.

5. 밭에 감추인 보화의 비유(마 13:44)

어느 가난한 농부가 남의 땅을 빌려 밭을 일구다가 예상치 못한 보화를 발견했다. 그는 즉시 흙을 다시 덮고 집에 가서 자신의 소유를 다 팔아 그 땅을 샀다. 그래야 그 땅의 보물이 자기 것이 되기 때문이다.

농부는 밭을 갈다가 보화를 발견할 거라고는 꿈에도 생각한 적이 없다. 이와 같이 하나님의 은 혜는 예상하지 못한 곳, 예상하지 못한 상황에서 일어날 수 있다. 우연한 만남을 귀하게 여겨야 한다. 농부는 밭을 가는 일상의 일에서 보화를 발견했다. 일상에서 하나님을 만나면 위대한 일이 일어날 수 있다. 일상생활에 최선을 다하자. 그곳에 보화가 있다.

누구에게나 결정적인 순간이 찾아온다. 그럴 때에 굳게 잡으라. 머뭇거리지 말고 그것을 자신의 것으로 만들어야 한다. 게으름과 몽상에 잡히지 말고 일상생활에 최선을 다하며 기회가 올 때 속히 잡으라.

6. 값진 진주의 비유(마 13:45,46)

내 딸이 외국에서 훈련을 받을 때의 일이다. 학비가 너무 비싸서 학교 책임자(:내가 개인적으로 잘 아는 사람)에게 전화를 걸어 장학금 제도가 있는지 알아보았다. 그때 책임자는 내게, "장학금 제도가 없습니다. 그렇지만 자기의 소유를 다 팔아 비싼 진주를 샀던 농부를 기억하십시오. 분명히 따님이 이 과정을 통해 진주를 갖게 될 것입니다"라고 말했다. 나는 내 모든 소유를 다 팔아 그 과정을 위해 비용을 기꺼이 지불했다. 그리고 내 딸은 하나님나라의 값진 진주를 발견하고 차지하게 되었다.

어느 장사꾼이 극히 값진 진주를 발견했다. 그는 그것을 사고자 계약금을 걸어놓고 집에 돌아와 자기의 소유를 다 팔았다. 그는 대가를 지불했다. 그 진주는 그의 모든 소유를 팔 만큼 귀했다. 밭에 감추인 보화와 진주의 비유는 비슷하다.

하나님나라는 대가를 지불하고 구하는 바를 얻는 것이다. 성경에도 '거저 가지라'고 하지 않고 '사라'고 말씀하는 경우가 있다.

> …너희 목마른 자들아 물로 나아오라 돈 없는 자도 오라 너희는 와서 사 먹되 돈 없이, 값없이 와서 포도주와 젖을 사라 사 55:1

> 세월을 아끼라 때가 악하니라… 어리석은 자가 되지 말고 오직 주의 뜻이 무엇인가 이해하라 엡 5:16,17

"세월을 아끼라"는 말씀은 헬라어로 '기회를 사라'이다.

> 내가 너를 권하노니 내게서 불로 연단한 금을 사서 부요하게 하고, 흰 옷을 사서 입어 벌거벗은 수치를 보이지 않게 하고, 안약을 사서 눈에 발라 보게 하라 계 3:18

이 세 구절의 말씀은 한결같이 하나님과 친밀한 삶을 살고자 할 때와 연관이 있다. 즉, 하나님과 친밀한 관계의 삶을 사는 것은 거저 주어지는 것이 아니라 대가를 지불할 때 주어진다. 다윗은 오르난의 타작마당을 상당한 값을 주고 사서 번제를 드렸다(대상 21:24). 그는 "나는 값 없이는 번제를 드리지 아니하리라"라고 했다. 가장 좋은 것을 얻기 위해서는 두 번째로 좋은 것을 포기해야 한다. 우선순위를 명확하게 지키며 과감한 결단을 해야 한다. 베드로는 예수께서 "나를 따르라"라고 하실 때에 배와 그물을 버려두고 즉시 따랐다.

7. 그물의 비유(마 13:47-50)

어부가 바다에 그물을 치면 각종 물고기가 담긴다. 그러면 어부는 그물을 걷은 후에 좋은 고기와 나쁜 고기를 구분한다. 그물 비유는 가라지 비유와 비슷하다. 같은 점은 마지막 때 반드시 하나님의 심판이 있다는 것이고, 다른 점은 가라지 비유는 너무 성급하게 판단하지 말라는 교훈을 담고 있다는 것이다.

배타심을 갖지 말라. 교회는 각종 사람들이 모이는 곳이다. 건강한 자만 아니라 병든 자, 상한 자가 오기도 한다. 그들을 막지 말아야 한다. 언젠가 구별될 날이 올 것이다. 더 중요한 것은 나 자신을 살피는 일이다.

기적을 일으키는 비결 : 오병이어의 표적(마 14:13-21, 막 6:30-44, 눅 9:10-17, 요 6:1-14)

예수께서는 세례 요한이 죽었다는 소식을 들으시고 배를 타고 떠나 따로 빈 들에 가셨다. 소수의 제자들과 조용히 휴식을 취하고 싶으셨다. 그런데 사람들은 아랑곳하지 않고 예수께로 몰려갔다. 예수님은 큰 무리를 보시고 귀찮아하지 않고 불쌍히 여기셨다. 그들의 필요를 채워주고 병자들을 고쳐주셨다. 양 떼를 돌보는 목자이신 예수님의 모습이 보인다.

1. 문제가 발생했다

시간이 흘러 저녁이 되자 제자들이 문제를 제기했다.

이곳은 빈 들이요 때도 이미 저물었으니 무리를 보내어 마을에 들어가 먹을 것을 사 먹게 하소서 마 14:15

제자들이 문제 해결 방식을 내놓았다. "저들을 보내소서." 그들은 자기들이 문제를 해결할 수 없다고 판단했다. 돈도 없고, 환경적으로나 시간적으로도 불가능했다. 그러기에 무리가 스스로 문제를 해결하기를 주장했다.

그러나 예수님의 문제 해결 방식은 달랐다. **"갈 것 없다. 너희가 먹을 것을 주라"**(마 14:16).

예수님은 그의 제자들이 무리의 문제를 해결하기 원하셨다.

제자들은 세상의 문제에 대하여 수동적이며 소극적이었다. 심지어 무관심하며 방관적이었다. 세상의 문제를 해결하겠다는 생각조차 없었다.

오늘날에도 우리 주 예수님의 문제 해결 방식은 변함이 없다. 세상의 각종 문제, 질병, 가난, 불의와 불공평, 혼란을 그리스도인들이, 교회가 해결하기를 원하신다. 세상의 문제들에 대해 적극적이며 능동적이고 창조적으로 접근하여 해결하기를 원하신다.

2. 두 종류의 문제 해결자(요 6:6-9)

예수님은 제자들이 이 문제를 해결하기 원하셨다. 이 문제를 해결하는 제자들의 유형이 두 종류로 구분된다.

빌립 모드 : 앉아서 바로 계산한다. 그리고는 안 되는 이유만 늘어놓는다. 지적이며 이성적이다.

각 사람으로 조금씩 받게 할지라도 200데나리온의 떡이 부족하리이다 요 6:7

한 데나리온은 당시의 하루 품삯이다. 오늘날로 환산하여 하루 품삯을 5만 원으로 계산한다면 약 천만 원이 필요하다. 빌립은 그들에게 그만한 재정이 없다고 판단했다.

빌립 같은 사람들이 있다. "없습니다", "안 됩니다", "해보았자 소용이 없습니다"라고 말한다. 이들은 매우 똑똑하다. 현실을 직시하는 사람들이다. 그러나 안타깝게도 부정적이다. 아무런 시도도 하지 않고 안 되는 이유만 늘어놓는다.

안드레 모드 : 조금이라도 노력을 하며 해결하려고 애를 쓴다. 앉아있지 않고 일어나 나가서 무엇인가 가능성을 찾는다. 행동주의적이다. 안드레는 드디어 가능성을 발견했다.

여기 한 아이가 있어 보리떡 다섯 개와 물고기 두 마리를 가지고 있나이다. 그러나 그것이 이 많은 사람에게 얼마나 되겠사옵나이까 요 6:9

"여기 우리에게 있는 것은 떡 다섯 개와 물고기 두 마리뿐이니이다"(마 14:17).

안드레 같은 사람들이 있다. 긍정적이며 적극적이다. 문제를 해결하고자 시도한다. 자신의 한계에도 불구하고 최선을 다한다. 그러나 결국 한계에 부딪힌다.

"이것밖에 없습니다."

엘리사 시대의 과부도, **"나에게는 기름 한 그릇 외에는 아무것도 없습니다"**라고 말했다(왕하 4:2). 엘리야 시대의 과부도, **"통에 가루 한 움큼과 병에 기름 조금뿐이라"**(왕상 17:12)라고 말했다.

3. 예수님의 해결 방식(마 14:18-21)

예수님은 **"그것을 내게 가져오라"**(마 14:18)라고 하셨다. 예수님이 그것을 가지고 하늘을 우러러 축사하시고 떡을 떼어 제자들에게 주시면 제자들이 무리에게 나눠주었다. 그러자 다 배불리 먹고 남은 조각을 열두 바구니에 차게 거두었다. 엘리사는 과부의 기름 한 그릇으로 그녀의 빚을 다 갚게 했다(왕하 4:1-7). 엘리야는 과부의 가루 한 움큼과 기름 조금이 가뭄이 끝날 때까지 떨어지지 않게 했다(왕상 17:12-16).

이 모든 사건의 공통점은, 비록 아주 적은 것이라도 주님께 가지고 갔을 때 그것을 축복하셔서 모든 필요를 넉넉히 채워주셨다는 것이다.

주님은 빌립 모드의 사람들을 통해서 일하지 않으신다. 안드레 모드의 사람을 통해 일하신다. 그러나 안드레 모드의 사람일지라도 그것을 움켜쥐고 소극적으로, 부정적으로 반응하면 일하지 않으신다. 비록 적은 것일지라도 주님께 가져가 그의 손에 드릴 때 주께서 일하신다.

4. 오병이어의 표적을 통해 배운 원칙들 – 기적을 경험하는 비결

씨앗의 법칙

작은 씨앗이지만 그것을 땅에 심으면 놀라운 일이 일어난다. 겨자씨와 누룩의 비유가 잘 보여 준다. 씨앗은 최선을 다하는 우리의 태도와 행동이다. 그리고 그것을 주님의 손에 드리는 행동이다. 이것을 **믿음의 씨앗**이라고 말할 수 있다.

첫째, 하나님은 있는 자에게 기적을 경험하게 하신다.

> 없다고 말하지 말고 있는 것부터 말하라. 하나님은 있는 자에게 더하신다. 입버릇처럼 "나는 없다"라고 하지 말고 있는 것을 살피라. 없는 것으로 불평하지 말고 있는 것에 감사하라. 그럴 때 하나님이 일하신다. 불평하는 영, 없다고 하는 마음을 깨뜨리라. 감사하는 영, 있는 것을 셀 줄 아는 마음을 풀어놓으라. 그리고 비록 적은 것일지라도 주님의 손에 올려드리라. 주님은 우리의 믿음의 씨앗을 통해 놀랍게 일하신다.

둘째, 하나님은 주는 자에게 더하신다.

> 내게 있는 것을 움켜잡고 인색한 마음을 가지지 말라. 그것을 줄 줄 아는 후한 마음을 가지라. 잠언 11장 24,25절에 "흩어 구제하여도 더욱 부하게 되는 일이 있나니 과도히 아껴도 가난하게 될 뿐이니라. 구제를 좋아하는 자는 풍족하여질 것이요 남을 윤택하게 하는 자는 자기도 윤택하여지리라"라고 하셨다. 또한 누가복음 6장 38절에 "주라 그리하면 너희에게 줄 것이니 곧 후히 되어 누르고 흔들어 넘치도록 하여 너희에게 안겨주리라. 너희가 헤아리는 그 헤아림으로 너희도 헤아림을 도로 받을 것이니라"라고 하셨다.

사도행전 20장 35절은 제9복을 말씀하신다. "주는 것이 받는 것보다 복이 있다."

인색한 영을 깨뜨려야 한다. 관대한 영을 풀어놓아야 한다. 그럴 때 하나님의 배가의 축복, 오병이어의 기적을 경험할 것이다.

예수 그리스도와 서기관과 바리새인, 그리고 지상대명령

복음서 중에 마태복음은 유난히 예수님이 당시의 유대교 지도자 그룹인 서기관과 바리새인과 끊임없이 충돌하는 모습을 보여준다. 예수님은 "내가 율법이나 선지자를 폐하러 온 줄로 생각하지 말라. 폐하러 온 것이 아니요 완전하게 하려 함이라"(마 5:17)라고 하셨다.

'율법과 선지자'는 곧 구약성경을 말한다. 왕으로 오신 메시아의 하나님나라 통치 규범이다. 유대교 지도자들은 하나님의 말씀의 권위에 전적으로 순복하지 않았다. 이들은 장로들의 유전과 전통을 중요시했다. 더 나아가 전통을 하나님의 말씀의 권위보다 위에 두었다. 이들은 말씀을 떠나 종교적 형식에 치우쳤다. 자신의 의를 내세웠다.

예수 그리스도는 이를 바로잡으셨다. "이들은 말만 하고 행하지 않는다"라며 심하게 책망하셨다. 그들의 행위를 본받지 말라고 하셨다(특히 마 23장).

하나님나라는 말에 있지 않고 능력에 있다(고전 4:20). 서기관과 바리새인들은 무능했다. 이들의 외식주의와 형식주의는 하나님나라의 모습을 심하게 훼손했다. 예수 그리스도는 그의 고난과 십자가의 죽으심, 부활을 통해 하나님나라를 완성하셨다. 그리고 그의 교회에게 하나님나라를 이 땅에 구체적으로 실현하도록 대분부를 내리셨다.

> 하늘과 땅의 모든 권세를 내게 주셨으니, 그러므로 너희는 가서 모든 민족을 제자로 삼아 아버지와 아들과 성령의 이름으로 세례를 베풀고 내가 너희에게 분부한 모든 것을 가르쳐 지키게 하라. 볼지어다, 내가 세상 끝날까지 너희와 항상 함께 있으리라 마 28:18-20

Dear. NCer

오병이어 사건을 통해
❶ 나는 어떤 종류의 사람인가? 빌립 모드인가, 안드레 모드인가?

❷ 내가 가져야 할 믿음의 씨앗은 무엇인가?

지상대명령을 통해
❶ "모든 민족을 제자로 삼으라"라는 말씀은 곧 '기독교 문명개혁 운동을 주도하라'는 것이다. 구체적으로 어떻게 실현할 수 있는가?

❷ 예수님은 이 명령에 순종하는 사람들이 능히 실현하도록 모든 것을 약속하셨다. 어떤 것들인가?

❖ 마가복음(Mark) 예수님의 종 되심

마가, 경건한 가정 출신

신약에는 마가에 대한 기록이 풍부하다. 그는 예루살렘 출신이며 유대인으로서 이름은 요한이다. 그러나 로마의 이름으로 마가라고도 불렸다. 어머니 마리아는 교회가 가끔 모임을 갖도록 장소를 제공할 정도로 큰 집을 소유했다. 베드로가 천사의 도움으로 감옥에서 나왔을 때 바로 이 집으로 갔는데, 거기에서 베드로를 위해 그리스도인들이 모여 기도하고 있었다(행 12:12). 주 예수께서 최후의 만찬을 하셨던 장소도 이곳일 것이라고 많은 이들이 추측한다.

베 홑이불을 두르고 예수님을 따라가다가 병사들에게 잡히자 그 이불을 버리고 벗은 몸으로 도망간 청년이 바로 마가이다(막 14:51,52). 마가는 어려서부터 베드로를 비롯한 사도들과 교제하며 예수님에 대해 많이 들었다. 마가는 디모데처럼 경건한 가정에서 성장했다.

바울과 마가

바나바의 조카인 마가는 바울의 1차 전도여행 일원으로 참가했다. 그러나 여행의 어려움으로 중간에 포기하고 돌아갔다. 이것이 2차 여행 때 바나바와 바울이 피차 갈라서는 원인이 되었다. 훗날 바울은 마가를 그의 영적 아들로 삼고 양육했다. 더 나아가 그는 바울에게 유익한 동역자가 되었다(딤후 4:11).

베드로와 마가

마가복음은 사도 베드로의 헬라어 통역관인 마가가 기록했다. 그가 베드로의 영적 아들(벧전 5:13)이었기 때문에 예수님을 가장 가까이 섬겼던 베드로의 설교를 바탕으로 기록했다는 점에서 의미가 있다. 그러므로 마가복음은 **베드로의 회고록**이라 할 수 있다. 베드로의 정직과 겸손이 잘 드러나 있다. 마가복음을 읽을 때 이 점을 염두에 둔다면 감동이 될 것이다.

마가복음 – 섬기는 종으로 오신 예수 그리스도(막 10:45)

예수 그리스도는 누구신가?			메시아 – 그 의미는 무엇인가?	예수 그리스도는 어떻게 왕이 되시는가?		
여는말	사역준비	섬김의 종의 사역	섬김의 종의 비밀	종의 권위	종의 고난과 승리	맺는말
1:1	1:2-13	1:14-8:26	8:27-10장	11장-13장	14장-16:19	16:20
복음의 시작	세례 요한의 증거 세례 받으심 시험 받으심	가르치심 전파하심 고치심 먹이심	세 번의 대화 중에 죽으심과 부활을 세 번 말씀하심	왕의 입성 성전을 정결케 하심 성전에서 말씀하심	고난 받으심 십자가의 죽으심 부활하심	복음의 전파
	갈릴리에서		예루살렘으로 가는 길에	예루살렘에서		
놀라우신 예수, Jesus, You are wonder '놀라다'- 19번, '곧', '즉시'- 41번, '또'- 34번						

마가복음의 특징

1. 예수님의 생애에 대한 기록 중에 예수님을 가장 잘 묘사했다

마가복음은 거의 '실물 복사'이다. 사실주의적으로 생생하게 기록되었다. 예수님의 생애를 간결하고도 극적인 방법으로 기록했다. 예수님의 최측근인 베드로의 눈으로 보고 있다.

하나님이 사람으로 오셔서 바로 지금 여기, 우리 가운데 계심을 보여준다. 예수님은 도움이 필요한 우리의 삶에 찾아오셔서 실제적으로 도우셨다. 이는 우리의 신앙생활이 상상 속에서, 또는 피안의 세계에서 이루어지는 것이 아니라 현실 속에서 이루어져야 함을 잘 보여준다. 그래서 우리의 삶이 역동적이며 믿음의 구체적 실천이 있기를 요구하고 있다.

2. 예수님의 신성을 결코 망각하지 않았다

마가복음은 "하나님의 아들"(막 1:1)로 시작한다. 하나님의 아들로서 그가 얼마나 놀라우신 분인가를 말한다. 마가복음에는 "놀라우신 분", "놀라다"라는 단어가 19회 나온다. 이는 제자들의 관점이다. 예수 그리스도와 함께 살면서 그를 경험하는 삶은 놀라움의 연속이었다. '예수는 하나님의 아들'이라는 사실이 그분의 인격, 말씀, 행동을 통해 구체적이며 사실적으로 드러나니 놀랄 수밖에 없다. 예수님은 말씀과 행위로 사람의 마음을 감동시키며 놀라움과 경탄을 자아내는 하나님이시다.

3. 예수님의 인성을 가장 잘 기록했다

그는 목수이셨다. 고향 나사렛에 방문하셨을 때 사람들이 "이 사람이 마리아의 아들 목수가 아니냐?"(막 6:3)라고 말했다. 마태복음 13장 55절에는 "이는 그 목수의 아들이 아니냐?"라고 기록되어 있다. 그들은 아버지와 함께 목공소에서 일하시던 예수님을 알아보았다.

"성령이 곧 예수를 광야로 몰아내신지라"(막 1:12). 마태복음 4장 1절은 "예수께서 성령에게 이끌리어 마귀에게 시험을 받으러 광야로 가사", 누가복음 4장 1,2절은 "예수께서… 성령에게 이끌리시며 마귀에게 시험을 받으시더라"라고 했다. 히브리서 2장 14-18절은, 예수께서 우리와 같은 모양으로 혈과 육을 함께 지니시고 시험을 받아 고난을 당하심으로 시험 받는 자들을 능히 도우실 수 있다고 말씀하신다.

예수님은 귀먹고 말 더듬는 자를 보시고 하늘을 우러러 탄식하시고(막 7:34), 예수님을 힐난하며 그를 시험하는 바리새인들을 보시고 마음속으로 깊이 탄식하셨다(막 8:12). 또한 목자 없는 양 같은 무리를 불쌍히 여기셨다(막 6:34). 예수님은 부자 청년을 사랑하셨다(막 10:21). 예수님은 시장하셨다(막 11:12). 또한 피곤하셔서 따로 한적한 곳에서 쉬셨다(막 6:31).

4. 생생한 리얼리즘과 소박한 문장으로 기록되었다

마가복음은 다듬어지지 않은 문체로 이루어졌다. 어린아이가 말하는 것처럼 "또"라는 말로 자주(34회) 연결했다. "그리고 곧"(And straightway), "그리고 즉시"(And immediately)가 41회 나오는 것을 통해 마가복음은 복음의 역동성을 보여준다.

우리의 믿음의 삶은 무의미하고 무기력한 종교적 생활이 아니다. 역동적이고 활기가 있다. 사람으로 오신 하나님이 우리 가운데서 모든 삶의 영역을 재조정해주신다. 절망과 낙담 가운데 있는 사람들에게 소망을 주시고 용기를 북돋아 주신다. 육체의 병을 치료하시고 우울증에 사로잡힌 사람, 각종 중독에 빠져 허우적거리는 사람들을 자유하게 하신다. 의학적으로 치유가 불가능해 보이는 사람들을 치료하신다.

"할 수 있거든이 무슨 말이냐 믿는 자에게는 능히 하지 못할 일이 없느니라"(막 9:23)라며 우리의 믿음을 고쳐시키신다. "무엇이든지 기도하고 구하는 것은 받은 줄로 믿으라. 그리하면 너희에게 그대로 되리라"(막 11:24)라며 우리에게 믿음의 기도를 요구하신다.

또한 마치 눈앞에 지금 일어나고 있는 일을 생중계하듯 현재완료 시제를 사용하여 생생하게 묘사했다. 가령 예수님의 하루 일과표를 설명할 때 현재완료 시제를 사용했다(막 1:21-28,29-31,32-34,35,36-39). 예수 그리스도는 어제나 오늘이나 영원토록 동일하시다(히 13:8).

마가복음은 예수께서 말씀하시던 아람어를 헬라어로 번역하지 않고 그대로 기록했다. "달리다굼"(막 5:41), "에바다"(막 7:34), "고르반"(막 7:11), "아바"(막 14:36 개역한글), "엘리 엘리 라마 사박다니"(막 15:34) 등. 하나님은 우리가 알아듣기 어렵고 복잡한 철학이나 사상으로 우리에게 말씀하지 않으신다. 우리가 알아들을 수 있는 일상언어로 말씀하신다.

5. 예수님의 고난이 중심에 있다. 고난주간에 대한 내용이 전체의 1/3 이상을 차지한다

마가복음 10장 32절의 예루살렘으로 올라가심부터 15장 47절의 무덤에 장사 지내심까지 고난주간에 대해 말한다. 이는 마가복음의 3분의 1에 해당한다. 마가복음은 예수께서 "인자가 온 것은 섬김을 받으려 함이 아니라 도리어 섬기려 하고 자기 목숨을 많은 사람의 대속물로 주려 함이니라"(막 10:45)라고 말씀하심같이 섬기는 종으로서의 모습을 보여준다(막 10:43-45). 또한 단순히 섬기는 종의 모습을 넘어서서 고난을 통해 섬기는 메시아이심을 보여준다.

마가복음을 보면 최종적으로 예루살렘에 올라가시기 전까지 열 번이나 예수님은 자신이 메시아이심을 드러내지 않고 숨기셨다(막 1:34,44, 3:12, 4:11, 5:43, 7:24,36, 8:26,30, 9:9). 예수께서 자신을 숨기신 이유는, 메시아직의 진정한 본질은 죽음을 통해 자신의 목적을 성취하시는 여호와의 고난의 종이기 때문이다.

이 사실을 세 차례에 걸쳐서 제자들에게 말씀하셨으나 그들은 깨닫지 못했다(막 8:27-33, 9:30-32,10:32-45). 예수님이 두 번 안수함으로 고치신 소경처럼(막 8:22-26) 그들도 두 번 만지셨다. 예수님을 분명히 이해하기 위해서는 그분의 고난과 십자가의 죽으심, 그리고 부활을 통해서 이해해야 한다.

6. 복음으로 시작하여 복음으로 마친다

마가복음은 "하나님의 아들 예수 그리스도의 복음의 시작이라"(막 1:1)로 시작한다. 그리고 "제자들이 나가 두루 전파할새 주께서 함께 역사하사 그 따르는 표적으로 말씀을 확실히 증언하시니라"(막 16:20)로 마친다. 복음으로 시작하여 복음으로 마친다.

> 세례 요한은 오실 예수 그리스도의 길을 예비하는 자, 선포자다(막 1:2-8).
> 예수님의 제자들은 오신 예수 그리스도를 선포하고, 다시 오실 예수 그리스도를 선포했다(막 16:19,20).

마가복음의 메시지

예수님의 어느 하루 일정표(막 1:21-39)

오전	회당에서 가르치심, 귀신을 쫓아내심, 말씀의 권능(1:21-28)
점심	베드로의 집에서 식사하심, 장모의 열병을 고치심(1:29-31)
늦은 오후	각종 병든 자를 고치심, 자유하게 하심(1:32-34)
새벽	**일어나 기도하심(1:35-39)**

예수님 일정표의 원칙 - 급한 것보다 중요한 것에 우선순위를 둔다.

새벽 아직도 밝기 전에 예수께서 일어나 나가 한적한 곳으로 가사 거기서 기도하시더니 막 1:35

예수의 소문이 더욱 퍼지매 수많은 무리가 말씀도 듣고 자기 병도 고침을 받고자 하여 모여 오되, (그러나) 예수는 물러가사 한적한 곳에서 기도하시니라 눅 5:15,16

예수님은 하루의 중심을 하나님과의 교제에 두셨다. 그 시간을 가장 중요하게 여기셨다. 마가복음 1장 35절과 누가복음 5장 15,16절에 나타나는 동사, "일어나 나가… 기도하시더니", "물러가사… 기도하시니라"는 공통적으로 시제가 미완료과거형이다. 즉 한 번만 그렇게 일정을 짜신 것이 아니라 습관적으로, 반복해서 짜셨다는 것을 나타낸다. 하나님 아버지와 지속적이며 습관적인 교제 시간을 확보하는 것이 얼마나 중요한지 보여준다.

예수님은 바쁜 일정과 사람들의 요구에 둘러싸여 있으셨다. 그러나 습관적으로 한적한 곳을 찾아 하나님 아버지와 홀로 머무는 시간을 확보하셨다. 그것에 우선권을 두셨다. 예수님은 사람으로부터, 사역으로부터 지속적으로 물러가셨다.

> 예수님의 삶과 사역은 비록 분주했으나 그분은 언제나 역동적이며 활기가 넘치셨다. 그분의 가르침은 힘이 있었다. 그분은 또한 귀신들을 쫓아내시며 병자들을 고치셨다. 이런 삶과 사역의 비결은 지속적으로 하나님 아버지와 홀로 시간을 가짐에 있었다. 성령으로부터 힘과 지혜를 얻어야만 역동적이며 열매가 있는 삶을 살아가게 된다.

홀로 머묾의 비밀

마가복음 4장은 비유장이다. 예수께서 하나님나라를 세 가지 비유로(씨 뿌리는 비유 4:3-20, 자라 나는 씨 비유 4:26-29, 겨자씨 비유 4:30-32) 말씀하셨다. 큰 의미에서는 같은 영역, 즉 씨와 성장에 관한 말씀이다. 마태복음 13장에서는 일곱 가지 비유로 말씀하시고, 누가복음 8장에서는 오직 씨 뿌리는 비유(눅 8:4-15)만 말씀하셨다.

세 복음서의 씨 뿌리는 비유의 공통점은 '하나님나라의 비밀'이라는 것이다. 예수님은 이 비유 를 무리에게 말씀하시고 제자들에게는 그 뜻을 풀어 설명하셨다. 그런데 오직 마가복음에서 만 "예수께서 홀로 계실 때"에 그 비유를 제자들에게 알아듣도록 자세히 설명하셨다고 두 차 례 언급하셨다.

> 예수께서 **홀로 계실 때에** 함께한 사람들이 열두 제자와 더불어 그 비유들에 대하여 물으니, 이르시되, 하나님나라 의 비밀을 너희에게는 주었으나 외인에게는 모든 것을 비유로 하나니 막 4:10,11

> 예수께서 이러한 많은 비유로 그들이 알아들을 수 있는 대로 말씀을 가르치시되, 비유가 아니면 말씀하지 아니하 시고 **다만 혼자 계실 때에** 그 제자들에게 모든 것을 해석하시더라 막 4:33,34

마가복음은 특히 홀로 머묾의 비밀을 강조하고 있다. 많은 사람이 예수님의 말씀을 들었다. 그러나 모두가 그 말씀을 이해하지는 못했다. 주께서 비유로 말씀하실 때는 그 목적이 보아도 알지 못하고 들어도 깨닫지 못하게 하는 데 있다. 주께서 홀로 계실 때에 주께로 나아와 그 뜻 을 알고자 청하는 사람들에게만 해석하여 그 말씀을 깨닫게 하셨다.

말씀을 듣는 것만이 아니라 뜻대로 행하는 삶이 중요하다고 주님은 반복적으로 강조하셨다. 마가복음 4장의 비유 말씀 전후에도 이를 강조하고 있다. 마가복음 3장 31-35절에 예수님의 어머니와 형제들이 찾아왔을 때 "누구든지 하나님의 뜻대로 행하는 자가 내 형제요 자매요 어 머니이니라(막 3:35)"라고 하셨다. 또한 마가복음 4장 35-41절에서 풍랑을 잠잠하게 하신 후에 제자들에게 "너희가 어찌 믿음이 없느냐(막 4:40)"라고 하셨다. 말씀을 들을 뿐 아니라 듣고 믿 을 때에 말씀을 경험하게 된다.

말씀을 듣고 말씀을 따라 삶으로 살기를 바라는 사람은 누구나 주 앞에 나아가 주님과 홀로 머문다. 씨 뿌리는 비유에서 이런 갈급한 마음, 순종하고자 하는 마음을 "좋은 땅"이라고 했 다. 누가복음 8장 15절에 "좋은 땅에 있다는 것은 착하고 좋은 마음으로 말씀을 듣고 지키어 인내로 결실하는 자"라고 했다. 주의 말씀을 듣고 그 뜻대로 행하기를 원하는 사람은 주 앞에 나아간다. 주 앞에 홀로 머문다. 주님은 그런 사람들에게 말씀의 비밀을 해석하여 깨닫게 하신 다. 홀로 머묾의 비밀이다.

섬김을 받으러 오시지 않고 섬기러 오신 종으로서의 예수님

인자가 온 것은 섬김을 받으려 함이 아니라 도리어 섬기려 하고 자기 목숨을 많은 사람의 대속물로 주려 함이니라 막 10:45

'섬김의 종으로 오신 예수님'이 마가복음의 중심 주제다.

주께서 이 말씀을 하신 배경이 있다. 세베대의 아들 야고보와 요한이 주님의 자리 좌우에 앉게 하여 주기를 요청했다. 예수님은 야고보와 요한에게 참된 지도력이 무엇인지 알지 못한다고 말씀하셨다. 이들의 대화를 듣고 있던 열 제자가 야고보와 요한에게 화를 냈다. 제자들 사이에 시기와 질투, 경쟁과 비교의식이 일어났다. 이때 주께서 제자들에게 참된 지도력에 대해 말씀하셨다.

이방인의 집권자들이 그들을 임의로 주관하고 그 고관들이 그들에게 권세를 부리는 줄을 너희가 알거니와, 너희 중에는 그렇지 않지니, 너희 중에 누구든지 크고자 하는 자는 너희를 섬기는 자가 되고, 너희 중에 누구든지 으뜸이 되고자 하는 자는 모든 사람의 종이 되어야 하리라 막 10:42-44

이 세상의 지도력과 하나님나라의 지도력은 근본적으로 다르다. 세상은 지도자가 사람들 위에 군림하고 지배한다. 그러나 하나님나라의 지도력은 종의 자세로 사람들을 섬긴다. 하나님나라의 지도력은 섬기는 종이다. 예수님은 섬기는 종으로 이 세상에 오셔서 모든 지도자의 롤모델이 되셨다.

의사로 오신 예수님

"예수께서 들으시고 그들에게 이르시되, '건강한 자에게는 의사가 쓸 데 없고 병든 자에게라야 쓸 데 있느니라. 나는 의인을 부르러 온 것이 아니요 죄인을 부르러 왔노라' 하시니라"(막 2:17).

하나님이 그 아들을 세상에 보내신 것은 세상을 심판하려 하심이 아니요 그로 말미암아 세상이 구원을 받게 하려 하심이라 요 3:17

도둑이 오는 것은 도둑질하고 죽이고 멸망시키려는 것뿐이요, 내가 온 것은 양으로 생명을 얻게 하고 더 풍성히 얻게 하려는 것이라 요 10:10

예수님은 죄인 된 나를 위해 오셨다. 내가 주께로 나아갈 때 내 죄를 지적하고 정죄하거나 심판하지 않으신다. 예수님은 내 죄를 용서하시고, 깨끗하게 하시고, 회복시키기 위해 오셨다. 예수님은 몸이나 마음이 병든 자, 상한 자, 약한 자를 위해 의사로 오셨다.

도둑이 오는 것과 예수님이 오신 목적은 확연히 다르다. 도둑은 우리의 믿음을 도둑질하고, 열정을 죽이고, 우리를 정죄감과 죄책감으로 몰아가 낙심과 절망에 이르게 하여 결국 멸망시키려고 시도한다. 그러나 우리 주 예수님은 우리에게 생명을 주고 더 나아가 풍성한 삶을 살게 하고자 오셨다.

마가복음의 구조

마가복음은 지리적으로 내용이 구분된다.

- **갈릴리 사역**(막 1:14-6:13) 1:14-15, 1:28, 1:39 예수의 소문이 곧 온 갈릴리 사방에 퍼지더라(막 1:28)
- **갈릴리 북부**(막 6:14-9:50) 6:45-46, 6:53, 7:31 건너가 게네사렛 땅에 이르러 대고(막 6:53)
- **예루살렘으로 향함**(막 10장) 10:1,32 예수께서 거기서 떠나 유대 지경과 요단 강 건너편으로 가시니(막 10:1)
- **예루살렘에서의 사역 - 고난주간, 죽음, 부활, 승천**(막 11:1-16:20)

  11:1,15, 16:19 그들이 예루살렘에 가까이 와서 감람 산 벳바게와 베다니에 이르렀을 때에(막 11:1)

1. **종의 신분 : 네 가지 신분**
   (막 1:1-13)
   - 하나님의 아들(막 1:1)
   - 주(막 1:3)
   - 능력 많으신 이(막 1:7)
   - 하나님께 사랑받는 아들(막 1:11)

2. **종의 사역 : 능력 있는 사역**
   (막 1:14-8:26)
   - 첫 메시지(막 1:14,15)
   - 네 사람을 제자로 부르심
     (막 1:16-20)
   - 능력 있는 첫 사역(막 1:21-2:12)
   - 제자를 선택하심(막 3:7-19)
   - 더 능력 있는 사역(막 4:35-6:6)
   - 열두 제자를 파송함(막 6:7-13)

3. **종의 고통**(막 8:27-15:47)
   - 십자가 예고1(막 8:31-9:1)
   - 십자가 예고2(막 9:2-13)
   - 십자가 예고3(막 9:30-32)
   - 고난주간(막 11장-15장)
   첫째 날 : 승리의 입성
   (막 11:1-11)
   둘째 날 : 성전 정결, 무화과나무 저주(막 11:12-19)
   셋째 날 : 감람 산 설교(막 11:20-13:37)
   넷째 날 : 베다니 방문, 유다의 배신 약속(막 14:1-11)
   다섯째 날 : 유월절 만찬, 겟세마네 기도, 잡히심(막 14:12-50)
   여섯째 날 : 안나스 재판, 베드로 부인(막 14:53-72), 빌라도 재판, 십자가, 장사 지냄(막 15장)

4. 종의 승리 : 네 가지 승리(막 16장)

- 부활하심(막 16:1-8) - 빈 무덤
- 나타나심(막 16:9-18) - 막달라 마리아, 시골 가는 두 사람, 열한 제자에게 나타나시고 명하심
- 승천하심(막 16:19) - 승천하시어 하나님 우편에 앉으심
- 역사하심(막 16:20) - 제자들이 나가 복음을 전파할 때 주께서 함께 역사하심

【 마지막 주간의 사건들 】

일요일	예루살렘 입성 - 종려주일 (막 11:1-11)
월요일	무화과나무에 열매 없음을 보고 저주하심 (막 11:12-14) 예루살렘 성전을 정결하게 하심 (막 11:15-19)
화요일	감람 산 설교 (막 11:20-13:37) 산헤드린이 예수님의 권위에 도전함 (눅 20:1-8) 예루살렘의 멸망과 예수님의 재림을 예언하심 (막 13장, 마 24장-25장) 베다니 마리아가 예수님의 발에 기름을 부음 (막 14:3-9, 요 12:2-8)
수요일	성전에서 가르치심 (눅 21:37,38) 산헤드린이 예수를 죽일 음모를 꾸밈 (막 14:1,2, 눅 22:1,2) 유다가 예수님을 배신하기로 유대 지도자들에게 약속함 (눅 22:3-6, 막 14:10,11)
목요일	예수님이 제자들과 유월절 식사를 하고 최후의 만찬을 가짐 (요 13:1-3, 막 14:22-26) 겟세마네에서 십자가를 두고 기도하심 (막 14:32-42, 눅 22:39-46) 겟세마네 동산에서 배신당하고 체포되심 (요 17장, 막 14:43-52, 요 18:2-12)
금요일	대제사장 안나스가 예수님을 심문함 (요 18:12-24) 가야바와 산헤드린 공회의 고소, 심문당하심 (막 14:53-65) 베드로가 예수님을 세 번 부인함 (요 18:15-27, 막 14:66-72) 빌라도 앞에서 심문당하심(새벽) (눅 23:1-5, 막 15:1-5) 헤롯 안디바 앞에 출두하심 (눅 23:6-12) 빌라도가 공식적으로 사형을 언도함 (눅 23:13-25, 막 15:15) 조롱당하시고 두 강도 사이에서 십자가에 달리심(09:00) (막 15:16-27) 운명하실 때 성전의 휘장이 찢어짐(15:00) (마 27:51-56, 막 15:37,38) 아리마대 요셉의 무덤에 장사되심 (요 19:31-42, 막 15:42-47)
토요일	무덤에 계심
일요일	죽음에서 부활하심 눅 24:1-9, 막 16:1-11)

Dear. NCer

예수님이 힘 있고 능력 있는 삶을 사실 수 있었던 비결은, 정기적으로 새벽에 하나님 아버지 앞에 나아가 홀로 머무는 삶에 있었다.
늘 주의 말씀을 가지고 살아갈 때에 주께서 거기에 항상 함께 역사하신다.
모든 삶 가운데 하나님의 임재와 능력을 경험하려면 예수님의 일과를 본받아야 한다.

❖ 누가복음(Luke) 예수님의 인성

사람의 아들로 오신 메시아 예수

누가복음은 탁월한 문장으로 기록되어 있다. 격조 높은 헬라어를 사용하며 뛰어난 문장력을 구사한다. 예수 그리스도의 삶에 대한 기록 중 세상에서 가장 아름다운 책이라 불린다.

누가복음은 기록 동기와 방향, 내용 등 기록 배경을 먼저 언급하고(눅 1:1-4) 이후 1장 5절부터 자세히 설명한다. 다른 복음서와 달리 연대를 가급적 지키면서 기록했다. 기록한 목적은 수신자가 이미 알고 있는 것을 더 확실하게 설명하여 그의 믿음을 견고하게 하려는 것이다. 직접 경험한 예수 그리스도에 대한 기록이다. 묵상한 것이나 전해 들은 것이나 생각을 모은 것이 아니다. 누가의 직업은 의사이다(골 4:14). 의사는 사람을 있는 그대로 보며, 사물과 현상을 날카로운 과학자의 관찰을 통해 본다. 그는 신약성경의 기자 중 유일하게 유대인이 아닌 이방인이다.

> **우리 중에 이루어진 사실에 대하여 처음부터 목격자와 말씀의 일꾼 된 자들이 전하여 준 그대로 내력을 저술하려고 붓을 든 사람이 많은지라. 그 모든 일을 근원부터 자세히 미루어 살핀 나도 데오빌로 각하에게 차례대로 써 보내는 것이 좋은 줄 알았노니 이는 각하가 알고 있는 바를 더 확실하게 하려 함이로라 눅1:1-4**

이 구절에서 누가복음의 특징만 아니라 성경 즉 하나님의 말씀의 특징을 볼 수 있다.

첫째, 하나님의 말씀은 우리의 믿음을 생동감 있게 해준다.

"우리 중에 이루어진 사실에 대하여"(눅 1:1)

누가복음은 역사적으로 가장 날카롭게 조사하고 주도면밀하게 검토하여 기록했다. 하나님의 말씀은 픽션이나 상상으로 꾸며낸 이야기가 아니다. 역사적인 사실에 근거한 것이다. 시간과 공간에서 실제로 일어난 것들을 기록했다. 누가는 대단히 신중하게 그리고 정확하게 누가복음을 기록했다. 누가복음은 처음부터 역사적으로 이루어진 사실에 대해 서술한다. 세례 요한의 출생 배경(눅 1:5-25,57-80), 예수 그리스도의 출생 배경(눅 1:26-56, 2:1-40)과 성장 배경(눅 2:41-52), 세례 요한의 사역(눅 3:1-20) 등 공간적, 역사적 사실을 시간적으로 배열하여 기록했다. 세례 요한의 사역 시기를 역사적 배경을 바탕으로 기록한 것은 매우 흥미롭다. 당시의 시대적 상황을 여섯 가지 요소로 세세히 설명한다.

- 디베료 황제가 통치한 지 열다섯 해
- 곧 본디오 빌라도가 유대의 총독으로
- 헤롯이 갈릴리의 분봉왕으로
- 그 동생 빌립이 이두래와 드라고닛 지방의 분봉왕으로
- 루사니아가 아빌레네의 분봉왕으로
- 안나스와 가야바가 대제사장으로 있을 때에 하나님의 말씀이… 요한에게 임한지라(눅 3:1,2)

둘째, 하나님의 말씀은 우리의 믿음에 열정을 불어넣어준다.

"처음부터 목격자와 말씀의 일꾼 된 자들이 전하여 준 그대로"(눅 1:2)

영화 〈목격자〉를 보면 목격자를 죽이려는 그룹과 찾아서 확보하려는 그룹이 나온다. 진실을

은폐하고자 하는 그룹은 목격자를 죽이려 한다. 진실을 알고자 하는 그룹은 목격자를 찾으려 한다. 목격자란 사건이 일어났을 당시 그 현장에 있었던 사람이다. 눈으로 직접 보고 귀로 들었기에 목격자의 진술이 가장 중요하다. 그는 사건의 전말을 가장 확실하게 증언한다. 결정적이다.

"말씀의 일꾼 된 자들"은 교실에서 배운 지식을 전하는 것이 아니라 자신이 직접 목격하고 경험한 예수를 다른 사람에게 전하는 사람이다. 이들은 냉랭하고 딱딱하게 증언하지 않는다. 저마다 확신과 열정을 가지고 감격에 벅차서 직접 경험한 바를 전한다. 그러므로 이들의 말을 듣는 자마다 열정적인 믿음을 가지게 된다. 우리는 누가복음을 읽을 때 감동의 물결에 휩싸인다. 웃음, 눈물, 놀람, 감격, 기쁨이 우리의 심장에 물밀듯 밀려온다.

셋째, 하나님의 말씀은 우리 영혼의 닻과 같다.
"이는 각하가 알고 있는 바를 더 확실하게 하려 함이로라"(눅 1:4)
"확실하게 한다"는 것은 '든든하게', '안전하게' 한다는 의미다. 틀림없는 확실성을 보장하는 것이다. 이는 마치 배가 항구에 정박할 때 제일 먼저 닻을 내리는 것과 같다. 우리의 기억에는 맹점이 있다. 우리의 생각은 부패하기 쉽다. "만물보다 거짓되고 심히 부패한 것은 마음이라"(렘 17:9)라고 하셨다. 조금만 시간이 지나도 변형되기 쉽다. 자신의 마음대로 결론을 내린다. 엉뚱한 방향으로 쉽게 간다. 그러나 배가 항구에 정박하여 닻을 내리면 밤새도록 아무리 파도가 출렁인다 해도 배는 떠내려가지 않는다. 이처럼 성경은 우리의 믿음을 견고하게 해준다. 환경에 따라 쉽게 흔들리지 않는다. 우리의 생각과 감정이 흔들리지 않도록 하나님의 말씀에 닻을 내려야 한다. 누가복음의 목적은 무언가 새로운 것을 알려주려는 데 있지 않다. 내가 이미 알고 있는 바를 더 확실하게 하여 흔들리지 않게 하는 데 그 목적이 있다.

누가복음 – 주의 은혜의 해를 전파하러 오신 예수님(눅 4:18-19)

서론	출생	예수님과 그 사역		예루살렘을 향한 여정		예수님의 십자가 - 고난과 죽음	예수님의 부활과 승천
기록 방법과 목적	하나님의 주권	준비	열두제자를 파송하심	칠십인을 파송하심	두 종류의 잔치	순종	위임령
1:1-4	1:5-2장	3장-4:13	4:14-9:50	9:51-13장	14장-19:27	19:28-23장	24장
이루어진 사실을 차례대로 기록하여 알고 있는 바를 더 확실히 하려함	세례요한의 태어남과 성장(1:80) 역사의 주 하나님 예수님의 태어나심과 성장(2:52)	세례요한의 사명 - 주의 길을 예비함 족보 - 세상을 향한 하나님의 계획 예수님의 사역 준비 - 세례받으심 - 광야에서 시험받으심	주의 은혜를 해를 선포하심 여러 회당에서 가르치심 열두제자를 택하시고 파송하심 변화산에서의 예수님	예루살렘으로 가기로 굳게 결심하심 칠십인을 세워 앞서 보내심 누가 내 이웃인가? - 선한 사마리아인 재물의 청지기 삶 제자도1(9:57-62)	거꾸로 가는 세상을 바로 세우심 두 종류의 잔치에 참여하심 · 바리새인 지도자와 세리 삭개오의 집 여러 비유로 하나님의 나라 말씀하심 제자도2 (14:25-35)	예루살렘 입성하심 성전을 정결케 하심 성전에서 가르치심 마지막 만찬 빌라도 법정 십자가에 못박히심 죽으심, 장사지내심	최초의 부활의 목격자 - 막달라 마리아 엠마오의 두 제자와 예수님 열한 제자와 식사하시고 대위임령을 주심 승천하심
	예루살렘, 갈릴리, 베들레헴	갈릴리		사마리아		예루살렘	
	30년	3년					

세례 요한의 부르심과 사역

다른 어느 복음서보다 누가복음은 세례 요한의 사역을 상세히 기록한다. 하나님은 그를 "빈
들", 곧 "광야"에서 부르셨다(눅 3:2,4). 마치 모세를 광야에서 부르신 것과 같다.

> 교회 역사에서 볼 때 하나님은 새로운 일을 시작하실 때 언제나 빈 들, 즉 광야에서 시작하셨다. 이것
> 을 '변두리 원칙'이라 부른다. 이미 잘 형성된 사역 조직은 마치 공룡 같아서 현상 유지하기에 급급하
> 여 새로운 일을 수행하기가 어렵다. 하나님이 새로운 일을 시작하시고자 할 때 나의 것을 과감히 비워
> 야 한다.

그의 사명은 '오실 메시아'의 길을 앞서 준비하는 것이다. 그의 오실 길을 곧게 하는 것이다(눅
3:4). 누가복음 3장 5절에는 오실 길을 곧게 하는 요한의 네 가지 사역이 설명되었다. 3장 6절
의 "모든 육체가 하나님의 구원하심을 보리라"는 그 사역의 결과를 말한다.

모든 골짜기가 메워지고, 모든 산과 작은 산이 낮아지고, 굽은 것이 곧아지고, 험한 길이 평탄하여질 것이요
눅 3:5

"모든 골짜기가 메워진다"
각자 삶의 움푹 파인 부분 : 열등감, 낮은 자존감, 정죄감, 낙심과 좌절, 실패감에서 회복되어
야 한다.

"모든 산과 작은 산이 낮아진다"
각자 삶의 높아진 부분 : 자기중심의 이기주의, 교만을 깨뜨리고 겸손으로 나아가야 한다.

"굽은 것이 곧아진다"
각자 삶의 구부러진 부분 : 세상적인 사고방식과 가치 기준을 버리고 오직 성경적인 사고와 가
치 기준을 가져야 한다.

"험한 길이 평탄하여진다"
각자 삶의 울퉁불퉁한 부분 : 원망, 쓴뿌리, 거친 성격과 과거의 상처로 인한 아픔이 치료되어
야 한다.

> 이 네 가지 사역은 단지 개인의 삶의 영역에만 해당하는 것이 아니라 사회의 각 영역에도 해당한다. 이
> 는 이후의 말씀들 즉 누가복음 3장 7-14절의 "무리", "세리들", "군인들"에 대한 말씀에서 이해할 수
> 있다. 우리의 사명은 '다시 오실 메시아'의 길을 예비하는 것이다. 즉 기독교 문명개혁 운동을 주도하
> 는 것이다.

누가복음의 특징

1. 이방인을 위한 복음

날짜 기록을 로마 황제, 로마의 위정자, 로마의 연대로 언급한다. 마태복음과 달리 구약의 예언 성취로서의 예수님에 대해서는 언급하지 않는다. 구약성경의 인용이 극히 드물다. 헬라인이 이해할 수 있도록 히브리어를 거기에 해당하는 헬라어로 표기했다.

- "가나나인 시몬"이란 말이 "셀롯이라는 시몬"으로 되어 있다(눅 6:15와 마 10:4 비교).
- 갈보리는 히브리어 명칭인 '골고다' 대신에 헬라어인 '크라니온'으로 표기했다. 이 두 단어는 모두 '해골의 장소'라는 뜻이다.
- 예수에 대하여 '랍비'라는 말을 사용하지 않고 한결같이 '선생'이란 뜻의 헬라어를 사용한다.
- 예수의 족보도 유대 민족의 조상인 아브라함으로 시작하지 않고 인류의 조상인 아담으로부터 시작한다 (마 1:1, 눅 3:38).

70인 제자들의 사명을 특히 언급했다(눅 10:1-24). 이는 창세기 10장의 70족속을 연상케 하고, 결국 땅의 모든 족속을 향한 하나님의 마음을 보여준다.

2. 기도의 복음

누가복음에는 기도하시는 예수님의 모습이 종종 나타난다.

- 세례 받으시고 기도하실 때 사역의 중요한 세 가지 기반을 놓으셨다(눅 3:21).
- 모든 능력 있고 역동적인 사역의 비결은 지속적이고 습관적인 기도에 있었다(눅 5:16).
- 열두 사도를 택하기 전에 밤이 새도록 기도하셨다(눅 6:12).
- 자신의 신분과 죽음에 대해 최초로 보여주기 전에 따로 기도하셨다(눅 9:18).
- 변화산에서 기도하실 때 놀라운 광경이 펼쳐졌다(눅 9:29).
- 베드로의 믿음을 위해서 기도하셨다(눅 22:32).
- 십자가에서 용서의 기도를 하셨다(눅 23:34).

예수님은 기도의 삶을 강조하셨다.

- 한밤중에 찾아온 친구의 비유(눅 11:5-13)
- 불의한 재판관의 비유(눅 18:1-8)

기도는 예수님의 라이프 스타일이다.

예수께서 나가사 습관을 따라 감람 산에 가시매 눅 22:39

예수의 소문이 더욱 퍼지매 수많은 무리가 말씀도 듣고 자기 병도 고침을 받고자 하여 모여 오되, (그러나) 예수는 (반복적으로) 물러가사, 한적한 곳에서 기도하시니라 눅 5:15,16

예수님의 사역이 더 늘었지만 사람과 일로부터 반복적으로 물러가 기도하셨다. 여기서도 미완료과거 시제를 사용하여 반복적 행동임을 보여준다. 기도는 예수님의 습관이며 라이프 스타일이었다.

3. 여성을 위한 복음

여자들에게 특별한 지위를 부여함으로써 하나님나라의 개방성을 제시했다. 당시 사회적 배경으로 볼 때 이는 개혁적이다. 성경은 처음부터 남성과 여성을 동등하게 창조하시고 사역자로 부르셨다(창 1:26-28).

- 마리아 - 예수님의 어머니
- 엘리사벳 - 세례 요한의 어머니
- 안나 - 여선지자(눅 2:36-38)
- 나인 성 과부(눅 7:11-16)
- 시몬의 집에서 예수님의 발에 기름을 부은 여인(눅 7:36-50)
- 마리아와 마르다(눅 10:38-42)
- 헌금함에 생활비 전부를 넣은 가난한 과부(눅 21:1-4)
- 십자가를 지신 예수님을 바라보며 가슴을 치면서 슬피 운 여자들(눅 23:27,28)
- 십자가에 달리신 예수님을 끝까지 섬긴 갈릴리로부터 온 여자들(눅 23:49,55,56)

예수님과 제자들을 물질로 섬긴 여자들

그 후에 예수께서 각 성과 마을에 두루 다니시며 하나님의 나라를 선포하시며, 그 복음을 전하실새 열두 제자가 함께하였고, 또한 악귀를 쫓아내심과 병 고침을 받은 어떤 여자들 곧 일곱 귀신이 나간 자 막달라인이라 하는 마리아와 헤롯의 청지기 구사의 아내 요안나와 수산나와 다른 여러 여자가 함께하여 자기들의 소유로 그들을 섬기더라 눅 8:1-3

주님의 부활을 첫 번째로 목도한 사람들은 다수의 용감한 여자들

안식 후 첫날 새벽에 이 여자들이 그 준비한 향품을 가지고 무덤에 가서… (이 여자들은 막달라 마리아와 요안나와 야고보의 모친 마리아라. 또 그들과 함께한 다른 여자들도 이것을 사도들에게 알리니라) 눅 24:1,10

4. 찬양의 복음

하나님을 찬양하는 구절은 나머지 복음서의 횟수를 전부 합한 것보다 더 많이 나타난다(26구절). 마리아는 성령으로 메시아를 잉태하고 조용한 유대 산중에 머물며 하나님의 은혜와 영광을 찬양했다. 마리아의 찬양은 가장 아름다운 가사 중에 하나다.

마리아	사가랴	시므온
공평하신 하나님	구원하시는 하나님	이방 선교를 계획하시는 하나님
눅 1:46-55(10구절)	눅 1:68-79(12구절)	눅 2:29-32(4구절)

5. 보편적인 복음 : 돌봐야 할 그룹을 언급했다. 하나님나라의 성격을 잘 보여준다

모든 장벽을 무너뜨리고, 차별을 없애셨다. 예수 그리스도는 만민을 위해 존재하신다.

- 하나님나라는 당시 사회적·영적으로 차별받던 사마리아 사람들에게도 열려있었다(눅 9:51-56).
  - 선한 사마리아인(눅 10:30-37)
  - 감사하는 사마리아인 나병환자(눅 17:11-19)
- 유대인은 상종도 하지 않던 이방인에게 호의를 가지고 대하시는 예수님의 모습을 본다.
  - 사렙다 과부와 나아만을 본보기로 삼으심(눅 4:25-27)
  - 백부장의 믿음을 칭찬하심(눅 7:2-9)
  - "사람들이 동서남북으로부터 와서 하나님의 나라 잔치에 참여하리니"(눅 13:29)
- 가난한 사람에게 각별한 관심을 가지시는 예수님의 모습을 본다(눅 2:4-7,22-24).
  - 주님은 부자만 아니라 가난한 자가 드리는 적은 예물도 귀하게 여기신다(눅 2:22-24).
  - 부자와 나사로의 비유는 가난한 자에게 복음이 전파됨을 가르친다(눅16:19-31).
  - 심령이 가난한 자는 복이 있나니(눅 6:20, 마 5:3)
  - 주님은 가난한 과부의 헌금을 귀하게 여기시고 칭찬하셨다(눅 21:1-4).
- 소외된 자들 : 죄인과 세리의 친구이신 예수님
  - 예수님의 발을 향유로 닦은 여인은 간음의 현장에서 용서받은 여인일 것이다(눅 7:36-50).
  - 유대인들은 힘들고 먼 길로 돌아갔지만 주님은 예루살렘으로 가실 때 일부러 사마리아를 지나셨다 (눅 9:51-56).
  - 자비를 베푼 선한 사마리아 사람이 제사장이나 레위인보다 더 낫다(눅 10:30-37).
  - 탕자의 비유는 곧 하나님 아버지의 마음을 보여준다(눅 15:11-32).
  - 사회적으로 소외된 나병환자를 가까이하셨다.
  - 주님은 이방인 거주 지역에 의도적으로 방문하셨다(눅 17:11-19).
  - 삭개오는 당시 유대인들이 무시하던 세리이지만 주님은 그의 집에 방문하셨다(눅 19:1-10).
  - 바리새인과 세리의 비유를 통해 자기의 마음을 깨뜨리는 삶이 귀함을 말씀하셨다(눅 18:9-14).
  - 주님은 마지막 순간 십자가 위에서도 회개하는 강도를 환영하셨다(눅 23:43).

6. 청지기 복음, 재물에 대한 청지기직에 대해 가장 많이 언급했다

속부가 된 부자의 비유, 눅 12:13-21

속부의 정의, "자기를 위하여 재물을 쌓아두고 하나님께 대하여 부요하지 못한 자"(눅 12:21)
부자는 풍성한 소출을 가난한 자들에게 나누어주지 않고 더 큰 창고를 짓고 거기에 쌓아두었다.
주님은 "모든 탐심을 물리치라"(눅 12:15)라고 하셨다. 또 "너희 소유를 팔아 구제하여 낡아지지
아니하는 배낭을 만들라. 곧 하늘에 둔 바 다함이 없는 보물이니 거기는 도둑도 가까이하는 일
이 없고 좀도 먹는 일이 없느니라. 너희 보물 있는 곳에는 너희 마음도 있으리라"(눅 12:33,34)라
고 하셨다. 또 "지혜 있고 진실한 청지기가 되어 주인에게 그 집 종들을 맡아 때를 따라 양식을
나누어줄 자가 누구냐? 주인이 이를 때에 그 종이 그렇게 하는 것을 보면 그 종은 복이 있으리
로다… 주인이 그 모든 소유를 그에게 맡기리라"(눅 12:42-44)라고도 하셨다.

> 우리가 가진 재물은 우리의 것이 아니라 주인이신 하나님이 맡기셨다.
> 우리는 청지기로 부름을 받았다.

옳지 않은 청지기 비유, 눅 16:1-13

오직 하나님만을 섬기고 재물을 섬기지 말아야 한다. 누가복음 16장 13절의 "재물"은 '맘몬'이다. 즉, 재물에 대한 잘못된 이해를 주어서 재물을 잘못 사용하는 불의한 청지기로 삼으려는 어둠의 영이다. 오히려 주어진 재물을 잘 맡아서 재물에 충성해야 한다.

은 열 므나의 비유, 자격 시험, 눅 19:12-26

하나님은 우리 각 사람에게 일정한 재물을 맡기신다. 그리고 그 재물에 충성함을 보시고 하나님나라의 일을 맡기신다. 달리 말하면, 하나님나라의 일을 맡길 만한 사람인지 알아보는 기준을 '재물에 충성하는 것'으로 삼으신다. "잘하였다. 착한 종이여, 네가 지극히 작은 것에 충성하였으니 열 고을(또는 다섯 고을) 권세를 차지하라"(눅 19:17,19). 우리 각자에게 맡겨진 재물에 대한 충성됨이 자격 시험이다.

부자 관리, 한 가지 부족한 것, 눅 18:18-30

영생에 관심이 있는 어떤 관리가 자신이 계명을 잘 지킨다고 예수님에게 말했다. 그는 그러면 영생을 얻을 것이라 생각했다. 그러나 예수님은 그에게 "네게 아직도 한 가지 부족한 것이 있다"고 하셨다. 그리고 "네게 있는 것을 다 팔아 가난한 자들에게 나눠주라. 그리하면 하늘에서 네게 보화가 있으리라. 그리고 와서 나를 따르라"(눅 18:22)라고 말씀하셨다. 그러나 그는 큰 부자이므로 이 말씀을 듣고 심히 근심하며 돌아갔다. 주님은 이를 두고 충격적인 말씀을 하셨다. "재물이 있는 자는 하나님의 나라에 들어가기가 얼마나 어려운지 낙타가 바늘귀로 들어가는 것이 부자가 하나님의 나라에 들어가는 것보다 쉬우니라"(눅 18:24,25)라고 하셨다.

부자가 하나님나라에 들어가는 길은 그 재물을 하늘에 쌓는 것이다. 그 길은 재물을 가난한 자들에게 나눠주는 것이다. 재물을 움켜쥐고 하나님나라에 들어갈 수 없다. 하나님은 우리가 재물을 소유하지 않고 관리하는 청지기가 되어 나누는 삶을 살기를 원하신다.

7. 안식일, 누가복음은 어느 책보다 안식일에 대한 올바른 이해를 제공한다

안식일에 제자들이 이삭을 잘라 손으로 비비어 먹었다(눅 6:1-5).

> 인자는 안식일의 주인이니라 눅 6:5

안식일에 오른손 마른 사람을 고치셨다(눅 6:6-11).

> 안식일에 선을 행하는 것과 악을 행하는 것, 생명을 구하는 것과 죽이는 것, 어느 것이 옳으냐? 눅 6:9

안식일에 귀신 들려 앓으며 꼬부라져 조금도 펴지 못하는 한 여자를 고치셨다(눅 13:10-17).

> 외식하는 자들아, 너희가 각각 안식일에 자기의 소나 나귀를 외양간에서 풀어내어 이끌고 가서 물을 먹이지 아니

하느냐? 그러면 열여덟 해 동안 사단에게 매인 바 된 이 아브라함의 딸을 안식일에 이 매임에서 푸는 것이 합당하지 아니하냐? 눅 13:15,16

안식일에 수종병 든 사람을 고치셨다(눅 14:1-6).

너희 중에 누가 그 아들이나 소가 우물에 빠졌으면 안식일에라도 곧 끌어내지 않겠느냐? 눅 14:5

【 예수님의 족보 】- 마태복음과 누가복음에는 예수님의 족보가 다윗 이후 다르게 표기되었다.

해석1 - 마태는 '왕족'의 혈통을, 누가는 '제사장'의 혈통을 나타낸다.

해석2 - 마태는 요셉의 족보를, 누가는 마리아의 족보를 보인다.

해석3 - 마 1:16 요셉의 아버지 '야곱' 눅 3:23 요셉의 아버지 '헬리' 요셉의 어머니가 두 번 결혼하여 법적으로는 죽은 전남편 야곱, 실제로는 두 번째 남편 헬리의 아들로 기록했다는 해석이다.

확실한 것은, 마태는 왕으로 오신 왕이신 예수를, 누가는 전 인류의 구주로 오신 사람이신 예수를 소개한다.

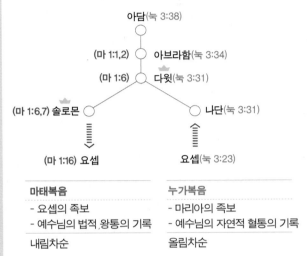

마태복음	누가복음
- 요셉의 족보 - 예수님의 법적 왕통의 기록	- 마리아의 족보 - 예수님의 자연적 혈통의 기록
내림차순	올림차순

【 유혹 - 두 아담의 비교 】

아담과 예수 그리스도는 세 가지 측면의 유혹에 직면했다.
아담은 유혹에 무릎을 꿇었고, 그 결과 인류에게 죄와 죽음이 들어왔다.
예수 그리스도는 대적하였고, 그 결과 인류는 의롭다 함과 생명을 얻게 되었다(롬 5:19).

요일 2:15-17	창 3:6 첫 번째 아담	눅 4:1-13 두 번째 아담
육신의 정욕 안목의 정욕 이생의 자랑	먹음직도 하고 보암직도 하고 지혜롭게 할 만큼 탐스럽기도 함	이 돌들에게 명하여 떡이 되게 하라 마귀가… 천하만국을 보이며… 네게 주리라 여기서 뛰어내리라
	롬 5:12-21 아담의 범죄로 죄가 왕 노릇	롬 5:12-21 예수 그리스도의 순종으로 생명이 왕 노릇

Dear. NCer

누가복음 말씀을 보면서 '지금이 어느 때인가'에 유의해야 함을 깨닫는다. 하나님의 눈으로 이 세상을 바라볼 수 있는 통찰력과 시대를 꿰뚫어볼 수 있는 안목이 필요하다. 누가복음은 어느 복음서보다 재물에 대한 하나님나라의 원칙을 여러 번 보여준다. 재물에 충성된 삶은 하나님나라를 세우는 데 중요하다.

❖요한복음(John) 예수님의 신성 : 하나님의 아들로 오신 예수

사도 요한은 예수님의 열두 제자 중 하나다. 요한복음 21장 20절과 13장 23절에 "예수께서 사랑하시는 그 제자"라고 자신을 소개한다. 그는 예수님과 아주 친밀하고 자연스런 대화를 나누었다. 그는 예수님의 품에 의지하여 누웠고(요 13:23), 대제사장의 집 뜰에 베드로와 함께 있었고(요 18:15,16), 예수님의 십자가 밑에 있었고(요 19:26), 부활하신 예수님의 무덤에 베드로와 함께 갔다(요 20:1-10). 예수님의 부활 후에는 갈릴리에 머물렀다(요 21:20-23).

그는 누구보다도 예수님을 잘 알고 그의 말씀을 직접 듣고 그가 하시는 일을 목격했다. 그는 예수 그리스도의 사도요 증인이요 목격자다. 요한은 "이것을 기록함은, 너희로 예수께서 하나님의 아들 그리스도이심을 믿게 하려 함이요, 또 너희로 믿고 그 이름을 힘입어 생명을 얻게 하려 함이니라"(요 20:31)라고 했다. 요한과 그의 형제 야고보는 예수님의 보좌 곁에 앉기를 간절히 바랐다. 그래서 그들은 먼저 고난의 잔을 마셨다. 야고보는 사도 중에 가장 먼저 순교를 당했다(행 12:2). 요한은 가장 오래 살면서 "예수의 환난과 나라와 참음에 동참"했다(계 1:9). 그는 순교적 삶을 살면서 교회를 견고히 했다.

요한복음 – 하나님의 아들 예수 그리스도를 믿어 생명을 얻으라(요 20:30,31)

	표적의 책			영광의 책		
서론	네 가지 유대 제도 (바로 세우시다)	네 가지 유대 명절 (바로잡으시다)	죽은 나사로를 살리심	예수님의 마지막 말씀 (바로 말씀하시다)	죽으심과 부활	후기
1장	2-4장	5-10장	11-12장	13-17장	18-20장	21장
말씀이 육신이 되어 우리 가운데 거하시다	가나안 혼인 잔치 성전을 정결케 하심 니고데모와 대화 사마리아 여인과 대화	안식일 유월절 초막절 수전절(하누카)	전환점 (Turning Point) 나사로의 부활 예루살렘 입성	세족식 - 새계명 떠날 것을 말씀하심 보혜사 성령을 보내심 대제사장적 중보기도	붙잡히심 빌라도 법정 죽으심 부활하심	부활하신 예수님이 제자들에게 사명을 주시다
예수님의 7가지 모습 하나님의 어린양 하나님의 아들 랍비 인자 메시야 이스라엘 왕 나사렛 예수	예수님의 일곱 표적 1. 물로 포도주를 만드심 2. 왕의 신하의 아들을 고치심 3. 38년된 병자를 고치심 4. 오병이어로 오천 명을 먹이심 5. 물 위를 걸어오심 6. 날 때부터 소경 된 자를 고치심 7. 죽은 나사로를 살리심 예수님을 향한 일곱 증언 1. 세례요한 2. 예수님의 사역 3. 하나님 아버지 4. 성경 5. 모세 6. 성령 7. 제자들 예수님의 일곱 "I AM" 1. 나는 생명의 떡이다 2. 나는 세상의 빛이다 3. 나는 양의 문이다 4. 나는 선한 목자다 5. 나는 부활이요 생명이다 6. 내가 곧 길이요 진리요 생명이다 7. 나는 참 포도나무다					그물을 오른편에 던지라 153 물고기 베드로 물고기 (Peter's Fish) 와서 조반을 먹으라 네가 나를 사랑하느냐 내 양을 먹이라 나를 따르라
명절들 : 첫 유월절(2:13-3:21) - 장막절(5장) - 두 번째 유월절(6장) - 장막절(7:1-10:21) - 수전절(10:22-42) - 세 번째 유월절(11:55-19장)						

요한복음의 특징과 메시지

요한복음은 신약성경 중에서 가장 귀중한 책이다. 정신의 양식이며 마음의 자양분이며 영혼에 안식을 준다. 공관복음과는 여러 면에서 판이하게 다르다. 예수의 탄생 과정, 세례 받으심, 시험 받으심, 겟세마네의 기도, 승천에 대한 기사 등 공관복음에 있는 많은 내용이 생략되었다. 귀신 들린 사람을 낫게 하는 장면이 없다. 예수님의 비유가 하나도 기록되지 않았다. 그러나 예수님의 긴 설교(14장-16장)와 긴 기도(17장)를 기록했다.

또 하나의 시작

마태는 예수 그리스도의 계보(:기원 genesis)로 복음서를 시작한다. 마가는 "예수 그리스도의 복음의 시작"으로, 누가는 "처음부터 목격자와 말씀의 일꾼 된" 사람들에 대해 말한다.

성경의 첫 책 창세기는 "태초에 하나님이"라는 말로 시작된다. 태초부터 계셨던 하나님은 말씀으로 천지를 창조하셨다. 시편 33편 9절은 "그가 말씀하시매 이루어졌으며 명령하시매 견고히 섰도다"라고 했다. 다시 말하면, 이전에 없었던 것이 하나님의 말씀에 의하여 시공간에 존재하게 되었다. 히브리서 11장 3절에 "모든 세계가 하나님의 말씀으로 지어진 줄을 우리가 아나니"라고 하심같이, 존재하는 모든 것, 보이는 것과 보이지 않는 것이 하나님의 말씀으로 존재하게 되었다.

요한복음도 "태초에 말씀이 계시니라"(요 1:1)로 시작한다. "말씀이 육신이 되어 우리 가운데 거하시매"(요 1:14). 창세기에 나타나는 그 하나님이 사람의 모습으로 역사 속에 오셨다. 예수께서 말씀하시니 빛, 생명, 치유, 자유함, 기쁨이 우리에게 임했다. 죄는 용서받고 병은 치유되고 매인 자가 자유하게 되었다. 예수님은 하나님의 말씀을 선포하시는 분이 아니라 그가 곧 하나님의 말씀이시다. 그를 알고 믿을 때에 그 말씀의 역사가 내 안에 경험된다.

자주 나타나는 열쇠가 되는 단어들

하나님을 "아버지"로 121회 언급했다.

왜 이렇게 많이 언급했을까? 우리가 예수님을 바라볼 때, 그는 "아버지의 독생자의 영광"이요(요 1:14), "아버지 품속에 있는 독생하신 하나님"이시다(요 1:18). 이는 예수님이 하나님의 아들이심을 알리고 우리로 믿게 하여 영원한 생명을 얻게 하려 함이다(요 20:30,31). 그리고 더 나아가 하나님이 '아버지'이심을 보여주어 우리가 하나님이 "아빠 아버지"이심을 알고 그분과 사귐을 갖기를 원하기 때문이다. 요한복음 14장 6절에 "예수께서 이르시되, 내가 곧 길이요 진리요 생명이니 나로 말미암지 않고는 아버지께로 올 자가 없느니라"라고 하셨다. 예수님은 우리를 하나님에게로 이끌어 그분과 사귐을 갖기를 원하신다. '나는 너희를 하나님, 나의 아버지, 곧 너희의 아버지께로 이끄는 오직 한 길이다.' 하나님을 두렵고 떨림으로 멀리서 바라보는 '창조주', '왕', '심판주'로 인식하는 것이 아니라 '아빠의 품속에 있는 아들 예수'처럼 우리도 그 같은 사랑의 관계를 갖기 원하신다. 이런 관계를 갖게 될 때 우리의 예배가 새로워진다(요 4:23,24).

> 요한복음 4장 23,24절을 통해 부르는 찬양의 가사가 너무 아름답다.
> "때가 차매 아버지께 신령과 진정으로 예배드리네"

기독교의 삼위일체는 수직관계가 아니다. 그것은 가족의 원탁 관계다. 딱딱함, 명령, 엄격함, 두려움, 심판이 기반이 아니다. 사랑, 은혜, 용서, 용납, 이해, 격려, 신뢰가 기반이다. 이 관계에서의 순종은 두려움으로 인한 것이 아니라 사랑으로 인한 것이다. 율법이 기반이 아니라 은혜와 진리가 기반이다(요 1:17). 구원, 자유, 생명, 풍성함이 그 결과다.

> 하나님이 그 아들을 세상에 보내신 것은 세상을 심판하려 하심이 아니요 그로 말미암아 세상이 구원을 받게 하려 하심이라 요 3:17

> 진리를 알지니 진리가 너희를 자유롭게 하리라 요 8:32

> 도둑이 오는 것은 도둑질하고 죽이고 멸망시키려는 것뿐이요, 내가 온 것은 양으로 생명을 얻게 하고 더 풍성히 얻게 하려는 것이라 요 10:10

"믿으라" 98회 언급되었다.

믿음은 어떤 사상이나 논리 이상이다. 종교적 신념이 아니다. "내가 믿습니다"라는 것은 육체로 오신 하나님이신 예수 그리스도를 영접하여 그분과 인격적인 교제를 통해 경험하는 삶이요(요 1:12), 영원한 생명을 얻어 심판에 이르지 않고 저주에서 축복으로, 어둠에서 빛으로, 사망에서 생명으로 옮겨진 삶이다(요 5:24).

"세상" 78회 언급되었다.

요한복음에서 언급하는 "세상"은 지리적 실체인 '이 지구'(the earth)를 말하는 것이 아니라 '이 시대'(age)라는 의미다.

하나님이 지으신 세상은 죄로 인하여 "이 세상의 임금"(요 12:31, 14:30, 16:11)인 사단의 지배 아래 놓였다. 결국 사람은 '죄와 사망의 멍에 아래' 처하게 되었다. 하나님이 예수 그리스도를 보내심은 불법의 권세자 사단을 쫓아내고(요 16:11, 계 12:10), 그 권세 아래 놓인 사람을 자유케 하고 구원하여 생명을 주려 하심이다. 하나님은 이 두 가지 일을 예수 그리스도를 통해 동시에 이루셨다. 그것은 곧 십자가다. 세례 요한은 "보라, 세상 죄를 지고 가는 하나님의 어린양이로다"(요 1:29,36)라고 예수님을 거듭 소개했다. 예수님이 예루살렘에 가셔서 유월절을 보냄으로 사역을 시작하고 마치신 것은 이 때문이다.

다음 말씀에서 우리를 향한 사랑의 하나님의 놀라운 구원 계획을 본다!

> 모세가 광야에서 뱀을 든 것같이 인자도 들려야 하리니, 이는 그를 믿는 자마다 영생을 얻게 하려 하심이니라 요 3:14,15

하나님이 세상을 이처럼 사랑하사 독생자를 주셨으니, 이는 그를 믿는 자마다 멸망하지 않고 영생을 얻게 하려
하심이라 요 3:16

"사랑" 57회 언급되었다.

"생명" 52회 언급되었다.

"아들" 42회 언급되었다.

요한복음은 가장 먼저 하나님과 예수님을 소개할 때 "아버지 품속에 있는 독생하신 하나님"
(요 1:18)이라고 묘사한다. 이 놀라운 장면은 기독교를 가장 잘 보여준다. 나는 '마리아의 품속
에 있는 아기 예수'에 대한 그림보다 '아빠의 품속에 있는 아기 예수'의 그림을 보고 싶다. 시편
131편이 이를 가장 잘 보여준다.

> 여호와여, 내 마음이 교만하지 아니하고 내 눈이 오만하지 아니하오며,
> 내가 큰 일과 감당하지 못할 놀라운 일을 하려고 힘쓰지 아니하나이다.
> 실로 내가 내 영혼으로 고요하고 평온하게 하기를
> 젖 뗀 아이가 그의 어머니 품에 있음 같게 하였나니
> 내 영혼이 젖 뗀 아이와 같도다.
> 이스라엘아, 지금부터 영원까지 여호와를 바랄지어다

예수님이 우리의 롤 모델이시다. 예수님은 아버지를 전적으로 의지하셨다.

> 내가 진실로 진실로 너희에게 이르노니 아들이 아버지께서 하시는 일을 보지 않고는 아무것도 스스로 할 수 없나
> 니 아버지께서 행하시는 그것을 아들도 그와 같이 행하느니라 요 5:19

> 내가 아무것도 스스로 할 수 없노라 듣는 대로 심판하노니… 요 5:30

> …나는 항상 그가 기뻐하시는 일을 행하므로 나를 혼자 두지 아니하셨느니라 요 8:28,29

우리가 아버지와 올바른 관계를 가진다면, 전적인 의존, 전적인 신뢰, 전적인 순종, 온전한 평
강의 삶을 살게 된다.

"보내심을 받았다"가 40회 이상 언급되었다.

"보내심을 받았다"는 단어는 독특하다. 단순히 '보낸다'라는 단어와 구별된다. 그것은 특별한
목적을 위해 임무를 받아 파견될 때 사용된다. 관용어 '왕의 사절'과 같다. 예수님은 자기 자신
이 누구며 어디에서 왔는지를 아셨다.

> 예수께서 이르시되, 나의 양식은 나를 보내신 이의 뜻을 행하며 그의 일을 온전히 이루는 이것이니라 요 4:34

> 내가 아무것도 스스로 할 수 없노라. 듣는 대로 심판하노니 나는 나의 뜻대로 하려 하지 않고 나를 보내신 이의 뜻
> 대로 하려 하므로 내 심판은 의로우니라 요 5:30

> 내가 하늘에서 내려온 것은 내 뜻을 행하려 함이 아니요 나를 보내신 이의 뜻을 행하려 함이니라 요 6:38

나를 보내신 이가 나와 함께하시도다. 나는 항상 그가 기뻐하시는 일을 행하므로 나를 혼자 두지 아니하셨느니라 요 8:29

요한복음 17장 4절의 말씀은 "보내심을 받았다"는 것을 아는 삶의 하이라이트다.

아버지께서 내게 하라고 주신 일을 내가 이루어 아버지를 이 세상에서 영화롭게 하였사오니 요 17:4

예수님의 삶의 목적은 **오직 한 가지**다. 아버지를 이 세상에서 영화롭게 하는 것이다. 그리고 그 목적은 오직 아버지의 뜻을 따라 행하는 순종으로 이루어진다. 예수님은 자신의 생각이나 뜻을 따라 말하거나 결정하거나 행동하지 않으셨다. 철저히 하나님께 순종하셨다. 예수님의 순종은 우리 모두의 모델이 된다.

순종하는 삶에 주어지는 축복이 있다.

- 하나님이 함께하신다(요 8:29).
- 하나님이 성령을 부어주신다(요 3:34).

세례 요한의 삶도 마찬가지다.

하나님께로부터 보내심을 받은 사람이 있으니 그의 이름은 요한이라 요 1:6

세례 요한의 이름 대신 자신의 이름을 넣자!

예수님의 삶의 목적이 오직 한 가지이듯, 우리의 삶의 목적도 **오직 한 가지**, 아버지를 이 세상에서 영화롭게 하는 것이다. 아버지의 뜻을 행하는 것이 예수님의 양식이듯이 우리도 하나님의 뜻을 따라 사는 것(미션 MISSION)을 **우리의 양식**으로 삼자!

내 아침 식사 메뉴 "MISSION"

내 점심 식사 메뉴 "MISSION"

내 저녁 식사 메뉴 "MISSION"

일곱 표적

요한복음은 예수님이 행하신 일들을 '기적'이라 하지 않고 '표적'이라고 했다. 이것은 예수께서 하나님의 아들이심을 증거하는 표시이기 때문이다. 그가 행하시는 놀라운 일들이 예수님이 누구신지 증거하기에 그 표적을 보는 사람마다 그분이 하나님의 아들이심을 믿었다.

예수께서 이 첫 표적을 갈릴리 가나에서 행하여 그의 영광을 나타내시매 제자들이 그를 믿으니라 요 2:11

일곱 표적을 행하신 지역

1. 갈릴리 가나에서 첫 표적 - 물로 포도주를 만드심
2. 갈릴리 가나에서 왕의 신하의 아들을 고치심
3. 베데스다 연못에서 38년 된 병자를 고침
4. 벳새다에서 5천 명을 먹이심
5. 갈릴리 바다에서 물 위를 걸어오심
6. 예루살렘에서 날 때부터 소경인 자를 고침
7. 베다니에서 죽은 나사로를 살리심

요한복음에서 예수님의 일곱 가지 표적을 기록한 이유는 오직 이 때문이다.

> 이것을 기록함은 너희로 예수께서 하나님의 아들 그리스도이심을 믿게 하려 함이요, 또 너희로 믿고 그 이름을 힘입어 생명을 얻게 하려 함이니라 요 20:31

【 예수님의 일곱 가지 표적 】

1	물로 포도주를 만드심	요 2:1-11	생명의 근원
2	왕의 신하의 아들을 고치심	요 4:46-54	거리와 관계 없이 다스림
3	38년 된 병자를 고치심	요 5:1-9	시간과 관계 없이 다스림
4	5,000명을 먹이심(오병이어)	요 6:1-15	생명의 떡
5	바다 위를 걸으심	요 6:16-21	자연을 다스림
6	날 때부터 소경 된 자를 고치심	요 9:1-7	세상의 빛
7	죽은 나사로를 살리심	요 11:1-46	죽음을 다스리는 권세

일곱 증거

누가 예수 그리스도를 증언하는가? 요한복음에는 예수님을 증거하는 일곱 가지가 기록되어 있다. 요한복음 5장 30-47절에 다섯 가지 증언이, 요한복음 16장 26,27절에 두 가지 증언이 집중적으로 기록되어 있다.

1) 세례 요한이 예수님을 증거했다. 세례 요한의 주 사역은 예수 그리스도를 증언하는 것이었다.

> 요한이 진리에 대하여 증언하였느니라 요 5:33

> 그가 증언하러 왔으니 곧 빛에 대하여 증언하고 모든 사람이 자기로 말미암아 믿게 하려 함이라. 그는 이 빛이 아니요 이 빛에 대하여 증언하러 온 자라 요 1:7,8

2) 예수께서 하시는 그 일이 예수님을 증거했다.

> 내게는 요한의 증거보다 더 큰 증거가 있으니 아버지께서 내게 주사 이루게 하시는 역사, 곧 내가 하는 그 역사가 아버지께서 나를 보내신 것을 나를 위하여 증언하는 것이요 요 5:36

> 예수께서 대답하시되, '내가 너희에게 말하였으되 믿지 아니하는도다. 내가 내 아버지의 이름으로 행하는 일들이 나를 증거하는 것이거늘' 요 10:25

요한의 증언도 중요하나 예수님은 "나는 사람에게서 증언을 취하지 아니하노라"(요 5:34)라고 하셨다. 예수님이 하시는 그 일이 예수님이 누구신지 증언한다. 예수님은 이것을 "**더 큰 증거**"(요 5:36)라고 하셨다. 바울은 이를 잘 알고 있었다.

우리 복음이 너희에게 말로만 이른 것이 아니라 또한 **능력과 성령과 큰 확신으로** 된 것임이라 살전 1:5

"그리스도께서 이방인들을 순종하게 하기 위하여 나를 통하여 역사하신 것 외에는 내가 감히 말하지 아니하노라. 그 일은 **말과 행위로 표적과 기사의 능력으로** 성령의 능력으로 이루어졌으며 롬 15:18,19

하나님의 나라는 말에 있지 아니하고 오직 **능력**에 있음이라 고전 4:20

> 하나님의 사역자임을 증명하고 하나님이 맡기신 사역임을 증명하는 것은 오직 나타나는 사역의 열매에 있다. 주장하는 자세나 말로 하지 말아야 한다. 권위를 스스로 내세워 증명하려는 어리석은 행동은 하지 말아야 한다.

3) **아버지**가 친히 증거하신다.

또한 나를 보내신 아버지께서 친히 나를 위하여 증언하셨느니라 요 5:37

내가 나를 위하여 증언하는 자가 되고 나를 보내신 아버지도 나를 위하여 증언하시느니라 요 8:18

또 다른 **"더 큰 증거"**가 있다. 곧 예수님을 보내신 아버지가 예수님을 위해 증언하신다. 예수님은 사람의 증언에 관심을 갖지 않으셨다. 사람을 의지하지 않으셨다. 사람은 사랑과 섬김의 대상이요, 오직 의지할 이는 하나님이다.

많은 사람이 그의 행하시는 표적을 보고 그의 이름을 믿었으나 예수는 그의 몸을 그들에게 의탁하지 아니하셨으니 이는 친히 모든 사람을 아심이요, 또 사람에 대하여 누구의 증언도 받으실 필요가 없었으니 이는 그가 친히 사람의 속에 있는 것을 아셨음이니라 요 2:23-25

나를 보내신 이가 나와 함께하시도다. 나는 항상 그가 기뻐하시는 일을 행하므로 나를 혼자 두지 아니하셨느니라 요 8:29

아버지의 증언을 받는 길은 오직 아버지의 뜻을 따라 행하는 것이다. 하나님은 그런 사람과 함께하신다.

4) **성경**이 예수님을 증언한다.

너희가 성경에서 영생을 얻는 줄 생각하고 성경을 연구하거니와 이 성경이 곧 내게 대하여 증언하는 것이니라 요 5:39

신구약성경 66권의 초점은 예수 그리스도다. 구약은 오실 메시아에 대한 증언으로, 신약은 이미 오신 메시아와 다시 오실 메시아에 대한 증언으로 가득하다. 우리는 성경 전체에서 예수 그리스도를 발견해야 한다. 모세5경에서 대제사장이신 예수, 역사서에서 왕이신 예수, 선지서에서 선지자이신 예수를 발견해야 한다. 메시아는 '기름부음을 받은 자'라는 의미다. 구약에서 기름부음을 받은 자는 제사장, 왕, 선지자뿐이었다.

5) 모세가 예수님을 증언한다.

> 모세를 믿었더라면 또 나를 믿었으리니 이는 그가 내게 대하여 기록하였음이라 요 5:46

이는 모세5경을 가리킨다. 모세5경은 예수님을 증언하는 내용으로 가득하다. 특히 출애굽기 19장 이후부터 레위기 전체는 성막 중심의 삶에 대한 말씀이다. 히브리서에 이에 대한 설명이 담겨있다.

6) 성령이 예수님을 증언한다.

> 내가 아버지께로부터 너희에게 보낼 보혜사 곧 아버지께로부터 나오시는 진리의 성령이 오실 때에 그가 나를 증언하실 것이요 요 15:26

> 그러나 진리의 성령이 오시면 그가 너희를 모든 진리 가운데로 인도하시리니 요 16:13

성령은 우리를 모든 진리 가운데로 인도하신다. 곧 진리이신 예수 그리스도께로 인도하신다. 성령의 사역은 오직 예수 그리스도를 증언하는 것이다. 성령은 우리를 예수께로 이끈다. 예수님은 우리를 하나님 아버지께로 이끄신다.

7) 제자들이 예수님을 증언한다.

> 너희도 처음부터 나와 함께 있었으므로 증언하느니라 요 15:27

> 이 생명이 나타내신 바 된지라 이 영원한 생명을 우리가 보았고 증언하여 너희에게 전하노니 이는 아버지와 함께 계시다가 우리에게 나타내신 바 된 이시니라 요일 1:2

예수님을 가장 잘 증언할 수 있는 이는 제자들이다. 이들은 예수님과 함께 있었다. 그를 보았고 만졌고, 그의 말씀을 들었다. 그가 행하시는 모든 것의 목격자다. 이들이 하는 말보다 더 확실한 증언이 어디에 있을까!

`I AM` × 7

하나님은 모세에게 사명을 맡기면서 자신의 명함을 건네주셨다. 왜냐하면 그가 하나님께 "사람들이 '누가 너를 보냈냐?' 하고 묻는다면 어떻게 대답해야 합니까?"라고 질문했기 때문이다. 그때 하나님이 주신 명함에 다음과 같이 적혀있었다(출 3:13,14).

YHWH (발음상 '여호와' 또는 '야훼'로 읽는다)

이것을 한국어로 직역하면 **나는 나다**, 즉 "나는 스스로 있는 자이다"가 된다. 이를 영어로 표기하면 "**I AM**"이다.

예수께서도 자신의 명함을 우리에게 주셨다. 그 명함은 모세가 받은 것과 동일하다.

> 예수께서 이르시되, '네게 말하는 **내가 그라**'(I who speak to you AM HE) 하시니라 요 4:26

> 아브라함이 나기 전부터 **내가 있느니라**(Before Abraham was born, I AM) 요 8:58

요한복음에서 예수님은 우리에게 다음과 같은 명함을 주셨다.

"나는 …이다"(I AM…)

사람으로 오신 하나님의 명함

1) 나는 **생명의 떡**이다(요 6:35,41,48,51,54-58).
2) 나는 **세상의 빛**이다(요 8:12, 9:5).
3) 나는 **양의 문**이다(요 10:7,9).
4) 나는 **선한 목자**다(요 10:11,14).
5) 나는 **부활이요 생명**이다(요 11:25).
6) 내가 곧 **길이요 진리요 생명**이다(요 14:6).
7) 나는 **참포도나무**다(요 15:1,5).

【 예수님의 'I AM' × 7 】

	생명의 떡이다	요 6:35,41,48,51
나는… (I AM…)	세상의 빛이다	요 8:12
	양의 문이다	요 10:7,9
	선한 목자이다	요 10:11,14
	부활이요 생명이다	요 11:25
	길이요 진리요 생명이다	요 14:6
	참포도나무다	요 15:1,5

• 이 놀라운 예수님을 깊이 묵상하자.

• 예수님은 생명의 떡을 주시는 분이 아니라 그가 곧 생명의 떡이시다. 예수께서 "나는 생명의 떡이니 내게 오는 자는 결코 주리지 아니할 터이요"(요 6:35)라고 하셨다. 다윗은 "나의 힘이신 여호와여, 내가 주를 사랑하나이다"(시 18:1)라고 고백했다. 예수님이 나의 힘이요 활력소가 되신다. 약한 자를 강하게 하신다. 병든 자를 치유하며 건강하게 하신다. 주린 자의 양식이 되신다. 피곤한 자에게 새 힘을 주신다.

세 가지 평강

평안을 너희에게 끼치노니 곧 **'나의 평안'**을 너희에게 주노라. 내가 너희에게 주는 것은 세상이 주는 것과 같지 아니하니라. 너희는 마음에 근심하지도 말고 두려워하지도 말라 요 14:27

"끼치다"라는 단어는 예수께서 제자들에게 사명을 주고 떠나시면서 '남겨둔다', '준다'라는 의미다. 주께서 남겨두시는 것은 "나의 평안" 곧 '예수님의 평강'이다. 그것은 '세상이 주는 평강'과는 다르다.

예수님은 아버지께로 가시기 전에 가장 중요한 마지막 시간을 제자들과 따로 보내셨다. 그리고 그들에게 사명을 주셨다. 주님은 그 사명을 감당할 수 있는 두 가지 보물을 주기 원하셨다. 센터와 건물을 지을 땅인가 아니면 재물인가? 아니다. 그것이 열쇠가 아니다. 요한복음 14장-16장에서 그 열쇠를 약속하셨다. 첫 번째는 성령이고, 두 번째는 평강이다.

요한복음 20장 19-30절에서 부활하신 예수께서 제자들에게 평강을 세 번 말씀하시되 각각 다른 상황에서 말씀하셨다. 그것은 세상이 줄 수 없는 '예수님의 평강'이 무엇인지 이해하게 한다.

첫째, 환경으로부터 독립된 평강이다. IP(Independent Peace)

이날 곧 안식 후 첫날 저녁 때에 제자들이 유대인들을 두려워하여 모인 곳의 문들을 닫았더니 예수께서 오사 가운데 서서 이르시되, '너희에게 평강이 있을지어다' 요 20:19

제자들은 두려웠다. 그들이 처한 환경은 두려움으로 둘러싸여 있었다. 세상이 주는 평강은 주변이 평화로울 때 느끼는 것이다. 주변이 두려움으로 덮일 때는 금세 두려워진다. 그것이 일반적이다. 두려워하는 제자들에게 예수님이 평강을 주셨다. 그들에게 주는 예수님의 평강은 환경에 영향을 받지 않고 내면의 고요함을 유지하는 힘이다. 마치 태풍의 눈과 같다. 상록수와도 같다. 재물도 권력도 그 어떤 것도 두려움을 물리치지 못한다. 오직 예수님의 평강으로 가능하다.

둘째, 하나님과 화해할 때 주어지는 평강을 전하는 화목의 대사직이다. AFC(Ambassador for Christ)

> 예수께서 또 이르시되, '너희에게 평강이 있을지어다. 아버지께서 나를 보내신 것같이 나도 너희를 보내노라'
> 요 20:21

하나님과 화목할 때에 진정한 평강이 있다. 예수께서 제자들에게 주신 평강은 단지 하나님과 화목할 때의 평강을 말하는 것이 아니라 '화목하게 하는 직분'을 의미한다. 사도 바울은 성령으로 이것을 이해했다. 그러므로 그는 화목케 하는 대사의 직분을 과감히 수행했다.

> 모든 것이 하나님께로서 났으며 그가 그리스도로 말미암아 우리를 자기와 화목하게 하시고 또 우리에게 화목하게 하는 직분을 주셨으니… 우리가 그리스도를 대신하여 사신(:대사)이 되어 하나님이 우리를 통하여 너희를 권면하시는 것같이 그리스도를 대신하여 간청하노니 너희는 하나님과 화목하라 고후 5:18,20

셋째, '도마 바이러스'를 제거할 때 주어지는 평강이다. TF(Thomas' Factor)

> 여드레를 지나서 제자들이 다시 집 안에 있을 때에 도마도 함께 있고 문들이 닫혔는데, 예수께서 오사 가운데 서서 이르시되, '너희에게 평강이 있을지어다' 하시고 요 20:26

안식 후 첫날 예수께서 주신 환경의 독립자가 되는 놀라운 평강을 제자들은 누리지 못했다. 8일 후에도 그들은 여전히 두려움에 싸여있었다. 그 사이에 무슨 일이 있었는가? 도마 때문이다. 8일 전에 도마는 그곳에 없었다. 그는 예수님의 부활을 믿지 않았다. 그래서 "내가 그의 손의 못 자국을 보며 내 손가락을 그 못 자국에 넣으며 내 손을 그 옆구리에 넣어보지 않고는 믿지 아니하겠노라"(요 20:25)라고 말했다. 의심과 불확실은 전염성이 강하다. 순간적으로 모든 제자들이 '도마 바이러스'에 감염되었다. 예수께서 오셔서 도마 바이러스를 제거하셨다.

> 도마에게 이르시되, '네 손가락을 이리 내밀어 내 손을 보고, 네 손을 내밀어 내 옆구리에 넣어보라. 그리하여 믿음 없는 자가 되지 말고 믿는 자가 되라.' 도마가 대답하여 이르되, '나의 주님이시요 나의 하나님이시니이다'
> 요 20:27,28

불신과 의심, 불확실은 우리 마음의 평강을 빼앗아 간다. 믿음과 확신은 담대함과 평강으로 이어진다. 흔들리지 않는다.

> 믿음으로 나라들을 이기기도 하며, 의를 행하기도 하며, 약속을 받기도 하며, 사자들의 입을 막기도 하며, 불의 세력을 멸하기도 하며, 칼날을 피하기도 하며, 연약한 가운데서 강하게 되기도 하며, 전쟁에 용감하게 되어 이방 사람들의 진을 물리치기도 하며… (이런 사람은 세상이 감당하지 못하느니라) 히 11:33,34,38

풀무불 앞에 선 다니엘의 세 친구들과 사자굴에 들어간 다니엘은 예수님의 평강을 소유했다. 오직 믿음이다. 우리가 이 세상에서 하나님나라와 영광이 임하도록 '기독교 문명개혁 운동'을 주도하려면 '예수님의 평강'이 절대적이다.

명절들

요한복음에 나타나는 예수님 사역의 중심 무대는 예루살렘이다. 또한 유대와 갈릴리를 포함하여 사역하셨다. 요한복음은 구체적으로 여러 날짜들을 언급하고 특히 유월절을 세 번 언급하여 한 번만 언급한 다른 복음서와 다르다.

5장 1절의 "명절"은 '그 명절'로 읽어야 한다. 매년의 주요한 세 절기 중 하나인 '장막절(:초막절)'을 의미한다. 명절을 중심으로 한 예수님의 사역을 연대기적으로 구성할 수 있다.

예수님의 사역 첫해의 유월절 2:13-3:22, 장막절 5:1-47

두 번째 해의 유월절 6:4-71, 장막절 7:1-10:21, 수전절(하누카:성전 봉헌 축제) 10:22-42

세 번째 해의 유월절 11:55-19:42

세례 요한은 두 차례나 "세상 죄를 지고 가는 하나님의 어린양" 예수를 소개했다. 이것은 요한복음에서 예수께서 세 차례나 유월절에 예루살렘에 가신 것과 연관된다. 예수께서 그의 십자가의 고난과 죽으심을 통해 유월절을 성취하셨다. 그리고 한 해의 마지막 명절인 '장막절'을 두 차례 보내심은 새 하늘과 새 땅에서 이루어지는 새 시대의 '장막절'을 보여준다(계 7:9-17, 21장).

주님이 바라보시는 '엠블레포'의 시각을 가지라

데리고 예수께로 오니 예수께서 보시고 이르시되, '네가 요한의 아들 시몬이니 장차 게바라 하리라' 하시니라

(게바는 번역하면 베드로라) 요 1:42

예수께서 처음으로 베드로를 만나시는 장면이다. 예수님은 베드로를 보시고 그의 이름을 "시몬"에서 "게바"(베드로)로 고치셨다. 그는 성격이 급하고 즉흥적이고 허풍을 떨고 실수가 잦으며 허물과 약점과 단점이 많은 사람이다. 잘 흔들리는 사람이다. 그런데 예수님은 그를 "게바"라 부르셨다. 게바는 '반석'이라는 뜻이다. 흔들리지 않는 견고한 기둥 같은 사람, 많은 사람에게 영향을 주는 사람을 가리킨다.

예수께서 베드로를 "보시고"라고 하는 이 단어는 헬라어로 '엠블레포'(emblepo)다. 그냥 보는 게 아니라 그 사람의 안을 보는 것, 그 사람의 겉모습을 넘어 속사람을 바라보고 앞으로 되어질 그를 바라보신다는 뜻이다.

주님은 베드로의 미래를 바라보셨다. "네 이름은 게바다. 너는 견고한 반석이다. 너는 앞으로 견고한 사람이 될 것이며 많은 사람에게 영향을 주는 사람이 될 것이다."

우리의 삶에 적용해야 할 것

우리의 눈이 주님의 눈처럼 되길 바라신다. 주님의 '엠블레포'의 시각으로 사람들을 바라보는 것

을 훈련해야 한다. 나 자신을 바라볼 때도, 다른 사람을 바라볼 때도 주 예수의 시각으로 바라보아야 한다.

성령(요 14장-16장)

요한복음은 어느 복음서보다도 성령에 대해 많이 말씀하신다. 14장부터 16장까지 '성령장'이라는 별명이 붙을 정도로 많이 언급하신다.

> 내가 아버지께 구하겠으니 그가 또 다른 보혜사를 너희에게 주사 영원토록 너희와 함께 있게 하리니 그는 진리의 영이라 세상은 능히 그를 받지 못하나니 이는 그를 보지도 못하고 알지도 못함이라 그러나 너희는 그를 아나니 그는 너희와 함께 거하심이요 또 너희 속에 계시겠음이라 내가 너희를 고아와 같이 버려두지 아니하고 너희에게로 오리라 조금 있으면 세상은 다시 나를 보지 못할 것이로되 너희는 나를 보리니 이는 내가 살아있고 너희도 살아있겠음이라 그 날에는 내가 아버지 안에, 너희가 내 안에, 내가 너희 안에 있는 것을 너희가 알리라 요 14:16-20

예수님은 요한복음 14장에서 "나는 이제 더 이상 너희와 함께 있지 않을 것이다. 나는 너희를 떠나서 내 아버지께로 갈 것이다"라고 말씀하신 다음에 "내가 가면 성령을 너희에게 보내겠다"라고 약속하신다. 그리고 '성령'을 "보혜사"라고 소개하신다.

보혜사의 뜻은 무엇일까? 이 단어는 굉장히 독특하다. 한국어에는 '보혜사'란 단어가 없다. 원어로는 '파라클레토스'(Parakletos)이다. 이 단어는 '파라'와 '클레토스'의 합성어이다. '파라'는 영어로 'by'이다. 그 의미는 '~곁에' 혹은 '나란히'라는 뜻이다. 주로 전치사로 사용된다. '클레토스'는 '부르심 받은 이'라는 의미다. 어떤 목적을 가지고 불렀다는 것이다. 이 두 단어의 의미를 합치면 '어떤 특별한 임무를 수행하기 위해 부르심 받아 곁에 계신 이'이다.

파라클레토스를 영어로 번역한 단어가 comforter, helper, counselor이다. 즉 성령은, '위로자', '돕는 자', '상담자'이다. 성령은 항상 내 곁에 계시면서 나를 위로하는 분이며, 돕는 분이며, 나의 상담자이며, 선생이며, 인도자이시다. 내 절대적 지지자요 후원자요 내 모든 삶을 이끌어가는 분이다.

사명자, 특히 '기독교 문명개혁 운동'을 주도하고자 한다면 성령으로 충만해야 한다.

Dear. NCer

엠블레포(emblepo) - 주님의 시각으로 바라보는 것을 훈련해야 한다.

사람을 바라보는 주님의 안목으로 나를 바라볼 줄 알아야 한다. 또한 그 시각으로 주변 사람들을 바라보는 훈련을 해야 한다. 겉사람 '시몬'을 바라보는 것이 아니라, 그 속에 있는 '게바'를 볼 줄 아는 눈을 훈련해야 한다. 그리고 그것을 담대히 자주 말하고 격려하고 세워주는 연습을 해야 한다.

4장

사도행전

순종하는 예수의 사람들을 통해서
일하시는 성령 하나님

사도행전 – 순종하는 예수의 사람들을 통해서 일하시는 성령 하나님

삼위일체 하나님 : 삼위일체를 이해하는 것은 쉬운 일이 아니다.

성부 하나님은 비전을 가지고 계획하는 건축 설계자로, 성자 하나님인 예수 그리스도는 설계 도면을 가지고 각 요소에 필요한 건축 재료를 모아 일꾼들을 통해 각 부분을 건축하는 건축가로, 성령 하나님은 설계자의 도면을 따라 완성한 건물을 원래의 목적을 따라 그 용도에 맞게 운영하는 운영자로 설명할 수 있다. 성경 신구약을 이 같은 각도에서 보면 다음과 같이 구분할 수 있다.

- 성부 : 설계자 - 모세5경을 포함한 구약 역사서(보충자료 : 시가서, 선지서)
- 성자 : 건축가 - 사복음서
- 성령 : 운영자 - 사도행전 (보충자료 : 서신서, 계시록)
- 교회 : 성령과 함께 하나님의 뜻을 실행하는 하나님의 동역자

사도행전을 통해 알게 되는 놀라운 점은, 하나님께서 교회를 세우시고 교회를 그분의 비전을 성취하는 동역자로 부르셨다는 것이다. 성령 하나님은 교회를 그의 동역자로 불러 파트너십을 발휘하도록 이끄신다.

사도행전 – 순종하는 예수의 사람들을 통해서 일하시는 성령 하나님(행 1:8)

오직 성령으로	되리라	땅 끝까지 이르러
내 증인이	사마리아와	교회의 확장
예루살렘과 온 유대와	교회의 성장과 과도기	오순절 운동 바울의 전도여행
교회의 형성		
사도행전에 나타나는 오순절 운동의 원리 - 4P's 1. People 언제나 사람을 통해 일하신다 2. Power 성령의 능력으로 섬긴다 3. Prayer 기도를 통해 일하신다 4. Partnership 팀 사역으로 일하신다 　- Pentecostal People 　: 열두 사도, 일곱 집사, 스데반	오순절의 사람 - 4P's 1. Purity 착한 사람이요 2. Plenty 성령과 믿음이 충만하고 3. Power 큰 무리가 주께 더하더라 4. Preach 말씀을 선포함 - Pentecostal People : 베드로와 요한, 빌립, 아나니아, 고넬료, 야고보, 바나바	1차 갈라디아 중심(13:1-14:28) 2차 그리스 중심(16:1-18:22) 3차 아시아 중심(18:23-23:11) 4차 로마로(23:12-28:31) - Pentecostal People : 바나바, 바울, 실라와 디모데, 아볼로
1장-7장	8장-12장	13장-28장
사도들과 베드로	베드로와 바나바	바나바와 바울
예루살렘 중심	안디옥 중심	소아시아 중심
유대인	사마리아인	이방인
A.D.30-36	A.D.37-46	A.D.47-66

사도행전의 특징

복음의 확장(1) - '성장'에 대해 일곱 번 언급함으로 복음이 확장됨을 보여준다.

예수님은 복음서에서 하나님나라의 성격을 말씀하실 때 겨자씨와 누룩으로 비유하셨다.
- 겨자씨 비유(마 13:31,32, 막 4:30-32, 눅 13:18,19) - 하나님나라는 성장한다.
- 누룩의 비유(마 13:33, 눅 13:20,21) - 하나님나라는 늘어난다. 영향을 준다.

사도행전은 이런 하나님나라의 성장과 확장을 일곱 번에 걸쳐 보여준다.
1. "주께서 구원받는 사람을 날마다 더하게 하시니라"(행 2:47).
2. "믿고 주께로 나아오는 자가 더 많으니 남녀의 큰 무리더라"(행 5:14).
3. "하나님의 말씀이 점점 왕성하여 예루살렘에 있는 제자의 수가 더 심히 많아지고 허다한 제사장의 무리도 이 도에 복종하니라"(행 6:7).
4. "그리하여 온 유대와 갈릴리와 사마리아 교회가 평안하여 든든히 서 가고 주를 경외함과 성령의 위로로 진행하여 수가 더 많아지니라"(행 9:31).
5. "하나님의 말씀은 흥왕하여 더하더라"(행 12:24).
6. "이에 여러 교회가 믿음이 더 굳건해지고 수가 날마다 늘어가니라"(행 16:5).
7. "이와 같이 주의 말씀이 힘이 있어 흥왕하여 세력을 얻으니라"(행 19:20).

복음의 확장(2) - 숫자를 사용하여 복음이 확장됨을 보여준다.

사도행전은 하나님나라가 늘어나는 것을 숫자를 통하여 구체적으로 보여준다.

1. "그 말을 받은 사람들은 세례를 받으매 이날에 신도의 수가 3,000이나 더하더라"(행 2:41).
2. "말씀을 들은 사람 중에 믿는 자가 많으니 남자의 수가 약 5,000이나 되었더라"(행 4:4).
3. "주의 손이 그들과 함께하시매 수많은 사람들이 믿고 주께 돌아오더라"(행 11:21).
4. "바나바는 착한 사람이요 성령과 믿음이 충만한 사람이라. 이에 큰 무리가 주께 더하여지더라"(행 11:24).
5. "이에 이고니온에서 두 사도가 함께 유대인의 회당에 들어가 말하니, 유대와 헬라의 허다한 무리가 믿더라"(행 14:1).

복음의 능력 - 복음이 이르는 곳마다 '거룩한 소동'이 일어났다.

복음의 능력은 지리적으로나 숫자로만 아니라 개인, 가정, 도시, 사회의 각 영역에 영향을 주어 지각변동이 일어나게 한다. 복음이 이르는 곳마다 이런 현상이 일어난다.

- 데살로니가에서
유대인들이 불량배들을 동원하여 성을 소동하게 했다(행 17:5).
무리와 읍장들이 그들의 말을 듣고 소동했다(행 17:8).
유대인들이 베뢰아까지 따라가서 무리를 움직여 소동하게 했다(행 17:13).

바울의 전도팀에 대해 사람들이 다음과 같이 소개했다.

"천하를 어지럽게 하던 이 사람들이 여기도 이르매"(행 17:6).

이들은 바울 팀을 '천하를 어지럽게 하는 사람들'이라고 불렀다.

> 이들이 이르는 곳마다 소동이 일어났다. 그러나 이들이 일으킨 소동은 '거룩한 소동'이다. 거룩하지 못한 소동도 있다. 질서를 파괴하고 평화를 깨며 두려움과 공포를 불러일으키고 사람들의 생명을 앗아가기도 한다. 이를 '난동' 또는 '폭동'이라고 한다.
> 그러나 복음이 이르면 거룩한 소동이 일어난다. 이전의 모든 가치 기준이 흔들리며 새로운 질서가 형성된다. 공의와 공평, 사랑과 신뢰, 정직과 성실, 빛과 자유가 확립된다. 생명과 치유가 일어나 진정한 기쁨과 즐거움이 형성된다. 이것이 복음의 능력이다. 기독교 문명개혁 운동은 이를 두고 하는 말이다.

- 에베소에서

"이 도로 말미암아 적지 않은 소동이 있었으니"(행 19:23). 온 시내가 요란하였다(행 19:29).

"악귀가 대답하여 이르되 '내가 예수도 알고 바울도 알거니와 너희는 누구냐?' 하며"(행 19:15).

악귀가 "나는 예수도 알고 바울도 안다"라고 말했다. 바울과 그의 팀은 지옥에서 유명했다! 지옥 왕국의 대문을 비롯하여 모든 거리마다 바울 팀의 얼굴이 그려진 포스터가 붙었을 것이다. 그리고 큰 글자로 이렇게 쓰여있었을 것이다.

위 사람들을 사로잡는 자에게는 거액의 포상과 함께 큰 직책을 줌

마술을 행하던 사람들이 그 책을 모아 불살랐는데 그 책값이 은화 50,000이었다(행 19:19).

"이와 같이 주의 말씀이 힘이 있어 흥왕하여 세력을 얻으니라"(행 19:20).

- 예루살렘에서

온 성이 소동하여 바울을 죽이려고 폭행할 때 로마 군대가 동원되어 바울이 군사들에게 들려 나갔다(행 21:30-36).

바울이 간증할 때 무리가 "이러한 자는 세상에서 없애버리자. 살려둘 자가 아니라" 하며 소동했다(행 22:22,23).

유대인 40여 명이 당을 지어 바울을 죽이기 전에는 먹지도, 마시지도 않겠다고 맹세했다(행 23:12,13).

- 가이사랴에서

가이사랴 감옥에 머무는 동안 바울은 벨릭스 총독, 베스도 총독, 그리고 아그립바 왕 앞에서 변명했다. 유대인들이 바울을 다음과 같이 고발했다. "우리가 보니 이 사람은 전염병 같은 자라(:개역한글 - "이 사람은 염병이라"). 천하에 흩어진 유대인을 다 소요하게 하는 자요 나사렛 이단의 우두머리라"(행 24:5).

복음의 기반 – 오직 '하나님의 말씀'이 복음의 기반이다.

베드로의 말씀 선포(행 2:14-36)의 결과로 예루살렘교회 공동체가 형성되고 성장했다(행 2:41). 공동체의 기반은 말씀과 교제, 성찬과 기도이다(행 2:42). 베드로의 두 번째 말씀 선포(행 3:11-26)의 결과로 예루살렘교회 공동체는 더욱 성장했다(행 4:4). 하나님의 말씀이 예루살렘교회의 성장 요인이다. 말씀이 교회에 왕성할 때 세상에 영향을 줄 수 있다.

> 하나님의 말씀이 점점 왕성하여 예루살렘에 있는 제자의 수가 더 심히 많아지고 허다한 제사장의 무리도 이 도에 복종하니라 행 6:7

"하나님의 말씀은 흥왕하여 더하더라"(행 12:24)라는 말씀을 통해 알 수 있듯이, 교회가 예루살렘을 넘어서 온 유대와 사마리아, 그리고 안디옥까지 영향을 주었다. 말씀의 능력이다.

베뢰아 사람들은 간절한 마음으로 말씀을 받고 날마다 성경을 상고했다(행 17:11).

사도 바울은 아덴과 고린도에서 말씀에 붙잡혀 복음을 전했다(행 18:5).

"이와 같이 주의 말씀이 힘이 있어 흥왕하여 세력을 얻으니라"(행 19:20).

하나님의 말씀이 부흥할 때 교회는 마게도냐와 아가야를 비롯하여 소아시아 특히 그 중심인 에베소에 큰 영향을 주었다. 지금은 하나님의 말씀이 부흥할 때이다!

결론 – 교회의 성장과 숫자, 사회를 변화시키는 소동과 하나님의 말씀은 상관관계에 있다.

베드로, 바나바, 그리고 바울

【 베드로의 지도력 】

지도력	제자들 중 서열 우선 (마 10:2-4)	제자들의 대변인 역할 (마 16:13-20)	지도력 회복 (요 21:15-18)	교회의 기둥 같은 존재 (갈 2:9)
강점	헌신적/충동적 (막 9:5, 요 13:4-9)	행동파/자주 실패함 (마 14:28-31)	용기, 죽을 각오 (막 14:47 외) 등	철저히 회개함 (막 14:66-72)
약점	유대의 율법주의 (갈 2:11-21, 행 10:9-16)	가르침을 충분히 이해하지 못함 (막 9:5,6, 요 13:6-11)	예수께 심한 책망 받음 (막 8:33, 마 16:23)	시험이 올 때 기도하지 못함, 반복해서 부인함 (막 14:32, 막 14:66-72)
부활 후	유다를 대신할 자를 뽑는 일을 이끌어감 (행 1:15-26)	오순절에 첫 번째 설교 (행 2:14-36)	앉은뱅이를 치유 (행 3:1-10)	산헤드린 공회에서 담대히 증거함(행 4:5-12)

베드로의 강점

그는 주를 따르는 데 있어서 헌신적이나, 감정적이고 충동적이었다(막 9:5, 요 13:4-9). 믿음의 시도를 행동으로 옮기려고 시도했지만 자주 실패했다(물 위를 걸으려 하다. 마 14:28-31). 그는 행동주의자이지 책상에 앉아 연구하는 사람이 아니었다. 실행에 옮기는 것에 역점을 두었다. 그는 용기가 있고 기꺼이 죽을 각오가 되어 있었다(마 26:51,52, 막 14:47, 눅 22:49-51, 요 18:10,11). 부활 후, 예수님은 그에게 회복할 기회를 주시고 제자들을 이끌어갈 것을 말씀하셨다(요 21:15-18). 자신의 실패에 매이지 않고 주의 긍휼과 은혜를 붙들 줄 알았다.

그는 성령의 사람이었다. 예수께서 그가 비록 실패했지만 후에는 성공적인 사역자가 될 것을 말씀하셨다. 그가 더 이상 자신의 힘으로 살지 않고 성령의 능력으로 살 것이기 때문이다.

베드로의 약점

그는 유대의 율법주의를 따르려는 경향이 있었다. 이방인과 식사를 하면서나(갈 2:11-21) 음식을 먹음에 있어서 그런 모습이 종종 드러났다. 그러나 주께서 그에게 계시하심으로 패러다임의 변화가 일어났다(행 10:9-16).

그는 다른 사도들처럼 예수님의 가르침을 충분히 이해하지 못했다(막 9:5,6, 요 13:6-11).

그는 개인적으로 예수께 심하게 책망 받았다(막 8:33, 마 16:23).

그는 예수님이 겟세마네 동산에서 기도하시는 가장 중요하고 안타까운 순간에 함께 기도하지 않고 잠을 잤다(막 14:32-42, 마 26:36-46, 눅 22:39-46). 그러나 오순절 이후에 기도의 사람이 되었다(행 3:1, 10:9).

그는 반복해서 예수님을 부인했지만 철저히 회개했다(막 14:66-72, 마 26:69-75, 눅 22:56-62, 요 18:15-18,25-27).

사도들 가운데서 그의 지도력

신약성경에는 사도들의 명단 리스트가 네 번 나온다(마 10:2-4, 막 3:16-19, 눅 6:14-16, 행 1:13). 베드로는 항상 명단에 제일 먼저 올랐다.

그는 자주 사도들의 대변인 역할을 했다(마 16:13-20, 막 8:27-30, 눅 9:18-21). 이는 그룹 내에서 그의 권위를 보여준다(마 16:18). 그렇지만 예수님은 그가 사단의 도구가 됨을 꾸짖으셨다(마 16:23, 막 8:33). 또한 제자들이 서로 누가 높냐고 논쟁을 할 때 그는 그 논쟁에 참여하지 않았다(마 20:20-28, 막 9:33-37, 10:35-45).

베드로는 예루살렘교회의 리더가 아니었다. 이 역할은 예수님의 형제 야고보에게 주어졌다(행 12:17, 15:13, 21:18, 고전 15:7, 갈 1:19, 2:9,12). 그는 로마교회의 리더였다.

예수님의 부활 후 그의 사역

초대교회에서 베드로의 지도력은 명백했다.

그는 가롯 유다를 대신할 자를 뽑는 일을 이끌었다(행 1:15-26).

오순절에 첫 번째로 설교했다(행 2:14-36).

성전 미문에서 구걸하던 나면서 앉은뱅이 된 사람을 치유했다(행 3:1-10). 그리고 이 일로 인해 모여든 사람들에게 두 번째 설교를 했다(행 3:11-26).

산헤드린 공회에서 담대히 증거했다(행 4장).

교회 앞에서 예언을 통해 아나니아와 삽비라를 징계했다(행 5장).

예루살렘 회의에서 당시 가장 중대한 고비를 넘기는 일을 주도했다(행 15:7-11).

사도행전에서 그는 여러 차례 놀라운 일을 행했다. 그러면서도 여전히 구약적 사고를 가지고 있었다(갈 2:11-14). 그러나 주님은 지혜로운 방법으로 그의 사고를 바꾸셨다.

그는 고넬료나 이방인들을 포용하는 데 있어서 특별한 계시를 받아야만 했다(행 10장).

베드로의 후기 사역

베드로에 대한 성경 기록이나 정보는 예루살렘 회의 이후에는 없다(행 15장). 오직 갈라디아서 1장 18절, 2장 7-21절, 고린도전서 1장 12절, 3장 22절, 9장 5절, 15장 5절에 기록된 것이 전부다. 그러나 초대교회의 전승에 의하면 베드로는 로마에서 순교했다.

초대교부의 한 사람인 로마의 클레멘트가 A.D. 95년 고린도교회에 쓴 편지에 언급되었다.

터툴리안(A.D. 150-222)도 베드로가 네로 당시에 로마에서 순교했음을 언급했다.

알렉산드리아의 클레멘트(A.D. 200)도 베드로의 순교를 말했다.

알렉산드리아의 오리겐(A.D. 252)도 베드로가 십자가에서 거꾸로 매달려 순교했음을 말했다.

Mr. Pentecost 바나바, 오순절의 사람

바나바의 강점

재물을 다룰 줄 아는 사람으로, 재물의 청지기직을 수행했다. 자신의 소유를 팔아 교회에 드렸다(행 4:36,37). 사도들은 그의 재물로 구제사역을 했다. 그 후 전임사역자로 헌신했다. 그는 다리 역할(Bridge-Builder)을 했다(행 9:26,27). 사울을 그리스도의 몸인 교회에 소개했다.

위로할 줄 아는 사람이었다(행 11:23). 그의 이름은 요셉이었으나 사도들이 그를 '바나바'(위로의 아들)라고 불렀다(행 4:36).

그는 '오순절의 사람'(Mr. Pentecost)이라고도 불렸다. "바나바는 착한 사람(Purity)이요, 성령과 믿음이 충만한(Plenty) 사람이라. 이에 큰 무리가 주께 더하여지더라(Power)"(행 11:24). 그에게는 3P의 특징이 있다(3P's- Purity, Plenty, Power).

그는 온유한 사람이었다. 안디옥교회가 점점 부흥하자 이전에 알았던 바울을 찾으러 다소에 가서 그를 초청하여 함께 팀 사역을 했다. 경쟁의식이나 비교의식 없이 오직 하나님나라의 확장에 헌신했다(행 11:25,26).

그는 순종의 사람이었다(행 13:1-3). 현재의 삶에 안주하지 않고 주님의 부르심에 전적으로 순종했다. 자신의 안정된 삶의 기반이 재물이나 사람이나 사역, 지위나 환경이 아니라 오직 주의 뜻 한가운데 있음을 알았다.

【 베드로와 바울의 비교 】

베드로	바울
날 때부터 앉은뱅이 된 사람을 고침(행 3:1-10)	날 때부터 앉은뱅이 된 사람을 고침(행 14:8-10)
큰 능력을 행한 후에 예수를 소개함(행 3:11-26)	큰 능력을 행한 후에 하나님을 소개함(행 14:11-18)
그의 그림자만 덮여도 사람들이 치유됨(행 5:15,16)	그의 손수건이나 앞치마만 얹어도 치유됨(행 19:11,12)
성공하자 유대인들이 질투함(행 5:17)	성공하자 유대인들이 질투함(행 13:45)
거듭난 마술사 시몬을 책망함(행 8:9-24)	거짓 선지자, 마술사 바예수를 책망함(행 13:6-11)
죽은 다비다(도르가)를 살림(행 9:36-41)	죽은 청년 유두고를 살림(행 20:9-12)
투옥되었다가 기적적으로 풀려남(행 12:3-19)	투옥되었다가 기적적으로 풀려남(행 16:25-34)

사도행전의 메시지

1. 교회의 형성과 성장(행 1장-7장)

1) 온 세상을 향한 하나님의 마스터플랜
부활 후 예수님은 '하나님나라의 일'을 말씀하셨다(행 1:3).
하나님나라의 일을 위해 "아버지께서 약속하신 것을 기다리라"라고 명하셨다(행 1:4).
하나님나라의 일을 위해 '성령으로 세례' 받는 것이 중요하다(행 1:5).

> 성령이 너희에게 임하시면 너희가 권능을 받고… 땅 끝까지 이르러 내 증인이 되리라 행 1:8

권능 있는 증인의 삶이 그 결과다.

2) 오순절 운동(Pentecostal Movement)을 통한 하나님의전략
하나님은 그의 계획을 어떻게 성취하시는가? 그의 전략은 무엇인가?
- People 하나님은 사람을 세우시고 사람을 통해 일하신다.
- Power 하나님은 그의 사람들에게 성령의 능력을 주어 그 능력으로 감당하게 하신다.
- Prayer "하나님은 언제나 그의 사람들의 기도를 통하여 일하신다"(요한 웨슬리).
- Co-operation (팀 사역) 하나님은 그의 사람들이 서로 팀으로 협력하여 일하기를 원하신다.

People 충성된 사람

하나님께 쓰임 받는 것은 영광이요 특권이다. 하나님은 사람이 필요한 것이 아니라 사람에게
기회를 주시려는 것이다. 온 땅을 향한 하나님의 마스터플랜에 그분과 함께 참여할 수 있는 영
광과 특권을 주셨다. 이는 마지막 날에 상 주시기 위함이다.

> 내 눈이 이 땅의 충성된 자를 살펴 나와 함께 살게 하리니 완전한 길에 행하는 자가 나를 따르리로다 시 101:6

교회는 하나님의 파트너이다. 교회는 건물이 아니라 예수 그리스도를 주로 고백하는 그리스도인 공동체다.

　　1시기 : 열두 사도, 일곱 집사, 스데반

　　2시기 : 베드로, 요한, 빌립, 아나니아, 고넬료, 야고보

　　3시기 : 바나바, 바울, 실라와 디모데, 아볼로

1시기와 2시기는 베드로가 중심이고, 3시기는 바울이 중심이다. 그러나 하나님의 큰 뜻으로 보면, 하나님께 순종하는 사람들이 항상 주인공이요 챔피언이다.

Power 성령의 능력

하나님은 온 세상을 향한 그의 마스터플랜을 이루기 위한 전략으로 성령의 능력을 그의 사람들에게 주시어 능히 하나님의 뜻을 이루게 하신다. 우리의 능력으로 성취하라고 내버려두지 않으신다. 오직 순종하는 사람, 충성된 사람을 찾으시고 능력을 부으시어 감당하게 하신다.

　여호와의 눈은 온 땅을 두루 감찰하사 전심으로 자기에게 향하는 자들을 위하여 능력을 베푸시나니 대하 16:9

예루살렘(행 2:1-4) : 오순절에 성령이 임하심으로 제자들이 성령의 충만함을 입었다.

사마리아(행 8:14-17) : 베드로와 요한이 사마리아의 그리스도인들에게 안수하니 그들이 성령을 받았다.

사울(행 9:14-18) : 아나니아가 금식하는 사울에게 안수하니 사울이 성령으로 충만함을 입었다.

고넬료의 집(행 10:44-46) : 베드로가 고넬료의 집에 모인 사람들에게 말씀 전할 때 성령이 임했다.

에베소(행 19:1-7) : 바울이 에베소의 그리스도인들에게 안수하매 그들이 성령의 충만함을 입었다.

Prayer 기도

기도는 마치 오케스트라의 피아노와 같다. 사도행전 전체에 기도가 흐르고 있다. 기도는 하나님 사역의 기반이다.

오순절의 준비 - 제자들을 비롯한 120명의 무리가 모여 전심으로 기도에 힘썼다(행 1:14). 1727년 8월, 모라비안 공동체에 성령이 임하신 사건도 전심으로 기도할 때 일어났다.

초대교회 공동체는 오로지 기도에 힘쓰는 공동체였다(행 2:42).

베드로와 요한은 제9시 기도 시간에 성전에 오르다가 나면서 못 걷게 된 이를 고쳤다(행 3:1). 제9시는 오후 3시를 말한다. 가장 졸릴 때를 이들은 기도의 시간으로 정해두었다.

사울은 다메섹 도상에서 예수를 만나며 그의 인생에 전환점을 맞이했다. 그는 전심으로 금식하며 기도했다. 예수께서 아나니아를 사울에게 보내 그를 위해 기도하게 하셨다. 주께서 아나니아를 부르신 것도 그가 기도할 때였다(행 9장).

고넬료가 기도할 때 주께서 베드로를 초청하도록 말씀하셨다. 주님은 베드로가 다락에서 기도할 때 그에게 환상을 보여주시어 고넬료의 집에 보내셨다(행 10장).

> 초대교회 그리스도인 개인과 공동체의 삶을 한마디로 요약하면 '기도'라고 할 수 있다. 그들은 전심
> 으로 기도에 힘썼다.

Co-operation, Partnership 팀 사역

팀 사역은 하나님의 놀라운 전략이다. 신명기 32장 30절에 "… 어찌 하나가 1,000을 쫓으며 둘
이 10,000을 도망하게 하였으리요"라는 말씀은 수학적으로 하나가 1,000이면 둘은 2,000이어
야 하는데 10,000이라고 하여 팀 사역의 결과를 보여준다. 또한 전도서 4장 12절에 "세 겹 줄
은 쉽게 끊어지지 아니하느니라"라고 하시듯, 팀 사역은 마치 탱크와 같아서 강력한 힘을 발휘
한다. 팀 사역은 성령으로만 가능하다. 개인의 욕심은 이를 이루지 못한다. 성령이 하나 되게
하심으로 이루어진다(엡 4:3).

- "베드로가 열한 사도와 함께 서서"(행 2:14)
- 베드로와 요한(행 3장)
- 베드로와 요한, 사도들(행 4장)
- 일곱 집사(행 6장)
- 베드로와 요한(행 8장)
- 베드로가 유대인 그리스도인 여섯 명을 데리고 고넬료의 집에 감(행 10장)
- 바나바와 사울(행 11장)
- 안디옥교회의 리더십 팀(행 13:1-3)
- 1차 전도여행은 언제나 팀으로 - 바나바와 바울(행 13장)
- 바울은 100 -14명의 팀으로 사역했다(행 20:4)

【 기독교 문명개혁 운동 전략 - PCW321 전략 】

3P	2C	1W
People 사람	Co-operation 팀 사역	Word of God 하나님의 말씀
Power 성령의 능력		
Prayer 전심으로 기도	Community 교회 공동체	

3) 오순절 성령강림

(1) 창세기 2장과 사도행전 2장의 비교

창 2:7 하나님이 흙으로 사람을 지으시고, 그 코에 생기를 불어넣으시니 생령이 되었다.

행 2:1-4 거듭난 그리스도인이 성령을 받을 때 권능을 받아 증인의 삶을 살게 된다(행 1:3-8).

고전 15:45 "첫 사람 아담은 생령이 되었다 함과 같이 마지막 아담은 살려주는 영이 되었나니."

차이점 - 창세기 2장은 생령(산 영)이 되었고, 사도행전 2장은 살려주는 영이 되었다. 즉, 우리가 성령으로 거듭나 새로운 피조물이 되는 것과 성령의 세례로 능력 받아 복음의 증인이 되는 것은 서로 다르다.

공통점 - 하나님이 흙으로 사람을 빚으셨을 때는 단지 박물관에 소장된 조각품에 불과했지만, 그 코에 생기를 불어넣으시니 비로소 생령이 되었다. 마찬가지로 오순절 성령강림 이전의 기도하는 120여 명은 거듭난 그리스도인이었지만, 이들에게 성령이 임할 때 비로소 권능을 받아 땅 끝까지 증인의 삶을 살게 되었다.

(2) 창세기 11장과 사도행전 2장의 비교

바벨탑 사건 : 인간의 교만으로 언어가 혼잡하게 되어 결국 언어별로 사방에 흩어졌다. 하나님을 대적하기 위한 연합이었다.

오순절 사건 : 제자들이 겸손하게 전심으로 기도할 때 성령이 임하심으로 새로운 언어, 방언을 받았다. 이들이 하나님 중심으로 모이자 이들을 통해 열방이 그리스도에게로 모이게 되었다(계 7:9). 하나님의 뜻을 이루기 위한 연합이 일어났다.

(3) 성령강림의 결과로 선교 공동체가 형성되었다(행 2:42-47)

성령의 일하심이 없는 공동체는 유지되지 않는다. 외발자전거와 탱크의 차이와 같다.

선교 공동체의 세 가지 특징

❶ 말씀, 기도, 성찬, 찬송 공동체이다.

❷ 교제(:코이노니아) 공동체 - 초대교회는 물건을 통용했다. 서로 나누어주는 삶을 살았다. 서로 나누는 삶으로 빈부의 격차를 줄이는 길은 오직 성령 중심의 선교 공동체에서만 가능하다. 오직 성령만이 개인주의, 이기주의, 탐욕을 극복하게 하시고, 사랑과 섬김의 삶으로 이끄신다.

❸ 증거 공동체 - 그리스도인들은 자신의 필요에만 집중하지 않고 땅 끝으로 나아가 예수의 사랑을 전한다. 그들은 세상으로부터 칭찬받았다(행 2:47).

(4) 초대교회의 위기와 극복

초대교회에 세 번의 위기가 있었다. 그러나 이는 오히려 성장과 확장의 계기가 되었다.

❶ 재정 - 아나니아와 삽비라 : 해결 - 하나님의 능력. 그 결과 - 하나님을 경외함(행 1장-5장)

❷ 교회 행정 - 불공평으로 인한 불평 불만, 편 가르기 : 해결 - 사역의 분리. 그 결과 - 배가(행 2장-6장)

❸ 핍박 - 스데반의 순교(7장)는 오히려 복음의 확장(8장)을 가져왔다.

2. 교회의 성장과 과도기 : 개혁(행 8장-12장)

교회가 성장할 때 과도기를 거친다. 이 시기에 두 번의 다리를 건너고 한 번의 중요한 회의를 거치며 성장했다.

다리 - 사도행전 8장에는 성장을 위한 다리가 두 번 놓인다.

다리1 - 사마리아 : 초기에는 복음이 예루살렘과 유대에만 전해졌다. 그런데 스데반의 순교를 거치며 대핍박이 일어났고 그때 그리스도인들이 흩어져 사마리아에 이르렀다. 사마리아는 유대와 이방을 잇는 다리 역할을 했다.

다리2 - 에디오피아의 내시 : 높은 위치에 있는 사람으로서 영향력이 있었다.

주인공 - 빌립은 순종의 사람, 능력의 사람이었다. 성령께서 그를 광야로 보내셨다. 거기서 그는 에디오피아 재무 담당관을 만나 복음을 제시했다. 그는 에디오피아가 복음을 받아들이는 다리 역할을 했다.

바울 : 전환점 Turning point(행 9장)

사울의 회심과 사명은 복음이 이방인에게 확산되는 계기가 되었다. 이 사건은 바울 자신은 물론 선교 역사의 대전환점이다.

장벽을 넘어섬 - 사도행전 10장은 '편협주의'라는 장벽을 뛰어넘었다.

이방인이며 로마 장교인 고넬료가 장벽이었다. 그가 성령으로 세례를 받음으로 유대인과 이방인 사이의 높은 장벽이 허물어져 복음이 전해졌다. 높은 장벽은 편협한 유대주의적 사고였다. 베드로는 성령으로 충만했지만, 그의 사고는 유대주의적 틀을 벗어나지 못해 오직 유대인에게만 복음을 전했다. 이방인에게 복음을 전해야겠다는 생각조차 없었다. 성령은 이런 베드로의 장벽을 무너뜨려 다리를 건너게 하셨다. 높은 장벽은 베드로의 유대주의적 사고였다. 그 장벽을 넘어서는 데 고넬료가 다리 역할을 했다.

회의1 - 사도행전 11장에 나타나는 회의는 의사결정 과정의 롤 모델이다.

베드로의 고넬료 방문으로 예루살렘교회에 회의가 열렸다.

> 유대에 있는 사도들과 형제들이 이방인들도 하나님의 말씀을 받았다 함을 들었더니, 베드로가 예루살렘에 올라갔을 때에 할례자들이 비난하여 행 11:1,2

베드로는 주께서 그를 고넬료의 집으로 인도하신 과정과 고넬료의 집에서 일어난 성령의 역사를 자세히 설명했다. 그는 성령의 인도하심으로 고넬료의 집에 갈 때 홀로 가지 않고 여섯 명의 유대인 그리스도인과 함께 갔다. 이들도 성령께서 이방인에게 은혜를 주시는 것을 함께 보았다. 베드로가 결론적으로 말했다.

> 그런즉 하나님이 우리가 주 예수 그리스도를 믿을 때에 주신 것과 같은 선물을 그들에게도 주셨으니 내가 누구이기에 하나님을 능히 막겠느냐 하더라 행 11:17

그들이 이 말을 듣고 잠잠하여 하나님께 영광을 돌려 이르되 그러면 하나님께서 이방인에게도 생명 얻는 회개를 주셨도다 하니라 행 11:18

이들은 자기 생각을 주장하지 않았다. 주의 말씀에 귀를 기울이고 자신의 생각을 말씀에 의해 깨뜨릴 줄 알았다. 하늘을 향해 언제나 열려있었던 것이 초대교회의 힘이다.

3. 교회의 확장(행 13장-28장)

사도행전 13장부터는 새로운 장이 펼쳐진다. 지금까지는 예루살렘교회가 중심이었다면 이후로는 안디옥교회가 중심 역할을 한다. 이전까지는 베드로가 중심이었다면 13장부터는 바울이 중심인물이다. 그러나 사도행전을 통해 성령께서 말씀하시는 것은 특정 인물이나 지역 또는 그룹을 강조하려는 게 아니다. '오직 하나님의 뜻을 따라 성령의 능력으로 순종하는 사람과 교회를 통해 하나님은 그의 일을 행하신다'는 것이 초점이다. 그렇기에 사도행전은 28장으로 끝나지 않는다. 지금도 여전히 29장의 사건이 이어지고 있다.

세계 선교를 준비하는 교회, 안디옥교회(행 11:19-30, 13:1-3)

안디옥교회는 스데반의 순교 이후에 흩어진 자들이 안디옥에 이르러 복음을 전파함으로 시작되었다. 처음에는 유대인에게만 말씀을 전했으나 후에는 헬라인에게도 전했다. 안디옥교회는 유대인과 이방인으로 구성된 특이한 공동체가 되었다.

믿는 자의 수가 더욱 많아지자 예루살렘교회가 바나바를 파송했다. 그는 바울을 찾으러 다소에 가서 함께 안디옥교회를 섬겼다. 안디옥교회는 더욱 부흥했고, 그들은 최초로 '그리스도인'이라 불렸다. 이들의 선한 행실이 도시에 영향을 주었다.

안디옥교회의 특이점은 사도행전 13장 1절에서 볼 수 있다. "안디옥교회에 선지자들과 교사들이 있으니, 곧 바나바와 니게르라 하는 시므온과 구레네 사람 루기오와 분봉왕 헤롯의 젖동생 마나엔과 및 사울이라." 그들은 팀 사역을 했다. 다섯 명의 리더십 팀으로 구성되었다. 팀 사역이란 각각 다른 은사와 직임으로 교회 공동체를 견고하게 할 때 이루어진다. 위치나 가치에 있어서는 동등(equality)하나 권위(authority)는 다르다. 팀 사역은 하나 됨을 기반으로 하는 통일성(unity)과 서로에게 주어진 은사와 직임을 인정하는 다양성(diversity)이 조화와 균형을 이루어야 한다.

안디옥교회는 열린 공동체였다. 언어, 인종, 계층에 있어서 다양했다. 시므온을 "니게르"라고 불렀다는 말은 그가 니그로 즉, 흑인이라는 의미다. 루기오는 구레네 사람이었다. 구레네는 북아프리카 리비아를 말한다. 마나엔은 왕족 혹은 귀족 출신일 것이다. 사울은 가말리엘 문하생이며 율법학자였다. 그러나 무엇보다 핍박자였다. 이 같은 배경을 가진 리더십 팀은 서로를 인정하고 포용했다. 안디옥교회는 넓은 마음을 가진 교회 공동체였다.

주를 섬겨 금식할 때에 성령이 이르시되, '내가 불러 시키는 일을 위하여 바나바와 사울을 따로 세우라' 하시니, 이에 금식하며 기도하고 두 사람에게 안수하여 보내니라 행 13:2,3

안디옥교회는 성령께 귀를 기울일 줄 아는 교회다. 그들은 예루살렘에서 온 아가보 선지자의 예언을 듣고 구제비를 유대 지역의 교회들에게 보내기도 했다(행 11:27-30). 성령은 안디옥교회의 가장 중요한 리더 두 사람을 선교사로 부르셨다. 성령에게 열려 그의 음성에 귀를 기울이고 순종하는 교회였다. 세계 선교를 감당한 안디옥교회의 특징들을 우리는 충분히 찾아볼 수 있다.

바울의 1차 여행(행 13장-14장)

경유지

바나바와 사울은 먼저 바나바의 고향인 구브로 섬을 방문하여 복음을 전했다. 이어서 갈라디아 지방의 밤빌리아 버가 − 비시디아 안디옥 − 이고니온 − 루가오니아의 루스드라와 더베를 차례로 방문하여 전했다. 이후 이들은 왔던 길을 되짚어가면서 다시 그리스도인들을 견고하게 세웠다. 루스드라 − 이고니온 − 비시디아 안디옥 − 밤빌리아 버가를 거쳐 앗달리아로 가서 배를 타고 파송 교회인 수리아 안디옥으로 돌아왔다.

1차 여행의 특이점

사울이 '바울'이라는 이름으로 바뀌었다(행 13:9). 바나바에서 바울로 리더십의 변화가 있었다. (행 13:13,46). 처음부터 동행했던 바나바의 조카 마가 요한은 중도 포기하고 예루살렘으로 돌아갔다(행 13:13). 이들은 어디를 가든 먼저 유대인의 회당에 들러서 복음을 전했다. 이방인들은 복음을 기쁘게 받아들였지만 유대인들은 이들을 박해하고 쫓아냈다. 루스드라에서 바울이 돌에 맞아 거의 죽다가 살았다(행 14:19,20). 루스드라에서 발을 쓰지 못하는 사람을 치유했을 때는 온 도시가 이들을 사람으로 온 신(현인신)인 줄로 알고 섬기려 했다. 바나바와 바울이 이를 적극적으로 제지하며 오직 하나님께로 돌아오게 했다(행 14:8-18).

> 여러분이여 어찌하여 이러한 일을 하느냐? 우리도 여러분과 같은 성정을 가진 사람이라. 여러분에게 복음을 전하는 것은 이런 헛된 일을 버리고 천지와 바다와 그 가운데 만물을 지으시고 살아계신 하나님께로 돌아오게 함이라 행 14:15

회의2(행 15장)-예루살렘 회의 : 복음을 견고하게 함

1차 선교여행에서 바울 팀이 복음을 전한 지역에 유대주의자들이 방문하여 모세의 율법을 통한 할례를 구원의 조건으로 내세웠다. 바울과 바나바가 이들과 격렬한 다툼과 논쟁을 했지만 결론이 나지 않았다.

결국 이들은 예루살렘에 올라가 사도와 장로들에게 호소했다. 이렇게 진행된 예루살렘 회의는 초대교회 역사의 중요한 분기점이 되었다. 율법과 복음에 관한 논의가 활발히 진행되었다. "많은 변론이 있은 후에" 베드로가 일어나 '오직 믿음으로 구원받음'을 말했다(행 15:7-11). 그리고 바나바와 바울이 1차 전도여행에 대해 나누도록 기회를 주었다. 이후 당시 예루살렘교회의 리더인 주의 형제 야고보가 결론을 내렸다.

예루살렘 회의에서 만장일치로 결정한 사항을 편지로 써서 안디옥과 수리아와 길리기아의 이방인 형제들에게 보냈다. 이후에 바울은 갈라디아서를 써서 보내어 복음을 견고하게 했다.

바울의 2차 여행(행 16장-18장)

경유지

바울과 바나바가 1차 여행지를 방문하여 이들을 견고하게 하기로 결정했다. 바나바는 마가 요한을 데리고 가고자 했지만 바울이 반대했다. 이 일로 이들은 심하게 다투고 결국 헤어졌다. 바나바는 마가를 데리고 구브로로 가고, 바울은 실라를 데리고 도보로 수리아와 길리기아를 다니며 교회들을 견고하게 했다. 이후 바나바에 대한 기록은 없고, 오직 바울의 사역만 기록되었다.

바울 팀은 이전에 방문했던 1차 여행지를 다닌 후에 더 위로 올라가 아시아 지역으로 가고자 했지만 성령께서 유럽으로 이끄셨다. 드로아에서 마게도냐인의 환상을 본 후에 바울 일행은 마게도냐로 건너갔다. 이들은 빌립보 ─ 데살로니가 ─ 베뢰아를 거쳐 아가야로 갔으며, 아덴 ─ 고린도에 이르러 1년 6개월간 사역했다. 수리아 안디옥으로 돌아오는 길에 에베소에 잠시 들러 브리스길라와 아굴라를 그곳에 머물게 하고 장래를 기약했다.

2차 여행의 특이점

1차 여행지를 재방문하여 형제들을 견고하게 했다. 루스드라에서 디모데가 팀에 합류했으며 더 멀리 아시아까지 사역지를 확장했다. 그러나 드로아에서 마게도냐인 환상을 본 후 아시아에서 유럽으로 선교의 방향을 돌렸다. 성령은 선교의 하나님이시다. 빌립보에서 바울과 실라가 복음을 전하다가 매를 맞고 감옥에 갇혔다. 그 결과 사업가 루디아, 로마 간수의 가족, 점치던 여자 노예 등으로 구성된 빌립보교회가 세워졌다.

바울은 이전처럼 어디를 가든지 먼저 유대인의 회당에서 복음을 전했다. 그리고 여전히 어디에서나 유대인의 핍박을 받아 쫓겨났다. 고린도에서 장기간 사역하면서 브리스길라와 아굴라 부부를 만나 교제하며 이들을 양육했다. 겐그레아에서 바울은 서원을 따라 머리를 깎았다. 고린도에서 사역하면서 바울은 데살로니가전후서를 써서 데살로니가 형제들에게 보냈다.

> 인류의 모든 족속을 한 혈통으로 만드사 온 땅에 살게 하시고 그들의 연대를 정하시며 거주의 경계를 한정하셨으니 행 17:26

바울의 3차 여행(행 19장-21장)

경유지

바울 팀은 1,2차 여행지를 재차 방문하여 교회들을 견고하게 했다. 그리고 에베소에서 3년간 장기 사역을 했다. 그 후 마게도냐와 아가야를 재차 방문했다. 그는 안디옥이 아닌 예루살렘으로 가고자 했으며, 도중에 밀레도에 이르러 에베소의 장로들을 불러 양육했다. 두로를 거쳐 가이사랴에 이르러 빌립의 집을 방문했다. 예루살렘에 이르러 야고보와 장로들을 만나 교제했다.

3차 여행의 특이점

에베소에 장기간 머물며 두란노를 세워 양육했다. 바울은 전략적 거점지역을 중심으로 사역했다. 수리아 안디옥, 에베소, 고린도를 중심으로 사역하며 주변에 복음을 확산시켰다. 탁월한 성경교사 아볼로가 바울이 개척한 고린도에 가서 말씀으로 견고하게 했다. 드로아에서 밤새 말씀을 전할 때 청년 유두고가 3층에서 떨어져 죽었다가 주의 은혜로 살아났다. 밀레도에서 에베소교회 장로들에게 한 고별 설교는 참으로 인상적이며 감동적이다. 그는 예루살렘에 가기로 굳게 결심하고 일정을 맞추었다. 여러 차례 예루살렘에서 당할 환난에 대해 예언의 말씀을 들었지만 바울의 결심은 바뀌지 않았다. 그의 감동적인 고백을 들어보자.

> 보라 이제 나는 성령에 매여 예루살렘으로 가는데 거기서 무슨 일을 당하는지 알지 못하노라. 오직 성령이 각 성에서 내게 증언하여 결박과 환난이 나를 기다린다 하시나, 내가 달려갈 길과 주 예수께 받은 사명, 곧 하나님의 은혜의 복음을 증언하는 일을 마치려 함에는 나의 생명조차 조금도 귀한 것으로 여기지 아니하노라 행 20:22-24

에베소에서 고린도전후서를 써서 고린도교회를 견고하게 했고, 고린도에서 로마서를 썼다.

【 온 세상을 향한 하나님의 마스터플랜 】

교회의 형성과 성장(행 1-7장)			교회의 성장 과도기 (행 8-12장)					교회의 확장 (행 13-28장)				
교회의 형성	교회의 성장	교회의 씨앗	다리	전환점	장벽을 제거함	회의1	대가를 지불함	1차 여행	회의2	2차 여행	3차 여행	4차 여행
1-2장	3-6장	7장	8장	9장	10장	11장	12장	13-14장	15장	16-18장	19-21장	22-28장
오순절 성령	기도, 말씀	스데반 순교	빌립	사울	고넬료, 베드로	예루살렘 교회	야고보의 순교	갈라디아	예루살렘 회의	마게도냐	에베소	예루살렘, 로마
예루살렘과 온 유대와			사마리아와					땅 끝까지 이르러 내 증인이 되리라				

바울의 4차 여행(행 22장-28장)

경유지

예루살렘에서 바울은 유대인들에게 붙잡혔다. 로마군의 천부장이 바울을 두 쇠사슬로 결박하여 영내로 데려갔다. 강성 유대인 40여 명이 바울을 죽이고자 공모한 것을 천부장에게 알렸고, 바울은 로마 주둔 사령부가 있는 가이사랴로 호송되었다. 여기서 바울은 자신의 사건을 가이사에게 호소하여 로마로 압송되었다. 로마로 가는 길에 태풍 유라굴로를 만나 모두가 죽을 위기에 처했으나 멜리데 섬에 상륙하여 전원 구조되었다. 멜리데를 떠나 레기온, 보디올을 거쳐 로마에 이르러 2년간 셋집에 머물며 복음을 전했다.

4차 여행의 특이점

바울은 예루살렘에서 붙잡혔을 때 두 차례에 걸쳐 유대인들 앞에서 자신에게 일어난 일들을 간증했다. 가이사랴로 압송되어 2년 이상을 감옥에 갇혀 있으면서 벨릭스 총독, 베스도 총독, 아그립바 왕 앞에서 간증하며 복음을 전했다. 그가 다메섹 도상에서 주 예수를 만난 간증을 유대인들에게(22장), 아그립바 왕에게(26장) 전한 것은 매우 감동적이다. 로마로 압송되어 가는 뱃길에서 바울은 영적 지도자로서 영향력을 발휘했다. 어디서나 외향적으로는 죄수의 모습이었으나 실제로는 복음을 전하는 전도자요, 사람들을 위로하고 세워주는 지도자였다. 조금도 위축되거나 실망하지 않고 언제나 당당하고 담대했으며, 그의 내면은 고요했다. 로마에 머무는 동안 에베소서, 골로새서, 빌레몬서, 빌립보서를 써서 교회와 형제들을 견고하게 했다.

> 우리가 보니 이 사람은 전염병 같은 자라. 천하에 흩어진 유대인을 다 소요하게 하는 자요 나사렛 이단의 우두머리라 행 24:5

> 바울이 이르되, 말이 적으나 많으나 당신뿐만 아니라 오늘 내 말을 듣는 모든 사람도 다 이렇게 결박된 것 외에는 나와 같이 되기를 하나님께 원하나이다 하니라 행 26:29

Dear. NCer

Bridge Builder : 바나바처럼 전체를 보며, 새로운 사람이 어떻게 하면 공동체에 잘 접목될 수 있을지 관심을 가지고 돌보는 사람이 우리 안에 많기를 바란다.

그리스도인들이 세상 안으로 들어가서 교회 공동체를 이루며 세상에 영향을 주어야 한다. 하나님 안에서 왕의 재정, 왕의 기업, 왕의 교육, 왕의 매스컴, 왕의 예술, 왕의 의료 등으로 땅 전체를 바꾸는 것이 교회가 할 일이다. 그래야 세상이 바뀌고, 사도행전 29장의 역사가 일어난다.

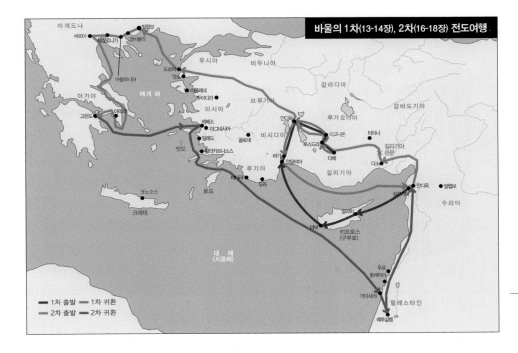

바울의 1차(13-14장), 2차(16-18장) 전도여행

■ 1차 출발 ■ 1차 귀환
■ 2차 출발 ■ 2차 귀환

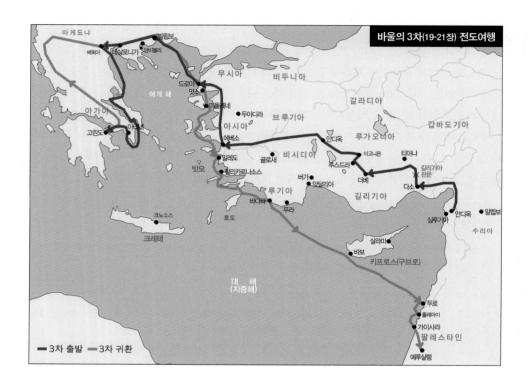

바울의 3차(19-21장) 전도여행

마게도냐
베뢰아
데살로니가
암비볼리
빌립보
무시아
비두니아
갈라디아
드로아
앗소
에게 해
갑바도기아
미둘레네
두아디라
브루기아
아시아
에베소
안디옥
루가오니아
아덴
이고니온
디아나
길리기아 관문
고린도
밀레도
골로새
비시디아
부스드라
더베
다소
밧모
할리카르낫소스
버가
앗달리아
길리기아
안디옥
알렙보
크노소스
로도
바다라
무라
루기아
실루기아
수리아
크레테
살라미
두로
바보
돌레마이
키프로스(구브로)
가이사랴
팔레스타인
대 해
(지중해)
예루살렘

■ 3차 출발 ■ 3차 귀환

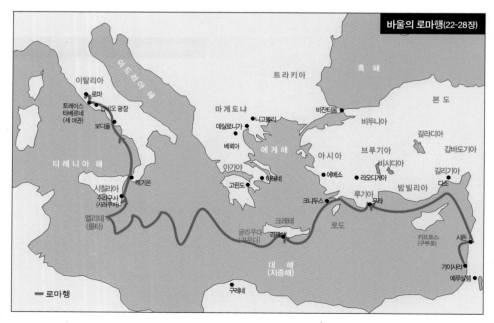

바울의 로마행(22-28장)

아드리아 해
트라키아
흑 해
이탈리아
로마
본 도
트레스 타베르네
(세 여관)
압비오 광장
비잔티움
마게도냐
니고볼리
비두니아
보디올
데살로니가
갈라디아
티레니아 해
베뢰아
에게 해
브루기아
갑바도기아
레기온
아가야
아시아
라오디게아
길리기아
시칠리아
고린도
아테네
에베소
비시디아
다소
주라구사
(시라쿠사)
크니두스
밤빌리아
멜리데(몰타)
클라우다
(가우다)
라새아
루기아
무라
키프로스
(구부로)
시돈
크레테
로도
가이사랴
예루살렘
대 해
(지중해)
구레네

■ 로마행

5장

바울서신

삶의 현장 실험실에서 나온 신학

바울서신 – 삶의 현장 실험실에서 나온 신학

1. 바울은 누구인가?

바울은 바리새인(빌 3:5,6)으로, 길리기아 다소 태생이며 스데반의 순교를 지켜본 목격자(행 7:58)였다. 초대 기독교인들을 박해하던 자(행 9:1,2)였으나, 다메섹에서 극적으로 개종하여 그리스도의 전파자가 되었다. 바울의 다메섹 도상 체험 간증은 사도행전에 세 번(행 9:3-18, 22:6-13, 26:12-18)이나 반복된다. 여기서 바울이 만난 분은 십자가에서 부활하시고 지금 하늘의 보좌 우편에 계신 예수 그리스도다.

그의 생애 전체를 통해 역사적 '예수'보다는 하늘에 계신 영적인 '그리스도'를 더욱 중요시하고 있다(참고, 고후 5:16 이하). 이는 바울의 편지에 '예수 그리스도'란 명칭보다 '그리스도 예수'란 명칭이 더 자주 사용된 것을 통해서도 알 수 있다.

바울이 역사적 예수로부터 직접 부름을 받은 제자나 사도가 아니었기에 초대교회에서 그의 사도적 권위에 대한 이의가 종종 제기되었다. 그래서 바울은 갈라디아서 1장 1절 등 매 서신 첫머리에 사도직의 권위를 언급한다(고전 1:1, 고후 1:1, 엡 1:1, 골 1:1, 딤전 1:1, 딤후 1:1 등).

본래 사도의 자격은 요한이 세례 주던 때부터 예수께서 하늘로 올라가시던 날까지 줄곧 같이 다니던 사람이어야 했고, 무엇보다도 '부활의 증인'이어야 했다(행 1:21,22). 이 같은 점에서 볼 때 바울은 초대교회 안에서 외롭게 그리스도를 위해 투쟁한 복음의 역군이었다.

그의 외모는 "작은 키에 머리카락은 많지 않고, 다리는 굽어있고 몸의 건강 상태도 좋지 않으며, 양 눈썹이 맞붙어 있고, 코는 매부리코다. 그러나 그는 은혜가 충만한 사람이다. 또한 가끔 그는 천사의 얼굴을 갖고 있다"라고 2세기 문헌에 기록되어 있다. 실제로 바울의 외모를 정확하게 알기는 어려우나, 그는 누구보다 내적인 아름다움과 고귀함을 지녔으며 성령이 충만한 인물이었다.

그는 자신을 소개할 때마다 언제나 감격과 감사가 넘쳤다.

- "맨 나중에 **만삭되지 못하여 난 자** 같은 내게도 보이셨느니라"(고전 15:8).
- "**모든 성도 중에 지극히 작은 자보다 더 작은 나**에게 이 은혜를 주신 것은 측량할 수 없는 그리스도의 풍성함을 이방인에게 전하게 하시고 영원부터 만물을 창조하신 하나님 속에 감추어졌던 비밀의 경륜이 어떠한 것을 드러내게 하려 하심이라"(엡 3:8,9).
- "미쁘다, 모든 사람이 받을 만한 이 말이여! 그리스도 예수께서 죄인을 구원하시려고 세상에 임하셨다 하였도다. **죄인 중에 내가 괴수니라!**"(딤전 1:15).

그는 자신이 그리스도 예수의 일꾼 된 것에 늘 감격했다.

- "그러나 내가 **긍휼을 입은 까닭**은 예수 그리스도께서 내게 먼저 일체 오래 참으심을 보이사 후에 주를 믿어 영생 얻는 자들에게 본이 되게 하려 하심이라"(딤전 1:16).
- "이 복음을 위하여 그의 능력이 역사하시는 대로 내게 주신 **하나님의 은혜의 선물을 따라** 내가 일꾼이 되었노라"(엡 3:7).
- "하나님이 우리를 구원하사 거룩하신 소명으로 부르심은 **우리의 행위대로 하심이 아니요,** 오직 자기의 뜻과 영원 전부터 그리스도 예수 안에서 우리에게 주신 **은혜대로** 하심이라"(딤후 1:9).
- "그러나 내가 나 된 것은 **하나님의 은혜**로 된 것이니 내게 주신 **그의 은혜**가 헛되지 아니하여 내가 모든 사도보다 더 많이 수고하였으나 내가 한 것이 아니요 오직 나와 함께하신 **하나님의 은혜**로라"(고전 15:10).

그러므로 바울은 주 예수님에게 죽도록 충성했다.

- "사람이 마땅히 우리를 그리스도의 일꾼이요 하나님의 비밀을 맡은 자로 여길지어다. 그리고 맡은 자들에게 구할 것은 충성이니라"(고전 4:1,2).
- "나를 능하게 하신 그리스도 예수 우리 주께 내가 감사함은 나를 충성되이 여겨 내게 직분을 맡기심이니, 내가 전에는 비방자요 박해자요 폭행자였으나 도리어 긍휼을 입은 것은, 내가 믿지 아니할 때에 알지 못하고 행하였음이라"(딤전 1:12,13).
- "내가 생각하건대 하나님이 사도인 우리를 죽이기로 작정된 자같이 끄트머리에 두셨으매 우리는 세계 곧 천사와 사람에게 구경거리가 되었노라… 바로 이 시각까지 우리가 주리고 목마르며 헐벗고 매 맞으며 정처가 없고, 또 수고하여 친히 손으로 일을 하며, 모욕을 당한즉 축복하고 박해를 받은즉 참고 비방을 받은즉 권면하니, 우리가 지금까지 세상의 더러운 것과 만물의 찌꺼기같이 되었도다"(고전 4:9,11-13).
- "오직 모든 일에 하나님의 일꾼으로 자천하여, 많이 견디는 것과 환난과 궁핍과 고난과 매 맞음과 갇힘과 난동과 수고로움과 자지 못함과 먹지 못함 가운데서도 깨끗함과 지식과 오래 참음과 자비함과 성령의 감화와 거짓이 없는 사랑과 진리의 말씀과 하나님의 능력으로 의의 무기를 좌우에 가지고, 영광과 욕됨으로 그러했으며 악한 이름과 아름다운 이름으로 그러했느니라. 우리는 속이는 자 같으나 참되고, 무명한 자 같으나 유명한 자요, 죽은 자 같으나 보라 우리가 살아있고, 징계를 받는 자 같으나 죽임을 당하지 아니하고, 근심하는 자 같으나 항상 기뻐하고, 가난한 자 같으나 많은 사람을 부요하게 하고, 아무것도 없는 자 같으나 모든 것을 가진 자로다"(고후 6:4-10).
- "그들이 그리스도의 일꾼이냐? 정신없는 말을 하거니와 나는 더욱 그러하도다. 내가 수고를 넘치도록 하고 옥에 갇히기도 더 많이 하고 매도 수없이 맞고, 여러 번 죽을 뻔하였으니 유대인들에게 사십에서 하나 감한 매를 다섯 번 맞았으며 세 번 태장으로 맞고 한 번 돌로 맞고,

세 번 파선하고 일주야를 깊은 바다에서 지냈으며, 여러 번 여행하면서 강의 위험과 강도의 위험과 동족의 위험과 이방인의 위험과 시내의 위험과 광야의 위험과 바다의 위험과 거짓 형제 중의 위험을 당하고, 또 수고하며 애쓰고 여러 번 자지 못하고 주리며 목마르고 여러 번 굶고 춥고 헐벗었노라"(고후 11:23-27).

"오직 성령이 각 성에서 내게 증언하여 결박과 환난이 나를 기다린다 하시나,
내가 달려갈 길과 주 예수께 받은 사명, 곧 하나님의 은혜의 복음을 증언하는 일을 마치려 함에는
나의 생명조차 조금도 귀한 것으로 여기지 아니하노라"(행 20:23,24).

2. 바울서신이란 무엇인가?

신약성경 27권 중 '서신'(Epistle) 혹은 '편지'(Letter)의 형태로 된 글이 21개나 있다. 이 중에서 바울의 이름으로 기록된 것이 13개이다. 이를 다시 구분하면, 바울 한 사람의 이름으로 발신된 것으로는 로마서, 갈라디아서, 에베소서, 디모데전서, 디모데후서, 디도서가 있고 고린도후서, 골로새서, 빌립보서, 빌레몬서는 '바울과 디모데' 두 사람의 이름으로, 고린도전서는 '바울과 소스데네' 두 사람의 이름으로, 데살로니가전서와 후서는 '바울과 실루아노와 디모데' 세 사람의 이름으로 기록된 편지이다. 이를 편의상 다음과 같이 구분한다.

(1) 초기 서신 : 1,2,3차 전도여행

- 갈라디아서   이신칭의와 율법과의 관계   1차 전도여행 후
- 데살로니가전·후서   종말론, 종말론적인 삶   2차 전도여행 중
- 고린도전서   질문들에 대한 구체적 답변   3차 전도여행 중
- 고린도후서   바울의 사도권   3차 전도여행 중
- 로마서   이신칭의, 복음의 보편성   3차 전도여행 중

(2) 옥중서신 : A.D.59-61년, 로마

- 에베소서   교회론
- 빌립보서   그리스도 안에서의 기쁨
- 골로새서   그리스도론
- 빌레몬서   구원의 은혜

(3) 목회서신 : 교회 운영, 목회 A.D.62-68년경, 로마

- 디모데전서   교회의 질서와 구조
- 디모데후서   목자적인 돌봄, 멘토링
- 디도서   그리스도인의 행동지침서, 멘토링

3. 바울서신의 형식

바울서신은 일정한 형식을 갖추며, 다섯 가지 요소로 구성되어 있다.

1) 인사(발신자, 수신자, 인사)
2) 감사 혹은 축복
3) 교리적 내용
4) 윤리적 내용
5) 마지막 인사(문안인사, 마지막 축도)

(1) 인사말

"하나님 아버지와 주 예수 그리스도로부터 은혜와 평강이 너희에게 있을지어다."

- 롬 1:7, 고전 1:3, 고후 1:2, 갈 1:3, 엡 1:2, 빌 1:2, 살후 1:2, 딤전 1:2, 딛 1:4

"하나님 아버지와 그리스도 예수 우리 주께로부터 은혜와 긍휼과 평강이 네게 있을지어다."

- 딤후 1:2 : 은혜와 긍휼과 평강

"우리 아버지 하나님으로부터 은혜와 평강이 너희에게 있을지어다."

- 골 1:2

(2) 감사의 말

"너희 모든 사람에 관하여 내 하나님께 감사함은 너희 믿음이 온 세상에 전파됨이로다"(롬 1:8).

"내가 너희를 위하여 항상 하나님께 감사하노니"(고전 1:4).

"내가 기도할 때에 기억하며 너희로 말미암아 감사하기를 그치지 아니하고"(엡 1:16).

"내가 너희를 생각할 때마다 나의 하나님께 감사하며"(빌 1:3).

"우리가 너희를 위하여 기도할 때마다 하나님 곧 우리 주 예수 그리스도의 아버지께 감사하노라"(골 1:3).

"우리가 너희 모두로 말미암아 항상 하나님께 감사하며 기도할 때에 너희를 기억함은"(살전 1:2).

"형제들아, 우리가 너희를 위하여 항상 하나님께 감사할지니 이것이 당연함은…"(살후 1:3).

"내가 밤낮 간구하는 가운데 쉬지 않고 너를 생각하여 청결한 양심으로 조상적부터 섬겨 오는 하나님께 감사하고"(딤후 1:3).

"내가 항상 내 하나님께 감사하고 기도할 때에 너를 말함은…"(몬 1:4).

그러나 고린도후서, 갈라디아서, 디모데전서, 디도서에는 이런 언급이 없다. 이 네 편의 서신은 바로 본론으로 들어간다.

(3) 교리적 내용, 윤리적 내용

바울서신은 내용상 두 부분으로 구성된다. 먼저 교리적 설명을 한다. 성경적이며 신학적인 설명을 하고, 그 후 구체적인 삶의 적용을 말한다.

로마서의 경우, 1장-8장은 교리적 설명이고, 9장-11장은 삽입 부분으로서 하나님의 주권적 섭리를 설명하며, 12장-16장은 윤리적 실천을 다룬다.

에베소서의 경우, 1장-3장은 교리적 내용, 4장-6장은 윤리적 실천을 다룬다.

갈라디아서의 경우, 1장-2장은 자신의 간증, 3장-4장은 교리적 내용, 5장-6장은 윤리적 실천을 다룬다.

바울서신은 상아탑에서 연구한 학문적인 업적이 아니다. 어떤 놀라운 이론이나 지식의 전달이 목적이 아니다. 바울이 전하는 복음은 언제나 그의 선교현장에서 겪은 경험에서 나왔다. 그리스도인으로서 어떻게 땅 끝에서 구체적으로 살 것인지가 그 목적이다.

그러나 단순히 윤리적인 면, 실천적인 면만을 강조하는 것이 아니다. 그렇다면 세상의 모든 종교와 다를 바가 없을 것이다. 그리스도인다운 삶은 내 힘과 노력에 의존하거나, 어떤 종교적인 행위나 방법에 의존하는 것이 아니다. 교리적 내용이 언제나 먼저 언급되는 것은 하나님께서 우리를 위하여 이루어놓으신 그분의 구원의 길을 제시하기 위함이다. 우리의 힘으로 구원을 얻을 수 없음을 하나님은 아신다. 그래서 예수 그리스도의 십자가를 통해 구원을 이루시고, 성령으로 이를 이룰 힘과 능력을 주신다. 우리에게 요구되는 것은 오직 믿음이다. 우리의 행위에 의해 그리스도인다운 삶을 살 수 없다. 오직 우리를 위해 이미 이루신 하나님의 구원의 역사를 믿을 때 그의 능력이 내 삶에 작동되어 살아가게 한다.

(4) 결론

바울서신의 결론은 두 형태로 나타난다.

첫째, 권면의 형태다.

"…에게 문안하라"(롬 16장), "서로 문안하라"(고전 16:20, 고후 13:11) 등과 같이 서로 교제하기를 권면한다.

둘째, 문안인사를 전달하는 형태다.

"모든 성도가 너희에게 문안하느니라"(고후 13:12), "나의 동역자 디모데와… 너희에게 문안하느니라"(롬 16:21)처럼 바울 자신만 아니라 다른 형제들이 문안인사를 하는 것도 전달했다.

그의 서신의 결론은 축도로 마친다.

"주 예수 그리스도의 은혜와 하나님의 사랑과 성령의 교통하심이 너희 무리와 함께 있을지어다"(고후 13:13).

"평강의 하나님께서 너희 모든 사람과 함께 계실지어다. 아멘"(롬 15:33).

"우리 주 예수의 은혜가 너희에게 있을지어다"(롬 16:20).

"주 예수 그리스도의 은혜가 너희와 함께하고 나의 사랑이 그리스도 예수 안에서 너희 무리와 함께할지어다"(고전 16:23,24).

"형제들아, 우리 주 예수 그리스도의 은혜가 너희 심령에 있을지어다. 아멘"(갈 6:18, 빌 4:23).

"아버지 하나님과 주 예수 그리스도께로부터 평안과 믿음을 겸한 사랑이 형제들에게 있을지어다"(엡 6:23).

"우리 주 예수 그리스도를 변함없이 사랑하는 모든 자에게 은혜가 있을지어다"(엡 6:24).

때로는 송영으로 마치기도 한다.

"지혜로우신 하나님께 예수 그리스도로 말미암아 영광이 세세무궁하도록 있을지어다. 아멘"
(롬 16:27).

4. 바울서신의 성격

서신과 편지는 구분되는데, 바울의 문서들은 대부분 구체적인 상황 속에서 구체적인 목적을 갖고 기록된 것이다. 즉 특수한 교회와 특정한 사람들을 염두에 두고 쓴 글이다. 이런 점에서 실제적인 '편지'라고 볼 수 있다. 다른 한편으로 구체적인 상황에 관련된 것이라기보다는 일반적인 교훈을 담고 있고 공개를 목적으로 하는 글로 생각되는 것들도 있는데(에베소서, 골로새서) 이것은 '서신'의 형태에 가깝다. 바울서신은 편지와 서신의 특징들이 모두 나타난다. 바울서신은 역사적으로 1세기 중반의 초대교회 상황을 이해하게 해준다. 동시에 오늘의 그리스도인의 삶과 교회의 상황에도 적용하며 살아가야 하는 하나님의 말씀이다.

【 바울서신의 연대 】

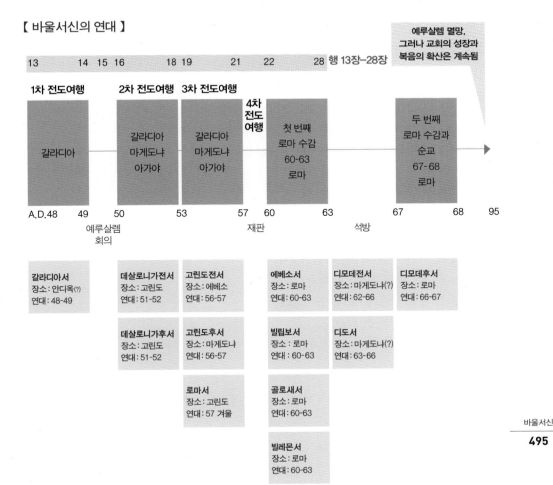

5. 신약 서신서들의 특징

- 로마서 - 끝없이 솟구쳐 나오는 깊은 샘
- 갈라디아서 - 크리스천의 마그나 카르타(대헌장) : 위대한 검객의 손에 들린 번쩍이는 칼
- 에베소서 - 가장 우수한 서신 : 서신 중의 여왕
- 빌립보서 - 가장 아름다운 책 : 기쁨의 책
- 골로새서 - 에베소서와 쌍둥이 책 : 측량할 수 없는 예수 그리스도의 부요
- 고린도전서 - 교회의 문제에 대한 실제적인 조언
- 고린도후서 - 사역과 사역자 : 교회의 리더십 이슈

- 옥중서신 - 에베소서, 빌립보서, 골로새서, 빌레몬서
- 목회서신 - 디모데전서, 디모데후서, 디도서 : 리더십 매뉴얼

  - 옥중서신인 빌레몬서를 목회서신 다음에 둔 것은 서신의 성격 때문이다.
  - 바울의 다른 서신들은 교회 앞으로 보낸 공적인 편지이다.
  - 바울의 목회서신과 빌레몬서는 개인 앞으로 보낸 사적인 편지이다.

- 디모데전서 - 교회의 질서와 구조
- 디모데후서 - 목자적인 돌봄
- 디도서 - 그리스도인의 행동지침서

- 히브리서 - 신약의 레위기 : 예수 그리스도의 탁월함
- 야고보서 - 신약의 잠언 : 예수를 믿는 자들의 삶의 지침서

- 베드로전서 - 가장 '따뜻한 책' : 말세를 당한 그리스도인의 십계명
- 베드로후서 - 유다서와 거의 비슷한 내용 : 믿음을 위해 싸우라
- 유다서 - 교회를 일깨우는 불의 십자가

- (요한복음) - 하나님이 세상을 사랑하신다.
- 요한일서 - 서로 사랑하라 : 강력한 신학논문
- 요한이서 - 문을 닫으라 Close the Door
- 요한삼서 - 문을 열라 Open the Door
- 요한계시록 - 예수 그리스도의 계시의 드라마

- 바울서신 - 독자를 기반으로 서신의 이름을 적음 : 받는 자
- 일반서신 - 기록자의 이름을 따라 서신의 이름을 적음 : 보내는 자

【 바울서신의 개요 】

서신서	장수	주제	기록 장소	기록 연대	수신인
로마서	16	하나님의 의 이신칭의 / 복음	고린도	57년 겨울	로마에서 하나님의 사랑하심을 받고 성도로 부르심을 받은 모든 자 (롬 1:7)
고린도전서	16	분열과 무질서의 해결	에베소	56-57년	고린도에 있는 하나님의 교회와 예수 그리스도의 이름을 부르는 모든 자들(고전 1:2)
고린도후서	13	화해의 사역 / 사도권	마게도냐	56-57년	고린도에 있는 하나님의 교회와 온 아가야에 있는 모든 성도(고후 1:1)
갈라디아서	6	그리스도 안의 자유 이신칭의 / 율법	안디옥(?)	48-49년	갈라디아 여러 교회들(갈 1:2)
에베소서	6	그리스도의 몸인 교회	로마	60-63년	에베소에 있는 성도들과 그리스도 예수 안에 있는 신실한 자들(엡 1:1)
빌립보서	4	그리스도인의 기쁨	로마	60-63년	그리스도 예수 안에서 빌립보에 사는 모든 성도와 또한 감독들과 집사들(빌 1:1)
골로새서	4	우주적인 그리스도 그리스도의 탁월함	로마	60-63년	골로새에 있는 성도들 곧 그리스도 안에서 신실한 형제들(골 1:2)
데살로니가 전서	5	그리스도의 오심	고린도	51-52년	하나님 아버지와 주 예수 그리스도 안에 있는 데살로니가인의 교회(살전 1:1)
데살로니가 후서	3	주의 날	고린도	51-52년	하나님 우리 아버지와 주 예수 그리스도 안에 있는 데살로니가인의 교회(살후 1:1)
디모데전서	6	목회자에게 주는 충고	마게도냐(?)	62-66년	믿음 안에서 참 아들 된 디모데(딤전 1:2)
디모데후서	4	격려하는 마지막 인사말	로마	66-67년	사랑하는 아들 디모데(딤후 1:2)
디도서	3	그리스도인의 행동지침서	마게도냐(?)	63-66년	같은 믿음을 따라 참 아들 된 디도(딛 1:4)
빌레몬서	1	노예를 형제로 받아들임 – 구원의 은혜	로마	60-63년	사랑하는 우리의 동역자 빌레몬, 압비아, 아킵보와 네 집에 있는 교회(몬 1:1,2)

6장

서신서1

바울의 1-3차 여행 시기의 서신들

신약은 크게 셋으로 구분된다. 역사서와 서신서 그리고 예언서이다. 역사서는 그리스도의 역사를 주로 다룬 복음서와 교회의 역사를 다룬 사도행전으로 이루어졌다. 서신서는 이름 그대로 편지 형식이기 때문에 서신서라고 불린다.

서신서는 바울서신과 이를 제외한 나머지 서신들을 일컫는 일반서신으로 나뉜다. 바울서신은 수신자에 따라 이름을 붙였다. 반면에 일반서신은 발신자에 따라 이름을 붙였다. 바울서신은 일반적으로 특정 그룹에게 보낸 편지이고, 일반서신은 일반적인 모든 교회에 보낸 것이어서 '공동서신'이라고도 불린다.

서신서들은 깊은 신학적 내용을 담고 있다. 놀랍게도 깊은 신학은 단순히 학교에서 연구하고 조사하고 토론하고 의논함으로 이루어진 것이 아니다. 복음을 전파하는 선교현장에서 기록되었다. 즉 복음이 전파되고, 믿는 자들이 교회 공동체를 형성하며 그리스도인의 삶을 살 때 이들의 믿음을 구체적으로 도와서 견고하게 하려는 의도에서 기록되었다. 또한 서신서는 삶의 현장에서 기록되었다. 생각이나 말, 이론에 의해서 나온 것이 아니다. 그리스도인으로서 이 세상에서 어떻게 영향을 미치며 살 것인지 삶을 통해 검증된 구체적인 하나님 말씀의 원리 원칙들이다. 서신서는 크게 세 부분으로 나뉜다.

여기서는 주로 사도 바울의 사역 시기를 기준으로 구분했다.

서신서1

사도 바울의 1,2,3차 전도여행 시기에 기록된 책들이다.

- 1차 여행 전후 시기 : 갈라디아서, 야고보서
- 2차 여행 시기 : 데살로니가전·후서
- 3차 여행 시기 : 고린도전·후서, 로마서

서신서2

바울의 4차 여행 후 로마 감옥에 갇혔던 시기에 기록된 책들이다.

이 책들을 '옥중서신'이라고도 한다.

- 에베소서, 골로새서, 빌레몬서, 빌립보서

또한 감옥에서 나온 후 일명 '바울의 5차 여행 시기'에 기록된 책들이다.

- 디모데전·후서, 디도서, 베드로전·후서

서신서3

사도 바울의 순교 후 후기 사도 시대에 기록된 책들이다.

- 요한1,2,3서, 유다서, 히브리서

❖ 야고보서(James) 신약의 잠언서

야고보서는 '신약의 잠언서' 또는 '신약의 아모스서'라고 불린다. 야고보서는 메시아로서 예수님에 대한 언급이 없다. 예수의 이름이 단지 두 번 언급될 뿐이다. 그것도 우발적이다(약 1:1, 2:1). 예수님의 부활에 대한 언급도 없다. 야고보서를 기록한 사람은 지혜문학에 정통한 듯하다. 산상수훈에 언급된 내용이 23회 나타난다.

야고보서는 정경으로 인정받기까지, 또한 인정받은 후에도 시련을 많이 겪은 책 중에 하나이다. 종교개혁자 마틴 루터는 이 서신을 '지푸라기 서신'으로 여기며 신약에서 기꺼이 삭제하려 했다. 로마서와 상반되는 것처럼 보였기 때문이다.

교회 공동체는 착한 사람들로 넘쳐나는 이상적인 공동체가 아니다. 어찌 보면 오히려 교회는 나쁜 행실을 공개적으로 드러내놓고, 직면하여 처리하는 곳이다. 그릇된 믿음, 잘못된 행실을 다룬다.

내가 섬기는 지역교회는 서울의 어느 한 건물 5층에 자리 잡고 있다. 그런데 바로 아래층은 전체가 내과, 치과, 이비인후과 등등 각종 의원으로 구성되어 있다. 4층은 환자들로 가득하다. 건강한 사람은 병원에 가지 않는다. 병원에서는 환자들이 서로 정죄하지 않는다. 또한 의사는 이들의 건강상태를 꾸짖으며 내쫓지 않는다. 오히려 이들의 건강을 돌아보고 격려하며 치료에 힘쓴다.

야고보서에는 환자를 돌아보며 격려하고 회복에 힘쓰는 능숙한 의사의 모습이 보인다. 전문가의 처방전이 쓰여있다. 지혜가 그 처방전의 기초다. 지혜는 지식과 구분된다. 지혜는 건강한 삶을 사는 힘이다. 지혜에는 하늘에 속한 지혜와 땅에 속한 지혜가 있다.

야고보서 – 행함이 있는 믿음(약 2:22)

서론	믿음의 시험		믿음의 실재					믿음의 승리		결론
인사	시험의 목적	유혹의 원인	말씀 순종	사랑으로 행함	행함의 믿음	지혜로 혀를 다스림	선을 행하는 진정한 부자	인내로 기다림	행하는 교회	권면
1:1	1:1-12	1:13-18	1:19-27	2:1-13	2:14-26	3:1-18	4:1-5:6	5:7-12	5:13-20	5:19-20
믿음의 반응			믿음의 행위와 특징					믿음의 능력		

환자에게는 하늘에 속한 지혜가 절대적으로 필요하다. 그리고 기도는 그 지혜를 나의 것으로 소유하게 해준다. 기도와 지혜는 교회를 건강한 공동체로 이끌고 유지하게 만든다.

건강한 교회 공동체로 이끄는 가장 큰 힘은 믿음이다. 능숙한 의사는 병의 원인을 진단하고 치료하기 위해 믿음을 제시한다. 그는 우스꽝스러운 질문을 한다. "나무가 좋아야 좋은 나무인가? 열매가 좋아야 좋은 나무인가?" 그리고 이어서 말한다. "아무리 말로 '나는 건강하다'고 해도 몸이 병들면 그것은 건강한 몸이 아니다. 몸이 건강해야 진짜 건강한 사람이다." 이것이 야고보서다.

신약성경에는 다섯 명의 야고보가 등장한다.

1. 열두 제자 중 가롯 유다가 아닌 다른 '유다'의 아버지 야고보(눅 6:16)
2. 열두 제자 중 '알패오의 아들 야고보'(마 10:3, 막 3:18, 눅 6:15, 행 1:13)
   • 마태복음 9장 9절과 마가복음 2장 14절을 비교해볼 때 마태와 레위는 동일 인물이다.
   • 레위도 알패오의 아들이기에 마태와 야고보는 형제이다.
3. 작은 야고보(막 15:40, 마 27:56)
4. 열두 제자 중 세베대의 아들, 요한의 형제 야고보(마 10:2, 막 3:17, 눅 6:14, 행 1:13)
   • 최초의 순교자(행 12:1,2) A.D.44년, 아그립바 1세 때
   • 야고보서를 쓰기에는 순교가 너무 빨랐다.
5. 예수님의 형제인 야고보(행 12:17, 15:12-21, 갈 1:19, 2:9, 행 21:18-25)
   • 처음에는 예수님을 제대로 알지 못했다(마 12:46-50, 막 3:21,31-35, 요 7:3-9).
   • 그러나 예수께서 부활 후에 그에게 나타나셨다(고전 15:7).
   • 사도행전에서 변화가 일어났다. 그는 마가의 다락방에 있었다(행 1:14). 오순절 성령을 경험했다.
   • 그는 결혼했다(고전 9:5).
   • 예루살렘교회의 지도자가 되었다(행 12:17).
   • 예루살렘 회의 의장이었다(행 15:12-21).
   • 바울이 예루살렘에 방문했을 때 만났다. 교회의 기둥 같은 존재다(갈 1:19, 2:9).
   • 그러나 열두 사도는 아니다.
   • 바울은 마지막 예루살렘 방문 때에도 야고보를 만났다(행 21:18-25).
   • 그는 기도의 사람이다. 끊임없이 무릎으로 살았다. '낙타무릎'의 소유자다.
   • 역사가 요세푸스에 의하면 그는 돌에 맞아 순교했다. A.D.62년, 산헤드린 사두개인들에 의해 처형당했다.
   • 속사도 시대 알렉산드리아의 클레멘트에 의하면 야고보는 성전 벽에 부딪혀 순교했다고 한다.

그러므로 야고보서의 기록자는 예수님의 형제 야고보가 가장 유력하다.

야고보서의 메시지

야고보는 자신을 "하나님과 주 예수 그리스도의 종 야고보"(약 1:1)라고 소개했다.

절대적 복종을 보여준다. 노예는 권리가 없다. 오직 주인의 말에 순종할 뿐이다.

절대적 겸손을 보여준다. 자신의 권리를 주장하지 않는다. 오직 책임만 있을 뿐이다. 그러므로 자기 자신에 대하여는 '아니요'(No)라고 하며, 오직 하나님에 대하여는 '예'(Yes)라고 말한다.

절대적 충성을 말한다. 자기 자신을 하나님에게 맡긴다. 자신의 이익이나 유익을 계산하지 않는다.

그러나 커다란 자부심이 있다. 하나님과 주 예수 그리스도의 종 됨이 얼마나 영광스러운가! 하나님과 예수 그리스도와 함께 걷는 놀라운 특권이 있다. Walking privilege with God!

자기 자신을 주께 드려 그의 뜻을 따라 살기로 결정한 모든 사역자들이여, 야고보의 고백이 나의 것이 되도록 하자.

1. 믿음의 시험(약 1:1-18)

의미가 다른 세 가지 시험이 있다(약 1:2-15)

TEST 우리를 온전하게 하는 시련 혹은 연단으로서의 시험이 있다.

> 내 형제들아, 너희가 여러 가지 시험을 당하거든 온전히 기쁘게 여기라. 이는 너희 믿음의 시련이 인내를 만들어내는 줄 너희가 앎이라. 인내를 온전히 이루라. 이는 너희로 온전하고 구비하여 조금도 부족함이 없게 하려 함이라 약 1:2-4

연단으로서의 시험은 억지로 반응하지 않고 오히려 기쁘게 받아들인다. 인내한다. 이런 시험의 목적은 넘어뜨리려는 것이 아니라 더욱 견고하게 세워주려는 것이다. 그 결과 잘 무장되어 조금도 부족함이 없게 된다. 아브라함이 받은 시험이 그 예다. 하나님은 아브라함을 넘어뜨리려고 시험하지 않으셨다.

> 그 일 후에 하나님이 아브라함을 시험하시려고 그를 부르시되, '아브라함아' 하시니, 그가 이르되, '내가 여기 있나이다.' 여호와께서 이르시되, '네 아들, 네 사랑하는 독자 이삭을 데리고 모리아 땅으로 가서 내가 네게 일러준 한 산 거기서 그를 번제로 드리라' 창 22:1,2

TRIAL 예수를 믿음으로 말미암아 오는 고난과 환난으로서의 시험이 있다.

> 시험을 참는 자는 복이 있나니, 이는 시련을 견디어낸 자가 주께서 자기를 사랑하는 자들에게 약속하신 생명의 면류관을 얻을 것이기 때문이라 약 1:12

고난과 환난을 견디는 사람에게는 생명의 면류관이 주어진다.

TEMPTATION 우리를 넘어뜨리려는 마귀로부터 오는 유혹으로서의 시험이 있다.

> 사람이 시험을 받을 때에 '내가 하나님께 시험을 받는다' 하지 말지니, 하나님은 악에게 시험을 받지도 아니하시고 친히 아무도 시험하지 아니하시느니라. 오직 각 사람이 시험을 받는 것은 자기 욕심에 끌려 미혹됨이니, 욕심이 잉태한즉 죄를 낳고 죄가 장성한즉 사망을 낳느니라 약 1:13-15

마귀로부터 오는 시험을 '유혹'이라고 한다. 그것은 근본적으로 우리를 무너뜨리려는 데 있다. 그런데 어떤 사람들은 이런 시험을 받을 때 잘못 생각하여 '내가 하나님께 시험 받는다'라고 말한다. 실제로는 자기 자신에게서 시작되어 마귀에게 유혹거리를 준 것임에도 핑계를 하나님께로 돌린다. 죄를 회개하고 돌이키려는 마음은 없고 다만 하나님을 원망한다. 사람이 욕심이 생기면 유혹에 걸린다. "마귀에게 틈을 주지 말라"(엡 4:27)고 성경은 말씀하신다. 하나님은 사람을 무너뜨리려고 유혹하지 않으신다. 선하고 거룩하신 하나님은 악에게 시험을 받지도 않으시고 또한 아무도 시험하지 않으신다.

> 내 사랑하는 형제들아, 속지 말라. 온갖 좋은 은사와 온전한 선물이 다 위로부터 빛들의 아버지께로부터 내려오나니, 그는 변함도 없으시고 회전하는 그림자도 없으시니라 약 1:16,17

> 도둑이 오는 것은 도둑질하고 죽이고 멸망시키려는 것뿐이요, 내가 온 것은 양으로 생명을 얻게 하고 더 풍성히 얻게 하려는 것이라 요 10:10

예수님이 그렇게 하셨듯이 마귀로부터 오는 유혹으로서의 시험은 대적해야 한다. 말씀으로 대적하고, 예수의 이름으로 대적해야 한다. "마귀를 대적하라. 그리하면 너희를 피하리라"(약 4:7).

하나님은 어떤 분인가?(약 1:16-18)

하나님은 가장 좋은 선물을 주시는 분이다(약 1:17). "우리에게 모든 것을 후히 주사 누리게 하시는 하나님"(딤전 6:17)이시다. 성경은 "자기 아들을 아끼지 아니하시고 우리 모든 사람을 위하여 내주신 이가 어찌 그 아들과 함께 모든 것을 우리에게 주시지 아니하겠느냐?"(롬 8:32)라고 질문한다.

그러므로 우리는 이 세 종류의 시험을 분별할 줄 알아서 올바르게 반응해야 한다. 지혜가 필요하다. 건강한 그리스도인의 삶을 살려면 위로부터 오는 지혜가 필요하다. 지혜가 처방약이다.

> 너희 중에 누구든지 지혜가 부족하거든 모든 사람에게 **후히 주시고 꾸짖지 아니하시는 하나님께** 구하라. 그리하면 주시리라. **오직 믿음으로** 구하고 조금도 의심하지 말라. 의심하는 자는 마치 바람에 밀려 요동하는 바다 물결 같으니 이런 사람은 무엇이든지 주께 얻기를 생각하지 말라. 두 마음을 품어 모든 일에 정함이 없는 자로다 약 1:5-8

하나님은 불변하시다(약 1:17). '변화'(헬, parallage), '회전하는 그림자'(헬, trope)는 천문학 용어다. 즉, 모든 빛은 변화되고 변용되지만 그것을 창조하신 하나님은 변하지 않으신다. 하나님이 행하시는 원칙은 상황에 따라 변하지 않는다. 하나님은 신실하시다. 그분이 행하시는 원칙도 일정하고, 그분은 약속을 어기지 않고 지키신다.

"모든 바람직하고 유익한 선물은 하늘로부터 옵니다. 빛의 아버지로부터 폭포처럼 하염없이 내려옵니다. 하나님께는 속임수나, 겉과 속이 다르거나, 변덕스러운 것이 전혀 없습니다"(약 1:17 메시지성경).

하나님은 그를 대신하여 온 땅을 다스리도록 우리를 영광스럽게 지으셨다(약 1:18). 하나님은 우리를 그의 형상을 따라 지으셨다. 하나님을 대신하여 그가 지으신 모든 피조물을 다스리도록 복을 내리셨다(창 1:26-28). 우리는 세상에 영향을 주는 자이다. 우리는 단지 병든 우리의 삶이 치료받는 것을 넘어서야 한다. 병든 세상을 치료하는 삶을 살아야 한다.

2. 믿음의 실재(약 1:19-5:6)

건강한 그리스도인의 삶은 건강한 믿음에 달려있다. 건강한 믿음을 유지하는 데 필요한 처방전 중 하나는 올바른 혀의 사용이다.

혀를 사용하는 원칙

2대1 원칙을 지키라

"사람마다 듣기는 속히 하고 말하기는 더디 하며 성내기도 더디 하라 사람이 성내는 것이 하나님의 의를 이루지 못함이라"(약 1:19,20).

하나님이 귀는 두 개, 입은 한 개를 주신 이유를 알아야 한다. 듣는 대로 말하면 1대1이 되어 하나님의 원칙을 깨뜨린다. 두 번 듣고 한 번 말하는 것이 건강의 비결이다. 그렇게 하면 성내기도 더디 하게 될 것이다. 더디 성내려면 참아야 한다. 들을 때마다 말하면 성내기도 급히 하게 될 것이다. "성내는 것이 하나님의 의를 이루지 못한다"는 말씀은 올바른 관계를 유지하기 어렵다는 의미다. 성내면 관계를 깨뜨린다. **2대1의 원칙을 지키면 말의 실수가 적어질 것이다.**

혀를 재갈 물리는 것이 경건의 기반이다(약 1:26). 혀를 재갈 물리면 온몸을 제어할 수 있다. 혀는 큰 배를 움직이는 작은 키와 같고, 많은 나무를 불태우는 작은 불과 같다. 혀를 올바르게 사용하면 생명을 얻고, 잘못 사용하면 사망에 이른다. 축복과 저주, 상처를 치유하는 것과 상처를 주는 것이 혀를 사용하는 데 달렸다.

마음의 정원사가 되라

"모든 지킬 만한 것 중에 더욱 네 마음을 지키라. 생명의 근원이 이에서 남이니라"(잠 4:23)라고 하셨다. 내어버릴 것과 받을 것을 구분해야 한다. "모든 더러운 것과 넘치는 악을 내버리고 너희 영혼을 능히 구원할 바 **마음에 심어진 말씀**을 온유함으로 받으라"(약 1:21). 땅에 씨를 뿌림 같이 하나님의 말씀을 마음에 심으라. 마음에 말씀의 뿌리를 내리라. 마음의 정원사가 되라.

마음은 혀를 사용하는 데 가장 중요한 역할을 한다. 주께서 "입에서 나오는 것들은 마음에서 나오나니 이것이야말로 사람을 더럽게 하느니라. 마음에서 나오는 것은 악한 생각과 살인과 간음과 음란과 도둑질과 거짓 증언과 비방이니 이런 것들이 사람을 더럽게 하는 것이요 씻지 않은 손으로 먹는 것은 사람을 더럽게 하지 못하느니라"(마 15:18-20)라고 하셨다.

마음의 정원사가 되라

각종 아름다운 꽃과 과일나무가 어우러진 정원은 날마다 돌아보며 가꿔야 한다. 너무 바빠서 며칠이라도 정원 돌보기를 소홀히 하면 놀랍게도 정원은 황폐해진다. 내가 심지 않았는데도 잡초가 나온다. 바람을 타고 날아와서 내 정원에 떨어져 자란다. 정원사가 부지런해야 아름다운 정원을 유지할 수 있다. 마찬가지로 우리 각 사람에게는 마음의 정원이 있다. 야고보서 1장 21절에 "너희 영혼을 능히 구원할 바 마음에 심어진 말씀을 온유함으로 받으라"라고 하였다. 씨앗을 뿌리듯, 나무를 심듯 하나님의 말씀을 내 마음에 심어야 한다. 그리고 잡초가 나서 자라지 않도록, 내가 심은 꽃이 잘 자라도록 돌보듯이 날마다 부지런히 내 마음을 살펴야 한다.

하나님의 말씀을 내 마음의 정원에 심는 길은 날마다 하나님의 말씀을 묵상함으로 이루어진다.

말씀을 듣고 행하는 것이 곧 믿음의 삶이다. 여기 처방전이 있다.

나는 말씀을 듣거나 읽을 때마다 성령께 기도한다. '성령님, 이 말씀을 통해서 제게 무슨 말씀을 하기를 원하십니까?' 그러면 그 말씀이 내게 개인적으로 말씀하심을 듣는다.

그러면 다시 기도한다. '성령님, 제가 그 말씀을 따라 어떻게 구체적으로 살기를 원하십니까?'

믿음의 삶

믿음이란 말씀을 듣고 삶에서 그 말씀을 구체적으로 행하며 살아내는 것이다.

1) 경건하라

경건한 삶은 말로 하는 것이 아니다. 어떤 종교의식이나 특정한 복장을 하는 것이 아니다. 야고보서는 다음 세 가지 삶이 곧 경건한 삶이라고 한다(약 1:26,27).

1. 자기 혀를 재갈 물리라 - 그 사람의 언어생활을 통해 알 수 있다.
2. 고아와 과부를 환난 중에 돌보라 - 가난한 자를 돌보는 삶을 산다.
3. 자기를 지켜 세속에 물들지 말라 - 세상에 살지만 세상에 속하지 않는다. 가치관이 다르다.

2) 차별하지 말라

사람을 외모로 대하지 않는다. 부자와 가난한 자를 차별하지 않는다. 부자에게 관대하고 가난한 자를 업신여기는 어리석음을 행하지 말아야 한다(약 2:1-12).

3) 공의로 행하지 말고 긍휼로 행하라

공의의 기반은 옳고 그름에 있다. 긍휼의 기반은 용서와 용납, 이해와 오래 참음, 사랑과 신뢰, 칭찬과 격려에 있다. 그러나 긍휼은 공의를 저버리는 것이 아니라 공의를 기초로 하되 더 넓게 포용한다. 하나님나라는 긍휼이 공의를 이기고 자랑한다(약 2:13).

4) 살아있는 믿음으로 행하라

"영혼 없는 몸이 죽은 것같이 행함이 없는 믿음은 죽은 것이니라"(약 2:26).
"행함이 없는 믿음은 그 자체가 죽은 것이라"(약 2:17).
야고보서와 로마서는 상반된 것이 아니라 서로 보충하고 있다.
야고보는 서신을 읽는 사람들이 그들의 삶 속에서 살아있는 믿음의 특징을 보여주길 원했다. 살아있는 믿음은 단순한 지식과 동의를 넘어서는 것이며, 그것은 인내하며 하나님께 순종하는 마음에서 우러나오는 신뢰를 포함한다.

【 바울과 야고보의 비교(로마서 vs. 야고보서) 】

	바울	야고보
관심	율법주의자들을 향하여	자유사상가들을 향하여
강조점	믿음으로 하나님 앞에서 의롭게 됨	행위로써 사람들 앞에서 의롭게 됨
관점	선물로 받은 믿음	행함이 있는 믿음
결과	그리스도 안에서 믿음을 통해 영원히 의롭게 됨	그리스도처럼 행함으로써 매일의 증거로 의롭게 됨

- 바울의 메시지 - 믿음으로만 구원을 받는다. 의롭게 된다.
- 야고보의 메시지 - 구원받은 자는 그 행위로 믿음을 증명한다.

이것은 마치 나무와 열매의 강조와 같다.
나무가 좋아야 좋은 열매를 맺는다. 나무의 생명을 강조한다. 로마서의 강조점이다.
좋은 열매를 맺어야 좋은 나무임을 증명한다. 열매를 강조한다. 야고보서의 강조점이다.

우리는 균형 잡힌 삶이 필요하다. 양자택일이 아니다. 양자 모두 필요하다.

사상과 행동이 일치하라.
기도와 노력이 함께한다.
믿음과 행위는 함께 있다.

5) 말에 실수가 없도록 하라

말의 사용에 따라 그 결과는 엄청나다(약 3:1-12). 생명을 주거나 사망을 가져온다. 잠언 18장 21절에는, "죽고 사는 것이 혀의 힘에 달렸다"라고 한다. 온순한 혀는 곧 생명 나무이지만 패역한 혀는 마음을 상하게 한다(잠 15:4). 생명을 주는 입과 독을 머금은 입이 있다(잠 10:11). 혀는 우리 몸의 매우 작은 지체지만, 작은 키로 큰 배를 운행하듯 작은 불이 숲을 태우듯 혀의 힘은 놀랍다. 그러므로 말에 실수가 없도록 혀를 제어해야 한다. 선한 말은 꿀송이 같아서 마음에 달고 뼈에 양약이 된다(잠 16:24)는 것은 혀를 올바르게 사용한 결과다. 또한 경우에 합당한 말은 아로새긴 은 쟁반에 금 사과(잠 25:11) 같은 아름다운 삶이다. 이런 삶은 위로부터 난 지혜로 살 때 가능하다.

6) 위로부터 난 지혜로 살아가라

두 종류의 지혜가 있다(약 3:13-18). 건강한 공동체를 세우고 파괴하는 것은 지혜에 달려있다. 위로부터 내려온 지혜는 성결, 화평, 관용, 양순하며, 긍휼과 선한 열매가 가득하고 편견과 거짓이 없다. 땅 위의 지혜는 정욕의 것, 귀신의 것이다. 시기와 다툼, 혼란과 모든 악한 일이 있다.

> ### 건강한 그리스도인, 건강한 공동체를 이루는 노련한 의사의 처방전
>
> "야비한 야심은 지혜가 아닙니다. 스스로 지혜롭다고 뽐내는 것도 지혜가 아닙니다. 지혜롭게 보이려고 진실을 왜곡해 말하는 것도 지혜가 아닙니다. 그것은 지혜와는 한참 거리가 멉니다. 그것은 짐승같이 약삭빠르고, 악마같이 교활한 속임수일 뿐입니다. 여러분이 다른 사람보다 더 낫게 보이려고 하거나 다른 사람을 이기려고 할 때마다, 일은 엉망이 되고 서로 멱살을 잡는 것으로 끝나고 말 것입니다"(약 3:14-16 메시지성경).
>
> "참된 지혜, 하나님의 지혜는 거룩한 삶에서 시작됩니다. 참된 지혜의 특징은 다른 사람들과 평화롭게 지내는 것입니다. 참된 지혜는 온유하고, 이치에 맞으며, 자비와 축복이 넘칩니다. 하루는 뜨겁고 다음 날은 차갑고 하지 않습니다. 겉과 속이 다르지 않습니다. 여러분이 서로 평화롭게 지내고 품위와 예의를 갖춰 서로를 대하려고 노력한다면, 여러분은 하나님과 바른 관계를 맺고 사는 건강하고 튼튼한 공동체를 세우고, 그 열매 또한 맛보게 될 것입니다"(약 3:17,18 메시지성경).

얼마나 놀라운 처방전인가!

7) 하나님과 벗이 되라

싸움과 다툼의 원인은 욕심과 정욕을 따르기 때문이다. 세상과 벗이 되면 하나님과 원수가 된다. 하나님과 벗이 되는 비결이 있다(약 4:1-10).

하나님의 뜻을 따라 살아가라. 하나님을 가까이하라. 손을 깨끗이 하고 마음을 성결하게 하라.

슬퍼하며 애통하며 울라(즐거움과 웃음을 부정하는 것이 아니라 자신의 죄를 직면하라는 뜻이다).

주 앞에서 낮추라.

8) 서로 비방하지 말라

입법자와 재판관은 오직 하나님 한 분이시다(약 4:11,12).

9) 속부의 삶을 청산하라

속부의 삶의 특징은 그릇된 확신을 가진다. 믿음으로 살아가지 않고 재물에 의해 살아간다. 하나님의 뜻을 따라 살지 않는다(약 4:13-17). 속부는 재물을 땅에 쌓아 놓는다. 오직 자기를 위해 사용한다. 하나님을 향해 인색하고 자신의 필요에만 후하다(약 5:1-3). 속부는 품꾼의 삯을 주지 않는다. 그러면서도 자신의 필요는 다 채우고 사치하고 방종한 삶을 산다(약 5:4-6). 속부의 재물은 썩고 옷은 좀먹으며 금과 은은 녹이 슬 것이다. 속부의 재물은 속히 날아간다.

3. 믿음의 승리(약 5:7-20)

주님 오심을 기다리라(약 5:7-11)

1) 농부의 마음으로 길이 참으라. 인내하며 기다리라
2) 선지자들의 고난과 오래 참음을 본으로 삼으라. 욥의 인내와 그 결말을 보라. 주님은 가장 자비하시고 긍휼히 여기시는 이시다.

건강한 교회 공동체의 특징(약 5:13-20)

건강한 교회 공동체를 이루는 것이 야고보서의 목적이다. 건강한 공동체의 기반은 믿음이다. 건강한 공동체의 모습은 믿음의 결과를 보여준다. 올바른 믿음을 가진 자는 위로부터 난 지혜로 행한다. 기도는 그 지혜의 기초다.

우리는 다음과 같은 건강한 교회 공동체를 기대하고 이를 위해 기도해야 한다.

- 찬송하는 교회 공동체(약 5:13) - 모일 때마다 축제가 있다. 기쁨, 즐거움, 자유가 있다.
- 병 고치는 교회 공동체(약 5:14,15) - 예수의 십자가와 보혈의 능력을 경험한다.
- 기도하는 교회 공동체(약 5:13,16-18) - 응답받는 능력의 기도와 역동적인 간증이 있다.
- 고백하는 교회 공동체(약 5:15,16) - 빛 가운데 행하여 용서와 사랑이 충만하다.
- 전도하는 교회 공동체(약 5:19,20) - 세상에 영향을 주며 하나님나라가 확장된다.

Dear.
NCer

행함이 없는 믿음은 그 자체가 죽은 것이다. 믿음은 행함과 함께 일한다. 행함으로 믿음이 온전하게 된다. 우리의 믿음이 이론이 아닌, 살아 역사하는 능력임을 보여주기 때문이다. NCer들은 행함으로 그 믿음을 증명하자!

❖ 갈라디아서(Galatians) 그리스도 안에 있는 자유(이신칭의 / 율법)

다음의 말은 갈라디아서를 잘 설명해주고 있다.

"그리스도인의 자유에 대한 기독교 대헌장"(The Magna Carta of Christian Liberty)

"위대한 검객의 손에 들려진 번쩍이는 칼" - 종교개혁을 일으킨 원동력

바울의 1차 여행지에 유대주의자들(행 15:1)이 계속 영향을 주었다. 그들은 율법의 행위와 믿음을 결합하려 했다. 즉 믿음에 율법의 행위를 더하고, 모세의 율법을 지킴으로 완벽해진다고 가르쳤다. 바울은 이에 대해 구원과 영적 성장은 율법에 있지 않고 오직 믿음에 있음을 강조했다. 갈라디아서는 로마서와 함께 오직 은혜로 구원받음을 설명한다. 특히 갈라디아서는 이를 새 언약을 기반으로 설명하고 있다.

갈라디아서는 바울의 일반적 서신과는 형태와 구성이 사뭇 다르다. 일반적으로 바울은 서론 후에 바로 신학적 기반을 제시한다. 그리고 나서 실제적인 삶의 적용을 제시한다. 그런데 갈라디아서는 먼저 바울 자신의 간증으로 시작한다. 그가 고백하는 것처럼 그는 유대교를 지나치게 믿어 조상의 전통에 대해 "열심"이 있었다(갈 1:14). 그는 "팔 일 만에 할례를 받고 이스라엘 족속이요 베냐민 지파요 히브리인 중의 히브리인이요 율법으로는 바리새인이요 열심으로는 교회를 박해하고 율법의 의로는 흠이 없는 자"(빌 3:5,6)였다.

그러나 다메섹 도상에서 예수를 만난 후 삶에 대전환점을 맞이했다. 이전에 목숨보다 더 중요하게 붙들었던 모든 것을 다 해로 여기고 배설물로 여겼다(빌 3:7,8). 그는 하나님 안에서 자유의 삶을 경험했다. 종교적인 규칙과 규정이라는 울타리에서 벗어났다. 그는 율법에 매여서 죄 아래 갇혀 종노릇하다가 예수로 말미암아 자유인이 되고 나아가 하나님의 아들이 되었다. 그는 "이후로는 종이 아니요 아들이니 아들이면 하나님으로 말미암아 유업을 받을 자니라"(갈 4:7)라는 놀라운 자유선언문을 감격 가운데 낭독했다.

어찌 보면 갈라디아서는 바울 자신의 간증이라 볼 수 있으므로 어느 서신서보다 설득력이 있다.

갈라디아서 – 그리스도 안에 있는 자유(갈 5:1)

복음의 진정성		복음의 탁월함		복음으로 누리는 자유		
인사	바울의 복음의 열정	율법의 속박	은혜의 자유	은혜 안에서 성령으로 성장	할례와 십자가	축도
1:1-5	1:6-2장	3장	4장	5:1-6:10	6:11-17	6:18
복음을 변호함		복음을 설명함		복음을 적용함		
자서전적 설명		신학적 해설		실제적 권면		
	자유의 입증	자유에 대한 논쟁		자유의 적용		
바울의 간증		은혜와 율법		은혜 안에서 성령으로 성장함		

갈라디아서의 메시지

1. 바울의 간증(갈 1장-2장)

바울의 간증을 통해서 사역자의 사역의 기초를 볼 수 있다. 그는 여섯 가지 영역에 대해 간증한다.

1) 그는 사도로 부르심을 받았다(갈 1:1)

> 사람들에게서 난 것도 아니요 사람으로 말미암은 것도 아니요 오직 예수 그리스도와 그를 죽은 자 가운데서 살리신 하나님 아버지로 말미암아 사도 된 바울은 갈 1:1

그는 자기의 부르심과 사명이 무엇인지 알았다. 그의 사역의 기초는 사람이나 특정 교단이나 교파, 단체가 아니었다. 그것을 무시하는 것이 아니라, 그것에 갇혀서는 안 된다는 의미다. 그의 부르심과 사명의 기반은 오직 예수 그리스도와 하나님에게 있다.

어떤 역경이나 고난이 와도 견딜 힘은 오직 그의 부르심에 있었다. 그의 권위의 출발은 오직 하나님이다. 이것은 그를 오만하거나 교만하게 만들어 독불장군이 되게 하는 것이 아니다. 오히려 그의 책임을 의식하게 한다. 그는 "주께서 주신 권세는 너희를 무너뜨리려고 하신 것이 아니요 세우려고 하신 것이니, 내가 이에 대하여 지나치게 자랑하여도 부끄럽지 아니하리라"(고후 10:8)라고 담대히 고백했다.

2) 그는 복음에 대한 열정이 있었다(갈 1:6-9)

> 우리가 전에 말하였거니와 내가 지금 다시 말하노니 만일 누구든지 너희가 받은 것 외에 다른 복음을 전하면 저주를 받을지어다 갈 1:9

1장 6-9절에 "다른 복음"이란 단어가 네 차례나 반복된다. 오직 '그리스도의 복음'밖에 없다. 바울은 "다른 복음을 전하면 저주를 받을지어다"(갈 1:8,9)라고 두 번이나 강력하게 말했다. 복음에 대한 바울의 열정이 강력하게 드러난다. 그의 사명은 오직 '그리스도의 복음'을 전하는 데 있었다. 사역자는 오직 복음의 열정만 있어야 한다. 그리스도의 복음만 강단에서 흘러나와야 한다. 다른 복음은 없다. 이것이 사역자의 사역의 원동력이다.

바울은 안디옥에서 베드로를 책망했다(갈 2:11-18)

바울은 권위의 질서를 아는 사람이다. 그러나 또한 하나님을 경외하는 사람이다. 베드로가 이방인 형제들과 식사하다가 유대인 형제들이 나타나자 그 자리를 피해 유대인의 결례에 따라서 따로 식사했다. 예루살렘으로부터 온 유대인들의 비난을 피하고 싶었기 때문이었다. 이에 다른 유대인들도 베드로를 따라서 행동했다. 바울은 이런 베드로의 행동을 보자 언성을 높여 책망했다. 바울의 복음의 열정을 보여준다.

3) 그는 그리스도의 종으로서 사람의 기쁨을 구하지 않고 오직 그리스도의 기쁨만을 구했다 (갈 1:10, 2:11-14)

> 이제 내가 사람들에게 좋게 하랴 하나님께 좋게 하랴 사람들에게 기쁨을 구하랴 내가 지금까지 사람들의 기쁨을 구하였다면 그리스도의 종이 아니니라 갈 1:10

그리스도의 종은 사람을 기쁘게 하려 하지 않고 예수님만을 기쁘시게 한다. 사람을 두려워하지 않고 오직 하나님만을 두려워한다. 사람의 말에 민감하지 않고 오직 하나님의 말씀에 귀를 기울인다. 잠언 29장 25절에, "사람을 두려워하면 올무에 걸리게 되거니와 여호와를 의지하는 자는 안전하리라"라고 하셨다.

4) 그는 그리스도의 학교에서 배웠다(갈 1:11,12)

> 형제들아, 내가 너희에게 알게 하노니 내가 전한 복음은 사람의 뜻을 따라 된 것이 아니니라. 이는 내가 사람에게서 받은 것도 아니요 배운 것도 아니요 오직 예수 그리스도의 계시로 말미암은 것이라 갈 1:11,12

> 또 나보다 먼저 사도 된 자들을 만나려고 예루살렘으로 가지 아니하고 아라비아로 갔다가 다시 다메섹으로 돌아갔노라. 그 후 삼 년 만에 내가 게바를 방문하려고 예루살렘에 올라가서 그와 함께 십오 일을 머무는 동안 주의 형제 야고보 외에 다른 사도들을 보지 못하였노라 갈 1:17-19

그는 사람에게서 배우기보다 먼저 그리스도에게서 배웠다. 머리로 배운 것이 아니라 계시를 통해 심장으로 성령에게서 배웠다. 그는 광야학교에 갔다. 그렇다고 사람에게서 배우는 것을 무시하지 않았다. 훗날 예루살렘에 올라가 신앙의 선배들에게서 그리스도를 배웠다.

하나님의 손에 사로잡혀서(갈 1:17-21, 행 9:1-30, 11:19-30, 13:1-3)
다음은 바울이 부르심을 받고 훈련받아 사역자로서 시작하기까지의 경로다.

- 다메섹으로 가다가 예수 그리스도를 만났다.
- 다메섹으로 가서 금식기도했다. 성령세례를 받고 핍박자에서 전도자로 대전환을 했다. 유대인들이 그를 죽이려 하자 밤에 광주리에 실려 성벽을 내려와 탈출했다.
- 아라비아로 가서 3년간 홀로 머무르며 성령으로부터 배웠다. 광야학교, 그리스도의 학교, 성령의 학교이다.
- 아라비아에서 돌아와 다메섹에서 새로운 차원으로 사역했다.
- 예루살렘에 올라갔다. 그리스도의 몸의 권위를 인정하고 사도들, 제자들과 교제하며 배웠다.
- 예루살렘에 있는 유대인들의 심한 반대에 부딪혀 사역을 잠시 중단하고 고향 다소로 갔다. 약 10년간 개인적으로 그리스도 앞에서 훈련받으며 사역자로서 준비했다.
- 바나바의 부름으로 안디옥에서 사역을 시작했다.
- 구제헌금을 전달하려고 예루살렘에 갔다.
- 바나바와 함께 1차 전도여행을 시작했다.

5) 그는 간증이 있는 사람이다

다메섹 도상에서 예수를 만난 그는 충격을 받았다. 다메섹 이전과 이후의 삶은 뚜렷이 구별되었다. 그는 예수 그리스도의 복음으로 급격한 변화를 경험한 사람이다(갈 1:13-20). 그는 말이나 이론으로 신앙생활을 하지 않고 삶으로 살아냈다. 진정한 그리스도인은 스스로가 아니라 주변 사람들이 증거한다. 삶으로 증명하기 때문이다. 사람들이 바울을 보고 하나님께 영광을 돌렸다(갈 1:21-24).

6) 그는 그리스도의 몸의 권위를 인정할 줄 알았다. 독불장군이 아니었다

그는 그리스도의 학교에서 성령의 계시로 배웠다. 그렇다고 해서 남을 무시하지 않았다. 교회의 권위체계와 질서를 존중하여 순복했다. 선교지에서의 율법 문제를 지도자들에게 호소하러 예루살렘에 올라갔다. 예루살렘 회의에 참석했다(행 15장).

바울의 신앙고백

"내가 율법으로 말미암아 율법에 대하여 죽었나니 이는 하나님에 대하여 살려 함이라. 내가 그리스도와 함께 십자가에 못 박혔나니, 그런즉 이제는 내가 사는 것이 아니요 오직 내 안에 그리스도께서 사시는 것이라. 이제 내가 육체 가운데 사는 것은 나를 사랑하사 나를 위하여 자기 자신을 버리신 하나님의 아들을 믿는 믿음 안에서 사는 것이라"(갈 2:19,20).

---

2. 율법과 은혜(갈 3장-4장)

바울의 분노(갈 3:1-4)

바울은 그가 전도한 지역의 그리스도인들이 유대주의자들의 가르침을 받아들인 것을 보고 노발대발했다. 그들은 율법을 받아들여 예수 안에 있는 자유로운 삶을 포기했다. 그는 다른 복음을 전한 자들에게 분노하고 이를 받아들인 갈라디아 형제들에게 분노했다.

> 어리석도다, 갈라디아 사람들아! 예수 그리스도께서 십자가에 못 박히신 것이 너희 눈앞에 밝히 보이거늘 누가 너희를 꾀더냐? 갈 3:1

> 정신 나간 갈라디아 사람들이여! 누가 여러분을 홀렸습니까? 여러분은 분별력을 잃었습니까? 십자가에 달리신 예수를 삶의 중심에 놓지 않고 있음이 분명하니, 여러분은 제정신이 아닌 것이 틀림없습니다. 십자가에 달리신 그분의 모습이 여러분의 눈에 선할 텐데, 어찌 그럴 수 있습니까? 갈 3:1 메시지성경

> 내가 너희에게서 다만 이것을 알려 하노니 너희가 성령을 받은 것이 율법의 행위로냐 혹은 듣고 믿음으로냐? 너희가 이같이 어리석으냐? 성령으로 시작하였다가 이제는 육체로 마치겠느냐? 너희가 이같이 많은 괴로움을 헛되이 받았느냐? 과연 헛되냐? 갈 3:2-4

믿음의 결과(갈 3:1-14)

- 의는 율법의 행위가 아니라 듣고 믿음을 통해 온다(갈 3:1,8). '의'란 하나님과의 올바른 관계를 말한다.
- 성령을 받는 것과 또한 우리 가운데서 능력을 행하시는 이의 일도 율법의 행위가 아니라 듣고 믿음으로 말미암는다(갈 3:2,5).

- 오직 믿음으로 아브라함의 자손이 된다(갈 3:7).
- 우리가 죄로 인해 받을 저주는 이미 십자가에서 끝났다(갈 3:13).
- 믿음이 있는 자는 아브라함과 함께 복을 받는다(갈 3:9).
- 믿음이 있는 자는 곧 아브라함의 씨요, 약속대로 유업을 이을 자이다(갈 3:9,29).

율법과 약속(갈 3:15-4:7)

(1) 언약 the covenant(갈 3:15-21)

> 형제들아, 내가 사람의 예대로 말하노니 사람의 언약이라도 정한 후에는 아무도 폐하거나 더하거나 하지 못하느니라. 이 약속들은 아브라함과 그 자손에게 말씀하신 것인데 여럿을 가리켜 그 자손들이라 하지 아니하시고 오직 한 사람을 가리켜 네 자손이라 하셨으니 곧 그리스도라. 내가 이것을 말하노니 하나님께서 미리 정하신 언약을 사백삼십 년 후에 생긴 율법이 폐기하지 못하고 그 약속을 헛되게 하지 못하리라 갈 3:15-17

죄는 하나님과의 교제를 상실케 했다. 그 결과 저주와 사망이 왔다. 이것을 회복하는 것과 하나님의 성품을 드러내는 것, 그리고 기독교 문명개혁 운동을 주도하는 삶을 사는 것이 하나님이 아브라함과 맺은 약속이다. 그러나 그런 삶은 율법이 아니라 오직 믿음으로만 가능하다. 하나님의 약속은 모세의 언약에 연결된 것이 아니라 아브라함처럼 오직 믿음에 의해 이루어진다.

> 그런즉 율법은 무엇이냐? 범법하므로 더하여진 것이라. 천사들을 통하여 한 중보자의 손으로 베푸신 것인데 약속하신 자손이 오시기까지 있을 것이라. 그 중보자는 한 편만 위한 자가 아니나 하나님은 한 분이시니라. 그러면 율법이 하나님의 약속들과 반대되는 것이냐? 결코 그럴 수 없느니라. 만일 능히 살게 하는 율법을 주셨더라면 의가 반드시 율법으로 말미암았으리라 갈 3:19-21

그렇다면 굳이 왜 430년 후에 시내 산에서 모세를 통하여 율법을 주셨을까? 더구나 그 율법이 430년 전에 아브라함과 맺은 하나님의 언약을 폐기하지 못함에도 말이다. 분명한 것은 율법은 하나님의 약속과 반대되는 것이 아니라는 점이다. 오히려 율법은 하나님의 약속을 더 견고하게 해준다. 왜냐하면 율법의 독특한 역할 때문이다.

율법의 역할

> 그런즉 우리가 무슨 말을 하리요 율법이 죄냐 그럴 수 없느니라. 율법으로 말미암지 않고는 내가 죄를 알지 못하였으니 곧 율법이 탐내지 말라 하지 아니하였더라면 내가 탐심을 알지 못하였으리라… 전에 율법을 깨닫지 못했을 때에는 내가 살았더니 계명이 이르매 죄는 살아나고 나는 죽었도다 롬 7:7,9

> 믿음이 오기 전에 우리는 율법 아래에 매인 바 되고, 계시될 믿음의 때까지 갇혔느니라. 이같이 율법이 우리를 그리스도께로 인도하는 초등교사가 되어 우리로 하여금 믿음으로 말미암아 의롭다 함을 얻게 하려 함이라. 믿음이 온 후로는 우리가 초등교사 아래에 있지 아니하도다 갈 3:23-25

율법의 역할은 우리가 죄인임을 나타낸다. 우리의 정체를 알려준다. 율법을 모를 때에는 내가 누구인지 몰랐다. 그러나 율법으로 내가 '빵점짜리'인 줄 알게 되었다. 율법은 우리 스스로 구원받을 수 없음을 증명하고 절망에 이르게 한다. 이것이 율법의 강점이다. 그러나 율법의 약점은 그 죄를 없이 하는 데 아무 도움을 주지 못한다는 것이다. 질병 진단은 잘하는데, 정작 고치지는 못한다. 율법의 역할은 초등교사다. 초등교사란 바울 당시에 미성년자들을 학교에 데려다주고 데려오는 역할을 하던 사람이다. 율법은 우리를 예수 그리스도에게 이끌어준다. 오직 예수 그리스도를 믿음으로 구원받도록 이끄는 역할을 한다.

【 세 가지 약속의 형태 】

	계약 주체	조건	대표적 예시	비고
계약1	동등한·관계	있음	아브라함과 아비멜렉 야곱과 라반	
계약2 (율법)	상하 관계	있음	왕과 백성 하나님과 이스라엘	신명기 28장 (시내 산 언약)
언약 (은혜)	동등 또는 상하 관계	없음	유언 새 영(겔 36:26,27)	GOOD NEWS!!

(2) 이중적 은혜(갈 3:23-4:7)
우리는 "믿음이 오기 전에" 율법 아래 매인 바 되어 갇혔다가(갈 3:23), "믿음이 온 후로" 초등교사 아래에 있지 아니하고(갈 3:25), "믿음으로 말미암아"(갈 3:26) 하나님의 아들이 되었다.
Good News!

> 그러므로 네가 이후로는 종이 아니요 아들이니 아들이면 하나님으로 말미암아 유업을 받을 자니라 갈 4:7

하나님께서 아브라함과 맺은 언약을 따라 그 아들 예수 그리스도를 보내셨다. 그를 믿는 자마다 속량하시고 아들의 명분을 얻게 하셨다. 하나님을 아빠 아버지라 부르게 하셨다.
첫 번째 은혜! 종에서 자유인이 되었다.
두 번째 더 큰 은혜! 하나님의 아들이 되었다. 유업을 이을 자다.

【 율법과 복음 】

율법의 역할 – 몽학선생(갈 3:23-25)	복음의 역할 – 은혜(갈 3:26-29)
내가 아무것도 할 수 없음을 알려주며 나를 그리스도에게 인도함. 예수 그리스도의 십자가가 해결책임을 알려줌	미성년자에서 성인으로! 무기징역 받은 자를 완전한 자유인으로! 죄의 종이었던 자를 하나님의 아들로!
하나님의 이중적 은혜(갈 3:15-4:7) **첫 번째 은혜** : 종에서 자유인으로!(갈 5:1) **두 번째 은혜** : 종에서 아들로!(갈 4:7) 그러므로 하나님의 은혜를 누리라!	

3. 은혜 안에서 성장하라(갈 5장-6장) - 삶으로 증명하라!

우리가 은혜를 받은 것은 행위가 아닌 오직 믿음으로, 또한 은혜를 누리는 것도 믿음으로다.
행함으로 믿음을 보이라.

> 그리스도인의 자유선언문
> "그리스도께서 우리를 자유롭게 하려고 자유를 주셨으니
> 그러므로 굳건하게 서서 다시는 종의 멍에를 메지 말라"(갈 5:1).

자유가 선포되었으니 더 이상 노예처럼 살지 말라!
아들인 것을 알면서 더 이상 종처럼 살지 말라!

> 그리스도 예수 안에서는 할례나 무할례나 효력이 없으되 사랑으로써 역사하는 믿음뿐이니라 갈 5:6

율법을 자기 삶의 원리로 삼는 사람은 노예의 입장에 서 있다. 평생 그 주인인 율법을 만족하게 하려는 길을 찾아 헤맨다. 그러나 은혜를 자기 삶의 원리로 삼는 사람은 사랑을 지배 원리로 만든다. 그는 자유하지만 새로이 얻은 자유를 남용해서는 안 된다. '육체'를 제멋대로 버려두면 방종으로 가게 된다. 예수 그리스도로부터 주어진 자유를 누리는 삶은 오직 성령의 능력으로만 가능하다.

성령으로 행하라(갈 5:16-24)
성령의 인도하심을 받으라(갈 5:16-18)

- 성령의 가르침을 받으라.
- 성령의 능력으로 행하라.
- 성령의 인도하심을 받으라.
- 성령의 코치를 받으라.

【 육체의 일과 성령의 열매(갈 5:19-24) 】

육체의 일	성령의 열매
음행, 더러운 것, 호색 우상숭배, 주술 원수 맺는 것, 분쟁 시기, 분냄 당 짓는 것, 분열함, 이단 투기, 술 취함, 방탕함 또 그와 같은 것들	사랑 희락 화평 오래 참음 자비 양선 충성 온유 절제
내 힘으로 해보려고 할 때	성령의 능력으로 순종할 때

성령으로 살아가는 방법

말씀대로 살고자 순종할 때 내 안에 계신 성령께서 말씀대로 행할 힘을 주신다(겔 36:26,27). 내가 할 최선은 오직 믿음이다. 믿음은 순종과 신뢰의 두 요소로 이루어진다. 즉, 내가 해야 할 최선의 1을 다하여 순종하면, 하나님이 그의 능력으로 일하실 것을 신뢰하는 것이다.

다음 공식을 기억하라!

$$0 \times 1억 = 0$$
$$1 \times 1억 = 1억$$

성령으로 살아가는 사람의 특징 －성령 안에서 안식한다. Rest in the Spirit

내 힘으로 잘해보려고 발버둥 칠수록 내 힘의 결과인 육체의 일만 나온다. 오직 성령의 능력을 의지하여 순종하며 행할 때 성령의 열매가 나온다.

성령을 좇아 사는 삶은 질서가 있다. 성령의 열매는 한마디로 '사랑'이다. 마치 햇빛이 프리즘을 통과할 때 여러 색깔이 나타나듯, 사랑이 프리즘을 통과할 때 아홉 가지 성령의 열매가 나타난다. 서로 짐을 질 때 그리스도의 법을 성취할 수 있다. 그것은 곧 사랑의 법이다. 각자의 짐을 질 뿐 아니라 다른 사람을 돌아보라. 우리가 가진 것으로 사랑하며 섬기는 법을 배우라. 먼저 말씀을 가르치는 자를 섬기고, 또한 믿음의 가정들을 섬기라. 더 나아가 기회 있는 대로 모든 사람에게 착한 일을 해야 한다(갈 6:6,10).

성령을 좇아 사는 삶, 사랑으로 진정한 자유를 누리는 삶은 십자가에서 시작된다.

> 그러나 내게는 우리 주 예수 그리스도의 십자가 외에 결코 자랑할 것이 없으니, 그리스도로 말미암아 세상이 나를 대하여 십자가에 못 박히고, 내가 또한 세상을 대하여 그러하니라 갈 6:14

Dear. NCer

회심 후 하나님의 손에 이끌려 다닌 바울처럼 매 순간 하나님의 인도하심에 순종하는 삶을 살자. 내 안에 계신 성령님의 음성을 따라 내가 해야 할 최선의 일에 순종하고, 주께서 하실 일을 신뢰하자.

우리는 육체의 일을 추구하지 말고 오직 성령의 열매를 맺는 삶을 살며, 내 힘으로 잘해보려 발버둥 치지 말고 성령의 인도함을 받아 믿음으로 사는 사람이 되자.

미성년자에서 성인으로, 무기징역 받은 자에서 자유인으로, 죄의 종에서 하나님의 아들로 삼아주신 주님의 은혜를 기억하고, 노예처럼 종처럼 살지 말고 성령의 능력으로 행하자.

❖ 데살로니가전·후서(Thessalonians)

데살로니가는 항구도시로서 지중해 지역에서 가장 인구가 많고 상업이 성행했다. 데살로니가교회는 바울의 2차 여행 중에 빌립보교회에 이어 유럽에서 두 번째로 세워진 교회이다.

바울 팀은 유럽의 교두보인 빌립보에 교회를 세운 후 데살로니가로 갔다. 언제나 그렇듯이 바울은 먼저 유대인들과 접촉했다. 회당에서 세 번의 안식일에 걸쳐 예수님의 고난과 부활을 전했다. 대부분의 유대인이 바울의 메시지를 배척했다. 그러나 경건한 헬라인의 큰 무리와 적지 않은 귀부인들은 복음을 받아들였다(행 17:1-4). 데살로니가교회는 이렇게 시작되었다.

유대인들이 시기하여 불량한 사람들을 선동해 떼를 지어 도시를 소동하게 했다. 바울은 손수 노동하여 생활비를 충당했기에 야손의 집에 있었다. 사람들이 바울을 찾지 못하자 야손과 몇 형제들을 관원들 앞에 끌고 가 그들이 로마의 황제가 아닌 예수를 황제라고 선포한다며 고소했다. 또한 그들은 바울 팀을 "천하를 어지럽게 하던 이 사람들"(행 17:6)이라고 칭했다.

이 시대에 우리가 듣고 싶은 말이다. 유대인들은 거룩하지 못한 소동을 일으켰으나 바울 팀은 거룩한 소동을 일으켰다! 전자는 무질서와 폭력을 가져오지만 후자는 질서, 평화, 기쁨, 생명을 가져온다.

Dear NCer! 당신들은 천하를 어지럽게 하는 사람들이다!

야손 일행은 보석금을 내고 석방되었다(행 17:5-9). 이후 바울은 데살로니가에서의 사역을 중단하고 베뢰아로 가서 복음을 전했다. 그러나 데살로니가의 유대인들은 거기까지 와서 소동을 일으켰다. 바울은 데살로니가와 베뢰아 지역 그리스도인들의 양육을 위해 실라와 디모데를 남겨두고 아덴으로 가서 아레오바고에서 복음을 전하고 고린도로 갔다. 바울이 고린도에 있을 때에 실라와 디모데가 내려왔다. 바울은 이들로부터 데살로니가와 베뢰아의 성도들이 믿음 안에서 잘 자라나고 있으나 예수님의 재림과 종말에 관한 논쟁이 일어나 혼란에 빠졌다는 소식을 전해 들었다.

- 기쁜 소식 : 견고한 믿음(살전 1:8,9, 3:4-6, 4:9,10)
- 나쁜 소식 : 재림에 대한 오해

바울은 재림에 대한 올바른 이해를 주고자 두 통의 편지를 썼다. 이 편지들을 '양육'의 방편으로 삼았다. 데살로니가전·후서는 짧은 몇 주간 사이에 보낸 두 통의 편지에 붙은 이름이다. 데살로니가전서는 소망을 더 많이 심어주고 그리스도인으로서 어떻게 살 것인지 가르치고자 했고, 데살로니가후서는 재림에 대한 잘못된 생각을 추가로 바로잡고자 했다. 균형 있는 생각과 생활을 하도록 하기 위함이다.

바울 팀이 유럽으로 건너가게 된 과정(행 16:6-18:17)

마게도냐 환상(행 16:6-10)

바울이 아시아로 가고자 할 때 성령께서 허락하지 않으셨다. 드로아로 내려갔을 때 밤에 환상 중에 마게도냐 사람이 나타나 "마게도냐로 건너와서 우리를 도우라!"라고 청했다. 이에 바울은 아시아가 아니라 유럽으로 가는 것이 주의 뜻인 줄 알고 곧 마게도냐로 가기를 힘썼다. 환상은 하나님이 말씀하시는 방법의 하나다. 사도행전 10장에서도 베드로에게 환상을 보여주시어 고넬료의 집에 가게 하셨다.

유럽 사역(행 16:11-18:17)

당시 바울 팀이 사역하던 유럽은 마게도냐와 아가야 지역이다. 마게도냐는 알렉산더의 나라이다. 마게도냐 지방에 속한 도시들은 빌립보, 데살로니가, 베뢰아이다. 아가야 지방에 속한 도시들은 아덴과 고린도다.

바울 일행은 드로아에서 배를 타고 빌립보로 건너갔다. 빌립보에서 복음을 전할 때 루디아가 믿고 그와 그의 온 집이 세례를 받았다. 루디아는 자색 옷감 장사였는데, 이는 당시 가장 성업하던 사업이다. 바울 팀이 복음을 전파할 때 그들을 따라 다니던 점치는 귀신들린 여자를 귀신으로부터 자유케 했다. 이로 인해 바울과 실라는 붙잡혀 심하게 매를 맞고 감옥에 갇혔다. 바울과 실라가 감옥에 갇혔다가 풀려난 뒤에 빌립보교회가 본격적으로 세워졌다. 이후 바울은 데살로니가 - 베뢰아를 거쳐 아가야 지방의 아덴 - 고린도로 가서 1년 6개월간 사역했다(행 17:1-18:17).

바울 팀이 유럽으로 건너가는 여정

마게도냐 사람의 환상을 보고 출발

데살로니가전·후서 기록

■ 1차 출발　■ 1차 귀환
■ 2차 출발　■ 2차 귀환

❖ 데살로니가전서(1 Thessalonians) 그리스도의 재림

바울이 디모데를 통해 데살로니가 성도들의 소식을 들었을 때 그에게는 감사할 이유가 충분했다. 바울은 이들에게 감사의 표현을 하고 싶었다. 또한 영적으로 교정해야 할 몇 가지 필요를 보았다.

어떤 거짓 교사들이 데살로니가 성도들에게 와서 바울을 트집 잡아 그에 대해 의구심을 가지게 만들었다. 거짓 교사들은 바울이 헌금을 잘못 사용하고 있다고 비난했다. 또한 위험할 때마다 숨거나 도망하는 비겁자라고 공격했다. 바울은 이에 대해 '변명서'를 써 보낼 필요를 느꼈다. 그는 자신이 데살로니가에 도착하여 어떻게 사역했는지 담대하게 말했다. 또한 그들에게 재정적인 부담을 주지 않으려고 자신의 손으로 밤낮 수고한 것도 말했다.

또 다른 이슈는 그리스도의 재림에 대한 것이었다. 그들 중 어떤 그리스도인들이 죽자 궁금증이 생겼다. '내 장래는 어떻게 될 것인가?' 또한 재림에 들떠 게으름뱅이가 된 그리스도인들도 있었다. 주께서 곧 재림하실 터인데 부지런히 힘써 일할 필요가 있는지 의문을 가졌다. 미래에 대한 뚜렷한 이해가 없으면 무력하고 무질서한 삶을 산다. 그리스도의 재림에 대한 올바른 이해는 현재 삶을 뚜렷하고 확실히 살게 한다. 불안과 두려움, 불확실성에 붙잡히지 않는다. 활기가 넘치고 기쁨과 소망의 삶을 산다.

미래에 대한 뚜렷한 확신을 가진 그리스도인의 삶은 어떠해야 하는가? 나는 자주 다음과 같이 말한다.

"어떤 일을 계획하고 추진할 때는 주의 재림이 마치 500년 후에 임할 것처럼 확실하고도 구체적으로 계획을 세워야 한다. 그러나 우리의 일상의 삶은 주님이 내일 재림하실 것처럼 깨어있으며 절제하는 삶을 살아야 한다."

만일 잘못된 미래관으로 내가 제안한 삶과 정반대로 산다면 매우 끔찍한 일이 벌어질 것이다. 즉, 어떤 일을 계획하고 추진할 때는 주님이 내일 재림하실 것처럼 한다면 아무 계획도 세우지 않고 게으르고 무질서하게 살 것이다. 또한 주님이 500년 후에 재림하실 것처럼 산다면 날마다 깨어있지도 않고 근신하지도 않으며 육신적으로 쾌락을 추구할 것이다.

하나님은 우리의 눈을 가까이도, 멀리도 볼 수 있도록 지으셨다. 멀리 보며 장기적으로 철저한 계획을 수립하는 것과 그것을 성취하기 위해 날마다 부지런히 일하는 것이 기독교의 정신이다.

데살로니가전·후서는 주의 재림을 기다리며 이 세상을 살아가는 그리스도인의 삶에 대해 올바른 이해를 준다.

데살로니가전서 – 그리스도의 재림과 재림 신앙(살전 5:23,24)

데살로니가 성도들을 향한 사랑				데살로니가 성도들에게 주는 권면				
인사	믿음에 대한 감사	진실된 사역자의 삶	목자의 삶	하나님을 기쁘시게 하는 삶	주의 강림과 죽은 자의 부활	그리스도의 재림과 신실한 삶	재림신앙 지침서 - 거룩한 삶	명령과 인사
1:1	1:2-10	2:1-16	2:17-3:13	4:1-12	4:13-18	5:1-11	5:12-25	5:26-28
개인적 경험				실제적 권면				
회상				미래를 내다봄				

살전 5:23,24 ²³ 평강의 하나님이 친히 너희를 온전히 거룩하게 하시고 또 너희의 온 영과 혼과 몸이 우리 주 예수 그리스도께서 강림하실 때에 흠 없게 보전되기를 원하노라 ²⁴ 너희를 부르시는 이는 미쁘시니 그가 또한 이루시리라

데살로니가전서의 메시지

기독교 생활의 위대한 3요소

너희의 믿음의 역사와 사랑의 수고와 우리 주 예수 그리스도에 대한 소망의 인내를 우리 하나님 아버지 앞에서 끊임없이 기억함이니 살전 1:3

'믿음의 역사, 사랑의 수고, 소망의 인내'는 기독교 생활의 위대한 3요소다. 특히 이 구절만큼 이 3요소를 간단명료하게 정의한 곳이 없다.

이는 그리스도 예수 안에 너희의 믿음과 모든 성도에 대한 사랑을 들었음이요, 너희를 위하여 하늘에 쌓아둔 소망으로 말미암음이니 곧 너희가 전에 복음 진리의 말씀을 들은 것이라 골 1:4,5

올바른 사역자의 증거 - 능력 있는 사역

이는 우리 복음이 너희에게 말로만 이른 것이 아니라 또한 능력과 성령과 큰 확신으로 된 것임이라 살전 1:5

바울이 복음을 전할 때 성령께서 표적으로, 말뿐 아니라 능력으로 바울이 전하는 복음을 확증하셨다. 또한 복음을 듣는 데살로니가 사람들에게 큰 확신을 주시어 복음을 받아들이게 하셨다.

성경은 이에 대해 여러 번 말씀하신다.

제자들이 나가 두루 전파할새 주께서 함께 역사하사 그 따르는 표적으로 말씀을 확실히 증언하시니라 막 16:20

그리스도께서 이방인들을 순종하게 하기 위하여 나를 통하여 역사하신 것 외에는 내가 감히 말하지 아니하노라. 그 일은 말과 행위로, 표적과 기사의 능력으로, 성령의 능력으로 이루어졌으며 롬 15:18,19

하나님도 표적들과 기사들과 여러 가지 능력과 및 자기의 뜻을 따라 성령이 나누어주신 것으로써 그들과 함께 증언하셨느니라 히 2:4

그러므로 주의 복음을 전하는 사역자들은 마땅히 사역할 때마다 성령께서 역사하심을 기대해야 한다. 성령의 능력을 기대해야 한다. 성령께서 복음을 듣는 사람들에게 큰 확신으로 일하심을 기대해야 한다.

우리 주 예수님은 "내게는 요한의 증거보다 더 큰 증거가 있으니 아버지께서 내게 주사 이루게 하시는 역사 곧 내가 하는 그 역사가 아버지께서 나를 보내신 것을 나를 위하여 증언하는 것이요"(요 5:36)라고 하셨다.

"하나님의 나라는 말에 있지 아니하고 오직 능력에 있음이라"(고전 4:20).

이것이 진정한 사역자의 표시다.

올바른 사역자의 증거 - 변화된 데살로니가 그리스도인

데살로니가 그리스도인들은 많은 환난 가운데서 성령의 기쁨으로 바울이 전한 말씀을 받았다. 그들은 마게도냐와 아가야의 모든 믿는 자의 본이 되었다. 그들에 대한 믿음의 소문은 마게도냐와 아가야만 아니라 다른 지역 사람들에게도 전해졌다. 바울은 어떤 루머에도 담대했다. 왜냐면 데살로니가 사람들의 삶이 바울의 사역을 증명했기 때문이다(살전 1:5-10). 변화된 데살로니가 그리스도인들이 사역의 열매다.

> 그들이 우리에 대하여 스스로 말하기를, 우리가 어떻게 너희 가운데에 들어갔는지와, 너희가 어떻게 우상을 버리고 하나님께로 돌아와서 살아계시고 참되신 하나님을 섬기는지와, 또 죽은 자들 가운데서 다시 살리신 그의 아들이 하늘로부터 강림하실 것을 너희가 어떻게 기다리는지를 말하니 이는 장래의 노하심에서 우리를 건지시는 예수시니라 살전 1:9,10

> '케리그마'(헬, Kerygma)란 복음 즉 예수 그리스도의 죽음과 부활을 선포(proclamation)하는 것을 말한다. 이로 인해 사람들이 회개하여 믿음과 순종의 길로 들어선다. 사도들의 설교가 그 대표적인 예이다(행 2:14-39, 3:12-26, 4:8-12, 10:34-43). 바울은 데살로니가에서 케리그마, 즉 복음을 전했다.

올바른 사역자의 증거 - 진실된 사역자의 삶(살전 2:1-12)

사역자의 기초 : 올바른 사역자는 듣는 자들이 본받아 살도록 하기 위해 먼저 본을 보인다. 예수 그리스도(행 1:1), 에스라(스 7:10), 바울(고전 11:1)이 그 예다.

바울은 '우리가 너희를 향하여 어떻게 거룩하고 옳고 흠 없이 행하였는지 너희와 하나님이 증인이다', '우리가 너희 가운데에 행하는 것은 너희가 하나님께 합당히 행하게 하려 하기 때문이다'라고 말했다(살전 2:10,12). 변화된 데살로니가 그리스도인들이 사역의 열매다.

올바른 사역자의 진실된 삶 여덟 가지

1) 하나님께로 옳게 여기심을 입어야 한다.

> 오직 하나님께 옳게 여기심을 입어 살전 2:4

올바른 사역자는 끊임없이 테스트를 통과하여 하나님께 인정받아야 한다. 한 번만 테스트를 받는 게 아니라 반복해서 테스트를 받아 합격해야 한다.

2) 하나님으로부터 복음을 위탁받아야 한다.

> 복음을 위탁받았으니 살전 2:4b

"위탁받았다"라는 것은 '신뢰하여 맡기다', '마음 놓고 일을 맡기다'라는 뜻이다(고전 4:1,2, 벧전 4:10, 딤전 1:12). 디모데를 보내는 바울의 심정이 이를 잘 보여준다(빌 2:19-24).

3) 어려움이 있어도 복음을 전하는 사역을 계속해야 한다.

> 너희가 아는 바와 같이 우리가 먼저 빌립보에서 고난과 능욕을 당하였으나 우리 하나님을 힘입어 많은 싸움 중에 하나님의 복음을 너희에게 전하였노라 살전 2:2

사역자의 삶은 쉬운 것이 아니다. 많은 어려움이 반복적으로 일어난다. 바울은 대적자로 인하여 핍박을 받으면서 복음을 전했다. 어려운 여건, 환경 가운데서도 포기하지 않았다. 핑계 대지 않았다. 변하지 않는 마음으로 신실하게 복음을 전했다. 포기하지 않는 마음, 한결같은 마음이 귀하다.

4) 사역의 동기가 순수해야 한다.

> 우리의 권면은 간사함이나 부정에서 난 것이 아니요, 속임수로 하는 것도 아니라… 우리가 이와 같이 말함은 사람을 기쁘게 하려 함이 아니요 오직 우리 마음을 감찰하시는 하나님을 기쁘시게 하려 함이라… 또한 우리는 너희에게서든지 다른 이에게서든지 사람에게서는 영광을 구하지 아니하였노라 살전 2:3,4,6

사역의 동기는 간사함(error)이나 부정(impurity)에서 난 것이 아니요, 속임수(deceit)로 하는 것도 아니다. 사람을 기쁘게 하려 함이 아니라 오직 하나님만 기쁘시게 하려 함이다. 하나님은 마음을 감찰하신다. 사람에게서 영광을 구하지 않으신다. 우리는 오직 하나님의 영광만을 추구해야 한다.

5) 재물에 충성되어야 한다.

> 너희도 알거니와 우리가 아무 때에도 아첨하는 말이나 탐심의 탈을 쓰지 아니한 것을 하나님이 증언하시느니라 살전 2:5

바울은 아첨하는 말(잘못된 동기로 사람을 조종하려 하는 것)이나 탐심의 탈을 쓰지 않았다. 사람으로부터 재정적 도움을 받는 게 나쁜 일은 아니나 바울은 특히 이 영역에서 공격받지 않으려 조심했다. 그러므로 자기 손으로 쓸 것을 채웠다. 물론 나중에 바울은 두 차례나 빌립보교회를 통해서 재정적인 도움을 받았다(빌 4:16, 참조 고전 9:1-15,18, 갈 6:6). 그러나 바울은 재물을 위해 일하지 않았다. 하나님이 증언하신다. 바울은 이런 삶에 담대했다.

> 형제들아, 우리의 수고와 애쓴 것을 너희가 기억하리니 너희 아무에게도 폐를 끼치지 아니하려고 밤낮으로 일하면서 너희에게 하나님의 복음을 전하였노라 살전 2:9

바울은 아무에게도 폐를 끼치지 않으려고 밤낮으로 일했다. 이는 하나님의 복음을 전함에 장애가 없도록 하기 위함이었다. 바울은 오직 하나님의 복음을 전하는 데 목숨을 걸었다. 하나님의 복음을 전하는 데 방해가 되는 것이라면 기꺼이 권리를 포기했다. 하나님의 복음을 전하는 데 유익하다면 기꺼이 고난도 택했다.

그는 열심히 일한 것을 "수고와 애쓴 것"(labor and hardship)으로 표현했다. 바울이 사용한 '수고하다'라는 단어는 보통 노예가 일하는 것을 나타내는 표현이다. 이는 주의 재림을 기다리던 데살로니가의 어떤 그리스도인들이 보여준 일하지 않는 태도와 행동에 대해 주는 메시지가 크다(살후 3:6-15, 살전 4:9-12).

6) 마땅히 권위를 주장할 수 있지만 주어진 권위를 다 사용하지 않아야 한다.

> 우리는 그리스도의 사도로서 마땅히 권위를 주장할 수 있으나 살전 2:7

바울은 "그런즉 내 상이 무엇이냐 내가 복음을 전할 때에 값없이 전하고 복음으로 말미암아 내게 있는 권리를 다 쓰지 아니하는 이것이로다"(고전 9:18)라고 했다. 그는 주어진 권리를 다 쓰지 않았다.

7) 어미의 심정으로 대해야 한다.

> …너희 가운데서 유순한 자가 되어 유모가 자기 자녀를 기름과 같이 하였으니, 우리가 이같이 너희를 사모하여 하나님의 복음뿐 아니라 우리의 목숨까지도 너희에게 주기를 기뻐함은 너희가 우리의 사랑하는 자 됨이라 살전 2:7,8

바울은 그들을 어미의 심정으로 대했다. 그들에게 하나님의 복음뿐 아니라 목숨까지도 주기를 기뻐했다. 그들을 사랑하기 때문이다. 그는 사역만 한 것이 아니라 삶을 주었다.

8) 아비의 태도로 대해야 한다.

> 너희도 아는 바와 같이 우리가 너희 각 사람에게 아버지가 자기 자녀에게 하듯 권면하고 위로하고 경계하노니 이는 너희를 부르사 자기 나라와 영광에 이르게 하시는 하나님께 합당히 행하게 하려 함이라 살전 2:11,12

아버지의 역할은 권면(exhorting), 위로(encouraging), 경계(imploring)이다. 이 단어는 성령이 '보혜사'이심을 소개할 때와 같다. 바울은 아비의 태도로 이들을 대했다. 사역자는 어미의 심정과 아비의 태도로 대하는 균형이 필요하다. 이 두 역할을 조화 있게 구사할 줄 알아야 한다.

이상의 여덟 가지 사역자의 사역 기초를 말한 후에 바울은 담대히 말했다.

> "우리가 너희 믿는 자들을 향하여 어떻게 거룩하고 옳고 흠 없이 행하였는지에 대하여 너희가 증인이요 하나님도 그러하시도다"(살전 2:10).

주여, 이 같은 사역자가 되기를 원합니다!
주여, 이 같은 사역자들을 이 땅에 많이 일으켜주소서!

그리스도인의 재림신앙

그리스도의 재림에 대한 올바른 이해는 미래에 대한 것만이 아니라 현재를 사는 삶에도 큰 영향을 미친다. 주의 재림을 기다리느라 일을 하지 않는 잘못된 노동관을 가져서는 안 된다. 열심히 자기 손으로 수고하는 것이 올바른 기독교적인 삶이다. 게으른 삶, 규모가 없는 삶, 근신하지 않는 무절제한 삶은 기독교적 사고가 아니다.

재림을 소망하는 삶은 이 세상에서 거룩하고 흠이 없이 살게 한다(살전 3:13, 4:3-8). 성령을 주신 하나님을 향한 올바른 삶은 거룩함이다. 거룩함은 우리의 부르심이다. 하나님을 모르는 이방인과 구별된 삶이 여기에 있다.

주의 강림과 믿는 자의 부활(살전 4:13-18)
주 예수님의 재림 시에 믿는 자의 부활 순서는 다음과 같다.
1) 그리스도 안에서 죽은 자가 먼저 일어나 변화된 몸으로 공중에서 주를 만난다.
2) 주의 강림 시에 살아서 믿고 있는 자들의 몸이 변화되면서 올라가 공중에서 주를 만난다.
그러므로 소망이 없는 것처럼 슬퍼하지 말고 서로 위로하라(살전 4:13,18).

그리스도의 재림 시기(살전 5:1-11)
주의 날은 도둑같이, 임신한 여자에게 해산의 고통이 이름과 같이 갑자기 임한다. 그러므로 깨어있으라.

그리스도의 재림을 기다리는 그리스도인의 삶의 지침서(살전 5:12-22)
1) 수고하고 다스리며 권하는 자들을 사랑 안에서 가장 귀히 여기라.
2) 서로 화목하라.
3) 게으른 자들을 권계하라. 무질서하게 행동하는 자들에게 경고하라.

4) 마음이 약한 자들을 격려하라(롬 14:1-15:13, 고전 8:10).

5) 힘이 없는 자들을 붙들어주라(롬 14:1-15:13).

6) 모든 사람에게 오래 참으라.

7) 선으로 악을 이기라.

8) 항상 기뻐하라.

9) 쉬지 말고 기도하라.

10) 범사에 감사하라.

11) 성령을 소멸하지 말라.

12) 예언을 멸시하지 말라.

13) 범사에 헤아려 좋은 것을 취하라.

14) 악은 어떤 모양이라도 버리라.

재림을 소망하는 삶(살전 5:23,24)

"평강의 하나님이 친히 너희를 온전히 거룩하게 하시고, 또 너희의 온 영과 혼과 몸이 우리 주 예수 그리스도께서 강림하실 때에 흠 없게 보전되기를 원하노라. 너희를 부르시는 이는 미쁘시니 그가 또한 이루시리라"(살전 5:23,24).

신실하신 하나님이 우리를 부르신 부르심을 따라 '거룩함의 삶'을 살도록 도우실 것이다.

Dear. NCer

때로는 고난에 맞서 싸워야 하는 녹록지 않은 삶이지만 여건과 환경을 핑계 대지 말고 믿음의 역사, 사랑의 수고, 소망의 인내로 자신을 새롭게 정비하자.

어떠한 환경에서도 포기하지 말고 변함없이 신실하게, 한결같은 마음으로 행하자.

항상 기뻐하며 범사에 감사하고 쉬지 말고 기도함으로 거룩한 삶을 살아가자.

❖ 데살로니가후서(2 Thessalonians) 주의 날

바울은 데살로니가의 회당에서 성경을 가지고 뜻을 풀어 강론했다. 그리스도가 해를 받고 죽은 자 가운데서 다시 살아나야 할 것을 증언했다. 그리고 그가 전하는 예수가 곧 그리스도라 증언했다(행 17:1-3).

많은 데살로니가 사람들이 믿고 주를 따랐다. 놀랍게도 데살로니가 형제들의 믿음이 자랐다. 서로 사랑함이 풍성했다. 모든 박해와 환난 중에도 인내와 믿음으로 여러 교회의 자랑거리가 되었다(살후 1:3,4).

특히 그들에게 예수 그리스도의 죽으심과 부활만큼이나 충격적인 것은 그리스도의 재림이었다. 이는 그때까지 들어본 적도, 생각해본 적도 없는 놀라운 진리였다. 주가 재림하실 때에 주의 영광을 보게 될 거란 바울의 말은 분명 놀라웠다.

그리스도의 재림은 미래에 대한 것이다. 그에 대한 이해에 따라서 현재의 모습이 달라지게 된다. 미래에 대한 소망이 없는 사람은 하루하루를 대강 살 가능성이 짙다. 특히 어려운 상황이 올 때 더욱 그렇다. 환난을 견딜 힘이 없어서 삶을 포기할 가능성도 크다. 그러나 미래에 소망이 있는 사람들은 훨씬 다르게 산다. 인내하고 절제한다. 긍정적이며 적극적으로 살 이유가 있다. 데살로니가의 그리스도인들은 그렇게 믿음의 삶을 시작했다.

그러나 바울은 얼마 머물지 못하고 유대인들에 의해 쫓겨났다. 사도행전 17장에 의하면 그가 머문 기간은 3주였다고 한다. 그 후 얼마 동안 더 머물렀는지는 알 수 없으나 충분히 가르칠 시간이 부족했던 것은 분명하다. 바울이 떠난 후 데살로니가교회는 여러 거짓 교사들로 인해 주의 재림에 대한 혼란이 일어났다.

오직 주의 재림만을 기다리느라 현재의 삶과 담을 쌓는 사람들이 생겨났다. 어떤 사람들은 직업까지도 버렸다. 주의 재림이 임박했으니 일을 하는 것이 무슨 소용이 있느냐고 생각했다.

데살로니가후서 – 주의 날(살후 3:3)

환난 받는 형제들을 위로			주의 날에 대한 설명		형제들을 향한 권면		
인사와 축복	자랑거리	환난 받는 형제들을 위로	배교와 적그리스도-주의 날 이전	가르침을 지키라	인내하며 기다리라	우리를 본받으라	축복과 인사
1:1-2	1:3-4	1:5-12	2:1-12	2:13-17	3:1-5	3:6-18	3:16-18
낙심한 신자들			혼란을 겪는 신자들		불순종하는 신자들		
신자들에 대한 감사			주의 날에 대하여 신자들을 가르침		신자들의 행동을 바로잡음		

살후 3:3 주는 미쁘사 너희를 굳건하게 하시고 악한 자에게서 지키시리라

교회 역사에서 볼 때 이 같은 일은 계속 일어났다. 이들의 재림신앙과 삶은 엉뚱한 방향으로 흘렀다. 바울은 이들의 재림신앙을 교정하기 위해 데살로니가전서를 보낸 지 불과 얼마 후에 다시 편지를 보냈다.

데살로니가후서의 메시지

바울은 데살로니가교회의 혼란에 대해 목자의 태도로 그들을 돕는다. 부정적이고 강한 태도로 그들을 대하기보다 데살로니가전서에 이미 언급했듯이 어미와 아비처럼 그들을 돌보며 이끌었다. 그러나 문제를 명확하게 지적하고 자세히 설명했다.

교회(그리스도인)의 표지

데살로니가전서 1장 3절에서 그리스도인의 신앙생활의 위대한 3요소를 언급했듯이 데살로니가후서에서도 이것으로 편지를 시작했다. 성급하게 문제를 지적하기보다는 이미 잘하고 있는 것을 칭찬하며 격려했다.

> …너희의 믿음이 더욱 자라고 너희가 다 각기 서로 사랑함이 풍성함이니 그러므로 너희가 견디고 있는 모든 박해와 환난 중에서 너희 인내와 믿음으로 말미암아 하나님의 여러 교회에서 우리가 친히 자랑하노라 살후 1:3,4

자라나는 믿음 - 그리스도인의 믿음은 멈추지 않고 갈수록 자라난다.
증가하는 사랑 - 그리스도인의 사랑은 갈수록 풍성해진다.
인내하는 지구력 - '인내'란 어떤 일을 단순히 수동적으로 잘 견디는 것을 말하는 것이 아니다. 이는 주어진 상황을 극복하는 힘이며, 더 나아가 시련을 통해 더욱 강해지고 성숙에 이르기 위해 사용할 줄 아는 힘이다.
믿음, 사랑, 소망의 인내는 예수 그리스도를 믿음으로 살아가는 그리스도인의 표지다.

세 종류의 믿음

첫째, 구원받을 때에 주어지는 믿음이다. **"너희는 그 은혜에 의하여 믿음으로 말미암아 구원을 받았으니, 이것은 너희에게서 난 것이 아니요 하나님의 선물이라. 행위에서 난 것이 아니니…"** (엡 2:8,9). 구원은 예수를 믿음으로 받는다. 하나님이 우리에게 구원받음에 필요한 믿음을 선물로 주셨다.
둘째, 성령의 은사로서 주어지는 믿음이다. **"다른 사람에게는 같은 성령으로 믿음을"**(고전 12:9). 이 믿음의 은사로 우리는 어떤 상황이든 돌파할 수 있다.
셋째, 성령의 열매로서 자라나는 믿음이다. **"오직 성령의 열매는… 충성과"**(갈 5:22). 여기서 "충성"은 '믿음'을 말한다. 열매는 한 번에 주어지는 것이 아니라 자라나는 것이다. 성경에서 일반적으로 말하는 믿음은 이 열매로서의 믿음을 말한다. 믿음은 순종과 신뢰가 기반이다. 하나님의 말씀에 구체적으로 응답하는 것이 순종이요, 순종할 때 하나님의 약속이 이루어질 것을 믿는 것이 신뢰다. 순종은 우리의 영역이고, 신뢰는 하나님의 영역이다.

우리는 순종하며 하나님께서 그의 일을 하실 것을 신뢰한다. 하나님은 우리의 믿음을 따라 그의 능력으로 일하신다. 또 우리의 믿음에 따라 영적 성장이 일어난다. 그러므로 믿음이 자라야 한다. 믿음이 자라는 비결은 오직 말씀이다. 믿음은 말씀을 들을 때 생겨난다(롬 10:17). 날마다 말씀을 대하는 것이 믿음이 자라는 비결이다. 또한 하나님과 친밀한 교제를 지속하는 것도 믿음이 자라는 비결이다. 하나님을 알수록 우리의 믿음이 자라난다.

또한 믿음은 연습함으로 자라난다. 작은 믿음으로 주어진 상황에 순종하여 한 걸음 나아갈 때 하나님을 경험한다. 그러면 우리의 믿음이 견고해지고 또 다른 상황이 올 때도 그 믿음으로 반응하여 주님의 일하심을 경험한다. 그러한 과정들을 통해 믿음이 자라난다.

데살로니가교회를 향한 기도(살후 1:11,12)

바울은 그들을 위해 항상 기도했다. 그는 두 가지 면에서 기도했다.

첫째, "그들이 하나님의 부르심에 합당한 자가 되게 하소서."

> '합당한 자로 여기다'는 '자격이 있다고 생각하다'와 '합당하게 하다'의 두 가지 뜻을 가진다. 그러므로 "하나님이 너희를 그의 부르심을 따라 살 자격이 있다고 생각하셔서, 그 부르심을 따라 살 수 있도록 모든 필요를 채워주셔서 충분히 그 부르심을 따라 살아가게 하소서"라고 기도했다.

둘째, "하나님의 능력으로 그들이 모든 선한 뜻과 믿음의 행위를 이루게 하소서."

> "그의 능력으로 모든 선한 뜻과 믿음의 행위를 완성해주시기를 비는 것입니다"(살후 1:11 새번역).
> "여러분의 선한 생각과 믿음의 행위에 그분의 능력을 가득 채워주셔서, 그것이 온전해지기를 기도합니다"(살후 1:11 메시지성경).

이런 삶을 살면 우리 주 예수의 이름이 우리 가운데서 우리를 통해 영광을 받으실 것이다. 또한 우리도 그 안에서 하나님의 은혜로 말미암아 영광을 받게 될 것이다.

우리 그리스도인들을 통해 하나님이 영광을 받으시는 삶, 또한 하나님으로 말미암아 우리 그리스도인들도 영광을 받는 삶은 얼마나 아름다운가! 그러므로 바울의 두 가지 기도는 중요하다. 서로를 위해서 이렇게 기도하는 것도 중요하다.

불법자에 대한 경고(살후 2:1-12)

바울은 주의 재림 전에 불법자가 등장할 것에 대해 데살로니가 형제들에게 예언하여, 그들이 동요하거나 혼란에 빠지거나 속임을 당하지 않도록 경각심을 일깨웠다.

"이 세상에는 악의 세력이 존재한다. 불법자가 일어나 이적과 기사로 사람들을 미혹시키고 배교하게 하려고 할 것이다. 이들의 주 대상은 진리를 믿지 않고 불의를 좋아하는 사람들이다. 내가 이미 이에 대하여 너희에게 말한 것을 기억해야 한다. 불법자는 사단으로부터 능력을 받아 온갖 능력과 표적과 거짓 기적과 불의의 모든 속임수로 멸망을 받을 자들을 속일 것이다. 그러나 주 예수께서 강림하실 때에 그 입의 기운으로 그를 죽이시고 폐하실 것이다. 그러므로 쉽게 마음이 흔들리거나 두려워하지 말라. 미혹되지 말라. 하나님이 이 모든 것을 다스리신다. 하나님이 승리하신다. 하나님이 결정적이고 최후 승리자이시다."

하나님의 부르심과 우리의 수고(살후 2:13-17)

하나님이 우리를 부르심은 거룩함과 구원의 완성에 이르게 하기 위함이다. 우리가 이런 삶을 사는 데 담대한 확신이 있는 것은 하나님이 처음부터 우리를 택하셨기 때문이다. 구원의 완성과 거룩함으로 살도록 우리를 부르신 것은 하나님의 계획이다. 하나님은 이를 이루시기 위해 성령을 보내셨다.

그러나 단순히 수동적으로 하나님의 부르심이 이루어지는 것이 아니라 우리의 적극적이고 능동적인 응답으로 이루어진다. 이는 마치 농사를 짓는 것과 같다. 땅을 개간하고 씨를 뿌리고 돌보는 것은 우리의 일이며, 하나님은 그 씨앗이 자라나 열매를 풍성히 맺게 하신다. 하나님은 그의 부르심과 우리의 수고가 함께하도록 설계하셨다.

하나님의 놀라운 구원 계획을 들은 우리에게 요청되는 건 믿음이다. 하나님께 감사를 드리고 주어진 상황에서 한 걸음씩 최선을 다해 순종하며 나아갈 때 성령께서 우리 안에 이를 이루신다.

또 다른 기도

데살로니가 형제들을 향한 바울의 마음이 이 짧은 편지에 풍성하게 나타난다. 바울은 세 번에 걸쳐 "원하노라"라고 표현했다(살후 2:16,17, 3:5,16).

> 우리 주 예수 그리스도와 우리를 사랑하시고 영원한 위로와 좋은 소망을 은혜로 주신 하나님 우리 아버지께서, 너희 마음을 위로하시고, 모든 선한 일과 말에 굳건하게 하시기를 원하노라 살후 2:16,17

> 주께서 너희 마음을 인도하여 하나님의 사랑과 그리스도의 인내에 들어가게 하시기를 원하노라 살후 3:5

> 평강의 주께서 친히 때마다 일마다 너희에게 평강을 주시고 주께서 너희 모든 사람과 함께하시기를 원하노라 살후 3:16

사랑의 당부

바울은 겸손하게 데살로니가 형제들에게 중보기도를 요청했다. 기도는 사역자가 성도를 향해 일방적으로 하는 것이 아니다. 성도들도 사역자들을 위해 기도해야 한다. 바울은 데살로니가 형제들에게 자신과 그 팀을 위해 다음과 같이 기도해주기를 구체적으로 제시했다.

> 너희는 우리를 위하여 기도하기를 주의 말씀이 너희 가운데서와 같이 퍼져 나가 영광스럽게 되고 또한 우리를 부당하고 악한 사람들에게서 건지시옵소서 하라 살후 3:1,2

위로

위로라는 영어 Comfort는 'com'이라는 접두어와 'fort'(요새, 산성)라는 명사의 합성어다. 접두어 'com-'은 뒤 단어를 더 견고하게 할 때 사용되기도 한다. 그러므로 comfort는 "요새를 더 견고하게 하다"라는 뜻이다. 이같이 위로는 요새를 더욱 강화시키듯 우리의 삶을 견고하게 한다. 헛된 위로는 단지 요망 사항일 뿐이다. 그러나 진정한 위로는 하나님의 성품과 진리를 기반으로 한다.

> 주는 미쁘사 너희를 굳건하게 하시고 악한 자에게서 지키시리라 살후 3:3

"지키다"라는 단어, '필랏소'(헬, phulasso)는 군대용어다. '보초병이 경계를 하고 보호한다'는 뜻이다. "목자들이 밤에 밖에서 자기 양 떼를 지키더니"(눅 2:8)에서도 같은 단어를 사용했다. 신실하신 주님이 우리를 강하고 견고하게 하셔서 어떤 상황에도 흔들리지 않게 하실 것이다. 그리고 직접 우리를 위해 보초를 서서서 악한 자에게서 안전하게 지켜주실 것이다.

격려

격려와 칭찬은 언제나 힘과 용기를 준다. 특히 신뢰와 확신은 더욱 자신감과 책임감을 가지게 한다.

> 우리가 명령한 것을 여러분이 지금도 실행하고 있고, 또 앞으로도 실행하리라는 것을, 우리는 주님 안에서 확신하고 있습니다 살후 3:4 새번역

무질서와 게으름의 질병을 치유하기 위해서(살후 3:6-15)

데살로니가인들은 처음에는 예수 그리스도의 재림에 대해 듣고 충격을 받았다. 재림신앙은 사람들의 삶에 결정적인 영향을 준다. 현재의 삶을 고품격으로 고상하게 살게 한다. 방탕하고 규모가 없는 무질서하고 무절제한 삶에 큰 변화를 준다. 정상적인 사고를 가진 사람이라면 "우리가 주목하는 것은 보이는 것이 아니요 보이지 않는 것이니, 보이는 것은 잠깐이요 보이지 않는 것은 영원함이라"(고후 4:18)라고 고백할 것이다.

그런데 데살로니가 그리스도인들의 재림신앙이 잘못된 방향으로 흘렀다. "예수께서 곧 오실 터이니 지금 열심히 일할 필요가 있는가?" 게으른 사람들에게 핑곗거리가 생겼다. 변명하며 일손을 놓았다. 기독교 정신은 성실함과 부지런함이다. 열심히 일하는 것이다. 바울은 이를 명확하고도 강하게 가르쳤다.

"도둑질하는 자는 다시 도둑질하지 말고 돌이켜 가난한 자에게 구제할 수 있도록 자기 손으로 수고하여 선한 일을 하라"(엡 4:28). 열심히 자기 손으로 일하는 목적은 자기 자신의 필요만 채우려는 것이 아니라 가난한 사람을 돕기 위함이다.

"너는 반드시 그(가난한 이웃)에게 줄 것이요, 줄 때에는 아끼는 마음을 품지 말 것이니라. 이로 말미암아 네 하나님 여호와께서 네가 하는 모든 일과 네 손이 닿는 모든 일에 네게 복을 주시리라"(신 15:10). 하나님은 열심히 손으로 수고하여 가난한 이웃을 돌보는 사람들에게 복을 주셔서 선한 일을 풍성하게 하신다. 이것이 기독교 정신이다.

그러므로 바울은 데살로니가의 형제들에게 강하고 엄격하게 명령했다.
"게으르지 말라. 누구든지 일하기 싫어하거든 먹지도 말게 하라. 규모 있게 살라. 선을 행하라. 소명감을 가지고 일하라. 자기의 맡은 바 책임을 다하는 것과 구제하는 일과 일상적인 노동이 곧 선을 행하는 것이다. 선을 행하다가 낙심하지 말라. 주께서 보고 계신다. 반드시 상급이 주어질 것이다."
게으름, 일하기 싫어함, 규모 없음…. 이런 것들은 기독교 신앙이 아니다. 성경은 "일하기 싫어하거든 먹지도 말게 하라"(살후 3:10)라고 강하게 말씀하시며, 부지런하고 열심히 일하여 규모가 있는 삶, 선을 행하는 삶을 살도록 명령한다.
바울은 자신이 그들에게 어떻게 살아야 할지 본을 보였음을 상기시킨다.

> "어떻게 우리를 본받아야 할지를 너희가 스스로 아나니, 우리가 너희 가운데서 무질서하게 행하지 아니하며, 누구에게서든지 음식을 값없이 먹지 않고, 오직 수고하고 애써 주야로 일함은 너희 아무에게도 폐를 끼치지 아니하려 함이니, 우리에게 권리가 없는 것이 아니요 오직 스스로 너희에게 본을 보여 우리를 본받게 하려 함이니라"(살후 3:7-9).

부지런하여 주어진 일을 열심히 하고 선을 행하는 것이 기독교 정신이다. 기독교 문명개혁 운동을 주도하는 사람의 삶이다.

Dear. NCer

우리는 성경과 다른 가치관이 범람하는 시대를 살고 있다. 그러나 어떤 상황에서도 말씀을 붙드는 신실함으로 시대의 위기를 분별하며 영적인 잠에 취한 이웃을 깨우는 자로 서야 한다. 그리스도의 오심을 사모하는 자답게 일상의 책임을 다하며, 선한 일에 더욱 열심을 내는 NCer가 되자.

❖ 고린도전·후서(Corinthians)

고린도 시와 고린도교회

고린도 시는 인구 60-70만 명 규모의 무역 중심 항구도시로서 동쪽으로는 겐그레아 항구가 있었다. 남북으로 육로, 동서로 해로를 연결하는 교통의 요충지로, 그리스로 항해하는 모든 배가 정박했다. 또한 체육이 성행했다(고전 9:24-27).

그래서 먹고 마시고 즐기는 소리가 그치지 않았다. 온갖 종류의 일이 그 항구도시에서 일어났다. 허영으로 가득 찬 헬라의 사교장으로 도덕 수준이 낮았다. 미의 여신 아프로디테의 신전에서 1,000여 명의 여사제들이 도덕적으로 문란한 행위를 했다. 세계 각처의 상인과 선원들이 고린도에 들어왔다. 이 도시는 부와 사치, 술 취함과 방탕, 부도덕으로 이름 높았다. '코린티아제스타이'(헬, korinthiazesthai : 고린도인과 같이 생활한다)라는 단어가 등장할 정도였다.

바울은 2차 여행 때 마게도냐에서 아덴을 거쳐 고린도에 온 뒤 1년 6개월을 머물며 활발하게 사역했다(행 18:1-18). 에베소 다음으로 오랫동안 머물며 사역한 곳이다. 이때 바울은 로마에서 온 아굴라와 브리스길라를 만나 동역했다. 당시의 고린도교회 그리스도인의 숫자가 약 25,000 명이었다고 한다.

고린도전·후서

바울이 3차 여행 당시, 에베소에 머물며 사역할 때(고전 16:8-19), 고린도교회에 문제가 있다는 소식을 여러 통로로 듣게 되었다. 글로에의 집 사람들에게서도 들었고(고전 1:11), 스데바나와 브드나도와 아가이고가 에베소에 방문했을 때도 들었다(고전 16:17). 결정적으로 고린도교회가 직접 편지를 보내어 그에게 도움을 청했다. 교회 내에 파벌이 생기고, 도덕이 무너지고, 예배가 한쪽으로 치우치는 어려움이 발생했다는 것이다. 고린도전서는 교회 안의 이런 문제에 대한 바울의 답변이다.

그는 편지를 디모데 편에 보낸 후에(고전 4:17), 직접 고린도를 방문했다(행 20:1,2).

고린도전서를 기록한 후 얼마 되지 않아서 바울이 에베소를 떠나 마게도냐 지방에 머물며 사역할 때, 디도가 고린도교회를 방문하고 돌아와 교회가 바울의 편지를 읽고 회개하여 회복되었음을 전했다(고후 2:13, 7:5-8,12,13). 그러나 그들은 이전보다 훨씬 심각한 문제에 직면했다. 고린도교회는 거짓 교사들의 영향을 받았다. 그것은 곧 바울의 지도력에 대한 공격이었다. 이에 대해 바울은 온유하면서도 단호하게 다시 편지를 써서 디도 편에 보냈다. 이것이 고린도후서다. 고린도교회는 분명 놀라운 교회임에 틀림없다(고전 1:4-9). 그렇지만 문제도 많은 교회였다(고전 1:10-17, 3:1-3). 초대교회 리더들은 바울의 다른 어떤 서신보다 고린도전·후서를 많이 인용했다. 그만큼 고린도전·후서는 중요하고 유용했다.

고린도전서 : 교회의 전반적인 문제를 다룸에 있어서 실제적인 교과서

고린도후서 : 교회의 리더십 이슈를 다룸에 있어서 실제적인 교과서

바울은 이 교회의 리더였고 목자였다. 그에게는 그들을 향한 책임이 있었다. 그는 다음의 세 가지 모습으로 그들을 대했다.

1) 목자로서 기도로 섬겼다(고전 1:4-9)

바울은 먼저 그들로 인해 하나님께 감사했다. 비록 이들의 관계 속에 많은 문제(음행, 분열, 성만찬 시 술 취함, 분쟁, 시기 등)가 있지만 그들 가운데 하나님이 행하신 일들로 인해 감사했다. 그는 영적인 은사가 부족함이 없음을 언급하며 이들이 얼마나 훌륭한지 말해준다(고전 1:5-9). 이는 목자의 마음이다. 그는 최악의 조건을 가진 자들에 대해서 감사하는 마음을 가졌다. 목자는 양 떼에게서 좋은 것을 볼 줄 알아야 한다. 또한 목자적 돌봄은 사람들 위에 군림하는 것이 아니라 그들의 아래에 들어가는 것이다. 사도 바울은 중보기도로 그들을 뒷받침했다.

그리고 직접 가서 그들을 만나기를 계획했다. 편지에는 그들이 야단맞아야 할 것에 대해 명백하게 지적했다. 그러면서도 후에 방문할 때에는 야단칠 것이 없기를 기대한다고 적었다. 그들이 이 문제를 가지고 스스로 하나님 앞에 나아가기를 원했기 때문이다.

2) 형제로서 그들과 동행했다(고전 1:10)

바울은 고린도교회를 개척하여 영적으로 그들을 가르치고 양육했다. 그러나 그는 그들 위에 군림하거나 권위를 내세워 명령하지 않았다. 고린도 교인들을 "형제들아"라고 부르며 자신과 동등하게 대했다. 고린도전서에 이런 호칭이 스무 번이나 언급된다. 그는 "형제들아, 내가 우리 주 예수 그리스도의 이름으로 너희를 권하노니"(고전 1:10)라며 본론을 시작한다. 이는 명령과 다른 청유형이다. 사람들을 대할 때 옆에서 동행하는 자로 그리고 청유하는 자로 있다. 리더에게 중요한 것은 '겸손'이다.

예수님은 리더가 되고자 하는 자는 겸손해야 한다고 말씀하신다. 그 호칭이나 위치를 이용하여 사람들을 억압하거나 일방적으로 명령하지 말아야 한다. 바울은 그들 옆에서 도움을 주는 자가 되었다.

3) 아비로서 그들을 격려하고 권면하고 경계했다(고전 4:14-16)

"너희를 내 사랑하는 자녀같이 권하려 하는 것이라"(고전 4:14).

"그리스도 안에서 일만 스승이 있으되 아버지는 많지 아니하니 그리스도 예수 안에서 내가 복음으로써 너희를 낳았음이라"(고전 4:15).

바울은 고린도 형제들을 선생이 아닌 아비로서 대했다.

"그러므로 내가 떠나있을 때에 이렇게 쓰는 것은 대면할 때에 주께서 너희를 넘어뜨리려 하지 않고 세우려 하여…"(고후 13:10).

바울은 고린도 교인들에게 두 가지 아비의 역할을 했다.

첫째, 그들을 향해 인내를 갖고 그들을 방문하거나 편지를 쓰거나 다른 동역자를 보냈다. 아비의 역할을 하기 위해서는 부지런함과 인내가 필요하다.

둘째, 그들을 훈련시키고 징계했다. 고린도후서 13장 10절 말씀처럼 엄하게 대해야 할 때는 그렇게 했다.

【 바울의 사역과 고린도교회, 고린도전·후서 】

첫 번째 방문 (A.D.51~52년경)	2차 전도여행 중에 고린도에 도착하여 복음을 전하고 교회를 개척했다. 아굴라와 브리스길라를 만나 함께 일하며 1년 6개월간 사역했다(행 18:1-17).	
고린도전서보다 먼저 보낸 편지가 있었다(고전 5:9). 없어졌거나 아니면 고린도후서 6장 14절에서 7장 1절의 내용이 그 편지인데 나중에 고린도후서로 함께 편집되었을 가능성이 있다.		첫 번째 편지 고후 6:14-7:1
바울이 3차 전도여행 중에 갈라디아 지방을 거쳐 에베소에 2년 3개월간 머물고 있을 때 고린도교회의 문제가 바울에게 전해졌다. -고전 1:11 글로에의 집 사람들로부터 들음 -고전 16:17 스데바나, 브드나도, 아가이고 등이 에베소에 방문함 -고전 7:1,25, 8:1, 12:1 고린도교회가 직접 바울에게 편지를 써서 보냄		고린도교회가 바울에게 보낸 편지
바울이 글로에의 보고와 고린도교회의 편지를 받고 성령으로 답변을 써서 디모데를 통해 보냈다(고전 4:17). 에베소에서 편지를 썼다(고전 16:8,19, 행 19:1,2).		두 번째 편지 고린도전서
두 번째 방문(고후 2:1) 고통의 방문 Painful Visit	고린도후서 12장 14절과 13장 1,2절에 "세 번째"라고 했으니 '두 번째 방문'이 있었을 것이다(첫 번째, 행 18:1-17). 두 번째 - 고린도전서를 써서 보낸 후에 바울이 직접 방문했을 것이다. 사도행전에 기록은 없으나 고린도는 에베소에서 뱃길로 2-3일 걸리는 거리이다.	
고린도후서 2장 2-4절, 고린도후서 7장 8절에 언급한 편지는 고린도전서가 아니다. 고린도후서 10장-13장일 것이다. 이 부분을 "견책의 편지"(Painful/Severe Letter)라고 일컫는다. 두 번째 방문 후에 바울은 에베소를 떠나 드로아를 거쳐서 마게도냐 지방으로 갔다. 거기에서 그는 디도를 만났다. 그때 이 편지를 써서 디도의 편에 다시 보냈다(고후 2:13, 7:13). 이 편지는 고린도후서 1장-9장보다 먼저 쓰였을 것이다. 나중에 고린도후서의 한 서신으로 완성되었다.		세 번째 편지 고후 10장-13장 (엄한 편지- Painful/ Severe Letter)
네 번째 편지(고후 1장-9장)는 디도가 고린도교회를 방문하고 돌아와서 교회가 바울의 편지를 읽고 회개하여 회복되었다는 소식을 전한 후에 쓴 편지이다(고후 2:13, 7:5,13). 바울이 빌립보(마게도냐)에서 썼을 것이다(고후 2:12-14, 행 20:1,2).		네 번째 편지 고후 1장-9장 화해의 편지
세 번째 방문 마지막 방문 Fine Visit	3차 전도여행 당시 에베소에 머물 때 고린도전서를 써서 보내고, 잠시 방문했다. 드로아를 거쳐 마게도냐에 머물 때 엄한 편지를 보내고, 다시 화해의 편지를 보낸 후에 세 번째 방문을 하여 고린도에서 3개월을 유했다. 고전 16:5-7, 고후 12:14, 13:1, 행 20:2,3	

• 이 내용은 단지 참고사항이다. 성령 하나님이 고린도전서와 고린도후서 이 두 개의 편지로 우리에게 메시지를 전하고자 하신다는 사실이 가장 중요하다.

❖ 고린도전서(1 Corinthians) 그리스도인의 신앙생활 지침서

바울의 2차 여행에서 주목할 만한 것은, 선교의 방향이 아시아에서 유럽으로 전환된 것이다. 물론 그 결정은 바울 자신에 의한 것이 아니었다. 드로아 해안에 머물며 아시아로 가고자 할 때, 성령께서 마게도냐인의 환상을 통해 유럽으로 갈 것을 말씀하셨다. 바울은 즉시 순종했다. 이로써 복음이 동쪽이 아닌 서쪽으로 향했다.

바울은 먼저 마게도냐의 중심도시인 빌립보에서 복음을 전하고 이어서 데살로니가와 베뢰아에서 전했다. 그러나 유대인들의 핍박으로 바울은 아가야 지방으로 옮겨 갔다. 아가야 지방의 중심은 아덴과 고린도 두 도시다. 바울은 고린도에서 장기간 머물며 복음을 전했다. 고린도 시는 여신 아프로디테의 신전에 의해 크게 영향을 받았다. 또한 무역이 활발한 항구도시로서 유흥과 쾌락이 만연했다. 먹고 마시며 즐기는 소리가 그치지 않았다. 부자나 부두에서 일하는 노동자, 선원들 모두 쾌락을 좇아 행했다.

바울은 그곳에서 경건하고 성숙한 브리스길라와 아굴라 부부를 만나 동역했다. 바울은 고린도인들에게 십자가의 복음을 전했고, 많은 사람이 복음을 받아들여 교회가 부흥했다. 그는 1년 6개월의 고린도 사역을 마친 후 안디옥으로 돌아갔다.

3차 전도여행 당시 바울은 특히 소아시아의 전략적 거점도시인 에베소에서 장기간 사역했다. 그 기간에 고린도교회에서 사람들을 보내고 편지를 보내어 교회에 발생한 여러 가지 문제를 해결해주기를 요청했다. 고린도전서는 이에 대한 응답이다. "…에 대하여는"(고전 7:1, 8:1, 12:1, 16:1)이라는 문구는 편지를 통한 질문의 답변이고, 그 외의 일들(분열, 부도덕 등)에 대해서도 전해 들은 것을 중심으로 고린도교회 공동체를 바로잡아주고자 했다.

고린도전서 – 너희 모든 일을 사랑으로 행하라(고전 13:13)

책망				조언						
그리스도인의 징계				그리스도인의 자유			그리스도인의 능력			
인사와 감사	복음의 내용	복음의 전달자	판단 - 징계	부르심 따라 행하라	사랑의 법 - 그리스도인의 자유에 대하여	사랑의 법 - 공적인 예배	사랑의 법 - 영적 은사들에 대하여	부활에 대하여	모금	권면과 인사
1:1-16	1:17-2:16	3-4장	5-6장	7장	8-10장	11장	12-14장	15장	16:1-12	16:13-24
불일치에 대하여			5장 / 6:1-11 / 6:12-20 (방종 / 소송 / 방자)	결혼에 대하여	8장(우상제물) / 9장(복음 전하는 자의 보수) / 10장(우상숭배)	11:2-16(여자에 대하여) / 11:17-34(성만찬)	12장(은사들) / 13장(사랑) / 14장(방언 예언)	부활과 연보에 대하여		사랑으로 행하라

고린도전서의 메시지

하나님의 은혜에 감사(고전 1:1-9)

바울은 고린도교회의 문제로 바로 접근하지 않고 먼저 그들을 격려하고 칭찬했다. "고린도에 있는 하나님의 교회 곧 그리스도 예수 안에서 거룩하여지고 성도라 부르심을 받은 자들과…"(고전 1:2)로 시작했다. 문제가 많은 사람들이 아니라 거룩한 성도로 부르심을 받은 교회를 먼저 보았다. 또한 그들에게 주신 하나님의 놀라운 은혜에 감사했다. 은사도, 능력도 많은 고린도교회였다(고전 1:4-9).

그 후 그들의 문제를 지적했다. 우리는 자칫 사람들이 행한 문제에만 집중하기 쉽다. 그러나 그들 가운데 행하시는 하나님의 은혜를 먼저 봐야 한다. 하나님이 행하신 은혜는 바라보지 않고 사람들이 행한 문제에만 집중하는 것은 성숙한 리더의 모습이 아니다. 마치 하나님이 계시지 않은 것처럼 부정적이며 불신앙적이 되기 쉽다. 언제나 우리 가운데 계시며 행하시는 하나님의 은혜를 봐야 한다. 그리고 사람들이 자신의 문제를 하나님에게 가지고 나아가 하나님 앞에서 그분과 함께 겸손과 믿음으로 해결하도록 도와야 한다. '오순절의 사람 바나바'가 그런 리더였다. 그는 안디옥에 이르러 가장 먼저 하나님의 은혜를 보고 기뻐했다. 그리고 "모든 사람에게 굳건한 마음으로 주와 함께 머물러 있으라"(행 11:23)라고 권면했다.

문제를 직면함 - 분열에 대해(고전 1:10-4:21)

고린도교회의 가장 큰 문제는 분열이었다. 이들은 '바울, 아볼로, 게바, 그리스도' 네 파로 나뉘었다. 아볼로는 탁월한 성경교사였다. 바울이 떠난 후 그가 이들을 섬겼다. 게바는 당시 교회 전체의 리더였다. 그러나 이들의 근본적인 문제는 이런 분열이 아니었다. 그들은 자신들의 견해를 기록된 하나님의 말씀의 원칙보다 위에 두었다. 이들은 십자가의 도를 따르지 않고 육신을 따라 자신들의 지혜와 지식을 더 중시했다.

바울은 이들을 "신령한 자가 아니라 육신에 속한 자"라고 했다(고전 3:1-3). 고린도교회는 각종 성령의 은사가 풍성했다. 우리는 자칫 이런 교회, 이런 사람들을 '신령하다'라고 오해할 수 있다. 바울은 신령한 자들이라면 '시기와 분쟁'이 있을 수 없다고 했다. 이들의 분열된 행동은 육신에 속하여 사람을 따라 행하는 것이라고 했다. 하나님의 말씀보다 자신들의 견해를 더 중히 여기는 사람들은 신령한 자가 아니라 육신에 속한 자, 세상의 지혜를 따르는 자다.

해결1 - 성령으로 분별하라

'신령한 자'란 성령을 따라 행하는 자를 말한다. "우리가 이것을 말하거니와 사람의 지혜가 가르친 말로 아니하고, 오직 성령께서 가르치신 것으로 하니, 영적인 일은 영적인 것으로 분별하느니라. 육에 속한 사람은 하나님의 성령의 일들을 받지 아니하나니 이는 그것들이 그에게는 어리석게 보임이요, 또 그는 그것들을 알 수도 없나니 그러한 일은 영적으로 분별되기 때문이라"(고전 2:13,14).

해결2 - 팀 사역에 대한 이해를 가지라

고린도교회는 바울과 아볼로에 의해 세워지고 성장했다. 그러므로 누가 더 좋으냐가 그들을 보는 관점이 되어서는 안 된다. 오직 성령이 주신 은사와 직분으로 각자에게 맡겨진 사역을 감당하는 팀 사역의 관점으로 바라봐야 한다. 바울은 결코 자기의 사람들을 만들지 않았다. 오직 모두가 예수를 따르기를 바랐다.

"그런즉 아볼로는 무엇이며 바울은 무엇이냐? 그들은 주께서 각각 주신 대로 너희로 하여금 믿게 한 사역자들이니라. 나는 심었고 아볼로는 물을 주었으되, 오직 하나님께서 자라나게 하셨나니, 그런즉 심는 이나 물 주는 이는 아무것도 아니로되, 오직 자라게 하시는 이는 하나님뿐이니라. 심는 이와 물 주는 이는 한 가지이나 각각 자기가 일한 대로 자기의 상을 받으리라" (고전 3:5-8).

얼마나 아름다운 모습인가! 바울과 아볼로는 경쟁과 비교, 시기, 질투의 관계가 아니다. 서로 하나님이 주신 은사와 직분대로 주어진 일에 수고할 뿐이다. 거기에는 위치나 가치가 논의의 여지가 전혀 없다. 오직 성령으로 하나님의 교회를 섬기기 위해 주어진 은사와 직분, 기능만 있을 뿐이다. 이들은 서로를 인정하고 존중했다. 이들은 팀 사역을 했다. 오늘에도 이 같은 팀 사역을 한다면 하나님의 교회는 더욱 견고하고 풍성해질 것이다.

'3M' - 복음의 내용, 전달자, 방법(Message, Messenger, Method) (고전 1:17-4:21)

복음을 전함에 있어 세 가지 필수품이 있다. 복음의 내용 즉 '메시지'(Message)와 복음의 전달자 즉 '메신저'(Messenger)와 복음 전달 방법 즉 '메소드'(Method)가 그것이다. 이것을 '3M'이라 한다.

> 복음의 내용(메시지 Message) - 그리스도의 십자가만을 전한다(고전 1:18-23, 2:2)
> 복음의 전달자(메신저 Messenger) - 오직 주 안에서 자랑한다(고전 1:26-31)
> 복음 전달 방법(메소드 Method) - 오직 성령으로 전한다(고전 2:1-16)
>
> 복음의 내용(메시지) - 오직 예수 그리스도(고전 3:10-12)
> 복음의 전달자(메신저) - 바울과 아볼로 : 하나님의 비밀을 맡은 그리스도의 충성된 일꾼(고전 3:1-9, 4장)
> 복음 전달 방법(메소드) - 팀 사역, 성령의 능력 (고전 3:4-9,12-17)

문제 해결자 바울(고전 4:14-21)

고린도교회의 문제를 해결하는 바울을 통해 오늘날 교회 공동체의 문제를 해결하는 리더의 모습을 배운다. 바울은 문제를 지적하고 가르치는 스승의 자리가 아니라 아버지로서 나아갔다. 즉, 정죄나 심판이 아니라 사랑과 온유한 마음으로 나아갔다. 바울은 우리 모두에게 담대히 말한다.

"그러므로 내가 너희에게 권하노니 너희는 나를 본받는 자가 되라"(고전 4:16).

문제를 직면함 - 불의에 대해(고전 5:1-6:11)

의는 올바른 교제를 형성하지만 불의는 공동체의 관계를 깨뜨린다. 고린도교회는 하나님의 말씀의 원칙을 따라 행하지 않고 당시 고린도 사회에서 묵인되던 것들을 아무런 비판이나 제재 없이 그대로 행했다.

무엇보다 고린도교회의 가장 큰 문제는 근친상간의 죄였다. 그런 사람들을 엄격하게 대해야 한다. 바울은 교회에서 내쫓으라고 했다(고전 5:13). 그런 죄들은 누룩 같아서 교회 공동체 전체에 부정적인 영향을 준다. 그러나 교회 밖의 이런 사람들과 도무지 사귀지 말라는 것은 아니다. 고린도교회의 또 다른 불의는, 형제들 사이의 다툼을 교회 밖의 세상 법정에서 해결하려 한 것이었다. 세상의 법적인 판단과 권위를 교회의 판단과 권위보다 절대 우위에 두어서는 안 된다. 오늘날 가장 공정하다는 세상의 법은 함무라비 법전에 근거를 둔다. 함무라비 법전은 성경에 근거하여 구축되었다. 가장 올바른 법은 오직 하나님의 말씀에 근거한다. 교회 공동체에는 이토록 놀라운 하나님의 말씀의 원칙이 있다. 교회는 이런 말씀의 원칙에 따라 판단할 지혜와 권위를 가진다. 그리스도인들에게 어떤 분쟁이나 다툼이 있다면 당연히 교회 공동체가 하나님의 말씀을 근거로 해결해야 한다. 세상 사람들은 하나님이 심판하실 것이나 교회 안의 일은 교회 공동체가 해결해야 한다.

해결 - 교회의 권위를 회복하여 공동체가 올바른 교제를 하게 하라

올바른 교제가 해결책이다. 그것은 죄를 용납하지 말고 엄격히 징계하라는 것이다. 물론 교회는 의인들만 모이는 곳이 아니다. 죄인들이 주께로 와서 용서받고 용납된다. 더 나아가 주 예수의 십자가와 보혈로 죄 씻음을 받고 믿음으로 구원받아 새로운 공동체가 되는 곳이다. 그렇다고 죄의 행동이 용인되거나 용납되어서는 안 된다. 죄는 올바른 교제를 깨뜨린다. 하나님과의 관계를 깨뜨리고 그리스도인 공동체를 해친다. 그러므로 교회 공동체는 이에 대하여 마땅히 징계하는 교회의 권위를 회복해야 한다. 또한 그리스도인들 사이의 분쟁을 세상 법정으로 가져가지 말고, 교회가 권위를 가지고 기록된 말씀을 따라 스스로 해결해야 한다. 그리스도인들이 교회 공동체의 징계의 권위를 무시하고 세상 법정의 권위를 더 높게 평가해서는 안 된다. 이는 부끄러운 일이다.

문제를 직면함 - 하나님이 거하시는 성전으로서의 몸(고전 6:12-7:40)

헬라적 사고는 몸과 영혼이 분리되는 이원론적 사고다. 육체는 일시적이고 영혼은 영원불멸하다는 것이다. 이에 따라 두 가지 극단적 철학이 생겼다. 육체를 엄격히 다루어야 한다는 금욕주의적 사고인 스토아 철학과 육체는 원하는 대로 제멋대로 살아도 된다는 쾌락주의적 사고인 에피쿠로스 철학이다. 이들은 바울이 아덴에 이르렀을 때에 바울과 쟁론했다(행 17:18).

고린도교회는 이런 '영적인 극단주의자들'에 의해 영향을 받았다. 이것은 결혼생활에도 영향을 미쳐서 결혼을 금지하거나 혹은 결혼생활을 문란하게 했다.

그리스도의 복음은 이원론을 배격한다. 성경은 "평강의 하나님이 친히 너희를 온전히 거룩하게 하시고 또 너희의 온 영과 혼과 몸이 우리 주 예수 그리스도께서 강림하실 때에 흠 없게 보전되기를 원하노라"(살전 5:23)라고 하셨다. 우리의 몸은 성령의 전이며 그리스도의 부활에 참여하게 될 것이다. 그러므로 "(하나님의 성전인) 너희 몸으로 하나님께 영광을 돌리라"(고전 6:20)라고 하신다.

육체를 부인하고 영만 인정하는 이원론적 사고를 버려야 한다. 기독교는 쾌락주의나 금욕주의를 초월한다.

해결 - 하나님이 거하시는 성전으로서 올바른 결혼생활을 하라

기독교는 결혼생활을 부정하지 않는다. 결혼은 하나님이 정하신 것이다. 성생활을 경멸해야 할 부끄러운 것으로 보아서는 안 된다. 하나님이 거하시는 성전으로서의 육체로 올바른 결혼생활을 해야 한다. 주를 위하여 결혼하지 않고 사는 것이나 결혼하여 주를 따라 사는 것이나 다 귀하다. 어느 것이 더 영적이거나 덜 영적인 것이 아니다. 오직 부르심을 따라 행해야 한다. "너희 몸은 너희가 하나님께로부터 받은 바 너희 가운데 계신 성령의 전인 줄을 알지 못하느냐? 너희는 너희 자신의 것이 아니라. 값으로 산 것이 되었으니 그런즉 너희 몸으로 하나님께 영광을 돌리라"(고전 6:19,20).

문제를 직면함 - 그리스도인의 자유에 대해(고전 8장-10장)

고린도전서 8장-10장은 우상에게 드려진 희생의 제물을 먹는 문제에 대해(8장), 복음 전하는 자가 받는 보수에 대해(9장), 우상 숭배(10장)에 대해 다루고 있다. 이것은 고린도교회가 당면한 주요 문제 중 하나였다. 고린도교회는 바울에게 이 문제들을 해결해주기를 요청했다. 매우 현실적인 문제를 다룬다. 고린도전서 8장-10장은 고린도교회의 당시 상황에 대한 것이지만 여기서 성경적 원리원칙을 배울 수가 있다.

우상의 제물을 먹음에 있어서(8장)

고린도 시장에서는 음식을 많이 팔았다. 그중에 우상에게 드렸던 것들이 많았다. 그리스도인으로서 이에 대해 어떻게 행할 것인가, 우상에게 바쳤던 고기를 먹어도 좋은가에 대한 문제이다. 성숙한 믿음과 충분한 지식이 있는 그리스도인은 우상의 제물은 별것이 아니어서 영향을 줄 수 없다는 것을 알고 있다. 단지 고기일 뿐 아무런 영적인 힘이 없다는 것이다. 그러나 자신만큼 성숙한 믿음이 없고 충분한 지식이 없는 형제의 양심을 상하게 하거나 혼란을 주어서는 안 된다. 고린도교회에서는 우상에게 바쳐진 음식을 거부하는 그리스도인(:이들을 '연약한 자'라고 하였다)과 그것을 먹는 그리스도인(:이들을 '강한 자'라고 하였다) 사이에 다툼이 일어났다. 대원칙이 있다. 성경은 "지식은 교만하게 하며 사랑은 덕을 세우나니"(고전 8:1)라고 말씀하시고, 또한 "너희의 자유가 믿음이 약한 자들에게 걸려 넘어지게 하는 것이 되지 않도록 조심하라"(고전 8:9)라고 말씀하신다. 지식을 따르지 말고 사랑을 따라 행하는 것이 기독교의 원리다.

복음 전하는 자가 받는 보수에 대하여(9장)

복음을 전하는 자가 그 행한 사역에 대하여 보수를 받는 것은 당연하다. 일꾼이 삯을 받는 것은 정당하다. 주님은 복음을 전하는 자들이 복음으로 말미암아 살리라 명하셨다(고전 9:14). 바울 자신도 많은 일을 하지 않고 오직 복음만 전함으로 성도로부터 생활비를 공급받을 수 있었다. 그러나 바울은 그 권리를 행사하지 않았다. 그 이유는 복음 전파에 장애가 없도록 하기 위함이며(고전 9:12), 그것을 자랑거리로 삼고자 함이며(고전 9:15), 보수를 받음이 없이 값없이 전하고(고전 9:18), 나아가 더 많은 사람을 얻고자(고전 9:19) 함이라고 했다. 복음을 전하는 자가 복음으로 사는 것이 당연하지만 바울은 자신에게 있는 모든 권리를 다 쓰지 않겠다고 했다(고전 9:18).

우상 숭배에 대하여(10장)

하나님이 택하신 특권을 가지고 있으면서도 우상 숭배를 함으로 죄에 떨어진 이스라엘의 예를 들고 있다. 그 결과로 그들은 광야에서 멸망을 받았다. 그런 일들은 "우리의 본보기"가 되어 "우리를 깨우치기 위한 것"이라고 했다(고전 10:1-13). 결론적으로 '너희는 우상 숭배하는 자가 되지 말라'는 것이다.

주의 식탁에 앉았던 그리스도인은 우상의 식탁에 앉을 수 없다(고전 10:14-22). 그러나 지나친 결백을 경고한다. 즉, 시장에서 물건을 살 때 그것에 대해 지나치게 따지지 말라(고전 10:23-26). 또 한 가정에서 그리스도인은 식탁에 놓인 것을 그냥 먹고 너무 따지지 말라. 그러나 앞에 있는 것이 우상의 제물로 알려지면 기독교적인 입장에서 먹기를 거부해야 한다(고전 10:27,28). 다시 말해 그리스도인의 권리가 사람들을 거치게 한다면 그 권리를 포기하라(고전 10:29-11:1).

결론 : 해결책 - 사랑의 법이 가장 큰 법이다. 사랑의 법이 가장 큰 자유이다.

"모든 것이 가하나 모든 것이 유익한 것은 아니요, 모든 것이 가하나 모든 것이 덕을 세우는 것은 아니니, 누구든지 자기의 유익을 구하지 말고 남의 유익을 구하라"(고전 10:23,24).
"그런즉 너희가 먹든지 마시든지 무엇을 하든지 다 하나님의 영광을 위하여 하라. 유대인에게나 헬라인에게나 하나님의 교회에나 거치는 자가 되지 말고, 나와 같이 모든 일에 모든 사람을 기쁘게 하여 자신의 유익을 구하지 아니하고 많은 사람의 유익을 구하여 그들로 구원을 받게 하라"(고전 10:31-33).

문제를 직면함 - 여자에 대해(고전 11:2-16)

그리스도인에게는 자유가 있다. 그러나 그 자유는 사랑 안에서 누려야 한다. 그 한계를 무시하고 이기주의에 근거해서 자기의 권리를 보장받으려 해서는 안 된다. 그리스도인의 자유는 사랑에 근거해서 섬기는 자유, 즉 하나님의 말씀에 순종하고 그것을 존중히 여기는 자유를 말한다. 역사상 끊임없이 여성의 권리에 대해 논의되어 왔다. 한동안 여성에 대한 극단적인 견해가 있었다. 여성을 남성에 비해 열등한 존재로 비하하는 것이 그것이다.

특히 지적인 영역, 판단력, 추진력에서 열등한 존재로 무시되었다. 그래서 사회의 각 영역에 여성을 위한 자리는 극히 제한적이었다. 그리스 신화를 비롯하여 동서양을 막론하고 분명히 이런 사고가 이어져 왔다. 이런 사고는 여성들의 반격을 불러일으켰다. 이제는 정반대의 방향으로 나아가려 한다. 여성상위주의가 그것이다. 그러나 성경은 처음부터 이런 극단적인 견해를 부정한다. "하나님이 이르시되, '우리의 형상을 따라 우리의 모양대로 우리가 사람을 만들고 그들로 바다의 물고기와 하늘의 새와 가축과 온 땅과 땅에 기는 모든 것을 다스리게 하자' 하시고, 하나님이 자기 형상, 곧 하나님의 형상대로 사람을 창조하시되, 남자와 여자를 창조하시고, 하나님이 그들에게 복을 주시며, 하나님이 그들에게 이르시되, '생육하고 번성하여 땅에 충만하라, 땅을 정복하라, 바다의 물고기와 하늘의 새와 땅에 움직이는 모든 생물을 다스리라' 하시니라" (창 1:26-28).

얼마나 놀라운 말씀인가! 하나님은 사람을 창조하시되 하나님의 형상을 따라 남자와 여자로 창조하셨다. 남자만 하나님의 형상이 아니다. 여자도 하나님의 형상이다. 남자에게만 하나님의 창조물을 다스리고 정복하라고 하지 않으셨다. 남자와 여자에게 말씀하셨다.

이것이 여자에 대한 하나님의 말씀이다. 남자와 여자는 가치나 위치나 능력, 어느 것도 차이가 없다. 동등하다. 지적인 능력, 판단력, 분별력, 이해력, 추진력 등 그 어느 것도 차이가 없다. 고린도전서에서 남자와 여자의 복장에 대해 말하는 것은 이런 차이를 말하는 것이 아니다. 당시 문화와 관습에 대한 것이다.

…각 남자의 머리는 그리스도요, 여자의 머리는 남자요, 그리스도의 머리는 하나님이시라 고전 11:3

이 말씀은 **권위의 문제**를 말하는 것이 아니라 **기원의 문제**를 말한다. 하나님께서 남자를 먼저 만드시고, 남자의 갈빗대 하나를 취하여 돕는 배필로 여자를 만드셨다(창 2:18,21). "돕는 배필"이란 기능을 말하는 것이지 권위나 위치를 말하는 것이 아니다. 실제로 "배필"이란 '나란히, 맞은편에'라는 뜻이다. 즉, 위치에 있어서 동등함을 말한다. 하나님이 여자를 만듦에 있어서 남자의 머리뼈나 어깨뼈로 만드실 수도 있었다. 또는 다리뼈나 발가락뼈로도 충분히 만드실 수 있었다. 그러나 갈빗대는 옆구리를 말한다. 위나 아래가 아닌 바로 옆이다.

고린도전서 11장 4-7절은 올바른 복장의 문제를 말한다. 여자는 긴 머리카락, 남자는 짧은 머리카락이 정상이다. 그러므로 여자가 머리를 깎는 것이나 남자가 머리를 기르는 것은 정상이 아니다. 남자는 남자로서, 여자는 여자로서의 정체성과 아름다움을 유지하고 나타내야 한다. **고린도전서 11장 8-12절은 올바른 태도를 말한다.** "남자가 여자에게서 난 것이 아니요, 여자가 남자에게서 났으며"(고전 11:8)는 창조의 순서를 말한다. "남자가 여자를 위하여 지음을 받지 아니하고 여자가 남자를 위하여 지음을 받은 것이니"(고전 11:9)는 여자의 역할, 즉 "돕는 배필"을 의미한다.

결론적으로, "그러나 주 안에는 남자 없이 여자만 있지 않고, 여자 없이 남자만 있지 아니하니라. 이는 여자가 남자에게서 난 것같이 남자도 여자로 말미암아 났음이라. 그리고 모든 것은 하나님에게서 났느니라"(고전 11:11,12). 남자와 여자는 동등하며 서로의 도움을 필요로 한다. 고린도전서 11장 2-16절 말씀의 구조는 이런 관점에서 보아야 한다.

고전 11:2 서론
   고전 11:3   올바른 태도 A 머리 - 창조의 순서에 대해
   고전 11:4-7   올바른 복장 B 머리 - 복장에 대해
   고전 11:8-12 올바른 태도 A 서로 섬기라
   고전 11:13-15 올바른 복장 B 본성을 따라 합당하게 행하라
고전 11:16 결론

해결 - 절대성과 상대성의 균형을 가지라 - 성경에는 절대적인 진리와 상대적인 상황의 언급이 있다.

진리는 절대적이다. 시대와 문화를 초월한다. 한편 상대적인 영역도 있다. 특정한 시기, 장소, 상황 등 문화와 관련된 것들이다. 복음 전파에 있어서 이 둘의 조화가 필요하다. 문화적인 면을 소홀히 해서 반감을 갖게 하여 복음 전파에 방해를 주지 말아야 한다. 그러나 절대적인 진리를 상대화하거나 상대적인 것을 절대화해도 안 된다.

자유주의는 절대적인 진리를 상대화할 때 일어난다. 변하지 않는 절대적 진리를 시대적 상황이나 장소에 따라 상황화할 때 혼합주의로 가기 쉽다. 율법주의는 상대적인 것을 절대화할 때 일어난다. 바리새인은 생명을 주는 하나님의 말씀인 성경을 성령으로 제대로 알지 못하고 장로들의 유전과 전통을 절대화하여 성경보다 앞세웠다.

그러므로 첫째, 하나님을 알아야 한다. 이미 주어진 진리 외에 변경해야 할 새로운 진리는 없다. 진리는 인격체이신 하나님으로부터 나온다. 성경의 저자이신 그분으로부터 나온다. 성경을 성령으로 아는 것이 중요하다. 성경을 지식으로 아는 것을 넘어서서 성경을 통해 예수 그리스도를 만나야 한다. 하나님을 알수록 성경을 생활에 어떻게 적용해야 하는지 알 수 있다. 새로운 진리는 없지만 성령을 통해 성경을 볼 때 새로운 이해를 얻을 수 있다.

둘째, 성경을 이해하기 위해 성경을 사용해야 한다. 개별적인 문제를 알고 해결하기 위해서는 성경 전체를 아는 것이 중요하다. 성경 전체에 나타나는 하나님을 알면 개별적인 문제도 해결하기 쉽다. 하나님의 성품과 하나님의 말씀은 언제나 일치하기 때문이다.

가령, "여자는 교회에서 잠잠하라. 그들에게는 말하는 것을 허락함이 없나니 율법에 이른 것같이 오직 복종할 것이요"(고전 14:34)라는 말씀은 절대적 진리를 언급한 것이 아니라 상대적인 언급이다. 당시에 당면한 특정한 상황을 고치기 위한 가르침이다.

만일 여자들이 교회에서 잠잠해야 한다면 성경 전체에 나타나는 말씀과 일치하지 않는다. 요엘서의 "내가 내 영을 만민에게 부어주리니… 남종과 여종에게 부어줄 것이며"(욜 2:28,29)라는 말씀과도 상충된다.

문제를 직면함 - 애찬과 성만찬(고전 11:17-34)

고린도교회 공동체는 성만찬 때 '공동체 애찬'(Love Feasts)의 자리도 함께 마련했다. 이것은 안식일에 회당에서 함께 식사하던 유대인의 전통을 따른 것으로 보인다. 그러나 이런 자리에서 오히려 온갖 이기적이며 개인주의적인 행위들이 나타났다. 공동체의 유대감을 높이기 위한 애찬의 자리가 오히려 서로에게 적대감과 이질감을 불러일으켜 분쟁의 원인이 되었다.

내용인즉 이렇다. 식사에 참여하는 사람들이 각자 음식을 가져왔다. 그러나 먼저 음식을 가져온 자들이 나중 온 자들을 기다리지 못하고 음식을 먹어 치웠다. 종의 신분인 어떤 사람들은 행동의 제약으로 다른 사람들처럼 음식을 일찍 가져올 수가 없었다. 그들은 '애찬'에 늦게 참석하여 음식이 모자랐고 일찍 온 사람만큼 먹을 수 없었다. 그 결과 그들은 교회의 친교 모임에 전적으로 참여하지 못했다. 그 이후에 거행되는 주의 성만찬은 성도의 교제를 우스운 모양으로 만들었다.

이런 잘못된 현상을 바로잡기 위해 바울은 주의 만찬의 목적을 상기시킨다. 공동체 애찬은 배불리 먹기 위해 정한 것이 아니요, 또한 주의 만찬은 그리스도의 희생적 죽으심을 기념하기 위한 것이다. 그러므로 그리스도인들은 공동의 교제로서의 식사를 위한 애찬식에 다른 사람들이 도착하기까지 기다려야 한다(고전 11:33). 또한 바울은 주의 만찬을 합당하게 행하는 것이 매우 중요함을 강조한다. 성만찬을 행할 때 성도들은 공동체로서의 "주의 몸"인 자신을 살피고 분별하는 법을 배워야 한다(고전 11:26-29).

문제를 직면함 - 영적인 은사들, 특히 방언과 예언(고전 12장-14장)

나는 햄버거를 좋아한다. 햄버거는 구성요소가 단순하다. 가운데 고기 패티를 중심으로 치즈와 야채가 곁들여 있고, 양면으로 빵이 덮여있다. 햄버거는 빵과 고기를 함께 먹어야 제대로 된 맛이 난다. 빵을 뺀 고기나 고기를 뺀 빵만을 먹지 않는다. 그것은 햄버거가 아니다.

고린도전서 12장-14장의 구성이 바로 이와 같다. 12장과 14장은 은사장이다. 가운데 낀 13장은 사랑장이다. 12장의 은사장(1)은 여러 가지 성령의 은사에 대해 전반적으로 설명했다. 14장의 은사장(2)은 여러 가지 은사 중에 특히 방언과 예언의 중요성과 사용법을 설명하고, 가운데의 13장은 사랑의 특성과 아름다움을 나열했다.

고린도교회는 은사가 풍성하게 나타나는 교회였다. 그리고 그것의 중요성을 강조했다. 그럼에도 고린도교회에는 여러 가지 문제가 발생했다. 바울은 성령으로 문제의 원인을 진단하고 처방했다.

우리는 여기서 잠시 질문하게 된다. 성령의 은사가 충만한 교회에 문제가 발생할 수 있을까? 성령의 은사가 무엇인가? 고린도전서 12장 7-11절에 나오는 것처럼 지혜의 말씀의 은사, 지식의 말씀의 은사, 믿음의 은사, 병 고치는 은사, 능력 행함의 은사, 예언함의 은사, 영들 분별함의 은사, 각종 방언 말함의 은사, 방언들 통역함의 은사가 그것이다.

고린도교회는 예배 때마다 이런 은사들이 풍성히 나타났다. 그럼에도 성령은 이 교회를 신령한 교회라고 하지 않고 "육신에 속하였다"라고 하셨다. 우리가 살펴본 고린도교회의 문제는 능력에 있지 않고 사랑의 결핍에 있다. 이 모든 문제의 해결은 사랑의 법으로 행하는 것에 있다. 그래서 고린도전서 12장은 각종 은사를 나열한 후에 맨 마지막에 "너희는 더욱 큰 은사를 사모하라. 내가 또한 가장 좋은 길을 너희에게 보이리라"(고전 12:31)라고 하셨다. "더욱 큰 은사" 곧 "가장 좋은 길"이란 고린도전서 13장의 '사랑'으로 행하는 것이다.

해결 - 영적 균형을 가지라

그리스도인의 신앙생활과 교회 공동체의 신앙생활은 영적인 균형이 필요하다. 어떤 사람들은 성령의 은사가 최고라고 하며 은사만 강조한다. 반면 어떤 사람들은 사랑이 더욱 큰 은사이며 가장 좋은 길이기에 오직 사랑, 즉 성령의 열매만 강조한다. 그러나 고린도전서는 영적인 균형을 가지라고 말씀한다. 사랑이 결핍된 성령의 은사나 성령의 은사가 나타나지 않는 사랑의 신앙생활은 있을 수 없다. 서두에 햄버거를 가장 맛있게 먹는 방법을 언급한 것처럼 성령의 은사를 소홀히 하지 말아야 하며, 또한 성령의 은사만 강조하지 말아야 한다.

성령의 은사가 나타나기를 사모하며, 그 은사를 사용할 때도 사랑이 그 중심에 있어야 한다. 또한 14장의 내용과 같이 방언과 예언이 동시에 드러나는 신앙생활을 해야 한다. "그런즉 내 형제들아, 예언하기를 사모하며 방언 말하기를 금하지 말라. 모든 것을 품위 있게 하고 질서 있게 하라"(고전 14:39,40).

문제를 직면함 - 부활에 대하여(고전 15장)

고린도교회의 문제는 부활에 대한 것이 아니었다. 고린도교회 그리스도인들은 부활신앙을 가지고 있었다. 이들은 헬라적 사고인 이원론에 영향을 받았다. 그래서 영적인 부활은 믿지만 육체의 부활은 불필요하다고 생각했다. 바울은 성령으로 고린도교회에 부활에 대한 올바른 이해를 주었다. 바울은 예수 그리스도의 부활을 직접 증거함으로 그리스도인의 부활을 설명했다. 예수 그리스도의 부활은 꾸며낸 이야기가 아니라 역사적인 사건이다. 당시 예수 그리스도의 부활을 목격한 사람들이 그들 중에 태반이나 아직 살아있었다. 그리고 바울 자신도 예수의 부활을 목격했다(고전 15:1-11). 이것이 우리와 어떤 연관이 있는가? "그리스도께서 죽은 자 가운데서 다시 살아나사 잠자는 자들의 첫 열매가 되셨도다"(고전 15:20). 예수 그리스도의 부활은 우리 믿는 모든 자들의 부활의 보증이다.

부활에 대한 또 다른 질문이 제기된다. 그렇다면 부활의 몸은 어떠한 몸인가? 지난 2,000년의 교회 역사에서 이 문제는 반복적으로 제기되었다. 다음과 같은 우스갯소리가 있다.

처음에는 죽었던 몸이 그대로 부활한다는 이론이 지배적이었다. 그러자 많은 사람이 심하게 반발했다. '60세 이상 그리스도인 클럽'이 피켓을 들고 대규모 반대 시위를 벌였다.

그러자 조금 더 나은 이론이 뒤를 이었다. 바로 몇 살에 죽었든지 '인생에서 가장 꽃다운 나이'의 모습으로 부활할 것이라는 이론이다. 데모 진영에 있던 여러 사람이 그나마 만족하여 데모를 중단했다. 그러나 여전히 많은 수가 피켓을 들고 시위했다.

바울은 성령으로 부활의 몸을 아주 쉽게 그러나 놀랍게 설명한다(고전 15:35-55).

"네가 뿌리는 것은 장래의 형체를 뿌리는 것이 아니요 다만 밀이나 다른 것의 알맹이뿐이로되, 하나님이 그 뜻대로 그에게 형체를 주시되 각 종자에게 그 형체를 주시느니라"(고전 15:37,38).

나는 단지 맨드라미 씨앗을 땅에 뿌렸을 뿐인데, 그 씨앗이 죽자 거기에서 싹이 나고 줄기가 나고 가지와 잎이 생기고 놀라운 꽃이 피었다. 코스모스도, 해바라기도, 백일홍도…. 씨앗 알갱이와 꽃, 이것은 비교 불가능하다. 상상을 초월하는 것이다.

부활의 몸도 이와 같다. 아무리 육체를 자랑해도 우리의 육체는 씨앗 알갱이와 같다. 부활의 몸은 이 씨앗이 죽은 후에 핀 꽃과 같다. 얼마나 놀라운 부활의 몸인가!

문제를 직면함 - 연보에 대하여(고전 16:1-6)

마지막으로 고린도교회가 바울에게 요청한 문제는 연보에 대한 것이었다. 바울은 여기서 길게 설명하지 않고, 고린도후서에서 두 장에 걸쳐(고후 8장-9장) 자세히 설명했다.

특히 여기에 언급한 연보는 구제라는 목적이 있었다. 당시 기근으로 심한 어려움을 겪던 예루살렘교회를 위한 헌금이었다. "매주 첫날에 너희 각 사람이 수입에 따라 모아두어서"(고전 16:2). 바울이 방문할 때 허둥지둥 헌금하지 말고 지금부터 매 주일 이런 목적으로 헌금을 하라는 것이다.

Dear. NCer

성령의 은사가 영적 성숙도를 나타내는 것은 아니다. NCer인 우리는 신령한 은사를 사모하고 또한 성령의 열매를 사모하자. 영적 균형이 필요하다.

절대적 진리를 무시하는 세상에서 진리의 말씀의 가치를 따라 사는 것이 중요하다. 절대적 진리는 타협하지 않는다. 동시에 문화에 민감하게 반응하여 양보해야 할 것과 타협하지 말아야 할 것을 분별하자.

가장 중요한 것은 사랑의 법을 따라 행하는 것이다.

❖ 고린도후서(2 Corinthians) 사역과 사역자의 원리

종교개혁에 영향을 준 인문주의자 에라스무스(Erasmus)는 고린도후서를 잔잔히 흐르다가 한 꺼번에 모든 것을 휩쓸고 지나가는 강에 비유했다. 또한 바닥이 말랐다가 어느 날 갑자기 범람하는 강에 비유했다. 고린도후서는 너무 넓고 깊어서 살펴보거나 이해하기 쉽지 않다. 마치 넓은 바다와 같다.

고린도후서는 사역자와 사역에 관한 영역을 다루고 있다. 달리 말하면 리더십 이슈를 다루고 있다. 모든 종류의 문제들이 다뤄진다. 그래서 부모든, 목회자든, 교사든, 직장의 크고 작은 영역의 리더든, 어떤 영역에서든지 지도력을 행사하도록 부르심을 받은 사람들은 고린도후서를 통해 큰 도움을 받을 것이다.

바울을 대신하여 고린도교회를 방문하고 돌아온 디도를 통해서 두 가지 소식을 듣게 되었다.

첫 번째 소식은 고린도교회의 문제가 잘 해결되었다는 좋은 소식(:굿뉴스)이었다.

> 낙심한 자들을 위로하시는 하나님이 디도가 옴으로 우리를 위로하셨으니, 그가 온 것뿐 아니요 오직 그가 너희에게서 받은 그 위로로 위로하고 너희의 사모함과 애통함과 나를 위하여 열심 있는 것을 우리에게 보고함으로 나를 더욱 기쁘게 하였느니라. 그러므로 내가 편지로 너희를 근심하게 한 것을 후회하였으나 지금은 후회하지 아니함은 그 편지가 너희로 잠시만 근심하게 한 줄을 앎이라. 내가 지금 기뻐함은 너희로 근심하게 한 까닭이 아니요 도리어 너희가 근심함으로 회개함에 이른 까닭이라. 너희가 하나님의 뜻대로 근심하게 된 것은 우리에게서 아무 해도 받지 않게 하려 함이라 고후 7:6-9

두 번째 소식은 아주 다른 영역이었다. 이제 고린도교회의 내부 문제는 잘 해결되었다. 그러나 또 다른 문제가 발생했다. 그것은 고린도교회에 바울에 대한 불신이 몇 가지 일어났다는 나쁜 소식이었다. 바울의 사도직과 지도력에 대한 부정적 평가가 생겼다. 그들은 바울이 권위를 남용한다고 오해했다. 고린도교회를 방문한 '자칭 큰 사도'라고 하는 어떤 거짓 교사들이 온갖 속임수와 거짓말로 바울에 대해 비판했기 때문이다(고후 11:5).

남을 중상하는 거짓말은 사람들의 뇌리에 오래 남아 좀처럼 사라지지 않는다. 그들은 등 뒤에서 험담한다. 바울은 이에 침묵하지 않고 명백하고도 단호하게 대처했다. 바울은 자신이 개인적으로 당하는 어려움이라면 얼마든지 묵묵히 참고 견딜 수 있었다. 그러나 그가 겪는 어려움이 그리스도의 복음 전파 사역에 방해를 주기 때문에 침묵하지 않았다.

고린도후서 – 사역자와 사역(고후 5:18,19)

바울의 사역에 대한 설명					바울의 은혜의 직무		사도직에 대한 바울의 변론			
인사	찬송	바울의 계획변경	바울의 사역 철학	고린도 교회를 격려	마게도냐 교회를 칭찬	고린도 교회를 칭찬	비난에 대한 답변	사도직 변론	임박한 방문	인사와 축도
1:1-2	1:3-11	1:12-2:13	2:14-6:10	6:11-7장	8:1-6	8:7-9장	10장	11:1-12:13	12:14-13:10	13:11-13
올바른 사역과 사역자의 원칙					올바른 재정원칙		사도직 원칙			
에베소에서 마게도니아로 : 일정 변경					마게도니아로 : 방문 준비		고린도로 : 임박한 방문			

고린도후서의 메시지

사역의 원리들(고후 1장-7장)

사도직(고후 1:1)

고린도후서는 "하나님의 뜻으로 말미암아 그리스도 예수의 사도 된 바울"(고후 1:1)이라는 구절로 시작하며 자신의 사도적 권위를 부각시킨다. 물론 이 구절은 바울의 여러 다른 서신에서도 볼 수 있지만 고린도후서에서는 그 표현의 비중이 사뭇 다르다. 고린도후서 전체를 통해 바울은 자신의 사도직을 여러 차례 언급한다.

찬양과 위로(고후 1:3-11)

바울의 서신에서 찬송으로 시작하는 것은 오직 두 서신이다. 에베소서와 고린도후서다.

갈라디아서는 복음에 대한 갈라디아교회의 잘못된 태도로 인해 서신의 서두부터 바로 본론으로 들어간다. 고린도후서는 전서와는 달리 고린도 형제들을 향해 근심과 책망을 많이 한다. 그리고 자신에 대한 오해들을 풀기 위한 해명이 많다. 그럼에도 고린도후서는 하나님을 찬양함으로 시작한다. 바울의 성숙함, 여유로움을 볼 수 있다. 그는 절대로 서두르지 않는다. 성급하게 반응하지 않는다. 물론 진리에 대하여는 신속하고 명쾌하고 타협이 없다.

바울이 하나님을 찬양하는 이유는 명백하다.

"그는 우리 주 예수 그리스도의 하나님이시요 자비의 아버지시요 모든 위로의 하나님이시며 우리의 모든 환난 중에서 우리를 위로하사 우리로 하여금 하나님께 받는 위로로써 모든 환난 중에 있는 자들을 능히 위로하게 하시는 이시로다"(고후 1:3,4).

바울은 자신이 오해받는 것은 물론이요 여러 가지 험담과 루머와 중상모략이 있음을 들어서 알고 있었다.

그러나 바울은 이런 것들로 인해 조금도 흔들리거나 낙심하지 않았다. 불안해하거나 두려워하지도 않았다. 자신이 개척하고 목숨 바쳐 헌신하며 양육한 고린도교회의 반응 때문에 큰 아픔 속에서 허우적거리지도 않았다. 고린도후서 1장 3-11절에서 바울은 "위로"라는 단어를 열 번이나 언급한다. 하나님은 위로의 하나님이시다. '모든' 위로의 하나님이시다. 모든 환난 중에 있는 자들을 '능히' 위로하는 하나님이시다. 더 나아가 "하나님께 받는 위로로써 모든 환난 중에 있는 자들을 능히 위로하게 하시는"(고후 1:4) 하나님이시다. 바울은 이미 하나님께 위로를 넘치게 받았다. 이것이 그가 어떤 상황에도 흔들리지 않는 이유다.

환난을 당할 때 절대로 해서는 안 되는 반응이 있다. 환난 당한 나의 환경을 바라보는 것이다. 그러면 낙심하게 된다. 환난 당하는 나 자신을 바라보면 자기 자신을 불쌍히 여기게 된다. 환난의 원인 제공자를 색출하게 된다. 그러면 그에게 모든 원망의 화살을 돌리게 될 것이다.
환난을 당할 때는 바울처럼 모든 환난 중에 위로하시는 하나님을 바라보아야 한다. 더 나아가 오히려 환난 당하는 다른 사람을 위로하는 계기로 삼아야 한다. 환난은 우리를 성장시키며 더욱 굳건하게 한다. 자기를 의지하지 않고 오직 하나님만을 의지하게 해준다.
"형제들아, 우리가 아시아에서 당한 환난을 너희가 모르기를 원하지 아니하노니, 힘에 겹도록 심한 고난을 당하여 살 소망까지 끊어지고, 우리는 우리 자신이 사형 선고를 받은 줄 알았으니, 이는 우리로 자기를 의지하지 말고 오직 죽은 자를 다시 살리시는 하나님만 의지하게 하심이라"(고후 1:8,9).
살 소망까지 끊어질 정도의 환난을 당한 적이 있는가? 마음에 사형 선고를 받은 줄 알았다는 말은, '이제 나는 죽었다'라는 것이다. 하나님은 죽은 자를 다시 살리는 하나님이시다. 큰 사망에서 건지는 하나님이시다. 이때야말로 하나님을 의지할 때다. 절망하여 축 늘어져서는 안 된다. **"오직"**이라는 단어에 밑줄을 그어야 한다. 큰 글자로 심장에 새겨야 한다.
바울은 또한 중보기도의 힘을 의지했다. 중보기도 자체를 의지한 것이 아니라 중보기도를 들으시고 응답하시는 하나님을 의지했다. 그러므로 여러 차례 자신을 위한 중보기도를 형제들에게 겸손하게 요청했다.
"너희도 우리를 위하여 간구함으로 도우라. 이는 우리가 많은 사람의 기도로 얻은 은사로 말미암아 많은 사람이 우리를 위하여 감사하게 하려 함이라"(고후 1:11).

계획을 연기함(고후 1:12-24)
바울의 원래 계획은, 에베소에서 고린도를 방문한 다음 마게도냐로 갔다가 다시 고린도를 방문하고 유대로 가려는 것이었다. 고린도를 두 차례 방문할 계획을 세웠다. 그런데 바울은 고린도교회 방문을 연기하고 에베소에서 바로 마게도냐로 갔다. 이를 두고 고린도교회는 바울이 약속을 쉽게 뒤집는다고 비난했다. 한 입으로 "예"와 "아니요" 두 말을 하는 사람이라고 했다. 경솔하게 말하고, 경솔하게 계획을 세웠다가 뒤집는다며 일관성이 없다고 비난했다.

일반적으로 계획을 세웠다가 연기하거나 변경 혹은 취소할 때는 그 계획을 성취할 능력이 없거나 잘못된 계획을 세운 경우가 많다. 한마디로 경솔한 계획을 세웠기 때문이다.

그러나 바울이 계획을 연기한 데는 다른 이유가 있었다. 바울의 방문이 그들에게 아픔을 줄 수 있었다. 그래서 방문을 연기함으로 그들의 아픔을 덜어주려고 했다. 그들을 배려한 것이다. 그들의 흠을 들추어내고 그들의 믿음생활을 체크하는 감독자가 되는 대신 그들의 믿음이 서도록 돕기 위해서였다.

"내가 내 목숨을 걸고 하나님을 불러 증언하시게 하노니 내가 다시 고린도에 가지 아니한 것은 너희를 아끼려 함이라. 우리가 너희 믿음을 주관하려는 것이 아니요, 오직 너희 기쁨을 돕는 자가 되려 함이니 이는 너희가 믿음에 섰음이라"(고후 1:23,24).

약속을 지키시는 신실하신 하나님

"하나님의 약속은 얼마든지 그리스도 안에서 '예'가 되니 그런즉 그로 말미암아 우리가 '아멘' 하여 하나님께 영광을 돌리게 되느니라"(고후 1:20).

이 놀라운 말씀은 주 예수님의 말씀을 상기시켜준다.

"너희가 내 이름으로 무엇을 구하든지 내가 행하리니 이는 아버지로 하여금 아들로 말미암아 영광을 받으시게 하려 함이라. 내 이름으로 무엇이든지 내게 구하면 내가 행하리라"(요 14:13,14).

하나님은 그 하신 약속을 반드시 지키신다.

"하나님은 사람이 아니시니 거짓말을 하지 않으시고, 인생이 아니시니 후회가 없으시도다. 어찌 그 말씀하신 바를 행하지 않으시며 하신 말씀을 실행하지 않으시랴"(민 23:19).

사역(고후 1:23-2:13)

책망의 사역(고후 1:23-2:4)

사역자는 그저 좋은 말만 하는 것이 아니라 어떤 때는 책망도 해야 한다. 고린도교회의 설립자요 사도로서 바울은 고린도교회를 어떻게 책망했는가?

사랑으로 책망했다.

바울은 그들에게 고통을 주기 위해 책망한 것이 아니다. 기쁨을 되찾아주기 위해 책망했다. 죄는 미워하고 죄인은 사랑해야 한다. 책망은 언제나 회복을 위한 것이다.

주관하는 자로서가 아니라 돕는 자로서 책망했다.

바울은 그들의 리더요 선생이지만 결코 일방적인 top-down형태(하향식)의 지도력을 행사하지 않았다. 그들의 믿음을 주관하고자 하지 않았다. 바울은 그들의 기쁨을 돕는 자가 되고자 했다. 그들을 섬기고자 했다.

그러나 책망이 필요할 때는 피하지 않았다. 사랑하기에 책망했다. 진리를 말할 때는 언제나 사랑으로 해야 한다. 책망은 근심하게 하려 함이 아니다. 고린도후서 2장 1-4절은 고린도교회를 향한 바울의 넘치는 사랑을 보여준다.

화해의 사역(고후 2:5-13)

공동체 내에 죄 지은 형제를 용서하는 법을 가르쳐야 한다. 바울은 고린도교회 내의 문제로 근심하게 했던 자들에 대해서 이미 주어진 징계로 충분하니 이제는 사랑을 나타내라고 권한다. 용서는 사랑의 표현이다. 바울이 행한 징계의 목적은 복수가 아니라 교정과 회복이다. 그들에게 회복의 기회, 변화의 기회를 주고자 징계하는 것이다. 징계가 그 사람을 절망으로 몰고 가거나 낙심하게 해서는 안 된다. 징계가 너무 엄격하면 낙심하고 상하게 된다. 무엇보다 근본적으로 용서가 있어야 한다.

용서는 마귀에게 속지 않는 길이다. 용서는 마귀에게 틈을 주지 않는 길이다(고후 2:11). 우리가 용서할 때 강력한 그리스도인의 공동체가 이루어지고, 우리가 용서하지 않을 때 어둠의 세력이 공동체에 영향을 끼치는 문이 열린다.

사역자(고후 2:14-6:10)

예수 그리스도의 사역자로서 정체성은 무엇인가?

사역의 기반

우리는 승리자다. 패배자가 아니다. 그리스도께서 항상 우리를 그리스도 안에서 이기게 하신다(고후 2:14). 예수 그리스도를 증거하는 사역자의 기반은 십자가와 부활이다. 그것은 사망과 죄를 이긴 하나님의 능력이다. 우리는 승리를 장담할 수 없는 싸움을 하는 것이 아니다. 이미 승리한 것을 선포하는 자이다.

사역자의 삶

우리는 그리스도의 향기다. 하나님은 우리가 어디를 가든지 우리를 통해 그리스도를 아는 냄새를 나타내신다(고후 2:14-16). 세상은 우리를 통해 예수 그리스도의 고상한 향기, 생명을 주는 향기를 맡는다. 사역자는 그 삶을 통해 예수 그리스도를 세상에 보여주어야 한다. "당신에게서 예수 그리스도의 빛을 봅니다. 당신에게서 그리스도의 향기가 납니다"라는 증언이 있는 것이 아름다운 사역자의 삶이다.

말씀 사역자

우리는 하나님의 말씀을 아주 소중하고 값비싼 보배처럼 대한다. 하나님의 말씀을 혼잡하게 하지 아니한다(고후 2:17). "혼잡하게 한다"는 것은 '떨이상품'처럼 값싼 물건 취급한다는 뜻이다. 우리는 하나님의 말씀을 순전함으로 말한다. 말씀을 전함에 있어서 동기가 순수하고 순결하다. 말씀 사역자는 하나님께 받은 것을 하나님 앞에서와 그리스도 안에서 담대하게 확신을 가지고 말한다.

자기추천서

사도 바울은 고린도교회에게 굳이 바울 자신을 소개하는 "추천서"를 보낼 필요가 없다고 단호라게 말한다.

"우리가 어찌 어떤 사람처럼 추천서를 너희에게 부치거나 혹은 너희에게 받거나 할 필요가 있느냐?"(고후 3:1)

고린도교회 자체가 바울이 누구인가를 보여주는 추천서이다. "너희는 우리의 편지라"(고후 3:2), "너희는 우리로 말미암아 나타난 그리스도의 편지니"(고후 3:3)라고 했다.

바울이 누구인지 추천하는 것이 그가 사역한 고린도교회이듯이 우리의 사역이 곧 우리가 누구인지 보여주는 추천서가 되도록 해야 한다. 그것은 사역자의 삶과 사역, 그리고 사역의 열매로 증명된다. 농부가 열심히 농사를 지었다고 아무리 자랑해도 수확이 없다면 무슨 소용인가? 농부를 증명하는 것은 수확뿐이다. 좋은 나무라는 것을 좋은 열매로 증명하듯이 사역자를 증명하는 것은 사역이다. 생명에서 생명을 낳는다.

영광스러운 직분

새 언약의 일꾼은 영광스러운 직분이다. 먹으로 쓴 것이 아니라 오직 살아계신 하나님의 영으로 쓴 것이다. 돌판에 쓴 것이 아니요 오직 육의 마음판에 쓴 것이다. 죽이는 율법 조문으로 하지 않고 오직 살리는 영으로 했다. 정죄의 직분이 아니라 의의 직분이다. 없어질 것이 아니라 길이 있을 것이다(고후 3:3-11).

우리는 우리의 직분이 얼마나 영광스러운지 확신을 가져야 한다. 또한 우리의 직분에 대한 만족이 있어야 한다. 고린도후서 3장 5절의 "만족"(헬, 히카노테스)이란 '충분한 능력이나 역량, 자격'을 말한다. 우리가 맡은 바 사역을 감당할 만한 능력이 하나님으로부터 충분히 주어진다는 확신을 가져야 한다.

"우리가 무슨 일이든지 우리에게서 난 것같이 스스로 만족할 것이 아니니, 우리의 만족은 오직 하나님으로부터 나느니라"(고후 3:5).

낙심하지 않는 사역자

사역자에게 가장 큰 장애물 중 하나는 '낙심'이다. 다음과 같은 질문들이 우리를 낙심하게 만든다. '사역자로서의 자격이 충분한가? 감당할 능력이 충분히 있는가? 괄목할 만한 열매가 나오는가?'

그러나 낙심하지 말아야 할 이유가 있다. 하나님의 긍휼하심을 입었기 때문이다. 전적인 하나님의 은혜. 이 세상의 신이 믿지 않는 자들의 마음을 혼미하게 한다는 것을 잊지 말아야 한다. 우리는 최선을 다해 그리스도 예수를 전할 뿐이다. 우리는 단지 질그릇일 뿐이다. 그러나 보배이신 예수 그리스도를 담은 질그릇이다. 능력은 우리에게서 나오는 것이 아니라 오직 하나님에게서 나온다.

환경적인 어려움이 낙심하게 할 수 있다. 그러나 우리는 낙심하지 않는다. 어떠한 상황에도 우리는 눌리지 않고 넘어지지 않고 망하지 않는다. 예수님을 살리신 그 능력이 우리를 살리실 것이기 때문이다. 예수님의 생명이 우리 안에 있어서 어려움을 당할수록 그 생명이 나타나게 된다. 그 어려움이 오히려 듣는 자들을 유익하게 한다.

우리의 겉사람이 점점 낡아지게 되어 낙심할 수 있다. 힘도 예전 같지 않고, 외모도 점점 늙어간다. 그러나 우리는 낙심하지 않는다. 왜냐하면 우리의 속사람은 날마다 새로워지기 때문이다. 우리는 한순간 지나는 보이는 것에 시선을 고정하지 않고 보이지 않는 영원한 것에 고정한다(고후 4:1-16).

보배를 담은 질그릇

질그릇은 사람들의 관심을 끌지 못한다. 흙으로 만들어졌기 때문이다. 어디에서나 구입하기 쉬운 값싼 것이다. 더구나 깨지기 쉽다. 그런데 그 질그릇에 보배가 담겨있으면 상황은 달라진다. 누구나 볼 수 있는 가장 좋은 자리에 그 질그릇을 전시해서 사람들의 관심을 끌 것이다. 질그릇 때문이 아니라 질그릇에 담긴 보배 때문이다. 사람들이 질그릇에 담긴 보배를 보며 감탄할 때 질그릇은 착각하면 안 된다.

우리는 질그릇이다. 그러나 보배를 담은 질그릇이다. 예수 그리스도가 보배이시다. 우리는 교만하지 말고 자부심을 가져야 한다. 그리고 질그릇에 담긴 보배를 사람들이 잘 볼 수 있도록 책임을 다해야 한다.

"우리가 이 보배를 질그릇에 가졌으니 이는 심히 큰 능력은 하나님께 있고 우리에게 있지 아니함을 알게 하려 함이라"(고후 4:7).

그리스도의 대사

우리는 그리스도의 대사이다(고후 5:20-6:2).

"우리가 그리스도를 대신하여 사신이 되어 하나님이 우리를 통하여 너희를 권면하시는 것같이 그리스도를 대신하여 간청하노니 너희는 하나님과 화목하라"(고후 5:20).

"사신이 되다"라는 단어의 헬라어는 '프레스뷰오'(presbeuo)라는 동사이다. 이는 '프레스뷰테스'에서 유래된 것으로 '어떤 메시지를 전달하는 자로 보내심을 받은 자'라는 뜻이다.

로마의 영토는 두 가지로 구분된다.
1) 원로원의 직접 관할하에 있는 영토가 있다. 여기는 주둔군이 필요 없는 평화로운 곳이다.
2) 황제의 직접 관할하에 있는 영토가 있다. 여기는 언제나 반란의 여지가 있어서 주둔군이 주재하고 있다. 황제는 주둔군을 관할하기 위해서 사신을 파견한다. 이 '사신'을 '프레스뷰테스'라고 한다.

'프레스뷰테스'는 헬라어이고, '레가터스'는 라틴어. 이 사람은 원로원에서 파송한 것이 아니라 황제에게 직접 임명을 받아 황제의 영토를 대신 관리한다.

바울은 "**그리스도의 사신**"이라는 단어를 이런 의미에서 사용했다. 즉 자신은 왕이신 그리스도로부터 직접 위임을 받아 복음을 전하는 사람이라는 의미다. 다시 말하면 '**그리스도의 대사**'이다.

대사는 자기 국가를 대표한다.

파송된 국가와는 다른 언어, 다른 생활방식, 다른 문화를 가지고 있다. 우리는 천국 시민으로서 하나님으로부터 이 세상에 파송되어 이 세상을 살아간다. 그러므로 우리는 천국의 언어, 문화, 생활양식, 원칙을 이 세상에 보여주어야 한다.

대사는 자기 국가를 대언한다.

대사의 발언은 곧 그를 보낸 나라의 메시지이다. 그리스도의 대사는 그리스도를 대신하는 발언을 한다. 우리의 메시지는 그리스도의 메시지를 전달하는 것이어야 한다.

한 국가의 명예는 그 나라의 대사의 손에 달렸다.

그의 국가는 대사에 의해서 판단 받는다. 사람들은 대사를 보면서 그 나라의 말과 행동과 문화를 판단한다. 그리스도와 교회의 명예는 그리스도의 대사인 그리스도인의 손에 달렸다.

바울이 말하는 그리스도의 대사 직분이란 그리스도를 대신하는 것만이 아니다. 더 나아가 사람들이 하나님을 직접 상대할 수 있도록 화목하게 하는 자, 중계자 역할을 하는 것이다(고후 5:18-21).

하나님의 일꾼의 표시

하나님의 일꾼의 표시는 무엇인가? 학력인가? 외모인가? 배경인가? 탁월한 언변에 있는가? 높은 학식에 있는가? 바울은 하나님의 일꾼의 표시를 명확히 설명한다.

하나님의 사역자는 모든 행동에 조심을 해야 한다. 그래야 사역이 비난을 받지 않는다.

"우리의 사역이 비난을 받지 않게 하려고 우리는 그 누구에게도 흠이 될 만한 일을 행하지 않았습니다"(고후 6:3 쉬운성경).

더 나아가 모든 일에 하나님의 일꾼답게 행동해야 한다. 어떤 행동이 사역자다운 것인가?

"우리는 매번 환난과 역경과 어려움을 견뎌 냈습니다. 또 매를 맞고, 옥에 갇히고, 폭도들에게 당하기도 하고, 고된 일에 시달리며, 잠도 못 자고, 굶주렸습니다. 그리고 우리는 정결함과 지식과 인내와 친절함을 나타내었으며, 성령의 감화와 거짓 없는 사랑과, 진리의 말씀과, 하나님의 능력으로 모든 일을 행하였습니다. 우리는 의를 무기 삼아 양손에 지니고 다녔습니다. 우리는 영예도 얻었고, 모욕도 받았고, 비난과 칭찬도 받았습니다.

우리는 거짓말쟁이로 취급받았지만, 사실은 진리를 말하였습니다. 무명인 취급을 받았으나 사실은 유명한 사람들이며, 죽은 자로 여겨지기도 했으나 보시는 바와 같이 우리는 살아있으며, 매를 많이 맞았지만 죽지 않았습니다. 또 슬픈 사람 취급을 받았으나 우리는 항상 기뻐하였으며, 가난한 자 같으나 많은 사람을 부유하게 하였고, 아무것도 가지지 않은 자 같으나 우리는 모든 것을 소유한 사람입니다"(고후 6:4-10 쉬운성경).

> 하나님의 일꾼답게 행동하는 것의 기준, 태도, 삶을 나타낸다. 자기 십자가를 지고 주를 따르라. 그
> 럴 때 하나님의 복음이 힘 있게 전해질 것이다. 지금은 영적인 휠 얼라인먼트(wheel alignment)를 할
> 때다! 나부터 재정비하자! 주여, 이와 같은 일꾼들이 이 땅에 가득히 일어나게 하소서!

거룩함으로 살아가라

믿는 자가 믿지 않는 자와 멍에를 메지 말아야 할 이유는 다섯 가지다(고후 6:14-16).

1) 의와 불법이 함께할 수 없기 때문이다.
2) 빛과 어둠이 사귈 수 없기 때문이다.
3) 그리스도와 벨리알이 화목하게 지낼 수 없기 때문이다.
4) 믿는 자와 믿지 않는 자 사이에 어떤 공통점도 없기 때문이다.
5) 하나님의 성전과 우상이 전혀 어울릴 수 없기 때문이다.

우리는 하나님의 성전이요, 하나님의 백성이요, 하나님의 자녀이다. 그러므로 거룩함을 이루어
야 한다. 그 길은 하나님을 경외함으로 가능하다. 몸만 아니라 몸과 영혼의 두 영역에서 온갖
더러운 것으로부터 자신을 깨끗하게 하라. 하나님이 이미 그리스도의 십자가로 이루어놓으신
거룩함을 우리는 날마다 단호함과 결단력으로, 성령의 능력을 힘입어 살아가야 한다. 그렇게
살아가야 할 이유는 충분하다.

헌금 - 재물을 올바르게 다루는 삶, 특히 심고 거두는 법에 대하여(고후 8장-9장)

고린도후서 8장-9장은 성경에서 특별한 위치를 가지고 있다. 이 두 장을 '연보장' 즉 '헌금장'이
라고 한다. 이 두 장은 헌금에 대한 올바른 이해를 갖게 한다. 더 나아가 재물을 올바르게 다루
는 원칙도 포함한다. 성경 신구약은 이 영역에 대하여 명확하고도 풍성하게 말씀하고 있다. 우
리 주 예수님은 주로 비유로 말씀하셨는데, 그 비유의 상당 부분은 재물이 주제였다. 교회는 이
런 면을 잘 이해하고 다룰 줄 알아야 한다. 세상은 재물 자체에 관심을 가지지만 우리는 재물
을 통한 하나님의 공급하심과 부요하게 하심에 관심을 가져야 하며, 더 나아가 재물을 하나님
나라가 임하게 하는 도구로 사용해야 한다.

이것은 하나님나라의 비밀이다

재물에 대한 일반적인 이해는 '재물은 지극히 작은 것이다', '재물은 불의하다', '재물은 남의 것
이다'라는 것이다. 그렇기에 자칫 재물에 대해 소홀히 여기고 무시하며 멀리하여 충성되지 못할
수 있다. 그런데 놀랍게도 이처럼 지극히 작게 여기고, 불의하다고 여기고, 남의 것이라고 여기
는 재물을 어떻게 다루느냐에 따라서 '지극히 큰 것', '참된 것', '나의 것'을 맡을 자격이 결정된
다. 주 예수님은 단호하게 "하나님과 재물을 겸하여 섬길 수 없다"고 말씀하신다(눅 16:10-13).

단순히 재물에 대한 것을 넘어서서 '누가 너의 주인이냐'에 대한 영역이다. 이런 내 말이 지나치다고 할 수 없다. 왜냐하면 나의 의견이나 이론이 아니라 주 예수님의 말씀이기 때문이다. 그러므로 헌금에 대해, 또 재물에 대해 올바른 이해를 가져야 한다.

성경적 재물에 대한 정의가 너무 명확하다.

"하나님이 능히 모든 은혜를 너희에게 넘치게 하시나니, 이는 너희로 모든 일에 항상 모든 것이 넉넉하여 모든 착한 일을 넘치게 하게 하려 하심이라"(고후 9:8).

하나님은 우리에게 모든 은혜가 넘치기를 원하신다.

하나님은 우리에게 항상 모든 것이 넉넉하기를 원하신다.

하나님은 우리가 모든 착한 일을 넘치게 하기를 원하신다.

이런 이유로 하나님은 우리에게 재물을 넉넉히 주기 원하신다. 하나님의 공급 비밀을 알아야 한다. 우리는 '물고기를 많이 주는 것과 물고기를 잡는 법을 가르치는 것'의 차이를 잘 안다.

"심는 자에게 씨와 먹을 양식을 주시는 이가 너희 심을 것을 주사 풍성하게 하시고 너희 의의 열매를 더하게 하시리니"(고후 9:10)의 말씀이 그 비밀이다. 하나님은 우리에게 "심을 씨와 먹을 양식"을 주신다. 그러기 위해 "심을 것"을 풍성하게 주신다. 하나님은 우리가 넉넉하기를 원하신다. 그러나 하나님은 더 나아가 우리가 '의의 열매'를 맺게 하신다. 나의 쓸 것도 넉넉할 뿐 아니라 착한 일을 넘치게 하도록 풍성하게 하신다. '착한 일'이란 가난한 자들에게 주는 것을 말한다.

"그가 흩어 가난한 자들에게 주었으니 그의 의가 영원토록 있느니라"(고후 9:9).

심고 거두는 법

하나님은 우리가 넉넉히 주기를 원하신다.

"적게 심는 자는 적게 거두고, 많이 심는 자는 많이 거둔다"(고후 9:6).

수확량의 많고 적음은 심는 양에 달려있다. 심는 것이 중요하다. 농부는 씨앗을 심을 때 거둘 것을 기대한다.

씨앗을 땅에 심고 흙을 덮으면, 어떤 일이 일어나는가? 놀랍게도 그 씨앗이 땅속에서 죽는다. 그리고 더 놀랍게도 그 후에 생명이 나온다. 나올 때는 그 결과가 더욱 놀랍다. 주께서, "한 알의 밀이 땅에 떨어져 죽지 아니하면 한 알 그대로 있고 죽으면 많은 열매를 맺느니라"(요 12:24)라고 하셨다. "한 알"을 심었을 뿐인데 "많은 열매"를 맺는다. 그러므로 심는 것이 중요하다. 이것은 불변의 법칙이다.

성경은 심는 것과 주는 것을 동일한 선상에 둔다. 주는 것은 사라지는 것이 아니라 심는 것과 같아서 많은 열매를 거둔다. 이 법칙을 알게 되면 헌금할 때 인색함으로나 억지로 하지 않게 될 것이다. 너그럽게 헌금할 것이다. 하나님은 우리가 즐겨 내기를 원하신다. 세상이 바라볼 때 헌금을 마치 회비 납부로 이해할 것이다. 또는 단체 유지비로 알 것이다. 믿음이 연약한 그리스도인도 간혹 헌금에 대해 오해한다. 그렇지 않다. 하나님은 이를 통해 우리 모두가 풍성해지기를 원하신다. 하나님의 성품과 하시는 일의 원칙과 하나님나라의 원칙을 분명히 알아야 한다. "우리 주 예수 그리스도의 은혜를 너희가 알거니와, 부요하신 이로서 너희를 위하여 가난하게 되심은, 그의 가난함으로 말미암아 너희를 부요하게 하려 하심이라"(고후 8:9).

그렇다고 빚내어 헌금하라는 말은 절대 아니다. "있는 대로 하라. 할 마음만 있으면 있는 대로 받으실 터이요 없는 것은 받지 아니하시리라"(고후 8:11,12)라고 하셨다. 하나님나라의 헌금은 액수가 아니라 퍼센트다. 우리 주 예수님은 헌금함을 마주 대하여 앉으셔서 무리가 어떻게 헌금함에 돈 넣는가를 보셨다. 여러 부자는 많이 넣는데, 한 가난한 과부는 두 렙돈을 넣었다. 주님은 "이 가난한 과부는 헌금함에 넣는 모든 사람보다 많이 넣었도다"(막 12:43)라고 하셨다. 분명 여러 부자들의 헌금은 이 과부와 비교할 수 없을 만큼 액수가 많았다. 그러나 주님은 액수가 아니라 퍼센트로 계산하신다. "그들은 다 그 풍족한 중에서 (일부를) 넣었거니와 이 과부는 그 가난한 중에서 자기의 모든 소유 곧 생활비 전부를 넣었느니라"(막 12:44)라고 하셨다.

하나님나라의 원칙

조선 후기의 사업가 임상옥은 그가 즐겨 마시는 컵의 바깥 언저리에 다음과 같은 글을 새겼다. **"재상평여수인중직사형"(財上平如水人中直似衡) - 재물은 평등하기가 물과 같고, 사람은 바르기가 저울과 같다.** 그는 성경적인 재물의 원칙을 이해하는 사람이었다.

하나님나라의 재물의 원칙은 두 가지다. '심고 거두는 법'과 '주고받는 법'이다. '심고 거두는 법'은 우리를 넉넉하게 하고, 더 나아가 풍성하게 주는 삶을 위한 하나님의 법칙이다. 그리고 '주고받는 법'은 재물의 평등원칙이다. 나누는 삶, 주는 삶으로 이루어진다.

"이는 다른 사람들은 평안하게 하고 너희는 곤고하게 하려는 것이 아니요, 균등하게 하려 함이니, 이제 너희의 넉넉한 것으로 그들의 부족한 것을 보충함은 후에 그들의 넉넉한 것으로 너희의 부족한 것을 보충하여 균등하게 하려 함이라. 기록된 것같이, 많이 거둔 자도 남지 아니하였고, 적게 거둔 자도 모자라지 아니하였느니라"(고후 8:13-15).

주고받는 법으로 살아갈 때 균등의 법이 작동된다. 물론 사람들이 이기적이고 악해서 이런 법이 자연스레 작동되지 않는다. 그래서 국가는 강제적으로 이를 행한다. 세금이 그것이다. 교회도 물론 세금을 내지만 주고받는 법은 이를 넘어선다. 주고받는 법은 하나님의 백성들이 행해야 할 하나님나라의 원칙이다. 그것은 자발적인 사랑의 표현이다. 고린도후서 8장-9장은 이런 행위를 '하나님의 은혜'라고 표현한다(고후 8:1,4,6,7, 9:8,14).

바울은 마게도냐와 아가야의 그리스도인이 가난한 자들에게 헌금할 수 있는 기회를 주었다. 그리고 세 사람, 즉 "디도와 그 형제"(:누가로 추정), 그리고 "우리의 한 형제"(:아볼로로 추정)를 헌금위원으로 추천하여 이 일을 섬기도록 했다(고후 8:16-9:5). 재물을 관리할 때는 언제나 두세 사람을 두는 것이 덕을 세우는 길이다.

사도의 사역(고후 10장-13장)

고린도후서 10장-13장은 이제까지와는 그 어조와 표현이 사뭇 다르다. 이 네 장을 '견책의 편지' 또는 '엄한 편지'(Painful Letter)라고 부르기도 한다. 바울은 다음과 같이 시작한다.

"나 바울은 그리스도의 온유함과 너그러움을 의지하여 여러분에게 권합니다. 나는 여러분과 얼굴을 맞대고 있으면 유순하다가도, 여러분을 떠나 멀리 가 있으면 담대해집니다. 여러분에게 부탁합니다. 내가 여러분에게 갈 때에 우리를 보고 세상의 표준대로 산다고 헐뜯는 사람들에 대해 강경하게 대하듯이, 여러분에게 내가 그렇게 대하지 않도록 해주십시오"(고후 10:1,2 쉬운성경).

사도직

바울은 그들에게 나무만 보지 말고 숲을 보라고, 즉 더 큰 원을 그리라고 요청한다.

"여러분은 사물의 겉모습만 보고 있습니다. 누구든지 자기가 그리스도께 속한 사람이라고 생각하는 사람이 있다면, 그 사람은 자기가 그리스도께 속한 것처럼, 우리도 그리스도께 속한 사람이라는 사실을 다시 한 번 생각해보아야 합니다"(고후 10:7 쉬운성경).

바울은 주어진 권위를 올바르게 사용하고 있음을 자랑했다.

"주께서 주신 권세는 너희를 무너뜨리려고 하신 것이 아니요 세우려고 하신 것이니, 내가 이에 대하여 지나치게 자랑하여도 부끄럽지 아니하리라"(고후 10:8).

"우리는 스스로를 칭찬하는 사람들로 비춰지거나 그런 사람들과 비교될 생각이 조금도 없습니다. 그런 사람들은 자기들이 만든 표준에다 자신들을 재거나 비교하는데, 이는 그들이 지혜가 없다는 것을 드러내는 것입니다"(고후 10:12 쉬운성경).

"우리는 우리의 한계를 넘어서서 다른 사람들이 수고한 것을 이용하여 자랑하지 않습니다. 우리에게 바라는 것이 있다면, 여러분의 믿음이 자라감에 따라 우리의 활동범위도 여러분 가운데서 크게 확장되는 것입니다"(고후 10:15 쉬운성경).

재정 영역에서 바울의 사역

바울은 고린도교회가 그의 재정 영역에 이의를 제기하자 강하고 담대하게 말했다.

"내가 여러분에게 아무런 보수도 받지 않고 하나님의 복음을 전파하면서, 여러분을 높이기 위해 나를 낮춘 것이 죄가 된단 말입니까? 나는 여러분을 위한 사역을 완수하는 데 드는 비용을 다른 교회를 통해 충당하였습니다. 말하자면, 다른 교회들의 것을 빼앗은 셈입니다. 내가 여러분과 함께 있는 동안에 궁핍했지만, 나는 여러분 중 어느 누구에게도 폐를 끼치지 않았습니다. 내게 부족한 것은 마케도니아에서 온 성도들이 채워주었습니다. 나는 모든 경우에 있어서 여러분에게 짐을 지우지 않았고, 앞으로도 계속 그럴 것입니다"(고후 11:7-9 쉬운성경).

"내가 친히 여러분에게 짐을 지우지 않은 것 외에, 내가 다른 교회에 비해 여러분에게 못한 것이 무엇입니까? 내가 여러분에게 폐를 끼치지 않은 것이 잘못이라면 저를 용서하십시오"(고후 12:13 쉬운성경).

사도의 표

바울은 자신의 사도의 표는 "참음과 표적과 기사와 능력을 행한 것"(고후 12:12)이라고 증거했다. 사도의 표는 스스로 내세우는 것이 아니다. 그 삶과 사역에서 객관적으로 증명된다.

"나는 어리석은 사람이 되었습니다. 여러분이 나를 억지로 어리석은 사람이 되게 했습니다. 사실 나는 여러분에게 칭찬을 받아 마땅합니다. 비록 나는 아무것도 아니지만, 저 '가장 위대한 사도들'보다 조금도 뒤질 것이 없습니다. 나는 여러분 가운데서 모든 것을 인내하면서 사도의 표시인 표적과 기적과 놀라운 일들을 행했습니다"(고후 12:11,12 쉬운성경).

진정한 자랑거리

어리석은 사람들은 세상의 기준에 비추어 자랑한다. 바울은 그런 기준으로 말한다면 자신도 자랑거리가 많다고 했다.

"…만일 어떤 사람이 감히 자랑할 것이 있다면, 어리석은 말 같지만, 나 역시 자랑할 것이 있습니다. 그들이 히브리인입니까? 나도 히브리인입니다. 그들이 이스라엘 사람입니까? 나도 그렇습니다. 그들이 아브라함의 자손입니까? 나도 그렇습니다. 그들이 그리스도의 일꾼입니까? 이 말을 할 때에 내가 제정신이 아닌 사람처럼 보이겠지만, 나는 그 사람들보다 더 뛰어난 일꾼입니다. 나는 더 많이 수고했고, 감옥에도 더 많이 갇혔으며, 셀 수 없을 정도로 매를 많이 맞았고, 죽을 고비도 여러 번 넘겼습니다. 또 유대인에게 서른아홉 대 맞는 태형을 다섯 번이나 당하였습니다. 몽둥이로 세 차례 맞고, 돌에 맞은 적도 한 번 있었습니다. 배가 난파된 적도 세 번 있었으며, 밤낮을 망망대해에서 표류한 적도 있었습니다.

자주 여행을 하는 동안, 강물의 위험과 강도들로부터 오는 위험, 내 동족들에게서 받는 위험, 이방인들에게서 받는 위험, 도시에서 당하는 위험, 황량한 광야에서 당하는 위험, 바다의 위험, 또한 거짓 신자들로부터 오는 위험을 겪었습니다. 나는 수고하고 애쓰며 살았습니다. 잠 못 들어 밤을 지샌 적이 여러 번이고, 배고프고 목마르고, 굶기도 자주 하고, 추위에 떨고, 헐벗음의 고통도 받았습니다"(고후 11:21-27 쉬운성경).

그는 계속해서 그가 받고 경험한 주의 환상과 계시를 부득불 자랑했다(고후 12:1-6). 그러나 실상 그가 자랑하고자 한 것은 다른 것이다. 바울의 진정한 자랑거리는 그의 약한 것이었다.

"내가 부득불 자랑할진대 내가 약한 것을 자랑하리라"(고후 11:30).

일반적으로 사람들은 자기의 강한 것을 자랑하지만, 바울은 자기의 약한 것들을 자랑했다. 그것은 바로 "육체의 가시"다. 그는 이것을 "사단의 사자"라고 했다(고후 12:7).

"이것이 내게서 떠나가게 하기 위하여 내가 세 번 주께 간구하였더니 나에게 이르시기를, '내 은혜가 네게 족하도다. 이는 내 능력이 약한 데서 온전하여짐이라' 하신지라. 그러므로 도리어 크게 기뻐함으로 나의 여러 약한 것들에 대하여 자랑하리니 이는 그리스도의 능력이 내게 머물게 하려 함이라. 그러므로 내가 그리스도를 위하여 약한 것들과 능욕과 궁핍과 박해와 곤고를 기뻐하노니 이는 내가 약한 그때에 강함이라"(고후 12:8-10).

재물이 아니요 오직 너희니라

바울은 이제 이 고통의 편지를 마무리 지으면서 사도로서 그의 마음을 잘 보여준다.

"보라 내가 이제 세 번째 너희에게 가기를 준비하였으나 너희에게 폐를 끼치지 아니하리라. 내가 구하는 것은 너희의 재물이 아니요 오직 너희니라… 내가 너희 영혼을 위하여 크게 기뻐하므로 재물을 사용하고 또 내 자신까지도 내어주리니 너희를 더욱 사랑할수록 나는 사랑을 덜 받겠느냐?"(고후 12:14,15)

마지막 말, 그리고 축도

"마지막으로 말하노니, 형제들아, 기뻐하라. 온전하게 되며 위로를 받으며, 마음을 같이하며 평안할지어다. 또 사랑과 평강의 하나님이 너희와 함께 계시리라… 주 예수 그리스도의 은혜와 하나님의 사랑과 성령의 교통하심이 너희 무리와 함께 있을지어다"(고후 13:11,13).

【 고린도후서 사역자와 사역 】

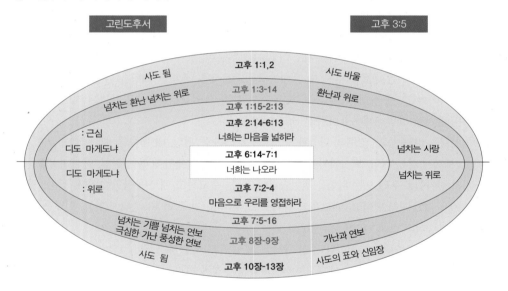

스트레스를 어떻게 다룰 것인가?

- 고린도후서를 통해서 갈등을 해소하는 법을 살펴본다.

1. 어려운 환경과 사람들을 어떻게 다룰 것인가?(고후 1:8-11)

고통과 괴로움은 어려운 환경과 사람을 통해 나타난다. 이런 환경에 처할 때 우리는 어떻게 반응할 것인가? 다음의 중요한 원칙을 살펴야 한다.

1) 우리의 힘이 약할 때 하나님의 힘이 나타난다(고후 1:9)

우리가 스스로의 힘으로 살아있는 한 하나님께서 일하실 수 없다. 우리 능력의 한계에 다다를 때 하나님의 능력을 경험할 수 있다.

2) 어려운 환경에 도달할 때 좋았던 환경을 기억하라(고후 1:10).

과거에 역사하신 하나님께서 지금도 행하실 것을 믿는다. 시편에 "기억하라"라고 반복적으로 말씀하신다(시 77편을 묵상하자).

3) 어려움에 처할 때 그리스도의 몸에게 기도를 요청하라(고후 1:11)

바울은 어려울 때 기도를 요청하기를 주저하지 않았다.

"나를 위하여 구할 것은…"(엡 6:19,20).

"너희의 간구와 예수 그리스도의 성령의 도우심으로…"(빌 1:19).

2. 스트레스를 받을 때 어떻게 처리할 것인가?(고후 4:7-12,16-18)

질그릇은 매우 값싸고, 깨어지기 쉽다. 우리는 슈퍼맨이 아니다. 우리는 깨어지기 쉬운 질그릇이다. 인간이기에 스트레스를 받지만, 중요한 것은 그것을 어떻게 처리하느냐이다.

1) 고통을 당할 때 하나님께서는 반드시 한계를 지으신다(고후 4:7-9)

우리 그리스도인들은 환경, 마귀 등 어떤 것에 의해서도 패배하도록 되어있지 않다. 하나님의 다스리심이 우리의 삶에 한계를 지으신다(고전 10:13). "이르기를, '네가 여기까지 오고 더 넘어가지 못하리니 네 높은 파도가 여기서 그칠지니라' 하였노라"(욥 38:11).

주님은 다음과 같이 말씀하신다.

> "네가 나의 뜻 밖에 있을 때는 나를 이해하지 못한다."
> "네가 나의 뜻 안에 있을 때만 나를 이해하게 된다."

그러면 어떻게 하나님의 뜻 안에 거할 수 있는가? 이해하지 못할 때는 그 상황을 받아들이라. 우리에게 일어난 모든 일은 하나님의 섭리 안에 있다. 이것을 받아들일 때 이해가 생긴다.

2) 기억하라 - 십자가의 원칙과 희생을 기억하라(고후 4:10-12)

생명이 죽을 때 열매를 맺는다(요 12:24). 예수께서 죽음을 선택하심으로 부활에 이르셨다. 바울은 이 원칙을 알았다. "그런즉 사망은 우리 안에서 역사하고 생명은 너희 안에서 역사하느니라"(고후 4:12).

3) 하나님의 섭리가 균형을 이룬다(고후 4:17)

바울에게 일어난 모든 일은 그의 삶의 목적의 정도에 따라서 일어났다. 바울이 겪은 어려움은 하나님이 다스리시는 기준으로, 우리를 위해서 하나님의 영광을 우리의 삶에 나타내신다.

하나님의 임재하심을 안다면 내가 당하는 고통은 작게 여겨진다. 고통을 이길 수 있는 용기를 가지게 된다. 이는 우리가 기도할 때 가능케 된다. 기도하지 않는다면 어려움을 이기지 못할 것이다. 하나님께 기도할 때 하나님의 일하심을 보게 된다.

3. 고통, 고난을 어떻게 이해할 것인가?(고후 6:4-10)

1) 고통, 고난은 성장의 필수요소이다

마라톤을 할 때 20킬로미터 지점에 이르면 고통의 벽에 도달한다. 이 벽 앞에서 쓰러지거나 또는 극복하여 넘어서게 된다. 넘어설 때 계속 달릴 수 있다. 우리의 육체는 고통이 있어야 성장을 한다. 육체적, 정서적, 정신적, 영적인 고통이 없으면 성장할 수 없다.

우리는 인간관계에서 많은 상처를 주고받는다. 용서를 구할 때 또한 용서할 때 성장이 일어난다. 하나님께서 훈련시키실 때는 즐거운 것이 아니라 고통스럽다. 고통을 겪지 않은 육체의 연습은 육체를 강건하게 할 수 없다는 사실을 기억해야 한다. 인간관계에서 고통을 면하려 한다면 고독하게 될 것이다.

2) 고통을 겪는 것과 고통을 통해 얻는 결과 사이에는 시간적 간격이 있다

운동을 시작한 다음 날에는 근육이 더 고통스럽다. 그때를 잘 넘겨야 한다. 열매를 얻기 위해서는 반드시 시간이 필요하다(시 126:5,6). 고통이 좋은 결과를 얻기까지는 시간적 간격이 요구된다.

3) 고통의 양은 삶의 목표에 따라서 달라진다

목표가 크면 클수록 고통은 더 커진다. 우리는 큰 목표를 가져야 한다. 하나님의 목표는 이 땅에 그의 나라를 이루는 것이다. 예수님은 진주의 비유를 통해 하나님나라를 얻기 위해서 내게 있는 것을 다 팔아야 한다고 말씀하셨다. 우리의 필요가 채워지면 더 이상 할 일이 없다. 하나님은 우리를 축복하기 원하신다. 하나님께서 우리에게 주시는 축복을 다룰 수 있는 더 큰 목표가 있어야 한다.

4. 육체의 가시를 어떻게 이해할 것인가?(고후 12:7-10)

'육체의 가시'란 기도해도, 노력해도 응답이 없는 것이다. 우리의 믿음이 다른 것에는 역사하나 이 영역에는 역사가 일어나지 않는다. 다른 사람에게는 그것이 쉽게 해결되지만 나에게는 되지 않는다. 이처럼 육체의 가시는 해결할 수 없는 고통이다. 바울의 육체의 가시가 무엇이었는지는 확실히 알 수 없다.

'가시'

가시는 바울에게 혼란과 혼동을 일으키는 장애물이 아니라 하나님께 기도하게 하며 응답을 받게 하는 도구였다. 가시는 바울이 균형을 갖도록 만들어주었다.

- 가시는 교만해질 수 있는 가능성을 억제한다.
- 하나님께서 이 가시를 남겨두심은 바울이 이 땅에서 걸어 다니도록 하기 위함이다.
- 육체의 가시의 목적은 하나님의 더 크신 역사하심을 알려주기 위함이다.
- "내 능력이 약한 데서 온전하여짐이라"(my power is made perfect in weakness). 가령 전기를 전도하는 데 유익한 금속과 방해하는 금속이 있다고 생각해보자. 구리는 전자가 들어가기가 쉽다. 그래서 전선으로 사용한다. 반면에 니크롬선은 전자가 들어가는 것을 방해한다. 그래서 열선으로 사용한다.

우리 가운데 하나님의 능력을 거부하고 방해하는 현상이 일어날 수 있다. 이때는 우리가 강할 때, 살아있을 때이다. 하나님의 능력이 우리 가운데 역사하기 쉬울 때는 우리가 죽을 때이다. 하나님은 그의 능력을 우리 육체의 가시를 통해서 나타내신다.

바울은 어디에서 이 같은 것을 배웠는가?

- 하나님의 은혜가 모든 일에 넘친다는 것을 그는 육체의 가시를 통해서 배웠다.

예수님은 가시 면류관을 쓰셨다. 그것을 통해서 생명을 전달하셨다.
예수님은 우리 속에 육체의 가시를 그대로 두라고 하실 때가 있다.

A.D. 200년경에 쓰인 글에, 바울의 외모에 대해 이렇게 언급했다.
"키가 작고, 이마는 벗겨지고, 안짱다리이며, 눈썹은 맞붙었고, 코는 매부리코다. 그러나 은혜가 넘쳐서 때로는 천사의 얼굴로 보였다."

Dear. NCer

NCer인 우리는 그리스도의 향기로서 자신의 영역에서 영향력을 주는 사람이 되어야 한다. 그 모든 능력은 질그릇 같은 내 안에 계신 보물인 그리스도께 있음을 알고 겸손해야 한다.
그리스도 안에 있는 부요한 자로서 하나님나라와 열방을 위해 재물을 심어야 한다.
NCer로서 우리는 스트레스를 다루는 법을 배워야 한다.

❖ 로마서(Romans) 예수 그리스도의 복음

> 로마서는 신약의 으뜸이요 복음을 가장 잘 설명한 서신이다.   – 마틴 루터

로마서가 서신들 중 가장 앞에 놓인 것은 대선지서가 앞에 놓인 것처럼 그 길이 때문이다. 쓰인 시기와는 아무런 상관이 없다. 로마서는 신약 서신서 중에서 가장 길며 약 7,100단어로 되어 있다. 다음으로 고린도전서가 6,800단어이며, 고린도후서가 4,600단어로 그다음으로 길다. 로마서는 바울의 다른 서신과는 분위기와 방법 면에서 명백한 차이가 있다. 바울은 자신이 직접 개척하지 않고 관련이 없는 교회의 현안에 대해서는 다루지 않았다. 그러나 로마교회는 바울이 직접 개척하지 않았고 한 번도 방문한 적이 없음에도 교회의 현안들을 다루었다.

로마서는 바울의 서신 중에서 가장 탁월하고 조직적이며 논리적이고 풍성한 책이다. 누군가 말했듯, 로마서는 끊임없이 솟구쳐 나오는 샘과 같다. 갈라디아서와 로마서가 말하는 복음의 내용은 근본적으로 변함이 없지만 그것을 설명하는 방법은 다르다. 로마서를 알면 기독교를 알게 된다.

로마서에 의해 영향을 받은 사람들

- 수사학자요 무신론자였던 어거스틴(A.D.386)은 **로마서 13장 13,14절**에 의해 방탕한 삶을 청산하고 전적으로 주를 위해 살게 되었다. 그에게는 어머니 모니카의 오랜 기도가 있었다.
- 마틴 루터(A.D.1513)는 **로마서 1장 17절** "오직 의인은 믿음으로 말미암아 살리라"의 말씀으로 대전환점을 맞이했다.
- 요한 웨슬리(A.D.1738)는 마틴 루터의 로마서 강해서를 읽으면서 힘 있는 사역을 했다.
- 크리소스톰(A.D.349-407)은 로마서를 한 주에 두 번씩 읽었다.

로마서 – 복음의 능력(롬 1:16,17)

하나님의 의의 계시					하나님의 의에 대한 변론			하나님의 의에 대한 적용			
인사	하나님의 의가 필요함	하나님의 의의 해결책			하나님의 주권			하나님의 의의 선물의 결과			인사
서론	모든 사람은 죄인이다	죄행	죄성	승리와 성장	이스라엘의 과거 - 긍휼, 선택	이스라엘의 현재 - 거절,불순종	이스라엘의 미래 - 나중 회복	그리스도인의 섬김			성도의 교제
	죄와 죄인	그리스도의 피	그리스도의 십자가	성령	이방인의 과거 - 거절, 불순종	이방인의 현재 - 긍휼, 선택	이방인의 미래 - 먼저 회복	그리스도인의 산상수훈	사회 구성원의 행동지침	교회 공동체 구성원의 행위규칙	
1:1-17	1:18-3:20	3:21-5:11	5:12-7장	8장	9:1-29	9:30-10장	11장	12장	13장	14:1-15:13	15:14-16장
행위가 아니라 오직 믿음으로 구원받음					오직 긍휼로			오직 행함으로 믿음을 증명함			

로마서는 바울의 3차 전도여행 중 고린도에서 사역하는 동안에 기록되었다. 바울은 장차 예루살렘을 거쳐서 로마로 가려는 계획을 세우고 먼저 서신을 보냈다. 로마교회는 유대인과 이방인이 함께 어우러진 공동체였다. 다른 곳처럼 로마교회도 유대인의 율법주의적 정신에 영향을 받았다. 바울은 차분한 어조로 복음의 핵심을 전해 교회를 견고하게 하고자 했다. 그러나 '구원이 유대인에게서 난다'는 점을 잊지 않도록 했다(요 4:22).

로마서의 메시지

서론 | 예수 그리스도가 복음이다(롬 1:1-17)

바울의 서신은 대체로 일정한 형식을 갖추고 있다. 발신자와 수신자가 명시된 후 인사가 나온다. 그러나 기록 목적에 따라서 비교적 자유롭게 그 형식을 취하고 있다. 로마서의 서두는 전체의 내용과 조화를 이룬다. 로마서는 "하나님의 복음"으로 시작하여(롬 1:1), "나의 복음"으로 마친다(롬 16:25). 그는 '예수 그리스도의 종이며 사도'라고 간단히 자기소개를 한 다음 곧바로 복음의 핵심으로 나아갔다(롬 1:1-4).

> "예수 그리스도는 모든 성경을 통해 미리 약속하신 하나님의 아들이다. 모든 성경이 그의 오심을 선포하였다. 그는 육신으로는 다윗의 혈통으로 나셨다. 또한 십자가에 죽으시고 부활하셔서 능력으로 하나님의 아들로 선포되셨다"(롬 1:2-4 참조).

"하나님의 아들로 선포되셨다"는 말씀을 오해해서는 안 된다. 예수님이 인간으로 태어나셨으나 부활로써 하나님의 아들이심을 인정받으셨다는 의미가 아니다. 요한복음 1장에서 말씀하시듯, 예수님은 태초부터 계시는 창조주 하나님이시다. 그는 우리의 구원을 위해 육신으로 오신 하나님의 아들이시다. 그러므로 로마서의 이 말씀은 예수님이 능력으로 그가 하나님의 아들이심을 우리에게 보여주심을 설명한 것이다. 다시 말하면, 예수님의 부활로 그가 하나님의 아들이심을 누구도 부인할 수 없도록 선포하셨다는 것이다.

하나님께서 그의 선지자들을 통해 말씀하신 것을 기록한 성경에 예수께서 다윗의 혈통으로 오심을 말씀하신 것과 그의 죽으심과 부활하심을 통해 우리는 복음을 이해하게 된다.

로마서는 처음부터 복음의 능력을 강하게 전한다.

> 내가 복음을 부끄러워하지 아니하노니, 이 복음은 모든 믿는 자에게 구원을 주시는 하나님의 능력이 됨이라. 먼저는 유대인에게요, 그리고 헬라인에게로다. 복음에는 **하나님의 의**가 나타나서 믿음으로 믿음에 이르게 하나니 기록된 바 오직 의인은 믿음으로 말미암아 살리라 함과 같으니라 롬 1:16,17

하나님의 의

구약에 "의"라는 표현이 매우 많은 것을 알면 놀랄 것이다. 다윗은 "주의 공의로 나를 건지소서"(시 31:1), "내 의의 하나님이여, 내가 부를 때에 응답하소서"(시 4:1)라고 했고, 예레미야는 메시아에 대해 "그의 이름은 '여호와 우리의 공의'라 일컬음을 받으리라"(렘 23:6)라고 했다. 이사야는 하나님께서 우리를 구원하심을 두고 "공의를 갑옷으로 삼으시며"(사 59:17)라고 하였다. 그러므로 "하나님의 의"는 우리에게 주시는 하나님의 성품을 의미하는 것이 아니라 우리를 향한 하나님의 구속의 행위를 말한다. 로마서의 중심적인 단어는 "하나님의 의"다.

> '의인'이란 자기 공로로 죄 사함 받은 사람이 아니라 자신이 어떤 율법의 행위로도 구원받을 수 없는 죄인임을 인정하고 오직 하나님이 마련하신 구원의 은혜를 믿음으로 응답하는 사람을 가리킨다.

로마서를 통한 바울의 사역은 훼파된 그림을 복원하는 작업과 같다. 바울은 나중에 첨가된 모든 물감과 방부제를 제거하고 원래의 그림으로 복원하는 공교한 작업을 했다. 하나님께서 그리스도 안에서 베푸신 밝고 아름다우며 은혜로운 구속의 빛을 로마서를 통해 드러냈다.
하나님은 로마서를 통해 자기 행위의 의에 기초한 구원이 아니라 '오직 예수 그리스도 안에 나타난 하나님의 의를 믿는 믿음으로 인한 구원'임을 보여주신다.

하나님의 의가 필요함(롬 1:18-3:20)

로마서를 읽다 보면 첫 부분부터 쇠망치로 머리를 맞는 듯하다. 충격을 받는다. "유대인이나 헬라인이나 다 죄 아래에 있다"(롬 3:9)라는 검사의 기소문 낭독 때문이다.

검사의 기소문 낭독

의인은 없나니 하나도 없으며, 깨닫는 자도 없고 하나님을 찾는 자도 없고, 다 치우쳐 함께 무익하게 되고, 선을 행하는 자는 없나니 하나도 없도다. 그들의 목구멍은 열린 무덤이요, 그 혀로는 속임을 일삼으며, 그 입술에는 독사의 독이 있고, 그 입에는 저주와 악독이 가득하고, 그 발은 피 흘리는 데 빠른지라. 파멸과 고생이 그 길에 있어 평강의 길을 알지 못하였고, 그들의 눈앞에 하나님을 두려워함이 없느니라 롬 3:10-18

검사는 한 번 더 힘주어 낭독한다.

모든 사람이 죄를 범하였으매 하나님의 영광에 이르지 못하더니 롬 3:23

검사의 수사기록

검사의 수사기록을 살펴보면 날카롭고 예리하고 정확하다. 로마서 1장 18-32절의 내용이 그것이다. 여러분의 입으로 직접 소리 내어 읽어보기 바란다.
- 아무도 평계할 수 없다(롬 1:18-23).
- 그러므로 하나님께서 그들을 마음의 정욕대로 내버려두셨다(롬 1:24,25).
- 그러므로 하나님께서 그들을 부끄러운 욕심대로 내버려두셨다(롬 1:26,27).
- 그러므로 하나님께서 그들을 그 상실한 마음대로 내버려두셨다(롬 1:28-32).

검사는 애통함으로 마무리 짓는다.

그들이 이 같은 일을 행하는 자는 사형에 해당한다고 하나님께서 정하심을 알고도 자기들만 행할 뿐 아니라 또한 그런 일을 행하는 자들을 옳다 하느니라 롬 1:32

검사의 의견

"죄의 삯은 사망이요"(롬 6:23)라는 검사의 기소문은 우리를 더욱 절망에 이르게 한다.

"사망!"

공정한 수사

검사가 담대하고 단호한 이유는 공정성 때문이다. 검사의 수사 기준은 다음과 같다(롬 2:1-16).

- 진리대로 판결했다(롬 2:2).
- 고집과 회개하지 아니한 마음을 따라 판결했다(롬 2:5).
- 각 사람이 행한 대로 판결했다(롬 2:6).
- 율법을 따라 판결했다(롬 2:12).
- 율법 없는 자는 본성(롬 2:14)과 양심을 따라 판결했다(롬 2:15).

얼마나 공정한 판결 기준인가! 아무도 이의를 제기할 수 없다.

이사야의 고백이 저절로 나온다.

"화로다, 나여! 망하게 되었도다!"(사 6:5).

하나님의 의가 나타남(롬 3:21-5:11)

속량, 은혜, 칭의

사망 언도!

검사의 수사기록과 기소문은 우리를 절망에 이르게 한다.

그런데 갑자기 변호사의 변론이 시작된다!

"검사의 수사 기준이 공정한 것을 인정합니다. 수사기록에 전혀 거짓이 없음을 인정합니다. 검사의 기소 내용에도 이의가 없습니다. 피고는 이 상황을 벗어날 어떠한 방법도 없습니다. 그러나 여기 놀라운 일이 일어났습니다."

이제는 율법 없이도 하나님께로부터 오는 의가 나타났습니다. 이것은 율법과 예언자들도 증언한 것입니다. 하나님께로부터 오는 의는 예수 그리스도를 믿는 믿음을 통해 옵니다. 이 의는 믿는 사람이라면 누구에게나 주어지는 것이며, 사람을 차별하지 않습니다 롬 3:21,22 쉬운성경

이 얼마나 놀라운 소식인가!

모든 사람이 죄를 범하였으매 하나님의 영광에 이르지 못하더니, 그리스도 예수 안에 있는 **속량**으로 말미암아 하나님의 은혜로 값없이 **의롭다 하심**을 얻은 자 되었느니라. 이 예수를 하나님이 그의 피로써 믿음으로 말미암는 **화목제물**로 세우셨으니, 이는 하나님께서 길이 참으시는 중에 전에 지은 죄를 **간과하심**으로 자기의 의로우심을 나타내려 하심이니, 곧 이때에 자기의 의로우심을 나타내사 자기도 의로우시며 또한 예수 믿는 자를 의롭다 하려 하심이라 롬 3:23-26

모든 사람이 죄를 범했다. 그 결과로 '하나님의 영광에 이르지 못하였다'(롬 3:23).

죄는 암세포와 같아서 모든 관계를 파괴시킨다. 죄는 하나님과의 관계를 파괴시킨다. 하나님과 친밀한 관계를 맺지 못하게 한다. 하나님으로부터 우리를 멀리 떨어뜨려 놓는다. 결국 하나님과 원수가 되게 한다.

> 너희 죄악이 너희와 너희 하나님 사이를 갈라놓았고 너희 죄가 그의 얼굴을 가리어서 너희에게서 듣지 않으시게 함이니라 사 59:2

죄는 나와 나의 관계를 파괴시킨다. 담대함과 확신, 기쁨과 평강을 빼앗아가고 대신에 두려움, 정죄감, 죄책감, 죄의식을 준다. 우리의 양심을 더럽힌다. 나의 양심이 나를 비난한다. 원수가 나를 참소한다. 죄는 원수가 내 삶을 합법적으로 주관하도록 틈을 만든다. 결국 마귀의 종노릇하게 한다.

속량

이제 우리는 '그리스도 예수 안에서 속량되었다'(롬 3:24).

"속량되었다"는 것은 대신 값을 치렀다는 뜻이다. 내가 도저히 치를 수 없던 죄의 값을 그리스도 예수께서 대신 지불하셨다. 그것은 다음과 같은 결과를 가져왔다.

가장 먼저 나의 죄가 처리되었다. 그러므로 정죄감에서 자유하게 되었다. 양심의 비난으로부터 자유하게 되었다. 마귀의 비난, 속박에서 자유하게 되었다. 더 이상 나의 원수가 참소하지 못한다.

어떻게 속량되었는가?

어린양이신 예수 그리스도의 피로 인해 구속되었다.

> 이 예수를 하나님이 그의 피로써 믿음으로 말미암는 화목제물로 세우셨으니 롬 3:25

화목제물은 사람의 죄를 해결하는 하나님의 방법이다. 구약에서는 죄를 지은 사람이 양을 가지고 제사장에게 오면, 제사장은 그 양의 머리에 안수하고 제단에서 양을 죽여 그 피를 가지고 하나님 앞에 나아가 성소에 뿌렸다.

이것은 장차 우리의 죄를 짊어지고 화목제물이 되시는 예수 그리스도를 예표한 것이다. 세례 요한은 "보라 세상 죄를 지고 가는 하나님의 어린양이로다"(요 1:29)라고 예수님을 소개했다. 이사야 53장 6절에 "여호와께서는 우리 모두의 죄악을 그에게 담당시키셨도다"라고 했고, 또 이사야 53장 8절에 "그가 살아있는 자들의 땅에서 끊어짐은 마땅히 형벌 받을 내 백성의 허물 때문이라"라고 했다.

> 우리는 그리스도 안에서 그의 은혜의 풍성함을 따라 그의 피로 말미암아 속량 곧 죄 사함을 받았느니라 엡 1:7

우리가 지은 죄를 간과하셨다

'간과하셨다'는 것은 '넘어가셨다'는 뜻이다. 우리가 전에 지은 죄를 넘어가셨다. 주목하지 않고 통과하셨다.

(1) 오래 참으심으로 넘어가셨다.

(2) 용서하심으로 넘어가셨다.

(3) 대신 지불하심으로 넘어가셨다.

하나님께서 출애굽 당시 어린 양의 피를 보시고 넘어가셨다. "내가 피를 볼 때에 너희를 넘어가리니"(출 12:13).

"너희가 알거니와 너희 조상이 물려준 헛된 행실에서 대속함을 받은 것은 은이나 금같이 없어질 것으로 된 것이 아니요, 오직 흠 없고 점 없는 어린양 같은 그리스도의 보배로운 피로 된 것이니라"(벧전 1:18,19).

칭의

속량의 결과로 우리는 의롭게 되었다.

> 곧 이때에 자기의 의로우심을 나타내사 자기도 의로우시며 또한 예수 믿는 자를 의롭다 하려 하심이라 롬 3:26

하나님은 예수 그리스도의 피로 우리를 속량하셨음을 믿는 자마다 의롭다 하신다.

'의롭게 되었다'는 것은,

1) 우리로 하나님에게 가까이 나아가게 한다.

예수의 보혈로 우리의 양심이 깨끗해지고 하나님을 섬기게 되었다(히 9:14).

우리는 보혈을 의지하여 지성소에 계시는 하나님의 보좌로 나아간다. 나의 행위와 공로를 의지하여 나아가는 것이 아니라 오직 예수 그리스도의 보혈을 의지한다. 나의 감정과 상태에 의하여 나아가는 것도 아니다.

죄 사함을 받고 의롭게 된 우리는 단지 나의 죄로부터의 자유를 얻은 것만이 아니다. 더 나아가 지성소에 계시는 하나님께 나아가서 그분 앞에 머무는 삶을 살게 되었다. 지성소에서 하나님과의 친밀한 교제가 이루어진다. 그곳에서 우리는 하나님의 임재를 경험한다(히 10:19).

> 여기(지성소)서 아버지의 얼굴을 볼 것이요, 그의 사랑을 맛볼 것이다. 여기서 그의 거룩함을 나타내신다. 여기서 사랑과 예배와 기도의 향연이 이루어진다. 여기서 하나님과의 풍성한 교제가 이루어진다. 여기서 중보기도자의 능력 있는 기도가 이루어진다. 여기에 하나님과 어린양의 보좌로부터 끊임없이 흐르고 넘치는 성령의 강이 있다. 여기에서 영혼이 독수리의 날개 치며 올라감같이 새 힘을 얻고 또한 제사장으로서 세상에 축복을 줄 수 있는 힘과 사랑을 갖게 된다. 여기에서 매일 그의 뜻을 이루는 통로가 되도록 신선한 기름부음을 받는 것을 체험하게 된다.
>
> ― 앤드류 머레이, 《지성소》 발췌

(2) 우리로 참소자를 이기게 한다.

…우리 형제들을 참소하던 자 곧 우리 하나님 앞에서 밤낮 참소하던 자가 쫓겨났고, 또 우리 형제들이 어린양의 피와 자기들이 증언하는 말씀으로써 그를 이겼으니 계 12:10,11

그 아들 예수의 피가 우리를 모든 죄에서 깨끗하게 하실 것이요 요일 1:7

예수님의 보혈은 우리가 일상생활에서 짓는 낱낱의 죄(every sin)를 깨끗게 한다.

낱낱의 죄 : 큰 죄와 작은 죄, 아주 검은 죄와 그렇게 검게 보이지 않는 죄, 용서받을 수 있다고 생각하는 죄와 용서받을 수 없다고 생각하는 죄, 의식하고 있는 죄와 의식하고 있지 않은 죄, 기억하는 죄와 기억하지 않고 잊어버린 죄 등을 다 포함한다.

그러므로 더 이상 정죄함이 없다(롬 8:1,2).

- 사단이 긴 죄 리스트를 가지고 우리를 참소한다 할지라도 그것을 더 이상 받아들이지 말아야 한다. 그것이 사실일지라도 주께서 이미 그 대가를 지불하셨다! 예수의 영원한 언약의 피로 말미암아 이미 지불하셨다. 이것을 선포하라!(롬 8:31-34)
- 사단의 비난을 받아들이는 이유는 여전히 자신의 의를 내세우기 때문이다. 사단은 우리가 자신의 의를 의지하기를 원한다. 그러나 하나님은 우리가 예수의 피를 의지하기를 원하신다.
- 우울증의 원인 - 사단의 거짓말을 받아들이기에 우울증이 생긴다. 감정의 기복이 심하다. 마치 코사인 곡선과 같은 삶이다. 정죄감은 마치 낚싯바늘과 같다. 과거의 악한 생활, 죄악 된 생활이 낚싯바늘같이 나를 잡아당겨 과거의 실패의 삶, 죄의 삶에 매여 살게 한다.

이제 우리가 그의 피로 말미암아 의롭다 하심을 받았으니 롬 5:9

하나님께서 예수의 피로 말미암아 나를 완전히 용서하셨다. 더 이상 죄책감과 정죄감에 사로잡힐 이유가 없다. 나는 완전히 용서받았다. 더 이상 죄인이 아니다. 공개적으로 시인하라! 예수의 보혈의 능력을 선포하라! 예수의 보혈을 의지하라!

최종 판결
의로운 재판장이신 하나님이 최종적으로 판정하신다.
"무죄!"
화목제물이 되신 예수 그리스도의 피로 우리는 속량함을 받았다. 무죄 판결을 받았다!

은혜
우리는 예수 그리스도의 피로 속량함을 받아 의롭게 되었다. 그 결과 우리의 죄의 값이 이미 치러졌기에 더 이상 사망에 이르지 않게 되었다. 양심의 비난에서도 자유하게 되었다. 사단의 참소에서도 자유하게 되었다. 게다가 하나님의 보좌에 나아가 하나님과 사귐을 갖게 되었다. 이것은 우리 인생에 가장 놀라운 대역전 드라마다.

이것은 하나님의 은혜다. 하나님의 '지극히 풍성한 은혜'다(엡 2:7).

그런즉 자랑할 데가 어디냐? 있을 수가 없느니라. 무슨 법으로냐? 행위로냐? 아니라! 오직 믿음의 법으로니라. 그러므로 사람이 의롭다 하심을 얻는 것은 율법의 행위에 있지 않고 믿음으로 되는 줄 우리가 인정하노라 롬 3:27,28

믿음

로마서 3장 21-28절은 하나님의 의가 나타남을 설명한다. 사망 언도를 받았던 우리가 예수의 피로 말미암아 속량을 받아 믿음으로 의롭게 되었다. 구사일생으로 사망에서 생명으로 옮겨졌다. 이것은 우리의 의가 아니라 전적으로 하나님의 의로 이루어진 것이다. 전적인 하나님의 은혜로 되었다. 우리에게 요구되는 것은 오직 믿음뿐이다. 믿음으로 하나님이 이루신 구원의 역사를 나의 것으로 누리게 되었다.

로마서 4장은 믿음장이다. 오직 믿음으로 속량을 받아 의롭게 되었음을 더 자세히 설명한다.

다윗의 믿음

믿음으로 우리는 의롭다 함을 얻는다. 그것은 전적으로 하나님의 은혜에 근거한다. 나의 행위가 아니다.

> 일하는 자에게는 그 삯이 은혜로 여겨지지 아니하고 보수로 여겨지거니와, 일을 아니할지라도 경건하지 아니한 자를 의롭다 하시는 이를 믿는 자에게는 그의 믿음을 의로 여기시나니, 일한 것이 없이 하나님께 의로 여기심을 받는 사람의 복에 대하여 다윗이 말한 바, '불법이 사함을 받고, 죄가 가리어짐을 받는 사람들은 복이 있고, 주께서 그 죄를 인정하지 아니하실 사람은 복이 있도다' 함과 같으니라 롬 4:4-8

다윗은 믿음으로 하나님의 의를 경험했다.

아브라함의 믿음

아브라함이 의롭다 함을 받은 것도 할례의 행위가 아니라 오직 믿음으로다. 아브라함의 할례의 행위는 "무할례 시에 믿음으로 된 의를 인친 것"(롬 4:11)이다. 그러므로 아브라함은 믿는 모든 자의 조상이 되었다. 또한 아브라함은 믿음으로 하나님의 능력을 경험했다.

> …그가 믿은 바 하나님은 죽은 자를 살리시며, 없는 것을 있는 것으로 부르시는 이시니라. 아브라함이 바랄 수 없는 중에 바라고 믿었으니… 그가 백 세나 되어 자기 몸이 죽은 것 같고, 사라의 태가 죽은 것 같음을 알고도 믿음이 약하여지지 아니하고 믿음이 없어 하나님의 약속을 의심하지 않고, 믿음으로 견고하여져서 하나님께 영광을 돌리며, 약속하신 그것을 또한 능히 이루실 줄을 확신하였으니, 그러므로 그것이 그에게 의로 여겨졌느니라 롬 4:17-22

하나님의 의를 경험함(롬 5:1-11)

로마서 5장 1,2절은 하나님의 의를 통해 의롭게 된 자의 감격으로 시작한다. 그리고 그 감격은 갈수록 더욱 커져간다. 하나님의 의를 경험한 자의 고백이다.

그러므로 우리가 믿음으로 의롭다 하심을 받았으니 우리 주 예수 그리스도로 말미암아 하나님과 화평을 누리자! 또한 그로 말미암아 우리가 믿음으로 서 있는 이 은혜에 들어감을 얻었으며 하나님의 영광을 바라고 즐거워하느니라 롬 5:1,2

의롭다 함을 얻은 자의 삶은 하나님과 화평을 누리는 삶이다. 이미 언급했듯이 지성소에 계시는 하나님 앞에 자유로이 나아가며 교제하는 삶이다. 구약적 사고의 사람이라면 이것은 충격이다. 한 번도 상상하지 못했던 일이다.

메시지성경은 이렇게 말한다.

"하나님께서 우리를 위해 늘 하고자 하셨던 일, 곧 그분 앞에 우리를 바로 세워주시고, 그분께 합당한 사람으로 만들어주는 일에 우리는 믿음으로 뛰어들었습니다. 그러므로 지금 우리는, 우리 주인이신 예수로 말미암아 하나님 앞에서 이를 누리고 있습니다. 그뿐 아닙니다. 하나님을 향해 우리 문을 활짝 열어젖히는 순간, 우리는 그분께서 이미 우리를 향해 문을 활짝 열어놓고 계셨음을 발견합니다. 우리가 늘 있고자 원했던 그곳에, 마침내 우리가 서 있음을 알게 됩니다. 우리는 하나님의 은혜와 영광의 그 넓고 탁 트인 공간에서, 고개 들고 서서 소리 높여 찬양하는 우리 자신을 발견하게 됩니다"(롬 5:1,2 메시지성경).

우리가 서 있는 자리는 은혜의 자리다. 하나님과 화평을 누리는 곳, 하나님의 영광을 바라보며 즐거워하는 곳이다. 하나님의 영광과 위엄이 있음과 동시에 자유, 사랑, 기쁨, 평강, 생명, 힘이 있어서 그것을 전인격적으로 누린다. 그러나 하나님의 의를 경험한 자의 삶은 '이뿐 아니라 더 있다.'

"그뿐 아닙니다. 온갖 환난에 포위되어 있을 때에도 우리는 소리 높여 찬양하기를 멈추지 않습니다. 환난이 우리 안에 열정 어린 인내를 길러주고, 그 인내가 쇠를 연마하듯 우리 인격을 단련시켜주며, 우리로 하여금 하나님께서 장차 행하실 모든 일에 대해 늘 깨어있게 해준다는 것을 우리가 알기 때문입니다. 이 같은 희망 속에 늘 깨어있을 때, 우리는 결코 실망하는 법이 없습니다. 오히려 정반대입니다. 우리가 하나님께서 성령을 통해 우리 삶 속에 아낌없이 쏟아 붓고 계신 그 모든 것을 다 담아내기에는, 아무리 많은 그릇으로도 부족합니다!"(롬 5:3-5 메시지성경)

이제 하나님의 의를 경험한 자의 감격의 외침을 들어보자.

그뿐 아니라 이제 우리로 화목하게 하신 우리 주 예수 그리스도로 말미암아 하나님 안에서 또한 즐거워하느니라! 롬 5:11

하나님의 의를 완성함(롬 5:12-8:39)

잡초를 제거하려면 눈에 보이는 부분만 아니라 보이지 않는 부분, 즉 뿌리를 제거해야 한다. 눈에 보이는 잡초만 낫으로 벤다고 다 해결되는 것이 아니다. 근본적으로 해결해야 한다.

죄에 대한 두 가지 질문이 있다. '죄를 지어서 죄인인가? 죄인이어서 죄를 짓는가?' 일반적 세상의 법은 죄의 행동을 통해 죄를 규정한다. 그러나 성경은 다르다. 성경은 죄를 지어서 죄인이지만 동시에 죄인이어서 죄를 짓는다고 말한다. 그러면 이를 어떻게 다루어야 하는가? 해결이 가능한가? 죄성은 우리를 강제로 죄를 짓게 한다. 다윗은 "죄악이 나를 이겼다"라고 말한다.

> 죄악이 나를 이겼사오니 우리의 허물을 주께서 사하시리이다 시 65:3

죄성으로부터 벗어나 해방을 받아야 한다. 로마서는 죄를 두 가지 면에서 다룬다. 우리가 지은 죄의 행위를 해결하는 것도 중요하지만 죄를 짓는 죄인으로서의 죄성도 해결해야 한다는 것이다. 하나님의 놀라운 해결책은 예수 그리스도의 피와 십자가다.

예수 그리스도의 보혈이 우리의 죄/죄행을 처리했다면,
예수 그리스도의 십자가는 죄인 된 우리 자신/죄성을 처리했다.

죄와 율법으로부터 해방과 계속적인 성장(롬 5:12-8:39)

5장 12-21절, 6장-8장은 죄인 된 우리의 몸, 죄성에 대해 하나님이 행하신 놀라운 일의 간증이다.
- 우리는 날 때부터 죄인이다. 아담 안에서 사망을, 그리스도 안에서 생명과 은혜를 얻었다 (롬 5:12-21).
- 우리는 죄로부터 해방되었다(롬 6장).
- 우리는 율법으로부터 해방되었다(롬 7장).
- 그러면 우리는 어떻게 살 것인가?(롬 8장)

【 죄행과 죄성을 해결하심 】

죄행(롬 3:21-5:11)		죄성(롬 5:12-8:39)	
행위로 지은 죄		죄를 지을 수밖에 없는 본성	
예수 그리스도의 피로		예수 그리스도의 십자가로	
롬 3:21-31	하나님의 의와 칭의	롬 5:12-21	죄의 DNA
롬 4장	• 칭의의 길 : 믿음 • 다윗 : 하나님의 의 • 아브라함 : 하나님의 능력	롬 6장	죄로부터의 자유 : 노예와 주인
		롬 7장	율법으로부터의 자유 : 아내와 남편
롬 5:1-11	이신칭의의 결과	롬 8장	성령으로 성장, 승리

서신서1

573

출생의 비밀(롬 5:12-21)

로마서 3장 21절에서 5장 11절까지 말씀에서 우리는 큰 은혜를 받는다. 내가 지은 죄의 행위를 예수 그리스도의 피로 속량함을 받았다. 사형 언도를 받았다가 극적으로 무죄 판결을 받았다. 그것은 나의 행위로 된 것이 아니라 전적인 하나님의 은혜다. 이 놀라운 은혜의 감격에 젖어서 앞으로는 다윗과 아브라함처럼 오직 믿음으로 살리라 굳게 결심했다. 그리고 의롭다 함을 받은 엄청난 자유와 충만함과 영광의 삶으로 기뻐 노래하며 춤을 추었다. 그런데 갑자기 청천벽력 같은 새로운 사실을 알게 되었다. 나의 출생 비밀을 알게 된 것이다.

내가 죄인인 것은 나의 죄의 행위 때문만이 아니라 나의 죄성, 즉 내가 근본적으로 죄성을 가지고 태어났기 때문이라는 것이다. 나의 죄에 대한 새로운 사실이다. 이것은 나를 더 큰 절망으로 몰고 간다.

날 때부터 죄인이라는 사실을 우리는 인정하고 싶지 않다. 어느 정도 착한 부분이 있다고 생각한다. 그런데 성경은 우리가 날 때부터 죄인이라고 한다. 죄성을 가지고 출생했다고 선언한다. 죄를 지어서 죄인이 아니라 죄인이어서 죄를 짓는다고 말한다.

> 그러므로 한 사람으로 말미암아 죄가 세상에 들어오고 죄로 말미암아 사망이 들어왔나니, 이와 같이 모든 사람이 죄를 지었으므로 사망이 모든 사람에게 이르렀느니라 롬 5:12

내가 죄성을 가지고 출생한 이유는 나의 조상이 죄를 지었기 때문이라는 것이다.

내가 한국인인 이유는 날 때부터 한국인이기 때문이다. 나의 아버지와 할아버지도 한국인이다. 그러므로 나도 날 때부터 한국인이다. 내가 미국에 있어도 나는 한국인이다. 이는 나의 혈통과 유전의 문제이다. 내 아들은 미국에서 태어났다. 당시에 내가 미국에서 사역하고 있었기 때문이다. 그러나 내 아들은 여전히 한국인이다. 머리 색깔, 피부 등 모든 면에서 한국인이다. 왜냐하면 내가 한국인이기 때문이다. 사과나무에서는 사과가 맺힌다. 포도가 맺힐 수 없다. 오직 포도나무에서만 포도가 열린다. 이는 생명과 본질에 관한 것이다.

그러면 나의 죄성으로 죄를 지어도 좋다는 말인가? 결코 아니다! 그러면 나의 죄성은 어떻게 해결할 수 있는가? 여기 하나님의 놀라운 해결책이 있다.

> 한 사람이 순종하지 아니함으로 많은 사람이 죄인 된 것같이, 한 사람이 순종하심으로 많은 사람이 의인이 되리라 롬 5:19

한 사람 아담의 불순종으로 죄인이 되었다면, 한 사람 예수 그리스도의 순종하심으로 의인이 되었다.

> 이는 죄가 사망 안에서 왕 노릇 한 것같이, 은혜도 또한 의로 말미암아 왕 노릇 하여 롬 5:21

하나님의 해결 - 십자가

그렇다면 하나님은 어떻게 우리의 죄성을 해결하시는가? 하나님은 우리를 아담으로부터 예수 그리스도에게로 옮기심으로 이를 해결하셨다. 로마서 6장과 7장에는 이를 해결하시는 하나님의 지혜가 나타난다. 예수 그리스도의 십자가가 하나님의 해결책이다. 십자가는 하나님의 구원의 능력이다.

> 십자가의 도가 멸망하는 자들에게는 미련한 것이요, 구원을 받는 우리에게는 하나님의 능력이라 고전 1:18

> 내게는 우리 주 예수 그리스도의 십자가 외에 결코 자랑할 것이 없으니, 그리스도로 말미암아 세상이 나를 대하여 십자가에 못 박히고, 내가 또한 세상을 대하여 그러하니라 갈 6:14

십자가의 능력1 – 죄로부터 해방(롬 6장)

죄가 우리를 주관하므로 우리가 죄에게 종노릇한다. 우리의 몸은 죄의 몸이다. 아담으로부터 물려받은 우리의 몸 즉 '옛사람'은 완전히 부패하고 타락했다. 나무 전체가 돌배나무이므로 그 나무의 뿌리, 줄기, 가지, 잎사귀, 열매는 모두 돌배나무의 본성으로 가득하다. 우리가 죄의 권세로부터 자유하려면, 그것을 이기려고 노력하는 것이 아니라 단순히 종 된 죄인/죄의 몸이 죄에 대하여 죽어야 한다.

알렉상드르 뒤마의 작품 《몬테크리스토 백작》은 이를 잘 보여주는 예이다. 주인공 에드몽 단테스는 누명을 쓰고 절대로 벗어날 수 없는 감옥에 갇힌다. 사방이 깊은 바다로 둘러싸인 섬의 절벽에 감옥이 있어서 죽어야만 벗어날 수 있었다. 주인공은 감옥에서 알게 된 파리아 신부로부터 높은 학문과 더불어 탁월한 검술을 익히게 된다. 더구나 신부는 보물지도를 가지고 있었다. 어느 날, 그 신부가 죽자 주인공은 죽은 신부를 대신하여 시신을 넣은 자루에 들어간다. 시신을 담은 자루는 바다에 던져지고 주인공은 감옥을 탈출하여 새로운 삶을 살게 된다.

죄를 이기려고 아무리 발버둥치고 싸워도 도저히 이기지 못한다. 언제나 죄에 끌려 죄를 짓는다.

세계 헤비급 챔피언

로마서 6장은 죄를 악독한 노예 주인으로, 죄의 몸은 힘없이 평생 매여 사는 노예로 비유했다. 악독한 노예 주인은 세계 헤비급 챔피언이다. 불사신이다. 병들지도 않는다. 힘없는 노예는 평생 매여 살 수밖에 없다. 벗어나는 유일한 길은 죽음으로써 해방을 받는 것뿐이다.

죄의 몸이 죽는 방법은 오직 예수 그리스도의 십자가에 있다. 이것이 하나님의 해결책이다. 하나님의 구원 계획이다.

> 무릇 그리스도 예수와 합하여 세례를 받은 우리는 그의 죽으심과 합하여 세례를 받은 줄을 알지 못하느냐? 그러므로 우리가 그의 죽으심과 합하여 세례를 받음으로 그와 함께 장사되었나니 롬 6:3,4

우리는 "죄에 대하여 죽었다"(롬 6:2). 죄가 더 이상 왕 노릇 하지 못한다.

> 우리가 알거니와 우리의 옛 사람이 예수와 함께 십자가에 못 박힌 것은 죄의 몸이 죽어 다시는 우리가 죄에게 종노릇하지 아니하려 함이니 이는 죽은 자가 죄에서 벗어나 의롭다 하심을 얻었음이라 롬 6:6,7

이제 우리는 예수의 부활에 연합한 자가 되었다. 우리는 예수가 십자가에서 죽으심과 부활하심을 믿는다.

> 만일 우리가 그의 죽으심과 같은 모양으로 연합한 자가 되었으면, 또한 그의 부활과 같은 모양으로 연합한 자도 되리라… 만일 우리가 그리스도와 함께 죽었으면 또한 그와 함께 살 줄을 믿노니 롬 6:5,8

예수의 갈보리 십자가 위에 우리도 함께 못 박혔다. 그리스도의 십자가를 통해 우리의 옛사람이 죽으면, 예수님의 부활로 우리의 몸을 재창조하는 것이 하나님의 계획이다. 새 창조, 새로운 피조물이 되게 하셨다. 인격에 대한 억압이 아니라 인격의 재창조이다. 그리스도의 십자가는 우리를 자유케 한다.

십자가의 능력2 - 율법으로부터 해방(롬 7장)

십자가를 통해 세계 헤비급 챔피언인 무자비하고 악독한 노예 주인으로부터 해방되어 기쁨을 누리는 것도 잠깐이요, 또 다른 엄청난 존재가 나를 붙잡아 죄 아래로 끌어간다. 그것은 바로 거룩하고 의로우며 선한 율법이다. 이 율법이 나의 죄를 죄로 드러내어 나를 죄 아래에 팔았다. 로마서 7장은 율법을 남편으로, 죄인인 나를 아내로 묘사한다(롬 7:1-3).

빵점짜리 결혼생활

내 남편은 거룩하고 의로우며 선하다. 또한 신령하다. 너무너무 완벽하다. 이런 남자를 남편으로 둔다면 어떨까? 주변의 여자들이 모두 나를 부러워한다. 그런데 어이없게도 나는 너무너무 불행하다! 왜냐하면 이런 남편에 비해 나는 허물투성이이기 때문이다. 실수를 연발하고 무엇 하나 잘하는 것이 없다. 요리를 하다가 깜빡해 까맣게 태우는 일이 다반사다! 한 번은 넘어가겠는데, 남편만 만나면 정죄감, 죄책감에 사로잡힌다. 남편은 내가 자신처럼 완벽해지기를 요구한다. 나는 결심도 하고, 금식기도도 하는데 변함이 없다. 나의 결혼생활은 빵점이다! 그런데 어느 날 커다란 문제가 발생했다. 전망 좋은 카페에서 혼자 커피를 마시며 내 신세가 너무 불쌍하여 침울해 있는데, 한 남자가 옆 테이블에 있다가 나를 보았다. 그는 내게 무슨 일이 있냐며 조심스럽고 예의 바르게 질문했다. 점점 알게 된 것은 이 남자도 내 남편처럼 거룩하고 의로우며 선하다는 것이다. 완벽한 점도 똑같다! 그런데 한 가지가 너무 달랐다. 나를 이해해주고 나의 연약함을 대신 채워준다는 것이다. 용납, 용서, 오래 참음, 이해, 그리고 사랑으로 가득하다! 나도 모르게 내 마음이 이 남자에게로 가려 한다. 그러나 그럴 수 없다. 나에게는 이미 남편이 있지 않은가! 내 남편은 불사조와 같아서 병들지도 않고 죽지도 않는다. 나는 어쩔 수 없이 평생 불행한 결혼생활에 매여 살아야 한다.

그런데 어느 날, 지혜로운 상담가를 통해 자유하게 되는 길, 행복한 결혼생활의 비결을 알게 되었다. 그 길은… 내가 죽는 것이다! 그러면 나는 남편으로부터 자유케 된다. 더 놀라운 것은 내가 새로 태어난다는 것이다. 그러면 이 멋있는 남자와 결혼할 수 있다! 그것이 가능할까? 가능하다! 하나님이 나에게 해결책을 주셨다. 바로 예수 그리스도의 십자가다.

> 그러므로 내 형제들아, 너희도 그리스도의 몸으로 말미암아 율법에 대하여 죽임을 당하였으니, 이는 다른 이 곧 죽은 자 가운데서 살아나신 이에게 가서 우리가 하나님을 위하여 열매를 맺게 하려 함이라. 우리가 육신에 있을 때에는 율법으로 말미암는 죄의 정욕이 우리 지체 중에 역사하여 우리로 사망을 위하여 열매를 맺게 하였더니, 이제는

우리가 얽매였던 것에 대하여 죽었으므로 율법에서 벗어났으니, 이러므로 우리가 영의 새로운 것으로 섬길 것이요, 율법 조문의 묵은 것으로 아니할지니라 롬 7:4-6

십자가는 나의 옛사람을 멸하고, 나아가 나로 율법에 대해 죽게 한다. 예수 그리스도의 십자가에서 함께 죽음으로 죄에서 해방되고, 율법에 대하여도 해방되었다.

십자가의 능력을 경험하는 길

우리는 로마서 6장과 7장을 통해 놀라운 십자가의 능력을 보았다. 십자가는 나를 죄와 사망으로부터 자유하게 했다. 율법의 정죄로부터 나를 자유하게 했다. 이 놀라운 십자가의 능력을 계속 경험하며 사는 것이 곧 승리의 길이다. 진정한 자유를 맛보며 사는 길이다. 로마서에서 이런 길을 세 가지로 제시했다. 앎, 여김, 드림이 그 길이다.

십자가의 능력을 경험하는 길 - 앎(롬 6:9), 여김(롬 6:11), 드림(롬 6:13)

첫째, 앎 - 롬 6:6-9

어떤 사실을 아는 것과 모르는 것은 차이가 크다. 우리의 삶에 절대적인 영향을 준다. 1990년 미국령 괌에 강의하러 갔을 때다. 공항에 영접 나온 형제들이 나에게 최근 괌에서 일어난 빅뉴스를 서로 말해주느라 떠들썩했다. 내용은 대강 이렇다. 사람들이 밀림에서 우연히 어떤 사람을 발견했다. 옷을 입지 않고 머리카락은 길며 원시 수준의 삶을 사는 60대 초반의 남자였다. 그는 태평양 전쟁에 소집된 일본군 병사였다.

일본군이 연합군에 항복할 때, 스무 명의 일본 군인들은 항복하지 않고 밀림 속으로 들어갔다. 그들은 거기에서 원시적인 삶을 살았다. 흐르는 시내의 물고기, 나무 열매, 그리고 산나물이 그들의 식량이었다. 시간이 흘러 한 명씩 죽고 마지막 한 사람만 남았다가 사람들에게 발견된 것이다. 그들은 전쟁이 이미 끝났다는 소식을 몰랐다. 항복하면 바로 자유인이 되어 본국으로 귀환된다는 것을 알지 못했다. 만일 알았다면 자유의 몸이 되어 젊은 나이에 그들의 비전을 이루며 살았을 것이다. 그러나 그들은 이 소식을 알지 못했다.

마찬가지다. 로마서는 그리스도의 십자가의 비밀을 알려준다. 우리 옛사람이 예수 그리스도와 함께 십자가에 못 박혔다고. '못 박아 주소서'가 아니라 이미 못 박혔다.

예수님이 십자가에서 죽으실 때 나도 함께 죽었다. 그리스도 안에서 죽었다(롬 5:8). 그리스도께서 우리를 위해 죽으셨다(롬 6:8). 우리는 그리스도와 함께 죽었다. 죄의 몸이 멸하여 더 이상 죄에게 종노릇하지 않게 되었다. 우리는 죄에게서 벗어났다. 그리하여 이제는 그리스도와 함께 죽고, 그리스도와 함께 산다.

"우리가 알거니와"(롬 6:6), "앎이로라"(롬 6:9). 그리스도의 십자가 능력을 경험하는 길은 이 사실을 아는 것에서 시작된다.

둘째, 여김 - 롬 6:11

십자가의 능력을 경험하는 길을 먼저 "알고" 다음으로 "여기는 것"이다.

> 이와 같이 너희도 너희 자신을 죄에 대하여는 죽은 자요, 그리스도 예수 안에서 하나님께 대하여는 살아있는 자
> 로 **여길지어다** 롬 6:11

"여기다"라는 말은 헬라어로 '회계하다, 부기하다'라는 뜻이다. 즉 장부에 기입하여 이루어진 결과를 받아들이라는 것이다. 회계장부 결산서에는 이렇게 기록되어 있다. **'나 자신은 죄에 대하여 죽었다.'**

셋째, 드림(내줌) - 롬 6:12,13,16,19 여섯 번 언급

"알고", "여기고" 이제 드린다.

> 그러므로 너희는 죄가 너희 죽을 몸을 지배하지 못하게 하여 몸의 사욕에 순종하지 말고, 또한 너희 지체를 불의
> 의 무기로 죄에게 내주지 말고, 오직 너희 자신을 죽은 자 가운데서 다시 살아난 자같이 하나님께 드리며, 너희 지
> 체를 의의 무기로 하나님께 드리라 롬 6:12,13

우리 자신을 드린다는 말은 헌신을 의미한다. 나 자신을 드리라는 것이다. 로마서 6장에는 "드리라/내주다"라는 말씀이 여섯 번 언급(6:13,16,19)된다. 나는 이제 하나님의 것이 되었다. '거룩'이라는 말은 구별했다는 뜻이다. 나는 구별된 하나님의 소유다. 하나님의 부동산이다. 평생, 매순간, 끊임없이 십자가 사건을 통한 결과를 **알고, 여기고, 드리는** 삶을 살아야 한다.

톨레돗의 길 - 성령으로 행함(롬 8장)

예수 그리스도의 십자가로 죄와 율법으로부터 자유하게 된 나는 앞으로 어떻게 살아야 하는가? 죄의 멍에와 율법의 정죄로부터 자유하게 된 감격의 삶으로 충분하지 않은가? 나를 향한 하나님의 놀라운 계획은 거기서 끝나지 않는다! 하나님은 우리가 톨레돗의 삶을 살기를 원하신다. 변화될 뿐 아니라 성장하는 삶이다. 변화를 주는 삶이자 영향을 주는 삶이다.

이스라엘 백성이 애굽의 종살이에서 벗어나는 것이 하나님의 계획의 전부가 아니었다. 광야를 통과하는 것도 그분의 목표가 아니었다. 가나안에 들어가 그 땅을 정복하는 것도 아니었다. 그 땅의 가나안 족속들을 몰아내는 것으로 하나님의 비전이 성취되는 것도 아니었다. 하나님의 놀라운 계획은 그 땅에서 바알 제단과 아세라 우상을 제거하고 그 땅에 하나님나라가 임하게 하는 것이었다. 더 나아가 모든 민족에게 하나님을 알리고 그곳에 하나님나라가 임하게 하는 것이었다. "물이 바다를 덮음같이 여호와의 영광을 인정하는 것이 세상에 가득함이니라"(합 2:14). 이것이 하나님의 비전이다.

로마서 8장은 이런 삶의 비결을 말씀하신다.

오직 성령!

질문1 : 나는 아담 안에 있는가? 그리스도 안에 있는가?

질문2 : 나는 육으로 살고 있는가? 성령으로 살고 있는가?

- 우리의 **죄행**에 대하여 **예수의 보혈**로 정결하게 하셨다(롬 1:1-5:11).
- 우리의 **죄성**에 대하여 **예수의 십자가**로 해결하셨다(롬 5:12-8:39).
- '아담 안에서'와 '그리스도 안에서'의 대조는, 객관적인 우리의 위치를 말한다(롬 5:12-6:23).
- '육 안에서'와 '영 안에서'의 대조는, 주관적인 우리의 행함을 말한다(롬 7장-8장).

1) 객관적 : 우리의 위치(롬 5:12-6:23)
- 아담 안에서 - 출생을 통한 과거의 위치
- 그리스도 안에서 - 그리스도의 십자가의 구속으로 인한 우리의 현재 위치
2) 주관적 : 우리의 행함(롬 7장-8장)
- 육으로 산다 - 아담 안에서와 같이 자기 자신의 힘으로 무엇을 하는 것이다.
- 성령으로 산다 - 그리스도 안에서 성령의 힘과 인도하심으로 행하는 것이다.

그리스도의 십자가 - 우리에게 구원을 주기 위해 우리 안에서 역사하신다.

성령 - 우리 안에 있는 구원을 나타내기 위해 우리 안에서 역사하신다.

생명의 성령의 법(롬 8:1,2)

> 그러므로 이제 그리스도 예수 안에 있는 자에게는 결코 정죄함이 없나니, 이는 그리스도 예수 안에 있는 생명의 성령의 법이 죄와 사망의 법에서 너를 해방하였음이라 롬 8:1,2

법이란 무엇인가? '법칙'의 준말이다. 계속 반복해서 일어나는 어떤 사실이다. 예를 들면 교통법규 같은 것이다.

만유인력의 법칙을 **뉴턴의 법칙** 혹은 **중력의 법칙**이라고 한다. 사과가 꼭지에서 떨어지면 땅으로 떨어진다. 사과가 아무리 발버둥쳐도 어림없다. 무력하다. 예외가 없다. 이것이 법이다.

죄와 사망의 법 - 내 육신으로 하나님을 기쁘시게 할 수 없다. 능력이 없다.

생명의 성령의 법 - 내 육신으로 할 수 없는 그것이 오직 성령의 법으로만 가능하다.

오직 내 육신은 죄와 사망의 법만이 작동한다. 마치 뉴턴의 법칙과 같다. 그런데 또 다른 법칙이 있다. 새가 하늘을 나는데, 땅으로 떨어지지 않는다. 여전히 뉴턴의 법칙은 작동되지만 새에게는 적용되지 않는다. 조금도 영향을 주지 않는다. 왜냐하면 새는 다른 법칙에 의해 움직이기 때문이다. 바로 생명의 법이다.

돌배나무와 참배나무는 그 열매가 각각 다르다. 각각 작용하는 생명이 다르기 때문이다. 돌

배나무는 오직 돌배만 맺는다. 참배를 맺을 수 없다. 참배나무에서만 참배를 맺는다. 그러나 돌배나무 가지를 참배나무에 접붙이면 참배를 맺는다. 왜냐하면 생명의 흐름이 바뀌었기 때문이다.

이처럼 하나님은 우리를 죄와 사망의 법에서 자유케 하시고 생명의 성령의 법 아래로 옮기셨다. 이제 우리는 새로운 법 아래에서 살게 되었다. 성령으로 살 때 우리는 새로운 생명의 법에 의해 작동된다.

성령으로 사는 법을 배워야 한다. 연습해야 한다.

• 내가 할 수 없는 그것을 성령께서 내 안에 행하여 주심을 믿는 것이다(겔 36:26,27).

• 노력하는 것에 있지 않고 신뢰하는 것에 있다.

• 발버둥치는 대신 성령 안에서 쉬는 법을 배운다(시 46:10,11).

• 성령께서 내 안에서 일하시도록 요청하는 것이다.

성령을 좇아 행하라(롬 8:3,4)

(1) 노력이 아니라 행동이다.

> 이를 위하여 나도 내 속에서 능력으로 역사하시는 이의 역사를 따라 힘을 다하여 수고하노라 골 1:29

원동력은 성령이시다. 그러나 시동력은 내게 있다. 내가 믿음으로 힘을 다해 순종할 때, 성령께서 내 속에서 능력으로 일하신다.

(2) 성령께 복종하는 것이다.

조급한 기질, 불결한 생각, 경솔한 혀, 비판적인 마음 등을 극복하고 변화하려고 나 자신이 스스로 노력해도 소용이 없다.

> 육신에 있는 자들은 하나님을 기쁘시게 할 수 없느니라 롬 8:8

이런 일들에 대하여 나는 그리스도 안에서 이미 죽은 자로 알고 여겨야 한다. 그리고 나에게 필요한 거룩함, 겸손, 온유함을 내 안에 나타내 달라고 성령을 의지해야 한다. 오직 성령으로만 가능하다.

> 예수를 죽은 자 가운데서 살리신 이의 영이 너희 안에 거하시면, 그리스도 예수를 죽은 자 가운데서 살리신 이가 너희 안에 거하시는 그의 영으로 말미암아 너희 죽을 몸도 살리시리라 롬 8:11

> 무릇 하나님의 영으로 인도함을 받는 사람은 곧 하나님의 아들이라 롬 8:14

우리가 성령께 순복할 때 우리 안에 거하시는 성령이 우리를 인도하여 새로운 법 아래 살게 하신다. 우리로 능히 톨레돗의 삶을 살게 하신다. 날마다 순간마다 성령의 인도하심을 받으라. 그래야 내 삶의 모든 영역에서 그분께 순복하고 그의 힘을 의지하여 믿음으로 그물을 들고 깊은 데로 나아갈 수 있다.

우리들이 밤이 새도록 수고하였으되 잡은 것이 없지마는 말씀에 의지하여 내가 그물을 내리리이다 하고 그렇게 하니 고기를 잡은 것이 심히 많아 그물이 찢어지는지라 눅 5:5,6

하나님의 주권과 사람의 선택(롬 9장-11장)

로마서 9장-11장의 내용은 유대인의 구원과 이방인의 구원에 관한 것이다. 이 내용의 기반에는 **'하나님의 주권적 섭리와 사람의 의지적 선택'**이라는 논리가 깔려있다. 이것은 서로 상충하면서도 보완되는 내용이다. 이 세 장의 내용은 유대인의 구원을 다루고 있다. 그러나 유대인의 미래는 이방인에게 달려있음도 보여준다.

깊도다, 하나님의 지혜와 지식의 풍성함이여! 그의 판단은 헤아리지 못할 것이며, 그의 길은 찾지 못할 것이로다 롬 11:33

하나님의 선택 - 긍휼의 그릇(롬 9장)

바울은 자신의 동족 이스라엘의 구원을 위해서라면 자신이 누리는 분깃을 기꺼이 포기하겠다고 선언한다. 이전에 모세도 이와 같은 말을 하나님에게 고백했다. 바울은 어디를 가든지 먼저 유대인의 회당에서 복음을 전했다. 그러나 그의 마음을 끊임없이 고통스럽게 하는 것은 유대인의 강퍅함이었다. 그들은 복음을 거절했다.

내가 그리스도 안에서 참말을 하고 거짓말을 아니하노라. 나에게 큰 근심이 있는 것과 마음에 그치지 않는 고통이 있는 것을 내 양심이 성령 안에서 나와 더불어 증언하노니, 나의 형제, 곧 골육의 친척을 위하여 내 자신이 저주를 받아 그리스도에게서 끊어질지라도 원하는 바로라 롬 9:1,2

이스라엘은 분명히 이방인과는 구별된다. 그들에게는 하나님의 약속이 있다(롬 9:4,5). 그렇다고 자동적으로 모든 이스라엘이 구원받는 것은 아니다. 오직 남은 자만 구원을 받을 것이다(롬 9:27).

하나님은 그의 주권적 은혜로 이스마엘이 아닌 이삭을, 에서가 아닌 야곱을 선택하셨다. 메시아 약속을 이루기 위한 통로로 그들을 선택하여 세우셨다. 이같이 진노의 그릇과 긍휼의 그릇의 선택은 오직 하나님께 있다. 이런 하나님의 주권 가운데서 감사한 것은 우리가 바로 긍휼의 그릇이라는 사실이다.

이 그릇은 우리니, 곧 유대인 중에서뿐 아니라 이방인 중에서도 부르신 자니라 롬 9:24

오직 믿음으로 구원을 받으리라(롬 10장)

유대인에게는 분명 더 많은 특권이 있다. 그들은 아브라함의 자손이다. 그렇지만 유대인이라고 자동적으로 구원받는 것이 아니다. 하나님의 구원 계획은 오직 믿음으로 이루어진다. 유대인이나 이방인이 차별이 없다.

네가 만일 네 입으로 예수를 주로 시인하며, 또 하나님께서 그를 죽은 자 가운데서 살리신 것을 네 마음에 믿으면 구원을 받으리라. 사람이 마음으로 믿어 의에 이르고, 입으로 시인하여 구원에 이르느니라 롬 10:9,10

누구든지 주의 이름을 부르는 자는 구원을 받으리라 롬 10:13

그러므로 믿음은 들음에서 나며 들음은 그리스도의 말씀으로 말미암았느니라 롬 10:17

이스라엘은 복음을 들었으나 믿음으로 반응하지 않았다. 그러나 이방인은 복음을 듣고 믿어 구원을 받았다.

이스라엘의 남은 자(롬 11장)

그러나 바울은 여전히 자기의 동족 이스라엘이 구원받기를 간절히 바랐다. 그는 이스라엘은 버림을 받지 않고 반드시 구원에 이를 것이라고 믿었다.

…하나님이 자기 백성을 버리셨느냐? 그럴 수 없느니라! …하나님이 그 미리 아신 자기 백성을 버리지 아니하셨나니… 롬 11:1,2

엘리야 시대에 바알에게 무릎을 꿇지 아니한 사람 칠천 명을 남겨두셨듯이, 이스라엘 중에 은혜로 남은 자가 있다. 로마서 11장 26절에, "온 이스라엘이 구원을 받으리라"라고 하신 것은 모든 이스라엘을 가리키는 것이 아니라 **남은 자**를 가리킨다.

…바알에게 무릎을 꿇지 아니한 사람 칠천 명을 남겨두었다 하셨으니, 그런즉 이와 같이 지금도 은혜로 택하심을 따라 **남은 자**가 있느니라 롬 11:4,5

그러므로 우리는 이스라엘을 향해 하나님의 긍휼을 가져야 한다.

형제들아, 너희가 스스로 지혜 있다 하면서 이 신비를 너희가 모르기를 내가 원하지 아니하노니, 이 신비는 이방인의 충만한 수가 들어오기까지 이스라엘의 더러는 우둔하게 된 것이라 롬 11:25

복음이 모든 민족에게 전파되어 구원받는 자가 일어나도록 복음을 부지런히 전해야 하다. 동시에 이스라엘의 남은 자가 주께로 돌아오도록 이스라엘에도 복음을 부지런히 전해야 한다.

경고

바울은 이방인들에게도 경고한다. 원래는 돌감람나무인 이방인이 하나님의 긍휼로 참감람나무에 접붙임이 되었다. 그리하여 참감람나무 뿌리의 진액을 함께 받는 자가 되었다(롬 11:17).

옳도다, 그들은 믿지 아니하므로 꺾이고 너는 믿으므로 섰느니라. 높은 마음을 품지 말고 도리어 두려워하라… 그러므로 하나님의 인자하심과 준엄하심을 보라. 넘어지는 자들에게는 준엄하심이 있으니, 너희가 만일 하나님의 인자하심에 머물러 있으면 그 인자가 너희에게 있으리라. 그렇지 않으면 너도 찍히는 바 되리라 롬 11:20,22

유대인의 교만이 그 대표적인 예다. 하나님의 긍휼로 그들을 부르셨으나 이스라엘은 순종하지 않았고 그 결과로 구원에 이르지 못했다. 하나님의 말씀에 순종한 이방인은 하나님의 긍휼하심을 입어 구원에 이르렀다. 불순종하는 자에게는 하나님의 준엄하심이, 순종하는 자에게는 하나님의 인자하심이 머문다. 그러므로 이방인들도 항상 이스라엘의 교만과 불순종을 경계해야 한다. 겸손해야 한다. 순종의 삶을 살아야 한다. 하나님의 긍휼을 믿음으로 구원받은 이방인이 이스라엘처럼 교만하여 불순종한다면 유대인처럼 하나님의 준엄하심이 있을 것이다.

나는 한국인으로서 내 나라의 교회가 하나님의 비전을 성취하는 데 놀랍게 쓰임 받기를 간절히 원한다. 최근에 계속 내 마음에 큰 부담이 있다. 이웃나라들에 갔을 때 먼저 내 민족의 교회에서 말씀을 전했을 때의 반응과 현지 교회에서 말씀을 전했을 때의 반응 차이 때문이다.

일본, 중국, 베트남, 캄보디아, 필리핀, 파라과이, 페루, 그리고 케냐에서 말씀을 전하면서 느꼈는데, 한인 교회보다 현지 교회가 더 갈급하고 간절하게 말씀을 받아들인다. 그 속에서 겸손함을 보게 된다. 로마서 9장-11장의 말씀은 단순히 이스라엘과 이방인에 대한 것만이 아니다.

하나님의 의의 선물의 결과(롬 12:1-15:13)

기독교의 진리의 탁월함은 그 진리가 듣는 자를 자유하게 한다는 것이다. 기독교의 진리는 단순한 이론이 아니다. 우리의 일상생활과는 동떨어진 저 먼 피안의 세계에 대한 것이 아니다. 어떤 고상한 종교와 철학에 대한 것은 더구나 아니다. 특별히 종교성이 깊은 사람들만을 위한 것도 아니다. 명상록도 아니다. 기독교의 진리는 보통 사람을 위한 것이다. 교회 공동체와 가정은 물론 마트에서, 카페에서, 사무실에서, 학교에서, 길에서, 식당에서 일상생활을 영위하는 사람들을 위한 하나님의 진리다. 삶의 모든 영역(정치, 경제, 교육, 매스컴, 예술, 과학, 법률이나 병원, 가정 등)에서 어떻게 올바른 삶을 사는가에 대한 것이다.

로마서는 어찌 보면 12장부터가 본론이라고 볼 수 있다. 로마서 1장-8장(9장-11장은 삽입장)의 긴 내용의 결과이기 때문이다. 처음 여덟 장의 내용이 있어야 12장부터의 내용이 실제적이며 구체적이 된다. 로마서 1장-8장은 에베소서와 골로새서처럼 하나님께서 그리스도를 통해 우리에게 행하신 일과 베풀어주신 일을 보여준다. 그리고 그 사실에 기초하여 '삶의 모든 영역'에서 구체적으로 살아내야 함이 로마서 12장부터의 내용이다.

진정한 예배(롬 12:1,2)

로마서 12장 1절은 "**그러므로**"로 시작한다. 이것은 로마서 1장 18절부터 8장 39절 말씀의 결론이다. 하나님의 공의 앞에 '사형 언도'를 받았다가 '하나님의 의'가 나타나 '속량'하심으로 '무죄'를 선고받고 더 나아가 '의롭다 함'을 받은 우리가 앞으로 어떻게 살아야 하는가에 대한 출발이다. '속량'은 노예를 값을 주고 자유하게 했을 때 사용하는 단어다. 속량의 결과는 자유다. 우리는 노예의 신분에서 자유케 되었다.

우리는 "**그러므로**"에 밑줄을 긋고 색칠을 하고 마음판에 깊이 새겨야 할 것이다. 그것은 두려움, 의무감, 공포에 대한 반응이 아니라 감사, 감격, 기쁨, 자원함으로 나오는 반응이다. "**그러므로… 너희 몸을 하나님이 기뻐하시는 거룩한 산 제물로 드리라**"(롬 12:1)라고 하셨다. "몸"이란 단순히 육체만을 말하는 것이 아니라 '나의 육체, 나의 마음, 나의 생각, 나의 뜻, 나의 시간, 나의 재물, 나의 계획 등' 나의 전인격을 말한다. '당신이 나를 위해 당신의 생명을 값으로 주고 죄와 사망에서 나를 사셨습니다', '나는 나의 것이 아니라 주 예수님 당신의 것입니다', '그러므로 나는 나의 뜻을 따라 살지 않고 매 순간 당신의 뜻을 따라 살겠습니다'라는 고백이다.

"이는 너희가 드릴 영적 예배니라"(롬 12:1)라고 하신다. "영적"이라는 헬라어 '로기코스'(logikos)는 '신령한, 영적인'(spiritual)과 '합리적인, 이성적인, 합당한'(rational)의 두 가지 뜻으로 해석된다. 그러므로 "영적 예배"는 하나님께 드리는 '신령한 예배'요, '합당한 예배'다. "예배"(worship)라는 단어는 헬라어로 '라트레이아'(명사 latreia, 동사 latreuein)이다. 이는 '고용이나 임금을 받기 위해 일하다'라는 뜻이다.

- 고용주가 주는 품삯의 대가로 주인/고용주에게 자신의 노동력을 제공하는 노동자의 행동이다.
- 노예처럼 억지로가 아니라 자발적으로 일하는 것이다.

그러므로 "영적 예배"는 속량을 받은 자로서 자발적으로, 기쁨으로, 자원하여 반응하는 '합당한 예배'다.

> 예배란 기도나 의식만 아니라 하나님께 매일의 삶을 드리는 것이다. 나의 모든 것을 날마다 매 순간 결정하며 평생 드리는 것이다. 크든지 작든지, 집, 직장, 교회… 어디에서나 매 순간 그분의 뜻을 따라 사는 것이다. 예배는 교회당에서의 행사로 제한하지 말아야 한다. 온 세상을 살아계신 하나님의 성전으로 알고, 모든 일상 행동이 하나의 예배 행위가 되어야 한다. 그러므로 우리는 '교회에 하나님께 예배하러 간다'라고 말하는 것처럼 '공장에, 상점에, 사무실에, 학교에, 밭에, 들에… 하나님을 예배하러 간다'라고 말해야 한다.

로마서 12장 2절에서 보듯, 우리는 세상의 문화에 순응하여 따르는 사람이 아니다. 세상의 문화에 동화되어서는 안 된다. 우리는 하나님의 뜻에 생각을 고정시켜야 한다. 나부터 변화되어야 한다. 그리고 오히려 세상에 하나님의 문화를 창조해야 한다. 이것이 기독교 문명개혁 운동을 주도하는 자의 삶이다. 우리는 이를 위해 부르심을 받았다.

로마서 12장 1,2절을 기초로 하여 12장 3절부터 15장 13절까지 진행된다. 이 짧은 두 구절이 모든 행동의 기초요 핵심이며 원리다.

12장-13장은 그리스도인으로서의 책임과 의무에 대한 것이다.

　12장은 그리스도인으로서 책임과 의무에 대한 일반적 사항이다.

　13장은 사회 구성원으로서 그리스도인이 감당해야 할 행동지침이다.

14장에서 15장 13절까지는 교회 공동체의 구성원으로서 지켜야 할 행동지침이다.

사명자답게 살아가라(롬 12:3-8)

하나님은 각 사람에게 은혜대로 사명을 감당할 은사를 주셨다. 우리는 자기 자신의 은사가 무엇인지 알고 받아들여 하나님이 주신 은사를 사용해야 한다. 나에게 있는 은사는 하나님이 은혜로 주신 것이다. 다시 말하면, 인간의 노력이나 힘으로 얻은 것이 아니라 하나님이 주신 선물이다. 서로 비교하거나 시기, 질투, 경쟁할 것이 아니다. 각각의 은사는 다 귀하다. 은사는 나 자신의 유익을 위해서 주신 것이 아니다. 또한 교만하게 자랑하라고 주신 것도 아니다. 무슨 은사든지 전체의 유익을 위해서 사용해야 한다.

- 예언 - 하나님이 주신 말씀만을 바로 말해야 한다. 하나님이 주신 말씀과 상관없는 내용은 전하지 말아야 한다.
- 섬기는 일 - 섬김(헬, diakonia) 외에 월권하지 말아야 한다.
- 가르치는 자 - 하나님의 말씀을 바로 설명하는 데 힘써야 한다.
- 위로하는 자 - 격려, 위로로 세워주되 가르치려고 하지 말아야 한다.
- 구제하는 자 - 성실함으로 나누어야 한다. 늘 눈을 크게 뜨고 잘 살펴 신속하게 움직여야 한다.
- 다스리는 자 - 행정, 관리(operation)의 일을 한다. 부지런해야 한다. 멋대로 권력을 휘두르지 말아야 한다.
- 긍휼을 베푸는 자 - 친절한 마음, 즐거운 마음으로 하되, 화를 내거나 우울한 표정이 아니라 늘 미소를 띠어야 한다.

사명자다운 삶의 원칙들(롬 12:9-13)

1. "사랑에는 거짓이 없나니" - 사랑하는 척하는 것이 아니라 중심에서 우러나오는 사랑으로 사랑하는 것이다.
2. "악을 미워하고 선에 속하라" - 악은 필사적으로 피하고 선은 필사적으로 붙드는 것이다.
3. "형제를 사랑하여 서로 우애하고 존경하기를 서로 먼저 하며" - 깊이 사랑하는 좋은 친구가 되라는 것이다. 서로를 위해 무대 중심에서 벗어나 기꺼이 조연이 되라.
4. "부지런하여 게으르지 말고 열심을 품고 주를 섬기라" - 인간적인 힘과 열정으로 하여 지쳐 나가떨어지지 않도록 늘 주를 사랑함을 동기로 삼고 성령을 의지함으로 힘과 열정이 가득한 사람이 되라는 것이다. 안일한 삶을 경계해야 한다. 무기력함은 게으름에서 나오고 열정은 부지런함에서 나온다.
5. "소망 중에 즐거워하며 환난 중에 참으며 기도에 항상 힘쓰며" - 미래를 긍정적으로 바라보며 힘든 시기에도 주저앉지 말고, 그럴수록 더욱 열심히 기도하라는 것이다. 기도는 자동적으로 되는 것이 아니다.
6. "성도들의 쓸 것을 공급하며 손 대접하기를 힘쓰라" - 도움이 필요한 그리스도인을 살펴서 함께 나누고 정성껏 환대하라는 것이다. "힘쓰라"는 말은 '연습하라'는 뜻이다. 남을 섬기는 것은 결코 자동적이지 않다. '나는 체질이 아니다'라고 핑계하지 말고 작은 것부터 섬기는 연습을 해야 한다.

일곱 가지 관계의 원칙들(롬 12:14-21)

1. 자신을 핍박하는 자를 위해 기도하라. 결코 악담을 퍼붓지 말아야 한다.
2. 즐거워하는 자들과 함께 즐거워하고, 우는 자들과 함께 울라. 함께 울고 함께 웃는다. 타인의 성공을 즐거워한다. 슬픔을 나누면 반이 되고, 기쁨을 나누면 배가된다.
3. 서로 마음을 같이하여 살아야 한다. 무엇보다 하나 됨에 힘쓰라.
4. 모든 교만과 신사인 체하는 것을 버리라. 혼자 잘난 척하지 말아야 한다. 대단한 사람인 양 굴지 말아야 한다. 겸손으로 행하라.
5. 행동이 공명정대해야 한다. 객관적으로 인정받는 사람이 되라.
6. 할 수 있다면 모든 사람과 더불어 화평하라. 사이좋게 지내라.
7. 원수 갚을 생각을 하지 말라. 원수 갚는 것은 우리의 일이 아니라 하나님의 일이다. 원수 갚으려는 것이 지는 것이다. 반대 정신이 이기는 길이다.

그리스도인과 세상 권위(롬 13:1-7)

그리스도인은 훌륭한 시민이 되어야 한다. 모든 정부는 다 하나님의 주권 아래 있음을 확신해야 한다. 다윗은 "여호와께서 살아계심을 두고 맹세하노니"(삼상 26:10)라고 했다. 에녹은 "오직 믿음만이 하나님을 기쁘시게 할 수 있다"라고 했다. 하나님이 살아계심과 기도에 반드시 응답하심을 믿어야 한다(히 11:6).

정부는 평화와 질서를 유지할 책임이 있다. 공정한 법 집행이 이를 유지하게 한다. 하나님은 평화와 질서, 그리고 공의에 관심이 많으시다. 그러므로 우리는 정부를 위해 기도하고 책임감 있는 시민으로 살아가야 한다. 질서가 유지되도록 세금을 내야 한다. 시민의 의무를 다하고 지도자를 존중해야 한다. 하나님이 다스리신다.

사랑은 율법의 완성(롬 13:8-14)

사랑의 빚 외에는 빚지는 삶을 살지 말아야 한다. 율법의 완성은 사랑이다. 하나님을 사랑하고 이웃을 사랑하라. 시간을 낭비하지 말고 기독교 문명개혁 운동을 주도하는 삶을 살라. 세상에 영향을 받지 말고 세상에 영향을 주는 삶을 살라.

사랑을 기반으로 하고 믿음으로 행하라(롬 14장)

나와 생각이 다른 사람을 포용해야 한다. 다른 것이지 틀린 것이 아니다. 다양함을 인정하라. 서로에게 마음을 열고 경청하는 법을 배우라. 혹 필요하다면 일방적으로 주장하지 말고 설득하라.

쓸데없이 남의 일에 지나치게 간섭하지 말라. 무엇보다 중요한 것은 하나 됨을 열심히 지키는 것이다. 그렇다고 타협하라는 것이 아니다. 양보할 것과 양보하지 말아야 할 것이 무엇인지 말씀을 통해 분별하는 것이 중요하다. 필요하면 원을 더 크게 그려야 한다. 모든 것을 사랑을 기반으로 하고 믿음으로 행해야 한다.

그리스도인의 교제의 특징(롬 15:1-6)

1. 구성원들이 서로 남을 생각하는 것으로 특징 지어져야 한다. 자기 편한 대로 살아서는 안 된다. 힘은 섬기라고 있는 것이다. 남의 유익을 도모해야 한다.

2. 불굴의 정신을 가지라. 어려움을 견디기에 급급하지 말고 승리와 영광을 바라보라. 서로를 위로하고 도움을 주고자 힘쓰라.

3. 말씀을 연구하고 삶에 구체적으로 적용하여 살아가는 데 힘쓰라. 성경을 지식으로만 대해서는 안 된다. 나를 향해 무엇을 말씀하시는가에 귀를 기울이고 구체적으로 어떻게 살 것인가에 집중하라.

4. 소망을 가지라. 하나님 안에 있는 능력의 소망으로 서로를 대하라. 어떠한 경우에도 포기하지 말라. 서로를 도와 사이좋게 지내라.

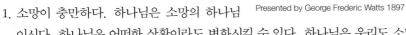

화가 조지 프레드릭 와츠의 〈소망〉이란 그림을 보면,
"한 여인이 한 줄만 남고 다 끊어지고
활처럼 구부러진 거문고를 가지고 있다."
- 끝까지 견디고, 실망하지 않는다.

5. 우리는 합창단 단원이다. 우리는 찬양의 공동체다. 우리의 목소리뿐 아니라 삶이 서로 어우러져서 하모니를 이루며 힘차게 하나님을 찬양한다.

조지 프레드릭 와츠, 〈소망〉
© Hope, 1886, George Frederic Watts and assistants,
Presented by George Frederic Watts 1897

포용하는 공동체의 네 가지 특징(롬 15:7-13)

그리스도인의 공동체는 포용력이 있다. 예수께서 우리에게 그렇게 하셨듯이 두 팔을 벌려 서로를 받아들인다. 이렇듯 포용하는 공동체는 다음과 같은 네 가지 특징을 가진다.

1. 소망이 충만하다. 하나님은 소망의 하나님이시다. 하나님은 어떠한 상황이라도 변화시킬 수 있다. 하나님은 우리도 소망이 넘치기를 원하신다.

2. 기쁨이 충만하다. 기독교의 특징은 기쁨이다. 예수 그리스도가 우리의 기쁨이다.

3. 화평이 있다. 진정한 화평은 내적 긴장과 외적 염려로부터 자유하다.

4. 능력이 있다. 이 같은 소망, 기쁨, 화평은 우리의 힘으로 이루어낼 수 없다. 우리는 자신의 힘으로 살아가지 않는다. 오직 성령의 능력을 의지하며 살아간다.

결론(롬 15:14-16:27)

바울의 사역과 계획(롬 15:14-33)

바울의 사역의 특징
제사장 복음 사역이다. 그는 자신의 복음 전파 사역을 이방인들을 하나님이 받으실 만한 거룩한 제물로 드리는 제사장 직분을 행하는 것으로 이해했다(롬 15:16). 얼마나 귀한가!

능력 전도 사역이다. 바울이 복음을 전파할 때마다 하나님께서 그와 동역하셨다. 바울은 "그 일은 말과 행위로, 표적과 기사의 능력으로, 성령의 능력으로 이루어졌으며"(롬 15:18,19)라고 고백한다. 하나님의 동역자가 되는 사역! 얼마나 큰 특권이요 영광인가!

개척자 사역이다. 그는 남의 터 위에 건축하지 않기로 힘썼다. 그래서 주의 이름을 한 번도 들어보지 못한 지역에 가서 복음을 전했다. "내가 그리스도의 이름을 부르는 곳에는 복음을 전하지 않기를 힘썼노니 이는 남의 터 위에 건축하지 아니하려 함이라"(롬 15:20). "힘썼다"는 말은 '열망하다. 야망을 가지다'의 의미이다. 그는 거룩한 사도적 야망(Holy Apostolic Ambition)을 가진 사역자였다.

구제 사역이다. 그는 이제 고린도에서 예루살렘으로 가고자 한다. 마게도냐와 아가야의 교회들이 가난한 자들을 위해 헌금한 것을 가지고 예루살렘 지역을 섬기고자 하기 때문이다(롬 15:25,26). 바울은 복음을 전파하면서 언제나 가난한 자들을 위한 구제 사역에 힘썼다(갈 2:10). 초대교회는 가난한 자들을 위한 구제 사역에 언제나 힘을 기울였다. 교회의 특징은 구제 사역이다.

바울의 사역 계획
그동안 바울은 예루살렘에서 두루 행하여 일루리곤까지 그리스도의 복음을 편만하게 전했다. 그는 이제 다시 예루살렘으로 가서 거기서 로마로 가고, 로마에서 서바나로 가려고 계획을 세웠다. 바울은 "주의 소식을 받지 못한 자들이 볼 것이요, 듣지 못한 자들이 깨달으리라"(롬 15:21)라고 하신 말씀의 성취를 위해 모든 생애를 바쳤다.

인사(롬 16:1-16)

16장의 인사에서 많은 사람(29명)의 이름이 나오는 이유가 무엇인가?

1) 바울 사도가 사람들을 개인적으로, 인격적으로 안다는 것을 알 수 있다.
사도 바울은 항상 너무 높은 차원에서 아이디어만 가지고 있지 않았다. 그는 사람들에게 큰 관심을 가졌다. 많은 아이디어를 가지고 있지만 사람에게는 무관심한 이들도 많다. 사도 바울은 로마서라는 대사상을 쓴 후에 사람들에게도 깊은 관심을 가졌다. 그는 로마에 한 번도 가보지 않았으나 사람들에 대해 깊은 관심이 있었기에 그들이 누구인지, 어디 있는지 알고 있었다.

교회 공동체란 뜨거운 사랑(형제, 자매로서)이 있는 그리스도의 몸이다.

냉랭한 사회에서 가족으로서의 만남이 있는 교회의 모습이 나타난다. 하나님은 우리 각자가 그분에게 너무 중요하기에 우리 이름까지도 아신다. 하나님이 사랑하신다. 오늘날 사람의 가치가 떨어지고, 사람에 대한 관심이 없는 시대이나 하나님나라는 다르다. 오늘날은 이름보다 번호가 사람을 대신하고 있다. 컴퓨터가 발달할수록 더욱 그렇다.

사람은 번호가 아닌 이름을 가진 인격적인 존재이다. 주께서 나에게 구체적인 관심을 가지신다. 개인적인 관심을 가진다. 주께서 나의 수고를 기억하신다.

2) 하나님은 우리가 함께 모일 때 서로에 대해 긍정적인 말이 오가기를 바라신다.

하나님은 우리가 모일 때 비난하거나 비평하는 것이 아니라 칭찬과 격려와 권면이 있기를 원하신다. 서로서로 권면하고 위로하는 것, 이것만이 고독한 세상에 그리스도인들이 줄 수 있는 것이다. 그리스도의 몸의 교제는 편히 쉬게 한다(롬 15:32). 그리스도의 몸의 교제는 만족을 얻게 한다(롬 15:24). 그리스도의 몸은 화평의 일과 서로 덕을 세우는 일에 힘쓴다(롬 14:19).

3) 그리스도의 몸으로 모일 때에는 깊이있는 감정을 표현할 수 있다.

서로를 신뢰함으로 교제한다. 마음속 느낌을 말하려면 먼저 서로 신뢰가 있어야 한다. 느낌을 말하는 것이 중요하다. 생각하는 것을 말하는 것이 아니라 느낌을 말하는 것은 인격적이다. 친밀감을 준다. 생각을 말하는 것은 지위, 위치, 사역의 차원에서 이루어지는 것이다.

느낌을 나타내는 단어들 : 감사(롬 1:8), 보기를 간절히 원한다(롬 1:11), 복음을 전하고 싶다(롬 1:15), 복음을 부끄러워하지 않는다(롬 1:16).

로마서는 교리서, 신학서임에도 불구하고 느낌을 말하는 책이다.

4) 하나님은 우리가 그리스도의 몸으로 모일 때 하나님나라가 드러나기를 원하신다.

하나님나라는 계급이나 인종, 국가를 초월한다. 로마서 16장에 언급된 29명 중 상당수가 여자다. 이는 당시의 문화적 배경으로는 큰 패러다임의 변화다. 더구나 자매들의 섬김, 수고, 리더십이 언급되고 있다. 뵈뵈, 브리스길라 등이 그 예다. 29명 중 13명이 당시 로마 제국의 고위직에 있었다. 또한 29명 중 15퍼센트가 유대인, 85퍼센트가 이방인이다. 안드로니고(롬 16:7), 유니아(롬 16:7), 헤로디온(롬 16:11), 아굴라(행 18:2, 롬 16:3), 아리스도불로(롬 16:10)가 유대인이다. 또한 이들 중 3분의 2는 노예거나 노예 출신이다. 또한 최소한 열두 명은 로마 출신이 아니다. 로마인의 이름이 아니다. 얼마나 넓은 교회 공동체인가! 하나님나라는 넓은 나라다.

5) 많은 가정교회에 편지하고 있다.

일곱 가정교회가 언급되고 있다. 한 교회만 언급되지 않았다.

- 브리스가(로마의 귀족 출신)와 아굴라(유대인), 저의 집에 있는 교회
- 에베네도, 마리아, 안드로니고와 유니아, 암블리아, 우르바노와 스다구, 아벨레
- 아리스도불로의 권속

- 나깃수의 가족(나깃수는 글라우디아 수하의 가장 힘 있는 노예 출신이다)
- 드루배나와 드루보사, 버시, 루포와 그의 어머니
- 아순그리도, 블레곤, 허메, 바드로바, 허마, 그들과 함께 있는 형제들
- 빌롤로고와 율리아, 네레오와 그 자매, 올름바와 그들과 함께 있는 모든 성도

교파, 교단, 지역을 넘어서서 예수 그리스도의 이름으로 모인 교회라면 서로 하나가 되고, 교제하며, 돌아보았다. 교회적 이기주의, 개인주의, 무관심을 경계했다. 서로 경쟁하거나 비교하지 않았다. 서로 시기와 질투를 하거나 헐뜯고 비난하지 않았다. 하나님은 형제가 연합하여 동거하는 곳에 복을 명하신다. 거기에 위로부터 부어주시는 기름부음이 흘러내린다(시 133편).

Dear. NCer

❶ NCer인 우리는 믿음으로 의롭다 하심을 받은 자들이다. 예수 그리스도의 피와 십자가로 죄 사함을 받아 죄와 율법에서 자유함을 얻었다.

❷ 삶의 모든 영역에서 하나님의 의를 실천하고 동시에 예수님을 닮아가는 사람이 되어 성령의 능력으로 기독교 문명개혁 운동을 주도하자.

7장

서신서2

바울의 4,5차 여행 시기의 서신들

- 4차 여행 - 옥중서신들 : 에베소서, 골로새서, 빌립보서, 빌레몬서
- 5차 여행 - 디모데전서, 디도서, 디모데후서, 베드로전서, 베드로후서

에베소서와 골로새서

내용상으로 보면 에베소서와 골로새서 사이에는 공관복음처럼 상당한 유사성이 있다. 55개 이상의 구절이 유사하여 쌍둥이 서신과도 같다. 그러나 이 두 서신은 많은 공통점을 가지면서도 각각 독특한 강조점과 목표를 가지고 있다. 에베소서는 보다 더 우수한 또 하나의 골로새서이다. 골로새서는 에베소서가 '넘쳐 나온' 듯한 서신이다.

두 서신 다 바울이 옥중에서 기록했다(엡 3:1, 4:1, 6:20, 골 4:10). 골로새서, 에베소서, 빌레몬서는 거의 같은 시기에 기록되었을 것이다. 골로새서와 에베소서 두 서신의 편지 배달부는 두기고로 언급되며, 오네시모가 그와 동행했던 것을 알 수 있다(엡 6:21, 골 4:7-9).

골로새서는 예수 그리스도의 뛰어나심을 강조하여 거짓 교훈들을 물리친다. 에베소서는 그리스도의 몸으로서 교회의 충만함을 강조한다.

	에베소서	골로새서
주 제	엡 1:9,10,23	골 1:18,19, 2:3,9,10, 3:4
	충만하게 하시는 예수 그리스도의 충만한 교회	모든 것 위에 뛰어나신 예수 그리스도
기 도 문	**엡 1:17-19 간구의 기도**	**골 1:9-11 간구의 기도**
	1. 지혜와 계시의 영을 주셔서 하나님을 알게 하소서 2. 마음의 눈을 밝히사 1) 부르심의 소망이 무엇인지 알게 하소서 2) 그 기업의 영광의 풍성함이 무엇인지 알게 하소서 3) 믿는 자를 통한 하나님의 능력이 어떠한지를 알게 하소서	1. 하나님의 뜻을 알게 하소서 2. 주의 뜻에 합당하게 행하게 하소서 3. 하나님의 능력으로 능하게 하소서 4. 기쁨으로 모든 견딤과 오래 참음에 이르게 하소서 5. 아버지께 감사의 기도를 하게 하소서
	엡 3:14-19 간구의 기도	**골 1:12-14 감사의 기도**
	1. 성령의 능력으로 속사람을 강건하게 하소서 2. 믿음으로 그리스도의 임재를 경험하게 하소서 3. 4차원적인 그리스도의 사랑(너비, 길이, 높이, 깊이)을 경험하게 하소서	1. 우리로 하나님의 기업을 이을 자가 되게 하심을 감사 2. 우리를 흑암의 권세에서 건져내어 사랑의 아들의 나라로 옮기심을 감사 3. 우리가 속량 곧 죄 사함을 얻게 하심을 감사

❖ 에베소서(Ephesians) 예수 그리스도의 몸 된 교회의 충만함

에베소서는 가장 우수한 서신으로, '서신 중의 여왕'이라는 별명을 가지고 있다. 시인이며 철학가인 사무엘 테일러 코울리지(Samuel Taylor Coleridge)는 에베소서를 '인간이 쓴 가장 신성한 작품'이라고 소개했다.

에베소서는 특정 교회에만 보낸 서신이 아니다. 갈라디아서처럼 일반적인 성격을 띠고 소아시아 여러 교회에 보낸 회람장이다. 골로새서 4장 16절에 '회람장이 있다. 현재는 라오디게아교회에 있다. 그것이 너희에게 올 때 반드시 읽어라'라고 했다. 이것은 에베소서를 가리킨다.

> 나의 사정 곧 내가 무엇을 하는지 너희에게도 알리려 하노니, 사랑을 받은 형제요 주 안에서 진실한 일꾼인 두기고가 모든 일을 너희에게 알리리라 엡 6:21

> 두기고가 내 사정을 다 너희에게 알려주리니, 그는 사랑받는 형제요, 신실한 일꾼이요, 주 안에서 함께 종이 된 자니라 골 4:7

이 세상에 빛과 소금으로 부르심을 받은 그리스도인은 그의 삶을 통해 '그리스도인답게 살아냄'을 보여주어야 한다. 에베소서는 그리스도인의 행함을 강조한다. 그러기 위해서는 먼저 하나님을 알아야 한다. 그래야 믿는 내용이 무엇인지 보여줄 수 있다. 믿음과 행함의 유기적 일치가 이루어져야 한다.

에베소서 – 충만하게 하시는 예수 그리스도의 충만한 교회(엡 1:9-10)

그리스도 안에 있는 믿는 자의 유업							믿는 자 안에 있는 그리스도의 생명					
그리스도인의 위치							그리스도인의 행함					
아버지의 뜻			아들의 구원			성령의 사역	그리스도 안에서 우리의 부르심					영적전쟁
신실한 자들	모든 신령한 복	마음 눈을 밝히사	살리심 일으키심 앉히심	한 새 사람	그리스도의 비밀	무릎을 꿇고 비노니	부르심에 합당하게 행하라	진리로 행하라	사랑 가운데서 행하라	빛의 자녀들 처럼 행하라	지혜로 행하라	하나님의 전신 갑주를 입으라	변함 없는 사랑
1:1 -2	1:3 -14	1:15 -23	2:1 -10	2:11 -22	3:1 -13	3:14 -21	4:1 -16	4:17 -32	5:1 -7	5:8 -14	5:15 -6:9	6:10 -20	6:21 -24
그리스도인의 특권							그리스도인의 책임					
앉으라(좌)							행하라(행)					서라 (참)
첫인사	찬송	기도	B.C./A.D. 한 개인	B.C./A.D. 공동체	더 큰 공동체	기도, 찬송	하나 됨	진리	사랑	빛	지혜	전신 갑주	끝인사

에베소서의 메시지

바울의 시편(엡 1:3-14)

성경에서 가장 긴 문장을 사용하여 삼위일체 하나님을 찬양한다. 한글 성경에는 여러 문장으로 나뉘어 번역되었지만 헬라어 원문에는 한 문장으로 되어 있다.

"찬송하리로다!"로 시작하여 성부 하나님, 성자 예수 그리스도, 성령 하나님을 찬양한다. 특히 "하늘에 속한 모든 신령한 복"을 주심으로 인해 찬송했다(엡 1:3). 그 복이 무엇인가를 나열했다.

1. 하나님 아버지께서 우리를 창세전에 택하시고 예정하여 자녀 삼으심을 찬송했다(엡 1:4-6).
2. 그리스도의 피로 우리를 속량 곧 죄 사함을 받게 하시고 기업이 되게 하심을 찬송했다(엡 1:7-12).
3. 구원의 복음을 듣고 믿는 이들에게 약속의 성령으로 인치셔서 우리 기업의 보증이 되심을 찬송했다(엡 1:13,14).

하나님 아버지를 찬송

하나님께서 창세전에 우리를 선택하셨다. 우리는 하나님의 예정함을 입어 그의 자녀가 되었다. 이것은 전적으로 하나님의 주권과 그분의 자유로운 선택에 의한 것이다. 이것보다 더 놀라운 사실이 또 있을까! 왜냐면 우리를 선택하신 시기(:창세전) 때문이다. 창세전에 우리에게 무슨 행위로 인한 공로나 자격이 있을 수 없다. 전적인 하나님의 은혜.

> 하나님이 우리를 구원하사 거룩하신 소명으로 부르심은 우리의 행위대로 하심이 아니요 오직 자기의 뜻과 영원 전부터 그리스도 예수 안에서 우리에게 주신 은혜대로 하심이라 딤후 1:9

우리에게 거저 주시는 그의 은혜로 하나님의 자녀가 되었다. 언제나 용납되고 환영받는 하나님의 가족의 일원이 된 것이다. 이보다 더 놀라운 특권과 영광이 있을 수 없다. 우리는 가장 놀라운 '로열패밀리 멤버'다!

이것이 우리가 하나님이 우리에게 주신 "하늘에 속한 모든 신령한 복"(엡 1:3)을 받아 누리는 근거다. 또 우리가 기뻐하며 찬양하는 이유다. 위축되지 않고 힘 있게 당당히 사는 이유다.

다윗은 요나단의 아들 므비보셋에게 항상 그의 상에서 식사할 수 있는 특권과 영광을 주었다. 므비보셋은 감격했다.

> 이 종이 무엇이기에 왕께서 죽은 개 같은 나를 돌아보시나이까? 삼하 9:8

예수 그리스도를 찬송

우리는 사면되고 석방되었다. 속량함이 없이는 사면될 수 없다. 죄가 우리를 사로잡아 노예로 삼았다. 그러나 그리스도의 피로 우리는 속량 곧 죄 사함을 받았다. 이제 우리는 죄로부터 자유하게 되었다. 더 이상 정죄가 없다. 이 자유는 그리스도 안에서 그의 은혜의 풍성함을 따라 받은 것이다. 우리는 죄 사함을 받고 자유함을 얻었을 뿐 아니라 그의 기업이 되었다. 하나님은 우리가 영광스러운 삶을 살도록 예정하셨다. 이것이 우리가 누리는 또 다른 "하늘에 속한 모든 신령한 복"(엡 1:3)이다.

성령 하나님을 찬송

우리가 창세전에 택하심을 받아 하나님의 자녀 됨과 그리스도의 피로 속량함을 받고 하나님의 기업이 됨을 어떻게 알 수 있는가? 어떻게 이것을 조금도 의심 없이 확신할 수 있는가? 우리가 이 놀라운 진리의 말씀을 듣고 믿을 때 성령께서 서명하시고 보증하셔서 우리가 구원받았음을 확신하게 된다.

> 무릇 하나님의 영으로 인도함을 받는 사람은 곧 하나님의 아들이라⋯ 성령이 친히 우리의 영과 더불어 우리가 하나님의 자녀인 것을 증언하시나니 롬 8:14,16

우리는 성령께서 보증하시고 서명하신 인증서를 가지고 있다. 이것은 시작에 불과하다. 하나님께서 예수 그리스도 안에서 우리를 위해 계획하신 하늘에 속한 모든 신령한 복을 더욱 누리도록 성령께서 이끄실 것이다.

바울의 기도(엡 1:15-23)

바울은 하나님이 우리에게 행하신 놀라운 일들로 인해 하나님을 찬양할 뿐 아니라 그분의 뜻이 우리 가운데 더 풍성하게 드러나도록 에베소를 비롯한 소아시아의 성도들을 위해 하나님께 기도한다. 이 기도는 내가 무엇을 구해야 하는지, 중보기도하는 사람들(가족이나 친구, 나와 연관된 사람들, 그리고 성령께서 기도의 부담감을 주시는 사람들)을 위해 무엇을 구해야 하는지 알려준다.

1. 하나님을 알게 하소서

하나님을 아는 것은 신앙생활에 가장 중요한 부분이며 우리를 향한 하나님의 뜻이다.

> 나는 인애를 원하고 제사를 원하지 아니하며, 번제보다 하나님을 아는 것을 원하노라 호 6:6

하나님을 아는 것이 우리의 자랑거리다. 또한 우리가 하나님을 알 때 하나님이 기뻐하신다.

> 여호와께서 이와 같이 말씀하시되, '지혜로운 자는 그의 지혜를 자랑하지 말라. 용사는 그의 용맹을 자랑하지 말라. 부자는 그의 부함을 자랑하지 말라. 자랑하는 자는 이것으로 자랑할지니, 곧 명철하여 나를 아는 것과 나 여호와는 사랑과 정의와 공의를 땅에 행하는 자인 줄 깨닫는 것이라. 나는 이 일을 기뻐하노라. 여호와의 말씀이니라 렘 9:23,24

하나님을 알 때 우리는 어떤 상황에도 흔들리지 않고 더 나아가 환경에 영향을 주는 삶을 살 수 있다.

> 오직 자기의 하나님을 아는 백성은 강하여 용맹을 떨치리라 단 11:32

우리의 지혜와 지식으로는 하나님을 알 수가 없다. 그분이 지혜와 계시의 영을 주셔야 한다. 성령으로 말미암아 우리에게 이해력과 분별력을 주셔야 알 수 있다.

2. 나/그를 향한 그의 부르심의 소망이 무엇인지 알게 하소서

하나님은 각 사람에게 사명을 주시어 이 세상에 보내셨다. 내 사명이 무엇인지 알 때 삶은 비로소 방향성을 갖게 되고 활력이 넘친다. 사명이 있는 자는 어떤 어려움이 와도 쉽게 포기하지 않는다.

3. 그 기업의 영광의 풍성함이 무엇인지 알게 하소서

우리를 위해 마련하신 이 땅에서 누릴 것이 무엇인지, 영원한 나라에서 누릴 내 기업이 무엇인지 알 때 우리는 어떤 형편에 처해도 부요한 마음으로 풍성한 삶을 살 수 있다. 영적인 거지처럼 구차하게 살지 않고 늘 만족스럽고 여유롭게 살 것이다.

4. 믿는 자를 통해 역사하시는 하나님의 능력이 어떠한지를 알게 하소서

전능하신 하나님의 능력이 우리의 믿음을 통해 이 세상에 풀어진다. 비밀번호를 입력할 때 보물창고에 들어가듯이 우리가 믿을 때 이미 가득 찬 하나님의 끊임없는 에너지와 한없는 능력이 우리를 통해 강같이 흐를 것이다.

이 놀라운 에너지와 능력은 그리스도에게서 나온다. 그분은 죽음에서 부활하시어 하늘에 오르시고 하나님의 보좌 우편에 앉아 모든 것을 다스리신다. 예수 그리스도는 모든 것의 최종 결정권자이시다. 놀라운 비밀은 그리스도는 교회의 머리이시며 교회는 그리스도의 몸이라는 것이다. 머리이신 그리스도께서 충만하시니 몸 된 그의 교회도 충만하지 않은가! 놀랍게도 그리스도께서 교회를 통해 그의 충만하심을 온 땅에 드러내신다(엡 1:20-23).

개인의 B.C./A.D.와 교회 공동체의 B.C./A.D.(엡 2장)

에베소서 2장은 간증의 책이다. 세계 역사가 예수 그리스도가 오시기 전의 시기(B.C.)와 오신 후의 시기(A.D.)로 나뉘듯이, 전반부는 개인의 B.C./A.D.를, 후반부는 공동체의 B.C./A.D.를 설명한다.

개인의 B.C./A.D. (엡 2:1-10)

B.C. 허물과 죄로 죽었다. 이 세상 풍조와 공중의 권세 잡은 자를 따랐다. 본질상 진노의 자녀였다(엡 2:1-3)

A.D. 그리스도와 함께 살리시고, 일으켜서, 함께 하늘에 앉히심(엡 2:4-10)

전환점 : 긍휼이 풍성하신 하나님의 큰 사랑(엡 2:4)

결과 : 그리스도 예수 안에서 선한 일을 위하여 지으심을 받은 하나님의 걸작품(엡 2:10)

교회 공동체의 B.C./A.D. (엡 2:11-22)

B.C. 이방인, 무할례자, 그리스도 밖, 이스라엘 밖, 외인, 소망이 없고 하나님도 없는 자(엡 2:11,12)

A.D. 한 새 사람으로 화평, 한 몸으로 하나님과 화목, 한 성령 안에서 아버지께 나아감(엡 2:13-18)

전환점 : 그리스도의 피와 그리스도의 육체(엡 2:13,14)

결과 : 외인도 나그네도 아니요 오직 하나님나라의 시민, 하나님의 권속, 하나님의 성전(엡 2:19-21)

> "너희는 그 은혜에 의하여 믿음으로 말미암아 구원을 받았으니, 이것은 너희에게서 난 것이 아니요 하나님의 선물이라"(엡 2:8).

그리스도의 비밀(엡 3:1-13)

바울은 계시로 그리스도의 비밀을 깨달았다. 그것은 "하나님의 그 은혜의 경륜"(엡 3:2)이다. 이전에는 그것을 알지 못했으나 이제 사도들과 선지자들에게 성령으로 나타내셨다. 그 비밀은 이방인들이 복음으로 그리스도 안에서 함께 상속자가 되고, 지체가 되고, 약속에 참여하는 자가 된다는 사실이다. 이를 아는 순간 바울의 삶은 대전환점을 맞게 되었다. 그는 측량할 수 없는 그리스도의 풍성함을 이방인에게 전하는 일꾼이 되었다. 대핍박자가 복음 전도자가 되었다.

> "모든 성도 중에 지극히 작은 자보다 더 작은 나에게 이 은혜를 주신 것은, 측량할 수 없는 그리스도의 풍성함을 이방인에게 전하게 하시고, 영원부터 만물을 창조하신 하나님 속에 감추어졌던 비밀의 경륜이 어떠한 것을 드러내게 하려 하심이라"(엡 3:8,9).

바울의 기도(엡 3:14-19)

이방인을 향한 하나님의 그 은혜의 경륜을 알게 된 바울은 자연스럽게 하나님 앞에 무릎을 꿇고 기도했다. 그분은 하늘과 땅의 각 족속에게 이름을 주신 아버지시다.

1. 성령의 능력으로 속사람을 강건하게 하여 주소서

속사람이 강건해야 겉사람도 강건하다. 예수님은 "사람이 떡으로만 살 것이 아니요, 하나님의 입으로부터 나오는 모든 말씀으로 살 것이라"(마 4:4)라고 하셨다. 또한 요한삼서 1장 2절에 "사랑하는 자여, 네 영혼이 잘됨같이 네가 범사에 잘되고 강건하기를 내가 간구하노라"라고 하셨다. 속사람은 오직 말씀과 성령으로 강건해질 수 있다.

2. 믿음으로 마음에 그리스도의 임재를 경험하게 하소서

마음에 그리스도가 계시면 언제나 풍성하다. 승리하며 살게 된다. 그리스도는 생명의 떡, 세상의 빛, 부활이요 생명이시며 참포도나무이시다. 그가 마음에 계시면 삶에 힘이 있고, 빛 가운데 행한다. 그의 모든 풍성함, 충만함, 생명과 부요를 삶에서 넘치도록 경험한다.

3. 그리스도의 4차원적인 사랑을 경험하게 하소서

나무가 잘 자라려면 좋은 땅에 뿌리를 깊이 내려야 하듯이 우리 삶도 그리스도의 사랑 가운데 깊이 뿌리내려야 한다. 그리스도의 4차원적인 사랑, 즉 그 사랑의 너비, 길이, 높이, 깊이를 경험하면 하나님의 충만하심 가운데서 충만한 삶을 살게 된다.

* 그리스도의 사랑의 너비, 길이, 높이, 깊이를 묵상하자.

좌.행.참.

중국의 탁월한 성경교사인 워치만 니는 《좌행참》에서 에베소서의 핵심을 설명한다.

좌(坐) : 앉다, Sit(엡 1장-3장)

그리스도의 위치는 하나님 보좌 오른편이다. 모든 권세와 능력을 다스리는 자리다.

> 그의 능력이 그리스도 안에서 역사하사 죽은 자들 가운데서 다시 살리시고 하늘에서 자기의 **오른편에 앉히사** 모든 통치와 권세와 능력과 주권과 이 세상뿐 아니라 오는 세상에 일컫는 모든 이름 위에 뛰어나게 하시고, 또 만물을 그의 발아래에 복종하게 하시고 그를 만물 위에 교회의 머리로 삼으셨느니라 엡 1:20-22

주님은 놀랍게도 우리의 자리를 마련하셨다. 하나님은 우리를 그리스도와 함께 살리셨을 뿐 아니라 함께 일으키시고, 함께 하늘에 앉히신다. 그곳은 지정석이다. 내 이름이 의자에 새겨져 있다.

> 허물로 죽은 우리를 그리스도와 함께 살리셨고, (너희는 은혜로 구원을 받은 것이라) 또 함께 일으키사 그리스도 예수 안에서 **함께 하늘에 앉히시니**, 이는 그리스도 예수 안에서 우리에게 자비하심으로써 그 은혜의 지극히 풍성함을 오는 여러 세대에 나타내려 하심이라 엡 2:5-7

이것이 "예수 안에서" 우리의 자리다. "앉히시다"는 과거시제가 아니라 현재완료형으로 '지금 현재 우리의 위치'를 말한다. 우리의 위치는 단지 죽음에서 다시 살리신 것만이 아니다. 우리는 땅에 있지 않고 예수 그리스도와 함께 하늘에 있다. 하나님은 우리를 예수 그리스도와 함께 다스리는 자리에 두셨다. 이는 우리의 권세와 능력을 말한다. 예수 그리스도의 권세와 능력을 우리의 것이 되게 하셨다.

에베소서 1장-3장에는 **"그리스도 안에"**라는 표현이 22회(1장 12회, 2장 6회, 3장 4회)나 나타난다. 예수 그리스도의 충만함이 곧 교회의 충만함이다. 예수 그리스도의 권세와 능력을 교회가 공유한다.

> 너희는 하나님으로부터 나서 그리스도 예수 안에 있고, 예수는 하나님으로부터 나와서 우리에게 지혜와 의로움과 거룩함과 구원함이 되셨으니, 기록된 바 자랑하는 자는 주 안에서 자랑하라 함과 같게 하려 함이라 고전 1:30,31

예수님은 우리에게 지혜, 의로움, 거룩함, 구원함이 되셨다. 우리는 우리에게 주어진 하늘에 속한 모든 신령한 복을 그리스도 안에서 누린다. 우리의 위치와 능력, 충만함과 풍성함은 전적으로 은혜다. 그러므로 아무도 자랑할 수 없다.

우리의 힘과 능력, 노력으로 이룬 것(DO)이 아니다. 예수 그리스도 안에서 주어진 것(DONE)이다. 이것이 기독교의 핵심이다. 우리는 두 글자 'DO'를 굵은 펜으로 지우고, 네 글자 'DONE'을 우리의 심장에 황금문자로 새겨야 할 것이다.

행(行) : 행하다, Walk(엡 4:1-6:9)

하늘에 있는 내 위치는 이 세상에서의 일상생활에 결정적 역할을 한다. 에베소서 4장 1절에서 6장 9절은 우리가 일상을 어떻게 살지 다섯 가지 영역에서 설명하고 있다. 이때 매번 "그러므로"라고 시작한다.

이는 1장-3장에서 말했던 우리의 위치에 따르는 결과를 말한다. 결코 잊지 말아야 할 것은 우리는 'DO'가 아니라 'DONE'에서 시작한다는 사실이다. 우리는 힘 있게 걸어가면 된다. 우리에게는 "사랑으로써 역사하는 믿음뿐"(갈 5:6)이다.

1. 부르심에 합당하게 행하라(엡 4:1-16)

우리는 '하나 됨'으로 부르심을 받았다. 그리스도인의 삶은 하나 됨이다. 하나님은 그리스도인들이 하나 됨을 이루는 곳에 "복이 있으라"라고 명령하신다. 거기에 선함과 아름다움이 있다. 충만한 기름부으심이 위로부터 부어진다(시 133편). 예수 그리스도는 믿는 자들을 위해 "저희가 하나 되게 하소서"라고 기도하신다(요 17:21-23). 믿는 자들이 하나가 되면 전도의 문이 열리고 사랑의 혁명이 일어난다.

하나 됨의 기반은 다음의 일곱 가지다. '한 몸', '한 성령', '한 소망', '한 분 주 예수 그리스도', '한 믿음', '한 세례', '한 분 하나님 아버지'이다. 교단이나 교파가 아니다. 우리는 원을 크게 그려야 한다. 사소한 일에 목숨 걸지 말아야 한다.

하나 됨을 이루는 길은 다음의 다섯 가지다. '모든 겸손', '모든 온유', '오래 참음', '사랑', '서로 용납'이다. 바벨탑은 분열을 이루지만 십자가는 하나 됨을 이룬다. 우리 모두 예수 그리스도의 십자가 아래 모이자.

2. 진리로 행하라(엡 4:17-32)

옛 사람을 벗어버리고 새 사람을 입는 길은 진리를 행하는 것이다. 그 비결은 우리의 생각이 새로워짐으로 이루어진다.

> 너희는 유혹의 욕심을 따라 썩어져 가는 구습을 따르는 옛 사람을 벗어버리고, 오직 너희의 심령이 새롭게 되어, 하나님을 따라 의와 진리의 거룩함으로 지으심을 받은 새 사람을 입으라 엡 4:22-24

"오직 너희의 심령이 새롭게 되어"가 열쇠다. "심령"이란 '생각', '사고방식'을 말한다. 그것은 한 번만이 아니라 매 순간 우리의 생각을 예수 그리스도께로 초점 맞추는 것을 말한다.

3. 사랑 가운데서 행하라(엡 5:1-7)

사랑으로 행하는 삶은 하나님의 사랑을 받는 자녀답게 사는 것이다. 하나님 아버지를 본받는 순종하는 자녀가 되자. 그리스도께서 우리를 사랑하신 것같이 우리도 사랑 가운데서 행하며 그리스도의 제자답게 그분을 본받는 자가 되자.

> 새 계명을 너희에게 주노니 서로 사랑하라. 내가 너희를 사랑한 것같이 너희도 서로 사랑하라. 너희가 서로 사랑하면 이로써 모든 사람이 너희가 내 제자인 줄 알리라 요 13:34,35

4. 빛의 자녀들처럼 행하라(엡 5:8-14)

우리는 빛의 자녀이므로 빛 가운데서 행한다. 빛의 열매는 모든 착함과 의로움과 진실함에 있다(엡 5:9). 하나님 아버지를 기쁘시게 하는 자녀가 되라. 열매 없는 어둠의 일에 참여하지 말고 도리어 책망하라.

5. 지혜로 행하라(엡 5:15-6:9)

지혜로 행하는 길은 세월을 아끼는 것이다. 무슨 일이든지 하나님의 뜻을 따라 결정하여 행하라. 때를 잘 분별해야 한다. 과음하지 말고 성령으로 흠뻑 취하라. 예배자가 되라. 그리고 모든 관계에 있어서 지혜로 행하라. 아내는 남편을 이해하고 지지하고, 남편은 아내를 소중히 여기라. 아내는 주 예수께 하듯 남편에게 순종하고, 남편은 주 예수께서 교회에게 하시듯 아내를 목숨을 주어 사랑하라. 부모를 주 안에서 순종하고 공경하라. 아버지들은 주님의 방법으로 자녀를 양육하라. 종들은 그리스도에게 하듯 주인에게 마음으로 복종하라. 주인들도 동일하게 종들을 대하라.

이 같이 다섯 영역에서 행함은 NCer로서 이 세상에 영향을 주는 삶이다. 그런 삶을 사는 원동력은 먼저 그리스도와 함께 하늘에 앉음에서 오는 능력으로 가능하다.

참(站) : 서다, Stand(엡 6:10-20)

우리가 이 세상에서 하나님의 뜻을 따라 살 때 반드시 염두에 두어야 하는 것은 우리의 대적자가 있다는 사실이다. 우리가 하나님의 뜻을 따라 살면 살수록 대적자는 더욱 긴장하여 어찌하든 우리가 세상에 영향을 주는 삶을 살지 못하게 방해하려고 안간힘을 쓴다. 기독교 문명개혁운동은 저절로 이루어지는 것이 아니다. 하나님은 우리를 영적 전쟁터로 부르셨다.

우리의 대적자는 눈에 보이는 사람들이 아니다. 눈에 보이지 않는 영적 존재들이다. 우리는 그들이 누구인지, 어떤 영역에서 어떻게 활동하는지 알아야 한다. "나를 알고 적을 알면 백전백승"이라고 했다.

- 영적 전쟁 대상인 사단의 네 영역의 세력들 - 통치자들, 권세들, 이 어둠의 세상 주관자들, 하늘에 있는 악의 영들이다(엡 6:12).

- 하나님의 전신갑주를 취하라 - 진리의 허리띠, 의의 호심경, 평안의 복음이 준비한 신발, 믿음의 방패, 구원의 투구, 성령의 검 곧 하나님의 말씀이다(엡 6:14-17).

  * 사단의 세력과 우리의 전신갑주를 묵상하자.

교회에 대한 이해

에베소서는 '교회론 교과서'이다. 교회의 여러 가지 모습을 보여준다.

1 ─ 교회는 그리스도의 몸이다(엡 1:22,23). 예수 그리스도는 교회의 머리, 교회는 그의 몸이다. 교회는 충만하다. 머리가 충만하면 몸도 충만하다.

> 그에게서 온몸이 각 마디를 통하여 도움을 받음으로 연결되고 결합되어 각 지체의 분량대로 역사하여 그 몸을 자라게 하며 사랑 안에서 스스로 세우느니라 엡 4:16

2 ─ 교회는 건물로서의 성전이다(엡 2:20-22). 예수 그리스도는 모퉁잇돌이다. 사도들과 선지자들의 터 위에 세우심을 입었다. 건물마다 서로 연결되어 성전이 되어간다.

3 ─ 교회는 그리스도의 신부다(엡 5:22-33). 아내와 남편의 관계를 이 구절이 성경 전체에서 가장 구체적으로 설명한다. 그러면서 동시에 신랑이신 예수 그리스도의 신부 된 교회의 모습도 보여준다.

> 이 비밀이 크도다. 나는 그리스도와 교회에 대하여 말하노라 엡 5:32

4 ─ 교회는 영적 군사다(엡 6:10-18). 우리는 이 세상에 소풍이나 관광 온 것이 아니다. 하나님 나라와 하나님의 의가 이 땅에 세워지도록 부르심을 받았다. 하나님은 그의 교회를 영적 전쟁으로 부르셨다.

교회의 직임

하나님은 교회가 그 사명을 감당하도록 사람들을 불러 직임을 맡기셨다.

> 그가 어떤 사람은 사도로, 어떤 사람은 선지자로, 어떤 사람은 복음 전하는 자로, 어떤 사람은 목사(:목자)와 교사로 삼으셨으니 엡 4:11

이들은 교회의 사명을 감당하도록 불러 세우신 직임자들이다. "성도를 온전하게 하여 봉사의 일을 하게 하며, 그리스도의 몸을 세우려 하심"(엡 4:12)이 이들의 역할이다.

변함없는 사랑

바울은 다음과 같은 멋있는 축도로 서신을 끝맺는다.

> **우리 주 예수 그리스도를 변함없이 사랑하는 모든 자에게 은혜가 있을지어다 엡 6:24**

"아멘!"

Dear. NCer
에베소서 1장과 3장의 기도를 항상 지니고 암송하여 하나님을 알고 그분을 경험하자. 그리스도의 풍성함을 알고 그리스도 안에 있는 그리스도인의 위치를 알아 세상에 영향력을 미치는 사람으로 살자. 중보기도와 영적 전쟁을 바르게 이해하고 적용하자.

❖ 골로새서(Colossians) 예수 그리스도의 탁월함

에베소에서 약 160킬로미터 떨어진 곳에 라오디게아, 히에라폴리스(온천 지대), 골로새가 있다. 이 세 도시는 서로 시야에 들어올 만큼 가까이 있다. 이 지역에는 상당수의 유대인들이 살고 있었다. 골로새교회는 바울이 세운 교회가 아니다. 또한 한 번도 방문한 적이 없다. 골로새서 2장 1절에서 바울은 그들을 향해 "내 육신의 얼굴을 보지 못한 자들"이라고 했다. 골로새교회는 바울의 동역자인 에바브라에 의해 세워졌다(골 1:7). 바울이 이 서신을 쓸 때 에바브라는 감옥에 있는 바울의 곁에서 그의 필요를 돌보는 일을 했다(골 4:12). 바울이 한 번도 간 적이 없는 이 지역에 대하여 어느 정도 이해가 있는 것은 에바브라가 그들의 형편과 사정을 알려주었기 때문이다(골 1:8).

바울이 에베소에서 사역하는 동안 아시아 전 지역에 복음이 전파되었다. 그 결과 아시아에 살고 있는 유대인이나 헬라인이 모두 말씀을 들었다(행 19:10). 골로새교회도 이때 세워졌다. 골로새서 1장 21절의 "전에 악한 행실로 멀리 떠나 마음으로 원수가 되었던 너희를"이라는 문구에서 골로새교회는 주로 이방인으로 구성되었음을 알 수 있다. 골로새서 3장 5-7절의 죄의 목록은 이방인의 모습이기도 하다.

골로새서는 우주적인 그리스도, 그리스도의 탁월함이 주제이다.
골로새서는 다음의 세 가지 면에서 경계하라고 메시지를 전한다.

  1. 유대주의적 율법주의, 외식주의를 경계하라.
  2. 천사 숭배와 거짓 신비주의를 경계하라(골 2:18,19).
  3. 그노시스주의(:영지주의)와 금욕주의, 인간적인 철학을 경계하라(골 2:20-23).

골로새서 – 그리스도의 탁월하심과 충만하심(골 1:18)

그리스도의 최고권				그리스도에게 순종			
그리스도가 우리를 위해 하신 일				그리스도가 우리를 통해 하시는 일			
인사	감사와 기도	그리스도의 탁월성	그리스도 안에 있는 자유	그리스도인의 위치	그리스도인의 새로운 삶	성도의 교제	인사
1:1-2	1:3-14	1:15-2:5	2:6-29	3:1-4	3:5-4:6	4:7-17	4:18
교리적 부분				실천적 행동			

골 1:18 그는 몸인 교회의 머리시라 그가 근본이시요 죽은 자들 가운데서 먼저 나신 이시니 이는 친히 만물의 으뜸이 되려 하심이요

이 같은 것들은 인간의 지혜와 제도를 너무 강조하고 그리스도께 마땅히 드려야 할 최고의 자리를 드리려고 하지 않는다. 이러저러한 영적 존재를 예수 그리스도와 동급으로 여겨서는 안 된다. 그 어떤 것도 예수 그리스도와 견줄 수 없다. 오직 그리스도께만 최고의 자리를 드리라. 그분은 교회의 머리시다(골 1:18). 또한 그분은 전 우주의 머리시다(골 2:10).

골로새서의 메시지

감사(골 1:3-8)

바울은 골로새의 그리스도인들로 인해 하나님께 감사를 드린다. 그 이유는,
- 예수 안에 있는 믿음, 모든 성도에 대한 사랑, 하늘에 쌓아둔 소망 때문이다.
- 그들에게 전해진 복음이 그들은 물론 온 천하에서 열매를 맺어 자라기 때문이다.

> 우리는 여러분이 한결같은 마음으로 우리 예수 그리스도를 잘 믿고 있으며, 모든 그리스도인에게 끊임없이 사랑을 베풀고 있다는 소식을 전해 듣고 있습니다. 여러분의 삶에 놓인 목표는 동아줄 같아서, 결코 느슨해지지 않을 것입니다. 그것은 하늘에 있는 여러분의 미래와 단단히 연결되어 있고, 희망으로 든든히 묶여있기 때문입니다
> 골 1:4,5 메시지성경

기도(골 1:9-14)

바울의 이 기도는 에베소서와 함께 기도의 모범을 제시하고 있다. 그는 간구의 기도와 감사의 기도를 드렸다.

간구의 기도(골 1:9-11)
- 하나님의 뜻이 무엇인지를 아는 통찰력과 이해력을 주소서.
- 하나님의 뜻을 알 뿐만 아니라 칭찬받을 만한 모범적인 삶을 살아서 범사에 주를 기쁘시게 하게 하소서.
- 모든 선한 일에 열매를 맺게 하여 주소서.
- 하나님을 아는 것에 자라게 하여 주소서.
- 중간에 포기하지 않고 끝까지 해낼 수 있는 하나님의 능력으로 능하게 하여 주소서.
- 어떤 일에든지 견디고, 어떤 사람이든지 참고, 어떤 일에나 어떤 사람이든 상관없이 기쁨으로 살게 하소서.
  - 모든 견딤은 환경과 상황에 대하여 견디는 것이다.
  - 오래 참음은 사람에 대하여 참는 것이다.
  - 기쁨은 상황과 사람에 대하여 기뻐하는 것이다.

감사의 기도(골 1:12-14)

바울은 하나님께서 그리스도로 말미암아 우리에게 행하신 놀라운 세 가지 은혜로 인해 하나님께 감사의 기도를 드린다.

- 우리로 하나님의 기업을 이을 자, 즉 상속자게 되게 하여 주심을 감사
- 우리를 흑암의 권세에서 사랑의 하나님의 나라로 옮기심을 감사
- 우리가 속량 곧 죄 사함을 얻게 하심을 감사

이 기도문은 우리에게 응답받는 기도의 내용을 보여준다. 기도는 간구의 기도만이 아니라 하나님이 이미 우리에게 이루신 놀라운 일들에 대한 감사의 기도도 중요하다.

그리스도의 탁월하심(골 1:15-23)

골로새서는 예수 그리스도의 탁월하심을 가장 잘 설명한 서신이다.

1. 예수 그리스도는 보이지 아니하는 하나님의 형상이다(골 1:15)

하나님이 어떤 분인지를 알려면 예수 그리스도를 바라봐야 한다. 예수님은 우리가 보고, 알고, 이해할 수 있는 형상을 가진 하나님의 완전한 초상이요, 완전한 현현이다. 요한복음 1장 18절에, "본래 하나님을 본 사람이 없으되 아버지 품 속에 있는 독생하신 하나님이 나타내셨느니라"라고 하셨다. 예수께서 "나를 본 자는 아버지를 보았다"(요 14:8,9), "내가 곧 너희를 내 아버지께로 인도하는 그 길이다"라고 하셨다(요 14:6). 예수님은 단순히 하나님의 스케치나 하나님의 요약이 아니다. 그분은 하나님의 완전하 고 최종적인 계시다.

2. 예수 그리스도는 모든 피조물보다 먼저 나신 분이다(골 1:15)

예수 그리스도는 만물이 존재하기 전부터 계셨다. "모든 피조물보다 먼저 나신 이"(골 1:15)라는 구절은 문자적인 의미가 아니라 비유적인 의미로 이해해야 한다. 창조의 중개자에 대한 의미로 이해해야 한다. 골로새서 1장 17절의 "그가 만물보다 먼저 계시고 만물이 그 안에 함께 섰느니라"에서 예수 그리스도는 모든 것보다 앞서 계시며 어떤 것도 예수님의 위치와 비교될 수 없음을 보여준다. 위치에 있어서 그리스도의 탁월성을 보여준다.

3. 예수 그리스도는 창조주시다. 만물이 그에게서 창조되었고, 그를 위하여 창조되었다(골 1:16)

만물이 그리스도를 통해 창조되었다. 모든 피조물은 아들의 것이고, 아들에게 영광을 돌리기 위해 창조되었다. 그가 처음이요 나중이며 모든 것의 목표요 종점이시다.

  하늘에 있는 것이나 땅에 있는 것이 다 그리스도 안에서 통일되게 하려 하심이라 엡 1:10

4. 예수 그리스도는 몸 된 교회의 머리시다(골 1:18)

예수님은 몸의 머리, 즉 교회의 머리시다. 몸은 머리가 명령하는 대로 움직인다. 몸 자체는 무능하다. 머리가 없이는 죽은 것이다. 예수 그리스도는 교회를 인도하고, 명령하고, 지배하신다. 예수 그리스도는 머리와 몸의 관계처럼 교회를 하나의 유기체로 조직하고 유지시켜주신다.

5. 그는 근본이시며 부활의 첫 열매로서 친히 만물의 으뜸이 되신다(골 1:18)

기독교의 핵심은 그리스도의 십자가의 죽으심과 부활하심이다. 그리스도는 죽은 자들 가운데서 먼저 나신 자다. 모든 것이 그리스도로부터 시작되었다. 그는 모든 만물의 으뜸이시며, 처음에도 으뜸이시고 마지막에도 으뜸이시다. 그리스도는 부활로써 사망을 이긴 최후의 승리자가 되신다.

6. 아버지께서 모든 충만으로 예수 안에 거하게 하신다(골 1:19)

아버지 하나님의 모든 것 즉 하나님의 속성, 능력, 완전하심 등이 다 그리스도 안에 거해도 조금도 비좁지 않다. 예수 그리스도는 광대하고 광활한 분이시다. 하나님은 우리에게 필요한 모든 것을 예수님으로부터 받게 하신다. "우리가 다 그의 충만한 데서 받으니 은혜 위에 은혜러라"라고 하시고(요 1:16), 또한 "너희는 하나님으로부터 나서 그리스도 예수 안에 있고, 예수는 하나님으로부터 나와서 우리에게 지혜와 의로움과 거룩함과 구원함이 되셨으니"라고 하셨다(고전 1:30).

7. 아버지께서 예수 그리스도의 십자가의 피로 화평을 이루사 만물과 화목하게 되기를 기뻐하신다(골 1:20)

예수께서 십자가에서 흘리신 피로 평화의 길을 열어놓으셨다. 우리와 하나님 사이를 화목하게 하셨다. 화목의 목적도 결과도 '거룩함'이다. 그리스도는 그의 십자가의 피로 우리를 거룩하고 흠 없고 책망할 것이 없는 자로 하나님 앞에 서게 하셨다. 더 나아가 화목하게 하는 화해자로 서게 하셨다(골 1:21-23).

> 그러므로 우리는 예수 그리스도께 모든 것 위에 가장 높은 최고의 자리를 드린다.

믿음에 굳게 서라(골 2장)

그리스도를 확실하게 아는 것이야말로 각종 이단 사상의 속임수에 넘어가지 않는 지름길이다. 그리스도를 확실히 알면 세상적인 사고방식을 분별하게 된다. 더 이상 율법에 매여 딱딱한 신앙생활을 하거나 형식적이며 종교적인 사람이 되지 않는다.

나는 여러분이 다채로운 색실로 엮인 비단처럼 사랑으로 함께 연결되어, 하나님을 아는 모든 일에 닿아있기를 바랍니다 골 2:2 메시지성경

이는… 하나님의 비밀인 그리스도를 깨닫게 하려 함이니 그 안에는 지혜와 지식의 모든 보화가 감추어져 있느니라 골 2:2,3

예수 그리스도를 확실히 알게 되면 교묘한 말에 속지 않는다. 철학과 헛된 속임수가 더 이상 통하지 않게 된다. 믿음에 굳게 서게 된다.

그리스도 안에는 하나님의 모든 것이 표현되어 있어서, 여러분은 분명하게 그분을 볼 수 있고 그분의 말씀을 들

을 수 있습니다. 그리스도의 충만하심을 알고, 또 그분 없이는 우주가 공허하다는 사실을 알기 위해서, 망원경이나 현미경이나 점성술 같은 것이 필요한 것은 아닙니다. 그분께 다가가기만 하면, 여러분에게도 그분의 충만하심이 나타날 것입니다. 그분의 능력은 모든 것에 두루 미칩니다 골 2:9,10 메시지성경

예수 그리스도의 구속 사역에는 더 이상 어떤 '보충'이 필요하지 않다.

그러므로 너희가 그리스도 예수를 주로 받았으니 그 안에서 행하되 그 안에 뿌리를 박으며 세움을 받아 교훈을 받은 대로 믿음에 굳게 서서 감사함을 넘치게 하라 골 2:6,7

거짓 교사들의 가르침을 주의하고 이단 사상을 배격하라

누가 철학과 헛된 속임수로 너희를 사로잡을까 주의하라. 이것은 사람의 전통과 세상의 초등학문을 따름이요 그리스도를 따름이 아니니라 골 2:8

초대교회를 괴롭게 한 것은 유대주의적 전통에 헬라 철학, 특히 영지주의와 신비주의를 결합시킨 거짓 교사들의 가르침이었다. 이들은 완전한 구원에 도달하려면 일종의 신비한 지식을 소유해야만 한다고 주장했다. 이런 지식을 얻으려면 금욕주의의 삶을 준수해야 한다고 강조했다. 특정한 날에 어떤 음식은 삼가해야 하고, 할례가 매우 중요하다고 했으며, 구원사역에 천사가 중요한 역할을 담당한다고도 했다.

영지주의는 물질에 대한 잘못된 이해를 가지고 있었다. '영혼만이 선하고 물질은 불완전하고 악하다. 영혼은 불멸이고 물질은 사라진다. 물질이 악하기에 육체도 악하다.' 이 같은 사고는 다음의 두 가지 철학으로 이어졌다.

- 금욕주의 : 육체는 악하기에 엄하게 다스려야 한다.

  육체를 억압, 학대, 징계할 때 육체의 본능을 말살할 수 있다.
- 쾌락주의 : 육체는 곧 사라질 것이기에 육체에 어떤 것을 행해도 괜찮다.

  쾌락을 누리고 결과적으로 도덕성이 파괴된다.

이 같은 사상은 창조 사실에 영향을 주고, 예수의 육체로 오심을 부인한다. 따라서 예수님의 육체의 부활을 부정한다. 이런 거짓 교사들의 가르침에 주의하고 이단 사상을 배격하는 길은 복음을 명확하게 아는 것뿐이다. 요한복음과 요한일서, 디모데전서, 골로새서는 이런 가르침에 주의하라고 거듭 강조한다. 구원은 오직 예수로부터 온다. 예수 그리스도의 십자가의 죽으심과 부활하심이 구원의 핵심이다.

오직 예수

하나님의 모든 성품은 이 땅에서 사람의 모습으로 사신 그리스도께 완전히 나타난 바 되었습니다. 여러분은 그리스도 안에서만 진정으로 완전한 삶을 누릴 수 있습니다… 그리스도를 믿었을 때, 여러분은 새로운 할례를 받았습니다… 여러분은 세례를 받음으로 그리스도와 함께 죽었고, 믿음 안에서 다시 그리스도와 함께 살아났습니다. 이 믿음은 모든 죽은 사람 가운데서 그리스도를 다시 살리신 하나님의 능력을 믿는 것입니다 골 2:9-12 쉬운성경

우리의 구원과 믿음은 오직 예수 그리스도 안에 있다. 즉 예수 그리스도의 십자가의 죽으심과 부활하심에 있다. 예수 그리스도의 십자가의 죽으심과 부활하심을 믿을 때 죄의 세력에서 벗어나고 새 생명을 받아 새 사람이 된다.

> 그리스도와 함께 죽은 여러분은 이 세상의 헛된 규칙들로부터 자유로운 사람들입니다. 그런데 왜 이 세상에 속한 사람들처럼 행동하십니까? 골 2:20 쉬운성경

이 진리를 굳게 붙드는 것이 바로 그노시스주의적 이단사상을 물리치며 유대주의적 거짓 가르침에 주의하는 길이다. 이것은 초대교회에만 해당하는 것이 아니다. 오늘도 여전히 이런 사고들이 교회를 어지럽힌다. 우리는 성경에서 말씀하시듯이 거짓 교사들과 이단들을 주의하고 경계해야 하지만 그들의 가르침에 대해 집중하기보다는 진리를 확실하게 알고 그 기반 위에 굳게 서야 한다.

> 몸은 머리에 붙어있어야 합니다. 그래야 몸의 각 마디가 서로 도와 영양분을 받아 유지하고, 하나님이 바라시는 모습으로 자라갈 수 있는 것입니다 골 2:19 쉬운성경

충만하신 예수 그리스도는 교회의 머리시다. 교회가 머리 되신 예수 그리스도께 굳게 붙어있으면 강건해지고 성장한다.

사고방식이 열쇠다(골 3:1-17)

변화는 어디에서부터 일어나야 하는가? 변화의 열쇠는 어디에 있는가? 행동인가? 습관인가?

컴퓨터는 입력된 대로 출력이 된다. 본체에는 입력한 것이 저장된다. 잘못 입력한 것이 본체에 저장되어 있으면 잘못된 것이 그대로 출력된다. 원하는 것이 출력되기를 원한다면 두 가지 면에서 수정을 해야 한다. 먼저 본체에 잘못 입력되어 저장된 것들을 휴지통에 버려야 한다. 그리고 처음부터 다시 올바르게 입력해야 한다.

본체는 우리의 생각에 해당하고 출력은 우리의 행동에 해당한다. 저장된 것을 그대로 두고 원하는 것을 출력할 수 없다. 이처럼 우리의 행동에 초점을 둘 것이 아니라 먼저 우리의 생각을 새롭게 해야 한다. 그리고 다시 입력해야 한다. 이러한 과정이 생각을 새롭게 하는 것이다.

> 그러므로 너희가 그리스도와 함께 다시 살리심을 받았으면 위의 것을 찾으라. 거기는 그리스도께서 하나님 우편에 앉아계시느니라. 위의 것을 생각하고 땅의 것을 생각하지 말라 골 3:1,2

로마서, 에베소서, 골로새서, 빌립보서는 공통적으로 이것을 말씀하고 있다. "마음", "심령"으로 표현된 단어들은 모두 '생각, 사고방식'의 영역을 말한다.

> 너희는 이 세대를 본받지 말고 **오직 마음을 새롭게 함으로** 변화를 받아 하나님의 선하시고 기뻐하시고 온전하신 뜻이 무엇인지 분별하도록 하라 롬 12:2

이 세대를 본받지 말고 변화를 받아 하나님의 뜻을 분별하며 살아가는 열쇠는 오직 생각(:마음)을 새롭게 함에 있다.

> 너희는 유혹의 욕심을 따라 썩어져 가는 구습을 따르는 옛 사람을 벗어버리고 **오직 너희의 심령이 새롭게 되어** 하나님을 따라 의와 진리의 거룩함으로 지으심을 받은 새 사람을 입으라 엡 4:22-24

벗어버릴 것은 '옛 사람과 옛 습관, 그 행위'(엡 4:17-21)이고, 입을 것은 '새 사람과 그 행위'(엡 4:24-32)다. 그 열쇠는 오직 생각(:심령)이 새롭게 되는 것에 있다.

> …옛 사람과 그 행위를 벗어버리고 새 사람을 입었으니 이는 자기를 창조하신 이의 형상을 따라 **지식에까지 새롭게 하심을** 입은 자니라 골 3:9,10

벗어버릴 것은 '옛 사람과 그 행위'(골 3:5-9)이고, 입을 것은 '새 사람과 그 행위'(골 3:12-17)이다. 그 열쇠는 오직 생각(:생각은 감정이나 의지가 아닌 지식의 영역이다)을 새롭게 함에 있다.

> 대저 그 마음의 생각이 어떠하면 그 위인도 그러한즉 잠 23:7

> 모든 지킬 만한 것 중에 더욱 네 마음을 지키라. 생명의 근원이 이에서 남이니라 잠 4:23

> 위의 것을 생각하고 땅의 것을 생각하지 말라 골 3:2

생각의 출발은 귀, 눈, 입, 입술, 눈, 눈꺼풀, 발(잠 4:20-27)에 있다. 듣는 것과 보는 것에서부터 시작하라. 영적 전쟁은 눈, 입, 귀, 생각에서 시작된다. 거룩함의 시작은 생각에서부터 비롯된다(출 28:36-38).

생각에 깔때기를 끼우라(빌 4:8). 무엇을 보는가, 말하는가, 듣는가, 생각하는가가 중요하다. 오직 말씀을 생각에 입력하라(잠 4:20-22).

> 그리스도의 말씀이 너희 속에 풍성히 거하여… 또 무엇을 하든지 말에나 일에나 다 주 예수의 이름으로 하고 그를 힘입어 하나님 아버지께 감사하라 골 3:16,17

여기에 열쇠가 있다. 그리할 때 용서와 감사의 삶을 살게 된다. 새 사람의 삶을 살게 된다. 가장 적극적이고 효과적인 길은 오직 그리스도의 말씀을 내 속에 풍성히 거하게 하는 것이다. 여기서 "거하다"의 의미는 머리로 아는 지식을 말하는 것이 아니라 성령을 힘입어 말씀이 생각에 자리잡게 하라는 것이다. 말씀이 생각에 자리잡기 위해서는 말씀을 마음에 심는 것이 가장 좋다(약 1:21).

여덟 명의 히어로들(골 4:7-14)

바울은 이 짧은 편지에서도 그의 주변 히어로들을 여덟 절에 걸쳐 언급하고 있다. 그들을 소개하는 부분이 은혜롭다.

두기고 - 그는 사랑받는 형제요 신실한 일꾼이요 주 안에서 함께 종이 된 자이다. 특별히 그를 골로새교회로 보내는 것은 단지 편지 배달부로서의 역할을 넘어서서 그를 통해 내 사정을 다 너희에게 알려주어 너희로 우리 사정을 알게 하고 너희 마음을 위로하게 하려 함이다.

오네시모 - 그는 신실하고 사랑받는 형제다. 그는 너희에게서 온 사람이다(그에 대하여는 빌레몬서를 참고하라).

아리스다고, 마가, 유스도 - 나와 함께 갇힌 아리스다고, 바나바의 조카 마가, 유스도라 하는 예수 이 세 사람은 할례파이나 이들만은 하나님나라를 위해 함께 역사하는 자들이다. 이런 사람들이 나의 위로가 되었다. 특히 마가에 대하여는 괄호로 언급했다(여러분은 전에 그에 대한 편지를 받았으니, 그가 여러분에게 가거든 반갑게 맞이해주기 바랍니다).

에바브라 - 그는 그리스도 예수의 종이다. 그는 항상 너희를 위해 애써 기도하여 너희로 하나님의 모든 뜻 가운데서 완전하고 확신 있게 서기를 구한다. 그가 너희를 위해 많이 수고하는 것을 내가 증언한다.

누가 - 그는 사랑받는 의사다. 그는 바울 팀의 건강을 돌보는 주치의로서 팀원들로부터 사랑을 받았다.

데마 - 이름만 적혀 있다. "데마는 이 세상을 사랑하여 나를 버리고 데살로니가로 갔고"(딤후 4:10)에 나오는 데마와 동일인일 가능성이 많다. 그렇다면 이름만 적힌 것도 이해가 된다.

바울은 감옥에 갇혔지만 어느 정도 자유가 있었던 것으로 보인다. 그는 결코 혼자가 아니었다. 그의 주변에는 이처럼 귀한 사람들이 많았다.

바울은 단지 사람들의 이름만 아는 정도가 아니었다. 각 사람을 소개할 만큼 관심을 가졌다. 내게는 서신을 보낼 때 소개할 만한 주변 사람들이 있는가? 있다면 어떻게 소개할 것인가?

> 말할 때에는 은혜가 넘치게 하십시오. 대화할 때는 다른 사람을 깎아내리거나 제치는 것이 아니라, 그들에게서 가장 좋은 점을 이끌어 내는 것을 목표로 삼으십시오 골 4:6 메시지성경

Dear. NCer

골로새서 1장의 감사의 기도와 간구의 기도를 항상 지니고 암송하여 하나님을 알고 그분을 경험하자.

탁월하신 그리스도의 성품을 알고 지식을 새롭게 함으로 변화를 받아 세상에 영향력 있는 삶을 살자.

생각부터 새로워져야 한다. 영적 전쟁은 우리의 눈, 입, 생각과 마음에서 시작된다.

❖ 빌립보서(Philippians) 그리스도인의 표지는 기쁨이다

빌립보 도시는 알렉산더 대왕의 아버지인 필리포스(Philippos)가 건설했기에 그의 이름을 따라서 명명한 로마의 식민지였다. 아시아와 유럽, 동과 서를 잇는 전략적 거점도시였다. 바울이 2차 전도여행 중 드로아 항구에 머물 때 마게도냐인의 환상을 보고 아시아행을 유럽행으로 변경하여 사역한 곳이 빌립보다. 특히 바울과 실라가 복음을 전파하던 중 감옥에 갇혔다가 풀려난 곳이기도 하다.

빌립보교회는 바울이 유럽 대륙에 가장 먼저 세운 교회다. 다양한 국적과 사회계층, 세대의 사람들로 구성된 교회였다. 사도행전 16장을 통해서 교회 구성원들을 짐작할 수 있다.

- 자색 옷감 장사 루디아와 그의 가정 - 아시아인으로서 당시 가장 유력한 사업을 하던 상인이다. 당시의 상류계층에 속한다.
- 간수와 그의 가정 - 로마의 군인으로서 당시의 중류계층에 속한다.
- 점치는 귀신이 들렸던 여자 - 헬라인이며 노예이다. 당시의 하류계층에 속한다.

이들 외에도 다양한 사람들로 구성된 교회 공동체이다.

바울과 빌립보교회는 다른 어떤 교회보다 더 깊은 친밀감이 있었다. 루디아는 바울 전도 팀이 자신의 집에 머물도록 초청했다. 일반적으로 바울은 숙식 문제를 스스로 해결했다. 그러나 빌립보교회는 바울을 후원했다(빌 4:15-18). 바울은 다른 교회들(특히 고린도교회)에게는 부담을 주지 않으려 노력했다. 바울은 빌립보 교인들을 향해 '예수 그리스도의 심장으로 사모한다'고 고백했다(빌 1:8). 또한 그들을 "나의 기쁨이요 면류관"이라고 칭했다(빌 4:1).

빌립보서 – 그리스도인의 표지 : 기쁨(빌 4:4)

그리스도의 복음		그리스도의 마음	그리스도의 지식	그리스도의 평강	
인사	그리스도와 함께함	그리스도의 백성	그리스도를 좇아감	그리스도의 능력	끝인사
1:1-2	1:3-30	2장	3장	4:1-20	4:21-23
고난		복종	구원	성화	
경험		모범	격려		

빌 4:4 주 안에서 항상 기뻐하라 내가 다시 말하노니 기뻐하라

빌립보서는 '가장 아름다운 책'으로 알려져 있다. 바울은 감옥에서 이 '기쁨의 책'을 썼다. 감옥 안에 있는 사람이 감옥 밖의 그리스도인들에게 보내는 메시지가 '기뻐하라!'이다. 하나님이 주시는 기쁨은 주변의 여건이나 상황과는 아무런 연관이 없다.

> 비록 무화과나무가 무성하지 못하며, 포도나무에 열매가 없으며, 감람나무에 소출이 없으며, 밭에 먹을 것이 없으며, 우리에 양이 없으며, 외양간에 소가 없을지라도 나는 여호와로 말미암아 즐거워하며, 나의 구원의 하나님으로 말미암아 기뻐하리로다. 주 여호와는 나의 힘이시라. 나의 발을 사슴과 같게 하사, 나를 나의 높은 곳으로 다니게 하시리로다 합 3:17-19

진정한 기쁨은 주변의 여건과 상황에 의해 오는 것이 아니다. 하나님이 나의 힘이요 나의 기쁨이다.

빌립보서의 메시지

바울의 기도

"그래서 나는, 여러분의 사랑이 풍성해지고, 여러분이 많이 사랑할 뿐 아니라 바르게 사랑하게 해주시기를 기도합니다. 적절하게 사랑하는 법을 익히십시오. 여러분의 사랑이 감정의 분출이 아니라 진실하고 지각 있는 사랑이 되려면 지혜로워야 하고 자신의 감정을 살필 줄 알아야 합니다. 사랑하는 삶을 살되 신중하고도 모범적인 삶, 예수께서 자랑스러워하실 삶을 사십시오. 그것은 영혼의 열매를 풍성히 맺고, 예수 그리스도를 매력적인 분으로 만들며, 모든 이들로 하여금 하나님께 영광과 찬송을 돌려드리도록 하는 삶입니다"(빌 1:9-11 메시지성경).

주 안에서 항상 기뻐하라!

바울은 기쁨이 충만했다. 그가 가진 기쁨은 교과서에서 지식으로 습득해서 나오는 것이 아니다. 편안하고 안락한 말년의 삶도 아니다. 이제는 더 이상 굶주림, 목마름, 매 맞음이 없이 안전하고 편안하기 때문은 더욱 아니다. 나는 오래전, 이십 대 초에 이런 글을 본 적이 있다.
"평생 복음을 위해 살아온 바울의 말년은, 감옥, 겉옷 한 벌(:그것도 현재는 없고 드로아 가보의 집에 있다), 안경, 그리고 가죽 성경뿐이었다."
너무 인상적이었다. 이것이 바울이 처한 상황이었지만 그는 언제나 기쁨이 충만했다.

복음이 전파되는 기쁨(빌 1:12-18)
바울이 감옥에 갇힘으로 그의 사역이 사실상 끝났다고 생각할 수 있다. 그러나 그렇지 않다. 오히려 바울이 감옥에 갇힘으로 복음 전파에 진전을 이루었다.

> 형제들아, 내가 당한 일이 도리어 복음 전파에 진전이 된 줄을 너희가 알기를 원하노라 빌 1:12

"진전"(헬, 프로코페 prokope)은 '군대나 탐험대가 앞으로 더 나아가다'라는 뜻이다. 앞으로 나아가는 데 방해되는 것을 제거할 때 사용되는 용어다. 바울의 감옥생활은 복음 전파의 문을 닫는 것이 아니라 도리어 더 크게 여는 계기가 되었다. 전화위복이 되었다.

바울의 매임으로 오히려 복음이 모든 시위대 안에 전파되었다. 시위대는 황제의 친위대가 주둔하는 곳으로 '로마군의 꽃'이었다. 바울은 이들과 교제하고 이들에게 설교했다(빌 1:13). 감옥에 갇히지 않았다면 그들에게 접근하기가 쉽지 않았을 것이다.

> 삶이 벼랑 끝에 있을 때 낙심하면 안 된다. '나는 이제 끝이야'라고 쉽게 결론을 내리지 말아야 한다. 어떤 상황에도 하나님을 의지하고 그분의 뜻 한가운데 있는 것이 중요하다. 바로 거기에서 하나님이 일하신다.

바울의 옥중생활은 시위대에서만이 아니라 시위대 밖에서도 복음 전파에 자극을 주었다. 이는 두 방향으로 움직였다.

첫째는, 바울을 사랑하는 로마의 그리스도인 대다수가 그의 사정을 알고 전보다 믿음을 더 확고히 했다. 이들은 하나님과 메시아에 대해 더 담대하게, 두려움 없이 전했다(빌 1:14). 이러한 현상은 지난 2천 년의 교회 역사에 언제나 같은 패턴으로 일어났다. 구소련이 교회의 문을 닫고, 목회자를 감옥에 넣고, 성경을 불태운 결과로 더 많은 지하교회가 일어났다. 한 명의 그리스도인을 수감하면 열 명의 새로운 그리스도인이 생겨났다. 누군가 말했듯 "순교자의 피는 교회의 씨앗"이다.

둘째는, 바울을 경쟁자로 여기는 사람들이다. 바울을 시기, 질투하고 그에게 비교의식과 경쟁의식이 있던 이들은 그가 감옥에 갇힌 틈을 타서 사람들의 관심을 끌기 위해 복음을 전했다.

바울은 이렇듯 전혀 다른 두 가지 방향으로 복음이 전파되는 것을 보고 기뻐했다. 그들의 동기가 순수하든 그렇지 않든 신경 쓰지 않았다. 그의 관심은 오직 복음이 전파되는 데 있었다. **"무슨 방도로 하든지 전파되는 것은 그리스도니, 이로써 나는 기뻐하고 또한 기뻐하리라"**(빌 1:18)라고 했다. 그들이 바울 자신에 대해 무엇이라 말하든, 적대의식을 가졌든, 심지어 자신을 축출하려고 해도 조금도 신경 쓰지 않았다. 오직 복음이 전파되는 것으로 인해 만족하고 기뻐했다.

이것이 바울에게 제일 큰 기쁨이었다. 자신이 알려지든 그렇지 않든, 중요한 것은 주 예수 그리스도가 전파되는 것이었다. 이보다 더 큰 기쁨이 없다. 당시 그가 주를 섬기며 복음을 전파한 지 20년이 넘었다. 혹독한 여행으로 지쳤을 만도 했다. 더구나 감옥에 갇혀서 위로가 필요할 수 있었다. 하지만 그는 기뻐했다. 그로 인해 복음이 전파되기 때문이었다.

어떤 사람은 자신이 책임을 맡고 있을 때는 목숨을 다해 수고하다가 책임이 다른 사람에게 넘어가면 전혀 상관하지 않는다. 어떤 직임이나 책임을 말하는 것이 아니다. 그가 감당했던 사역에 대한 마음가짐을 말하는 것이다. 자기를 위한 사역을 했는지, 주님의 사역을 했는지 그 마음이 보인다.

바울은 그가 책임을 맡고 있든 아니든 오직 복음 전파에 관심이 있었다. 바울이 위로를 받으며 기뻐하는 이유는 여기에 있다. 어떤 직책이 주어지든 그렇지 않든, 사람들이 인정을 하든 안 하든, 오직 우리의 관심은 주의 뜻이 이루어지는 데 있어야 한다.

내 관심은 어디에 있는가? 나는 정말로 하나님나라에 집중하는가 아니면 내 이름이 드러나는 데 관심이 있는가? 내가 무대 중앙에 있을 때나 뒤에 있을 때나 하나님나라에 관심이 있는가? 그의 뜻이 성취되는 것, 그가 영광을 받으시는 것에만 관심이 있는가?

사나 죽으나 오직 예수!

바울은 행복 바이러스를 퍼뜨리는 사람이다. 행복은 전염성이 강하다. 바울에게 귀를 기울이고 있으면 금세 기쁨이 전해진다. 그의 말은 춤을 추는 듯하고 기쁨의 탄성을 자아낸다. 우리의 심장을 두드린다. 그는 우리에게 행복의 비결을 가르치지 않는다. 그저 그의 삶이 행복할 뿐이다. 그럼에도 사람들은 바울을 가리켜 "이 사람은 전염병 같은 자라"(행 24:5)라고 말했다.

바울은 사람과 환경을 초월하여 오직 복음을 위해 살았다. 그가 이같이 복음을 위해 목숨을 바칠 수 있었던 이유는 무엇인가?

오직 예수(빌 1:20,21)

바울에게는 살든지 죽든지 오직 그리스도가 존귀하게 되는 것만이 중요했다. 살아서는 그리스도의 심부름꾼, 죽어서는 그리스도와 함께하는 선물. 살아도 예수! 죽어도 예수! 그러므로 사는 것도 유익하고 죽는 것도 유익하다고 했다. 그는 사지에 뛰어드는 용사처럼 비장한 각오로 엄숙하고 심각하게 말하지 않는다. 우울하거나 절망을 벗어나려고 몸부림치지도 않는다. 고통의 부르짖음도 아니다. 너무도 행복하게 말한다. 죽는 것이 더 좋다고. 이는 세상의 삶이 너무 힘겹고 피곤하고 어려워서 하는 말이 아니다.

> …살든지 죽든지 내 몸에서 그리스도가 존귀하게 되게 하려 하나니, 이는 내게 사는 것이 그리스도니 죽는 것도 유익함이라 빌 1:20,21

바울에게 예수 그리스도는 누구신가?

그의 생애의 시작이다. 다메섹 도상에서 주 예수를 만난 이후 거듭나서 새로운 삶이 시작되었다. 그의 생애의 계속이다. 그는 날마다 그리스도 앞에서 살았다. 예수는 언제나 그와 함께 계셨다.

그의 생애의 마지막이다. 그의 종착지는 영원하신 예수 그리스도 앞이다.

그의 삶의 영감이다. 예수 그리스도는 그의 활력과 삶의 원동력이 되시며 그에게 힘을 주신다.

그의 생에 과제를 주셨다. 예수께서 핍박자인 그를 이방인의 사도로 부르셨다.

그의 생의 보상이다. 그가 바라는 보상은 그리스도와 교제하는 것이다.

한마디로, 그에게 예수 그리스도는 인생 그 자체다!

가장 귀한 것(빌 3:4-9)

바울은 육체를 신뢰하거나 자랑하지 않았다. 학력, 경력, 배경 등 세상이 의지하고 자랑하는 것을 조금도 의지하지 않았다. 사람들은 이것들이 자신에게 유익하다고 여긴다. 바울도 한때는 유익하게 여겼다. 그러나 더 이상 그것들을 유익하다고 여기지 않았다. 오히려 해로 여기고 배설물로 여겼다. 예수 그리스도를 아는 지식에 비하면 배설물 정도밖에 되지 않기 때문이다

> 그러나 무엇이든지 내게 유익하던 것을 내가 그리스도를 위하여 다 해로 여길 뿐더러, 또한 모든 것을 해로 여김은 내 주 그리스도 예수를 아는 지식이 가장 고상하기 때문이라. 내가 그를 위하여 모든 것을 잃어버리고 배설물로 여김은 그리스도를 얻고, 그 안에서 발견되려 함이니… 빌 3:7-9

바울의 이 같은 태도는 어떤 학자적인 고집이 아니다. 막무가내식 외통수도 아니다. 이는 진심으로 심장에서부터 나오는 말이다. 바울의 이 같은 태도를 보며 베스도 총독은 크게 소리를 질렀다. "바울아, 네가 미쳤도다! 네 많은 학문이 너를 미치게 한다!"(행 26:24) 그러나 바울은 차분히 내적 평강 가운데 대답했다. "베스도 각하여, 내가 미친 것이 아니요 참되고 온전한 말을 하나이다"(행 26:25). 바울은 자신의 말을 듣고 있던 아그립바 왕과 베스도 총독, 그리고 고위직 사람들에게 담대히 말했다.

> 말이 적으나 많으나 당신뿐만 아니라 오늘 내 말을 듣는 모든 사람도 다 이렇게 결박된 것 외에는 나와 같이 되기를 하나님께 원하나이다 행 26:29

바울은 자신이 지금 참되고 온전한 말을 하고 있다고 했다. 그곳에 있던 가장 똑똑하고 지혜롭다는 사람들, 고위직, 부유층의 사람들에게 "다 나와 같이 되십시오"라고 말했다. 진리를 아는 사람, 예수를 인격적으로 아는 사람만이 가진 자신감, 만족, 확신, 담대함이다. 바울에게는 예수 그리스도보다 더 귀한 것이 없었다.

더 좋은 일보다 더 유익한 것(빌 1:22-26)

바울은 이 땅에서의 삶보다 육신의 장막을 벗고 주와 함께 있고 싶은 마음이 간절하지만, 이 세상에서 동료 그리스도인과 함께 있는 것이 그들의 영적인 성장과 기쁨을 위해 더 유익하다면 기꺼이 이 세상에 더 머물러 있겠다고 했다.

그는 염세주의자도 비관주의자도 아니다. 낙관주의자는 더욱 아니다. 그는 가장 실제적인 사람이다. 그는 영적 실재를 볼 줄 알았다.

우리가 주목하는 것은 보이는 것이 아니요 보이지 않는 것이니, 보이는 것은 잠깐이요 보이지 않는 것은 영원함
이라 고후 4:18

그는 보이는 현실도 인정하지만 보이지 않는 영적 현실도 인정한다. 우리 그리스도인들에게는 이 두 세계가 다 현실이다. 그러므로 잠깐 있다 사라지는 보이는 현실보다 영원하나 보이지 않는 영적 현실에 주목하는 것이 지극히 당연하며 정상이다.

내가 그 둘 사이에 **끼었으니** 차라리 세상을 **떠나서** 그리스도와 함께 있는 것이 훨씬 더 좋은 일이라. 그렇게 하고 싶으나 내가 육신으로 있는 것이 너희를 위하여 더 유익하리라. 내가 살 것과 너희 믿음의 진보와 기쁨을 위하여 너희 무리와 함께 거할 이것을 확실히 아노니 빌 1:23-25

"둘 사이에 끼었다"(헬, 세네코마이 Senechomai)는 말은 '암벽이 양옆에 솟아있는 길 한가운데에 있어서 방향을 바꿀 수 없고 오직 앞으로 계속 갈 수밖에 없다'라는 의미다. 자신이 원하는 것을 선택하는 것이 아니라 오직 하나님이 원하시는 것을 하겠다는 바울의 고백이다. 그는 "떠나다"(빌 1:23)와 "함께 거하다"(빌 1:25)라는 정반대의 단어를 사용했다.

"떠나다"의 헬라어 '아나루에인'(Analuein)에는 세 가지 뜻이 있다.

• 텐트의 로프를 풀고 말뚝을 빼고 캠프를 걷어치운다. 즉 육신의 장막을 걷고 영원한 처소로 이동한다.
• 정박 로프를 풀고 닻을 올리고 출항한다. 천국으로 항해를 시작한다.
• 문제를 푼다. 생의 문제를 풀고 드디어 해답을 찾았다.

"함께 거한다"의 헬라어 '파라메네인'(Paramenein)은 '언제나 도와줄 준비를 하고 옆에 대기하고 있다'라는 의미다.

바울은 이 세상을 떠나서 그리스도와 함께 있는 것이 훨씬 더 좋은 일이지만, 형제들의 믿음의 진보를 위해 그들과 함께 있는 것이 더 유익하다고 했다. 그는 **더 좋은 일보다 더 유익한 것**을 택했으며, 이기적인 삶을 버리고 희생적인 삶을 선택했다. 또한 자신의 기쁨보다 형제들의 기쁨을 택했다.

사나 죽으나 오직 예수

바울의 다음의 고백은 언제나 감격 그 이상이다.

나의 간절한 기대와 소망을 따라 아무 일에든지 부끄러워하지 아니하고, 지금도 전과 같이 온전히 담대하여 살든지 죽든지 내 몸에서 그리스도가 존귀하게 되게 하려 하나니, 이는 내게 사는 것이 그리스도니 죽는 것도 유익함이라 빌 1:20,21

시민권자답게 살라!

우리는 하늘의 시민권자다. 우리의 주민등록초본에는 다음과 같이 기록되어 있다. "본적은 천국, 현주소는 이 세상, 신분은 예수 그리스도의 대사." 우리의 부활의 몸은 현재의 낮은 몸에서 영원한 영광의 몸으로 변할 것이다. 굳이 그 변화를 설명한다면 마치 애벌레에서 아름다운 나비로 변화되는 것과 같다.

> 우리의 시민권은 하늘에 있는지라. 거기로부터 구원하는 자, 곧 주 예수 그리스도를 기다리노니 그는 만물을 자기에게 복종하게 하실 수 있는 자의 역사로 우리의 낮은 몸을 자기 영광의 몸의 형체와 같이 변하게 하시리라 빌 3:20,21.

그러므로 우리는 이 세상에서 하나님나라의 시민답게 살아야 한다. 그 길은 복음에 어울리는 명예로운 삶을 사는 것이다. 하늘의 시민권자로서 그리스도인들에게는 다음과 같은 표지가 나타난다.

그리스도인의 표지(빌 1:27-2:4)
천국 시민권자로서 그리스도인다운 표지는 네 가지로 나타난다.

1. 기쁨 - 바울은 말한다. "나의 형제들아, 주 안에서 기뻐하라. 너희에게 같은 말을 쓰는 것이 내게는 수고로움이 없고 너희에게는 안전하니라"(빌 3:1). 바울은 또 말한다. "주 안에서 항상 기뻐하라. 내가 다시 말하노니 기뻐하라"(빌 4:4). 기독교는 우울한 종교가 아니다. 그리스도인은 어떤 환경에서도 기쁨의 삶을 산다.

2. 고난 - 그리스도를 믿음으로 고난이 따르는 것은 하나님의 은혜요 그리스도인의 표지다(빌 1:29). 주를 믿다 보면 주를 위해 고난을 받는 경우가 생긴다. 고난은 믿음만큼 값진 선물이다. 바울은 말하기를, '내가 어떻게 싸웠는지 너희가 알듯이 너희도 동일한 싸움을 싸우고 있다. 때로는 불가능해 보이더라도 절대로 포기하지 말라. 소망을 붙들고 용기를 잃지 말라'라고 권면한다.

3. 하나 됨 - 건강한 교회, 성장하는 교회에는 언제나 위험이 도사리고 있다. 사단은 그러한 교회를 집중 공략한다. 우리가 무엇인가 열심을 내고 있을 때, 성취하고자 힘을 쓸 때 대립이 일어난다. 열심을 낼수록 대립의 위험성이 더 커진다. 우리는 어떠한 상황에도 흔들리지 말고 견고히 서야 한다. 한결같이 행동하며 대적자들을 두려워하지 말아야 한다. 위축되거나 뒤로 빼지 말라. 그들은 패배할 것이요, 우리는 승리할 것이다. 침착하며 흥분하지 말라. 용기를 잃지 말라. 우리는 하나 됨의 삶으로 부르심을 입었다. 사단은 교회가 하나 되는 것을 가장 두려워한다.

불일치의 원인은 다음의 세 가지를 추구함에 있다.
• 다툼 - 공명심이나 야심이 있을 때, 하나님의 뜻이 아닌 자기 출세를 위해 일하고자 할 때 다툼이 일어난다. 야심을 버려야 한다.

- 허영 - 칭찬과 인정을 받고자 할 때 일어난다. 개인적 명성을 내려놓고 오직 예수님만 챔피언이 되셔야 한다. 무대 중심에 오직 그분만 계셔야 한다.
- 자기 이익 - 타인을 배제할 때 일어난다. 자기중심적인 삶을 버리고 타인을 도와 성공시키는 것이 하나님나라의 정신이다.

일치의 비결은 남을 낫게 여기는 겸손과 자기 일만 아니라 남의 일도 돌아보는 희생에 있다.
일치의 길은 권면과 위로와 성령의 교제(능력), 그리고 긍휼과 자비에 있다.
일치의 모습은 같은 마음과 같은 사랑을 가지고 뜻을 합해 한마음을 품는 것이다.

4. 서로를 성장시킴 - 그리스도인은 홀로 믿음의 삶을 살지 않는다. 함께 교제하며 사랑할 때 서로 성장하게 된다.

그리스도 예수의 마음을 품으라!

예수 그리스도에 대한 가장 뛰어나고 감동적인 구절이다.

롤 모델이신 예수 그리스도(빌 2:5-8)

예수 그리스도는 겸손의 롤 모델이시다. 하나 됨의 비결이 여기에 있다.

> 너희 안에 이 마음을 품으라. 곧 그리스도 예수의 마음이니, 그는 근본 하나님의 본체시나 하나님과 동등됨을 취할 것으로 여기지 아니하시고, 오히려 자기를 비워 종의 형체를 가지사 사람들과 같이 되셨고, 사람의 모양으로 나타나사 자기를 낮추시고, 죽기까지 복종하셨으니 곧 십자가에 죽으심이라 빌 2:5-8

"비우다"의 헬라어, '케노운'(kenoun)은 '통에 아무것도 남지 않을 때까지 쏟아낸다'라는 뜻이다. "종의 형체를 가지사"는 '노예'의 신분을 취하셨다는 뜻이다.

예수 그리스도는 하나님의 본체시며 하나님과 동등하시다(신성) - 예수님의 영광
예수 그리스도는 온 세상을 위해 기꺼이 신성을 포기하시고 완전한 사람이 되셨다(인성) - 예수님의 겸손과 '죽기까지 복종하신' 모습은 십자가에서 나타난다.

> 예수께서 신 포도주를 받으신 후에 이르시되, '다 이루었다' 하시고 머리를 숙이니 영혼이 떠나가시니라 요 19:30

예수님이 십자가에서 "다 이루었다" 하시고 머리를 숙이신 장면이 얼마나 아름답고 감격적인가! 그것은 아버지의 뜻에 온전히 복종하신 모습이다. 하나님의 뜻에 복종할 때는 내 머리를 숙여야 한다. 내 뜻, 내 육체의 소욕, 내 계획과 생각을 그의 뜻에 복종시켜야 한다. 우리는 날마다 머리를 숙이고 하나님 앞에 복종해야 한다.

모든 이름 위에 뛰어난 이름 예수

> 이러므로 하나님이 그를 지극히 높여 모든 이름 위에 뛰어난 이름을 주사, 하늘에 있는 자들과 땅에 있는 자들과 땅 아래에 있는 자들로 모든 무릎을 예수의 이름에 꿇게 하시고, 모든 입으로 예수 그리스도를 주라 시인하여 하나님 아버지께 영광을 돌리게 하셨느니라 빌 2:9-11

예수님의 이름에 무릎을 꿇고 그분을 내 중심에 두고 살아야 한다. 이것이 우리가 날마다 해야 할 일이다. 나는 최소한 하루 한 번씩 예수 그리스도 앞에 무릎을 꿇기로 결정했다. 또한 우리는 모든 입으로 예수 그리스도를 주라 시인하는 일을 위해 산다. 이것이 우리의 비전이다!

시작, 과정, 마침은 오직 하나님

> 너희 안에서 행하시는 이는 하나님이시니, 자기의 기쁘신 뜻을 위하여 너희에게 소원을 두고 행하게 하시나니 빌 2:13

비전(Vision)을 주시는 분은 하나님이시다. 그 비전을 이루고자 하는 마음을 일으키시며 열정(Passion)을 주시는 분도, 그 일을 이루어 성취(Finish)하시는 분도 하나님이시다. 그러므로 우리가 할 일은 오직 믿음을 갖는 것이다. 믿음에는 내가 해야 할 구체적인 행동인 순종과 하나님이 일하실 것에 대한 신뢰가 포함된다.

두 개의 추천서

바울은 빌립보교회에 디모데와 에바브로디도를 보내면서 다음과 같이 소개한다(빌 2:19-30).

디모데

1. 나와 뜻을 같이하여 너희 사정을 진실히 생각할 사람이다.
2. 자기 일을 먼저 구하지 아니하고 그리스도 예수의 일을 먼저 구하는 사람이다(빌 2:30).
3. 그는 연단된 사람이다.
4. 그는 나와 함께 복음을 위하여 수고하는 사람이다.

하나님이 쓰시는 사람들의 특징은 '연단된 사람'이다. 이것을 때로는 '광야를 통과한 사람'이라고도 한다.

에바브로디도

빌립보 형제들은 사도 바울이 감옥에 있다는 소식을 듣고 에바브로디도를 보냈다. 이때 헌금도 함께 보냈다. 그는 바울과 함께 머물면서 바울을 위해 섬김의 일(hospitality)을 했다. 바울의 모든 필요를 부족함 없도록 돌보았다. 그러던 중에 에바브로디도가 병이 들었다. 병이 점점 심해져서 거의 죽기에 이르렀다. 그는 자신이 병에 걸린 것을 빌립보 형제들이 듣고 크게 걱정하는 것으로 인해 오히려 더 근심했다. 감사하게도 하나님이 그의 병을 낫게 하셨다. 이에 바울도 큰 위로를 받았다. 그는 에바브로디도에게 편지를 주어 빌립보에 보냈다. 빌립보교회가 에바브로디도를 통해 위로받기를 원했기 때문이다.

1. 그는 나의 형제다.
2. 그는 나와 함께 수고하고, 함께 군사 된 자다.
3. 그는 너희 사자로 나의 쓸 것을 돕는 자다.
4. 그는 "그리스도의 일을 위하여 죽기에 이르러도 자기 목숨을 **돌보지 아니한**" 사람이다(빌 2:30).

"돌보지 아니한다"의 헬라어 '파라볼레우에스다이(paraboleuesthai)는 노름판의 '올인'(all in)과 같은 뜻이다. 자기가 죽을 수 있다는 것을 알면서도 조금도 개의치 않고 자기의 생명을 위협 한 가운데로 몰아넣는 것이다.

조선 중기의 의사 허준은 죽음에 이르는 전염병이 발생했을 때 주위의 만류에도 불구하고 병자들 가운데로 뛰어들어가 그들을 돌보았다. 이것이 그리스도인의 행동이다. 사람들을 섬기기 위해 자신의 생명을 걸고 모험할 준비가 언제나 되어 있다. 이런 사람을 '파라볼라니'(헬, parabola-ni)라고 한다. '파라'(para)는 '곁에, 옆에'라는 뜻이다.

"그리스도의 일"이란 '사람을 사랑하여 섬기는 일'이다. 사람에게 생명을 주기 위해 기꺼이 자신을 희생하는 것이다. 그것은 말로만이 아니라 실제 행동으로 살아내는 것을 말한다. 에바브로디도가 그런 사람이다. 바울은 이와 같은 사람을 존귀히 여기라고 했다. '이와 같은 사람을 존경하라'(Honor such men)라는 뜻이다.

추천 서	추천 서	추천 서
추천 대상 : 디모데	추천 대상 : 에바브로디도	추천 대상 : 홍길동
추천 사유	추천 사유	추천 사유
1. 뜻을 같이하는 사람	1. 나의 형제	1. _____
2. 예수의 일을 먼저 구하는 사람	2. 함께 수고하고 함께 군사 된 자	2. _____
3. 연단된 사람	3. 너희 사자로 내가 쓸 것을 돕는 사람	3. _____
4. 나와 함께 복음을 위하여 수고하는 사람	4. 그리스도의 일을 위하여 죽기에 이르러도 자기 목숨을 돌보지 아니한 사람	4. _____
위 사람을 추천합니다	위 사람을 추천합니다	위 사람을 추천합니다
추천인 사도 바울(인)	추천인 사도 바울(인)	추천인 사도 바울(인)

(1) 내가 추천하고 싶은 사람은 누구인가? 추천 사유는 무엇인가?
(2) 내 추천서에는 어떤 추천 사유가 적히기를 원하는가?

오직 전진뿐!

우리의 신앙생활에서 주의해야 할 점은, 너무 완벽함에 초점을 두는 것이다. '내가 얼마나 이루었는가?' 이런 생각은 도전과 격려와 위로가 되기보다는 자칫 정죄감이 들거나 낙심할 수 있다. 그렇다고 목표를 가지지 말라는 것이 아니다. 바울도 이런 것에서 자유로울 수 없었다.

푯대를 향하여 달려가노라(빌 3:12-14)

내가 이미 얻었다 함도 아니요 온전히 이루었다 함도 아니라. 오직 내가 그리스도 예수께 **잡힌 바 된 그것을 잡으려고** 달려가노라 빌 3:12

바울은 '내가 얼마나 얻었는가' 또는 '얼마나 온전히 이루었는가'에 집중하지 않았다. 대신에 "그리스도 예수께 잡힌 바 된 그것"에 집중하고 "그것을 잡으려고" 달려갔다. 이는 "우리가 사랑함은 그가 먼저 우리를 사랑하셨음이라"(요일 4:19)라고 하시고, 또 예수께서 "너희가 나를 택한 것이 아니요 내가 너희를 택하여 세웠나니, 이는 너희로 가서 열매를 맺게 하고…"(요 15:16)라고 하심과 같다. 내가 주 예수의 사랑으로 사랑하고자 하면 낙심한다. 내게 그런 사랑이 없기 때문이다. 내가 열매를 맺고자 하면 낙심한다. 내 속에 열매를 맺을 만한 힘이 없기 때문이다. 그러나 "우리들이 밤이 새도록 수고하였으되 잡은 것이 없지마는, 말씀에 의지하여 내가 그물을 내리리이다"(눅 5:5)라는 베드로의 믿음처럼 우리는 힘을 다해 믿음으로 나아간다. "너희는 말세에 나타내기로 예비하신 구원을 얻기 위하여 믿음으로 말미암아 하나님의 능력으로 보호하심을 받았느니라"(벧전 1:5)라고 하신 말씀을 붙잡는다. 이제 바울은 한 걸음 더 나아간다.

형제들아, 나는 아직 내가 잡은 줄로 여기지 아니하고, **오직 한 일** 즉 뒤에 있는 것은 잊어버리고 앞에 있는 것을 잡으려고 푯대를 향하여 그리스도 예수 안에서 하나님이 위에서 부르신 부름의 상을 위하여 달려가노라 빌 3:13,14

"오직 한 일"(this one thing I do). 이것이 바울의 가장 큰 관심거리다. 다시 말하면 "나는 오직 한 가지 일에만 큰 관심을 가지고 온 힘을 다해 임할 것입니다"라고 말하는 것이다. **"오직 한 일"**은 과거에 매이지 않는 것이다. 그는 이미 행한 일(그것이 잘한 것이든 잘못한 것이든)에 에너지를 집중하지 않고 잊기로 결정한다. 과거의 죄와 실패에 매여 사는 사람이 있다. 또 과거의 성공에 매여 자만에 잠겨있는 사람도 있다. 과거에 매인 삶은 오늘과 내일을 향해 달려가는 데 장애물이다. **"오직 한 일"**은 앞에 있는 것을 잡으려고 집중하는 것이다. 우리는 시선을 푯대를 향해 고정시켜야 한다. 우리의 부르심은 하늘에 있다. 우리의 수고, 열심, 헌신은 그날에 상 받게 될 것이다. **"오직 한 일"**은 오늘을 절제하며 근신하며 깨어있는 삶을 사는 것이다.

미국 워싱턴 국방성에서 근무하는 어느 신실한 그리스도인의 삶이 무척 인상적이었다. 그는 바쁜 와중에 귀중한 휴가를 내어 우리가 워싱턴교회에서 말씀으로 섬기는 일에 부족함이 없도록 헌신했다. 그가 한국에 출장을 왔을 때 잠시 만났다. 너무 고마워서 작은 선물을 주었는데 그는 깊은 감사를 표하면서 선물을 정중히 거절했다. 국방성의 고위공무원으로서 외부에서 선물을 받는 것이 합당하지 않다고 했다. 나는 미 국방성에 그의 사진이 걸려있는 이유를 알 것 같았다. 그는 부르심의 상을 위해 달려가고 있었다.

미래에 주어질 상은 시간이 되면 저절로 주어지는 것이 아니다. 오늘의 근신과 절제의 삶이 있어야 미래의 상도 있다. 우리는 위에서 부르신 부름의 상을 얻기 위해 푯대를 향해 달려가야 한다.

"달려간다"에 해당하는 헬라어 '디오코'(dioko)는 '어떤 것을 성취하려고 노력하다', '얻으려고 애쓰다', '빨리 재촉하여 움직이게 하다'라는 의미다. 날마다 나를 재촉하여 푯대를 향해 나아가야 한다. 말에 박차를 가해 달려가듯이 상을 얻기 위해 애쓰고 노력해야 한다. 이것이 우리의 삶의 추진력이다. 모세는 상 주심을 바라보고 권력, 쾌락, 애굽의 보화를 거절했다. 그리고 날마다 푯대를 향해 달려갔다(히 11:24-26).

기도의 라켓을 가지라!

테니스 경기의 규칙은 상대방의 공을 바로 받아서 넘겨야 한다는 것이다. 또한 공이 상대방의 라인을 벗어나지 말아야 한다.

우리의 삶은 염려거리로 가득하다. 그리스도인은 염려거리가 없을 거라는 환상을 깨뜨려야 한다. 우리는 다만 그 염려거리를 해결할 줄 안다. 우리에게 밀려오는 염려거리를 손에 잡지 말아야 한다. 기도 라켓을 가지고 우리에게 날아오는 염려거리를 되받아쳐서 하나님 아버지께 토스하라. 우리가 쥐고 있는 기도 라켓은 하늘나라의 **감사 컴퍼니**에서 제작한 것이다.

> 아무것도 염려하지 말고, 다만 모든 일에 기도와 간구로, 너희 구할 것을 감사함으로 하나님께 아뢰라. 그리하면 모든 지각에 뛰어난 하나님의 평강이 그리스도 예수 안에서 너희 마음과 생각을 지키시리라 빌 4:6,7

우리가 기도 라켓으로 어떠한 염려라도 하나님께 토스할 때 그분은 우리에게 평강을 주신다.

깔때기를 끼우라!

생각의 중요성은 골로새서 3장 1-17절에서 이미 언급했다. 우리의 생각을 지켜야 한다.

> 형제들아, 무엇에든지 참되며, 무엇에든지 경건하며, 무엇에든지 옳으며, 무엇에든지 정결하며, 무엇에든지 사랑받을 만하며, 무엇에든지 칭찬받을 만하며, 무슨 덕이 있든지, 무슨 기림이 있든지 이것들을 생각하라 빌 4:8

"이것들을 생각하라"는 말은 빌립보서 4장 8절에 언급된 여덟 가지 영역에 해당하는 것들을 우리 생각에 담고 머물게 하라는 것이다. 우리의 생각에 깔때기를 깔아서 이 여덟 가지 외에는 걸러내야 한다. "내 입에 파수꾼을 세우시고 내 입술의 문을 지키소서"(시 141:3)라고 기도하듯이 매일 보는 것, 듣는 것에 깔때기를 끼워라.

하늘나라의 법칙으로 살아가라!

그리스도인은 재물을 올바르게 다루며 살아야 한다. 신구약성경은 이에 대해 엄청나게 많이 말씀하신다. 신약에서는 공관복음서, 고린도후서뿐 아니라 갈라디아서, 디모데전서, 빌립보서에서 재물을 다루는 삶을 말씀하신다. 하나님은 우리가 재물을 올바르게 다루기를 원하신다. 재물에 대해 하나님나라의 법칙으로 살기를 원하신다(빌 4:10-20).

1. 자족하는 법을 배워야 한다.

"…어떠한 형편에든지 나는 자족하기를 배웠노니, 나는… 일체의 비결을 배웠노라"(빌 4:11,12). 불만족을 버리고 자족하는 삶을 배워야 한다. 먹을 것과 입을 것이 있으면 족한 줄 알아야 한다(딤전 6:8). 바울은 "내게는 모든 것이 있고 또 풍부한지라"(빌 4:18)라고 했다. 자족하는 마음은 경건에 큰 이익이 된다(딤전 6:6).

2. 주고받는 삶을 살아야 한다.

하나님나라의 경제 원칙은 사고파는 것이 아니라 주고받는 것이다.

> 주고받는 내 일에 참여한 교회가 너희 외에 아무도 없었느니라 빌 4:15

빌립보교회는 여러 차례 바울의 쓸 것을 주었다(빌 4:14-16,18). 놀랍게도 그 일이 오히려 빌립보교회에게 유익이 되었다. 하나님이 기뻐하시며 향기로운 제물로 받으셨다. 빌립보교회에 풍성한 열매를 맺게 하셨다(빌 4:17,18).

3. 심고 거두는 법을 배워야 한다.

놀랍게도 성경은 재물을 가지고 하나님의 뜻에 따라 사용하는 것을 좋은 땅에 씨를 뿌릴 때 열매를 많이 거두는 농사의 원칙과 동일시한다. 빌립보교회가 사역자 바울에게 재물을 주자 바울은 그 결과로 그들에게 열매가 맺힐 것을 기대했다. "…오직 너희에게 유익하도록 풍성한 열매를 구함이라"(빌 4:17)의 말씀과 "사람이 무엇으로 심든지 그대로 거두리라"(갈 6:7)의 말씀은 재물로 선한 일을 할 때에 주어진 말씀이다(갈 6:6-10).

이 같은 원칙으로 재물을 사용하는 삶에 주어지는 결과는 늘 풍성함이다.

> 나의 하나님이 그리스도 예수 안에서 영광 가운데 그 풍성한 대로 너희 모든 쓸 것을 채우시리라 빌 4:19

Dear. NCer

죽기까지 복종하신 그리스도 예수의 마음을 품자.

사도 바울이 나에 대한 추천서를 작성한다면 추천 사유가 무엇이기를 바라는가?

내게 들어오는 모든 것을 깔때기로 걸러서 내 생각을 예수 그리스도로 가득 채우자.

어떤 형편이든 자족하는 법을 배우고, 하나님나라에 재물로 섬기는 일에 최선을 다하자.

❖ 빌레몬서(Philemon) 기독교 문명개혁 운동 지침서

빌레몬서는 바울이 로마 감옥에 있을 때 만난 도망자 노예 오네시모에 대한 메시지다. 오네시모는 바울의 양육으로 성숙한 그리스도인이 되었다. 바울은 그가 주인인 빌레몬과 화해하기를 원했다. 그래서 화해의 편지를 써서 빌레몬에게 보냈다. 바울은 그 편지 배달부로 오네시모를 지목하여 들고 가게 했다.

빌레몬서는 다른 옥중서신과는 다르게 교회 공동체에 보낸 편지가 아니라 개인에게 보낸 사적인 형식의 편지다. 그래서 성경 배치에서 빌레몬서는 다른 옥중서신이 아닌 목회서신에 묶여있다(목회서신은 개인에게 보낸 편지다). 이 짧은 편지 한 통은 엄청난 파괴력이 있었다. 비록 25절에 불과하지만 어떤 두꺼운 책보다 힘이 있었다. 피켓을 들고 사회의 불평등과 불공평을 개선하라고 외치는 수천 명의 함성보다 더 영향력이 있었다. 이 편지는 급진적인 사회 변혁을 이끌었다. 꽁꽁 얼어붙은 사회의 부조리를 서서히 녹여서 마침내 흔적조차 찾아보기 어렵게 만들었다. 기독교 문명개혁 운동은 '빌레몬서'로부터 출발한다.

빌레몬서는 비록 한 장으로 이루어진 짧은 편지이지만 기독교 정신을 그대로 보여준다. 빌레몬서는 거창한 신학적 논문이 아니라 아주 평범한 사람들의 이야기다. 당시 로마 시대에 자주 일어나던 일을 배경으로 한다. 그러나 내용은 당시 사회적 가치 및 법률과 아주 다르다. 노예가 도망가다 붙잡히면 죽을 만큼 매를 맞거나 죽임을 당하는 것이 당시 일반적인 사회법이었다. 그것을 불의나 불공평이라고 아무도 말하지 않았다. 그러나 이 편지로 인해 도망자 노예는 붙잡혀 죽거나 죽을 만큼 매를 맞지 않았다. 용서와 화해가 일어났다. 아주 평범해 보이지만 결코 평범하지 않다. 왜냐면 그것은 사회의 대변혁을 예고하기 때문이다.

이 이야기는 꾸며낸 감동 소설이 아니라 로마 제국에서 실제로 일어난 일이다. 장소, 날짜, 주민등록상 기록된 사람들, 그리고 주변의 증인들…. 이 모든 것이 역사적 사실임을 증명한다. 또한 실현 불가능한 현실 속에 가끔 일어나는 감동 실화가 아니다.

빌레몬서는 큰 소리로 세상에 외친다.

"이것이 기독교입니다! 이것이 예수 그리스도의 사랑입니다! 예수 그리스도의 교회에는 또 다른 오네시모가 수두룩합니다. 또 다른 빌레몬은 더 많습니다! 그리고 바울도 많습니다."

빌레몬서 – 사랑으로 간구함(몬 1:9,10)

바울의 감사의 기도		오네시모를 위한 간청	빌레몬에게 주는 약속	
인사	빌레몬의 사랑을 칭찬함	오네시모를 위한 중재	빌레몬의 순종을 확신함	끝인사
1:1-3	1:4-7	1:8-16	1:17-22	23-25
	빌레몬의 성품	오네시모의 회심	바울의 확신	

빌레몬서의 메시지

용서와 사랑

빌레몬서는 용서에 대한 모범서이다. 주인에게 심한 경제적 해를 끼친 도망자 노예 오네시모는 바울을 만나서 양육을 받았다. 바울은 오네시모를 영적 아들로 삼아 자기 곁에 두고 싶었다. 그러려면 먼저 그의 주인 빌레몬과 화해하고 그 주인의 허락을 받아야 했다.

바울은 빌레몬에게 보낸 편지에서 '내가 네게 사랑으로 간구한다. 오네시모를 용서해주어라'라고 했다. 그는 오네시모를 위해 "간구"(몬 1:9)했다. 그는 자신의 권위를 앞세워 명령하지 않았다. '이것이 기독교 정신이다'라고 하면서 압박하거나 강요하지 않았다. 오히려 "나이가 많은 나 바울은…"(몬 1:9)이라며 겸손히 요청했다. 그리고 오네시모가 진 빚을 자신이 대신 갚겠다고 했다(몬 1:18). 바울은 이 화해의 편지를 오네시모 본인이 들고 가도록 했다.

용서는 기독교의 핵심이다

주기도문 "우리가 우리에게 죄 지은 자를 사하여 준 것같이 우리 죄를 사하여 주시옵고"를 결코 가볍게 암송할 것이 아니다. 이것을 달리 말하면 "주님, 우리가 매일 용서의 삶을 살겠습니다. 우리에게 상처를 입힌 사람들을 용서하기로 선택합니다. 그러니 주님, 우리가 주께 지은 죄도 용서하여 주소서"이다. 물론 주님은 우리의 죄를 조건적으로 용서하지 않으신다. 다만 용서의 삶이 얼마나 중요한가를 강조하는 것이다.

베드로가 예수께 질문했다. "주여, 형제가 내게 죄를 범하면 몇 번이나 용서하여 주리이까?" 베드로는 주님의 답변을 듣기도 전에 "일곱 번까지(7×1) 하오리이까?"라고 했다. 그는 주님께 칭찬받을 것을 기대했다. 일곱 번이나 용서하다니! 두세 번만 용서해도 충분하지 않을까? 그런데 주님의 답변은 충격적이다.

> 네게 이르노니, 일곱 번뿐 아니라 일곱 번을 일흔 번까지라도(7×70) 할지니라 마 18:22

아마도 주님의 말씀이 너무하다고 생각할지도 모른다. 불가능하다고 여길지도 모른다. 주님은 그런 사람들을 위해 비유를 들어 자세히 설명하셨다(마 18:23-35). 백억을 빚진 종이 갚을 길이 없어 쩔쩔매자 채주(주인)가 그 빚을 전액 탕감해주었다. 종은 너무 감격했다. 감격과 기쁨으로 그 집을 나서서 길을 가다가 자신에게 백만 원 빚진 동료를 만났다. 종은 다짜고짜 그의 멱살을 움켜쥐고 빚을 갚으라고 했다.

그는 하루 벌어서 겨우 먹고사는 가난한 사람이었다. 빚을 바로 갚을 만한 돈이 없다며 사정했다. 그러나 백억을 탕감받은 종은 동료를 법정으로 끌고 갔다. 이 소식을 들은 주인이 분노하여 "악한 종아, 네가 빌기에 내가 네 빚을 전부 탕감하여 주었거늘, 내가 너를 불쌍히 여김과 같이 너도 네 동료를 불쌍히 여김이 마땅하지 아니하냐?" 하고 빚을 다 갚도록 옥졸들에게 넘겼다.

이 비유를 마치고 주 예수님은 "너희가 각각 마음으로부터 형제를 용서하지 아니하면 나의 하늘 아버지께서도 너희에게 이와 같이 하시리라"(마 18:35)라고 말씀하셨다.

노예에서 형제로

바울은 빌레몬에게 오네시모를 이전처럼 노예로 대하지 말고 그리스도 안에서 사랑받는 형제로 대하라고 권했다(몬 1:16). 우리는 고용주와 고용인, 사장과 직원의 관계가 형성되는 여러 직업 사회의 일원이다. 그러나 무엇보다 예수 그리스도 안에서 함께 사랑으로 섬기는 가족이다. 형제와 자매다. 놀라운 것은 예수 그리스도께서 우리를 형제라 부르기를 부끄러워하지 않으신다는 사실이다(롬 8:29, 히 2:11,12).

기독교 정신은 평등이다. 계급이나 인종, 배경을 초월한다. 각 사람은 하나님이 그의 형상대로 지으셨다. 각 사람은 그 인격 자체로 충분한 가치가 있다. 더구나 우리는 예수 그리스도 안에서 가족이 되었다. 한 분 창조주 하나님이 우리의 아버지이시다. 가족 간에는 차별이 없다. 오직 사랑, 이해, 존중이 있다.

그러나 기독교는 사회 질서와 구조를 무시하거나 깨뜨리고자 하지 않는다. 그것을 존중히 여긴다. 그리스도인은 사회에서 부지런함으로 최선을 다해야 한다. 우리의 근본적인 관계가 형제, 자매라고 해서 방자하고 무질서하게 관계하거나 행동하지 않는다.

> 종들아, 모든 일에 육신의 상전들에게 순종하되, 사람을 기쁘게 하는 자와 같이 눈가림만 하지 말고 오직 주를 두려워하여 성실한 마음으로 하라 골 3:22

순종과 성실한 마음이 기독교 정신이다.

> 무슨 일을 하든지 마음을 다하여 주께 하듯 하고 사람에게 하듯 하지 말라 골 3:23

우리는 어느 일에 종사하든지 주어진 일을 할 때마다 "마음을 다하여 주께 하듯" 해야 한다. 우리는 '코람데오'의 삶, 즉 '하나님의 면전에서' 주어진 일을 수행한다. 그리스도인은 사랑 안에서 신실함으로 살아야 한다. 여기에서 기독교 문명개혁이 일어난다.

무익한 자에서 유익한 자로

고정관념이 관계를 해치는 경우가 있다. 오래전에 좋지 않은 인상을 받았던 사람을 다시 만날 경우 '예전의 그 사람'으로 한정 짓는 경우가 많다. 우리는 종종 "사람은 쉽게 바뀌지 않는다"라고 말한다. 그럴지도 모른다. 그러나 하나님은 다르게 말씀하신다.

> 너희는 이전 일을 기억하지 말며 옛날 일을 생각하지 말라. 보라, 내가 새 일을 행하리니 이제 나타낼 것이라. 너희가 그것을 알지 못하겠느냐? 반드시 내가 광야에 길을, 사막에 강을 내리니 사 43:18,19

하나님은 이전의 악한 사람, 해를 끼치던 사람을 기억하지 말라고 하신다. 하나님이 새 일을 행하시면 누구나 변화가 일어난다. 하나님은 "내가 광야에 길을, 사막에 강을 내리라"라고 약속하신다. 새 일을 행하시는 그분이 계심을 믿어야 한다.

> 버러지 같은 너 야곱아, 너희 이스라엘 사람들아, 두려워하지 말라. 나 여호와가 말하노니 내가 너를 도울 것이라. 네 구속자는 이스라엘의 거룩한 이이니라. 보라, 내가 너를 이가 날카로운 새 타작기로 삼으리니 네가 산들을 쳐서 부스러기를 만들 것이며, 작은 산들을 겨같이 만들 것이라 사 41:14,15

"버러지"는 아무 힘도 없는 보잘것없는 존재다. "이가 날카로운 새 타작기"는 산들을 쳐서 부스러기로 만든다. 하나님께서 버러지 같은 나를 이가 날카로운 새 타작기로 만들겠다고 하신다. 다른 사람을 해롭게만 하는 쓸모없는 무익한 자를 놀라운 사람, 유익한 사람으로 바꾸신다. 그러므로 아무도 자기 자신을 버러지 같다고 절망하며 축 늘어지지 말아야 한다. 새 일을 행하시는 하나님을 바라봐야 한다. 고정관념을 버려야 한다.

바울은 빌레몬에게 오네시모에 대해 "그가 전에는 네게 무익하였으나 이제는 나와 네게 유익하므로"(몬 1:11)라고 했다. 남에게 해를 끼치던 사람이 유익한 사람으로 변화되었다. 그리스도 안에서 변화되면 누구든 다른 사람에게 선을 베풀고 사랑으로 섬기는 유익한 존재로 바뀐다. 노예 신분의 오네시모는 후에 에베소교회의 존경받는 감독이 되었다. 순교자 이그나티우스가 서머나에 머물며 보낸 편지 서두에서 에베소 감독을 높이 평가한다. 그가 바로 오네시모다!

나의 오네시모

오네시모가 그의 주인 빌레몬에게 재정의 큰 해를 끼친 것처럼 '나의 오네시모'가 있다면 용서하고 형제로 받아주어야 하지 않을까? 또한 오네시모 같은 사람을 만나면 기쁘게 형제로 대하여 받아주고 중보기도하며, 양육하고 격려하여 소망을 불어넣어 주며 견고한 사람으로 세워야 하지 않을까?

다윗이 사울에게 쫓겨서 유대 광야에서 지낼 때 주 본거지가 '아둘람 동굴'이었다. 당시 그에게 온 사람들은 환난 당한 모든 자, 빚진 모든 자, 마음이 원통한 자였다(삼상 22:1,2). 이들은 마치 오네시모와 처지가 비슷했다. 바울의 양육으로 도망자 노예 오네시모가 존경받는 에베소 감독이 되었듯이 다윗은 이들을 양육하여 훗날 나라를 견고하게 세우는 용사로 만들었다(삼하 23:3-39).

진정한 자유

로마제국에는 약 6천만 명의 노예가 있었다. 당시 노예는 사람이 아니라 살아있는 도구에 지나지 않았다. 주인은 자기 노예를 살리고 죽일 권리를 가졌다. 그리고 노예가 도망치다가 붙잡히면 '도망자'(Fugitive)를 뜻하는 첫 글자인 F가 이마에 붉은 글씨로 낙인 찍혔다. 최악의 경우에는 십자가에 못 박혀 고통 속에 죽어야 했다.

바울은 당시 노예제도가 얼마나 악한지 알면서도 한 번도 그에 대해 언급하지 않았다. 빌레몬에게 기독교 정신에 입각해 노예를 풀어주라고 하지도 않았다. 그것은 당시의 불공평한 사회에 대한 무관심에서 비롯된 것이 아니다. 그는 분명 노예제도를 찬성하지 않았다. 하나님나라의 정신과 어긋나기 때문이다. 그러나 이를 언급하지 않은 이유는, 진정한 자유는 기독교 신앙에 의해 이루어질 것을 확신했기 때문이다. 그것은 한순간에 달성할 수 있는 것이 아니다. 마치 효모가 밀가루를 부풀게 할 때까지 기다리듯이 세상의 변화를 기다려야 한다. 그러나 가만히 앉아서 기다리는 것이 아니라 적극적으로 복음을 전파함으로 사회의 전반적인 영역에 그리스도의 정신과 하나님나라가 스며들도록 해야 한다.

초대교회 공동체에는 주인과 종, 유대인과 헬라인, 남자와 여자, 부자와 가난한 자가 섞여있었다. 그럼에도 이들은 가족 공동체를 이루었다. 하나님이 우리의 한 분 아버지시며, 서로는 형제요 자매였기 때문이다. 이처럼 기독교는 하나님과 예수 그리스도 안에서 새로운 관계를 형성한다. 그렇다고 해서 노예에게 자기의 일을 태만히 하거나 소홀히 하라는 것이 아니다. 예수님은 우리를 세상의 소금과 빛으로 부르셨다. 이 신분과 사명은 어떤 사회제도 안에 있다 할지라도 그 제도를 초월한다. 그래서 "무슨 일을 하든지 마음을 다하여 주께 하듯 하고 사람에게 하듯 하지 말라"(골 3:23)라고 명하셨다.

교회는 거리에 나가서 플래카드를 내걸고 행진하며 데모함으로 세상의 변화를 일으키지 않는다. 어떤 슬로건이나 말로가 아니라 교회 공동체로서 서로 사랑과 섬김의 삶을 통해 세상에 영향을 주고자 한다. 그러므로 소망을 가지고 중보기도하며 기독교 문명개혁 운동을 전개해야 한다.

Dear. NCer

기독교 문명개혁 운동을 주도하는 NCer로서,

내가 용서해야 할 '나의 오네시모'가 있는가?

깨뜨려야 할 선입관이 있는가? 나는 무익한 자를 유익한 자로 바꾸시는 하나님을 믿는가?

빌레몬서를 통해 가장 도전이 되는 것은 무엇인가?

❖ 디모데전서, 디도서, 디모데후서 리더십 매뉴얼

바울의 다른 서신들은 교회 앞으로 쓰였지만 디모데전·후서와 디도서, 빌레몬서는 개인에게 보낸 편지였다. 빌레몬서는 디모데전·후서나 디도서보다 빨리, 바울이 로마 감옥에 있을 때 쓴 것이지만 개인에게 보낸 편지이므로 디도서 뒤에 배치되었다.

디모데전·후서와 디도서를 목회서신이라고 부르기도 한다. 바울은 그의 영적 아들인 디모데와 디도에게 사역자가 하나님의 집에서 어떻게 행해야 하는가, 교회를 어떻게 이단으로부터 보호해야 하는가, 성장하는 교회에서 일어날 수 있는 문제들을 어떻게 처리해야 하는가를 서신을 통해 설명한다.

- **디모데전서** : 교회의 질서에 대해 목회자로서 어떤 지도력을 발휘할 것인가를 멘토링했다.
- **디모데후서** : 사역자 디모데를 양육하며 목자의 돌봄에 대해 멘토링했다.
- **디도서** : 디모데후서와 성격이 같다.

그러므로 목회서신을 '**목회지침서**' 혹은 '**리더십 매뉴얼**'이라 할 수 있다.
디모데전서는 사역 매뉴얼이고, 디모데후서와 디도서는 사역자 매뉴얼이다.

목회서신이 쓰인 연대

사도행전은 바울이 로마로 들어가 2년간 방해받지 않고 복음을 전했다는 내용으로 끝난다(행 28:30,31). 그의 옥중생활이 어떤 결말을 맞이했는지, 즉 석방되었는지 아니면 유죄 판결과 처형으로 끝났는지 언급이 없다. 일반적으로 유죄 판결과 순교로 결말을 맞았을 것이라고 추측한다. 그러나 다른 전승으로는 바울이 2년 후에 석방되어 2,3년간 자유로이 활동하다가 다시 체포되어 결국 A.D.67년에 순교했다고 한다. 다음과 같은 점들이 이를 뒷받침한다.

1. 바울은 로마에 있을 때 석방을 기대했다.

- "나도 속히 가게 될 것을 주 안에서 확신하노라"(빌 2:24).
- "오직 너는 나를 위하여 숙소를 마련하라. 너희 기도로 내가 너희에게 나아갈 수 있기를 바라노라"(몬 1:22).

2. 바울이 마음에 간직한 계획이 있었다.

바울은 3차 여행 중에(아직 예루살렘으로 올라가 체포되기 전에) 로마서를 기록했다. 그는 서바나(스페인)로 갈 계획이었는데 도중에 로마를 방문하고자 했다.

- "언제든지 서바나로 갈 때에 너희에게 가기를 바라고 있었으니"(롬 15:23).
- "너희에게 들렀다가 서바나로 가리라"(롬 15:28).

3. 그 계획이 실현되었는가?

로마의 클레멘트가 A.D.90년에 고린도교회에 쓴 편지 내용에 '바울이 순교 전에 서쪽 변경까지 갔다'라고 언급되어 있다. 로마 사람이 말하는 '서쪽 변경'은 서바나임이 분명하다.

역사가 요세푸스는 '바울이 로마에서 죄수로 2년간 보내고 석방되어 다시금 선교의 길을 갔다가 다시 로마에 왔을 때 순교했다'라고 기록했다.

5세기 위대한 교부 크리소스톰은 '사도 바울은 로마에서 서바나로 갔다'라고 했다.

같은 시기의 교부 제롬도 '바울은 네로에 의해서 석방되어 서방에 복음을 전했다'라고 했다.

4. 디모데전서, 디도서, 디모데후서에 언급된 지리적 명칭은 사도행전이나 바울의 서신에 기록된 연대와 맞지 않는다.

첫 번째 언급 - 바울은 에베소에서 마게도냐로 갔다. "내가 마게도냐로 갈 때에 너를 권하여 에베소에 머물라 한 것은"(딤전 1:3). 3차 여행 중에 에베소에서 마게도냐로 갈 때는 디모데를 남겨두지 않고 함께 갔다. 그러므로 나중에 다시 에베소를 방문했다가 마게도냐로 갈 때에 디모데를 남겨두었을 것이다.

두 번째 언급 - 바울이 드로아와 밀레도 지역을 방문했다. 그때 드로비모가 병들어서 밀레도에 남겨두었다. 또 그레데를 방문했다가 디도를 남겨두었다.

> 네가 올 때에 내가 드로아 가보의 집에 둔 겉옷을 가지고 오고 딤후 4:13

> …드로비모는 병들어서 밀레도에 두었노니 딤후 4:20

> 내가 너를 그레데에 남겨둔 이유는… 딛 1:5

드로아, 밀레도, 그레데 방문 일정은 바울의 2,3차 여행 경로와 다르다. 이 구절들을 볼 때에 바울은 로마 감옥에서 풀려난 뒤 4차 전도여행을 하다가 재차 로마에서 붙들려 A.D. 68년(네로가 자살한 해) 이전에 순교했다고 여겨진다.

이단과 거짓 교사에 대한 교훈

특히 목회서신에서 이단과 거짓 교사에 대해 엄중하게 다룬다.

이단과 그 특징은 무엇인가?

1. 이단은 진리에 무관심하고 오직 새롭고 신기한 것에만 관심을 가진다

이것을 '사변적 이지주의'라고 한다. 변론(헬, ekzetesis) 즉 사변적인 논의이다. 이단은 행동하지 않고 논쟁에만 빠져있다. 말만 많이 한다. 변론을 야기하고(딤전 1:4), 변론에 빠지고(딤전 6:4), 어리석고 무식한 변론을 한다(딤후 2:23). 그러므로 어리석은 변론을 피하라(딛 3:9). 기독교는 오직 하나님의 말씀에 근거한 믿음을 강조한다.

> 믿음은 말로만 하는 어떤 종교적 이론이 아니다. 하나님의 말씀을 듣고 구체적으로 응답하는 것이다. 하나님의 말씀에 순종하고, 하나님의 약속의 말씀을 신뢰해야 한다. 순종과 신뢰, 이것이 믿음의 요소다.

2. 교만하다(딤전 6:4)

이단은 배우려고 하지 않고 가르치려고만 하고 남을 얕잡아본다. 기독교는 겸손과 순수한 마음과 올바른 양심에 근거한다. 반면 이단은 자신들을 한층 높은 곳에 둔다. 그러나 구원은 모든 사람에게 열려있다(딛 2:11, 딤전 2:4).

교만은 소수의 택함 받은 자들의 특권으로 규정시킨다. 참된 신앙은 배타성을 용납하지 않는다. 모든 사람을 포용하시는 하나님의 사랑을 강조한다. 그러므로 이단의 특성, 또는 이단으로 갈 위험성은 '교만'이다. 교만의 특성은 자신들만 최고라고 하며 다른 그룹에게 배타적이다. 다른 그룹과 교제하려 들지 않는다. 하나 됨을 힘쓰지 않는다. 하나 됨의 길에는 십자가가 한 가운데 있다. 서로가 자신을 낮추고 상대방을 인정해야 하나 됨을 유지할 수 있다.

이는 종교 다원주의와는 다르다. 종교 다원주의는 모든 종교를 존중하고 교제하려 한다. 겉으로 보기에는 그럴듯하나 십자가가 없는 하나 됨의 노력은 바벨탑을 쌓는 것과 같다. 하나 됨은 오직 십자가에서만 가능하다.

3. 금욕 : 결혼을 무시한다(딤전 4:4,5)

이단은 지나친 헌신과 희생을 강조한다. 그리하여 일상적인 생활에서 그리스도인의 책임을 무시하게 한다. 자칫 무책임한 그리스도인이 되게 한다. 로마서 14장 18절에 "그리스도를 섬기는 자는 하나님을 기쁘시게 하며 사람에게도 칭찬을 받느니라"라고 하셨다.

4. 쾌락 : 쾌락을 사랑한다(딤전 3:6, 딛 3:4)

디모데후서 1장 7절에 "하나님이 우리에게 주신 것은 두려워하는 마음이 아니요 오직 능력과 사랑과 절제하는 마음이니"라고 하셨다. 기독교는 금욕주의도 쾌락주의도 아니다. 그것을 초월한다.

5. 지은 말이나 족보에 착념한다(딤전 1:4, 6:20, 딛 3:9)

이는 유대교 율법주의와 연관되어 있다.

6. 육신의 부활을 부정한다(딤후 2:18)

영적인 의미로서의 부활만 강조한다.

거짓 교사(False Teacher), 율법의 선생(딤전 1:7)

목회서신에서는 거짓 교사와 율법주의를 매우 경계한다. 이들의 특징은 무엇인가?
- 다른 교훈을 가르친다. 교리주의와 율법주의에 빠지게 한다(딤전 1:3, 6:3).
- 신화와 끝없는 족보에 몰두한다. 변론만 한다(딤전 1:4).
- 헛된 말에 빠진다. 열매가 없는 토론(fruitless discussion)이다(딤전 1:6).
- 자기가 말하는 것이나 자기가 확증하는 것도 깨닫지 못한다(딤전 1:7, 6:4).
- 자기 양심이 화인을 맞았다(딤전 4:2).

- 외식함으로 거짓말하는 자들이다(딤전 4:2).
- 혼인을 금한다(딤전 4:3).
- 망령되고 허탄한 신화를 좋아한다(딤전 4:7).
- 어떤 음식물은 먹지 말라고 금한다(딤전 4:3).

  그러나 음식물은 하나님이 지으신 바니 감사함으로 받으라고 하셨다(딤전 4:3-5).
- 교만하다(딤전 6:4).
- 변론과 언쟁을 좋아한다(딤전 6:4).

교회와 하나님의 양 떼를 어떻게 인도하며 조직할 것인가?

교회 리더십의 기준, 성격

구약에는 공동체 조직이 명백하나 신약에는 없다. 오직 목회서신에만 나온다. 오늘날 교회의 조직은 대체로 목회서신에 기초하고 있다. 목회서신에 나타나는 교회의 조직은 감독(딤전 3:1-7, 딛 1:7-16), 장로(딤전 5:1,17-19, 딛 1:5-7), 집사(딤전 3:8-13)로 구성되어 있다.

목회서신을 통해 볼 때 초대교회의 감독과 장로는 동일인이다. 장로라는 표현은 교회의 지도자들을 가리키는데, 일반적으로 연장자이며 교회 공동체에서 존경받는 인물을 지칭한다. 감독이라는 어휘는 그들의 직제와 의무를 표현하는 말이다. 장로는 사람을 나타내고, 감독은 직무를 나타낸다. 감독이라는 호칭은 장로들의 모임에서 이들을 통솔하고 선도하는 직임에서 비롯되었다.

	감독	장로	집사
디모데전서	딤전 3:1-7	딤전 5:1,17-19	딤전 3:8-13
디도서	딛 1:7-16	딛 1:5-7	

그러나 에베소서에 나타나는 어휘는 전혀 다르다.

> 그가 어떤 사람은 사도로, 어떤 사람은 선지자로, 어떤 사람은 복음 전하는 자로, 어떤 사람은 목사(목자)와 교사로 삼으셨으니, 이는 성도를 온전하게 하여 봉사의 일을 하게 하며 그리스도의 몸을 세우려 하심이라 엡 4:11,12

에베소에서 언급한 "목사"(pastor)는 라틴어에서 유래했다. 원래 '목자'(shepherd)를 의미한다. "사도"와 "선지자"는 교회의 기반을 이루는 사역이다. "목자와 교사"는 교회를 세우는 사역이다. 그리고 "복음 전하는 자"는 교회를 배가시키는 사역이다. 에베소서는 어떤 조직의 명칭이라기보다 교회 리더십의 직임적 역할을 설명한다.

목회서신은 교회의 조직과 그에 따른 사람과 직임을 설명한다.

❖ 디모데전서(1 Timothy) 경건의 비밀 : 사역 매뉴얼

디모데전서는 바울이 그의 영적 아들이요 사역자인 디모데에게 교회 질서와 공동체를 어떻게 이끌지 제시하는 서신이다. 바울은 디모데에게 에베소교회를 목회하도록 권했다. "내가 마게도냐로 갈 때에 너를 권하여 에베소에 머물라 한 것은…"(딤전 1:3). 에베소교회는 소아시아의 전략적 거점 지역에 위치한 교회였다. 사도 바울이 오랜 시간을 들여 견고하게 세웠다. 초대교회 당시 에베소교회 목회는 아주 중요했다. 디모데전서 3장 15절에는 이 편지의 기록 목적이 명시되어 있다.

"너로 하여금 하나님의 집에서 어떻게 행하여야 할지를 알게 하려 함이니 이 집은 살아계신 하나님의 교회요 진리의 기둥과 터라."

이처럼 교회의 중요성과 교회를 섬기는 사역자의 매뉴얼이 함께 강조된다.

지금은 어느 때보다도 바른 지도력이 필요하다. 지난 40년간 한국만 아니라 전 세계에서 지도력에 대한 많은 세미나와 강연과 책들이 쏟아져 나왔다. 그것은 우리 하나님의 마음을 잘 보여준다. 올바른 지도력은 국가, 도시, 사회의 각 영역에 절실하다. 온 세상은 지도력으로 몸살을 앓았다. 올바르지 못한 지도력은 사회를 혼란으로 몰아넣지만 올바른 지도력은 사회를 견고하게 한다. 바울은 디모데전·후서에서 지도력에 대해 말할 때 프로젝트 플랜이나 조직 운영, 경영, 예산을 세우고 집행하는 법 등을 언급하지 않는다. 고도의 학문적 이해나 지성을 사용해야 하는 복잡한 이론을 말하는 것도 아니다.

디모데전·후서에서 언급하는 지도력은 모든 영역에 적용된다. 단지 교회에서의 지도력에만 국한되지 않는다. 국가, 대도시, 작은 마을, 기업, 단체, 가정 등 어느 영역에서나, 어떤 레벨의 지도력에나 적용된다. 그것은 이론과 지식이 아니다. 톱다운(top down) 식의 명령, 지시, 통제를 통한 지도력도 아니다. 그것은 삶이다. 바울은 젊은 디모데에게 지도력을 발휘하는 법을 가르치기 위해 먼저 자신의 사역에서 직접 익히고 실천한 삶을 제시한다. 바울은 디모데에게 그런 지도력을 개발하도록 격려한다. 오늘날 우리는 그런 지도력을 개발하여 발휘해야 한다. 디모데전·후서는 어떻게 그런 지도력을 개발하는지를 잘 보여준다.

디모데전서 – 경건의 비밀(딤전 3:15,16)

건강한 교회의 교리와 예배				건강한 교회의 선한 목자			
인사	경고	예배	일꾼들	지혜	과부들	부	인사
1:1-2	1:3-20	2장	3장	4장	5장	6:1-19	6:20-21
아들 디모데	건전한 교리	공적 예배	교회 제직들	좋은 목자	과부와 장로	목회 동기	권면
	교훈의 목적	예배의 방향	아름다운 지위	경건의 연습	이웃을 사랑함	부자들	권면

딤전 3:15,16 [15] 만일 내가 지체하면 너로 하여금 하나님의 집에서 어떻게 행하여야 할지를 알게 하려 함이니 이 집은 살아 계신 하나님의 교회요 진리의 기둥과 터라 [16] 크도다 경건의 비밀이여, 그렇지 않다 하는 이 없도다 그는 육신으로 나타난 바 되시고 영으로 의롭다 하심을 받으시고 천사들에게 보이시고 만국에서 전파되시고 세상에서 믿은 바 되시고 영광 가운데서 올려지셨느니라

디모데전서의 메시지

교훈의 목적

> 이 교훈의 목적은 청결한 마음과 선한 양심과 거짓이 없는 믿음에서 나오는 사랑이거늘 딤전 1:5

"교훈"을 때로는 '계명', '명령'이라고도 한다. 우리를 향한 하나님의 교훈은 그리스도인으로서 어떻게 살아야 하는가에 대한 것이다. 하나님의 명령을 요약하면 '사랑'이다. 이는 딱딱하고 엄격한 규칙을 말하는 것이 아니다. 하나님을 사랑하고 이웃을 사랑하라는 것이 주의 말씀의 요약이다.

'십계명'이라는 단어를 들을 때 어떤 인상을 받는가? 딱딱하고 엄격하며 무서운 심판이 떠오르는가? 그렇다면 우리는 어느새 거짓 교사들의 잘못된 가르침에 영향을 받은 것이다. 바울이 디모데에게 맡긴 직무가 바로 잘못된 신앙을 바로잡으라는 것이다. 이를 위해 하나님의 말씀에 대한 올바른 이해를 갖는 것부터 시작해야 한다.

모든 하나님의 말씀은(그것이 명령이라 할지라도) 언제나 동기가 '사랑'이다. "청결한 마음"에서 나오는 사랑이요, "선한 양심"에서 나오는 사랑이요, "거짓이 없는 믿음"에서 나오는 사랑이다. 하나님의 명령의 목적은 우리를 향한 사랑이다. 목적도 사랑, 과정도 사랑, 동기도 사랑이다. 기독교의 정신, 기초, 원리는 사랑이다. 하나님의 모든 말씀의 동기는 언제나 사랑이다.

그러므로 말씀을 가르치는 목적도 오직 사랑이다. 설교자가 하나님의 명령을 전달할 때나 청중이 하나님의 말씀을 들을 때 이 같은 하나님의 말씀의 성격을 이해해야 한다. 기독교를 이상하고 딱딱하고 엄격한 종교로 전락시키지 말아야 한다. 하나님을 오해하고, 성경을 오해하여 율법주의로 향하지 말아야 한다.

사랑은 생명, 자유, 기쁨을 주지만, 율법은 이것들을 줄 수 없다.

기독교 정신과 이단자의 정신은 정반대이다(딤전 1:3-7)

기독교 정신	이단자의 정신
신앙에 근본을 두고 있다. 오직 기준은 하나님의 말씀이다. '사랑'이 동기이다. 하나님은 사랑이시다. 순수한 마음에서 일어난다. 올바른 양심에서 나온다. 숨김 없는 신앙, 위선 없는 진실됨이 삶의 기반이다.	신기함에 대한 욕구로 행동한다. 마음을 희생하며 지력을 높인다. 행동하지 않고 논쟁에만 빠져있다. 교만하여 배우지 않고 가르치려고만 한다. 교리주의, 즉 율법주의에 빠진다.

거짓 교사(False Teacher)란 곧 율법선생들을 말한다(딤전 1:3-11)

에베소교회에서 디모데의 임무는 거짓 교사들을 막는 것이다. 이들을 방치하면 진리의 기반 위에 세워진 교회가 혼합주의에 감염될 위험에 처한다. 에베소교회도 다른 여러 교회들이 직면한 어려움에 처해 있었다. 유대교 율법주의자들이 바울이 전파한 복음 외에 다른 것들을 끊임없이 전했기 때문이다. 게다가 이들은 당시에 만연한 헬라적 사고인 영지주의와 혼합하여 더욱 교회를 혼란스럽게 했다.

율법주의와 상상력을 동원한 신화와 우화, 이상한 족보들, 그리고 허탄한 이야기들을 꾸며대며 전통과 섞어서 성경을 제멋대로 해석했다. 이처럼 거짓 교사들의 가르침은 성경의 교훈과는 대치되는 것으로, 그리스도인들의 생활에 악한 영향력을 끼칠 수밖에 없다.

이런 것들을 교회에서 몰아내는 것이 디모데의 첫 번째 임무였다. 이를 위해 사랑에서 나오는 말씀의 기반 위에 교회를 든든히 세워야 했다.

디모데전서와 디도서는 거짓 교사들의 특징을 이렇게 열거한다.

디모데전서	디도서
• 다른 교훈을 가르친다(딤전 1:3, 6:3). • 신화와 끝없는 족보에 몰두, 변론만 한다(딤전 1:4). • 헛된 말에 빠진다(fruitless discussion, 딤전 1:6). • 자기가 말하는 것이나 자기가 확증하는 것도 깨닫지 못한다(딤전 1:7). • 자기 양심이 화인을 맞아서 외식함으로 거짓말하는 자들이다(딤전 4:2). • 혼인을 금하고 어떤 음식물은 먹지 말라고 한다(딤전 4:3). • 망령되고 허탄한 신화를 주장한다(딤전 4:7). • 교만하며 변론과 언쟁을 좋아한다(딤전 6:4).	• 불순종하고 • 헛된 말을 하며 • 속이는 자가 많고 • 더러운 이득을 취하려고 마땅하지 아니한 것을 가르쳐 가정들을 무너뜨리려 한다(딛 1:10,11).

하나님나라의 사역 원리(딤전 1:12-17)

충성의 원리

나를 능하게 하신 그리스도 예수 우리 주께 내가 감사함은, 나를 **충성되이 여겨** 내게 직분을 맡기심이니 딤전 1:12

이 말씀의 시간적인 순서는 다음과 같다.

1. 예수께서 나를 충성되이 여기셨다. "여기다"라는 말은 여러 번 테스팅을 거쳐 내린 결론에서 나온다.
2. 예수께서 내게 직분을 맡기셨다(행 9:15).
3. 예수께서 나를 능하게 하신다(빌 4:13, 딤후 4:17).

주께서 바울에게 사역을 맡긴 이유는 그의 능력에 있지 않았다. 오직 그의 '충성'에 있었다. "충성"이란 변하지 않는 마음, 맡겨진 일에 핑계를 대지 않고 끝까지 이루어 내는 성실함이다. 사역자는 사람이나 환경을 통해 어려움에 직면할 수 있다. 그런 일은 자주 일어난다. 충성된 사람은 그럼에도 불구하고 맡겨진 일을 중간에 멈추지 않고 끝까지 해낸다. 주 예수님은 바울에게서 충성을 보셨다. 그로 인해 그에게 직분을 맡기시고 능력을 주셔서 능히 감당하게 하셨다.

이 세상은 능력이 많은 사람에게 일을 맡기지만 하나님나라의 원칙은 그렇지 않다. 먼저 충성된 사람인지 아주 일상적인 일로 테스트한다. 테스트를 통해 충성된 사람임이 증명되면 비로소 하나님나라의 일을 맡기신다. 그리고 그 일을 감당할 능력을 주셔서 충분히 감당하게 하신다. 하나님은 능력 많은 사람을 찾으시는 것이 아니라 충성스런 사람을 찾으신다. 그러므로 우리에게 중요한 것은 '내게 이 일을 감당할 능력이 있는가'에 있지 않다. 다만 '내게 맡겨진 이 일에 충성할 마음이 있는가'에 있다. 능력은 오직 하나님께 있다.

긍휼의 원리

내가 전에는 비방자요 박해자요 폭행자였으나 도리어 **긍휼을 입은 것**은, 내가 믿지 아니할 때에 알지 못하고 행하였음이라 딤전 1:13

사역자의 자격이 능력에 있지 않고 충성됨에 있다면, 또 다른 자격은 '긍휼'에 있다. "긍휼"이란 마땅히 받아야 함에도 받지 않는 것이다. 바울의 경력은 화려했다. "비방자", "박해자", "폭행자"였다. 그의 과거 행동에 의한다면 진작 '하나님의 심판'을 받았어야 했다. 그런데 그는 하나님의 심판을 받지 않았을 뿐 아니라 주 예수 그리스도의 일꾼이 되었다. 이것은 전적으로 '은혜'다. 은혜는 받을 만한 자격이나 조건이 되지 않음에도 불구하고 받는 것이다. '긍휼'과 '은혜'는 동전의 양면과 같다. 그것은 '사랑'의 두 면이다.

우리 주의 은혜가 그리스도 예수 안에 있는 믿음과 사랑과 함께 넘치도록 풍성하였도다! 딤전 1:14

이 구절의 맨 끝에 느낌표를 붙여야 한다. 주의 은혜가 얼마나 풍성한가! 바울이 증인이다. 그의 화려한 전적(?)에도 불구하고 하나님이 그를 일꾼 삼으셨다.

미쁘다, 모든 사람이 받을 만한 이 말이여! '그리스도 예수께서 죄인을 구원하시려고 세상에 임하셨다' 하였도다. 죄인 중에 내가 괴수니라! 딤전 1:15

바울의 감격이 더욱 고조되었다. 그리스도 예수께서 의인을 위해서가 아니라 죄인을 구원하시려고 이 세상에 오셨다는 소식은 얼마나 감격적인가! 더욱이 주 예수 그리스도의 은혜가 얼마나 풍성한지, 죄인을 구하러 오신 예수께서 죄인 중에 괴수를 통해 그 일을 행하시니 그의 긍휼이 얼마나 놀라운가!

그러나 내가 긍휼을 입은 까닭은 예수 그리스도께서 내게 먼저 일체 오래 참으심을 보이사 후에 주를 믿어 영생 얻는 자들에게 본이 되게 하려 하심이라 딤전 1:16

예수님은 바울에게 일체 오래 참으셨다. 그것은 바울을 롤 모델로 삼으시기 위함이다. 죄인들이 바울을 보면서 소망을 갖게 될 것이다. "일체 오래 참으심"은 얼마나 큰 은혜인가! 만약 주의 오래 참으심이 없었다면 지구에서 사라져버렸을 사람들이 얼마나 많은가! 우리도 절망과 낙심, 정죄감과 죄책감, 어둠에 갇혀 살았을 것이다. 그러나 여기 소망이 있다! 바울을 보라! 그가 많은 사람에게 소망을 준다.

그러므로 "우리는 뒤로 물러가 멸망할 자가 아니요 오직 영혼을 구원함에 이르는 믿음을 가진 자니라"(히 10:39)라고 하신 말씀처럼 뒤로 물러가지 말고 오직 믿음으로 주께 나아가야 한다.

영원하신 왕, 곧 썩지 아니하고 보이지 아니하고 홀로 하나이신 하나님께 존귀와 영광이 영원무궁하도록 있을지어다. 아멘 딤전 1:17

바울은 심장에서부터 찬송이 터져 나왔다.

"나 같은 죄인 살리신 주 은혜 놀라워"(Amazing Grace, How sweet the sound).

바울은 가끔 다메섹에서 부활하신 예수 그리스도를 만나기 전의 삶을 회고한다.
B.C.에 대한 추억은,
- 모든 교만에서 자신을 지키는 가장 확실한 방법이다.
- 감사의 마음을 솟구치게 하는 가장 확실한 방법이다.
- 끊임없이 보다 큰 노력의 길로 자신을 몰아간다.
- 언제나 남에게 용기를 북돋아준다. 누구나 과거에 매이지 않고 새 일을 행하시는 하나님께 나아가도록 소망과 용기를 심어준다.

중보기도 사역

그러므로 내가 첫째로 권하노니 모든 사람을 위하여 간구와 기도와 도고와 감사를 하되, 임금들과 높은 지위에 있는 모든 사람을 위하여 하라. 이는 우리가 모든 경건과 단정함으로 고요하고 평안한 생활을 하려 함이라
딤전 2:1,2

네 가지 기도의 종류 중에 "도고"는 '중보기도'를 말한다. 중보기도는 나를 위한 기도가 아니라 남을 위한 기도다. 어떤 개인, 도시, 지역, 나라를 위해 하나님께 나아가 그들의 구원과 회복을 구하며 기도하는 것이다.

모세는 중보기도자다. "그러므로 여호와께서 그들을 멸하리라 하셨으나 그가 택하신 모세가 그 어려움 가운데에서 그의 앞에 서서 그의 노를 돌이켜 멸하시지 아니하게 하였도다"(시 106:23). 하나님은 이런 기도를 기뻐하신다.

이 땅을 위하여 성을 쌓으며 성 무너진 데를 막아서서 나로 하여금 멸하지 못하게 할 사람을 내가 그 가운데에서 찾다가 겔 22:30

하나님은 그런 기도에 반드시 응답하신다.

이것이 우리 구주 하나님 앞에 선하고 받으실 만한 것이니 딤전 2:3

중보기도를 통해 도시, 지역, 나라의 방향이 바뀐다. 중보기도는 지도를 바꾸는 힘이 있다.

하나님은 모든 사람이 구원을 받으며 진리를 아는 데에 이르기를 원하시느니라 딤전 2:4

중보기도는 오직 중보자이신 그리스도 예수를 힘입는다.

하나님은 한 분이시요, 또 하나님과 사람 사이에 중보자도 한 분이시니 곧 사람이신 그리스도 예수라 딤전 2:5

역대하 7장 13,14절 말씀은 중보기도의 중요성, 능력, 책임을 잘 보여준다.

혹 내가 하늘을 닫고 비를 내리지 아니하거나 혹 메뚜기들에게 토산을 먹게 하거나 혹 전염병이 내 백성 가운데에 유행하게 할 때에 내 이름으로 일컫는 내 백성이 그들의 악한 길에서 떠나 스스로 낮추고 기도하여 내 얼굴을 찾으면 내가 하늘에서 듣고 그들의 죄를 사하고 그들의 땅을 고칠지라 대하 7:13,14

기도의 장벽을 제거하라

그러므로 각처에서 남자들이 분노와 다툼이 없이 거룩한 손을 들어 기도하기를 원하노라 딤전 2:8

기도할 때 마음에 분노나 의심을 품지 말아야 한다. 기도하기 전에 먼저 관계를 회복해야 한다 (마 5:23,24). 이 말씀은 잘 이해해야 한다. 다른 사람과 관계에 있어서 언제든지 그에게 가서 내 상처와 분노를 고백하고 용서를 구해야 한다는 게 아니다. 만약 상대가 내 어려움을 인식하지 못할 때는 오히려 관계가 악화될 수 있다. 화해하고자 시도했다가 더 불편한 관계가 된다. 하나님은 먼저 내 마음의 문제를 다루기 원하신다.

교회에서 여성의 위치와 여성의 아름다운 행동(딤전 2:9-15)

진정한 아름다움

하나님을 경외하는 여인은 단정한 옷, 소박함과 정절과 선행으로 자기를 단장한다. 외모보다 내면을 단장하라.

또 이와 같이 여자들도 단정하게 옷을 입으며 소박함과 정절로써 자기를 단장하고 땋은 머리나 금이나 진주나 값진 옷으로 하지 말고, 오직 선행으로 하기를 원하노라. 이것이 하나님을 경외한다 하는 자들에게 마땅한 것이니라 딤전 2:9,10

여성의 위치

> 여자는 일체 순종함으로 조용히 배우라 여자가 가르치는 것과 남자를 주관하는 것을 허락하지 아니하노니 오직 조용할지니라… 딤전 2:11-15

이 말씀은 문장 그대로 보기보다 당시 유대 배경과 헬라 배경에서 이해해야 한다. 특히 헬라 배경은 여성들의 위치를 한없이 떨어뜨려서 거의 자신의 거처에 유폐된 생활을 하게 했다. 이 말씀을 유교적 배경에서 살핀다면 올바르게 이해하지 못할 것이다. 성경은 창조 시부터 남녀의 동등함과 여성의 중요성을 말씀하신다. 갈라디아서 3장 28절에서 말씀하시듯 남자나 여자나 모두 예수 안에서 하나다. 로마서 16장에도 교회에서 놀라운 사역을 감당하는 여성 리더십의 이름들이 나타난다.

교회의 직분자 - 리더십 매뉴얼(딤전 3:1-13)

감독의 직분

> 미쁘다 이 말이여, 곧 사람이 감독의 직분을 얻으려 함은 선한 일을 사모하는 것이라 함이로다 딤전 3:1

"감독의 직분을 얻으려 한다"는 것은 세상의 부와 명예와 지위를 추구하는 열정과는 다르다. 여기서 "얻으려 한다"는 말은 추구한다는 뜻이 아니라 '사모한다'는 의미다. 그것은 동기가 선한 일을 사모하는 것이다. 그것은 복음에 대한 열정이다. 억지로 맡겨진 것에 대한 소극적 반응이 아니라 적극적이고 능동적인 자원함을 말한다. 이는 하나님을 사랑하고 교회를 사랑하는 열정에서 비롯된다. 감독의 직분을 사모한다는 것은 부와 명예와 지위를 말하는 것이 아니라 더욱 낮아짐, 섬김, 헌신, 희생을 의미한다.

> 그러므로 감독은 책망할 것이 없으며, 한 아내의 남편이 되며, 절제하며, 신중하며, 단정하며, 나그네를 대접하며, 가르치기를 잘하며, 술을 즐기지 아니하며, 구타하지 아니하며, 오직 관용하며, 다투지 아니하며, 돈을 사랑하지 아니하며, 자기 집을 잘 다스려 자녀들로 모든 공손함으로 복종하게 하는 자라야 할지며(사람이 자기 집을 다스릴 줄 알지 못하면 어찌 하나님의 교회를 돌보리요), 새로 입교한 자도 말지니 교만하여져서 마귀를 정죄하는 그 정죄에 빠질까 함이요, 또한 외인에게서도 선한 증거를 얻은 자라야 할지니 비방과 마귀의 올무에 빠질까 염려하라 딤전 3:2-7

감독의 자격에서 특이한 점은, "새로 입교한 자"를 제외시킨 것이다. 신앙의 연조를 절대화해서는 안 되지만 그렇다고 무시하지도 말아야 한다. 너무 일찍 감독으로 세우면 교만할 수 있기 때문이다.

감독의 자격 열다섯 가지 목록을 묵상하자.

집사의 직분

> 이와 같이 집사들도 정중하고, 일구이언을 하지 아니하고, 술에 인박히지 아니하고, 더러운 이를 탐하지 아니하고, 깨끗한 양심에 믿음의 비밀을 가진 자라야 할지니, 이에 이 사람들을 먼저 시험하여 보고, 그 후에 책망할 것이 없으면 집사의 직분을 맡게 할 것이요… 집사들은 한 아내의 남편이 되어 자녀와 자기 집을 잘 다스리는 자일지니 딤전 3:8-10,12

> 여자들도 이와 같이 정숙하고, 모함하지 아니하며, 절제하며, 모든 일에 충성된 자라야 할지니라 딤전 3:11

집사의 자격에서 특이한 점은 "믿음의 비밀을 가진 자라야 한다"는 것이다. 즉 예수 그리스도를 깊이 만난 경험이 있어야 한다. 그러나 그것을 드러내어 자랑하지 않고 내면의 비밀로 간직해야 한다. 또한 성급히 세우지 말고 먼저 검증의 시간을 가져야 한다.

남자 집사의 자격 일곱 가지 목록, 여자 집사의 자격 네 가지 목록을 묵상하자.

> 집사의 직분을 잘한 자들은 아름다운 지위와 그리스도 예수 안에 있는 믿음에 큰 담력을 얻느니라 딤전 3:13

놀라운 약속의 말씀이다. 집사의 직분을 잘 수행한 사람들은 큰 존경을 받으며 영광스러운 자리를 차지하게 된다. 그리고 그리스도 예수에 대한 믿음도 더 확고히 서게 되고 자랑거리가 될 것이다. 집사의 직분을 소홀히 여기지 말아야 한다.

미국 백화점 왕인 존 워너메이커는 평생 주일학교 교사의 직분에 충성했다. 심지어 미국 벤자민 해리슨 대통령이 요청한 체신부 장관직도 마다했다. 주일학교 교사의 직무가 더 중요했기 때문이다. 결국 주일학교를 섬기는 조건으로 장관직을 수락했다. 하나님은 존 워너메이커를 더 높이셨다. 지금도 미국의 필라델피아 중앙에는 그의 동상이 우뚝 서서 많은 사람의 존경과 사랑의 대상이 되고 있다. 그는 성부로서 평생 소박한 삶을 살며 가난한 사람들을 섬겼고, 세계 곳곳에 기독 청년들을 일으켜 훈련하기 위한 YWCA/YMCA를 세우는 데 크게 공헌했다. 서울 종로에 세워진 YMCA도 그가 후원하여 1903년에 건립되었다. 그는 무디와 피어슨의 친구이며 동역자로서 허드슨 테일러 등과 세계 선교에 큰 공헌을 했다.

하나님의 집(딤전 3:14-16)

> 내가 속히 네게 가기를 바라나 이것을 네게 쓰는 것은, 만일 내가 지체하면 너로 하여금 하나님의 집에서 어떻게 행하여야 할지를 알게 하려 함이니, 이 집은 살아계신 하나님의 교회요, 진리의 기둥과 터니라 딤전 3:14,15

바울은 속히 에베소로 가기를 원했다. 그 이유는 디모데가 에베소교회를 견고하게 세우도록 그를 사역자로 가르치기 위해서였다. 그러나 혹 가는 일이 지체될 경우를 대비하여 먼저 편지를 통해 그를 양육했다.

하나님의 사역자는 교회에서 말씀을 잘 전할 뿐 아니라 행동도 예의 바르게 해야 한다. 전하는 말씀과 삶의 행동이 결코 별개가 아니다. 사역자로서 이것은 아주 중요한 영역이다.

교회

교회는 살아계신 하나님의 집이다. 하나님은 살아계신 하나님이시다. 우리에게 생명과 힘과 지혜를 주신다. 우리에게 호흡과 만물을 친히 주신다. 우리는 그분을 힘입어 살며 기동하며 존재한다(행 17:25,28).

교회란 단지 건물이 아니라 사람들을 말한다. '교회'(헬, 에클레시아 ekklesia)는 '예수 그리스도를 믿는 사람들의 모임'을 말한다. "두세 사람이 내 이름으로 모인 곳에는 나도 그들 중에 있느니라"(마 18:20)라는 말씀은 교회를 잘 설명해준다. '하나님의 집'이란 하나님이 거하시는 곳을 말한다. 이는 하나님께서 어떤 장소나 건물에 계신다는 의미가 아니다.

> 우주와 그 가운데 있는 만물을 지으신 하나님께서는 천지의 주재시니 손으로 지은 전에 계시지 아니하시고
> 행 17:24

솔로몬도 성전을 완공하고 봉헌식을 할 때 이 사실을 알았다.

> 하나님이 참으로 땅에 거하시리이까, 하늘과 하늘들의 하늘이라도 주를 용납하지 못하겠거든 하물며 내가 건축한 이 성전이오리이까 왕상 8:27

예수 그리스도를 믿는 사람들이 모일 때 하나님은 그 가운데 거하신다. 그리스도인들이 모일 때 하나님의 임재를 경험하며 그분의 능력과 영광을 본다. 그렇다고 건물을 소홀히 해도 된다는 건 아니다. 교회를 위한 건물을 우리는 '교회당'이라고 한다. 함께 모여 하나님을 예배드리고자 약속한 장소다. 그 건물을 잘 유지하고 관리하는 것은 당연하다.

교회는 진리의 기둥과 터

하나님의 집으로서의 교회는 진리의 기둥과 터이다. 다시 말하면, 교회 그 자체가 진리의 기둥이요, 진리의 터다.

> 영원부터 만물을 창조하신 하나님 속에 감추어졌던 비밀의 경륜이 어떠한 것을 드러내게 하려 하심이라. 이는 이제 교회로 말미암아 하늘에 있는 통치자들과 권세들에게 하나님의 각종 지혜를 알게 하려 하심이니, 곧 영원부터 우리 주 그리스도 예수 안에서 예정하신 뜻대로 하신 것이라 엡 3:9-11

하나님은 예수님 안에 예정하신 놀라운 비밀들을 **교회를 통해** 온 땅에 알리도록 계획하셨다. 교회를 향한 하나님의 계획이 얼마나 놀라운가! 교회의 사명이 얼마나 크고 영광스러운가! 이 세상에서 교회가 무너지면 진리의 기둥이 무너지고 진리의 터가 무너지는 것이다. 그러나 교회를 통한 하나님의 계획은 영원 전부터 세우신 것이다. 하나님의 계획은 반드시 이루어진다. 그러므로 교회는 이 사명 성취를 위해 굳건하게 서야 한다. 교회의 책임이 막중하다.

경건의 비밀

이 엄청난 교회의 사명과 영광스러운 직분을 이해한다면 마음으로부터 감격과 감탄이 나올 수밖에 없다.

> 크도다, 경건의 비밀이여! 그렇지 않다 하는 이 없도다 딤전 3:16

이것이 우리의 탄성이다. 경건의 비밀은 교회에 주어진 놀라운 하나님의 계획을 말한다. 이어지는 다음의 놀라운 말씀이 경건의 비밀이 무엇인지 명백히 보여준다.

> 그는 육신으로 나타난 바 되시고, 영으로 의롭다 하심을 받으시고, 천사들에게 보이시고, 만국에서 전파되시고, 세상에서 믿은 바 되시고, 영광 가운데서 올려지셨느니라 딤전 3:16

육신으로 오신 **예수**, 고난 받으시고 십자가에서 죽으시고 죽음에서 부활하신 **예수**, 승천하신 **예수**, 온 땅에 전파되신 **예수**! 이것이 경건의 비밀이다!

하나님은 이 놀라운 경건의 비밀이 교회를 통해 나타나도록 계획하셨다. 그러므로 교회의 사명은 교회를 통해 이 비밀이 온 땅에 나타나도록 힘쓰는 것이다. 이 세상이 교회를 보면서 경건의 비밀을 본다. 교회를 보면서 하나님이 우리 가운데 계심을 본다. 육신으로 오신 예수의 모습이 교회를 통해 보인다.

하나님은 다음과 같은 것을 기대하신다.
이 세상이 교회를 보면서 "와! 놀랍다!"라고 할 것이다. 세상은 이렇게 말할 것이다.
"우리는 당신들을 통해서 예수께서 하나님의 아들이심을 봅니다!"
"우리는 당신들을 통해서 예수께서 우리의 죄를 위하여 십자가에 죽으심을 믿게 되었습니다."
"우리는 당신들을 통해서 예수께서 죽음에서 부활하심을 봅니다."
"우리는 당신들을 통해서 예수께서 승천하시고 재림하실 것을 믿게 되었습니다."
이것이 경건의 비밀이다! 말이나 이론이 아니라 행동을 통해 나타나는 그리스도인들의 삶이다!

경건의 훈련(딤전 4:6-16)

그러므로 교회의 일꾼 된 사역자들이나 예수 그리스도를 믿는 그리스도인들은 경건의 비밀이 세상에 드러나도록 해야 한다. 이는 오직 훈련으로 가능하기에 경건의 훈련이 필요하다.

> 네가 이것으로 형제를 깨우치면 그리스도 예수의 좋은 일꾼이 되어 믿음의 말씀과 네가 따르는 좋은 교훈으로 양육을 받으리라. 망령되고 허탄한 신화를 버리고 경건에 이르도록 네 자신을 연단하라 딤전 4:6,7

훈련은 연습을 포함한다. 반복적으로 이루어질 때까지 연습하는 것이다.

경건의 훈련 영역

> 누구든지 네 연소함을 업신여기지 못하게 하고 오직 말과 행실과 사랑과 믿음과 정절에 있어서 믿는 자에게 본이

말, 행실, 사랑, 믿음, 정절 이 다섯 가지 영역이 경건의 훈련 영역이다. 다시 말하면 삶에서 롤모델이 되어야 한다. 모든 대화에 있어서 믿음의 말을 할 줄 알아야 한다. 모든 행실에서 거룩함과 사랑으로 살아야 한다.

그리고 "읽는 것", "권하는 것", "가르치는 것"의 세 가지 영역에 전념해야 한다. 디모데 자신을 포함하여 온 교회는 하나님의 말씀을 읽어야 한다. '말씀통독 운동'이 일어나야 한다. 적어도 자기 나이만큼은 성경을 읽어야 한다. 말씀을 읽을 뿐 아니라 공부해야 한다. 말씀을 지식으로 공부할 뿐 아니라 말씀을 자신의 삶에 적용하며 살아야 한다. 그래야 경건의 비밀이 교회를 통해 세상에 나타난다.

성도를 대하는 태도(딤전 5:1-6:2)

사역자는 특정 개인, 특정 그룹만 상대하는 것이 아니라 교회의 모든 사람을 대해야 한다. 늙은 남자와 늙은 여자, (과부), 젊은 남자와 젊은 여자, (장로), 종과 상전을 잘 돌봐야 한다. 이 상대적 관계 가운데 특이한 점은 과부와 장로를 그 사이사이에 언급했다는 것이다.

과부

디모데전서는 과부에 대해 자세하게 말씀한다. 바울은 과부를 참 과부와 젊은 과부로 나눈다. 참 과부의 자격은 "(참)과부로 명부에 올릴 자는 나이가 60이 덜 되지 아니하고 한 남편의 아내였던 자"(딤전 5:9)로서, "하나님께 소망을 두어 주야로 항상 간구와 기도"(딤전 5:5)를 하고, "선한 행실의 증거가 있어 혹은 자녀를 양육하며 혹은 나그네를 대접하며 혹은 성도들의 발을 씻으며 혹은 환난 당한 자들을 구제하며 혹은 모든 선한 일을 행한 자"(딤전 5:10)라야 한다.

참 과부에 대한 구제로 "참 과부인 과부를 존대하라"(딤전 5:3)라고 했다. "존대하라"(헬, 티마오 timao)는 것은 존경하여 경의를 표할 뿐 아니라 교회가 정기적으로 일정한 재물을 공급하라는 의미다.

효를 배우라

그러나 참 과부를 무조건 교회가 돌봐야 하는 것은 아니다. "어떤 과부에게 자녀나 손자들이 있거든 그들로 먼저 자기 집에서 효를 행하여 부모에게 보답하기를 배우게"(딤전 5:4) 해야 한다. 원칙은 먼저 자녀나 손자들이 돌보아야 한다. 자기 가족과 친족들을 돌보는 것이 그리스도인다움이다. 기독교는 효를 중요한 덕목으로 여긴다.

> 누구든지 자기 친족 특히 자기 가족을 돌보지 아니하면 믿음을 배반한 자요, 불신자보다 더 악한 자니라
> 딤전 5:8

장로

디모데전서에서 언급하는 장로는 오늘의 이해로 본다면 목사와 장로를 통칭하는 것이다. 실제로 장로는 말씀과 기도에 전무하는 자와 교회의 행정과 재정을 담당하는 자로 나뉜다. 이는 예루살렘교회에서부터 비롯되었다(행 6:1-7).

교회를 위해 수고하는 모든 장로를 존경해야 한다. 특히 '잘 다스리는 장로'는 배나 존경하고 '말씀과 가르침에 수고하는 장로(목사)'는 더욱 존경해야 한다(딤전 5:17). 그것은 재물 공급을 포함한다(딤전 5:18). 또한 장로에 대한 고발은 두세 증인이 없으면 받지 말고 신중해야 한다(딤전 5:19).

경건의 큰 이익

올바른 성경적 재정원칙으로 사는 것, 특히 자족하는 마음은 경건한 삶의 중요한 영역이다.

> 자족하는 마음이 있으면 경건은 큰 이익이 되느니라 딤전 6:6

자족하는 원칙은 '먹을 것과 입을 것'에 있다. 이것을 넘어서서 물질에 대한 욕심을 가지면 경건의 삶에 장애가 될 것이다.

> 우리가 세상에 아무것도 가지고 온 것이 없으매 또한 아무것도 가지고 가지 못하리니, 우리가 먹을 것과 입을 것이 있은즉 족한 줄로 알 것이니라 딤전 6:7,8

물질에 대한 욕심과 돈을 사랑하는 마음을 경계해야 한다. 이는 우리로 경건하게 살지 못하게 할 뿐 아니라 우리를 파멸과 멸망에 빠지게 한다. 믿음에서 떠나게 한다.

> 부하려 하는 자들은 시험과 올무와 여러 가지 어리석고 해로운 욕심에 떨어지나니, 곧 사람으로 파멸과 멸망에 빠지게 하는 것이라. 돈을 사랑함이 일만 악의 뿌리가 되나니 이것을 탐내는 자들은 미혹을 받아 믿음에서 떠나 많은 근심으로써 자기를 찔렀도다 딤전 6:9,10

'재물에 대한 욕심'을 경계하여 경건한 삶을 사는 비결은 '자족하는 삶'이다.

"돈을 사랑함"은 뿌리다. 그 열매는 "일만 악"이다. 결국 믿음을 떠나 방황하다가 고통을 당하고 마음에 상처를 받는다. 이를 경계하며 경건한 삶을 사는 비결은 '하나님을 사랑함'에 있다.

> 나를 사랑하는 자들이 나의 사랑을 입으며, 나를 간절히 찾는 자가 나를 만날 것이니라. 부귀가 내게 있고 장구한 재물과 공의도 그러하니라… 이는 나를 사랑하는 자가 재물을 얻어서 그 곳간에 채우게 하려 함이니라 잠 8:17,18,21

> 나를 사랑하는 사람에게는 내가 재물을 주어서, 그의 금고가 가득 차게 하여 줄 것이다 잠 8:21 새번역

돈을 사랑함과 하나님을 사랑함의 결과는 너무나 다르다. 돈을 사랑하면 파멸과 멸망에 빠지게 되지만, 하나님을 사랑하는 사람에게는 부귀, 장구한 재물, 공의가 따른다.

재물을 올바르게 다루는 네 가지 원칙(딤전 6:17-19)

1. 교만하지 말고 겸손하라.

그러나 네가 마음에 이르기를 내 능력과 내 손의 힘으로 내가 이 재물을 얻었다 말할 것이라. 네 하나님 여호와를 기억하라. 그가 네게 재물 얻을 능력을 주셨음이라. 이같이 하심은 네 조상들에게 맹세하신 언약을 오늘과 같이 이루려 하심이니라 신 8:17,18

2. 정함이 없는 재물에 소망을 두지 말고 오직 하나님께 소망을 두라.

하나님은 우리에게 모든 것을 후히 주시고 누리게 하신다.

3. 선을 행하고, 선한 사업을 많이 하라.

4. 나누어주기를 좋아하고, 너그러운 자가 되라.

이런 원칙으로 살 때 주어지는 결과,

미래가 보장된다. 이는 마치 좋은 땅에 심은 것과 같다. 가장 좋은 곳에 투자한 것과 같다.

이것이 장래에 자기를 위하여 좋은 터를 쌓아 참된 생명을 취하는 것이니라 딤전 6:19

돈의 올바른 사용 지침서

부하려 하지 말고 자족하는 마음을 가지라. 돈을 사랑하지 말고 하나님을 사랑하라. 내 능력과 내 손의 힘으로 재물을 얻었다고 교만하게 말하지 말고 하나님이 내게 재물 얻을 능력을 주셨다고 겸손하게 말하라. 재물이 아니라 하나님께만 소망을 두라. 선을 행하고 선한 사업을 많이 하라. 움켜쥐지 말고 나누어주라. 인색하지 말고 너그러운 자가 되라.

Dear. NCer

성경 말씀을 읽을 때마다 '하나님은 사랑이시라'를 머릿속에 입력하고 읽자.

하나님이 부르시고 사명을 맡기는 원칙이 '충성'과 '긍휼'임을 항상 기억하자.

경건의 비밀을 알고 경건의 훈련을 하자.

❖ 디모데후서(2 Timothy) 사역자 매뉴얼

바울은 자신이 세상을 떠날 때가 가까웠음을 알았다. 이것이 그의 마지막 서신이다. 그래서 디모데전서와는 초점이 조금 다르다. 전서가 사역자로서 디모데의 직무에 관한 것이라면, 후서는 사역자로서 디모데 개인의 삶에 더 초점을 맞추었다. 그리스도의 사역자로서 어떻게 행할 것인가에 대한 권면이다. 이는 디모데의 사역을 격려하고 견고하게 하기 위함이다. 그래서 디모데후서는 '바울의 유언'이라고도 불린다. 그래서 더욱 감동적이다.

당시 바울은 중한 죄를 지은 죄수처럼 감옥에 갇혔다(딤후 2:9). 유대인들은 예수께 했듯이 바울을 테러리스트로 몰았다. 그를 더욱 아프게 한 것은 교회 밖의 '원수들'로부터 받는 고통이 아니라 교회 안의 '형제들'로부터 받는 고통이었다. 바울이 처음 변명(:변호)할 때 그와 함께한 자가 하나도 없었고 모두 그를 버렸다(딤후 4:16).

> 아시아에 있는 모든 사람이 나를 버린 이 일을 네가 아나니 그 중에는 부겔로와 허모게네도 있느니라 딤후 1:15

"부겔로와 허모게네"의 이름을 언급한 것으로 보아, 이들은 바울의 유력한 동역자였을 것이다. 그런가 하면 오네시보로는 바울을 도왔다. 그는 오랜 수소문 끝에 로마의 죄수들 명단에서 바울의 이름을 찾아냈다(딤후 1:16-18). 바울이 이 편지를 쓸 때는 의사 누가가 그의 곁에 있었다(딤후 4:11).

바울이 생애를 마감하기 전에 기록한 이 서신에서 바울의 통찰력과 이해력을 엿본다.

> 복음으로 말미암아 내가 죄인과 같이 매이는 데까지 고난을 받았으나 하나님의 말씀은 매이지 아니하니라
> 딤후 2:9

그는 자신의 현재 상태를 절대 미화하지 않았다. 그렇다고 절망하지도 않았다. 비록 감옥에 갇혀 고난을 받고 있지만 "하나님의 말씀은 절대로 매이지 않는다"는 것을 확신했다. 상황이 어렵다고 믿음까지 약해지면 안 된다. 낙심해서도 안 된다.

하나님이 여호수아에게 명령하신 말씀은 감격적이다. **"내 종 모세가 죽었으니 이제 너는 이 모든 백성과 더불어 일어나 이 요단을 건너 내가 그들 곧 이스라엘 자손에게 주는 그 땅으로 가라"**(수 1:2). 하나님은 여호수아에게 '**일어나** 백성들과 함께 요단을 **건너** 그 땅으로 **가라**'고 하신다. 믿음이 없는 사람들은 하나님이 여호수아에게 다르게 말씀하실 거라고 기대한다. '내 종 모세가 죽었으니 이제 너는 이 모든 백성과 더불어 일어나 다시 광야로 돌아가라'라고 말이다. 그러나 여호수아에게 하신 말씀은 그렇지 않다. 마치 이렇게 들린다. '내 종 모세는 죽었으나 모세의 하나님 나 여호와는 언제나 여기 있다. 내가 모세와 함께 있던 것같이 너와 함께 있을 것이다.' 바울은 디모데가 여호수아처럼 반응하기를 원했다.

> 하나님의 말씀은 매이지 아니하니라 딤후 2:9

디모데후서 – 복음과 함께 고난을 받으라(딤후 1:8)

	현재의 시험을 인내하라		미래의 시험을 견디라		
인사	복음의 능력	복음의 안내	복음의 수호	복음의 선포	끝인사
1:1-2	1:3-18	2장	3장	4장	4:19-22
아들 디모데	복음과 함께 고난을 받으라	인정받는 일꾼으로 자신을 드리라	배우고 확신한 일에 거하라	항상 복음 전파에 힘쓰라	동역자
	상기	자격	저항	요청	

딤후 1:8 그러므로 너는 내가 우리 주를 증언함과 또는 주를 위하여 갇힌 자 된 나를 부끄러워하지 말고 오직 하나님의 능력을 따라 복음과 함께 고난을 받으라

디모데후서의 메시지

바울과 디모데(딤후 1장)

우리가 역사를 살피는 것은 단순한 호기심이나 과거의 재미있는 이야기에 초점을 두고자 함이 아니다. 역사를 살피면 그 속에서 일하시는 하나님의 손길을 보게 된다. 하나님의 섭리와 주권을 보게 된다. 과거에 행하신 하나님이 오늘의 하나님이시고 또한 내일의 하나님이시다. 어떤 경우는 역사를 통해 반성하고, 배운다. 어떤 경우는 격려와 도전을 받으며, 새 힘과 소망을 가진다. 이것이 역사를 보는 관점이다.

바통 터치

감옥에서 생을 마감할 준비를 하면서 바울은 그의 생애를 회상했다. "사랑하는 아들"(딤후 1:2) 디모데에게 편지를 쓰면서 그는 일생 동안 하나님이 어떻게 자신을 부르시고 인도하시고 보호하시고 역사하셨는지 회고했다. 그것은 단지 늙은이의 넋두리가 아니었다. 다음세대에게 바통을 넘겨주는 스승이요 아비이며 선배로서의 심정에서 나온 것이다.

부모의 경건과 양육을 통해 바울은 어렸을 때부터 하나님을 섬기는 일에 헌신했으나(딤후 1:3) 그는 얼마 동안 교회를 핍박했다. 그러나 주께서 전적인 은혜로 그를 부르셨다. "하나님이 우리를 구원하사 거룩하신 소명으로 부르심은 우리의 행위대로 하심이 아니요 오직 자기의 뜻과 영원 전부터 그리스도 예수 안에서 우리에게 주신 은혜대로 하심이라"(딤후 1:9). 하나님이 이 복음을 위해 그를 선포자와 사도와 교사로 부르셨다(딤후 1:11). 그는 최선을 다해 맡겨진 복음 전파의 직무를 수행했다.

디모데도 같은 은혜로 복음을 위한 일꾼으로 부르심 받았다. 그도 어려서부터 하나님을 알았다. 그는 경건한 외할머니 로이스와 어머니 유니게의 믿음을 이어받은 3대째 믿음의 명문가 출신이다(딤후 1:5). 렘브란트의 그림 〈디모데와 그의 할머니〉에서 할머니가 무릎에 성경을 펼쳐놓고 어린 손자 디모데를 가르치는 모습은 감동을 준다.

혹자는 '대를 이어오며 단계적으로 양육 받은 디모데와 무지 악하게 살다가 뒤늦게 극적으로 주를 만난 바울'로 대조를 이루려고 할지도 모르겠다. 그러나 사실은 그렇지 않다. 바울이 디모데보다 훨씬 더 영적인 뿌리가 깊다. 바울은 조상 대대로 청결한 양심으로 하나님을 섬긴 명문가 출신이다.

그는 열심으로 주를 섬겼다(갈 1:14). 구약에 정통했으나(행 22:3), 정작 구약에서부터 말씀하신 예수 그리스도를 몰랐다. 다메섹 도상에서 예수 그리스도를 만난 후 바울은 한 번도 주를 거스른 적이 없다(행 26:19). 다른 데서는 한 번도 언급하지 않았던 내용을 바울은 그의 생애 말년에 언급했다. 그는 어릴 때부터 부모에게서 받은 양육과 교훈이 그의 삶에 긍정적인 영향을 준 것에 감사했다. 바울은 디모데에게 이렇게 말한다.

"그토록 훌륭한 영적 가정에서 태어나 거짓이 없는 믿음의 DNA를 받게 된 사실에 감사하라. 그 놀라운 영적 유산을 굳게 붙들고 너는 나를 이어서 이 활활 타오르는 복음의 횃불을 들고 열심히 달려라. 고난이 와도 조금도 뒤로 물러나지 말고 단단히 무장을 하고 달려가라. 복음을 위해서라면 나처럼 기꺼이 죽을 각오도 하여라."

"너는 그리스도 예수 안에 있는 믿음과 사랑으로써 내게 들은 바 바른 말을 본받아 지키고, 우리 안에 거하시는 성령으로 말미암아 네게 부탁한 아름다운 것을 지키라"(딤후 1:13,14).

바울은 또 이렇게 말한다(딤후 1:6, 참고 엡 5:18).

렘브란트, 〈디모데와 그의 할머니〉
Timothy and his Grandmother, 1648, Rembrandt

"성령께서 이미 너에게 사명을 능히 감당할 능력을 주셨다. 그것을 한 번만 아니라 계속해서 불 일듯 하게 하여라. 계속하여 성령의 충만을 받으라."

사역의 필수품

바울은 하나님이 디모데에게 주신 것 네 가지를 잘 사용하라고 권한다(딤후 1:7).

1. 담대함 : 어떠한 상황에도 두려워하지 않는 용기. 쉽게 낙심하거나 포기하지 않는다.
2. 능력 : 어떤 일도 감당할 수 있는 성령의 능력. 자기의 힘으로 하는 것이 아니다.
3. 사랑 : 어떠한 사람이라도 포용할 수 있는 그리스도의 사랑. 자기를 사랑하는 사람만 사랑하는 것이 아니라 자신을 미워하는 사람도 사랑한다. 그것은 조건이 없는 아가페 사랑이다.
4. 절제하는 마음 : 어떤 유혹에도 자기 자신을 제어하며 주께 복종할 수 있는 힘. 말씀에 길들여져서 자제력을 가진다.

담대함, 능력, 사랑, 절제하는 마음. 이것은 세상에 영향을 주는 모든 사역자에게 있어야 하는 네 가지 필수요소이다.

사역자 디모데(딤후 2장)

사역자의 기초

> 내 아들아, 그러므로 너는 그리스도 예수 안에 있는 은혜 가운데서 강하고, 또 네가 많은 증인 앞에서 내게 들은 바를 충성된 사람들에게 부탁하라. 그들이 또 다른 사람들을 가르칠 수 있으리라 딤후 2:1,2

사역자의 기초는 두 가지다.

1. 사역자는 강해야 한다.

강함은 사역자에게 필수요소다. 모세의 뒤를 이어 지도력을 발휘하게 된 여호수아에게 필요한 것은 '강함'과 '담대함'이었다. 하나님은 여호수아에게 세 번이나 "강하라"고 거듭 말씀하셨다 (수 1:6,7,9). "강하라"는 것은 육체의 건강을 말하는 것이 아니다. 그것은 '어떠한 상황에도 영향을 받지 않는 내면의 힘'을 말한다.

사역자는 견뎌야 하는 상황에 자주 직면한다. 사람, 사건, 환경에 의해 도전을 받는다. 그때에는 배운 바 이론이나 지식으로 대응할 수 없다. 자칫 낙심하기가 쉽고 극단적으로는 포기할 수 있다. 그러나 내면의 힘이 있으면 이런 도전에 직면할 때 견딜 수 있다.

이런 강한 힘은 예수 그리스도 안에 있는 은혜 가운데서 온다. "마음은 은혜로써 굳게 함이 아름답고"(히 13:9)라고 하셨다. 바울은 사역의 부르심도 은혜요(딤후 1:9), 사역을 성취하는 것도 은혜(고전 15:10)라고 했다. 주님이 주시는 은혜를 믿음으로 받아들일 때, 그 은혜로 강해진다.

2. 사역자는 배가할 줄 알아야 한다.

좋은 사역자는 배가할 줄 안다. 사역자에게는 듣고 받아들일 특권만 아니라 그것을 전달할 의무도 있다. 누군가 이렇게 말했다.

"천국의 횃불이 꺼지지 않은 채 한 세대에서 다음세대로 전달되어야 한다."

바울은 디모데에게 멀리 보도록 명했다. 바울에게서 디모데로, 디모데에게서 충성된 사람에게로, 충성된 사람에게서 또 다른 사람에게로 이어져야 한다. 바울은 디모데를 양육할 때, 디모데만을 본 것이 아니다. 디모데가 배가하기를 기대했다. 디모데가 배가해야 할 대상은 그저 좋은 사람이 아니라 '배가할 충성된 사람'이다.

바울은 디모데에게 충성된 사람에게 그에게서 들은 바를 부탁하라고 했다. 충성된 사람의 특징은 무엇인가?

- 믿음직하고 신뢰할 수 있는 사람이다. 어떤 어려움에도 굴하지 않는 사람이다.
- 자기에게 맡겨진 일을 잘할 뿐 아니라 배가할 줄 아는 사람이다. 그는 "또 다른 사람들을 가르칠" 줄 안다 (딤후 2:2).

어떤 사람은 자기에게 맡겨진 일은 잘하지만, 배가할 줄 모른다. 그런 사람을 '충성된 사람'이라고 하지 않는다. 어떤 사람은 잘 받아서 자기의 삶에 그대로 실천하여 살고자 애쓴다. 그런데 자신이 듣고 배운 바를 다른 사람에게 전달하여 배가하겠다는 생각은 하지 않는다.

여기 우리는 충성된 세 사람을 본다. 바울, 디모데, 그리고 충성된 어떤 사람이다. 충성된 사람은 배가자다. 우리는 충성된 사람이 되어야 한다. 하나님은 언제나 충성된 사람에게 관심을 두신다.

내 눈이 이 땅의 충성된 자를 살펴 나와 함께 살게 하리니 완전한 길에 행하는 자가 나를 따르리로다 시 101:6

사역자의 모습

사역자는 어떤 모습이어야 하는가? 권위주의자를 말하는 것이 아니다. 재정적으로나 사회적으로 안정된 그룹을 말하는 것도 아니다. 디모데후서 2장 3-6절에서 말하는 하나님나라 사역자의 모습은 세 가지다.

첫째, 예수 그리스도의 군사다.

"너는 그리스도 예수의 좋은 병사로 나와 함께 고난을 받으라"(딤후 2:3).
군사의 특징은 무엇인가?

1) '선택과 집중'을 할 줄 안다. 분산하지 말아야 한다. 전쟁에 참여하면 일상생활에 얽매일 수 없다. 로마법전에는 "군인은 민간사업에 취업하는 것을 금한다"라는 조항이 있다.
2) '명령에 복종'해야 한다. 전투상황을 다 모를 수 있다. 판단은 오직 지휘관에게 맡겨야 한다. 이해할 수 없더라도 하나님 말씀에 순종해야 한다.
3) '기꺼이 희생'을 치른다. 당연히 '희생'을 치를 수밖에 없다. 자기 자신은 물론 자신의 욕망과 앞날을 하나님을 위해 희생할 각오가 있어야 한다. 기꺼이 목숨을 내놓아야 한다.
4) '충성'스러워야 한다. 로마 병사는 로마 황제에게, 국군은 대통령에게, 그리스도의 군사는 오직 예수 그리스도에게 죽기까지 충성해야 한다. 끝까지 마음이 변하지 않아야 한다. 자기의 기분이나 환경, 사람에 따라 행동하지 않으며 배반하지 않는다.

둘째, 그리스도의 경기자다.

"경기하는 자가 법대로 경기하지 아니하면 승리자의 관을 얻지 못할 것이며"(딤후 2:5).

1) 경기자는 '훈련과 자기 부정'을 하는 사람이다. 계획에 따라서 연습과 훈련을 한다. 오락과 방종에 자기를 맡길 수 없다. 피곤하거나 포기하고 싶을 때가 있다. 누군가 말했듯이 '더 이상 뛸 수 없다고 생각될 때라도 10분은 더 뛰어야 한다.' 자기를 쳐서 복종(discipline)시켜야 한다. 자기 자신을 단련시켜야 한다. 기도하고 싶지 않을 때가 있지만 경기에 승리하려면 자기를 연단시켜야 한다. 안일함은 최대의 적이다.
2) 경기자는 '규칙을 준수하는' 사람이다. 규칙을 준수해야만 승리의 면류관을 얻을 수 있다. 규칙(헬, athlein nomimos)을 지켜 합법적으로 노력하라. 싸우라. 프로 정신을 가지라. 규칙을 무시하지 말라. 원칙 중심으로 살라.

셋째, 그리스도의 농부다.

"수고하는 농부가 곡식을 먼저 받는 것이 마땅하니라"(딤후 2:6).

1) 때때로 농부는 '먼저 일하는 것', 그리고 '후에 기다리는 것'으로 만족해야 한다. 빠른 결과를 기대해서는 안 된다. 조급증은 절대 금물이다! 먼저 일하고 기다리는 법을 배워야 한다. 인내로써 기다리는 법을 배우라.

2) 농부는 '어느 시간에나 일할 준비'를 해야 한다. 농부는 시간을 모른다. 공휴일이 없다. 그렇다고 일 중독자가 되라는 것이 아니다. 안식하며 일하는 법을 배워야 한다.

군사	경주자	농부
최후의 승리	승리의 면류관	추수
충성	**절제**	**인내**
딤전 1:18, 몬 1:2, 빌 2:25	고전 9:25,26	약 5:7
집중 : 일상생활에 얽매일 수 없다. 복종 : 이해할 수 없더라도 지휘관인 하나님의 말씀에 순종 희생 : 자신의 욕망 등 충성 : 죽기까지 충성	훈련과 자기 부정 : 더 이상 뛸 수 없다고 생각될 때 더 뛴다(discipline). 규칙 준수 : 프로 정신. 합법적 노력 (athlein nomimos)을 한다.	기다림 : 먼저 일하고 기다리는 법을 배워야 한다. 조급증은 절대 금물. 일할 준비 : 어느 시간에나 일할 준비를 하라. 농부는 시간을 모른다. 부지런하다.

사역자의 인내

복음 사역자는 어떤 상황에도 낙심하지 말고 고난 가운데 있더라도 인내해야 한다(딤후 2:8-13). 바울은 복음을 위해 모든 것을 인내하며 기꺼이 고난을 받았다. 주님은 신실하셔서 복음을 위해 고난을 받는 그의 사역자와 함께하신다. 바울은 디모데가 이를 붙들고 복음 사역에 전념하기를 바랐다.

> 미쁘다, 이 말이여! 우리가 주와 함께 죽었으면 또한 함께 살 것이요, 참으면 또한 함께 왕 노릇 할 것이요, 우리가 주를 부인하면 주도 우리를 부인하실 것이라. 우리는 미쁨이 없을지라도 주는 항상 미쁘시니 자기를 부인하실 수 없으시리라 딤후 2:11-13

사역자의 주의사항(딤후 2:14-26)

1. 말에 절제가 있어야 한다. 말다툼을 하지 말라. 그 영향력이 크다. 유익이 하나도 없고 오히려 듣는 자들을 망하게 한다. 망령되고 헛된 말을 버리라. 신종 코로나 바이러스처럼 전염성이 아주 강하다. 어리석고 무식한 변론을 버리라. 다툼만 일어날 뿐이다.

2. **진리의 말씀을 옳게 분별하라.** 언제나 말씀이 기준이 되어야 한다. 사람들을 말씀으로 잘 이끌어야 한다. 절대 가치 기준을 무시하는 세상에 절대 가치를 제시해야 한다. 그것은 오직 성경이다.

3. **부끄러울 것이 없는 일꾼으로 인정된 자로 자신을 하나님 앞에 드리기를 힘쓰라.** 금그릇, 은그릇, 나무그릇, 질그릇 중 어떤 그릇이냐가 중요한 것이 아니다. 깨끗해야 합당하게 쓰임을 받는다. 금그릇이나 은그릇이 되려고 애쓰는 것보다 중요한 것은 자기를 깨끗하게 하는 것이다. 금그릇이라도 더러우면 쓰임 받지 못한다. 보배를 담은 질그릇이 아무 쓰임 받지 못하는 금그릇보다 훨씬 더 귀하다.

4. **청년의 정욕을 피하고 의와 믿음과 사랑과 화평을 따르라.** 매 순간 성령의 능력과 인도하심을 받으며, 피할 것과 따를 것을 결정해야 한다. 바울은 "형제들아… 나는 날마다 죽노라"(고전 15:31)라고 했다. 여호수아는 "너희가 섬길 자를 오늘 택하라. 오직 나와 내 집은 여호와를 섬기겠노라"(수 24:15)라고 선포했다. 바울은 피할 것을, 여호수아는 따를 것을 날마다 택했다.

사역자의 삶(딤후 3:1-4:5)

마지막 때의 징조들(딤후 3:1-9)

여기에 열거된 스무 가지 항목은 마지막 때의 징조다. 하나님이 없는 불신앙의 세계를 잘 보여준다. 순진하게 속아 넘어가지 말아야 한다. 이들의 특징은 경건의 모양은 있으나 경건의 능력은 부인한다는 점이다. 리스트를 작성해보고 이에 유념하라.

사역자의 필수품 - 성경(딤후 3:14-17)

군인에게 무기가 필수품이듯이 사역자에게는 성경이 필수품이다. 선택사항이 아니다. 성경은 인생 교과서다.

1. 성경은 구원에 이르는 지혜를 가져온다.
   성경은 영생에 이르는 길 안내서다. 믿음으로 말미암아 구원에 이르는 지혜가 있게 한다.
2. 성경은 내비게이션과 같다.
   교훈 - 가야 할 길을 제시한다.
   책망 - 간혹 잘못된 길로 들어서면 경고하여 멈추게 한다.
   바르게 함 - 경고만 하는 것이 아니라 잘못된 길에서 벗어나 바른 길로 들어서도록 이끈다.
   의로 교육함 - 더 나아가 원래 목적한 곳까지 끝까지 이끈다.
3. 성경은 하나님의 사람으로 온전하게 하며 모든 선한 일을 행할 능력을 갖추게 한다.
   '온전하게 한다'는 것은 마치 군인으로서 필요한 무장을 갖추게 한다는 의미다. 성경은 선한 일을 하라고 지시하는 것만이 아니라 그 일을 행할 능력을 갖추게 한다.

이처럼 성경은 모든 선한 일을 행할 능력을 갖추게 하고 영향력 있는 삶을 살 힘을 준다. 성경은 자기 자신의 구원에만 영향을 주는 것이 아니라 다른 사람의 영혼을 구하고 사회에 변혁을 일으키는 삶을 살도록 한다.

그리스도의 사역자의 삶(딤후 4:1-5)

1. 열심이 있어야 한다. 메시지를 힘차게(passion) 전파하라. 로마서 12장 11절에 "열심을 품고 주를 섬기라"라고 했다. 사역자는 가슴에 불을 품어야 한다. 사역할 때 불을 품은 것처럼 열정적으로 해야 한다.
2. 지속성이 있어야 한다. 불이 확 타올랐다가 금방 사라지는 짚더미가 아니라 밤새 타오르는 참나무가 되어야 한다. "때를 얻든지 못 얻든지 항상(always) 힘쓰라"(딤후 4:2). 인내로 행해야한다. 쉽게 낙심하거나 포기하지 말아야 한다. 초조해하거나, 괴로워하거나, 지치지 말아야 한다. '인내'(헬, makrothumia)란 쉽게 실망하거나 낙심하지 않는 정신을 말한다.
3. 영적 불량품(:진리의 말씀에 관심 없고 오직 자기 입맛에 맞는 거짓 교훈을 받아들임)을 주의하고, 진리의 말씀에 확신을 가지고 설득(persuasion)할 줄 알아야 한다.
4. 견책하기를 두려워하지 않는다. 면책(confrontation)할 줄 알아야 한다.
5. 열심히 권해야 한다. 격려와 위로로 용기와 소망을 심어 주어야 한다.

충성된 사역자의 최후 진술(딤후 4:6-18)

바울은 횃불을 넘겨주고 디모데는 그것을 이어받았다. 바울은 최선을 다했다. 이제 그는 사역을 마감할 때가 왔다. 은퇴란 주님이 부르시는 그 순간부터 시작된다.

> 나는 선한 싸움을 싸우고 나의 달려갈 길을 마치고 믿음을 지켰으니, 이제 후로는 나를 위하여 의의 면류관이 예비되었으므로 주 곧 의로우신 재판장이 그 날에 내게 주실 것이며, 내게만 아니라 주의 나타나심을 사모하는 모든 자에게도니라 딤후 4:7,8

"이것은 참으로 달려볼 가치가 있는 유일한 경주입니다. 나는 열심히 달려서 이제 막 결승점에 이르렀고, 그 길에서 믿음을 지켰습니다. 이제 남은 것은 환호소리, 곧 하나님의 박수갈채뿐입니다! 그것을 믿으십시오. 하나님은 공정한 재판장이십니다. 그분께서 나뿐 아니라, 그분의 오심을 간절히 기다리는 모든 이들에게도 공정하게 대해주실 것입니다"(딤후 4:7,8 메시지성경).

마지막 당부의 말

개인적인 부탁

'너는 겨울이 오기 전에 속히 내게로 오라. 네가 올 때 나의 오른팔이 될 마가를 데리고 오라. 또 드로아 가보의 집에 둔 겨울 외투를 가지고 오고, 또 책은 특별히 양피지 가죽 종이에 쓴 것을 가져오라.'

주의해야 할 사람

'내게 해를 많이 입혔던 구리 세공업자 알렉산더를 조심하라.'
나를 이끄신 주님이 너를 또한 이끄실 것이다

> "주께서 내 곁에 서서 나에게 힘을 주심은, 나로 말미암아 선포된 말씀이 온전히 전파되어 모든 이방인이 듣게 하려 하심이니, 내가 사자의 입에서 건짐을 받았느니라. 주께서 나를 모든 악한 일에서 건져 내시고 또 그의 천국에 들어가도록 구원하시리니 그에게 영광이 세세무궁토록 있을지어다. 아멘"(딤후 4:17,18).

Dear. NCer

❶ 사역자의 기초 두 가지(딤후 2:1,2)가 내게 드러나도록 힘쓰자.

- -

❷ 또한 사역자의 세 가지(딤후 2:3-6) 모습이 내게 굳게 형성되도록 전심전력을 다하자.

- -

❸ 사역자의 최후 진술을 묵상해보라. 나는 바울의 입장에 있는가? 그렇다면 바통을 잘 넘겨주라. 디모데의 입장에 있다면 바통을 잘 이어받아 기독교 문명개혁 운동을 주도하라.

- -

❖ 디도서(Titus) 세상에 영향을 주는 그리스도인의 행동지침서

바울과 디도

"같은 믿음을 따라 나의 참 아들 된 디도에게 편지하노니"(딛 1:4)에서 보듯, 디모데뿐 아니라 디도도 바울의 '영적 아들'이었다. 바울은 디도를 안디옥에서 사역할 때부터 오랫동안 알고 있었다. 1차 여행을 마치고 갈라디아 지역에 율법의 문제가 발생하자, 안디옥교회는 이를 해결하고자 바울과 바나바를 예루살렘교회로 보냈다.

> 형제들이 이 문제에 대하여 바울과 바나바와 및 그 중의 몇 사람을 예루살렘에 있는 사도와 장로들에게 보내기로 작정하니라 행 15:2

이 구절에는 디도의 이름이 언급되지 않고 단지 "그 중의 몇 사람"이라고만 했다.

그러나 갈라디아서 2장 1절, "14년 후에 내가 바나바와 함께 디도를 데리고 다시 예루살렘에 올라갔나니"에서 보듯이 예루살렘에 올라간 몇 형제들 중 디도도 포함되었다. 디도는 헬라인이다. 바울은 디도를 억지로 할례를 받게 하지 않았다. 그러나 디모데의 경우는 달랐다. 디모데의 아버지는 헬라인이지만 어머니는 유대인이기에 2차 여행 시에 더베와 루스드라에서 만난 디모데를 팀에 합류시키고자 할례를 행했다.

바울은 디도를 "나의 참 아들"(딛 1:4), "내 형제"(고후 2:13), "나의 동역자"(고후 8:23)라고 불렀다. 자신과 같은 심장으로 같은 길을 가는 사람이라고 여겼다. 더구나 바울은 고린도에 보내는 서신을 디도에게 부탁할 정도로 그를 신뢰했다.

디도서와 그레데 섬

디도서는 여러모로 디모데전·후서와 성격이 같다. 바울은 그레데에 머물며 사역하고 있던 디도에게 편지를 보내 교회를 어떻게 세우며 섬길지 말한다. 그레데는 에게 해 입구에 있는 제법 큰 섬(8,303㎢)으로 우리나라의 충청남도와 크기가 비슷하다. 바울과 디도가 함께 복음의 씨를 뿌렸던 곳이다. 바울은 그레데를 떠나면서 디도가 그곳에서 계속 사역하도록 했다. 그곳의 잘못된 일들을 바로잡기 위해서였음을 알 수 있다(딛 1:5). 그레데의 교회들은 유대주의적 할례파들에게 큰 영향을 받았다. 바울은 이들에 대해 다음과 같이 썼다. "그들이 하나님을 시인하나 행위로는 부인하니 가증한 자요 복종하지 아니하는 자요 모든 선한 일을 버리는 자니라"(딛 1:16).

디도는 우선 그레데의 교회들이 자립할 수 있도록 장로들을 세우는 것이 급선무였다. 바울은 디도서를 보내어 그가 직면한 문제를 명확하게 알려주고, 이 일을 바로잡을 수 있도록 힘을 주고자 했다.

디도서 – 교회를 굳게 세우라(딛 2:15)

바른 교훈을 지키라			바른 교훈을 행하라		
인사	조직	방해꾼들	가르침	순종	끝인사
1:1-4	1:5-9	1:10-16	2:1-15	3:1-15	3:12-15
바울의 사도직	자격 있는 장로들을 세우라	거짓 교사들의 입을 막으라	바른 교훈에 합당한 것을 말하라	선한 일을 행하도록 가르치라	동역자
	장로 임명		질서 세우기		

딛 2:15 너는 이것을 말하고 권면하며 모든 권위로 책망하여 누구에게서든지 업신여김을 받지 말라

디도서의 메시지

사역자의 중심(딛 1:1-3)

바울 사역의 기반

바울은 자신을 "하나님의 종이요 예수 그리스도의 사도인 나 바울"(딛 1:1)이라고 소개했다. "하나님의 종"이란 그의 신분을 말한다. 오직 하나님께 전적으로 순복해야 한다. "예수 그리스도의 사도"란 그의 **사명**을 말한다. 오직 예수 그리스도께서 맡기신 사역만을 해야 한다. 신분은 관계에서 나온다. 그의 모든 안정감은 여기에 있다. 사명은 그의 사역을 말하고, 그의 사역의 방향을 말한다. 사역자는 자신의 신분과 사명을 알아야 한다. 이런 사역자는 자기 마음대로 살지 않는다. 바울은 자신을 소개함으로 디도에게 메시지를 주고 있다. 사역자가 사역의 기반을 어디에 둬야 하는지 보여준다.

바울의 세 가지 중심 사역

디도서는 다른 서신과 다르게 처음부터 바울의 사역을 소개한다. 그의 사역에서 다음의 세 가지가 중심임을 강조한다. 이를 통해 바울은 디도에게 사역자로서 사역의 중심이 무엇이어야 하는지 가르친다.

1. 하나님이 택하신 자들의 **믿음**을 일깨워주어야 한다. 믿음이 사역의 중심이다. 하나님은 구원을 받게 하기 위해 우리를 택하셨다. "하나님이 처음부터 너희를 택하사 성령의 거룩하게 하심과 진리를 믿음으로 구원을 받게 하심이니, 이를 위하여 우리의 복음으로 너희를 부르사"(살후 2:13,14). 진리를 믿음으로 우리는 성령의 거룩하게 하심과 구원을 받는다. 오직 하나님의 말씀을 믿음으로 구원을 받는다.

2. **하나님의 말씀**을 정확히 전달해야 한다. 하나님 말씀은 진리다. 우리를 경건한 삶으로 이끈다. 바울이 "너희가 전에 복음 진리의 말씀을 들은 것이라"(골 1:5)라고 강조하듯 복음이 곧 하나님의 말씀이다. 단지 머릿속에 남아있는 단어의 나열이 아니라 삶에 변화를 일으키

는 진리의 지식이다. 디모데후서 3장 15절에 "성경은 능히 너로 하여금 그리스도 예수 안에 있는 믿음으로 말미암아 구원에 이르는 지혜가 있게 하느니라"라고 하셨다. 이 놀라운 진리의 지식이요 하나님의 말씀인 복음을 정확히 전달해야 한다. 그 말씀을 믿을 때 삶의 확실한 변화를 경험한다.

3. **영원한 생명의 소망**을 굳게 붙들게 해야 한다. 영생 곧 영원한 생명이란 천국 갈 때 필요한 여권이 아니다. 이 세상에서 우리로 누리게 하는 것이다. 하나님이 영원 전부터 약속하신 것이다. 하나님이 우리를 사망에서 생명으로 옮기셨다. 그 생명의 특징은 모든 상황을 이기는 힘이다. 좌절하지 않고 돌파하는 힘이다. 곧 평강이다. 어떤 상황에서도 영향을 받지 않는 내면의 고요함이며, 어떤 슬픔에도 끌려가지 않는 기쁨이다. 거룩함으로 살아가며 사람들을 사랑과 착함으로 섬기는 힘이다. 이 생명은 우리로 하나님과 친밀감을 이루게 한다. 이렇듯 놀랍고도 영원한 생명을 약속하신 하나님은 거짓말을 하지 않으신다. 그 약속을 반드시 실행하신다. 이 소망을 굳게 붙들게 해야 한다.

교회 일꾼의 자격(딛 1:5-9)

디도에게는 그레데 섬의 각 도시(:당시 100개 이상의 도시)에 있는 교회에 지도자들을 세우는 일이 주어졌다. 이때 교회의 일꾼은 장로와 감독으로 나뉜다. 바울은 교회의 일꾼들의 자격을 열거하고 있다.

장로의 자격 세 가지(딛 1:5,6)
1. 책망할 것이 없어야 한다.
2. 한 아내의 남편이어야 한다.
3. 믿는 자녀를 둔 자라야 한다. 그 자녀들은 방탕하지 않고 불순종하지 않아야 한다.

감독의 자격 열세 가지(딛 1:7-9)
• 감독은 하나님의 청지기다.
1. 책망할 것이 없어야 한다.
2. 제 고집대로 하지 아니한다.
3. 급히 분내지 아니한다.
4. 술을 즐기지 아니한다.
5. 구타하지 아니한다.
6. 더러운 이득을 탐하지 아니한다.
7. 나그네를 대접한다.
8. 선행을 좋아한다.

9. 신중하다. 분별력과 판단력이 있다.

10. 의롭다. 공정하고 공평하다.

11. 거룩하다.

12. 절제한다.

13. 미쁜 말씀의 가르침을 그대로 지킨다. 그래야 말씀으로 권면하고 거슬러 말하는 자들을 책망할 수 있다.

사역의 방해꾼들 - 거짓 교사의 특성(딛 1:10,11)

당시 그레데 섬에 들어온 거짓 교사들은 사역의 방해꾼으로 교회를 어지럽혔다.

1. 규율을 지키지 않는다.

2. 교회의 지도력을 인정하지 않는다.

3. 헛된 말을 한다. 터무니없는 말을 한다.

4. 속이는 사람들이다. 관계를 깨뜨린다.

5. 사람들의 영혼보다 재물에 더 관심이 많다.

교회 공동체 내의 다양한 연령과 계층의 그리스도인들을 향한 목회 방향(딛 2:1-8)

교회 공동체에는 다양한 연령과 계층의 그리스도인들이 모인다. 그리스도인으로서 올바른 삶을 살 수 있도록 각 계층에 맞게 말씀으로 가르쳐야 한다(딛 2:1-6).

늙은 남자들(딛 2:1,2)

1. 절제의 삶 - 방종과 쾌락을 거절해야 한다.

2. 경건의 삶 - 올바른 길, 근엄하고 진지한 행동을 한다.

3. 신중(근신)의 삶 - 세월을 아껴서 지혜로운 삶을 살아야 한다. 하나님의 뜻을 따라 살도록 계획을 세워 실행한다.

4. 건강한 믿음과 사랑과 인내의 삶을 살아야 한다.

늙은 여자들(딛 2:3,4)

1. 행실이 거룩해야 한다.

2. 남을 험담하지 말아야 한다. 잡담하거나 남을 중상모략하거나 헛소문을 퍼뜨리지 말아야 한다.

3. 술의 종이 되지 말라.

4. 선한 것을 가르치라. 옳고 고상한 것이 무엇인지 삶으로 본을 보이고 가르치라.

5. **젊은 여자를 가르치라** - 잔소리하거나 기를 꺾거나 낙심시키는 것이 아니라 격려하며 이끌어주라. 특히 다음과 같은 영역에서 먼저 본을 보이고 가르치라(딛 2:4,5).

(1) 남편과 자녀를 어떻게 사랑해야 하는지

(2) 고결하고 순결한 삶을 살려면 어떻게 해야 하는지

(3) 집안 살림을 잘하려면 어떻게 해야 하는지

(4) 좋은 아내가 되려면 어떻게 해야 하는지

젊은 여자들이 이런 삶을 살면 하나님의 말씀을 멸시하는 사람이 없을 것이다.

젊은 남자들(딛 2:6)

1. 신중하라 - 이는 '근신하라'는 뜻이다. 왜 청년이 근신해야 하는가? 청년 시절은 유혹의 힘이 강하여 자칫 그릇된 길로 가기 쉽다. 지나친 자신감으로 경솔하게 결정하기가 쉽다.

2. 사역자 디도가 젊은 남자들에게 범사에 본이 되어 삶으로 그들을 가르치라고 했다.

사역자의 자세(딛 2:7,8)

사역자로서 젊은 사람들에게 삶으로 본이 되어 가르칠 때 어떤 자세로 해야 하는가?

1. 동기는 절대적으로 순수하라.

2. 품위를 지키라. 사역자는 그리스도의 대사로서 중대한 책임이 있다.

3. 건전한 가르침을 가지라. 성경말씀을 언제나 텍스트로 해야 한다.

4. 그리스도에 대해 말만 하지 말고 그리스도를 삶으로 보이라. 그러면 대적자들이 어떤 잘못된 점을 찾지 못하고, 악하다 말하지 못하며 오히려 부끄러워할 것이다.

그룹	어떻게 대할까(딤전 5:1,2)	어떻게 행할까(딛 2:1-6)
늙은 남자	꾸짖지 말고 권하되 아버지에게 하듯	절제하며 경건하며 신중하며 믿음과 사랑과 인내함에 온전하라
늙은 여자	어머니에게 하듯	행실이 거룩하며 모함하지 말며 술의 종이 되지 말고 선한 것을 가르치며 젊은 여자를 가르치라
젊은 남자	형제에게 하듯	유혹에 빠져 그릇된 길로 가거나 지나친 자신감에 사로잡힐 수 있으므로 근신하고 신중하라
젊은 여자	온전히 깨끗함으로 자매에게 하듯	남편과 자녀를 사랑하며 신중하며 순전하며 집안일을 하며 선하며 자기 남편에게 복종하라

노예생활하는 그리스도인들을 향한 목회(딛 2:9,10)

당시에는 노예제도가 성행했다. 바울은 노예제도를 언급하거나 비난하거나 개선하려는 데 초점을 두지 않고 오직 그리스도인으로서 자신의 의무에 충실하라고 가르친다. 그것은 노예제도를 찬성하거나 묵인하는 것이 아니라 오히려 진정한 혁명의 길을 제시하는 것이다.

종/노예의 신분을 가진 그리스도인으로서 어떻게 살 것인가?

1. 몸으로 보여주는 길밖에 없다. 삶으로 보여주라. 그리함으로 범사에 복음을 빛나게 하라.
2. 범사에 순종하는 자가 돼라. 거슬러 말하지 말고 정중해야 한다. 그리고 유능해야 한다.
3. 훔치지 말라. 정직하라.
4. 모든 참된 신실성을 나타내라. 충실하라.

【 그리스도인의 품성 : 디모데전서와 디도서의 비교 】

그룹	딤전 6:1,2,11,12	딛 2:7-10
사역자	1. 의와 경건과 믿음과 사랑과 인내와 온유를 따르라 2. 믿음의 선한 싸움을 싸우라 3. 영생을 취하라	1. 동기는 절대적으로 순수하라 2. 그리스도의 대사로서 품위를 지키라 3. 건전한 가르침을 가지라 4. 그리스도에 대해 말로만 하지 말고 　그리스도를 삶으로 보이라
종	1. 상전들을 마땅히 공경할 자로 알아라 2. 믿는 상전이 있는 자는 　가볍게 여기지 말고 더 잘 섬기라	1. 몸으로 보여주는 길밖에 없다 2. 순종하라 : 유능, 정중, 정직, 충실 　(상전들을 기쁘게 하고 거슬러 말하지 말며 　훔치지 말고 참된 신실성을 나타내라)

사역자의 삼중임무(딛 2:15)

1. **말하고** - 사역자는 주의 말씀의 전달자이다. 자신의 의견이나 생각을 전달하는 것이 아니라 오직 하나님의 말씀을 전달해야 한다.
2. **권면하며** - 교사로서 은혜로 인도하며 소망을 심어준다. 격려해야 한다.
3. **모든 권위로 책망하라** - 리더로서 확신을 가지고 올바른 길로 인도한다.

그리스도인은 사회적인 의무 이행자이다(딛 3:1,2)

이제까지 교회 공동체의 각 계층이 어떻게 그리스도인다운 삶을 살아야 하는지 설명했다면, 이제는 모든 그리스도인이 국가와 사회의 일원으로서 어떻게 행동해야 하는지 보여준다.

1. 법과 질서를 잘 지키라. 그리스도인은 솔선수범하여 국가와 사회의 질서를 잘 지켜야 한다.
2. 봉사에 능동적으로 임하라. 선한 일을 기꺼이 하라. 어려운 일이 발생하면 먼저 자원하여 섬기라.
3. 말에 조심성이 있어야 한다. 중상이나 비방이나 비판의 말을 삼가라.
4. 관용하라. 자기 고집대로 하지 말고, 자기주장을 하지 말라. 마음이 넓어야 한다.
5. 범사에 온유함을 모든 사람에게 나타내라. 온유함은 자기를 통제할 줄 아는 것이다.

그리스도인의 삶의 원동력(딛 3:3-7)

그러면 그리스도인들은 슈퍼맨이 되어야 한단 말인가? 어떻게 교회 공동체 내에서와 사회에서 이런 삶을 살 수 있는가? 그런 삶을 살 수 있는 원동력은 무엇인가?

1. 모든 그리스도인에게는 그리스도를 만난 간증의 삶이 있다. 그리스도를 만나기 전과 후의 삶은 분명히 다르다. B.C.(골 3:3)와 A.D.(골 3:4-7)의 삶이 뚜렷하다. 우리에게는 변화의 시점이 있다. 기독교는 이론의 종교가 아니다. 하나님의 나라는 말에 있지 않고 능력에 있다(고전 4:20).
2. 우리는 살아계시며 전능하시고 오직 유일하신 하나님을 믿는 사람들이다. 예수 그리스도를 믿으면 반드시 변화가 일어난다. 기독교는 체험의 종교다. 그리스도인의 삶의 변화는 자신의 힘이나 노력, 방법으로 이루어지는 것이 아니라 오직 하나님의 능력으로 이루어진다. 이것이 그리스도인의 삶의 원동력이다.
3. 우리는 우리의 행위가 아니라 오직 하나님의 긍휼하심을 따라 중생의 씻음과 성령의 새롭게 하심으로 구원받았다. 그러므로 하나님의 자비와 사랑이 어떠하심을 우리의 변화된 삶에서 명백히 나타내야 한다(딛 3:4,5).
4. 더 나아가서 우리 주 예수 그리스도는 우리에게 성령을 풍성하게 부어주시어 그의 능력으로 하나님의 뜻을 따라 살게 하신다(딛 3:6,7).

결론

우리는 이 세상의 문화를 따르는 사람이 아니다. 그렇다고 이 세상의 문화를 거절하는 사람도 아니다. 이 세상에 하나님의 문화를 창조하는 사람이며 경작자이다. 마치 농부가 척박하고 쓸모없는 황무지를 경작해서 열매를 맺는 땅으로 일구어 내듯 하나님나라의 성격을 우리의 삶을 통해 세상에 나타내야 한다. 하나님은 우리를 통해 이 세상에 기독교 문명개혁이 일어나도록 계획하셨다. 우리의 행위가 아니라 하나님의 긍휼과 은혜로 구원받은 우리는 성령의 능력으로 기독교 문명개혁 운동을 주도해야 한다.

Dear. NCer

우리는 우리의 힘과 노력이 아닌 그리스도께서 이뤄놓으신 토대 위에서 그리스도의 십자가와 성령의 능력으로 새롭게 되었다. 나아가 이 세상을 새롭게 할 능력이 우리에게 있다. 빛과 소금으로 살아가라.

준법정신, 봉사생활 등 사회적인 의무를 충실히 이행할 뿐 아니라 비방이나 비판을 삼가고, 온유하며 관용적인 사람이 되어 그리스도의 덕을 증거하는 삶을 살자.

❖ 베드로전서 (1 Peter) 말세를 사는 그리스도인의 십계명

베드로전서는 공동서신 가운데 가장 유명하고 많이 읽히며 사랑받는 편지이다. 따뜻함이 특징이다. 베드로가 고통스런 영적 전쟁에 맞서 싸우는 그리스도인들을 위로하고 다가올 영적 전쟁을 통과하도록 돕기 위해 리더이자 아버지이자 목자의 마음으로 기록했다. 신약성경 중에서 가장 읽기 쉬운 서신 중 하나이다. 또한 수사학 기술이 풍부하고, 유창한 헬라어로 어휘로 기록되었다.

베드로는 헬라어에 능통하지 못했는데, 아이러니하게도 베드로전서는 신약 전체에서 가장 훌륭한 헬라어 문장으로 기록되었다는 평가를 받는다. 다음 구절에서 베드로가 실루아노(실라)를 이 서신의 대필자로 두었음을 알 수 있다.

> 내가 신실한 형제로 아는 실루아노로 말미암아 너희에게 간단히 써서 권하고 벧전 5:12

편지의 내용은 베드로의 말이고, 글은 실루아노의 문장이다. 그러기에 실루아노는 단순한 대필자가 아니다. 그는 A.D.49년 예루살렘 공회 결정을 가지고 형제들을 권면하고 굳게 하는 역할을 담당했던 인물로, 헬라어에 능통하고 설득력이 뛰어난 사람으로 평가되었다고 한다.

베드로는 예수님이 십자가의 고난 받는 것을 한사코 반대했다. 또 변화산에서 모세와 엘리야가 나타나 예수님과 더불어 말할 때 초막 셋을 짓자고 제안했다. 그는 복음을 제대로 이해하지 못한 것이다. 예수께서 겟세마네 동산에서 잡히실 때 대제사장의 종의 귀를 칼로 쳐서 떨어뜨렸다. 또한 위급한 순간에 스승이신 예수님을 세 번이나 부인했다.

그런데 예수님은 부활하신 후에 그를 찾아와 "내 양을 치라"(요 21:15-17)라고 명령하셨다. 그는 오순절과 그 이후에 모든 사도를 대신하여 말씀을 선포했다. 예수 그리스도의 십자가 고난을 충분히 이해하고 전심으로 전했다. 베드로는 감옥이나 그 이상의 더한 고난이라도 받을 각오가 되어 있었다.

주님을 부인했던 베드로가 어떻게 유대인들에게 담대히 회개를 외칠 수 있었을까? 주님을 부인했던 그는 다른 사람들을 가르치기 전에 자신을 돌아봤어야 하지 않을까? 그 대답은 "아니다"이다. 주님은 베드로의 실족을 예언하시면서도 그 형제들을 위해 일하라고 명령하셨다.

> 시몬아, 시몬아, 보라 사단이 너희를 밀 까부르듯 하려고 요구하였으나, 그러나 내가 너를 위하여 네 믿음이 떨어지지 않기를 기도하였노니, 너는 돌이킨 후에 네 형제를 굳게 하라 눅 22:31,32

이렇듯 주님은 베드로에게 사명을 주셨다. 베드로는 하나님이 '사람을 외모로 보시지 않음을' 알고 있었다(벧전 1:17, 행 10:34). 그에게 중요한 것은 자신의 과거가 아니라 그리스도께서 주신 **사명**이었다. 그는 돌이켰고 목숨을 바쳐 충성했다.

베드로전서 – 모든 행실에 거룩한 자가 되라(벧전 1:15)

그리스도인의 믿음				그리스도인의 순종		그리스도인의 고난		
인사	산 소망	거룩한 행실	거룩한 제사장	하나님의 종과 같이 하라	선을 행함으로 받는 고난	선한 청지기	양 무리의 본이 되라	끝인사
1:1-2	1:3-12	1:13-25	2:1-10	2:11-3:7	3:8-22	4:1-19	5:1-14	5:12-14
거룩				조화		겸손		
믿음				사랑		소망		

벧전 1:15 오직 너희를 부르신 거룩한 이처럼 너희도 모든 행실에 거룩한 자가 되라

베드로전서의 특징

예수 그리스도의 **재림에 대한 소망**으로 가득하다

그리스도인은 말세에 나타내기로 예비하신 구원을 얻기 위해 믿음으로 말미암아 하나님의 능력으로 보호하심을 받고 있다(벧전 1:5).

믿음을 지킨 사람들은 예수 그리스도께서 나타나실 때 칭찬과 영광과 존귀를 얻게 될 것이다(벧전 1:7).

그리스도인은 예수 그리스도께서 나타나실 때 가져다주실 은혜를 온전히 바란다(벧전 1:13).

그리스도인은 예수 그리스도의 재림을 기다림으로 행실을 선하게 가진다(벧전 2:12).

모든 것의 마지막이 가까이 왔다(벧전 4:7).

그리스도의 고난에 참여하는 자는 그의 영광이 나타날 때 그리스도와 같이 즐거워한다(벧전 4:13).

하나님의 집에서 심판이 시작된다(벧전 4:17).

베드로는 그리스도께서 나타나실 때에 그의 영광에 참여할 것을 확신하고 있다(벧전 5:1).

목자장이 나타나실 때 그리스도인은 영광의 면류관을 쓸 것이다(벧전 5:4).

재림의 믿음은 **고난에도 인내할 수 있는 동기**를 준다

그러므로 마음의 허리를 동이고 근신하라(벧전 1:13).

그러므로 너희는 정신을 차리고 근신하여 기도하라(벧전 4:7).

오히려 너희는 그리스도의 고난에 참여하는 것으로 즐거워하라(벧전 4:13).

그러므로 하나님의 뜻대로 고난을 받는 자들은 또한 선을 행하는 가운데에 그 영혼을 미쁘신 창조주께 의탁할지어다(벧전 4:19).

베드로전서의 메시지

그리스도인의 정체성과 선택된 삶(벧전 1:1,2)

> …흩어진 나그네, 곧 하나님 아버지의 미리 아심을 따라 성령이 거룩하게 하심으로 순종함과 예수 그리스도의 피 뿌림을 얻기 위하여 택하심을 받은 자들에게 편지하노니… 벧전 1:1,2

그리스도인의 정체성

1. 그리스도인은 하나님의 선민이다. 하나님이 택하셨다는 것은 '구별되었다'는 뜻이다. 어떤 특별한 목적을 위해 따로 구별된 것이다. 하나님께 선택된 삶은 영광스러운 삶이다. 하나님이 택하셨다는 것은 그분의 특별한 보호하심 아래 있다는 것이다.

2. 그리스도인은 세상의 나그네이다. 그리스도인은 '세상에 흩어진 나그네'이다. 그리스도인들은 아브라함처럼 "더 나은 본향"(히 11:16)을 사모한다. 이때 "나그네"라는 말은 정처가 없이 불안정하고 두려움으로 가득한 삶을 말하는 것이 아니다. 오히려 '목적을 가진 여행객' 또는 '외교관'이라고 해야 한다. 그렇기에 세상에 살지만 동시에 세상에 속하지 않는다. 세상에서 물러나는 것이 아니라 오히려 세상의 빛이 되어 영향을 주는 삶을 살아야 한다.

그리스도인의 선택된 삶

1. 그리스도인은 우리의 뜻과 계획에 의해서가 아니라 전적으로 하나님의 영원한 목적 아래 '하나님의 예지'로 선택되었다. '하나님이 나를 선택하셨다'라는 이 놀라운 사실만큼 위대한 것이 또 있을까? 이는 우리를 교만으로 흐르게 하는 것이 아니라 겸손으로 이끈다. 또한 우리를 담대하게 한다. 나를 택하신 하나님은 '나를 절대로 버리지 아니하시고 절대로 나를 떠나지 않으시기' 때문이다(히 13:5).

2. 그리스도인은 '성령으로 거룩하게 하기 위해' 선택되었다. 우리는 스스로 거룩해질 수 없다. 성령께서 우리를 거룩하게 하신다. 하나님의 선택하심은 우리를 방종으로 나아가게 하는 것이 아니라 거룩함으로 이끈다. 그리스도인에게 성령은 모든 삶, 모든 영역, 모든 단계의 기본요소이다. 신앙생활의 시작, 과정, 마침에 있어서 갈망하는 마음을 주시는 것도, 능력으로 행하게 하시는 것도 성령이시다. 죄를 깨닫게 하며, 십자가로 인도하여 용서, 자유, 새롭게 하심도 성령으로 이루어진다. 예수 그리스도를 닮아가게 하며 예수 그리스도를 증거하시는 것도 성령이시다.

3. 그리스도인은 '예수 그리스도께 순종하고 그의 피 뿌림을 얻고자' 선택되었다. 예수 그리스도의 희생은 피 뿌림의 표현이다. 그 희생으로 그리스도인은 하나님과 새로운 관계로 부르심을 받고 성별되어 그분의 뜻에 순종하며 헌신된 삶을 산다. 그러므로 하나님의 선택은 우리로 하나님의 뜻에 순복하는 삶을 살게 한다.

성부 하나님이 선택하셨고, 성령께서 거룩하게 하셨으며, 성자 예수 그리스도께서 새 언약의 피를 뿌리셨다. 그러므로 베드로는 성령으로 그의 '나그네 교구'를 격려한다. 이 세상에서 나그네의 삶을 살 소망을 심어준다.

기독교의 위대한 기본적인 사상(벧전 1:3-5)

사도 바울이 하나님의 놀라운 은혜를 찬양하듯, 베드로는 우리에게 이루어진 세 가지 놀라운 사실로 인해 아버지 하나님을 찬양한다.

과거 그리고 현재 진행 : 우리는 거듭났다.
예수 그리스도의 죽으심과 부활하심이 거듭남의 근거이다(고전 15:3,4).
하나님의 풍성하신 긍휼이 거듭남의 기반이다. 우리는 하나님의 은혜로 구원받았다(엡 2:8,9).
우리는 진리의 말씀으로 거듭났다(벧전 1:23).
그러므로 우리로 소망의 삶을 살게 한다. 그리스도인의 삶의 특징은 소망이다(롬 15:13).

미래 : 우리는 위대한 유업을 물려받았다.
일반적으로 유업은 구약에서 약속의 땅 가나안을 가리켰다. 유업이란 과거나 현재가 아니라 미래 어느 날엔가 받는 것이다. 이미 확실한 보증을 받은 것이다. 신약에서의 우리 그리스도인이 받는 유업은 그보다 더 위대하다.
우리의 물려받을 유업의 세 가지 특징은,
1. 썩지 않는다. 썩는다는 것은 더 나쁜 상태로 변한다는 것이다. 그러나 우리의 유업은 어떤 상황에도 부패하지 않고 어떤 침략군이 온다 할지라도 약탈되지 않고 보존된다.
2. 더러워지지 않는다. 구약의 약속의 땅은 여러 번 거짓 예배로 더러워졌다. 그러나 신약의 그리스도인은 이 세상의 어느 것으로도 변하지 않고 순결하다.
3. 쇠하지 않는다. 쇠퇴하지 않는다. 그리스도인의 믿음의 삶은 활력과 아름다움을 항상 간직한다. 싫증이 나거나 염증을 느낄 일이 전혀 없다.

현재 : 우리는 하나님의 능력으로 보호를 받는다.
'보호'(헬, 프루레오 phroureo)는 군사용어다. '하나님이 보초 서신다', '하나님이 뒤에서 지켜주신다'라는 뜻이다. 야곱이 무사히 집에 갈 때까지 하나님이 그의 군대를 보내어 보호하셨듯이(창 32:1,2), 우리가 영원한 집에 갈 때까지 이 세상에서 하나님이 항상 함께 계시며 지켜주시고 돌봐주신다.

말세를 당한 그리스도인의 십계명(벧전 1:14-5:9)

예수 그리스도의 재림에 대한 소망을 가지고 마지막 때를 살아가는 그리스도인들은 어떻게 살아야 하는가? 만약 예수 그리스도의 재림에 대한 소망이 없다면 그리스도인의 삶은 혼란에 빠질 것이다. 각종 잘못된 철학과 사상에 휩싸여 살 것이다. 금욕주의나 쾌락주의로 나아갈 수도 있다. 소망은 "영혼의 닻 같아서"(히 6:19) 우리로 세상의 풍조에 휩싸이지 않게 해준다. 베드로전서는 이에 대해 풍성히 말씀한다. 그 중에 열 가지로 압축하여 '말세를 당한 그리스도인의 십계명'으로 요약해볼 수 있다.

1. 거룩함으로 행하라(벧전 1:14-25, 2:11,12)

> 오직 너희를 부르신 거룩한 이처럼 너희도 모든 행실에 거룩한 자가 되라. 기록되었으되, '내가 거룩하니 너희도 거룩할지어다' 하셨느니라 벧전 1:15,16

거룩함으로 행하는 삶은 말세를 당한 그리스도인의 삶에 있어서 가장 중요하다. 거룩함으로 살아야 할 가장 큰 이유는 우리의 하나님이 거룩하시기 때문이다. 거룩함은 하나님의 뜻이다. 하나님과의 친밀감은 거룩함에 달려있다(마 5:8, 시 24:3). 우리는 거룩한 성에서 영원히 살 것이다(계 21:2,9). 우리는 영혼을 거슬러 싸우는 육체의 정욕을 제어하고 모든 행실, 즉 삶의 모든 영역에서 거룩해야 한다.

2. 서로 사랑하라(벧전 1:22, 4:8)

> 너희가 진리를 순종함으로 너희 영혼을 깨끗하게 하여 거짓이 없이 형제를 사랑하기에 이르렀으니 마음으로 뜨겁게 서로 사랑하라 벧전 1:22

거짓이 없이 마음으로 뜨겁게 사랑하라고 하셨다. '저의가 없는 허심탄회하고 순수한 마음'으로 '열정적으로', '열심히' 서로 사랑하라는 것이다. 마치 이것이 승부처인 듯 사랑하라는 것이다. 예수께서는 "내가 너희를 사랑한 것같이 너희도 서로 사랑하라"는 새 계명을 주셨다(요 13:34,35).

3. 말씀을 사모하라(벧전 1:23-2:3)

우리가 거듭난 것은 오직 살아있는 하나님의 말씀으로 되었다. '거듭남'은 그리스도인의 삶의 시작이다. 마치 영적 신생아와 같다. 이제는 말씀으로 자라나야 한다. 하나님의 말씀은 신령한 젖과 같다. 갓난아기처럼 신령한 젖을 사모해야 한다. 그러면 영적으로 자라나서 성숙하고 온전하게 될 것이다. 예수님은 "사람이 떡으로만 살 것이 아니요 하나님의 입으로부터 나오는 모든 말씀으로 살 것이라"(마 4:4)라고 말씀하셨다.

4. 예배자가 되라(벧전 2:4-10)

교회를 건물로 비유한다면, 그리스도인들은 건축용 벽돌과 같다. 예수 그리스도는 그 건물의 머릿돌이다. 하나님은 우리를 신령한 집으로 세워지는 산 돌이 되게 하셨고, 신령한 제사를 드릴 거룩한 제사장이 되게 하셨다. 우리는 산 돌이 될 뿐 아니라 하나님의 집에서 하나님의 영광과 그의 위엄의 아름다움과 그의 구원을 예배하는 예배자로 부르심을 받았다.

너희는 택하신 족속이요, 왕 같은 제사장들이요, 거룩한 나라요, 그의 소유가 된 백성이니, 이는 너희를 어두운 데서 불러내어 그의 기이한 빛에 들어가게 하신 이의 아름다운 덕을 선포하게 하려 하심이라 벧전 2:9

5. 하나님나라의 시민답게 살아가라(벧전 2:13-3:7)

그리스도인은 본향을 바라보며 나그네로 살아가는 존재지만 이 세상에 머무는 동안은 그리스도인으로서 의무를 다해야 한다. 그리스도인은 근본 하나님나라의 시민이지만 이 세상에서 거류하는 국가의 시민으로서 국가에 협조해야 한다(복종이 아니라 협조). 또한 하나님을 두려워함으로 국가의 권위자들을 공경해야 한다. 사회의 일원으로서 현재 사환의 신분이라면 주인에게 순종하라. 가정에서는 아내로서 남편에게 순종하고, 남편으로서 아내를 사랑하라.

6. 열심으로 선을 행하고, 선을 행함으로 고난을 받으면 참으라(벧전 2:19-25, 3:8-4:6)

그리스도인은 이 세상에서 고난을 받는다. 하지만 올바로 행하고 있다면 아무것도 두려울 것이 없다.

선을 행함으로 고난 받는 것이 하나님의 뜻일진대 악을 행함으로 고난 받는 것보다 나으니라 벧전 3:17

그리스도인으로서 부당하게 고난을 받기도 한다. 성경은 여러 차례 선을 행함으로 받는 고난에 대해 소망을 준다. 그리스도께서 고난을 받는 사람들에게 롤 모델이 되셨다. 고난은 우리의 부르심이다. 우리는 고난을 통해 예수 그리스도의 발자취를 따라간다(벧전 2:21). 고난을 받음으로 죄를 그치고 하나님의 뜻을 따라 살게 된다(벧전 4:1,2). 고난 당할 때마다 나만 고난을 당하는 것이 아니라 세상에 있는 우리 형제들도 동일한 고난을 당하는 줄 알고 견뎌야 한다(벧전 5:9). 우리는 고난을 통해 온전하게 된다(벧전 5:10).

7. 근신하여 깨어 기도하라(벧전 4:7,8, 5:8)

누군가가 한 말이 늘 도전이 된다. "교회 지붕에 귀신들이 떼로 몰려 잠자고 있는 장면을 보았습니다. 그 교회는 기도를 쉬는 교회였습니다." 마귀는 기도하지 않는 교회, 기도하지 않는 그리스도인에게는 관심이 없다. 마귀의 왕국에 전혀 해로움을 끼치지 않기 때문이다. 그러나 깨어 기도하는 그리스도인들은 마귀 왕국의 경계 1호다.

주께서 "시험에 들지 않게 깨어 기도하라"(마 26:41)라고 하셨다. 기도하지 않는 삶은 마치 레이더망이 작동되지 않는 것과 같아서 원수의 공격에 대비할 수 없다. 시험에 들지 않는 비결은 오직 기도의 삶에 있다. 깨어있는 삶, 근신하는 삶은 지속적인 기도의 삶과 서로 연관이 있다. 근신해야 기도하는 삶이 있고, 기도의 삶이 있어야 근신할 수 있다. 기도해야 영적으로 깨어있게 된다. "항상 성령 안에서 기도하고, 이를 위하여 깨어 구하기를 항상 힘쓰며"(엡 6:18)라고 하셨다. 기도의 삶은 자동적으로 이루어지지 않는다. 힘써야 한다. 한 번만 아니라 항상 힘써야 한다. 이런 기도의 삶은 오직 성령의 도우심으로만 가능하다.

8. 선한 청지기같이 봉사하라(벧전 4:9-11)

그리스도인들은 청지기의 삶을 살아야 한다. 자기가 원하는 것을 하는 것이 아니라 하나님이 내게 부탁하신 것을 충성스럽게 감당하는 삶이다. 시간의 청지기, 재물의 청지기, 은사의 청지기가 되어야 한다. 또한 하나님의 교회에서 스스로 할 일을 찾아 나서고, 봉사의 직무가 주어지면 청지기처럼 성실하게 감당해야 한다.

> 각각 은사를 받은 대로 하나님의 여러 가지 은혜를 맡은 선한 청지기같이 서로 봉사하라… 봉사하려면 하나님이 공급하시는 힘으로 하는 것같이 하라 벧전 4:10,11

봉사할 때는 자신의 지혜와 힘이 아니라 오직 성령의 능력으로 청지기의 삶을 감당해야 한다.

9. 하나님의 양 무리를 치라(벧전 5:1-7)

교회의 장로들은 하나님의 양 무리를 쳐야 한다. 억지로 하지 말고 자원함으로 하라. 더러운 이득을 위해 하지 말고 기꺼이 하라. 주장하고 권력을 휘두르는 자세로 하지 말고 먼저 목자장 예수께 순종함으로 양 무리의 본이 되라. 교회의 젊은이들은 장로들에게 순종해야 한다. 장로들이나 젊은이들이나 모두 겸손으로 허리를 동이라. 하나님은 교만한 자를 대적하시고 겸손한 자에게는 은혜를 주신다.

10. 영적 전쟁을 하라(벧전 5:8,9)

그리스도인으로서 이 세상에서의 삶은 소풍이 아니다. 하나님나라를 이 세상에 임하게 하는 사명이 있다. 하나님의 영광이 사회의 각 영역에 나타나게 하는 일이다. 기독교 문명개혁 운동이 그것이다. 이 놀라운 사명은 저절로 되는 것이 아니다. 우리의 원수 마귀는 이를 이루지 못하도록 늘 방해한다. 그러므로 우리는 '마귀를 대적'해야 한다. 영적 전쟁을 해야 한다.

축도

> 모든 은혜의 하나님 곧 그리스도 안에서 너희를 부르사 자기의 영원한 영광에 들어가게 하신 이가, 잠깐 고난을 당한 너희를 친히 온전하게 하시며, 굳건하게 하시며, 강하게 하시며, 터를 견고하게 하시리라. 권능이 세세무궁하도록 그에게 있을지어다. 아멘 벧전 5:10,11

주의 재림에 대해

성경에서 재림에 대해 언급된 부분

- 데살로니가전서, 특히 5:2-6, 4:13-5:11, 데살로니가후서 2:1-12
- 베드로전서 - 말세를 당한 그리스도인의 삶의 십계명, 베드로후서 3장
- 요한계시록과 복음서, 특히 마태복음 24:14

주의 재림이 가까이 왔다.

주의 재림은 갑자기, 기대하지 않은 때에 임할 것이다(마 10:23, 24:27,34,44, 막 9:1, 13:30, 계 1:1,3, 2:16, 3:11, 22:7,10,12,20).

초대교회 그리스도인들은 그들이 살아있는 동안 주께서 재림하실 줄 믿었다. 그 후 각 세대가 동일한 믿음으로 살았다. 그러나 지난 2천 년이 지나는 동안 주의 재림은 일어나지 않았다. 예수 그리스도의 재림이 임박했다는 사실은 각 세대마다 강력한 약속의 소망을 가지게 한다. 모든 그리스도인은 주의 재림이 내일 일어날 것처럼 살아야 한다.

그러나 주님의 지상명령 성취를 위한 계획은 빈틈없이 치밀하게 잘 세워야 한다. 어떤 사람들은 '예수의 재림이 지연되는 것이 아닌가' 의구심을 갖는다. 성경, 특히 베드로후서 3장 8,9절은 이에 대해 설명한다(막 13:10, 눅 17:2, 18:8, 데살로니가전·후서).

성경에서 말하는 재림의 징조

복음이 모든 족속에게 전파되기 위해 온 세상에 전파되어야 한다(마 24:14, 막 13:10, 딤전 2:4,6).

유대인들 가운데 남은 자들이 주께로 돌아올 것이다(롬 11:25-27).

불법의 사람, 멸망의 아들이 나타난다(마 24:15, 살후 2:1-12, 계 13장).

대 핍박이 일어난다(마 24:21,24, 계 13장). 그러나 이것은 오히려 복음 전파의 기회가 된다.

재림 시에 일어날 일들

재림의 순서를 말씀하신다(살전 4:13-17).

재림 시에 부활의 몸이 어떤 상태일지를 말씀하신다(고전 15:50-54,35-49).

재림에 대한 소망(벧전 1:5-13)

재림에 대한 약속을 받은 그리스도인은 재림을 소망하는 자세로 이 세상에서 생활한다.

- 인내하고 기뻐하라! - 무슨 일을 당해도, 어떤 일이 와도 견딜 뿐 아니라 오히려 크게 기뻐한다(벧전 1:6,7). 그리하면 마지막 때 곧 예수 그리스도께서 나타나실 때 "참 잘했다, 착하고 충성된 종아!" 하며 칭찬, 영광, 존귀를 받게 될 것이다.
- 마음의 허리를 동이라! - 빠른 동작으로 힘든 일을 할 때의 자세를 가리킨다.
- 근신하라! - 균형감각을 가지라. 침착하라. 순수함을 유지하라.
- 예수 그리스도가 나타나실 때 주실 은혜를 바라라!

Dear. NCer

날마다 깨어있어 기도하라!(마 24:42-51, 막 13:32-36)
주께 받은 사명을 성취하기 위해 계획을 세우고, 훈련하고, 주어진 일을 열정적으로 진행하라!

❖ 베드로후서 (2 Peter) 일급비밀문서

베드로후서는 베드로전서와는 문체가 아주 다르다. 그래서 교회 역사에서 가장 무시되던 책이다. 베드로전서는 베드로가 그의 비서이자 동역자인 실라의 도움을 받아 기록했다. 마찬가지로 베드로후서도 그렇게 기록되었을 것이다. 이 서신에서 베드로는 자신을 명확히 소개한다.

예수 그리스도의 종이며 사도인 시몬 베드로는… 벧후 1:1

이 소리는 우리가 그와 함께 거룩한 산(변화산)에 있을 때에 하늘로부터 난 것을 들은 것이라 벧후 1:18

베드로전서의 발신자인 베드로는 "내가 이제 이 둘째 편지를 너희에게 쓰노니"(벧후 3:1)라며 자신이 이 서신의 발신자임을 명백히 밝힌다.

베드로후서는 다른 서신서들과는 달리 읽기가 어렵다. 문체의 문제라기보다는 편지의 내용 때문이다. 주제가 다르다. 사실 이 편지는 일급비밀문서에 해당된다. 특히 주의 재림과 재림 전의 일들을 전했다.

베드로후서는 위협 당하는 교회, 핍박 가운데서 곤란에 직면한 교회의 승리를 위해 쓰였다. 당시 그리스도의 재림을 부정하는 악한 사람들과 성경을 곡해하는 사람들로 인해 혼란스러워하던 그리스도인들을 진리로 굳게 세우기 위해서 쓰였다.

또한 많은 면에서 에베소서, 골로새서와 유사하다. 또한 유다서와도 유사하다. 어떤 면에서는 디모데서와도 비슷하다. 베드로후서와 디모데서는 각각 바울과 베드로의 생애 마지막에 기록되었으며 두 권 다 주님에 대한 깊은 신뢰를 표현한다. 또 '마지막 날'에 나타날 배도와 환난을 다루는 점도 비슷하다. 베드로후서는 베드로의 생애 마지막 시기에 예수 그리스도의 교회들에게 보낸 유언과 같다. 어떤 상황에도 오직 하나님의 말씀만 굳게 붙들기를 격려한다.

베드로후서 – 은혜와 지식에서 자라가라(벧후 3:18)

그리스도인의 성품 배양			거짓 교사들에 대한 책망		그리스도의 재림에 대한 확신		
인사	부르심과 택하심	믿음의 근거	거짓 예언자들 - 멸망	거짓 예언자들 - 묘사	말세의 조롱	주의 날	축도
1:1-2	1:3-11	1:12-21	2:1-9	2:10-22	3:1-7	3:8-17	3:18
충성된 목자는 양들을 세워준다			충성된 목자는 양들을 보호한다		충성된 목자는 양들을 이끌어준다		
거룩			이단		소망		

벧후 3:18 오직 우리 주 곧 구주 예수 그리스도의 은혜와 그를 아는 지식에서 자라가라 영광이 이제와 영원한 날까지 그에게 있을지어다

베드로는 베드로전서와는 다르게 자신을 소개한다.

> 예수 그리스도의 종이며 사도인 시몬 베드로는… 편지하노니 벧후 1:1

> 예수 그리스도의 사도 베드로는… 벧전 1:1

베드로전서에는 "예수 그리스도의 사도 베드로", 베드로후서에는 "예수 그리스도의 종이며 사도인 시몬 베드로"라고 소개했다. "종"과 "시몬"을 추가했다. 이것은 베드로후서의 내용을 위해 성령으로 인도된 것이다. "시몬"은 그의 원래 이름이다. 그런데 그가 처음 예수님을 만났을 때 주님은 "네가 요한의 아들 시몬이니 장차 게바라 하리라"(요 1:42)라고 말씀하셨다. "게바"는 '반석'이라는 뜻의 아람어며, '베드로'는 헬라어다. 그는 혈기가 많고 성격이 급하며 나서기를 좋아하여 팀을 이루는 데 가장 장애가 되는 성품의 소유자였다. "시몬"이라는 이름은 그런 그의 연약함을 보여주는 대명사다.

베드로의 자기소개서

"나는 원래 성미가 급하고 다혈질이며, 나서기를 좋아하여 언제나 중심에 있으려고 했다. 나는 골목대장 기질이 다분히 많은 사람이었다. 그래서 팀을 이루기보다는 깨뜨리는 경향이 있었다. 그런데 나의 주 예수님을 만난 후 변했다. 터닝 포인트는 성령으로 세례를 받은 후부터다. 나는 갈수록 주 예수님의 성품을 닮아갔다. 예수님을 알수록 나는 변화되고 성장했다. 더 이상 중심에 서지 않고 팀을 이루는 핵심인물이 되었다. 더는 골목대장 노릇을 하지 않았다. 나는 예수 그리스도께 전적으로 순복하는 그분의 종이다."

베드로후서의 메시지

힘써 하나님을 알자(벧후 1:2-4)

베드로후서는 '하나님을 아는 것'에 대한 가르침을 편지의 처음(벧후 1:2-4)과 마지막(벧후 3:18)에 배치함으로 그 중요성을 더욱 강조한다.

1. 하나님을 알 때 은혜와 평강이 배가된다(벧후 1:2). 모든 상황에 영향을 받지 않음이 '평강'이요, 모든 상황에 영향을 주는 힘이 '은혜'다. 이런 삶은 하나님을 알면 알수록 배가된다. 더하기가 아니라 곱하기로 배가된다.

2. 하나님을 알 때 그의 성품을 닮아간다(벧후 1:3,4). 베드로는 자신의 삶으로 이를 간증한다. 시몬에서 베드로로의 변화는 하나님을 알 때 이루어졌다. 하나님을 알면 우리의 성품이 변화된다.

3. 하나님을 알 때 영적으로 성장한다(벧후 3:18). 영적인 어린아이는 세상을 변화시킬 힘이 없다. 영적인 청년이 되어야 가능하다. 영적인 성장은 하나님을 알 때 이루어진다.

다니엘서는 '하나님을 알 때 강하고 용맹을 떨친다'라고 했다.

> …오직 자기의 하나님을 아는 백성은 강하여 용맹을 떨치리라 단 11:32

"강하다"라는 것은 어떤 상황에도 영향을 받지 않고 흔들리지 않는 내면의 견고함을 말한다. "용맹을 떨친다"라는 것은 한 걸음 더 나아가서 능동적이며 적극적인 행동을 취해 환경에 영향을 주는 강력한 힘을 말한다.

다니엘서와 베드로후서의 공통점은 마지막 때를 살아가는 그리스도인의 삶을 그리고 있다는 점이다. 각종 부정적인 사건, 상황, 어려움이 사방에 깔려서 믿음의 삶을 살기조차 어렵지만, 그렇다고 모두가 이에 영향을 받으며 신앙이 휘청거리지는 않는다. 다니엘과 그의 세 친구는 당시 가장 강력하던 바벨론 제국의 지배 아래에 있었지만 이에 휩쓸리지 않고 오히려 바벨론 제국에 강한 영향력을 끼쳤다. 영향을 받지 않는 내면의 힘, 영향을 주는 외적인 강한 힘은 오직 하나님을 알 때 주어진다.

지금 이 시대는 우리의 믿음의 힘을 강하게 테스트하고 있다. 우리의 믿음이 흔들리기 쉽다. 이런 때 영향을 받지 않고 오히려 하나님의 나라를 이루는 길은, 하나님을 아는 것에 있다. 호세아 6장 3절의 "그러므로 우리가 여호와를 알자 힘써 여호와를 알자"라는 말씀처럼 지금은 하나님 알기를 갈망하며 힘쓸 때이다. 베드로후서는 바로 이런 때일수록 하나님을 더욱 부지런히 알아야 함을 강조한다.

> …너희로 우리 주 예수 그리스도를 알기에 게으르지 않고… 벧후 1:8

초청장 - 보배롭고 지극히 큰 약속

하나님의 초청장이 발부되었다. 하나님이 우리에게 '보배롭고 지극히 큰 약속'을 주셨다. 그것은 곧 우리가 하나님의 성품에 참여하는 자가 되며, 그리스도의 성품이 우리의 삶에서 드러난다는 것이다. 이는 우리의 능력으로 이루어지는 것이 아니라 하나님의 신기한 능력으로 이루어진다. 그의 놀라운 능력으로 우리에게 생명과 경건에 속한 모든 것을 주셔서 우리로 그리스도의 성품에 참여하는 자가 되게 하셨다.

> 그의 신기한 능력으로 생명과 경건에 속한 모든 것을 우리에게 주셨으니, 이는 자기의 영광과 덕으로써 우리를 부르신 이를 앎으로 말미암음이라. 이로써 그 보배롭고 지극히 큰 약속을 우리에게 주사, 이 약속으로 말미암아 너희가 정욕 때문에 세상에서 썩어질 것을 피하여 신성한 성품에 참여하는 자가 되게 하려 하셨느니라 벧후 1:3,4

입장권 - 그리스도인의 성품 배양을 위한 여덟 단계의 사닥다리(벧후 1:5-8)

이제 우리는 입장권을 받았으니 망설이지 말고 주저하지 말고 담대히 들어가야 한다. 하나님의 성품에 참여하는 자가 되게 하신다는 이 놀라운 약속을 받은 우리가 해야 할 일은, 게으르지 말고 부지런히 그리스도를 알기를 힘쓰는 것이다. 마치 성품의 사닥다리에 오르는 것처럼 각 단계에서 부지런히 최선을 다할 때 다음 단계로 나아가게 된다. 농부가 밭을 경작하며 주어진 씨앗을 심으면 하나님이 그것에 생명을 주어 자라게 하시고 열매를 맺게 하시는 것처럼 우리는 주어진 것을 가지고 부지런히 최선을 다해야 한다. 우리는 이미 "보배로운 믿음"을 받았다(벧후 1:1). 우리에게 주어진 "믿음"을 부지런히 연습할 때 "덕"으로, 덕을 연습할 때 "지식"으로, 지식을 연습할 때 "절제"로, 절제를 연습할 때 "인내"로, 인내를 연습할 때 "경건"으로, 경건을 연습할 때 "형제 우애"로, 형제 우애를 연습할 때 "사랑"으로 나아간다(벧후 1:5-7).

1. **믿음** - 우리는 주어진 믿음을 자라게 해야 한다. 하나님과의 올바른 관계를 통해 믿음이 자라난다. 하나님의 말씀을 들음으로 믿음이 자라난다. 하나님의 성품에 참여하는 사닥다리의 기반은 먼저 그분을 알고 그분과 올바른 관계를 갖는 믿음에서 시작한다.

2. **덕** - 믿음을 부지런히 연습할 때 덕으로 나아간다. 덕(헬, 아레테 arete)은 용기와 탁월함과 힘을 가진 성품을 말한다. 하나님과의 올바른 관계가 기반이 될 때 사람과 올바른 관계도 가질 수 있다.

3. **지식** - 머리로, 이론적으로 아는 지식이 아니라 실천적이며 삶에 올바르게 적용할 수 있는 지혜를 말한다. 이런 지식은 주어진 환경이나 상황 가운데 올바른 행동을 하도록 도와준다. 또한 판단력과 분별력, 이해력을 동반한 지식이어서 세상에 영향을 주는 힘이 있다.

4. **절제** - 자신을 다스리는 능력이다. 즉흥적, 감정적으로 반응하지 않고 자제할 줄 아는 힘이다. 이미 주어진 지식, 분별력, 이해력, 판단력을 가지고 주어진 상황에 올바른 행동으로 반응할 줄 안다.

5. **인내** - 인내(헬, 휘포모네 hupomone)는 '견고히 섬', '확고부동'이라는 뜻으로, 단지 주어진 상황에 수동적으로 견디는 것이 아니라 능동적으로 대처함을 말한다. 용기를 포함한 인내는 미덕의 여왕이다.

6. **경건** - 경건(헬, 유세베이아 eusebeia)은 '하나님을 경외함'이라는 뜻을 지닌다. 경건은 하나님께 예배를 잘 드리는 것으로, 사람에게는 '하나님의 면전'에서 행하듯이 '내가 만일 예수라면'이라는 의식을 가지고 올바르게 행하는 힘으로 나타난다.

7. **형제 우애** - 형제 우애(헬, 필라델피아 philadelphia)는 일반적으로 말하는 형제 사랑을 의미한다. "너희가 진리를 순종함으로 너희 영혼을 깨끗하게 하여 거짓이 없이 형제를 사랑하기에 이르렀으니 마음으로 뜨겁게 서로 사랑하라"(벧전 1:22).

8. **사랑** - 사랑(헬, 아가페 agape)은 조건이 없는 사랑이다. 이런 사랑은 감정의 영역이 아닌 인격적인 선택이다. "예수께서 이르시되… 주 너의 하나님을 사랑하라… 네 이웃을… 사랑하라"(마 22:37-40).

위의 '믿음의 사닥다리 여덟 단계'는 예수를 부지런히 앎으로 시작된다. 우리가 최선을 다해 힘쓸 때 견고해지며, 계속 성장한다.

어두운 데를 비추는 등불(벧후 1:12-21)

누구든지 생애를 마감하는 마지막 순간에는 가장 중요한 것을 유언으로 남긴다. 재물이나 땅을 유산으로 주는 것보다 더 중요한 것을 주고 싶어 한다. 남아있는 사람들의 미래를 확실하게 붙들어주는 가장 귀한 것을 주고자 한다. 베드로가 남아있는 우리에게 그렇게 했다. 이단의 거짓말, 세상의 철학과 사상, 거짓 교사들에게서 어떻게 우리를 지킬 것인가? 특히 그리스도의 재림에 대한 각종 이야기와 마지막 때의 현상에 어떻게 올바르게 반응할 것인가? 그것은 주의 뜻을 알아야 가능하다. 바른 믿음의 길로 살며, 더욱 성장하며, 더 나아가 하나님의 뜻을 이루는 삶의 비결이 필요하다. 베드로는 이것을 확실하게 해두어야 마음이 놓였다.

그 방법은 진리의 말씀, 곧 성경이다

베드로는 먼저 변화산에서 일어난 사건의 목격담으로 시작한다. 예수께서 베드로, 야고보, 요한을 데리시고 따로 높은 산에 올라가셨다. 거기서 그들은 찬란하게 빛나는 예수님이 모세와 엘리야와 더불어 말하는 것을 두 눈으로 보았다. 그리고 하나님 아버지께서 예수님에 대해 증언하시는 음성을 두 귀로 똑똑히 들었다. 예수님의 영광을 보고 하나님의 음성을 들은 것, 이보다 더 명확한 것은 없다.

베드로가 직접 목격한 게 확실하듯이 우리에게는 "더 확실한 예언"이 있다(벧후 1:19). 곧 기록된 하나님의 말씀인 성경이다. 모세와 엘리야는 구약의 예언 그 자체다. 구약은 예수 그리스도에 대한 예언이다. 그것은 사람의 마음에서 꾸며낸 것이 아니다. 성경의 저자는 성령이시다. 사람들은 단지 기록자일 뿐이다. 성령의 감동하심을 받은 사람들이 하나님께 받은 것을 말한 것뿐이다. **"왕의 마음이 여호와의 손에 있음이 마치 봇물과 같아서 그가 임의로 인도하시느니라"** **(잠 21:1)**라는 말씀이 이를 잘 설명한다.

> 먼저 알 것은 성경의 모든 예언은 사사로이 풀 것이 아니니, 예언은 언제든지 사람의 뜻으로 낸 것이 아니요, 오직 성령의 감동하심을 받은 사람들이 하나님께 받아 말한 것이라 벧후 1:20,21

기록된 하나님의 말씀인 성경이야말로 "어두운 데를 비추는 등불"이다(벧후 1:19). 하나님의 뜻을 명확히 알게 한다. 그러므로 우리는 성경을 통해 이미 알고 있는 진리에 굳게 서 있어야 한다(벧후 1:12). 언제나 성경, 곧 하나님의 음성에 주의를 기울여야 한다(벧후 1:19). 그러면 모든 것을 확실히 알게 될 것이다. 오직 그의 말씀이 우리를 흔들리지 않게 하고, 성장하게 한다. 지금은 말씀으로 승부를 볼 때이다.

거짓 선지자들과 거짓 교사들(벧후 2장)

베드로는 예나 지금이나 거짓 선지자들과 거짓 교사들이 일어나 교회를 미혹하려 함을 상기시킨다. 그들은 불경건하고 교회 공동체를 파괴하며 분열을 일으킨다. 그러나 하나님은 언제나 이들을 강력하게 처리하셨다(벧후 2:1-3).

역사적인 예들

하나님은 반역한 천사들을 지옥에 가두셨다. 경건하지 못한 옛 세상을 노아의 홍수로 심판하셨다. 소돔과 고모라를 잿더미가 되게 하셨다. 이것은 모두 경건하지 못한 자들에 대한 본보기다. 그러나 의로운 롯은 건지셨다.

> 주께서 경건한 자는 시험에서 건지실 줄 아시고, 불의한 자는 형벌 아래에 두어 심판 날까지 지키시며, 특별히 육체를 따라 더러운 정욕 가운데서 행하며 주관하는 이를 멸시하는 자들에게는 형벌할 줄 아시느니라 벧후 2:9,10

이들의 행동에 대한 묘사는 유다서와 흡사하다

1. 성경을 왜곡하고 자신의 목적에 맞도록 제멋대로 해석한다(벧후 1:20, 3:16).
2. 진리의 도가 비방 받게 만든다(벧후 2:2).
3. 자기 동족의 이익을 탐하는 착취자다(벧후 2:3,14,15).
4. 멸망하도록 정해진 사람들이다. 다음의 예가 있다(벧후 2:4-6,15).
   - 죄를 범한 천사, 노아 홍수 때의 사람들, 소돔과 고모라 백성, 거짓 선지자 발람
5. 이성 없는 본능의 지배를 받는다(벧후 2:12).
6. 정욕에 사로잡혀 행하는 짐승들과 같다(벧후 2:10,18).
7. 그들의 눈은 음심으로 가득하다(벧후 2:14).
8. 건방지며, 방자하며, 오만하다(벧후 2:10,18).
9. 그들은 대낮에도 방탕과 사치의 연회를 즐긴다(벧후 2:13).
10. 그들은 자유에 대해 말하나, 이는 절제 없는 방종이기에 도리어 정욕의 노예가 될 뿐이다(벧후 2:19).
11. 그들은 자신들을 속일 뿐 아니라 다른 사람들을 속이며 미혹하여 타락으로 인도한다(벧후 2:14,18).
12. 그들은 의를 모르는 사람들보다 악하다(벧후 2:20-22).
13. 그들은 재림을 부정한다(벧후 3:3,4). 재림의 약속은 계속 연기되며 결국 일어나지 않을 것이라고 한다.

이들의 행동을 요약하면, 한마디로 '발람의 길로 행함'이다. 발람은 불순종하여 사람들을 거짓되고 잘못된 길로 인도한 사역자의 모델이다. 그는 탐욕으로 막대한 보수의 유혹에 빠졌으며 맘몬의 강한 영향을 받았다. 그는 이스라엘에게 죄 짓는 것을 가르쳤고, 바른 길을 벗어나 구부러진 길로 인도했다. 이스라엘이 바알 숭배와 모압 여인들과의 정욕적인 관계로 나아가도록 했다.

> 의의 도를 안 후에 받은 거룩한 명령을 저버리는 것보다 알지 못하는 것이 도리어 그들에게 나으니라 벧후 2:21

설교의 원리(벧후 3:1,2)

사랑하는 자들아, 내가 이제 이 둘째 편지를 너희에게 쓰노니, 이 두 편지로 너희의 진실한 마음을 일깨워 생각나게 하여, 곧 거룩한 선지자들이 예언한 말씀과 주 되신 구주께서 너희의 사도들로 말미암아 명하신 것을 기억하게 하려 하노라 벧후 3:1,2

1. **반복** - 설교는 끊임없이 반복해야 한다. 마치 음식을 되새김질하는 것처럼 반복해야 한다. 멋있는 설교, 새로운 설교가 목표가 될 수 없다. 말씀을 듣고 행하도록 이끄는 것이 설교의 목표다. 그러므로 기꺼이 반복한다. 법률가였던 찰스 피니 목사는 "설교가는 끊임없이 반복하여 청중을 설득해야 한다"라고 강조했다.

2. **기억** - 설교는 새로운 것을 전하는 것이 아니라 이미 아는 것을 상기시켜 순종하도록 이끄는 것이다. 우리는 거울로 자신의 모습을 보고 곧 잊어버리는 것처럼 말씀을 듣고 잊어버리기를 잘하기에, 말씀의 거울을 통해 들은 바 말씀을 생각나게 해야 한다. 베드로는 "너희가 이것을 알고 이미 있는 진리에 서 있으나 내가 항상 너희에게 생각나게 하려 하노라"(벧후 1:12)라고 했다.

3. **칭찬** - 설교를 통해 사람들의 순결한 마음을 일깨워준다. 그리고 사람들이 삶으로 행하는 것을 보면 이를 칭찬하고 함께 기뻐한다. 바나바는 안디옥에 이르러 그들의 믿음을 칭찬해주었다(행 11:23). 잘못된 점을 지적하며 정죄하기보다는 잘하고 있는 점을 격려하고 권면해주라. 부정적이고 비판적인 관점보다는 긍정적인 면, 밝은 면을 보라. "칭찬은 고래도 춤추게 한다."

4. **오직 예수** - 성경의 중심은 예수 그리스도이다. 구약은 오실 메시아를, 신약은 오신 메시아를 기록했다. 성경의 처음부터 끝까지 모든 메시지가 오직 예수이듯이 설교의 중심도 오직 예수 그리스도여야 한다. 예수님은 "너희가 성경에서 영생을 얻는 줄 생각하고 성경을 연구하거니와 이 성경이 곧 내게 대하여 증언하는 것이니라"(요 5:39)라고 하셨다.

재림(벧후 3:3-13)

마지막 때에 주의 재림을 조롱하는 자들이 일어날 것이다. 그들은 주의 재림의 약속이 지금까지 전혀 이루어지지 않았다고 말할 것이다. 그러나 주의 재림은 더딘 것이 아니라 보류된 것이다. 주께서는 아무도 멸망하지 않고 다 회개함에 이르기를 원하시기 때문에 오래 참고 기다리신다. 주께는 하루가 천 년 같고 천 년이 하루 같음을 기억해야 한다. 하나님의 시간 개념과 사람의 시간 개념은 다르다. 주의 재림은 아무도 모르게 갑자기, 도둑같이 올 것이다. 우리는 어느 때, 어느 시각에 너무 집중하지 말고 오직 주의 재림에 대한 믿음과 소망을 가지고 거룩함으로 깨어 근신하며 오늘 맡겨진 일에 최선을 다해야 한다.

노아의 때에는 홍수로 세상을 심판했으나 주의 재림 때에는 불로 심판할 것이다. 그러나 우리는 "그의 약속대로 의가 있는 곳인 새 하늘과 새 땅"(벧후 3:13)을 바라본다. 우리가 현재 사는 이 세상은 불로 심판을 받아 녹아 없어지고, 우리에게는 하나님이 마련하신 새 거처가 임할 것이다.

> 또 내가 새 하늘과 새 땅을 보니 처음 하늘과 처음 땅이 없어졌고 바다도 다시 있지 않더라. 또 내가 보매 거룩한 성 새 예루살렘이 하나님께로부터 하늘에서 내려오니 그 준비한 것이 신부가 남편을 위하여 단장한 것 같더라 계 21:1,2

그러므로 깨어 기다려야 한다. 거룩한 행실과 경건함으로 주의 오심을 간절히 사모하라. 재림 신앙은 우리를 비관적으로 만들거나 수동적이고 소극적인 삶을 살게 하는 것이 아니다. 오히려 소망이 넘치는 삶, 긍정적이며 적극적인 삶을 살게 한다. 또한 거룩한 행실로 경건하게 살아야 할 이유를 넘치게 준다.

> 그러므로 사랑하는 자들아, 너희가 이것을 바라보나니 주 앞에서 점도 없고 흠도 없이 평강 가운데서 나타나기를 힘쓰라 벧후 3:14

주의 재림을 손꼽아 간절히 기다리는 그리스도인이라면 주가 재림하실 때 어떻게 주를 뵐 것인가를 마땅히 생각해야 한다. 어떤 상황에도 두려움 없이 거룩함으로 살아가기를 힘쓰다가 주를 만나야 한다. 그런 삶은 오직 우리 주 예수 그리스도를 알아갈 때 이루어진다.

> 오직 우리 주 곧 구주 예수 그리스도의 은혜와 그를 아는 지식에서 자라가라 벧후 3:18

【 베드로전·후서 비교 】

베드로전서	베드로후서
주제 : 주의 재림 : 그러므로 고난 속에서 소망을 가져라.	주제 : 주의 재림 : 거짓 교사들의 가르침과 관행의 위험
기독론 : 성육신하셔서 우리를 구원하시고, 고난 당하심으로 우리의 본이 되신 그리스도	기독론 : 재림하셔서 그리스도의 영광과 역사를 완성하심
그리스도가 고난 받으시고 죽으시고 부활하신 구원의 때	그리스도가 재림하시고 심판하시는 주의 날
그리스도의 재림에 근거하여 현재의 고난을 격려함	그리스도의 재림에 근거하여 종말에 있을 심판을 경고함
우리는 고난에 직면하기 위해 소망이 필요하다.	우리는 잘못을 극복하기 위해 충만한 지식이 필요하다.
바울서신과 많은 면에서 유사하다. (특별히 에베소서와 골로새서)	베드로가 마치 유언처럼 기록했다는 면에서, 특히 마지막 때의 배도에 관해 다루었다는 점에서 바울이 기록한 디모데후서와 유사하다. 또한 유다서와 거의 모든 점에서 유사하다. (베드로후서 2장과 유다서 1장 4-18절을 비교해보라)

그리스도인의 성품 배양

❶ 부지런히 하나님을 알아야 한다(벧후 1:2-4,8,9).

• 하나님을 알 때, 은혜와 평강이 배가되며 신의 성품에 참여하는 자가 된다.

❷ '미덕의 사닥다리 여덟 단계'를 반복적으로 묵상하라(벧후 1:5-7).

• 믿음 pistis 하나님과의 관계, 하나님의 말씀을 들음으로

• 덕 arete 성품, 사람과의 관계

• 지식 gnosis 실천적 지식, 지혜 / 환경, 상황 속에서 올바른 행동

• 절제 egkrateia 자신을 파악하는 능력, 자제, 극기

• 인내 hupomone 수동적이 아니라 능동적, 용기가 포함됨

• 경건 eusebeia 하나님과 사람에게 올바른 의무를 행함

• 형제 우애 philadelpia 형제 사랑

• 사랑 agape 조건이 없는 사랑

8장

서신서 3

후기 사도 시대의 서신들

서신서3 – 후기 사도 시대의 서신들

사도 시대의 중심 교회들

예루살렘교회 - 오순절 이후에 형성된 교회의 시작이며 초대교회의 영적 중심지다. 스데반의 순교로 인해 그리스도인들이 사방으로 흩어졌으나 사도들은 여전히 예루살렘에 머물며 당시 교회들의 영적 중심 역할을 했다.

수리아 안디옥교회 - 스데반의 순교 후에 흩어진 유대인 그리스도인들이 복음을 전하면서 세워졌다. 유대인과 헬라인이 함께 구성된 교회다. 바나바가 파송되면서 견고해졌고, 바울이 합세하며 세계 선교를 위한 중심 역할을 했다.

알렉산드리아교회 - 안디옥 다음으로 기독교가 흥왕한 알렉산드리아에 세워진 교회다. 탁월한 성경교사 아볼로가 이곳 출신이다.

로마교회 - 서유럽 전도의 중심지다. 로마를 중심으로 이탈리아 각처에 교회가 세워졌다.

후기 사도 시대

사도 바울의 순교 후, 사도들 중에 가장 늦게까지 생존한 사람은 사도 요한이다. 사도들이 거의 죽고 요한이 생존한 시기를 '후기 사도 시대'라고 한다. 이 시대에 기록된 서신은 요한일서, 요한이서, 요한삼서, 유다서, 히브리서다. 시기적으로는 대략 A.D.85-90년 사이에 기록된 것으로 보인다. 이 다섯 권을 '후기 사도 시대의 서신'이라고 부른다.

속 사도 시대

사도 요한이 죽은 후부터 로마의 황제 콘스탄티누스가 밀라노 칙령으로 기독교 공인을 하기까지의 시기를 '속 사도 시대'라고 부른다. 네로 황제 때부터 기독교가 공인될 때까지 약 250년간 박해가 무척 심했다. 그래서 '순교자의 시대'라고도 부른다. 이그나티우스(안디옥), 폴리캅(서머나), 유스티누스(로마), 키프리아누스(카르타고) 등이 대표적인 교회의 지도자이며 순교자이다.

속 사도 시대의 중심 교회들

사도 시대의 중심 교회(예루살렘, 안디옥, 알렉산드리아, 로마) 외에 소아시아의 에베소와 서머나, 마게도냐의 빌립보와 데살로니가, 헬라의 고린도와 아덴이 중심 교회로 성장했다.

❖ 요한일서(1 John) 사귐의 공동체 - 서로 사랑하라

요한일서는 특정 개인이나 교회에 쓴 것이 아니라 마치 본부에서 전체적으로 보내는 메시지와 같다. 어떤 개인의 이름도 언급되지 않는다. 매우 이례적이다. 신약성경에서 기록자의 이름이 언급되지 않은 것은 히브리서와 요한일서뿐이다. 서신서인데 서신서다운 요소가 없다. 수신인의 이름과 인사도 없다.

요한일서는 A.D. 90년경, 열정이 쇠약해져 있는 2세대와 3세대 그리스도인들에게 보내졌다. 교회 밖의 핍박보다 더 위험한 것은 안타깝게도 내부에서 일어나는 일이다. 어찌 보면 이것이 교회를 더 어렵게 할 수 있다. 거짓 교사들, 특히 예수 그리스도가 메시아임을 부정하거나 육체로 이 세상에 오심을 부인하는 자들이 있었다. 또한 그노시스주의(:영지주의)로 인한 교회 내의 어려움도 있었다. 요한일서는 이런 가운데 있는 그리스도인들에게 보낸 편지로서 목회적 배려가 담긴 설교이며, 그리스도인에 대한 깊은 사랑과 배려로 가득하다.

사도 요한은 당시 소아시아 지역의 중심 교회인 에베소에서 사역했다. 그는 그리스도에 대한 열정과 그리스도인들 사이의 사랑의 교제가 식어가는 모습을 보고 소아시아 지역 교회들에게 편지를 보냈다. 이는 오늘의 교회 전체에 대한 하나님의 메시지이기도 하다.

바울서신은 일반적으로 전반부는 신학적 내용, 후반부는 실천적 내용으로 구분된다. 하지만 요한일서는 이와 달라서 내용 분석이 쉽지 않다. 논리의 전개가 일직선으로 나열되지 않고 나선형으로 구성되었다. 같은 중심을 돌아가면서 동시에 몇 가지의 주제를 반복하여 다룬다. 마치 독수리가 날듯이 매번 더 큰 원을 그리며 위로 올라가면서 '빛', '사랑', '생명'이라는 세 가지 주제를 반복해서 다룬다. 그러면서 결국 교회 공동체는 빛과 사랑의 사귐 공동체라는 큰 방향으로 초점을 이루며 나아간다.

요한일서 – 사귐의 기쁨의 공동체(요일 1:4)

사귐의 기초			사귐의 행동			
하나님의 빛에 거하라			하나님의 사랑 안에 거하라			
서론	사귐 공동체	순종 공동체	사랑 공동체	사랑 안에 거하는 공동체	아들 안에 있는 생명 공동체	믿는 자의 확신 공동체
1:1-4	1:5-2:2	2:3-29	3:1-24	4:1-21	5:1-12	5:12-21
하나님은 빛이시다			하나님은 사랑이시다		하나님은 생명이시다	

기록자, 사도 요한

요한일서는 기록자가 누구인지 직접적으로 밝히지 않는다. 다만 요한일서 1장 1-3절에서 언급하는 바와 같이 '예수님(영원한 생명이신)을 직접 보고 만지고 그로부터 가르침을 입은 사람'으로 자신을 소개한다. 바로 사도 요한이다.

본문의 시작이 요한복음의 시작과 유사하고 두 책의 언어와 사상이 매우 비슷함을 미루어 보아 동일한 기록자, 즉 사도 요한에 의해 쓰였다는 견해가 지배적이다.

속 사도 시대 당시 리더들(서머나의 폴리캅, 히에라폴리스의 파피아스, 폴리캅의 제자 이레니우스, 알렉산드리아의 클레멘트, 카르타고의 터툴리안 등)은 사도 요한이 이 서신을 기록했다고 증언한다.

사도 요한

요한은 예수께 가장 사랑받던 제자로서 예수님이 죽은 야이로의 딸을 살리실 때(눅 8:40-56)와 변화산상(마 17:1-13)에서 베드로, 야고보와 함께 있었다. 그리고 겟세마네 동산 기도회(막 14:32-42)에도 참석했다. 대제사장의 종 말고의 이름을 알 정도로 대제사장의 집을 잘 알았고, 출입에 제한도 없었다(요 18:10,15,16,26). 오순절 이후 베드로와 팀으로 사역했다. 나면서 앉은뱅이 된 사람을 성전 미문에서 고칠 때(행 3장), 유대인 앞에서 담대히 선포할 때(행 4장), 사마리아에 내려가 사역할 때(행 8장) 두 사람은 함께 다니며 사역했다.

요한일서의 독특성

1. 강력한 신학논문서이다

초대교회에 영향을 주었던 거짓 교훈들 특히 유대주의적 율법주의와 헬라주의적 사고방식, 영지주의자들의 교훈으로부터 교회를 보호하고 굳게 세우는 메시지를 담았다. 예수 그리스도의 신성과 인성을 강력하게 소개한다. 또한 거짓 교사들과 그들의 거짓 교훈을 어떻게 분별할지를 다룬다.

예수 그리스도는 완전한 하나님이시며 완전한 사람이시다. 세상의 구원을 위해 육체로 오신 하나님의 아들이시다. 구원은 오직 예수 그리스도를 믿는 믿음에서 온다. 또한 그리스도인의 삶의 방식을 강력하게 다룬다. 특히 네 영역(형제를 향한 사랑, 순종의 삶, 세상적인 사고방식을 거절하는 법, 세상에 영향을 주는 삶)을 전한다. 요한일서에 나사렛 예수로 인한 영원한 구원과 확신을 전하며 "안다"(know)가 35회 언급된다. 여기서 "안다"라는 말은 단순히 지식이 아니라 경험하여 아는 것을 말한다.

2. 요한복음과 좋은 조화를 이룬다

요한복음이 믿지 않는 자들에게 예수 그리스도를 소개하는 것과 복음 전도가 중점이라면(요 3:16), 요한일서는 예수 그리스도를 믿는 그리스도인들에게 보낸 편지(요일 3:16)로서 그리스도 인다운 삶이 중점이다. 둘 다 3장 16절이 중심구절이다.

요한복음과 요한일서의 주제는 동일하게 '하나님은 사랑이시다'이다. 요한복음은 하나님이 세상을 사랑하셔서 독생자 예수 그리스도를 보내셨음을 강조한다. 그를 믿는 자는 누구든지 구원을 얻을 것이다. 요한일서는 하나님의 사랑을 체험하여 아는 그리스도인 공동체의 특징이 서로 사랑하는 것임을 강조한다.

요한복음과 요한일서 둘 다 예수 그리스도의 신성과 인성에 초점을 두고 있다. 그러면서도 요한복음은 예수님의 신성에 무게를 두어 그를 향한 우리의 믿음을 강조하고, 요한일서는 예수님의 인성에 무게를 두어 믿는 자의 실천적 삶을 강조한다.

요한복음과 요한일서는 문체와 단어의 선택에서 매우 유사하다. 대표적으로 요한복음 1장 1-5절과 요한일서 1장 1,5-7절에 나오는 "태초, 말씀, 생명, 빛, 어둠…" 등을 들 수 있다. 문체와 단어의 유사함만이 아니라 요한복음과 요한일서에 나타나는 용어의 의미도 동일하다.

3. 요한복음이 수직적인 관점에서 기록되었다면(위로부터 오신 예수, 아래로부터 온 사람들, 세상을 향한 하나님의 사랑) 요한일서는 수평적인 관점에서 기록되었다(옳고 그름, 빛과 어둠 등의 날카로운 대조, 하나님의 사랑을 입은 공동체로서 서로 사랑)

【 요한복음과 요한일서의 비교 】

요한복음	요한일서
하나님은 사랑이시다. 세상을 사랑하셔서 예수 그리스도를 보내셨다. 그를 믿는 자는 구원을 얻을 것이다.	하나님은 사랑이시다. 주 예수를 믿는 자들은 당연히 서로 사랑해야 한다.
예수님의 신성에 초점을 두었다.	예수님의 인성에 초점을 두었다.
수직적인 관점에서 기록되었다. 즉, 위로부터 오신 예수, 아래로부터 온 사람들 등 **세상을 향한 하나님의 사랑**	수평적인 관점에서 기록되었다. 즉, 옳고 그름, 빛과 어둠 등 날카로운 대조들 **형제를 향한 사랑**

요한복음은 세상의 구원을 위한, 세상을 향한 하나님의 사랑이 중심이다. "하나님이 세상을 이처럼 사랑하사 독생자를 주셨으니 누구든지 저를 믿는 자마다 멸망하지 않고 영생을 얻게 하려 하심이라"(요 3:16). 반면에 요한일서는 하나님의 놀라운 사랑으로 구원받은 그리스도인 공동체는 서로 사랑하는 사랑 공동체라는 것이 중심 메시지이다.

"그가 우리를 위하여 목숨을 버리셨으니 우리가 이로서 사랑을 알고 우리도 형제들을 위하여 목숨을 버리는 것이 마땅하니라"(요일 3:16).

요한일서는 다음과 같은 경향의 잘못된 가르침을 경계한다

1) 예수의 육체로 오심을 부인하는 자들, 육체는 물질이어서 악하다고 주장하는 자들을 경계한다. 이것은 예수 그리스도의 십자가의 죽으심과 육체의 부활하심을 교묘히 부인한다. 예수님의 인성과 신성을 분리시키지 말라.
2) 예수 그리스도가 구원의 중심임을 부인하는 자들, 특히 예수를 높은 천사들 중 하나로 여기는 잘못된 기독관을 가진 자들을 경계한다. 오늘날 모든 종교는 하나의 동일한 목적을 가지고 있어서 서로 대화가 가능하다며 종교간 대화를 강조하는 종교 다원주의로 나타난다.
3) 균형 잡힌 그리스도인의 라이프 스타일이 결여되어 있는 자들, 특히 배타적인 사람들에게 사귐의 공동체의 중요성을 강조한다. 하나님과 개인적 관계만 중요시하고 교회 공동체의 사귐을 소홀히 하는 사람들을 경계한다. 균형 잡힌 영성을 가지라. 영성은 일상생활에서 나타나야 한다. 보이지 않는 하나님을 사랑한다면 보이는 형제도 사랑해야 한다. 그리스도인의 신앙생활은 사람들과 분리되어 독립적으로 혹은 고립적으로 생활하는 것이 아니라 더불어 사는 것이다.

요한일서에 나타난 하나님

1) **하나님은 빛이시다**(요일 1:5). 하나님은 어둠이 아니라 빛이시다.
2) **하나님은 사랑이시다**(요일 4:8). 하나님은 분노, 정죄, 미움이 아니라 사랑이시다.
빛이신 하나님, 사랑이신 하나님의 모습은 이중적이면서도 하나다. 빛이신 하나님이시기에 그분을 안다면 빛 가운데 행하고 어둠 가운데 행하지 않을 것이다. 어둠 가운데 행하지 않고 빛 가운데 행한다면 형제를 미워하지 않고 사랑할 것이다.

요한일서의 메시지

1. 사귐 공동체(요일 1:1-2:2)

요한일서 1장 1절에서 2장 2절 말씀은 교회의 특성을 '사귐 공동체'로 설명한다. 특히 이 구절들은 요한복음 1장 1-18절의 말씀과 연관이 있다.

1) '태초'에 대한 시간 개념이 연관이 있다. "태초에 말씀이 계시니라"(요 1:1)와 "태초부터 있는 생명의 말씀"(요일 1:1)은 이 세상의 창조 이전의 시기를 가리킨다. 그러나 "태초에 하나님이 천지를 창조하시니라"(창 1:1)는 이 세상의 창조의 때를 가리킨다.
2) 요한일서와 요한복음은 예수님의 공생애 사역의 시작을 잘 보여준다.
3) 요한일서와 요한복음은 예수 그리스도의 인성과 신성을 잘 보여준다. 요한일서는 예수님

의 인성에 대해 "우리가 들은 바요 눈으로 본 바요 자세히 보고 우리의 손으로 만진 바"(요일 1:1)라고 확증하며, 예수님의 신성에 대해 "태초부터 있는 생명의 말씀"(요일 1:1), "아버지와 함께 계시다가"(요일 1:2), "아버지와 그의 아들 예수 그리스도"(요일 1:3)라고 증언한다. 요한복음은 예수님의 신성에 대해 "태초에 말씀이 계시니라. 이 말씀이 하나님과 함께 계셨으니 이 말씀은 곧 하나님이시니라"(요 1:1)라고 설명하며, 예수님의 인성에 대하여는 "말씀이 육신이 되어 우리 가운데 거하시매 우리가 그의 영광을 보니 아버지의 독생자의 영광이요"(요 1:14)라고 증언한다.

【 요한복음 1장과 요한일서 1장 비교 】

복음서 – 요한복음 1장	서신서 – 요한일서 1장
• 태초에 말씀이 계시니라(요 1:1,2) • 그 안에 생명이 있었으니(요 1:4) • 이 생명은 사람들의 빛이라(요 1:4) • 빛이 어둠에 비치되(요 1:5) • 세례 요한, 빛에 대하여 증거함(요 1:6-8)	• 태초부터 있는 생명의 말씀에 관하여는(요일 1:1) • 이 생명이 나타내신 바 된지라(요일 1:1,2) • 하나님은 빛이시라(요일 1:5) • 그에게는 어둠이 조금도 없으시다(요일 1:5) • 사도 요한, 빛을 증거함(요일 1:3,5)

사귐 공동체의 첫 번째 기반(요일 1:1-4) : 예수 그리스도

사귐 공동체의 첫 번째 기반은 예수 그리스도이시다. 예수 그리스도가 없는 공동체는 그저 친교 모임에 불과하다. 교회 공동체는 오직 예수 그리스도가 기반이 되어야 한다. 교회 공동체는 베드로의 신앙고백 위에 세워졌다(마 16:16-18). 우리 주님은 두세 사람이 모인 곳에 함께 계신다(마 18:20).

요한일서 1장 1-3절은 한 문장으로 이루어져 있다. 중심 동사는 **"전하다"**(proclaim)이다. 이는 어떤 종교를 전하는 것이 아니라 **진리를 선포**하는 것을 의미한다. 어떤 중요한 사실을 말하는 것이다. 내 목적과 유익을 위해 구걸하는 것이 아니라 가장 놀라운 소식을 알리는 것이다.

> 1945년 8월 15일은 대한민국의 매우 중요한 날이다. "우리가 일본의 식민지 지배에서 해방을 맞이했다!" 이 사실은 전하는 것이 아니라 선포해야 한다. 사실을 말하고 모두가 해방을 누려야 한다. 요한일서 1장 1-3절이 이와 같다.

이 부분은 요한일서 전체의 메시지를 담고 있다. 무엇을 선포하는가? 예수 그리스도를 선포하고, 그와의 사귐을 선포한다. 예수님의 메시지와 인격이신 예수님 자체는 하나다. 복음은 메시지이며, 인격이며, 라이프 스타일이다(요일 1:1,2).

태초부터 있는 생명의 말씀이신 하나님이 육체로 이 세상에 오셔서 "나타내신 바" 되셨다. 우리는 그의 말씀을 '귀로 듣고', 그를 '눈으로 보고', 그와 함께 지내며 그를 '자세히 보고', 우리의 손으로 그를 '만진 바'다(요일 1:1,2).

> **초청장**
>
> 우리가 예수 그리스도를 부정하면 우리 자체를 부정하는 셈이다. 모든 것이 부정되어 혼동 가운데 살 것이다. 그러나 예수 그리스도는 보이지 않는 상상 속의 인물이 아니며, 종교적인 아이디어나 철학적인 사상도 아니다. 더구나 없는 사실을 지어낸 이야기도 아니며 단순히 훌륭한 위인도 아니다. 그분은 하나님이시며 우리 가운데 오셔서 함께 계시는 구체적인 인격이시다. 우리는 그와 친밀한 교제를 나누었다. 그를 만남으로 우리는 생명을 가졌고 분명한 변화를 경험했다. 무엇보다 우리의 삶은 기쁨으로 충만하다.
>
> 이 놀라운 사실을 우리는 함께 나누기를 원한다. 우리의 교제 속으로 여러분을 초청한다. 이는 어떤 특정 종교집단에 들어오라고 부르는 것이 아니다. 진리 가운데 살라는 것이다. 하나님 아버지와 그의 아들 예수 그리스도도 함께하는 교제, 예수 그리스도 중심의 교제 속으로 들어와 풍성하고 충만한 기쁨을 함께 누리자.

이것이 교회 공동체의 기반이며 목적이다. 교회란 '가르칠' 교(敎)자가 아니라 '교제할' 교(交)자가 되어야 한다(요일 1:3,4).

사귐 공동체의 두 번째 기반(요일 1:5-2:2) : 빛 가운데 행함 - 빛 공동체

사귐 공동체의 두 번째 기반은 빛 가운데 행하는 삶에 있다. 빛 가운데 행할 때 교회 공동체가 견고해진다. 요한일서 1장 5절부터 2장 2절 사이에 "만일"이라는 단어가 여섯 번(요일 1:6,7,8,9,10, 2:1 영어성경 기준. 한글성경에는 1장 7절에 "만일"이 생략되어 있다) 언급되며 빛 가운데 행하는 삶의 균형을 설명한다. 이 구절들은 다음 사항을 설명한다.

1) 하나님을 아는 것(신학적 영역)과 하나님을 따르는 것(윤리적 영역)을 분리시키지 말라. 그노시스주의는 오직 아는 것 즉 지식만 강조하는데, 하나님을 아는 사람이라면 그 삶에서 열매로 나타나야 한다. 그 삶의 열매는 첫 번째가 빛 가운데 행하는 것이다. 죄를 처리하는 것이다(요일 1:5-10).

2) 죄는 하나님과의 관계를 단절시키며 우리를 어둠 가운데 머물게 한다. 하나님은 빛이시다. 우리가 하나님과 사귐을 가지려면 빛 가운데 행해야 한다. 죄를 해결해야 한다. 죄를 해결하는 방법은 빛 가운데 행하는 것이다. 이를 위해 죄를 감추지 말고 빛 가운데 드러내야 한다. 그것은 죄를 자백함으로 이루어진다. 우리가 자백해야 할 죄에는 '하나님과 나', '나와

너', '나와 우리'의 세 영역이 있다. 어느 영역의 죄든 하나님 앞에서 자백하면 그 결과로 예수님의 보혈의 능력을 경험한다.

죄를 용서받고 죄로부터 깨끗하게 됨을 경험할 때 진정한 사귐이 있다. 하나님과 사귐을 갖고 공동체와 사귐이 있게 된다. 죄의 고백은 사귐을 단절시키는 것이 아니라 오히려 사귐을 갖게 한다. "회개하라 천국이 가까이 왔느니라"(마 3:2)의 외침처럼 회개는 빛 공동체의 특징이며, 이는 곧 하나님나라의 모습이다. 회개할 때 하나님나라를 경험한다. 빛 가운데 행하는 삶은 교회 공동체의 특징이다. 우리가 빛 가운데 행할 때 하나님의 임재와 능력을 경험할 수 있다.

3) 요한일서 1장 8절에서 2장 2절의 말씀은 요한일서 3장 6-9절의 말씀과 균형을 이룬다. 이는 동전의 양면과 같다. 한 면은 신학적인 면이요, 다른 면은 윤리적인 면이다. "죄가 없다"(요일 1:8)와 '죄를 짓지 않았다'(요일 1:10 범죄하지 아니하였다)를 동일선상에 두는 치명적인 실수를 하지 않도록 주의해야 한다. 이 부분은 3장에서 다룰 것이다.

4) 죄는 영적인 실재이기 때문에 우리는 '죄가 없다'라고 할 수 없다(요일 1:8). 도덕적 책임을 부인하지 말아야 한다. 요한일서 1장 10절의 "범죄하지 아니하였다"는 것은 '죄를 짓지 않았다'라는 의미다. '죄를 짓는다'라는 말은 '과녁을 벗어났다'는 의미다. 하나님께서 '모든 사람은 다 죄인이다'(롬 3:9-18,23)라고 말씀하셨다. 믿는 사람도 마찬가지로 죄를 짓는다. 그러므로 "범죄하지 아니하였다"라고 하는 것은 하나님의 말씀이 우리 속에 있지 않다는 의미이고 그노시스주의자들의 거짓 가르침이다. 그들은 '구원은 지식이지 삶이 아니다'라며 거짓을 가르쳤다.

5) 우리에게는 보혜사(대언자, 중보자) 예수 그리스도가 계시어 우리의 죄를 해결하심으로 우리로 하나님과 사귐이 있게 하신다(요일 2:1,2, 롬 8:34, 히 4:14-16, 7:25, 9:24). 예수 그리스도는 하나님 앞에서 우리의 변호사 역할을 하신다.

2. 말씀 순종 공동체(요일 2:3-27) - 서로 사랑함으로 계명을 지킴

요한일서 1장 1절부터 2장 2절 말씀의 반복이다. 마찬가지로 하나님과의 사귐에 관해 설명하지만 전개 방식이 다르다. 긍정적인 면과 부정적인 면에서 요한일서 1장과 2장을 비교한다. 진리를 아는 것과 말하는 것과 행하는 것은 일직선상에 놓여있다. 1장과 2장에서는 진리를 안다고 말하면서 삶의 행동이 다르면 사실은 진리를 모르는 것임을 강조한다. 단지 차이가 있다면 1장은 열매(열매로 나무를 안다)를, 2장은 나무(나무가 좋아야 열매가 좋다)를 강조한다.

우리는 다음과 같은 것을 안다(요일 2:3-6)

요한일서는 "안다"라는 단어를 메시지의 중심에 둔다.

• 우리는 하나님을 안다. 하나님이 우리를 사랑하시는 줄 안다(요일 2:20,21, 4:16)

• 우리는 하나님이 우리에게 무엇을 원하시는지 안다(요일 4:7,8)

• 예수 그리스도께서 우리 안에 거하시는 줄 안다(요일 3:24, 4:13)

• 우리는 영생이 있음을 안다(요일 5:13)

1장	2장
"만일 우리가 …라고 말하면"	"…라고 말하는 사람이"
if we say…(요일 1:6,7) 만일 우리가 하나님과 사귐이 있다고 말하면서 어둠에 행하면, 거짓말을 하고 진리를 행하지 아니함이거니와	The one who says…(요일 2:4,5) 그를 아노라 말하는 사람이, 그의 계명을 지키지 아니하면 거짓말하는 자요 진리가 그 속에 있지 아니하되
if we say…(요일 1:8) 만일 우리가 죄 없다 말하면, 스스로 속이고 또 진리가 우리 속에 있지 아니할 것이요	The one who says…(요일 2:6) 그의 안에 산다고 말하는 사람은, 그가 행하시는 대로 자기도 행할지니라
if we say…(요일 1:10) 만일 우리가 범죄하지 아니하였다고 말하면, 하나님을 거짓말하는 이로 만드는 것이니	The one who says…(요일 2:9) 빛 가운데 있다고 말하는 사람이, 그 형제를 미워하면 지금까지 어둠에 있는 자요

하나님을 안다는 것은 말이나 이론이 아닌 하나님의 계명을 지킴으로 증명된다. 하나님의 계명은 '하나님을 사랑하고 이웃을 사랑하는 것'이다. 하나님의 계명을 지키는 사람으로 인해 하나님의 사랑이 온전하게 된다. 그가 하나님 안에 있음을 삶으로 보여준다. 하나님 안에 있는 사람은 하나님이 행하시는 것을 그도 행한다. 즉 하나님이 우리를 사랑하시는 것같이 우리도 서로 사랑한다.

> "안다"는 것은 지적인 영역만을 말하는 것이 아니라 인격적인 면이어서 경험이 따른다. 즉 이론이나 말이 아닌 실제 삶으로 살아가는 것이다. 우리가 삶으로 살 때 비로소 '우리는 안다'라는 것이 증명된다. 성령은 우리로 하나님과 그의 뜻을 알게 하시고, 그의 뜻대로 살아갈 마음을 주신다. 나아가 우리가 순종하여 살아갈 때 능력을 주시며 실제로 행할 수 있게 하신다(겔 36:26-28, 빌 2:13). 이것이 곧 새 언약이며, 신약의 핵심이다(렘 31:31-34, 히 8장).

이것은 요한일서 5장 9-20절에서 다시 다룰 것이다.

1) 빛 공동체(요일 2:7-11)

"사랑하는 자들아, 내가 **새 계명**을 너희에게 쓰는 것이 아니라
너희가 처음부터 가진 **옛 계명**이니, 이 옛 계명은 너희가 들은 바 말씀이거니와
다시 내가 너희에게 새 계명을 쓰노니, 그에게와 너희에게도 참된 것이라
이는 **어둠**이 지나가고 **참 빛**이 벌써 비침이니라.
빛 가운데 있다 하면서 그 형제를 미워하는 자는, 지금까지 어둠에 있는 자요
그의 형제를 **사랑하는 자**는, 빛 가운데 거하여 자기 속에 거리낌이 없으나
그의 형제를 **미워하는 자**는 어둠에 있고, 또 어둠에 행하며 갈 곳을 알지 못하나니
이는 그 어둠이 그의 눈을 멀게 하였음이라"(요일 2:7-11).

반복되는 단어가 단계적이며 나선형으로 점점 높은 수준으로 발전한다.

> 새 계명과 옛 계명, 어둠과 빛
> 그의 형제를 미워하는 자, 어둠에 있는 자, 어둠에 행함
> 그의 형제를 사랑하는 자, 빛 가운데 거하는 자, 빛 가운데 행함

- 빛 가운데 있다 하면서 형제를 미워하면 어둠에 있는 것이다.
- 형제를 사랑하는 자는 빛 가운데 있는 사람이다.
- 형제를 미워하는 자는 어둠에 행하는 사람이다.

빛 가운데 거하면 빛 가운데 행한다. 빛 가운데 행하는 자는 형제를 사랑한다. 어둠 가운데 행하면 어둠 가운데 있음을 보여준다. 어둠 가운데 있는 자는 형제를 미워한다. 빛과 어둠, 사랑과 미움, 이 두 가지는 명백하다. 누구든지 그리스도 안에 있으면 빛 가운데 거하고 사랑으로 행한다. 복음은 순간적인 변화와 점진적인 변화의 양면이 있다.

2) 성장 공동체(요일 2:12-14)

A.W. 토저는 오늘날 교회의 가장 큰 문제 중의 하나는 영적으로 성장하지 않는 것에 있다고 했다. 그리스도인 공동체는 성장하는 것이 그 특징이다. 생명적 유기체이기 때문이다.

> 우리가 다 하나님의 아들을 **믿는 것과 아는 일**에 하나가 되어 온전한 사람을 이루어 그리스도의 장성한 분량이 충만한 데까지 이르리니… 범사에 그에게까지 **자랄지라**. 그는 머리니 곧 그리스도라 엡 4:13,15

주 예수를 믿는 것과 아는 것과 성장하는 것은 별개의 일이 아니다. 그것은 일직선상에 있다. 성경은 "오직… 자라가라"(벧후 3:18)라고 명령한다.
거듭난 그리스도인은 네 단계로 성장한다. 그 특징은 다음과 같다.

영적 성숙 단계

▶ 영적인 갓난아이(엡 4:14, 벧전 2:2, 히 5:13)

육신의 나이와 상관없이 누구나 예수를 믿으면 거듭난다. 영적인 갓난아이가 된다. 그때부터 성장하기 시작한다. 영적인 갓난아이의 특징은 다음과 같다.

- 말씀에 갈급하다. 갓난아이가 젖을 찾듯이 말씀을 찾는다(벧전 2:2). 그러나 아직 딱딱한 말씀은 소화하지 못한다(히 5:13, 고전 3:1,2).
- 병에 감염되기 쉽다. 쉽게 정죄감에 빠진다. 과거 죄에 매여 산다(엡 4:14).
- 내면이 견고하지 못해서 쉽게 요동한다. 사람의 말과 환경에 휘둘린다. 분별력이 약하다(엡 4:14).
- 율법주의에 젖는다. 하나님을 기쁘시게 하려고 무엇인가 열심히 노력하려는 종교적인 사람이 되기 쉽다.

이 시기에는 말씀과 기도와 예배에 집중해야 한다. 그리스도인 공동체에 굳게 붙어있어야 한다.

▶ 영적인 어린아이(요일 2:12,14)

영적인 갓난아이에서 성장하면 영적인 유소년 시기에 이른다. 이 시기의 특징은 다음과 같다.

- 죄 사함을 안다. 죄 사함의 확신이 있다. 더 이상 정죄감에 빠지지 않는다.
- 하나님을 아버지로 안다. 하나님을 엄격한 심판주나 왕으로가 아니라 아빠 아버지로 안다.

갓난아이를 벗어나 어린아이로 성장해야 한다. 그래야 예수 그리스도의 십자가와 보혈의 능력을 알고 죄를 다룰 줄 알게 된다. 정죄감에서 벗어나는 법을 배운다. 죄를 이기는 승리의 삶을 살아간다. 하나님을 아버지로 알아가며 딱딱한 규율에 얽매이지 않고 성령 안에서 자유를 누리는 법을 배운다.

영적인 어린아이가 되어야 비로소 청년으로 성장하여 하나님나라를 확장하는 데 힘을 쓴다.

▶ 영적인 청년(요일 2:13,14)

영적인 유소년 시기에서 성장하여 청년의 단계로 나아가야 한다. 영적인 청년의 특징은 다음과 같다.

- 쉽사리 상황이나 감정에 휩싸이지 않는다. 말씀이 주도하는 삶을 산다. 평상심을 누린다.
- 하나님의 말씀을 검으로 사용할 줄 알고, 말씀의 능력을 경험한다.
- 영적 전쟁에서 승리하여 하나님나라를 확장한다.

▶ 영적인 아비(요일 2:13,14)

교회 공동체에는 영적인 아비가 있어야 한다. 그래야 안정되고 하나님의 뜻을 이룬다.

- 시세를 알고 하나님의 백성이 마땅히 행할 길을 안다. 때와 방향을 안다.
- 공동체가 나아갈 길과 해야 할 일을 알고 이끈다. 공동체를 힘 있게 이끌어 간다.
- 하나님나라 배가에 힘쓴다. 사역이 확장되고 일꾼들이 늘어난다. 양육할 줄 안다.

어린아이	청년	아비
죄 사함을 안다(2:12) 아버지를 안다(2:14)	악한 자를 이기었다(2:13) 강하다(2:14) 하나님의 말씀이 그 안에 거한다(2:14) 흉악한 자를 이기었다(2:14)	태초부터 계신 이를 안다(2:13,14)

영적인 성장은 교회를 다닌 연수로 계산하지 않는다. 육신의 연수가 아니라 영적인 성숙함에 있다. 세월이 흐른다고 저절로 성장하는 게 아니라 하나님과 예수 그리스도를 알수록 영적으로 성장한다. 말씀과 성령으로, 때로는 시련을 통해 성장한다. 믿음이 자랄수록 영적으로 성장한다. 교회 공동체에는 영적인 청년과 아비가 많아야 한다.
자신의 영적 성장이 어느 단계에 있는지 아는 것이 중요하다. 그럴 때 영적인 성장이 이루어진다. 자라나기를 간절히 원해야 한다. A. W. 토저는 "만족은 최대의 적이다"라고 말했다. 주를 향한 갈급함과 간절함이 있어야 성장한다.

3) 거룩함의 공동체(요일 2:15-17) - 그리스도인 공동체는 이 세상과 엄격히 분리된다

그리스도인의 공동체는 세상을 사랑하지 말아야 한다. 세상의 가치체계는 육신의 정욕, 안목의 정욕, 이생의 자랑에 있다. 그렇다고 세상에서 나오라는 말이 아니다. 세상을 사랑하지 말라는 것이며, 더 나아가 세상에 영향을 주라는 것이다. 소극적이 아니라 적극적으로, 수동적이 아닌 능동적으로 살라는 것이다. 우리는 이 세상에 살고 있지만 우리의 모든 사고방식과 삶의 스타일은 하늘 시민으로서 살아간다. 이 세상이 볼 때에 타국인처럼 살아간다.

4) 성령 공동체(요일 2:18-27)

마지막 때(:말세)란 그리스도의 오심으로부터 다시 오실 때까지의 기간을 말한다. 두 왕국이 충돌하는 기간이다. 이때에는 적그리스도가 일어난다. 적그리스도란 아들과 아버지를 부인하는 자(요일 2:22)이다. 예수께서 그리스도이심을 부인하는 자다.
그러나 하나님의 택하심을 받은 우리는 예수 그리스도의 피로 죄 사함을 받아 하나님의 기업이 되고 성령으로 인치심을 받았다(엡 1:4-14). 성령이 친히 우리의 영과 더불어 우리가 하나님의 자녀인 것을 증언하신다(롬 8:16). "너희는 거룩하신 자에게서 기름부음을 받고 모든 것을 아느니라"(요일 2:20). 성령의 기름부음을 받은 자는 진리를 안다. 그리스도를 안다(요일 2:20,27).

성령으로 우리는 진리를 알게 된다. 진리를 알지 못함으로 확신을 갖지 못하고 견고하게 서지 못하도록 만드는 것이 어둠의 영의 전문과목이다. 그러나 우리에게는 진리의 성령이 계셔서 우리로 확신 가운데 서게 하신다. 성령께서 진리를 가르치시고, 우리를 진리로 인도하심을 믿으며 확신 가운데 서야 한다. 성령은 우리에게 진리를 알게 하신다.

3. 사랑 공동체(요일 2:28-3:24)

그의 안에 거하라(요일 2:28-3:3)

그리스도께서 능력과 영광으로 재림하실 때, 그 앞에서 부끄럽지 않으려면 끊임없이 그리스도 안에 거해야 한다. 삶으로 살아내야 한다. 그리스도께서 재림하실 때 우리도 그와 같이 될 것이다. 예수님을 보고 닮을 것이다. 그러므로 이 세상에서 자기를 깨끗하게 해야 한다.

온전하게 되는 것과 죄를 짓는 것의 차이를 알아야 한다(요일 3:4-10)

우리 믿는 자의 간절함은 온전히 죄로부터 구원받는 것이다. 요한일서 3장 4-10절은 그리스도인의 온전케 되는 것(성화)과 계속 죄를 짓는 것 사이에 논쟁이 되는 구절이다. 그러나 이 구절들은 요한일서의 전체적인 입장으로 살펴봐야 한다.

요한일서 1장 8절부터 2장 2절까지의 말씀을 빼고 이 구절을 해석하면 자칫 극단적 해석이 될 수 있다. 요한일서 1장 8절부터 2장 2절까지 말씀과 요한일서 3장 4-10절 사이에는 패러독스(paradox, 역설)가 있다. 하지만 이것이 오히려 신학적인 균형을 이루게 돕는다.

우리는 예수 그리스도 안에서 십자가로 인해 죄의 형벌로부터 자유하게 되었다. 믿음으로 의롭다 하심을 얻었다(칭의). 그렇다고 더 이상 죄를 짓지 않는다는 건 아니다. 우리는 여전히 죄와 싸우며 성화되는 과정에 있다. 그리고 언젠가 죄로부터 완전히 자유하게 될 것이다. 구원은 값없이 주어진 선물이다.

그렇다고 죄를 지어도 좋다는 것이 아니다. 죄는 잔인하여 인정사정이 없다. 날마다 우리에게 다가와 우리의 열정과 믿음을 도둑질하고, 우리를 죽이고 멸망시키려고 안간힘을 쓴다. 죄의 결과는 너무도 처참하고 참혹하다. 그러므로 우리는 죄와 싸우되 피 흘리기까지 대항해야 한다(히 12:4). 성화되기 위해 날마다 삶에서 대가를 지불하며 싸워야 한다(갈 5:16-24).

우리가 누구의 지배를 받느냐에 따라 결과가 달라진다. 우리의 힘으로 거룩함에 이르고자 하면 육신의 지배를 받아 육체의 일만 하게 된다. 그러나 성령께 항복하여 성령의 지배를 받으며 육신의 정욕을 그 앞에 굴복시키고 성령의 능력을 의지하면 성령으로 인도함을 받아 성령의 열매를 맺게 될 것이다. 굿 뉴스가 있다. 선한 목자이신 예수께서 내게 생명과 풍성한 삶을 주기 위해 언제나 내 곁에서 나를 도우신다는 사실이다. 보혜사 성령도 우리와 함께 계신다.

"그 안에 거하는 자마다 범죄하지 아니하나니… 죄를 짓는 자는 마귀에게 속하나니… 하나님께로부터 난 자마다 죄를 짓지 아니하나니"(요일 3:6,8,9). 이 말씀을 이해해야 한다. "죄를 짓는다"는 것은 고의로, 반복적이며 습관적으로 짓는 죄를 말한다. 죄를 짓고도 양심에 꺼림이 없으며 죄에서 돌이킬 마음이 없는 태도와 행동을 말한다. 그리스도인이 죄를 지으면 성령이 알게 하시고, 회개하며 돌이켜 빛 가운데 행하게 하신다. 우리는 우리의 중보자를 의지하여 하나님께 나아간다. 죄를 미워하며 갈수록 성화되어 간다. 정죄감, 낙심, 두려움은 하나님으로부터 온 것이 아니다.

"하나님의 씨가 그의 속에 거함이요"(요일 3:9)에서 "하나님의 씨"에 대한 여러 견해가 있다. 어거스틴, 루터는 '하나님의 말씀'이라고 했다. 칼빈은 '성령'이라고 했다. 어떤 사람은 우리의 신성 또는 새 사람이라고 했다. 누군가는 예수님 자신이라고 했다. 야고보서 1장 18절에는 "그가 그 피조물 중에 우리로 한 첫 열매가 되게 하시려고 자기의 뜻을 따라 진리의 말씀으로 우리를 낳으셨느니라"라고 했다. 베드로전서 1장 23절에는 "너희가 거듭난 것은 썩어질 씨로 된 것이 아니요 썩지 아니할 씨로 된 것이니, 살아있고 항상 있는 하나님의 말씀으로 되었느니라"라고 했다. 그러므로 "하나님의 씨"가 된 그리스도인은 하나님 말씀의 힘과 능력, 그리고 성령의 인도하심이 있기에 죄를 거듭하여 지을 수가 없다.

> 청년이 무엇으로 그의 행실을 깨끗하게 하리이까 주의 말씀만 지킬 따름이니이다 시 119:9

요한일서 3장 10절은 3장 4-9절 말씀의 요약이다.

하나님의 자녀 된 표지(요일 3:11-24) - 냉수 한 그릇

열매로 나무를 알듯이 하나님의 자녀 된 표지는 형제를 사랑함으로 나타난다. 형제 사랑은 말과 혀로가 아니라 행함과 진실함으로 해야 한다. 재물을 가지고 형제의 궁핍함을 도와야 한다. '냉수 한 그릇'을 대접할 줄 알아야 한다. 하나님의 자녀는 하나님의 계명을 지킨다. 그 계명은 서로 사랑하라는 것이다.

4. 승리 공동체(요일 4:1-21) 승리의 비결 : 서로 사랑하라

이미 언급했듯이 요한일서는 내용을 구분하기가 어렵다. 나선형 구조로 위를 향하며, 동시에 한 방향으로 나아가며, 반복하여 강조한다. 4장도 이전 장들의 내용이 반복되는데, 특별히 '서로 사랑하라'는 메시지가 많이 반복된다(요일 2:7-12, 3:11-24, 4:7-21). 또 그리스도인의 삶의 세 가지 영역을 반복해서 말한다.

예수를 믿는 믿음을 강조하는 신학적인 측면(요일 2:18-25, 4:1-6,14-16, 5:1,5,10)과 진리를 순종하여 삶으로 살아내는 라이프 스타일의 측면(요일 2:3-6, 3:1-10,22-24)과 교회 공동체에서 형제를 사랑하는 사회적인 측면(요일 2:7-11, 3:11-18, 4:7-12, 5:1,2)을 반복해서 강조한다.

너희는 영을 분별하라(요일 4:1-6)

요한일서는 거짓 선지자(적그리스도)는 적대시하며 그리스도인들은 격려하는 메시지를 담고 있다. 4장 1-6절은 "너희는… 그들은… 우리는…"으로 대상을 구분한다. 이는 하나님께 속한 그리스도인, 세상에 속한 그노시스주의자와 그들을 따르는 자들, 그리고 사도 요한과 그리스도인을 말한다. 그러므로 누가 어디에 속했는지 구분해야 한다. 그것은 분별할 수 있다.

> 사랑하는 자들아, 영을 다 믿지 말고 오직 영들이 하나님께 속하였나 분별하라 많은 거짓 선지자가 세상에 나왔음이라 요일 4:1

"영을 분별하라"라고 명한다. 영들이 하나님께 속했는지, 마귀에게 속했는지 분별이 가능한가? 그것은 특별한 지식과 능력의 소유자만 가능한 것이 아닌가? 이것이 당시에 만연했던 그노시스주의자들의 주장이다. 그러나 성경은 처음부터 말씀하신다. "영을 분별하라."

기름부음

> 너희는 거룩하신 자에게서 기름부음을 받고 모든 것을 아느니라 요일 2:20
>
> 내가 너희에게 쓰는 것은 너희가 진리를 알지 못하기 때문이 아니라 알기 때문이요 요일 2:21
>
> 너희는 주께 받은 바 기름부음이 너희 안에 거하나니, 아무도 너희를 가르칠 필요가 없고, 오직 그의 기름부음이 모든 것을 너희에게 가르치며, 또 참되고 거짓이 없으니 너희를 가르치신 그대로 주 안에 거하라 요일 2:27

"기름부음"은 '진리의 성령'께서 우리 안에 계심을 말한다.

예수 그리스도를 믿는 자들은 "물과 성령으로" 거듭났다(요 3:3,5).

> 내 양은 내 음성을 들으며, 나는 그들을 알며, 그들은 나를 따르느니라 요 10:27
>
> 그러나 진리의 성령이 오시면 그가 너희를 모든 진리 가운데로 인도하시리니… 요 16:13

그러므로 우리는 하나님의 영과 적그리스도의 영을 분별해야 한다.

영 분별

- 하나님의 영 - 예수 그리스도께서 육체로 오신 것을 시인하는 자마다 하나님께 속했다.
- 적그리스도의 영 - 예수 그리스도께서 육체로 오심을 부인하는 자다. 예수를 시인하지 않는다.
- 거짓 선지자 - 미혹의 영을 받았다. 세상에 속했기에 세상에 속한 말을 하고, 세상이 그들의 말을 듣는다.
- 그리스도인 - 진리의 영을 받았다. 하나님께 속했다.

> 하나님을 아는 자는 우리의 말을 듣고, 하나님께 속하지 아니한 자는 우리의 말을 듣지 아니하나니 요일 4:6

그리스도인의 승리

그리스도인은 이미 적그리스도를 이겨 승리했다. 우리 안에 계신 이가 크시기 때문이다.

> 자녀들아, 너희는 하나님께 속하였고, 또 그들을 이기었나니, 이는 너희 안에 계신 이가 세상에 있는 자보다 크심이라 요일 4:4

요한일서 4장 1-6절에는 "하나님께"라는 단어가 여섯 번 반복된다. 이는 '하나님께로부터'(from God)라고 말할 수 있다. 근본과 기원이 하나님 안에 있다는 것이다. 우리 생명을 하나님께로부터 받고, 우리 생명이 하나님 안에 있다는 것이다. 그러므로 하나님께로부터 난 자와 그렇지 않은 자는 명백히 구별되며 충분히 검증할 수 있다. 사랑과 그에 따르는 희생과 헌신은 그 근본과 기원이 오직 하나님 안에 있기 때문이다. 거짓 선지자는 미혹의 영을 받았고, 그리스도인은 진리의 영을 받았다.

근본이 하나님께 속한 사람은 진리를 들을 능력이 있고 마음도 열려있다. 그러나 세상에 속한 사람은 진리를 들을 능력도, 마음도 없다. 아무리 좋은 설교를 해도 듣지 않으며, 귀를 막고 마음 문을 닫는 사람들이 있다. 이런 사람들은 가망이 없는가? 그렇지 않다. 하나님의 은혜는 끝이 없다. 그리스도께서 이들의 마음 문을 지금도 두드리고 계신다(계 3:20). 우리는 이들을 위해서 중보기도해야 한다. 세상에 속해 물질과 쾌락의 지배를 당하는 이들을 위해 주께 기도해야 한다. 요한일서 4장 7-21절에 그 해답이 있다.

우리를 향한 하나님의 사랑과 하나님을 향한 우리의 사랑(요일 4:7-21)

"하나님은 사랑이심이라"(God is love, 요일 4:8)

사랑의 근본은 하나님께 있다(요일 4:7). 하나님은 사랑하시는 분일 뿐 아니라 하나님 자신이 사랑이시다. 그러므로 그분이 우리 안에 거하실 때 우리는 사랑하게 된다(요일 4:8,12). 하나님의 사랑은 그리스도를 통해 우리에게 나타난다(요일 4:9). 하나님이 우리를 사랑하시는 증거는 '오직 그리스도'이다. "하나님이 세상을 이처럼 사랑하사 독생자를 주셨으니"(요 3:16)라고 하시고, "우리가 아직 죄인 되었을 때에 그리스도께서 우리를 위하여 죽으심으로 하나님께서 우리에 대한 자기의 사랑을 확증하셨느니라"(롬 5:8)라고 하셨다.

> 사랑은 여기 있으니, 우리가 하나님을 사랑한 것이 아니요, 하나님이 우리를 사랑하사 우리 죄를 속하기 위하여 화목제물로 그 아들을 보내셨음이라 요일 4:10

일반적인 종교는 사람이 신을 추구하는 데 반해 기독교는 하나님이 우리를 찾으신다. 놀라운 사실은 하나님을 향한 우리의 사랑이 아니라 우리를 향한 하나님의 사랑이다. 그분이 타락한 인간을 먼저 사랑하셔서 우리가 변화하도록 주도적으로 우리를 만나신다. 이것이 기독교의 영광스러운 진리이다.

"그의 성령을 우리에게 주시므로 우리가 그 안에 거하고 그가 우리 안에 거하시는 줄을 아느니라"(요일 4:13). 이 말씀은 요한일서 3장 24절의 반복이다. "안다"는 것은 지식으로만 아니라 경험하여 아는 것이다. 사랑 안에 두려움이 없다(요일 4:18). 하나님이 사랑이심을 알 때 두려움이 사라진다. 하나님은 정죄하거나 심판하는 분이 아니시다. 또한 조건적이거나 협박하지 않으신다.

인간의 사랑은 하나님의 사랑에 대한 응답이다(요일 4:19-21). 그분이 우리를 사랑하셨기 때문에 우리가 사랑하는 것이다. "우리에게 주신 성령으로 말미암아 하나님의 사랑이 우리 마음에 부은 바 됨이니"(롬 5:5). 하나님의 사랑이 우리 안에 있기에 우리가 이웃을 사랑하게 된다. 하나님을 사랑하는 증거는 하나님이 사랑하시는 사람을 사랑하는 데 있다. 하나님이 우리 안에 계시다는 유일한 증거는 우리가 이웃을 사랑하는 데 있다.

요한일서 4장 21절은 요한일서 4장의 요약이다.

우리가 이 계명을 주께 받았나니 하나님을 사랑하는 자는 또한 그 형제를 사랑할지니라 요일 4:21

예수 그리스도는 누구신가?(요일 4:7-21)

1) 예수 그리스도는 '생명의 부여자'이시다(요일 4:9).

모든 사람은 존재하지만 모두가 생명을 지니고 있는 것은 아니다. 예수께서 오심으로 우리에게 생명을 주셨다. 기쁨, 즐거움, 마음의 평안, 삶의 만족, 승리하는 삶, 빛 등은 생명을 받은 자의 특징이다.

2) 예수 그리스도는 '화목제물'이시다(요일 4:10).

사람은 죄로 인해 모든 관계가 끊어졌다. '사망'의 정의는 '분리'다. 나와 나 자신, 나와 너, 나와 세상, 그리고 가장 슬프게도 나와 하나님의 관계가 끊어졌다. 하나님은 예수 그리스도를 화목제물로 보내서서 잃어버린 관계, 끊어진 관계를 회복하셨다. 예수 그리스도는 하나님과 사람 사이에서 다리 역할을 하셨다. 그리하여 나와 너의 회복, 즉 이웃을 향한 진정한 사랑을 할 수 있게 되었다. 자기 자신도 사랑할 줄 알게 되었다. 자기 자신을 용납하고, 이웃을 용납할 힘이 생겼다.

3) 예수 그리스도는 '세상의 구주'이시다(요일 4:14).

예수 그리스도는 우리 죄의 심판주가 아니다. 오히려 그분은 우리의 죄를 대신 짊어짐으로 우리를 죄와 사망과 어둠과 저주로부터 구원하셨다. "하나님이 그 아들을 세상에 보내신 것은 세상을 심판하려 하심이 아니요 그로 말미암아 세상이 구원을 받게 하려 하심이라"(요 3:17)라고 하시고, "내가 진실로 진실로 너희에게 이르노니 내 말을 듣고 또 나 보내신 이를 믿는 자는 영생을 얻었고 심판에 이르지 아니하나니 사망에서 생명으로 옮겼느니라"(요 5:24)라고 하셨다.

4) 예수 그리스도는 '하나님의 아들'이시다(요일 4:15).

오직 예수를 통해 하나님 아버지를 알 수 있다. 예수님은 하나님 아버지와 친밀하시다. "아버지가 아들을 세상의 구주로 보내신 것을 우리가 보았고 또 증언하노니"(요일 4:14). 예수님을 통해 우리는 하나님 아버지께로 갈 수 있다. 예수님은 우리를 아버지께로 이끌어 우리가 아버지를 알게 되고 아버지와 친밀감을 가지기를 원하신다.

"내 아버지께서 모든 것을 내게 주셨으니 아버지 외에는 아들을 아는 자가 없고 아들과 또 아들의 소원대로 계시를 받는 자 외에는 아버지를 아는 자가 없느니라"(마 11:27)라고 하시고, "내가 곧 길이요 진리요 생명이니 나로 말미암지 않고는 아버지께로 올 자가 없느니라"(요 14:6)라고 하셨듯이, 예수님은 우리로 하나님 아버지를 알게 하신다. 하나님 아버지를 아는 것은 영적 성장의 주요소다(요일 2:12-14).

5. 증거 공동체(요일 5:1-21)

교회는 증거 공동체다. 우리는 우리의 믿음을 확신하고 그 믿음을 증거한다. 하나님께는 순종하고, 그리스도인 서로에 대하여는 사랑하고, 세상을 향해서는 우리의 믿음의 확신을 증거하는 공동체다.

진정한 그리스도인의 증거(요일 5:1-3)

그리스도인의 정의는 "하나님께로부터 난 자"다. 즉, 하나님의 자녀다. 이 일은 오직 '예수께서 그리스도이심을 믿을 때'에 일어난다. 요한복음 1장 12절에 "영접하는 자 곧 그 이름을 믿는 자들에게는 하나님의 자녀가 되는 권세를 주셨으니"라고 하셨다. 이런 그리스도인에게는 명백한 증거가 있다.

1) 그리스도인의 특징은 '사랑'이다. 하나님을 사랑하고, 하나님의 자녀를 사랑하고, 하나님의 아들을 사랑한다. 율법학자들이 예수께 가장 큰 계명이 무엇인지 질문했을 때, 주님은 '하나님을 사랑하고 이웃을 사랑하는 것'이라고 말씀하셨다(막 12:28-31).

2) 그리스도인은 하나님의 말씀에 순종한다. 순종은 사랑의 증거다. 하나님을 사랑하면 그분의 말씀에 순종한다. 억지로가 아니라 기쁘게, 즉시, 온전히 순종한다. 서기관들과 바리새인들의 무거운 율법의 짐과는 다르다. 예수님은 "내 멍에는 쉽고 내 짐은 가벼움이라"(마 11:30)라고 하셨다. 사랑이 그 동기이기 때문이다. 주님은 베드로에게 세 번이나 질문하셨다. "네가 나를 사랑하느냐?" 그리고 세 번 말씀하셨다. "내 양을 치라", "내 어린 양을 먹이라."

3) 그리스도인은 세상을 이긴다. '세상'이라는 뜻을 지닌 헬라어 '코스모스'(kosmos)는 하나님과 전혀 무관한, 하나님과 분리된, 하나님의 원칙과 대립하는, 그리하여 하나님을 멀리하게 하고 그분의 기준을 무시하게 하는 세상을 말한다. 그리스도인은 이런 세상을 이긴다. 마치 우리의 몸에 병균이 침투했을 때 방어력과 면역력이 있으면 능히 이기듯, 이 세상의 악한 영향에 능히 대적할 수 있는 방어력을 지닌 존재다. 우리는 세상의 공격에서 견디는 힘을 가졌을 뿐 아니라 세상에 영향을 주는 강한 힘을 지녔다. 우리가 세상을 이기는 근거는 우리의 믿음이다. 그 믿음은 요한일서 5장 6-8절을 말한다.

우리가 세상을 이긴다는 것은 세상의 영향력과 세상의 공격을 능히 물리치는 것만을 의미하지 않는다. 더 나아가 세상에 영향을 주어 하나님나라가 확장되는 것을 말한다.

우리의 믿음의 근거(요일 5:6-8)

우리의 믿음은 오직 예수 그리스도를 믿는 믿음이다. 이 믿음은 첫째, 예수께서 그리스도이심을 믿는다(요일 5:1). 둘째, 예수께서 하나님의 아들이심을 믿는다(요일 5:5). 셋째, 예수께서 사람으로 이 세상에 오셨음을 믿는다. 그 증거는 물과 피, 그리고 성령이다(요일 5:8). 이 셋은 우리를 구원하러 오신 예수님의 구원의 요소다.

1) 물과 피는 예수께서 우리를 구원하시려 사람으로 오심의 증거다. 신생아는 모태에서 나올 때 물과 피에 덮여있어서 태어나자마자 씻어야 한다.

2) 물과 피는 또한 예수님의 생애의 두 사건에서 볼 수 있다. 세례 요한에게 물로 세례를 받으실 때의 장면과 십자가의 장면이다. 이는 사람을 구원하기 위해 사람으로 오신 하나님의 아들 예수님을 잘 보여준다. 예수님이 세례 요한에게 물로 세례를 받으실 때 하나님이 친히 자신의 아들에 대해 증거하셨다(마 3:13-17).

3) 세 번째 증거는 성령이다. 예수께서 물로 세례를 받으실 때 성령께서 비둘기처럼 그에게 내려오셨다. 또한 세례 요한은 "나는 물로 세례를 주지만 그는 성령으로 세례를 주실 것이다"(마 3:11, 막 1:8, 눅 3:16, 요 1:33, 행 1:5)라고 말했으며, 예수님은 "내가 아버지께로부터 너희에게 보낼 보혜사 곧 아버지께로부터 나오시는 진리의 성령이 오실 때에 그가 나를 증언하실 것이요"(요 15:26)라고 하셨다.

'믿는 자'의 확신 및 세계관에 대한 일곱 가지 사실(요일 5:9-20)

요한복음과 요한일서는 "하나님의 아들을 믿는 자"에 관해 거듭 말한다. 우리는 하나님의 아들의 말을 믿을 뿐 아니라 그분의 전인격과 삶과 하신 일을 믿는다. 더 나아가 그분의 인도하심을 따르며 전적으로 나 자신을 맡긴다. 그럴 때 성령은 우리에게 알게 하신다. 우리는 애매모호하게 믿지 않는다. "그럴 것 같다"거나 "잘 모르겠다"거나 "글쎄, 아마 이럴 것이다" 등으로 반응하지 않는다.

성령은 믿는 자들이 확실히 알고 경험하게 하신다. "하나님의 아들을 믿는 자는 자기 안에 증거가 있고"(요일 5:10). 이 말씀이 우리를 확신하게 한다.

우리는 다음의 일곱 가지 영역에서 확신을 갖는다.

1) 믿는 자는 '영생'을 이미 가졌음을 확신한다. 영생은 믿는 자의 DNA이다. 믿는 자는 자신이 영생을 가졌음을 안다. 영생은 국내에서는 쓸모가 없어 서랍에 넣어두었다가 외국에 나갈 때 사용하는 여권이 아니다. '지금 여기'에서부터 작용한다. 또 영생은 하나님의 생명이다. 이 세상에서 승리하는 힘이요 지혜다. 하나님과 교제하게 하는 요소이며 죄를 극복하게 하는 힘이 있다. 평강과 사랑을 주며 죽음도 극복하게 한다. 그러므로 믿는 자가 죽을 때는 잠잔다고 한다. 믿는 자의 장례식은 천국 환송식이다.

2) 믿는 자는 하나님이 기도를 들으신다는 것을 믿는다. 이것이 기도의 근거. 기도는 단지 우리의 독백이나 어떤 종교적인 행위가 아니다. 믿는 자는 하나님께서 우리의 기도를 들으신다는 것을 안다. 히브리서 11장 6절에 "믿음이 없이는 하나님을 기쁘시게 하지 못하나니, 하나님께 나아가는 자는 반드시 그가 계신 것과 또한 그가 자기를 찾는 자들에게 상 주시는 이심을 믿어야 할지니라"라고 하셨다.

3) 하나님은 믿는 자의 기도에 응답하신다. 이것은 당연하다. 응답받는 것이 기도의 원칙이다. 응답받는 기도의 원칙은 언제나 '하나님의 뜻'과 일치하는 데 있다. 야고보서 4장 3절에 "구하여도 받지 못함은 정욕으로 쓰려고 잘못 구하기 때문이라"라고 하셨다.

4) 믿는 자는 죄의 권세에서 해방되었음을 확신한다. 하나님께로부터 났다는 것은 곧 하나님의 자녀가 되었다는 뜻이다. 하나님께로부터 난 자는 범죄하지 않는다. 이는 하나님의 자녀가 죄를 더 이상 짓지 않는다는 말이 아니라 죄의 노예가 되지 않음을 의미한다. 왜냐면 하나님께로부터 나신 이가 그를 지켜주시기 때문이다. 예수님과 성령님이 지켜주신다. 우리를 성화의 길로 이끄신다.

5) 믿는 자는 자신이 하나님께 속했다는 것을 확신한다. 자신이 세상에 속하지 않고 하나님께 속했음을 알기에 세상에 자신의 소속을 두지 않는다. 세상을 등지고 하나님의 편에 선다.

6) 믿는 자는 하나님의 아들이 오셔서 우리로 이해할 수 있게 하심을 안다. 어둠 가운데 있거나 안개로 가득한 곳에 있으면 주변을 인식하기 어렵다. 다만 짐작만 할 뿐이다. 그러나 믿는 자는 이해하고 확신한다. 우리 안에 내주하시는 성령께서 우리를 모든 진리 가운데로 이끄실 것을 확신한다. 그리고 하나님께서 절대기준과 절대가치로 변하지 않는 그의 말씀을 성경으로 기록하여 우리에게 주셔서 증거하신다. 성령은 성경의 내용을 통해 하나님의 뜻을 알게 하시는 선생이다.

7) 믿는 자는 참된 자를 안다. 예수가 참 하나님이신 것과 하나님의 아들이신 것을 안다. "성령이 친히 우리의 영과 더불어 우리가 하나님의 자녀인 것을 증언하시나니"(롬 8:16).

요한일서에는 "믿는다", "안다", "증언한다"가 반복된다. "사귐이 있다"는 것은 그 결과다. 우리의 믿음은 어떤 도를 깨달아 아는 것이 아니다. 주관적 느낌과 어떤 경지에 이르는 것도 아니다. 내 이름, 생년월일, 주소, 날짜, 장소, 사람을 알고 일상생활을 하듯이 하나님과 우리 주 예수 그리스도를 알고 교제하는 삶도 이와 같다. 우리는 하나님과 인격적인 사귐을 가진다. 말하고 듣고 이해하여 알듯이.

사도 요한의 고백이 이제는 우리의 고백이며 우리의 선포다.

"이 글은 생명의 말씀에 관한 것입니다.
이 생명의 말씀은 태초부터 계신 것이요, 우리가 들은 것이요, 우리가 눈으로 본 것이요,
우리가 지켜본 것이요, 우리가 손으로 만져본 것입니다.
이 생명이 나타나셨습니다. 우리는 그것을 보았습니다.
그래서 우리는 이 영원한 생명을 여러분에게 증언하고 선포합니다.
이 영원한 생명은 아버지와 함께 계셨는데, 우리에게 나타나셨습니다.
우리가 보고 들은 바를 여러분에게도 선포합니다.
우리는 여러분도 우리와 서로 사귐을 가지기를 바라는 것입니다.
우리의 사귐은 아버지와 또 그의 아들 예수 그리스도와 함께하는 사귐입니다.
우리가 이 글을 쓰는 것은 우리 서로의 기쁨이 차고 넘치게 하려는 것입니다."
(요일 1:1-4 새번역).

Dear.
NCer

그리스도인 공동체

• 고백 공동체 - 죄를 지속적으로 고백하며 빛 가운데 행한다(요일 1:9)
• 말씀 순종 공동체 - 순종하여 말씀을 지킨다(요일 2:3-6)
• 사랑 공동체 - 서로 사랑한다(요일 2:7-11)
• 승리 공동체 - 죄를 이기고 승리하는 삶을 산다(요일 2:12-14)
• 거룩함의 공동체 - 세상을 사랑하지 않는다(요일 2:15-17)
• 코이노니아 공동체 - 재물로 섬기는 사귐이 있다(요일 3:17,18)
• 성령 공동체 - 진리를 안다(요일 2:20-27)

❖ **요한이서**(2 John) 문을 닫으라 / **요한삼서**(3 John) 문을 열라

요한이서와 요한삼서는 매우 짧다. 보통 파피루스의 크기는 세로 25센티미터, 가로 20센티미터이다. 두 편지의 길이는 한 장 분량이 채 못 될 정도이다. 그러나 길이가 짧다고 소홀히 여길 수 없다. 요한이서와 요한삼서를 쓴 사람은 자신을 '장로'라고 소개한다. 두 편지를 기록한 사람은 동일인물이다. 장로는 교회의 직분이라기보다는 '나이가 많은 사람'의 의미가 더 크다. 그러나 나이만 아니라 교회에서 영적, 인격적으로 존경받는 사람임을 보여준다. 당시 유일하게 살아있던 예수님의 제자인 사도 요한이 바로 그 사람이다.

요한일·이·삼서는 '그리스도인의 사귐'이라는 공통 주제를 다룬다. 그러나 요한이·삼서는 공통 주제를 서로 다른 차원으로 말한다. 요한이서는 '문을 닫으라' 즉 '교제하지 말라'를 다루면서, 거짓 선지자들과 악을 행하는 자들에게는 문을 닫고 교제하지 말라고 한다. 반면에 요한삼서는 '문을 열라' 즉 '교제하라'를 다루면서, 복음을 위해 수고하며 애쓰는 모든 사역자들에게 항상 집을 개방하고 잘 섬기라고 한다. 요한이·삼서는 문을 닫고 교제하지 말아야 할 그룹과 문을 열고 교제하며 섬겨야 할 그룹을 명확히 말씀한다.

요한일·이·삼서

요한일·이·삼서는 유사성이 많다. 요한일서 4장 3절과 요한이서 1장 7절은 예수의 육체로 오심을 부인하는 적그리스도를 언급한다. 요한삼서에는 이에 대한 언급이 없으나 세 편지는 동일한 시대적, 영적 상황에 처한 그리스도인들의 믿음의 삶을 다룬다.

> 예수를(예수께서 육체로 오심을) 시인하지 아니하는 영마다 하나님께 속한 것이 아니니 이것이 곧 적그리스도의 영이니라 요일 4:3

> 미혹하는 자가 세상에 많이 나왔나니 이는 예수 그리스도께서 육체로 오심을 부인하는 자라. 이런 자가 미혹하는 자요 적그리스도니 요이 1:7

요한이서 – 문을 닫으라 – 거짓 교사들(요이 1:10)

계명 안에서 행하라			거짓 교사들을 경계하라		
인사	진리를 행함	사랑 가운데서 행함	거짓 교사들의 교훈을 삼가라	거짓 교사들을 거절하라	끝인사
1:1-3	1:4	1:5-6	1:7-9	1:10-11	1:12-13
하나님의 계명대로 진리와 사랑으로 행하라			거짓 교사들을 들이지도 말고 인사도 말라		

요한이서 1장 1절 "택하심을 받은 부녀와 그의 자녀들" eklekte kuria

"부녀"(헬, 큐리아 kuria)는 어느 한 개인을 가리키는 것이 아니라 그리스도의 신부로서의 교회를 의미한다. "자녀들"(헬, 테크논 teknon)도 한 개인이 아니라 집단의 구성원을 말한다. 이는 '부녀'와 연관이 있다. 즉, '하나님께로부터 태어난 모든 자'를 나타낸다. 그러므로 "택하심을 받은 부녀와 그의 자녀들"은 '하나님께 택하심을 받은 나의 사랑하는 교회'라고 해석해도 무방하다.

그 진리 The Truth

사도 요한의 기록에서 자주 보이는 '진리'라는 단어가 짧은 요한이서에도 자주 등장한다. "진리를 아는 모든 자"(요이 1:1), "영원히 우리와 함께할 진리로 말미암음이로다"(요이 1:2), "진리를 행하는 자"(요이 1:4)에서 언급된 "그 진리"(The Truth)는 '하나님의 영원하고 신실한 약속'이며 '성취된 약속들'을 말한다. 이는 교회에 생명을 주며, 교회를 공동체로 결속시키고, 그리스도의 재림 후에도 영원히 함께함을 말한다. 그러므로 교회는 그 진리에 의해 살아간다. 교회 공동체의 삶의 가치 기준은 세상의 사고관에 있지 않고 오직 그 진리에 있다. 우리는 그 진리를 알 뿐 아니라 이것에 의해 살아간다.

문을 닫으라 Close the door

교회 공동체는 거짓 교사들을 거절하고 추방해야 한다.

> 누구든지 이 교훈을 가지지 않고 너희에게 나아가거든 그를 집에 들이지도 말고 인사도 하지 말라 요이 1:10

이들은 '미혹하는 자'다. 예수 그리스도께서 육체로 오심을 부인하는 자다. 이들은 적그리스도다(요이 1:7). 이들을 냉정하게 대하는 것을 두고 그리스도의 사랑의 결핍이라고 주장하는 사람들이 있다. 그리스도의 사랑은 배타적이지 않다는 데 역점을 둔다. 그러나 적그리스도의 교훈을 용납하면 "그 진리"를 혼합시키는 결과를 가져온다. 우리 몸에 암세포가 생기면 적극적으로 대처한다. 거짓 교훈은 암세포와 같아서 우리의 믿음과 교회 공동체를 파괴한다. '진리'와 '사랑'은 함께 있다. 그러나 이단은 조금도 용납하지 않는다.

요한삼서 – 문을 열라 – 충성된 일꾼들(요삼 1:8)

섬김 – 손님 접대			이기심 – 형제들을 내쫓음		
인사	진리를 행하는 가이오	영접하는 가이오	악을 행하는 디오드레베	선을 행하는 데메드리오	끝인사
1:1	1:2-4	1:5-8	1:9-11	1:12	1:13-15
호의를 베풀 의무			교만의 위험		

요한삼서 1장 1절 "사랑하는 가이오"

"장로"는 '사랑하는 가이오'에게 편지를 했다. 그에 대해 좋은 소식을 들었기 때문이다. 그는 당시 순회 전도자들을 잘 섬겼다. 주의 말씀을 따라 잘 행했다.

> 너희를 영접하는 자는 나를 영접하는 것이요, 나를 영접하는 자는 나를 보내신 이를 영접하는 것이니라… 누구든지 제자의 이름으로 이 작은 자 중 하나에게 냉수 한 그릇이라도 주는 자는 내가 진실로 너희에게 이르노니 그 사람이 결단코 상을 잃지 아니하리라 마 10:40,42

가이오 DNA

가이오는 냉수 한 그릇을 주는 자이다. 하나님은 **오늘날의 가이오**를 찾으신다. 이들은 진리를 행하는 '숨겨진 영웅'이다. 주님은 이들이 결단코 상을 잃지 않을 것이라고 하셨다.

요한이서와 요한삼서

요한이서는 사랑, 계명, 진리, 적그리스도를 언급한다. **요한삼서**는 사도 요한이 사랑하는 자 '가이오'를 언급한다. 그는 에베소에서 바울과 같이 고난 당한 사람(행 19:29)인 것으로 생각된다.

요한이서는 목회자적 관점에서 이단에 대해 엄격하게 처리하고 이들을 받아들이지 말라고 말한다. **요한삼서**는 여러 곳에서 순회 사역하는 신실한 종들을 받아들이지 않고 오히려 그들을 잘 섬기는 자들을 박해하던 디오드레베의 행위를 반대한다.

요한이서는 "장로인 나는 택하심을 받은 부녀와 그의 자녀들에게 편지하노니 내가 참으로 사랑하는 자요"(요이 1:1)라고 시작하고, "너의 자녀들 중에 우리가 아버지께 받은 계명대로 진리를 행하는 자를 내가 보니 심히 기쁘도다"(요이 1:4)라고 칭찬한다. 그리고 "내가 너희에게 쓸 것이 많으나 종이와 먹으로 쓰기를 원하지 아니하고 오히려 너희에게 가서 대면하여 말하려 하니 이는 너희 기쁨을 충만하게 하려 함이라"(요이 1:12)라고 맺는다.

요한삼서는 "장로인 나는 사랑하는 가이오 곧 내가 참으로 사랑하는 자에게 편지하노라"(요삼 1:1)라고 시작하고, "내가 내 자녀들이 진리 안에서 행한다 함을 듣는 것보다 더 기쁜 일이 없도다"라고 칭찬한다. 그리고 "내가 네게 쓸 것이 많으나 먹과 붓으로 쓰기를 원하지 아니하고 속히 보기를 바라노니 또한 우리가 대면하여 말하리라"(요삼 1:13,14)라고 맺는다.

두 편지는 시작하는 말과 마치는 말의 내용과 순서가 비슷하다.

요한이서와 요한삼서에는 엄격한 경고의 말씀이 많지만 그래도 사랑스런 문체로 쓰였다. 전체적인 분위기는 사랑이다.

순회 전도자

초대교회에는 세 가지 직제가 있었다.

첫째는 '사도'이다. 이들은 예수님과 처음부터 함께 있었고 그분의 부활을 목격한 사람들로서 교회의 지도자였다. 이들의 권위는 어느 한 장소에만 주어진 것이 아니라 모든 교회를 향했다.

둘째는 '장로'이다. 이들의 권위와 직무는 그들이 소속된 교회에 한정되었다. 이들은 여행이나 순회하는 일이 없었다. 소속된 한 교회의 지도자였다.

셋째는 '순회 전도자'이다. 이들은 어느 한 곳에 거주하지 않고 여러 지역을 순회하며 가르쳤다. 말씀을 가르치는 교사이거나 선지자였다. 안정된 직업을 내려놓고 전적으로 복음을 전했다. 이들에게 주의를 요하는 세 가지가 있다. 첫째, 올바른 복음을 전해야 한다. 둘째, 그들의 필요를 사람에게 의존하지 않고 전적으로 주께 의지해야 한다. 셋째, 올바른 지도력을 가르치고 본을 보여야 한다. 교회를 견고하게 하고, 그리스도인들이 세상에 영향을 받는 것이 아니라 영향을 주는 삶을 살도록 가르치는 역할을 했다.

이들 중에는 참된 교사들이 많았지만 거짓 교사들도 있었다. 특히 그노시스주의자들이 대표적인 거짓 교사였다. 이들은 예수 그리스도가 육체로 오심을 부인했으며, 진리를 행함에 관심이 없고 오직 이론적 지식에만 집중했다.

요한일·이·삼서에 "행함"이라는 구절이 많은 이유도 여기에 있다. 요한이서는 순회 사역자 중에서도 특히 거짓 교사와 선지자를 집에 들이지 말라고 한다. 요한삼서는 순회 사역자 중 참된 교사와 선지자를 영접해 집에 머무르게 하여 그들이 사역을 잘 감당하도록 섬기라고 한다. 데메드리오는 순회 사역자였다. 사도 요한은 그런 사역자들을 영접하여 잘 섬기라고 한다. 그러나 그들을 섬기지 않은 나쁜 예도 있다. 디오드레베는 순회 사역자들을 영접하는 것을 거절했을 뿐 아니라 그들을 영접하는 자들을 교회에서 추방하려고 했다.

손님 접대(Hospitality)

손님 접대는 교회 지도자들의 덕목 중 하나로 꼽힌다. 감독의 자격으로 디모데전서 3장 2절은 "감독은… 나그네를 대접하며…"라고 했고, 디도서 1장 7,8절은 "감독은… 나그네를 대접하며 선행을 좋아하며…"라고 언급했다. 참 과부의 자격도 "과부로 명부에 올릴 자는… 나그네를 대접하며 혹은 성도들의 발을 씻으며 혹은 환난 당한 자들을 구제하며 혹은 모든 선한 일을 행한 자라야 할 것이요"(딤전 5:9,10)라고 했다.

로마서 12장 13절에 "성도들의 쓸 것을 공급하며 손 대접하기를 힘쓰라"라고 말씀하셨다. "힘쓰라"는 것은 '연습하라'를 가리킨다. 누구든지 손 대접하는 데 있어 핑계를 대지 말라고 하신다. 자신은 성격적으로나 환경적으로 손 대접하기에 적합하지 않다고 뒤로 물러나거나 수동적인 태도를 가지지 말고 적극적으로 힘써야 한다. 손 대접하기에 익숙해지도록 '연습해야' 한다. 처음부터 감당하기에 크고 벅찬 일을 하지 말아야 한다. 자칫 한두 번 시도하다가 낙심하기가 쉽기 때문이다. 비교적 작고 쉬운 일부터 연습해야 한다.

베드로전서 4장 9절에 "서로 대접하기를 원망 없이 하고"라고 하셨다. 히브리서 13장 1,2절에 "형제 사랑하기를 계속하고 손님 대접하기를 잊지 말라. 이로써 부지중에 천사들을 대접한 이들이 있었느니라"라고 하셨다. 이는 아브라함을 염두에 두고 한 말씀이다. 그는 지나가는 나그네를 극진히 영접하여 섬겼다. 그로 인해 하나님으로부터 '이삭'을 약속받았다(창 18:1-15).

요한삼서에 손님 접대의 본보기로 대표적인 네 명 즉 **사도 요한, 데메드리오, 디오드레베, 가이오**가 등장한다. 요한은 사도를 대표하고, 데메드리오는 순회 사역자를 대표하고, 디오드레베는 사역자 섬기기를 거절할 뿐 아니라 이를 방해하는 지역의 리더를 대표하고, 가이오는 순회 사역자들을 영접하여 섬기는 지역의 리더를 대표한다. 어쩌면 가이오는 지역 교회의 대표적인 리더가 아니라 평범한 교회의 일원일 수도 있다. 그러나 주님은 그가 사역자들을 섬긴 것을 칭찬하시려고 이 짧은 서신에 그의 이름을 기록하게 하셨다.

그리스도인의 가정은 주의 진리를 전하는 사역자들에게 문을 개방해야 한다. 주를 섬기는 자를 사랑으로 영접해야 한다. 이것은 의무가 아니라 특권이다. 억지로, 마지못해서가 아니라 기쁨으로 진리를 나누고, 진리의 동역자가 되라.

【 요한이서와 요한삼서 비교 】

요한이서	요한삼서
1. Close the Door 2. 집에 들이지 말라 3. 사랑 가운데서 행하라 4. 진리를 지켜라 5. 거짓 교훈을 삼가라 6. 나쁜 모델 : 거짓 교사들 7. 좋은 모델 : 부녀와 그의 자녀들	1. Open the Door 2. 손 대접하라 3. 선한 것을 본받으라 4. 손 대접하기를 힘쓰라 5. 선을 행하라 6. 나쁜 모델 : 디오드레베 7. 좋은 모델 : 가이오
거짓 교사들을 거절하라	참된 교사들을 영접하라

신앙생활의 영적 원리

요한삼서 1장 2절 말씀은 신앙생활의 영적 원리를 말한다. **"사랑하는 자여 네 영혼이 잘됨같이 네가 범사에 잘되고 강건하기를 내가 간구하노라."** 우리 육체가 강건하려면 먼저 영혼이 잘되야 한다. 성공적인 삶을 살려면 먼저 우리의 영혼이 잘되야 한다. 먼저 하나님과 친밀한 삶을 살아갈 때 세상에서 성공적인 삶을 살며 몸도 강건하게 될 것이다.

하지만 세상은 순서를 거꾸로 말한다. 보이는 육체의 건강함을 먼저 강조한다. 그러나 우선순위는 보이지 않는 영역인 속사람이 먼저이고 다음이 범사와 육체다. 디모데전서 4장 7,8절은 "경건에 이르도록 네 자신을 연단하라. 육체의 연단은 약간의 유익이 있으나 경건은 범사에 유익하니 금생과 내생에 약속이 있느니라"라고 했다. 또한 에베소서 3장 16절은 "성령으로 말미암아 너희 속사람을 능력으로 강건하게 하시오며"라고 했다. 이처럼 속사람의 강건함이 먼저다. 우리 주 예수께서도 "사람이 떡으로만 살 것이 아니요 하나님의 입으로부터 나오는 모든 말씀으로 살 것이라"(마 4:4)라고 말씀하셨다.

학개 선지자는 바벨론 포로에서 귀환한 유대인들이 우선순위가 바뀐 삶을 돌이키기를 강력히 촉구했다. 하나님은 학개를 통해 "너희가 많은 것을 바랐으나 도리어 적었고 너희가 그것을 집으로 가져갔으나 내가 불어버렸느니라 나 만군의 여호와가 말하노라 이것이 무슨 까닭이냐 내 집은 황폐하였으되 너희는 각각 자기의 집을 짓기 위하여 빨랐음이라"(학 1:9)라고 말씀하셨다. 먼저 해야 할 것과 나중에 해야 할 것이 바뀐 삶은 궁핍함, 모자람, 실패함이다.

> 너희가 많이 뿌릴지라도 수확이 적으며, 먹을지라도 배부르지 못하며, 마실지라도 흡족하지 못하며, 입어도 따뜻하지 못하며, 일꾼이 삯을 받아도 그것을 구멍 뚫어진 전대에 넣음이 되느니라 학 1:6

삶의 우선순위는 이렇다.
첫째, 하나님과 친밀감을 통해 영혼이 잘되고,
둘째, 성공적인 삶과 형통한 삶으로 범사가 잘되고,
셋째, 몸이 건강함으로 육체가 강건해진다.

그러므로 영혼이 잘되도록 일상생활에서 하나님과 교제를 최우선순위로 가져야 한다.

진리와 사랑

요한이서와 요한삼서에 반복되는 단어는 **"진리"**와 **"사랑"**이다.

요한이서에서 "진리를 아는"(1절), "영원히 우리와 함께할 진리로 말미암음이로다"(2절), "진리와 사랑 가운데서"(3절), "진리를 행하는 자"(4절)라고 반복하여 말씀하신다. 그리고 6절에 "그 계명을 따라 행하는", "그 가운데서 행하라"라는 비슷한 말씀이 반복된다.

요한삼서에서 "진리를 증언하되"(3절), "진리 안에서 행한다 하니 내가 심히 기뻐하노라"(3절), "진리 안에서 행한다 함을 듣는 것보다 더 기쁜 일이 없도다"(4절)라고 했다.

요한이서와 요한삼서에서 '진리를 안다'는 곧 '진리를 행한다'로 이어진다. 단순히 지식으로 진리를 아는 것이 아니라 삶에서 행함으로 안다고 한다. 그리고 '진리를 행한다'와 '그 계명을 따라 행한다'를 같은 행동으로 말씀하신다. '그 계명'이라 함은 '서로 사랑하라'를 가리킨다.

그러므로 요한이서 1장 3절 말씀처럼 진리와 사랑은 서로 뗄 수 없다. 기독교의 진리는 우리에게 사랑하는 법을 가르쳐주기 때문이다. 기독교의 진리는 우리에게 사랑으로 행하는 이유와 그것이 당연함을 보여준다. 요한일서의 전반적인 내용이 그것이다. 하나님이 우리를 먼저 사랑하셨기에 우리도 그와 같이 남을 사랑한다. 그 사랑은 너그러움과 희생적인 사랑이다. 우리 그리스도인이 진리를 안다면 그대로 행해야 한다. 진리를 행한다는 것은 그 계명을 따라 행하는 것이며 이는 곧 사랑으로 행함을 의미한다. 기독교를 정의한다면 "진리와 사랑"이다.

> 스승의 가장 큰 기쁨은 제자들이 진리 안에서 행하는 것을 보는 것이다. 사도 요한은 교회가 진리를 행한다는 말을 듣고 심히 기뻐했다(요삼 1:3). 그리고 그 말을 듣는 것보다 더 기쁜 일이 없다고 했다(요삼 1:4). 성령은 사도 요한의 글을 통해 하나님 아버지의 마음을 보여주신다. 진리는 단순히 지식이 아니라 삶의 변화를 일으키는 능력이다. 하나님처럼 생각하고 말하고 행동하게 하는 힘이다.

특이한 인사

요한일서 1장 3절에 "은혜와 긍휼과 평강이 하나님 아버지와 아버지의 아들 예수 그리스도께로부터 진리와 사랑 가운데서 우리와 함께 있으리라"라고 했다. 이것은 단순히 인사나 간구의 차원이 아니라 진술이다. 즉 하나님의 놀라운 선물인 "은혜, 긍휼, 평강"을 구하는 것이 아니라 그것들을 받아서 누리게 될 것을 확신하는 것이다. 사도 요한은 하나님이 이 선물을 주실 것을 확신하고 있다.

"은혜, 긍휼, 평강"은 우리에게 반드시 있어야 할 하나님의 선물이다. 어떤 사람을 대하거나, 어떤 상황에 처한다 할지라도 평상심을 유지할 수 있는 힘이다. 이것이 있기에 진리를 아는 사랑의 삶을 충분히 살 수 있다.

Dear. NCer

손님 접대(Hospitality)

집에 들이지 말라 Close the door - 거짓 교사(요이 1:7-11)
집에 들이라 Open the door - 참된 교사, 즉 순회 사역자(요삼 1:5-8)

- 손님 접대의 좋은 예 - 가이오(요삼 1:12)
- 손님 접대의 나쁜 예 - 디오드레베(요삼 1:9,10)

NCer로서 우리는 언제나 섬김의 삶을 살아야 한다. 그러나 지혜와 분별도 필요하다.

❖ 유다서(Jude) 교회를 깨우는 불의 십자가

유다서는 한 장짜리 짧은 책이다. 그 내용은 베드로후서와 밀접한 관계가 있는데, 거짓 교사들에 대한 가르침이 비슷하다. 구약의 예화들이 베드로후서 2장 3,4절에 인용된 것과 매우 비슷하다. 그러므로 유다서는 베드로후서와 함께 읽을 때 그 내용이 보충된다.

유다서는 어떤 상황도 설명하지 않은 채 그 시대사조에 깔린 사상과 언어로 쓰여있어서 오늘 우리가 이해하기가 쉽지 않다. 내용이 어려워서가 아니라 일반적인 표현을 사용하지 않고 강력한 경고음을 내기에 이해가 어렵다. 바클레이가 "유다서를 처음 대하는 사람들은 마치 망치로 한 대 얻어맞거나 믿음을 고취하려고 불어제치는 트럼펫 소리를 들었을 때처럼 아연해지고 만다"라고 했을 정도로 그 표현이 우리에게 생소하다. 그러나 유다서를 이해하면 초대교회의 상황을 이해할 수 있다. 더 나아가 현대 교회에 중요한 메시지를 주고 있음을 알게 될 것이다.

야고보의 형제 유다

성경에는 여러 명의 유다가 나온다. 예수님의 제자 가운데도 '유다'라는 이름을 가진 사람이 둘이나 있었다. 하나는 가룟 유다이고 다른 하나는 "야고보의 아들 유다"(눅 6:16)이다. 유다서의 기록자가 1절에 "예수 그리스도의 종이요, 야고보의 형제인 유다"라고 소개하듯이 유다서 저자는 야고보의 형제이다. 야고보는 예수님의 형제로, 야고보서의 기록자이다. 그러므로 "야고보의 형제인 유다"는 예수님의 형제를 가리킨다.

> 이 사람이 마리아의 아들 목수가 아니냐 야고보와 요셉과 유다와 시몬의 형제가 아니냐 막 6:3

처음에는 예수님의 형제들도 그분을 믿지 않았다. 그러나 예수님의 부활과 승천 이후 이들은 달라졌다. 어머니 마리아와 함께 전심으로 성령을 구했고, 오순절에 성령으로 충만함을 받았다. 주의 형제 야고보는 이후 예루살렘교회에서 주도적인 역할을 담당했다.

이 서신을 기록한 유다는 '예수의 형제'라고 하지 않고 "예수 그리스도의 종이요 야고보의 형제인 유다"라고 자신을 소개한다. 그는 예수님이 '그리스도'이심을 믿었다. 그리고 자신은 '예수 그리스도의 종'임을 알았다.

유다서 – 믿음을 위해 싸우라(유 1:3)

거짓 교사들에게 내릴 심판				훈계와 권면	
머리말 - 목적	과거의 심판	현재의 특징	미래의 심판	그리스도인의 의무	결론 - 송영
1:1-4	1:5-7	1:8-13	1:14-16	1:17-23	1:24,25
배교에 대한 분석				배교에 대한 방어	

유다서의 메시지

유다서는 하나님의 성령으로 말씀하신 성경임에도 오늘의 그리스도인들에게 별로 인기가 없다. 이는 절대적 가치 기준을 강력하게 제시하기 때문이다. 그래서 우리는 이 말씀에 더욱 귀를 기울여야 한다.

유다서는 모든 그리스도인이 지녀야 할 믿음을 말씀한다. 그리스도인이 가져야 할 올바른 생각과 행동을 보여준다. 그리하여 세상에 영향을 받는 것이 아니라 영향을 주는 삶을 살아야 함을 강력히 말씀하신다.

거짓 교사들에 대한 경고

유다서의 내용은 매우 엄격하다. 아주 날카로운 표현이 사용되었다. 베드로후서처럼 거짓 교사들을 대적하는 데 가장 제격이다. 제임스 모팻(James Moffat)은 유다서를 "교회를 일깨우는 불의 십자가"라고 불렀다. 유다서는 교회 안에 들어와 거짓된 가르침으로 예수 그리스도를 부인하는 자들과 하나님의 은혜를 오히려 방종의 기회로 삼는 사람들에 대한 엄격한 경고이다. 특히 거짓 교사들에 대해 아주 명확하게 설명하며 경고한다.

> 그들은 기탄없이 너희와 함께 먹으니, 너희의 애찬에 암초요, 자기 몸만 기르는 목자요, 바람에 불려가는 물 없는 구름이요, 죽고 또 죽어 뿌리까지 뽑힌 열매 없는 가을 나무요, 자기 수치의 거품을 뿜는 바다의 거친 물결이요, 영원히 예비된 캄캄한 흑암으로 돌아갈 유리하는 별들이라 유 1:12,13

유다서는 마치 '죽음과 황폐함으로 가득한 음산한 풍경화' 같은 인상을 남긴다. 믿음의 삶을 살 때 정신을 차리고 거짓 교사들의 특징을 알아서 경계해야 한다.

거짓 교사들의 특징

거짓 교사들은 누구인가? 그들은 무엇을 믿는가? 그들의 생활방식은 어떤가? 유다서는 이에 대해 사실을 묘사하는 것이 아니라 고발하고 있다. 그들과 논쟁하려 하거나 반박할 필요가 없다. 그들을 상대하기보다 그들에게 분노해야 한다. 이런 사람들은 교회 역사에 언제나 존재해 왔으며 지금도 존재한다.

그들은 무법자다. 하나님의 말씀을 자기 마음대로 악용한다. 하나님의 은혜와 용서를 악용한다. 또 죄에 대해 무감각하여 소돔처럼 음행한다. 이들은 죄를 죄로 여기지 않는다. 정욕에 이끌려 살아가며 천사의 존재를 부인한다. 이들은 하나님과 예수 그리스도를 부인한다.

역사에 나타난 예들

유다서는 엄중하게 경고하면서 역사에 나타난 세 가지 예를 들었다. 이것은 믿음으로 살아가는 그리스도인들에게 울리는 경종이다(유 1:5-10).

1. 이스라엘 백성들의 예 - 불신앙

이들은 약속을 받고 애굽에서 나왔으나 믿음이 없어서 약속의 땅에 들어가지 못했다(유 1:5). 히브리서에서도 이에 대해 강력히 경고한다(히 2장-4장). 민수기 13장-14장을 보면 열 명의 정탐꾼과 그들의 말을 따른 백성들이 모두 광야에서 죽는다. 이들의 근본적인 문제는 불신앙이었다. 불신앙은 하나님의 약속을 자기의 것으로 취하지 못하게 한다. 하나님의 약속을 자기의 것으로 취해 경험하는 길은 약속을 믿는 믿음이다. 오직 믿음만이 하나님의 약속이 성취되는 열쇠다. 환경에 따라 반응하지 말고 오직 약속의 말씀을 따라 반응해야 한다. 보이는 것이 아니라 보이지 않는 약속의 말씀을 따라 반응하라.

2. 타락한 천사들의 예 - 교만

이들의 특징은 교만이다. 이들은 자기 지위를 지키지 아니하고 자기 처소를 떠났다(유 1:6). 겸손은 자기 자리를 지키는 것이요, 교만은 자기가 마땅히 있어야 할 자리를 떠나는 것이다. 천사들은 피조물로서 하나님을 예배하는 것이 자기의 지위요, 마땅히 있어야 할 자리이다. 그러나 이들은 교만했다. 피조물의 자리를 떠나 하나님의 자리에 들어가려 했다(겔 28:2,17, 사 14:12-15). 하나님은 교만한 자를 물리치시고 겸손한 자에게 은혜를 주신다(약 4:6). 자기 힘과 능력으로 성공을 취하지 말아야 한다. 모든 영광을 하나님께 돌려야 한다. 겸손은 자기의 분수를 아는 것이고, 교만은 모르는 것이다.

3. 소돔과 고모라의 예 - 성의 잘못된 사용

그들은 음란하며 육체의 소욕을 좇았다. 이로 인해 영원한 불의 형벌을 받았다(유 1:7). 소돔과 고모라의 멸망은 노아의 홍수와 함께 죄로 인한 심판의 대표적 예이다(창 19장). 이들의 가장 심각한 죄는 성의 잘못된 사용이다. 동성애가 가장 대표적인 예다. 그들은 남색에 열중했다. 이들은 역사에서 흔적도 없이 사라졌다. 예루살렘에서 불과 하루 여행 거리에 있던 소돔과 고모라의 터는 지금은 불모지, 황야이다. 그때 그을린 황야의 비틀린 토지 밑에는 아직도 역청과 기름이 있다. 소돔과 고모라는 거룩함을 상실한 삶의 결과를 보여주는 대표적 예다.

광야에서 죽은 이스라엘, 타락한 천사들, 소돔과 고모라의 공통적인 특징은 하나님의 말씀을 자신들의 삶에 절대가치와 절대기준으로 삼지 않은 것이다. 유다서는 이런 명백한 세 가지의 역사를 예로 들면서 우리에게 거울로 삼으라고 권면한다. 우리는 절대가치 기준인 성경을 상고해야 한다. 그 진리를 알고 행해야 한다.

또 다른 역사의 교훈

> 화 있을진저 이 사람들이여, 가인의 길에 행하였으며, 삯을 위하여 발람의 어그러진 길로 몰려갔으며, 고라의 패역을 따라 멸망을 받았도다 유 1:11

첫째, 가인의 길을 조심하라

가인은 그 형제 아벨을 질투했고, 미움을 품었다. 급기야 형제를 들판에서 죽였다. 하나님께서 가인의 예배와 예물을 받지 않으시고 아벨의 예배와 그 예물을 열납하셨기 때문이다. 그 원인은 믿음에 있었다.

하나님이 받으시는 예배와 예물의 기준은 오직 믿음이다. 믿음은 자기 방식의 예배를 말하는 것이 아니다. 믿음으로 드리는 예배와 예물은 오직 하나님의 말씀을 따르는 것이다. 하나님이 받으시는 예배는 오직 어린양 예수의 피를 의지하여 드리는 것이다.

가인은 그가 드린 예배와 예물이 열납되지 않은 이유를 살펴서 올바른 예배를 드렸어야 했다. 그러나 오히려 형제에 대한 비교와 경쟁의식에만 집중했다.

형제에 대한 시기와 질투, 경쟁의식과 비교의식, 미움과 냉소를 조심하라. 가인의 길이란 모든 면에서 무신론적이며 불신앙적이며, 자기 마음대로 행동하며 하나님 중심으로 살지 않는 것이다.

둘째, 발람의 어그러진 길을 조심하라

발람은 하나님의 뜻에 따라 살지 않고 물질을 위해 하나님의 뜻을 무시한 대표적 인물이다. 모압 왕 발락이 거액의 재물을 제시하며 발람에게 이스라엘 백성을 저주하도록 요청했다. 발람은 발락의 요청이 하나님의 뜻이 아닌 것을 명백히 알았다. 처음에는 그 요청을 거절했지만 그의 마음속에는 물질을 사랑하는 마음이 있었다. 더 많은 재물과 사회적 보장을 제시한 발락의 요구를 발람은 수락했다. 베드로후서 2장 15,16절은 "그는 불의의 삯을 사랑하다가" 책망을 받았으며, 나귀가 "선지자의 미친 행동"을 저지했다고 말한다.

발람의 길은 돈을 사랑하는 길이다. 디모데전서 6장 10절에 "돈을 사랑함이 일만 악의 뿌리"라고 했다. 발람의 길은 맘몬을 주인으로 삼는 길이다. 예수님은 "한 사람이 두 주인을 섬길 수 없다"라고 경고하셨고, 두 주인은 바로 "하나님과 재물(:맘몬)"이라고 하셨다(마 6:24). 발람의 어그러진 길을 조심하라는 말은 맘몬을 주인 삼지 말고, 타협하지 말며, 오직 하나님을 주인으로 모시며, 전적으로 그분의 뜻에 순종하며 사는 것을 말한다.

셋째, 고라의 패역을 조심하라

고라는 권위를 무시한 대표적 인물이다. 그는 여러 사람을 동원하여 모세와 아론의 권위를 공개적으로 대적했다. 하나님이 계심을 무시하고 인간적인 방법으로 행했다. 하나님은 고라와 그를 따르는 무리들을 땅속으로 삼켜진 바 되게 하셨다. '패역'이란 대항하여 반박하고 대적하는 행동을 말한다. 패역의 길은 멸망의 길이다. 권위를 무시하는 것은 가장 위험한 행동이다. 권위를 주시고 그의 주권으로 다스리시는 하나님을 무시하는 행동이다. 하나님은 이를 엄격하고 신속하게 처리하신다. 부모와 자녀 사이, 교회 공동체, 사회의 각 영역에서 권위를 올바로 사용하며 반응하는 것이 하나님나라를 이루는 길이다.

가인의 길, 발람의 길, 고라의 패역은 어느 시대에나 일어나는 현상이다. 특히 오늘날 빈번하게 발생하여 가장 경계해야 할 영역이기도 하다. 그 길은 멸망의 길이다.

거짓 교사들의 특징(계속)

유다서는 거짓 교사들의 특징을 계속하여 다음과 같이 설명한다(유 1:12,13).
1. 이들은 배를 침몰시키는 바닷물 속에 살짝 숨겨진 암초와 같다.
2. 돌봐야 할 양들을 돌보지 않고 자기 몸만 기르는 목자요, 당을 지어 그리스도인의 사귐을 파괴하는 자들이다.
3. 바람에 불려가는 물 없는 구름과 같다. 즉 갈망하던 비가 내릴 듯하다가 그대로 지나가는 구름처럼 거짓 맹세로 남을 속인다.
4. 죽고 또 죽어 뿌리까지 뽑힌 열매 없는 가을 나무와 같다.
5. 자기 수치의 거품을 뿜는 바다의 거친 물결과 같다. 바다의 거친 파도가 거품을 뿜어내어 난 파선의 잔해를 해안에 남기듯 수치스러운 행동을 뿌리고 다닌다.
6. 영원히 예비된 캄캄한 흑암으로 돌아갈 유리하는 별과 같다. 이들은 궤도를 이탈하여 결국 멸망하는 별처럼, 교만함으로 하나님께 불순종하여 자신의 길을 가다가 멸망하는 자들이다.

에녹의 예언

오래전에 에녹은 이들의 멸망을 예언했다. 그러나 성경에는 에녹의 예언에 대해 언급된 곳이 없다. 우리가 아는 바는 에녹이 그의 아들의 이름을 '므두셀라'라고 지었다는 것뿐이다. 그 이름의 뜻은 명확하지 않으나 '그가 보내리라' 또는 '그가 오시리라'로 여겨진다. 유다서에 언급된 에녹의 예언과 창세기에서 에녹이 그의 아들의 이름을 므두셀라로 지은 것은 연관이 있다. 에녹은 므두셀라를 낳은 후부터 그가 죽음을 보지 않고 올려 갈 때까지 300년간 하나님과 동행했다. 그리고 그가 죽던 해에 노아의 홍수가 임했다(창 5:21-24).

그러므로 어떤 학자들은 '그가 죽을 때에 그가 오시리라' 혹은 '그가 죽을 때에 그것을 보내리라'의 의미로 그 이름을 해석한다. 유다서에는 그의 예언이 무엇인지 명확하게 기록되어 있다. "보라, 주께서 그 수만의 거룩한 자와 함께 임하셨나니"(유 1:14). 이것은 분명히 주 예수님의 재림의 모습이다. 주님의 재림은 노아의 홍수 때와 같다고 성경에 여러 차례 언급되었다. 성령께서 에녹에게 이를 미리 보여주셨다.

에녹의 경건

유다서 1장 15절에는 "경건하지 않은"이라는 문구가 네 차례나 언급된다.

> 이는 뭇 사람을 심판하사 모든 경건하지 않은 자가 경건하지 않게 행한 모든 경건하지 않은 일과 또 경건하지 않은 죄인들이 주를 거슬러 한 모든 완악한 말로 말미암아 그들을 정죄하려 하심이라 유 1:15

"경건하지 않은 자", "경건하지 않은 죄인들", "경건하지 않게 행한", "경건하지 않은 일" 이것들로 인해 하나님이 심판하신다. 에녹 시대에는 경건과 불경건이 극한 대립을 이룬 시대였다. 유다서 1장 16절은 '경건하지 않은 자들의 특징'을 말한다. 그들은 원망하며, 불만을 토하며, 정욕대로 행하며, 자랑하는 말을 하며, 이익을 위해 아첨한다.

에녹은 경건한 사람이었으나 그의 주변에는 경건하지 않은 사람들로 가득했다. 그럼에도 그는 조금도 영향을 받지 않고 경건한 삶을 살았다. 그 비결은 믿음이었다. 그는 하나님이 계심과 그분이 일하심을 믿었다. 그는 하나님을 두려워했다. 경건하지 않은 세상과 사람들 가운데서 언제나 '코람데오'의 삶을 살았다.

> 믿음이 없이는 하나님을 기쁘시게 하지 못하나니, 하나님께 나아가는 자는 반드시 그가 계신 것과 또한 그가 자기를 찾는 자들에게 상 주시는 이심을 믿어야 할지니라 히 11:6

이 말씀은 에녹의 믿음을 두고 한 것이다.

너희는 기억하라(유 1:17-23)

사도들이 이미 마지막 때에 일어날 일들을 예언했다. 이것을 기억하고 놀라지 말고, 경계하며 깨어있으라. 그리고 그리스도인의 다섯 가지 의무를 행하라.

1. 자신의 삶을 거룩한 믿음 위에 건축하라.
2. 성령으로 기도하라.
3. 하나님의 사랑 안에서 자신을 지키라.
4. 영생에 이르도록 우리 주 예수 그리스도의 긍휼을 기다리라.
5. 거짓 선지자들은 단호히 대적하되, 교회 공동체에서 의심하는 자들은 긍휼히 여기라. 그들을 불에서 끌어내어 구원하라. 그 육체로 더럽힌 옷은 미워하되 두려움으로 그들을 긍휼히 여기라.

에녹의 찬양(유 1:24,25)

성경에는 능력의 하나님께 드리는 찬양이 세 번 나온다.

로마서 16장 26,27절은 능히 우리를 견고하게 하실 하나님을 찬양한다.

에베소서 3장 20,21절은 우리가 구하거나 생각하는 모든 것에 더 넘치도록 능히 하실 하나님을 찬양한다.

유다서 1장 24,25절에 놀라운 능력의 하나님을 찬양하는 고백이 있다. 나는 이것을 '에녹의 찬양'이라고 부르고 싶다. 에녹의 경건한 삶, 믿음의 삶, 승리의 비결이 여기에 있다.

"능히 너희를 보호하사 거침이 없게 하시고 너희로 그 영광 앞에 흠이 없이 기쁨으로 서게 하실 이 곧 우리 구주 홀로 하나이신 하나님께, 우리 주 예수 그리스도로 말미암아 영광과 위엄과 권력과 권세가 영원 전부터 이제와 영원토록 있을지어다. 아멘"(유 1:24,25).

유다서를 읽다 보면 자칫 부정적이 되거나 두려움이 생길 수 있다. 이 시대를 사는 동안 믿음의 삶을 살기 어려워 보이기도 한다. 그러나 이 마지막 두 구절을 통해 우리는 담대해진다. 승리를 바라보며 하나님을 찬양하게 된다. 경건한 삶을 살기 어려운 세상에서 경건하지 못한 일들, 사건들, 사람들, 환경들을 바라보지 않고 에녹처럼 하나님을 바라보게 된다.

우리는 그의 영광, 그의 위엄, 그의 다스리심, 그의 능력을 바라본다. 그 하나님만 홀로 우리의 구주가 되신다. 이 하나님이 능히 우리를 보호하셔서 거침이 없게 하신다. 그분은 죄에 빠져 실족하거나 실패하지 않도록 우리를 충분히 보호할 능력이 있으시다. 그래서 우리를 주 앞에 흠이 없이 서게 하실 것이다. 우리에게 필요한 것은 에녹의 믿음의 찬양이다.

Dear. NCer

역사에 나타난 예들을 경계의 거울로 삼자.
- 불신앙 - 이스라엘 백성들
- 교만 - 타락한 천사들
- 쾌락과 정욕 - 소돔과 고모라

가장 경계해야 할 세 가지 길
- 가인의 길 - 시기, 질투, 미움, 경쟁의식, 비교의식, 냉소주의
- 발람의 길 - 맘몬을 주인 삼음, 돈을 사랑함
- 고라의 패역 - 권위를 거역함

NCer들이여, 에녹의 DNA를 취하자.
- 에녹처럼 경건, 믿음, 승리의 삶의 롤 모델이 되자.

❖ 히브리서 (Hebrews) 모든 것 위에 뛰어나신 예수

히브리서는 다른 모든 성경과 조화를 이룬다. 모세5경, 특히 레위기의 주석이라고 볼 수 있다. 그래서 히브리서를 '신약의 레위기'라고도 부른다. 신학적 깊이, 웅장한 스타일, 내용 구성의 탁월함이 히브리서에 대한 인상이다.

이 놀라운 서신의 기록자가 누구인가는 큰 관심거리다. 알렉산드리아의 오리겐은 "하나님만이 히브리서의 저자를 아신다"라고 말했다. 내용이나 구성에 있어서 바울이라고 보는 견해도 있지만 바나바나 아볼로로 보는 견해가 더 압도적이다. 나는 아볼로에 더 무게를 둔다. 알렉산드리아 출신인 그는 "언변이 좋고 성경에 능통한 자"였다. 그는 구약을 통해 예수에 대해 자세히 가르쳤다(행 18:24-28). 에베소에서 사역하면서 브리스길라와 아굴라를 통해 성령을 체험한 후 그의 말씀 사역은 더 풍성해지고 힘이 생겼다. 그 후 그는 아가야 지방의 고린도로 갔고(행 18:27-19:1), 바울이 개척한 고린도교회에서 바울에 이어 사역했다(고전 3:4-7).

히브리서 – 큰 대제사장이신 예수(히 4:14-16)

하나님의 아들로서 인성의 아름다움			하나님의 아들로서 제사장직의 탁월한 영광			그리스도인의 아름다운 믿음의 삶			
서론	그리스도의 위엄		그리스도의 사역			그리스도인의 사역			결론
하나님의 아들이신 예수	천사들보다 뛰어나신 예수	모세보다 뛰어나신 예수	아론보다 뛰어나신 예수	더 아름다운 직분, 더 좋은 약속, 더 좋은 언약의 중보자	더 크고 온전한 장막, 더 좋은 제물, 한 영원한 제사	믿음의 역사	소망의 인내	사랑의 수고	축도와 인사
1:1-3	1:4-2:18	3:1-4:13	4:14-7:28	8:1-13	9:1-10:18	10:19-11:40	12:1-29	13:1-19	13:20-25
교리						훈련			

히브리서는 예수 그리스도가 얼마나 탁월하신지 가장 잘 설명하는 책이다. 예수 그리스도의 아름다운 인성과 거룩한 신성을 찬란하게 그렸다. 이는 헬라적 사고의 사람들에게나 히브리적 사고의 사람들에게 동일하게 전하는 메시지다.

헬라적 배경 : '당신들은 실체를 찾아 구하고 있다. 그림자에서 벗어나 진리에 이르고자 한다. 당신들의 간절한 소원을 이루게 하시는 이는 오직 예수 그리스도이시다.'

히브리적 배경 : '당신들은 지금까지 완전한 희생을 바쳐 하나님께로 가는 길을 열어 하나님과 당신들 사이에 가로놓인 장애물을 제거하고, 하나님과 정상적인 관계를 회복시켜 줄 수 있는 완전한 제사장을 찾고 있었다. 그것을 행할 수 있는 이는 바로 예수 그리스도 한 분뿐이다.'

• **헬라인에게**, '당신들은 안타깝게도 그림자에서 실체로의 길을 탐구하고 있는데, 그것은 예수 그리스도 안에서만 찾아낼 수 있다. 그분이 당신들이 찾는 실체다.'

• **히브리인에게**, '당신들은 자신들이 범한 죄로 폐쇄되어 버린 하나님께 가는 길을 열어줄 완전한 희생을 구하고 있는데, 그것은 예수 그리스도 안에서만 찾을 수 있다. 그분이 완전한 제사장이며 완전한 제물이다.'

히브리서의 특징

히브리서의 다섯 가지 권면, 경계, 경고

히브리서는 '한 편의 긴 설교'라고 할 수 있다. 설교 중에 다섯 번에 걸쳐 훈계가 나온다. 이를 통해 당시 영적 분위기를 엿볼 수 있다. 우리가 귀를 기울여 마음으로 듣고 자신을 살펴야 할 영역이다.

1) 들은 말씀을 소홀히 함으로 말씀에서 떠나 불신앙으로 떨어져 표류하지 않도록 주의하라 (히 2:1-4).
2) 강퍅한 마음으로 들은 바 말씀을 의심하지 말고 믿음으로 화합하라(히 3:7-4:13).
3) 영적 나태함으로 말씀에 무뎌져서 영적 열정이 시들지 않도록 경계하라(히 5:11-6:20).
4) 완고함으로 말씀을 업신여겨 믿음이 후퇴하지 않도록 주의하라(히 10:26-39).
5) 듣기를 거절함으로 말씀에 불순종하여 은혜에 이르지 못하는 자가 없도록 경계하라(히 12:14-29).

예수 그리스도의 뛰어나심

히브리서는 구약의 말씀이 오직 예수 그리스도를 증거함을 자세히 설명한다. 예수 그리스도는 구약의 보충이 아니라 구약의 완성이다. 시편 110편이 본문이라면 히브리서는 시편 110편의 주석이라 할 수 있다. 히브리서는 모든 것 위에 뛰어나신 예수 그리스도를 뚜렷하게 보여준다.

1) 선지자들보다 뛰어나심(히 1:1-3)
2) 천사보다 뛰어나심(히 1:4-14)
3) 모세보다 뛰어나심(히 3:1-6)
4) 여호수아보다 뛰어나심(히 4:1-11)
5) 아론의 제사장 직분보다 뛰어나심(히 5장-7장)
6) 옛 언약보다 좋으심(히 8장-10장)
7) 믿음의 본이 되심(히 11장-13장)

히브리서의 메시지

모든 것 위에 뛰어나신 예수(히 1:1-4:13)

선지자들과 예수 그리스도(히 1:1,2a)

> 옛적에 선지자들을 통하여 여러 부분과 여러 모양으로 우리 조상들에게 말씀하신 하나님이 이 모든 날 마지막에는 아들을 통하여 우리에게 말씀하셨으니 히 1:1,2a

하나님이 "여러 부분"과 "여러 모양"으로 "말씀하셨다"는 것은,

1) 선지자들을 통해 전달된 계시는 여러 형태를 지녔다. 그들은 시대에 필요한 메시지를 전달했다. 그러나 선지자들은 진리의 일면을 전달했다.
2) 선지자들을 통해 전달된 계시는 단편적이다. 그 시대에 해당하는 하나의 메시지이기 때문이다. 가령 선지자 아모스를 통해서는 하나님의 '공의'를 전달하여 사회의 정의를 촉구했다. 선지자 이사야를 통해서는 하나님의 '거룩하심'을 전달하여 백성들과 세상의 죄를 지적하며 회개를 촉구했다. 선지자 호세아를 통해서는 하나님의 '용서하시는 사랑'을 전달하여 하나님을 떠난 백성들을 향한 그분의 사랑을 나타냈다.
3) 선지자들이 계시를 전달할 때 여러 방법이 사용되었다. 극적인 행동(왕상 11:29-32, 렘 13:1-9, 겔 4:1-3 등)이나 다양한 연설 방법을 통해 메시지를 전달했다.

그러나 하나님께서 이 모든 날 마지막 날에 "아들을 통하여" 우리에게 말씀하셨다. 사람이 되신 하나님, 예수께서 자신을 통해 직접 하나님을 보이셨다. 자신의 인격을 통해서도 보이셨다. 예수 그리스도 안에서 하나님을 보여주셨다.

선지자들은 하나님의 종 또는 친구로서 하나님을 보여주었다. 그러나 예수 그리스도는 하나님의 아들로서 그분을 보이셨다. 선지자들은 하나님 마음의 일부를 보였으나 예수께서는 하나님의 마음 중심을 보이셨다. 선지자들은 하나님의 성품의 일부분을 보였지만 예수 그리스도는 하나님의 전체를 보이셨다. 예수 그리스도를 보면 하나님을 볼 수 있기 때문이다. 예수 그리스도는 독생하신 하나님이시다. 예수께서 "너희가 나를 알았더라면 내 아버지도 알았으리로다… 나를 본 자는 아버지를 보았거늘… 내가 아버지 안에 거하고 아버지는 내 안에 계신 것을 네가 믿지 아니하느냐?"(요 14:7-10)라고 말씀하셨다.

> 말씀이 육신이 되어 우리 가운데 거하시매 우리가 그의 영광을 보니 아버지의 독생자의 영광이요 은혜와 진리가 충만하더라 요 1:14

> 본래 하나님을 본 사람이 없으되 아버지 품속에 있는 독생하신 하나님이 나타내셨느니라 요 1:18

그러면 예수 그리스도는 누구신가?(히 1:2b,3)

1) 예수 그리스도는 하나님의 영광의 광채시다. 하나님의 영광 그 자체시다. 하나님의 영광의 반사체가 아니라 광채시다. 예수 그리스도는 하나님의 본질, 실체, 일체이시다. 하나님의 표

현이다. 예수를 바라보면 하나님의 본질을 알 수 있다. 예수 그리스도는 단편적이거나 부분적인 계시가 아니라 하나님 자체이다.

2) 그는 만유의 상속자이시다. 예수 그리스도는 합법적으로 모든 것의 주가 되신다. 그는 만왕의 왕이시며, 만유를 다스리시는 만유의 주이시다. 하나님 아버지는 그에게 '하늘과 땅의 모든 권세'를 주셨다.

3) 예수 그리스도는 창조주이시다. 보이는 세계와 보이지 않는 세계, 하늘과 땅은 그에 의해 창조되었다.

4) 그의 능력의 말씀으로 보이는 세계와 보이지 않는 세계의 모든 것을 붙드신다. 세계를 유지하는 힘은 예수님의 말씀이다. 역사를 통해 그의 경륜과 섭리로 그가 예정하신 뜻을 성취하시는 분도 예수 그리스도다.

5) 예수 그리스도는 죄를 사하는 권세가 있으시다. 십자가에서 우리의 죄를 위한 화목제물이 되셔서 우리를 죄로부터 자유하게 하시고 의롭다 하셨다.

6) 그는 우리의 중보자이시다. 예수는 하나님의 영광의 오른쪽에 앉으셔서서 우리를 위해 중재하시며 역사하시는 분이다.

그러므로 예수 그리스도는 모든 것 위에 뛰어나시다. 히브리서 1장 4절부터는 예수께서 얼마나 뛰어나신지를 보여준다.

예수는 천사보다 뛰어나시다(히 1:4-14)

천사의 위치는 교회 역사에서 언제나 논의되었다. 아주 오래전, 이스라엘 사람들은 하나님과 사람 사이가 점점 멀어져서 하나님이 사람에게 말씀하실 수 없고, 사람도 하나님께 직접 말씀드릴 수 없는 것처럼 생각했다. 결국 모세와 같은 중재자의 필요가 대두되었다. 사람들은 천사의 역할이 점점 커져서 하나님과 사람 사이의 다리 역할을 한다고 믿었다. 특히 신구약 중간 시대에 이런 사고가 팽배했다. 초대교회 시대에도 어느 정도 이 같은 사고가 있었다.

야곱이 벧엘에서 잠을 잘 때 꿈에서 본 장면은 마치 이것을 증명하는 것처럼 비칠 수 있다. 이는 하나님과 사람 사이에서 천사가 중재자 역할을 하는 것으로 보이나, 하나님과 사람 사이에 중재자는 오직 예수뿐이다. 하나님은 천사에게 이것을 맡긴 적이 없으시다. 오직 예수께서 우리가 하나님께로 직접 갈 수 있도록 길을 여셨다. "모든 천사들은 섬기는 영으로서 구원받을 상속자들을 위하여 섬기라고 보내심"을 받았다(히 1:14).

말씀을 경험하는 삶을 살라(히 2:1-4)

하나님이 우리에게 하신 말씀은 두 가지다. 하나는 천사들을 통해 하신 말씀, 즉 율법이요 십계명이다. 다른 하나는 아들이신 예수 그리스도를 통해 하신 말씀이다. 천사들을 통해 주신 말씀을 우리가 소홀히 할 수 없다면 아들을 통해 주신 말씀은 더 등한시할 수 없다.

그러므로 2장 1절을 다음과 같이 번역할 수 있다. "그러므로 우리는 가르침을 받은 것들에 우리 인생의 닻을 내려서 인생이라는 배가 항구에서 멀리 떠나 표류하여 파선되는 일이 없도록 하자."

하나님 말씀의 특징(히 2:3,4)

처음에 하신 말씀이 있다. 우리 주 예수께서 직접 하신 말씀이다. **전달된 말씀**이 있다. 예수께로부터 직접 말씀을 들은 사도들이 그 말씀을 우리에게 전했다. 하나님은 사도들이 전할 때 표적과 기사, 여러 가지 능력과 성령의 은사로써 그 말씀의 확실함을 증명하셨다. 이처럼 하나님의 말씀은 확실하다. 먼저 사도들이 직접 들은 그 말씀이 사실로 경험되었다. 그들은 하나님이 확증하신 그 말씀을 전했다. 하나님 말씀은 듣는 자들에게 언제나 확증된다. 하나님이 전하는 자의 말씀을 확증하셨기 때문이다. 생명의 말씀이 생명으로 전달된다.

오늘 우리가 그 말씀을 전달하거나 들을 때에 기대하는 것은, 그 말씀의 확실함을 하나님이 증언하여 주시는 것이다. 고린도전서 4장 20절에 "하나님의 나라는 말에 있지 아니하고 오직 능력에 있음이라"라고 하시듯, 성령의 기름부으심과 권세와 능력이 나타나기를 기대해야 한다. 하나님이 그 말씀의 확실함을 증거하신다. 가장 큰 증거는 삶의 변화다. 살아내는 것이다. 말씀을 삶에서 경험하는 것이다. 이것이 말씀에 대한 확증이다.

빅뉴스! 잃어버린 하나님의 형상이 회복되었다!(히 2:5-9)

하나님께서는 사람을 하나님의 형상으로 창조하셨다. 하나님보다 조금 못하게 만드시고 하나님을 대신하여 만물을 다스리게 하셨다(히 2:5-8a). 그런데 사람이 죄를 범하여 이 놀라운 영광과 특권을 상실했다. 승리와 다스림 대신에 좌절과 패배를 맛보았다(히 2:8b). 그러나 예수 그리스도가 오셔서 그의 고난의 죽으심으로 우리의 죄를 처리하시고 부활하심을 통해 상실했던 하나님의 형상을 우리에게 회복시키셨다(히 2:9). 예수께서 오셔서 회복하실 때 하나님과의 관계뿐 아니라 만물을 다스리는 권세도 회복하셨다.

능히 도우시는 예수 그리스도(히 2:14-18)

예수님은 우리와 동일하게 혈과 육에 속한 사람으로 오셔서 사람이 당하는 모든 것을 경험하셨다. 우리와 동일하게 고난을 받으셨다. 이는 아브라함의 씨를 붙들어주려 하심이었다. 그는 십자가의 죽음을 통해 죽음의 세력을 잡은 자, 마귀를 멸하셨다. 죽기를 무서워하므로 한평생 매여 종노릇하는 모든 자를 놓아주셨다. 그의 백성의 죄를 속량하셨다. 그가 시험을 받아 고난을 당하셨기에 시험받는 자를 능히 도우신다.

그러므로 예수를 깊이 생각하라(히 3:1-6)

우리는 예수님의 다음 두 모습을 깊이 생각해야 한다.
예수님은 위대한 '사도'이시다. 하나님이 사명을 주어 보내신 하나님의 대사이며 메신저이시다.

또한 예수님은 위대한 '대제사장'이시다. 우리의 죄를 처리하시고 우리를 하나님께로 이끄신다. 그러므로 우리의 생각을 오직 예수께 고정시켜야 한다. 사도와 대제사장으로서 그가 우리를 위해 행하신 것들을 깊이 생각해야 한다. 그러면 우리의 믿음이 견고해지고, 우리를 부르신 그 부르심을 따라 살게 될 것이다.

하나님이 주시는 진정한 안식에 들어가라(히 3:7-4:13)

1) 하나님이 주시는 안식은 창조의 마지막 날을 말하는 것이 아니다. 또한 요단 강을 건너 가나안 땅에 들어가는 것을 말하는 것도 아니다. 물론 일주일의 어느 특정한 날 곧 안식일을 말하는 것도 아니다.

2) 이스라엘 백성이 이에 대한 좋은 본보기다. 그들은 약속을 따라 애굽에서 나와 광야를 통행했다. 그러나 결정적으로 약속의 땅에 들어가야 할 때 그 땅에 들어가지 못하고 광야에서 죽었다. 그들이 들은 바 하나님의 약속의 말씀에 믿음으로 반응하지 않았기 때문이다. 그들은 두려운 환경과 사람, 가나안 족속을 두려워했다. 두려움의 뿌리는 불신앙이다. 불신앙은 불순종으로 이어졌고 그들은 결국 안식을 얻지 못했다.

3) 하나님의 약속을 내 것으로 받는 비결은 오직 믿음밖에 없다. 믿음은 순종과 신뢰의 두 요소로 이루어진다. 하나님의 말씀을 따라 내가 해야 할 일을 최선을 다해 순종할 때 하나님은 그의 일을 하심으로 약속하신 그 말씀을 우리가 경험하게 하신다.

4) 하나님이 주시는 안식은 그의 뜻 한가운데 있는 것을 말한다. 그의 말씀을 듣고 믿음으로 반응하여 순종할 때 안식과 평안이 있다. 그곳이 내 삶의 안전지대이다.

> 안식은 특정 날짜, 장소, 사건을 말하는 것이 아니다. 바로 '오늘' 하나님의 말씀을 듣고 믿고 순종하며 살 때 비로소 안식이 있다. 하나님은 '오늘', '날마다의 오늘' 우리의 마음을 강퍅하게 하지 말고, 불순종과 불신앙이 아닌 그분의 말씀을 듣고 순종하여 살아감으로 진정한 안식을 누리라고 하신다.

멜기세덱의 반차를 따른 대제사장(히 4:14-7:28)

우리에게 큰 대제사장이 계신다(히 4:14-16)

예수님은 하나님의 아들이시며 우리의 큰 대제사장이시다. 그분은 완전한 사람이 되셔서 우리와 동일한 육체적 조건 가운데 계셨다. 그분은 상상할 수 없는 유혹을 받으셨지만 죄를 범하지 않으셨다. 그러므로 큰 대제사장이신 예수의 세 가지 성품을 기억하자.

1) 예수님은 동정이 많으시다. 우리의 연약함을 이해하신다.
2) 예수님은 자비로우시다. 긍휼을 베푸시고 우리를 용서하신다.
3) 예수님은 우리에게 도움을 주신다. 우리로 하나님의 보좌 앞에 나아가 때를 따라 돕는 은혜를 받게 하신다.

"우리에게 큰 대제사장이 계시니!"(히 4:14) 이보다 확실한 은혜는 없다. 내 뒤에 든든한 후원자가 있어서 어떤 경우에라도 두려움이나 불안이 없다는 것이다. 예수님은 우리를 이해하시고 용서하시고 용납하시며 더 나아가 아버지의 보좌 앞으로 인도하여 모든 필요한 것을 받아 누리게 하신다.

멜기세덱의 반차(히 5장-6장)

예수 그리스도께서 어떻게 멜기세덱의 반차를 따른 대제사장이 되셨는가?
하나님께 속한 일에 사람을 위해 예물과 속죄제를 드릴 제사장을 사람 가운데서 택했다. 물론 아무나 제사장이 되는 것은 아니다. 하나님의 부르심을 받아 세워졌다. 하나님은 아론을 불러 그 일을 감당하도록 하셨으며, 제사장직은 오직 아론의 반차를 따르게 하셨다. 제사장직을 행하도록 아론을 부르신 하나님이 또한 멜기세덱의 반차를 따르는 제사장을 불러 세우셨다. 예수 그리스도가 바로 멜기세덱의 반차를 따르는 대제사장이시다.

도의 초보를 버리고 완전한 데로 나아가라

히브리서는 멜기세덱에 대하여 계속 설명하기 전에 잠깐 멈추어 생각을 정리한다. 그 뜻을 이해하고 소화하기가 어렵기 때문이다. 영적으로 성장해야 한다. 언제까지 어린아이에 머무를 것인가? 젖을 먹는 어린아이에서 단단한 음식을 먹는 장성한 자로 성장해야 한다. 영적 게으름에서 벗어나야 한다.
그리스도의 도의 초보에만 머물러서는 안 된다. 죽은 행실을 회개함, 하나님께 대한 신앙, 세례들, 안수, 죽은 자의 부활, 영원한 심판에 관한 교훈이 도의 초보이다(히 6:1,2). 오늘날 이 여섯 가지 도의 초보조차 아직 이해하지 못하는 영적 어린아이가 있다. 영적 부지런함으로 자라나야 한다.

우리가 간절히 원하는 것은 너희 각 사람이 동일한 부지런함을 나타내어 끝까지 소망의 풍성함에 이르러, 게으르지 아니하고 믿음과 오래 참음으로 말미암아 약속들을 기업으로 받는 자들을 본받는 자 되게 하려는 것이니라 히 6:11,12

성장의 기초는 믿음이다. 믿음은 하나님의 약속을 나의 것으로 경험하게 한다. 믿음의 삶을 살려면 부지런함과 오래 참음과 소망이 있어야 한다. 아브라함이 가장 좋은 예이다. 하나님은 그에게 "내가 반드시 너에게 복 주고 복 주며 너를 번성하게 하고 번성하게 하리라"(히 6:14)라고 약속하셨다. 아브라함은 그 약속을 믿었다. 하나님의 약속의 말씀과 약속하신 하나님을 믿었다. 흔들리지 않았다. 그리고 오래 참아 결국 약속의 성취를 경험했다.

우리도 아브라함과 같은 소망을 가져야 한다. 소망은 영혼의 닻과 같다. 비록 물결이 일어나 배가 흔들릴지라도 멀리 바다로 떠내려가지 않게 한다. 우리의 소망은 성소의 휘장 안에 들어가는 것이다. 예수께서 오셔서 우리는 성소의 휘장 안으로 들어가게 되었다. 이전에는 하나님께 가는 문이 닫혔으나 예수로 인해 그 문이 열렸다. 예수가 우리를 하나님께로 이끄는 제사장이시다. 그는 아론의 반차를 따르지 않고 멜기세덱의 반차를 따랐다. 멜기세덱은 누구인가?

멜기세덱(히 7장)

멜기세덱은 의의 왕이요, 살렘(:예루살렘) 왕이며, 평강의 왕이다(히 7:2). 지극히 높으신 하나님의 제사장이다. 아버지도 없고 어머니도 없고 족보도 없고 시작한 날도 없고 생명의 끝도 없어 항상 제사장으로 있다(히 7:3). 아론 계통의 제사장 직분은 족보이며 세습이다. 아론은 일시적이나 멜기세덱의 제사장직은 영원하다.

아브라함이 멜기세덱에게 십일조를 드리자 멜기세덱이 그를 축복했다. 그러므로 레위 족속의 제사장보다 더 나은 제사장 직분이다. 왕과 제사장은 구분되나 멜기세덱의 경우는 다르다. 그는 왕이며 제사장이었다.

유대 지파에서 나신 예수님은 멜기세덱의 반차를 따라 제사장이 되셨다.

> 우리 주께서는 유다로부터 나신 것이 분명하도다. 이 지파에는 모세가 제사장들에 관하여 말한 것이 하나도 없고 멜기세덱과 같은 별다른 한 제사장이 일어난 것을 보니 더욱 분명하도다. 그는 육신에 속한 한 계명의 법을 따르지 아니하고 오직 불멸의 생명의 능력을 따라 되었으니, 증언하기를, '네가 영원히 멜기세덱의 반차를 따르는 제사장이라' 하였도다 히 7:14-17

새로운 제사 직분

옛 언약에서는 제사장들의 행렬이 이어졌다. 대제사장은 자신과 백성의 죄를 위해 지성소에 들어갔다. 이 같은 제사가 매년 반복되었다. 옛 언약은 새 언약의 그림자다. 새 언약은 옛 언약의 성취다. 새로운 제사 직분의 약속은 이전 제사 제도의 결함 때문이었다. 율법은 우리를 하나님께로 이끌 수 없다. 예수 그리스도가 우리를 하나님께로 이끄신다. 옛 언약은 땅 위의 성소를 중심으로 이루어지나 새 언약은 하늘의 성소를 중심으로 이루어진다.

새로운 제사직은 영원하다. 새로운 제사 제도는 하나님의 맹세에 의해 세워졌다. 예수 그리스도는 대제사장이시다. 그분은 죄가 없으시므로 자신의 죄를 위해 제사드릴 필요가 없다. 대제사장이신 예수는 자신을 완전한 제물로 바치셨다. 더 이상 희생이 필요 없다. 대제사장이신 예수는 영원히 살아계시며 죽는 일이 없으시다. 희생의 반복을 요구하지 않는다. 단번의 희생으로 영원한 속죄를 이루셨다.

더 아름다운 직분, 더 좋은 약속, 더 좋은 언약의 중보자 예수(히 8장)

새 언약이란 무엇인가?

"그날 후에 내가 이스라엘 집과 맺을 언약은 이것이니, 내 법을 그들의 생각에 두고 그들의 마음에 이것을 기록하리라. 나는 그들에게 하나님이 되고 그들은 내게 백성이 되리라. 또 각각 자기 나라 사람과 각각 자기 형제를 가르쳐 이르기를 주를 알라 하지 아니할 것은 그들이 작은 자로부터 큰 자까지 다 나를 앎이라. 내가 그들의 불의를 긍휼히 여기고 그들의 죄를 다시 기억하지 아니하리라"(히 8:10-12, 참고 렘 31:31-34, 겔 36:24-28).

하나님은 이미 예레미야를 통해 새 언약을 말씀하셨다. 히브리서는 이를 기억했다. 옛 언약은 모세를 통해 시내 산에서 주어진 율법을 가리킨다. 하나님이 새 언약을 세우신 이유는 옛 언약에 문제점이 있거나 부족해서가 아니다. 그것은 정당하고 거룩하며 옳은 법이다. 문제는 옛 언약이 아니라 그 법을 지키는 사람이다. 그 언약을 지킬 능력이 이스라엘에게는 없었다. 그 법에 의하면 모두 심판을 면할 수 없다. 그의 백성이 멸망하기를 원하지 않으시는 사랑의 하나님께서 새 언약을 세우셨다. 이는 옛 언약과 근본적으로 내용이 다르다.

새 언약의 내용은 세 가지다.

1) "내 법을 그들의 생각에 두고 그들의 마음에 이것을 기록하리라. 나는 그들에게 하나님이 되고 그들은 내게 백성이 되리라"(히 8:10). 옛 언약은 돌비에 새겨졌으나 새 언약은 마음판에 기록하셨다. 하나님은 우리에게 그분의 말씀을 행할 능력을 주신다. 옛 언약의 말씀을 따라 살고 싶어도 우리에겐 능력이 없다. 우리의 연약함만 드러날 뿐이다. 그런데 새 언약은 이렇듯 연약한 우리에게 성령을 주셔서 말씀을 따라 살 능력을 주시어 말씀을 행하게 도와주신다.

2) "작은 자로부터 큰 자까지 다 나를 앎이라"(히 8:11). 새 언약은 하나님과 친밀감을 회복하게 한다. 옛 언약은 오직 제사장만 성소에 들어갈 수 있다. 지성소에는 대제사장이 일 년에 한 번 들어갈 뿐이다. 그러나 새 언약은 믿는 자는 누구든지 언제나 하나님 보좌에 들어갈 수 있다. 예수 그리스도께서 십자가에서 죽으실 때 우리와 하나님 사이를 막던 성소의 휘장이 둘로 찢어져서 우리가 보좌에 나아갈 수 있도록 새로운 살길을 열어놓으셨다.

3) "내가 그들의 불의를 긍휼히 여기고 그들의 죄를 다시 기억하지 아니하리라"(히 8:12). 예수 그리스도의 보혈과 십자가의 능력은 우리의 죄를 완전히 해결하셨다. 예수 그리스도의 십자가는 죄의 몸을 해결하셨다. 예수 그리스도의 보혈은 우리가 지은 죄를 용서하시고 깨끗하게 하셨다. 나아가 예수님은 우리의 죄를 기억하지도 않겠다고 말씀하신다.

이처럼 놀라운 새 언약은 예수 그리스도로 말미암아 이루어졌다. 그분은 '더 아름다운 직분, 더 좋은 약속, 더 좋은 언약의 중보자'이시다!

더 좋은 장막, 더 좋은 제물, 더 좋은 제사(히 9:1-10:18)

이제 옛 언약과 새 언약의 차이를 설명하기 시작한다. 이전까지 제사장직의 차이, 두 언약의 차이를 설명했다면 여기서는 제사를 드리는 장소, 제물, 제물 드리는 횟수, 그리고 그 결과를 설명한다. 하나님이 모세를 통해 보여주신 장막(히 9:1-10), 즉 성소와 지성소는 하늘 장막의 모형과 그림자다(히 8:5). 마치 모델하우스와 같다. 이를 간단히 도표로 설명하겠다.

모세의 장막	하늘 장막
사람의 손으로 지음 짐승의 피 모형(히 9:23) 그림자(히 9:24) 자주 제사	더 크고 온전한 장막(히 9:11) 오직 예수 그리스도의 피(히 9:12-14) 실재 실체(:참 것, 히 9:24) 영단번(히 9:25, 26, 10:10,14,18)

옛 언약을 율법이라 하고, 새 언약을 복음이라 부른다. 이 두 언약은 갈라디아서와 로마서에서 이미 자세히 살펴보았다. 두 언약 모두 피로 세워졌다. "피 흘림이 없은즉 사함이 없느니라"(히 9:22)라고 하셨다. 옛 언약은 죄를 범한 자의 피를 요구하나 새 언약은 예수께서 대신하여 피를 흘림으로 죽임을 당하셨다. 옛 언약은 죄를 범한 자의 피를 대신하여 "염소와 황소의 피와 및 암송아지의 재를 부정한 자에게 뿌려 그 육체를 정결하게"(히 9:13) 했다. 그것은 장차 오셔서 우리의 죄를 대신하여 피를 흘리실 어린양 예수 그리스도를 예표하는 것이다. 그러므로 옛 언약은 새 언약의 그림자이다.

> 그리스도께서는 장래 좋은 일의 대제사장으로 오사 손으로 짓지 아니한 것, 곧 이 창조에 속하지 아니한 더 크고 온전한 장막으로 말미암아 염소와 송아지의 피로 하지 아니하고, 오직 자기의 피로 영원한 속죄를 이루사 단번에 성소에 들어가셨느니라… 영원하신 성령으로 말미암아 흠 없는 자기를 하나님께 드린 그리스도의 피가 어찌 너희 양심을 죽은 행실에서 깨끗하게 하고 살아계신 하나님을 섬기게 하지 못하겠느냐 히 9:11,12,14

옛 언약인 율법은 조건적이나 새 언약인 복음은 조건이 없다. 마치 유언처럼 일방적이다. 헬라어에서 "유언"과 "언약"(covenant)은 같은 단어(:헬, 디아데케 diatheke)이다. 유언자가 십자가의 죽음으로 그 약속을 이루었다. 이 약속을 들은 우리는 이것을 믿음으로 내 것이 되게 했다.

【 두 언약의 비교 】

옛 언약(히 9:1-10)	새 언약(히 9:11-28)
그리스도가 오셔서 이제 폐기되었다(히 8:13)	그리스도가 가져온 더 나은 언약이다(히 7:19, 8:6)
시내 산에서 시작되었다(갈 4:24,25)	하늘의 예루살렘에서 시작되었다(갈 4:26,27)
죽음과 죄의 선고를 가져온다(고후 3:7-9)	생명을 가져온다(엡 2:1-13)
인간의 연약함과 죄로 인해 온전한 순종이 불가능하다 (히 7:19, 10:1-4, 롬 7:18, 8:3)	그리스도에 의해 완전히 실현되었다(히 9:15, 10:10-14, 롬 8:11, 마 26:28)
매해 속죄를 위해 제사를 드려야 한다(히 9:7,8, 10:1-4)	단번에 모든 죄를 없애고, 양심을 깨끗게 한다 (히 9:12, 10:22)
하나님께 접근할 수 있는 길이 금지되었다(히 9:7,8)	하나님께 접근할 수 있는 모든 길이 열렸다(히 10:19-22)

The Way Maker(히 10:19-39)

> 그러므로 형제들아, 우리가 예수의 피를 힘입어 성소에 들어갈 담력을 얻었나니, 그 길은 우리를 위하여 휘장 가운데로 열어놓으신 새로운 살 길이요, 휘장은 곧 그의 육체니라. 또 하나님의 집 다스리는 큰 제사장이 계시매, 우리가 마음에 뿌림을 받아 악한 양심으로부터 벗어나고 몸은 맑은 물로 씻음을 받았으니, 참 마음과 온전한 믿음으로 하나님께 나아가자 히 10:19-22

이제 히브리서의 가장 감격적인 순간에 이르렀다! 이 긴 하나의 문장을 요약하면 다음과 같다. **"그러므로 형제들아, 하나님께 나아가자."**

"그러므로"
히브리서 1장부터 10장 18절까지의 결과를 말한다.
이 모든 말씀을 종합하여 예수님에 대해 다음의 세 가지 결론에 이른다.

1) 예수님은 하나님 앞으로 인도하는 새로운 살길이다.
2) 예수님은 하늘에 계시며 하나님의 집을 다스리는 대제사장이시다.
3) 예수님만이 우리의 죄를 완전히 깨끗하게 하실 수 있다.

예수님은 우리를 위해 하나님께로 나아가는 길을 여셨다. 그는 **The Way Maker**이시다! 그의 피로 길을 여셨다. 그러므로 하나님께 나아가자. 하나님의 보좌로 나아가자. 모두가 간절히 바라던 곳, 소망의 정점을 이루는 곳, 그러나 이전에는 아무도 감히 나아갈 수 없었던 곳 바로 지성소다. 그런데 그 길이 활짝 열렸다.

그곳은 하나님의 실재, 하나님의 현존, 하나님의 임재가 있는 곳이다. 하나님의 영광의 보좌이다. 하나님이 아버지이심을 경험하는 곳이다. 신선한 기름부음이 있다. 또한 진정한 예배가 있다. 예수님은 우리가 그곳에 영적 실재로 들어가게 하신다. 언젠가 주님을 만나는 것이 아니라 지금 예수 그리스도로 말미암아 날마다 지성소에 들어가 주님을 만나는 것이다.

앤드류 머레이는 히브리서를 주석하며 이 구절의 소제목을 '지성소 안의 생활의 축복'이라고 했다. 그는 다음과 같이 말했다.

> 여기서 우리는 아버지의 얼굴을 볼 것이요, 그의 사랑을 맛볼 것이다. 여기서 그의 거룩함을 나타내신다. 여기서 사랑과 예배와 기도의 향연이 이루어진다. 여기서 하나님과의 풍성한 교제가 이루어진다. 중보기도자의 능력 있는 기도가 이루어진다. 여기에 하나님과 어린양의 보좌로부터 끊임없이 흐르고 넘치는 성령의 강이 있다. 여기에서 영혼이 독수리의 날개 치며 올라감같이 새 힘을 얻고 또한 제사장으로서 세상에 축복을 줄 수 있는 힘과 사랑을 갖게 된다. 여기는 매일 그의 뜻을 이루는 통로가 되도록 신선한 기름부음을 받는 체험을 하는 곳이다.
> — 앤드류 머레이

"또"
히브리서 10장 23-39절의 말씀은 10장 19-22절의 결과를 말한다.

23절은 "또"라는 단어로 시작한다. 이는 "그러므로"라고 해도 무방하다. 이 놀라운 지성소의 삶을 사는 그리스도인에게 따르는 마땅한 삶이기에 서로 격려하며 응원한다. 그러므로 남을 돌아보라! 예수 그리스도로 말미암아 먼저 하나님께 나아가고 이제는 성도에게 나아가라.

서로 격려하라! 서로 예배드리기를 힘써 지키라! 소망을 굳게 잡으라. 더욱 모이기를 힘쓰라! 고난의 큰 싸움을 견디어 낸 것을 생각하라! 담대함을 버리지 말라! 뒤로 물러나 침륜에 빠지지 말라! 믿음으로 더욱 앞으로 나아가자!

> 너희에게 인내가 필요함은 너희가 하나님의 뜻을 행한 후에 약속하신 것을 받기 위함이라 히 10:36

하나님의 약속을 받으려면 인내가 필요하다. 그러나 가만히 수동적으로 기다리며 견디는 것이 아니라 적극적으로 하나님의 뜻을 행해야 한다. 하나님의 뜻은 하나님께 나아가 예배드리는 삶이요, 지성소에 머무는 삶이다. 교회 공동체에서는 서로 사랑으로 돌아보아야 한다. 세상에서는 부지런히 선행을 해야 한다.

The Promise Keeper(히 11장)

믿음장

11장은 믿음의 명예의 전당에 그 이름이 기록된 영웅들의 명단이다. 이들은 하나님의 약속을 붙잡기 힘들 때도 기꺼이 하나님의 말씀을 선택하여 순종했다.

> 믿음은 바라는 것들의 실상이요, 보이지 않는 것들의 증거니 히 11:1

1) 믿음은 약속하신 하나님을 바라보는 것이다. 하나님의 약속은 절대로 변하지 않는다. 하나님은 신실하셔서 반드시 약속을 지키신다. 하나님은 **"The Promise Keeper"**이시다.

2) 믿음은 감정이나 시각이 아니다(고후 5:7). 이성적인 판단도 아니다. 오직 하나님의 말씀에서 비롯된다(롬 10:17). 그러므로 믿음의 사람은 하나님의 약속의 말씀에 귀를 기울인다. 그리고 약속하신 하나님께 시선을 고정한다.

3) 믿음은 말로만이 아니라 구체적으로 행동한다. 하나님의 말씀에 따라 구체적인 행동으로 순종한다. 내가 말씀에 따라 순종할 때 하나님이 약속을 이루실 줄 신뢰한다. 내가 할 일은 순종이요, 하나님이 하실 일을 신뢰하는 것이다. 이같이 믿음은 순종과 신뢰로 이루어진다. 베드로가 그 예이다(눅 5:4-6).

4) 믿음은 볼 수 없는 것들을 볼 수 있는 능력이다. 하나님의 약속은 보이지 않는 세계에서 주어졌다. 믿음은 이것을 볼 줄 안다. 믿지 않는 자들에게는 허상이지만 믿는 자들에게는 실상이다. 그리고 믿음으로 순종할 때 그 약속이 보이는 세계에서 성취됨을 경험하여 그 믿음으로 하나님을 증거한다.

믿음의 명예 전당

아벨 - 믿음으로 예배했다(히 11:4) : 예배자의 삶(worship)

에녹 - 믿음으로 걸어갔다(히 11:5,6) : 하나님과 동행하는 삶(walk)

노아 - 믿음으로 일했다(히 11:7) : 하나님과 동역하는 삶(work)

아브라함 - 믿음으로 순종했다(히 11:8)

사라 - 신실하신 하나님의 약속을 믿었다(히 11:11,12)

아브라함, 이삭, 야곱 - 믿음으로 장막생활을 하며 나그네처럼 살아갔다(히 11:9,10,13-16)

아브라함 - 믿음으로 하나님의 능력을 경험했다(히 11:17-19)

이삭 - 믿음으로 자녀들을 축복했다(히 11:20)

야곱 - 믿음으로 임종 시에 요셉의 두 아들을 축복하고, 하나님을 경배했다(히 11:21)

요셉 - 믿음으로 출애굽을 말하고, 그때 자기 뼈를 가져갈 것을 명했다(히 11:22)

모세의 부모 - 믿음으로 바로의 명령을 두려워하지 않고 모세를 숨겼다(히 11:23)

모세 - 믿음으로 애굽의 재물, 권력, 쾌락을 거절하고 하나님의 상급을 선택했다(히 11:24-26)

모세와 백성 - 믿음으로 구속함을 경험했다(히 11:27-29) : 유월절, 출애굽, 홍해

여호수아와 백성 - 믿음으로 여리고가 무너졌다(히 11:30)

기생 라합 - 믿음으로 정탐꾼을 영접했다(히 11:31)

기드온, 바락, 삼손, 입다, 다윗 및 사무엘과 선지자들의 일을 다 말하려면 시간이 부족하다!(히 11:32)

믿음의 성취 - 믿음으로 영적인 골리앗을 물리쳤다(히 11:33-35)

믿음의 인내 - 믿음은 능동적이고, 적극적인 자세다(히 11:36-38)

이들은 세상이 감당하지 못했다!

The Promise Runner(히 12장)

히브리서 12장은 고난 중에도 믿음으로 사는 그리스도인들에게 주는 격려이며, 히브리서 전체 말씀에 대한 결론이다. 그리스도인들은 이 놀라운 약속을 받았다. 이제는 그 약속의 횃불을 들고 달려야 한다.

육상 경기자 - 믿음의 삶은 육상 경기자와 같다(히 12:1-3).
이들에게 격려사가 있다.

믿음의 경주를 하는 형제자매들이여!

1) **묵상하라!** 경주를 하다가 피곤하여 낙심할 때 믿음의 명예 전당에 오른 선배들의 생애를 묵상하라! 그들의 믿음, 그들의 희생, 그들의 헌신, 그들의 인내, 그들의 고난을 묵상하라!

2) **들으라!** 믿음의 경주를 하기에 너무 벅찰 때 믿음의 명예 전당에 오른 선배들의 함성을 들으라! 나 혼자 경주하는 것이 아니다. 눈을 들어 사방을 보라. 스탠드를 꽉 채운 선배들이 보이는가. 구름같이 둘러싼 그들의 함성을 들으라! "계속 뛰어라!" "포기하지 말라!" "일어나라!"

3) **바라보라!** "믿음의 주요 또 온전하게 하시는 이인 예수를 바라보자!"(히 12:2) **"믿음의 주"** 란 믿음의 사도요 앞서 가시는 개척자, 선구자, 본받고 따를 롤 모델이라는 의미다. 나보다 앞서 달리시며 나를 격려하시며 이끄시는 예수를 바라보자! 마치 야곱이 "나는 앞에 가는 가축과 자식들의 걸음대로 천천히 인도하여… 나아가리이다"(창 33:14)라고 말한 것처럼 우리 주 예수님은 내 앞에서 내 페이스를 유지시켜 주신다. **"온전하게 하시는 이"** 란 나를 승리하도록 무장시키시는 이, 내 옆에서 함께 달리며 "힘내!"라고 응원하시는 이, 내 뒤에서 "포기하지 마!"라고 외치시는 이, "조금만 더 가면 결승점이야!"라며 나의 달려갈 길을 지지하시는 이라는 의미다.

> 스데반이 돌에 맞아 죽어갈 때 그는 하늘이 열리고 주 예수께서 서 계신 것을 보았다(행 7:55,56). 왜 주께서 서 계시는가? "스데반, 용기를 내라"라고 응원하고 지지하시기 위해서다. 야곱이 두렵고 막연하고 외로운 여행을 하던 중 돌베개를 베고 잠을 자다가 꿈에 하나님이 하늘에 서 계신 것을 보았다(창 28:10-15). 왜 하나님이 서 계시는가? 그와 함께하시기 때문이다. 그를 도와주시기 위해서다.

> "그러나 여호와께서 기다리시나니 이는 너희에게 은혜를 베풀려 하심이요, 일어나시리니 이는 너희를 긍휼히 여기려 하심이라. 대저 여호와는 정의의 하나님이심이라. 그를 기다리는 자마다 복이 있도다"(사 30:18).

경주자가 일상생활에서 주의할 점(히 12:14-17)

예수를 바라보며 경주하는 그리스도인은 독수리처럼 힘차게 날개 치며 높이 올라가는 힘이 있다. 그러나 매일의 삶에서 자칫 연약해져서 결승점에 도달하지 못할 수 있음을 유의하며 다음의 것들을 경계해야 한다.

1) 모든 사람과 더불어 화평해야 한다. 하나 됨을 힘써 지켜야 한다(엡 4:1-6, 시 133편).
2) 거룩함을 따라야 한다. 이 세상이 보기에 타국인처럼 살아야 한다. 세상의 기준이 아니라 성
   경의 기준을 따라야 한다. 삶의 목표, 사고방식, 언어도 마찬가지다.

화평하고 거룩한 삶을 살 때 하나님과의 친밀감이 이루어진다.

그리고 다음의 네 가지 위험을 경계해야 한다.

1) 하나님의 은혜에 이르지 못하는 자가 없도록 경계하라. 뒤로 처지는 사람은 없는지 돌아보
   라. 하나님이 주시는 은혜를 받을 기회를 자신의 무지, 무력, 무감각, 게으름, 경솔함 등으로
   놓치는 일이 없도록 항상 깨어있으라.
2) 쓴 뿌리가 나지 않도록 경계하라. 깊은 상처와 아픔으로 입은 내상은 미움, 원망, 원한, 증
   오심을 안고 무의식으로 내려가 쓴 뿌리가 되어 자신을 파괴하고 남을 해롭게 한다. 예수
   로 인해 쓴 물이 단 물이 되듯 쓴 뿌리는 예수의 십자가의 능력과 깊은 사랑으로 치유된다.
3) 음행하는 자가 없도록 살피라. 무엇보다 영적인 영역에서 음행하지 않도록 주의하라. 하나
   님을 의식하며 하나님 중심의 삶을 살라. 이 세상이 아닌 오직 하나님께 기반을 두라.
4) 망령된 자가 없도록 살피라. 대표적인 인물은 에서로서, 창세기 25장 28-34절과 27장에 잘
   나타나있다. 에서는 보이는 이 세상을 취하고 야곱은 보이지 않지만 다가올 세상을 취했다.
   에서는 오직 보이는 것, 이 세상의 것, 일시적인 것, 육신의 욕구에만 관심을 가졌다.

구주소와 신주소(히 12:18-24)
새로 이사한 사람이 여전히 옛날에 살던 곳으로 간다면 얼마나 우스울까!
이전에 살던 곳과 새로 이사 간 곳의 모습은 얼마나 다른가!

시내 산(히 12:18-21)	시온 산(히 12:22-24)
만질 수 있고 불붙는 산 침침함, 흑암 폭풍, 나팔 소리 말하는 소리 산에 들어가면 죽임 당함 보이는 바가 무서움 모세도 두렵고 떨린다고 함 (아벨의 피)	살아계신 하나님의 도성 하늘의 예루살렘 천만 천사 하늘에 기록된 장자들의 모임 교회 만민의 심판자이신 하나님 온전하게 된 의인의 영들 새 언약의 중보자이신 예수 아벨의 피보다 더 나은 것을 말하는 뿌린 피
우리가 이르지 않은 곳	우리가 이른 곳
구주소지	신주소지
율법	복음, 은혜

아무도 이전에 살던 곳에 다시 살고자 하는 마음이 없을 것이다.

예를 들어보자. 이전에 살던 곳은 '아벨의 피'의 문화다. 옳고 그름의 기준이다. 기준 자체는 너무 귀하나 그 기준으로 살 자격이나 능력이 있는 사람이 아무도 없는 것이 문제다. 거기에는 정죄와 판단만 있다. 주홍글씨가 어깨에 새겨진 사람은 그 도시에서 쫓겨난다. 공의, 정의, 공정한 심판이 가득하다. 긴장감이 감돌고 분위기가 언제나 무겁다. 그러나 새로 이사한 곳은 "뿌린 피"(히 12:24)의 문화다. 공의와 정의가 도시의 기초를 이루지만 시행은 언제나 용서와 용납과 이해와 오래 참음이다. 격려와 지지, 후원과 응원이 있는 곳이다. 주홍글씨가 새겨진 사람도 용기를 가질 수 있는 새로운 기회의 도시다.

신주소지의 삶(히 13장)

신주소지에서 사는 삶은 어떤 모습인가? 바로 믿음의 순종이 매일 생활 속에 나타나며 사랑의 수고가 넘친다. 새 언약의 법 아래 살며 은혜의 특권을 누리고, 진정한 자유가 넘치는 삶이다. 그동안 예수에 이것저것을 덧붙여서 지나치게 종교적인 삶을 살았다면, 그것을 하나하나 다 제거하라. 이제는 오직 예수만을 바라보며 살면 된다.

> 그분에 관한 최신 이론에 이끌려 그분을 떠나는 일이 없게 하십시오. 그리스도의 은혜만이 우리의 삶을 떠받치는 유일하고 충분한 기초입니다. 그리스도의 이름을 붙인 온갖 상품은 별 도움이 되지 않습니다 히 13:9 메시지성경

새 언약 아래에 있는 우리는 새 언약의 제사장적인 삶, 예배의 삶을 살아야 한다. 이는 모든 영역에서 하나님을 기쁘시게 하는 삶이다. 예배자는 다음 네 가지 방향에서 살아간다.

하나님이 기뻐하시는 예배와 예배자의 삶(히 13:15,16)

1) 찬송 즉 예수의 이름을 증언하는 입술의 열매로서의 예배를 드린다(히 13:15). 입으로 소리를 내어서 드리는 예배의 삶을 산다. 개인적으로나 교회 공동체로 모여서나 입으로 소리 내어 하나님이 행하신 아름다움에 감사의 축제를 드린다. 또한 하나님의 영광의 위엄과 그 아름다움을 바라보며 경배를 드린다.

2) 선을 행함과 서로 나누어줌이 있는 예배를 드린다(히 13:16). 우리의 재물을 서로 나누어주는 예배의 삶이 있다. 히브리서는 특히 이런 삶을 하나님이 기뻐하시는 예배라고 말씀하신다.

3) 헌신 곧 내 몸을 거룩한 산 제물로 삼아 예배를 드린다(롬 12:1,2). 내 삶을 헌신하여 드리는 예배의 삶을 산다. 로마서 12장 1,2절 이후의 말씀이 그런 삶을 보여준다.

4) 전도 곧 잃어버린 영혼을 주께로 이끄는 예배를 드린다(롬 15:16). 전도와 선교는 하나님을 향한 사랑의 예배의 삶이다.

그리스도인의 예배의 삶은 균형이 있어야 한다. 이 같은 네 방향의 예배자의 삶이야말로 신주소지에 사는 언약 백성의 삶이다.

하나님의 보증

처음부터 끝까지 우리와 함께, 우리를 통해 일하시는 평강의 하나님(히 13:20,21)

"양들의 큰 목자이신 우리 주 예수를 영원한 언약의 피로 죽은 자 가운데서 이끌어내신 평강의 하나님이 모든 선한 일에 너희를 온전하게 하사 자기 뜻을 행하게 하시고, 그 앞에 즐거운 것을 예수 그리스도로 말미암아 우리 가운데서 이루시기를 원하노라. 영광이 그에게 세세무궁토록 있을지어다. 아멘"

새 언약의 제사장적인 삶을 사는 사람들에게 하나님은 그의 보증과 서명으로 히브리서를 마친다. 우리가 예배의 삶을 충분하고 넉넉히 살도록 하나님이 보증하시고 서명하셨다. 빌립보서 2장 13절의 원리와 같다.

"너희 안에서 행하시는 이는 하나님이시니, 자기의 기쁘신 뜻을 위하여 너희에게 소원을 두고 행하게 하시나니"

1) Vision(비전) - 하나님이 그의 뜻이 무엇인지를 우리에게 명백히 보여주시고,
2) Passion(열정) - 하나님의 뜻을 행하고자 갈망하는 마음과 열정을 주셔서 능히 감당하게 하시고,
3) Equip(무장하다) - 하나님의 뜻을 따라 살 수 있도록 모든 면에서 무장하여 우리가 그의 뜻을 따라 살아가기에 조금도 부족함이 없게 하시고,
4) Completion(성취) - 결국 우리로 살아가게 하시며 우리를 통해 우리 가운데 그 뜻을 이루시는 분은 하나님이시다.

그러므로 우리는 사도 바울처럼 "내가 한 것이 아니요 오직 나와 함께하신 하나님의 은혜로라!"(고전 15:10)라고 고백할 수밖에 없다. 하나님의 은혜가 얼마나 놀라우신가!

"그러나 내가 나 된 것은 하나님의 은혜로 된 것이니, 내게 주신 그의 은혜가 헛되지 아니하여 내가 모든 사도보다 더 많이 수고하였으나 내가 한 것이 아니요, 오직 나와 함께 하신 하나님의 은혜로라"

Dear. NCer

믿음의 선배들을 바라보고 그들의 함성을 들어보라! 이들은 내게 믿음의 원칙들을 가르쳐주는 스승이요 선배들이다. 이들의 삶은 믿음의 경주의 교과서다. 더구나 믿음의 대선배이신 우리 주 예수 그리스도를 바라보고, 그분의 응원, 동행하심, 지지하심의 소리를 들으라!
이제 내 차례다!
기독교 문명개혁 운동을 주도하는 자여, 달려라!

9장

요한계시록

예수 그리스도의 계시의 드라마

❖ 요한계시록(Revelation) 예수 그리스도의 계시의 드라마

요한계시록에 대한 이해

요한계시록을 읽다 보면 새로운 세계에 발을 들여놓은 것 같다. 마치 영화 〈쥬라기 공원〉을 보는 듯하다. 그렇다고 요한계시록을 성경 가운데 아주 특이한 책으로 취급해서는 안 된다. 스펙터클한 충격과 스릴 넘치는 상상 속의 세계를 그린 재미있는 공상소설이 아니다. 1장 1절에 기록되었듯이 "반드시 속히 일어날 일들"을 그의 교회에 보이신 것이다.

또한 22장 18,19절에 기록되었듯이 "만일 누구든지 이것들 외에 더하면 하나님이 이 두루마리에 기록된 재앙들을 그에게 더하실 것이요 만일 누구든지 이 두루마리의 예언의 말씀에서 제하여 버리면 하나님이 이 두루마리에 기록된 생명나무와 및 거룩한 성에 참여함을 제하여 버리시리라"라고 엄격하게 말씀하신다. 계시록의 내용의 확실함을 말씀하시는 것이다.

계시록 1장 3절에 "이 예언의 말씀을 읽는 자와 듣는 자와 그 가운데에 기록한 것을 지키는 자는 복이 있나니 때가 가까움이라"라고 하시듯, 성령께서는 그분의 말씀을 존중하고 부지런히 살피는 자들에게 그분의 일을 숨기지 않으시고 오히려 자기의 뜻을 드러내 보이심을 잊지 말아야 한다.

어떤 경우, 요한계시록을 읽을 때 아마겟돈, 짐승의 표, 용, 666, 천년왕국, 7년 대환란 등 부정적이고 두려움을 주는 것에 대한 호기심에 집중한다. 또는 요한계시록을 세계사나 교회사의 연감의 관점으로 보려 한다. 그래서 세계의 굵직한 사건들이나 파괴적인 지도자들, 세계사의 변화 등을 계시록과 연관시킨다. 또 다른 경우에는 로마에 임할 심판에 대한 기록으로 보기도 한다. 이 모든 것은 요한계시록의 메시지를 흐린다.

요한계시록은 "예수 그리스도의 계시"(계 1:1)로 주어졌음을 반드시 기억해야 한다. 우리는 요한계시록을 통해서 온 땅을 다스리시는 영광의 왕이요 어린양이신 예수 그리스도의 모습을 본다. 또한 하나님의 백성답게 살아가야 할 예수 그리스도의 교회를 본다. 그러므로 요한계시록은 예수 그리스도의 영광의 모습으로 시작한다(계 1:9-20). 그는 알파와 오메가다. 이제도 계시고 전에도 계셨고 장차 오실 전능자이시다. 그는 승리자, 구주, 영광의 왕이시다.

요한이 본 이상에서 예수 그리스도는 촛대 사이에 계시며 오른손에 일곱 별을 가지셨다. "네가 본 것은 내 오른손의 일곱 별의 비밀과 또 일곱 금 촛대라. 일곱 별은 일곱 교회의 사자요 일곱 촛대는 일곱 교회니라"(계 1:20). 촛대는 열방의 빛이 되어야 할 교회의 모습이다. 주 예수님은 교회가 본연의 모습을 가지고 주어진 사명을 감당하기를 원하신다. "그러므로 네가 본 것과 지금 있는 일과 장차 될 일을 기록하라"(계 1:19)라고 명하셨다.

요한계시록은 믿지 않는 자들의 호기심을 만족시킬 여지가 전혀 없다. 오직 예수 그리스도의 교회가 주의 메시지를 듣고 회개하며 깨어 경성하여 목숨 다해 충성하기를 원하신다. 요한계시록은 전적으로 그의 교회인 우리에게 주신 하나님의 메시지다. 우리는 귀를 기울여 그의 음성을 들어야 한다.

요한계시록의 양식

요한계시록은 일곱 교회에 편지를 보내는 **서신서**와 그 주석, 설명에 해당하는 **묵시문학**과 **예언서**의 세 가지 양식으로 복합적으로 구성되어 있다.

요한계시록의 특징 - 상징이 많다

숫자적인 상징

- 1-하나님, 2-인간, 3-삼위일체, 4-동서남북을 가리키는 사방의 땅, 6-불완전한 사람의 수, 7-하나님의 수이며 완전수, 10-세속적인 완전수, 12-열두 지파, 40-한 세대
- 특히 7과 관련된 여러 형태가 많다. 일곱 교회, 일곱 재앙, 일곱 나팔, 일곱 대접, 일곱 금 촛대, 일곱 천사, 일곱 별, 일곱 뿔과 일곱 눈을 가진 어린 양, 일곱 머리와 일곱 왕관을 쓴 용, 일곱 머리를 가진 짐승 등. 일곱 복 언급. "전능하신 하나님", "그리스도", "합당하다", "흰 옷", "촛대", "예언", "무저갱", "음행", "지진", "큰 도시 바벨론" 등도 일곱 번씩 언급된다.
- 144,000 : 구속함을 받은 성도의 숫자를 말한다. 문자적인 숫자가 아니다. 12×12×1000으로 볼 수 있어서 어린양의 피로 구속함을 받은 모든 그리스도인, 하나님의 어린양에게 속한 자들을 의미한다.

【 요한계시록에 나타나는 상징적 숫자 】

3	완전수	삼위일체 하나님, 그리스도의 고난에서 부활까지의 3일간
4	전체수	땅의 네 모퉁이
6	사람의 수	7에서 하나 모자란 수, 미완성의 수
7	완전수, 성취의 수	7일 창조
10	완전수, 성취의 수	인간이 견딜 수 있는 완전수(계 2:10)
12	하나님의 백성	12지파, 12사도
40	한 세대	그리스도 - 광야에서 40일 / 모세 - 시내 산에서 40일 / 이스라엘 백성 - 광야에서 40일
1,000	남은 수	셀 수 없는 큰 무리

색의 상징

흰색 – 정결함, 무죄, 승리
붉은색 – 죽음, 악, 전쟁, 사단
청황색 – 죽음
검은색 – 재앙, 땅의 기근

동물의 상징

- 어린양 – 예수
- 용 – 사단
- 독수리 – 심판자
- 유다 지파의 사자 – 예수
- 짐승 – 사단의 세력들
- 개구리와 메뚜기 – 재앙

자연환경의 상징

- 바람 – 생명
- 지진 – 재앙
- 구름 – 하나님의 영광
- 바다 – 세상

요한계시록 구조 – 대칭 구조

요한계시록은 크게 세 개의 대칭 구조를 이룬다.

| 1:9-9:21 "첫 번째 영광의 계시와 소명" | : | 10장-16장 "두 번째 영광의 계시와 소명" | - 대칭 |

| 17장-19:10 "바벨론 심판" | : | 21장-22:9 "새 예루살렘" | - 대칭 |

| (19:11-20:15, 천년왕국) | 19:11-21 "백마를 탄 자의 승리" | : | 20:1-15 "사단의 패망" | - 대칭 |

위 내용을 표로 다음과 같이 표시했다.
이 표를 통해 요한계시록의 전체 구조를 한눈에 볼 수 있다.
이 표는 일반적으로 표시되는 요한계시록의 구조와는 다를 것이다.
이 표를 통해 요한계시록에 제기되는 여러 질문들을 이해하는 데 도움이 되기를 기대한다.

【 예수 그리스도의 계시의 드라마(계 1:1-3) 】

영광의 계시와 소명			바벨론 심판과 새 예루살렘				
서론 1:1-8	첫 번째 계시와 소명 1:9-9:21	두 번째 계시와 소명 10장-16장	바벨론 심판 17:1-19:10	천년왕국 19:11-20:15		새 예루살렘 21:1-22:9	결론 22:10-21
	왕이신 예수 그리스도의 영광의 계시와 첫 번째 소명 1:9-20	왕의 사자의 영광의 계시와 두 번째 소명 10:1-11	짐승과 음녀의 도시 17:1-18			하나님과 어린양의 신부 된 도시 21:1-8	
	일곱 교회를 향한 왕의 메시지 2:1-3:22	요한에게 주신 왕의 사자의 메시지 11:1-14	천사가 바벨론의 심판을 전함 18:1-24			천사가 새 예루살렘을 보여줌 21:9-22:5	
	하나님의 보좌와 찬송 4:1-11	하나님의 보좌와 찬송 11:15-19	"아멘"으로 화답하며 하나님께 경배 19:1-10			"아멘"으로 화답하실 하나님께 경배 22:6-9	
	어린양의 보좌와 새 노래로 찬송함 5:1-14	사단이 하늘에서 쫓겨남 승리의 찬송 12:1-12					
	어린양의 진노, 일곱 인 6:1-17	용의 진노와 두 짐승들 12:13-13:18		백마를 탄 자의 승리 19:11-21	사단의 패망 20:1-15		
	하나님의 보좌와 인침 받은 자들의 찬송 7:1-17	하나님의 보좌와 144,000의 새 노래 14:1-20		백마를 탄 자와 그의 사자들 19:11-14	사단이 천 년 동안 결박됨 20:1-3		
	'애굽'의 심판 전의 의식과 거룩한 이들의 기도 8:1-5	'애굽'의 심판 전의 의식과 어린양의 노래 15:1-8		백마를 탄 자가 만국을 다스림 19:15,16	그리스도와 더불어 천 년 동안 왕 노릇 함 20:4-6		
	'애굽'의 심판 일곱 나팔 8:6-9:21	'애굽'의 심판 일곱 대접 16:1-21		짐승이 전쟁을 일으킴 짐승과 거짓 선지자가 유황불 못에 던져짐 전쟁에 동참한 자들이 백마를 탄 자의 검에 죽음 19:17-21	사단이 전쟁을 일으킴 유황불 못에 던져짐 - 마귀, 생명책에 이름이 없는 자들, 사망, 음부 20:7-15		

요한계시록 대칭 구조

첫 번째 대칭 구조, 1:9-9:21, 10장-16장 영광의 계시와 소명

첫 번째 대칭 구조는 사도 요한에게 보여준 영광의 계시와 소명과 연관된다. 두 번에 걸쳐서 이루어졌다. 첫 번째는 왕이신 예수께서 요한에게 그의 영광을 보이시며 그에게 보여주신 것을 기록하여 일곱 교회에게 전하라고 소명을 주신다. 두 번째는 왕의 사자가 요한에게 보인 것을 기록하지 말고 봉인하고 그 대신 작은 두루마리를 먹으라고 한다. 그리고 다시 예언하라고 한다.

첫 번째 영광의 계시와 요한의 소명, 1:9-9:21

1:9-20, 왕이신 예수 그리스도의 영광의 계시와 첫 번째 소명
왕이신 예수 그리스도께서 영광의 모습으로 사도 요한에게 보이셨다. 예수님은 일곱 금 촛대 사이에 계시는데, 이는 일곱 교회를 상징한다. 열방의 빛이 되어야 할 교회의 모습이다. 또 예수님

은 오른손에 일곱 별을 가지셨는데, 이는 일곱 교회의 사자다. 주님은 요한에게 계시록을 기록할 소명을 주셨다. "네가 본 것과 지금 있는 일과 장차 될 일을 기록하라"(계 1:19).

2장-3장, 일곱 교회를 향한 왕의 메시지

이 두 장에 걸쳐 기록된 일곱 교회를 향한 예수 그리스도의 메시지가 요한계시록의 중심이다. 그 이후의 내용은 이에 대한 주석이요 설명이다. 구약 전체, 특히 선지서는 그 메시지의 주요 초점이 하나님의 언약 백성인 이스라엘에게 있다. 하나님은 그의 백성을 책망하시고 징계하시며 또한 구원하신다. 나아가 그들을 통해 일하신다. 하나님의 백성의 중심은 예루살렘이기에 때로 예루살렘을 심판하시며 회복시키신다. 하나님의 언약 백성답게 살기를 원하시기 때문이다. 신약에서는 모든 것이 달라졌다. 유대인이 더 이상 하나님의 백성이 아니다. 예수 그리스도 안에서 재형성되었다. 신약의 교회가 그의 백성이요 그의 이스라엘이다. 일곱 교회에 보내는 편지의 내용이 그것이다. 일곱 교회에 보낸 메시지는 일정한 순서에 따라 구성되어 있다. 서두에는 요한이 본 예수님의 모습이 언급된다. "…이가 이르시되"라고 할 때는 왕의 모습이 보인다. 그 다음에는 "내가 아노니"라고 하시며 교회의 특성들이 묘사된다. 편지는 격려와 책망으로 이어지고, 호소와 약속으로 마무리된다.

이 일곱 교회를 향한 편지에서 교회들이 겪는 영적 어려움, 환난, 죄악의 상태가 잘 보인다. 복음을 방해하는 유대인의 회당을 "사단의 회당"(계 2:9, 3:9), "사단의 권좌", "사단이 사는 곳"(계 2:13), "사단의 깊은 것"(계 2:24)으로 설명한다. "니골라 당의 행위"(계 2:6), "니골라 당의 교훈"(계 2:15)은 교회의 큰 골칫덩이였다. 이들은 회당과 교회 사이의 타협을 모색했다. 또한 맘몬을 따르며 "발람의 교훈"(계 2:14)을 지키는 자들, 영적·육체적 쾌락을 이끄는 "이세벨"(계 2:20)을 용납함, 마귀에게 받는 환난(계 2:10), 믿음을 지킨 순교자 안디바(계 2:13) 등이 교회가 당면한 고난이요 어려움이었다.

이후 펼쳐지는 모든 것을 이해하려면 일곱 교회의 사정을 염두에 두어야 한다.

4장-5장, 열린 하늘 - 하나님의 보좌와 어린양의 보좌에서 이루어지는 예배

앞으로 펼쳐질 모든 것들 이전에 성령은 요한을 하나님과 어린양의 보좌로 인도한다. 하나님의 보좌와 그 주변을 둘러싼 24장로의 보좌들, 밤낮 찬양하는 네 생물들(:그룹들)이 보이고, 보좌 앞에 일곱 등불이 있다.

그룹들이 밤낮으로 찬양할 때 장로들이 면류관을 드리며 찬양으로 화답한다. 보좌에 앉으신 하나님의 손에는 일곱 인으로 봉한 두루마리가 있다. 보좌와 네 생물과 장로들 사이에 한 어린양이 서 있다. 오직 죽임을 당하신 하나님의 어린양이신 예수님만 이 생명책(계 3:5)의 인을 떼기에 합당하시다.

이 "어린양의 생명책"(계 13:8, 17:8)에는 예수를 믿는 우리 모두의 이름이 기록되어 있다. 어린양이 그 두루마리를 취하실 때 네 생물과 장로들이 엎드려 새 노래로 찬양한다. 하나님의 보좌와 어린양의 보좌에 아름다운 예배의 향연이 있다. 수많은 천사가 찬양할 때 모든 피조물이 찬양으로 화답한다. 네 생물이 '아멘' 하고 장로들은 엎드려 경배한다.

6장, 어린양의 진노, 일곱 인

어린양이 두루마리를 봉한 일곱 인을 뗄 때마다 이 땅에 진노의 심판이 행해진다. 구약의 대표적 세 가지 재앙인 칼, 기근, 질병(특히 렘 14장-15장, 겔 4장-6장, 14장)이 펼쳐진다. 다섯 번째 인을 뗄 때, 순교자들의 신원을 부르짖는 기도가 나온다. 주님은 "순교자의 수가 차기까지" 잠시 쉬라고 응답하신다. 요한계시록에는 여러 차례에 걸쳐 순교자에 대해 언급하신다(계 6:10, 16:6, 17:6, 18:24). 앞으로 펼쳐질 선지자들의 피를 흘린 성읍에 임할 심판은 이런 면에서 이해가 된다.

전능하신 하나님은 얼마든지 그의 백성이 고난 당하지 않게 하실 수 있다. 다니엘의 사자굴, 다니엘의 세 친구의 풀무불 등이 그 예다. 그러나 계시록은 다르게 보여준다. 서머나교회에 보내는 편지에서 마귀가 장차 몇 사람을 옥에 던질 것을 말씀하시며 "내가 너희를 지켜서 환난을 당하지 않게 하리라"라고 하지 않으시고 오히려 "네가 죽도록 충성하라"(계 2:10)라고 하신다. 이는 "내가 생명의 관을 네게 주리라"(계 2:10)에 그 비밀이 있다. 하나님이 마귀의 힘을 물리치지 못하셔서가 아니다. 그리스도인의 고난에는 생명의 면류관이라는 보상이 있다. 순교자의 피는 교회의 씨앗이다.

이것이 십자가 고난의 비밀이다. 이 세상은 십자가를 미련하다고 볼지 모르나 십자가는 하나님의 지혜요 구원의 능력이다. 우리가 경계해야 할 것은 마귀로부터 오는 환난이 아니라 신앙의 열정이 식는 것(계 2:4), 돈을 사랑함(계 2:14), 우상숭배와 쾌락(계 2:20), 경건의 모양은 있으나 능력이 없는 것(계 3:1,2), 영적인 미지근함(계 3:15) 등이다.

여섯 번째 인을 뗄 때 큰 지진이 일어났다. 모든 것의 기반이 다 흔들린다.

7장, 하나님의 보좌와 인침을 받은 자들의 찬송

여섯 번째 인을 떼고 일곱 번째 인을 떼기 전에 사도 요한은 "이 일 후에 내가 보니"를 두 번 언급한다. 그가 본 첫 번째 장면에서 하나님은 그의 종들의 이마에 인을 치신다. 이는 훗날에 올 극심한 환난(계 13:16,17)에서 보호하기 위함이다. 인침을 받은 수 144,000명은 문자적인 숫자가 아니라 그의 모든 종의 숫자다.

그 후 요한은 다시 "이 일 후에 내가 보니"(계 7:9)라고 하며 그가 본 두 번째 장면을 설명한다. 이는 모든 것이 끝난 후의 장면이다. 21장-22장과 연관이 있다. 하나님은 사도 요한의 눈을 통해 우리에게 미리 보여주셨다.

하나님의 보좌와 어린양의 보좌 앞에서 펼쳐지는 이 장엄하고 영광스러운 예배는 우리로 소망이 가득하게 한다. 현재의 교회가 각성하고 부흥하여 온 땅에 하나님의 뜻이 이뤄지도록 거룩한 열정을 갖게 한다.

8장-9장, '애굽'에 대한 심판, 일곱 나팔

일곱째 인을 뗄 때 하늘이 갑자기 반 시간쯤 고요해진다. 그리고 일곱 천사가 일곱 나팔을 손에 들고 하나님 앞에 대기한다. 그런데 나팔을 불기 전에 먼저 의식이 행해진다. 또 다른 천사가 성도들의 기도를 담은 금 향로를 가지고 보좌 앞 금 제단에 드린다. 그리고 그 제단의 불을 담아 땅에 쏟는다. 그러자 우레와 음성과 번개와 지진이 난다.

그리고 일곱 천사가 나팔을 불 때마다 재앙이 땅에 쏟아진다. 마치 애굽을 강타했던 질병들을 상기시킨다. 땅에 있는 모든 사람에게 화가 닥친다. 다만 이마에 하나님의 인침을 받은 자들은 화를 당하지 않는다. 마치 애굽의 재앙에서 해를 입지 않은 이스라엘의 모습과 같다.

두 번째 영광의 계시와 요한의 소명, 10장-16장

10장, 왕의 사자의 영광의 계시와 두 번째 소명

계시록 10장부터는 새로운 부분이 시작된다. 일곱 번째 천사가 나팔을 불기 전에 또 다른 하나님의 사자가 하늘에서 내려와 요한에게 다시 예언하도록 왕의 명령을 전달한다. 이번에는 그가 들은 것을 "인봉하고 기록하지 말라"(계 10:4)라고 하신다. 그 대신 에스겔처럼 천사의 손에 있는 작은 두루마리를 먹으라고 말씀하신다. 요한이 보고 듣는 것은 그가 이전에 보았던 내용의 연속이다. 그러나 새로운 계시 가운데 전의 예언들이 더욱 깊어지고 명확해진다. "네가 많은 백성과 나라와 방언과 임금에게 다시 예언하여야 하리라"(계 10:11).

11:1-14, 왕의 사자가 요한에게 명한 메시지

예루살렘이 이 예언의 중심이다. "그 성은 영적으로 하면 소돔이라고도 하고 애굽이라고도 하니 곧 그들의 주께서 십자가에 못 박히신 곳이라"(계 11:8). 하나님이 그 성의 두 증인에게 권세를 주어 예언하게 하실 것이다. 이들은 주 앞에 서 있는 두 감람나무와 두 촛대이다. 요한이 본 놀라운 장면은 무저갱으로부터 올라오는 짐승의 출현이다. 그들은 놀랍게도 '사단의 회당'(계 2:9,13, 3:9 사단의 권좌, 사단이 사는 곳)을 교두보로 삼아 활동한다.

11:15-19, 하나님의 보좌와 찬송

일곱 번째 천사의 나팔소리와 함께 하늘에 큰 음성이 들린다. "세상 나라가 우리 주와 그의 그리스도의 나라가 되어 그가 세세토록 왕 노릇 하시리로다"(계 11:15). 그때 보좌 앞의 24장로들이 하나님께 경배한다. 그리고 하늘에 있는 하나님의 성전이 열리며 성전 안에 하나님의 언약궤가 보인다.

12:1-12, 사단이 하늘에서 쫓겨나고 승리의 찬송이 울리다

하늘에 큰 이적이 보인다. 아이를 해산하려는 한 여자가 있다. 그 여인은 교회를 가리킨다. 하늘에 또 다른 이적이 보인다. 한 큰 붉은 용이다. 이는 사단 곧 옛 뱀을 말한다. 용이 그 여자의 아이(:예수 그리스도)를 삼키고자 하나 실패한다. 그리스도의 승리로 사단은 하늘에서 땅으로 내쫓긴다. 이에 승리의 찬송이 울려 퍼진다.

12:13-13장, 용의 진노와 두 짐승들

하늘에서 쫓겨난 용이 남자를 낳은 여자를 박해하나 실패한다. 대신에 여자의 자손, 즉 교회와 싸운다. 사단이 교회에 대한 박해를 가중시키기 위해 바다에서 짐승을 불러온다. 용은 자기의 권세와 능력을 그 짐승에게 넘겨준다. 그 짐승은 거짓 예언을 하며 하나님을 모독하며 땅에서 절대적인 지배력을 행사한다.

생명책에 기록되지 않은 자들은 그 짐승에게 경배할 것이다. 또 다른 짐승이 땅에서 올라온다. 이 두 번째 짐승은 먼저 나온 짐승의 꼭두각시다. 마법의 표징들을 일으켜 사람들을 현혹시킨다. 두 번째 짐승은 먼저 나온 짐승의 형상을 만들게 하고 생기를 불어넣어 말하게 한 다음 사람들에게 그것에 예배하게 하고 그렇지 않으면 죽인다. 또 오른손이나 이마에 짐승의 표를 받게 한다. 그 표가 없으면 매매가 불가능하다.

14장, 하나님의 보좌와 144,000의 새 노래

이때 사도 요한은 숨이 멎을 만큼 놀라운 장면을 본다. 시온 산에 서 있는 어린양과 그와 함께 선 144,000명을 본다. 그리고 새 노래를 듣는다. 이어서 또 다른 천사 셋이 오직 하나님을 경배하는 자에게는 복을, 우상을 경배하는 자에게는 하나님의 심판을 외치는 소리를 듣는다. 사도 요한은 또 다른 놀라운 장면을 본다. 흰 구름 위에 인자와 같은 이가 앉으셨는데 그 머리에는 금 면류관이 있고 그 손에는 예리한 낫을 가졌다. 이제 낫을 대어 추수할 때가 되었다.

15장-16장, '애굽'의 심판, 어린양의 노래, 일곱 대접

15장에는 하늘에 크고 이상한 다른 이적이 보인다. 일곱 천사가 일곱 재앙을 가졌다. 마지막 재앙이다. 그 전에 유리 바다 위에서 하나님을 찬양하는 구원받은 사람들의 모습이 보인다. 그들은 모세의 노래, 어린양의 노래를 부른다. 이 일 후에 하늘에 성전의 문이 활짝 열리고 일곱 천사가 하나님의 진노로 가득 찬 일곱 대접을 받는다. 16장은 일곱 천사가 일곱 대접에 담긴 하나님의 진노를 쏟는 장면이다. 8장-9장의 장면처럼 '애굽에 내리는 재앙'의 모습이다.

두 번째 대칭 구조, 바벨론(계 17:1-19:10)과 새 예루살렘(계 21:1-22:9)

요한계시록의 마지막 두 장은 새 예루살렘의 아름다운 모습이다. 그것은 바벨론과 대조되어 나타난다. 여인과 여인, 산과 산, 도시와 도시가 서로 대조를 이룬다. 하나님의 진노와 축복이 대조된다. 이는 모든 대상의 대조나 시기적으로는 서로 결합되어 있다. 요한계시록에 나타나는 예언적 표현에 있어서 바벨론의 멸망과 그리스도의 재림은 하나로 결합되어 있다.

17장, 짐승과 음녀의 도시

일곱 대접을 가진 일곱 천사 중 하나가 요한에게 많은 물 위에 앉은 큰 음녀가 받을 심판을 보여준다. 그 여자가 붉은 빛 짐승을 탔다. 그 짐승의 몸에는 하나님을 모독하는 이름들이 가득했다. 요한은 이 여자를 보고 소스라치게 놀라 자신의 눈을 의심한다. 그리고 그가 누구를 가리키는지를 알았을 때 '절대로 그렇지 않을 거야' 하면서 고개를 설레설레 저었다. 그녀의 이마에 비밀의 이름이 "바벨론"(계 17:5)이라고 적혀있다. 바벨론은 어떤 정치적인 세력이나 로마나 세계적 왕국을 말하는 것이 아니라 선지자들의 피를 흘리게 했던 '예루살렘'을 가리킨다.

계시록 17장 6절과 16장 6절에 "이 여자가 성도들의 피와 예수의 증인들의 피에 취한지라"라고 했다. 또한 11장 8절에 "그 성은 영적으로 하면 소돔이라고도 하고 애굽이라고도 하니, 곧 그들의 주께서 십자가에 못 박히신 곳이라"라고 했다. 이 여자가 앉은 일곱 산(계 17:9)은 첩첩이 싸인 산 전체를 말한다. 이사야 2장 2절에 "여호와의 전의 산이 모든 산 꼭대기에 굳게 설 것이요"라고 하신 것은 예루살렘을 가리킨다. 여자가 앉아있는 물은 백성과 열국과 방언들이다(계 17:15). 또 "네가 본 그 여자는 땅의 왕들을 다스리는 큰 성이라"(계 17:18)라고 하셨다.

"그들이 어린양과 더불어 싸우려니와 어린양은 만주의 주시요 만왕의 왕이시므로 그들을 이기실 터이요, 또 그와 함께 있는 자들, 곧 부르심을 받고 택하심을 받은 진실한 자들도 이기리로다"(계 17:14).

18장, 천사가 바벨론의 심판을 전함

큰 권세를 가진 천사가 내려와 바벨론의 패망을 전한다. 그 모습은 마치 에스겔 26장-28장에 나오는 두로 왕국의 멸망 과정과 흡사하다. "무너졌도다 무너졌도다 큰 성 바벨론이여"(계 18:2). "화 있도다 화 있도다 큰 성, 견고한 성 바벨론이여"(계 18:10,19). "한 시간에 망하였도다"(계 18:10,17,19). 이를 보는 열왕들이 울고 애통하여 가슴을 친다. 그러나 이를 보며 즐거워하는 무리가 있다. "하늘과 성도들과 사도들과 선지자들아, 그로 말미암아 즐거워하라. 하나님이 너희를 위하여 그에게 심판을 행하셨음이라"(계 18:20).

19:1-10, "아멘"으로 화답하며 하나님께 경배함

하늘에서 허다한 무리가 "할렐루야"를 네 번이나 외치며 하나님을 찬양한다. "할렐루야, 주 우리 하나님 곧 전능하신 이가 통치하시도다. 우리가 즐거워하고 크게 기뻐하며 그에게 영광을 돌리세"(계 19:6,7). 사도 요한이 어린양의 혼인잔치를 알리는 천사에게 엎드려 경배하려 하자 "오직 하나님께 경배하라"(계 19:10)라며 말린다.

21:1-8, 하나님과 어린양의 신부 된 도시

사도 요한은 새 하늘과 새 땅을 보았다. 처음 하늘과 처음 땅이 없어지고 바다도 없다. 또 보니 거룩한 성 새 예루살렘이 하늘에서 내려온다. 마치 신부가 신랑을 위해 단장한 것 같다. 하나님의 장막이 사람과 함께 있다. 하나님이 그의 백성의 눈에서 눈물을 닦아주신다. "다시는 사망이 없고, 애통하는 것이나 곡하는 것이나 아픈 것이 다시 있지 아니하리니 처음 것들이 다 지나갔음이러라"(계 21:4). 하나님이 만물을 새롭게 하신다.

21:9-22:5, 천사가 새 예루살렘을 보여주다

천사가 요한을 데리고 크고 높은 산에 올라가 하늘에서 내려오는 거룩한 성 예루살렘을 보여준다. 그 성은 하나님의 영광이 있어 보석같이 빛나고 수정같이 맑다. 크고 높은 성곽과 열두 문이 있다. 성 안에는 성전이 없다. 하나님과 어린양이 "그 성전"이시다. 해와 달이 쓸데없다. 어린양이 "그 등불"이 되신다. 또한 수정같이 맑은 생명수의 강을 보여준다. 에스겔 40장-48장의 모습이 연상된다. 다시는 저주와 밤이 없다.

22:6-9, 메시지에 "아멘"으로 화답하실 하나님께 경배

하나님이 그의 천사를 보내서서 "반드시 속히 되어질 일"을 보이신다. 그리고 "보라, 내가 속히 오리니"(계 22:7,12)라고 하신다. "이 두루마리의 예언의 말씀을 지키는 자는 복이 있으리라"(계 22:7). 요한은 이 모든 것을 눈으로 직접 보고, 귀로 직접 들었음을 증언한다. 요한이 이 일을 보이던 천사에게 엎드려 경배하고자 하자 "하나님께 경배하라"(계 22:9)라며 말린다.

세 번째 대칭 구조는 천년왕국에 대한 것이다. 요한계시록을 이해하는 데 가장 다양한 견해가 있는 부분이다. 사단에 대한 심판은 단계적으로 이루어진다. 첫째로, 사단이 하늘로부터 내어쫓긴다. 둘째로, 사단이 결박된다. 마지막으로, 사단이 불 못 가운데로 던져진다. 두 번째 단계인 사단의 결박은 천 년 동안 지속될 것이다. 사단이 결박되어 있는 동안 의인들은 그리스도와 함께 왕 노릇 한다.

요한계시록 20장에 언급된 천 년의 기간을 "천년왕국"(millenium 밀레니엄)이라고 부른다. 이 천년왕국에 관해 여러 견해가 있다. 그것을 설명하기 전에 세 번째 대칭 구조를 살피려 한다. 말씀이 천년왕국을 이해하는 열쇠다.

백마를 탄 자의 승리(계 19:11-21)와 사단의 패망(계 20:1-15)

천년왕국을 언급하는 구절들(계 20:1-10)의 앞뒤 구절들은 서로 대칭 구조를 이룬다.

19:11-14, 백마를 탄 자와 그의 사자들

사도 요한은 어린양의 혼인잔치에서 펼쳐지는 승리와 기쁨의 대합창단의 소리를 들은 후에 열린 하늘을 보았다. 그가 본 것은 백마와 그것을 탄 자의 모습이다. 그는 피 뿌린 옷을 입었는데 그 이름은 "하나님의 말씀"이다. 하늘의 군대들이 희고 깨끗한 세마포 옷을 입고 백마를 타고 그를 따랐다. 이 모습은 다윗이 보았던 주의 청년들의 모습을 연상하게 한다(시 110:3). 성령으로 행하는 왕이신 예수 그리스도의 모습과 마찬가지로 성령의 능력으로 무장되고 성령의 이끄심을 받는 주를 따르는 주의 군대들이다.

19:15,16, 백마를 탄 자가 만국을 다스림

왕이신 예수 그리스도의 입에서 예리한 검이 나와 만국을 치고 친히 그들을 철장으로 다스리신다. 친히 하나님의 맹렬한 진노의 포도주 틀을 밟는다. 그는 만왕의 왕이요, 만주의 주이시다.

19:17-21, 전쟁을 일으킨 짐승이 유황불 못에 던져지다

천사가 공중의 새들에게 "하나님의 큰 잔치에 모여… 모든 자의 살을 먹으라"라고 큰 음성으로 외친다. 사도 요한은 짐승과 땅의 임금들과 그들의 군대들이 모여 그 말 탄 자와 그의 군대와 더불어 전쟁을 일으키는 것을 본다. 그러나 전쟁은 끝났다. 짐승이 잡히고, 그 앞에서 표적을 행하던 거짓 선지자도 잡혀서 산 채로 유황불 못에 던져진다. 그 나머지는 말 탄 자의 입으로부터 나오는 검에 죽어 모든 새가 그 살을 먹는다.

20:1-3, 사단이 천 년 동안 결박됨

사도 요한은 또 천사가 무저갱의 열쇠와 큰 쇠사슬을 손에 가지고 하늘에서 내려오는 것을 본다. 천사는 용(옛 뱀, 마귀, 사단)을 잡아 천 년 동안 결박하여 무저갱에 던져 넣고 잠그고 인봉한다. 그러나 용은 후에 반드시 잠깐 놓인다. 그 천 년은 사단의 집행유예 기간이다.

20:4-6, 그리스도와 더불어 천 년 동안 왕 노릇 함

요한은 또 보좌들을 보았다. 거기 앉은 자들이 심판하는 권세를 가지고 그리스도와 더불어 천 년 동안 왕 노릇 한다. 또 순교자들의 영혼을 보았다. 또 짐승과 그의 우상에게 경배하지 아니하고 그들의 이마와 손에 짐승의 표를 받지 아니한 자들을 보았다. 이들은 하나님과 그리스도의 제사장으로 천 년 동안 그리스도와 더불어 왕 노릇 한다. 이들은 첫째 부활에 참여한다. 둘째 사망이 그들을 다스리지 못한다.

20:7-15, 전쟁을 일으킨 사단이 유황불 못에 던져지다

천 년이 차고 사단이 그 옥에서 놓인다. 그는 땅의 사방 백성을 모아 전쟁을 일으킨다. 그들이 지면에 널리 퍼져 성도들의 진과 사랑하시는 성을 둘렀지만 하늘에서 불이 내려와 그들을 태워 버린다. 마귀가 유황불 못에 던져진다. 거기는 이미 그 짐승과 거짓 선지자도 있다.

땅과 하늘이 사라진다. 생명책에 그 이름이 기록되지 않은 자들이 보좌 앞에서 심판을 받아 유황불 못에 던져진다. 그리고 사망과 음부도 던져진다. 둘째 사망이다.

주의 날 - 마지막 때

요한계시록은 마지막 때 일어날 일들로 가득하다. 마지막 때는 '주님의 승천 후 재림하기까지의 시기'를 말한다. 바울서신, 베드로서신, 요한서신 등 신약의 서신들은 마지막 때를 살아가는 그리스도인의 삶에 대한 메시지다. 마지막 때는 이전의 모든 표준이 존재 가치를 잃는다. 중간 지대(DMZ)가 없고 전부이거나 전무의 시기다. 구분의 때이다. 가장 높은 하늘에 오르는가 하면 가장 깊은 지옥 심연에 떨어진다.

사단이 마지막 때인 줄을 알고 그의 종들과 짐승들을 일으켜 믿는 자들을 미혹하여 마귀의 올무에 빠지게 하려고 애쓴다. 무서운 일들이 일어나지만 하나님을 믿는 자들에게 하늘의 영광을 보여주어서 마지막 때를 능히 이기도록 하신다. 승리는 성령으로 행하는 예수 그리스도의 교회의 몫이다.

> 요한계시록이 예수님의 모습을 먼저 보여준 것은 예수께서 직접 심한 고난을 받으시고 사단의 공격을 이기시어 하늘의 영광에 계신 것을 보여주고자 함이다. 예수님은 이 땅에서 마지막 때를 살아가는 성도들이 모든 고통과 시험을 이기고 하늘을 기다리게 하는 소망의 모델이시다. 예수 그리스도의 교회는 이기고 또 이기시는 그분과 함께 승리한다.

마지막 때의 일을 말씀하시기 전에 먼저 하늘이 열리고 하나님의 영광을 보여주신다. 하늘이 부르고 있다. 저 높은 하늘에는 예수와 더불어 영원한 기쁨과 영광이 있다. 이로 인해 고통과 고난을 참을 힘을 우리에게 주어 모든 고난을 견디고 이길 수 있게 한다.

계시록에 나타난 마지막 때는 공포와 심판과 짐승에 대한 언급만 있는 것이 아니다. 지옥이 자기의 정체를 드러내어 실제로 존재하는 것처럼 천국은 과거 어느 때보다 우리에게 더욱 실체를 드러내 보인다.

하나님이 역사를 주관하신다. 하나님의 계획은 그의 경륜과 섭리를 통해 성취된다. 하나님은 역사의 중심에 예수 그리스도를 두셨다. 그리고 교회를 그분의 파트너로 부르셨다.

계시록을 볼 때 다니엘서와 에스겔서를 함께 보면 전체적인 그림을 그리며 이해할 수 있다. 바벨론 포로 중에 있는 백성이 에스겔과 다니엘을 통해 하나님의 메시지를 들으며 위로와 소망을 가졌듯이, 신약의 교회는 물론 어느 시대나 믿음으로 인해 고난 당하는 그리스도인들은 요한

계시록을 통해 소망의 메시지를 듣는다. 구원으로 인도하시는 하나님의 주권을 통해 그의 백성에게 소망과 격려를 주신다.

네 생물(사자, 송아지, 사람, 독수리)	계 4:6–8	겔 1장
인봉한 두루마리	계 5장	겔 2:8-10
두루마리를 먹으라, 전하라/입에 달고 창자(마음)에서 쓰더라	계 10:8-10	겔 3:1-3
이마에 표 있는 자는 살리라	계 7:3,4	겔 9:4-6
예루살렘 성전	계 21:9-27	겔 40장-44장
짐승, 열 뿔(왕)	계 13장-14장	단 7장
하늘의 네 바람(검은 말, 붉은 말, 흰 말, 어룽진 말)	계 6:1-8	슥 1장, 6장

하나님은 전에도 계셨고 이제도 계시며 장차 오실 분임을 알게 하며(계 4:8), 모든 성도의 기도가 향이 되어 어린양 앞에 있는 금 대접에 담김을 알게 하며(계 5:8), 천사가 이를 들고 보좌 앞 금 제단에 드려 기도가 열납되고 있음을 알게 하여(계 8:3,4) 하나님이 침묵하고 계신 것이 아님을 알아 믿음을 지키게 하신다. 하나님은 신원하신다(계 6:9-11). 우리의 기도를 들으시고 심판하신다(계 16:4-7, 8:5).

> 요한계시록은 예수의 재림이 언제, 어떻게 이루어지는가가 주된 관심이 아니다. 이 세상에서의 하나님의 주권과 믿음을 지키며 환난 중에 인내하는 백성들인 예수 그리스도의 교회에 주목한다. 요한계시록은 이 세상을 살아가는 하나님의 백성들이 믿음을 지켜 어린양 예수 그리스도의 승리에 참여함을 말씀한다(계 7:3, 9:4, 13:8, 19:19-21, 20:7-10).

심각한 재앙과 심판의 날에도 하나님은 인침을 받은 그의 백성 144,000명(:이것은 상징적 숫자로 믿음을 지킨 모든 그리스도인을 가리킨다)을 보호하신다. 마치 애굽의 재앙의 날에 해를 받지 않은 이스라엘 사람처럼 심판의 날에 보호하시며 해를 받지 않게 하신다. 요한계시록 13장 16,17절처럼 짐승의 표를 받아야 사는 세상이 오기 전에 먼저 하나님은 그의 백성의 이마에 인을 치신다(계 7:1-8).

요한계시록에 나타난 예수 그리스도의 모습

그는 하나님의 어린양이요 유대 지파의 사자이시다(계 5:5,6).
그는 승리자이시다. 이전에도 이기셨고 지금도 이기고 계시고 앞으로도 이기실 것이다(계 6:2, 17:14).
요한계시록에 나타난 'I AM' - "나는 알파와 오메가요 처음과 마지막이요 시작과 마침이라"(계 22:13).

요한계시록에 나타난 예수 그리스도의 교회의 모습

소아시아의 일곱 교회를 통해 지켜야 할 것, 버려야 할 것, 붙잡아야 할 것이 무엇인지 알게 하신다(계 2장-3장).

교회는 '이기는 자', '성령의 음성을 듣는 자'가 되어야 한다.

예수 그리스도는 우리를 자신의 피로 사서 나라와 제사장으로 삼으셨다(계 5:9,10). 그러므로 교회는 열방을 주께로 이끌어야 한다.

순교자의 수가 차기까지 '순교자의 행렬'이 이어진다(계 6:11).

성도들의 기도는 향기가 되어 제단 곁에 있는 금 향로에 담겨 보좌 앞 금 제단에 드려진다. 향연이 하나님 앞으로 올라간다(계 8:3-5, 5:8). 하나님은 반드시 그의 백성의 기도를 들으시고 응답하신다.

구원받은 성도들이 하나님과 어린양 앞에서 찬송한다(계 7:9,10). 교회는 영원히 하나님과 어린양 예수의 영광을 찬양하는 대규모의 하늘 성가대다.

교회는 어린양 예수 그리스도와 함께 어둠의 세력을 이긴 승리자다(계 12:11, 17:14). 교회는 어둠의 세력을 두려워하지 않는다.

교회는 환난 가운데 인내하며 하나님의 말씀과 예수에 대한 믿음을 지킨다(계 13:10, 14:12).

교회는 가장 놀라운 하늘의 결혼식, 어린양의 혼인잔치에 초대받았다(계 19:9).

교회는 대장 예수 그리스도를 따르는 하늘의 군대이다(계 19:14).

교회는 하나님과 함께 하나님의 장막, 거룩한 성 새 예루살렘에 영원히 거하게 될 것이다(계 21:3, 22:1-5).

【 일곱 교회에 말씀하시는 예수님의 모습 】

에베소	오른손에 있는 일곱 별을 붙잡고 일곱 금 촛대 사이를 거니시는 이
서머나	처음이며 마지막이요 죽었다가 살아나신 이
버가모	좌우에 날선 검을 가지신 이
두아디라	그 눈이 불꽃같고 그 발이 빛난 주석과 같은 하나님의 아들
사데	하나님의 일곱 영과 일곱 별을 가지신 이
빌라델비아	거룩하고 진실하사 다윗의 열쇠를 가지신 이 곧 열면 닫을 사람이 없고 닫으면 열 사람이 없는 이
라오디게아	아멘이시요 충성되고 참된 증인이시요 하나님의 창조의 근본이신 이

【 요한계시록의 일곱 교회 】

	칭찬	책망	가르침	약속
에베소 (계 2:1-7)	악한 자를 용납하지 않고, 참고 견디고 게으르지 않았다	처음 사랑을 버렸다	처음 행위를 가지라	생명 나무의 과실을 먹게 하리라
서머나 (계 2:8-11)	은혜롭게 환난과 궁핍을 견뎠다	없음	고난을 두려워 말라. 죽도록 충성하라	생명의 면류관을 주리라. 둘째 사망의 해를 받지 아니하리라
버가모 (계 2:12-17)	믿음을 저버리지 않았다	발람의 교훈과 니골라 당의 교훈을 따랐다 - 부도덕, 우상숭배	회개하라	감추었던 만나와 새 이름을 새긴 흰 돌을 주리라
두아디라 (계 2:18-29)	사업, 사랑, 섬김, 믿음, 인내가 처음보다 더 많다	우상숭배의 제단과 부도덕을 허용했다. 회개하지 않았다	심판이 다가온다. 회개하라. 네게 있는 것을 굳게 잡으라	만국을 다스리는 권세와 새벽 별을 주리라
사데 (계 3:1-6)	믿음을 지킨 사람들이 있다	살았다는 이름은 가졌으나 죽은 교회이다	회개하라. 남은 것을 굳게 하라	흰 옷을 입을 것이요 그 이름을 생명책에서 지우지 않으리라
빌라델비아 (계 3:7-13)	인내의 말씀을 지켰다. 믿음 안에서 견뎠다	없음	네 가진 것을 굳게 잡아 네 면류관을 빼앗지 못하게 하라	하나님의 성전 기둥이 되게 하리라. 새 예루살렘의 이름과 나의 새 이름을 그 기둥 위에 기록하리라
라오디게아 (계 3:14-22)	없음	미지근하다	금, 흰 옷, 안약을 사라 열심을 내라. 회개하라	예수의 보좌에 함께 앉으리라

하나님나라에 대한 이해

성경은 '하나님나라가 임함'에 초점이 있다. '나라'의 구성요소는 '영토'와 '주권'과 '백성'이다. 현재 전 세계에 이런 세 가지 요소를 갖추어 나라로 규정된 곳이 240여 국가다. 규모가 큰 나라도 있고 아주 작은 나라도 있다. 규모가 크든 작든 이 세상의 각 나라에는 일정한 경계선이 있다. 그러나 하나님나라는 한계가 없다.

요한계시록 7장 9,10절은 하나님과 어린양의 보좌 앞에 서서 찬양하는 무리의 모습을 보여준다. "이 일 후에 내가 보니, 각 나라와 족속과 백성과 방언에서 아무도 능히 셀 수 없는 큰 무리가 나와 흰 옷을 입고 손에 종려 가지를 들고 보좌 앞과 어린양 앞에 서서, 큰 소리로 외쳐 이르되…." 예수 그리스도는 "만왕의 왕이요, 만주의 주"이시다. 그는 만국을 다스리신다(계 19:15,16).

이런 하나님나라가 언제 임하는가가 주요 관심사다. 이에 관한 이해는 구약과 신약이 다르다. 구약의 이해는 하나님나라가 **한 번에 다** 이루어진다고 보았다(one time event). 신약의 이해는 하나님나라가 **두 번에 걸쳐** 이루어진다고 본다(two times events).

【 구약의 이해 - 한 번에 이루어진다. one time event 】

예수 그리스도의 오심으로 하나님나라가 단번에 완성된다.

【 신약의 이해 - 두 번에 걸쳐 이루어진다. two times events 】

예수님의 오심으로 하나님나라가 시작되고, 예수님의 다시 오심으로 어둠의 왕국이 패망하고 하나님나라가 완성된다.

A시점에서 B시점까지는 두 왕국이 충돌하는 시기다. A시점에 예수 그리스도의 십자가는 마귀의 일을 멸하셨다. 마귀는 마치 사형선고를 받은 것과 같다. 마귀는 감옥에 갇혔다. B시점은 마귀의 사형이 집행되는 시점이다. 사단의 나라는 이때 최종적으로 끝난다. A시점에서 B시점 사이는 마귀의 집행유예 기간이다. 이 기간에 교회는 성령과 함께 사단의 왕국에 맞서 영적 전쟁을 하면서 하나님나라를 확장한다.

요한계시록 20장의 말씀은 19장 11-21절의 말씀과 대조하여 살필 때 이해가 된다. 또한 12장 13절부터 13장 18절, 17장의 말씀과 연관되어 있다.

> 그들이 한 뜻을 가지고 자기의 능력과 권세를 짐승에게 주더라. 그들이 어린양과 더불어 싸우려니와 어린양은 만주의 주시요 만왕의 왕이시므로 그들을 이기실 터이요, 또 그와 함께 있는 자들, 곧 부르심을 받고 택하심을 받은 진실한 자들도 이기리로다 계 17:13,14

요한계시록의 열쇠가 되는 말씀이다.

【 요한계시록 - 승리의 함성 】

요한계시록은 온 땅에 대한 하나님의 구원의 계획이 성취되어 주를 찬양하는 승리의 함성이다. 요한계시록에 나오는 일곱 가지 노래를 통해 선교에 대한 찬양을 배울 수 있다.

1	계 4:6-11 창조의 노래	만물은 하나님께서 창조하셨기에 존재한다는 것을 아는 것이 선교이다. 하나님의 창조를 선포하는 것이 선교의 시작이다. 우리가 어려운 지역에서 사역할 수 있는 것은 그 지역에서도 영광을 받으시는 분이 하나님이심을 알기 때문이다.
2	계 5:6-14 구속의 노래	신약성경의 메시지는 예수님이 일찍이 죽임을 당하시고 그 죽음을 통해 구원하심을 말한다. 희생을 통한 승리이다. 예수님은 사망으로 말미암아 사망을 이기셨다. 선교의 목적은 각 족속과 방언과 백성과 나라가 예수님의 피로 산 제사장임을 알리는 데 있다. 세상의 모든 피조물이 예수님 앞에 엎드려 구원은 오직 주께 있음을 고백하는 것을 위해 선교해야 한다.
3	계 7:9-12 구원의 노래	사도 요한은 앞으로 일어날 일을 미리 보고 들을 수 있는 영광과 은혜를 주님께 받았다. 그는 생전에 역사의 마지막 이후 즉 영원한 나라의 모습을 보았다. 선교를 통해 구원을 얻은 무리, 즉 각 나라, 각 족속, 각 백성, 각 방언에서 온 수많은 무리가 보좌 앞에서 찬양하는 모습을 그는 보았다. 이는 세계 선교의 궁극적인 목표가 무엇인지 깨닫게 한다.
4	계 12:7-12 극복의 노래	이 전쟁을 통해 사탄의 모든 힘이 다 끊어졌음을 알 수 있다. 사탄은 이미 패했지만 자기의 시간이 얼마 남지 않았기에 그의 능력과 권세를 부여한 짐승들을 통해 활동한다. 그러나 선교는 이미 십자가로 승리하신 것을 선포하는 것이다. 사탄의 세력은 십자가에서 이미 패했다. 선교는 승리의 선포이다.
5	계 15:1-4 모세의 노래 / 어린양의 노래	선교사들의 복음 전파로 만국, 즉 각 나라, 각 족속, 각 백성, 각 방언에서 구원받은 성도들이 하나님의 보좌와 어린양의 보좌 앞으로 와서 주께 경배하게 될 것이다.
6	계 19:1-5 역사의 종말에 관한 노래	16장-18장은 바벨론이 무너지고 하나님을 대적하던 세력이 무너지는 것을 말한다. 구원받은 모든 주의 백성이 세 번이나 "할렐루야"로 하나님을 찬양한다.
7	계 19:6-10 어린양의 혼인잔치의 노래	전능하신 하나님의 다스리심과 어린양의 혼인잔치가 예비되었음을 노래한다. 예수님께 속한 사람이면 누구나 어린양의 혼인잔치에 초대받는다. 이 기쁨은 선교사가 누릴 수 있는 기쁨이다. 누구든지 이 혼인잔치에 참여할 수 있도록 사람들을 초청하라. 구제, 교육, 의료, 전도… 이 모든 것이 어린양의 혼인잔치에 들어가도록 하는 일이다.

요한계시록을 바라보는 네 가지 관점

요한계시록에 접근하는 관점은 전반적으로 '6장부터 18장까지의 환상이 가리키는 역사적인 대상이 무엇인가'와 '20장에 묘사된 천년왕국의 특성이 무엇인가'라는 두 가지 중요한 해석에 따른 결론에 의해 좌우된다. 6장부터 18장까지의 환상은 다음 네 가지 방식 중 하나를 통해 고찰된다.

1. 과거주의적 관점(Preterist Approach)

요한계시록 내용을 로마 제국 시대에 발생한 사건을 언급하는 것으로 이해한다. 즉 예루살렘 멸망을 위한 예언, 로마 제국의 멸망을 위한 예언으로 보는 관점이다. 계시록은 로마 제국에 대한 심판의 기록이 아니다.

2. 역사적 관점(Historicist Approach)

역사적인 해석은 계시록을 사도 시대부터 그리스도의 재림까지 교회사의 대략적인 모습을 파노라마처럼 보여주는 것으로 이해한다. 즉 계시록에서 일어난 일들을 역사적으로 중요한 사건과 일치시키려는 관점이다. 단점은 역사적인 사건들을 너무 일일이 맞추려는 것과 서방 교회의 역사에만 적용하려는 것이다. 또한 1세기 당시의 상황에는 적용하지 않는다. 요한계시록은 세계사의 연감이 아니다.

3. 영적 관점(Spiritual Approach)

영적인 해석에 의하면 계시록은 선과 악의 거대한 영적 전투를 상징적인 방식으로 묘사하는 책으로 이해한다. 계시록의 내용을 역사적인 사건과 일치시키지 않는다. 다만 하나님께서 일하시는 방식으로 본다. 계시록에 나오는 전쟁들을 영적인 전쟁으로만 본다. 바다로부터 나오는 짐승은 각 시대마다 교회를 핍박하는 사단의 세력으로 본다. 사단의 결박은 진리로 결박하는 것이며, 천년왕국도 문자적이 아니라 교회 시대를 상징하는 것으로 본다. 단점은 마지막 역사의 종말이라는 관점이 부족하다.

4. 미래주의적 관점(Futurist Approach)

미래주의적인 해석은 계시록을 마지막 시대에 일어날 미래의 사건을 묘사하는 것으로 본다. 세대주의적인 관점, 즉 계시록의 역사가 미래에 순차적으로 일어나는 것으로 본다. 교회의 일곱 시대(계 2장-3장), 이스라엘의 회복, 교회의 휴거, 7년 대환란, 적그리스도의 통치, 재림, 천년왕국, 마지막 사단의 반역, 새 하늘과 새 땅에 대한 것이다. 단점은 1세기에 적용하지 않는다. 요한계시록은 교회사의 연감이 아니다.

【 요한 계시록을 바라보는 네 가지 관점 요약 】

해석 방식	기본 명제
과거주의적 관점	계시록의 모든 사건은 로마 제국 시대에 성취되었다.
역사적 관점	계시록은 사도 시대부터 재림에 이르는 교회사의 파노라마이다.
영적 관점	계시록은 실제 사건에 대한 표현이 아니라, 선과 악의 영적 전투에 대한 상징적 묘사이다.
미래주의적 관점	4장부터 시작한다면, 계시록은 마지막 시대에 발생할 미래 사건에 대한 서술이다.

천년왕국설

'천년왕국'의 '천'이라는 의미의 '밀레니엄'(The Millennium)이라는 용어는 그리스도가 통치하는 천년을 말한다(계 20:1-6). 어떤 그리스도인들은 천년왕국이 이 땅 위에 임할 축복의 시대일 것이라고 믿는다. 어떤 그리스도인들은 천년왕국을 정확한 기간이 정해지지 않은 현재의 교회 시대라고 믿기도 하고, 영원한 나라를 언급하는 하나의 방식이라고 믿기도 한다. 성경에서 천년왕국을 특별히 언급하고 있는 것은 요한계시록뿐이다(계 20장).

해석자들마다 천년왕국과 그 왕국이 어떻게 도래할 것인가를 이해하는 데 매우 큰 차이를 보인다. 예수님이 천 년 동안 왕 노릇 하신다는 것을 두고, 언제 오셔서 왕 노릇 하시는가에 대한 견해가 크게 세 가지로 축약된다.

> **후천년설** : 천년왕국이 먼저 있고 그 끝에 예수님이 재림하신다
> **전천년설** : 예수님이 재림하신 후에 천년왕국이 시작된다
> **무천년설** : 천년왕국이 따로 없고 예수님의 초림과 재림 사이가 천년왕국이다

후천년설(The Postmillennial View)

후천년설을 지지하는 사람들은 천년왕국 이후에 예수님이 가시적으로 재림하리라 기대한다. 그들은 그리스도의 재림 이전에 평화와 정의의 긴 시대(어떤 사람은 천 년을 문자적으로, 어떤 사람은 상징적으로 해석한다)가 도래함을 알리기 위해 하나님이 교회의 가르침과 설교를 사용하시기를 기대한다. 후천년설을 지지하는 사람들은 계시록에 관한 '역사적'이거나 '과거주의적'인 관점을 자주 채택한다.

전천년설(The Pre-Millennial View)

전천년설을 지지하는 사람들은 요한계시록 20장을 문자적으로 해석하기 때문에, 7년 대환란이 끝났을 때 그리스도가 재림하셔서 문자 그대로 천 년 동안 이 땅에서 통치하리라고 믿는다. 이 왕국은 악한 세력의 반역과 최후의 심판으로 끝난다. 그 후에 그리스도의 영원한 통치가 이루어진다. 전천년설을 지지하는 사람들은 모두 계시록에 대한 '미래주의적' 접근 방식을 채택한다.

무천년설(The Amillennial View)

무천년설을 지지하는 사람들은 그리스도의 천 년 통치를 관념적이거나 영적인 의미로 해석한다. 그들은 예수님의 재림을 믿는 반면, 문자적인 의미 그대로의 천년왕국을 거부한다. 어떤 이들은 그리스도의 통치가 그분의 지상사역 혹은 그분이 부활하셨을 때 시작되었다고 본다. 그들은 그리스도가 지금 하나님의 우편에서 다스리고 계신다는 베드로의 선언을 인용한다(행 2:33-36). 이스라엘과 교회는 하나님의 단일 백성을 형성한다고 보며, 이스라엘에게 약속하신 왕국은 교회 시대나 새 하늘과 새 땅의 영원한 현존에 해당한다고 본다. 전반적으로 무천년설의 접근 방식은 계시록에 대한 '영적인 관점'과 관련된다.

【 천년왕국설 】

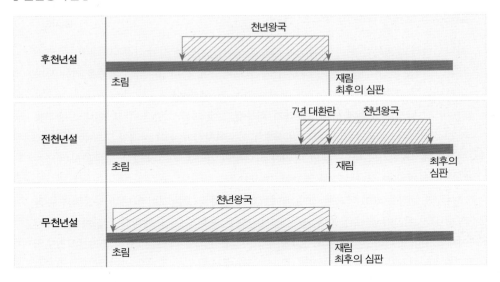

【 요한계시록에 나타난 일곱 가지 복 】

신약의 첫 책 마태복음의 중심은 하나님나라와 왕의 영광과 그의 백성의 삶이다. 산상수훈은 하나님나라의 백성들의 삶의 규범서이다. 그리고 팔복으로 시작한다. 신약의 마지막 책인 요한계시록의 중심도 하나님나라와 왕의 승리와 그의 백성의 승리의 삶이다. 요한계시록에는 칠복을 말씀하신다.

1	계 1:3	말씀을 읽고 듣고 지키는 자가 복이 있다
2	계 14:13	주 안에서 죽은 자(순교자)들이 복이 있다
3	계 16:15	깨어 자기 옷을 지키는 자가 복이 있다 - 충성된 자들
4	계 19:9	어린양의 혼인잔치에 청함을 받은 자들이 복이 있다
5	계 20:6	첫째 부활에 참여하는 자들이 복이 있다
6	계 22:7	이 책의 예언의 말씀을 지키는 자들이 복이 있다
7	계 22:14	자기 두루마기를 빠는 자들이 복이 있다

결론 : 요한계시록을 바라보는 관점

하나님나라의 회복을 위한 하나님의 경륜과 섭리를 기록한 것이 성경이다. 따라서 계시록은 그 최종 순간이 어떻게 이루어지는가를 보여주어, 하나님나라의 회복을 위한 하나님의 마음과 계획을 이해하고 그에 맞게 살도록 기록되었다.

핍박받던 당시의 교회에 하나님나라가 회복될 것에 대한 소망을 주고, 인내로 승리할 것을 격려한다. 물론 이것은 하나님나라가 이루어지기까지 각 시대의 교회에게 주시는 성령의 메시지이기도 하다. 뿐만 아니라 하나님의 언약을 지키지 않고 불순종하며 믿지 않는 교회에 대한 심판의 강한 경고이기도 하다.

계시록이 상징을 많이 사용한 것은 애매모호하게 하기 위한 것이 아니라 상상력과 통찰력을 주기 위함이다. 소돔이나 애굽, 바벨론으로 표현된 것을 세계사나 교회 역사에서 이해할 것이 아니다. 이 세상의 사고방식과 비성경적인 세계관으로 형성된 적그리스도적인 요소들이 예수 그리스도의 교회에 파고 들어와서 활동하는 것을 가리킨다. 요한계시록은 이런 것들을 축출하고 그 우상숭배의 실상을 드러내어 그리스도의 교회를 견고하게 하고 또한 경고하기 위함이다. 궁극적인 승리는 고난 속에서 진리를 따라 살며 그 진리를 증거하는 가운데 얻게 됨을 보여준다.

계시록을 이해하려면 하나님나라의 임함에 대한 이해가 있어야 한다. 또한 일곱 교회에 보낸 서신(계 2장-3장)을 계시록 전체에 대입해야 한다.

계시록의 시간은 인간의 시간인 크로노스가 아니라 하나님의 시간인 카이로스의 개념이다. 종말의 때가 정확히 언제, 몇 년 몇 월 몇 시에 임할 것인가에 대한 이해가 아니다. 하나님의 주권적인 섭리와 경륜의 때를 의미한다. 세례 요한이 "때가 찼고 하나님의 나라가 가까이 왔으니"(막 1:15)라고 할 때의 "때"란 크로노스가 아니라 카이로스를 말한다. 모든 것이 새로운 질서로 형성되고 하나님의 일을 믿고 맡길 때를 말한다. 하나님께서 창세전부터 계획하신 것을 이루는 때를 말한다.

새 하늘과 새 땅에서 하나님나라가 완성된다. 계시록은 초대교회만이 아니라 오늘을 살아가는 교회까지 모든 교회가 깨어 각성하게 한다. 또한 소망을 주며 믿음으로 살도록 일깨운다. 하나님나라가 임하는 일에 교회가 동역자 역할을 적극적으로, 능동적으로 반응하도록 이끌고 있다.

히브리서 2장 5-9절의 말씀을 잘 이해하고 살아가는 것이 중요하다.

초청장

초청 대상 - 땅의 모든 족속들에게

오라
듣는 자는 오라
목마른 자도 올 것이요
또 원하는 자는 값없이 생명수를 받으라

요한계시록 22장 17절

초청인 : 성령과 신부 된 교회

보라, 내가 속히 오리라!(계 22:7,12)
내가 진실로 속히 오리라!(계 22:20)

아멘, 주 예수여 오시옵소서!(계 22:20)
마라나타!

Dear.
NCer
속히 초청장을 발부하라!

【요한계시록 한눈에 보기】

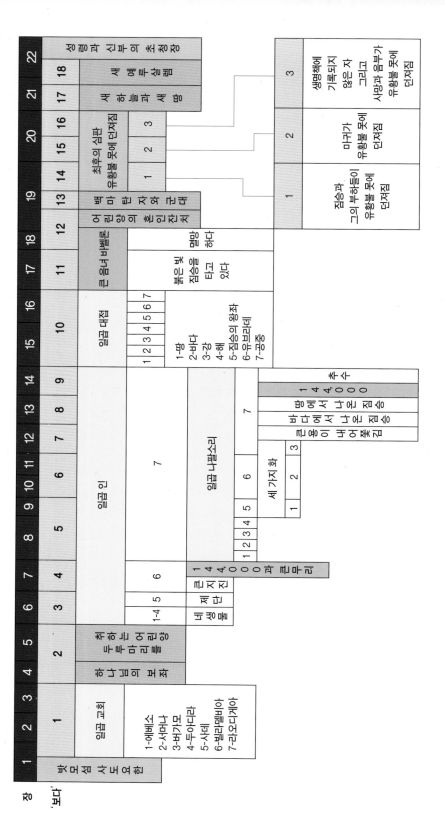

왕의 말씀을 마치며

찰스 비어드 기독교 역사학자, 미국

Beard, Charles Austin 1874.11.27-1948.9.1

찰스 비어드는 미국 정치제도의 발전 과정에 대한 정설을 깨뜨린 연구로 유명하다. 그는 사회경제적 갈등과 변화가 가지는 역동성을 강조하고, 미국의 여러 제도가 성립되는 과정에서 개입된 동기요인을 분석함으로써 그 시대의 가장 영향력 있는 미국 역사가로 자리를 굳혔다. 혁신주의 운동과 자유주의 세력의 지적 지도자 가운데 한 사람으로서 시 정부와 행정부 및 국가 발전 계획에서 의 개선을 요구하는 운동을 이끌었다. 그는 20세기 미국 역사가들 중에서 가장 영향력 있는 학자 중 한 사람으로 손꼽힌다.

하루는 찰스 비어드 박사에게 기자가 찾아와서 다음과 같은 질문을 했다.

"박사님은 역사 연구에 평생을 바쳐왔는데, 그 핵심적인 원리가 무엇입니까?"

그는 그 질문에 다음의 네 가지로 대답했다.

첫째, "사람이 명예와 권세욕에 미칠 때 망합니다."

> 국가나 개인이나 부유해져서 생활에 여유가 생기면 권력을 탐하고 욕심이 생겨 타락하고 부패하게 됩니다. 개인이 지나친 명예욕에 사로잡혀 교만하거나 한 국가가 권세욕에 사로잡혀 정쟁만 일삼을 때 나라가 망합니다. '꼴 보기 싫을 정도로 교만하면 곧 망할 때'입니다. 그래서 지혜자 솔로몬은 "사람의 마음의 교만은 멸망의 선봉이요 겸손은 존귀의 길잡이니라"(잠 18:12)라고 했습니다.

우리에게 가장 위험한 적은 바로 이와 같은 권력과 권세에 욕심을 내는 것이다. 그렇다고 권위를 가지는 것을 무조건 부정적으로 보아서는 안 된다. 권위를 올바르게 사용할 때 질서가 생기고 안정과 평안이 깃든다. 권위의 기반은 공의와 공평에 있다. 잠언 29장 4절에 "왕은 정의로 나라를 견고하게 하나 뇌물을 억지로 내게 하는 자는 나라를 멸망시키느니라"라고 했다.

성경은 올바른 권위자를 소개한다. 당시 최강의 제국이었던 애굽의 총리 요셉, 거대한 난민을 견고한 민족으로 일으킨 모세, 왕의 롤 모델 다윗, 그를 본받은 여호사밧 왕과 히스기야 왕과 유대의 마지막 왕 요시야, 그리고 바벨론과 페르시아 제국의 네 왕을 거치며 나라를 붙든 총리 다니엘 등이 그 예이다.

올바른 권위자가 일어나야 한다. 특히 국가 정부와 사회 각 영역에 필요하다. 교회는 필수적이다. 권세욕에 사로잡히지 않고 십자가 앞에 무릎 꿇는 겸손한 지도자가 일어날 때 나라는 부강해지고 교회는 부흥한다.

둘째, "하나님의 공의의 맷돌은 천천히 도는 것 같지만 모든 악을 빠짐없이 분쇄합니다."

> 거대한 맷돌이 아주 천천히 돌아서 느끼지 못할 뿐, 결국은 심판의 날이 올 것이니 오늘을 바르게 살아야 합니다. 하나님의 심판의 맷돌은 천천히 돕니다. 인간이 반드시 알아야 할 두 가지 영역이 있다면 '성경과 역사 연구'입니다. 우리는 매일 매일 우주를 움직이시는 하나님의 손을 보지 못하지만 한 세기(백 년)와 밀레니엄(천 년)을 지나고 보면 너무도 정확하고 분명하게 드러나는 하나님의 손길을 보게 됩니다. 그래서 솔로몬은 "너는 행악자들로 말미암아 분을 품지 말며 악인의 형통함을 부러워하지 말라"(잠 24:19)라고 했습니다. 멀리 보는 눈이 있어야 합니다. 근시안적인 관점을 주의해야 합니다.

하나님을 두려워하는 마음이 있어야 한다. 다윗은 하나님의 부르심을 받아 사무엘을 통해 왕으로 기름부음을 받았다. 그럼에도 하나님은 바로 불의한 왕 사울을 폐하고 다윗을 왕으로 세우시지 않았다. 오히려 다윗은 사울 왕으로부터 끊임없는 어려움을 당하며 유대 광야에서 불편한 삶을 10년 이상 살았다. 어느 날 그에게 사울 왕을 제거할 결정적인 순간이 왔다. 그의 용사인 아비새가 사울을 죽이고자 할 때 다윗은 엄하게 말했다. "죽이지 말라. 누구든지 손을 들어 여호와의 기름부음 받은 자를 치면 죄가 없겠느냐… 여호와께서 살아계심을 두고 맹세하노니 여호와께서 그를 치시리니 혹은 죽을 날이 이르거나 또는 전장에 나가서 망하리라" (삼상 26:9,10). 그는 서두르며 조급해하지 않았다. 하나님의 공의의 맷돌이 돌고 있음을 언제나 의식했다. 그래서 하나님의 주권에 전적으로 순복했다.

에녹도 주변 상황으로 인해 낙심하거나 불평하거나 의심하지 않았다. 그는 하나님이 계심을 믿었다. 하나님이 역사의 주이심을 믿었으며 믿음으로 그분과 동행했다. "믿음이 없이는 하나님을 기쁘시게 하지 못하나니 하나님께 나아가는 자는 반드시 그가 계신 것과 또한 그가 자기를 찾는 자들에게 상 주시는 이심을 믿어야 할지니라"(히 11:6).

아브라함 카이퍼가 그런 사람이었다. 그는 네덜란드의 수상으로서 나라를 공의롭게 다스렸다. "사람이 어느 곳에 있든지, 무엇을 하든지, 손을 대는 분야가 농업이든, 상업이든, 산업이든, 아니면 머리를 쓰는 예술과 과학 분야 등 어떤 일에 전념하든지 간에, 사람은 언제나 '하나님의 면전'에 서 있으며 하나님을 섬기는 일에 종사하고 있다. 사람은 철저히 하나님께 순종해야 하며, 무엇보다도 하나님의 영광을 그 생애의 목표로 삼아야 한다." - 아브라함 카이퍼

우리는 하나님을 경외함으로 '코람데오'(하나님의 면전)의 삶을 살아야 한다.

셋째, "하나님은 선악간의 조화를 통해서 선을 이루십니다."

우리는 때때로 악인들이 득세하고 많은 불합리한 모순들이 세상을 지배하는 것을 봅니다. 그러나 하나님의 선하신 뜻은 반드시 이루어집니다. 벌이 꽃에서 꿀을 뽑아내지만 그 때문에 꽃이 열매를 맺게 되는 것처럼 개인의 삶과 역사의 진행에 상실이 있을 수도 있지만 그 후에는 열매를 맺게 됩니다. 꽃의 입장에서는 벌이 꿀을 뽑아내는 도둑이지만 그로 인해 새로운 꽃이 피고 열매를 맺게 됩니다.

우리는 고통스럽고 힘들고 어려운 현실에 의문을 품고 절망할 때가 있습니다. 그러나 거기엔 하나님의 깊은 섭리가 있습니다. 시간이 지나면 왜 그 일을 그렇게 진행하셨는지 깨달을 것입니다. 나를 힘들게 하는 사람들, 낙심하게 하는 상황들이나 사건들이 나를 사람 만들고자 하는 하나님의 선물이 되기도 합니다. 그래서 바울은 "우리가 알거니와 하나님을 사랑하는 자 곧 그의 뜻대로 부르심을 입은 자들에게는 모든 것이 합력하여 선을 이루느니라"(롬 8:28)라고 했습니다. 하나님의 섭리를 보는 눈을 가져야 합니다.

넷째, "하나님은 남은 자 곧 그루터기를 두십니다."

하나님의 역사는 단절이 없습니다. 보이는 가지가 꺾이고 둥지가 잘려도 남은 그루터기로 새 역사를 이루십니다. 이사야는 "…밤나무와 상수리나무가 베임을 당하여도 그 그루터기는 남아있는 것같이 거룩한 씨가 이 땅의 그루터기니라"(사 6:13)라고 했습니다. 영적인 안목과 통찰력이 있어야 합니다. 하나님의 성령의 뜻을 알아야 합니다.

말라기 이후 세례 요한까지의 400년을 우리는 '신구약 중간 시대'라고 한다. 그 사이에 하나님의 말씀이 기록되지 않았다. 그렇다고 하나님이 계시지 않은 것처럼 착각해서는 안 된다. 그분이 역사에서 멀리 출타하신 것으로 오해하지 말아야 한다. 하나님은 여전히 역사 한가운데에 우리와 함께 계시며 그의 일을 이루신다. 이사야서를 비롯한 성경의 많은 곳에서 하나님은 끊임없이 '남은 자', '그루터기'를 말씀하신다. 우리 주께서 "끝까지 견디는 자는 구원을 얻으리라"(마 24:13)라고 하셨다. 계시록에도 "성도들의 인내와 믿음이 여기 있느니라"(계 13:10, 14:12)라고 하셨다.

야곱이 모든 가족을 이끌고 애굽으로 내려갔다. 그들은 조금 후에 가나안으로 돌아갈 것을 기대했다. 그러나 400년이 지나도록 여전히 애굽에 머물렀다. 갈수록 상황은 악화되어 결국 애굽의 노예가 되었다. 아브라함을 향한 하나님의 언약은 미완성 교향곡처럼 들렸다. 그러나 그렇지 않았다. 하나님은 애굽을 거대한 인큐베이터 혹은 영적 모판처럼 사용하시며 그의 뜻을 이어가셨다. 우리는 어떤 상황에도 소망으로 인내해야 한다. 소망은 영혼의 닻과 같다고 하셨다(히 6:19). 하나님의 역사는 결코 단절이 없다. 하나님은 언제나 새 일을 행하신다.

왕의 말씀

초판 1쇄 발행	2020년 8월 11일
초판 6쇄 발행	2025년 4월 25일

지은이　　홍성건

펴낸이　　여진구
책임편집　　김아진 정아혜
편집　　이영주 박소영 최현수 구주은 안수경 김도연
책임디자인　　노지현 마영애 | 조은혜 정은혜
홍보 · 외서　　진효지
마케팅　　김상순 강성민　　　　　　마케팅지원　　최영배 정나영
제작　　조영석 허병용　　　　　　경영지원　　김혜경 김경희

303비전성경암송학교 유니게 과정
이슬비전도학교 / 303비전성경암송학교 / 303비전꿈나무장학회

펴낸곳　　규장

주소　06770 서울시 서초구 매헌로 16길 20(양재2동) 규장선교센터
전화　02)578-0003　팩스　02)578-7332
이메일　kyujang0691@gmail.com　　　　홈페이지　www.kyujang.com
페이스북　facebook.com/kyujangbook　　　인스타그램　instagram.com/kyujang_com
카카오스토리　story.kakao.com/kyujangbook
등록일　1978.8.14. 제1-22

ⓒ 저자와의 협약 아래 인지는 생략되었습니다.
이 출판물은 저작권법에 의해 보호를 받는 저작물이므로 무단 전재와 무단 복제를 할 수 없습니다.

책값　뒤표지에 있습니다.
ISBN　979-11-6504-108-3　03230

규 | 장 | 수 | 칙

1. 기도로 기획하고 기도로 제작한다.
2. 오직 그리스도의 성품을 사모하는 독자가 원하고 필요로 하는 책만을 출판한다.
3. 한 활자 한 문장에 온 정성을 쏟는다.
4. 성실과 정확을 생명으로 삼고 일한다.
5. 긍정적이며 적극적인 신앙과 신행일치에의 안내자의 사명을 다한다.
6. 충고와 조언을 항상 감사로 경청한다.
7. 지상목표는 문서선교에 있다.

하나님을 사랑하는 자 곧 그의 뜻대로 부르심을 입은 자들에게는 모든 것이 合力하여 善을 이루느니라(롬 8:28)

규장은 문서를 통해 복음전파와 신앙교육에 주력하는 국제적 출판사들의
협의체인 복음주의출판협회(E.C.P.A.:Evangelical Christian Publishers Asso-
ciation)의 출판정신에 동참하는 회원(Associate Member)입니다.